TEXTOS DE DIREITO
DO COMÉRCIO INTERNACIONAL
E DO DESENVOLVIMENTO ECONÓMICO

VOL. II
DESENVOLVIMENTO ECONÓMICO

EDUARDO PAZ FERREIRA
Doutor em Direito
(Ciências Jurídico-Económicas)
Professor Associado da Faculdade
de Direito de Lisboa

JOÃO ATANÁSIO
Mestre em Direito
(Ciências Jurídico-Comunitárias)
Assistente da Faculdade
de Direito de Lisboa

TEXTOS DE DIREITO DO COMÉRCIO INTERNACIONAL E DO DESENVOLVIMENTO ECONÓMICO

VOL. II
DESENVOLVIMENTO ECONÓMICO

ALMEDINA

TEXTOS DE DIREITO DO COMÉRCIO INTERNACIONAL
E DO DESENVOLVIMENTO ECONÓMICO

AUTOR
EDUARDO PAZ FERREIRA
JOÃO ATANÁSIO

EDITOR
EDIÇÕES ALMEDINA, SA
Rua da Estrela, n.º 6
3000-161 Coimbra
Tel.: 239 851 904
Fax: 239 851 901
www.almedina.net
editora@almedina.net

EXECUÇÃO GRÁFICA
G.C. – GRÁFICA DE COIMBRA, LDA.
Palheira – Assafarge
3001-453 Coimbra
producao@graficadecoimbra.pt

Março, 2005

DEPÓSITO LEGAL
223322/05

Toda a reprodução desta obra, por fotocópia ou outro qualquer processo,
sem prévia autorização escrita do Editor,
é ilícita e passível de procedimento judicial contra o infractor.

ÍNDICE

Nota Introdutória 7

Nações Unidas e Desenvolvimento 19
   Carta das Nações Unidas (Excertos) – 26.06.1945 21
   Declaração Universal dos Direitos do Homem – 10.12.1948 37
   Declaração sobre a Concessão de Independência aos Países e Povos Coloniais – 14.12.1960 47
   Declaração relativa à Soberania Permanente sobre os Recursos Naturais – 14.12.1962 53
   Criação da Conferência das Nações Unidas para o Comércio e o Desenvolvimento (CNUCED) – 30.12.1964 59
   Programa das Nações Unidas para o Desenvolvimento (PNUD) – 22.11.1965 .. 75
   Pacto Internacional sobre os Direitos Civis e Políticos – 16.12.1966 95
   Pacto Internacional sobre os Direitos Económicos, Sociais e Culturais – 16.12.1966 121
   Declaração sobre o Progresso e o Desenvolvimento Social – 11.12.1969 137
   Declaração relativa à Instauração de uma Nova Ordem Económica Internacional – 01.05.1974 155
   Programa de Acção relativo à Instauração de uma Nova Ordem Económica Internacional – 01.05.1974 163
   Carta dos Direitos e Deveres Económicos dos Estados – 12.12.1974 187
   Acto Constitutivo da Organização das Nações Unidas para o Desenvolvimento Industrial (ONUDI) – 08.04.1979 205
   Declaração sobre o Direito ao Desenvolvimento – 04.12.1986 231
   Conferência Mundial sobre os Direitos do Homem – 25.06.1993 239
   Declaração da Cimeira Mundial sobre o Desenvolvimento Social – 12.03.1995 ... 279
   Programa de Acção da Cimeira Mundial sobre o Desenvolvimento Social – 12.03.1995 311
   Declaração do Milénio – 08.09.2000 395
   Consenso de Monterrey da Conferência Internacional sobre o Financiamento do Desenvolvimento – 22.03.2002 409

Sistema de Bretton Woods 435
   Acordo relativo ao Fundo Monetário Internacional (FMI) – 22.07.1944 437
   Acordo relativo ao Banco Internacional para a Reconstrução e Desenvolvimento (BIRD) – 22.07.1944 525

Acordo relativo à Sociedade Financeira Internacional (SFI) – 11.04.1955.... 563
Estatutos da Associação Internacional de Desenvolvimento (AID) – 26.01.1960.. 587
Convenção para a Resolução de Diferendos relativos a Investimentos entre Estados e Nacionais de Outros Estados – 18.03.1965 617
Convenção constitutiva da Agência Multilateral de Garantia dos Investimentos (AMGI) – 11.10.1985 645

África e Desenvolvimento 691
Acordo de Constituição do Banco Africano de Desenvolvimento (BAD) – 04.08.1963 693
Acordo sobre a Criação do Fundo Africano de Desenvolvimento (FAD) – 29.11.1972 739
Acto Constitutivo da União Africana (UA) – 11.07.2000 777
Nova Parceria para o Desenvolvimento de África (NEPAD) – 23.10.2001... 795

Desenvolvimento Sustentável 857
Declaração de Estocolmo sobre o Ambiente Humano – 16.06.1972 859
Convenção Quadro das Nações Unidas sobre Alterações Climáticas – 09.05.1992 871
Convenção sobre a Diversidade Biológica – 05.06.1992 901
Declaração do Rio sobre Ambiente e Desenvolvimento – 13.06.1992 935
Protocolo de Quioto à Convenção Quadro das Nações Unidas sobre Alterações Climáticas – 11.12.1997............................. 943
Declaração de Joanesburgo sobre o Desenvolvimento Sustentável – 04.09.2002............................. 973

União Europeia e Portugal 981
Tratado que institui a Comunidade Europeia – Aspectos da Cooperação para o Desenvolvimento 983
Acordo de Parceria entre os Estados de África, das Caraíbas e do Pacífico e a Comunidade Europeia e os seus Estados-Membros (Acordo de Cotonu) – 23.06.2000............................. 993
Acordo Interno entre os Representantes dos Governos dos Estados-Membros, reunidos no Conselho, relativo ao Financiamento e à Gestão da Ajuda concedida pela Comunidade no âmbito do Protocolo Financeiro do Acordo de Parceria entre os Estados de África, das Caraíbas e do Pacífico, por um lado, e a Comunidade Europeia e os seus Estados-Membros, por outro, assinado no Benim, em 23 de Junho de 2000, bem como à Concessão de Assistência Financeira aos Países e Territórios Ultramarinos, aos quais se aplica a Parte IV do Tratado CE – 18.09.2000 1131
Declaração Constitutiva da Comunidade dos Países de Língua Portuguesa (CPLP) – 17.07.1996............................. 1163
Estatutos do Instituto Português de Apoio ao Desenvolvimento (IPAD) – 13.01.2003 1177
Principais eventos e documentos relativos ao Desenvolvimento Económico..... 1195

NOTA INTRODUTÓRIA

1. A emergência da problemática do desenvolvimento económico como questão estruturante das relações económicas internacionais só se verificou após a Segunda Guerra Mundial, sendo assinalada por uma marcada politização, resultante da criação de dois grandes blocos políticos em luta pela definição de zonas de influência.

Ainda a guerra não se concluíra e já o Presidente Roosevelt definira um programa para a paz a executar pelos aliados ocidentais, no qual previa a consagração de quatro liberdades, entre as quais se incluía a de todas as formas de carência.

A ideia só viria a ser retomada por Truman, no início do segundo mandato, ao prometer um programa activo para colocar os recursos dos Estados Unidos ao serviço dos países mais pobres, constituindo-se como força dinamizadora das populações mundiais.

Esse empenhamento dos países ocidentais ficou a dever-se, como mais pormenorizadamente sustentou um dos autores do presente texto (*Valores e Interesses*, Coimbra, Almedina, 2004), simultaneamente, à percepção da existência de interesses políticos e económicos e à aceitação da necessidade de a sociedade internacional se reger por valores fundamentais.

A testemunhar o impulso desenvolvimentista que se seguiu à Segunda Guerra Mundial poderá recordar-se a Carta das Nações Unidas, em cujo preâmbulo os subscritores se afirmavam dispostos a "empregar mecanismos internacionais para promover o progresso económico e social de todos os povos", e a Declaração Universal dos Direitos do Homem, onde é, designadamente, afirmado que "toda a pessoa tem direito a um nível de vida suficiente para lhe assegurar e à sua família a saúde e o bem-estar..." (artigo 25.º).

Naturalmente que esta problemática ganhou um novo vigor com o acesso à independência de um importante conjunto de países, que veio tornar patente a existência de níveis de prosperidade muito baixos na generalidade dessas novas nações, cujos interesses económicos tinham sido instrumentalizados aos das potências colonizadoras.

A teorização da necessidade de pôr de pé políticas de desenvolvimento foi feita essencialmente a partir dos países ricos e assentou, quer nos estudos de ciência política, quer na expansão da doutrina social da Igreja, permanecendo a expressão utilizada em 1967 por Paulo VI – o desenvolvimento é o novo nome da paz – como a síntese dessas correntes de pensamento.

Na dinamização deste tema não pode naturalmente esquecer-se o papel decisivo de um conjunto de economistas que criaram a economia do desenvolvimento como ramo autónomo da ciência económica.

2. Não pode aqui deixar de se assinalar alguma debilidade dos países menos desenvolvidos na abordagem inicial destas questões, que se ficou a dever, em larga medida, à carência de quadros, embora, como lucidamente notou Renato Cardoso ("Desenvolvimento e Cooperação – A Perspectiva Africana", *Democracia e Liberdade*, 1986), a independência tenha sido uma questão prévia e que, só uma vez conseguida, permitiu uma reflexão mais aprofundada sobre a problemática do desenvolvimento, que, no entanto, constituía uma parcela decisiva da esperança gerada pelos nacionalismos.

Foi, de qualquer forma, desde muito cedo, patente o desconforto com que essas novas nações encaravam o seu enquadramento numa ordem económica internacional para cuja definição em nada tinham contribuído e que, pode dizer-se, reflectia os interesses das antigas potências colonizadoras.

Esse desconforto deu origem, por vezes, a formas de aproximação com as antigas metrópoles, na tentativa de minimizar problemas concretos, através do desenvolvimento de mecanismos de cooperação, mas levou, sobretudo, esses Estados a procurarem formas de cooperação mútua que reforçassem a sua presença na cena internacional, com a criação do Movimento dos Não Alinhados.

Se, num primeiro momento, o Movimento se ocupou principalmente das questões relacionadas com o termo das situações coloniais, rapidamente evoluiu no sentido da reivindicação de alterações económicas que permitissem aos Estados maiores níveis de prosperidade.

Para tanto, este conjunto de Estados logrou, durante algum tempo, minimizar as diferenças de interesses económicos ou situações políticas para se assumir como um bloco coeso – o Sul – oposto ao Norte industrializado, do qual esperava e reivindicava uma resposta para os problemas do desenvolvimento.

Na abordagem da problemática do desenvolvimento por parte desses países, há, em qualquer caso, que levar em conta a especial atenção dada ao seu enquadramento internacional, em detrimento, porventura, da criação das condições institucionais para o desenvolvimento.

Como resultado desse empenho, pode dizer-se que o direito internacional do desenvolvimento – ou as tentativas da sua afirmação e autonomização – se sobrepuseram excessivamente ao direito interno do desenvolvimento.

3. Importa, a este propósito, assinalar que, apesar do impulso desenvolvimentista da Carta das Nações Unidas, o direito ao desenvolvimento não foi objecto de consagração em qualquer texto de valor universal, o que veio a originar uma longa tentativa nesse sentido por parte dos Estados menos desenvolvidos, que teve uma expressão especialmente evidente no esforço de consagração de uma Nova Ordem Económica Internacional, da qual adiante falaremos.

A ausência de consagração expressa do direito ao desenvolvimento, a par com muitas das questões que este suscita, e que vão desde a identificação dos titulares até à definição dos obrigados e à determinação da extensão das obrigações, dificultou significativamente o reconhecimento da existência de uma consagração jurídica do direito ao desenvolvimento, muitas vezes remetido para o domínio das puras obrigações de natureza ética.

Independentemente desse difícil processo de reconhecimento, certo é que se foi criando um direito do desenvolvimento, integrado por um conjunto de normas de diferente natureza, unificadas por um objectivo comum de facilitar o desenvolvimento, o que implicou, normalmente, o reconhecimento de uma dualidade de regras, com a criação de soluções diferentes para fazerem face aos problemas especiais dos países em desenvolvimento, como, entretanto, passaram a ser chamados.

Essas regras nasceram, quer da iniciativa de Estados isolados ou de espaços económicos, como a Comunidade Económica Europeia, quer das instituições financeiras internacionais.

4. Ficou já assinalado que o direito ao desenvolvimento, bem como o direito do desenvolvimento, têm uma componente internacional fundamental que o processo de mundialização viria, aliás, acentuar de forma por vezes brutal, o que torna bem compreensível que as Nações Unidas tenham constituído um *forum* privilegiado para o debate desta problemática.

Aproveitando a circunstância de a Assembleia Geral das Nações Unidas constituir um órgão democrático por excelência em que a cada país é atribuído um idêntico poder de voto e onde existe a possibilidade de serem discutidas questões da mais variada natureza, os países do Sul utilizaram este palco para proclamação das suas dificuldades e para a reivindicação de soluções.

Os anos sessenta do século XX tinham ficado assinalados pela aprovação dos Pactos Internacionais de Desenvolvimento da Declaração Universal dos Direitos do Homem, que, ao distinguir em dois documentos os direitos civis e políticos e os direitos económicos, sociais e culturais, veio permitir que ganhasse uma especial força a interpretação de que se tratava de direitos de diferente natureza: de aplicação imediata, os primeiros, e exigindo uma mediação através do desenvolvimento de acções políticas, comportando uma significativa margem de discricionariedade, os segundos.

Já os anos setenta ficariam, sobretudo, marcados pela tentativa de criação de uma Nova Ordem Económica Internacional (NOEI), consubstanciada em três documentos fundamentais: a Declaração Relativa à Instauração de uma Nova Ordem Económica Internacional, o Programa de Acção relativo à Instauração de uma Nova Ordem Económica Internacional, ambos de 1 de Maio de 1974, e a Carta dos Direitos e Deveres Económicos dos Estados, de 12 de Dezembro de 1974.

Trata-se de um conjunto de instrumentos que, na impossibilidade de analisar as soluções consagradas, mostra inspirar-se na concepção expressa no artigo 8.º da Carta dos Direitos e Deveres Económicos dos Estados de que "Os Estados devem cooperar para facilitar relações económicas internacionais mais racionais e equitativas e para fomentar transformações estruturais no âmbito de uma economia mundial equilibrada, de acordo com as necessidades e interesses de todos os países, em particular dos países em desenvolvimento, devendo adoptar medidas adequadas a esse fim".

Caracterizado por uma forte radicalização das posições dos países do Sul, este conjunto de instrumentos não logrou obter os seus efeitos em virtude da oposição, velada nuns casos, aberta noutros, dos países ocidentais e da circunstância de as resoluções e declarações aprovadas pela Assembleia Geral não constituírem instrumentos vinculativos à luz dos princípios clássicos do direito internacional que esses países não conseguiram inverter.

É certo que os seus princípios inspiradores ainda nortearam, de algum modo, o Terceiro Decénio para o Desenvolvimento das Nações

Unidas, mas o nulo resultado alcançado pela sua execução, a par da clara rejeição do Ocidente, determinaram o seu apagamento.

Ainda que muitas vezes se olhe para a Nova Ordem Económica Internacional como uma mera curiosidade histórica e que sejam seguramente poucos os que hoje se reconhecem na plenitude dos seus objectivos e métodos, não se pode deixar de pensar que ela contribuiu para trazer para a agenda internacional temas ainda hoje de grande actualidade, como o direito ao desenvolvimento, o aligeiramento da dívida dos países em desenvolvimento ou o tratamento preferencial destes países nas relações financeiras e comerciais.

5. A Nova Ordem Económica Internacional ficou a marcar o apogeu do poder reivindicativo dos países em desenvolvimento, que iria ceder nos anos subsequentes, sob a influência concertada de uma série de factores, como a evolução geo-estratégica mundial ou a crescente percepção da diversidade de interesses entre aqueles países.

Os documentos posteriormente aprovados na Assembleia Geral das Nações Unidas ou em Conferências da Organização viriam a ser caracterizados por uma muito maior moderação de tom, por um maior esforço de consensualização de posições e, também, por claro um aperfeiçoamento técnico na sua redacção.

É este já o sentido da Declaração sobre o Direito ao Desenvolvimento de 1986, que apenas viria a contar com a oposição dos Estados Unidos, e que reflecte, de uma forma decidida, as novas preocupações e percepções da economia e da política do desenvolvimento, proclamando, no seu artigo 1.º, n.º 1, que o direito ao desenvolvimento constitui "um direito inalienável em virtude do qual todo o ser humano e todos os povos se encontram habilitados a participar num desenvolvimento económico, social, cultural e político em que se possam realizar plenamente todos os direitos humanos e liberdades fundamentais, a contribuir para esse desenvolvimento e a desfrutar dele".

A mudança da Administração Norte-Americana viria a permitir que na Declaração e Programa de Acção saídos da Conferência das Nações Unidas sobre os Direitos Humanos, realizada em Viena em 1993, fosse, pela primeira vez, aprovada por unanimidade a consideração do direito ao desenvolvimento como um "direito humano universal e inalienável" e que faz parte integrante dos direitos humanos fundamentais.

A Conferência pronunciou-se, por outro lado, claramente no sentido da concepção individualista do direito ao desenvolvimento, considerando-

-o como um direito de que é titular a pessoa humana, ao mesmo tempo que explicitava que a sua invocação não pode ser utilizada para pôr em causa qualquer outro direito.

6. Um lugar à parte no direito internacional do desenvolvimento vai naturalmente para as organizações de *Bretton Woods*, que, apesar de terem sido criadas num momento em que a questão ainda não se revestia da importância que viria a conhecer mais tarde, se vieram a empenhar decididamente nessa tarefa, em termos que estiveram longe de ser isentos de controvérsia.

O Banco Mundial, como é normalmente conhecido o Banco Internacional para a Reconstrução e Desenvolvimento (BIRD), nascido em larga medida do esforço e engenho de Keynes, visava expressamente, nos termos do artigo 1.º (i) do respectivo Acordo Constitutivo, "auxiliar a reconstrução e o desenvolvimento dos territórios dos membros, facilitando o investimento de capitais para fins produtivos, inclusivamente para restaurar as economias destruídas ou desorganizadas pela guerra, readaptar os meios de produção às necessidade do tempo de paz e encorajar o desenvolvimento dos meios de produção e dos recursos nos países menos desenvolvidos".

Se é certo que nos primeiros tempos de funcionamento, as acções do Banco se orientaram no sentido da reconstrução dos Estados atingidos pela guerra, não se pode ignorar que, a partir dos anos sessenta do século passado, se assistiu a uma crescente concentração dos recursos nos países menos desenvolvidos, não realizando, hoje, o Banco operações com os seus membros em estádios superiores de desenvolvimento.

A aproximação do Banco à matéria do desenvolvimento económico conheceu fases muito diversas, podendo dizer-se, em termos gerais, que se orientou no sentido de um alargamento da sua influência sobre toda a política económica dos países em desenvolvimento e da utilização de um número crescente de instrumentos de financiamento.

A criação de um grupo do Banco Mundial, integrando a Associação Internacional de Desenvolvimento (especialmente vocacionada para lidar com a situação dos países mais pobres), a Sociedade Financeira Internacional (orientada sobretudo para o estímulo do investimento privado) e a Agência Multilateral de Garantia dos Investimentos, representa, de um ponto de vista institucional, um esforço especialmente importante para canalizar meios para o desenvolvimento.

Diversamente, o Fundo Monetário Internacional não se apresentava à partida como uma organização especialmente vocacionada para as questões do desenvolvimento, na medida em que se tratava de uma instituição destinada a apoiar a manutenção da liquidez internacional, razão pela qual só indirectamente as questões do desenvolvimento poderiam entrar na sua agenda.

A evolução da economia internacional viria, no entanto, a determinar uma crescente aproximação à problemática dos países em desenvolvimento, com a criação de diversos instrumentos destinados a facilitar o ajustamento estrutural nesses países.

Situam-se, no entanto, no plano do relacionamento entre o FMI e os países em desenvolvimento algumas das mais fortes críticas àquela Organização, acusada, com frequência, de violar as obrigações de apoliticidade e de impor aos países uma receita única que conduziu, em muitos casos, a situações de catástrofe económica.

A actuação convergente do Fundo e do Banco Mundial - assente no chamado consenso de Washington, de cariz ultra-liberal – tornar-se-ia um ponto central de polémica nos últimos anos, motivando viva contestação por parte de movimentos sociais e políticos.

A actuação do Fundo nos últimos anos, em apoio das balanças de pagamentos de países com graves problemas de endividamento, levantaria uma nova onda de críticas, sendo o Fundo acusado de proteger em excesso os interesses dos meios financeiros internacionais e dando origem à formulação de propostas no sentido de o mesmo se afastar totalmente da acção de apoio ao desenvolvimento.

7. Um sistema de apoio ao desenvolvimento especialmente relevante, e, durante muito tempo, considerado como exemplar e particularmente avançado, é aquele que foi posto de pé pela Comunidade Económica Europeia.

Por razões que têm essencialmente a ver com as relações especiais de alguns dos seus membros com países em desenvolvimento, a Comunidade desenvolveu uma política de apoio ao desenvolvimento assente essencialmente numa base regional e que teria como instrumento emblemático as Convenções de Lomé (antecedidas das de Yaoundé).

A esses mecanismos somaram-se, entretanto, outros programas de apoio de base regional, como os do Mediterrâneo, América Latina ou Ásia, enquanto que a inspiração universalista teria expressão em instrumentos como o auxílio a situações de catástrofe, à ajuda alimentar e à luta contra a SIDA.

O aspecto, porventura, mais interessante do apoio ao desenvolvimento proporcionado pela Comunidade Económica Europeia consistiu no facto de esta ter aceite vincular-se no quadro de uma convenção internacional criadora de direitos e deveres jurídicos.

Um certo desencanto com os resultados da política de cooperação (bem expresso no Livro Verde sobre Cooperação), a par da evolução registada a nível da Organização Mundial do Comércio, levou a que as instâncias comunitárias promovessem uma profunda remodelação do seu relacionamento com os chamados países ACP, expressa no Acordo de Cotonu, que suprimiu muitos dos mecanismos tradicionais de ajuda e apontou no sentido da criação de múltiplas uniões regionais que negociarão acordos de comércio com a Comunidade.

O Acordo fica, por outro lado, a assinalar um maior alinhamento com as orientações gerais da política de cooperação das organizações financeiras internacionais e uma certa perda de originalidade da política comunitária, ainda que se não possa esquecer que a Comunidade e os seus membros continuam a deter um papel ímpar no auxílio ao desenvolvimento.

Poderá ver-se nos últimos desenvolvimentos desta política uma crescente desvalorização das relações com os países ACP, a par com uma maior atenção dada a outras áreas com potencial estratégico mais interessante para a Europa, bem como uma tentativa de concentração de esforços em África.

A eventualidade da entrada em vigor do Tratado que institui uma Constituição para a Europa tem igualmente preocupado, de modo especial, os círculos ligados ao desenvolvimento, na medida em que a subordinação da política de cooperação para o desenvolvimento à política externa pode representar uma instrumentalização desta última em termos negativos para os países em desenvolvimento.

Um problema que continua largamente por resolver é o da coordenação das políticas comunitárias com as políticas nacionais, persistindo zonas de indefinição, apesar das orientações traçadas no Tratado da Comunidade Europeia a partir de Maastricht.

8. Uma referência à parte deve ser feita à política de cooperação portuguesa, que, por um lado, se enquadra na política comunitária e, por outro, apresenta traços característicos distintivos.

Entre esses traços, não se pode deixar de conferir uma especial importância à criação da Comunidade dos Países de Língua Portuguesa e à acção levada a cabo nessa sede. Não se deverá, de resto, esquecer que a excessiva concentração da ajuda externa é um dos aspectos da política de cooperação portuguesa que tem merecido a crítica da OCDE, nos diversos relatórios do CAD.

Importa, em qualquer caso, ter presente que Portugal é um dos raros países a reconhecer no próprio texto constitucional o direito ao desenvolvimento como um valor integrante das relações internacionais (artigo 7.º, n.º 3).

Saliente-se, ainda, a importância que a Constituição atribui ao reforço dos laços de cooperação e amizade com os países de língua portuguesa (artigo 7.º, n.º 4).

De um ponto de vista orgânico, pode dizer-se que a cooperação portuguesa tem experimentado diversos modelos.

Um aspecto que se tem mantido constante é o que respeita à não existência de um Ministério específico, integrando os sucessivos governos uma Secretaria de Estado com essas competências no Ministério dos Negócios Estrangeiros.

Quanto aos organismos encarregados da execução, a aprovação em 2003 dos estatutos do Instituto Português de Apoio ao Desenvolvimento pôs cobro a uma tentativa de separação em duas instituições, uma mais virada para o apoio aos investimentos privados e outra para a cooperação oficial.

9. Deve, entretanto, assinalar-se que, nos últimos anos, se assistiu a uma inversão significativa da política de desenvolvimento, que teve uma expressão especialmente visível nas grandes conferências realizadas sob a égide das Nações Unidas na última década do século passado.

Como linhas gerais dessa alteração de rumo, pode-se assinalar a opção por uma noção de desenvolvimento muito mais ampla, a prioridade dada à defesa dos direitos do homem, a flexibilização dos mecanismos de apoio, a revalorização do papel da sociedade civil e das Organizações Não Governamentais, a concentração dos instrumentos, a maior importância atribuída ao comércio e aos aspectos institucionais do desenvolvimento.

Se a Declaração da Cimeira Mundial sobre o Desenvolvimento Social de 1995 é um marco de viragem nessa aproximação e na definição de um quadro muito mais consensual quanto às tarefas do desenvolvimento e às responsabilidades com ele relacionadas, não se pode deixar de ver na Declaração do Milénio a primeira tentativa de quantificar metas e de orientar a política de desenvolvimento para objectivos específicos susceptíveis de controlo, que tem vindo a ser levado a cabo pelas diferentes instituições empenhadas.

10. Dentro das novas orientações da política de desenvolvimento um lugar à parte deve ser conferido à problemática do desenvolvimento sustentável que visa assegurar que os modelos de desenvolvimento postos em prática não comprometem os interesses das gerações futuras, provocando uma degradação do ambiente – entendido como património comum da humanidade.

Apesar das dificuldades de definição do desenvolvimento sustentável e, sobretudo, das reservas colocadas por muitos países em desenvolvimento que viram nesta orientação uma forma de lhes recusar os estádios de desenvolvimento anteriormente atingidos por outros Estados, pode-se considerar que a ideia está hoje indissociavelmente ligada à própria noção de desenvolvimento.

Trata-se de um processo que se iniciou com a Declaração de Estocolmo sobre o Ambiente Humano de 1972 e que conheceria, porventura, a sua maior notoriedade com a Declaração do Rio sobre Ambiente e Desenvolvimento de 1992, enquanto que a Declaração de Joanesburgo de 2002 não deixaria de se rodear de alguma frustração em face dos fracos resultados alcançados.

As dificuldades com que se têm confrontado as Convenções das Nações Unidas sobre ambiente e, designadamente, o Protocolo de Quito continuam a evidenciar os problemas, desta vez basicamente originados nos países desenvolvidos, em prosseguir este caminho que, no entanto, à luz de qualquer análise técnica ou ética, aparece como absolutamente incontornável.

De todo o modo, não se pode esquecer que a componente ecológica dos programas de desenvolvimento tem vindo a crescer de forma acentuada, sobretudo por força do apertado escrutínio levado a cabo pelo Banco Mundial.

11. Um último ponto que merece atenção nas novas orientações do desenvolvimento é a concentração de esforços que está a ter lugar em África e que se traduz, não só na prioridade que lhe vem sendo conferida por organizações financeiras internacionais, mas num importante esforço de organização daquele Continente visando assegurar o seu desenvolvimento e ultrapassar as antigas divisões regionais.

Assim, e para além dos tradicionais esquemas regionais – Banco Africano de Desenvolvimento e Fundo Africano de Desenvolvimento – registe-se a criação da União Africana e a Nova Parceria para o Desenvolvimento de África (NEPAD), que visa o lançamento de um conjunto ambicioso de políticas de desenvolvimento.

12. A presente colectânea reúne um conjunto de documentação que permite uma perspectiva ampla dessa evolução e, sobretudo, dos caminhos e preocupações actuais do desenvolvimento, ao mesmo tempo que torna disponíveis em português os instrumentos fundamentais de direito internacional do desenvolvimento.

Conjugada com o primeiro volume, constitui, na expectativa dos seus responsáveis, um instrumento de trabalho útil para todos quantos acreditam que o desenvolvimento é uma tarefa comum da humanidade e que do sucesso das políticas postas em execução dependerá a possibilidade de vivermos num mundo com maior harmonia e qualidade de vida.

NAÇÕES UNIDAS E DESENVOLVIMENTO

CARTA DAS NAÇÕES UNIDAS
(EXCERTOS)
26.06.1945

CARTA DAS NAÇÕES UNIDAS

Nós, os povos das Nações Unidas, decididos:
A preservar as gerações vindouras do flagelo da guerra que por duas vezes, no espaço de uma vida humana, trouxe sofrimentos indizíveis à humanidade;
A reafirmar a nossa fé nos direitos fundamentais do homem, na dignidade e no valor da pessoa humana, na igualdade de direitos dos homens e das mulheres, assim como das nações, grandes e pequenas;
A estabelecer as condições necessárias à manutenção da justiça e do respeito das obrigações decorrentes de tratados e de outras fontes do direito internacional;
A promover o progresso social e melhores condições de vida dentro de um conceito mais amplo de liberdade;
e para tais fins:
A praticar a tolerância e a viver em paz, uns com os outros, como bons vizinhos;
A unir as nossas forças para manter a paz e a segurança internacionais;
A garantir, pela aceitação de princípios e a instituição de métodos, que a força armada não será usada, a não ser no interesse comum;
A empregar mecanismos internacionais para promover o progresso económico e social de todos os povos;
resolvemos conjugar os nossos esforços para a consecução desses objectivos.
Em vista disso, os nossos respectivos governos, por intermédio dos seus representantes reunidos na cidade de São Francisco, depois de exibirem os seus plenos poderes, que foram achados em boa e devida forma, adoptaram a presente Carta das Nações Unidas e estabelecem, por meio dela, uma organização internacional que será conhecida pelo nome de Nações Unidas.

CAPÍTULO I
Objectivos e princípios

ARTIGO 1.º

Os objectivos das Nações Unidas são:

1) Manter a paz e a segurança internacionais e para esse fim: tomar medidas colectivas eficazes para prevenir e afastar ameaças à paz e reprimir os actos de agressão, ou outra qualquer ruptura da paz e chegar, por meios pacíficos, e em conformidade com os princípios da justiça e do direito internacional, a um ajustamento ou solução das controvérsias ou situações internacionais que possam levar a uma perturbação da paz;

2) Desenvolver relações de amizade entre as nações baseadas no respeito do princípio da igualdade de direitos e da autodeterminação dos povos, e tomar outras medidas apropriadas ao fortalecimento da paz universal;

3) Realizar a cooperação internacional, resolvendo os problemas internacionais de carácter económico, social, cultural ou humanitário, promovendo e estimulando o respeito pelos direitos do homem e pelas liberdades fundamentais para todos, sem distinção de raça, sexo, língua ou religião;

4) Ser um centro destinado a harmonizar a acção das nações para a consecução desses objectivos comuns.

ARTIGO 2.º

A Organização e os seus membros, para a realização dos objectivos mencionados no artigo 1.º, agirão de acordo com os seguintes princípios:

1) A Organização é baseada no princípio da igualdade soberana de todos os seus membros;

2) Os membros da Organização, a fim de assegurarem a todos em geral os direitos e vantagens resultantes da sua qualidade de membros, deverão cumprir de boa fé as obrigações por eles assumidas em conformidade com a presente Carta;

3) Os membros da Organização deverão resolver as suas controvérsias internacionais por meios pacíficos, de modo a que a paz e a segurança internacionais, bem como a justiça, não sejam ameaçadas;

4) Os membros deverão abster-se nas suas relações internacionais de recorrer à ameaça ou ao uso da força, quer seja contra a integridade territorial ou a independência política de um Estado, quer seja de qualquer outro modo incompatível com os objectivos das Nações Unidas;

5) Os membros da Organização dar-lhe-ão toda a assistência em qualquer acção que ela empreender em conformidade com a presente Carta e abster-se-ão de dar assistência a qualquer Estado contra o qual ela agir de modo preventivo ou coercitivo;

6) A Organização fará com que os Estados que não são membros das Nações Unidas ajam de acordo com esses princípios em tudo quanto for necessário à manutenção da paz e da segurança internacionais;

7) Nenhuma disposição da presente Carta autorizará as Nações Unidas a intervir em assuntos que dependam essencialmente da jurisdição interna de qualquer Estado, ou obrigará os membros a submeterem tais assuntos a uma solução, nos termos da presente Carta; este princípio, porém, não prejudicará a aplicação das medidas coercitivas constantes do capítulo VII.

CAPÍTULO IX
Cooperação económica e social internacional

ARTIGO 55.º

Com o fim de criar condições de estabilidade e bem-estar, necessárias às relações pacíficas e amistosas entre as Nações, baseadas no respeito do princípio da igualdade de direitos e da autodeterminação dos povos, as Nações Unidas promoverão:

a) A elevação dos níveis de vida, o pleno emprego e condições de progresso e desenvolvimento económico e social;

b) A solução dos problemas internacionais económicos, sociais, de saúde e conexos, bem como a cooperação internacional, de carácter cultural e educacional;

c) O respeito universal e efectivo dos direitos do homem e das liberdades fundamentais para todos, sem distinção de raça, sexo, língua ou religião.

ARTIGO 56.º

Para a realização dos objectivos enumerados no artigo 55.º, todos os membros da Organização se comprometem a agir em cooperação com esta, em conjunto ou separadamente.

ARTIGO 57.º

1. As várias organizações especializadas, criadas por acordos intergovernamentais e com amplas responsabilidades internacionais, definidas nos seus estatutos, nos campos económico, social, cultural, educacional, de saúde e conexos, serão vinculadas às Nações Unidas, em conformidade com as disposições do artigo 63.º.
2. Tais organizações assim vinculadas às Nações Unidas serão designadas, daqui em diante, como organizações especializadas.

ARTIGO 58.º

A Organização fará recomendações para coordenação dos programas e actividades das organizações especializadas.

ARTIGO 59.º

A Organização, quando for o caso, iniciará negociações entre os Estados interessados para a criação de novas organizações especializadas que forem necessárias ao cumprimento dos objectivos enumerados no artigo 55.º.

ARTIGO 60.º

A Assembleia Geral e, sob a sua autoridade, o Conselho Económico e Social, que dispõe, para esse efeito, da competência que lhe é atribuída no capítulo X, são incumbidos de exercer as funções da Organização estipuladas no presente capítulo.

CAPÍTULO X
Conselho Económico e Social

Composição
ARTIGO 61.º

1. O Conselho Económico e Social será composto por 54 membros das Nações Unidas eleitos pela Assembleia Geral.
2. Com ressalva do disposto no n.º 3, serão eleitos cada ano, para um período de três anos, 18 membros do Conselho Económico e Social. Um membro cessante pode ser reeleito para o período imediato.
3. Na primeira eleição a realizar-se depois de elevado o número de 27 para 54 membros, 27 membros adicionais serão eleitos, além dos membros eleitos para a substituição dos nove membros cujo mandato expira ao fim daquele ano. Desses 27 membros adicionais, nove serão eleitos para um mandato que expirará ao fim de um ano, e nove outros para um mandato que expirará ao fim de dois anos, de acordo com disposições adoptadas pela Assembleia Geral.
4. Cada membro do Conselho Económico e Social terá um representante.

Função e poderes
ARTIGO 62.º

1. O Conselho Económico e Social poderá fazer ou iniciar estudos e relatórios a respeito de assuntos internacionais de carácter económico, social, cultural, educacional, de saúde e conexos, e poderá fazer recomendações a respeito de tais assuntos à Assembleia Geral, aos membros das Nações Unidas e às organizações especializadas interessadas.
2. Poderá fazer recomendações destinadas a assegurar o respeito efectivo dos direitos do homem e das liberdades fundamentais para todos.
3. Poderá preparar, sobre assuntos da sua competência, projectos de convenções a serem submetidos à Assembleia Geral.
4. Poderá convocar, de acordo com as regras estipuladas pelas Nações Unidas, conferências internacionais sobre assuntos da sua competência.

ARTIGO 63.º

1. O Conselho Económico e Social poderá estabelecer acordos com qualquer das organizações a que se refere o artigo 57.º, a fim de determinar as condições em que a Organização interessada será vinculada às Nações Unidas. Tais acordos serão submetidos à aprovação da Assembleia Geral.

2. Poderá coordenar as actividades das organizações especializadas, por meio de consultas e recomendações às mesmas e de recomendações à Assembleia Geral e aos membros das Nações Unidas.

ARTIGO 64.º

1. O Conselho Económico e Social poderá tomar as medidas adequadas a fim de obter relatórios regulares das organizações especializadas. Poderá entrar em entendimento com os membros das Nações Unidas e com as organizações especializadas a fim de obter relatórios sobre as medidas tomadas para cumprimento das suas próprias recomendações e das que forem feitas pela Assembleia Geral sobre assuntos da competência do Conselho.

2. Poderá comunicar à Assembleia Geral as suas observações a respeito desses relatórios.

ARTIGO 65.º

O Conselho Económico e Social poderá fornecer informações ao Conselho de Segurança e, a pedido deste, prestar-lhe assistência.

ARTIGO 66.º

1. O Conselho Económico e Social desempenhará as funções que forem da sua competência em cumprimento das recomendações da Assembleia Geral.

2. Poderá, mediante aprovação da Assembleia Geral, prestar os serviços que lhe forem solicitados pelos membros das Nações Unidas e pelas organizações especializadas.

3. Desempenhará as demais funções especificadas em outras partes da presente Carta ou as que lhe forem atribuídas pela Assembleia Geral.

Votação
ARTIGO 67.º
1. Cada membro do Conselho Económico e Social terá um voto.
2. As decisões do Conselho Económico e Social serão tomadas por maioria dos membros presentes e votantes.

Procedimento
ARTIGO 68.º

O Conselho Económico e Social criará comissões para os assuntos económicos e sociais e para a protecção dos direitos do homem, assim como outras comissões necessárias ao desempenho das suas funções.

ARTIGO 69.º

O Conselho Económico convidará qualquer membro das Nações Unidas a tomar parte, sem voto, nas deliberações sobre qualquer assunto que interesse particularmente a esse membro.

ARTIGO 70.º

O Conselho Económico e Social poderá entrar em entendimentos para que representantes das organizações especializadas tomem parte, sem voto, nas suas deliberações e nas das comissões por ele criadas e para que os seus próprios representantes tomem parte nas deliberações das organizações especializadas.

ARTIGO 71.º

O Conselho Económico e Social poderá entrar em entendimentos convenientes para a consulta com organizações não governamentais que se ocupem de assuntos no âmbito da sua própria competência. Tais entendimentos poderão ser feitos com organizações internacionais e, quando for o caso, com organizações nacionais, depois de efectuadas consultas com o membro das Nações Unidas interessado no caso.

ARTIGO 72.º

1. O Conselho Económico e Social adoptará o seu próprio regulamento, que incluirá o método de escolha do seu presidente.
2. O Conselho Económico e Social reunir-se-á quando necessário, de acordo com o seu regulamento, que deverá incluir disposições referentes à convocação de reuniões a pedido da maioria dos seus membros.

CAPÍTULO XI
Declaração relativa a territórios não autónomos

ARTIGO 73.º

Os membros das Nações Unidas que assumiram ou assumam responsabilidades pela administração de territórios cujos povos ainda não se governem completamente a si mesmos reconhecem o princípio do primado dos interesses dos habitantes desses territórios e aceitam, como missão sagrada, a obrigação de promover no mais alto grau, dentro do sistema de paz e segurança internacionais estabelecido na presente Carta, o bem--estar dos habitantes desses territórios, e, para tal fim:

a) Assegurar, com o devido respeito pela cultura dos povos interessados, o seu progresso político, económico, social e educacional, o seu tratamento equitativo e a sua protecção contra qualquer abuso;

b) Promover o seu governo próprio, ter na devida conta as aspirações políticas dos povos e auxiliá-los no desenvolvimento progressivo das suas instituições políticas livres, de acordo com as circunstâncias peculiares a cada território e seus habitantes, e os diferentes graus do seu desenvolvimento;

c) Consolidar a paz e a segurança internacionais;

d) Favorecer medidas construtivas de desenvolvimento, estimular pesquisas, cooperar entre si e, quando e onde for o caso, com organizações internacionais especializadas, tendo em vista a realização prática dos objectivos de ordem social, económica e científica enumerados neste artigo;

e) Transmitir regularmente ao Secretário-Geral, para fins de informação, sujeitas às reservas impostas por considerações de segurança e de ordem constitucional, informações estatísticas ou de outro carácter técnico relativas às condições económicas, sociais e educacionais dos territórios pelos quais são respectivamente responsáveis e que não estejam compreendidos entre aqueles a que se referem os capítulos XII e XIII.

ARTIGO 74.º

Os membros das Nações Unidas concordam também em que a sua política relativa aos territórios a que se aplica o presente capítulo deve ser baseada, do mesmo modo que a política seguida nos respectivos territórios metropolitanos, no princípio geral de boa vizinhança, tendo na devida conta os interesses e o bem-estar do resto do mundo no que se refere às questões sociais, económicas e comerciais.

CAPÍTULO XII
Regime internacional de tutela

ARTIGO 75.º

As Nações Unidas estabelecerão sob a sua autoridade um regime internacional de tutela para a administração e fiscalização dos territórios que possam ser colocados sob esse regime em consequência de futuros acordos individuais. Esses territórios serão, daqui em diante, designados como territórios sob tutela.

ARTIGO 76.º

As finalidades básicas do regime de tutela, de acordo com os objectivos das Nações Unidas enumerados no artigo 1.º da presente Carta, serão:
 a) Consolidar a paz e a segurança internacionais;
 b) Fomentar o programa político, económico, social e educacional dos habitantes dos territórios sob tutela e o seu desenvolvimento progressivo para alcançar governo próprio ou independência, como mais convenha às circunstâncias particulares de cada território e dos seus habitantes e aos desejos livremente expressos dos povos interessados e como for previsto nos termos de cada acordo de tutela;
 c) Encorajar o respeito pelos direitos do homem e pelas liberdades fundamentais para todos, sem distinção de raça, sexo, língua ou religião, e favorecer o reconhecimento da interdependência de todos os povos;
 d) Assegurar igualdade de tratamento nos domínios social, económico e comercial a todos os membros das Nações Unidas e seus nacionais e, a estes últimos, igual tratamento na administração da justiça, sem prejuízo dos objectivos acima expostos e sob reserva das disposições do artigo 80.º.

ARTIGO 77.º

1. O regime de tutela será aplicado aos territórios das categorias seguintes que venham a ser colocados sob esse regime por meio de acordos de tutela:
   a) Territórios actualmente sob mandato;
   b) Territórios que possam ser separados de Estados inimigos em consequência da 2.ª Guerra Mundial;
   c) Territórios voluntariamente colocados sob esse regime por Estados responsáveis pela sua administração.

2. Será objecto de acordo ulterior a determinação dos territórios das categorias acima mencionadas a serem colocados sob o regime de tutela e das condições em que o serão.

ARTIGO 78.º

O regime de tutela não será aplicado a territórios que se tenham tornado membros das Nações Unidas, cujas relações mútuas deverão basear-se no respeito pelo princípio da igualdade soberana.

ARTIGO 79.º

As condições de tutela em que cada território será colocado sob este regime, bem como qualquer alteração ou emenda, serão determinadas por acordo entre os Estados directamente interessados, inclusive a potência mandatária no caso de território sob mandato de um membro das Nações Unidas, e serão aprovadas em conformidade com as disposições dos artigos 83.º e 85.º.

ARTIGO 80.º

1. Salvo o que for estabelecido em acordos individuais de tutela, feitos em conformidade com os artigos 77.º, 79.º e 81.º, pelos quais se coloque cada território sob este regime e até que tais acordos tenham sido concluídos, nada neste capítulo será interpretado como alteração de qualquer espécie nos direitos de qualquer Estado ou povo ou nos termos dos actos internacionais vigentes em que os membros das Nações Unidas forem partes.

2. O n.º 1 deste artigo não será interpretado como motivo para demora ou adiamento da negociação e conclusão de acordos destinados

a colocar territórios sob o regime de tutela, conforme as disposições do artigo 77.º.

ARTIGO 81.º

O acordo de tutela deverá, em cada caso, incluir as condições sob as quais o território sob tutela será administrado e designar a autoridade que exercerá essa administração. Tal autoridade, daqui em diante designada como autoridade administrante, poderá ser um ou mais Estados ou a própria Organização.

ARTIGO 82.º

Poderão designar-se, em qualquer acordo de tutela, uma ou várias zonas estratégicas que compreendam parte ou a totalidade do território sob tutela a que o mesmo se aplique, sem prejuízo de qualquer acordo ou acordos especiais feitos em conformidade com o artigo 43.º.

ARTIGO 83.º

1. Todas as funções atribuídas às Nações Unidas relativamente às zonas estratégicas, inclusive a aprovação das condições dos acordos de tutela, assim como da sua alteração ou emendas, serão exercidas pelo Conselho de Segurança.
2. As finalidades básicas enumeradas do artigo 76.º serão aplicáveis às populações de cada zona estratégica.
3. O Conselho de Segurança, ressalvadas as disposições dos acordos de tutela e sem prejuízo das exigências de segurança, poderá valer-se da assistência do Conselho de Tutela para desempenhar as funções que cabem às Nações Unidas pelo regime de tutela, relativamente a matérias políticas, económicas, sociais ou educacionais dentro das zonas estratégicas.

ARTIGO 84.º

A autoridade administrante terá o dever de assegurar que o território sob tutela preste a sua colaboração à manutenção da paz e da segurança internacionais. Para tal fim, a autoridade administrante poderá fazer uso de forças voluntárias, de facilidades e de ajuda do território sob tutela para o desempenho das obrigações por ela assumidas a este respeito perante o Conselho de Segurança, assim como para a defesa local e para a manutenção da lei e da ordem dentro do território sob tutela.

ARTIGO 85.º

1. As funções das Nações Unidas relativas a acordos de tutela para todas as zonas não designadas como estratégicas, inclusive a aprovação das condições dos acordos de tutela e da sua alteração ou emenda, serão exercidas pela Assembleia Geral.

2. O Conselho de Tutela, que funcionará sob a autoridade da Assembleia Geral, auxiliará esta no desempenho dessas atribuições.

CAPÍTULO XIII
O Conselho de Tutela

Composição
ARTIGO 86.º

1. O Conselho de Tutela será composto dos seguintes membros das Nações Unidas:

a) Os membros que administrem territórios sob tutela;

b) Aqueles de entre os membros mencionados nominalmente no artigo 23.º que não administrem territórios sob tutela;

c) Quantos outros membros eleitos por um período de três anos, pela Assembleia Geral, sejam necessários para assegurar que o número total de membros do Conselho de Tutela fique igualmente dividido entre os membros das Nações Unidas que administrem territórios sob tutela e aqueles que o não fazem.

2. Cada membro do Conselho de Tutela designará uma pessoa especialmente qualificada para representá-lo perante o Conselho.

Funções e poderes
ARTIGO 87.º

A Assembleia Geral e, sob a sua autoridade, o Conselho de Tutela, no desempenho das suas funções, poderão:

a) Examinar os relatórios que lhes tenham sido submetidos pela autoridade administrante;
b) Receber petições e examiná-las, em consulta com a autoridade administrante;
c) Providenciar sobre visitas periódicas aos territórios sob tutela em datas fixadas de acordo com a autoridade administrante;
d) Tomar estas e outras medidas em conformidade com os termos dos acordos de tutela.

ARTIGO 88.º

O Conselho de Tutela formulará um questionário sobre o desenvolvimento político, económico, social e educacional dos habitantes de cada território sob tutela e a autoridade administrante de cada um destes territórios, submetidos à competência da Assembleia Geral, fará um relatório anual à Assembleia, baseado no referido questionário.

Votação
ARTIGO 89.º

1. Cada membro do Conselho de Tutela terá um voto.
2. As decisões do Conselho de Tutela serão tomadas por maioria dos membros presentes e votantes.

Procedimento
ARTIGO 90.º

1. O Conselho de Tutela adoptará o seu próprio regulamento, que incluirá o método de escolha do seu presidente.
2. O Conselho de Tutela reunir-se-á quando for necessário, de acordo com o seu regulamento, que incluirá uma disposição referente à convocação de reuniões a pedido da maioria dos seus membros.

ARTIGO 91.º

O Conselho de Tutela valer-se-á, quando for necessário, da colaboração do Conselho Económico e Social e das organizações especializadas, a respeito das matérias no âmbito das respectivas competências.

DECLARAÇÃO UNIVERSAL DOS DIREITOS DO HOMEM
10.12.1948

DECLARAÇÃO UNIVERSAL DOS DIREITOS DO HOMEM

Preâmbulo

Considerando que o reconhecimento da dignidade inerente a todos os membros da família humana e dos seus direitos iguais e inalienáveis constitui o fundamento da liberdade, da justiça e da paz no mundo;

Considerando que o desconhecimento e o desprezo dos direitos do homem conduziram a actos de barbárie que revoltam a consciência da Humanidade e que o advento de um mundo em que os seres humanos sejam livres de falar e de crer, libertos do terror e da miséria, foi proclamado como a mais alta inspiração do homem;

Considerando que é essencial a protecção dos direitos do homem através de um regime de direito, para que o homem não seja compelido, em supremo recurso, à revolta contra a tirania e a opressão;

Considerando que é essencial encorajar o desenvolvimento de relações amistosas entre as nações;

Considerando que, na Carta, os povos das Nações Unidas proclamam, de novo, a sua fé nos direitos fundamentais do homem, na dignidade e no valor da pessoa humana, na igualdade de direitos dos homens e das mulheres e se declararam resolvidos a favorecer o progresso social e a instaurar melhores condições de vida dentro de uma liberdade mais ampla;

Considerando que os Estados-Membros se comprometeram a promover, em cooperação com a Organização das Nações Unidas, o respeito universal e efectivo dos direitos do homem e das liberdades fundamentais;

Considerando que uma concepção comum destes direitos e liberdades é da mais alta importância para dar plena satisfação a tal compromisso:

A Assembleia Geral

Proclama a presente Declaração Universal dos Direitos do Homem como ideal comum a atingir por todos os povos e todas as nações, a fim de que todos os indivíduos e todos os órgãos da sociedade, tendo-a constantemente no espírito, se esforcem, pelo ensino e pela educação, por desenvolver o respeito desses direitos e liberdades e por promover, por medidas progressivas de ordem nacional e internacional, o seu reconhecimento e a sua aplicação universais e efectivos tanto entre as populações dos próprios Estados-Membros, como entre as dos territórios colocados sob a sua jurisdição.

ARTIGO 1.º

Todos os seres humanos nascem livres e iguais em dignidade e em direitos. Dotados de razão e de consciência, devem agir uns para com os outros em espírito de fraternidade.

ARTIGO 2.º

Todos os seres humanos podem invocar os direitos e as liberdades proclamados na presente Declaração, sem distinção alguma, nomeadamente de raça, de cor, de sexo, de língua, de religião, de opinião política ou outra, de origem nacional ou social, de situação económica, de nascimento ou de qualquer outra situação.

Além disso, não será feita nenhuma distinção fundada no estatuto político, jurídico ou internacional do país ou do território da naturalidade da pessoa, seja esse país ou território independente, sob tutela, autónomo ou sujeito a alguma limitação de soberania.

ARTIGO 3.º

Todo o indivíduo tem direito à vida, à liberdade e à segurança pessoal.

ARTIGO 4.º

Ninguém será mantido em escravatura ou em servidão; a escravatura e o tráfico de escravos, sob todas as formas, são proibidos.

ARTIGO 5.º

Ninguém será submetido a tortura nem a penas ou tratamentos cruéis, desumanos ou degradantes.

ARTIGO 6.º

Todos os indivíduos têm direito ao reconhecimento em todos os lugares da sua personalidade jurídica.

ARTIGO 7.º

Todos são iguais perante a lei e, sem distinção, têm direito a igual protecção da lei. Todos têm direito a protecção igual contra qualquer discriminação que viole a presente Declaração e contra qualquer incitamento a tal discriminação.

ARTIGO 8.º

Toda a pessoa tem direito a recurso efectivo para as jurisdições nacionais competentes contra os actos que violem os direitos fundamentais reconhecidos pela Constituição ou pela lei.

ARTIGO 9.º

Ninguém pode ser arbitrariamente preso, detido ou exilado.

ARTIGO 10.º

Toda a pessoa tem direito, em plena igualdade, a que a sua causa seja equitativa e publicamente julgada por um tribunal independente e imparcial que decida dos seus direitos e obrigações ou das razões de qualquer acusação em matéria penal que contra ela seja deduzida.

ARTIGO 11.º

1. Toda a pessoa acusada de um acto delituoso presume-se inocente até que a sua culpabilidade fique legalmente provada no decurso de um

processo público em que todas as garantias necessárias de defesa lhe sejam asseguradas.

2. Ninguém será condenado por acções ou omissões que, no momento da sua prática, não constituíam acto delituoso à face do direito interno ou internacional. Do mesmo modo, não será infligida pena mais grave do que a que era aplicável no momento em que o acto delituoso foi cometido.

ARTIGO 12.º

Ninguém sofrerá intromissões arbitrárias na sua vida privada, na sua família, no seu domicílio ou na sua correspondência, nem ataques à sua honra e reputação. Contra tais intromissões ou ataques toda a pessoa tem direito a protecção da lei.

ARTIGO 13.º

1. Toda a pessoa tem o direito de livremente circular e escolher a sua residência no interior de um Estado.
2. Toda a pessoa tem o direito de abandonar o país em que se encontra, incluindo o seu, e o direito de regressar ao seu país.

ARTIGO 14.º

1. Toda a pessoa sujeita a perseguição tem o direito de procurar e de beneficiar de asilo em outros países.
2. Este direito não pode, porém, ser invocado no caso de processo realmente existente por crime de direito comum ou por actividades contrárias aos fins e aos princípios das Nações Unidas.

ARTIGO 15.º

1. Todo o indivíduo tem direito a ter uma nacionalidade.
2. Ninguém pode ser arbitrariamente privado da sua nacionalidade nem do direito de mudar de nacionalidade.

ARTIGO 16.º

1. A partir da idade núbil, o homem e a mulher têm o direito de casar

e de constituir família, sem restrição alguma de raça, nacionalidade ou religião. Durante o casamento e na altura da sua dissolução, ambos têm direitos iguais.

2. O casamento não pode ser celebrado sem o livre e pleno consentimento dos futuros esposos.

3. A família é o elemento natural e fundamental da sociedade e tem direito à protecção desta e do Estado.

ARTIGO 17.º

1. Toda a pessoa, individual ou colectivamente, tem direito à propriedade.

2. Ninguém pode ser arbitrariamente privado da sua propriedade.

ARTIGO 18.º

Toda a pessoa tem direito à liberdade de pensamento, de consciência e de religião; este direito implica a liberdade de mudar de religião ou de convicção, assim como a liberdade de manifestar a religião ou convicção, sozinho ou em comum, tanto em público como em privado, pelo ensino, pela prática, pelo culto e pelos ritos.

ARTIGO 19.º

Todo o indivíduo tem direito à liberdade de opinião e de expressão, o que implica o direito de não ser penalizado pelas suas opiniões e o de procurar, receber e difundir, sem consideração de fronteiras, informações e ideias por qualquer meio de expressão.

ARTIGO 20.º

1. Toda a pessoa tem direito à liberdade de reunião e de associação pacíficas.

2. Ninguém pode ser obrigado a fazer parte de uma associação.

ARTIGO 21.º

1. Toda a pessoa tem o direito de tomar parte na direcção dos negó-

cios públicos do seu país, quer directamente, quer por intermédio de representantes livremente escolhidos.

2. Toda a pessoa tem direito de acesso, em condições de igualdade, às funções públicas do seu país.

3. A vontade do povo é o fundamento da autoridade dos poderes públicos; e deve exprimir-se através de eleições honestas a realizar periodicamente por sufrágio universal e igual, com voto secreto ou segundo processo equivalente que salvaguarde a liberdade de voto.

ARTIGO 22.º

Toda a pessoa, como membro da sociedade, tem direito à segurança social; e pode legitimamente exigir a satisfação dos direitos económicos, sociais e culturais indispensáveis, graças ao esforço nacional e à cooperação internacional, de harmonia com a organização e os recursos de cada país.

ARTIGO 23.º

1. Toda a pessoa tem direito ao trabalho, à livre escolha do trabalho, a condições equitativas e satisfatórias de trabalho e à protecção contra o desemprego.

2. Todos têm direito, sem discriminação alguma, a salário igual por trabalho igual.

3. Quem trabalha tem direito a uma remuneração equitativa e satisfatória, que lhe permita e à sua família uma existência conforme com a dignidade humana, e completada, se possível, por todos os outros meios de protecção social.

4. Toda a pessoa tem o direito de fundar com outras pessoas sindicatos e de se filiar em sindicatos para a defesa dos seus interesses.

ARTIGO 24.º

Toda a pessoa tem direito ao repouso e ao lazer e, especialmente, a uma limitação razoável da duração do trabalho e a férias periódicas pagas.

ARTIGO 25.º

1. Toda a pessoa tem direito a um nível de vida suficiente para lhe

assegurar e à sua família a saúde e o bem-estar, principalmente quanto à alimentação, ao vestuário, ao alojamento, à assistência médica e ainda quanto aos serviços sociais necessários, e tem direito à segurança no desemprego, na doença, na invalidez, na viuvez, na velhice ou noutros casos de perda de meios de subsistência por circunstâncias independentes da sua vontade.

2. A maternidade e a infância têm direito a ajuda e a assistência especiais. Todas as crianças, nascidas dentro ou fora do matrimónio, gozam da mesma protecção social.

ARTIGO 26.º

1. Toda a pessoa tem direito à educação. A educação deve ser gratuita, pelo menos a correspondente ao ensino elementar fundamental. O ensino elementar é obrigatório. O ensino técnico e profissional deve ser generalizado; o acesso aos estudos superiores deve estar aberto a todos em plena igualdade, em função do seu mérito.

2. A educação deve visar à plena expansão da personalidade humana e ao reforço dos direitos do homem e das liberdades fundamentais e deve favorecer a compreensão, a tolerância e a amizade entre todas as nações e todos os grupos raciais ou religiosos, bem como o desenvolvimento das actividades das Nações Unidas para a manutenção da paz.

3. Aos pais pertence a prioridade do direito de escolher o género de educação a dar aos filhos.

ARTIGO 27.º

1. Toda a pessoa tem o direito de tomar parte livremente na vida cultural da comunidade, de fruir as artes e de participar no progresso científico e nos benefícios que deste resultam.

2. Todos têm direito à protecção dos interesses morais e materiais ligados a qualquer produção científica, literária ou artística da sua autoria.

ARTIGO 28.º

Toda a pessoa tem direito a que reine, no plano social e no plano internacional, uma ordem capaz de tornar plenamente efectivos os direitos e as liberdades enunciados na presente Declaração.

ARTIGO 29.º

1. O indivíduo tem deveres para com a comunidade, fora da qual não é possível o livre e pleno desenvolvimento da sua personalidade.

2. No exercício destes direitos e no gozo destas liberdades ninguém está sujeito senão às limitações estabelecidas pela lei com vista exclusivamente a promover o reconhecimento e o respeito dos direitos e liberdades dos outros e a fim de satisfazer as justas exigências da moral, da ordem pública e do bem-estar numa sociedade democrática.

3. Em caso algum estes direitos e liberdades poderão ser exercidos contrariamente aos fins e aos princípios das Nações Unidas.

ARTIGO 30.º

Nenhuma disposição da presente Declaração pode ser interpretada de maneira a envolver para qualquer Estado, agrupamento ou indivíduo o direito de se entregar a alguma actividade ou de praticar algum acto destinado a destruir os direitos e liberdades aqui enunciados.

DECLARAÇÃO SOBRE A CONCESSÃO DE INDEPENDÊNCIA AOS PAÍSES E POVOS COLONIAIS
14.12.1960

DECLARAÇÃO SOBRE A CONCESSÃO DE INDEPENDÊNCIA AOS PAÍSES E POVOS COLONIAIS

Resolução 1514 (XV) da Assembleia Geral das Nações Unidas

A Assembleia Geral,
Tendo presente que os povos do mundo proclamaram, na Carta das Nações Unidas, que estão decididos a reafirmar a fé nos direitos fundamentais do Homem, na dignidade e no valor da pessoa humana, na igualdade de direitos entre homens e mulheres, na igualdade das nações, tanto grandes como pequenas, a promover o progresso social e a melhorar o nível de vida ao abrigo de um conceito mais amplo de liberdade,
Consciente da necessidade de criar condições de estabilidade e bem-estar e relações pacíficas e de amizade baseadas no respeito dos princípios da igualdade de direitos e da autodeterminação de todos os povos e de assegurar o respeito universal e efectivo dos direitos humanos e das liberdades fundamentais de todos, sem distinção de raça, de sexo, de língua ou de religião,
Reconhecendo o desejo ardente de liberdade de todos os povos dependentes e o papel decisivo destes povos na obtenção da sua independência,
Consciente dos crescentes conflitos originados pela recusa da concessão de liberdade a esses povos ou pela oposição à sua obtenção, conflitos que representam uma grave ameaça à paz mundial,
Considerando o importante papel das Nações Unidas como meio de favorecer o movimento de defesa da independência nos territórios sob tutela e nos territórios não autónomos,
Reconhecendo que os povos de todo o mundo desejam ardentemente o fim do colonialismo em todas as suas manifestações,

Convencida de que a continuação do colonialismo impede o desenvolvimento da cooperação económica internacional, atrasa o desenvolvimento social, cultural e económico dos povos dependentes e contraria o ideal de paz universal das Nações Unidas,

Afirmando que os povos podem, para os seus próprios fins, dispor livremente das suas riquezas e recursos naturais, sem prejuízo das obrigações que resultam da cooperação económica internacional, baseada no princípio do interesse recíproco e do direito internacional,

Acreditando que o processo de libertação é irresistível e irreversível e que, a fim de evitar graves crises, é preciso pôr fim ao colonialismo e a todas as práticas de segregação e discriminação que o acompanham,

Congratulando-se pelo facto de, nos últimos anos, grande número de territórios dependentes terem alcançado a liberdade e a independência e reconhecendo as tendências cada vez mais fortes para a liberdade que se manifestam nos territórios que ainda não obtiveram a independência,

Convencida de que todos os povos têm um direito inalienável à plena liberdade, ao exercício da sua soberania e à integridade do seu território nacional,

Proclama solenemente a necessidade de pôr fim, rápida e incondicionalmente, ao colonialismo em todas as suas formas e manifestações,

E para este fim,

Declara que:

1. A sujeição dos povos a uma subjugação, domínio e exploração estrangeiras constitui uma negação dos direitos humanos fundamentais, é contrária à Carta das Nações Unidas e compromete a causa da paz e da cooperação mundiais.

2. Todos os povos têm o direito à autodeterminação; em virtude deste direito, determinam livremente o seu estatuto político e prosseguem livremente o seu desenvolvimento económico, social e cultural.

3. A falta de preparação nos campos político, económico, social ou educativo não deverá nunca servir de pretexto para retardar a independência.

4. A fim de que os povos dependentes possam exercer pacífica e livremente o seu direito à plena independência, deverá cessar toda a acção armada ou todas as medidas repressivas de qualquer natureza dirigidas contra os povos dependentes e deverá ser respeitada a integridade do seu território nacional.

5. Nos territórios sob tutela, nos territórios não-autónomos e em todos os outros territórios que ainda não tenham obtido a independência,

deverão ser imediatamente adoptadas medidas destinadas a transferir todos os poderes para os povos desses territórios, sem condições, nem reservas, em conformidade com a sua vontade e os seus anseios livremente expressos e sem distinção de raça, de crença ou de cor, para que possam desfrutar de uma independência e liberdade absolutas.

6. Qualquer tentativa que vise destruir, total ou parcialmente, a unidade nacional e a integridade territorial de um país é incompatível com os objectivos e os princípios da Carta das Nações Unidas.

7. Todos os Estados deverão observar fiel e estritamente as disposições da Carta das Nações Unidas, da Declaração Universal dos Direitos do Homem e da presente Declaração, na base da igualdade, da não ingerência nos assuntos internos dos Estados e do respeito pelos direitos soberanos de todos os povos e da sua integridade territorial.

DECLARAÇÃO RELATIVA À SOBERANIA PERMANENTE SOBRE OS RECURSOS NATURAIS
14.12.1962

DECLARAÇÃO RELATIVA À SOBERANIA PERMANENTE SOBRE OS RECURSOS NATURAIS

Resolução 1803 (XVII) da Assembleia Geral das Nações Unidas

A Assembleia Geral,
Relembrando as suas resoluções 523 (VI), de 12 de Janeiro de 1952, e 626 (VII), de 21 de Dezembro de 1952,
Tendo em conta a sua resolução 1314 (XIII), de 12 de Dezembro de 1958, pela qual criou a Comissão para a Soberania Permanente sobre os Recursos Naturais e a encarregou de proceder a uma análise aprofundada da situação do direito de soberania permanente sobre as riquezas e os recursos naturais, elemento fundamental do direito dos povos e das nações à autodeterminação, e, quando necessário, a formular recomendações, tendo em vista o reforço desse direito, e decidiu, para além disso, que, na análise aprofundada da questão do direito de soberania permanente sobre as riquezas e os recursos naturais, seriam tidos em devida consideração os direitos e os deveres dos Estados, em conformidade com o direito internacional, e a importância de estimular a cooperação internacional para o desenvolvimento económico dos países em desenvolvimento,
Tendo em conta a sua resolução 1515 (XV), de 15 de Dezembro de 1960, pela qual recomendou o respeito pelo direito soberano de cada Estado a dispor das suas riquezas e recursos naturais,
Considerando que qualquer medida adoptada com esse objectivo deve basear-se no reconhecimento do direito inalienável de cada Estado a dispor livremente das suas riquezas e recursos naturais, de acordo com os seus interesses nacionais e no respeito pela independência económica dos Estados,
Considerando que nada no parágrafo 4 infra pode pôr em causa a posição de um Estado-Membro relativamente a qualquer aspecto da questão dos direitos e obrigações dos Estados e governos sucessores no que se re-

fere aos bens adquiridos antes do acesso à plena soberania por parte dos países que anteriormente se encontravam sob domínio colonial,

Constatando que a questão da sucessão de Estados e governos está a ser prioritariamente examinada pela Comissão de Direito Internacional,

Considerando que é desejável promover a cooperação internacional para o desenvolvimento económico dos países em desenvolvimento e que os acordos económicos e financeiros entre países desenvolvidos e países em desenvolvimento devem basear-se nos princípios da igualdade e do direito dos povos e das nações à autodeterminação,

Considerando que a prestação de assistência económica e técnica, os empréstimos e o aumento do investimento estrangeiro não devem estar sujeitos a qualquer condição que prejudique os interesses do Estado beneficiário,

Considerando os benefícios resultantes das trocas de informações técnicas e científicas destinadas a promover o desenvolvimento e a utilização desses recursos e riquezas e o importante papel que as Nações Unidas e outras organizações internacionais são chamadas a desempenhar neste domínio,

Conferindo particular importância à questão da promoção do desenvolvimento económico dos países em desenvolvimento e à consolidação da sua independência económica,

Constatando que o exercício e o reforço da soberania permanente dos Estados sobre as suas riquezas e recursos naturais reforça a sua independência económica,

Desejando que as Nações Unidas examinem mais aprofundadamente a questão da soberania permanente sobre os recursos naturais num espírito de cooperação internacional para o desenvolvimento económico, em particular nos países em desenvolvimento,

I

Declara o seguinte:

1. O direito de soberania permanente dos povos e das nações sobre as suas riquezas e os seus recursos naturais deve ser exercido no interesse do desenvolvimento nacional e do bem-estar da população do Estado em causa.

2. A exploração, o desenvolvimento e a disposição desses recursos, bem como a importação dos capitais estrangeiros necessários para esses fins, devem efectuar-se em conformidade com as regras e condições que

os povos e as nações livremente considerem como necessárias ou desejáveis relativamente à autorização, à limitação ou à interdição dessas actividades.

3. Nos casos em que seja conferida uma autorização, os capitais importados e os rendimentos que deles resultem reger-se-ão pelos termos dessa autorização, pela legislação nacional em vigor e pelo direito internacional. Os benefícios obtidos deverão ser repartidos na proporção livremente acordada, em cada caso, entre os investidores e o Estado receptor, estando convencionado que não serão impostas restrições, por qualquer motivo, ao direito de soberania do referido Estado sobre as suas riquezas e os seus recursos naturais.

4. A nacionalização, a expropriação ou a requisição deverão fundar-se em razões ou motivos de utilidade pública, de segurança ou de interesse nacional, reconhecidos como primando sobre os simples interesses particulares ou privados, tanto nacionais, como estrangeiros. Nestes casos, o proprietário receberá uma indemnização adequada, de acordo com as regras em vigor no Estado que adopte essas medidas no exercício da sua soberania e em conformidade com o direito internacional. Nos casos em que a questão da indemnização der lugar a uma controvérsia, os meios de recurso nacionais do Estado que adopte as referidas medidas deverão ser esgotados. Contudo, existindo acordo entre Estados soberanos e outras partes interessadas, o litígio poderá ser submetido à arbitragem ou a um tribunal internacional.

5. O livre e proveitoso exercício da soberania dos povos e das nações sobre os seus recursos naturais deve ser encorajado pelo respeito mútuo dos Estados, baseado na sua igualdade soberana.

6. A cooperação internacional para o desenvolvimento económico dos países em desenvolvimento, sob a forma de investimento de capital público ou privado, comércio de bens ou de serviços, assistência técnica ou troca de informações científicas, deve favorecer o desenvolvimento nacional independente desses países e basear-se no respeito da sua soberania sobre as suas riquezas e os seus recursos naturais.

7. A violação dos direitos soberanos dos povos e das nações sobre as suas riquezas e os seus recursos naturais é contrária ao espírito e aos princípios da Carta das Nações Unidas e compromete o desenvolvimento da cooperação internacional e a manutenção da paz.

8. Os acordos relativos ao investimento estrangeiro livremente concluídos por Estados soberanos ou entre esses Estados serão observados de boa-fé; os Estados e as organizações internacionais devem respeitar, estrita

e conscienciosamente, a soberania dos povos e das nações sobre as suas riquezas e os seus recursos naturais, em conformidade com a Carta e os princípios enunciados na presente resolução.

II

Acolhe com satisfação a decisão da Comissão de Direito Internacional de acelerar os seus trabalhos de codificação da questão da responsabilidade dos Estados, com o objectivo de ser examinada pela Assembleia Geral([1]);

III

Insta o Secretário-Geral a prosseguir a análise dos diferentes aspectos da soberania permanente sobre os recursos naturais, tendo em conta o desejo dos Estados-Membros de assegurar a protecção dos seus direitos soberanos e encorajando a cooperação internacional no domínio do desenvolvimento económico, e a informar o Conselho Económico e Social e a Assembleia Geral sobre esta questão, se possível aquando da décima oitava sessão.

([1]) Documentos oficiais da Assembleia Geral, 17.ª Sessão, Suplemento n.º 9 (A/5209), par. 67 a 69.

**CONFERÊNCIA DAS NAÇÕES UNIDAS PARA
O COMÉRCIO E O DESENVOLVIMENTO
– CNUCED**
30.12.1964

CONFERÊNCIA DAS NAÇÕES UNIDAS PARA O COMÉRCIO E O DESENVOLVIMENTO

Resolução 1995 (XIX) da Assembleia Geral das Nações Unidas, com as rectificações introduzidas pelas Resoluções 2904 (XXVII), 31/2 A, 31/2 B e 34/3

A Assembleia Geral,
Convencida de que são necessários esforços permanentes para melhorar os níveis de vida em todos os países e acelerar o crescimento económico dos países em desenvolvimento,
Considerando que o comércio internacional é um importante instrumento para o desenvolvimento económico,
Reconhecendo que a Conferência das Nações Unidas para o Comércio e o Desenvolvimento proporcionou uma oportunidade única para proceder a um exame aprofundado dos problemas do comércio e das relações entre o comércio e o desenvolvimento económico, em particular no que respeita aos problemas que afectam os países em desenvolvimento,
Convencida de que são indispensáveis disposições institucionais adequadas e eficazes para que o comércio internacional contribua plenamente para a aceleração do crescimento económico dos países em desenvolvimento, através da elaboração e da aplicação das políticas necessárias,
Tendo em conta que o funcionamento das instituições internacionais existentes foi examinado pela Conferência das Nações Unidas para o Comércio e o Desenvolvimento, a qual reconheceu quer o seu contributo, quer as suas limitações para a resolução de todos os problemas do comércio e de outros problemas relacionados com o desenvolvimento,
Convencida de que todos os Estados participantes na Conferência das Nações Unidas para o Comércio e o Desenvolvimento deverão utilizar o mais eficazmente possível as instituições e os acordos a que pertencem ou a que podem vir a pertencer,

Convencida de que se deverá proceder a um novo exame das instituições existentes e das instituições propostas, tendo em conta a experiência adquirida no que se refere aos seus trabalhos e às suas actividades,

Registando o desejo da maior parte dos países em desenvolvimento de criar uma organização geral de comércio,

Reconhecendo serem necessárias novas disposições institucionais, a fim de prosseguir os trabalhos iniciados pela Conferência e dar seguimento às suas recomendações e conclusões,

I

Cria a Conferência das Nações Unidas para o Comércio e o Desenvolvimento como órgão da Assembleia Geral, nos termos das disposições contidas na secção II que se segue.

II

1. Os membros da Conferência das Nações Unidas para o Comércio e o Desenvolvimento (adiante designada por Conferência) são os Estados-Membros da Organização das Nações Unidas, das instituições especializadas ou da Agência Internacional da Energia Atómica.

2. A Conferência será normalmente convocada com uma periodicidade não superior a quatro anos. A Assembleia Geral fixará a data e o local das sessões da Conferência, tendo em conta as recomendações desta ou do Conselho do Comércio e Desenvolvimento estabelecido nos termos do parágrafo 4.

3. As principais funções da Conferência são:

(a) Promover a expansão do comércio internacional, principalmente com o objectivo de acelerar o desenvolvimento económico, em particular o comércio entre países com diferentes níveis de desenvolvimento, entre países em desenvolvimento e entre países com diferentes sistemas económicos e sociais, tendo em conta as actividades das organizações internacionais existentes;

(b) Formular princípios e políticas sobre o comércio internacional e os problemas relacionados com o desenvolvimento económico;

(c) Apresentar propostas para aplicar os referidos princípios e políticas e adoptar todas as medidas que, no âmbito da sua competência, se revelem pertinentes para atingir esse objectivo, tendo em conta as diferenças entre os sistemas económicos e os níveis de desenvolvimento;

(d) De uma forma geral, rever e facilitar a coordenação das actividades de outras instituições integradas no sistema das Nações Unidas nos domínios do comércio internacional e de problemas relativos ao desenvolvimento económico e, neste âmbito, colaborar com a Assembleia Geral e com o Conselho Económico e Social na execução das suas responsabilidades de coordenação estabelecidas pela Carta das Nações Unidas;

(e) Tomar iniciativas, quando for caso disso, e em cooperação com os órgãos competentes das Nações Unidas, para a negociação e adopção de instrumentos jurídicos multilaterais no âmbito do comércio, tendo em conta a adequação dos órgãos existentes de negociação e evitando a duplicação das suas actividades;

(f) Servir de centro para a harmonização das políticas comerciais e de desenvolvimento dos Governos e dos agrupamentos económicos regionais, em conformidade com o disposto no artigo 1.º da Carta das Nações Unidas;

(g) Abordar outras questões, no âmbito das suas competências.

CONSELHO DO COMÉRCIO E DESENVOLVIMENTO

Composição

4. Será estabelecido um órgão permanente da Conferência, o Conselho do Comércio e Desenvolvimento (adiante designado por Conselho), como parte do sistema das Nações Unidas no domínio económico.

5. Todos os membros da Conferência poderão ser membros do Conselho. Os membros da Conferência que pretendam ser membros do Conselho deverão comunicar a sua intenção, por escrito, ao Secretário-Geral da Conferência.

6. A Conferência reexaminará periodicamente as listas de Estados que figuram no anexo, de modo a levar em conta as eventuais alterações na composição dos membros da Conferência, bem como outros factores.

7. O Secretário-Geral da Conferência dará conhecimento das comunicações referidas no parágrafo 5 ao Presidente do Conselho, o qual, no início da sessão seguinte – seja ela ordinária ou extraordinária – da sessão retomada ou durante a sessão em curso, conforme o caso, anunciará a composição do Conselho. Um membro participará no Conselho por um período ilimitado, ficando dependente das disposições do parágrafo 8 infra.

8. Qualquer membro do Conselho que pretenda renunciar a esta condição deverá comunicar ao Secretário-Geral da Conferência, por escrito, a sua intenção. O Secretário-Geral da Conferência dará conhecimento destas comunicações ao Presidente do Conselho, o qual, no início da sessão seguinte – seja ela ordinária ou extraordinária – da sessão retomada ou durante a sessão em curso, conforme o caso, comunicará a composição revista do Conselho.

9. Cada membro do Conselho terá nele um representante e os suplentes e consultores necessários.

10. Qualquer membro da Conferência poderá participar nas deliberações do Conselho relativamente a qualquer questão da sua ordem de trabalhos que seja de particular relevância para esse membro, com todos os direitos e prerrogativas de um membro do Conselho à excepção do direito de voto.

11. O Conselho pode adoptar disposições que permitam aos representantes dos organismos intergovernamentais mencionados nos parágrafos 18 e 19 participar, sem direito a voto, nas suas deliberações e nas dos órgãos subsidiários e grupos de trabalho por ele estabelecidos. Esta participação também é possível para as organizações não governamentais que se ocupem de questões comerciais e das relações entre comércio e desenvolvimento.

12. O Conselho adoptará o seu próprio regulamento interno.

13. O Conselho reunir-se-á sempre que necessário, de acordo com o disposto no seu regulamento interno. O Conselho reunir-se-á normalmente uma vez por ano.

Funções

14. Sempre que a Conferência não estiver reunida, as suas funções serão exercidas pelo Conselho.

15. O Conselho examinará, em particular, as recomendações, declarações, resoluções e outras decisões da Conferência e, no âmbito da sua competência, adoptará as medidas adequadas para as aplicar e para assegurar a continuidade dos trabalhos da Conferência.

16. O Conselho pode efectuar ou iniciar estudos e relatórios nos domínios do comércio e do desenvolvimento.

17. O Conselho poderá solicitar ao Secretário-Geral das Nações Unidas a preparação de relatórios, estudos ou outros documentos que considere necessários.

18. O Conselho adoptará, sempre que necessário, as disposições necessárias à obtenção de informações e ao estabelecimento de relações com os organismos intergovernamentais cujas actividades sejam relevantes para as suas funções. Para evitar duplicações, o Conselho deverá ter acesso, sempre que possível, aos relatórios relevantes apresentados ao Conselho Económico e Social e a outros órgãos das Nações Unidas.

19. O Conselho estabelecerá relações estreitas e permanentes com as comissões económicas regionais das Nações Unidas, podendo estabelecer relações similares com outros organismos regionais intergovernamentais relevantes.

20. No seu relacionamento com os órgãos e as instituições do sistema das Nações Unidas, o Conselho agirá em conformidade com as obrigações impostas pela Carta ao Conselho Económico e Social, em particular no que se refere à coordenação, e pelos acordos que regulem as relações com as instituições em causa.

21. O Conselho desempenhará as funções de comité preparatório das futuras sessões da Conferência. Com esse objectivo, deverá elaborar documentos, incluindo uma ordem de trabalhos provisória, a submeter à apreciação da Conferência, e efectuar recomendações relativamente à data e ao local mais adequados para a sua realização.

22. O Conselho informará a Conferência das suas actividades, devendo, igualmente, por intermédio do Conselho Económico e Social, apresentar à Assembleia Geral um relatório anual sobre as suas actividades. O Conselho Económico e Social poderá, caso entenda necessário, transmitir à Assembleia Geral as suas observações sobre os relatórios.

23. O Conselho criará os órgãos subsidiários que entender necessários ao desempenho eficaz das suas funções. O Conselho criará, nomeadamente, os seguintes comités:

(a) Um comité de produtos de base que desempenhará, entre outras, as funções actualmente da responsabilidade da Comissão do Comércio Internacional dos Produtos de Base e do Comité Interino de Coordenação de Acordos Internacionais sobre Produtos de Base;

(b) Um comité de produtos manufacturados;

(c) Um comité de invisíveis e de financiamento relacionado com o comércio. O Conselho concederá especial atenção às medidas institucionais adequadas para abordar os problemas relativos aos transportes marítimos e tomará em consideração as recomendações constantes dos anexos A.IV.21 e A.IV.22 da Acta Final da Conferência.

As atribuições dos dois últimos órgãos subsidiários e de quaisquer outros órgãos subsidiários criados pelo Conselho serão definidas após consulta com os órgãos adequados das Nações Unidas e terão devidamente em conta o interesse em evitar a duplicação e a sobreposição de funções. Na determinação da composição dos órgãos subsidiários e na eleição dos seus membros, o Conselho terá em consideração a conveniência de incluir nesses órgãos Estados-Membros com um interesse especial nas questões de que eles se ocupam. O Conselho poderá incluir qualquer Estado-Membro da Conferência, esteja este Estado ou não representado no Conselho. O Conselho definirá as atribuições e os regulamentos internos dos seus órgãos subsidiários.

Votação

24. Cada Estado representado na Conferência terá direito a um voto. As decisões da Conferência sobre questões importantes serão adoptadas por uma maioria de dois terços dos representantes presentes e votantes. As decisões da Conferência sobre questões procedimentais serão adoptadas por maioria dos representantes presentes e votantes. As decisões do Conselho serão adoptadas por maioria simples dos representantes presentes e votantes.

Procedimentos

25. Os procedimentos descritos no presente parágrafo destinam-se a estabelecer um processo de conciliação que funcione antes da votação e a proporcionar uma base adequada para a adopção de recomendações relativas a propostas concretas que prevejam medidas que afectem significativamente os interesses económicos ou financeiros de determinados países.

(a) *Níveis de conciliação*

Para efeitos do presente parágrafo, o processo de conciliação pode ter lugar nas condições referidas para as propostas apresentadas à Conferência, ao Conselho ou aos Comités do Conselho. No caso das propostas submetidas aos Comités do Conselho, o processo de conciliação apenas será aplicável às questões relativamente às quais o Comité competente tenha sido autorizado a apresentar, sem necessidade de outra aprovação, recomendações de medidas a adoptar.

(b) *Pedidos de conciliação*

Para efeitos do presente parágrafo, um pedido de conciliação pode ser apresentado:
  (i) No caso de propostas apresentadas à Conferência, por um mínimo de dez membros da Conferência;
  (ii) No caso de propostas apresentadas ao Conselho, por um mínimo de cinco membros da Conferência, sejam ou não membros do Conselho;
  (iii) No caso de propostas apresentadas aos Comités do Conselho, por três membros do Comité.

O pedido de conciliação, formulado em conformidade com o presente parágrafo, deverá ser apresentado, conforme o caso, ao Presidente da Conferência ou ao Presidente do Conselho. No caso de um pedido relacionado com uma proposta apresentada a um Comité do Conselho, o Presidente do Comité competente deverá apresentar o pedido ao Presidente do Conselho.

(c) *Início da conciliação pelo presidente do órgão competente*

Para efeitos do presente parágrafo, o processo de conciliação pode, igualmente, ser iniciado pelo Presidente da Conferência, pelo Presidente do Conselho ou pelo Presidente do Comité competente, sob condição de que o número necessário de países, nos termos da alínea (b), seja favorável a essa conciliação. Nos casos em que o processo de conciliação seja iniciado por um Comité, o Presidente do Comité competente enviará a questão ao Presidente do Conselho para que sejam adoptadas as devidas disposições em conformidade com a alínea (f).

(d) *Prazos para solicitar ou iniciar a conciliação*

O pedido de conciliação (ou o início de conciliação pelo Presidente da Conferência ou pelo Presidente do Conselho, conforme o caso) apenas pode ser feito após a conclusão do debate sobre a proposta no órgão competente e antes da votação dessa proposta. Para os efeitos desta disposição, o Presidente do órgão competente deverá, após a conclusão do debate sobre qualquer proposta, fixar um intervalo adequado para a apresentação de pedidos de conciliação antes de dar início à votação da proposta em causa. Caso seja solicitada ou iniciada qualquer conciliação, a votação da proposta em causa será suspensa, seguindo-se os procedimentos abaixo indicados.

(e) *Questões que podem ser objecto de uma conciliação e questões excluídas da conciliação*

O início de um processo de conciliação será automático, nas condições estipuladas nas alíneas (b) e (c). As categorias de questões enunciadas em (i) e (ii) são consideradas exemplificativas:
 (i) Podem ser objecto de conciliação as propostas concretas que prevejam medidas que afectem de forma substancial os interesses económicos ou financeiros de determinados países, nas seguintes áreas:
 • Planos ou programas económicos ou reajustamentos económicos ou sociais;
 • Políticas comerciais, monetárias ou fiscais ou balança de pagamentos;
 • Políticas de apoio económico ou transferência de recursos;
 • Níveis de emprego, de rendimento, de receitas ou de investimento;
 • Direitos ou obrigações decorrentes de acordos ou tratados internacionais.
 (ii) Não devem ser objecto de conciliação propostas nas seguintes áreas:
 • Questões procedimentais;
 • Propostas relativas a estudos ou investigações, incluindo os trabalhos preparatórios tendo em vista a elaboração de instrumentos jurídicos no domínio do comércio;
 • A criação por parte do Conselho, no âmbito das suas competências, de órgãos subsidiários;
 • Recomendações e declarações de carácter geral que não requeiram qualquer iniciativa concreta;
 • Propostas que envolvam medidas destinadas à aplicação de recomendações adoptadas por unanimidade pela Conferência.

(f) *Nomeação de um comité de conciliação*

Sempre que seja apresentado ou iniciado um pedido de conciliação, o Presidente do órgão competente deverá informar de imediato esse órgão. O Presidente da Conferência ou o Presidente do Conselho deverá, logo que possível e após consulta aos membros do órgão competente, nomear os membros do comité de conciliação e submeter as nomeações à aprovação da Conferência ou do Conselho, conforme o caso.

(g) *Composição do comité de conciliação*

O comité de conciliação deverá, em regra, ser composto por um número reduzido de membros. Estes deverão incluir países especialmente interessados na questão sobre que incide a conciliação e a sua escolha deverá ser feita numa base geográfica equitativa.

(h) *Procedimentos a adoptar pelo comité de conciliação e apresentação do relatório*

O comité de conciliação deverá iniciar os seus trabalhos logo que possível e esforçar-se-á por chegar a um acordo no decurso da mesma sessão da Conferência ou do Conselho. Não haverá lugar a votação no seio do comité de conciliação. Caso o comité de conciliação não se encontre em posição de concluir os seus trabalhos ou de chegar a acordo no decurso da mesma sessão da Conferência ou do Conselho, informará a sessão seguinte do Conselho ou da Conferência, conforme um ou outro se reúna em primeiro lugar. No entanto, a Conferência pode instruir o comité de conciliação por ela designado para que apresente o seu relatório na sessão seguinte da Conferência, caso o comité de conciliação não tenha concluído os seus trabalhos ou não tenha chegado a acordo no decurso da mesma sessão da Conferência.

(i) *Prorrogação do mandato do comité de conciliação*

A decisão sobre uma proposta destinada a prolongar os trabalhos do comité de conciliação para além da sessão em que deveria apresentar o seu relatório será tomada por maioria simples.

(j) *Relatório do comité de conciliação*

O relatório do comité de conciliação deverá indicar se o comité conseguiu ou não chegar a acordo e se recomenda ou não um novo período de conciliação. O relatório do comité será disponibilizado a todos os membros da Conferência.

(k) *Disposições relativas ao relatório do comité de conciliação*

O relatório do comité de conciliação será prioritariamente examinado pelo órgão a que é submetido. Se o órgão adoptar uma resolução sobre a proposta que constituiu objecto do relatório do comité de conciliação, essa resolução deverá mencionar expressamente o relatório do comité de conciliação e as conclusões a que este chegou, nos seguintes termos, conforme o caso:

Tendo em conta o relatório do comité de conciliação nomeado em (data) (número do documento),

Tendo igualmente em conta que o comité de conciliação (conseguiu chegar a acordo) (recomenda um novo período de conciliação) (não conseguiu chegar a acordo).

(l) *Relatórios do Conselho e da Conferência*

Os relatórios apresentados pelo Conselho à Conferência e à Assembleia Geral e os relatórios apresentados pela Conferência à Assembleia Geral deverão incluir, entre outros:

(i) O texto de todas as recomendações, resoluções e declarações adoptadas pelo Conselho ou pela Conferência no decurso do período abrangido pelo relatório:
(ii) Relativamente às recomendações e resoluções adoptadas após um processo de conciliação, deverá ser igualmente incluído um registo da votação de cada recomendação ou resolução, bem como os textos dos relatórios dos comités de conciliação em causa. No relatório, o registo da votação e os textos dos relatórios deverão ser normalmente apresentados no final das resoluções a que se refiram.

(m) *Bons ofícios do Secretário-Geral da Conferência*

Os bons ofícios do Secretário-Geral da Conferência serão utilizados, sempre que possível, no âmbito do processo de conciliação.

(n) *Propostas relacionadas com alterações nas disposições fundamentais da presente resolução*

Será igualmente iniciado um processo de conciliação, nos termos e nas condições anteriormente estabelecidos, relativamente a qualquer proposta de recomendação apresentada à Assembleia Geral que envolva alterações nas disposições fundamentais da presente resolução. A decisão relativa à classificação de uma determinada disposição como fundamental, para efeitos da presente alínea, será tomada por maioria simples da Conferência ou do Conselho.

Secretariado

26. Serão adoptadas medidas, em conformidade com o artigo 101.º da Carta das Nações Unidas, para a constituição imediata, no seio do Secretariado das Nações Unidas, de um secretariado permanente apropriado e exclusivamente dedicado a assegurar os serviços necessários ao bom funcionamento da Conferência, do Conselho e dos seus órgãos subsidiários.

27. O secretariado será presidido pelo Secretário-Geral da Conferência, que será nomeado pelo Secretário-Geral das Nações Unidas, sendo a nomeação confirmada pela Assembleia Geral.

28. O Secretário-Geral das Nações Unidas adoptará as medidas adequadas ao estabelecimento de uma estreita cooperação e coordenação entre o Secretariado da Conferência e o Departamento para os Assuntos Económicos e Sociais, incluindo os secretariados das comissões económicas regionais e os outros serviços competentes do Secretariado das Nações Unidas, bem como com os secretariados das instituições especializadas.

Disposições financeiras

29. As despesas da Conferência, dos seus órgãos subsidiários e do seu secretariado serão suportadas pelo orçamento ordinário das Nações Unidas, que incluirá uma rubrica orçamental adequada para o efeito. Em conformidade com a prática seguida pelas Nações Unidas em casos semelhantes, deverão ser adoptadas disposições para a fixação das contribuições dos Estados não membros das Nações Unidas que participam na Conferência.

Disposições institucionais futuras

30. A Conferência examinará, à luz da experiência adquirida, a eficácia e a evolução futura das disposições institucionais, com vista a recomendar as alterações e os melhoramentos que se possam considerar necessários.

31. Com este objectivo, a Conferência examinará todas as questões relevantes, incluindo as relativas ao estabelecimento de uma organização de carácter geral, integrada por todos os Estados-Membros da Organização Nações Unidas ou das instituições afiliadas que se ocupam de questões do comércio e das relações entre comércio e desenvolvimento.

32. A Assembleia Geral exprime a sua intenção de solicitar o parecer da Conferência, antes de introduzir alterações nas disposições fundamentais da presente resolução.

ANEXO
Lista de Estados mencionados no parágrafo 6

A
Afeganistão
África do Sul
Angola
Arábia Saudita
Argélia
Bahrein
Bangladesh
Benim
Birmânia
Botsuana
Brunei Darussalem
Burkina Faso
Burundi
Butão
Cabo Verde
Camarões
Chade
China
Comores
Congo
Costa do Marfim
Djibouti
Egipto
Emiratos Árabes Unidos
Etiópia
Fiji
Filipinas

Gabão
Gâmbia
Gana
Guiné
Guiné Bissau
Guiné Equatorial
Ilhas Salomão
Índia
Indonésia
Irão, República Islâmica
Iraque
Israel
Jamahiriya Árabe Líbia
Jamaica
Jordânia
Jugoslávia
Kampuchea Democrático
Kuwait
Iémen
Iémen Democrático
Lesoto
Líbano
Libéria
Madagáscar
Malásia
Malawi
Maldivas
Mali

Marrocos
Maurícia
Mauritânia
Moçambique
Mongólia
Namíbia
Nepal
Níger
Nigéria
Oman
Papuásia-Nova-Guiné
Paquistão
Qatar
Quénia
República Árabe Síria
República Centro-Africana
República da Coreia
República Popular e Democrática da Coreia
República Popular e Democrática do Laos
República Unida da Tanzânia
Ruanda
Samoa
São Tomé e Príncipe
Senegal
Serra Leoa
Seicheles
Singapura
Somália
Sri Lanka
Suazilândia
Sudão
Tailândia
Togo
Tonga
Tunísia
Uganda
Vanuatu
Vietname
Zâmbia
Zimbabué

B

Alemanha, República Federal
Austrália
Áustria
Bélgica
Canadá
Chipre
Dinamarca
Espanha
Estados Unidos da América
Finlândia
França
Grécia
Holanda
Irlanda
Islândia
Itália
Japão
Liechtenstein
Luxemburgo
Malta
Mónaco
Noruega
Nova Zelândia
Portugal
Reino Unido da Grã-Bretanha e Irlanda do Norte
Santa Sé
São Marinho
Suécia
Suíça
Turquia

C

Antígua e Barbuda
Argentina
Bahamas
Barbados
Belize
Bolívia
Brasil
Chile

Colômbia
Costa Rica
Cuba
Dominica
El Salvador
Equador
Granada
Guatemala
Guiana
Haiti
Honduras
Jamaica
México

Nicarágua
Panamá
Paraguai
Peru
República Dominicana
Santa Lúcia
São Cristóvão e Nevis
São Vicente e Grenadinas
Suriname
Trindade e Tobago
Uruguai
Venezuela

**PROGRAMA DAS NAÇÕES UNIDAS
PARA O DESENVOLVIMENTO – PNUD**
22.11.1965

FUSÃO DO FUNDO ESPECIAL E DO PROGRAMA ALARGADO DE ASSISTÊNCIA TÉCNICA NUM PROGRAMA DAS NAÇÕES UNIDAS PARA O DESENVOLVIMENTO

Resolução 2029 (XX) da Assembleia Geral das Nações Unidas

A Assembleia Geral,
Tendo examinado a recomendação do Conselho Económico e Social, constante da sua resolução 1020 (XXXVII), de 11 de Agosto de 1964, que defende a fusão do Fundo Especial e do Programa Alargado de Assistência Técnica num Programa das Nações Unidas para o Desenvolvimento,
Convencida de que essa fusão contribuiria fortemente para a racionalização das actividades de que o Fundo Especial e o Programa Alargado de Assistência Técnica se ocupam, separada ou conjuntamente, simplificaria os acordos e os procedimentos em matéria de organização, facilitaria a planificação conjunta e a coordenação necessária de diferentes tipos de programas de cooperação técnica executados pelas Nações Unidas e pelas instituições especializadas e aumentaria a sua eficácia,
Reconhecendo que os pedidos de assistência dos países em desenvolvimento não param de aumentar em volume e em valor,
Considerando que é necessária uma reorganização para criar uma base mais sólida de desenvolvimento e evolução futuros dos programas de assistência das Nações Unidas e das instituições especializadas financiados através de contribuições voluntárias,
Convencida de que os programas de assistência das Nações Unidas visam apoiar e complementar os esforços que os países em desenvolvimento realizam no plano nacional no sentido de resolverem os problemas mais importantes do seu desenvolvimento económico, incluindo o seu desenvolvimento industrial,

Relembrando e reafirmando as disposições da secção III da sua resolução 1219 (XII), de 14 de Dezembro de 1957, e da parte C da sua resolução 1240 (XIII), de 14 de Outubro de 1958, relativas à decisão e às condições requeridas para que a Assembleia Geral volte a examinar o alcance e as actividades futuras do Fundo Especial e adopte as medidas que considere necessárias,

Reafirmando que a fusão prevista será efectuada sem prejuízo de uma análise do estudo que a Assembleia Geral, na sua resolução 1936 (XVIII), de 11 de Dezembro de 1963, solicitou ao Secretário-Geral, relativamente às medidas práticas adequadas para transformar o Fundo Especial num Fundo para o Desenvolvimento do Capital, de forma a exercer quer actividades de pré-investimento, quer actividades de investimento, e sem prejuízo da recomendação da Conferência das Nações Unidas para o Comércio e o Desenvolvimento relativa à transformação gradual do Fundo Especial, de forma a exercer actividades de pré-investimento e de investimento propriamente dito, e das recomendações do Conselho Económico e Social e da Assembleia Geral sobre esta matéria,

Tomando nota da mensagem do Secretário-Geral em que este declara, nomeadamente, que estas propostas, longe de limitar as possibilidades de um programa de investimento de capitais das Nações Unidas, deverão aumentar essas mesmas possibilidades,

Reconhecendo que o funcionamento eficaz de um Programa das Nações Unidas para o Desenvolvimento depende da participação plena e activa e da contribuição técnica de todas as organizações interessadas,

1. Decide fundir o Programa Alargado de Assistência Técnica e o Fundo Especial num Programa das Nações Unidas para o Desenvolvimento, devendo ser mantidas as características e as operações próprias de cada um dos dois programas, assim como dois fundos distintos, podendo as contribuições, à semelhança do que ocorre até ao momento, ser efectuadas para os dois programas em separado;

2. Reafirma os princípios, procedimentos e disposições aplicáveis ao Programa Alargado de Assistência Técnica e ao Fundo Especial que não sejam incompatíveis com a presente resolução e declara que estes continuarão a ser aplicáveis às actividades relevantes do Programa das Nações Unidas para o Desenvolvimento;

3. Insta o Conselho de Administração, a que faz referência o parágrafo 4, a analisar as condições que possibilitem uma aplicação eficaz das disposições da secção III da sua resolução 1219 (XII), de 14 de Dezembro de 1957, e da parte C da sua resolução 1240 (XIII), de 14 de Outubro de 1958;

4. Decide criar um comité intergovernamental único, composto por 37 membros, denominado Conselho de Administração do Programa das Nações Unidas para o Desenvolvimento, que desempenhará as funções anteriormente exercidas pelo Conselho de Administração do Fundo Especial e pelo Comité de Assistência Técnica, incluindo a análise e a aprovação dos projectos, programas e alocação de fundos; para além disso, o referido Conselho definirá e dirigirá a política geral do Programa das Nações Unidas para o Desenvolvimento no seu conjunto, bem como dos programas ordinários de assistência técnica das Nações Unidas; o Conselho de Administração reunir-se-á duas vezes por ano e apresentará relatórios e recomendações pertinentes à sessão de Verão do Conselho Económico e Social. As decisões do Conselho de Administração serão adoptadas por maioria dos membros presentes e votantes;

5. Pede ao Conselho Económico e Social que eleja os membros do Conselho de Administração entre os Estados-Membros das Nações Unidas, os membros das instituições especializadas ou da Agência Internacional da Energia Atómica, prevendo uma representação equitativa e equilibrada dos países economicamente mais desenvolvidos, por um lado, tendo em conta a sua contribuição para o Programa das Nações Unidas para o Desenvolvimento, e dos países em desenvolvimento, por outro, tendo em conta a necessidade de uma representação regional adequada entre estes últimos e em conformidade com o disposto no anexo à presente resolução; a primeira eleição verificar-se-á durante a primeira sessão que se realize do Conselho Económico e Social depois da adopção da presente resolução.

6. Decide criar, para substituir o Comité de Assistência Técnica e o Comité Consultivo do Fundo Especial, um Comité Consultivo designado Comité Consultivo Misto do Programa das Nações Unidas para o Desenvolvimento, que se reunirá sob a presidência do Administrador ou do Co-Administrador, a que se faz referência no parágrafo 7, e incluirá o Secretário-Geral das Nações Unidas e os Chefes Executivos das instituições especializadas e da Agência Internacional da Energia Atómica ou os seus representantes; os Directores Executivos do Fundo das Nações Unidas para a Infância e do Programa Alimentar Mundial deverão ser convidados a participar nos trabalhos do Comité, quanto tal se revelar conveniente. De forma a permitir às organizações participantes a oportunidade de participar plenamente, a título consultivo, na elaboração das directivas e decisões, o Comité Consultivo Misto será consultado sobre todos os aspectos importantes do Programa das Nações Unidas para o Desenvolvimento; em particular, o Comité:

a) Assessorará a Administração sobre os programas e projectos que sejam apresentados pelos governos por intermédio do representante residente, antes de submetê-los para aprovação ao Conselho de Administração, tendo em conta os programas de assistência técnica executados a título de programas ordinários das instituições representadas no Comité Consultivo, a fim de assegurar uma coordenação mais eficaz; o Administrador transmitirá ao Conselho de Administração as opiniões do Comité Consultivo, quando este assim o solicite, eventualmente acompanhadas pelos seus próprios comentários, quando recomendar para aprovação as directrizes gerais do Programa no seu conjunto e dos programas e projectos solicitados pelos governos;

b) Deverá ser consultado, quando for adequado, na escolha das instituições que ficarão encarregadas de executar um determinado projecto;

c) Deverá ser consultado relativamente à nomeação dos representantes residentes e examinará os relatórios que estes apresentam anualmente;

O Comité Consultivo Misto reunir-se-á com a frequência e durante o tempo necessários para o cumprimento destas funções;

7. Decide que, a título provisório, o Director-Geral do Fundo Especial se tornará Administrador do Programa das Nações Unidas para o Desenvolvimento e o actual Presidente Executivo do Comité de Assistência Técnica se tornará Co-Administrador do Programa, devendo ambos manter-se em funções até 31 de Dezembro de 1966 ou, enquanto se continuar a analisar o dispositivo ao nível directivo, até uma data posterior que o Secretário-Geral poderá fixar após consulta do Conselho de Administração;

8. Decide que a presente resolução entrará em vigor a 1 de Janeiro de 1966 e que, antes dessa data, deverão ser adoptadas as medidas que sejam necessárias de acordo com a presente resolução.

ANEXO

1. Dezanove lugares do Conselho de Administração do Programa das Nações Unidas para o Desenvolvimento serão atribuídos aos países em desenvolvimento e dezassete serão ocupados por países economicamente mais desenvolvidos, sob reserva das seguintes condições:

a) Os dezanove lugares atribuídos aos países em desenvolvimento de África, Ásia e América Latina e à Jugoslávia serão repartidos da seguinte forma: sete lugares para os países de África, seis lugares para os países da Ásia e seis lugares para os países da América Latina, tendo os países em desenvolvimento acordado reservar um lugar para a Jugoslávia;

b) Dos dezassete lugares atribuídos aos países economicamente mais desenvolvidos, catorze serão ocupados por países da Europa Ocidental e outros países e três por países da Europa Oriental;

c) O mandato dos membros eleitos para ocupar estes trinta e seis lugares será de três anos, entendendo-se que o mandato de doze dos membros eleitos na primeira eleição será de um ano e que o mandato de doze outros membros será de dois anos.

2. O trigésimo sétimo lugar corresponderá, rotativamente, a um dos grupos de países mencionados no parágrafo 1, de acordo com o seguinte ciclo de nove anos:
- Primeiro e segundo ano: países da Europa Ocidental e outros países;
- Terceiro, Quarto e Quinto ano: países da Europa Oriental;
- Sexto ano: países africanos;
- Sétimo ano: países asiáticos;
- Oitavo ano: países da América Latina;
- Nono ano: países da Europa Ocidental e outros países.

3. Os membros que saírem poderão ser reeleitos.

CAPACIDADE DO SISTEMA DAS NAÇÕES UNIDAS PARA O DESENVOLVIMENTO

Resolução 2688 (XXV) da Assembleia Geral das Nações Unidas

A Assembleia Geral,
Tendo examinado as partes dos relatórios do Conselho de Administração do Programa das Nações Unidas para o Desenvolvimento sobre os seus nono e décimo períodos de sessões e do Conselho Económico e Social relativas à capacidade do sistema das Nações Unidas para o Desenvolvimento,
Tomando nota das observações e reservas formuladas durante o décimo período de sessões do Conselho de Administração do Programa das Nações Unidas para o Desenvolvimento e durante o quadragésimo nono período de sessões do Conselho Económico e Social,
Tomando nota que ainda se encontram por resolver certos aspectos no quadro de análise desta questão,
1. Aprova as disposições relativas ao Programa das Nações Unidas para o Desenvolvimento que figuram no anexo à presente resolução e declara que essas disposições se aplicarão às actividades do Programa a partir de 1 de Janeiro de 1971, sob reserva das medidas transitórias previstas nessas disposições;
2. Pede ao Conselho de Administração do Programa das Nações Unidas para o Desenvolvimento que prepare, para apresentar à Assembleia Geral, no seu vigésimo sexto período de sessões, se tal se revelar possível, um projecto de estatuto global do Programa em que se integrem as disposições contidas no anexo à presente resolução, bem como as disposições pertinentes das resoluções anteriores relativas ao Programa.

ANEXO

I. **Ciclo de Cooperação das Nações Unidas para o Desenvolvimento**

1. A programação por país do Programa das Nações Unidas para o Desenvolvimento constitui a primeira fase de um processo a que podemos chamar o ciclo de cooperação das Nações Unidas para o Desenvolvimento. As restantes fases são a formulação, a análise e a aprovação dos projectos, a sua execução e avaliação e as actividades complementares. O ciclo compreenderá, igualmente, reexames periódicos. O seu âmbito poderá vir a ser alargado, como se encontra referido no parágrafo 9.

II. **Programação por países do Programa das Nações Unidas para o Desenvolvimento**

A. *Princípios Gerais*

2. Por programação por países do Programa das Nações Unidas para o Desenvolvimento entende-se a programação da assistência que este proporciona ao nível nacional. Esse processo exige que se determine a função que hão-de desempenhar as contribuições do Programa em áreas específicas, em função dos objectivos de desenvolvimento do país.

3. A programação por países servirá para assegurar a utilização mais racional e eficaz dos recursos de que o Programa dispõe para as suas actividades, a fim de produzir o máximo impacto no desenvolvimento económico e social do país em desenvolvimento interessado.

4. Os programas por países serão estabelecidos com base nos planos nacionais de desenvolvimento ou, caso estes não existam, com base nas prioridades ou objectivos de desenvolvimento nacional.

5. Reconhece-se que o governo do país interessado é o responsável exclusivo pela formulação do seu plano de desenvolvimento nacional ou das suas prioridades e objectivos. Cada país em desenvolvimento deverá receber, quando assim o solicitar, assistência das Nações Unidas, incluindo das Comissões Económicas Regionais e do Gabinete de Assuntos Económicos e Sociais das Nações Unidas em Beirute, no domínio geral da planificação e das instituições especializadas no domínio da planificação por sectores.

6. A programação da assistência do Programa realizar-se-á em cada país em função das verbas indicativas de planificação que representem a ordem de grandeza dos recursos que se espera venham a ser proporcionados pelo Programa durante o período do programa nacional.

7. O governo do país beneficiário, em cooperação com os representantes residentes do Programa, preparará o programa do país, com base nos planos, prio-

ridades ou objectivos de desenvolvimento nacional e nas verbas indicativas de planificação; o programa nacional deverá coincidir, sempre que tal se afigure apropriado, com o período do plano de desenvolvimento nacional do país. A formulação do programa por país deverá compreender:

a) A identificação, em termos gerais, das necessidades decorrentes dos objectivos de desenvolvimento fixados para determinados sectores, no quadro geral da planificação do desenvolvimento dos países interessados, que serão adequadamente satisfeitas graças à assistência do Programa;

b) Uma indicação, tão precisa quanto possível, das contribuições internas, das contribuições do Programa e, quanto tal se mostre possível, das outras contribuições das Nações Unidas destinadas a satisfazer estas necessidades;

c) Uma lista preliminar de projectos que será posteriormente ultimada, com vista ao seu financiamento por parte do Programa, a fim de pôr em prática o programa do país.

8. O programa de assistência a cada país deve apoiar as actividades que tenham uma relação significativa com os objectivos de desenvolvimento do país. Isto implica que a assistência prestada constitua um programa coerente e equilibrado, em estreita ligação com os objectivos nacionais.

9. Ao estabelecer a programação por país é necessário desenvolver esforços a todos os níveis para coordenar as diferentes fontes de assistência das Nações Unidas, com vista a assegurar uma integração da assistência à escala nacional.

10. Cabe ao governo tomar em consideração, aquando da preparação do programa nacional, outras contribuições externas, quer multilaterais, quer bilaterais.

11. O representante residente transmitirá o programa nacional ao Administrador do Programa, que, por sua vez, o apresentará, juntamente com as suas recomendações, ao Conselho de Administração, para análise e aprovação. O programa nacional será aprovado para toda a sua duração, apesar de ser possível proceder a revisões periódicas que permitam efectuar eventuais reajustamentos. Com o acordo do país interessado, o Administrador, ao apresentar o programa nacional ao Conselho de Administração para que o analise e aprove, chamará a atenção deste para os aspectos de qualquer outro programa conexo de assistência das Nações Unidas.

12. A assistência do Programa deverá ser suficientemente flexível para fazer face a necessidades imprevistas dos países beneficiários ou a situações excepcionais que não possam ser previstas nos programas nacionais.

B. *Verbas indicativas de planificação*

13. Com o objectivo, entre outros, de determinar as verbas indicativas de planificação, suprimir-se-ão todas as distinções entre os elementos Assistência Técnica e Fundo Especial. Os recursos que serão consagrados à programação por países representarão uma determinada percentagem dos recursos totais do ano em

curso, projectado ao longo de um certo período de tempo, majorada, para o período em questão, por uma taxa de crescimento anual, partindo-se da hipótese, entre outras, de que os recursos do Programa aumentarão pelo menos ao mesmo ritmo que a média dos anos mais recentes.

14. As verbas indicativas de planificação por países não serão consideradas como um compromisso, mas, apenas, como uma indicação razoavelmente firme para efeitos de programação a longo prazo.

15. As verbas indicativas de planificação serão propostas pelo Administrador aos governos com base nos critérios e directrizes estabelecidos periodicamente pelo Conselho de Administração. O nível dos recursos disponíveis para as verbas indicativas de planificação será determinado com uma certa flexibilidade. Após considerar as observações dos governos sobre essas verbas, o Administrador apresentará ao Conselho de Administração, para aprovação, as verbas indicativas de planificação para cada país; sempre que seja possível, aprovar-se-á, em simultâneo, o programa do país em causa.

16. Como base experimental para a primeira série de verbas indicativas de planificação, o Administrador calculará a percentagem consagrada a cada país relativamente ao montante total de afectações dos recursos programados (ou seja, objectivos de assistência técnica por país, mais aberturas de crédito para projectos do Fundo Especial) durante o quinquénio 1966-1970, incluindo os projectos aprovados pelo Conselho de Administração no seu 11.º período de sessões. O Conselho de Administração aplicará, em cada caso, essa percentagem aos recursos que, de acordo com o procedimento consagrado no parágrafo 13, se considerem disponíveis para a programação por países durante um período de três a cinco anos, segundo a duração do plano ou do programa de desenvolvimento do país interessado, a fim de obter para cada país uma verba indicativa preliminar de planificação para esse período. O Administrador analisará essas verbas à luz dos critérios em vigor para a repartição de recursos e ajustá-los-á, em caso de necessidade, de modo a evitar que se repercutam as incidências da situação excepcional de um país, para corrigir as desigualdades resultantes de circunstâncias históricas e, em especial, para assegurar que se presta particular atenção à situação dos países menos desenvolvidos e dos países que recentemente acederam à independência, os quais, por não possuírem uma infra-estrutura administrativa adequada, não dispuseram da possibilidade de beneficiar devidamente da assistência do Programa.

17. As verbas serão revistas periodicamente, mediante consultas com os governos interessados, pelo Administrador e o Conselho de Administração, à luz dos progressos realizados na execução do programa do país.

C. *Formulação, análise e aprovação dos projectos*

18. A formulação de projectos será um processo contínuo, independente da aprovação do programa do país. Para garantir a eficácia dos projectos, a sua for-

mulação deverá efectuar-se a nível nacional. Os especialistas só participarão na formulação de um projecto mediante solicitação expressa do governo, o qual, tendo em conta os serviços consultivos disponíveis no país, é o melhor colocado para aferir o tipo de aconselhamento de que necessita.

19. A análise de cada projecto constituirá, na medida do possível, parte integrante do processo de formulação do projecto. Assim, o representante residente, com o auxílio, em caso de necessidade, de especialistas competentes, encarregar-se-á de analisar, em nome do programa, os pequenos projectos, que não ultrapassem um determinado montante. A responsabilidade pela análise dos projectos mais importantes pertencerá ao Administrador.

20. A faculdade de aprovar os projectos que os países submetem à consideração do Programa pertence, em exclusivo, ao Conselho de Administração. Embora conservando esse poder, o Conselho de Administração delega no Administrador, por um período de três anos, a faculdade de aprovar projectos que se insiram no âmbito da programação por países. Não obstante, o Conselho e o governo do país requerente reservam-se o direito de pedir ao Administrador que apresente ao Conselho determinados projectos, independentemente da sua importância, para sua análise e aprovação. O Administrador pode, igualmente, submeter ao Conselho qualquer projecto que, em virtude das suas consequências do ponto de vista da política geral ou da importância das suas repercussões sobre o programa do país no seu conjunto, mereça ser analisado e aprovado pelo Conselho. O Administrador delegará nos representantes residentes, na maior medida possível, que será por ele determinada e indicada ao Conselho de Administração em seu devido tempo, o poder para aprovar projectos. O Conselho de Administração será informado o mais rapidamente possível sobre todos os projectos aprovados no uso destes poderes delegados.

III. **Programação multinacional**

21. A programação multinacional é a programação da assistência do Programa destinada a grupos de países numa base sub-regional, regional, inter-regional ou global. Esta assistência será prestada através de projectos sub-regionais, regionais, inter-regionais e globais, a pedido de pelo menos dois governos, tendo em conta a necessidade de garantir uma repartição equitativa dos recursos entre as regiões.

22. A programação desta assistência basear-se-á, em geral, nos mesmos princípios gerais anteriormente expostos para a programação por países; em especial, ela estará sistematicamente relacionada com as prioridades de desenvolvimento dos países interessados e, na medida do possível, planificada com anos de antecedência.

23. Os procedimentos para a formulação, análise e aprovação dos projectos multinacionais seguirão, nos seus aspectos relevantes, os mesmos princípios ge-

rais que se aplicam aos projectos dos programas por países e submeter-se-ão aos critérios e directrizes que periodicamente o Conselho de Administração venha a estabelecer. Não obstante, todos os projectos globais requerem a aprovação expressa do Conselho de Administração.

IV. **Utilização e administração globais dos recursos do Programa das Nações Unidas para o Desenvolvimento**

A. *Utilização global dos recursos*

24. Os recursos totais disponíveis para a programação repartir-se-ão entre a programação por países e a programação multinacional, constituída por projectos sub-regionais, regionais, inter-regionais e globais.

25. Numa primeira etapa, e até que o Conselho de Administração tenha analisado profundamente a questão, pelo menos 82% dos recursos líquidos disponíveis para cada ano, deduzidas as despesas administrativas e de apoio ao programa, bem como os recursos para atender às necessidades mencionadas no parágrafo 27, serão destinados à programação por países e, no máximo, 18% à programação multinacional, ficando estabelecido que estas percentagens terão carácter meramente indicativo.

26. Os recursos disponíveis para a programação multinacional deverão ser afectados prioritariamente aos projectos sub-regionais, regionais, inter-regionais e globais, especialmente aos que os países interessados destinem à aceleração do processo de integração económica e social e à promoção de outras formas de cooperação regional e sub-regional. Os projectos globais virão a seguir ao nível das prioridades. Sob reserva das revisões que o Conselho de Administração poderá realizar periodicamente, o montante a afectar aos projectos globais não deverá ultrapassar 1% do montante líquido dos recursos disponíveis para a programação.

27. Será, igualmente, necessário atender a situações imprevistas, satisfazer necessidades particulares dos países menos avançados e financiar projectos ou fases de projectos, em particular projectos do tipo dos Serviços Industriais Especiais, que não se encontravam previstos e que poderão ter um papel catalisador no desenvolvimento económico do país interessado. No 11.º período de sessões do Conselho de Administração, o Administrador apresentará propostas acerca de como será possível dispor dos recursos imprescindíveis para satisfazer essas necessidades e, também, para prosseguir, segundo as modalidades actualmente aplicáveis, o Programa dos Serviços Industriais Especiais a um nível igual ou superior ao actual.

B. *Utilização eficaz dos recursos e controlo financeiro*

28. Todos os recursos financeiros do Programa deverão estar sempre e na medida do possível disponíveis para a realização dos objectivos dos programas,

com a única condição de ser permanentemente mantida uma reserva operacional. Após ter atribuído em cada ano as verbas necessárias para as despesas administrativas e para apoiar os programas, bem como para a recomposição da reserva operacional, todos os outros recursos serão utilizados para financiar actividades dos projectos.

29. O objectivo da reserva operacional é o de garantir em qualquer circunstância a solvabilidade e a segurança financeira do Programa, compensar as flutuações das entradas de fundos e responder a outras necessidades, decididas, numa fase ulterior, pelo Conselho de Administração. O Conselho fiscalizará constantemente o nível e a composição da reserva, na base de uma planificação das autorizações de pagamentos e das despesas para o exercício seguinte. Para começar, e enquanto aguarda que o Administrador lhe submeta uma análise mais detalhada da situação financeira do Programa até ao final de 1970, o Conselho, como medida de carácter provisório, autoriza a constituição de uma reserva operacional de 150 milhões de dólares em recursos de todas as categorias, sendo a sua composição determinada e mantida pelo Administrador, de acordo com sólidas regras de gestão financeira, e cujo montante será revisto pelo Conselho de Administração no seu 12.º período de sessões, à luz do mencionado exame da situação financeira.

30. O Administrador terá plena responsabilidade pela correcta utilização dos fundos do Programa e pelo controlo das operações financeiras e contabilísticas. Os fundos do Programa continuarão sob custódia do Secretário-Geral, mas as decisões relativas à carteira de investimentos do Programa e à gestão das divisas serão adoptadas de comum acordo com o Administrador, ficando o Conselho de Administração de reexaminar este acordo, com base num relatório completo, no seu 12.º período de sessões.

31. Ao apresentar ao Conselho de Administração as previsões de despesas e as solicitações de aberturas de crédito, o Administrador distinguirá claramente entre os seguintes tipos de despesas: a) custo dos projectos; b) despesas de apoio ao programa, incluindo os custos gerais e os dos serviços de consultoria; e c) despesas administrativas.

C. *Contribuição a título de despesas locais*

32. O Administrador fará recomendações concretas ao Conselho de Administração, no seu 11.º período de sessões, sobre a fórmula a adoptar, que deverá simplificar a aplicação de dispensas totais ou parciais relativamente às despesas locais, nos casos em que estas constituiriam um encargo excessivo para o país beneficiário.

D. *Despesas gerais das organizações*

33. O Administrador realizará consultas com os organismos participantes e de execução e com o Comité Consultivo para as questões Administrativas e Or-

çamentais, a fim de determinar novos métodos para calcular a fórmula de reembolso adequada a aplicar às despesas de execução dos projectos e dos serviços consultivos em matéria de programação, elaboração de projectos e formulação de políticas de desenvolvimento. Analisar-se-á a possibilidade de concluir acordos gerais de compensação pela prestação de serviços de consultoria e acordos específicos para o reembolso das despesas relacionadas com a execução dos projectos. A solução a que se venha a chegar não será considerada obrigatória até que tenha sido submetida ao Conselho de Administração para sua análise e aprovação, acompanhada de um relatório indicando os tipos de serviços que deverão ser reembolsados.

34. O Administrador cooperará ao máximo com os esforços efectuados para alcançar a unificação dos métodos orçamentais e dos sistemas contabilísticos de todos os organismos das Nações Unidas.

V. **Implementação do Programa de Assistência das Nações Unidas para o Desenvolvimento**

A. *Atribuições do Conselho de Administração*

35. O Conselho de Administração tem a responsabilidade geral de velar pela utilização mais eficaz e racional dos recursos do Programa, no sentido de auxiliar o desenvolvimento dos países em desenvolvimento.

36. Com esse objectivo, as principais atribuições do Conselho de Administração continuam a ser as definidas nas resoluções pertinentes da Assembleia Geral. No contexto dos princípios aqui enunciados para programação por países e para a programação multinacional e no contexto da prestação de assistência que daí resulta, o Conselho de Administração analisará e aprovará os programas por países, incluindo as verbas indicativas de planificação para cada país, aprovará certos tipos de projectos incluídos nos programas, em conformidade com o disposto nos parágrafos 20 e 23, exercerá um controlo operacional eficaz, submetendo a exames periódicos os programas por países, e efectuará a repartição geral dos recursos, controlando a sua utilização.

B. *Atribuições do Administrador*

37. Para além das funções que nele sejam delegadas pelo Conselho de Administração, o Administrador é plenamente responsável por todas as fases e por todos os aspectos da execução do Programa e disso deverá prestar contas ao Conselho de Administração.

C. *Atribuições dos organismos das Nações Unidas em matéria de execução*

38. A função dos organismos das Nações Unidas na execução dos programas nacionais será a de associados num projecto comum de todo o sistema das

Nações Unidas, sob a direcção do Programa. Estes organismos assessorarão, quando tal se mostre necessário, o Administrador na execução de todos os projectos, sejam eles ou não os organismos de execução.

D. Selecção e responsabilidade dos organismos de execução

39. O Administrador realizará consultas, em cada caso, com o governo interessado sobre a escolha do organismo por intermédio do qual se materializará a assistência do Programa para cada projecto.

40. Sob reserva deste procedimento, as organizações apropriadas das Nações Unidas terão prioridade na selecção dos organismos de execução.

41. Sempre que seja necessário para assegurar a máxima eficácia da assistência do Programa ou para aumentar a sua capacidade, e tendo devidamente em conta o factor custo, poderá recorrer-se com maior frequência aos serviços adequados proporcionados por instituições e empresas governamentais e não governamentais, de acordo com o governo beneficiário e em conformidade com os princípios da licitação internacional competitiva. Recorrer-se-á na maior medida possível aos serviços das instituições e empresas nacionais disponíveis no país beneficiário.

42. Nos casos em que o sistema das Nações Unidas não disponha de peritos ou serviços de tipo, quantidade ou qualidade satisfatórios, o Administrador, de acordo com o governo interessado, exercerá a sua autoridade para os obter, convidando em simultâneo, quando tal se revele adequado, a organização apropriada das Nações Unidas a prestar um apoio complementar.

43. Cada organismo de execução será responsável perante o Administrador pela assistência prestada aos projectos por conta do Programa.

44. Na selecção de peritos, instituições ou empresas, na aquisição de equipamento e de provisões e no que se refere aos meios de formação, observar-se-á o princípio da repartição geográfica equitativa, na medida em que o mesmo seja compatível com a máxima eficácia.

E. Disponibilidade e qualidade do pessoal internacional e nacional afecto aos projectos

45. O Administrador intensificará os seus esforços em coordenação com os organismos das Nações Unidas competentes e formulará propostas adequadas, que submeterá ao Conselho de Administração, para melhorar a disponibilidade, o sistema de divulgação de instruções, os cursos de reciclagem e os procedimentos de recrutamento regular de pessoal internacional qualificado para afectar aos projectos. Estas propostas deverão ter especialmente em consideração a conveniência de aumentar o número de funcionários provenientes de países em desenvolvimento. O Administrador prestará, igualmente, uma atenção particular a certos factores, como as qualidades pessoais dos candidatos, incluindo as suas motiva-

ções e a sua capacidade de adaptação; a necessidade de uma descrição realista do trabalho a realizar e das datas de incorporação e a conveniência de que os organismos e os governos requerentes escolham rapidamente os seus candidatos e de que as condições de trabalho oferecidas possam revelar-se atractivas para candidatos que são mundialmente solicitados.

46. Nos casos adequados, poder-se-ão designar nacionais qualificados para directores de projectos, com o apoio de especialistas internacionais.

47. Onde for necessário, e mediante solicitação do governo beneficiário, o Programa deverá considerar a possibilidade de assegurar a formação de pessoal da contraparte, como parte integrante de um projecto que beneficia do apoio do Programa, incluindo a sua fase de planificação, com o objectivo de que esse pessoal seja qualificado para participar no projecto e assegurar eficazmente a sua execução.

48. Uma vez que não existe uma fórmula estabelecida relativamente à proporção de peritos, bolsas e equipamento para um determinado projecto, nem limite máximo quanto à ratio entre o valor do equipamento e o custo total de um projecto, a assistência de pré-investimento do Programa deverá ser suficientemente flexível para que, em casos apropriados, possa limitar-se ao fornecimento de equipamento no quadro de um projecto integrado de pré-investimento. Nesse caso, deverá prestar-se especial atenção à disponibilidade de pessoal qualificado para utilizar o equipamento ou para assegurar a formação de pessoal nos países beneficiários.

F. *Controlo operacional e avaliação dos resultados*

49. A fiscalização das actividades de assistência, na medida em que seja necessária para que o Administrador cumpra a sua função de controlo operacional, deve normalmente ser assegurada a nível nacional pelo representante residente.

50. A avaliação no âmbito do sistema das Nações Unidas das actividades que beneficiam do apoio do Programa será somente efectuada com o acordo do governo interessado. Esta avaliação será efectuada conjuntamente pelo governo, pelo Programa, pelo organismo das Nações Unidas interessado e, quando tal se revele procedente, pelo agente encarregado da execução que não pertença ao sistema das Nações Unidas.

51. Essas avaliações realizar-se-ão de forma selectiva e limitar-se-ão ao mínimo indispensável para melhorar os projectos considerados ou para lhes dar sequência, para satisfazer as necessidades dos governos ou para melhorar o Programa. Mediante acordo prévio do governo interessado, os resultados serão transmitidos ao Conselho de Administração para sua informação.

G. *Investimentos e outras actividades complementares*

52. As disposições sobre investimentos e outras formas de actividades complementares para projectos assistidos pelo Programa deverão, em caso de neces-

sidade, fazer parte integrante do processo de programação e da formulação, execução e avaliação dos projectos.

53. Em cada caso, o governo será o principal responsável por todas as medidas que se devam adoptar nas diferentes fases de um projecto para assegurar a realização de actividades complementares eficazes, nomeadamente sob a forma de investimentos. O governo tem a possibilidade de procurar investimentos junto de todas as fontes disponíveis. Nenhuma fonte de financiamento dos investimentos complementares deverá ser considerada como única fonte aceitável, nem como fonte preferencial relativamente a outras. No quadro do sistema das Nações Unidas, que constitui a sua principal fonte de financiamento dos pré-investimentos, o Administrador assume plena responsabilidade pela prestação, em nome do sistema das Nações Unidas, de assistência e consultoria em matéria de investimentos complementares, com o acordo do governo interessado. O Programa desenvolverá a sua experiência neste domínio para assegurar, em consulta com o governo, a pronta coordenação, a partir da fase de planificação, com outras fontes bilaterais ou multilaterais de financiamento para os projectos que necessitem de investimentos complementares.

VI. Calendarização e medidas transitórias

54. Os princípios anteriormente enunciados e os procedimentos destinados a conferir-lhes efectividade serão progressivamente aplicados a partir da data da sua aprovação por parte dos órgãos deliberativos competentes das Nações Unidas. O Administrador adoptará, o quanto antes, as medidas necessárias para que, se for possível, os primeiros programas por países sejam submetidos ao Conselho de Administração, no momento oportuno, de forma a poderem ser objecto de análise por parte deste no seu 12.º período de sessões, em Junho de 1971.

55. Durante o período transitório, a fim de assegurar a continuidade das actividades do Programa para dar resposta aos pedidos de assistência dos governos, a análise e a aprovação dos projectos será realizada em conformidade com os procedimentos actualmente em vigor. Estas medidas transitórias poderão ser prorrogadas quando o governo deseje iniciar o programa nacional depois de 1972, considerando-se, todavia, que o montante global da assistência a prestar a partir de 1 de Janeiro de 1972 corresponderá às verbas indicativas de planificação e que serão eliminadas as distinções existentes entre os dois elementos do Programa.

VII. Organização do Programa das Nações Unidas para o Desenvolvimento

56. O Conselho de Administração reconhece a sua responsabilidade pela elaboração das políticas, pela determinação das prioridades do Programa e pela

análise dos resultados obtidos, tanto ao nível da planificação, como na prática. As decisões do Conselho sobre programação por países e sua execução têm importantes implicações no plano organizacional. A programação por países implica que o Administrador seja plenamente responsável pela gestão de todos os aspectos do Programa. Em simultâneo, será necessário reforçar, no seio do Programa, a descentralização da responsabilidade da sede em benefício dos países no que se refere à programação e execução. A aplicação do duplo princípio da plena responsabilidade do Administrador relativamente ao Programa e da descentralização ao nível dos países exigirá determinadas modificações na estrutura e nos procedimentos actuais do Programa. Será, pois, necessário definir claramente as funções e as responsabilidades em todos os níveis da Administração.

57. Ao nível da sede seria conveniente criar escritórios regionais com vista a assegurar uma ligação directa entre o Administrador e o representante residente em todas as questões relativas às actividades realizadas no terreno. A fim de melhorar os canais de comunicação e acelerar o processo de tomada de decisões, os chefes desses escritórios deverão estar em contacto directo com o Administrador do Programa. Para alcançar a maior eficácia possível na gestão desses escritórios, estes deverão ser dirigidos por pessoas de elevada competência e com especiais qualificações, em consonância com as suas importantes responsabilidades.

58. O método de programação por países implica, igualmente, que o Programa se deva preocupar, não apenas com a elaboração da política actual, mas, também, que esteja permanentemente em condições de analisar as tendências principais de evolução do Programa, de modo a poder conferir-lhe novas orientações e a explorar as possibilidades de reforçar a sua eficácia. Para satisfazer esta necessidade, dever-se-ia instituir, ao nível da sede, um pequeno secretariado, dotado de pessoal altamente qualificado, que seria encarregado da planificação a longo prazo e estaria sob a direcção de um alto funcionário.

59. O sistema de programação nacional prevê, igualmente, procedimentos mais racionais e eficazes para avaliar os resultados e as actividades complementares. Na reestruturação orgânica ao nível da sede deverá ficar claramente reflectido esse aspecto, bem como a necessidade de manter relações estreitas com outros organismos do sistema das Nações Unidas que participem nestas actividades. O Administrador é convidado a adoptar as medidas necessárias para o efeito e a submeter novas propostas ao Conselho.

60. A reforma do sistema e a previsão de um Programa cada vez mais amplo tornam necessário o reforço da gestão do Programa ao nível da sede, dotando-a de um pessoal altamente qualificado e experimentado, tendo devidamente em conta o princípio de uma repartição geográfica equitativa e a necessidade de redução dos custos.

61. O Administrador deve conservar o poder de nomear e dirigir o pessoal do Programa. Para esse efeito, deverá ter competência para estabelecer, em consulta com o Secretário-Geral e em conformidade com os princípios pertinentes es-

tabelecidos pela Assembleia Geral, o regulamento do pessoal que considere necessário para resolver os problemas que se colocam no serviço do Programa.

62. Relativamente à organização do Programa a nível nacional, o representante residente designar-se-á no futuro Director Residente do Programa. A sua nomeação pelo Administrador estará sujeita à aprovação prévia do governo interessado.

63. Deverá delegar-se o máximo de poderes no Director Residente. Com esse objectivo, as suas funções deverão ser consideravelmente reforçadas. Nestas condições, as suas relações com os representantes de outros organismos das Nações Unidas no plano local são da maior importância. Deverá reconhecer-se que pertence ao Director Residente a plena responsabilidade pelo programa no país interessado e que o seu papel relativamente aos representantes de outros organismos das Nações Unidas em funções nos países, com prévia aprovação do governo interessado, deverá ser preponderante, tendo em conta a competência profissional destes organismos e as suas relações com os órgãos apropriados do governo. Esse papel preponderante e essa responsabilidade geral deverão estender-se a todos os contactos com as autoridades competentes do Estado em relação ao Programa, para o qual deverá constituir o principal canal de comunicação entre o Programa e o governo. O Director Residente deverá exercer a autoridade suprema, em nome do Administrador do Programa, em todos os aspectos do programa no plano nacional e, mediante consentimento dos organismos interessados, deverá ser, também, a autoridade coordenadora dos restantes programas das Nações Unidas de ajuda ao desenvolvimento. Com este objectivo, os organismos das Nações Unidas deverão assegurar que se consultem os Directores Residentes do Programa para a elaboração e formulação dos projectos de desenvolvimento de que os seus organismos se ocupem e que lhes sejam apresentados relatórios sobre a execução desses projectos, conforme solicitado pelo Conselho Económico e Social na sua resolução 1453 (XLVII), de 8 de Agosto de 1969.

64. A criação de novos escritórios locais ou a ampliação dos existentes ficará dependente do volume das operações do Programa no país interessado, tendo sempre devidamente em conta a necessidade de reduzir os custos. Relativamente ao reforço dos escritórios locais, deverá ser concedida prioridade a uma redistribuição eficaz do pessoal existente.

65. O Comité Consultivo Misto continuará a ser o fórum de consulta e coordenação entre os organismos relacionados com o Programa. Contudo, o Comité Consultivo Misto deverá proceder a um reexame aprofundado das suas funções e métodos de trabalho essenciais, bem como das suas relações com o Conselho de Administração, tendo em conta o novo sistema de programação nacional da assistência do Programa e a necessidade de uma execução eficaz dos programas nacionais.

PACTO INTERNACIONAL SOBRE OS DIREITOS CIVIS E POLÍTICOS
16.12.66

PACTO INTERNACIONAL SOBRE OS DIREITOS CIVIS E POLÍTICOS

Resolução 2200 (XXI) da Assembleia Geral das Nações Unidas

PREÂMBULO

Os Estados Partes no presente Pacto:

Considerando que, em conformidade com os princípios enunciados na Carta das Nações Unidas, o reconhecimento da dignidade inerente a todos os membros da família humana e dos seus direitos iguais e inalienáveis constitui o fundamento da liberdade, da justiça e da paz no Mundo;

Reconhecendo que estes direitos decorrem da dignidade inerente à pessoa humana;

Reconhecendo que, em conformidade com a Declaração Universal dos Direitos do Homem, o ideal do ser humano livre, usufruindo das liberdades civis e políticas e liberto do medo e da miséria, não pode ser realizado a menos que sejam criadas condições que permitam a cada um desfrutar dos seus direitos civis e políticos, bem como dos seus direitos económicos, sociais e culturais;

Considerando que a Carta das Nações Unidas impõe aos Estados a obrigação de promover o respeito universal e efectivo dos direitos e das liberdades do homem;

Tomando em consideração o facto de que o indivíduo tem deveres para com os outros indivíduos e para com a colectividade a que pertence e é obrigado a promover e a respeitar os direitos reconhecidos no presente Pacto:

Acordam o que segue:

PRIMEIRA PARTE

ARTIGO 1.º

1. Todos os povos têm o direito a dispor deles mesmos. Em virtude deste direito, eles determinam livremente o seu estatuto político e asseguram livremente o seu desenvolvimento económico, social e cultural.

2. Para atingir os seus fins, todos os povos podem dispor livremente das suas riquezas e dos seus recursos naturais, sem prejuízo de quaisquer obrigações que decorrem da cooperação económica internacional, fundada no princípio do interesse mútuo e no direito internacional. Em nenhum caso um povo poderá ser privado dos seus meios de subsistência.

3. Os Estados Partes no presente Pacto, incluindo aqueles que têm a responsabilidade de administrar territórios não autónomos e territórios sob tutela, devem promover a realização do direito dos povos a disporem de si mesmos e a respeitar esse direito, em conformidade com as disposições da Carta das Nações Unidas.

SEGUNDA PARTE

ARTIGO 2.º

1. Cada Estado Parte no presente Pacto compromete-se a respeitar e a garantir a todos os indivíduos que se encontrem nos seus territórios e estejam sujeitos à sua jurisdição os direitos reconhecidos no presente Pacto, sem qualquer distinção, derivada, nomeadamente, de raça, de cor, de sexo, de língua, de religião, de opinião política, ou de qualquer outra opinião, de origem nacional ou social, de situação económica ou de nascimento, ou de qualquer outra situação.

2. Cada Estado Parte no presente Pacto compromete-se a adoptar, de acordo com os seus processos constitucionais e com as disposições do presente Pacto, as medidas que permitam a adopção de decisões de ordem legislativa ou outra capazes de dar efeito aos direitos reconhecidos no presente Pacto que ainda não estiverem em vigor.

3. Cada Estado Parte no presente Pacto compromete-se a:

a) Garantir que todas as pessoas cujos direitos e liberdades reconhecidos no presente Pacto forem violados disponham de recurso eficaz, mesmo no caso de a violação ter sido cometida por pessoas agindo no exercício das suas funções oficiais;

b) Garantir que a competente autoridade judiciária, administrativa ou legislativa, ou qualquer outra autoridade competente, segundo a legislação do Estado, estatua sobre os direitos da pessoa que interponha o recurso, e desenvolver as possibilidades de recurso jurisdicional;

c) Garantir que as competentes autoridades façam cumprir os resultados de qualquer recurso que for reconhecido como justificado.

ARTIGO 3.º

Os Estados Partes no presente Pacto comprometem-se a assegurar o direito igual dos homens e das mulheres a usufruir de todos os direitos civis e políticos enunciados no presente Pacto.

ARTIGO 4.º

1. Em tempo de uma emergência pública que ameaça a existência da nação e cuja existência seja proclamada por um acto oficial, os Estados Partes no presente Pacto podem tomar, na estrita medida em que a situação o exigir, medidas que derroguem as obrigações previstas no presente Pacto, sob reserva de que essas medidas não sejam incompatíveis com outras obrigações que lhes impõe o direito internacional e que elas não envolvam uma discriminação fundada unicamente na raça, cor, sexo, língua, religião ou origem social.

2. A disposição precedente não autoriza nenhuma derrogação aos artigos 6.º, 7.º, 8.º, parágrafos 1 e 2, 11.º, 15.º, 16.º e 18.º.

3. Os Estados Partes no presente Pacto que usam do direito de derrogação devem, por intermédio do Secretário-Geral da Organização das Nações Unidas, informar imediatamente os outros Estados Partes acerca das disposições derrogadas, bem como os motivos dessa derrogação. Uma nova comunicação será feita pela mesma via na data em que se pôs fim a essa derrogação.

ARTIGO 5.º

1. Nenhuma disposição do presente Pacto pode ser interpretada como implicando para um Estado, uma colectividade ou um indivíduo qualquer direito de se dedicar a uma actividade ou de realizar um acto visando a destruição dos direitos e das liberdades reconhecidos no presente Pacto ou a limitações mais amplas do que as previstas no Pacto.

2. Não pode ser admitida nenhuma restrição ou derrogação aos direitos fundamentais do homem reconhecidos ou em vigor em todo o Estado Parte no presente Pacto em aplicação de leis, de convenções, de regulamentos ou de costumes, sob pretexto de que o presente Pacto não os reconhece ou os reconhece em menor grau.

TERCEIRA PARTE

ARTIGO 6.º

1. O direito à vida é inerente à pessoa humana. Este direito deve ser protegido pela lei: ninguém pode ser arbitrariamente privado da vida.

2. Nos países em que a pena de morte não foi abolida, uma sentença de morte só pode ser pronunciada para os crimes mais graves, em conformidade com a legislação em vigor, no momento em que o crime foi cometido e que não deve estar em contradição com as disposições do presente Pacto, nem com a Convenção para a Prevenção e a Repressão do Crime de Genocídio. Esta pena não pode ser aplicada senão em virtude de um juízo definitivo pronunciado por um tribunal competente.

3. Quando a privação da vida constitui o crime de genocídio fica entendido que nenhuma disposição do presente artigo autoriza um Estado Parte no presente Pacto a derrogar de alguma maneira qualquer obrigação assumida em virtude das disposições da Convenção para a Prevenção e a Repressão do Crime de Genocídio.

4. Qualquer indivíduo condenado à morte terá o direito de solicitar o perdão ou a comutação da pena. A amnistia, o perdão ou a comutação da pena de morte podem ser concedidos em todos os casos.

5. Uma sentença de morte não pode ser pronunciada em casos de crimes cometidos por pessoas de idade inferior a 18 anos e não pode ser executada sobre mulheres grávidas.

6. Nenhuma disposição do presente artigo pode ser invocada para retardar ou impedir a abolição da pena capital por um Estado Parte no presente Pacto.

ARTIGO 7.º

Ninguém será submetido à tortura, nem a pena ou a tratamentos cruéis, desumanos ou degradantes. Em particular, é interdito submeter uma pessoa a uma experiência médica ou científica sem o seu livre consentimento.

ARTIGO 8.º

1. Ninguém será submetido à escravidão; a escravidão e o tráfico de escravos, sob todas as suas formas, são interditos.
2. Ninguém será mantido em servidão.
3:
   a) Ninguém será constrangido a realizar trabalho forçado ou obrigatório;
   b) A alínea a) do presente parágrafo não pode ser interpretada no sentido de proibir, em certos países onde crimes podem ser punidos de prisão acompanhada de trabalhos forçados, o cumprimento de uma pena de trabalhos forçados, infligida por um tribunal competente;
   c) Não é considerado como trabalho forçado ou obrigatório no sentido do presente parágrafo:
      i) Todo o trabalho não referido na alínea b) normalmente exigido de um indivíduo que é detido em virtude de uma decisão judicial legítima ou que tendo sido objecto de uma tal decisão é libertado condicionalmente;
      ii) Todo o serviço de carácter militar e, nos países em que a objecção por motivos de consciência é admitida, todo o serviço nacional exigido pela lei dos objectores de consciência;
      iii) Todo o serviço exigido nos casos de força maior ou de sinistros que ameacem a vida ou o bem-estar da comunidade;
      iv) Todo o trabalho ou todo o serviço que faça parte das obrigações cívicas normais.

ARTIGO 9.º

1. Todo o indivíduo tem direito à liberdade e à segurança da sua pessoa. Ninguém pode ser objecto de prisão ou detenção arbitrária. Ninguém pode ser privado da sua liberdade a não ser por motivo e em conformidade com processos previstos na lei.
2. Todo o indivíduo preso será informado, no momento da sua detenção, das razões dessa detenção e receberá notificação imediata de todas as acusações contra ele apresentadas.

3. Todo o indivíduo preso ou detido sob acusação de uma infracção penal será prontamente conduzido perante um juiz ou uma outra autoridade habilitada pela lei a exercer funções judiciárias e deverá ser julgado num prazo razoável ou libertado. A detenção prisional de pessoas aguardando julgamento não deve ser regra geral, mas a sua libertação pode ser subordinada a garantias que assegurem a presença do interessado no julgamento em qualquer outra fase do processo e, se for caso disso, para execução da sentença.

4. Todo o indivíduo que se encontrar privado de liberdade por prisão ou detenção terá o direito de interpor um recurso perante um tribunal, a fim de que este estatua sem demora sobre a legalidade da sua detenção e ordene a sua libertação se a detenção for ilegal.

5. Todo o indivíduo vítima de prisão ou de detenção ilegal terá direito a uma compensação.

ARTIGO 10.º

1. Todos os indivíduos privados da sua liberdade devem ser tratados com humanidade e com respeito da dignidade inerente à pessoa humana.

2:

a) Pessoas sob acusação serão, salvo circunstâncias excepcionais, separadas dos condenados e submetidas a um regime distinto, apropriado à sua condição de pessoas não condenadas;

b) Jovens sob detenção serão separados dos adultos e o seu caso será decidido o mais rapidamente possível.

3. O regime penitenciário comportará tratamento dos reclusos cujo fim essencial é a sua emenda e a sua recuperação social. Delinquentes jovens serão separados dos adultos e submetidos a um regime apropriado à sua idade e ao seu estatuto legal.

ARTIGO 11.º

Ninguém pode ser aprisionado pela única razão de que não está em situação de executar uma obrigação contratual.

ARTIGO 12.º

1. Todo o indivíduo que se encontre legalmente no território de um Estado tem o direito de circular livremente e de aí escolher livremente a sua residência.

2. Todas as pessoas são livres de deixar qualquer país, incluindo o seu.

3. Os direitos acima mencionados não podem ser objecto de restrições, a não ser que estas estejam previstas na lei e sejam necessárias para proteger a segurança nacional, a ordem pública, a saúde ou a moralidade públicas ou os direitos e liberdades de outrem e sejam compatíveis com os outros direitos reconhecidos pelo presente Pacto.

4. Ninguém pode ser arbitrariamente privado do direito de entrar no seu próprio país.

ARTIGO 13.º

Um estrangeiro que se encontre legalmente no território de um Estado Parte no presente Pacto não pode ser expulso, a não ser em cumprimento de uma decisão tomada em conformidade com a lei e, a menos que razões imperiosas de segurança nacional a isso se oponham, deve ter a possibilidade de fazer valer as razões que militam contra a sua expulsão e de fazer examinar o seu caso pela autoridade competente ou por uma ou várias pessoas especialmente designadas pela referida autoridade, fazendo-se representar para esse fim.

ARTIGO 14.º

1. Todos são iguais perante os tribunais de justiça. Todas as pessoas têm direito a que a sua causa seja ouvida equitativa e publicamente por um tribunal competente, independente e imparcial, estabelecido pela lei, que decidirá quer do bem fundado de qualquer acusação em matéria penal dirigida contra elas, quer das contestações sobre os seus direitos e obrigações de carácter civil. As audições à porta fechada podem ser determinadas durante a totalidade ou uma parte do processo, seja no interesse dos bons costumes, da ordem pública ou da segurança nacional numa sociedade democrática, seja quando o interesse da vida privada das partes em causa o exija, seja ainda na medida em que o tribunal o considerar absolutamente necessário, quando, por motivo das circunstâncias particulares do caso, a publicidade prejudicasse os interesses da justiça; todavia, qualquer sentença pronunciada em matéria penal ou civil será publicada, salvo se o interesse de menores exigir que se proceda de outra forma ou se o processo respeitar a diferendos matrimoniais ou à tutela de crianças.

2. Qualquer pessoa acusada de infracção penal é de direito presumida inocente até que a sua culpabilidade tenha sido legalmente estabelecida.

3. Qualquer pessoa acusada de uma infracção penal terá direito, em plena igualdade, pelo menos às seguintes garantias:

a) A ser prontamente informada, numa língua que ela compreenda, de modo detalhado, acerca da natureza e dos motivos da acusação apresentada contra ela;

b) A dispor do tempo e das facilidades necessárias para a preparação da defesa e a comunicar com um advogado da sua escolha;

c) A ser julgada sem demora excessiva;

d) A estar presente no processo e a defender-se a si própria ou a ter a assistência de um defensor da sua escolha; se não tiver defensor, a ser informada do seu direito de ter um e, sempre que o interesse da justiça o exigir, a ser-lhe atribuído um defensor oficioso, a título gratuito no caso de não ter meios para o remunerar;

e) A interrogar ou fazer interrogar as testemunhas de acusação e a obter a comparência e o interrogatório das testemunhas de defesa nas mesmas condições das testemunhas de acusação;

f) A fazer-se assistir gratuitamente de um intérprete, se não compreender ou não falar a língua utilizada no tribunal;

g) A não ser forçada a testemunhar contra si própria ou a confessar-se culpada.

4. No processo aplicável às pessoas jovens a lei penal terá em conta a sua idade e o interesse que apresenta a sua reabilitação.

5. Qualquer pessoa declarada culpada de crime terá o direito de fazer examinar por uma jurisdição superior a declaração de culpabilidade e a sentença, em conformidade com a lei.

6. Quando uma condenação penal definitiva é ulteriormente anulada ou quando é concedido o indulto, porque um facto novo ou recentemente revelado prova concludentemente que se produziu um erro judiciário, a pessoa que cumpriu uma pena em virtude dessa condenação será indemnizada, em conformidade com a lei, a menos que se prove que a não revelação em tempo útil do facto desconhecido lhe é imputável no todo ou em parte.

7. Ninguém pode ser julgado ou punido novamente por motivo de uma infracção da qual já foi absolvido ou pela qual já foi condenado por sentença definitiva, em conformidade com a lei e o processo penal de cada país.

ARTIGO 15.º

1. Ninguém será condenado por actos ou omissões que não constituam um acto delituoso, segundo o direito nacional ou internacional, no

momento em que forem cometidos. Do mesmo modo não será aplicada nenhuma pena mais forte do que aquela que era aplicável no momento em que a infracção foi cometida. Se posteriormente a esta infracção a lei prevê a aplicação de uma pena mais ligeira, o delinquente deve beneficiar da alteração.

2. Nada no presente artigo se opõe ao julgamento ou à condenação de qualquer indivíduo por motivo de actos ou omissões que no momento em que foram cometidos eram tidos por criminosos, segundo os princípios gerais de direito reconhecidos pela comunidade das nações.

ARTIGO 16.º

Toda e qualquer pessoa tem direito ao reconhecimento, em qualquer lugar, da sua personalidade jurídica.

ARTIGO 17.º

1. Ninguém será objecto de intervenções arbitrárias ou ilegais na sua vida privada, na sua família, no seu domicílio ou na sua correspondência, nem de atentados ilegais à sua honra e à sua reputação.

2. Toda e qualquer pessoa tem direito à protecção da lei contra tais intervenções ou tais atentados.

ARTIGO 18.º

1. Toda e qualquer pessoa tem direito à liberdade de pensamento, de consciência e de religião; este direito implica a liberdade de ter ou de adoptar uma religião ou uma convicção da sua escolha, bem como a liberdade de manifestar a sua religião ou a sua convicção, individualmente ou conjuntamente com outros, tanto em público como em privado, pelo culto, cumprimento dos ritos, as práticas e o ensino.

2. Ninguém será objecto de pressões que atentem contra a sua liberdade de ter ou de adoptar uma religião ou uma convicção da sua escolha.

3. A liberdade de manifestar a sua religião ou as suas convicções só pode ser objecto de restrições previstas na lei e que sejam necessárias à protecção de segurança, da ordem e da saúde públicas ou da moral e das liberdades e direitos fundamentais de outrem.

4. Os Estados Partes no presente Pacto comprometem-se a respeitar a liberdade dos pais e, em caso disso, dos tutores legais a fazerem assegu-

rar a educação religiosa e moral dos seus filhos e pupilos, em conformidade com as suas próprias convicções.

ARTIGO 19.º

1. Ninguém pode ser lesado por manifestar as suas opiniões.
2. Toda e qualquer pessoa tem direito à liberdade de expressão; este direito compreende a liberdade de procurar, receber e difundir informações e ideias de toda a espécie, sem consideração de fronteiras, sob forma oral ou escrita, impressa ou artística, ou por qualquer outro meio à sua escolha.
3. O exercício das liberdades previstas no parágrafo 2 do presente artigo comporta deveres e responsabilidades especiais. Pode, em consequência, ser submetido a certas restrições, que devem, todavia, ser expressamente fixadas na lei e que são necessárias:

   a) Ao respeito dos direitos ou da reputação de outrem;
   b) À salvaguarda da segurança nacional, da ordem pública, da saúde e da moralidade públicas.

ARTIGO 20.º

1. Toda a propaganda em favor da guerra deve ser interditada pela lei.
2. Todo o apelo ao ódio nacional, racial e religioso que constitua uma incitação à discriminação, à hostilidade ou à violência deve ser interditado pela lei.

ARTIGO 21.º

O direito de reunião pacífica é reconhecido. O exercício deste direito só pode ser objecto de restrições impostas em conformidade com a lei e que são necessárias numa sociedade democrática, no interesse da segurança nacional, da segurança pública, da ordem pública ou para proteger a saúde e a moralidade públicas ou os direitos e as liberdades de outrem.

ARTIGO 22.º

1. Toda e qualquer pessoa tem o direito de se associar livremente com outras, incluindo o direito de constituir sindicatos e de a eles aderir para a protecção dos seus interesses.

2. O exercício deste direito só pode ser objecto de restrições previstas na lei e que são necessárias numa sociedade democrática, no interesse da segurança nacional, da segurança pública, da ordem pública e para proteger a saúde ou a moralidade públicas ou os direitos e as liberdades de outrem. O presente artigo não impede de submeter a restrições legais o exercício deste direito por parte de membros das forças armadas e da polícia.

3. Nenhuma disposição do presente artigo permite aos Estados Partes na Convenção de 1948 da Organização Internacional do Trabalho respeitante à liberdade sindical e à protecção do direito sindical tomar medidas legislativas que atentem – ou aplicar a lei de modo a atentar – contra as garantias previstas na referida Convenção.

ARTIGO 23.º

1. A família é o elemento natural e fundamental da sociedade e tem direito à protecção da sociedade e do Estado.
2. O direito de se casar e de fundar uma família é reconhecido ao homem e à mulher a partir da idade núbil.
3. Nenhum casamento pode ser concluído sem o livre e pleno consentimento dos futuros esposos.
4. Os Estados Partes no presente Pacto adoptarão as medidas necessárias para assegurar a igualdade dos direitos e das responsabilidades dos esposos em relação ao casamento, na constância do matrimónio e aquando da sua dissolução. Em caso de dissolução, serão adoptadas disposições a fim de assegurar aos filhos a protecção necessária.

ARTIGO 24.º

1. Qualquer criança, sem nenhuma discriminação de raça, cor, sexo, língua, religião, origem nacional ou social, situação económica ou nascimento, tem direito, da parte da sua família, da sociedade e do Estado, às medidas de protecção que exija a sua condição de menor.
2. Toda e qualquer criança deve ser registada imediatamente após o nascimento e ter um nome.
3. Toda e qualquer criança tem o direito de adquirir uma nacionalidade.

ARTIGO 25.º

Todo o cidadão tem o direito e a possibilidade, sem nenhuma das discriminações referidas no artigo 2.º e sem restrições excessivas:

a) De tomar parte na direcção dos negócios públicos, directamente ou por intermédio de representantes livremente eleitos;

b) De votar e ser eleito, em eleições periódicas, autênticas, por sufrágio universal e igual e por escrutínio secreto, assegurando a livre expressão da vontade dos eleitores;

c) De aceder, em condições gerais de igualdade, às funções públicas do seu país.

ARTIGO 26.º

Todas as pessoas são iguais perante a lei e têm direito, sem discriminação, a igual protecção da lei. A este respeito, a lei deve proibir todas as discriminações e garantir a todas as pessoas protecção igual e eficaz contra toda a espécie de discriminação, nomeadamente por motivos de raça, de cor, de sexo, de língua, de religião, de opinião política ou de qualquer outra opinião, de origem nacional ou social, de situação ecónomica, de nascimento ou de qualquer outra situação.

ARTIGO 27.º

Nos Estados em que existam minorias étnicas, religiosas ou linguísticas, as pessoas pertencentes a essas minorias não devem ser privadas do direito de ter, em comum com os outros membros do seu grupo, a sua própria vida cultural, de professar e de praticar a sua própria religião ou de empregar a sua própria língua.

QUARTA PARTE

ARTIGO 28.º

1. É instituído um Comité dos Direitos do Homem (a seguir denominado Comité). Este Comité é composto por dezoito membros e tem as funções a seguir definidas.

2. O Comité é composto por nacionais dos Estados Partes do presente Pacto, que devem ser personalidades de elevada integridade moral e possuidoras de reconhecida competência no domínio dos direitos do homem. Ter-se-á em conta o interesse, que se verifique, da participação nos trabalhos do Comité de algumas pessoas que tenham experiência jurídica.
3. Os membros do Comité são eleitos e exercem funções a título pessoal.

ARTIGO 29.º

1. Os membros do Comité serão eleitos, por escrutínio secreto, de uma lista de indivíduos com as habilitações previstas no artigo 28.º e nomeados para o fim pelos Estados Partes no presente Pacto.
2. Cada Estado Parte no presente Pacto pode nomear não mais de dois indivíduos, que serão seus nacionais.
3. Qualquer indivíduo será elegível à renomeação.

ARTIGO 30.º

1. A primeira eleição terá lugar, o mais tardar, seis meses depois da data da entrada em vigor do presente Pacto.
2. Quatro meses antes, pelo menos, da data de qualquer eleição para o Comité, que não seja uma eleição destinada a preencher uma vaga declarada em conformidade com o artigo 34.º, o Secretário-Geral da Organização das Nações Unidas convidará por escrito os Estados Partes no presente Pacto a designarem, num prazo de três meses, os candidatos que eles propõem como membros do Comité.
3. O Secretário-Geral das Nações Unidas elaborará uma lista alfabética de todas as pessoas assim apresentadas, mencionando os Estados Partes que as nomearam, e comunicá-la-á aos Estados Partes no presente Pacto o mais tardar um mês antes da data de cada eleição.
4. Os membros do Comité serão eleitos no decurso de uma reunião dos Estados Partes no presente Pacto, convocada pelo Secretário-Geral das Nações Unidas na sede da Organização. Nesta reunião, em que o quórum é constituído por dois terços dos Estados Partes no presente Pacto, serão eleitos membros do Comité os candidatos que obtiverem o maior número de votos e a maioria absoluta dos votos dos representantes dos Estados Partes presentes e votantes.

ARTIGO 31.º

1. O Comité não pode incluir mais de um nacional de um mesmo Estado.
2. Nas eleições para o Comité ter-se-á em conta a repartição geográfica equitativa e a representação de diferentes tipos de civilização, bem como dos principais sistemas jurídicos.

ARTIGO 32.º

1. Os membros do Comité são eleitos por quatro anos. São reelegíveis no caso de serem novamente propostos. Todavia, o mandato de nove membros eleitos aquando da primeira votação terminará ao fim de dois anos; imediatamente depois da primeira eleição, os nomes destes nove membros serão sorteados pelo presidente da reunião referida no parágrafo 4 do artigo 30.º.
2. À data da expiração do mandato, as eleições terão lugar em conformidade com as disposições dos artigos precedentes da presente parte do Pacto.

ARTIGO 33.º

1. Se, na opinião unânime dos outros membros, um membro do Comité deixar de cumprir as suas funções por qualquer causa que não seja por motivo de uma ausência temporária, o presidente do Comité informará o Secretário-Geral das Nações Unidas, o qual declarará vago o lugar que ocupava o referido membro.
2. Em caso de morte ou de demissão de um membro do Comité, o presidente informará imediatamente o Secretário-Geral das Nações Unidas, que declarará o lugar vago a contar da data da morte ou daquela em que a demissão produzir efeito.

ARTIGO 34.º

1. Quando uma vaga for declarada em conformidade com o artigo 33.º e se o mandato do membro a substituir não expirar nos seis meses que seguem à data na qual a vaga foi declarada, o Secretário-Geral das Nações Unidas avisará os Estados Partes no presente Pacto de que podem designar candidatos num prazo de dois meses, em conformidade com as disposições do artigo 29.º, com vista a prover a vaga.

2. O Secretário-Geral das Nações Unidas elaborará uma lista alfabética das pessoas assim apresentadas e comunicá-la-á aos Estados Partes no presente Pacto. A eleição destinada a preencher a vaga terá então lugar, em conformidade com as relevantes disposições desta parte do presente Pacto.
3. Um membro do Comité eleito para um lugar declarado vago, em conformidade com o artigo 33.º, faz parte do Comité até à data normal de expiração do mandato do membro cujo lugar ficou vago no Comité, em conformidade com as disposições do referido artigo.

ARTIGO 35.º

Os membros do Comité recebem, com a aprovação da Assembleia Geral das Nações Unidas, emolumentos provenientes dos recursos financeiros das Nações Unidas nos termos e condições fixados pela Assembleia Geral, tendo em consideração a importância das funções do Comité.

ARTIGO 36.º

O Secretário-Geral das Nações Unidas porá à disposição do Comité o pessoal e os meios materiais necessários ao desempenho eficaz das funções que lhe são confiadas em virtude do presente Pacto.

ARTIGO 37.º

1. O Secretário-Geral das Nações Unidas convocará a primeira reunião do Comité, na sede da Organização.
2. Depois da sua primeira reunião o Comité reunir-se-á em todas as ocasiões previstas no seu regulamento interno.
3. As reuniões do Comité terão normalmente lugar na sede da Organização das Nações Unidas ou no Departamento das Nações Unidas em Genebra.

ARTIGO 38.º

Todos os membros do Comité devem, antes de entrar em funções, tomar, em sessão pública, o compromisso solene de cumprir as suas funções de forma imparcial e conscienciosa.

ARTIGO 39.º

1. O Comité elegerá o seu secretariado por um período de dois anos. Os membros do secretariado são reelegíveis.

2. O Comité elaborará o seu próprio regulamento interno; este deve, todavia, conter, entre outras, as seguintes disposições:

a) O quórum é de doze membros;

b) As decisões do Comité são tomadas por maioria dos membros presentes.

ARTIGO 40.º

1. Os Estados Partes no presente Pacto comprometem-se a apresentar relatórios sobre as medidas que tenham adoptado e que dêem efeito aos direitos nele consignados e sobre os progressos realizados relativamente ao gozo destes direitos:

a) Dentro de um ano a contar da data de entrada em vigor do presente Pacto, cada Estado Parte interessado;

b) E ulteriormente, cada vez que o Comité o solicitar.

2. Todos os relatórios serão dirigidos ao Secretário-Geral das Nações Unidas, que os transmitirá ao Comité para apreciação. Os relatórios deverão indicar quaisquer factores e dificuldades que afectem a execução das disposições do presente Pacto.

3. O Secretário-Geral das Nações Unidas pode, após consulta ao Comité, enviar às agências especializadas interessadas cópia das partes do relatório que possam ter relação com o seu domínio de competência.

4. O Comité estudará os relatórios apresentados pelos Estados Partes no presente Pacto e dirigirá aos Estados Partes os seus próprios relatórios, bem como todas as observações gerais que julgar apropriadas. O Comité pode igualmente transmitir ao Conselho Económico e Social essas suas observações acompanhadas de cópias dos relatórios que recebeu de Estados Partes no presente Pacto.

5. Os Estados Partes no presente Pacto podem apresentar ao Comité os comentários sobre todas as observações feitas em virtude do parágrafo 4 do presente artigo.

ARTIGO 41.º

1. Qualquer Estado Parte no presente Pacto pode, em virtude do presente artigo, declarar, a todo o momento, que reconhece a competência do

Comité para receber e apreciar comunicações nas quais um Estado Parte alegue que um outro Estado Parte não cumpre as suas obrigações resultantes do presente Pacto. As comunicações apresentadas em virtude do presente artigo não podem ser recebidas e examinadas, a menos que emanem de um Estado Parte que fez uma declaração reconhecendo, no que lhe diz respeito, a competência do Comité. O Comité não receberá nenhuma comunicação que interesse a um Estado Parte que não fez uma tal declaração. O processo abaixo indicado aplica-se às comunicações recebidas em conformidade com o presente artigo:

a) Se um Estado Parte no presente Pacto julgar que um outro Estado igualmente Parte neste Pacto não aplica as respectivas disposições, pode chamar, por comunicação escrita, a atenção desse Estado sobre a questão. Num prazo de três meses a contar da recepção da comunicação o Estado destinatário apresentará ao Estado que lhe dirigiu a comunicação explicações ou quaisquer outras declarações escritas elucidando a questão, que deverão incluir, na medida do possível e do útil, indicações sobre as regras de processo e sobre os meios de recurso, quer os já utilizados, quer os que estão em instância, quer os que permanecem abertos;

b) Se, num prazo de seis meses a contar da data de recepção da comunicação original pelo Estado destinatário, a questão não for regulada satisfatoriamente para os dois Estados interessados, tanto um como o outro terão o direito de a submeter ao Comité, por meio de uma notificação feita ao Comité bem como ao outro Estado interessado;

c) O Comité só tomará conhecimento de um assunto que lhe é submetido depois de se ter assegurado de que todos os recursos internos disponíveis foram utilizados e esgotados, em conformidade com os princípios de direito internacional geralmente reconhecidos. Esta regra não se aplica nos casos em que os processos de recurso excedem prazos razoáveis;

d) O Comité realizará as suas audiências à porta fechada quando examinar as comunicações previstas no presente artigo;

e) Sob reserva das disposições da alínea c), o Comité põe os seus bons ofícios à disposição dos Estados Partes interessados, a fim de chegar a uma solução amigável da questão, fundamentando-se no respeito dos direitos do homem e nas liberdades fundamentais, tais como os reconhece o presente Pacto;

f) Em todos os assuntos que lhe são submetidos o Comité pode pedir aos Estados Partes interessados visados na alínea b) que lhe forneçam todas as informações pertinentes;

g) Os Estados Partes interessados visados na alínea b) têm o direito de se fazer representar, aquando do exame da questão pelo Comité, e de apresentar observações oralmente e/ou por escrito;

h) O Comité deverá apresentar um relatório num prazo de doze meses a contar do dia em que recebeu a notificação referida na alínea b):

   i) Se uma solução pôde ser encontrada em conformidade com as disposições da alínea e), o Comité limitar-se-á no seu relatório a uma breve exposição dos factos e da solução encontrada;

   ii) Se uma solução não pôde ser encontrada em conformidade com as disposições da alínea e), o Comité limitar-se-á, no seu relatório, a uma breve exposição dos factos; o texto das observações escritas e o processo verbal das observações orais apresentadas pelos Estados Partes interessados são anexados ao relatório.

Em todos os casos o relatório será comunicado aos Estados Partes interessados.

2. As disposições do presente artigo entrarão em vigor quando dez Estados Partes no presente Pacto fizerem a declaração prevista no parágrafo 1 do presente artigo. A referida declaração será depositada pelo Estado Parte junto do Secretário-Geral das Nações Unidas, que transmitirá cópia da mesma aos outros Estados Partes. Uma declaração pode ser retirada a todo o momento por meio de uma notificação dirigida ao Secretário-Geral. O retirar de uma comunicação não prejudica o exame de todas as questões que são objecto de uma comunicação já transmitida em virtude do presente artigo; nenhuma outra comunicação de um Estado Parte será aceite após o Secretário-Geral ter recebido notificação de ter sido retirada a declaração, a menos que o Estado Parte interessado faça uma nova declaração.

ARTIGO 42.º

1:

a) Se uma questão submetida ao Comité em conformidade com o artigo 41.º não foi regulada satisfatoriamente para os Estados Partes, o Comité pode, com o assentimento prévio dos Estados Partes interessados, designar uma comissão de conciliação ad hoc (a seguir denominada Comissão). A Comissão põe os seus bons ofícios à disposição dos Estados Partes interessados a fim de chegar a uma solução amigável da questão, baseada no respeito do presente Pacto;

b) A Comissão será composta por cinco membros nomeados com o acordo dos Estados Partes interessados. Se os Estados Partes interessados não conseguirem chegar a um entendimento sobre toda ou parte da composição da Comissão no prazo de três meses, os membros da Comissão relativamente aos quais não chegaram a acordo serão eleitos por escrutínio secreto de entre os membros do Comité, por maioria de dois terços dos membros do Comité.

2. Os membros da Comissão exercerão as suas funções a título pessoal. Não devem ser naturais nem dos Estados Partes interessados, nem de um Estado que não é parte no presente Pacto, nem de um Estado Parte que não fez a declaração prevista no artigo 41.°.

3. A Comissão elegerá o seu presidente e adoptará o seu regulamento interno.

4. A Comissão realizará normalmente as suas sessões na sede da Organização das Nações Unidas ou no Departamento das Nações Unidas em Genebra. Todavia, pode reunir-se em qualquer outro lugar apropriado, o qual pode ser determinado pela Comissão em consulta com o Secretário-Geral das Nações Unidas e os Estados Partes interessados.

5. O secretariado previsto no artigo 36.° presta igualmente os seus serviços às comissões designadas em virtude do presente artigo.

6. As informações obtidas e analisadas pelo Comité serão postas à disposição da Comissão e esta poderá pedir aos Estados Partes interessados que lhe forneçam quaisquer informações complementares pertinentes.

7. Depois de ter analisado a questão em todos os seus aspectos, mas em todo o caso num prazo mínimo de doze meses após tê-la admitido, a Comissão submeterá um relatório ao presidente do Comité para transmissão aos Estados Partes interessados:

a) Se a Comissão não puder acabar o exame da questão dentro de doze meses, o seu relatório incluirá somente um breve apontamento indicando a que ponto chegou o exame da questão;

b) Se chegar a um entendimento amigável fundado no respeito dos direitos do homem reconhecido no presente Pacto, a Comissão limitar-se-á a indicar brevemente no seu relatório os factos e o entendimento a que se chegou;

c) Se não se chegou a um entendimento no sentido da alínea b), a Comissão fará figurar no seu relatório as suas conclusões sobre todas as matérias de facto relativas à questão debatida entre os Estados Partes interessados, bem como a sua opinião sobre as possibilidades de uma solução amigável do caso. O relatório incluirá igualmente as observações escritas e um processo verbal das observações orais apresentadas pelos Estados Partes interessados;

d) Se o relatório da Comissão for submetido em conformidade com a alínea c), os Estados Partes interessados farão saber ao presidente do Comité, num prazo de três meses após a recepção do relatório, se aceitam ou não os termos do relatório da Comissão.

8. As disposições do presente artigo devem ser entendidas sem prejuízo das atribuições do Comité previstas no artigo 41.º.

9. Todas as despesas dos membros da Comissão serão repartidas igualmente entre os Estados Partes interessados, na base de estimativas fornecidas pelo Secretário-Geral das Nações Unidas.

10. O Secretário-Geral das Nações Unidas está habilitado, se necessário, a prover às despesas dos membros da Comissão antes do seu reembolso ter sido efectuado pelos Estados Partes interessados, em conformidade com o parágrafo 9 do presente artigo.

ARTIGO 43.º

Os membros do Comité e os membros das comissões de conciliação ad hoc que forem designados em conformidade com o artigo 42.º têm direito às facilidades, privilégios e imunidades reconhecidos aos peritos em missões da Organização das Nações Unidas, conforme enunciados nas pertinentes secções da Convenção sobre os Privilégios e Imunidades das Nações Unidas.

ARTIGO 44.º

As disposições relativas à execução do presente Pacto aplicam-se, sem prejuízo dos processos instituídos em matéria de direitos do homem, nos termos ou em virtude dos instrumentos constitutivos e das convenções da Organização das Nações Unidas e das agências especializadas e não impedem os Estados Partes de recorrer a outros processos para a solução de um diferendo, em conformidade com os acordos internacionais gerais ou especiais que os ligam.

ARTIGO 45.º

O Comité apresentará anualmente à Assembleia Geral das Nações Unidas, por intermédio do Conselho Económico e Social, um relatório sobre os seus trabalhos.

QUINTA PARTE

ARTIGO 46.º

Nenhuma disposição do presente Pacto pode ser interpretada como atentando contra as disposições da Carta das Nações Unidas e dos estatutos das agências especializadas que definem as responsabilidades dos diversos órgãos da Organização das Nações Unidas e das agências especializadas no que respeita às questões tratadas no presente Pacto.

ARTIGO 47.º

Nenhuma disposição do presente Pacto deve ser interpretada como atentando contra o direito inerente a todos os povos de gozar e usufruir plena e livremente das suas riquezas e recursos naturais.

SEXTA PARTE

ARTIGO 48.º

1. O presente Pacto está aberto à assinatura de todos os Estados-Membros da Organização das Nações Unidas ou membros de qualquer das suas agências especializadas, de todos os Estados Partes no Estatuto do Tribunal Internacional de Justiça, bem como de todos os outros Estados convidados pela Assembleia Geral das Nações Unidas a tornarem-se partes no presente Pacto.
2. O presente Pacto está sujeito a ratificação e os instrumentos de ratificação serão depositados junto do Secretário-Geral das Nações Unidas.
3. O presente Pacto será aberto à adesão de todos os Estados referidos no parágrafo 1 do presente artigo.
4. A adesão far-se-á pelo depósito de um instrumento de adesão junto do Secretário-Geral das Nações Unidas.
5. O Secretário-Geral das Nações Unidas informará todos os Estados que assinaram o presente Pacto ou que a ele aderiram acerca do depósito de cada instrumento de ratificação ou de adesão.

ARTIGO 49.º

1. O presente Pacto entrará em vigor três meses após a data do depósito junto do Secretário-Geral das Nações Unidas do trigésimo quinto instrumento de ratificação ou de adesão.
2. Para cada um dos Estados que ratificarem o presente Pacto ou a ele aderirem, após o depósito do trigésimo quinto instrumento de ratificação ou adesão, o Pacto entrará em vigor três meses depois da data do depósito por parte desse Estado do seu instrumento de ratificação ou adesão.

ARTIGO 50.º

As disposições do presente Pacto aplicam-se, sem quaisquer limitações ou excepções, a todas as unidades constitutivas dos Estados federais.

ARTIGO 51.º

1. Todo o Estado Parte no presente Pacto pode propor uma emenda e depositar o respectivo texto junto do Secretário-Geral da Organização das Nações Unidas. O Secretário-Geral transmitirá então todos os projectos de emenda aos Estados Partes no presente Pacto, pedindo-lhes que indiquem se desejam a convocação de uma conferência de Estados Partes para examinar estes projectos e submetê-los a votação. Se, pelo menos, um terço dos Estados se declarar a favor desta convocação, o Secretário-Geral convocará a conferência sob os auspícios da Organização das Nações Unidas. Qualquer emenda adoptada pela maioria dos Estados presentes e votantes na conferência será submetida, para aprovação, à Assembleia Geral das Nações Unidas.
2. As emendas entrarão em vigor quando forem aprovadas pela Assembleia Geral das Nações Unidas e aceites, em conformidade com as suas respectivas regras constitucionais, por uma maioria de dois terços dos Estados Partes no presente Pacto.
3. Quando as emendas entrarem em vigor, elas são obrigatórias para os Estados Partes que as aceitaram, ficando os outros Estados Partes ligados pelas disposições do presente Pacto e por todas as emendas anteriores que tiveram aceitado.

ARTIGO 52.°

Independentemente das notificações previstas no parágrafo 5 do artigo 48.°, o Secretário-Geral das Nações Unidas informará todos os Estados referidos no parágrafo 1 do citado artigo:

a) Sobre as assinaturas apostas ao presente Pacto e sobre os instrumentos de ratificação e de adesão depositados em conformidade com o artigo 48.°;

b) Da data em que o presente Pacto entrará em vigor, em conformidade com o artigo 49.°, e da data em que entrarão em vigor as emendas previstas no artigo 51.°.

ARTIGO 53.°

1. O presente Pacto, cujos textos em inglês, chinês, espanhol, francês e russo fazem igualmente fé, será depositado nos arquivos das Nações Unidas.

2. O Secretário-Geral das Nações Unidas transmitirá uma cópia certificada do presente Pacto a todos os Estados referidos no artigo 48.°.

PACTO INTERNACIONAL SOBRE OS DIREITOS ECONÓMICOS, SOCIAIS E CULTURAIS
16.12.66

PACTO INTERNACIONAL SOBRE OS DIREITOS ECONÓMICOS, SOCIAIS E CULTURAIS

Resolução 2200 (XXI) da Assembleia Geral das Nações Unidas

PREÂMBULO

Os Estados Partes no presente Pacto:
Considerando que, em conformidade com os princípios enunciados na Carta das Nações Unidas, o reconhecimento da dignidade inerente a todos os membros da família humana e dos seus direitos iguais e inalienáveis constitui o fundamento da liberdade, da justiça e da paz no Mundo;
Reconhecendo que estes direitos decorrem da dignidade inerente à pessoa humana;
Reconhecendo que, em conformidade com a Declaração Universal dos Direitos do Homem, o ideal do ser humano livre, liberto do medo e da miséria, não pode ser realizado a menos que sejam criadas condições que permitam a cada um desfrutar dos seus direitos económicos, sociais e culturais, bem como dos seus direitos civis e políticos;
Considerando que a Carta das Nações Unidas impõe aos Estados a obrigação de promover o respeito universal e efectivo dos direitos e liberdades do homem;
Tomando em consideração o facto de que o indivíduo tem deveres para com os outros indivíduos e para com a colectividade a que pertence e é obrigado a promover e a respeitar os direitos reconhecidos no presente Pacto:
Acordam o que se segue:

PRIMEIRA PARTE

ARTIGO 1.º

1. Todos os povos têm o direito a dispor deles mesmos. Em virtude deste direito, eles determinam livremente o seu estatuto político e asseguram livremente o seu desenvolvimento económico, social e cultural.

2. Para atingir os seus fins, todos os povos podem dispor livremente das suas riquezas e dos seus recursos naturais, sem prejuízo de quaisquer obrigações que decorrem da cooperação económica internacional, fundada no princípio do interesse mútuo e no direito internacional. Em nenhum caso um povo poderá ser privado dos seus meios de subsistência.

3. Os Estados Partes no presente Pacto, incluindo aqueles que têm a responsabilidade de administrar territórios não autónomos e territórios sob tutela, devem promover a realização do direito dos povos a disporem deles mesmos e respeitar esse direito, em conformidade com as disposições da Carta das Nações Unidas.

SEGUNDA PARTE

ARTIGO 2.º

1. Cada Estado Parte no presente Pacto compromete-se a agir, quer com o seu próprio esforço, quer com a assistência e cooperação internacionais, especialmente nos planos económico e técnico, no máximo dos seus recursos disponíveis, de modo a assegurar progressivamente o pleno exercício dos direitos reconhecidos no presente Pacto por todos os meios apropriados, incluindo em particular por meio de medidas legislativas.

2. Os Estados Partes no presente Pacto comprometem-se a garantir que os direitos nele enunciados serão exercidos sem discriminação alguma baseada em motivos de raça, cor, sexo, língua, religião, opinião política ou qualquer outra opinião, origem nacional ou social, situação económica, nascimento, ou qualquer outra situação.

3. Os países em vias de desenvolvimento, tendo em devida conta os direitos do homem e a respectiva economia nacional, podem determinar em que medida garantirão os direitos económicos reconhecidos no presente Pacto a pessoas que não sejam seus nacionais.

ARTIGO 3.º

Os Estados Partes no presente Pacto comprometem-se a assegurar o direito igual dos homens e das mulheres a usufruir de todos os direitos económicos, sociais e culturais enunciados no presente Pacto.

ARTIGO 4.º

Os Estados Partes no presente Pacto reconhecem que, no gozo dos direitos assegurados pelo Estado, em conformidade com o presente Pacto, o Estado só pode submeter esses direitos às limitações estabelecidas pela lei, unicamente na medida compatível com a natureza desses direitos e exclusivamente com o fim de promover o bem-estar geral numa sociedade democrática.

ARTIGO 5.º

1. Nenhuma disposição do presente Pacto pode ser interpretada como implicando para um Estado, uma colectividade ou um indivíduo qualquer direito de se dedicar a uma actividade ou de realizar um acto visando a destruição dos direitos e das liberdades reconhecidos no presente Pacto ou a limitações mais amplas do que as previstas no referido Pacto.
2. Não pode ser admitida nenhuma restrição ou derrogação aos direitos fundamentais do homem reconhecidos ou em vigor, em todo o Estado Parte no presente Pacto, em aplicação de leis, de convenções, de regulamentos ou de costumes, sob pretexto de que o presente Pacto não os reconhece ou os reconhece em menor grau.

TERCEIRA PARTE

ARTIGO 6.º

1. Os Estados Partes no presente Pacto reconhecem o direito ao trabalho, que compreende o direito que têm todas as pessoas de assegurar a possibilidade de ganhar a sua vida por meio de um trabalho livremente escolhido ou aceite, e adoptarão medidas apropriadas para salvaguardar esse direito.
2. As medidas que cada um dos Estados Partes no presente Pacto adoptará com vista a assegurar o pleno exercício deste direito devem incluir pro-

gramas de orientação técnica e profissional, a elaboração de políticas e de técnicas capazes de garantir um desenvolvimento económico, social e cultural constante e um pleno emprego produtivo em condições que garantam o gozo das liberdades políticas e económicas fundamentais de cada indivíduo.

ARTIGO 7.º

Os Estados Partes no presente Pacto reconhecem o direito de todas as pessoas de gozar de condições de trabalho justas e favoráveis, que assegurem em especial:

a) Uma remuneração que proporcione, no mínimo, a todos os trabalhadores:
   i) Um salário equitativo e uma remuneração igual para um trabalho de valor igual, sem nenhuma distinção, devendo, em particular, ser garantidas às mulheres condições de trabalho não inferiores àquelas de que beneficiam os homens, com remuneração igual para trabalho igual;
   ii) Uma existência decente para eles próprios e para as suas famílias, em conformidade com as disposições do presente Pacto;

b) Segurança e higiene no trabalho;

c) Iguais oportunidades para todos de ser promovidos no seu trabalho à categoria superior apropriada, sem sujeição a outras condições para além do tempo de serviço e da aptidão individual;

d) Repouso, lazer e limitação razoável das horas de trabalho e férias periódicas pagas, bem como remuneração nos dias feriados.

ARTIGO 8.º

1. Os Estados Partes no presente Pacto comprometem-se a assegurar:

a) O direito de todas as pessoas de criarem sindicatos e de se filiarem no sindicato da sua escolha, sujeito somente ao regulamento da organização interessada, com vista a favorecer e proteger os seus interesses económicos e sociais. O exercício deste direito não pode ser objecto de restrições, a não ser daquelas previstas na lei e que sejam necessárias numa sociedade democrática, no interesse da segurança nacional ou da ordem pública, ou para proteger os direitos e as liberdades de outrem;

b) O direito dos sindicatos de formar federações ou confederações nacionais e o direito destas de constituirem ou de se filiarem nas organizações sindicais internacionais;

c) O direito dos sindicatos de exercer livremente a sua actividade, sem outras limitações além das previstas na lei, e que sejam necessárias numa sociedade democrática, no interesse da segurança nacional ou da ordem pública ou para proteger os direitos e as liberdades de outrem;

d) O direito de greve, sempre que exercido em conformidade com as leis de cada país.

2. O presente artigo não impede que o exercício desses direitos por parte dos membros das forças armadas, da polícia ou das autoridades da administração pública seja submetido a restrições legais.

3. Nenhuma disposição do presente artigo autoriza aos Estados Partes na Convenção de 1948 da Organização Internacional do Trabalho, relativa à liberdade sindical e à protecção do direito sindical, a adoptar medidas legislativas, que prejudiquem – ou a aplicar a lei de modo a prejudicar – as garantias previstas na referida Convenção.

ARTIGO 9.º

Os Estados Partes no presente Pacto reconhecem o direito de todas as pessoas à segurança social, incluindo os seguros sociais.

ARTIGO 10.º

Os Estados Partes no presente Pacto reconhecem que:

1. Uma protecção e uma assistência mais amplas possíveis serão proporcionadas à família, que é o núcleo elementar natural e fundamental da sociedade, particularmente com vista à sua formação e no tempo durante o qual ela tem a responsabilidade de criar e educar os filhos. O casamento deve ser livremente consentido pelos futuros esposos.

2. Uma protecção especial deve ser dada às mães durante um período de tempo razoável antes e depois do nascimento das crianças. Durante este mesmo período as mães trabalhadoras devem beneficiar de licença paga ou de licença acompanhada de serviços de segurança social adequados.

3. Medidas especiais de protecção e de assistência devem ser tomadas em benefício de todas as crianças e adolescentes, sem discriminação alguma derivada de razões de paternidade ou outras. Crianças e adolescentes devem ser protegidos contra a exploração económica e social. O seu emprego em trabalhos de natureza a comprometer a sua moralidade ou a sua saúde, capazes de pôr em perigo a sua vida ou de prejudicar o seu desenvolvimento normal deve ser sujeito à sanção da lei. Os Estados devem

também fixar os limites de idade abaixo dos quais o emprego de mão-de-
-obra infantil será interdito e sujeito às sanções da lei.

ARTIGO 11.º

1. Os Estados Partes no presente Pacto reconhecem o direito de todas as pessoas a um nível de vida suficiente para si e para as suas famílias, incluindo alimentação, vestuário e alojamento suficientes, bem como a uma melhoria constante das suas condições de existência. Os Estados Partes adoptarão medidas apropriadas destinadas a assegurar a realização deste direito, reconhecendo para este efeito a importância essencial de uma cooperação internacional livremente consentida.

2. Os Estados Partes do presente Pacto, reconhecendo o direito fundamental de todas as pessoas de estarem ao abrigo da fome, adoptarão individualmente e por meio da cooperação internacional as medidas necessárias, incluindo programas concretos:

a) Para melhorar os métodos de produção, de conservação e de distribuição dos produtos alimentares pela plena utilização dos conhecimentos técnicos e científicos, pela difusão de princípios de educação nutricional e pelo desenvolvimento ou a reforma dos regimes agrários, de maneira a assegurar da melhor forma a valorização e a utilização dos recursos naturais;

b) Para assegurar uma repartição equitativa dos recursos alimentares mundiais em relação às necessidades, tendo em conta os problemas que se colocam tanto aos países importadores, como aos países exportadores de produtos alimentares.

ARTIGO 12.º

1. Os Estados Partes no presente Pacto reconhecem o direito de todas as pessoas de gozar do melhor estado de saúde física e mental possível de atingir.

2. As medidas que os Estados Partes no presente Pacto adoptarem com vista a assegurar o pleno exercício deste direito deverão compreender as medidas necessárias para assegurar:

a) A diminuição da mortinatalidade e da mortalidade infantil, bem como o são desenvolvimento da criança;

b) A melhoria de todos os aspectos de higiene ambiental e da higiene no trabalho;

c) A profilaxia, tratamento e controlo das doenças epidémicas, endémicas, profissionais e outras;

d) A criação de condições propícias a assegurar a todas as pessoas serviços médicos e ajuda médica em caso de doença.

ARTIGO 13.º

1. Os Estados Partes no presente Pacto reconhecem o direito de toda a pessoa à educação. Concordam que a educação deve visar o pleno desenvolvimento da personalidade humana e do sentido da sua dignidade e reforçar o respeito pelos direitos do homem e das liberdades fundamentais. Concordam também que a educação deve habilitar toda a pessoa a desempenhar um papel útil numa sociedade livre, promover a compreensão, a tolerância e a amizade entre todas as nações e grupos, raciais, étnicos e religiosos, e favorecer as actividades das Nações Unidas para a conservação da paz.

2. Os Estados Partes no presente Pacto reconhecem que, a fim de assegurar o pleno exercício deste direito:

a) O ensino primário deve ser obrigatório e acessível gratuitamente a todos;

b) O ensino secundário, nas suas diferentes formas, incluindo o ensino secundário técnico e profissional, deve ser generalizado e tornado acessível a todos por todos os meios apropriados e, nomeadamente, pela instauração progressiva da educação gratuita;

c) O ensino superior deve ser tornado acessível a todos em plena igualdade, em função das capacidades de cada um, por todos os meios apropriados e, nomeadamente, pela instauração progressiva da educação gratuita;

d) A educação de base deve ser encorajada ou intensificada, em toda a medida do possível, para as pessoas que não receberam instrução primária ou que não a receberam até ao seu termo;

e) É necessário prosseguir activamente o desenvolvimento de uma rede escolar em todos os escalões, estabelecer um sistema adequado de bolsas e melhorar de modo contínuo as condições materiais do pessoal docente.

3. Os Estados Partes no presente Pacto comprometem-se a respeitar a liberdade dos pais ou, quando tal for o caso, dos tutores legais de escolher para seus filhos (ou pupilos) estabelecimentos de ensino diferentes dos poderes públicos, mas conformes às normas mínimas que podem ser prescritas ou aprovadas pelo Estado em matéria de educação, e de assegu-

rar a educação religiosa e moral de seus filhos (ou pupilos) em conformidade com as suas próprias convicções.

4. Nenhuma disposição do presente artigo deve ser interpretada como limitando a liberdade dos indivíduos e das pessoas colectivas de criar e dirigir estabelecimentos de ensino, sempre sob reserva de que os princípios enunciados no parágrafo 1 do presente artigo sejam observados e de que a educação proporcionada nesses estabelecimentos seja conforme às normas mínimas prescritas pelo Estado.

ARTIGO 14.º

Todo o Estado Parte no presente Pacto que, no momento em que se torna parte, não pôde assegurar ainda no território metropolitano ou nos territórios sob a sua jurisdição ensino primário obrigatório e gratuito compromete-se a elaborar e adoptar, num prazo de dois anos, um plano detalhado das medidas necessárias para realizar progressivamente, num número razoável de anos, fixados por esse plano, a aplicação do princípio do ensino primário obrigatório e gratuito para todos.

ARTIGO 15.º

1. Os Estados Partes no presente Pacto reconhecem a todos o direito:
a) De participar na vida cultural;
b) De beneficiar do progresso científico e das suas aplicações;
c) De beneficiar da protecção dos interesses morais e materiais que decorrem de toda a produção científica, literária ou artística de que cada um é autor.

2. As medidas que os Estados Partes no presente Pacto adoptarem com vista a assegurar o pleno exercício deste direito deverão compreender as que são necessárias para assegurar a manutenção, o desenvolvimento e a difusão da ciência e da cultura.

3. Os Estados Partes no presente Pacto comprometem-se a respeitar a liberdade indispensável à investigação científica e às actividades criadoras.

4. Os Estados Partes no presente Pacto reconhecem os benefícios que devem resultar do encorajamento e do desenvolvimento dos contactos internacionais e da cooperação no domínio da ciência e da cultura.

QUARTA PARTE

ARTIGO 16.º

1. Os Estados Partes no presente Pacto comprometem-se a apresentar, em conformidade com as disposições da presente parte do Pacto, relatórios sobre as medidas que tiverem adoptado e sobre os progressos realizados com vista a assegurar o respeito dos direitos reconhecidos no Pacto.
2:
a) Todos os relatórios serão dirigidos ao Secretário-Geral das Nações Unidas, que transmitirá cópias deles ao Conselho Económico e Social, para apreciação, em conformidade com as disposições do presente Pacto;
b) O Secretário-Geral da Organização das Nações Unidas transmitirá igualmente às agências especializadas cópias dos relatórios, ou das partes pertinentes dos relatórios, enviados pelos Estados Partes no presente Pacto que são igualmente membros das referidas agências especializadas, na medida em que esses relatórios, ou partes de relatórios, tenham relação a questões relevantes da competência das mencionadas agências nos termos dos seus respectivos actos constitutivos.

ARTIGO 17.º

1. Os Estados Partes no presente Pacto apresentarão os seus relatórios por etapas, segundo um programa a ser estabelecido pelo Conselho Económico e Social, no prazo de um ano a contar da data da entrada em vigor do presente Pacto, depois de ter consultado os Estados Partes e as agências especializadas interessadas.
2. Os relatórios podem indicar os factores e as dificuldades que impedem estes Estados de desempenhar plenamente as obrigações previstas no presente Pacto.
3. No caso das informações relevantes terem já sido transmitidas à Organização das Nações Unidas ou a uma agência especializada por um Estado Parte no Pacto, não será necessário reproduzir as referidas informações e bastará uma referência precisa às mesmas.

ARTIGO 18.º

Em virtude das responsabilidades que lhe são conferidas pela Carta das Nações Unidas no domínio dos direitos do homem e das liberdades fundamentais, o Conselho Económico e Social poderá concluir acordos com as agências especializadas, com vista à apresentação por estas de relatórios relativos aos progressos realizados na observância das disposições do presente Pacto que entram no quadro das suas actividades. Estes relatórios poderão compreender dados sobre as decisões e recomendações adoptadas pelos órgãos competentes das agências especializadas sobre a questão da observância.

ARTIGO 19.º

O Conselho Económico e Social pode enviar à Comissão dos Direitos do Homem para fins de estudo e de recomendação de ordem geral ou para informação, se for caso disso, os relatórios respeitantes aos direitos do homem transmitidos pelos Estados, em conformidade com os artigos 16.º e 17.º, e os relatórios respeitantes aos direitos do homem comunicados pelas agências especializadas em conformidade com o artigo 18.º.

ARTIGO 20.º

Os Estados Partes no presente Pacto e as agências especializadas interessadas podem apresentar ao Conselho Económico e Social observações sobre todas as recomendações de ordem geral feitas em virtude do artigo 19.º, ou sobre todas as menções de uma recomendação de ordem geral figurando num relatório da Comissão dos Direitos do Homem ou em todos os documentos mencionados no referido relatório.

ARTIGO 21.º

O Conselho Económico e Social pode apresentar periodicamente à Assembleia Geral relatórios contendo recomendações de carácter geral e um resumo das informações recebidas dos Estados Partes no presente Pacto e das agências especializadas sobre as medidas adoptadas e os progressos realizados com vista a assegurar o respeito geral dos direitos reconhecidos no presente Pacto.

ARTIGO 22.º

O Conselho Económico e Social pode levar à atenção dos outros órgãos da Organização das Nações Unidas, dos seus órgãos subsidiários e das agências especializadas interessadas que se dedicam a fornecer assistência técnica quaisquer questões suscitadas pelos relatórios mencionados nesta parte do presente Pacto e que possa ajudar estes organismos a pronunciarem-se, cada um na sua própria esfera de competência, sobre a oportunidade de medidas internacionais capazes de contribuir para a execução efectiva e progressiva do presente Pacto.

ARTIGO 23.º

Os Estados Partes no presente Pacto concordam que as medidas de ordem internacional destinadas a assegurar a realização dos direitos reconhecidos no Pacto incluem métodos, tais como a conclusão de convenções, a adopção de recomendações, a prestação de assistência técnica e a organização, em ligação com os governos interessados, de reuniões regionais e de reuniões técnicas para fins de consulta e de estudos.

ARTIGO 24.º

Nenhuma disposição do presente Pacto deve ser interpretada como atentando contra as disposições da Carta das Nações Unidas e dos estatutos das agências especializadas que definem as responsabilidades dos diversos órgãos da Organização das Nações Unidas e das agências especializadas no que respeita às questões tratadas no presente Pacto.

ARTIGO 25.º

Nenhuma disposição do presente Pacto será interpretada como atentando contra o direito inerente a todos os povos de gozar e usufruir plena e livremente das suas riquezas e recursos naturais.

QUINTA PARTE

ARTIGO 26.º

1. O presente Pacto está aberto à assinatura de todos os Estados-Membros da Organização das Nações Unidas ou membros de qualquer das suas agências especializadas, de todos os Estados Partes no Estatuto do Tribunal Internacional de Justiça, bem como de todos os outros Esta-

dos convidados pela Assembleia Geral das Nações Unidas a tornarem-se partes no presente Pacto.

2. O presente Pacto está sujeito a ratificação e os instrumentos de ratificação serão depositados junto do Secretário-Geral das Nações Unidas.

3. O presente Pacto será aberto à adesão de todos os Estados referidos no parágrafo 1 do presente artigo.

4. A adesão far-se-á pelo depósito de um instrumento de adesão junto do Secretário-Geral das Nações Unidas.

5. O Secretário-Geral das Nações Unidas informará todos os Estados que assinaram o presente Pacto ou que a ele aderirem acerca do depósito de cada instrumento de ratificação ou de adesão.

ARTIGO 27.º

1. O presente Pacto entrará em vigor três meses após a data do depósito junto do Secretário-Geral das Nações Unidas do trigésimo quinto instrumento de ratificação ou de adesão.

2. Para cada um dos Estados que ratificarem o presente Pacto ou a ele aderirem, após o depósito do trigésimo quinto instrumento de ratificação ou de adesão, o Pacto entrará em vigor três meses depois da data do depósito por parte desse Estado do seu instrumento de ratificação ou de adesão.

ARTIGO 28.º

As disposições do presente Pacto aplicam-se, sem quaisquer limitações ou excepções, a todas as unidades constitutivas dos Estados Federais.

ARTIGO 29.º

1. Todo o Estado Parte no presente Pacto pode propor uma emenda e depositar o respectivo texto junto do Secretário-Geral da Organização das Nações Unidas. O Secretário-Geral transmitirá então todos os projectos de emenda aos Estados Partes no presente Pacto, pedindo-lhes que indiquem se desejam a convocação de uma conferência de Estados Partes para examinar esses projectos e submetê-los à votação. Se, pelo menos, um terço dos Estados se declarar a favor desta convocação, o Secretário-Geral convocará a conferência sob os auspícios da Organização das Nações Unidas. Qualquer emenda adoptada pela maioria dos Estados presentes e votantes

na conferência será submetida, para aprovação, à Assembleia Geral das Nações Unidas.

2. As emendas entrarão em vigor quando forem aprovadas pela Assembleia Geral das Nações Unidas e aceites, em conformidade com as respectivas regras constitucionais, por uma maioria de dois terços dos Estados Partes no presente Pacto.

3. Quando as emendas entrarem em vigor, elas são obrigatórias para os Estados Partes que as aceitaram, ficando os outros Estados Partes ligados pelas disposições do presente Pacto e por todas as emendas anteriores que tiverem aceitado.

ARTIGO 30.º

Independentemente das notificações previstas no parágrafo 5 do artigo 26.º, o Secretário-Geral das Nações Unidas informará todos os Estados referidos no parágrafo 1 do citado artigo:

a) Sobre as assinaturas apostas ao presente Pacto e sobre os instrumentos de ratificação e de adesão depositados em conformidade com o artigo 26.º;

b) Da data em que o presente Pacto entrará em vigor, em conformidade com o artigo 27.º, e da data em que entrarão em vigor as emendas previstas no artigo 29.º.

ARTIGO 31.º

1. O presente Pacto, cujos textos em inglês, chinês, espanhol, francês e russo fazem igualmente fé, será depositado nos arquivos das Nações Unidas.

2. O Secretário-Geral das Nações Unidas transmitirá uma cópia certificada do presente Pacto a todos os Estados referidos no artigo 26.º.

DECLARAÇÃO SOBRE O PROGRESSO E O DESENVOLVIMENTO SOCIAL
11.12.1969

DECLARAÇÃO SOBRE O PROGRESSO E O DESENVOLVIMENTO SOCIAL

Resolução 2542 (XXIV) da Assembleia Geral das Nações Unidas

A Assembleia Geral,
Consciente do compromisso assumido pelos Membros das Nações Unidas, de acordo com a Carta, de agir, conjunta ou separadamente, em cooperação com a Organização, para promover níveis de vida mais elevados, pleno emprego e condições de progresso e desenvolvimento económico e social,
Reafirmando a fé nos direitos humanos e liberdades fundamentais, nos princípios de paz, dignidade e valor da pessoa humana e de justiça social proclamados na Carta,
Recordando os princípios da Declaração Universal dos Direitos do Homem, dos Pactos Internacionais sobre Direitos Humanos, da Declaração dos Direitos da Criança, da Declaração sobre a Concessão de Independência aos Países e Povos Coloniais, da Convenção Internacional sobre a Eliminação de todas as Formas de Discriminação Racial, da Declaração das Nações Unidas sobre a Eliminação de todas as Formas de Discriminação Racial, da Declaração sobre a Promoção entre os Jovens dos Ideais de Paz, Respeito Mútuo e Compreensão entre os Povos, da Declaração sobre a Eliminação da Discriminação contra as Mulheres e de Resoluções das Nações Unidas,
Tendo em conta as normas de progresso social já enunciadas nas constituições, convenções, recomendações e resoluções da Organização Internacional do Trabalho, da Organização das Nações Unidas para a Alimentação e a Agricultura, da Organização das Nações Unidas para a Educação, a Ciência e a Cultura, da Organização Mundial de Saúde, do Fundo das Nações Unidas para a Infância e outras organizações interessadas,

Convencida de que o homem só pode satisfazer plenamente as suas aspirações numa ordem social justa, sendo, assim, fundamental acelerar o progresso social e económico em todo mundo e contribuir, desta forma, para a paz e solidariedade internacionais,

Convencida de que a paz e segurança internacionais, por um lado, e o progresso social e o desenvolvimento económico, por outro, estão intimamente ligados e exercem uma influência mútua,

Persuadida de que o desenvolvimento social pode ser promovido através da coexistência pacífica, das relações de amizade e da cooperação entre Estados com diferentes sistemas sociais, económicos ou políticos,

Sublinhando a interdependência entre desenvolvimento económico e desenvolvimento social no processo mais amplo de crescimento e mutação e a importância de uma estratégia de desenvolvimento integrada que tenha plenamente em conta, em todas as suas etapas, os aspectos sociais do desenvolvimento,

Lamentando a insuficiência dos progressos alcançados na situação social no mundo, não obstante os esforços realizados por Estados e pela comunidade internacional,

Reconhecendo que a responsabilidade pelo desenvolvimento dos países em desenvolvimento incumbe prioritariamente a esses mesmos países e reconhecendo a necessidade urgente de reduzir e eventualmente eliminar as disparidades existentes entre o nível de vida dos países economicamente mais avançados e o dos países em desenvolvimento e que, para esse efeito, os Estados-Membros devem adoptar políticas internas e externas destinadas a promover o desenvolvimento social em todo o mundo e, em particular, a apoiar os países em desenvolvimento na aceleração do seu crescimento económico,

Reconhecendo a urgência em consagrar aos esforços de paz e progresso social recursos que são despendidos em armamento e desperdiçados em conflitos e destruição,

Consciente da contribuição que a ciência e a tecnologia podem efectuar para a satisfação das necessidades comuns a toda a humanidade,

Estimando que a tarefa primordial de todos os Estados e de todas as organizações internacionais consiste em eliminar da sociedade todos os males e obstáculos ao progresso social, em particular, a desigualdade, a exploração, a guerra, o colonialismo e o racismo,

Desejosa de promover o progresso de toda a humanidade, tendo em vista a realização desses objectivos, e de ultrapassar todos os obstáculos que se lhe opõem,

Proclama solenemente a presente Declaração sobre o Progresso e o Desenvolvimento Social e incita à adopção de medidas nos planos nacional e internacional, de modo a utilizar esta Declaração como base comum para as políticas de desenvolvimento social:

PARTE I
Princípios

ARTIGO 1.º

Todos os povos e todos os seres humanos, sem distinção de raça, cor, sexo, língua, religião, nacionalidade, origem étnica, condição familiar ou social, convicções políticas ou de outra natureza, têm direito a viver com dignidade e a usufruir livremente dos benefícios do progresso social e devem, pela sua parte, para ele contribuir.

ARTIGO 2.º

O progresso e o desenvolvimento social baseiam-se no respeito da dignidade e do valor da pessoa humana, devendo assegurar a promoção dos direitos humanos e da justiça social, o que requer:
 a) A eliminação imediata e definitiva de todas as formas de desigualdade, de exploração dos povos e indivíduos, de colonialismo, de racismo, incluindo o nazismo e o *apartheid*, e de quaisquer outras políticas e ideologias contrárias aos princípios e objectivos das Nações Unidas;
 b) O reconhecimento e a aplicação efectiva dos direitos civis e políticos, bem como dos direitos económicos, sociais e culturais, sem qualquer discriminação.

ARTIGO 3.º

Consideram-se condições primordiais de progresso e desenvolvimento social:
 a) A independência nacional, baseada no direito dos povos à autodeterminação;
 b) O princípio da não ingerência nos assuntos internos dos Estados;
 c) O respeito pela soberania e pela integridade territorial dos Estados;

d) A soberania permanente de cada nação sobre as suas riquezas e recursos naturais;

e) O direito e a responsabilidade de cada Estado e, no que se lhes refere, de cada nação e de cada povo em determinar livremente os seus próprios objectivos de desenvolvimento social, definir as suas próprias prioridades e escolher, em conformidade com os princípios da Carta das Nações Unidas, os meios e os métodos que permitam a sua realização, sem qualquer ingerência externa;

f) A coexistência pacífica, a paz, as relações de amizade e a cooperação entre os Estados, independentemente das diferenças existentes ao nível dos seus sistemas sociais, económicos ou políticos.

ARTIGO 4.º

A família, como unidade básica da sociedade e meio natural para o crescimento e bem-estar de todos os seus membros, especialmente as crianças e os jovens, dever ser ajudada e protegida para que possa assumir plenamente as suas responsabilidades na comunidade. Os pais têm o direito exclusivo a determinar, de forma livre e responsável, o número de filhos e o período que medeia entre os nascimentos.

ARTIGO 5.º

O progresso e o desenvolvimento social requerem a plena utilização dos recursos humanos, incluindo, em particular:

a) O encorajamento de iniciativas criativas numa opinião pública esclarecida;

b) A difusão de informações de carácter nacional e internacional, com vista a desenvolver nos indivíduos a consciência das mutações que se produzem na sociedade em geral;

c) A participação activa de todos os elementos da sociedade, individualmente ou através de associações, na definição e realização dos objectivos comuns do desenvolvimento, no pleno respeito pelas liberdades fundamentais consagradas na Declaração Universal dos Direitos do Homem;

d) A garantia da concessão de igualdade de oportunidades de progresso social e económico aos sectores menos favorecidos ou marginalizados, a fim de alcançar uma sociedade efectivamente integrada.

ARTIGO 6.º

O desenvolvimento social exige que se garanta a toda a pessoa o direito ao trabalho e à livre escolha do emprego.

O progresso e o desenvolvimento social exigem a participação de todos os membros da sociedade num trabalho produtivo e socialmente útil e o estabelecimento, de acordo com os direitos humanos e as liberdades fundamentais, assim como com os princípios da justiça e a função social da propriedade, de formas de propriedade da terra e dos meios de produção que excluam qualquer tipo de exploração do homem, assegurem a todos um direito igual à propriedade e criem condições que conduzam ao estabelecimento de uma verdadeira igualdade entre os homens.

ARTIGO 7.º

A rápida expansão do rendimento e da riqueza nacional e a sua repartição equitativa entre todos os membros da sociedade estão na base de todo o progresso social e devem, portanto, figurar no primeiro plano das preocupações de todos os Estados e de todos os governos.

A melhoria da posição dos países em desenvolvimento no comércio internacional, resultante, entre outras coisas, da obtenção de termos de troca favoráveis e de preços equitativos e remuneradores que permitam a esses países o escoamento das suas produções, é necessária para permitir o aumento do rendimento nacional e promover o desenvolvimento social.

ARTIGO 8.º

Cada governo tem o papel principal e a responsabilidade final de assegurar o progresso social e o bem-estar da sua população, de planear medidas de desenvolvimento social, no âmbito de planos gerais de desenvolvimento, de estimular e de coordenar ou integrar todos os esforços nacionais com esse objectivo e de introduzir as transformações necessárias na estrutura social. No planeamento das medidas de desenvolvimento social deve ter-se devidamente em conta a diversidade das necessidades das áreas em desenvolvimento e das áreas desenvolvidas, bem como das áreas urbanas e das áreas rurais dentro de cada país.

ARTIGO 9.º

O progresso e o desenvolvimento social são de interesse geral para a comunidade internacional, que deve completar, através de uma acção internacional concertada, os esforços desenvolvidos no plano nacional tendo em vista a melhoria do nível de vida das populações.

O progresso social e o crescimento económico exigem o reconhecimento do interesse comum de todas as nações na exploração, conservação, utilização e aproveitamento, com fins exclusivamente pacíficos e no interesse de toda a humanidade, das zonas como o espaço extra-atmosférico e os fundos marinhos e oceânicos e o seu subsolo, para além dos limites da jurisdição nacional, em conformidade com os princípios e os objectivos da Carta das Nações Unidas.

PARTE II
Objectivos

O progresso e o desenvolvimento social devem visar a melhoria contínua dos níveis de vida, tanto do ponto de vista material, como espiritual, de todos os membros da sociedade, no respeito e cumprimento dos direitos do homem e das liberdades fundamentais, através da realização dos seguintes objectivos principais:

ARTIGO 10.º

a) Assegurar o direito ao trabalho em todas as categorias e o direito de todos a organizar sindicatos e associações de trabalhadores e a negociar convenções colectivas, promover o pleno emprego produtivo, eliminar o desemprego e o subemprego, criar condições de trabalho justas e favoráveis para todos, incluindo a melhoria das condições de higiene e segurança, garantir a justa remuneração do trabalho sem qualquer discriminação e o estabelecimento de um salário mínimo suficiente para assegurar um nível de vida digno, assegurar a protecção do consumidor;

b) Eliminar a fome e a subnutrição e garantir o direito a uma nutrição adequada;

c) Eliminar a pobreza, assegurar a melhoria contínua dos níveis de vida e uma justa e equitativa repartição dos rendimentos;

d) Alcançar os mais elevados níveis de saúde e assegurar serviços de protecção da saúde para toda a população, se possível de forma gratuita;

e) Eliminar o analfabetismo e garantir o acesso universal à cultura e ao ensino, gratuito em todos os níveis e obrigatório ao nível primário, e assegurar a melhoria do nível geral da educação ao longo da vida;

f) Facultar a todos, em particular às pessoas com fracos rendimentos e às famílias numerosas, habitação e serviços colectivos satisfatórios;

O progresso e o desenvolvimento social devem igualmente ter em vista a realização dos seguintes objectivos principais:

ARTIGO 11.º

a) Assegurar sistemas amplos de segurança social e serviços de assistência social, criar e melhorar os regimes de segurança e seguros sociais para todas as pessoas que, em virtude de doença, invalidez ou velhice, estejam incapacitadas de, temporária ou definitivamente, auferir uma remuneração, com vista a garantir a essas pessoas, às suas famílias e às pessoas a seu cargo um nível de vida adequado;

b) Proteger os direitos da mãe e da criança, assegurar a educação e a saúde das crianças, adoptar medidas para proteger a saúde e o bem-estar das mulheres, em particular das mães grávidas e com filhos pequenos que trabalham, assim como das mães cujo salário representa a única fonte de rendimento da família, conceder às mulheres licenças e subsídios de gravidez e de maternidade, com a garantia da manutenção dos seus empregos e dos seus salários;

c) Proteger os direitos e assegurar o bem-estar das crianças, dos idosos, dos inválidos e assegurar a protecção das pessoas física ou mentalmente desfavorecidas;

d) Ensinar aos jovens e promover entre eles os ideais de justiça, de paz, respeito mútuo e de compreensão entre os povos, promover a plena participação dos jovens no processo de desenvolvimento nacional;

e) Adoptar medidas de defesa social e eliminar as condições que favorecem a criminalidade e a delinquência, particularmente a delinquência juvenil;

f) Garantir a todos os indivíduos, sem qualquer tipo de discriminação, a tomada de consciência dos seus direitos e obrigações e o apoio necessário no exercício e protecção dos seus direitos.

O progresso e o desenvolvimento social devem ter os seguintes objectivos principais:

ARTIGO 12.º

a) Criar as condições necessárias a um desenvolvimento social e económico rápido e sustentado, em particular nos países em desenvolvimento, através da modificação das relações económicas internacionais e da aplicação de novos e eficazes métodos de cooperação internacional, em que a igualdade de oportunidades constitua uma prerrogativa das nações e dos indivíduos que as constituem;

b) Eliminar todas as formas de discriminação e de exploração e todas as outras práticas e ideologias contrárias aos objectivos e aos princípios da Carta das Nações Unidas;

c) Eliminar todas as formas de exploração económica estrangeira, incluindo, em particular, a praticada pelos monopólios internacionais, a fim de permitir que a população de cada país possa usufruir plenamente dos benefícios resultantes dos seus recursos nacionais.

O progresso e o desenvolvimento social devem, por último, ter em vista a realização dos seguintes objectivos principais:

ARTIGO 13.º

a) Repartir equitativamente as vantagens resultantes dos progressos científicos e tecnológicos entre os países desenvolvidos e os países em desenvolvimento e alargar progressivamente o campo de aplicação da ciência e da tecnologia em benefício do desenvolvimento social da humanidade;

b) Estabelecer um equilíbrio harmonioso entre o progresso científico, tecnológico e material e o progresso intelectual, espiritual, cultural e moral da humanidade;

c) Proteger e melhorar o meio humano.

PARTE III
Meios e Métodos

Tendo em conta os princípios enunciados na presente Declaração, a realização dos objectivos do progresso e do desenvolvimento social exige a mobilização de recursos necessários para a acção nacional e internacional, devendo incidir, em particular, nos seguintes meios e métodos:

ARTIGO 14.º

a) A planificação do progresso e do desenvolvimento social, enquanto parte integrante da planificação do desenvolvimento global equilibrado;

b) A adopção, em caso de necessidade, de sistemas nacionais de elaboração e execução de políticas e programas sociais e a promoção pelos países interessados de um desenvolvimento regional planificado, tendo em conta as diferentes condições e necessidades regionais, em particular o desenvolvimento das regiões desfavorecidas ou atrasadas em relação ao resto do país;

c) A promoção da investigação social pura e aplicada, em particular da investigação internacional comparada, no domínio da planificação e da execução de programas de desenvolvimento social.

ARTIGO 15.º

a) A adopção de medidas adequadas a assegurar a participação efectiva de todos os elementos da sociedade na elaboração e execução de planos e programas nacionais de desenvolvimento económico e social;

b) A adopção de medidas destinadas a aumentar a participação popular na vida económica, social, cultural e política de cada país, através dos organismos nacionais, governamentais e não governamentais, das cooperativas, das associações rurais, das organizações de trabalhadores e de empregadores e das organizações femininas e de jovens, nomeadamente por meio de planos nacionais e regionais de progresso social e económico e de desenvolvimento comunitário, a fim de alcançar a plena integração da sociedade nacional, a aceleração do processo de mobilidade social e a consolidação do regime democrático;

c) A mobilização da opinião pública, a nível nacional e internacional, no apoio aos princípios e aos objectivos do progresso e do desenvolvimento social;

d) A difusão de informações de carácter social, a nível nacional e internacional, tendo em vista a consciencialização da população sobre as transformações que se estão a operar na sociedade em geral e a educação do consumidor.

ARTIGO 16.º

a) A máxima mobilização dos recursos nacionais e a sua utilização racional e eficiente, o aumento e a aceleração do investimento produtivo nos domínios económico e social e na área do emprego, a orientação da sociedade para o processo de desenvolvimento;

b) O aumento progressivo dos créditos orçamentais e de outros recursos necessários para financiar os aspectos sociais do desenvolvimento;

c) A realização de uma distribuição equitativa do rendimento nacional, utilizando, nomeadamente, o sistema fiscal e as despesas públicas, como instrumentos para a distribuição e redistribuição equitativas do rendimento, a fim de promover o progresso social;

d) A adopção de medidas destinadas a prevenir a saída de capitais dos países em desenvolvimento que resulte num prejuízo para o seu desenvolvimento económico e social.

ARTIGO 17.º

a) A adopção de medidas destinadas a acelerar o processo de industrialização, especialmente nos países em desenvolvimento, tendo devidamente em conta os seus aspectos sociais, no interesse de toda a população, o desenvolvimento de uma estrutura jurídica e institucional que favoreça um crescimento ininterrupto e diversificado do sector industrial, a adopção de medidas destinadas a superar os efeitos sociais adversos que podem resultar do desenvolvimento urbano e da industrialização, incluindo a automatização, a manutenção de um adequado equilíbrio entre o desenvolvimento rural e urbano e, em particular, as medidas destinadas a promover melhores condições de vida humana, nomeadamente nos grandes centros industriais;

b) A planificação integrada para fazer face aos problemas colocados pela urbanização e pelo desenvolvimento urbano;

c) A elaboração de amplos planos de desenvolvimento rural para melhorar o nível de vida das populações rurais e facilitar as relações urbano-rurais e uma distribuição populacional que promovam um desenvolvimento nacional e um progresso social equilibrados;

d) A adopção de medidas de fiscalização adequadas para a utilização das terras no interesse da sociedade.

A realização dos objectivos de progresso e desenvolvimento social exige, igualmente, a aplicação dos seguintes meios e métodos:

ARTIGO 18.º

a) A adopção de medidas legislativas, administrativas ou de outra natureza adequadas a assegurar a todos não só os direitos civis e políticos, mas, também, a plena realização dos direitos económicos, sociais e culturais, sem qualquer tipo de discriminação;

b) A promoção de reformas sociais e institucionais de base democrática e o incentivo à mudança, factores que são essenciais para a eliminação de todas as formas de discriminação e de exploração e que conduzem à aceleração do progresso económico e social, incluindo a reforma agrária que permitirá assegurar um regime de propriedade e de uso das terras que melhor sirva os objectivos da justiça social e do desenvolvimento económico;

c) A adopção de medidas destinadas a aumentar e a diversificar a produção agrícola, especialmente através da aplicação de reformas agrárias democráticas, para assegurar um adequado e equilibrado aprovisionamento de produtos alimentares, uma distribuição equitativa dos mesmos a toda a população e a melhoria dos níveis nutricionais;

d) A adopção de medidas destinadas a introduzir, com a participação do Estado, programas de construção de habitações sociais, tanto nas zonas rurais, como nas zonas urbanas;

e) O desenvolvimento e a expansão das redes de transporte e de comunicação, em particular nos países em desenvolvimento.

ARTIGO 19.º

a) A adopção de medidas destinadas a assegurar a prestação de serviços de saúde gratuitos a toda a população, bem como de instalações e serviços preventivos e curativos adequados e de serviços médicos sociais acessíveis a todos;

b) A promulgação e a aplicação de leis e de regulamentos destinados a estabelecer um amplo programa de segurança social e serviços de assistência social e a melhorar e coordenar os serviços existentes;

c) A adopção de medidas e a prestação de serviços de protecção social a favor dos trabalhadores migrantes e das suas famílias, em conformidade com as disposições da Convenção n.º 97 da Organização Internacional do Trabalho[1] e de outros instrumentos internacionais relativos aos trabalhadores migrantes;

---

[1] Convenção relativa aos trabalhadores migrantes (revista em 1949), OIT, Convenções e Recomendações, 1919-1951, Genebra, 1952, p. 862.

d) A adopção de medidas adequadas à reabilitação de pessoas mental ou fisicamente incapacitadas, nomeadamente de crianças e de jovens, para lhes permitir, na melhor medida possível, desempenhar um papel útil na sociedade – estas medidas incluirão, designadamente, o tratamento e as próteses necessárias, a educação, a orientação profissional e social, a formação e a colocação selectiva, bem como toda a restante assistência requerida – e a criação de condições sociais que impeçam qualquer discriminação dos deficientes em virtude da sua incapacidade.

ARTIGO 20.º

a) A concessão de plenas liberdades democráticas aos sindicatos, a liberdade de associação para todos os trabalhadores, incluindo o direito de negociação colectiva e de greve, o reconhecimento do direito de constituir outras organizações de trabalhadores, a garantia de uma participação crescente dos sindicatos no desenvolvimento económico e social, a participação efectiva de todos os membros dos sindicatos na decisão das questões económicas e sociais com repercussões nos seus interesses;
b) A melhoria das condições de higiene e segurança dos trabalhadores, através da adopção de disposições técnicas e legislativas adequadas e da garantia de condições materiais para a aplicação dessas medidas, incluindo a limitação do horário de trabalho;
c) A adopção de medidas destinadas a favorecer o desenvolvimento de relações industriais harmoniosas.

ARTIGO 21.º

a) A formação de pessoal e de quadros nacionais, em particular de pessoal administrativo, executivo, profissional e técnico necessário para o desenvolvimento social e para os planos e políticas de desenvolvimento global;
b) A adopção de medidas destinadas a acelerar o desenvolvimento e a melhoria do ensino em geral, do ensino profissional e técnico e da formação e reciclagem profissionais, que deveriam ser asseguradas gratuitamente em todos os níveis;
c) A melhoria do nível geral do ensino, o desenvolvimento e a expansão dos meios de informação nacionais e a sua utilização racional e completa para assegurar a educação contínua de toda a população e incentivar a sua participação nas actividades de desenvolvimento social, a ocu-

pação construtiva dos tempos livres, especialmente das crianças e dos adolescentes;

d) A elaboração de políticas e de medidas de carácter nacional e internacional destinadas a evitar a fuga de cérebros e a remediar os seus efeitos adversos.

ARTIGO 22.º

a) A elaboração e a coordenação de políticas e medidas destinadas a reforçarem as funções essenciais da família enquanto unidade básica da sociedade;

b) A formulação e o estabelecimento, segundo as necessidades, de programas relativos à população, no quadro de políticas demográficas nacionais e integrando os serviços de medicina social, incluindo a educação, a formação de pessoal e a transmissão às famílias dos conhecimentos e a atribuição dos meios necessários para que possam exercer o seu direito a determinar, de forma livre e responsável, o número de filhos e o período que medeia entre os nascimentos;

c) A criação de creches no interesse das crianças e dos pais que trabalham.

A realização dos objectivos do progresso e do desenvolvimento social exige, por último, a aplicação dos seguintes meios e métodos:

ARTIGO 23.º

a) A fixação, no quadro da política de desenvolvimento da Organização das Nações Unidas, de objectivos de crescimento económico para os países em desenvolvimento suficientemente elevados que assegurem uma aceleração considerável do seu ritmo de crescimento;

b) A prestação de uma assistência acrescida em condições mais favoráveis, a realização do objectivo de ajuda mínima de 1% do produto nacional bruto a preços de mercado dos países economicamente avançados, a simplificação geral das condições de concessão de empréstimos aos países em desenvolvimento, mediante o abaixamento das taxas de juro e o alargamento dos períodos de carência para o reembolso, e a garantia de que a sua atribuição assentará em critérios estritamente socioeconómicos, excluindo quaisquer considerações de ordem política;

c) A prestação de assistência técnica, financeira e material, tanto numa base bilateral, como multilateral, na maior quantidade possível e em condições favoráveis, bem como a melhoria da coordenação da assistência internacional, tendo em vista a realização dos objectivos sociais dos planos nacionais de desenvolvimento;

d) A prestação aos países em desenvolvimento de uma assistência técnica, financeira e material e de condições favoráveis à exploração directa dos seus recursos nacionais e das suas riquezas naturais, a fim de permitir aos povos desses países beneficiar plenamente dos seus recursos nacionais;

e) A expansão do comércio internacional, na base dos princípios da igualdade e da não discriminação, a adopção de medidas destinadas a rectificar a posição dos países em desenvolvimento no comércio internacional, através do estabelecimento de termos de troca equitativos, um sistema generalizado de preferências não recíprocas e não discriminatórias para as exportações dos países em desenvolvimento com destino aos países desenvolvidos, o estabelecimento e a aplicação de acordos amplos e de carácter geral em matéria de produtos de base e o financiamento de stocks reguladores razoáveis por parte das instituições financeiras internacionais.

ARTIGO 24.º

a) A intensificação da cooperação internacional com vista a assegurar o intercâmbio internacional de informações, conhecimentos e experiências relativas ao progresso e ao desenvolvimento social;

b) A cooperação internacional mais ampla possível nos domínios técnico, científico e cultural e a utilização recíproca da experiência dos países com diferentes sistemas económicos e sociais e distintos níveis de desenvolvimento, numa base de vantagens mútuas e de estrita observância e respeito da soberania nacional;

c) A utilização acrescida da ciência e da tecnologia para o desenvolvimento social e económico, acordos para a transferência e a troca de tecnologia, incluindo conhecimentos práticos e patentes, para os países em desenvolvimento.

ARTIGO 25.º

a) A adopção de medidas jurídicas e administrativas, nos planos nacional e internacional, tendo em vista proteger e melhorar o meio humano;

b) A utilização e a exploração, de acordo com os regimes internacionais apropriados, dos recursos de áreas como o espaço extra-atmosférico, os fundos marinhos e oceânicos e o seu subsolo, para além dos limites da jurisdição nacional, com vista a complementar, em cada país, independentemente da sua situação geográfica, os recursos nacionais disponíveis para assegurar o progresso e o desenvolvimento económico e social, sendo concedida uma atenção especial aos interesses e às necessidades dos países em desenvolvimento.

ARTIGO 26.º

A indemnização, em particular, sob a forma de restituição ou do pagamento de reparações, dos danos de carácter social ou económico resultantes de actos de agressão e da ocupação ilícita de um território por parte do agressor.

ARTIGO 27.º

a) A realização de um desarmamento geral e completo e a utilização dos recursos progressivamente libertados para o progresso económico e social, para o bem-estar de todos os povos e, em particular, em benefício dos países em desenvolvimento.

b) A adopção de medidas que contribuam para o desarmamento, incluindo, *inter alia*, a completa proibição dos ensaios com armas nucleares, a proibição do desenvolvimento, produção e armazenamento de armas químicas e bacteriológicas (biológicas) e a prevenção da contaminação dos oceanos e das águas interiores por resíduos nucleares.

DECLARAÇÃO RELATIVA À INSTAURAÇÃO DE UMA NOVA ORDEM ECONÓMICA INTERNACIONAL
01.05.1974

DECLARAÇÃO RELATIVA À INSTAURAÇÃO
DE UMA NOVA ORDEM ECONÓMICA
INTERNACIONAL
01.05.1974

DECLARAÇÃO RELATIVA À INSTAURAÇÃO DE UMA NOVA ORDEM ECONÓMICA INTERNACIONAL

Resolução 3201 (S-VI) da Assembleia Geral das Nações Unidas

A Assembleia Geral
Aprova a seguinte Declaração

DECLARAÇÃO RELATIVA À INSTAURAÇÃO DE UMA NOVA ORDEM ECONÓMICA INTERNACIONAL

Nós, os Membros da Organização da Nações Unidas,
Tendo convocado uma sessão extraordinária da Assembleia Geral para estudar, pela primeira vez, os problemas das matérias-primas e do desenvolvimento e analisar os problemas económicos mais importantes que se colocam à comunidade internacional;
Tendo presentes o espírito, as finalidades e os princípios da Carta das Nações Unidas de promover o progresso económico e social de todos os povos;
Proclamamos solenemente a nossa determinação comum de trabalhar, com urgência, para a INSTAURAÇÃO DE UMA NOVA ORDEM ECONÓMICA INTERNACIONAL baseada na equidade, na igualdade soberana, na interdependência, no interesse comum e na cooperação entre todos os Estados, independentemente dos seus sistemas económicos e sociais, que permita corrigir as desigualdades e rectificar as actuais injustiças, eliminar as crescentes disparidades entre países desenvolvidos e países em desenvolvimento e que possa garantir às actuais e às futuras gerações um desenvolvimento económico e social progressivamente aprofundando, num quadro de paz e de justiça, e, para esse fim, declaramos o seguinte:

1. Os resultados mais importantes e mais significativos alcançados no decorrer das últimas décadas traduziram-se na libertação de um grande número de povos e de nações do domínio colonial e estrangeiro, o que lhes permitiu converterem-se em membros da comunidade de povos livres. Também se realizaram progressos técnicos em todos os domínios da actividade económica no decorrer das últimas três décadas, proporcionando, assim, a criação de uma base sólida para a melhoria do bem-estar de todos os povos. Não obstante, os últimos vestígios da dominação estrangeira e colonial, da ocupação alheia, da discriminação racial, do *apartheid* e do neocolonialismo, em todas as suas formas, continuam a representar os maiores obstáculos à plena emancipação e ao avanço dos países em desenvolvimento e de todos os povos interessados. As vantagens do progresso tecnológico não são repartidas equitativamente entre todos os membros da comunidade internacional. O rendimento dos países em desenvolvimento, onde vive 70% da população mundial, representa apenas 30% do total mundial. Revelou-se impossível assegurar um desenvolvimento harmonioso e equilibrado da comunidade internacional com a actual ordem económica internacional. As disparidades existentes entre países desenvolvidos e países em desenvolvimento não cessam de aumentar, num mundo dirigido por um sistema estabelecido numa época em que a maioria dos países em desenvolvimento não pertencia à categoria dos Estados independentes e que perpetua a desigualdade.

2. A actual ordem económica internacional está em contradição directa com a evolução das relações políticas e económicas internacionais do mundo contemporâneo. Desde 1970, a economia mundial enfrentou uma série de crises profundas que tiveram graves repercussões, em particular sobre os países em desenvolvimento, que são, geralmente, mais vulneráveis aos impulsos económicos externos. Os países em desenvolvimento converteram-se numa força considerável, fazendo sentir a sua influência em todos os domínios da actividade internacional. Esta evolução irreversível das relações de força no mundo exige uma participação activa, plena e equitativa dos países em desenvolvimento na formulação e aplicação de todas as decisões que interessam à comunidade internacional.

3. Todas estas mudanças puseram em relevo a existência de uma relação de interdependência entre todos os membros da comunidade internacional. Os actuais acontecimentos revelaram que os interesses dos países desenvolvidos e os dos países em desenvolvimento não podem ser dissociados uns dos outros, que existe uma estreita correlação entre a prosperidade dos países desenvolvidos e o crescimento e desenvolvimento dos

países em desenvolvimento e que a prosperidade da comunidade internacional, no seu conjunto, depende da prosperidade das partes que a constituem. A cooperação internacional para o desenvolvimento é o objectivo partilhado e dever comum de todos os países. Assim sendo, o bem-estar político, económico e social das actuais e das futuras gerações depende, mais do que nunca, da cooperação entre todos os membros da comunidade internacional, na base da igualdade soberana e da eliminação do desequilíbrio que existe entre eles.

4. A nova ordem económica internacional deverá basear-se no pleno respeito dos seguintes princípios:

a) A igualdade soberana dos Estados, a autodeterminação de todos os povos, a inadmissibilidade de aquisição de territórios pela força, a integridade territorial e a não-ingerência nos assuntos internos de outros Estados;

b) A mais ampla cooperação entre todos os Estados-Membros da comunidade internacional, baseada na equidade e que permita eliminar as disparidades existentes no mundo e assegurar a prosperidade de todos;

c) A plena e efectiva participação de todos os países, numa base de igualdade, na solução dos problemas económicos mundiais no interesse comum de todos os países, tendo em conta a necessidade de alcançar o rápido desenvolvimento de todos os países em desenvolvimento, dando particular atenção à adopção de medidas especiais a favor dos países em desenvolvimento menos avançados, sem litoral e insulares, bem como aos países em desenvolvimento mais gravemente afectados pelas crises económicas e as catástrofes naturais, sem esquecer os interesses dos outros países em desenvolvimento;

d) O direito de cada país a adoptar o sistema económico e social que considere mais adequado ao seu próprio desenvolvimento, sem sofrer, como consequência, qualquer tipo de discriminação;

e) A soberania permanente e integral de cada Estado sobre os seus recursos naturais e sobre todas as suas actividades económicas. A fim de salvaguardar estes recursos, cada Estado tem o direito de exercer um controlo efectivo sobre eles e a sua exploração, através de meios apropriados à sua situação particular, incluindo o direito de nacionalizar ou de transferir a propriedade a favor dos seus nacionais, constituindo este direito a expressão da soberania permanente e integral do Estado. Nenhum Estado pode estar submetido a qualquer forma de coacção económica, política ou de outra natureza que vise impedir o livre e pleno exercício deste direito inalienável;

f) O direito para todos os Estados, territórios e povos submetidos a uma ocupação estrangeira, a uma dominação estrangeira e colonial ou ao *apartheid* de obter uma restituição e uma indemnização total pela exploração, esgotamento e deterioração dos seus recursos naturais e de todos os outros recursos desses Estados, territórios e povos;

g) A regulamentação e supervisão das actividades das empresas transnacionais, através da adopção de medidas em benefício da economia nacional dos países onde essas empresas exercem as suas actividades, na base da plena soberania desses países;

h) O direito dos países em desenvolvimento e de todos os povos de territórios que se encontrem sob dominação colonial e racial e sob ocupação estrangeira de obter a sua libertação e de recuperar o controlo efectivo dos seus recursos naturais e das suas actividades económicas;

i) A prestação de assistência aos países em desenvolvimento, aos povos e territórios sujeitos à dominação colonial e estrangeira, à ocupação estrangeira, à discriminação racial e ao *apartheid* ou que sejam vítimas de medidas de coacção de ordem económica, política ou de qualquer outro tipo, com o objectivo de conseguir a subordinação do exercício dos seus direitos soberanos e de obter vantagens de qualquer tipo, aos submetidos a qualquer forma de neocolonialismo, e que tenham conseguido estabelecer ou que se esforcem por estabelecer um controlo efectivo sobre os seus recursos naturais e actividades económicas, que tenham estado ou continuem a estar sob controlo estrangeiro;

j) O estabelecimento de relações justas e equitativas entre os preços das matérias-primas, dos produtos primários, dos produtos manufacturados e semi-acabados exportados pelos países em desenvolvimento e os preços das matérias-primas, dos produtos primários, dos produtos manufacturados, dos bens de equipamento e do material importados por estes, com vista a alcançar uma melhoria contínua dos insatisfatórios termos de troca e a expansão da economia mundial;

k) A prestação de uma assistência activa aos países em desenvolvimento por parte de toda a comunidade internacional, sem imposição de quaisquer condições políticas ou militares;

l) A garantia de que um dos principais objectivos da reforma do sistema monetário internacional consistirá em promover o progresso dos países em desenvolvimento e assegurar-lhes um fluxo suficiente de recursos reais;

m) A melhoria da competitividade dos produtos naturais face à concorrência dos produtos substitutivos sintéticos;

n) O tratamento preferencial e sem reciprocidade para os países em desenvolvimento, sempre que tal seja exequível, em todos os domínios da cooperação económica internacional;

o) A criação de condições favoráveis para a transferência de recursos financeiros para os países em desenvolvimento;

p) A participação dos países em desenvolvimento nos avanços da ciência e das modernas tecnologias e a promoção da transferência de tecnologia e da criação de uma estrutura tecnológica autóctone em benefício dos países em desenvolvimento, na forma e segundo as modalidades que mais convenham às suas economias;

q) A necessidade de que todos os Estados ponham termo ao desperdício dos recursos naturais, incluindo os produtos alimentares;

r) A necessidade de que os países em desenvolvimento consagrem todos os seus recursos à causa do desenvolvimento;

s) O reforço – através de medidas individuais e colectivas – da cooperação económica, comercial, financeira e técnica mútua entre os países em desenvolvimento, essencialmente numa base preferencial;

t) A facilitação do papel que as associações de produtores podem desempenhar no quadro da cooperação internacional e, tendo em vista a realização dos seus objectivos, entre outras coisas, a prestação de assistência na promoção do crescimento sustentado da economia mundial e na aceleração do desenvolvimento dos países em desenvolvimento.

5. A adopção unânime da Estratégia Internacional do Desenvolvimento para o Segundo Decénio das Nações Unidas para o Desenvolvimento([1]) representou uma etapa importante para a promoção da cooperação económica internacional, numa base justa e equitativa. O rápido cumprimento das obrigações e compromissos assumidos pela comunidade internacional no âmbito da Estratégia, em particular daqueles que dizem respeito às necessidades imperiosas do desenvolvimento dos países em desenvolvimento, contribuiria fortemente para a realização das metas e dos objectivos da presente Declaração.

6. A Organização da Nações Unidas, enquanto organização universal, deve ser capaz de enfrentar os problemas da cooperação económica internacional numa óptica de conjunto, protegendo de igual forma os interesses de todos os países. A ONU deve desempenhar um papel ainda mais importante na instauração de uma nova ordem económica internacional. A Carta dos Direitos e Deveres Económicos dos Estados, para a elaboração da qual a presente Declaração constituirá uma fonte adicional de inspiração, representará uma importante contribuição para este efeito. Todos os Estados-Membros da Organização das Nações Unidas são, pois, instados

---

([1]) Resolução 2626 (XXV).

a realizarem todos os esforços que estiverem ao seu alcance para assegurar a aplicação da presente Declaração, a qual constitui uma das principais garantias de criação de melhores condições, que permitirão a todos os povos alcançar uma existência compatível com a dignidade da pessoa humana.

7. A presente Declaração relativa à instauração de uma nova ordem económica internacional representará uma das bases mais importantes para as relações económicas entre todos os povos e todas as nações.

PROGRAMA DE ACÇÃO RELATIVO À INSTAURAÇÃO DE UMA NOVA ORDEM ECONÓMICA INTERNACIONAL
01.05.1974

PROGRAMA DE ACÇÃO RELATIVO
À INSTAURAÇÃO DE UMA NOVA ORDEM
ECONÓMICA INTERNACIONAL
01-05-1974

PROGRAMA DE ACÇÃO RELATIVO À INSTAURAÇÃO DE UMA NOVA ORDEM ECONÓMICA INTERNACIONAL

Resolução 3202 (S-VI) da Assembleia Geral das Nações Unidas

A Assembleia Geral
Adopta o seguinte Programa de Acção

PROGRAMA DE ACÇÃO RELATIVO À INSTAURAÇÃO
DE UMA NOVA ORDEM ECONÓMICA INTERNACIONAL

ÍNDICE

Introdução
- I. Problemas fundamentais das matérias-primas e dos produtos primários no âmbito do comércio e do desenvolvimento
- II. Sistema monetário internacional e financiamento do desenvolvimento dos países em desenvolvimento
- III. Industrialização
- IV. Transferência de tecnologia
- V. Regulamentação e fiscalização das actividades das empresas transnacionais
- VI. Carta dos direitos e deveres económicos dos Estados
- VII. Promoção da cooperação entre os países em desenvolvimento
- VIII. Ajuda ao exercício da soberania permanente dos Estados sobre os recursos naturais
- IX. Reforço do papel dos organismos das Nações Unidas no domínio da cooperação económica internacional
- X. Programa especial

Introdução

1. Face à manutenção do grave desequilíbrio económico nas relações entre países desenvolvidos e países em desenvolvimento, e atendendo ao agravamento contínuo e persistente do desequilíbrio das economias dos países em desenvolvimento e à consequente necessidade de atenuar as dificuldades económicas desses países, é essencial que a comunidade internacional adopte medidas urgentes e eficazes de auxílio aos países em desenvolvimento, consagrando uma especial atenção aos países menos avançados, sem litoral e insulares, bem como aos que são mais seriamente afectados pelas crises económicas e pelas catástrofes naturais, o que se traduz num profundo atraso ao nível do seu processo de desenvolvimento.

2. Tendo em vista assegurar a aplicação da Declaração relativa à instauração de uma nova ordem económica internacional, será necessário adoptar e implementar, num prazo definido, um programa de acção de um alcance sem precedentes e estabelecer a máxima cooperação económica e compreensão entre todos os Estados, particularmente entre os países desenvolvidos e os países em desenvolvimento, com base nos princípios da dignidade e da igualdade soberana.

I. Problemas fundamentais das matérias-primas e dos produtos primários no âmbito do comércio e do desenvolvimento

1. *Matérias-primas*

Deverão ser envidados todos os esforços possíveis:

a) Para pôr termo a todas as formas de ocupação estrangeira, de discriminação racial, de *apartheid*, de dominação e de exploração colonial, neocolonial e externa, através do exercício da soberania permanente sobre os recursos naturais;

b) Para adoptar medidas tendentes a assegurar a recuperação, a exploração, o desenvolvimento, a comercialização e a repartição dos recursos naturais, em particular os dos países em desenvolvimento, de maneira a prosseguir os interesses nacionais desses países, a promover entre eles uma vontade de autonomia colectiva e a consolidar uma cooperação económica internacional mutuamente vantajosa, com o objectivo de acelerar o progresso dos países em desenvolvimento;

c) Para facilitar o funcionamento das associações de produtores e favorecer os objectivos dessas associações, incluindo os seus acordos comuns de comercialização, o funcionamento regular do comércio dos produtos de base, a melhoria das receitas de exportação dos países produtores em desenvolvimento e dos seus termos de troca e a expansão sustentada da economia mundial no interesse de todos;

d) Para alcançar uma relação justa e equitativa entre os preços das matérias-primas, dos produtos primários, dos produtos semi-acabados e manufacturados exportados pelos países em desenvolvimento e os preços das matérias-primas, dos produtos primários, dos produtos alimentares, dos produtos manufacturados e semi-acabados e dos bens de equipamento por eles importados, e trabalhar no sentido de estabelecer uma ligação entre os preços das exportações dos países em desenvolvimento e os preços das suas importações provenientes dos países desenvolvidos;

e) Para adoptar medidas destinadas a inverter a contínua tendência de estagnação ou abaixamento do preço real de vários produtos de base exportados pelos países em desenvolvimento, a qual, apesar do aumento geral dos preços dos produtos de base, acarreta uma quebra das receitas de exportação desses países em desenvolvimento;

f) Para adoptar medidas destinadas a melhorar o escoamento dos produtos naturais em relação aos produtos sintéticos, tendo em conta os interesses dos países em desenvolvimento, e para aproveitar plenamente as vantagens que esses produtos apresentam do ponto de vista ecológico;

g) Para adoptar medidas destinadas a promover a transformação das matérias-primas nos países em desenvolvimento produtores.

2. *Alimentação*

Deverão ser envidados todos os esforços possíveis:

a) Para tomar plenamente em consideração os problemas particulares que se colocam aos países em desenvolvimento, sobretudo em períodos de insuficiência de víveres, no quadro dos esforços internacionais ligados ao problema alimentar;

b) Para considerar o facto de que, por falta de meios, determinados países em desenvolvimento possuem um enorme potencial em terras inexploradas ou sub-exploradas, as quais, caso fossem desbravadas e cultivadas, em muito contribuiriam para resolver o problema alimentar;

c) Pela comunidade internacional para adoptar rapidamente medidas concretas com vista a combater a desertificação, a salinização e os danos causados pelos gafanhotos ou qualquer outro fenómeno da mesma natureza de que vários países em desenvolvimento, sobretudo em África, sofrem as consequências e que comprometem seriamente a sua capacidade de produção agrícola, assim como para ajudar os países em desenvolvimento afectados por estes fenómenos a desenvolver as zonas atingidas, com o objectivo de contribuir para a resolução dos seus problemas alimentares;

d) Para evitar a danificação ou deterioração dos recursos naturais e alimentares, nomeadamente daqueles que provêm do mar, impedindo a poluição marítima e adoptando as medidas adequadas para proteger e reconstituir esses recursos;

e) Pelos países desenvolvidos, quando estes elaboram as suas políticas de produção, de armazenamento, de importação e de exportação de produtos alimentares, para tomarem plenamente em consideração os interesses:

 i) Dos países em desenvolvimento importadores que não possuem meios para suportar preços elevados nas importações;

 ii) Dos países em desenvolvimento exportadores que necessitam de maiores oportunidades no escoamento das suas exportações;

f) Para assegurar que os países em desenvolvimento possam importar a quantidade necessária de alimentos sem colocar seriamente em causa os seus recursos em divisas e sem conduzir a uma deterioração imprevisível da sua balança de pagamentos; e também para que, neste contexto, sejam adoptadas medidas especiais a favor dos países menos avançados, sem litoral e insulares, bem como a favor dos países em desenvolvimento mais gravemente afectados pelas crises económicas e pelas catástrofes naturais;

g) Para assegurar que sejam adoptadas medidas concretas com o objectivo de aumentar a produção alimentar e de desenvolver instalações de armazenamento nos países em desenvolvimento, garantindo, nomeadamente, a possibilidade dos países desenvolvidos lhes assegurarem um mais fácil acesso aos factores de produção essenciais que se encontrem disponíveis, incluindo fertilizantes, em condições favoráveis;

h) Para promover as exportações de produtos alimentares dos países em desenvolvimento, através de acordos justos e equitativos, nomeadamente mediante a eliminação progressiva de medidas proteccionistas e de outras medidas que promovam uma concorrência desleal.

3. *Comércio geral*
Deverão ser envidados todos os esforços possíveis:

a) Para adoptar as seguintes medidas, a fim de melhorar os termos de troca dos países em desenvolvimento, assim como iniciativas concretas para eliminar os seus défices comerciais crónicos:

i) Executar os compromissos relevantes já acordados no âmbito da Conferência das Nações Unidas para o Comércio e o Desenvolvimento e da Estratégia Internacional do Desenvolvimento para o Segundo Decénio das Nações Unidas para o Desenvolvimento;
ii) Melhorar o acesso aos mercados dos países desenvolvidos, através da supressão progressiva dos obstáculos tarifários e não tarifários e das práticas comerciais restritivas;
iii) Acelerar, quando for adequado, a elaboração de acordos sobre os produtos de base, a fim de regularizar e estabilizar, de acordo com as necessidades, o mercado mundial em termos de matérias-primas e produtos primários;
iv) Preparar um programa global integrado que enuncie directivas e tenha em conta os trabalhos em curso nesse domínio para uma gama alargada de produtos de base, cuja exportação apresente um especial interesse para os países em desenvolvimento;
v) Nos casos em que os produtos dos países em desenvolvimento concorram com a produção nacional dos países desenvolvidos, cada país desenvolvido deverá facilitar a expansão das importações provenientes dos países em desenvolvimento e assegurar-lhes possibilidades razoáveis e justas de participar no crescimento do mercado;
vi) Quando os direitos aduaneiros, taxas e outras medidas de protecção aplicados às importações desses produtos constituam uma fonte de receitas para os países desenvolvidos importadores, será necessário tomar em consideração os pedidos dos países em desenvolvimento para que essas receitas sejam integralmente reembolsadas aos países em desenvolvimento exportadores ou se destinem a fornecer recursos suplementares para responder às suas necessidades em matéria de desenvolvimento;
vii) Os países desenvolvidos deverão efectuar as modificações adequadas nas suas economias de forma a facilitar o crescimento e a diversificação das importações provenientes dos países em desenvolvimento e, assim, permitir uma divisão internacional do trabalho, simultaneamente, racional, justa e equitativa;
viii) Enunciar princípios gerais para os preços dos produtos de base exportados pelos países em desenvolvimento, com o objectivo de rectificar os termos de troca desses países, tornando-os satisfatórios;
ix) Até que os termos de troca sejam satisfatórios para todos os países em desenvolvimento, considerar outros meios, incluindo sis-

temas aperfeiçoados de financiamento compensatório, de forma a fazer face às necessidades de desenvolvimento dos países em desenvolvimento interessados;

x) Aplicar, melhorar e alargar o sistema generalizado de preferências relativamente às exportações de matérias-primas agrícolas e de produtos manufacturados e semi-acabados dos países em desenvolvimento para os países desenvolvidos e considerar a sua extensão aos produtos de base, incluindo aqueles que são transformados ou semi-transformados; os países em desenvolvimento que, em resultado da instauração e do eventual alargamento do sistema generalizado de preferências, sejam ou venham a ser chamados a partilhar os benefícios tarifários de que já usufruem em determinados países desenvolvidos, devem beneficiar de novas e urgentes aberturas no mercado de outros países desenvolvidos, os quais deverão oferecer-lhes possibilidades de exportação que, pelo menos, compensem a partilha desses benefícios;

xi) Constituir stocks reguladores no quadro de acordos sobre produtos de base e assegurar o seu financiamento por parte das instituições financeiras internacionais, quando seja necessário, por parte dos países desenvolvidos e, quando tiverem condições para o fazer, por parte dos países em desenvolvimento, tendo por objectivo favorecer os países em desenvolvimento produtores e consumidores e contribuir para a expansão global do comércio mundial;

xii) Sempre que os produtos naturais possam satisfizer as necessidades do mercado, não realizar novos investimentos destinados a aumentar a capacidade de produção de materiais sintéticos e sucedâneos,

b) Reger-se pelos princípios da não-reciprocidade e do tratamento preferencial a favor dos países em desenvolvimento nas negociações comerciais multilaterais entre os países desenvolvidos e os países em desenvolvimento e procurar assegurar benefícios regulares e adicionais ao seu comércio internacional para que possam aumentar sensivelmente as suas receitas em divisas, diversificar as suas exportações e acelerar as suas taxas de crescimento económico.

4. *Transportes e seguros*

Deverão ser envidados todos os esforços possíveis:

a) Para assegurar uma participação crescente e equitativa dos países em desenvolvimento nos transportes marítimos;

b) Para estancar e reduzir o constante aumento dos fretes marítimos, no sentido de reduzir os custos de transporte das mercadorias importadas e exportadas pelos países em desenvolvimento;

c) Para minimizar os custos de seguros e de resseguros para os países em desenvolvimento e para apoiar o desenvolvimento nesses países de mercados internos de seguros e resseguros, estabelecendo, com esse objectivo, se tal se revelar adequado, instituições a nível nacional ou regional;

d) Para assegurar a rápida aplicação do código de conduta das conferências marítimas;

e) Para adoptar medidas urgentes destinadas a aumentar a capacidade de importação e de exportação dos países menos avançados, bem como atenuar as desvantagens resultantes da situação geográfica desfavorável dos países sem litoral, em particular relativamente às despesas de transporte e de tráfego, e dos países insulares em desenvolvimento, tendo em vista facilitar a sua participação nas trocas comerciais;

f) Pelos países desenvolvidos para se absterem de impor medidas ou aplicar políticas que visem impedir a importação, a preços equitativos, de produtos de base provenientes dos países em desenvolvimento ou comprometer a aplicação de medidas e políticas legítimas adoptadas pelos países em desenvolvimento para melhorar os preços e promover a exportação desses produtos.

II. Sistema monetário internacional e financiamento do desenvolvimento dos países em desenvolvimento

1. *Objectivos*

Deverão ser envidados todos os esforços possíveis para reformar o sistema monetário internacional, tendo em conta, entre outros, os seguintes objectivos:

a) Adopção de medidas destinadas a conter a inflação que já afecta os países desenvolvidos, impedir a sua propagação aos países em desenvolvimento e, no seio do Fundo Monetário Internacional, estudar e implementar acordos que permitam atenuar os efeitos que a inflação que afecta os países desenvolvidos tem na economia dos países em desenvolvimento;

b) Adopção de medidas para eliminar a instabilidade do sistema monetário internacional, em particular a incerteza das taxas de câmbio, especialmente no que se refere aos seus efeitos prejudiciais sobre o comércio dos produtos de base;

c) Manutenção do valor real das reservas monetárias dos países em desenvolvimento, impedindo a sua erosão em resultado da inflação e da depreciação da taxa de câmbio das moedas de reserva;

d) Participação plena e efectiva dos países em desenvolvimento em todos os estádios da tomada de decisões que conduzam à elaboração de um sistema monetário equitativo e duradouro e participação adequada dos países em desenvolvimento em todos os órgãos encarregados de realizar esta reforma, em particular no Conselho de Governadores proposto pelo Fundo Monetário Internacional;

e) Criação, adequada e sistemática, de liquidez suplementar, tendo, especialmente, em conta as necessidades dos países em desenvolvimento, mediante a atribuição suplementar de direitos de saque especiais, baseada na ideia de que as necessidades mundiais em termos de liquidez serão revistas de forma apropriada em função da nova ordem internacional. Qualquer criação de liquidez internacional deverá ser efectuada através de mecanismos multilaterais internacionais;

f) Criação imediata de um vínculo entre os direitos de saque especiais e os recursos financeiros suplementares destinados ao desenvolvimento dos países em desenvolvimento, compatível com as características monetárias dos direitos de saque especiais;

g) Reexame pelo Fundo Monetário Internacional das disposições pertinentes, a fim de assegurar a participação efectiva dos países em desenvolvimento no processo de tomada de decisões;

h) Conclusão de acordos que favoreçam o aumento da transferência líquida de recursos reais dos países desenvolvidos para os países em desenvolvimento;

i) Reexame dos métodos de funcionamento do Fundo Monetário Internacional, particularmente no que se refere aos prazos para o reembolso dos empréstimos e aos acordos *"stand by"*, ao sistema de financiamento compensatório e às condições de financiamento dos stocks reguladores de produtos de base, de forma a permitir aos países em desenvolvimento uma utilização mais eficaz dos mesmos.

2. Medidas

Deverão ser envidados todos os esforços para a adopção urgente das medidas a seguir enunciadas, tendo em vista o financiamento do desenvolvimento dos países em desenvolvimento e para fazer face às dificuldades da balança de pagamentos desses países:

a) Fazer com que os países desenvolvidos acelerem a execução, dentro dos prazos prescritos, do programa fixado na Estratégia Internacional do Desenvolvimento para o Segundo Decénio das Nações Unidas para o Desenvolvimento, no que se refere ao montante líquido das transferências de recursos financeiros para os países em desenvolvimento; a parte da ajuda pública no montante líquido dos recursos financeiros transferidos para esses países deverá ser aumentada de forma a alcançar e, inclusivamente, ultrapassar o objectivo previsto na Estratégia;

b) Assegurar que as instituições financeiras internacionais desempenhem efectivamente o seu papel enquanto bancos de financiamento do desenvolvimento, sem discriminação relativamente ao sistema político ou económico de qualquer país membro, devendo a assistência ser não-ligada;

c) Assegurar uma participação mais efectiva dos países em desenvolvimento, sejam eles beneficiários ou contribuintes, no processo de tomada de decisões dos órgãos competentes do Banco Internacional para a Reconstrução e Desenvolvimento e da Associação Internacional de Desenvolvimento, através da consagração de um sistema de votação mais equitativo;

d) Isentar, sempre que possível, os países em desenvolvimento de todos os controlos sobre as importações ou sobre as saídas de capitais impostos pelos países desenvolvidos;

e) Promover os investimentos estrangeiros, tanto públicos, como privados, dos países desenvolvidos nos países em desenvolvimento, em conformidade com as necessidades e as exigências dos sectores das suas economias, tal como são definidas pelos países beneficiários;

f) Aplicar, com urgência, medidas apropriadas, incluindo uma acção internacional, com vista a atenuar as consequências adversas do peso da dívida externa, contraída em condições rigorosas, no desenvolvimento actual e futuro dos países em desenvolvimento;

g) Proceder à renegociação casuística da dívida, tendo em vista a conclusão de acordos que prevejam o cancelamento da dívida, moratórias, reescalonamento ou subvenções para o pagamento dos juros;

h) Levar as instituições financeiras internacionais a ter em conta a situação específica de cada país em desenvolvimento ao reorientar as suas políticas de empréstimo, de forma a responder às necessidades urgentes desses países. É, igualmente, importante melhorar as práticas das instituições financeiras internacionais no que se refere, nomeadamente, ao financiamento do desenvolvimento e aos problemas monetários internacionais;

i) Adoptar medidas adequadas para conceder prioridade aos países menos avançados, aos países em desenvolvimento sem litoral e insulares, bem como aos países mais gravemente afectados pelas crises económicas e pelas catástrofes naturais, relativamente à concessão de empréstimos para fins de desenvolvimento, que deverão ser atribuídos em condições mais favoráveis.

III. Industrialização

A comunidade internacional deverá envidar todos os esforços de modo a adoptar medidas que encorajem a industrialização dos países em desenvolvimento e, para esse fim:

a) Os países desenvolvidos deverão responder favoravelmente, no quadro da ajuda pública que atribuem, bem como por intermédio das instituições financeiras internacionais, aos pedidos de financiamento de projectos industriais que lhes são apresentados pelos países em desenvolvimento;

b) Os países desenvolvidos deverão incentivar os investidores a financiar projectos de produção industrial nos países em desenvolvimento, em particular os orientados para a exportação, de acordo com estes países e no quadro das suas leis e regulamentos;

c) Com vista a favorecer o estabelecimento de uma nova estrutura económica internacional que permita aumentar a quota dos países em desenvolvimento na produção industrial mundial, os países desenvolvidos e as organizações do sistema das Nações Unidas, em cooperação com os países em desenvolvimento, deverão contribuir para a criação de novas capacidades industriais, incluindo instalações de transformação de matérias-primas e produtos de base, prioritariamente nos países em desenvolvimento produtores dessas matérias-primas e produtos de base;

d) A comunidade internacional deverá prosseguir e intensificar, com a ajuda dos países desenvolvidos e das instituições internacionais, os programas de assistência técnica operacionais e orientados para a formação, incluindo a formação profissional e a formação de quadros dirigentes nacionais nos países em desenvolvimento, tendo em conta as suas necessidades particulares em matéria de desenvolvimento.

IV. Transferência de tecnologia

Deverão ser envidados todos os esforços possíveis:

a) Para formular um código de conduta internacional para a transferência de tecnologia correspondente às necessidades e às condições específicas dos países em desenvolvimento;

b) Para conceder acesso, nas melhores condições, à moderna tecnologia e adaptá-la, como convier, às condições económicas, sociais e ecológicas específicas dos países em desenvolvimento e às diferentes etapas de desenvolvimento desses países;

c) Para expandir significativamente a assistência prestada pelos países desenvolvidos aos países em desenvolvimento, sob a forma de programas de investigação e desenvolvimento e mediante a criação de uma tecnologia local adequada;

d) Para adaptar as práticas comerciais que regem a transferência de tecnologia às necessidades dos países em desenvolvimento e evitar o abuso de direitos por parte dos vendedores;

e) Para promover a cooperação internacional em matéria de investigação e desenvolvimento para a prospecção, exploração, conservação e utilização legítima dos recursos naturais e de todas as fontes energéticas.

Com a adopção das medidas acima referenciadas, será necessário levar em consideração as necessidades especiais dos países menos avançados e dos países sem litoral.

V. Regulamentação e fiscalização das actividades das empresas transnacionais

Deverão ser envidados todos os esforços para formular, adoptar e aplicar um código de conduta internacional para as empresas transnacionais, com o objectivo de:

a) Impedir a ingerência das empresas transnacionais nos assuntos internos dos países onde operam e a sua colaboração com os regimes racistas e as administrações coloniais;

b) Regulamentar as actividades das empresas transnacionais no país de acolhimento com o objectivo de eliminar as práticas comerciais restritivas e ajustá-las aos planos e objectivos nacionais de desenvolvimento dos países em desenvolvimento e, neste contexto, facilitar, na medida do necessário, o reexame e a revisão dos acordos previamente celebrados;

c) Fazer com que as empresas transnacionais proporcionem aos países em desenvolvimento, em condições equitativas e favoráveis, assistência, transferência de tecnologia e conhecimentos em matéria de gestão;

d) Regulamentar o repatriamento dos lucros resultantes das actividades das empresas transnacionais, tendo em conta os interesses legítimos de todas as partes interessadas;

e) Encorajar as empresas transnacionais a reinvestir os seus lucros nos países em desenvolvimento.

VI. Carta dos Direitos e Deveres Económicos dos Estados

A Carta dos Direitos e Deveres Económicos dos Estados, cujo projecto se encontra em preparação por parte de um grupo de trabalho das Nações Unidas e que a Assembleia Geral tem a intenção de adoptar na sua vigésima nona sessão ordinária, deverá constituir um instrumento eficaz com vista à criação de um novo sistema de relações económicas internacionais, baseado na equidade, na igualdade soberana e na interdependência dos interesses dos países desenvolvidos e dos países em desenvolvimento. É, pois, de importância vital que a Assembleia Geral adopte a referida Carta na sua vigésima nona sessão.

VII. Promoção da cooperação entre os países em desenvolvimento

1. A vontade de autonomia colectiva e a crescente cooperação entre os países em desenvolvimento reforçarão, ainda mais, o papel destes países na nova ordem económica internacional. Com o objectivo de alargar a cooperação aos níveis regional, sub-regional e inter-regional, os países em desenvolvimento deverão adoptar novas medidas, nomeadamente:

a) Para favorecer o estabelecimento e/ou o aperfeiçoamento de um mecanismo apropriado para defender os preços dos seus produtos de base susceptíveis de serem exportados, assegurar a esses produtos um melhor acesso aos mercados e garantir uma estabilização dos mesmos. Neste contexto, devemos congratular-nos com a eficácia acrescida com que todo o grupo de países exportadores de petróleo mobiliza os seus recursos naturais a favor do seu desenvolvimento económico. Ao mesmo tempo, é absolutamente necessário que os países em desenvolvimento, imbuídos de um espírito de solidariedade, cooperem na procura urgente de todos os meios possíveis de auxiliar os países em desenvolvimento a solucionar os problemas imediatos resultantes desta iniciativa legítima e perfeitamente justificada. As medidas já adoptadas a este respeito representam uma indicação positiva da crescente cooperação existente entre os países em desenvolvimento.

b) Para proteger o seu direito inalienável à soberania permanente sobre os seus recursos naturais;

c) Para promover, estabelecer ou reforçar a integração económica à escala regional e sub-regional;

d) Para aumentar consideravelmente as suas importações provenientes de outros países em desenvolvimento;

e) Para assegurar que nenhum país em desenvolvimento conceda às importações provenientes dos países desenvolvidos um tratamento mais favorável do que aquele que é outorgado às importações provenientes de outros países em desenvolvimento. Considerando os acordos internacionais em vigor, as limitações e possibilidades actuais e a sua evolução futura, os países em desenvolvimento deverão preferir importar as mercadorias necessárias de outros países em desenvolvimento. Sempre que possível, deve conceder-se um tratamento preferencial às importações provenientes dos países em desenvolvimento e às exportações desses países;

f) Para promover uma estreita cooperação no domínio financeiro, das relações creditícias e das questões monetárias, incluindo o desenvolvimento de relações creditícias numa base preferencial e em condições favoráveis;

g) Para reforçar os esforços que se estão a realizar nos países em desenvolvimento para utilizar os recursos financeiros disponíveis para financiar o desenvolvimento nos países em desenvolvimento, através do investimento, do financiamento de projectos destinados a favorecer as exportações, do financiamento de projectos com carácter de urgência e de outros projectos de assistência a longo prazo;

h) Para promover e estabelecer instrumentos eficazes de cooperação nos domínios da indústria, da ciência e da tecnologia, dos transportes, dos transportes marítimos e dos grandes meios de informação.

2. Os países desenvolvidos deverão apoiar as iniciativas em matéria de cooperação regional, sub-regional e inter-regional dos países em desenvolvimento, prestando-lhes uma assistência financeira e técnica acrescida, com medidas mais eficazes e concretas, sobretudo ao nível da política comercial.

VIII. Ajuda ao exercício da soberania permanente dos Estados sobre os recursos naturais

Deverão ser envidados todos os esforços possíveis:

a) Para neutralizar as tentativas de impedir o exercício livre e efectivo dos direitos à soberania total e permanente de qualquer Estado sobre os seus recursos naturais;

b) Para assegurar que os organismos competentes do sistema das Nações Unidas prestem a assistência solicitada pelos países em desenvolvimento, com o objectivo de garantir o bom funcionamento dos meios de produção nacionalizados.

IX. Reforço do papel dos Organismos das Nações Unidas no domínio da cooperação económica internacional

1. A fim de promover os objectivos da Estratégia Internacional do Desenvolvimento para o Segundo Decénio das Nações Unidas para o Desenvolvimento e de acordo com os propósitos e objectivos da Declaração relativa à instauração de uma Nova Ordem Económica Internacional, todos os Estados-Membros se comprometem a utilizar plenamente as possibilidades oferecidas pelo sistema das Nações Unidas para aplicar o presente programa de acção, que foi adoptado conjuntamente, com vista à instauração de uma nova ordem económica internacional e assim reforçar o papel das Nações Unidas no domínio da cooperação mundial para o desenvolvimento económico e social.

2. A Assembleia Geral das Nações Unidas realizará um exame global da aplicação do Programa de Acção, o qual será considerado uma questão prioritária. Todas as actividades do sistema das Nações Unidas empreendidas no âmbito do Programa de Acção, bem como aquelas que já se encontrem planeadas, como é o caso da Conferência Mundial da População de 1974, da Conferência Mundial da Alimentação e da Segunda Conferência Geral da Organização das Nações Unidas para o Desenvolvimento Industrial, e o exame e avaliação intercalar da Estratégia Internacional do Desenvolvimento para o Segundo Decénio das Nações Unidas para o Desenvolvimento, deverão ser organizadas para que a Assembleia Geral, aquando da sua sessão extraordinária sobre o desenvolvimento, prevista pela resolução 3172 (XXVIII), de 17 de Dezembro de 1973, possa contribuir plenamente para a instauração da nova ordem económica internacional. Instam-se todos os Estados-Membros a que, colectiva e individualmente, orientem os seus esforços e as suas políticas de forma a assegurarem o êxito da referida sessão extraordinária.

3. O Conselho Económico e Social definirá o quadro conceptual e coordenará as actividades de todas as organizações, instituições e órgãos subsidiários do sistema das Nações Unidas encarregados de implementar

o presente Programa de Acção. Para que o Conselho Económico e Social possa realizar eficazmente o seu trabalho:

a) As organizações, instituições e órgãos subsidiários competentes do sistema das Nações Unidas submeterão ao Conselho Económico e Social relatórios intercalares sobre a implementação do presente Programa de Acção nas respectivas esferas de competência, com a necessária frequência, no mínimo uma vez por ano;

b) O Conselho Económico e Social examinará com carácter de urgência os relatórios intercalares e, com esse objectivo, poderá reunir, se necessário, em sessão extraordinária ou mesmo, se tal for aconselhável, funcionar em permanência. O Conselho chamará a atenção da Assembleia Geral para os problemas e dificuldades que a implementação do presente Programa de Acção possa suscitar.

4. Encarregam-se todas as organizações, instituições, órgãos subsidiários e conferências do sistema das Nações Unidas de implementar o presente Programa de Acção. As actividades da Conferência das Nações Unidas para o Comércio e o Desenvolvimento, definidas pela resolução 1995 (XIX) da Assembleia Geral, de 30 de Dezembro de 1964, deverão ser reforçadas com o objectivo de fiscalizar, em colaboração com as outras organizações competentes, a evolução do comércio internacional de matérias-primas a nível mundial.

5. Deverão ser adoptadas medidas urgentes e eficazes para examinar as políticas das instituições financeiras internacionais em matéria de concessão de empréstimos, tendo em conta a situação específica de cada país em desenvolvimento, de forma a satisfazer as necessidades prementes, melhorar as práticas dessas instituições em relação, sobretudo, ao financiamento do desenvolvimento e aos problemas monetários internacionais, e assegurar uma participação mais efectiva dos países em desenvolvimento – seja como beneficiários ou contribuintes – no processo de tomada de decisões, através de uma revisão adequada do sistema de votação.

6. Os países desenvolvidos e outros que se encontram em condições de fazê-lo, deverão contribuir substancialmente para as diferentes organizações, programas e fundos criados no âmbito do sistema das Nações Unidas, com o objectivo de acelerar o desenvolvimento económico e social dos países em desenvolvimento.

7. O presente Programa de Acção completa e reforça as metas e os objectivos enunciados na Estratégia Internacional do Desenvolvimento para o Segundo Decénio das Nações Unidas para o Desenvolvimento, assim como as novas medidas formuladas pela Assembleia Geral na sua

vigésima oitava sessão, com o objectivo de compensar a insuficiência na concretização das metas e dos objectivos enunciados.

8. A implementação do Programa de Acção deverá ser levada em consideração aquando do exame intercalar e da avaliação da Estratégia Internacional do Desenvolvimento para o Segundo Decénio das Nações Unidas para o Desenvolvimento. Quando tal se revele necessário, deverão assumir-se novos compromissos e modificar, completar ou adaptar a Estratégia Internacional do Desenvolvimento, tendo em conta a Declaração relativa à instauração de uma Nova Ordem Económica Internacional e o presente Programa de Acção.

X. Programa especial

A Assembleia Geral adopta o Programa Especial que se segue, incluindo, em particular, as medidas de urgência para atenuar as dificuldades dos países em desenvolvimento mais gravemente afectados pela crise económica, tendo em conta os problemas específicos dos países menos avançados e dos países sem litoral:

A Assembleia Geral,

Considerando que:

a) O aumento brusco dos preços das importações essenciais, como os produtos alimentares, fertilizantes, produtos energéticos, bens de capital, equipamento e serviços, incluindo as despesas de transporte e de trânsito, agravou seriamente os termos de troca, cada vez mais adversos para vários países em desenvolvimento, aumentou o peso da sua dívida externa e, cumulativamente, criou uma situação que, caso não seja corrigida, tornará impossível o financiamento das suas importações essenciais e o seu desenvolvimento e conduzirá a uma maior deterioração dos níveis e condições de vida nesses países. A crise actual é o resultado de todos os problemas que se foram acumulando ao longo dos anos: no domínio do comércio, da reforma monetária, da situação inflacionista mundial, da insuficiência e lentidão na prestação de assistência financeira e de muitos outros problemas semelhantes nos domínios económico e do desenvolvimento. Para fazer face à crise, é necessário levar em consideração esta situação complexa, de forma a assegurar que o Programa Especial adoptado pela comunidade internacional proporcione ajudas de emergência e uma pronta assistência aos países em desenvolvimento mais gravemente afectados. Simultaneamente, terão de ser adoptadas medidas para solucionar estes problemas conjunturais, através de uma reestruturação fundamental do sistema económico mundial, com o objectivo de permitir que esses países, ao resolverem as suas dificuldades actuais, alcancem um nível de desenvolvimento aceitável.

b) As medidas especiais adoptadas para ajudar os países mais gravemente afectados devem incluir, não apenas o auxílio de que estes necessitam com urgência para manterem as suas importações necessárias, mas, também, para além disso, medidas destinadas a promover deliberadamente a capacidade desses países de obterem uma maior produção e de alcançarem receitas adicionais. A menos que se adopte um tipo de concepção global como esta, é muito provável que as dificuldades dos países mais gravemente afectados se venham a perpetuar. Não obstante, a tarefa fundamental e mais urgente da comunidade internacional consiste em auxiliar estes países a fazer face aos défices que afectam as suas balanças de pagamentos. Simultaneamente, a comunidade internacional deverá fornecer uma assistência suplementar para o desenvolvimento, tendo como objectivo a manutenção e, posterior, aceleração do ritmo de desenvolvimento económico.

c) Os países mais gravemente afectados são precisamente aqueles que se encontram numa situação mais desfavorável no seio da economia mundial: os países menos avançados, os países sem litoral e outros países em desenvolvimento de baixo rendimento, assim como os países em desenvolvimento cujas economias foram gravemente desarticuladas em resultado da actual crise económica, das catástrofes naturais e da agressão e ocupação estrangeiras. Uma indicação dos países afectados desta forma, da intensidade com que a sua economia foi atingida e do tipo de apoio e de assistência de que necessitam pode ser dada com base, entre outros, nos seguintes critérios:

  i) O baixo rendimento *per capita*, como indicação da pobreza relativa, da baixa produtividade e do baixo nível tecnológico e de desenvolvimento;
  ii) O forte aumento do preço de importação dos produtos essenciais relativamente às receitas de exportação;
  iii) A importância do serviço da dívida relativamente às receitas de exportação;
  iv) A insuficiência das receitas de exportação, a inelasticidade relativa das receitas de exportação e a falta de excedentes exportáveis;
  v) O reduzido volume das reservas de divisas estrangeiras ou a sua insuficiência relativamente às necessidades;

vi) O impacto adverso do aumento dos custos de transporte e de trânsito;

vii) A importância relativa do comércio externo no processo de desenvolvimento.

d) A avaliação da extensão e da natureza do impacto da crise na economia dos países mais gravemente afectados deve ser efectuada de forma flexível, tendo em conta as incertezas com que actualmente se debate a economia mundial, as políticas de ajustamento que os países desenvolvidos podem adoptar e os fluxos de capital e de investimento. As estimativas sobre a situação dos pagamentos e as necessidades desses países apenas podem ser avaliadas e projectadas de forma fidedigna com base nos resultados médios obtidos ao longo de um certo número de anos. Actualmente, as projecções a longo prazo são pouco fiáveis.

e) É importante que, tanto os países desenvolvidos, como os países em desenvolvimento, participem, de acordo com os seus níveis de desenvolvimento e com a capacidade e dinamismo das suas economias, nas medidas especiais destinadas a atenuar as dificuldades dos países mais gravemente afectados. É digno de assinalar o facto de alguns países em desenvolvimento, apesar das suas dificuldades e necessidades em matéria de desenvolvimento, se terem mostrado disponíveis para desempenhar um papel concreto e útil na atenuação das dificuldades com que se confrontam os países em desenvolvimento mais pobres. As diferentes iniciativas e medidas, recentemente adoptadas, a título bilateral ou multilateral, por determinados países em desenvolvimento com recursos adequados para contribuir para a atenuação das dificuldades de outros países em desenvolvimento testemunham o seu compromisso em relação ao princípio de uma cooperação económica eficaz entre os países em desenvolvimento.

f) A resposta dos países desenvolvidos que possuem, indiscutivelmente, maior capacidade para ajudar os países afectados a superar as suas dificuldades actuais deverá estar estreitamente relacionada com as suas responsabilidades. A assistência prestada deverá ser acrescentada aos níveis da ajuda actualmente disponível. Os níveis de ajuda deverão alcançar e, se possível, ultrapassar os objectivos da Estratégia Internacional do Desenvolvimento para o Segundo Decénio das Nações Unidas para o Desenvolvimento em matéria de assistência financeira aos países em desenvolvimento, em especial no que se refere à ajuda pública ao desenvolvimento. Os países desenvolvidos deverão, também, considerar seriamente a possibilidade de anular as dívidas externas dos países mais gravemente afectados. Esta representaria a forma mais simples e mais rápida de apoiar os países afectados. Será, também, necessário considerar seriamente a hipótese de conceder uma moratória e de reescalonar a dívida. A situação actual não deve levar os países industrializados a adoptar uma política que, em última instância, contrarie os objectivos visados, agravando a crise que se vive na actualidade.

Recordando as propostas construtivas efectuadas por Sua Majestade Imperial o Xá do Irão e por Sua Excelência o Presidente da República Democrática e Popular da Argélia, Houari Boumediène;

1. Decide lançar um Programa Especial para fornecer aos países em desenvolvimento mais gravemente afectados meios de auxílio de emergência e ajuda ao desenvolvimento, com carácter urgente e durante todo o tempo necessário, pelo menos até ao final do Segundo Decénio das Nações Unidas para o Desenvolvimento, com o objectivo de os ajudar a superar as dificuldades com que actualmente se confrontam e a alcançar um desenvolvimento económico autónomo;

2. Decide, como primeira medida do Programa Especial, solicitar ao Secretário-Geral que inicie uma operação de emergência para prestar, oportunamente, auxílio aos países em desenvolvimento mais gravemente afectados, conforme se encontram definidos na alínea c) do preâmbulo, com o objectivo de manter intactas as importações essenciais durante os próximos doze meses, e convidar os países industrializados e outros possíveis contribuintes, o mais tardar até 15 de Junho de 1974, a anunciarem – ou a indicarem a sua intenção de fazê-lo – as suas contribuições para a ajuda de emergência, as quais serão proporcionadas pela via bilateral ou multilateral, tendo em conta os compromissos e medidas de assistência anunciados ou já adoptados por alguns países, e solicita, ainda, ao Secretário-Geral que informe a Assembleia Geral, aquando do seu 29.º período de sessões, por intermédio do Conselho Económico e Social, aquando do seu 57.º período de sessões, sobre a situação da operação de emergência;

3. Solicita aos países industrializados e a outros potenciais contribuintes a prestação imediata, aos países mais gravemente afectados, de ajuda e de assistência, as quais deverão ser directamente proporcionais às necessidades desses países. A referida assistência deverá ser acrescentada ao volume actual da ajuda e será prestada com a maior brevidade possível, sob a forma de auxílio a fundo perdido ou, quando tal não for possível, em condições especialmente favoráveis. Os montantes desembolsados, as condições e os procedimentos operacionais pertinentes deverão reflectir o carácter excepcional da situação. A assistência poderá ser prestada a título bilateral ou multilateral, incluindo as novas instituições e facilidades criadas ou a criar. As medidas especiais poderão incluir os seguintes elementos:

a) Acordos especiais com prazos e condições particularmente favoráveis, incluindo possíveis subsídios para a compra de produtos e bens de primeira necessidade e a garantia de aprovisionamento dos referidos bens e produtos;

b) Pagamento diferido da totalidade ou de uma parte das importações de produtos e bens de primeira necessidade;

c) Assistência em matéria de produtos de base, incluindo a ajuda alimentar, sob a forma de doações ou de pagamentos diferidos em moeda local, tomando em consideração que isto não deve prejudicar as exportações dos países em desenvolvimento;

d) Créditos a longo prazo dos fornecedores em condições favoráveis;

e) Assistência financeira a longo prazo em condições favoráveis;

f) Saques sobre facilidades especiais do Fundo Monetário Internacional em condições favoráveis;

g) Estabelecimento de um vínculo entre a criação de direitos de saque especiais e a assistência ao desenvolvimento, tendo em conta as necessidades financeiras adicionais dos países mais gravemente afectados;

h) Subsídios, atribuídos a título bilateral ou multilateral, para os juros dos empréstimos contraídos, nas condições de mercado, pelos países mais gravemente afectados;

i) Renegociação casuística das dívidas, tendo em vista a celebração de acordos que prevejam a anulação das dívidas, uma moratória ou o seu reescalonamento;

j) Fornecimento, em condições mais favoráveis, de bens de equipamento e assistência técnica para acelerar a industrialização dos países afectados;

k) Investimentos em projectos industriais e de desenvolvimento em condições favoráveis;

l) Subvenção dos custos de trânsito e de transporte suplementares, em particular no caso dos países sem litoral;

4. Insta os países desenvolvidos a acolherem favoravelmente qualquer pedido de anulação, moratória ou reescalonamento das dívidas dos países em desenvolvimento mais gravemente afectados, como importante contribuição para atenuar as dificuldades graves e urgentes desses países;

5. Decide estabelecer, no âmbito do Programa Especial e sob os auspícios das Nações Unidas, um Fundo Especial alimentado por contribuições voluntárias de países industrializados e de outros potenciais contribuintes, com o objectivo de proporcionar auxílio de emergência e ajuda ao desenvolvimento, o qual deverá iniciar as suas operações, o mais tardar, em 1 de Janeiro de 1975;

6. Cria um Comité ad-hoc do Programa Especial, composto por trinta e seis Estados-Membros nomeados pelo Presidente da Assembleia Geral, na sequência de consultas adequadas, tendo em conta os objectivos do Fundo Especial e do seu mandato, e que estará encarregado de:

a) Efectuar recomendações, designadamente, quanto à amplitude, estrutura e modalidades de funcionamento do Fundo Especial, tendo em conta a necessidade de:

    i) Uma representação equitativa no seu órgão directivo;

    ii) Uma repartição equitativa dos seus recursos;

    iii) Plena utilização dos serviços e instalações das organizações internacionais existentes;

    iv) Considerar a possibilidade de fundir o Fundo das Nações Unidas para o Desenvolvimento do Capital com as operações do Fundo Especial;

    v) Constituir um órgão supervisor central que fiscalize as diversas medidas adoptadas a nível bilateral e multilateral,

tendo, para esse fim, presentes as diferentes ideias e propostas formuladas no sexto período extraordinário de sessões, incluindo as apresentadas pelo Irão e as submetidas à 2208.ª sessão plenária e as observações a elas relativas, bem como a possibilidade de utilizar o Fundo Especial como outro instrumento disponível de assistência normal ao desenvolvimento, após o período de emergência;

b) Observar, até que se iniciem as operações do Fundo Especial, as diversas medidas adoptadas nos planos bilateral e multilateral para ajudar os países mais gravemente afectados;

c) Preparar, com base nas informações fornecidas pelos países interessados e pelos organismos competentes do sistema das Nações Unidas, uma avaliação geral:

    i) Da amplitude das dificuldades com que se debatem os países mais gravemente afectados;

    ii) Da natureza e das quantidades de produtos e bens de que mais necessitam;

    iii) Das necessidades em termos de assistência financeira;

    iv) Das necessidades em termos de assistência técnica, incluindo, em particular, o acesso à tecnologia;

7. Solicita ao Secretário-Geral das Nações Unidas, ao Secretário-Geral da Conferência das Nações Unidas para o Comércio e o Desenvolvimento, ao Presidente do Banco Internacional para a Reconstrução e Desenvolvimento, ao Director-Geral do Fundo Monetário Internacional, ao

Administrador do Programa das Nações Unidas para o Desenvolvimento e aos dirigentes das outras organizações internacionais competentes que prestem auxílio ao Comité ad-hoc do Programa Especial no desempenho das funções que lhe são confiadas nos termos do parágrafo 6 e contribuam, de acordo com as necessidades, para o funcionamento do Fundo Especial;

8. Solicita ao Fundo Monetário Internacional que acelere as decisões relativas:

a) À implementação de uma facilidade especial mais alargada, de forma a permitir que os países em desenvolvimento mais gravemente afectados beneficiem de condições favoráveis;

b) À criação de direitos de saque especiais e ao rápido estabelecimento de um vínculo entre a atribuição dos direitos de saque especiais e o financiamento do desenvolvimento;

c) Ao estabelecimento e ao funcionamento do novo mecanismo especial considerado, com vista a outorgar créditos e a subvencionar o pagamento dos juros resultantes dos empréstimos contraídos pelos Estados-Membros no mercado de capitais, tendo em consideração os interesses dos países em desenvolvimento e, sobretudo, as necessidades financeiras suplementares dos países mais gravemente afectados;

9. Solicita ao Grupo do Banco Mundial e ao Fundo Monetário Internacional que coloquem os seus serviços de gestão e os seus serviços técnico-financeiros à disposição dos Governos que contribuam para o auxílio financeiro de emergência, para que estes possam, sem demora, fazer chegar os fundos aos beneficiários, efectuando as modificações institucionais e procedimentais necessárias;

10. Convida o Programa das Nações Unidas para o Desenvolvimento a adoptar as medidas necessárias, em particular ao nível dos países, para responder com carácter de urgência aos pedidos de assistência suplementar que se lhe apresentem no quadro do Programa Especial;

11. Solicita ao Comité ad hoc do Programa Especial que apresente o seu relatório e as suas recomendações ao Conselho Económico e Social, no decurso do seu 57.º período de sessões, e convida o Conselho, com base na análise do relatório, a apresentar as recomendações adequadas à Assembleia Geral aquando do seu 29.º período de sessões;

12. Decide analisar, como assunto altamente prioritário, aquando do seu 29.º período de sessões, no quadro de uma nova ordem económica internacional, a questão das medidas especiais a favor dos países mais gravemente afectados.

**CARTA DOS DIREITOS E DEVERES
ECONÓMICOS DOS ESTADOS**
12.12.1974

CARTA DOS DIREITOS E DEVERES ECONÓMICOS DOS ESTADOS

Resolução 3281 (XXIX) da Assembleia Geral das Nações Unidas

A Assembleia Geral,
Lembrando que, na sua resolução 45 (III), de 18 de Maio de 1972, a Conferência das Nações Unidas para o Comércio e o Desenvolvimento tinha realçado a necessidade urgente de estabelecer normas para regular, de forma sistemática e universalmente aceite, as relações económicas entre os Estados e reconhecido a impossibilidade de instituir uma ordem justa e um mundo estável enquanto não fosse elaborada uma Carta com o objectivo de proteger os direitos de todos os países, em particular os dos países em desenvolvimento,
Lembrando, ainda, que na referida resolução se havia decidido criar um Grupo de Trabalho constituído por representantes governamentais para elaborar um projecto de Carta dos Direitos e Deveres Económicos dos Estados, grupo esse que a Assembleia Geral decidiu, na sua resolução 3037 (XXVII), de 19 de Dezembro de 1972, ser constituído por quarenta Estados-Membros,
Considerando que, na sua resolução 3082 (XXVIII), de 6 de Dezembro de 1973, a Assembleia Geral reafirmou a sua convicção da necessidade urgente de estabelecer normas de aplicação universal para o desenvolvimento das relações económicas internacionais, numa base justa e equitativa, e solicitou ao Grupo de Trabalho encarregado de elaborar a Carta dos Direitos e Deveres Económicos dos Estados que, como primeiro passo no trabalho de codificação e desenvolvimento da matéria, concluísse a elaboração de um projecto final de Carta dos Direitos e Deveres Económicos dos Estados que pudesse ser examinado e aprovado durante o vigésimo nono período de sessões da Assembleia Geral,

Consciente do espírito e dos termos das suas resoluções 3201 (S-VI) e 3202 (S-VI), de 1 de Maio de 1974, que contêm, respectivamente, a Declaração e o Programa de Acção relativos à instauração de uma nova ordem económica internacional, onde se sublinhava a importância vital da adopção da Carta pela Assembleia Geral no seu vigésimo nono período de sessões e se insistia no facto da Carta representar um instrumento eficaz para a criação de um novo sistema de relações económicas internacionais baseado na equidade, na igualdade soberana e na interdependência dos interesses dos países desenvolvidos e em desenvolvimento,

Tendo examinado o relatório do Grupo de Trabalho encarregado da elaboração da Carta dos Direitos e Deveres Económicos dos Estados no seu quarto período de sessões, transmitido à Assembleia Geral pelo Conselho do Comércio e Desenvolvimento no seu décimo quarto período de sessões,

Expressando o seu reconhecimento ao Grupo de Trabalho encarregado da elaboração da Carta dos Direitos e Deveres Económicos dos Estados que, como resultado do trabalho realizado durante os seus quatro períodos de sessões, realizados entre Fevereiro de 1973 e Junho de 1974, reuniu os elementos necessários à conclusão e adopção da Carta dos Direitos e Deveres Económicos dos Estados pela Assembleia Geral, durante o vigésimo no período de sessões da Assembleia Geral, tal como tinha sido previamente recomendado,

Adopta e proclama solenemente a seguinte Carta:

CARTA DOS DIREITOS E DEVERES ECONÓMICOS DOS ESTADOS

PREÂMBULO

A Assembleia Geral,

Reafirmando os objectivos fundamentais das Nações Unidas, em especial a manutenção da paz e da segurança internacionais, o fomento de relações de amizade entre as nações e a realização de uma cooperação internacional na resolução dos problemas internacionais de carácter económico e social,

Afirmando a necessidade de reforçar a cooperação internacional nesses domínios,

Reiterando, ainda, a necessidade de consolidar a cooperação internacional para o desenvolvimento,

Declarando que a instauração de uma nova ordem económica internacional, baseada na equidade, na igualdade soberana, na interdependência, no interesse comum e na cooperação entre todos os Estados, independentemente dos seus sistemas económicos e sociais, constitui um objectivo fundamental da presente Carta,

Desejando contribuir para a criação de condições favoráveis a:

a) Alcançar uma maior prosperidade em todos os países e níveis de vida mais elevados para todos os povos;

b) Promover, por toda a comunidade internacional, o progresso económico e social de todos os países, em particular dos países em desenvolvimento;

c) Fomentar a cooperação, numa base de vantagens mútuas e de benefícios equitativos para todos os Estados defensores da paz e empenhados no cumprimento das disposições da presente Carta, nos domínios económico, comercial, científico e tecnológico, independentemente dos seus sistemas políticos, económicos ou sociais;

d) Suprimir os principais obstáculos ao progresso económico dos países em desenvolvimento;

e) Acelerar o crescimento económico dos países em desenvolvimento, com vista à redução do fosso económico entre os países desenvolvidos e os países em desenvolvimento;

f) Proteger, conservar e valorizar o ambiente.

Consciente da necessidade de estabelecer e manter uma ordem económica e social justa e equitativa, mediante:

a) O estabelecimento de relações económicas internacionais mais racionais e equitativas e o fomento de transformações estruturais na economia mundial,

b) A criação de condições que permitam uma maior expansão do comércio e a intensificação da cooperação económica entre todas as nações,

c) O reforço da independência económica dos países em desenvolvimento,

d) O estabelecimento e a promoção de relações económicas internacionais que tenham em conta as reconhecidas diferenças de desenvolvimento existentes entre os países em desenvolvimento e as suas necessidades específicas,

Determinada a promover a segurança económica colectiva para o desenvolvimento, em particular dos países em desenvolvimento, no estrito respeito pela igualdade soberana de todos os Estados e contando com a cooperação de toda a comunidade internacional,

Considerando que uma genuína cooperação entre os Estados, baseada no exame comum dos problemas económicos internacionais e numa acção conjunta relativa aos mesmos, é essencial ao cumprimento do desejo de toda a comunidade internacional de alcançar um desenvolvimento justo e racional de todas as regiões mundiais,

Sublinhando a importância de assegurar as condições apropriadas para a condução de relações económicas normais entre todos os Estados, independentemente das diferenças de sistemas sociais e económicos, para o pleno respeito dos direitos de todos os povos, bem como a importância de reforçar os instrumentos de cooperação económica internacional, como forma de consolidação da paz no interesse de todos,

Convencida da necessidade de desenvolver um sistema de relações económicas internacionais baseado na igualdade soberana, nas vantagens mútuas e equitativas e na estreita interdependência dos interesses de todos os Estados,

Reiterando que a responsabilidade pelo seu desenvolvimento, incumbe, em primeira linha, ao próprio país, mas que, concomitantemente, uma cooperação internacional efectiva representa um factor essencial para alcançar plenamente os seus próprios objectivos em matéria de desenvolvimento,

Firmemente convencida da necessidade urgente de implementar um sistema aperfeiçoado de relações económicas internacionais,

Adopta solenemente a presente Carta dos Direitos e Deveres Económicos dos Estados.

CAPITULO I
Princípios Fundamentais das Relações Económicas Internacionais

As relações económicas, políticas e de outra natureza entre os Estados reger-se-ão, entre outros, pelos seguintes princípios:

a) Soberania, integridade territorial e independência política dos Estados;
b) Igualdade soberana de todos os Estados;
c) Não agressão;
d) Não intervenção;
e) Vantagem mútua e equitativa;
f) Coexistência pacífica;

g) Igualdade de direitos e autodeterminação dos povos;
h) Resolução pacífica dos litígios;
i) Reparação das injustiças causadas pelo uso da força que privem uma nação dos meios naturais necessários ao seu normal desenvolvimento;
j) Cumprimento de boa fé das obrigações internacionais;
k) Respeito pelos direitos humanos e liberdades fundamentais;
l) Abstenção de procurar obter hegemonia e criar esferas de influência;
m) Promoção da justiça social internacional;
n) Cooperação internacional para o desenvolvimento;
o) Livre acesso ao mar e a partir do mar para os países sem litoral, no âmbito dos princípios acima enunciados.

CAPÍTULO II
Direitos e deveres económicos dos Estados

ARTIGO 1.º

Todo o Estado tem o direito soberano e inalienável de escolher o seu sistema económico, político, social e cultural, de acordo com a vontade do seu povo, sem ingerência, coacção ou ameaça externa de qualquer espécie.

ARTIGO 2.º

Todo o Estado tem e exerce livremente soberania plena e permanente sobre todas as suas riquezas, recursos naturais e actividades económicas, incluindo a posse e o direito de os utilizar e deles dispor.
2. Todo o Estado tem direito de:
a) Regulamentar e exercer autoridade sobre os investimentos estrangeiros, nos limites da sua jurisdição nacional, de acordo com as suas leis e regulamentos e em conformidade com os seus objectivos e prioridades nacionais. Nenhum Estado será obrigado a conceder um tratamento preferencial aos investimentos estrangeiros;
b) Regulamentar e supervisionar as actividades de empresas transnacionais, nos limites da sua jurisdição nacional, e adoptar medidas para assegurar que essas actividades respeitam as suas leis, normas e regulamentos e se conformam com as suas políticas económicas e sociais. As empresas transnacionais não intervirão nos assuntos internos do Estado de acolhimento. Todo o Estado deverá, tendo em consideração os seus direi-

tos soberanos, cooperar com outros Estados no exercício do direito enunciado nesta alínea;

c) Nacionalizar, expropriar ou transferir a propriedade de bens estrangeiros, devendo o Estado que adopte tais medidas pagar uma indemnização adequada, tendo em conta as suas leis, regulamentos e todas as circunstâncias que considere pertinentes. Nos casos em que a questão da indemnização constitua motivo de litígio, este será resolvido segundo a lei e pelos tribunais do Estado que adoptou as medidas de nacionalização, a menos que todos os Estados interessados acordem livre e mutuamente o recurso a outros meios pacíficos, com base na igualdade soberana dos Estados e de acordo com o princípio da livre escolha dos meios.

ARTIGO 3.°

Na exploração dos recursos naturais comuns a dois ou mais países, cada Estado deve cooperar, com base num sistema de informação e consulta prévia, com o objectivo de optimizar a utilização dos mesmos, sem causar prejuízos aos legítimos interesses dos outros.

ARTIGO 4.°

Todo o Estado tem o direito de exercer o comércio internacional e outras formas de cooperação económica, independentemente de quaisquer diferenças de sistemas políticos, económicos e sociais. Nenhum Estado será objecto de discriminação de qualquer natureza baseada exclusivamente nessas diferenças. No exercício do comércio internacional e de outras formas de cooperação económica, todo o Estado pode escolher livremente as formas de organização das suas relações económicas externas e celebrar acordos bilaterais e multilaterais compatíveis com as suas obrigações internacionais e com as necessidades da cooperação económica internacional.

ARTIGO 5.°

Todos os Estados têm o direito de se associar em organizações de produtores de matérias-primas, a fim de desenvolver as suas economias nacionais, garantir um financiamento estável ao seu desenvolvimento e, na prossecução dos seus objectivos, colaborar na promoção do crescimento sustentado da economia mundial, acelerando, em particular, o desenvolvimento dos países em desenvolvimento. Correspondentemente, todos os Estados têm o dever de respeitar esse direito, abstendo-se de aplicar medidas económicas e políticas que o possam limitar.

ARTIGO 6.º

Os Estados têm o dever de contribuir para o desenvolvimento do comércio internacional de mercadorias, em especial através de cooperação e mediante a conclusão de acordos multilaterais a longo prazo sobre produtos de base, sempre que adequado, e tendo em conta os interesses de produtores e consumidores. Todos os Estados partilham a responsabilidade de promover o fluxo e o acesso regulares de todas as mercadorias a preços estáveis, remuneradores e equitativos, contribuindo, assim, para o desenvolvimento equitativo da economia mundial, tendo em conta, em particular, os interesses dos países em desenvolvimento.

ARTIGO 7.º

Todo o Estado tem a responsabilidade primordial de promover o desenvolvimento económico, social e cultural do seu povo. Para esse efeito, cada Estado tem o direito e a responsabilidade de escolher os seus objectivos e instrumentos de desenvolvimento, de mobilizar e utilizar integralmente os seus recursos, de levar a cabo reformas económicas e sociais progressivas e de assegurar a plena participação do seu povo no processo e nos benefícios do desenvolvimento. Todos os Estados têm o dever de, individual e colectivamente, cooperar a fim de eliminar os obstáculos que impedem essa mobilização e utilização.

ARTIGO 8.º

Os Estados devem cooperar para facilitar relações económicas internacionais mais racionais e equitativas e para fomentar transformações estruturais no âmbito de uma economia mundial equilibrada, de acordo com as necessidades e interesses de todos os países, em particular dos países em desenvolvimento, devendo adoptar medidas adequadas a esse fim.

ARTIGO 9.º

Todos os Estados têm a responsabilidade de cooperar nos domínios económico, social, cultural, científico e tecnológico, tendo em vista a promoção do progresso económico e social em todo o mundo, em especial nos países em desenvolvimento.

ARTIGO 10.º

Todos os Estados são juridicamente iguais e, como membros iguais da comunidade internacional, têm o direito de participar, plena e efectivamente, na adopção, a nível internacional, de decisões para a resolução dos problemas económicos, financeiros e monetários mundiais, nomeadamente, por intermédio das organizações internacionais apropriadas, de acordo com as suas normas actuais ou futuras, e o de partilhar equitativamente os benefícios que daí advierem.

ARTIGO 11.º

Todos os Estados devem cooperar para fortalecer e melhorar continuamente a eficácia das organizações internacionais na aplicação de medidas que estimulem o progresso económico geral de todos os países, em particular dos países em desenvolvimento, e, portanto, devem cooperar para, quando for apropriado, adaptar estas organizações à alteração das necessidades da cooperação económica internacional.

ARTIGO 12.º

1. Os Estados têm o direito de participar, com o consentimento das partes interessadas, na cooperação sub-regional, regional e inter-regional, com o objectivo de alcançar o seu desenvolvimento económico e social. Todos os Estados que participem nessa cooperação têm o dever de velar por que as políticas do agrupamento a que pertencem correspondam às disposições da presente Carta e tenham em conta o mundo exterior, sejam compatíveis com as suas obrigações internacionais e com as necessidades da cooperação económica internacional e tenham plenamente em conta os legítimos interesses de países terceiros, em especial dos países em desenvolvimento.

2. No caso de agrupamentos para os quais os Estados interessados tenham transferido ou possam transferir certas competências relativas a

questões que se encontrem no âmbito de aplicação da presente Carta, as suas disposições aplicar-se-ão também a esses agrupamentos no que se refere a essas questões, de forma compatível com as responsabilidades desses Estados enquanto membros dos referidos agrupamentos. Estes Estados devem cooperar para a aplicação por esses agrupamentos das disposições da presente Carta.

ARTIGO 13.º

1. Todo o Estado tem o direito de partilhar os progressos e as inovações da ciência e da tecnologia para acelerar o seu desenvolvimento económico e social.

2. Todos os Estados devem promover a cooperação internacional em matéria de ciência e de tecnologia, assim como a transferência de tecnologia, tendo devidamente em conta todos os interesses legítimos, incluindo, entre outros, os direitos e deveres dos titulares, fornecedores e beneficiários de tecnologia. Em particular, todos os Estados devem facilitar o acesso dos países em desenvolvimento aos avanços da ciência e da tecnologia modernas, a transferência de tecnologia e a criação de tecnologia autóctone em benefício dos países em desenvolvimento, segundo formas e de acordo com procedimentos que se adaptem às suas economias e necessidades.

3. Em consequência, os países desenvolvidos devem cooperar com os países em desenvolvimento no estabelecimento, reforço e desenvolvimento das suas infra-estruturas científicas e tecnológicas e nas suas actividades em matéria de investigação científica e de tecnologia, de forma a favorecer a expansão e a transformação da economia dos países em desenvolvimento.

4. Todos os Estados devem cooperar na investigação com vista a desenvolver directrizes ou regulamentações internacionalmente aceites para a transferência de tecnologia, tendo plenamente em conta os interesses dos países em desenvolvimento.

ARTIGO 14.º

Todo o Estado tem o dever de cooperar para promover uma expansão e liberalização sustentada e crescente do comércio mundial e uma melhoria do bem-estar e do nível de vida de todos os povos, em particular os dos países em desenvolvimento. Em consequência, todos os Estados devem cooperar com o objectivo, *inter alia*, de eliminar progressivamente os obstáculos ao comércio e melhorar o enquadramento internacional em que se desenrola o comércio mundial. Com este objectivo, efectuar-se-ão esforços coordenados para resolver de forma equitativa os problemas comerciais de todos os países, tendo em conta os problemas comerciais específicos dos países em desenvolvimento. A este respeito, os Estados adoptarão medidas destinadas a garantir vantagens suplementares para o comércio internacional dos países em desenvolvimento, de forma a permitir que estes obtenham um aumento substancial das suas receitas em divisas, a diversificação das suas exportações, a aceleração da taxa de crescimento do seu comércio, tendo em conta os imperativos do seu desenvolvimento, um aumento das possibilidades desses países de participarem na expansão do comércio mundial e um equilíbrio mais favorável aos países em desenvolvimento na partilha dos benefícios resultantes dessa expansão, permitindo, tanto quanto possível, uma melhoria substancial das condições de acesso aos mercados para os produtos de interesse para os países em desenvolvimento e, quando seja apropriado, de medidas tendentes a alcançar preços estáveis, equitativos e remuneradores para os produtos primários.

ARTIGO 15.º

Todos os Estados têm o dever de promover a realização do desarmamento geral e completo, sob um controlo internacional eficaz, e de utilizar os recursos disponibilizados em resultado das medidas efectivas de desarmamento para o desenvolvimento económico e social dos países, afectando uma parte considerável desses recursos como meios suplementares para o financiamento das necessidades de desenvolvimento dos países em desenvolvimento.

ARTIGO 16.º

1. Todos os Estados têm o direito e o dever de, individual e colectivamente, eliminar o colonialismo, o *apartheid*, a discriminação racial, o neocolonialismo e todas as formas de agressão, ocupação e dominação estrangeiras, assim como as suas consequências económicas e sociais, o que constitui condição prévia ao desenvolvimento. Os Estados que praticam estas políticas coercivas são economicamente responsáveis perante os países, territórios e povos afectados, devendo restituir-lhes todos os

seus recursos naturais ou de outra natureza, bem como indemnizá-los integralmente pela exploração, esgotamento ou danos causados a esses recursos. É dever de todos os Estados prestar-lhes assistência.

2. Nenhum Estado tem o direito de promover ou fomentar investimentos que possam constituir um obstáculo para a libertação de um território ocupado pela força.

ARTIGO 17.º

A cooperação internacional para o desenvolvimento é um objectivo partilhado e um dever comum de todos os Estados. Todo o Estado deve cooperar nos esforços dos países em desenvolvimento para acelerar o seu progresso económico e social, assegurando-lhes condições externas favoráveis e prestando-lhes uma assistência activa, compatível com as suas necessidades e objectivos em matéria de desenvolvimento, no estrito respeito pela igualdade soberana dos Estados e sem condições que limitem a sua soberania.

ARTIGO 18.º

Os países desenvolvidos devem aplicar, melhorar e ampliar o sistema generalizado de preferências, não recíproco e não discriminatório, em benefício dos países em desenvolvimento, de acordo com as conclusões concertadas e as decisões pertinentes adoptadas neste domínio pelas organizações internacionais competentes. Os países desenvolvidos devem, igualmente, analisar com seriedade a adopção de outras medidas diferenciadoras, nos domínios em que tal seja possível e adequado, segundo modalidades que possam proporcionar aos países em desenvolvimento um tratamento especial e mais favorável, a fim de atender às suas necessidades em matéria de comércio e desenvolvimento. Na condução das relações económicas internacionais, os países desenvolvidos esforçar-se-ão por evitar medidas que tenham um impacto negativo no desenvolvimento das economias nacionais dos países em desenvolvimento, o qual é apoiado pelas preferências aduaneiras generalizadas e por outras medidas diferenciadoras adoptadas em benefício desses países.

ARTIGO 19.º

Com o objectivo de acelerar o crescimento económico dos países em desenvolvimento e de reduzir o fosso económico entre países desenvolvidos e países em desenvolvimento, os países desenvolvidos deverão conceder-lhes um tratamento preferencial generalizado, sem reciprocidade nem discriminação, nos domínios da cooperação internacional em que tal seja exequível.

ARTIGO 20.º

Os países em desenvolvimento, nos seus esforços para aumentar o seu comércio global, devem ter especialmente em consideração a possibilidade de aumentar o seu comércio com os países socialistas, assegurando-lhes condições comerciais não inferiores às normalmente concedidas aos países desenvolvidos de economia de mercado.

ARTIGO 21.º

Os países em desenvolvimento deverão esforçar-se por promover a expansão das suas trocas mútuas e, com esse objectivo, poderão, em conformidade com as actuais e futuras disposições e os procedimentos estabelecidos em acordos internacionais, quando os mesmos sejam aplicáveis, conceder preferências comerciais a outros países em desenvolvimento sem estarem obrigados a outorgar tais preferências aos países desenvolvidos, sempre que esses acordos não constituam um impedimento à liberalização e expansão das trocas em geral.

ARTIGO 22.º

1. Todos os Estados devem responder às necessidades e objectivos de desenvolvimento geralmente reconhecidos ou mutuamente convencionados dos países em desenvolvimento, encorajando maiores fluxos líquidos de recursos reais de todas as proveniências para os países em desenvolvimento, tendo em conta todos os compromissos e obrigações assumidos pelos Estados interessados, com o objectivo de reforçar os esforços dos países em desenvolvimento para acelerar o seu progresso económico e social.

2. Assim, de forma compatível com as finalidades e objectivos anteriormente mencionados e tendo em conta todas as obrigações e compromissos assumidos a este respeito, devem realizar-se esforços para aumentar o volume líquido das contribuições de recursos financeiros para os países em desenvolvimento, provenientes de fontes oficiais, e para melhorar as suas modalidades e condições.

3. O fluxo de recursos destinado à ajuda ao desenvolvimento deve incluir uma assistência económica e uma assistência técnica.

ARTIGO 23.º

Para promover a mobilização efectiva dos seus recursos próprios, os países em desenvolvimento devem reforçar a sua cooperação económica e aumentar o seu comércio mútuo, a fim de acelerar o seu desenvolvimento económico e social. Todos os países, em particular os desenvolvidos, agindo individualmente e por intermédio das organizações internacionais competentes de que são membros, devem prestar um apoio e um auxílio apropriados e eficazes.

ARTIGO 24.º

Todos os Estados têm o dever de conduzir as suas relações económicas mútuas de forma a ter em conta os interesses dos outros países. Em particular, todos os Estados devem evitar prejudicar os interesses dos países em desenvolvimento.

ARTIGO 25.º

Para favorecer o desenvolvimento económico mundial, a comunidade internacional, em particular os seus membros desenvolvidos, prestará especial atenção às necessidades e problemas específicos dos países em desenvolvimento menos avançados, dos países em desenvolvimento sem litoral e também dos países em desenvolvimento insulares, com vista a auxiliá-los na superação das suas dificuldades particulares, contribuindo, desta forma, para o seu desenvolvimento económico e social.

ARTIGO 26.º

Todos os Estados têm o dever de coexistir na tolerância e de conviver em paz, independentemente das diferenças dos seus sistemas políticos, económicos, sociais e culturais, e de facilitar o comércio entre Estados com sistemas económicos e sociais diferentes. O comércio internacional deve ser conduzido sem pôr em causa as preferências generalizadas, não recíprocas e não discriminatórias, em favor dos países em desenvolvimento, numa base de vantagens mútuas e equitativas e na concessão recíproca do tratamento de nação mais favorecida.

ARTIGO 27.º

1. Cada Estado tem o direito de desfrutar plenamente das vantagens do comércio mundial de invisíveis e de participar na expansão desse comércio.
2. O comércio mundial de invisíveis, baseado na eficácia e nas vantagens mútuas e equitativas, que promova a expansão da economia mundial, constitui objectivo comum de todos os Estados. O papel dos países em desenvolvimento no comércio mundial de invisíveis deverá ser melhorado e reforçado, em conformidade com os objectivos acima mencionados, tendo em conta, em particular, as necessidades especiais dos países em desenvolvimento.
3. Todos os Estados devem cooperar com os países em desenvolvimento nos seus esforços para aumentar a sua capacidade de gerar receitas em divisas nas suas transacções de invisíveis, tendo em conta as possibilidades e as necessidades de cada país em desenvolvimento e em conformidade com os objectivos acima mencionados.

ARTIGO 28.º

Todos os Estados têm o dever de cooperar com o objectivo de assegurar o ajustamento dos preços das exportações dos países em desenvolvimento em relação aos preços das suas importações, fazendo com que estes países beneficiem de termos de troca justos e equitativos, que sejam, simultaneamente, remuneradores para os produtores e equitativos para os produtores e os consumidores.

CAPÍTULO III
Responsabilidades comuns para com a comunidade internacional

ARTIGO 29.º

Os fundos marinhos e oceânicos e o seu subsolo fora dos limites da jurisdição nacional, assim como os recursos da Área, constituem património comum da humanidade. Com base nos princípios aprovados pela Assembleia Geral, na sua resolução 2749 (XXV), de 17 de Dezembro de 1970, todos os Estados deverão assegurar que a exploração da Área e a exploração dos seus recursos se realizem exclusivamente para fins pacíficos e que as vantagens que daí advenham se repartam equitativamente entre todos os Estados, tendo em conta os interesses e necessidades especiais dos países em desenvolvimento; mediante a concertação de um tratado internacional de carácter universal globalmente aceite, estabelecer-se-á um regime internacional que seja aplicável à Área e aos seus recursos e que inclua um mecanismo internacional apropriado para tornar efectivas as suas disposições.

ARTIGO 30.º

A protecção, a preservação e a valorização do ambiente pelas gerações presentes e futuras constitui responsabilidade de todos os Estados. Todos os Estados esforçar-se-ão por estabelecer as suas próprias políticas em matéria de ambiente e de desenvolvimento em conformidade com esta responsabilidade. A política ambiental de todos os Estados deve promover o reforço do potencial de desenvolvimento actual e futuro dos países em desenvolvimento, não lhes causando danos. Todos os Estados têm a responsabilidade de velar para que as actividades realizadas nos limites da sua jurisdição ou sob o seu controlo não causem danos ao ambiente de outros Estados ou das zonas situadas fora dos limites da sua jurisdição nacional. Todos os Estados devem cooperar na elaboração de normas e regulamentações internacionais no domínio do ambiente.

CAPÍTULO IV
Disposições finais

ARTIGO 31.º

Todos os Estados têm o dever de contribuir para a expansão equilibrada da economia mundial, tendo devidamente em conta a estreita interdependência existente entre o bem-estar dos países desenvolvidos, por um lado, e o crescimento e desenvolvimento dos países em desenvolvimento, por outro, e o facto de que a prosperidade da comunidade internacional no seu conjunto depende da prosperidade dos elementos que a constituem.

ARTIGO 32.º

Nenhum Estado pode recorrer ou encorajar o recurso a medidas económicas, políticas ou de outra natureza, com o objectivo de coagir outro Estado a subordinar-lhe o exercício dos seus direitos soberanos.

ARTIGO 33.º

1. Nada na presente Carta será interpretado no sentido de prejudicar ou derrogar as disposições da Carta das Nações Unidas ou decisões adoptadas de acordo com as suas disposições.
2. As disposições da presente Carta são interdependentes na sua interpretação e na sua aplicação e cada uma deve ser entendida em função das demais.

ARTIGO 34.º

Um ponto relativo à Carta dos Direitos e Deveres Económicos dos Estados será inscrito na ordem de trabalhos do trigésimo período de sessões da Assembleia Geral e, posteriormente, de cinco em cinco sessões. A Assembleia Geral procederá, assim, a um exame sistemático e completo da aplicação da Carta, que abranja os progressos realizados e as melhorias e contributos que possam tornar-se necessários, recomendando as medidas adequadas. Neste exame, a Assembleia Geral deverá ter em conta a evolução de todos os factores económicos, sociais, jurídicos e de outra natureza relativos aos princípios em que se baseia a presente Carta, bem como ao objectivo da mesma.

ACTO CONSTITUTIVO DA ORGANIZAÇÃO DAS NAÇÕES UNIDAS PARA O DESENVOLVIMENTO INDUSTRIAL – ONUDI
08.04.1979

ACTO CONSTITUTIVO DA ORGANIZAÇÃO DAS NAÇÕES UNIDAS PARA O DESENVOLVIMENTO INDUSTRIAL

PREÂMBULO

Os Estados partes neste Acto Constitutivo, em conformidade com a Carta das Nações Unidas:
Tendo em mente os objectivos gerais das resoluções adoptadas na 6.ª sessão extraordinária da Assembleia Geral das Nações Unidas sobre a instauração de uma nova ordem económica internacional, da Declaração e do Plano de Acção de Lima sobre o Desenvolvimento e a Cooperação Industrial adoptados pela II Conferência Geral da Organização das Nações Unidas para o Desenvolvimento Industrial e da resolução da 7.ª sessão extraordinária da Assembleia Geral das Nações Unidas sobre desenvolvimento e cooperação económica internacional;
Declarando que:
É necessário instaurar uma ordem económica e social justa e equitativa a ser realizada por meio da eliminação das desigualdades económicas, do estabelecimento de relações económicas internacionais racionais e equitativas, da implementação de transformações sociais e económicas dinâmicas e do encorajamento das modificações estruturais necessárias ao desenvolvimento da economia mundial;
A industrialização é um instrumento dinâmico de crescimento, essencial ao rápido desenvolvimento económico e social, especialmente dos países em vias de desenvolvimento, ao melhoramento dos níveis e qualidade de vida dos povos de todos os países e à instauração de uma ordem económica e social equitativa;
Todos os países têm o direito soberano de realizar a sua industrialização e todo o processo de industrialização deve obedecer aos objectivos gerais de desenvolvimento sócio-económico auto-sustentado e integrado,

devendo envolver as transformações que garantam a participação justa e efectiva de todos os povos na industrialização dos seus países;

Sendo a cooperação internacional para o desenvolvimento o objectivo e a obrigação comum de todos os países, é essencial promover a industrialização por meio de todas as medidas conjuntas possíveis, designadamente a operacionalização, a transferência e a adaptação de tecnologias a nível mundial, regional e nacional, bem como a nível sectorial;

Todos os países, qualquer que seja o seu sistema económico e social, estão decididos a promover o bem-estar dos seus povos por meio de acções individuais e colectivas, tendo em vista desenvolver a cooperação económica internacional na base da igualdade soberana, fortalecer a independência económica dos países em vias de desenvolvimento, assegurar a participação equitativa destes na produção industrial mundial e contribuir para a paz mundial, a segurança e a prosperidade de todas as nações, em conformidade com os objectivos e princípios da Carta das Nações Unidas;

Tendo em mente estes princípios orientadores;

Desejando estabelecer, nos termos do capítulo IX da Carta das Nações Unidas, uma instituição especializada com a designação de Organização das Nações Unidas para o Desenvolvimento Industrial (ONUDI) (a seguir designada por "Organização"), que desempenhará o papel central e será responsável pelo exame e promoção da coordenação de todas as actividades desenvolvidas pelos organismos das Nações Unidas no domínio do desenvolvimento industrial, em conformidade com as atribuições que a Carta das Nações Unidas confere ao Conselho Económico e Social e com os acordos de parceria aplicáveis:

aprovam o presente Acto Constitutivo.

CAPÍTULO I
Objectivos e funções

ARTIGO 1.º
Objectivos

A Organização tem como objectivo principal a promoção e aceleração do desenvolvimento industrial nos países em vias de desenvolvimento, tendo em vista contribuir para a instauração de uma nova ordem económica internacional. Promoverá igualmente o desenvolvimento e a cooperação industriais a nível mundial, regional e nacional, assim como a nível sectorial.

ARTIGO 2.º
Funções

Para cumprimento dos objectivos acima mencionados, a Organização adoptará, de uma forma geral, todas as medidas necessárias e adequadas, em particular:

a) Encorajará e concederá, conforme as necessidades, assistência aos países em vias de desenvolvimento para promoção e aceleração da sua industrialização, especialmente para o desenvolvimento, expansão e modernização das suas indústrias;

b) Em conformidade com a Carta das Nações Unidas, lançará, coordenará e acompanhará as actividades dos organismos das Nações Unidas, com o fim de ficar habilitada a desempenhar um papel central de coordenação no domínio do desenvolvimento industrial;

c) Criará novos conceitos e abordagens e desenvolverá os já existentes aplicáveis ao desenvolvimento industrial a nível mundial, regional e nacional, assim como ao nível sectorial, e efectuará estudos e pesquisas, com vista a formular novas linhas de acção que conduzam a um desenvolvimento industrial harmonioso e equilibrado, tendo em consideração os métodos empregados por países com diferentes sistemas sócio-económicos para resolução dos problemas da industrialização;

d) Promoverá e encorajará o desenvolvimento e a aplicação de técnicas de planeamento e contribuirá para a formulação de programas de desenvolvimento, científicos e tecnológicos, bem como de planos para a industrialização nos sectores público, cooperativo e privado;

e) Encorajará e contribuirá para o desenvolvimento de uma abordagem integrada e interdisciplinar, com vista à industrialização acelerada dos países em vias de desenvolvimento;

f) Constituirá um espaço e um instrumento ao serviço dos países em vias de desenvolvimento e dos países industrializados nos seus contactos, consultas e, a pedido dos países interessados, nas negociações visando a industrialização dos primeiros;

g) Prestará assistência aos países em vias de desenvolvimento na instalação e gestão de indústrias, tanto as ligadas à agricultura, como às indústrias de base, visando a plena utilização dos recursos naturais e humanos localmente disponíveis e assegurar a produção de mercadorias para o mercado interno e a exportação, assim como contribuir para a autonomia económica desses países;

h) Actuará como centro de intercâmbio de informações industriais e, consequentemente, reunirá e controlará de modo selectivo, analisará e elaborará com vista à sua difusão os dados respeitantes a todos os aspectos do desenvolvimento industrial a nível mundial, regional e nacional, bem como ao nível sectorial, incluindo o intercâmbio das experiências e das realizações tecnológicas dos países industrialmente desenvolvidos e dos países em vias de desenvolvimento com diferentes sistemas sociais e económicos;

i) Devotará particular atenção à adopção de medidas especiais, visando auxiliar os países menos avançados, os países em vias de desenvolvimento sem litoral ou insulares, assim como os países em vias de desenvolvimento mais seriamente afectados por crises económicas e calamidades naturais, sem perder de vista o interesse dos outros países em vias de desenvolvimento;

j) Promoverá, encorajará e contribuirá para a elaboração, selecção, adaptação, transferência e utilização de tecnologias industriais, tendo em conta as condições sócio-económicas e as exigências específicas das indústrias em questão, com especial ênfase na transferência de tecnologia dos países industrializados para os países em vias de desenvolvimento, assim como entre os próprios países em vias de desenvolvimento;

k) Organizará e apoiará programas de formação industrial visando prestar assistência aos países em vias de desenvolvimento na formação de técnicos e de outro pessoal necessário, nas diferentes fases, ao seu desenvolvimento industrial acelerado;

l) Aconselhará e assistirá os países em vias de desenvolvimento na exploração, conservação e transformação local dos seus recursos naturais, com a finalidade de promover a sua industrialização, em estreita cooperação com os competentes organismos das Nações Unidas, as instituições especializadas e a Agência Internacional de Energia Atómica;

m) Fornecerá instalações piloto e de demonstração para acelerar a industrialização de alguns sectores em particular;

n) Elaborará medidas especiais destinadas a promover a cooperação no domínio industrial entre os países em vias de desenvolvimento e entre estes e os países desenvolvidos;

o) Contribuirá, em cooperação com outros organismos apropriados, para o planeamento regional do desenvolvimento industrial dos países em vias de desenvolvimento, no quadro dos agrupamentos regionais e sub-regionais;

p) Encorajará e promoverá a criação e o reforço de associações industriais, comerciais e profissionais e de organizações análogas que contribuam para a utilização plena dos recursos internos dos países em vias de desenvolvimento, com vista ao desenvolvimento das suas indústrias nacionais;

q) Contribuirá para a criação e a gestão de uma infra-estrutura institucional, com o fim de fornecer serviços de regulamentação, consulta e desenvolvimento à indústria;

r) Contribuirá, a pedido dos governos dos países em vias de desenvolvimento, para a obtenção de financiamentos externos de projectos industriais específicos, em condições justas, equitativas e mutuamente aceitáveis.

CAPÍTULO II
Participação

ARTIGO 3.º
Membros

A qualidade de membro da Organização é acessível a todos os Estados que adiram aos seus objectivos e princípios:

a) Os Estados-Membros da Organização das Nações Unidas ou de uma instituição especializada ou da Agência Internacional de Energia Atómica podem ser admitidos como membros da Organização, tornando-se partes deste Acto Constitutivo nos termos do artigo 24.º e do n.º 2 do artigo 25.º;

b) Os Estados não compreendidos na alínea a) podem ser admitidos como membros da Organização, tornando-se partes deste Acto Constitutivo, nos termos do n.º 3 do artigo 24.º e da alínea c) do n.º 2 do artigo 25.º, após a aprovação da sua admissão pela Conferência, por uma maioria de dois terços dos membros presentes e votantes, mediante recomendação do Conselho.

ARTIGO 4.º
Observadores

1. O estatuto de observador junto da Organização é reconhecido, a seu pedido, àqueles que possuam um tal estatuto na Assembleia Geral das Nações Unidas, a menos que a Conferência decida em contrário.

2. Sem prejuízo do disposto no n.º 1, a Conferência pode convidar outros observadores para participarem nos trabalhos da Organização.

3. Os observadores podem participar nos trabalhos da Organização de acordo com os regulamentos internos aplicáveis e com as disposições deste Acto Constitutivo.

ARTIGO 5.º
Suspensão

1. Qualquer membro da Organização que seja suspenso do exercício dos direitos e privilégios de membro da Organização das Nações Unidas será automaticamente suspenso do exercício dos direitos e privilégios de membro da Organização.

2. Não poderá participar nas votações da Organização qualquer membro que esteja em atraso no que respeita ao pagamento das suas contribuições, se o montante em atraso igualar ou exceder o montante das contribuições fixadas e por ele devidas correspondentes aos 2 exercícios financeiros precedentes. Qualquer dos órgãos pode, contudo, permitir que tal membro participe nas votações ocorridas no seu seio no caso de se constatar que a falta de pagamento é devida a circunstâncias independentes da vontade do referido membro.

ARTIGO 6.º
Recesso

1. Os membros podem retirar-se da Organização, depositando um instrumento de denúncia deste Acto Constitutivo junto do depositário.

2. O abandono produzirá efeitos a partir do último dia do exercício financeiro seguinte àquele em que o instrumento tiver sido depositado.

3. As contribuições a pagar pelo membro que se retira respeitantes ao exercício financeiro seguinte ao da notificação da retirada serão iguais às do exercício financeiro em que a notificação foi feita. O membro que se retira deverá, além disso, satisfazer todas as contribuições voluntárias não sujeitas a condição que tenha anunciado antes da notificação da sua retirada.

CAPÍTULO III
Órgãos

ARTIGO 7.º
Órgãos principais e subsidiários

1. Os principais órgãos da Organização são:
 a) A Conferência Geral (designada por "Conferência");
 b) O Conselho de Desenvolvimento Industrial (designado por "Conselho");
 c) O Secretariado.

2. É criada uma comissão de programas e orçamentos para apoiar o Conselho na preparação e exame do programa de trabalho, do orçamento ordinário e do orçamento da Organização, bem como em outras questões financeiras a ela respeitantes.

3. Outros órgãos subsidiários, incluindo comissões técnicas, poderão ser criados pela Conferência ou pelo Conselho, os quais terão em devida conta o princípio da representação geográfica equitativa.

ARTIGO 8.º
Conferência Geral

1. A Conferência é composta pelos representantes de todos os membros.
2:
 a) A Conferência reúne-se em sessão ordinária de 2 em 2 anos, salvo deliberação em contrário. As sessões extraordinárias serão convocadas pelo director-geral, a pedido do Conselho ou da maioria dos membros;
 b) As sessões ordinárias realizam-se na sede da Organização, a menos que seja decidido de outra forma pela Conferência. O Conselho fixará o local onde devem realizar-se as sessões extraordinárias.

3. Além das outras funções especificadas neste Acto Constitutivo, à Conferência compete:
 a) Determinar os princípios directores e as orientações gerais da Organização;
 b) Examinar os relatórios do Conselho, do director-geral e dos órgãos subsidiários da Conferência;
 c) Aprovar o programa de trabalho, o orçamento ordinário e o orçamento operacional da Organização, de acordo com o artigo 14.º, estabelecer a tabela das contribuições, nos termos do artigo 15.º, aprovar os regulamentos financeiros da Organização e fiscalizar a utilização efectiva dos recursos financeiros da Organização;

d) Adoptar, por uma maioria de dois terços dos membros presentes e votantes, convenções ou acordos respeitantes a qualquer questão relevante que caiba na competência da Organização e fazer recomendações aos membros a respeito de tais convenções ou acordos;

e) Fazer recomendações aos membros e às organizações internacionais sobre matérias que caibam na competência da Organização;

f) Tomar quaisquer outras medidas adequadas que habilitem a Organização a promover os seus objectivos e a levar a cabo as suas funções.

4. A Conferência pode delegar no Conselho os poderes e funções que considere de interesse delegar, à excepção dos que se encontram previstos nas disposições seguintes: alínea b) do artigo 3.º, artigo 4.º, alíneas a), b), c) e d) do n.º 3 do artigo 8.º, n.º 1 do artigo 9.º, n.º 1 do artigo 10.º, n.º 2 do artigo 11.º, n.ºs 4 e 6 do artigo 14.º, artigo 15.º, artigo 18.º, alínea b) do n.º 2 e alínea b) do n.º 3 do artigo 23.º e anexo I.

5. A Conferência elaborará o seu regulamento interno.

6. Cada membro dispõe de um voto na Conferência. As deliberações são tomadas pela maioria dos membros presentes e votantes, salvo disposição contrária do presente Acto Constitutivo ou do regulamento interno da Conferência.

ARTIGO 9.º
Conselho de Desenvolvimento Industrial

1. O Conselho é composto por 53 membros da Organização, eleitos pela Conferência, a qual terá em conta o princípio da representação geográfica equitativa. Na eleição dos membros do Conselho, a Conferência deve observar a seguinte distribuição dos lugares: 33 membros do Conselho serão eleitos de entre os Estados mencionados nas partes A e C, 15 de entre os Estados mencionados na parte B e 5 de entre os Estados mencionados na parte D do anexo I deste Acto Constitutivo.

2. Os membros do Conselho permanecem em funções desde o encerramento da sessão ordinária da Conferência em que foram eleitos até ao encerramento da sessão ordinária da Conferência realizada 4 anos mais tarde; exceptuam-se os membros eleitos na primeira sessão, que entram em funções a partir do momento da respectiva eleição e metade dos quais permanecerá em funções somente até ao encerramento da sessão ordinária realizada 2 anos depois. Os membros do Conselho podem ser reeleitos.

3:
a) O Conselho realizará pelo menos uma sessão ordinária em cada ano,

em data por ele próprio determinada. As sessões extraordinárias são convocadas pelo director-geral, a pedido da maioria dos membros do Conselho;

b) As sessões terão lugar na sede da Organização, salvo decisão do Conselho em contrário.

4. Além das outras funções especificadas neste Acto Constitutivo ou das que lhe forem delegadas pela Conferência, ao Conselho compete:

a) Actuando sob a autoridade da Conferência, acompanhar a execução do programa de trabalho aprovado e do correspondente orçamento ordinário ou operacional, bem como de outras decisões da Conferência;

b) Recomendar à Conferência uma tabela das contribuições destinadas à cobertura das despesas previstas no orçamento ordinário;

c) Apresentar à Conferência, em cada sessão ordinária, um relatório sobre as actividades do Conselho;

d) Solicitar aos membros o fornecimento de informações sobre as suas actividades relacionadas com o trabalho da Organização;

e) De acordo com as decisões da Conferência e tendo em atenção o ocorrido entre as sessões do Conselho ou da Conferência, autorizar o director-geral a tomar as medidas que o Conselho julgar necessárias para responder a situações imprevistas, tendo em conta as funções e os recursos financeiros da Organização;

f) Se vagar o lugar de director-geral entre sessões da Conferência, nomear um director-geral interino para desempenhar funções até à próxima sessão ordinária ou extraordinária da Conferência;

g) Preparar a ordem do dia provisória da Conferência;

h) Desempenhar outras funções que possam mostrar-se necessárias para atingir os objectivos da Organização, sob reserva das limitações fixadas neste Acto Constitutivo.

5. O Conselho elaborará o seu regulamento interno.

6. Cada membro do Conselho dispõe de um voto. As deliberações são tomadas pela maioria dos membros presentes e votantes, salvo disposição em contrário deste Acto Constitutivo ou do regulamento interno do Conselho.

7. O Conselho convidará todos os membros nele não representados a participar, sem direito a voto, nas suas deliberações sobre todos os assuntos de particular interesse para esses membros.

ARTIGO 10.º
Comissão de Programas e Orçamentos

1. A Comissão de Programas e Orçamentos é composta por 27 mem-

bros da Organização, eleitos pela Conferência, a qual terá em conta o princípio da representação geográfica equitativa. Na eleição dos membros da Comissão, a Conferência deve observar a seguinte distribuição de lugares: 15 membros da Comissão serão eleitos de entre os Estados mencionados nas partes A e C, 9 de entre os Estados mencionados na parte B e 3 de entre os Estados mencionados na parte D do anexo I deste Acto Constitutivo. Ao designarem os seus representantes na Comissão, os Estados devem atender às suas qualificações pessoais e experiência.

2. Os membros da Comissão permanecem em funções desde o encerramento da sessão ordinária da Conferência em que foram eleitos até ao encerramento da sessão ordinária da Conferência realizada 2 anos mais tarde. Os membros da Comissão podem ser reeleitos.

3:

a) A Comissão realiza, pelo menos, uma sessão por ano. Sessões extraordinárias poderão ser convocadas pelo director-geral, a pedido do Conselho ou da própria Comissão;

b) As sessões têm lugar na sede da Organização, salvo deliberação em contrário do Conselho.

4. À Comissão compete:

a) Desempenhar as funções que lhe são atribuídas no artigo 14.°;

b) Preparar, a fim de ser submetido ao Conselho, o projecto de tabela das contribuições destinadas à cobertura das despesas previstas no orçamento ordinário;

c) Desempenhar, no domínio financeiro, outras funções que lhe possam ser atribuídas pela Conferência ou pelo Conselho;

d) Fazer o relato de todas as suas actividades nas sessões ordinárias do Conselho e, por sua iniciativa, submeter ao Conselho pareceres ou propostas sobre assuntos financeiros.

5. A Comissão elaborará o seu regulamento interno.

6. Cada membro da Comissão dispõe de um voto. As deliberações são tomadas por maioria de dois terços dos membros presentes e votantes.

ARTIGO 11.°
Secretariado

1. O Secretariado é composto por um director-geral e pelos directores-gerais-adjuntos e funcionários de que a Organização necessite.

2. O director-geral é eleito pela Conferência, mediante recomendação do Conselho, por um período de 4 anos. Pode ser eleito por um segundo período de 4 anos, após o qual não pode ser reeleito.

3. O director-geral é o mais alto funcionário da Organização. Salvo directivas gerais ou específicas da Conferência ou do Conselho, o director-geral tem a responsabilidade global e o poder de dirigir o trabalho da Organização. Sob a autoridade e sujeito à fiscalização do Conselho, o director-geral é responsável pela nomeação, organização e gestão dos funcionários.

4. No desempenho dos seus deveres, nem o director-geral, nem os funcionários podem solicitar ou receber instruções de qualquer governo ou de qualquer autoridade externa à Organização. Devem abster-se de qualquer acto incompatível com a sua situação de funcionários internacionais, sendo responsáveis somente perante a Organização. Todos os membros se comprometem a respeitar o carácter exclusivamente internacional das funções do director-geral e dos funcionários e a não procurar influenciá-los na execução das suas tarefas.

5. Os funcionários são nomeados pelo director-geral, segundo regras a estabelecer pela Conferência, sob recomendação do Conselho. As nomeações para o cargo de director-geral-adjunto estão sujeitas à aprovação do Conselho. As condições de emprego dos funcionários são, tanto quanto possível, iguais às dos funcionários submetidos ao regime comum das Nações Unidas. O critério dominante no recrutamento de funcionários e na fixação das condições de emprego será a necessidade de garantir à Organização o concurso de pessoas dotadas das melhores qualidades de trabalho, competência e integridade. Deverá ser tida em consideração a importância de o recrutamento de pessoal ser efectuado numa base geográfica diversificada e equitativa.

6. O director-geral actua nessa qualidade em todas as reuniões da Conferência, do Conselho e da Comissão de Programas e Orçamentos e desempenhará todas as funções de que seja incumbido por estes órgãos. Elaborará um relatório anual sobre as actividades da Organização. Além disso, apresentará à Conferência ou ao Conselho, conforme os casos, todos os relatórios que forem julgados necessários.

CAPÍTULO IV
Programa de trabalho e questões financeiras

ARTIGO 12.º
Despesas das delegações

Cada membro ou observador suporta as despesas da sua própria delegação à Conferência, ao Conselho ou a qualquer outro órgão em que participe.

ARTIGO 13.º
Composição dos orçamentos

1. As actividades da Organização serão desenvolvidas de acordo com o programa de trabalho e os orçamentos aprovados.
2. As despesas da Organização são divididas nas seguintes categorias:
    a) Despesas financiadas pelas contribuições fixadas (correspondendo ao "orçamento ordinário"); e
    b) Despesas financiadas por contribuições voluntárias para a Organização e por quaisquer outros recursos previstos no regulamento financeiro (correspondendo ao "orçamento operacional").
3. O orçamento ordinário prevê as despesas de administração, de pesquisa e as outras despesas ordinárias da Organização, bem como as decorrentes de outras actividades, tal como está previsto no anexo II.
4. O orçamento operacional prevê as despesas de assistência técnica e de outras actividades conexas.

ARTIGO 14.º
Programa e orçamentos

1. O director-geral prepara e submete ao Conselho por intermédio da Comissão de Programas e Orçamentos, na data prevista no regulamento financeiro, um projecto de programa de trabalho para o exercício financeiro seguinte, bem como as previsões orçamentais correspondentes às actividades a financiar pelo orçamento ordinário. Simultaneamente, o director--geral submete ao Conselho propostas e previsões financeiras para as actividades a financiar por contribuições voluntárias à Organização.
2. A Comissão de Programas e Orçamentos examina as propostas do director-geral e apresenta ao Conselho as suas recomendações sobre o pro-

grama de trabalho proposto e as correspondentes previsões relativas aos orçamentos ordinário e operacional. As recomendações da Comissão são adoptadas por maioria de dois terços dos membros presentes e votantes.

3. O Conselho examina as propostas do director-geral, juntamente com as recomendações da Comissão de Programas e Orçamentos, e adopta o programa de trabalho, o orçamento ordinário e o orçamento operacional, com as modificações que considerar necessárias, a fim de os submeter à Conferência para exame e aprovação. O Conselho adopta estes documentos por maioria de dois terços dos membros presentes e votantes.

4:

a) A Conferência examina e aprova, por maioria de dois terços dos membros presentes e votantes, o programa de trabalho e os correspondentes orçamentos ordinário e operacional que lhe são submetidos pelo Conselho;

b) A Conferência pode fazer ajustamentos no programa de trabalho e os correspondentes orçamentos ordinário e operacional, de acordo com o n.º 6.

5. Quando necessário, serão preparados e aprovados, de acordo com o disposto nos n.ºs 1 a 4 e com as disposições do regulamento financeiro, reforços ou correcções dos orçamentos ordinário ou operacional.

6. Nenhuma resolução, decisão ou alteração susceptível de ter incidência financeira que não tenha sido examinada de acordo com os n.ºs 2 e 3 poderá ser aprovada pela Conferência se não for acompanhada de uma estimativa de tais incidências preparada pelo director-geral. Nenhuma resolução, decisão ou alteração que o director-geral preveja implicar despesas poderá ser aprovada pela Conferência sem que a Comissão de Programas e Orçamentos, e, subsequentemente, o Conselho, reunindo-se ao mesmo tempo que a Conferência, tenham tido a possibilidade de actuar de acordo com o disposto nos n.ºs 2 e 3. O Conselho apresenta as suas deliberações à Conferência. Para aprovação, pela Conferência, das referidas resoluções, decisões e alterações será necessária uma maioria de dois terços de todos os membros.

ARTIGO 15.º
Fixação de contribuições

1. As despesas previstas no orçamento ordinário são suportadas pelos membros de harmonia com uma tabela de contribuições fixada pela Conferência por uma maioria de dois terços dos membros presentes e votantes, mediante recomendação do Conselho adoptada por maioria de dois

terços dos membros presentes e votantes, tendo por base um projecto elaborado pela Comissão de Programas e Orçamentos.

2. A tabela de contribuições é baseada, tanto quanto possível, na tabela mais recente empregada pela Organização das Nações Unidas. A contribuição de cada um dos membros não pode ultrapassar 25% do orçamento ordinário da Organização.

ARTIGO 16.º
Contribuições voluntárias para a Organização

Salvo o disposto no regulamento financeiro da Organização, o director-geral pode, em nome da Organização, aceitar contribuições voluntárias – incluindo doações, legados e subvenções – provenientes de governos, organizações intergovernamentais, organizações não governamentais ou outras fontes não governamentais, desde que as condições apostas a tais contribuições sejam compatíveis com os objectivos e a política da Organização.

ARTIGO 17.º
Fundo de Desenvolvimento Industrial

Com o fim de aumentar os seus recursos e de reforçar a sua capacidade para dar resposta pronta e flexível às necessidades dos países em vias de desenvolvimento, a Organização dispõe de um Fundo de Desenvolvimento Industrial, financiado através das contribuições voluntárias previstas no artigo 16.º e de outros recursos que podem ser previstos no regulamento financeiro da Organização. O director-geral administra o Fundo de Desenvolvimento Industrial de acordo com as directrizes gerais que regem o seu funcionamento, estabelecidas pela Conferência ou pelo Conselho, actuando em nome da Conferência, e de acordo com o regulamento financeiro da Organização.

CAPÍTULO V
Cooperação e coordenação

ARTIGO 18.º
Relação com a Organização das Nações Unidas

A Organização está ligada à Organização das Nações Unidas, constituindo uma das instituições especializadas referidas no artigo 57.º da Carta das Nações Unidas. Qualquer acordo concluído nos termos do artigo 63.º da Carta deve ser aprovado pela Conferência por uma maioria de dois terços dos membros presentes e votantes, mediante recomendação do Conselho.

ARTIGO 19.º
Relação com outras organizações

1. O director-geral pode, com aprovação do Conselho e no quadro das directrizes estabelecidas pela Conferência:

   a) Concluir acordos que estabeleçam relações apropriadas com outras organizações do sistema das Nações Unidas e com outras organizações intergovernamentais ou governamentais;

   b) Estabelecer relações apropriadas com organizações não governamentais ou outras cujas actividades apresentem afinidades com as da Organização. Ao estabelecer tais relações com organizações nacionais o director-geral deverá consultar os governos interessados.

2. No quadro de tais acordos e relações, o director-geral pode estabelecer programas de trabalho conjuntos com as referidas organizações.

CAPÍTULO VI
Questões jurídicas

ARTIGO 20.º
Sede

1. A Organização tem a sua sede em Viena. A Conferência pode mudar a sede por uma maioria de dois terços de todos os seus membros.

2. A Organização firmará com o governo hospedeiro um acordo relativo à sede.

ARTIGO 21.º
Capacidade jurídica, privilégios e imunidades

1. A Organização goza, no território de cada um dos seus membros, da capacidade jurídica e dos privilégios e imunidades necessários ao exercício das suas funções e à prossecução dos seus objectivos. Os representantes dos membros e os funcionários da Organização gozam dos privilé-

gios e imunidades necessários ao exercício, com toda a independência, das suas funções relacionadas com a Organização.

2. A capacidade jurídica, os privilégios e as imunidades referidos no n.º 1 são os seguintes:

a) No território dos membros que, no que respeita à Organização, tenham aderido à Convenção sobre os Privilégios e Imunidades das Instituições Especializadas, os que se encontram definidos nas cláusulas padrão dessa Convenção, modificada por um anexo aprovado pelo Conselho;

b) No território dos membros que, no que respeita à Organização, não tenham aderido à Convenção sobre os Privilégios e Imunidades das Instituições Especializadas, mas tenham aderido à Convenção sobre os Privilégios e Imunidades das Nações Unidas, os que se encontram definidos nesta última Convenção, a menos que tais Estados notifiquem o depositário, no momento do depósito do seu instrumento de ratificação, aceitação, aprovação ou adesão, de que não aplicarão esta Convenção à Organização; a Convenção sobre os Privilégios e Imunidades das Nações Unidas deixa de ser aplicável à Organização 30 dias depois de esse Estado ter notificado de tal facto o depositário;

c) Os que se encontram definidos em outros acordos concluídos pela Organização.

ARTIGO 22.º
Resolução de diferendos e pedidos de pareceres

1:

a) Qualquer diferendo entre dois ou mais membros a respeito da interpretação ou aplicação do presente Acto Constitutivo, incluindo os seus anexos, que não tenha sido resolvido por negociação, será submetido ao Conselho, a menos que as partes interessadas concordem com outra forma de resolução. Se o diferendo respeitar especialmente a um membro não representado no Conselho, esse membro terá o direito de se fazer representar de acordo com regras a adoptar pelo Conselho;

b) Se o diferendo não tiver sido resolvido, de acordo com as disposições da alínea anterior, a contento de qualquer das partes em litígio, essa parte pode submetê-lo:

i) Se as partes concordarem:
A) Ao Tribunal Internacional de Justiça; ou
B) A um tribunal arbitral;
ii) Caso contrário, a uma comissão de conciliação.

As regras processuais e de funcionamento do tribunal arbitral e da comissão de conciliação são formuladas no anexo III deste Acto Constitutivo.

2. A Conferência e o Conselho têm competência, dependente de autorização da Assembleia Geral das Nações Unidas, para solicitarem ao Tribunal Internacional de Justiça parecer sobre qualquer questão jurídica que surja na esfera de actividades da Organização.

ARTIGO 23.º
Emendas

1. Após a segunda sessão ordinária da Conferência, qualquer membro pode, em qualquer momento, propor emendas a este Acto Constitutivo. O texto das emendas propostas será prontamente comunicado pelo director-geral a todos os membros, não podendo ser examinado pela Conferência antes de decorridos 90 dias sobre o seu envio.

2. Exceptuando o disposto no n.º 3, as emendas entrarão em vigor e obrigarão todos os membros quando:

a) Tiverem sido recomendadas à Conferência pelo Conselho;

b) Tiverem sido aprovadas pela Conferência por uma maioria de dois terços de todos os membros;

c) Dois terços dos membros tiverem depositado instrumentos de ratificação, de aceitação ou de aprovação das referidas emendas junto do depositário.

3. As emendas respeitantes aos artigos 6.º, 9.º, 10.º, 13.º, 14.º ou 23.º ou ao anexo II entrarão em vigor e obrigarão todos os membros quando:

a) Tiverem sido recomendadas à Conferência pelo Conselho por uma maioria de dois terços de todos os membros do Conselho;

b) Tiveram sido aprovadas pela Conferência por uma maioria de dois terços de todos os membros;

c) Três quartos dos membros tiverem depositado instrumentos de ratificação, de aceitação ou de aprovação das referidas emendas junto do depositário.

ARTIGO 24.º
Assinatura, ratificação, aceitação, aprovação e adesão

1. Este Acto Constitutivo está aberto à assinatura por todos os Estados visados na alínea a) do artigo 3.º, até 7 de Outubro de 1979, no Mi-

nistério Federal dos Negócios Estrangeiros da República da Áustria e, subsequentemente, na sede da Organização das Nações Unidas, em Nova Iorque, até à data da sua entrada em vigor.

2. Este Acto Constitutivo está sujeito a ratificação, aceitação ou aprovação pelos Estados signatários. Os instrumentos de ratificação, de aceitação ou de aprovação de tais Estados serão depositados junto do depositário.

3. Depois da entrada em vigor deste Acto Constitutivo, nos termos do n.º 1 do artigo 25.º, os Estados visados na alínea a) do artigo 3.º que não o tenham assinado, bem como os Estados cujos pedidos de admissão tenham sido aprovados em conformidade com o disposto na alínea b) do mesmo artigo, poderão aderir ao mesmo, depositando um instrumento de adesão.

ARTIGO 25.º
Entrada em vigor

1. Este Acto Constitutivo entrará em vigor quando pelo menos 80 Estados que tenham depositado instrumento de ratificação, de aceitação ou de aprovação tiverem notificado o depositário de que, após consultas mútuas, se puseram de acordo sobre a sua entrada em vigor.

2. Este Acto Constitutivo entrará em vigor:

a) Para os Estados que tenham procedido à notificação referida no n.º 1, na data da entrada em vigor deste Acto Constitutivo;

b) Para os Estados que tenham depositado instrumento de ratificação, de aceitação ou de aprovação antes da entrada em vigor deste Acto Constitutivo, mas não tenham procedido à notificação referida o n.º 1, logo após a notificação ao depositário de que este Acto Constitutivo entra em vigor relativamente a eles;

c) Para os Estados que tenham depositado instrumento de ratificação, de aceitação, de aprovação ou de adesão após a entrada em vigor deste Acto Constitutivo, na data do citado depósito.

ARTIGO 26.º
Disposições transitórias

1. O depositário convocará a primeira sessão da Conferência, a qual deverá ter lugar dentro dos 3 meses posteriores à entrada em vigor do Acto Constitutivo.

2. As regras e regulamentos que regem a Organização criada pela Assembleia Geral das Nações Unidas na sua Resolução n.º 2152 (XXI) regerão a Organização e os seus órgãos até à data em que estes adoptem nova regulamentação.

ARTIGO 27.º
Reservas

Nenhuma reserva pode ser formulada a respeito deste Acto Constitutivo.

ARTIGO 28.º
Depositário

1. O Secretário-Geral da Organização das Nações Unidas será o depositário deste Acto Constitutivo.
2. Além de notificar os Estados interessados, o depositário notificará o director-geral de todos os assuntos relacionados com este Acto Constitutivo.

ARTIGO 29.º
Textos autênticos

Os textos deste Acto Constitutivo redigidos em inglês, árabe, chinês, espanhol, francês e russo fazem igualmente fé.

ANEXO I
Lista de Estados

1. Se um Estado não mencionado em qualquer das listas abaixo referidas se tornar membro da Organização, a Conferência decidirá, após as consultas apropriadas, em qual das listas deverá ser inscrito.
2. A Conferência poderá, em qualquer momento, após as consultas apropriadas, alterar a classificação de um membro nas listas que se seguem.
3. As alterações introduzidas nas listas que se seguem, efectuadas de acordo com os n.ºs 1 e 2, não serão consideradas emendas a este Acto Constitutivo no sentido do disposto no artigo 23.º.

LISTAS

[As listas de Estados a serem incluídas pelo depositário neste anexo são as listas estabelecidas pela Assembleia Geral das Nações Unidas para os fins do parágrafo 4 da secção II da sua Resolução n.º 2152 (XXI) que sejam válidas na data da entrada em vigor deste Acto Constitutivo.]

A – Lista de Estados indicados na Secção II, parágrafo 4 (a) da Resolução 2152 (XXI)

Afeganistão
África do Sul
Alto Volta
Arábia Saudita
Argélia
Botsuana
Burma
Burundi
Camarões
Cambodja
Ceilão
Chade
China
Congo (Brazzaville)
Costa do Marfim
Daomé
Etiópia
Filipinas
Gabão
Gâmbia
Gana
Guiné
Iémen
Índia
Indonésia
Irão
Iraque
Israel
Jordânia
Jugoslávia
Kuwait
Laos
Lesoto
Líbano

Libéria
Líbia
Madagáscar
Malásia
Malawi
Maldivas
Mali
Marrocos
Mauritânia
Mongólia
Nepal
Níger
Nigéria
Paquistão
Quénia
República Árabe Unida
República Centro-Africana
República da Coreia
República Democrática do Congo
República Unida da Tanzânia
Ruanda
Samoa Ocidental
Senegal
Serra Leoa
Singapura
Síria
Somália
Sudão
Tailândia
Togo
Tunísia
Uganda
Vietname
Zâmbia

B – Lista de Estados indicados na Secção II, parágrafo 4 (b) da Resolução 2152 (XXI)

Alemanha, República Federal
Austrália
Áustria
Bélgica
Canadá
Chipre
Dinamarca
Espanha
Estados Unidos da América
Finlândia
França
Grécia
Holanda
Irlanda
Islândia
Itália
Japão
Liechtenstein
Luxemburgo
Malta
Mónaco
Noruega
Nova Zelândia
Portugal
Reino Unido da Grã-Bretanha e Irlanda do Norte
Santa Sé
São Marinho
Suécia
Suíça
Turquia

C – Lista de Estados indicados na Secção II, parágrafo 4 (c) da Resolução 2152 (XXI)

Argentina
Bolívia
Brasil
Chile
Colômbia
Costa Rica
Cuba
El Salvador
Guatemala
Guiana
Haiti
Honduras
Jamaica
México
Nicarágua
Panamá
Paraguai
Peru
República Dominicana
Trindade e Tobago
Uruguai
Venezuela

D – Lista de Estados indicados na Secção II, parágrafo 4 (d) da Resolução 2152 (XXI)

Albânia
Bulgária
Checoslováquia
Hungria
Polónia
República Socialista Soviética da Bielorrússia
República Socialista Soviética da Ucrânia
Roménia
União das Repúblicas Socialistas Soviéticas

ANEXO II

Orçamento ordinário

A) 1. As despesas de administração e de pesquisa e outras despesas ordinárias da Organização compreendem:
   a) As despesas relativas aos conselheiros inter-regionais e regionais;
   b) As despesas respeitantes aos serviços consultivos de curto prazo prestados pelo pessoal da Organização;
   c) As despesas relativas às reuniões, incluindo técnicas, previstas no programa de trabalho financiado pelo orçamento ordinário da Organização;
   d) As despesas de apoio ao programa resultantes de projectos de assistência técnica, na medida em que essas despesas não sejam reembolsadas à Organização pela fonte de financiamento de tais projectos.
   2. As propostas concretas que estejam de acordo com as disposições acima enunciadas serão implementadas após exame pela Comissão de Programas e Orçamentos, adopção pelo Conselho e aprovação pela Conferência, de acordo com o artigo 14.º.

B) A fim de melhorar a eficácia do programa de trabalho da Organização no domínio do desenvolvimento industrial, o orçamento ordinário financia também, na proporção de 6% do seu montante total, outras actividades até aqui financiadas pelo capítulo 15 do Orçamento Ordinário da Organização das Nações Unidas. Estas actividades visam reforçar a contribuição da Organização para o sistema de desenvolvimento das Nações Unidas, tendo em conta a conveniência de utilizar o mecanismo e programação por países do Programa das Nações Unidas para o Desenvolvimento – que está sujeito à aprovação dos países interessados – como quadro de referência para estas actividades.

ANEXO III

Regras respeitantes aos tribunais arbitrais e às comissões de conciliação

Salvo decisão em contrário de todas as partes num diferendo que não tenha sido resolvido de acordo com o disposto no n.º 1, alínea a), do artigo 22.º e que tenha sido submetido a um tribunal arbitral em conformidade com o disposto no n.º 1, alínea b), i), B), do artigo 22.º ou a uma comissão de conciliação em conformidade com o disposto no n.º 1, alínea b), ii), as regras de processo e de funcionamento de tais tribunais e comissões são as seguintes:
   1. Abertura do processo:
   Dentro dos 3 meses posteriores à conclusão, pelo Conselho, do exame de um diferendo que lhe tenha sido submetido em conformidade com o disposto no n.º

1, alínea a), do artigo 22.º, ou caso aquele não tenha concluído o seu exame num prazo de 18 meses a partir da data em que o diferendo lhe foi submetido, todas as partes no diferendo podem, antes de decorridos 21 meses após a submissão do diferendo ao Conselho, notificar o director-geral de que desejam submetê-lo a um tribunal arbitral, podendo qualquer dessas partes notificar o director-geral de que deseja submeter o mesmo a uma comissão de conciliação. Se as partes tiverem acordado numa outra forma de resolução, a notificação ao director-geral poderá ser feita dentro dos 3 meses posteriores à conclusão desse processo particular.

2. Formação do tribunal ou da comissão:

a) As partes no diferendo nomeiam por unanimidade, conforme o caso, 3 árbitros ou 3 conciliadores e designam um deles para presidente do tribunal ou da comissão;

b) Se dentro dos 3 meses posteriores à notificação referida no número anterior não tiverem sido nomeados um ou mais membros do tribunal ou da comissão, o Secretário-Geral da Organização das Nações Unidas nomeará, a pedido de qualquer das partes e dentro dos 3 meses posteriores à data do pedido, os membros em falta, incluindo o presidente;

c) Se se der uma vaga no tribunal ou na comissão, será preenchida no prazo de 1 mês, de acordo com o disposto na alínea a), ou ulteriormente, de acordo com o disposto na alínea b).

3. Processo e funcionamento:

a) O tribunal ou a comissão fixam as suas próprias normas de processo. Todas as decisões sobre questão de processo ou de fundo podem ser proferidas por maioria;

b) Os membros do tribunal ou da comissão são remunerados em conformidade com o estipulado no regulamento financeiro da Organização. O director--geral fornece os serviços de secretariado necessários, consultado o presidente do tribunal ou da comissão. Todas as despesas do tribunal ou da comissão e dos seus membros, mas não as das partes no diferendo, são suportadas pela Organização.

4. Sentenças e relatórios:

a) O tribunal arbitral encerra o processo com uma sentença que vincula todas as partes;

b) A comissão de conciliação encerra o processo com um relatório dirigido a todas as partes do diferendo, o qual conterá recomendações que as mesmas partes deverão ter na maior consideração.

DECLARAÇÃO SOBRE O DIREITO AO DESENVOLVIMENTO
04.12.1986

DECLARAÇÃO SOBRE O DIREITO AO DESENVOLVIMENTO

Resolução 41/128 da Assembleia Geral das Nações Unidas

A Assembleia Geral,
Tendo examinado a questão do direito ao desenvolvimento,
Decide aprovar a Declaração sobre o direito ao desenvolvimento, cujo texto figura em anexo à presente resolução.

ANEXO
Declaração sobre o direito ao desenvolvimento

A Assembleia Geral,
Tendo presentes as finalidades e os princípios da Carta das Nações Unidas relativos à realização da cooperação internacional na resolução dos problemas internacionais de carácter económico, social, cultural ou humanitário e no desenvolvimento e estímulo do respeito pelos direitos humanos e pelas liberdades fundamentais de todos, sem fazer distinções em função da raça, do sexo, da língua ou da religião,
Reconhecendo que o desenvolvimento é um processo global económico, social, cultural e político, que visa a melhoria constante do bem-estar de toda a população e de todos os indivíduos na base da sua participação activa, livre e significativa no desenvolvimento e na distribuição justa dos benefícios que dele derivam,
Considerando que, em conformidade com as disposições da Declaração Universal dos Direitos Humanos, toda a pessoa tem direito a uma ordem social e internacional em que se possam realizar plenamente os direitos e as liberdades enunciados nessa Declaração,

Recordando as disposições do Pacto Internacional sobre os Direitos Económicos, Sociais e Culturais e do Pacto Internacional sobre os Direitos Civis e Políticos,

Recordando, igualmente, os acordos, convenções, resoluções, recomendações e demais instrumentos pertinentes das Nações Unidas e dos seus organismos especializados relativos ao desenvolvimento integral do ser humano e ao progresso e desenvolvimento económicos e sociais de todos os povos, incluídos os instrumentos relativos à descolonização, a prevenção de discriminações, o respeito e a observância dos direitos humanos e das liberdades fundamentais, a manutenção da paz e da segurança internacionais e o posterior fomento de relações de amizade e cooperação entre os Estados em conformidade com a Carta,

Recordando o direito dos povos à autodeterminação, em virtude do qual têm direito a determinar livremente a sua condição política e a realizar o seu desenvolvimento económico, social e cultural,

Recordando, também, o direito dos povos a exercer, com sujeição às disposições pertinentes de ambos os Pactos Internacionais de Direitos Humanos, a soberania plena e completa sobre todos os seus recursos e riquezas naturais,

Consciente da obrigação dos Estados, em virtude da Carta, de promover o respeito universal e a observância dos direitos humanos e das liberdades fundamentais para todos, sem distinção de qualquer ordem por motivos de raça, de cor, de sexo, de língua, de religião, de opinião política ou de outra índole, origem nacional ou social, situação económica, nascimento ou outra situação,

Considerando que a eliminação das violações massivas e patentes dos direitos humanos dos povos e indivíduos afectados por situações como as que resultam do colonialismo, neocolonialismo, *apartheid*, de todas as formas de racismo e discriminação racial, a dominação e a ocupação estrangeiras, a agressão e as ameaças contra a soberania nacional, a unidade nacional e a integridade territorial, e as ameaças de guerra, contribuiria para estabelecer circunstâncias propiciais ao desenvolvimento de grande parte da humanidade,

Preocupada com a existência de graves obstáculos, constituídos, entre outras coisas, pela negação dos direitos civis, políticos, económicos, sociais e culturais, obstáculos que se opõem ao desenvolvimento e à completa realização do ser humano e dos povos, e considerando que todos os direitos humanos e liberdades fundamentais são indivisíveis e interdependentes e que, a fim de fomentar o desenvolvimento, deveria examinar-se com a mesma atenção e urgência a aplicação, promoção e protecção dos direitos civis, políticos, económicos, sociais e culturais, e que, em consequência, a promoção, o respeito e o desfrute de certos direitos humanos e liberdades fundamentais não podem servir de justificação para a negação de outros direitos humanos e liberdades fundamentais,

Considerando que a paz e a segurança internacionais são elementos essenciais para a realização do direito ao desenvolvimento,

Reafirmando que existe uma estreita relação entre o desarmamento e o desenvolvimento, que os progressos em matéria de desarmamento promoveriam consideravelmente os progressos em matéria de desenvolvimento e que os recursos libertos como resultado do desarmamento se deveriam destinar ao desenvolvimento económico e social e ao bem-estar de todos os povos e, em particular, dos países em desenvolvimento,

Reconhecendo que a pessoa humana é o sujeito central do processo de desenvolvimento e que toda a política de desenvolvimento deve, por isso, considerar o ser humano como participante e beneficiário principal do desenvolvimento,

Reconhecendo que a criação de condições favoráveis ao desenvolvimento dos povos e das pessoas constitui o dever primordial dos respectivos Estados,

Consciente de que os esforços para promover e proteger os direitos humanos a nível internacional devem ser acompanhados por esforços no sentido de estabelecer uma nova ordem económica internacional,

Confirmando que o direito ao desenvolvimento é um direito humano inalienável e que a igualdade de oportunidades para o desenvolvimento é uma prerrogativa tanto das nações, como dos indivíduos que as compõem,

Proclama a seguinte Declaração sobre o direito ao desenvolvimento:

ARTIGO 1.º

1. O direito ao desenvolvimento é um direito inalienável em virtude do qual todo o ser humano e todos os povos se encontram habilitados a participar num desenvolvimento económico, social, cultural e político em que se possam realizar plenamente todos os direitos humanos e liberdades fundamentais, a contribuir para esse desenvolvimento e a desfrutar dele.

2. O direito humano ao desenvolvimento implica, também, a plena realização do direito dos povos à autodeterminação, que inclui, com sujeição às disposições pertinentes de ambos os Pactos Internacionais de Direitos Humanos, o exercício do seu direito inalienável à soberania plena sobre todos as suas riquezas e recursos naturais.

ARTIGO 2.º

1. A pessoa humana é o sujeito central do desenvolvimento e deve ser o participante activo e o beneficiário do direito ao desenvolvimento.

2. Todos os seres humanos têm, individual e colectivamente, a responsabilidade do desenvolvimento, tendo em conta a necessidade do pleno respeito dos seus direitos humanos e liberdades fundamentais, assim como os seus deveres para com a comunidade, único âmbito em que se pode assegurar a livre e plena realização do ser humano e, por conseguinte, devem promover e proteger uma ordem política, social e económica apropriada ao desenvolvimento.

3. Os Estados têm o direito e o dever de formular políticas de desenvolvimento nacionais adequadas, com o objectivo de melhorar constantemente o bem-estar de toda a população e de todos os indivíduos, numa base de participação activa, livre e significativa no desenvolvimento e na distribuição equitativa dos benefícios dele resultantes.

ARTIGO 3.º

1. Os Estados têm o dever primordial de criar condições nacionais e internacionais favoráveis à realização do direito ao desenvolvimento.

2. A realização do direito ao desenvolvimento exige o pleno respeito dos princípios de direito internacional referentes às relações de amizade e à cooperação entre os Estados em conformidade com a Carta das Nações Unidas.

3. Os Estados têm o dever de cooperar mutuamente para alcançar o desenvolvimento e eliminar os obstáculos ao desenvolvimento. Os Estados devem realizar os seus direitos e os seus deveres de modo a promover uma nova ordem económica internacional baseada na igualdade soberana, na interdependência, no interesse comum e na cooperação entre todos os Estados e que fomente a observância e o desfrute dos direitos humanos.

ARTIGO 4.º

1. Os Estados têm o dever de adoptar, individual e colectivamente, medidas para formular políticas adequadas de desenvolvimento internacional, a fim de facilitar a plena realização do direito ao desenvolvimento.

2. Requere-se uma acção sustentada para promover um desenvolvimento mais rápido dos países em desenvolvimento. Como complemento

aos esforços dos países em desenvolvimento é indispensável uma cooperação internacional eficaz para proporcionar a esses países os meios e as facilidades adequados ao fomento do seu desenvolvimento global.

ARTIGO 5.º

Os Estados adoptarão medidas enérgicas para eliminar as violações massivas e patentes dos direitos humanos dos povos e seres humanos afectados por situações como as que resultam do *apartheid*, de todas as formas de racismo e discriminação racial, do colonialismo, da dominação e ocupação estrangeiras, da agressão, da ingerência estrangeira e das ameaças contra a soberania nacional, a unidade nacional e a integridade territorial, das ameaças de guerra e da negação de reconhecimento do direito fundamental dos povos à autodeterminação.

ARTIGO 6.º

1. Todos os Estados devem cooperar com vista a promover, fomentar e reforçar o respeito universal e a observância de todos os direitos humanos e liberdades fundamentais de todos, sem qualquer distinção por motivos de raça, sexo, língua ou religião.
2. Todos os direitos humanos e liberdades fundamentais são indivisíveis e interdependentes, devendo dar-se a mesma atenção e urgente consideração à aplicação, promoção e protecção dos direitos civis, políticos, económicos, sociais e culturais.
3. Os Estados devem adoptar medidas para eliminar os obstáculos ao desenvolvimento resultantes da inobservância dos direitos civis e políticos, assim como dos direitos económicos, sociais e culturais.

ARTIGO 7.º

Todos os Estados devem promover o estabelecimento, manutenção e reforço da paz e segurança internacionais e, com esse fim, devem efectuar tudo o que estiver ao seu alcance para obter o desarmamento geral e completo sob um controlo internacional eficaz, assim como conseguir que os recursos libertos com medidas efectivas de desarmamento sejam utilizados para o desenvolvimento global, em particular dos países em desenvolvimento.

ARTIGO 8.º

1. Os Estados devem adoptar, no plano nacional, todas as medidas necessárias à realização do direito ao desenvolvimento e garantirão, entre outras coisas, a igualdade de oportunidades para todos em relação ao acesso aos recursos básicos, à educação, aos serviços de saúde, à alimentação, à habitação, ao emprego e à justa distribuição dos rendimentos. Devem adoptar-se medidas eficazes que visem a participação activa da mulher no processo de desenvolvimento. Devem efectuar-se reformas económicas e sociais adequadas com o objectivo de erradicar todas as injustiças sociais.

2. Os Estados devem apoiar a participação popular em todos os domínios, como importante factor para o desenvolvimento e para a plena realização de todos os direitos humanos.

ARTIGO 9.º

1. Todos os aspectos do direito ao desenvolvimento enunciados na presente Declaração são indivisíveis e interdependentes e cada um deve ser interpretado de forma devidamente contextualizada.

2. Nada do disposto na presente Declaração deve ser interpretado em contradição com os objectivos e princípios das Nações Unidas, nem em sentido de que qualquer Estado, grupo ou pessoa tem direito a desenvolver qualquer actividade ou a realizar qualquer acto cujo objectivo seja a violação dos direitos estabelecidos na Declaração Universal dos Direitos Humanos e nos Pactos Internacionais de Direitos Humanos.

ARTIGO 10.º

Devem adoptar-se medidas para assegurar o pleno exercício e a consolidação progressiva do direito ao desenvolvimento, inclusive a formulação, adopção e aplicação de medidas políticas, legislativas e de outra natureza nos planos nacional e internacional.

CONFERÊNCIA MUNDIAL SOBRE OS DIREITOS DO HOMEM
25.06.1993

CONFERÊNCIA MUNDIAL SOBRE OS DIREITOS DO HOMEM

Viena, 14-25 de Junho de 1993

DECLARAÇÃO DE VIENA E PROGRAMA DE ACÇÃO

A Conferência Mundial sobre os Direitos do Homem,
Considerando que a promoção e a protecção dos direitos do homem constituem questões prioritárias para a comunidade internacional e que a Conferência dispõe de uma oportunidade única de efectuar uma análise global do sistema internacional dos Direitos do Homem e dos mecanismos de protecção dos direitos do homem, de forma a efectivar e, consequentemente, a promover uma maior observância desses direitos, de forma justa e equitativa;
Reconhecendo e afirmando que todos os direitos do homem derivam da dignidade e do valor inerentes à pessoa humana, e que a pessoa humana é o tema central dos direitos do homem e das liberdades fundamentais, devendo, consequentemente, ser a sua principal beneficiária e participar activamente na sua concretização;
Reafirmando o seu compromisso para com os objectivos e princípios enunciados na Carta das Nações Unidas e na Declaração Universal dos Direitos do Homem;
Reafirmando o compromisso consignado no Artigo 56.º da Carta da Nações Unidas de empreender acções concertadas e individuais, colocando a devida ênfase no desenvolvimento de uma cooperação internacional eficaz para alcançar os objectivos estabelecidos no Artigo 55.º, incluindo o respeito universal e efectivo dos direitos do homem e das liberdades fundamentais para todos;

Sublinhando as responsabilidades de todos os Estados, em conformidade com a Carta das Nações Unidas, no desenvolvimento e encorajamento do respeito pelos direitos do homem e pelas liberdades fundamentais de todos, sem distinção de raça, sexo, língua ou religião;

Relembrando o Preâmbulo da Carta das Nações Unidas, em particular a determinação dos povos das Nações Unidas em reafirmar a fé nos direitos fundamentais do homem, na dignidade e no valor da pessoa humana e na igualdade de direitos dos homens e das mulheres, assim como das nações, grandes e pequenas;

Relembrando, igualmente, a determinação dos povos das Nações Unidas, expressa no Preâmbulo da Carta das Nações Unidas, de preservar as gerações futuras do flagelo da guerra, de criar as condições necessárias à manutenção da justiça e do respeito pelas obrigações decorrentes dos tratados e de outras fontes do direito internacional, de promover o progresso social e melhores condições de vida, no quadro de um conceito mais amplo de liberdade, de praticar a tolerância e a sã convivência e de recorrer às instituições internacionais para promover o progresso económico e social de todos os povos;

Realçando que a Declaração Universal dos Direitos do Homem, que constitui um modelo comum a seguir por todos os povos e por todas as nações, é a fonte de inspiração da Organização das Nações Unidas e o pilar a partir do qual ela progressivamente elabora as normas constantes dos instrumentos internacionais em vigor no domínio dos direitos do homem, particularmente o Pacto Internacional sobre os Direitos Civis e Políticos e o Pacto Internacional sobre os Direitos Económicos, Sociais e Culturais;

Considerando as importantes alterações que se produziram na cena internacional e as aspirações de todos os povos a uma ordem internacional baseada nos princípios enunciados na Carta das Nações Unidas, a qual sublinha, designadamente, a necessidade de promover e encorajar o respeito pelos direitos do homem e pelas liberdades fundamentais para todos, bem como o respeito pelo princípio da igualdade de direitos e a autodeterminação dos povos, a paz, a democracia, a justiça, a igualdade, o primado da lei, o pluralismo, o desenvolvimento, a melhoria das condições de vida e a solidariedade;

Profundamente preocupada com as diversas formas de discriminação e violência a que as mulheres continuam expostas em todo o mundo;

Reconhecendo que as actividades das Nações Unidas no domínio dos direitos do homem deveriam ser racionalizadas e melhoradas de forma a reforçar os mecanismos das Nações Unidas neste campo e a contribuir para o respeito universal e efectivo das normas internacionais sobre direitos humanos;

Tendo em consideração as Declarações adoptadas nas três reuniões regionais realizadas em Tunes, San José e Bangkok, bem como as contribuições dos Governos, e tendo presentes as sugestões apresentadas por organizações intergovernamentais e não governamentais, bem como os estudos elaborados por peritos independentes durante os preparativos da Conferência Mundial sobre os Direitos do Homem;

Congratulando-se com a celebração, em 1993, do Ano Internacional dos Povos Indígenas do Mundo como forma de reafirmar o compromisso da comunidade internacional em garantir a estes povos o gozo de todos os direitos do homem e liberdades fundamentais, bem como em respeitar o valor e a diversidade das suas culturas e a sua identidade;

Reconhecendo, igualmente, que a comunidade internacional deve encontrar meios para eliminar os obstáculos actuais, responder aos desafios que impedem a plena realização de todos os direitos do homem e pôr fim às contínuas violações dos direitos do homem daí resultantes, em todo o mundo;

Invocando o espírito e as realidades do nosso tempo para incitar os povos do mundo e os Estados-Membros das Nações Unidas a se rededicarem à tarefa universal de promoção e protecção dos direitos do homem e das liberdades fundamentais, de forma a garantir o gozo pleno e universal desses direitos;

Determinada em reforçar o empenhamento da comunidade internacional, com vista à realização de progressos substanciais no domínio dos direitos do homem, graças a um esforço acrescido e sustentado de cooperação e solidariedade internacionais;

Adopta, solenemente, a Declaração de Viena e o Programa de Acção.

I

1. A Conferência Mundial sobre os Direitos do Homem reafirma o compromisso solene de todos os Estados em cumprirem as suas obrigações relativamente à promoção do respeito universal, à observância e à protecção do conjunto dos direitos do homem e liberdades fundamentais para todos, em conformidade com a Carta das Nações Unidas, com outros instrumentos relativos aos direitos do homem e ao direito internacional. O carácter universal destes direitos e liberdades é incontestável.

Neste contexto, o reforço da cooperação internacional no domínio dos direitos do homem é essencial para que os objectivos das Nações Unidas sejam plenamente alcançados.

Os direitos do homem e as liberdades fundamentais são inerentes a toda a pessoa humana; a sua protecção e promoção incumbem, em primeira linha, aos Governos.

2. Todos os povos têm direito à autodeterminação. Por força desse direito, escolhem livremente o seu sistema político e prosseguem o seu desenvolvimento económico, social e cultural.

Tendo em conta a situação particular de povos que se encontrem sob domínio colonial, ou sob outras formas de domínio ou ocupação estrangeira, a Conferência Mundial sobre os Direitos do Homem reconhece o direito dos povos a adoptarem qualquer acção legítima, em conformidade com a Carta das Nações Unidas, para concretizarem o seu direito inalienável à autodeterminação. A Conferência Mundial sobre os Direitos do Homem considera a recusa do direito à autodeterminação como uma violação dos direitos do homem e realça a importância da concretização efectiva deste direito.

Em conformidade com a Declaração sobre os Princípios do Direito Internacional relativos às Relações Amistosas e à Cooperação entre Estados nos termos da Carta das Nações Unidas, tal não será interpretado como autorizando ou encorajando qualquer acção que conduza ao desmembramento ou comprometa, na totalidade ou em parte, a integridade territorial ou a unidade política de Estados soberanos e independentes que se rejam pelo princípio da igualdade de direitos e da autodeterminação dos povos e que, consequentemente, possuam um Governo representativo de toda a população pertencente ao seu território, sem distinções de qualquer natureza.

3. Deverão ser adoptadas medidas internacionais eficazes para garantir e fiscalizar a aplicação das normas de direitos humanos relativas a povos sujeitos a ocupação estrangeira e assegurar-lhes uma protecção jurídica eficaz contra a violação dos seus direitos humanos, em conformidade com as normas de direitos humanos e o direito internacional, nomeadamente a Convenção de Genebra relativa à Protecção de Civis em Tempo de Guerra, assinada a 14 de Agosto de 1949, e outras normas do direito humanitário aplicáveis.

4. A promoção e a protecção de todos os direitos do homem e liberdades fundamentais têm de ser consideradas como um objectivo prioritário das Nações Unidas em conformidade com os seus objectivos e princípios, em particular o da cooperação internacional. No quadro destes objectivos e princípios, a promoção e a protecção de todos os direitos do homem constituem

uma preocupação legítima da comunidade internacional. Os órgãos e as agências especializadas ligadas aos direitos do homem deverão, consequentemente, coordenar as suas actividades baseados na aplicação coerente e objectiva de instrumentos internacionais de direitos do homem.

5. Todos os direitos do homem são universais, indivisíveis, interdependentes e interrelacionados. A comunidade internacional tem de considerar globalmente os direitos do homem, de forma justa e equitativa e com igual ênfase. Embora se devam ter sempre presentes o significado das especificidades nacionais e regionais e os antecedentes históricos, culturais e religiosos, compete aos Estados, independentemente dos seus sistemas político, económico e cultural, promover e proteger todos os direitos do homem e liberdades fundamentais.

6. Os esforços empreendidos pelo sistema das Nações Unidas, no sentido do respeito universal e da observância dos direitos do homem e das liberdades fundamentais para todos, contribuem não só para a estabilidade e o bem-estar necessários à manutenção de relações pacíficas e amistosas entre as nações, como para a melhoria das condições de paz e segurança e para o desenvolvimento social e económico, em conformidade com a Carta das Nações Unidas.

7. Os processos de promoção e protecção dos direitos do homem deverão ser conduzidos em conformidade com os propósitos e os princípios consignados na Carta das Nações Unidas e com o direito internacional.

8. A democracia, o desenvolvimento e o respeito pelos direitos do homem e pelas liberdades fundamentais são interdependentes e reforçam-se mutuamente. A democracia assenta no desejo livremente expresso de um povo em determinar os seus sistemas político, económico, social e cultural e a sua total participação em todos os aspectos da sua vida. Neste contexto, a promoção e a protecção dos direitos do homem e das liberdades fundamentais, a nível nacional e internacional, deverão revestir-se de carácter universal e ser conduzidas sem quaisquer condições implícitas. A comunidade internacional deverá apoiar o reforço e a promoção da democracia, do desenvolvimento e do respeito pelos direitos do homem e pelas liberdades fundamentais em todo o mundo.

9. A Conferência Mundial sobre os Direitos do Homem reafirma que os países menos desenvolvidos empenhados no processo de democratização e de reformas económicas, muitos dos quais se situam em África, deverão ser apoiados pela comunidade internacional, de forma a serem bem sucedidos no seu processo de transição para a democracia e para o desenvolvimento económico.

10. A Conferência Mundial sobre os Direitos do Homem reafirma o direito ao desenvolvimento, conforme estabelecido na Declaração sobre o Direito ao Desenvolvimento, enquanto direito universal e inalienável e parte integrante dos direitos fundamentais do homem.

Conforme estabelecido na Declaração sobre o Direito ao Desenvolvimento, a pessoa humana é o sujeito central do desenvolvimento.

Enquanto o desenvolvimento facilita o gozo de todos os direitos do homem, a falta de desenvolvimento não pode ser invocada para justificar a limitação de direitos do homem internacionalmente reconhecidos.

Os Estados deverão cooperar entre si para assegurar o desenvolvimento e eliminar os entraves que lhe sejam colocados. A comunidade internacional deverá promover uma cooperação internacional efectiva com vista à efectivação do direito ao desenvolvimento e à eliminação dos entraves ao desenvolvimento.

O progresso duradouro no cumprimento do direito ao desenvolvimento requer políticas de desenvolvimento efectivas a nível nacional, bem como relações económicas equitativas e um ambiente económico favorável a nível internacional.

11. O direito ao desenvolvimento deverá ser realizado de modo a satisfazer, de forma equitativa, as necessidades ambientais e de desenvolvimento das gerações presentes e futuras. A Conferência Mundial sobre os Direitos do Homem reconhece que a descarga ilícita de substâncias e resíduos tóxicos e perigosos pode representar uma séria ameaça aos direitos do homem à vida e à saúde.

Consequentemente, a Conferência Mundial sobre os Direitos do Homem apela a todos os Estados que adoptem e cumpram, de forma enérgica, as convenções em vigor relativas à descarga de substâncias e resíduos tóxicos e perigosos e que cooperem na prevenção de descargas ilícitas.

Todas as pessoas têm direito a usufruir dos benefícios resultantes do progresso científico e das suas aplicações. A Conferência Mundial sobre os Direitos do Homem considera que alguns progressos, nomeadamente no campo das ciências biomédicas e da vida, bem como das tecnologias de informação, podem ter consequências adversas para a integridade e dignidade humana e para o exercício dos direitos do homem, e apela à cooperação internacional para garantir o pleno respeito dos direitos do homem e da dignidade da pessoa humana nesta área de interesse universal.

12. A Conferência Mundial sobre os Direitos do Homem exorta a comunidade internacional a envidar todos os esforços necessários para ajudar a aliviar o peso da dívida externa dos países em desenvolvimento,

complementando, assim, os esforços dos Governos desses países para permitir a plena realização dos direitos económicos, sociais e culturais das suas populações.

13. Os Estados e as organizações internacionais, em cooperação com organizações não governamentais, devem criar, a nível nacional, regional e internacional, condições propícias à garantia do pleno e efectivo gozo dos direitos do homem. Os Estados deverão pôr termo a todas as violações dos direitos do homem e eliminar todas as causas e obstáculos ao gozo desses direitos.

14. A existência de uma extrema pobreza generalizada obsta ao pleno e efectivo gozo de direitos do homem, pelo que a sua imediata atenuação e progressiva eliminação devem continuar a constituir uma das grandes prioridades da comunidade internacional.

15. O respeito pelos direitos do homem e pelas liberdades fundamentais sem qualquer distinção é uma regra elementar do direito internacional sobre direitos do homem. A rápida e integral eliminação de todas as formas de racismo e discriminação racial, xenofobia e intolerância constitui uma tarefa prioritária para a comunidade internacional. Os Governos deverão adoptar medidas efectivas para as prevenir e combater. Grupos, instituições, organizações intergovernamentais e não governamentais e indivíduos são instados a intensificar os seus esforços na luta contra estes flagelos, cooperando e coordenando as suas acções com esse objectivo.

16. A Conferência Mundial sobre os Direitos do Homem congratula-se com os progressos alcançados no desmantelamento do *apartheid* e apela à comunidade internacional e ao sistema das Nações Unidas para que apoiem este processo.

A Conferência Mundial sobre os Direitos do Homem lamenta igualmente os continuados actos de violência que visam comprometer o processo de desmantelamento pacífico do *apartheid*.

17. Os actos, métodos e práticas de terrorismo, sob todas as suas formas e manifestações, bem como a sua ligação, em alguns países, ao tráfico de estupefacientes, são actividades que visam o aniquilamento dos direitos humanos, das liberdades fundamentais e da democracia, ameaçando a integridade territorial e a segurança dos Estados e destabilizando Governos legitimamente constituídos. A comunidade internacional deverá adoptar as medidas necessárias à cooperação com o objectivo de impedir e combater o terrorismo.

18. Os direitos fundamentais das mulheres e das crianças do sexo feminino constituem uma parte inalienável, integral e indivisível dos direi-

tos humanos universais. A participação plena e igual das mulheres na vida política, civil, económica, social e cultural, a nível nacional, regional e internacional, e a erradicação de todas as formas de discriminação fundada no sexo constituem objectivos prioritários da comunidade internacional.

A violência fundada no género da pessoa e todas as formas de assédio e exploração sexual, incluindo as resultantes de preconceitos culturais e do tráfico internacional, são incompatíveis com a dignidade e o valor da pessoa humana e devem ser eliminadas. Este objectivo pode ser alcançado através de medidas de carácter legal, da acção nacional e da cooperação internacional em áreas como o desenvolvimento sócio-económico, a educação, a protecção da maternidade, os cuidados de saúde e a assistência social.

Os direitos fundamentais das mulheres deverão fazer parte integrante das actividades das Nações Unidas no domínio dos direitos do homem, incluindo, nomeadamente, a promoção de todos os instrumentos de direitos humanos relacionados com as mulheres.

A Conferência Mundial sobre os Direitos do Homem insta os Governos, as instituições e as organizações intergovernamentais e não governamentais a intensificarem os seus esforços com vista à protecção e à promoção dos direitos fundamentais das mulheres e das crianças do sexo feminino.

19. Considerando a importância de que se reveste a promoção e a protecção dos direitos de pessoas pertencentes a minorias e o contributo de tal promoção e protecção para a estabilidade política e social dos Estados em que essas pessoas vivem, a Conferência Mundial sobre os Direitos do Homem reafirma a obrigação dos Estados garantirem às pessoas pertencentes a minorias o livre e efectivo exercício de todos os direitos do homem e liberdades fundamentais, sem qualquer discriminação e em total igualdade perante a lei, em conformidade com a Declaração sobre os Direitos de Pessoas pertencentes a Minorias Nacionais ou Étnicas, Religiosas e Linguísticas.

As pessoas pertencentes a minorias têm o direito de usufruir da sua própria cultura, de professar a sua religião e de se exprimir na sua língua, tanto em público, como em privado, livremente e sem interferências ou qualquer forma de discriminação.

20. A Conferência Mundial sobre os Direitos do Homem reconhece a dignidade inerente aos povos indígenas e o contributo único que estes podem dar para o desenvolvimento e o pluralismo da sociedade e reafirma o compromisso enérgico da comunidade internacional em assegurar o bem--estar económico, social e cultural desses povos e o seu direito de usufruir

dos benefícios do desenvolvimento sustentável. Os Estados deverão garantir a participação plena e livre dos povos indígenas em todos os aspectos da vida social, particularmente nas questões que lhes digam respeito. Considerando a importância da promoção e da protecção dos direitos dos povos indígenas, bem como a contribuição de tal promoção e protecção para a estabilidade política e social dos Estados em que esses povos vivem, os Estados deverão, em conformidade com o direito internacional, adoptar medidas construtivas e concertadas para garantirem o respeito de todos os direitos do homem e liberdades fundamentais dos povos indígenas, com base na igualdade e na não-discriminação, bem como reconhecer o valor e a diversidade das suas identidades, culturas e organização social.

21. A Conferência Mundial sobre os Direitos do Homem, congratulando-se com a recente ratificação da Convenção sobre os Direitos da Criança por um grande número de Estados e constatando que os direitos da criança foram reconhecidos na Declaração Mundial e no Plano de Acção sobre a Sobrevivência, a Protecção e o Desenvolvimento das Crianças, adoptados pela Cimeira Mundial da Criança, insta à ratificação universal da Convenção até 1995 e à sua efectiva aplicação pelos Estados partes, através da adopção de todas as medidas legislativas, administrativas e outras necessárias e da afectação de um máximo de recursos a esse objectivo. Em todas as iniciativas a realizar, a não-discriminação e o interesse superior da criança deverão constituir elementos prioritários, devendo-se, igualmente, ter em consideração as opiniões expressas pelas crianças. Os mecanismos e os programas nacionais e internacionais de defesa e de protecção das crianças deverão ser reforçados, em particular, das crianças do sexo feminino, das crianças abandonadas, das crianças da rua, das crianças vítimas de exploração económica e sexual, incluindo-se a pornografia infantil, a prostituição infantil ou a venda de órgãos, das crianças vítimas de doenças, incluindo o sindroma da imunodeficiência adquirida, das crianças refugiadas e desalojadas, das crianças detidas, das crianças envolvidas em conflitos armados, bem como das crianças vítimas da fome e da seca e de outras situações de emergência. A cooperação e a solidariedade deverão ser reforçadas, a fim de permitirem a concretização do disposto na Convenção, e os direitos da criança deverão ser prioritários na acção realizada à escala do sistema das Nações Unidas no domínio dos direitos humanos.

A Conferência Mundial sobre os Direitos do Homem sublinha, igualmente, que, para um desenvolvimento pleno e harmonioso da sua personalidade, a criança deverá poder crescer num ambiente familiar merecedor de uma ampla protecção.

22. Deve ser dada especial atenção à garantia de não discriminação e ao gozo, em termos de igualdade, de todos os direitos do homem e liberdades fundamentais por parte de pessoas incapacitadas, incluindo a sua participação activa em todos os aspectos da vida social.

23. A Conferência Mundial sobre os Direitos do Homem reafirma que qualquer pessoa, sem distinção, tem o direito de procurar e obter, noutros países, asilo contra as perseguições de que seja alvo, bem como de regressar ao seu país de origem. Neste aspecto, realça a importância da Declaração Universal dos Direitos do Homem, da Convenção de 1951 sobre o Estatuto dos Refugiados, do seu Protocolo de 1967 e dos instrumentos regionais. A Conferência expressa o seu apreço aos Estados que continuam a aceitar e a acolher um elevado número de refugiados no seu território e ao Alto Comissariado das Nações Unidas para os Refugiados pela sua dedicação a tal missão. Expressa, igualmente, o seu apreço ao Organismo das Nações Unidas de Assistência e Trabalho para os Refugiados Palestinianos no Médio Oriente.

A Conferência Mundial sobre os Direitos do Homem reconhece que as violações flagrantes dos direitos do homem, nomeadamente durante os conflitos armados, se encontram entre os múltiplos e complexos factores que conduzem às migrações.

A Conferência Mundial sobre os Direitos do Homem considera que, atendendo à complexidade da crise global dos refugiados, a comunidade internacional, agindo em coordenação e em cooperação com os países interessados e com as organizações competentes, e tendo em conta o mandato do Alto Comissariado das Nações Unidas para os Refugiados, deverá adoptar uma abordagem global, em conformidade com a Carta das Nações Unidas e com os instrumentos internacionais relevantes, num espírito de solidariedade internacional e de partilha de responsabilidades. É necessário desenvolver estratégias que permitam atacar as causas reais do problema e solucionar os problemas resultantes dos movimentos de refugiados e de outras migrações, reforçar os mecanismos de preparação e reacção às situações de emergência, fornecer uma protecção e assistência eficazes, tendo em conta as necessidades especiais das mulheres e das crianças, e encontrar soluções duradouras, privilegiando o repatriamento voluntário digno e seguro, incluindo as soluções análogas às que foram preconizadas pelas conferências internacionais sobre refugiados. A Conferência Mundial sobre os Direitos do Homem sublinha as responsabilidades dos Estados, em particular dos países de origem.

Nesta óptica global, a Conferência Mundial sobre os Direitos do Homem realça a importância de se conceder especial atenção, inclusive através do recurso a organizações intergovernamentais e humanitárias, aos problemas das pessoas deslocadas no interior dos seus países e de alcançar uma solução duradoura, incluindo o seu regresso voluntário em segurança e a sua reinserção.

Em conformidade com a Carta das Nações Unidas e os princípios do direito humanitário, a Conferência Mundial sobre os Direitos do Homem realça, igualmente, a importância e a necessidade de prestar uma assistência humanitária às vítimas de todas as catástrofes, sejam estas naturais ou causadas pelo homem.

24. Deve ser dada uma grande importância à promoção e à protecção dos direitos das pessoas pertencentes a grupos que se tenham tornado vulneráveis, incluindo os trabalhadores migrantes, à eliminação de todas as formas de discriminação contra essas pessoas, e ao reforço e aplicação mais eficaz dos instrumentos relativos aos direitos do homem. Os Estados têm a obrigação de criar e manter medidas adequadas a nível nacional, particularmente nos domínios da educação, da saúde e da assistência social, para promover e proteger os direitos das pessoas pertencentes a sectores vulneráveis da população, e a garantir a possibilidade de participação dos interessados na solução dos seus próprios problemas.

25. A Conferência Mundial sobre os Direitos do Homem afirma que a pobreza extrema e a exclusão social constituem uma violação da dignidade humana e que é imperativa a adopção de medidas urgentes para alcançar um melhor conhecimento do fenómeno da pobreza extrema e das suas causas, incluindo as relacionadas com o problema do desenvolvimento, de forma a promover os direitos do homem dos mais carenciados, a pôr termo à pobreza extrema e à exclusão social e a assegurar o gozo dos benefícios do progresso social. É indispensável que os Estados encorajem a participação dos mais carenciados no processo de tomada de decisões no seio da comunidade em que se encontram integrados, bem como na promoção dos direitos do homem e nos esforços para combater a pobreza extrema.

26. A Conferência Mundial sobre os Direitos do Homem congratula-se com os progressos realizados na codificação dos instrumentos em matéria de direitos humanos, o que constitui um processo dinâmico e em constante evolução, e insta à ratificação universal dos tratados relativos aos direitos do homem. Todos os Estados são encorajados a aderir a estes instrumentos internacionais; todos os Estados são encorajados a evitar, tanto quanto possível, a formulação de reservas.

27. Qualquer Estado deverá dispor de um conjunto de recursos eficazes para reparar violações dos direitos humanos. A administração da jus-

tiça, incluindo os órgãos encarregados de fazer cumprir a lei e as estruturas policiais e, sobretudo, os magistrados e advogados independentes, em plena conformidade com as normas aplicáveis contidas em instrumentos internacionais relativos aos direitos humanos, é essencial à plena realização desses direitos, sem qualquer espécie de discriminação, e é indispensável à democracia e ao desenvolvimento sustentado. Neste contexto, é necessário que as instituições encarregadas da administração da justiça disponham de recursos financeiros suficientes e que a comunidade internacional aumente a sua assistência técnica e o seu apoio financeiro. Compete às Nações Unidas utilizar, com carácter prioritário, programas especiais de serviços de consultadoria com vista à implementação de uma administração da justiça eficaz e independente.

28. A Conferência Mundial sobre os Direitos do Homem manifesta a sua consternação perante as violações massivas dos direitos do homem, nomeadamente sob a forma de genocídio, "limpeza étnica" e violação sistemática de mulheres em situações de guerra, originando êxodos em massa de refugiados e desalojados. Ao condenar veementemente tais práticas abomináveis, reitera o apelo para que os autores desses crimes sejam punidos e para que essas práticas cessem imediatamente.

29. A Conferência Mundial sobre os Direitos do Homem expressa a sua grande preocupação com as continuas violações dos direitos do homem que ocorrem em todo o mundo, num claro desrespeito pelas normas previstas em instrumentos internacionais em matéria de direitos humanos e pelo direito internacional humanitário, assim como pela falta de recursos suficientes e eficazes para as vítimas.

A Conferência Mundial sobre os Direitos do Homem está profundamente preocupada com as violações dos direitos humanos durante os conflitos armados que afectam a população civil, especialmente as mulheres, as crianças, os idosos e os deficientes. A Conferência apela, portanto, aos Estados e a todas as partes em conflitos armados para que respeitem escrupulosamente o direito internacional humanitário, enunciado nas Convenções de Genebra de 1949 e noutras regras e princípios do direito internacional, bem como normas mínimas de protecção dos direitos do homem, enunciadas nas convenções internacionais.

A Conferência Mundial sobre os Direitos do Homem reafirma o direito das vítimas a receberem assistência das organizações humanitárias, conforme estabelecido nas Convenções de Genebra de 1949 e noutros instrumentos relevantes de direito internacional humanitário, e apela ao acesso seguro e atempado a essa assistência.

30. A Conferência Mundial sobre os Direitos do Homem expressa também a sua consternação e condenação pelas violações flagrantes e sistemáticas e pelas situações que constituem sérios obstáculos ao pleno exercício dos direitos do homem que continuam a produzir-se um pouco por todo o mundo. Estas violações e obstáculos incluem a tortura e os tratamentos ou penas cruéis, desumanos e degradantes, as execuções sumárias e arbitrárias, os desaparecimentos, as detenções arbitrárias, todas as formas de racismo, discriminação racial e *apartheid*, a ocupação e o domínio estrangeiros, a xenofobia, a pobreza, a fome, o desrespeito dos direitos económicos, sociais e culturais, a intolerância religiosa, o terrorismo, a discriminação contra as mulheres e a ausência do Estado de Direito.

31. A Conferência Mundial sobre os Direitos do Homem apela aos Estados para que se abstenham de adoptar medidas unilaterais incompatíveis com o direito internacional e com a Carta das Nações Unidas e que criem obstáculos às relações comerciais internacionais e se oponham à plena realização dos direitos do homem consignados na Declaração Universal dos Direitos do Homem e nos instrumentos internacionais relativos aos direitos do homem, em particular à realização do direito de qualquer pessoa a um nível de vida adequado, à sua saúde e ao seu bem-estar, incluindo a alimentação e os cuidados médicos, a habitação e os serviços sociais. A Conferência Mundial sobre os Direitos do Homem afirma que a alimentação não deverá ser utilizada como um instrumento de pressão política.

32. A Conferência Mundial sobre os Direitos do Homem reafirma a importância de garantir a universalidade, a objectividade e a não selectividade na análise das questões relativas aos direitos do homem.

33. A Conferência Mundial sobre os Direitos do Homem reafirma que os Estados estão moralmente obrigados, conforme estipulado na Declaração Universal dos Direitos do Homem, no Pacto Internacional sobre Direitos Económicos, Sociais e Culturais e noutros instrumentos internacionais sobre direitos do homem, a garantir que a educação tenha como objectivo reforçar o respeito pelos direitos do homem e as liberdades fundamentais. A Conferência Mundial sobre os Direitos do Homem realça a importância da inclusão do tema "direitos do homem" nos programas de educação e apela aos Estados para que garantam este objectivo. A educação deverá favorecer a compreensão, a tolerância, a paz e as relações amigáveis entre as nações e todos os grupos raciais ou religiosos, e encorajar o desenvolvimento das actividades realizadas pelas Nações Unidas com esses objectivos. A educação em matéria de direitos do homem e a difusão de uma informação adequada, tanto ao nível teórico, como prático, de-

sempenham um papel importante na promoção e no respeito dos direitos de todos os indivíduos, sem distinção de raça, de sexo, de língua ou de religião, e este objectivo deverá ser incluído nas políticas educativas, quer a nível nacional, quer a nível internacional. A Conferência Mundial sobre os Direitos do Homem salienta que a falta de recursos e as fraquezas institucionais podem impedir a imediata concretização destes objectivos.

34. Deverão ser envidados esforços acrescidos para apoiar os países que o solicitem a criar condições que permitam a cada indivíduo usufruir dos direitos do homem e das liberdades fundamentais universalmente reconhecidos. Os Governos, os organismos das Nações Unidas e outras organizações multilaterais são instados a aumentar consideravelmente os recursos atribuídos aos programas relativos à elaboração e ao reforço da legislação nacional, à criação ou ao reforço das instituições nacionais e de infra-estruturas conexas que preservem o Estado de Direito e a democracia, a assistência eleitoral, a sensibilização relativamente aos direitos do homem, através da formação, do ensino e da educação, da participação popular e do reforço da sociedade civil.

Os programas de serviços de consultadoria e de cooperação técnica executados sob os auspícios do Centro para os Direitos do Homem deverão ser reforçados e tornados mais eficazes e transparentes, podendo, assim, contribuir, de uma forma mais ampla, para melhorar o respeito pelos direitos do homem. Os Estados são instados a aumentarem as suas contribuições para esses programas, quer encorajando a Organização das Nações Unidas a lhes reservar uma parte mais importante dos seus recursos orçamentais, quer através de contribuições voluntárias.

35. A realização integral e efectiva de actividades das Nações Unidas destinadas a promover e proteger os direitos do homem deve reflectir a grande importância concedida pela Carta das Nações Unidas aos direitos humanos e a dimensão da tarefa que incumbe às Nações Unidas no domínio dos direitos do homem, em conformidade com o mandato conferido pelos Estados-Membros. Com vista à concretização desse objectivo, é necessário que os recursos consagrados às actividades das Nações Unidas no domínio dos direitos do homem sejam reforçados.

36. A Conferência Mundial sobre os Direitos do Homem reafirma o papel importante e construtivo desempenhado pelas instituições nacionais na promoção e protecção dos direitos do homem, em particular na sua qualidade de órgãos consultivos das autoridades competentes, bem como o seu papel na reparação de violações dos direitos humanos, na difusão de informação sobre direitos humanos e na educação sobre direitos do homem.

A Conferência Mundial sobre os Direitos do Homem encoraja a criação e o reforço de instituições nacionais, considerando os "Princípios relativos ao estatuto de instituições nacionais" e reconhecendo que cada Estado tem o direito de escolher o enquadramento que melhor se adapte às suas necessidades específicas a nível nacional.

37. Os acordos regionais desempenham um papel fundamental na promoção e na protecção dos direitos do homem. Eles devem reforçar as normas universais em matéria de direitos humanos, enunciadas nos instrumentos internacionais adequados, e velar pela sua protecção. A Conferência Mundial sobre os Direitos do Homem apoia os esforços efectuados no sentido de reforçar esses acordos e aumentar a sua eficácia, sublinhado, simultaneamente, a importância da cooperação com as Nações Unidas no domínio dos direitos humanos.

A Conferência Mundial sobre os Direitos do Homem reitera a necessidade de se considerar a possibilidade de serem estabelecidos acordos regionais e sub-regionais para a promoção e a protecção dos direitos do homem, sempre que os mesmos ainda não existam.

38. A Conferência Mundial sobre os Direitos do Homem reconhece o importante papel desempenhado pelas organizações não governamentais na promoção de todos os direitos do homem e actividades humanitárias a nível nacional, regional e internacional. A Conferência Mundial sobre os Direitos do Homem congratula-se com a contribuição das mesmas para a crescente consciencialização do público sobre as questões relacionadas com os direitos do homem, para a realização de programas de educação, de formação e de investigação neste domínio e para a promoção e a protecção dos direitos humanos e das liberdades fundamentais. Embora reconhecendo que a responsabilidade essencial pela elaboração de normas pertence aos Estados, a conferência congratula-se, igualmente, com a contribuição das organizações não governamentais para este processo. A este respeito, a Conferência Mundial sobre os Direitos do Homem realça a importância do diálogo contínuo e da cooperação entre Governos e organizações não governamentais. As organizações não governamentais e os seus membros verdadeiramente envolvidos na promoção dos direitos humanos deverão beneficiar dos direitos e das liberdades consignados na Declaração Universal dos Direitos do Homem e da protecção da legislação nacional. Estes direitos e liberdades não podem ser exercidos de forma contrária aos objectivos e princípios das Nações Unidas. As organizações não governamentais deverão desempenhar livremente as suas actividades no campo dos direitos humanos, sem interferências, no quadro da legislação nacional e da Declaração Universal dos Direitos do Homem.

39. Sublinhando a importância de uma informação objectiva, responsável e imparcial sobre direitos humanos e questões humanitárias, a Conferência Mundial sobre os Direitos do Homem preconiza uma participação crescente dos meios de comunicação, aos quais deverão ser garantidas liberdade e protecção no quadro da legislação nacional.

II

A. Maior coordenação no domínio dos direitos humanos no seio do sistema das Nações Unidas

1. A Conferência Mundial sobre os Direitos do Homem recomenda uma maior coordenação no apoio aos direitos do homem e às liberdades fundamentais no seio do sistema das Nações Unidas. Para esse fim, a Conferência Mundial sobre os Direitos do Homem insta todos os órgãos, organismos e instituições especializadas das Nações Unidas, cujas actividades se relacionam com os direitos humanos, a cooperar entre si para reforçar, racionalizar e simplificar as suas actividades, tendo em conta a necessidade de se evitarem duplicações inúteis. A Conferência Mundial sobre os Direitos do Homem recomenda, igualmente, ao Secretário-Geral que, por ocasião da sua reunião anual, os altos responsáveis dos órgãos e instituições especializadas competentes das Nações Unidas coordenem as suas actividades e avaliem o impacto das suas estratégias e políticas no gozo de todos os direitos humanos.

2. Além disso, a Conferência Mundial sobre os Direitos do Homem apela às organizações regionais e às principais instituições internacionais e regionais de financiamento e de desenvolvimento para que avaliem, igualmente, o impacto das suas políticas e dos seus programas no gozo dos direitos do homem.

3. A Conferência Mundial sobre os Direitos do Homem reconhece que as instituições especializadas e os órgãos e organismos das Nações Unidas, bem como as outras organizações intergovernamentais cujas actividades se relacionam com os direitos humanos, desempenham um papel fundamental na elaboração, na promoção e na aplicação de normas sobre direitos humanos, no âmbito dos respectivos mandatos, e deverão ter em conta as conclusões da Conferência Mundial sobre os Direitos do Homem na sua área de competência.

4. A Conferência Mundial sobre os Direitos do Homem recomenda vivamente que sejam envidados esforços concertados no sentido de encorajar e de facilitar a ratificação dos tratados e protocolos internacionais relativos aos direitos do homem adoptados no quadro do sistema das Nações Unidas, a adesão a esses instrumentos ou o seu seguimento, com vista ao seu reconhecimento universal. O Secretário-Geral, em consulta com os órgãos previstos nos tratados, deverá considerar o alargamento do diálogo a Estados que não tenham aderido a esses instrumentos, de forma a identificar os obstáculos e a procurar formas de os ultrapassar.

5. A Conferência Mundial sobre os Direitos do Homem encoraja os Estados a ponderarem a limitação de quaisquer reservas por eles formuladas relativamente a instrumentos internacionais de direitos humanos, a formularem quaisquer reservas da forma mais precisa e concisa possível, a garantirem que nenhuma dessas reservas seja incompatível com o objecto e a finalidade do tratado em questão e a examinarem regularmente as reservas que tenham formulado, com vista à sua retirada.

6. A Conferência Mundial sobre os Direitos do Homem, reconhecendo a necessidade de manter o alto nível das normas internacionais em vigor e de evitar a proliferação de instrumentos relativos aos direitos humanos, reafirma as directrizes relativas à elaboração de novos instrumentos internacionais contidas na resolução da Assembleia Geral 41/120, de 4 de Dezembro de 1986, e apela aos organismos das Nações Unidas encarregados dos direitos do homem para que tenham presentes essas directrizes ao procederem à elaboração de novas normas internacionais, consultem os organismos relativos aos direitos humanos previstos nos tratados sobre a necessidade de se elaborarem novas normas e solicitem ao Secretariado que proceda a uma análise técnica dos novos instrumentos propostos.

7. A Conferência Mundial sobre os Direitos do Homem recomenda que, se e quando necessário, funcionários que exerçam funções na área dos direitos humanos sejam adstritos a departamentos regionais da Organização das Nações Unidas, com o objectivo de difundir informações e oferecer formação e outro tipo de assistência técnica no domínio dos direitos humanos, a pedido de Estados-Membros interessados. Deverão organizar-se programas de formação em direitos humanos para funcionários internacionais que se encontrem adstritos a esta área.

8. A Conferência Mundial sobre os Direitos do Homem congratula-se com a convocação de sessões de emergência da Comissão dos Direitos do Homem, considerando-as uma iniciativa positiva, e com o facto de os

órgãos competentes do sistema das Nações Unidas considerem outras formas de resposta a violações graves dos direitos humanos.

Recursos

9. A Conferência Mundial sobre os Direitos do Homem, preocupada com a crescente desproporção entre as actividades do Centro para os Direitos do Homem e os recursos humanos, financeiros e outros de que o mesmo dispõe para as levar a efeito, e tendo consciência da necessidade de recursos para outros programas importantes das Nações Unidas, solicita ao Secretário-Geral e à Assembleia Geral que adoptem medidas imediatas com vista a aumentar substancialmente os recursos afectados ao programa de direitos humanos no âmbito dos actuais e futuros orçamentos regulares das Nações Unidas, bem como que procurem garantir um aumento dos recursos extra-orçamentais.

10. Uma proporção crescente do orçamento regular deverá ser directamente alocada ao Centro para os Direitos do Homem para cobertura dos seus custos de funcionamento e de todos as outras despesas do Centro, incluindo as despesas relacionadas com os organismos das Nações Unidas encarregados dos direitos do homem. Este orçamento deverá ser reforçado através de meios de financiamento voluntário das actividades de cooperação técnica do Centro; a Conferência Mundial sobre os Direitos do Homem apela às contribuições generosas a favor dos fundos fiduciários especiais existentes.

11. A Conferência Mundial sobre os Direitos do Homem solicita ao Secretário-Geral e à Assembleia Geral que assegurem ao Centro para os Direitos do Homem recursos humanos, financeiros e de outra natureza suficientes para a execução das suas actividades de forma efectiva, eficaz e célere.

12. A Conferência Mundial sobre os Direitos do Homem, constatando a necessidade de assegurar a disponibilização de recursos humanos e financeiros necessários à prossecução das actividades no domínio dos direitos humanos, conforme mandato dos organismos intergovernamentais, insta o Secretário-Geral, em conformidade com o artigo 101.º da Carta das Nações Unidas, e os Estados-Membros a adoptarem uma abordagem coerente com o propósito de garantir ao Secretariado recursos suficientes para os mandatos crescentes que lhe são atribuídos. A Conferência Mundial sobre os Direitos do Homem convida o Secretário-Geral a considerar a necessidade ou a utilidade de se proceder a quaisquer ajustamentos relativamente aos procedimentos relacionados com o ciclo do programa orçamen-

tal, de forma a assegurar a execução atempada e efectiva das actividades relativas aos direitos humanos, em conformidade com os mandatos conferidos pelos Estados-Membros.

Centro para os Direitos do Homem

13. A Conferência Mundial sobre os Direitos do Homem sublinha a importância do reforço do Centro para os Direitos do Homem das Nações Unidas.

14. O Centro para os Direitos do Homem deverá desempenhar um papel importante na coordenação das actividades relativas aos direitos humanos no seio do sistema. O papel centralizador do Centro poderá ser desempenhado de forma mais adequada se este cooperar plenamente com os outros órgãos e organismos das Nações Unidas. O papel coordenador do Centro para os Direitos do Homem implica, igualmente, o reforço do seu escritório em Nova Iorque.

15. Deverão ser postos à disposição do Centro para os Direitos do Homem meios adequados para o funcionamento do sistema de relatores temáticos e nacionais, peritos, grupos de trabalho e órgãos criados pelos tratados. A Comissão dos Direitos do Homem deverá analisar, prioritariamente, a forma de dar seguimento às suas recomendações.

16. O Centro para os Direitos do Homem deverá assumir um papel mais amplo na promoção dos direitos humanos. Esse papel poderá concretizar-se através da cooperação com os Estados-Membros e do reforço do programa de serviços de consultadoria e assistência técnica. Com esse objectivo, as contribuições voluntárias existentes terão de ser substancialmente aumentadas e deverão ser geridas de forma mais eficiente e coordenada. Todas as actividades deverão ser executadas de acordo com regras de gestão de projectos rigorosas e transparentes, sendo necessário proceder a uma avaliação periódica dos programas e projectos. Os resultados das avaliações e todas as outras informações relevantes deverão ser regularmente disponibilizadas. O Centro deverá, em particular, organizar, pelo menos uma vez por ano, reuniões de informação abertas a todos os Estados-Membros e organizações directamente envolvidas nestes projectos e programas.

Adaptação e reforço dos mecanismos das Nações Unidas para os direitos do homem, incluindo a questão da criação de um Alto Comissariado das Nações Unidas para os Direitos do Homem

17. A Conferência Mundial sobre os Direitos do Homem reconhece a necessidade de uma permanente adaptação dos mecanismos das Nações

Unidas para os direitos humanos às necessidades actuais e futuras de promoção e protecção dos direitos do homem, no sentido inidicado na presente Declaração e na perspectiva de um desenvolvimento equilibrado e sustentado para todos. Em particular, os órgãos das Nações Unidas encarregados dos direitos humanos deverão melhorar a coordenação e a eficácia das suas actividades.

18. A Conferência Mundial sobre os Direitos do Homem recomenda à Assembleia Geral que, quando examinar o seu relatório, na sua quadragésima oitava sessão, pondere, com carácter prioritário, sobre a questão da criação de um Alto Comissariado para os Direitos do Homem para a promoção e a protecção do conjunto desses direitos.

B. Igualdade, dignidade e tolerância

1. *Racismo, discriminação racial, xenofobia e outras formas de intolerância*

19. A Conferência Mundial sobre os Direitos do Homem considera que a eliminação do racismo e da discriminação racial, em particular nas suas formas institucionalizadas, como o *apartheid*, ou resultantes de doutrinas fundadas na superioridade racial ou na exclusão, bem como outras formas e manifestações contemporâneas de racismo, constituem um objectivo primordial da comunidade internacional e de um programa mundial de promoção dos direitos humanos. Os órgãos e organismos das Nações Unidas deverão intensificar os seus esforços no sentido de pôr em prática esse programa de acção, relacionado com o Terceiro Decénio de luta contra o racismo e a discriminação racial e para conferir outros mandatos com o mesmo objectivo. A Conferência Mundial sobre os Direitos do Homem apela vivamente à comunidade internacional para que contribua generosamente para o Fundo Fiduciário para o Programa de Acção relativo ao Decénio de Luta contra o Racismo e a Discriminação Racial.

20. A Conferência Mundial sobre os Direitos do Homem insta todos os Governos a adoptarem medidas imediatas e a desenvolverem políticas vigorosas de prevenção e combate a todas as formas e manifestações de racismo, de xenofobia ou de intolerância, adoptando, se necessário, legislação apropriada prevendo medidas de carácter penal, e criando instituições nacionais para o combate a tais fenómenos.

21. A Conferência Mundial sobre os Direitos do Homem congratula-se com a decisão da Comissão dos Direitos do Homem em designar um

Relator Especial encarregado de analisar as formas contemporâneas de racismo, de discriminação racial, de xenofobia e as manifestações de intolerância conexas. A Conferência Mundial sobre os Direitos do Homem apela, igualmente, a todos os Estados partes na Convenção Internacional sobre a Eliminação de Todas as Formas de Discriminação Racial que considerem a hipótese de elaborarem a declaração prevista no artigo 14.º da referida Convenção.

22. A Conferência Mundial sobre os Direitos do Homem apela a todos os Governos para que adoptem as medidas adequadas, em aplicação das suas obrigações internacionais e no respeito pelos seus sistemas jurídicos, para fazer face à intolerância e à violência baseadas na religião ou credo, incluindo práticas discriminatórias contra as mulheres e a profanação de locais religiosos, reconhecendo que todo o indivíduo tem direito à liberdade de pensamento, de consciência, de expressão e de religião. A Conferência convida, igualmente, todos os Estados a porem em prática as disposições da Declaração sobre a Eliminação de Todas as Formas de Intolerância e Discriminação baseadas na religião ou credo.

23. A Conferência Mundial sobre os Direitos do Homem realça que todas as pessoas que cometem ou autorizam actos criminosos associados à limpeza étnica são individualmente responsáveis por essas violações dos direitos humanos, e que a comunidade internacional deverá envidar todos os esforços no sentido de trazer os responsáveis por essas violações à presença da justiça.

24. A Conferência Mundial sobre os Direitos do Homem apela a todos os Estados para que adoptem, individual e colectivamente, medidas de combate e eliminação da prática de limpeza étnica. As vítimas desta prática odiosa de limpeza étnica têm direito a reparações adequadas e efectivas.

2. Pessoas pertencentes a minorias nacionais ou étnicas, religiosas e linguísticas

25. A Conferência Mundial sobre os Direitos do Homem apela à Comissão dos Direitos do Homem que examine os meios de promoção e protecção efectivos dos direitos das pessoas pertencentes a minorias, tal como estabelecido na Declaração sobre os Direitos de Pessoas pertencentes a Minorias Nacionais ou Étnicas, Religiosas e Linguísticas. Com esse objectivo, a Conferência Mundial sobre os Direitos do Homem apela ao Centro para os Direitos do Homem para que providencie, a pedido dos Governos interessados e no âmbito do seu programa de serviços de consultadoria e assistência técnica, serviços especializados sobre os pro-

blemas das minorias e os direitos humanos, bem como sobre a prevenção e a resolução de litígios, para auxiliar na resolução dos problemas que se colocam ou que se poderão vir a colocar relativamente às minorias.

26. A Conferência Mundial sobre os Direitos do Homem insta os Estados e a comunidade internacional a promover e proteger os direitos das pessoas pertencentes a minorias nacionais ou étnicas, religiosas e linguísticas, em conformidade com a Declaração sobre os Direitos das Pessoas pertencentes a Minorias Nacionais ou Étnicas, Religiosas e Linguísticas.

27. Se necessário, as medidas a serem adoptadas deverão incluir a possibilidade de participação plena dessas pessoas em todos os aspectos políticos, sociais, religiosos e culturais da vida social e no progresso económico e desenvolvimento dos seus países.

Povos Indígenas

28. A Conferência Mundial sobre os Direitos do Homem apela ao Grupo de Trabalho sobre as Populações Indígenas, da Sub-Comissão para a Prevenção da Discriminação e Protecção das Minorias, para que elabore um projecto de declaração sobre os direitos dos povos indígenas, a apresentar na sua décima primeira sessão.

29. A Conferência Mundial sobre os Direitos do Homem recomenda que a Comissão dos Direitos do Homem considere a renovação e a actualização do mandato do Grupo de Trabalho sobre as Populações Indígenas, após a elaboração do projecto de declaração sobre os direitos dos povos indígenas.

30. A Conferência Mundial sobre os Direitos do Homem recomenda, igualmente, que os serviços de consultadoria e os programas de assistência técnica do sistema das Nações Unidas respondam positivamente aos pedidos formulados pelos Estados para prestar assistência que beneficie directamente os povos indígenas. A Conferência Mundial sobre os Direitos do Homem recomenda, ainda, que recursos humanos e financeiros adequados sejam postos à disposição do Centro para os Direitos do Homem, no quadro geral de reforço das actividades do Centro, previsto na presente Declaração.

31. A Conferência Mundial sobre os Direitos do Homem insta os Estados a assegurarem a participação livre e plena dos povos indígenas em todos os aspectos da vida social, particularmente em questões que lhes digam respeito.

32. A Conferência Mundial sobre os Direitos do Homem recomenda que a Assembleia Geral proclame um Decénio internacional dos povos in-

dígenas, com início em Janeiro de 1994, no âmbito do qual se incluiria a execução de programas orientados para a acção, adoptados em concertação com os povos indígenas. Deverá ser criado um fundo fiduciário alimentado por contribuições voluntárias. No âmbito do referido decénio, deverá ser considerada a criação, no seio do sistema das Nações Unidas, de um fórum permanente para povos indígenas.

Trabalhadores Migrantes
33. A Conferência Mundial sobre os Direitos do Homem insta todos os Estados a garantirem a protecção dos direitos de todos os trabalhadores migrantes e das suas famílias.
34. A Conferência Mundial sobre Direitos do Homem considera particularmente importante a criação de condições propícias à harmonia e tolerância entre os trabalhadores migrantes e o resto da população do Estado em que estes residem.
35. A Conferência Mundial sobre os Direitos do Homem convida os Estados a considerarem a possibilidade de assinarem ou ratificarem, logo que possível, a Convenção sobre os Direitos Humanos de Todos os Trabalhadores Migrantes e dos Membros das suas Famílias.

3. *A igualdade de condição social e os direitos fundamentais das mulheres*
36. A Conferência Mundial sobre os Direitos do Homem insta as mulheres a gozarem plenamente e em condições de igualdade de todos os seus direitos fundamentais e pretende que esse objectivo constitua uma prioridade para os Governos e para as Nações Unidas. A Conferência Mundial sobre os Direitos do Homem sublinha igualmente a importância da integração e da plena participação das mulheres no processo de desenvolvimento, enquanto agentes e beneficiárias do mesmo, e reitera os objectivos da acção mundial em favor da participação das mulheres num desenvolvimento sustentado e equitativo consagrados na Declaração do Rio sobre Ambiente e Desenvolvimento e no capítulo 24 da Agenda 21, adoptados pela Conferência das Nações Unidas sobre Ambiente e Desenvolvimento (Rio de Janeiro, Brasil, 3-14 de Junho de 1992).
37. A igualdade de condição social e os direitos fundamentais das mulheres deverão ser integrados nas principais actividades do sistema das Nações Unidas. O conjunto dos órgãos e mecanismos competentes das Nações Unidas devem examinar regular e sistematicamente estas questões. Em particular, deverão ser adoptadas medidas para aumentar a cooperação

e promover uma continuada integração de objectivos entre a Comissão sobre a Condição Feminina, a Comissão dos Direitos do Homem, o Comité para a Eliminação da Discriminação contra as Mulheres, o Fundo de Desenvolvimento das Nações Unidas para as Mulheres, o Programa das Nações Unidas para o Desenvolvimento e os outros organismos das Nações Unidas. Neste contexto, deverão ser reforçadas a cooperação e a coordenação entre o Centro para os Direitos do Homem e a Divisão para a Promoção das Mulheres.

38. A Conferência Mundial sobre os Direitos Humanos realça a importância do trabalho a desenvolver no sentido de eliminar a violência contra as mulheres na vida pública e privada, todas as formas de assédio sexual, a exploração e o tráfico de mulheres, os preconceitos contra o sexo feminino na administração da justiça e de erradicar quaisquer conflitos que possam existir entre os direitos das mulheres e os efeitos nocivos de certas práticas tradicionais ou consuetudinárias, preconceitos culturais e extremismos religiosos. A Conferência Mundial sobre os Direitos do Homem solicita à Assembleia Geral que adopte o projecto de declaração sobre a violência contra as mulheres e insta os Estados a combaterem a violência contra as mulheres em conformidade com as suas disposições. As violações dos direitos fundamentais das mulheres em situações de conflito armado constituem violações dos princípios fundamentais dos direitos humanos e do direito humanitário internacionalmente reconhecidos. Todas as violações deste tipo, especialmente o homicídio, a violação sistemática, a escravatura sexual e a gravidez forçada, requerem medidas particularmente eficazes.

39. A Conferência Mundial sobre os Direitos do Homem insta à erradicação de todas as formas de discriminação, ocultas ou flagrantes, contra as mulheres. As Nações Unidas deverão encorajar a ratificação universal, até ao ano 2000, da Convenção sobre a Eliminação de todas as Formas de Discriminação contra as Mulheres. Deverá estimular-se a procura de formas e meios que permitam solucionar o problema do número particularmente elevado de reservas à presente esta Convenção. *Inter alia*, o Comité sobre a Eliminação da Discriminação contra as Mulheres deverá continuar a analisar as reservas à Convenção. Os Estados são instados a retirar as reservas contrárias ao objecto e às finalidades da Convenção ou que, de outra forma, sejam incompatíveis com o direito internacional dos tratados.

40. Os organismos de supervisão da aplicação dos tratados deverão difundir as informações necessárias que permitam às mulheres uma utilização mais efectiva dos procedimentos em vigor na luta pelo gozo pleno e

em termos de igualdade dos seus direitos de forma não discriminatória. Deverão ser adoptados novos procedimentos que façam com que o compromisso de assegurar a igualdade e os direitos fundamentais das mulheres seja reforçado. A Comissão sobre a Condição Feminina e o Comité sobre a Eliminação da Discriminação contra as Mulheres deverá analisar rapidamente a possibilidade de introdução do direito de petição, mediante a elaboração de um protocolo opcional à Convenção sobre a Eliminação de Todas as Formas de Discriminação contra as Mulheres. A Conferência Mundial sobre os Direitos do Homem congratula-se com a decisão da Comissão dos Direitos do Homem em considerar a nomeação de um relator especial sobre violência contra as mulheres, na sua quinquagésima sessão.

41. A Conferência Mundial sobre os Direitos do Homem reconhece a importância das mulheres poderem usufruir do mais elevado padrão de saúde física e mental ao longo da sua vida. No espírito da Conferência Mundial sobre as Mulheres e da Convenção sobre a Eliminação de todas as Formas de Discriminação contra as Mulheres, bem como da Proclamação de Teerão de 1968, a Conferência Mundial sobre os Direitos do Homem reafirma, com base no princípio da igualdade entre homens e mulheres, o direito da mulher a cuidados de saúde acessíveis e adequados e a uma gama o mais alargada possível de serviços de planeamento familiar, bem como à igualdade de acesso à educação a todos os níveis.

42. Os organismos de supervisão da aplicação dos tratados deverão consagrar uma parte dos seus trabalhos à condição feminina e aos direitos fundamentais das mulheres, utilizando dados especificamente apresentados por sexo. Os Estados deverão ser encorajados a fornecer, nos seus relatórios para organismos de supervisão da aplicação dos tratados, informações sobre a situação das mulheres, *de jure* e de facto. A Conferência Mundial sobre os Direitos do Homem constata, com satisfação, que a Comissão dos Direitos do Homem, adoptou, na sua quadragésima nona sessão, a resolução 1993/46, de 8 de Março de 1993, na qual se afirmava que os relatores e os grupos de trabalho no domínio dos direitos humanos deveriam ser encorajados a proceder de igual modo. A Divisão para a Promoção das Mulheres, em cooperação com outros organismos das Nações Unidas, especificamente com o Centro para os Direitos do Homem, deverá igualmente adoptar medidas destinadas a assegurar que as actividades das Nações Unidas relativas aos direitos humanos contemplem as violações dos direitos fundamentais das mulheres, incluindo os abusos de que elas são vítimas em razão do seu sexo. Deverá ser encorajada a formação de pessoal das Nações Unidas no domínio dos direitos humanos e do auxílio

humanitário, para que este possa reconhecer e lidar com as violações dos direitos humanos, especialmente contra as mulheres, e efectuar o seu trabalho sem preconceitos de ordem sexual.

43. A Conferência Mundial sobre os Direitos do Homem insta os Governos e as organizações regionais e internacionais a facilitarem o acesso das mulheres a cargos de responsabilidade e a assegurarem uma participação mais ampla destas no processo de tomada de decisões. A Conferência encoraja o Secretariado das Nações Unidas a adoptar novas medidas no sentido de nomear e promover funcionárias do sexo feminino, em conformidade com a Carta das Nações Unidas, e convida os outros organismos, principais e subsidiários, das Nações Unidas a garantirem a participação das mulheres em condições de igualdade.

44. A Conferência Mundial sobre os Direitos do Homem congratula-se com a Conferência Mundial sobre as Mulheres, que decorrerá em Pequim, em 1995, e insta a que os direitos fundamentais das mulheres desempenhem um papel importante nas suas deliberações, em conformidade com os temas prioritários da Conferência Mundial sobre as Mulheres, que são a igualdade, o desenvolvimento e a paz.

4. Os direitos da criança

45. A Conferência Mundial sobre os Direitos do Homem reitera o princípio de acção prioritária em favor das crianças e, neste domínio, sublinha a importância dos esforços desenvolvidos à escala nacional e internacional, em particular os do Fundo das Nações Unidas para a Infância, para promover o respeito pelos direitos da criança à sobrevivência, à protecção, ao desenvolvimento e à participação.

46. Deverão ser adoptadas medidas para se alcançar a ratificação universal da Convenção sobre os Direitos da Criança até 1995 e a assinatura universal da Declaração Mundial sobre a Sobrevivência, a Protecção e o Desenvolvimento das Crianças e o Plano de Acção, adoptados pela Cimeira Mundial para as Crianças, bem como a sua efectiva implementação. A Conferência Mundial sobre os Direitos do Homem insta os Estados a retirarem as reservas à Convenção sobre os Direitos da Criança que sejam contrárias ao objecto e à finalidade da Convenção ou ao direito internacional dos tratados.

47. A Conferência Mundial sobre os Direitos do Homem insta todos os países a adoptarem o maior número de medidas compatíveis com os respectivos recursos, com o apoio da cooperação internacional, para alcançar os objectivos previstos no Plano de Acção da Cimeira Mundial. A Conferência apela aos Estados para que incluam a Convenção sobre os Di-

reitos da Criança nos seus planos de acção nacionais. Graças a esses planos nacionais e aos esforços internacionais, deverá ser concedida uma particular prioridade à redução das taxas de mortalidade infantil e materna, à luta contra a subnutrição e o analfabetismo, ao acesso a água potável e ao ensino básico. Sempre que necessário, os planos de acção nacionais deverão ser concebidos para o combate contra os efeitos devastadores das situações de emergência resultantes de catástrofes naturais e de conflitos armados e pelo problema igualmente grave da extrema pobreza na qual se encontram mergulhadas muitas crianças.

48. A Conferência Mundial sobre os Direitos do Homem insta todos os Estados a abordarem, com o apoio da cooperação internacional, o gravíssimo problema das crianças que se encontram em situações particularmente difíceis. A exploração das crianças e os maus-tratos que lhes são infligidos deverão ser activamente combatidos, analisando-se as suas causas mais remotas. Impõe-se a adopção de medidas efectivas contra o infanticídio feminino, o trabalho infantil perigoso, a venda de crianças e de órgãos, a prostituição infantil, a pornografia infantil e outras formas de abuso sexual.

49. A Conferência Mundial sobre os Direitos do Homem apoia todas as medidas adoptadas pelas Nações Unidas e as suas instituições especializadas que visam garantir a protecção efectiva e a promoção dos direitos das crianças do sexo feminino. A Conferência Mundial sobre os Direitos do Homem insta os Estados a revogarem quaisquer leis e regulamentos em vigor e a eliminarem quaisquer práticas e costumes que discriminem e prejudiquem as crianças do sexo feminino.

50. A Conferência Mundial sobre os Direitos do Homem apoia sem reservas a proposta de que o Secretário-Geral dê início a um estudo sobre os meios de melhorar a protecção das crianças em caso de conflito armado. Deverão ser aplicadas normas humanitárias e medidas tendentes a proteger e a facilitar a assistência a crianças em zonas de guerra. As medidas deverão incluir a protecção das crianças contra a utilização indiscriminada de todos os tipos de armas de guerra, especialmente as minas anti-pessoais. É preciso dar uma resposta urgente à necessidade de prestação de cuidados de saúde e de reabilitação das crianças vítimas da guerra. A Conferência apela ao Comité dos Direitos da Criança para que estude a questão do aumento da idade mínima de recrutamento nas forças armadas.

51. A Conferência Mundial sobre os Direitos do Homem recomenda que as questões relacionadas com os direitos humanos e a situação das crianças sejam regularmente examinadas e seguidas por todos os organismos e mecanismos competentes do sistema das Nações Unidas e pelos ór-

gãos de supervisão das instituições especializadas, em conformidade com os seus mandatos.

52. A Conferência Mundial sobre os Direitos do Homem reconhece a importância do papel desempenhado pelas organizações não governamentais na implementação efectiva de todos os instrumentos internacionais relativos aos direitos humanos e, em particular, da Convenção sobre os Direitos da Criança.

53. A Conferência Mundial sobre os Direitos do Homem recomenda que o Comité dos Direitos da Criança, com o apoio do Centro para os Direitos do Homem, seja dotado dos meios necessários ao desempenho rápido e eficaz do seu mandato, tendo em conta, em particular, o número sem precedente de Estados que ratificaram a Convenção e apresentaram relatórios nacionais.

5. *Direito de não sujeição à tortura*

54. A Conferência Mundial sobre os Direitos do Homem congratula--se com a ratificação da Convenção contra a Tortura e outros Tratamentos ou Punições Cruéis, Desumanos ou Degradantes por um elevado número de Estados-Membros e encoraja a sua rápida ratificação por todos os demais Estados-Membros.

55. A Conferência Mundial sobre os Direitos do Homem sublinha que uma das mais atrozes violações da dignidade humana consiste no acto de tortura, que tem por consequência a destruição da dignidade das vítimas e a sua capacidade de prosseguirem as suas vidas e actividades.

56. A Conferência Mundial sobre os Direitos do Homem reafirma que, em conformidade com a legislação sobre direitos humanos e com o direito humanitário, a não sujeição a actos de tortura é um direito que deve ser protegido em quaisquer circunstâncias, incluindo em tempos de perturbação interna ou internacional ou de conflitos armados.

57. A Conferência Mundial sobre os Direitos do Homem insta, portanto, todos os Estados a porem imediatamente termo à prática da tortura e a erradicar definitivamente este flagelo, através da plena implementação da Declaração Universal dos Direitos do Homem, bem como das convenções pertinentes, reforçando, se necessário, os mecanismos existentes. A Conferência Mundial sobre os Direitos do Homem apela a todos os Estados para que cooperem plenamente com o Relator Especial sobre a questão da tortura, no cumprimento do seu mandato.

58. Deverá ser dada atenção especial à garantia do respeito universal e à efectiva aplicação dos "Princípios de Ética Médica aplicáveis ao Papel

do Pessoal de Saúde, em particular dos Médicos, na Protecção de Prisioneiros e Detidos contra a Tortura e outros Tratamentos ou Punições Cruéis, Desumanos ou Degradantes", adoptados pela Assembleia Geral das Nações Unidas.

59. A Conferência Mundial sobre os Direitos do Homem sublinha a importância de adoptar medidas concretas suplementares, no âmbito das Nações Unidas, com vista a providenciar assistência às vítimas de tortura e de lhes assegurar meios mais eficazes de reabilitação física, psicológica e social. Deverá conceder-se prioridade à concessão dos recursos necessários para este fim, nomeadamente graças a contribuições adicionais para o Fundo Voluntário das Nações Unidas a favor das Vítimas de Tortura.

60. Os Estados deverão revogar qualquer legislação que conduza, de facto, à impunidade dos responsáveis das violações graves dos direitos humanos, como a tortura, devendo, igualmente, punir os responsáveis por essas violações, assegurando, dessa forma, a prevalência do Estado de direito.

61. A Conferência Mundial sobre os Direitos do Homem reafirma que os esforços para erradicar a tortura deverão, antes de tudo, concentrar-se na prevenção, pelo que apela à rápida adopção de um Protocolo opcional à Convenção contra a Tortura e outros Tratamentos ou Punições Cruéis, Desumanos e Degradantes, que se destina a criar um sistema preventivo de visitas regulares aos locais de detenção.

Desaparecimentos forçados
62. A Conferência Mundial sobre os Direitos do Homem, congratulando-se com a adopção, pela Assembleia Geral, da Declaração sobre a Protecção de Todas as Pessoas contra os Desaparecimentos Forçados, apela a todos os Estados para que adoptem medidas legislativas, administrativas, judiciais e de outra natureza, de forma a prevenir, eliminar e sancionar os actos conducentes a desaparecimentos forçados. A Conferência Mundial sobre os Direitos do Homem reafirma ser dever de todos os Estados, em quaisquer circunstâncias, proceder a investigações sempre que houver razões para crer que ocorreu um desaparecimento forçado num território sob a sua jurisdição e, a confirmarem-se as suspeitas, punir os seus autores.

6. *Direitos das Pessoas Incapacitadas*
63. A Conferência Mundial sobre os Direitos do Homem reafirma que todos os direitos humanos e liberdades fundamentais são universais e que, por conseguinte, se aplicam, sem quaisquer reservas, às pessoas incapacitadas. Todas as pessoas nascem iguais e têm os mesmos direitos à vida e ao

bem-estar, à educação e ao trabalho, a uma vida independente e a uma participação activa em todos os aspectos da vida em sociedade. Qualquer discriminação directa ou tratamento discriminatório de uma pessoa incapacitada constitui, portanto, uma violação dos seus direitos. A Conferência Mundial sobre os Direitos do Homem apela aos Governos para que, se necessário, adoptem legislação ou adaptem a legislação existente, de forma a garantir às pessoas incapacitadas o gozo destes e de outros direitos.

64. As pessoas incapacitadas devem ter lugar em todo o lado. É necessário garantir-lhes igualdade de oportunidades, eliminando todos os obstáculos que se lhes oponham, tanto de ordem física ou financeira, como social ou psicológica, que excluam ou limitem a sua participação plena na vida em sociedade.

65. Relembrando o Programa de Acção Mundial relativo às Pessoas Incapacitadas, adoptado pela Assembleia Geral na sua trigésima sétima sessão, a Conferência Mundial sobre os Direitos do Homem apela à Assembleia Geral e ao Conselho Económico e Social para que adoptem, nas suas sessões de 1993, o projecto de normas-modelo sobre a igualdade de oportunidades para pessoas incapacitadas.

C. Cooperação, desenvolvimento e reforço dos direitos humanos

66. A Conferência Mundial sobre os Direitos do Homem recomenda que seja dada prioridade a uma acção nacional e internacional que vise promover a democracia, o desenvolvimento e os direitos humanos.

67. Deverá ser dada especial ênfase a medidas tendentes à criação e ao reforço de instituições relacionadas com os direitos humanos, ao reforço de uma sociedade civil pluralista e à protecção dos grupos que se tenham tornado vulneráveis. Neste contexto, o apoio prestado aos Governos que o solicitem para a realização de eleições livres e justas, incluindo o apoio relativo aos aspectos eleitorais relacionados com os direitos humanos e a informação ao público sobre o processo eleitoral, reveste-se de particular importância. É igualmente importante o apoio a ser prestado à consolidação da legalidade, à promoção da liberdade de expressão e à melhoria da administração da justiça, bem como o apoio à participação efectiva dos povos nos processos de tomada de decisões.

68. A Conferência Mundial sobre os Direitos do Homem sublinha a necessidade do Centro para os Direitos do Homem reforçar os serviços de consultadoria e as actividades de assistência técnica. O Centro deverá pres-

tar apoio aos Estados que o solicitem em questões específicas sobre direitos humanos, nomeadamente no que se refere à preparação dos relatórios que estes devem apresentar em virtude dos instrumentos convencionais e à aplicação de planos de acção coerentes e completos com vista à promoção e à protecção dos direitos do homem. Estes programas deverão comportar um elemento de consolidação das instituições de defesa dos direitos humanos e da democracia, de protecção jurídica dos direitos do homem, de formação de altos funcionários e outro pessoal e de educação e informação ao público destinada a promover o respeito pelos direitos humanos.

69. A Conferência Mundial sobre os Direitos do Homem recomenda vivamente a criação, no âmbito das Nações Unidas, de um programa global para ajudar os Estados a estabelecer e a reforçar estruturas nacionais que influenciem directamente a observância generalizada dos direitos humanos e a manutenção da legalidade. Esse programa, a ser coordenado pelo Centro para os Direitos do Homem, deverá permitir a prestação, a pedido dos Governos interessados, de apoio técnico e financeiro a projectos nacionais relativos à reforma dos estabelecimentos prisionais e correccionais, a formação teórica e prática dos advogados, juízes e agentes das forças de segurança pública no domínio dos direitos humanos, e em qualquer outra esfera de actividade relevante para o bom funcionamento de um Estado de direito. No quadro desse programa, os Estados deverão beneficiar de apoio na aplicação de planos de acção que visem promover e proteger os direitos humanos.

70. A Conferência Mundial sobre os Direitos do Homem solicita ao Secretário-Geral das Nações Unidas que submeta à Assembleia Geral das Nações Unidas propostas alternativas para a criação, a estruturação, o modo de funcionamento e o financiamento do programa proposto.

71. A Conferência Mundial sobre os Direitos do Homem recomenda que cada Estado pondere se será desejável a elaboração de um plano de acção nacional que identifique as medidas adequadas à melhoria da promoção e da protecção dos direitos humanos.

72. A Conferência Mundial sobre os Direitos do Homem reafirma que o direito universal e inalienável ao desenvolvimento, conforme consignado na Declaração sobre o Direito ao Desenvolvimento, deve ser concretizado na prática. Neste contexto, a Conferência Mundial sobre os Direitos do Homem congratula-se com a criação, pela Comissão dos Direitos do Homem, de um grupo de trabalho temático sobre o direito ao desenvolvimento e insta o Grupo de Trabalho, em consulta e cooperação com outros órgãos e instituições do sistema das Nações Unidas, a formular ra-

pidamente, para submeter assim que possível à Assembleia Geral das Nações Unidas, medidas globais e eficazes visando a eliminação de obstáculos à implementação e à concretização da Declaração sobre o Direito ao Desenvolvimento, recomendando meios que permitam a concretização do direito ao desenvolvimento em todos os Estados.

73. A Conferência Mundial sobre os Direitos do Homem recomenda que as organizações não governamentais e outras organizações locais activas no campo do desenvolvimento e/ou dos direitos humanos sejam habilitadas a desempenhar um papel mais significativo à escala nacional e internacional no debate e nas actividades de implementação do direito ao desenvolvimento e, em cooperação com os Governos, em todos os aspectos relevantes da cooperação para o desenvolvimento.

74. A Conferência Mundial sobre os Direitos do Homem insta os Governos e os organismos e instituições competentes a aumentarem consideravelmente os recursos consagrados à criação de sistemas jurídicos operacionais de protecção dos direitos humanos e ao reforço das instituições nacionais activas nesse domínio. Os organismos de cooperação para o desenvolvimento deverão estar conscientes das relações de interdependência entre o desenvolvimento, a democracia e os direitos humanos. A cooperação deverá basear-se no diálogo e na transparência. A Conferência Mundial sobre os Direitos do Homem apela igualmente à adopção de programas globais, nomeadamente à criação de bancos de dados sobre os recursos e o pessoal especializado, tendo em vista o reforço do Estado de direito e das instituições democráticas.

75. A Conferência Mundial sobre os Direitos do Homem encoraja a Comissão dos Direitos do Homem, em cooperação com o Comité sobre os Direitos Económicos, Sociais e Culturais, a prosseguir a análise de protocolos opcionais ao Pacto Internacional sobre Direitos Económicos, Sociais e Culturais.

76. A Conferência Mundial sobre os Direitos do Homem recomenda que sejam disponibilizados recursos adicionais para o reforço ou a criação de acordos regionais para a promoção e a protecção dos direitos humanos, no quadro dos programas de serviços de consultadoria e assistência técnica do Centro para os Direitos do Homem. Os Estados são encorajados a solicitar apoio para sessões de trabalho regionais e sub-regionais, seminários e trocas de informações destinados a reforçar os acordos regionais para a promoção e a protecção dos direitos humanos, em conformidade com as normas universais na área dos direitos humanos consignadas nos instrumentos internacionais pertinentes.

77. A Conferência Mundial sobre os Direitos do Homem apoia todas as medidas adoptadas pelas Nações Unidas e as suas instituições especializadas competentes para assegurar a protecção e a promoção efectivas dos direitos sindicais, em conformidade com o disposto no Pacto Internacional sobre Direitos Económicos, Sociais e Culturais e noutros instrumentos internacionais pertinentes. A Conferência apela a todos os Estados para que observem plenamente as suas obrigações neste domínio, em conformidade com o disposto nos instrumentos internacionais.

D. Educação no domínio dos Direitos Humanos

78. A Conferência Mundial sobre os Direitos do Homem considera que a educação, a formação e a informação ao público sobre direitos humanos são indispensáveis à instauração e à promoção de relações intercomunitárias estáveis e harmoniosas, bem como à promoção da compreensão mútua, da tolerância e da paz.

79. Os Estados deverão esforçar-se por erradicarem o analfabetismo e deverão orientar o ensino para o pleno desenvolvimento da pessoa humana e para o reforço do respeito pelos direitos humanos e liberdades fundamentais. A Conferência Mundial sobre os Direitos do Homem convida todos os Estados e instituições a incluírem os direitos humanos, o direito humanitário, a democracia e o primado do direito no programa de todos os estabelecimentos de ensino, em moldes formais e não formais.

80. A educação em matéria de direitos do homem deverá incidir sobre a paz, a democracia, o desenvolvimento e a justiça social, conforme previsto nos instrumentos internacionais e regionais relativos aos direitos humanos, de forma a alcançar-se um entendimento comum e uma tomada de consciência que permitam reforçar o compromisso universal para com os direitos humanos.

81. Considerando o Plano de Acção Mundial para a Educação sobre Direitos Humanos e Democracia, adoptado em Março de 1993 pelo Congresso Internacional sobre Educação em matéria de Direitos do Homem e Democracia da UNESCO, bem como outros instrumentos relativos aos direitos humanos, a Conferência Mundial sobre os Direitos do Homem recomenda aos Estados a elaboração de programas e de estratégias específicas que assegurem uma educação sobre direitos humanos o mais ampla possível e a difusão de informação ao público, com particular incidência sobre as necessidades das mulheres no campo dos direitos humanos.

82. Os Governos, com o apoio das organizações intergovernamentais, das instituições nacionais e das organizações não governamentais, deverão promover uma maior consciencialização dos direitos humanos e da necessidade de tolerância mútua. A Conferência Mundial sobre os Direitos do Homem sublinha a importância de reforçar a Campanha Mundial de Informação sobre os Direitos do Homem levada a cabo pelas Nações Unidas. Os Estados deverão lançar programas de educação sobre direitos humanos, apoiá-los e assegurar a difusão de informação neste domínio. Os serviços de consultadoria e os programas de assistência técnica do sistema das Nações Unidas deverão ter capacidade para responder imediatamente aos pedidos dos Estados relativamente à educação e à formação no domínio dos direitos humanos, bem como ao ensino específico das normas contidas em instrumentos internacionais sobre direitos humanos e no direito humanitário e à sua aplicação a grupos especiais, como as forças armadas, as autoridades judiciárias, a polícia e os especialistas em saúde. Deverá ser considerada a proclamação de uma década das Nações Unidas para a educação em matéria de direitos humanos, de forma a promover, encorajar e pôr em destaque este tipo de actividades.

E. Métodos de implementação e de supervisão

83. A Conferência Mundial sobre os Direitos do Homem insta os Governos a incorporarem no seu direito interno as normas enunciadas nos instrumentos internacionais sobre direitos humanos e a reforçar as estruturas, as instituições e os órgãos nacionais que desempenham um papel na promoção e na salvaguarda dos direitos humanos.

84. A Conferência Mundial sobre os Direitos do Homem recomenda o reforço das actividades e dos programas das Nações Unidas destinados a responderem a pedidos de apoio de Estados que desejem criar e reforçar as suas próprias instituições nacionais de promoção e de protecção dos direitos humanos.

85. A Conferência Mundial sobre os Direitos do Homem encoraja, igualmente, o reforço da cooperação entre as instituições nacionais de promoção e de protecção dos direitos humanos, particularmente através de trocas de informações e experiências, bem como a cooperação com organizações regionais e com as Nações Unidas.

86. A Conferência Mundial sobre os Direitos do Homem recomenda vivamente, a este respeito, que os representantes das instituições nacionais

de promoção e de protecção dos direitos humanos se reúnam periodicamente sob os auspícios do Centro para os Direitos do Homem, a fim de examinarem os meios de melhorar os seus mecanismos e de partilhar as suas experiências.

87. A Conferência Mundial sobre os Direitos do Homem recomenda aos órgãos criados pelos tratados relativos aos direitos humanos, às reuniões de presidentes desses órgãos e às reuniões dos Estados partes que continuem a adoptar medidas para coordenar as múltiplas normas e directrizes aplicáveis à preparação de relatórios que os Estados devem apresentar ao abrigo dos respectivos instrumentos internacionais em matéria de direitos humanos, e que analisem a sugestão feita de apresentarem um relatório conjunto sobre as obrigações por eles assumidas, o que tornaria esses procedimentos mais eficazes e aumentaria o seu impacto.

88. A Conferência Mundial sobre os Direitos do Homem recomenda aos Estados partes nos instrumentos internacionais relativos aos direitos humanos, à Assembleia Geral e ao Conselho Económico e Social que considerem a possibilidade de analisar os órgãos criados pelos tratados relativos aos direitos humanos e os vários mecanismos e procedimentos temáticos existentes, com vista a aumentar a sua eficácia e utilidade, através de uma melhor coordenação dos diversos órgãos, mecanismos e procedimentos, tendo em conta a necessidade de evitar duplicações e sobreposições dos respectivos mandatos e tarefas.

89. A Conferência Mundial sobre os Direitos do Homem recomenda que se prossigam os esforços de melhoria do funcionamento dos órgãos criados pelos tratados, incluindo as tarefas de supervisão, tendo em conta as múltiplas propostas apresentadas neste domínio, em particular as apresentadas por esses órgãos e pelas reuniões dos seus presidentes. É, igualmente, necessário encorajar a abordagem nacional global adoptada pelo Comité dos Direitos da Criança.

90. A Conferência Mundial sobre os Direitos do Homem recomenda que os Estados partes nos tratados sobre direitos humanos considerem a aceitação de todos os procedimentos opcionais de comunicação ao seu dispor.

91. A Conferência Mundial sobre os Direitos do Homem vê com preocupação a questão da impunidade de autores de violações dos direitos humanos e apoia os esforços desenvolvidos pela Comissão dos Direitos do Homem e pela Sub-Comissão de Luta Contra as Medidas Discriminatórias e de Protecção das Minorias na análise de todos os aspectos da questão.

92. A Conferência Mundial sobre os Direitos do Homem recomenda que a Comissão dos Direitos do Homem analise a possibilidade de uma

melhor implementação dos instrumentos de Direitos do homem existentes a nível internacional e regional e encoraja a Comissão de Direito Internacional a prosseguir os seus trabalhos sobre a criação de um tribunal criminal internacional.

93. A Conferência Mundial sobre os Direitos do Homem apela aos Estados que ainda o não tenham feito, para que adiram às Convenções de Genebra de 12 de Agosto de 1949 e aos respectivos Protocolos e que adoptem todas as medidas adequadas no plano nacional, incluindo medidas legislativas, para assegurar a sua plena implementação.

94. A Conferência Mundial sobre os Direitos do Homem recomenda a rápida conclusão e adopção do projecto de declaração sobre o direito e a responsabilidade dos indivíduos, agrupamentos e órgãos da sociedade na promoção e na protecção dos direitos humanos e das liberdades fundamentais universalmente reconhecidos.

95. A Conferência Mundial sobre os Direitos do Homem sublinha a importância de preservar e reforçar o sistema de procedimentos especiais, relatores, representantes, peritos e grupos de trabalho da Comissão dos Direitos do Homem e da Sub-Comissão de Luta Contra as Medidas Discriminatórias e de Protecção das Minorias, para que possam cumprir os seus mandatos em todos os países do mundo, providenciando-lhes os recursos humanos e financeiros necessários. Deverão ser realizadas reuniões periódicas que permitam harmonizar e racionalizar o funcionamento desses procedimentos e mecanismos. Todos os Estados são solicitados a cooperar com esses procedimentos e mecanismos.

96. A Conferência Mundial sobre os Direitos do Homem recomenda que as Nações Unidas assumam um papel mais activo na promoção e na protecção dos direitos humanos, assegurando o pleno respeito do direito humanitário internacional em todas as situações de conflito armado, em conformidade com os objectivos e os princípios consignados na Carta das Nações Unidas.

97. Reconhecendo a importância de integrar aspectos relativos aos direitos humanos em acordos específicos respeitantes a operações de manutenção da paz das Nações Unidas, a Conferência Mundial sobre os Direitos do Homem recomenda que o Secretário-Geral tenha em conta a experiência e as capacidades em matéria de apresentação de relatórios ao Centro para os Direitos do Homem e os mecanismos de direitos humanos, em conformidade com a Carta das Nações Unidas.

98. Para reforçar o gozo dos direitos económicos, sociais e culturais, deverão ser consideradas novas abordagens, como um sistema de indica-

dores para avaliar os progressos alcançados na implementação dos direitos enunciados no Pacto Internacional sobre Direitos Económicos, Sociais e Culturais. Deve ser efectuado um esforço concertado para assegurar o reconhecimento dos direitos económicos, sociais e culturais ao nível nacional, regional e internacional.

F. Seguimento da Conferência Mundial sobre os Direitos do Homem

99. A Conferência Mundial sobre os Direitos do Homem recomenda que a Assembleia Geral, a Comissão dos Direitos do Homem e outros órgãos e organismos do sistema das Nações Unidas relacionados com os direitos humanos, analisem os meios de assegurar a imediata implementação das recomendações contidas na presente Declaração, incluindo a possibilidade de proclamar uma Década das Nações Unidas para os direitos humanos. A Conferência Mundial sobre os Direitos do Homem recomenda ainda que a Comissão dos Direitos do Homem avalie anualmente os progressos efectuados nesse sentido.

100. A Conferência Mundial sobre os Direitos do Homem solicita ao Secretário-Geral das Nações Unidas que, por ocasião do quinquagésimo aniversário da Declaração Universal dos Direitos do Homem, convide todos os Estados, órgãos e organismos do sistema das Nações Unidas relacionados com os direitos humanos, a enviarem-lhe relatórios sobre os progressos alcançados na implementação da presente Declaração e que apresente um relatório à Assembleia Geral, na sua quinquagésima terceira sessão, por intermédio da Comissão dos Direitos do Homem e do Conselho Económico e Social. Do mesmo modo, as instituições regionais e, se apropriado, as instituições nacionais sobre direitos humanos, bem como as organizações não governamentais, podem apresentar ao Secretário-Geral as suas opiniões sobre os progressos alcançados na implementação da presente Declaração. Deverá ser dada especial atenção à avaliação dos progressos realizados na ratificação universal dos tratados e protocolos internacionais relativos aos direitos humanos adoptados no âmbito do sistema das Nações Unidas.

DECLARAÇÃO DA CIMEIRA MUNDIAL SOBRE O DESENVOLVIMENTO SOCIAL
12.03.1995

DECLARAÇÃO DA CIMEIRA MUNDIAL SOBRE O DESENVOLVIMENTO SOCIAL

1. Pela primeira vez na história, a convite das Nações Unidas, reunimo-nos na qualidade de Chefes de Estado e Governo para reconhecer a importância do desenvolvimento social e do bem-estar da humanidade e dar a máxima prioridade a esses objectivos agora e no século XXI.

2. Reconhecemos que a população mundial manifesta de diversas formas a necessidade urgente de resolver graves problemas sociais, especialmente a pobreza, o desemprego e a exclusão social, que afectam todos os países. A nossa tarefa consiste em atacar, quer as causas subjacentes e estruturais, quer as suas terríveis consequências, a fim de reduzir a incerteza e a insegurança que as mesmas provocam na vida das pessoas.

3. Reconhecemos que as nossas sociedades devem ser mais eficazes na satisfação das necessidades materiais e espirituais das pessoas, das famílias e das comunidades em que se inserem nos vários países e regiões. Devemos fazê-lo com carácter de urgência, mas, também, como um compromisso que se manterá inabalável ao longo dos anos.

4. Estamos convencidos que a democracia e um governo e administração transparentes e responsáveis em todos os sectores da sociedade, são bases indispensáveis para a prossecução de um desenvolvimento social sustentável centrado nas pessoas.

5. Partilhamos a convicção de que o desenvolvimento social e a justiça social são indispensáveis para a prossecução e a manutenção da paz e da segurança nas nações e entre elas. Por sua vez, o desenvolvimento social e a justiça social não podem alcançar-se se não existir paz e segurança ou se não forem respeitados todos os direitos humanos e liberdades fundamentais. Esta interdependência básica foi reconhecida há 50 anos na Carta das Nações Unidas e tem sido reforçada desde então.

6. Estamos profundamente convictos de que o desenvolvimento económico, o desenvolvimento social e a protecção do ambiente são elemen-

tos interdependentes que se reforçam mutuamente no processo de desenvolvimento sustentável, que constitui o quadro dos nossos esforços para assegurar uma melhor qualidade de vida para todos. Um desenvolvimento social equitativo, que reconheça aos que vivem em situação de pobreza o poder necessário para utilizar de modo sustentável os recursos ambientais, é o fundamento necessário do desenvolvimento sustentável. Reconhecemos, também, que, para prosseguir o desenvolvimento e a justiça social, é necessário um crescimento económico alargado e sustentado, no contexto do desenvolvimento sustentável.

7. Reconhecemos, por conseguinte, que o desenvolvimento social é um elemento fundamental das necessidades e aspirações das pessoas de todo o mundo e constitui responsabilidade dos governos e de todos os sectores da sociedade civil. Declaramos que, em termos económicos e sociais, as políticas e os investimentos mais produtivos são os que permitem às pessoas aproveitar ao máximo as suas capacidades, recursos e oportunidades. Reconhecemos que não é possível assegurar um desenvolvimento social e económico sustentável sem a plena participação da mulher e que a igualdade e equidade entre a mulher e o homem constituem objectivos prioritários para a comunidade internacional, que, como tal, devem estar no centro do desenvolvimento económico e social.

8. Reconhecemos que as pessoas são o elemento central das nossas preocupações sobre o desenvolvimento sustentável e que têm direito a uma vida sã e produtiva em harmonia com o ambiente.

9. Reunimo-nos aqui para assumir, juntamente com os nossos governos e nações, o compromisso de promover o desenvolvimento social em todo o mundo, a fim de que todos os homens e mulheres, particularmente os que vivem em situação de pobreza, possam exercer os seus direitos, utilizar os recursos, partilhar as responsabilidades que lhes possibilitem viver satisfatoriamente e contribuir para o bem-estar das suas famílias, das suas comunidades e da humanidade. Apoiar esse esforço e promovê-lo deve ser o objectivo prioritário da comunidade internacional, particularmente em relação àqueles que são afectados pela pobreza, o desemprego e a exclusão social.

10. Assumimos este compromisso solene em vésperas do cinquentenário das Nações Unidas, determinados a aproveitar as possibilidades únicas de promoção do desenvolvimento e da justiça social proporcionadas pelo fim da guerra-fria. Reafirmamos e assumimos como orientação os princípios da Carta das Nações Unidas e os acordos resultantes de importantes conferências internacionais, como a Cimeira Mundial sobre a In-

fância, que teve lugar em Nova Iorque em 1990, a Conferência das Nações Unidas sobre Ambiente e Desenvolvimento, realizada no Rio de Janeiro em 1992, a Conferência Mundial sobre os Direitos Humanos, realizada em Viena em 1993, a Conferência Mundial sobre o Desenvolvimento Sustentável dos Pequenos Estados Insulares em Desenvolvimento, celebrada em Bridgetown, Barbados, em 1994, e a Conferência Internacional sobre População e Desenvolvimento, realizada no Cairo em 1994. Com esta Cimeira, desejamos assumir um novo compromisso a favor do desenvolvimento social em cada um dos nossos países e uma nova era de cooperação internacional entre os governos e os povos, baseada num espírito de parceria que coloque as necessidades, os direitos e as aspirações das pessoas no centro das nossas decisões e da nossa actuação conjunta.

11. Reunimo-nos aqui, em Copenhaga, numa Cimeira de esperança, compromisso e acção. Estamos plenamente conscientes das dificuldades das tarefas que nos esperam, mas temos a certeza de que progressos substanciais podem, devem e serão realizados.

12. Assumimos o compromisso, com esta Declaração e com este Programa de Acção, de promover o desenvolvimento social e alcançar o bem-estar do ser humano em todo o mundo, agora e no século XXI. Convidamos as pessoas de todos os países e de todas as condições, assim como a comunidade internacional, a unirem-se a nós nesta causa comum.

A. Situação social actual e razões para a realização da Cimeira

13. Observamos em todo mundo um acréscimo da prosperidade de alguns, acompanhado, lamentavelmente, por um aumento da pobreza extrema de outros. Esta contradição é inaceitável e tem de ser combatida com medidas urgentes.

14. A mundialização, consequência do acréscimo da mobilidade humana, do progresso das comunicações, do grande aumento do comércio e dos movimentos de capitais e dos avanços tecnológicos, abre novas oportunidades para o crescimento económico sustentado e o desenvolvimento da economia mundial, particularmente nos países em desenvolvimento. A mundialização permite, também, que os países partilhem experiências, retirem conclusões dos fracassos e das dificuldades dos outros e se enriqueçam mutuamente nos seus ideais, valores culturais e aspirações. Além disso, a rapidez com que se produzem as alterações e a violência dos ajustamentos acompanham-se por um agravamento da pobreza, do desemprego e da de-

sintegração social. As ameaças para o bem-estar das populações, designadamente ao nível dos riscos ambientais, tornam-se, também elas, globais. Por outro lado, as transformações globais da economia mundial estão a modificar profundamente os parâmetros do desenvolvimento social em todos os países. O desafio actual consiste em encontrar formas de gerir esses processos e controlar essas ameaças para que aumentem os benefícios resultantes das transformações e se atenuem os efeitos negativos sobre as populações.

15. Conseguiram-se progressos nalguns domínios do desenvolvimento social e económico:

a) Nos últimos 50 anos, a riqueza global das nações tornou-se sete vezes maior e o comércio internacional aumentou de forma ainda mais espectacular;

b) A esperança de vida, a alfabetização, o ensino primário e o acesso aos cuidados básicos de saúde, incluindo o planeamento familiar, aumentaram na maior parte dos países e a taxa média de mortalidade infantil diminuiu, mesmo nos países em desenvolvimento;

c) Deu-se uma expansão do pluralismo democrático, das instituições democráticas e das liberdades civis fundamentais. Fizeram-se grandes avanços em matéria de descolonização, sendo a eliminação do *apartheid* um marco histórico.

16. Não obstante, reconhecemos que demasiadas pessoas, em particular mulheres e crianças, continuam vulneráveis às tensões e às privações. A pobreza, o desemprego e a exclusão social levam frequentemente ao isolamento, à marginalidade e à violência. É cada vez maior a incerteza de muitos quanto ao seu futuro e ao dos seus filhos, especialmente daqueles que se encontram em situação vulnerável:

a) Em muitas sociedades, tanto de países desenvolvidos, como de países em desenvolvimento, aumentou o fosso que separa os ricos dos pobres. Além disso, e apesar de alguns países em desenvolvimento terem conhecido um rápido crescimento económico, também é maior o fosso que separa os países desenvolvidos de muitos países em desenvolvimento, particularmente dos países menos avançados;

b) Mais de 1.000 milhões de habitantes no mundo vivem em situação de pobreza extrema e a maioria passa fome todos os dias. Uma grande proporção, na sua maioria mulheres, não dispõe de rendimentos e de recursos e não tem acesso à educação, aos cuidados de saúde ou à nutrição, especialmente em África e nos países menos avançados;

c) Existem também graves problemas sociais de natureza e magnitude diferentes nos países com economias em transição e naqueles que passam por transformações fundamentais de âmbito político, económico e social;

d) Níveis insustentáveis de consumo e de produção, especialmente nos países industrializados, constituem a principal causa da deterioração do ambiente mundial e são questões que suscitam profunda preocupação e agravam a pobreza e os desequilíbrios;

e) O crescimento contínuo da população mundial, a sua estrutura e distribuição e a sua relação com a pobreza e a desigualdade social e entre sexos, constituem um desafio para a capacidade de adaptação dos governos, das pessoas, das instituições sociais e do ambiente;

f) Mais de 120 milhões de pessoas em todo o mundo estão oficialmente desempregadas e muitas mais vivem numa situação de subemprego. Muitos jovens, incluindo os que prosseguiram estudos, têm poucas esperanças de encontrar um emprego produtivo;

g) Mais mulheres do que homens vivem em situação de pobreza absoluta e o desequilíbrio continua a aumentar com graves consequências para as mulheres e para os seus filhos. As mulheres assumem uma parte desproporcionada dos problemas relacionados com a pobreza, a desintegração social, o desemprego, a degradação do ambiente e as consequências da guerra;

h) As pessoas com deficiências, reduzidas em muitos casos à pobreza, ao desemprego e ao isolamento social, constituem uma das mais importantes minorias do mundo, representando mais de uma em cada dez pessoas. Além disso, em todos os países, os idosos são particularmente vulneráveis à exclusão social, à pobreza e à marginalização;

i) Milhões de pessoas de todo o mundo são refugiados ou estão deslocados dentro dos seus próprios países. As trágicas consequências sociais têm uma repercussão crítica na estabilidade social e no desenvolvimento dos países de origem, dos países de acolhimento e das respectivas regiões.

17. Apesar destes problemas terem um carácter global e afectarem todos os países, reconhecemos inequivocamente que a situação da maioria dos países em desenvolvimento, em particular dos países africanos e dos países menos avançados, é crítica e exige uma especial atenção e acção. Reconhecemos, também, que os países que estão a passar por transformações fundamentais nos domínios político, económico e social, nomeadamente os que se encontram num processo de consolidação da paz e da democracia, necessitam do apoio da comunidade internacional.

18. Os países com economias em transição, que estão também a atravessar uma transformação política, económica e social fundamental, necessitam, igualmente, do apoio da comunidade internacional.

19. Também necessitam do apoio da comunidade internacional outros países que vivem transformações fundamentais no plano político, económico e social.

20. As metas e os objectivos do desenvolvimento social exigem constantes esforços para produzir e eliminar as principais fontes de perturbação e instabilidade social na família e na sociedade. Comprometemo-nos a centrar os nossos esforços, prioritariamente, nas situações que, a nível mundial, ameaçam gravemente a saúde, a paz, a segurança e o bem-estar das populações. Entre essas situações figuram a fome crónica, a malnutrição, o problema da droga, o crime organizado, a corrupção, a ocupação estrangeira, os conflitos armados, o tráfico ilícito de armas, o terrorismo, a intolerância e a incitação ao ódio por motivos de raça, origem étnica, religião ou outros, a xenofobia e as doenças endémicas, transmissíveis e crónicas. Para isso, devem ser reforçadas a coordenação e a cooperação no plano nacional e particularmente nos planos regional e internacional.

21. Neste contexto, serão abordadas as consequências negativas para o desenvolvimento das despesas militares excessivas, do comércio de armas e dos investimentos na produção e aquisição de armamento.

22. As doenças transmissíveis constituem um grave problema de saúde em todos os países, sendo uma das principais causas de morte em todo o mundo e verificando-se, em muitos casos, o aumento da sua incidência. Estas constituem um obstáculo ao desenvolvimento social e frequentemente são a causa da pobreza e da marginalização social. A prevenção, o tratamento e o controlo dessas doenças, que vão da tuberculose e da malária ao VIH/SIDA, devem ser considerados uma prioridade absoluta.

23. Só podemos continuar a merecer a confiança da população mundial se nos esforçarmos por responder urgentemente às suas necessidades. Sabemos que a pobreza, a falta de emprego produtivo e a exclusão social constituem uma ofensa à dignidade humana. Sabemos, também, que interagem negativamente, conduzem a um desperdício de recursos humanos e constituem uma manifestação de ineficácia de funcionamento dos mercados, das instituições e dos processos económicos e sociais.

24. Esperam que nós definamos um quadro de desenvolvimento social centrado na pessoa humana, que nos sirva de guia no presente e no futuro, que desenvolvamos um novo espírito de cooperação e parceria e que respondamos às necessidades imediatas daqueles que se encontram mergulhados na pobreza. Estamos empenhados em cumprir essa tarefa e em promover o desenvolvimento social em todo o mundo.

B. Princípios e objectivos

25. Nós, Chefes de Estado e de Governo, comprometemo-nos a defender uma visão política, económica, ética e espiritual do desenvolvimento social baseada na dignidade humana, nos direitos humanos, na igualdade, no respeito, na paz, na democracia, na responsabilidade mútua, na cooperação e no pleno respeito pelos diversos valores religiosos e éticos e pelas origens culturais dos povos. Por conseguinte, nas políticas e actividades nacionais, regionais e internacionais daremos prioridade absoluta à promoção do progresso social e à melhoria da condição humana assente na plena participação de todos.

26. Para isso, estabeleceremos um quadro de acção, de forma a:

a) Colocar a pessoa humana no centro do desenvolvimento e orientar as economias para uma satisfação mais eficaz das necessidades das populações;

b) Cumprir as nossas responsabilidades para com as gerações presentes e futuras, assegurando a equidade entre as gerações e protegendo a integridade do ambiente e a possibilidade de o utilizar de forma sustentável;

c) Reconhecer que, embora o desenvolvimento social seja uma responsabilidade de cada país, não pode alcançar-se sem o empenho e esforço colectivos da comunidade internacional;

d) Integrar as políticas económicas, culturais e sociais de maneira que se reforcem mutuamente e reconhecer a interdependência da actividade pública e privada;

e) Reconhecer que políticas económicas sólidas de base alargada constituem um suporte necessário para alcançar o desenvolvimento social sustentado;

f) Promover a democracia, a dignidade humana, a justiça social e a solidariedade a nível nacional, regional e internacional; defender a tolerância, a não-violência, o pluralismo e a não-discriminação, com pleno respeito pela diversidade dentro e entre as sociedades;

g) Promover a distribuição equitativa dos rendimentos e um maior acesso aos recursos, mediante a equidade e a igualdade de oportunidades para todos;

h) Reconhecer a família como unidade básica da sociedade, desempenhando uma função fundamental no desenvolvimento social e como tal devendo ser reforçada, respeitando os direitos, capacidades e responsabilidades dos seus membros. Em diferentes sistemas culturais, políticos e sociais existem diversas formas de família. A família tem direito a receber ampla protecção e apoio;

i) Assegurar que as pessoas e os grupos desfavorecidos e vulneráveis sejam incluídos no desenvolvimento social e que a sociedade reconheça as consequências das suas incapacidades e a elas responda, garantindo os seus direitos e possibilitando o seu acesso ao meio físico e social;

j) Promover o respeito universal, a observância e protecção de todos os direitos humanos e das liberdades fundamentais para todos, incluindo o direito ao desenvolvimento; promover o exercício efectivo dos direitos e o cumprimento das responsabilidades a todos os níveis da sociedade; promover a igualdade e a equidade entre o homem e a mulher; proteger os direitos das crianças e dos jovens; e promover o reforço da coesão social e da sociedade civil;

k) Reafirmar o direito à autodeterminação de todos os povos, em particular dos povos sob domínio colonial ou outras formas de domínio estrangeiro e dos povos sob ocupação estrangeira, e a importância da realização efectiva deste direito, tal como enunciado, nomeadamente, na Declaração e no Programa de Acção de Viena, aprovados pela Conferência Mundial sobre os Direitos Humanos;

l) Apoiar o progresso e a segurança das pessoas e das comunidades, de modo a que cada membro da sociedade possa satisfazer as suas necessidades essenciais e afirmar a sua dignidade pessoal, viver em segurança e exprimir a sua criatividade;

m) Reconhecer e apoiar as populações indígenas que procuram alcançar o desenvolvimento económico e social, no pleno respeito pela sua identidade, tradições, formas de organização social e valores culturais;

n) Salientar a importância de uma gestão e administração transparentes e responsáveis em todas as instituições públicas e privadas, nacionais e internacionais;

o) Reconhecer que proporcionar às pessoas, em especial às mulheres, meios para reforçar as suas próprias capacidades é um objectivo essencial do desenvolvimento e o seu motor principal. Para isso, é necessária a plena participação das pessoas na formulação, aplicação e avaliação das decisões que determinam o funcionamento e a prosperidade das nossas sociedades;

p) Afirmar a universalidade do desenvolvimento social e definir uma perspectiva nova e reforçada do desenvolvimento social, em que se dê um novo impulso à cooperação e participação internacionais;

q) Possibilitar às pessoas idosas o acesso a um melhor nível de vida;

r) Reconhecer que as novas tecnologias de informação e as novas abordagens que permitem o acesso e a utilização dessas tecnologias pelas pessoas que vivem em situação de pobreza, podem contribuir para alcançar os objectivos do desenvolvimento social e reconhecer, assim, a necessidade de facilitar o acesso a essas tecnologias;

s) Reforçar as políticas e os programas que podem melhorar, assegurar e ampliar a participação da mulher em todos os domínios da vida política, económica, social e cultural em condições de igualdade e melhorar o seu acesso a todos os recursos necessários para o pleno exercício dos seus direitos fundamentais;

t) Criar as condições políticas, legais, materiais e sociais que permitam a repatriação voluntária dos refugiados para os seus países de origem em condições de segurança e dignidade e o regresso voluntário aos seus lugares de origem, em condições de segurança, das pessoas deslocadas no plano interno, assim como a sua reinserção nas respectivas sociedades;

u) Destacar a importância do regresso ao seio das suas famílias, em conformidade com as convenções internacionais, de todos os prisioneiros de guerra, das pessoas desaparecidas em combate e dos reféns, a fim de alcançar o pleno desenvolvimento social.

27. Reconhecemos que os Estados são os principais responsáveis pela prossecução destes objectivos. Reconhecemos, também, que os Estados não podem alcançá-los sozinhos. A comunidade internacional, as Nações Unidas, as instituições financeiras internacionais, todas as organizações regionais e autoridades locais e todos os membros da sociedade civil devem contribuir positivamente com os seus esforços e recursos para eliminar as desigualdades entre as pessoas e reduzir o fosso entre os países desenvolvidos e os países em desenvolvimento, num esforço global para atenuar as tensões sociais e aumentar a estabilidade e a segurança social e económica. As profundas mudanças políticas, sociais e económicas ocorridas nos países com economias em transição foram acompanhadas por uma deterioração da situação económica e social. Convidamos todos a expressar a sua determinação pessoal na melhoria da condição humana, através da adopção de medidas concretas, no seu respectivo campo de actividade, e da assunção de responsabilidades cívicas específicas.

C. Compromissos

28. O nosso esforço global de desenvolvimento social e as recomendações das medidas descritas no Programa de Acção foram feitos num es-

pírito de consenso e cooperação internacionais, em conformidade com os objectivos e princípios da Carta das Nações Unidas, reconhecendo que a elaboração e aplicação das estratégias, políticas, programas e medidas de desenvolvimento social são da responsabilidade de cada país e devem ter em conta a diversidade das condições económicas, sociais e ambientais de cada um, com pleno respeito pelos diversos valores religiosos e éticos, tradições culturais e convicções filosóficas da sua população, em conformidade com todos os direitos humanos e liberdades fundamentais. Neste contexto, a cooperação internacional é essencial para uma total implementação dos programas e medidas de desenvolvimento social.

29. Considerando que o nosso objectivo comum é o desenvolvimento social, que tem por fim a justiça social, a solidariedade, a harmonia e a igualdade dentro e entre os países, no pleno respeito pela soberania nacional e integridade territorial, bem como pelos objectivos políticos, prioridades em matéria de desenvolvimento, diversidade religiosa e cultural e por todos os direitos humanos e liberdades fundamentais, lançamos uma campanha a favor do progresso e desenvolvimento sociais, que se expressa nos seguintes compromissos:

Primeiro compromisso

Comprometemo-nos a criar um ambiente económico, político, social, cultural e legal que permita a todas as comunidades humanas alcançar o desenvolvimento social.

Com esse fim, no plano nacional:

a) Estabeleceremos um quadro jurídico estável, de acordo com as nossas constituições, leis e procedimentos, e de harmonia com o direito e as obrigações internacionais, que promova a igualdade e equidade entre os homens e as mulheres, o pleno respeito por todos os direitos humanos e liberdades fundamentais, o primado do direito, o acesso à justiça, a eliminação de todas as formas de discriminação, um governo e administração transparentes e responsáveis e o fomento de parcerias com as organizações livres e representativas da sociedade civil;

b) Criaremos um ambiente económico propício à promoção de um acesso mais equitativo de todos aos rendimentos, aos recursos e aos serviços sociais;

c) Reforçaremos, de forma adequada, os meios e as capacidades que permitam às pessoas participar na elaboração e na aplicação das políticas e programas sociais e económicos, através da descentralização, da administração aberta das instituições públicas e do reforço das capacidades locais para desenvolver as suas próprias organizações, recursos e actividades;

d) Garantiremos a paz, promovendo a tolerância, a não-violência e o respeito pela diversidade e resolvendo os conflitos através de meios pacíficos;

e) Promoveremos mercados dinâmicos, abertos e livres, reconhecendo, simultaneamente, a necessidade de neles intervir, quando necessário, para prevenir ou corrigir disfunções, promover a estabilidade e os investimentos a longo prazo, assegurar uma concorrência leal e comportamentos éticos e harmonizar o desenvolvimento económico e social, incluindo a formulação e aplicação de programas que permitam àqueles que vivem em situação de pobreza ou de desvantagem, especialmente às mulheres, a participação plena e produtiva na economia e na sociedade;

f) Reafirmaremos e promoveremos os direitos enunciados em instrumentos e declarações internacionais sobre a matéria, entre os quais a Declaração Universal dos Direitos do Homem, o Pacto Internacional sobre os Direitos Económicos, Sociais e Culturais e a Declaração sobre o Direito ao Desenvolvimento, incluindo os referentes à educação, alimentação, habitação, emprego, saúde e informação, especialmente com vista a ajudar as pessoas que vivem em situação de pobreza;

g) Criaremos condições gerais propícias ao repatriamento voluntário dos refugiados aos seus países de origem, em condições de segurança e dignidade, assim como o regresso voluntário e em condições de segurança dos deslocados internos aos seus lugares de origem e a sua progressiva reinserção nas respectivas sociedades;

No plano internacional:

h) Promoveremos a paz e a segurança internacionais, faremos todo o possível para resolver os conflitos internacionais por meios pacíficos e apoiaremos tudo o que seja feito nesse sentido, em conformidade com a Carta das Nações Unidas;

i) Reforçaremos a cooperação internacional, tendo em vista alcançar o desenvolvimento social;

j) Promoveremos e aplicaremos políticas que criem um ambiente económico externo favorável, através, nomeadamente, da cooperação na formulação e aplicação de políticas macroeconómicas, da liberalização do comércio, da mobilização e/ou provisão de recursos financeiros novos e adicionais, simultaneamente suficientes e previsíveis, que permitam maximizar os recursos existentes na perspectiva de um desenvolvimento sustentável, utilizando todas as fontes e mecanismos de financiamento disponíveis, reforçando a estabilidade financeira e o acesso mais equitativo dos países em desenvolvimento aos mercados mundiais, às tecnologias e aos investimentos produtivos e aos conhecimentos adequados, tendo em conta as necessidades dos países com economias em transição;

k) Envidaremos esforços para que os acordos internacionais relacionados com o comércio, os investimentos, a tecnologia, a dívida e a ajuda pública ao desenvolvimento (APD) se apliquem de maneira a promover o desenvolvimento social;

l) Apoiaremos, em particular através da cooperação técnica e financeira, os esforços dos países em desenvolvimento para alcançar rapidamente um desenvolvimento sustentável de base alargada. Deverá dar-se particular atenção às necessidades específicas dos pequenos Estados em desenvolvimento insulares ou sem litoral e dos países menos avançados;

m) Apoiaremos, através da cooperação internacional adequada, os esforços dos países com economias em transição para alcançar rapidamente um desenvolvimento sustentável de base alargada;

n) Reafirmaremos e promoveremos todos os direitos humanos universais, indivisíveis, interdependentes e inter-relacionados, incluindo o direito ao desenvolvimento, como direito universal e inalienável, fazendo parte integrante dos direitos fundamentais da pessoa humana, e empenhar-nos-emos para que estes sejam respeitados, protegidos e observados.

Segundo compromisso
Comprometemo-nos, como imperativo ético, social, político e económico da humanidade, a prosseguir o objectivo de erradicar a pobreza do mundo, através de uma acção nacional determinada e da cooperação internacional.

Para isso, a nível nacional, em cooperação com todos os membros da sociedade civil e num contexto multidimensional e integrado:

a) Formularemos, com urgência e preferencialmente até 1996, Ano Internacional para a Erradicação da Pobreza, políticas e estratégias nacionais e reforçaremos as políticas e estratégias existentes de redução considerável de todas as formas de pobreza, no mais curto espaço de tempo possível, e de redução das desigualdades e de erradicação da pobreza extrema, num prazo que será fixado por cada país atendendo ao seu próprio contexto;

b) Orientaremos os nossos esforços e políticas para superar as causas profundas da pobreza e atender às necessidades fundamentais de todos. Esses esforços devem incluir a eliminação da fome e da subnutrição, o estabelecimento da segurança alimentar e a promoção da educação, emprego de meios de subsistência adequados, de cuidados primários de saúde, incluindo a saúde reprodutiva, água potável e saneamento, habitação adequada e oportunidades de participação na vida social e cultural. Será concedida especial atenção às necessidades e aos direitos das mulheres e crianças, que são, frequentemente, as mais afectadas pela pobreza, e às necessidades das pessoas e dos grupos vulneráveis e desfavorecidos;

c) Asseguraremos aos que vivem em situação de pobreza o acesso aos recursos produtivos, como o crédito, a terra, a educação e a formação, a tecnologia, os conhecimentos e a informação, e aos serviços públicos, de forma a que possam participar nas decisões relativas à adopção de políticas e de regulamentos que lhes permitam aproveitar as crescentes oportunidades existentes nos domínios do emprego e da economia;

d) Elaboraremos e aplicaremos políticas que assegurem a todos a protecção económica e social adequada durante o desemprego, a doença, a maternidade, a criação dos filhos, a viuvez, a incapacidade e a velhice;

e) Asseguraremos que os orçamentos e as políticas nacionais se orientem, sempre que possível, para a satisfação das necessidades fundamentais e para a redução das desigualdades e a luta contra a pobreza, como objectivos estratégicos;

f) Procuraremos reduzir as desigualdades, aumentar as oportunidades e o acesso aos recursos e aos rendimentos e eliminar todos os factores e obstáculos políticos, jurídicos, económicos e sociais que fomentem e perpetuem as desigualdades;

No plano internacional:

g) Procuraremos que a comunidade e as organizações internacionais, em particular as instituições financeiras multilaterais, dêem assistência aos países em desenvolvimento e a todos os países que dela necessitem nos seus esforços para alcançar o nosso objectivo global de erradicar a pobreza e garantir uma protecção social básica;

h) Incentivaremos todos os doadores internacionais e os bancos multilaterais de desenvolvimento a apoiar as políticas e os programas necessários para que os países em desenvolvimento e todos os países necessitados possam realizar de forma sustentável actividades concretas relacionadas com o desenvolvimento sustentado, centrado na população e na satisfação das necessidades básicas de todos; a avaliar os seus programas, consultando os países em desenvolvimento interessados, de forma a assegurar a realização dos objectivos acordados; e a assegurar que as suas próprias políticas e programas não constituem um entrave à realização dos objectivos de desenvolvimento acordados, que visam satisfazer as necessidades fundamentais e erradicar a pobreza extrema. É essencial assegurar que a participação dos interessados faça parte integrante dos referidos programas;

i) Centraremos a atenção e o apoio nas necessidades específicas dos países e regiões em que existem importantes concentrações populacionais que vivem em situação de pobreza, em particular na Ásia do Sul, onde se enfrentam enormes dificuldades para alcançar o desenvolvimento económico e social.

Terceiro compromisso

Comprometemo-nos a promover o objectivo do pleno emprego, como prioridade básica das nossas políticas económicas e sociais, e a dar a todos os homens e mulheres a possibilidade de assegurar meios de subsistência seguros e sustentáveis, graças a um emprego livremente escolhido e a um trabalho produtivo.

Com esse fim, no plano nacional:

a) Atribuiremos à criação de emprego, à redução do desemprego e à promoção do emprego suficiente e adequadamente remunerado, um lugar central nas estratégias dos governos, no pleno respeito pelos direitos dos trabalhadores e com a participação dos empregadores, dos trabalhadores e das suas respectivas organizações, dando especial atenção aos problemas do desemprego estrutural e de longo prazo e ao subemprego dos jovens, das mulheres, dos deficientes e dos grupos e indivíduos desfavorecidos;

b) Formularemos políticas que aumentem as oportunidades de trabalho e a produtividade nas áreas rurais e urbanas, assegurando o crescimento económico, através do investimento no desenvolvimento dos recursos humanos e da utilização de tecnologias geradoras de emprego produtivo, bem como fomentando o trabalho independente, o espírito empresarial e a criação de pequenas e médias empresas;

c) Melhoraremos o acesso à terra, ao crédito, à informação, às infra-estruturas e a outros recursos produtivos por parte das pequenas empresas e das microempresas, incluindo as do sector informal, dando particular atenção aos sectores desfavorecidos da sociedade;

d) Elaboraremos políticas destinadas a fornecer aos trabalhadores e aos empregadores a educação, a informação e a formação necessárias para a sua adaptação às alterações da situação económica, das tecnologias e do mercado de trabalho;

e) Exploraremos opções inovadoras de criação de emprego e procuraremos novas actividades geradoras de rendimentos e de poder de compra;

f) Incentivaremos políticas que permitam às populações conjugar o trabalho remunerado com as suas responsabilidades familiares;

g) Daremos particular atenção ao acesso da mulher ao emprego, à protecção da sua posição no mercado de trabalho e à promoção da igualdade de tratamento entre o homem e a mulher, particularmente no que diz respeito à remuneração;

h) Nas estratégias de criação de emprego teremos devidamente em conta a importância do sector informal, com vista a aumentar a sua contribuição para a erradicação da pobreza e para a integração social nos países em desenvolvimento e a reforçar os seus vínculos com o sector da economia formal;

i) Prosseguiremos o objectivo de assegurar empregos de qualidade, salvaguardando os direitos e interesses elementares dos trabalhadores e, para isso, promoveremos o respeito das convenções da OIT, em particular as relativas à proibição do trabalho forçado e infantil, à liberdade de associação, ao direito de sindicalização e de negociação colectiva e ao princípio da não discriminação;

No plano internacional:

j) Asseguraremos aos trabalhadores migrantes a protecção prevista nos instrumentos nacionais e internacionais relevantes, adoptaremos medidas concretas e eficazes contra a exploração desses trabalhadores e incentivaremos todos os países a considerar a ratificação e a plena aplicação dos instrumentos internacionais relativos aos trabalhadores migrantes;

k) Fomentaremos a cooperação internacional no domínio das políticas macroeconómicas e a liberalização do comércio e do investimento, a fim de promover o crescimento económico sustentado e a criação de emprego e partilharemos experiências sobre políticas e programas que tenham conhecido sucesso na criação de emprego e na redução do desemprego.

Quarto compromisso
Comprometemo-nos a promover a integração social, fomentando sociedades estáveis, seguras e justas, assentes na promoção e na protecção de todos os direitos humanos, assim como na não-discriminação, na tolerância, no respeito pela diversidade, na igualdade de oportunidades, na solidariedade, na segurança e na participação de todas as pessoas, incluído os grupos e as pessoas desfavorecidos e vulneráveis.

Com esse fim, no plano nacional:

a) Promoveremos o respeito pela democracia, o primado do direito, o pluralismo e a diversidade, a tolerância e a responsabilidade, a não-violência e a solidariedade, encorajando os sistemas educativos, os meios de comunicação e as comunidades e organizações locais a aumentar entre a população a consciência e a compreensão de todos os aspectos da integração social;

b) Elaboraremos ou reforçaremos políticas e estratégias que visem eliminar todas as formas de discriminação e realizar a integração social com base na igualdade e no respeito pela dignidade humana;

c) Promoveremos o acesso de todos à educação, à informação, à tecnologia e ao saber-fazer, como meios indispensáveis de desenvolvimento da comunicação e da participação na vida civil, política, económica e cultural e asseguraremos o respeito pelos direitos civis, políticos, económicos, sociais e culturais;

d) Asseguraremos a protecção e a plena integração na economia e na sociedade das pessoas e dos grupos desfavorecidos e vulneráveis;

e) Formularemos ou reforçaremos medidas com vista a garantir o respeito e a protecção dos direitos fundamentais dos migrantes, trabalhadores migrantes e suas famílias, e a eliminar as manifestações cada vez mais frequentes de racismo e xenofobia em muitas sociedades e a promover uma maior harmonia e tolerância em todas as comunidades humanas;

f) Reconheceremos e respeitaremos o direito das populações indígenas a manter e a desenvolver a sua identidade, cultura e interesses, apoiaremos as suas aspirações de justiça social, proporcionando-lhes um enquadramento que lhes permita participar na vida social, económica e política do seu país;

g) Favoreceremos a protecção social e a integração plena na economia e na sociedade dos ex-combatentes, incluindo os ex-combatentes e as vítimas da Segunda Guerra Mundial e de outras guerras;

h) Incentivaremos a contribuição de pessoas pertencentes a todos os grupos etários, reconhecendo que a sua contribuição é igualmente importante e indispensável para a construção de uma sociedade harmoniosa, e fomentaremos o diálogo entre as gerações em todos os sectores da sociedade;

i) Reconheceremos e respeitaremos a diversidade cultural, étnica e religiosa, promoveremos e protegeremos os direitos das pessoas pertencentes a minorias nacionais ou étnicas, religiosas ou linguísticas e adoptaremos medidas para facilitar a sua plena participação em todos os aspectos da vida política, económica, social, religiosa e cultural da sociedade e no progresso económico e desenvolvimento do seu país;

j) Fortaleceremos a capacidade das comunidades locais e dos grupos com interesses comuns para constituir as suas próprias organizações e recursos e propor políticas de desenvolvimento social, nomeadamente por intermédio das actividades das organizações não governamentais;

k) Apoiaremos as instituições que promovam a integração social, reconhecendo o papel central da família e criando condições que lhe assegurem protecção e apoio. Nos diferentes sistemas culturais, políticos e sociais existem diversas formas de família;

l) Abordaremos os problemas da criminalidade, da violência e das drogas ilícitas como factores de desintegração social;

No plano internacional:

m) Promoveremos a ratificação, na medida do possível sem que sejam formuladas reservas, e a aplicação de instrumentos internacionais, bem como a adesão às declarações reconhecidas internacionalmente respeitantes à eliminação da discriminação e à promoção e protecção de todos os direitos humanos;

n) Consolidaremos os mecanismos internacionais de assistência humanitária e financeira aos refugiados e aos países de acolhimento, para que se promova uma partilha equitativa das responsabilidades;

o) Promoveremos a cooperação e as parcerias internacionais assentes na igualdade, no respeito mútuo e no interesse recíproco.

Quinto compromisso

Comprometemo-nos a promover o pleno respeito pela dignidade humana, a instaurar a igualdade e a equidade entre os homens e as mulheres e a reconhecer e reforçar a participação e o papel da mulher na vida política, civil, económica, social e cultural e no desenvolvimento.

Com esse fim, no plano nacional:

a) Preconizaremos uma reforma das mentalidades, das estruturas, das políticas, das leis e das práticas que atentam contra a dignidade da pessoa humana, a fim de eliminar todos os obstáculos à igualdade e à equidade na família e na sociedade; e fomentaremos a participação plena e equitativa das mulheres das áreas urbanas e rurais e das mulheres deficientes na vida social, económica e política, nomeadamente na elaboração, aplicação e acompanhamento das políticas e programas governamentais;

b) Definiremos as estruturas, as políticas, as metas e os objectivos mensuráveis para assegurar uma representação mais equilibrada entre os sexos nos processos de tomada de decisão a todos os níveis, aumentar as oportunidades políticas, económicas, sociais e culturais da mulher e a sua independência, bem como para apoiar o acesso da mulher ao poder, nomeadamente através das suas diversas organizações femininas, especialmente as de mulheres indígenas e as organizações locais, e de grupos de pessoas desfavorecidas, designadamente através de uma acção positiva, quando necessária, e também de medidas destinadas a integrar uma perspectiva em que se tenham em conta as diferenças de sexo na elaboração e na aplicação das políticas económicas e sociais;

c) Promoveremos o acesso pleno e igualitário da mulher à alfabetização, à educação e à formação, eliminando todos os obstáculos que dificultam o seu acesso ao crédito e a outros recursos produtivos e o exercício da sua capacidade de adquirir, possuir e vender propriedades e terras em pé de igualdade com os homens;

d) Adoptaremos medidas adequadas a garantir, partindo da igualdade entre homens e mulheres, o acesso universal à mais ampla variedade de serviços de saúde, nomeadamente os relacionados com a saúde reprodutiva, em conformidade com o Programa de Acção da Conferência Internacional sobre População e Desenvolvimento;

e) Eliminaremos as restrições ainda existentes relativamente aos direitos da mulher possuir terras, herdar bens ou conseguir empréstimos, garantindo-lhes igualdade no que se refere ao direito ao trabalho;

f) Definiremos políticas, objectivos e metas que melhorem a situação, o bem-estar e as oportunidades das crianças do sexo feminino, especialmente no que se refere à saúde, nutrição, alfabetização e educação, reconhecendo que a discriminação em razão do sexo começa nas primeiras etapas da vida;

g) Promoveremos a colaboração em pé de igualdade entre homens e mulheres na vida familiar e comunitária e na sociedade, insistindo em que os cuidados com os filhos e com os membros mais idosos da família são uma responsabilidade partilhada por homens e mulheres e promoveremos o envolvimento activo do homem na paternidade e num comportamento sexual e reprodutivo responsáveis;

h) Adoptaremos medidas efectivas, nomeadamente mediante a promulgação e aplicação de leis, e aplicaremos políticas destinadas a combater e a eliminar todas as formas de discriminação, exploração, maus-tratos e violência contra as mulheres e as crianças do sexo feminino, de acordo com os instrumentos e declarações internacionais relevantes;

i) Promoveremos e protegeremos as mulheres para que usufruam plenamente e em condições de igualdade de todos os direitos humanos e liberdades fundamentais;

j) Definiremos ou reforçaremos políticas e práticas que permitam à mulher exercer plenamente actividades remuneradas e participar no mercado de trabalho, através de medidas e acções positivas para a educação e formação, garantindo-lhes uma protecção adequada na legislação laboral e prevendo a prestação de serviços de qualidade para os filhos e outros serviços de apoio;

No plano internacional:

k) Promoveremos e protegeremos os direitos fundamentais da mulher, encorajando a ratificação, se possível até ao ano 2000, e evitando ao máximo a formulação de reservas, e a implementação das disposições da Convenção sobre a Eliminação de Todas as Formas de Discriminação contra a Mulher e de outros instrumentos relacionados, bem como a aplicação das Estratégias de Nairobi orientadas para a Promoção da Mulher e a Declaração de Genebra para as Mulheres Rurais e do Programa de Acção aprovado pela Conferência Internacional sobre População e Desenvolvimento;

l) Daremos especial atenção aos preparativos da quarta Conferência Mundial sobre a Mulher, que se realizará em Pequim, em Setembro de 1995, e à aplicação e acompanhamento das conclusões dessa Conferência;

m) Promovemos a cooperação internacional para ajudar os países em desenvolvimento, a seu pedido, nos seus esforços para assegurar às mulheres a igualdade e equidade e para lhes conceder meios de acção;

n) Adoptaremos as disposições adequadas para reconhecer e demonstrar em todo o seu alcance o trabalho da mulher e todas as suas contribuições para a economia nacional, nomeadamente nos sectores não remunerados e nos serviços domésticos.

Sexto compromisso

Comprometemo-nos a promover e a alcançar os objectivos do acesso universal e equitativo a uma educação de qualidade, ao mais alto nível possível de saúde física e mental e do acesso de todas as pessoas aos cuidados primários de saúde, procurando especialmente corrigir as desigualdades relacionadas com a situação social e evitar qualquer distinção em função da raça, da nacionalidade, do género, da idade ou da incapacidade; a respeitar e promover as nossas culturas comuns e particulares; a procurar reforçar o papel da cultura no desenvolvimento; a preservar as bases essenciais de um desenvolvimento sustentável centrado nas pessoas e a contribuir para o pleno desenvolvimento dos recursos humanos e sociais. O objectivo destas actividades é erradicar a pobreza, promover um pleno e produtivo emprego e favorecer a integração social.

Com esse fim, no plano nacional:

a) Elaboraremos ou reforçaremos estratégias nacionais com prazos precisos para erradicar o analfabetismo e universalizar a educação de base, que compreende a educação pré-escolar, a educação primária e a alfabetização, em particular e se possível, mediante a introdução de línguas nacionais no sistema educativo e o apoio dos diversos meios de educação informal, procurando alcançar o mais alto nível de instrução possível;

b) Lutaremos pela formação permanente, procurando melhorar a qualidade do ensino, a fim de que as pessoas de todas as idades disponham de conhecimentos úteis, de capacidade de raciocínio, de conhecimentos práticos e dos valores éticos e sociais necessários para que possam desenvolver todas as suas capacidades com saúde e dignidade e participar plenamente no processo de desenvolvimento social, económico e político. A este respeito, as mulheres e as crianças do sexo feminino devem ser consideradas como um grupo prioritário;

c) Garantiremos às crianças, em especial às do sexo feminino, que usufruam de todos os seus direitos e promoveremos o exercício destes direitos, assegurando-lhes o acesso à educação, a uma nutrição adequada e a cuidados de saúde, em conformidade com a Convenção sobre os Direitos da Criança, tendo em conta os direitos, deveres e responsabilidades dos pais e demais responsáveis legais pelas crianças;

d) Adoptaremos medidas adequadas e activas para que todas as crianças e adolescentes possam frequentar a escola e finalizar os seus estudos e para reduzir as diferenças entre os sexos na educação primária, secundária, profissional e superior;

e) Garantiremos o pleno e igual acesso à educação das crianças do sexo feminino e das mulheres, reconhecendo que o investimento na educação da mulher é o elemento chave para alcançar a igualdade social, aumentar a produtividade e obter resultados em matéria de saúde, de mortalidade infantil e de redução das taxas de fecundidade;

f) Garantiremos, a todos os níveis, iguais oportunidades de aprendizagem para crianças, jovens e adultos com deficiências, em ambientes integrados, tendo sempre em conta as diferenças e as situações particulares;

g) Reconheceremos o direito das populações indígenas a uma educação que responda às suas necessidades, aspirações e culturas específicas e procuraremos assegurar o seu pleno acesso aos cuidados de saúde;

h) Desenvolveremos políticas de educação específicas que tenham em consideração as diferenças entre os sexos e delinearemos mecanismos apropriados, em todos os níveis da sociedade, para acelerar a conversão da informação geral e específica disponível em todo o mundo em conhecimento e o conhecimento em criatividade, aumentado a capacidade produtiva e a participação activa na sociedade;

i) Reforçaremos os laços entre o mercado de trabalho e as políticas de educação, porque a educação e a formação profissional são elementos essenciais na criação de emprego e na luta contra o desemprego e a exclusão social nas nossas sociedades e destacaremos a importância do ensino superior e da investigação científica em todos os planos do desenvolvimento social;

j) Desenvolveremos programas de educação de base alargada que ajudem e fortaleçam o respeito por todos os direitos humanos e liberdades fundamentais, incluindo o direito ao desenvolvimento, que fomentem os valores da tolerância, da responsabilidade e do respeito pela diversidade e pelos direitos dos outros e que promovam a formação para a solução pacífica dos conflitos, em conformidade com os princípios do Decénio das Nações Unidas para a Educação dos Direitos Humanos (1995-2005);

k) Daremos especial atenção à aquisição de conhecimentos, reforçaremos os meios e o âmbito da educação de base, melhoraremos o enquadramento do ensino e fortaleceremos a colaboração entre governos, organizações não governamentais, sector privado, comunidades locais, grupos religiosos e famílias para alcançar o objectivo da educação para todos;

l) Estabeleceremos ou reforçaremos programas de educação para a saúde, de base escolar e comunitária, para crianças, adolescentes e adultos, com especial atenção às crianças do sexo feminino e às mulheres, que tratem toda a gama de questões de saúde como uma das condições prévias para o desenvolvimento social, reconhecendo os direitos, deveres e responsabilidades dos pais e demais responsáveis legais pelas crianças, em conformidade com a Convenção sobre os Direitos da Criança;

m) Aceleraremos os esforços para alcançar os objectivos das estratégias nacionais de "saúde-para-todos", em conformidade com os princípios da equidade e da justiça social e de acordo com a Declaração da Conferência de Alma-Ata sobre os Cuidados Primários de Saúde, desenvolvendo ou actualizando os planos de acção ou programas de cada país que garantam um acesso universal e não discriminatório aos serviços básicos de saúde, incluindo o saneamento e o aprovisionamento de água potável, a preservação da saúde, a promoção da educação nutricional e os programas de saúde preventiva;

n) Envidaremos esforços para que todas as pessoas com deficiências tenham acesso à reabilitação e a outros serviços que lhes permitam ter uma vida independente, bem como a uma assistência que lhes permita, na medida do possível, ter uma vida confortável, autónoma e uma participação plena na vida social;

o) Adoptaremos uma perspectiva integrada e intersectorial que permita proteger e promover a saúde de todos no processo de desenvolvimento económico e social, tendo em conta os aspectos sanitários das medidas adoptadas em todos os sectores;

p) Procuraremos atingir os objectivos da saúde materno-infantil, especialmente os objectivos de reduzir a mortalidade materna e infantil, estabelecidos na Cimeira Mundial sobre a Infância de 1990, na Conferência das Nações Unidas sobre Ambiente e Desenvolvimento de 1992 e na Conferência Internacional sobre População e Desenvolvimento de 1994;

q) Reforçaremos os esforços nacionais destinados a tratar com maior eficácia a crescente epidemia do VIH/SIDA, assegurando a educação e os serviços de prevenção necessários, garantindo que os serviços adequados de cuidados e apoio estejam disponíveis e sejam acessíveis para as pessoas afectadas pelo VIH/SIDA e adoptando todas as medidas necessárias para eliminar qualquer forma de discriminação e de segregação das pessoas afectadas pelo VIH/SIDA;

r) Promoveremos em todas as políticas e programas de educação e de saúde a consciência ambiental, incluindo o conhecimento dos níveis insustentáveis de consumo e produção;

No plano internacional:

s) Envidaremos esforços para garantir que as organizações internacionais, em especial as instituições financeiras internacionais, apoiem estes objectivos e os integrem nos seus programas de orientação e nas suas operações, conforme necessário, e que deverá complementar-se através de uma renovada cooperação bilateral e regional;

t) Reconheceremos a importância da dimensão cultural do desenvolvimento que assegura o respeito pela diversidade cultural e pelo património cultural comum da humanidade. A criatividade deve ser reconhecida e encorajada;

u) Pediremos aos organismos das Nações Unidas, em especial à UNESCO e à OMS, e a outras organizações internacionais dedicadas à promoção da educação, da cultura e da saúde que realcem os objectivos prioritários da erradicação da pobreza, da promoção de um pleno e produtivo emprego e do fomento da integração social;

v) Reforçaremos as organizações intergovernamentais que utilizem diversas formas de educação para promover a cultura; difundiremos informações através da educação e dos meios de comunicação; ajudaremos a difundir a utilização das tecnologias; e promoveremos a formação técnica e profissional e a investigação científica;

w) Apoiaremos as iniciativas destinadas a conseguir uma acção mundial mais eficaz e melhor coordenada contra as doenças mais importantes que implicam grande perda de vidas humanas, como a malária, a tuberculose, a cólera, o tifo e o VIH/SIDA. Neste contexto, continuaremos a apoiar o programa conjunto e co-financiado pelas Nações Unidas sobre o VIH/SIDA;

x) Partilharemos conhecimentos teóricos e práticos e experiências realizadas e aumentaremos a criatividade, promovendo, nomeadamente, a transferência de tecnologia e a preparação e execução de programas e políticas eficazes de educação, formação e saúde, onde se incluam programas de sensibilização, de prevenção e de reabilitação no caso de consumo abusivo de estupefacientes, que se traduzem, em particular, na criação de capacidades endógenas;

y) Intensificaremos e coordenaremos o apoio internacional aos programas de educação e saúde assentes no respeito pela dignidade humana e centrados na protecção de todas as mulheres e crianças, lutando especialmente contra a exploração, o tráfico e as práticas nocivas, como a prostituição infantil, a mutilação genital feminina e os casamentos entre crianças.

Sétimo compromisso
Comprometemo-nos a acelerar o desenvolvimento económico, social e humano de África e dos países menos avançados.

Com esse fim:

a) Aplicaremos no plano nacional políticas de ajustamento estrutural, incluindo objectivos de desenvolvimento social, e estratégias de desenvolvimento eficazes que estabeleçam condições propícias ao comércio e ao investimento, dêem prioridade ao desenvolvimento dos recursos humanos e favoreçam a criação de instituições democráticas;

b) Apoiaremos os esforços empreendidos a nível nacional, em África e nos países menos avançados, para implementar reformas económicas, programas destinados a aumentar a segurança alimentar e actividades de diversificação da produção de produtos de base, graças à cooperação internacional, nomeadamente, à cooperação Sul-Sul, à assistência técnica e financeira, às trocas comerciais e às parcerias;

c) Encontraremos soluções eficazes, orientadas para o desenvolvimento sustentável e para os problemas da dívida externa, mediante a aplicação imediata dos termos de negociação da dívida acordados no Clube de

Paris, em Dezembro de 1994, que prevêem a sua redução e mesmo e seu perdão, bem como outras medidas de alívio da dívida; convidaremos as instituições financeiras internacionais a examinar formas inovadoras de ajudar os países de baixos rendimentos com uma elevada dívida multilateral, visando aliviar o peso dessa dívida; elaboraremos modalidades de conversão da dívida que possam aplicar-se a programas e projectos de desenvolvimento social de acordo com as prioridades da Cimeira. Estas medidas deverão ter em conta a avaliação a fazer a meio do período do Novo Programa das Nações Unidas para o Desenvolvimento de África na Década de 1990 e do Programa de Acção a Favor dos Países Menos Avançados para a Década de 1990 e deverão ser aplicadas o mais rapidamente possível;

d) Asseguraremos a aplicação das estratégias e das medidas acordadas pela comunidade internacional tendo em vista o desenvolvimento de África e apoiaremos os esforços de reforma, as estratégias e os programas de desenvolvimento definidos pelos países africanos e pelos países menos avançados;

e) Aumentaremos a ajuda pública ao desenvolvimento, em geral e no que se refere aos programas sociais, e aprofundaremos o seu impacto de forma compatível com a situação económica dos países e a sua capacidade de prestar assistência e com os compromissos assumidos em acordos internacionais;

f) Examinaremos a possibilidade de ratificar a Convenção Internacional de Luta contra a Desertificação nos Países Gravemente Afectados pela Seca ou pela Desertificação, em particular em África, e apoiaremos os países africanos na aplicação de medidas urgentes de luta contra a desertificação e que atenuem os efeitos da seca;

g) Adoptaremos todas as medidas necessárias para assegurar que as doenças transmissíveis, em particular o VIH/SIDA, a malária e a tuberculose, não impeçam ou atrasem os progressos de desenvolvimento económico e social.

Oitavo compromisso
Comprometemo-nos a assegurar que os programas de ajustamento estrutural acordados incluam os objectivos de desenvolvimento social, em particular a erradicação da pobreza, a criação de pleno e produtivo emprego e a promoção da integração social.

Com esse fim, no plano nacional:

a) Promoveremos os programas e as despesas sociais básicas, em particular os que beneficiem os que vivem em situação de pobreza e os grupos vulneráveis da sociedade, protegendo-os de cortes orçamentais e aumentando, ao mesmo tempo, a qualidade e a eficácia das despesas sociais;

b) Analisaremos as repercussões dos programas de ajustamento estrutural no desenvolvimento social, incluindo, conforme for mais adequado, estudos de impacto social, considerando as diferenças em função do sexo e outras metodologias adequadas, a fim de elaborar políticas que reduzam os efeitos negativos e aumentem os efeitos positivos desses programas; os países interessados poderão solicitar a cooperação das instituições financeiras internacionais para essa análise;

c) Promoveremos nos países com economias em transição uma perspectiva integrada do processo de transformação, tomando em consideração as consequências sociais das reformas e as necessidades de desenvolvimento dos recursos humanos;

d) Reforçaremos as componentes de desenvolvimento social em todas as políticas e programas de ajustamento estrutural, incluindo as resultantes da mundialização dos mercados e da rapidez das mudanças tecnológicas, através da elaboração de políticas destinadas a promover um maior e mais equitativo acesso aos rendimentos e aos recursos;

e) Garantiremos que as mulheres não suportem uma parte desproporcionada dos custos dos processos de transição;

No plano internacional:

f) Procuraremos que os bancos multilaterais de desenvolvimento e outros doadores complementem as suas contribuições relacionadas com o ajustamento, com outras destinadas a investimentos específicos no domínio do desenvolvimento social;

g) Faremos o possível para que os programas de ajustamento estrutural respondam às condições, às preocupações e às necessidades económicas e sociais de cada país;

h) Procuraremos obter o apoio e a cooperação de organizações regionais e internacionais e do sistema das Nações Unidas, em particular das instituições de *Bretton Woods*, para a elaboração, a gestão social e a avaliação das políticas de ajustamento estrutural, bem como para a realização dos objectivos de desenvolvimento social e sua integração nas políticas, nos programas e nas actividades das referidas organizações e instituições.

Nono compromisso

Comprometemo-nos a aumentar substancialmente ou a utilizar mais eficazmente os recursos afectados ao desenvolvimento social, tendo em vista alcançar os objectivos da Cimeira, através da acção nacional e da cooperação regional e internacional.

Com esse fim, no plano nacional:

a) Desenvolveremos políticas económicas para promover e mobilizar a poupança interna e atrair recursos externos para o investimento produtivo, procurando novas fontes de financiamento, quer públicas, quer privadas, para os programas sociais e assegurando, ao mesmo tempo, a sua utilização eficaz;

b) Aplicaremos políticas macro e microeconómicas para alcançar um crescimento económico sustentado e um desenvolvimento sustentável para apoiar o desenvolvimento social;

c) Promoveremos um maior acesso ao crédito por parte das pequenas empresas e das microempresas, incluindo as do sector informal, com especial incidência nos sectores menos favorecidos da sociedade;

d) Garantiremos a utilização de estatísticas e indicadores estatísticos fiáveis para elaborar e avaliar as políticas e os programas sociais, de modo a que os recursos económicos e sociais sejam aproveitados de forma eficiente e eficaz;

e) Garantiremos, em conformidade com as prioridades e as políticas nacionais, que os sistemas de tributação sejam equitativos, progressivos e economicamente eficientes, considerando as preocupações relativas ao desenvolvimento sustentável e garantindo a cobrança efectiva das receitas fiscais;

f) Garantiremos, no processo orçamental, transparência e responsabilidade na utilização dos recursos públicos, dando prioridade à prestação e à melhoria dos serviços sociais básicos;

g) Exploraremos novas formas de gerar recursos financeiros públicos e privados, nomeadamente mediante a redução das despesas militares excessivas, incluindo as despesas militares mundiais, o comércio de armas e os investimentos na produção e aquisição de armamento, tendo em conta as necessidades de segurança nacional, a fim de permitir a afectação de fundos adicionais ao desenvolvimento económico e social;

h) Utilizaremos e desenvolveremos plenamente o potencial e a contribuição das cooperativas na prossecução dos objectivos do desenvolvimento social, em particular a erradicação da pobreza, a criação de pleno e produtivo emprego e a promoção da integração social;

No plano internacional:

i) Procuraremos mobilizar recursos novos e suplementares, suficientes e previsíveis, de forma a incrementar ao máximo a sua disponibilidade e a utilizar todas as fontes e mecanismos de financiamento disponíveis, em particular as fontes multlaterais, bilaterais e privadas, inclusive a título de doação ou em condições favoráveis;

j) Facilitaremos os fluxos internacionais de financiamento, tecnologia e conhecimento para os países em desenvolvimento, com vista a proporcionar recursos novos e adicionais que sejam suficientes e previsíveis;

k) Facilitaremos os fluxos internacionais de financiamento, tecnologia e conhecimento para os países com economias em transição;

l) Procuraremos alcançar o mais rapidamente possível o objectivo acordado de destinar 0,7% do PNB à ajuda pública ao desenvolvimento geral, aumentando a proporção dos recursos afectados a programas de desenvolvimento social consoante o alcance e a dimensão das actividades necessárias para alcançar os objectivos e as metas da presente Declaração e do Programa de Acção da Cimeira;

m) Aumentaremos o fluxo de recursos internacionais para satisfazer as necessidades dos países que enfrentam problemas de refugiados e de pessoas deslocadas;

n) Apoiaremos a cooperação Sul-Sul que permite aproveitar a experiência de países em desenvolvimento que superaram dificuldades análogas;

o) Asseguraremos a aplicação urgente dos acordos existentes sobre a redução da dívida, negociando novas iniciativas, além das existentes, para reduzir a curto prazo a dívida dos países de baixos rendimentos, mais pobres e fortemente endividados, especialmente mediante condições mais favoráveis de pagamento, em particular aplicando as condições acordadas no Clube de Paris, em Dezembro de 1994, que prevêem a redução e inclusive o perdão da dívida e outras medidas de auxílio; quando necessário, deverá conceder-se a esses países uma redução da sua dívida pública bilateral suficiente para que, saindo do processo de reescalonamento da dívida, possam retomar o crescimento e o desenvolvimento; convidaremos as instituições financeiras internacionais a estudar medidas inovadoras para ajudar os países de baixos rendimentos com uma elevada dívida multilateral, a fim de aliviar o seu serviço da dívida; elaboraremos técnicas de conversão da dívida a aplicar a programas e projectos de desenvolvimento social em conformidade com as prioridades da Cimeira;

p) Aplicaremos integralmente o Acto Final das negociações comerciais multilaterais do Uruguai, incluindo as disposições complementares estipuladas no Acordo de Marráquexe, que criou a OMC, reconhecendo que o crescimento dos rendimentos, do emprego e do comércio se reforçam mutuamente, tendo em conta a necessidade de ajudar os países africanos e os países menos avançados a avaliar o impacto da aplicação do Acto Final, a fim de que possam dele beneficiar plenamente;

q) Estaremos atentos às consequências da liberalização do comércio nos progressos alcançados pelos países em desenvolvimento quanto à satisfação das necessidades essenciais da população, prestando particular atenção a novas iniciativas visando aumentar o acesso desses países aos mercados internacionais;

r) Consideraremos as necessidades dos países com economias em transição no que respeita à cooperação e à assistência financeira e técnica internacionais, afirmando a necessidade de alcançar a plena integração das economias em transição na economia mundial e, em particular, de aumentar o acesso desses países aos mercados de exportação, em conformidade com as regras comerciais multilaterais, tendo em conta as necessidades dos países em desenvolvimento;

s) Apoiaremos os esforços das Nações Unidas para o desenvolvimento, mediante um aumento considerável dos recursos destinados às actividades operacionais, de forma previsível, contínua e assegurada, de modo proporcional às crescentes necessidades dos países em desenvolvimento, como se afirma na resolução 47/199, e reforçaremos a capacidade das Nações Unidas e das instituições especializadas para cumprir as suas responsabilidades na aplicação dos resultados da Cimeira Mundial sobre o Desenvolvimento Social.

Décimo compromisso

Comprometemo-nos a melhorar e a reforçar o quadro da cooperação internacional, regional e sub-regional para o desenvolvimento social, através das Nações Unidas e de outras instituições multilaterais.

Com esse fim, no plano nacional:

a) Adoptaremos medidas e mecanismos apropriados para aplicar e acompanhar os resultados da Cimeira sobre o Desenvolvimento Social, com o apoio, quando solicitado, dos organismos, programas e comissões regionais do sistema das Nações Unidas e com larga participação de todos os sectores da sociedade civil;

No plano regional:

b) Criaremos os mecanismos e adoptaremos as medidas necessárias e apropriadas para as distintas regiões e sub-regiões. As comissões regionais, em colaboração com as organizações intergovernamentais e os bancos regionais, poderiam organizar, de dois em dois anos, uma reunião de alto nível político para avaliar os progressos realizados na aplicação do

Programa de Acção adoptado na Cimeira, em particular proceder a uma troca de opiniões sobre a experiência adquirida pelos diferentes participantes e adoptar medidas apropriadas. As comissões regionais devem informar o Conselho Económico e Social, pelos canais adequados, sobre os resultados das referidas reuniões;

No plano internacional:

c) Daremos instruções aos nossos representantes junto das instituições do sistema das Nações Unidas, dos organismos internacionais de desenvolvimento e dos bancos multilaterais de desenvolvimento, para que consigam o apoio e a cooperação dessas instituições na adopção de medidas coordenadas e adequadas ao progresso regular e sustentado na realização dos objectivos e na concretização dos compromissos acordados na Cimeira. As Nações Unidas e as instituições de *Bretton Woods* deveriam estabelecer um diálogo permanente e aprofundado, incluído o diálogo no terreno, para que se consiga uma coordenação mais eficaz e eficiente da assistência ao desenvolvimento social;

d) Não tomaremos medidas unilaterais que não estejam de acordo com o direito internacional e a Carta das Nações Unidas, na medida em que criem obstáculos ao desenvolvimento das relações comerciais entre os Estados;

e) Reforçaremos as estruturas, os recursos e os processos do Conselho Económico e Social e dos seus órgãos subsidiários, bem como de outras organizações do sistema das Nações Unidas que se ocupem do desenvolvimento económico e social;

f) Instamos o Conselho Económico e Social a examinar e avaliar, com base nas informações que lhe apresentam os governos nacionais, as comissões regionais, as comissões técnicas competentes e as instituições especializadas das Nações Unidas, os progressos efectuados pela comunidade internacional na prossecução dos resultados da Cimeira Mundial sobre o Desenvolvimento Social e comunicar as suas conclusões à Assembleia Geral para que esta os considere e adopte as medidas adequadas;

g) Instamos a Assembleia Geral a realizar no ano 2000 uma sessão extraordinária destinada a efectuar uma análise e avaliação global dos resultados da Cimeira e a examinar novas medidas e iniciativas a adoptar.

PROGRAMA DE ACÇÃO DA CIMEIRA MUNDIAL O SOBRE DESENVOLVIMENTO SOCIAL

12.03.1995

PROGRAMA DE ACÇÃO DA CIMEIRA MUNDIAL SOBRE O DESENVOLVIMENTO SOCIAL

1. No presente Programa de Acção indicam-se políticas e medidas que se destinam a pôr em prática os princípios e a cumprir os compromissos enunciados na Declaração aprovada pela Cimeira Mundial sobre o Desenvolvimento Social; o êxito dessas iniciativas dependerá dos resultados que se obtenham.

2. Recomendam-se medidas tendentes a criar, num quadro de crescimento económico sustentado e desenvolvimento sustentável, um contexto nacional e internacional favorável ao desenvolvimento social, à erradicação da pobreza, ao aumento do emprego produtivo, à redução do desemprego e à promoção da integração social. Todas as medidas recomendadas se relacionam entre si, seja nos requisitos para a sua elaboração, entre os quais está a participação de todos os interessados, seja nas consequências que têm para os diversos aspectos da condição humana. As políticas de erradicação da pobreza, redução das disparidades e luta contra a exclusão social requerem a criação de oportunidades de emprego e ficariam incompletas e seriam ineficazes se não se aplicassem também medidas para eliminar a discriminação e promover a participação e o estabelecimento de relações sociais harmoniosas entre os diversos grupos sociais e nacionais. Para obter resultados positivos a longo prazo é também fundamental estabelecer uma relação mais construtiva entre as políticas ambientais, económicas e sociais. O bem-estar das pessoas pressupõe, ainda, o exercício de todos os direitos humanos e liberdades fundamentais, o acesso a uma educação de qualidade, a serviços de saúde e outros serviços públicos, e o desenvolvimento de relações positivas dentro das comunidades. A integração social, ou seja, a capacidade das pessoas viverem juntas, respeitando plenamente a dignidade de cada uma, o bem comum, o pluralismo e a diversidade, a eliminação da violência, a solidariedade, bem como a capacidade de participar na vida social, cultural e política, abrange todos os aspectos do desenvolvimento social e todas as políticas; exige a protecção

dos mais fracos, bem como o direito de discordar, criar e inovar. Requer, ainda, um enquadramento económico sólido e o respeito pelas culturas, assentes na liberdade e na responsabilidade. É, também, necessária a plena participação do Estado e da sociedade civil.

3. Muitas das questões mencionadas no presente Programa de Acção foram tratadas com maior detalhe em conferências mundiais anteriores relativas a temas estreitamente relacionados com diferentes aspectos do desenvolvimento social. O Programa de Acção foi elaborado tendo em conta os compromissos, os princípios e as recomendações dessas conferências e baseia-se também na experiência adquirida por muitos países na promoção de objectivos sociais no contexto das suas circunstâncias particulares. A importância especial deste Programa de Acção reside na sua perspectiva integrada e na sua intenção de combinar muitas medidas diferentes para a erradicação da pobreza, a criação de emprego e a integração social. Toda a nação tem o direito soberano de aplicar as recomendações constantes do Programa de Acção, de acordo com as suas leis nacionais e as suas prioridades de desenvolvimento, respeitando plenamente os diversos valores éticos e religiosos e as tradições culturais das suas populações, em conformidade com os direitos humanos e as liberdades fundamentais. De igual modo, cada país adoptará medidas de acordo com a sua capacidade de desenvolvimento. Na altura de aplicar o presente Programa de Acção deverão também ter-se em conta os resultados das mencionadas conferências internacionais.

CAPÍTULO I
Um contexto propício ao desenvolvimento social

Fundamentos da acção e objectivos

4. O desenvolvimento social é indissociável do contexto cultural, ecológico, económico, político e espiritual em que tem lugar. Não pode conceber-se como uma iniciativa sectorial. O desenvolvimento social prende-se também claramente com a construção da paz, da liberdade, da estabilidade e da segurança aos níveis nacional e internacional. Para promover o desenvolvimento social é necessário orientar os valores, os objectivos e as prioridades para o bem-estar de todos e o reforço e promoção das instituições e das políticas que favoreçam esse objectivo. A dignidade humana, os direitos humanos e liberdades fundamentais, a igualdade, a equidade e a justiça social são valores fundamentais de todas as socieda-

des. A adesão, a promoção e a protecção desses valores, entre outros, são a base da legitimidade de todas as instituições e do exercício da autoridade e oferecem um contexto em que os seres humanos são o núcleo do desenvolvimento sustentável e têm direito a usufruir de uma vida saudável e produtiva em harmonia com a natureza.

5. As economias e as sociedades do mundo são cada vez mais interdependentes. Os fluxos comerciais e de capitais, as migrações, as inovações científicas e tecnológicas, as comunicações e as trocas culturais, configuram a comunidade mundial. Essa mesma comunidade vê-se ameaçada pela degradação do ambiente, por situações graves de escassez de alimentos, por epidemias, por discriminações raciais de todo o tipo, pela xenofobia, por diversas formas de intolerância, violência e delinquência e pelo risco de perder a sua grande diversidade cultural. Os governos reconhecem cada vez mais que para responder às novas circunstâncias e alcançar o desenvolvimento sustentável e o progresso social a que aspiram, é necessária maior solidariedade, expressa em programas multilaterais e uma cooperação internacional reforçada. A referida cooperação é particularmente decisiva para os países que necessitam de ajuda, como os países africanos e os países menos avançados, poderem usufruir dos benefícios do processo de mundialização.

6. As actividades económicas, que aumentam a riqueza das comunidades e nas quais se expressa a iniciativa e a criatividade individuais, são uma das bases fundamentais do desenvolvimento social. Apesar disso, o desenvolvimento social não se alcançará simplesmente através do livre jogo das forças do mercado. É necessário que os governos adoptem medidas que corrijam as falhas dos mercados, complementem os mecanismos comerciais, mantenham a estabilidade social e criem um contexto económico nacional e internacional que favoreça o crescimento sustentável à escala mundial. Esse crescimento deve promover a equidade e a justiça social, a tolerância, a responsabilidade e a participação.

7. O objectivo primordial do desenvolvimento social é melhorar a qualidade de vida de todas as pessoas, pelo que exige a criação de instituições democráticas, o respeito de todos os direitos humanos e liberdades fundamentais, o aumento de oportunidades económicas equitativas, o primado da lei, a promoção do respeito pela diversidade cultural, o direito das minorias e a participação activa da sociedade civil. A capacidade de acesso e de participação são fundamentais para a democracia, a convivência pacífica e o desenvolvimento social. Todos os membros de uma sociedade devem ter oportunidade de exercer o direito e a responsabilidade de participar activamente nos assuntos da comunidade onde vivem. A equidade

entre os sexos e a igualdade e plena participação da mulher em todas as actividades económicas, sociais e políticas, são também fundamentais. É preciso eliminar os obstáculos que restringiram o acesso da mulher à tomada de decisões, à instrução, aos cuidados de saúde e ao emprego produtivo e estabelecer uma relação equitativa entre o homem e a mulher, de maneira a que os homens participem plena e responsavelmente na vida familiar. É necessário substituir o actual paradigma social dos sexos e dar lugar a uma nova geração de homens e mulheres que trabalhem em conjunto para criar uma ordem mundial mais humana.

8. Neste contexto, envidaremos esforços para criar condições que favoreçam um desenvolvimento sustentável centrado no bem-estar dos indivíduos e que reúna as seguintes características:

- Ampla participação e intervenção da sociedade civil na elaboração e aplicação das decisões que determinam o funcionamento e o bem-estar das nossas sociedades;
- Regras de crescimento económico sustentado e desenvolvimento sustentável de base alargada e integração das populações em estratégias económicas e de desenvolvimento, permitindo alcançar com maior rapidez o desenvolvimento sustentável e a erradicação da pobreza e contribuindo para atingir os objectivos demográficos e uma melhor qualidade de vida para todos;
- Repartição equitativa e não discriminatória dos benefícios do crescimento entre os diferentes grupos sociais e os países e um maior acesso aos recursos produtivos por parte das pessoas que vivem em situação de pobreza;
- Interacção das forças do mercado que favoreça a eficiência e o desenvolvimento social;
- Políticas governamentais orientadas para superar as desigualdades sociais que criam divisões e para respeitar o pluralismo e a diversidade;
- Quadro político e jurídico estável que reforce a correlação existente entre a democracia, o desenvolvimento e todos os direitos humanos e liberdades fundamentais;
- Processos políticos e sociais que evitem a exclusão e respeitem o pluralismo e a diversidade cultural e religiosa;
- Reforço do papel da família, de acordo com os princípios, objectivos e compromissos enunciados na Declaração da Cimeira Mundial sobre o Desenvolvimento Social e da Conferência Internacional sobre População e Desenvolvimento, da comunidade e da sociedade civil;

- Acesso generalizado aos conhecimentos, à tecnologia, à instrução, aos cuidados de saúde e à informação;
- Maior solidariedade, espírito de associação e cooperação a todos os níveis;
- Políticas governamentais que permitam às pessoas uma vida saudável e produtiva ao longo de toda a sua existência;
- Protecção e preservação do meio natural no contexto de um desenvolvimento sustentável centrado no ser humano.

Acções

A. Um contexto económico nacional e internacional favorável

9. Para assegurar um crescimento económico sustentado e um desenvolvimento sustentável à escala mundial, que sejam complementares, assim como o crescimento da produção, o estabelecimento de um sistema comercial internacional não discriminatório e baseado no multilateralismo e a criação de emprego e o aumento dos rendimentos como base para o desenvolvimento social, é necessário:

a) Promover a criação de um contexto económico internacional aberto, equitativo e de cooperação reciprocamente favorável;

b) Aplicar políticas macroeconómicas e sectoriais racionais e estáveis que propiciem um crescimento económico sustentado de base alargada e um desenvolvimento sustentável e equitativo, geradoras de empregos e que tenham como objectivo erradicar a pobreza, reduzir as desigualdades sociais e económicas e pôr fim à exclusão;

c) Promover as empresas e o investimento produtivo, bem como o acesso generalizado, em particular dos que vivem em situação de pobreza e dos desfavorecidos, bem como dos países menos avançados, a mercados abertos e dinâmicos, no quadro de um sistema comercial internacional aberto, equitativo, seguro, não discriminatório, previsível, transparente e fundado no multilateralismo e nas tecnologias;

d) Aplicar plenamente e segundo o calendário previsto o Acto Final das negociações comerciais multilaterais do Uruguai;

e) Impedir a adopção de medidas unilaterais que não respeitem o direito internacional ou a Carta das Nações Unidas e dificultem as relações comerciais entre os Estados, impeçam a plena realização do desenvolvimento económico e social ou comprometam o bem-estar das populações dos países afectados;

f) Aumentar a produção alimentar, através do desenvolvimento sustentável do sector agrícola e da melhoria das oportunidades de mercado e conseguir um maior acesso aos alimentos por parte das pessoas com fracos rendimentos nos países em desenvolvimento, como meio de aliviar a pobreza, eliminar a subnutrição e elevar o nível de vida dessas pessoas;

g) Promover a coordenação das políticas macroeconómicas a nível nacional, sub-regional, regional e internacional, facultando o estabelecimento de um sistema financeiro internacional que favoreça um crescimento económico sustentado e estável e um desenvolvimento sustentável, nomeadamente mediante uma maior estabilidade dos mercados financeiros; reduzir o risco de crises financeiras; conseguir uma maior estabilidade das taxas de câmbio; adoptar medidas para estabilizar e diminuir as taxas de juro reais a logo prazo; e reduzir a incerteza dos fluxos financeiros;

h) Estabelecer, reforçar ou recuperar, nomeadamente através da criação de capacidades, segundo os casos, dispositivos, meios e processos nacionais e internacionais destinados a garantir uma análise e uma coordenação adequadas das políticas económicas, tendo especialmente em conta o desenvolvimento social;

i) Promover ou reforçar a criação de capacidades nos países em desenvolvimento, sobretudo em África e nos países menos avançados, com o objectivo de desenvolver as actividades sociais;

j) Garantir, em conformidade com a Agenda 21 e os diferentes acordos, convenções e programas de acção adoptados no quadro das actividades complementares da Conferência das Nações Unidas sobre Ambiente e Desenvolvimento, que o desenvolvimento sustentável e o crescimento económico sustentado de base alargada respeitem a necessidade de proteger o ambiente e os interesses das gerações futuras;

k) Assegurar uma abordagem adequada às necessidades especiais e às vulnerabilidades próprias dos pequenos Estados insulares em desenvolvimento, para que possam alcançar um crescimento económico sustentado e um desenvolvimento sustentável em condições equitativas, através da aplicação do Programa de Acção para o Desenvolvimento Sustentável dos Pequenos Estados Insulares em Desenvolvimento;

10. Para que os benefícios do crescimento económico mundial se distribuam de forma equitativa entre os países, é essencial adoptar as seguintes medidas:

a) Prosseguir os esforços para aliviar o pesado fardo da dívida e do serviço da dívida relativamente aos diferentes tipos de dívida de muitos países em desenvolvimento, na base de uma perspectiva equitativa e duradoura e, quando adequado, considerar prioritariamente o conjunto da dívida dos países em desenvolvimento mais pobres e mais endividados, reduzindo as barreiras comerciais e promovendo o acesso de todos os países aos mercados, no âmbito de um sistema de comércio internacional aberto, equitativo, seguro, não discriminatório, previsível, transparente e multilateral, bem como aos investimentos produtivos, às tecnologias e aos conhecimentos práticos;

    b) Reforçar e melhorar a assistência técnica e financeira aos países em desenvolvimento para promover o desenvolvimento sustentável e superar os obstáculos que impedem a sua participação plena e efectiva na economia mundial;

    c) Modificar os hábitos de consumo e de produção, tendo em conta que esses hábitos, particularmente nos países industrializados, constituem a principal causa da deterioração contínua do ambiente e motivo de profunda preocupação, na medida em que agravam a pobreza e os desequilíbrios;

    d) Elaborar políticas que permitam aos países em desenvolvimento aproveitar o aumento das oportunidades oferecidas pelo comércio internacional, no quadro da plena aplicação do Acto Final das negociações comerciais multilaterais do Uruguai, e prestar assistência aos países que não estão actualmente em condições de beneficiar plenamente da liberalização da economia mundial, em particular os países africanos;

    e) Apoiar os esforços realizados pelos países em desenvolvimento, em particular os que dependem consideravelmente da exportação de produtos de base, para diversificar as suas economias.

    11. No âmbito do apoio aos países em desenvolvimento, e dando prioridade às necessidades de África e dos países menos avançados, deverão ser adoptadas, quer no plano nacional, quer no plano internacional, as seguintes medidas:

    a) Aplicar políticas e estratégias de desenvolvimento eficazes que criem um clima mais favorável ao desenvolvimento social, ao comércio e aos investimentos, dando prioridade ao desenvolvimento dos recursos humanos e fomentando a consolidação das instituições democráticas;

    b) Apoiar os países africanos e os países menos avançados nos seus esforços para criar um clima favorável à captação de investimento directo estrangeiro e nacional, ao estímulo da poupança, que induza o regresso dos capitais circulantes e promova a plena participação do sector privado, incluindo as organizações não governamentais, no processo de crescimento e de desenvolvimento;

c) Apoiar as reformas económicas para melhorar o funcionamento dos mercados de produtos de base e a diversificação desses produtos, através de mecanismos apropriados, de uma cooperação financeira e técnica bilateral e multilateral, incluindo a cooperação Sul-Sul, bem como através do comércio e das parcerias;

d) Continuar a apoiar os esforços de diversificação dos produtos de base prosseguidos pelos países africanos e pelos países menos avançados, fornecendo-lhes, nomeadamente, assistência técnica e financeira na fase preparatória dos seus projectos e programas de diversificação dos produtos de base;

e) Encontrar soluções eficazes, orientadas para o desenvolvimento e duradouras para os problemas da dívida externa, através da aplicação imediata das condições de negociação da dívida acordadas no Clube de Paris, em Dezembro de 1994, que incluem a redução da dívida, o seu perdão ou outras medidas de alívio; convidar as instituições financeiras internacionais a considerarem novas formas de ajudar os países de baixos rendimentos com uma importante dívida multilateral a aliviarem esse fardo; elaborar técnicas de conversão da dívida aplicáveis aos programas e projectos de desenvolvimento social, em conformidade com as prioridades da Cimeira. Estas medidas deverão ter em conta a avaliação a fazer a meio período do Novo Programa das Nações Unidas para o Desenvolvimento de África na Década de 1990 e do Programa de Acção a Favor dos Países Menos Avançados para a Década de 1990, e deverão ser aplicadas o mais rapidamente possível;

f) Apoiar as estratégias de desenvolvimento adoptadas por esses países e colaborar na tarefa de assegurar a aplicação de medidas destinadas a alcançar o seu desenvolvimento;

g) Adoptar medidas apropriadas, compatíveis com o Acto Final das negociações comerciais multilaterais do Uruguai, em particular a decisão sobre medidas a favor dos países menos avançados e a decisão sobre medidas relativas às possíveis consequências negativas do programa de reformas no países menos avançados e nos países em desenvolvimento importadores de alimentos, a fim de prestar a esses países uma atenção especial para melhorar a sua participação no sistema comercial multilateral e atenuar todas as consequências negativas da aplicação do *Uruguay Round*, sublinhando, ao mesmo tempo, a necessidade de apoiar os países africanos para que possam beneficiar plenamente dos resultados do *Uruguay Round*;

h) Aumentar a ajuda pública ao desenvolvimento, tanto no que se refere ao seu volume total, como à que se destina aos programas sociais, e melhorar o seu impacto, em função das condições económicas e da capacidade de assistência dos países e dos compromissos assumidos nos acordos internacionais, e procurar alcançar o mais rapidamente possível a meta acordada de destinar 0,7% do PNB à ajuda pública ao desenvolvimento e 0,15% do PNB aos países menos avançados.

12. Para que o crescimento económico e a interacção das forças do mercado se orientem preferencialmente para o desenvolvimento social, é necessário:

a) Adoptar medidas para proporcionar a todos, incluindo aos que vivem em situação de pobreza e aos desfavorecidos, oportunidades de acesso aos mercados e incentivar as pessoas e as colectividades a adoptar iniciativas económicas, a inovar e a investir em actividades que contribuam para o desenvolvimento social e, em simultâneo, promover um crescimento económico equitativo e sustentado e um desenvolvimento sustentável;

b) Melhorar, alargar e regular, na medida necessária, o funcionamento dos mercados, com o fim de promover o crescimento económico sustentado e o desenvolvimento sustentável, a estabilidade e o investimento a longo prazo, a concorrência leal e um comportamento ético; adoptar e aplicar políticas tendentes a promover uma repartição equitativa dos benefícios do crescimento e a proteger os serviços sociais essenciais, nomeadamente, complementando os mecanismos do mercado e atenuando as repercussões negativas das forças do mercado, aplicando políticas complementares para promover o desenvolvimento social, eliminando, de forma compatível com as disposições do Acto Final das negociações comerciais multilaterais do Uruguai, as medidas proteccionistas e integrando o desenvolvimento social e o desenvolvimento económico;

c) Adoptar uma política de abertura do mercado que reduza as barreiras que impedem a entrada de novos fornecedores, promova a transparência dos mercados, designadamente através de um melhor acesso à informação, e alargue as opções dos consumidores;

d) Melhorar o acesso à tecnologia e à assistência técnica, bem como aos correspondentes conhecimentos práticos, nomeadamente às pequenas e médias empresas e às microempresas de todos os países, em particular dos países em desenvolvimento;

e) Incentivar as empresas transnacionais e nacionais a operar no respeito pelo ambiente, conformando-se com a legislação nacional e com os acordos e convenções internacionais, tendo devidamente em conta o impacto social e cultural das suas actividades;

f) Adoptar e aplicar estratégias de longo prazo para estimular os sectores público e privado a investirem conscienciosa e generosamente na construção e na renovação de infra-estruturas básicas, assegurando que esses investimentos beneficiem os que vivem em situação de pobreza e criem emprego;

g) Encorajar os sectores público e privado a investirem massivamente na formação de recursos humanos e na criação de capacidades nas áreas da saúde e da educação, bem como no reforço dos meios de acção e de participação, em particular das vítimas da pobreza ou da exclusão social;

h) Apoiar e prestar especial atenção à criação de pequenas empresas e de microempresas, nomeadamente nas áreas rurais e nos sectores de subsistência, a fim de assegurar um relacionamento sem riscos com os sistemas económicos de maior dimensão;

i) Apoiar as actividades económicas das populações indígenas, melhorando as suas condições e o seu desenvolvimento e assegurando que elas se relacionem sem riscos com o resto da economia;

j) Apoiar as instituições, programas e sistemas na difusão de informações práticas que promovam o progresso social.

13. Para que os sistemas fiscais e outras políticas se orientam para a erradicação da pobreza e não criem disparidades que atentem contra a coesão social, é necessário:

a) Promulgar normas e regulamentos e criar condições morais e éticas que impeçam todas as formas de corrupção e exploração de indivíduos, famílias e grupos;

b) Promover uma concorrência leal e uma responsabilidade ética nas actividades empresariais e melhorar a cooperação e a interacção entre os governos, o sector privado e a sociedade civil;

c) Garantir que as políticas fiscais e monetárias favoreçam a poupança e o investimento a longo prazo nas actividades produtivas, de acordo com as prioridades e as políticas nacionais;

d) Considerar medidas apropriadas a solucionar as desigualdades resultantes da acumulação de riqueza, nomeadamente através da aplicação de medidas fiscais adequadas a nível nacional, a reduzir os factores de ineficácia e a melhorar a estabilidade dos mercados financeiros, de acordo com as prioridades e as políticas nacionais;

e) Reexaminar o sistema de repartição de subvenções, nomeadamente entre a indústria e a agricultura, entre as áreas urbanas e rurais e entre o consumo público e o consumo privado, de modo a que o mesmo beneficie os mais pobres, em particular os grupos mais vulneráveis, e permita a redução das disparidades;

f) Fomentar a conclusão de acordos internacionais que permitam resolver eficazmente o problema da dupla tributação e o da evasão fiscal internacional, de acordo com as prioridades e as políticas dos Estados interessados, melhorando, ao mesmo tempo, a eficiência e a equidade da cobrança de impostos;

g) Ajudar os países em desenvolvimento que o solicitem a estabelecer sistemas fiscais eficazes e equitativos, reforçando a capacidade da administração fiscal de calcular os impostos, de os cobrar e de combater a fraude fiscal, e a instaurar uma fiscalidade mais progressiva;

h) Ajudar os países com economias em transição a estabelecer sistemas fiscais eficazes e equitativos, assentes numa base jurídica sólida, que contribuam para as reformas sócio-económicas em curso nesses países.

B. Criar um clima político e jurídico favorável à escala nacional e internacional

14. Para que o enquadramento político favoreça os objectivos de desenvolvimento social, é necessário:

a) Assegurar que as instituições e os organismos governamentais a quem compete a concepção e a aplicação das políticas sociais disponham de autoridade, de recursos e de informação necessários para fazer do desenvolvimento social uma prioridade aquando da elaboração das políticas;

b) Garantir o respeito pela legalidade e pela democracia, bem como a existência de normas e procedimentos adequados à instauração da transparência e obrigar todas as instituições públicas e privadas a prestar contas, de modo a prevenir e combater todas as formas de corrupção, promovendo campanhas de educação e encorajando os comportamentos e os valores que fomentem o sentido de responsabilidade, a solidariedade e a sociedade civil;

c) Eliminar todas as formas de discriminação, organizando programas educativos e campanhas de informação com esse objectivo;

d) Encorajar a descentralização das instituições e dos serviços públicos a um nível compatível com as responsabilidades, as prioridades e os objectivos dos governos e que responda, de maneira adequada, às necessidades locais e facilite a participação local;

e) Criar as condições necessárias para permitir que os parceiros sociais se organizem e actuem num quadro que lhes garanta a liberdade de expressão e de associação e o direito à negociação colectiva e à defesa dos seus interesses, tendo em conta a legislação e a regulamentação nacionais;

f) Criar condições similares para as associações profissionais e as organizações de trabalhadores independentes;

g) Integrar todos os membros da sociedade nas actividades políticas e sociais, respeitando o pluralismo político e a diversidade cultural;

h) Reforçar as capacidades e as possibilidades de todas as pessoas, em particular das mais desfavorecidas ou vulneráveis, de alcançarem o seu próprio desenvolvimento económico e social, de estabelecerem e manterem em funcionamento organizações representativas dos seus interesses e de participarem na concepção e na aplicação das políticas e programas governamentais que os afectem directamente;

i) Assegurar a plena participação das mulheres em todos os níveis da tomada e da aplicação de decisões, bem como nos mecanismos económicos e políticos que presidem à elaboração e aplicação das políticas;

j) Eliminar todos os obstáculos jurídicos que se oponham à propriedade de todos os meios de produção e de bens imóveis por parte de homens e de mulheres;

k) Adoptar medidas, em cooperação com a comunidade internacional, que sejam adequadas e conformes com a Carta das Nações Unidas, a Declaração Universal dos Direitos do Homem, outros instrumentos internacionais e as resoluções pertinentes das Nações Unidas, para criar um ambiente político e jurídico que permita fazer face às causas profundas dos movimentos de refugiados e assegurar o seu retorno voluntário em condições seguras e dignas. Também se devem adoptar outras medidas, adequadas a cada caso, no plano nacional, em cooperação com a comunidade internacional e em conformidade com a Carta das Nações Unidas, para criar condições propícias ao regresso dos deslocados internos aos seus lugares de origem.

15. Para alcançar o desenvolvimento social é essencial que se promovam e protejam todos os direitos humanos e liberdades fundamentais, incluindo o direito ao desenvolvimento como parte integrante dos direitos fundamentais do homem, através das seguintes medidas:

a) Fomentar a ratificação das convenções internacionais sobre direitos humanos que ainda não tenham sido ratificadas e aplicar as disposições das convenções e pactos já ratificados;

b) Reafirmar e promover todos os direitos humanos e liberdades fundamentais, que são universais, indivisíveis, interdependentes e interrelacionadas, incluindo o direito ao desenvolvimento, e esforçar-se por que sejam respeitados, protegidos e observados, mediante a aprovação de legislação apropriada, a difusão de informação, a educação, a formação e o estabelecimento de mecanismos e de meios de recurso eficazes para assegurar o seu cumprimento, nomeadamente mediante a criação ou reforço de organismos nacionais responsáveis pela sua fiscalização e aplicação;

c) Adoptar medidas que assegurem a todas as pessoas e a todos os povos o direito a participar no processo de desenvolvimento económico, social, cultural e político e a contribuir para ele e dele beneficiar; incentivar todas as pessoas a assumir, individual e colectivamente, a responsabilidade pelo processo de desenvolvimento e reconhecer que é aos Estados que cabe a responsabilidade fundamental de criar condições nacionais e internacionais favoráveis ao exercício do direito ao desenvolvimento, tendo em conta as disposições da Declaração e do Programa de Acção de Viena;

d) Assegurar o exercício do direito ao desenvolvimento, através do reforço da democracia, a promoção e o respeito pelos direitos humanos e liberdades fundamentais, a adopção de políticas de desenvolvimento eficazes ao nível nacional, o estabelecimento de relações económicas equitativas e a criação de um ambiente económico propício ao nível internacional, reconhecendo que são necessários esforços sustentados para acelerar o processo de desenvolvimento nos países em desenvolvimento;

e) Eliminar os obstáculos ao exercício do direito dos povos à autodeterminação, em particular dos povos que vivem sob domínio colonial ou outras formas de domínio ou ocupação estrangeiros, com incidência negativa sobre o seu desenvolvimento económico e social;

f) Promover e proteger os direitos fundamentais das mulheres e eliminar todos os obstáculos que se opõem à plena igualdade e equidade entre homens e mulheres na vida política, civil, económica, social e cultural;

g) Prestar especial atenção à promoção e à protecção dos direitos da criança, em especial das crianças do sexo feminino, nomeadamente encorajando a ratificação e a aplicação da Convenção sobre os Direitos da Criança e do Programa de Acção para a aplicação da Declaração Universal sobre a Sobrevivência, a Protecção e o Desenvolvimento da Criança na Década de 1990, adoptada na Cimeira Mundial para a Criança;

h) Assegurar a todas as pessoas, em particular aos grupos sociais mais vulneráveis e desfavorecidos, um sistema judiciário independente, justo e eficaz, bem como o acesso a serviços de consultoria jurídica competentes em matéria de direitos e obrigações;

i) Adoptar medidas eficazes para pôr fim a todas as formas de discriminação *de jure* e de facto contra as pessoas deficientes;

j) Reforçar a capacidade da sociedade civil e da comunidade de participarem activamente na planificação, decisão e aplicação de programas de desenvolvimento social, através da educação e do acesso aos recursos;

k) Promover e proteger os direitos da pessoa humana, a fim de prevenir e eliminar as situações de discriminação e violência no seio da família.

16. Um sistema político e económico aberto exige o acesso de todos os cidadãos aos conhecimentos, à educação e à informação, para o que é necessário:

a) Reforçar o sistema de educação a todos os níveis, assim como outros meios de adquirir competências e conhecimentos e assegurar o acesso universal à educação básica e à educação permanente, eliminando os obstáculos económicos e sócio-culturais que impedem o exercício do direito à educação;

b) Sensibilizar a opinião pública sobre os comportamentos discriminatórios fundados no sexo, a fim de eliminar todos os obstáculos que se opõem à plena igualdade e equidade entre os homens e as mulheres;

c) Permitir e fomentar o acesso de todos às informações e opiniões sobre questões de interesse geral, através dos meios de comunicação social e de outros meios de informação;

d) Incentivar os sistemas de educação e, no respeito pela liberdade de expressão, os meios de comunicação a melhorar a compreensão e a consciência pública relativamente a todos os aspectos de integração social, incluindo as disparidades entre os sexos, a não-violência, a tolerância, a solidariedade, o respeito pela diversidade de culturas e de interesses e desencorajar a pornografia e a difusão da violência e da crueldade nos meios de comunicação;

e) Melhorar a fiabilidade, a validade, a utilização e a difusão de informação estatística e de outros dados sobre o desenvolvimento social e sobre os problemas específicos de cada sexo, incluindo a utilização eficaz de estatísticas apresentadas por sexo, recolhidas ao nível nacional, regional e internacional, nomeadamente prestando apoio aos estabelecimentos universitários e às instituições de investigação.

17. O apoio internacional aos esforços nacionais para promover um enquadramento político e jurídico favorável deverá efectuar-se em conformidade com a Carta das Nações Unidas e os princípios do direito internacional, bem como à Declaração sobre os Princípios de Direito Internacional Relativos às Relações de Amizade e à Cooperação entre os Estados. No quadro desse apoio, é necessário:

a) Utilizar, de forma adequada, as capacidades das Nações Unidas e de outras organizações internacionais, regionais e sub-regionais competentes para prevenir e resolver conflitos armados, promover o progresso social e melhorar o nível de vida num clima de maior liberdade;

b) Coordenar as políticas, as iniciativas e os instrumentos e/ou as medidas destinados a combater o terrorismo, todas as formas de violência extremista, o tráfico de armas, o crime organizado, o problema das drogas ilícitas, o branqueamento de capitais e os delitos conexos, o tráfico de mulheres, de adolescentes e de crianças migrantes e de órgãos humanos e outras actividades contrárias aos direitos e à dignidade humana;

c) Assegurar uma cooperação entre os Estados para promover o desenvolvimento e eliminar os obstáculos que se lhe opõem. A comunidade internacional deve favorecer uma cooperação internacional eficaz, apoiar os esforços dos países em desenvolvimento tendentes ao pleno exercício do direito ao desenvolvimento e à eliminação dos obstáculos ao desenvolvimento, nomeadamente, através da aplicação das disposições da Declaração sobre o Direito ao Desenvolvimento, reafirmadas na Declaração e no Programa de Acção de Viena. Para alcançar um progresso sustentado na realização do direito ao desenvolvimento, é necessária a elaboração de políticas de desenvolvimento eficazes a nível nacional e o estabelecimento de relações económicas equitativas e de um clima económico favorável a nível internacional. É preciso assegurar o exercício do direito ao desenvolvimento de forma a responder de uma maneira equitativa às necessidades sociais, ambientais e de desenvolvimento das gerações actuais e das gerações futuras;

d) Garantir que a pessoa humana esteja no centro do processo de desenvolvimento social e que este objectivo seja plenamente tido em conta nos programas e actividades das organizações sub-regionais, regionais e internacionais;

e) Reforçar a capacidade das organizações nacionais, regionais e internacionais competentes promoverem, no âmbito dos seus mandatos, o exercício de todos os direitos humanos e liberdades fundamentais e a eliminação de todas as formas de discriminação;

f) Definir, no âmbito dos mandatos e das funções das diversas instituições internacionais, políticas que favoreçam os objectivos do desenvolvimento social e contribuam para a criação de instituições, através do reforço das capacidades e de outras formas de cooperação;

g) Reforçar as capacidades dos governos, do sector privado e da sociedade civil, especialmente em África e nos países menos avançados, de forma a permitir-lhes a assunção das suas responsabilidades a nível nacional e à escala mundial;

h) Reforçar as capacidades dos governos, do sector privado e da sociedade civil, nos países com economias em transição, de modo a facilitar a sua passagem de uma economia de planeamento central para uma economia de mercado.

CAPÍTULO II
Erradicação da pobreza

Fundamentos de acção e objectivos

18. Actualmente, mais de 1 000 milhões de pessoas vivem em condições de pobreza inaceitáveis, sobretudo nos países em desenvolvimento e, em particular, nas áreas rurais dos países de baixos rendimentos da Ásia e do Pacífico, de África, da América Latina e das Caraíbas e nos países menos avançados.

19. A pobreza manifesta-se sob diversas formas: falta de rendimentos e de recursos produtivos suficientes para garantir meios de subsistência viáveis, fome e subnutrição, doença, falta de acesso ou acesso limitado à educação e a outros serviços básicos, aumento da morbilidade e da mortalidade devido a doenças, carências habitacionais, discriminação social e exclusão. Uma outra característica é a falta de participação na tomada de decisões na vida civil, social e cultural. A pobreza existe em todos os países; pode tratar-se de uma pobreza massiva em muitos países em desenvolvimento, de bolsas de pobreza no meio da abundância em países desenvolvidos, da perda de fontes de rendimento por causa de uma recessão económica, de uma pobreza súbita resultante de catástrofes ou conflitos, da pobreza dos trabalhadores com baixos salários, da miséria absoluta que afecta os que se encontram à margem dos sistemas de apoio familiar e que não beneficiam de serviços sociais, nem da segurança social. As mulheres são, indiscutivelmente, as principais afectadas pela pobreza e as crianças que crescem nessa situação acabam por ficar em permanente desvantagem. Os idosos, os deficientes, as populações indígenas, os refugiados e as pessoas deslocadas no interior dos seus próprios países são, também, particularmente vulneráveis à pobreza. Além disso, a pobreza, nas suas diversas formas, representa um obstáculo à comunicação e ao acesso aos serviços e comporta importantes riscos para a saúde; por outro lado, as

pessoas que vivem em situação de pobreza são especialmente vulneráveis às consequências das catástrofes e dos conflitos. A pobreza absoluta é um estado caracterizado por uma grave privação no que se refere à satisfação das necessidades humanas fundamentais: comida, água potável, saneamento básico, cuidados de saúde, habitação, educação e informação. A pobreza depende, não apenas dos rendimentos, mas, também, da possibilidade de aceder aos serviços sociais.

20. É unanimemente reconhecido que a pobreza persistente e generalizada e a existência de graves desigualdades sociais e de desigualdades entre homens e mulheres têm uma considerável influência sobre os aspectos demográficos, como o crescimento demográfico, a estrutura demográfica e a distribuição da população e são, concomitantemente, influenciados por eles. É, também, unanimemente reconhecido que modos de consumo e de produção não sustentáveis contribuem para uma utilização insustentável dos recursos naturais e para a degradação do ambiente, agravando as desigualdades sociais e a pobreza, com as já mencionadas consequências nos aspectos demográficos.

21. A pobreza urbana está a aumentar rapidamente, ao ritmo do processo geral de urbanização. Trata-se de um fenómeno cada vez mais frequente, que se regista em todos os países e regiões, criando, muitas vezes, problemas específicos, como o sobrepovoamento, a contaminação da água, a falta de saneamento, a precariedade das habitações, a criminalidade e outros problemas sociais. Um número crescente de famílias urbanas de fracos rendimentos subsiste graças às mulheres.

22. Entre as pessoas que vivem em situação de pobreza, merecem destaque as consideráveis disparidades existentes entre os sexos, as quais se podem constatar através do aumento do número de famílias em que a subsistência é assegurada pelas mulheres. Além disso, com o crescimento demográfico, assistir-se-á a um importante aumento do número de jovens que vivem em situação de pobreza. É, pois, necessário adoptar medidas que permitam combater especificamente o aumento da pobreza entre os jovens e as mulheres.

23. As causas da pobreza são muito diversificadas e entre elas existem causas estruturais. A pobreza é um problema complexo e multidimensional, com origem tanto no plano nacional, como no internacional. Não existe uma solução uniforme para a pobreza, aplicável à escala mundial. É, pois, fundamental, na tentativa de encontrar uma solução para o problema, desenvolver programas de luta contra a pobreza adequados a cada país e apoiar as actividades nacionais, através de esforços internacio-

nais, criando, em simultâneo, um ambiente internacional favorável a esses esforços. A pobreza está intimamente ligada à falta de controlo sobre os recursos, nomeadamente, a terra, as competências, os conhecimentos, os capitais e as relações sociais. Os decisores ignoram aqueles que não têm acesso a esses recursos e as instituições, os mercados, o emprego e os serviços públicos só se lhes abrem de uma forma muito limitada. Os programas de luta contra a pobreza não são, por si só, suficientes para erradicar a pobreza; é necessário introduzir transformações nas estruturas políticas e económicas se se pretende garantir o acesso de todos aos recursos e aos serviços públicos e a igualdade de oportunidades, empreender políticas orientadas para uma repartição mais equitativa da riqueza e dos rendimentos, garantir uma protecção social aos que não possuem meios de subsistência e ajudar as pessoas afectadas, a título individual ou colectivo, por catástrofes imprevistas, sejam estas naturais, sociais ou tecnológicas.

24. A erradicação da pobreza implica, no plano económico, a igualdade de oportunidades, que permitirá promover meios de subsistência viáveis e um acesso universal aos serviços sociais básicos, concedendo-se uma especial atenção aos mais desfavorecidos. É necessário oferecer aos que vivem em situação de pobreza e aos grupos vulneráveis meios de organização e participação em todos os aspectos da vida política, económica e social, em particular, na planificação e execução das políticas que lhes dizem respeito, permitindo-lhes, assim, tornarem-se verdadeiros parceiros no desenvolvimento.

25. É, pois, necessário, de forma urgente:
- Formular estratégias nacionais para reduzir consideravelmente a pobreza generalizada, nomeadamente medidas para eliminar os obstáculos estruturais que impedem as pessoas de escapar à pobreza, com compromissos específicos para erradicar a pobreza absoluta num prazo fixado por cada país no contexto nacional;
- Reforçar a cooperação internacional e as instituições internacionais, a fim de apoiar os países nos esforços que realizem para erradicar a pobreza e assegurar a protecção e serviços sociais básicos;
- Elaborar métodos que permitam medir todas as formas de pobreza, em particular a pobreza absoluta, e avaliar e controlar a situação daqueles que se encontram expostos ao risco a nível nacional;
- Proceder a exames periódicos das políticas económicas e dos orçamentos nacionais, de forma a orientá-los para a erradicação da pobreza e para a redução das desigualdades;

- Alargar as oportunidades, de forma a permitir aos que vivem em situação de pobreza o reforço das suas capacidades e a melhoria da sua situação económica e social, gerindo, em simultâneo, os recursos de forma sustentável;
- Valorizar os recursos humanos e melhorar as infra-estruturas;
- Satisfazer as necessidades fundamentais de todos;
- Definir políticas que permitam assegurar uma protecção económica e social suficiente em todos os casos de desemprego, doença, maternidade, invalidade ou velhice;
- Definir políticas que reforcem a família e contribuam para a sua estabilidade, em conformidade com os princípios, objectivos e compromissos da Declaração da Cimeira Mundial sobre o Desenvolvimento Social e do Programa de Acção da Conferência Internacional sobre População e Desenvolvimento;
- Mobilizar os sectores público e privado, as regiões desenvolvidas, os estabelecimentos de ensino e as universidades e as organizações não governamentais para que prestem assistência às regiões assoladas pela pobreza.

Acções

A. Formulação de estratégias integradas

26. Os governos devem concentrar os seus esforços públicos na erradicação da pobreza absoluta e na redução em larga escala da pobreza generalizada, o que implica:

a) Promover um crescimento económico sustentado, no quadro do desenvolvimento sustentável, e o progresso social implica que o crescimento se realize numa base alargada que ofereça oportunidades iguais a todas as pessoas. Todos os países devem reconhecer as suas responsabilidades comuns, embora diferenciadas. Os países desenvolvidos devem reconhecer a responsabilidade que têm na prossecução do desenvolvimento sustentável a nível internacional e deverão prosseguir os seus esforços para promover um crescimento económico sustentado e reduzir as desigualdades, de forma a beneficiar todos os países, em particular os países em desenvolvimento;

b) Formular, reforçar e executar, preferencialmente até 1996, planos nacionais de erradicação da pobreza que ataquem as suas causas estruturais e prevejam medidas ao nível local, nacional, sub-regional, regional e internacional. Esses planos deverão dar lugar, no contexto de cada país, a estratégias e a objectivos exequíveis em prazos fixados para reduzir consideravelmente a pobreza generalizada e erradicar a pobreza absoluta. No contexto dos planos nacionais, será dada especial atenção à criação de empregos como meio de erradicar a pobreza, será devidamente tida em conta a saúde e a educação e conferir-se-á maior atenção aos serviços sociais básicos, aos rendimentos familiares e à promoção do acesso aos bens produtivos e às oportunidades económicas;

c) Identificar os diferentes meios de subsistência, as estratégias de sobrevivência e as organizações de auto-assistência que reagrupam pessoas que vivem em situação de pobreza e cooperar com essas organizações para elaborar programas de luta contra a pobreza baseados nos seus esforços, a fim de garantir a plena participação dos interessados e de dar resposta às suas necessidades efectivas;

d) Elaborar, a nível nacional, medidas, critérios e indicadores que permitam determinar o alcance e a distribuição da pobreza absoluta. Cada país deve proceder a uma definição precisa e a uma avaliação da pobreza absoluta, preferencialmente em 1996, Ano Internacional para a Erradicação da Pobreza;

e) Definir as políticas e os objectivos quantificáveis para reforçar e alargar as perspectivas económicas da mulher e o acesso aos recursos produtivos, em particular das mulheres que não possuam uma fonte de rendimento;

f) Promover a todos o gozo efectivo dos direitos civis, culturais, económicos, políticos e sociais, bem como o acesso aos serviços públicos e à protecção social existentes, em particular encorajando a ratificação dos instrumentos relativos aos direitos humanos, como o Pacto Internacional sobre os Direitos Económicos, Sociais e Culturais e o Pacto Internacional sobre os Direitos Civis e Políticos, e assegurando a sua plena aplicação;

g) Eliminar as injustiças e os obstáculos que afectam as mulheres e encorajar e reforçar a sua participação na tomada de decisões e na sua aplicação, o seu acesso aos recursos produtivos e à propriedade da terra, bem como os seus direitos sucessórios;

h) Fomentar e apoiar os projectos locais de desenvolvimento comunitário que incentivem a competência, a autonomia e a auto-confiança das pessoas que vivem em situação de pobreza e que facilitem a sua participação activa nos esforços de luta contra a pobreza.

27. Os governos são instados a integrarem os objectivos de luta contra a pobreza nas políticas económicas e sociais e na planificação a nível local, nacional e, quando possível, regional, e, com esse fim:

a) Analisar as políticas e os programas, nomeadamente no que se refere à estabilidade macroeconómica, aos programas de ajustamento estrutural, aos impostos, aos investimentos, ao emprego, aos mercados e a todos os grandes sectores da economia, do ponto de vista dos seus impactos na pobreza e na desigualdade, e avaliar as suas repercussões no bem-estar e na situação da família e da mulher, a fim de os adaptar, conforme as necessidades, para assegurar uma repartição mais equitativa dos recursos produtivos, da riqueza, das oportunidades, dos rendimentos e dos serviços;

b) Reformular as políticas de investimento público relativas ao desenvolvimento das infra-estruturas, à gestão dos recursos naturais e à valorização dos recursos humanos em benefício dos que vivem em situação de pobreza, procurando assegurar que estes sejam compatíveis com a melhoria, a longo prazo, dos meios de subsistência;

c) Assegurar que as políticas de desenvolvimento favoreçam as colectividades de fracos rendimentos e promovam o desenvolvimento rural e agrícola;

d) Optar, sempre que possível, por planos de desenvolvimento que não obriguem à deslocação das populações locais e formular uma política e um quadro jurídico apropriados que garantam a indemnização das perdas sofridas pelas pessoas deslocadas, ajudando-as a encontrar meios de subsistência e facilitando a sua readaptação após as perturbações sociais e culturais sofridas;

e) Elaborar e aplicar medidas de protecção ambientais e de gestão dos recursos que tenham em conta as necessidades das pessoas que vivem em situação de pobreza e dos grupos vulneráveis, em conformidade com a Agenda 21 e os diversos acordos, convenções e programas de acção adoptados por consenso no quadro das actividades de seguimento da Conferência das Nações Unidas sobre Ambiente e Desenvolvimento;

f) Estabelecer a reforçar, segundo as necessidades, mecanismos de coordenação dos esforços de luta contra a pobreza, em colaboração com a sociedade civil, incluindo o sector privado, e prever, para esse efeito, acções integradas aos níveis intersectorial e intragovernamental.

28. A fim de acabar com a marginalização a que se encontram submetidas as pessoas que vivem em situação de pobreza e as suas organizações, é necessário adoptar as seguintes medidas:

a) Assegurar a sua plena participação na formulação de objectivos e na concepção, aplicação, supervisão e avaliação das estratégias e programas de erradicação da pobreza e de desenvolvimento das colectividades, assegurando que esses programas reflectem as suas prioridades;

b) Ter em conta os problemas específicos das mulheres na planificação e na aplicação das políticas e dos programas de promoção das mulheres;

c) Garantir que as políticas e programas destinados às pessoas que vivem em situação de pobreza respeitem a sua dignidade e a sua cultura e aproveitem plenamente os seus conhecimentos, as suas competências e os seus recursos;

d) Melhorar a educação a todos os níveis e garantir o acesso à educação das pessoas que vivem em situação de pobreza, em particular ao ensino primário e a outras possibilidades de educação de base;

e) Encorajar e ajudar as pessoas que vivem em situação de pobreza a organizar-se, de modo a que os seus representantes possam participar na elaboração de políticas económicas e sociais e colaborar mais eficazmente com as instituições governamentais, não governamentais e outras instituições adequadas para obter os serviços e oportunidades de que necessitam;

f) Preocupar-se particularmente com o reforço das capacidades e da gestão comunitária;

g) Informar as pessoas sobre os seus direitos, o funcionamento do sistema político e os programas existentes.

29. É preciso acompanhar, avaliar e difundir periodicamente os resultados dos planos de erradicação da pobreza, avaliar as políticas de luta contra a pobreza e sensibilizar as pessoas para este fenómeno, as suas causas e as suas consequências. Com esse objectivo, os governos podem, nomeadamente:

a) Elaborar, actualizar e difundir indicadores precisos e padronizados de pobreza e de vulnerabilidade, apresentados por sexo – rendimento, riqueza, nutrição, saúde física e mental, educação, alfabetização, situação familiar, desemprego, exclusão social e isolamento, falta de habitação e de terra e outros factores – assim como indicadores relativos às causas, nacionais e internacionais, da pobreza; e, para esse fim, reunir dados detalhados e comparáveis, apresentados por origem étnica, sexo, tipo de deficiência, situação familiar, grupo linguístico, região e sector económico e social;

b) Acompanhar e avaliar a realização dos objectivos estabelecidos nas instâncias internacionais sobre desenvolvimento social; avaliar, quantitativa e qualitativamente, as alterações dos níveis de pobreza e a persistência da pobreza, bem como a vulnerabilidade a este fenómeno, nomeadamente a relacionada com o nível dos rendimentos familiares e o acesso aos recursos e aos serviços; e avaliar a eficácia das estratégias de erradicação da pobreza com base nas prioridades e nas opiniões das famílias pobres e das comunidades de baixos rendimentos;

c) Reforçar, à escala internacional, a recolha de dados e os sistemas estatísticos, com a finalidade de apoiar os países a acompanhar a realização dos objectivos de desenvolvimento social e encorajar a extensão das bases de dados internacionais às actividades úteis à sociedade que não figurem na informação disponível, por exemplo, o trabalho não remunerado das mulheres e o seu contributo para a sociedade, a economia informal e a obtenção de meios de subsistência viáveis;

d) Sensibilizar o público, nomeadamente através dos estabelecimentos de ensino, das organizações não governamentais e dos meios de comunicação, para que a sociedade faça da luta contra a pobreza uma prioridade, avaliando o sucesso ou fracasso das medidas adoptadas para atingir as metas e objectivos definidos;

e) Mobilizar os recursos das universidades e das instituições de investigação para melhor compreender as causas da pobreza e as possíveis soluções, assim como o efeito das medidas de ajustamento estrutural nas pessoas que vivem em situação de pobreza e a eficácia das estratégias e programas de luta contra a pobreza; reforçar as capacidades de investigação social nos países em desenvolvimento e integrar os resultados da investigação nos processos de tomada de decisões;

f) Facilitar e promover o intercâmbio de conhecimentos e experiências, especialmente entre países em desenvolvimento, nomeadamente, por intermédio das organizações sub-regionais e regionais.

30. Os membros da comunidade internacional, através de intervenções bilaterais ou por intermédio das organizações multilaterais, devem favorecer a criação de um clima propício à erradicação da pobreza e, para esse efeito:

a) Coordenar as suas políticas e os seus programas de apoio às medidas adoptadas pelos países em desenvolvimento, em particular os de África e os países menos avançados, para erradicar a pobreza, criar empregos remunerados e reforçar a integração social, a fim de realizar os objectivos de base do desenvolvimento social;

b) Promover a cooperação internacional, a fim de apoiar os esforços empreendidos pelos países em desenvolvimento, quando estes o solicitem, sobretudo a nível comunitário, para assegurar a igualdade entre os sexos e a promoção das mulheres;

c) Reforçar os meios de que dispõem os países em desenvolvimento para controlar a execução dos planos nacionais de erradicação da pobreza, avaliar os efeitos das políticas e programas nacionais e internacionais sobre as pessoas que vivem em situação de pobreza e rectificar os efeitos negativos;

d) Reforçar os meios de que dispõem os países com economias em transição para desenvolver os sistemas de protecção social e as políticas sociais, tendo em vista, designadamente, a redução da pobreza;

e) Responder às necessidades específicas dos pequenos países insulares em desenvolvimento relativamente à realização dos seus objectivos de erradicação da pobreza, através de programas de desenvolvimento social que traduzam as suas prioridades nacionais;

f) Ajudar os países em desenvolvimento sem litoral a encontrar soluções para os problemas que encontram na erradicação da pobreza e apoiar os seus esforços de desenvolvimento social;

g) Apoiar os esforços desenvolvidos pelas sociedades afectadas por conflitos para reconstruir os seus sistemas de protecção social e erradicar a pobreza.

B. Facilitar o acesso aos recursos produtivos e às infra-estruturas

31. É necessário dar às comunidades de baixos rendimentos e às comunidades pobres meios de criar rendimentos, de diversificar as suas produções e de aumentar a sua produtividade, através das seguintes medidas:

a) Melhorar a disponibilidade e a acessibilidade dos serviços de transporte, comunicação, energia e electricidade, ao nível local ou das colectividades, em particular no caso das colectividades isoladas, afastadas ou marginalizadas;

b) Assegurar que os investimentos em infra-estruturas apoiem o desenvolvimento sustentável ao nível local ou das colectividades;

c) Sublinhar a necessidade de os países em desenvolvimento fortemente dependentes de produtos primários continuarem a promover uma política interna e um enquadramento institucional que encorajem a diversificação e reforcem a competitividade;

d) Destacar a importância da diversificação dos produtos de base, como forma de aumentar as receitas de exportação dos países em desenvolvimento e de melhorar a sua competitividade face à persistente instabilidade dos preços de alguns dos produtos primários e à deterioração generalizada dos termos de troca;

e) Encorajar a nível rural, sobretudo nas microempresas, as actividades de produção e serviços não agrícolas, como as actividades agro-industriais, as vendas e serviços relativos a equipamento agrícola, a irrigação, os serviços de crédito e outras actividades remuneratórias, apoiando-as, designadamente, através de leis, medidas administrativas e políticas de crédito adaptadas e de uma formação técnica e administrativa;

f) Reforçar e melhorar a assistência técnica e financeira prestada aos programas de desenvolvimento comunitário e aos programas de auto-assistência e reforçar a cooperação entre os governos, os organismos do poder local, as cooperativas, as instituições bancárias dos sectores estruturado e não estruturado, as empresas privadas e os organismos internacionais para mobilizar a poupança local, promover a criação de redes financeiras locais e melhorar o acesso ao crédito e à informação sobre os mercados aos pequenos empresários, aos pequenos agricultores e aos outros trabalhadores por conta própria de baixos rendimentos, providenciando, especialmente, às mulheres o acesso a esses serviços;

g) Reforçar as associações de pequenos agricultores, rendeiros e trabalhadores sem terra e as outras associações de pequenos produtores, as organizações de pescadores, as cooperativas locais e as cooperativas de trabalhadores, especialmente aquelas que são geridas por mulheres, a fim de, entre outras coisas, melhorar o acesso aos mercados, aumentar a produtividade, proporcionar conselhos e assistência técnica, promover a cooperação em matéria de produção e de comercialização e reforçar a sua participação na planificação e execução dos programas de desenvolvimento rural;

h) Promover uma assistência nacional e internacional que permita propor actividades alternativas economicamente viáveis aos grupos sociais e, em particular, aos produtores agrícolas que cultivam e transformam culturas destinadas ao tráfico de estupefacientes;

i) Melhorar a competitividade dos produtos naturais sem pôr em causa o ambiente e reforçar o impacto alcançado para promover modos sustentáveis de produção e de consumo, e reforçar e melhorar a assistência financeira e técnica aos países em desenvolvimento em matéria de investigação e desenvolvimento neste domínio;

j) Encorajar um desenvolvimento rural integrado, nomeadamente, por intermédio de programas de reforma agrária, de valorização da terra e de diversificação económica;

k) Melhorar as perspectivas económicas das mulheres rurais, eliminando os obstáculos jurídicos, sociais, culturais e práticos que entravam a sua participação nas actividades económicas e garantindo o seu acesso aos recursos produtivos em igualdade de circunstâncias.

32. Para combater a pobreza rural, é necessário:

a) Facilitar e melhorar o acesso à propriedade da terra, através de medidas como a reforma agrária, e garantir a ocupação das terras, assegurando às mulheres e aos homens direitos iguais neste domínio, aumentando a superfície das terras agrícolas, garantindo arrendamentos justos, melhorando a eficiência e a equidade nas transferências de terra e resolvendo os conflitos sobre terras;

b) Garantir uma remuneração justa e melhorar as condições de trabalho agrícola, fazendo com que os pequenos agricultores tenham um acesso mais fácil às redes de abastecimento de água, ao crédito e aos serviços de divulgação, bem como à tecnologia apropriada, assegurando que em todos estes domínios as mulheres, os deficientes e os grupos vulneráveis são tratados em igualdade de condições com os homens;

c) Reforçar as medidas e as iniciativas que visam melhorar a situação sócio-económica e as condições de vida nas áreas rurais e travar, desta forma, o êxodo rural;

d) Alargar as oportunidades que se oferecem aos pequenos agricultores e aos outros trabalhadores do sector agrícola, da silvicultura e da pesca, tendo em conta as exigências de um desenvolvimento sustentável;

e) Facilitar o acesso aos mercados e à informação comercial, para que os pequenos produtores possam obter melhores preços pelos seus produtos e comprar mais barato o material de que necessitam;

f) Proteger, no contexto nacional, o direito tradicional à terra e aos outros recursos dos pastores, dos pescadores e das populações nómadas e indígenas e melhorar a gestão das terras nas regiões onde seja praticada a pastorícia e o nomadismo, encorajando as práticas comunitárias tradicionais, refreando a ocupação das terras por outras actividades e elaborando sistemas melhorados de ordenamento das pradarias e do acesso à irrigação, aos mercados, ao crédito, à produção animal, aos serviços veterinários, à saúde e aos serviços correspondentes, à educação e à informação;

g) Promover a educação, a investigação e o desenvolvimento em matéria de sistemas de exploração agrícola e de técnicas de cultivo e de criação de gado em minifúndio, em particular em zonas ecologicamente frágeis, encorajando as práticas tradicionais locais que favorecem uma agricultura sustentável e aproveitando especialmente os conhecimentos das mulheres;

h) Reforçar os serviços de formação e de divulgação agrícola junto dos agricultores e de outros trabalhadores agrícolas de ambos os sexos, nomeadamente, através do recrutamento preferencial de mulheres como agentes de divulgação, de forma a permitir uma utilização mais eficaz do conjunto dos conhecimentos locais e da tecnologia existente, bem como a difusão de novas técnicas;

i) Promover ao nível das infra-estruturas e das instituições os investimentos nas pequenas explorações agrícolas situadas nas regiões de escassos recursos, de modo a permitir aos pequenos agricultores o pleno aproveitamento das oportunidades do mercado, num contexto de liberalização.

33. Para permitir aos pequenos agricultores das cidades e dos campos, aos rendeiros e a outras pessoas de baixos rendimentos ou sem recursos o acesso ao crédito em condições substancialmente melhoradas, e tendo particularmente em conta as necessidades das mulheres e dos grupos desfavorecidos e vulneráveis, é preciso:

a) Rever os quadros jurídicos, regulamentares e institucionais que restringem o acesso ao crédito em condições razoáveis às pessoas que vivem em situação de pobreza, especialmente às mulheres;

b) Estabelecer prazos realistas para assegurar o acesso ao crédito em condições viáveis;

c) Proporcionar incentivos para melhorar o acesso às instituições bancárias do sector estruturado e reforçar a capacidade dessas instituições de atribuir empréstimos e prestar outros serviços conexos às pessoas que vivem em situação de pobreza e aos grupos vulneráveis;

d) Desenvolver as redes financeiras, reforçar as redes locais já existentes, oferecer oportunidades atractivas de poupança e assegurar um acesso equitativo ao crédito a nível local.

34. Para lutar contra a pobreza urbana, é, também, necessário:

a) Promover e reforçar as microempresas, as novas pequenas empresas comerciais e as cooperativas, encorajar o alargamento dos mercados e a criação de empregos e facilitar, quando se justifique, a passagem do sector informal para o sector formal;

b) Promover a criação de meios de vida sustentáveis para os que vivem em situação de pobreza nas áreas urbanas, assegurando-lhes o acesso ou a melhoria do acesso à formação, à educação e a outros serviços de assistência em matéria de emprego, em particular no que se refere às mulheres, aos jovens, aos desempregados e aos subempregados;

c) Encorajar os investimentos públicos e privados que permitam às pessoas mais desfavorecidas viver num melhor ambiente humano e dispor de infra-estruturas de melhor qualidade, em particular no que se refere à habitação, água e saneamento e transportes públicos;

d) Garantir que as estratégias de habitação dediquem especial atenção às mulheres e às crianças, tendo em conta a posição das mulheres na elaboração dessas estratégias;

e) Desenvolver serviços sociais e outros serviços essenciais e, quando for caso disso, ajudar as pessoas a instalar-se em regiões onde as possibilidades de emprego, habitação, educação, saúde e acesso a outros serviços sociais sejam maiores;

f) Garantir a segurança, assegurando um bom funcionamento da justiça penal e das medidas de protecção que respondam às necessidades e às preocupações da comunidade;

g) Reforçar o papel das autoridades municipais, das organizações não governamentais, das universidades e dos outros estabelecimentos de ensino, das empresas e das organizações comunitárias e aumentar os meios disponíveis para lhes permitir participar mais activamente no ordenamento das cidades e na elaboração de políticas e na sua execução;

h) Adoptar medidas especiais para proteger as pessoas deslocadas, os sem-abrigo, as crianças da rua, os menores de alto risco, os órfãos, os adolescentes e as mães solteiras, as pessoas com deficiências e os idosos, assegurando a sua integração nas comunidades a que pertencem.

C. Respostas às necessidades humanas fundamentais de todos

35. Os governos, em colaboração com todos os outros actores do desenvolvimento, em particular com os que vivem em situação de pobreza e as suas organizações, deveriam cooperar para responder às necessidades humanas fundamentais de todos, nomeadamente das pessoas que vivem em situação de pobreza e dos grupos vulneráveis, para o que é necessário:

a) Garantir o acesso universal aos serviços sociais básicos, esforçando-se, em particular, em facilitar às pessoas que vivem em situação de pobreza e aos grupos vulneráveis o acesso a esses serviços;

b) Criar nas populações a consciência de que a satisfação das necessidades humanas fundamentais é essencial para reduzir a pobreza; essas necessidades estão estreitamente ligadas entre si e compreendem a alimentação, a saúde, a água e o saneamento, a educação, o emprego, a habitação e a participação na vida social e cultural;

c) Garantir às mulheres de todas as idades a às crianças um acesso pleno e em condições de igualdade aos serviços sociais, nomeadamente, à educação, aos serviços jurídicos e aos serviços de saúde, tendo em conta os direitos, os deveres e as responsabilidades dos pais e de outras pessoas legalmente responsáveis pelas crianças, em conformidade com a Convenção sobre os Direitos da Criança;

d) Garantir a devida prioridade e a afectação dos recursos suficientes, a nível nacional, regional e internacional, à luta contra a ameaça que constituem para a saúde individual e pública a rápida propagação a nível mundial do vírus VIH/SIDA e o reaparecimento de doenças graves, como a tuberculose, a malária, a *onchocerciasis* (cegueira dos rios) e as doenças diarreicas, particularmente a cólera;

e) Adoptar medidas concretas para melhorar as capacidades produtivas das populações indígenas, garantindo, em condições de igualdade, o seu pleno acesso aos serviços sociais e a sua participação na elaboração e aplicação de políticas que afectem o seu desenvolvimento, respeitando plenamente as suas culturas, línguas, tradições e formas de organização social, bem como as suas próprias iniciativas;

f) Prestar aos grupos vulneráveis e às pessoas que vivem em situação de pobreza serviços sociais adequados que lhes permitam melhorar a sua condição de vida, exercer os seus direitos, participar plenamente em todas as actividades sociais, económicas e políticas e contribuir para o desenvolvimento sócio-económico;

g) Reconhecer que a melhoria da saúde da população está indissociavelmente ligada à qualidade ambiental.

h) Assegurar que as pessoas idosas, deficientes ou confinadas aos seus lares tenham materialmente acesso o todos os serviços sociais básicos;

i) Garantir que as pessoas que vivem em situação de pobreza tenham pleno acesso, em condições de igualdade, à justiça e que conheçam os seus direitos, prestando-lhes, quando necessário, assistência jurídica gratuita. É preciso tornar o sistema jurídico mais sensível e melhor adaptado às necessidades e à situação particular dos grupos vulneráveis e desfavorecidos, garantindo, assim, uma administração da justiça mais eficaz e independente;

j) Favorecer a criação de serviços de recuperação completos, em particular para quem necessite de ser tratado em instituições ou esteja confinado ao seu lar, e de uma gama completa de serviços a longo prazo, ao nível da colectividade, para os que se encontram em risco de perder a sua independência.

36. Os governos devem satisfazer, com a assistência da comunidade internacional, os compromissos assumidos para responder às necessidades básicas de todos, em conformidade com o capítulo V do presente Programa de Acção, e, em particular:

a) Até ao ano 2000, assegurar o acesso universal à educação de base e conseguir que, pelo menos, 80% das crianças em idade de frequentar a escola primária, concluam o ensino primário; eliminar a diferença entre as taxas de escolarização no ensino primário e secundário das crianças do sexo masculino e feminino até 2005; universalizar o ensino primário em todos os países antes de 2015;

b) Assegurar, até ao ano 2000, que a esperança de vida em todos os países não seja inferior a 60 anos;

c) Até ao ano 2000, reduzir as taxas de mortalidade infantil e de crianças com menos de 5 anos a um terço do nível que tinham em 1990, ou a entre 50 e 70 por cada 1000 nados vivos, se este número for inferior; até 2015, fazer um esforço para alcançar uma taxa de mortalidade infantil inferior a 35 por cada 1000 nados vivos e uma taxa de mortalidade de menores de 5 anos inferior a 45 por cada 1000;

d) Até ao ano 2000, reduzir a mortalidade materna a metade do nível que tinha em 1990; e até 2015, reduzir novamente essa taxa a metade;

e) Atingir a segurança alimentar, garantindo um aprovisionamento seguro e adequado no plano nutricional, tanto a nível nacional, como internacional, e um grau razoável de estabilidade no aprovisionamento alimentar, assim como no acesso físico, social e económico a alimentos suficientes para todos, reafirmando, simultaneamente, que a alimentação não deve ser utilizada como instrumento de pressão política;

f) Até ao ano 2000, reduzir para metade, em relação aos níveis de 1990, os casos de subnutrição, grave ou moderada, entre as crianças com menos de 5 anos;

g) Até ao ano 2000, assegurar a todos os povos do mundo um nível de saúde que lhes permita levar uma vida social e economicamente produtiva e, com esse fim, proporcionar a todos cuidados de saúde primários;

h) Assegurar, assim que possível, e o mais que tardar em 2015, através do sistema de cuidados de saúde primários, o acesso a serviços de saúde reprodutiva a todas as pessoas em idade fértil, em conformidade com o Programa de Acção da Conferência Internacional sobre População e Desenvolvimento e tendo em conta as reservas e declarações formuladas nessa Conferência, em particular as respeitantes à necessidade de orientação e responsabilização dos pais;

i) Intensificar os esforços e aplicar-se mais activamente na tentativa de alcançar, até ao ano 2000, o objectivo de reduzir a mortalidade e a morbilidade resultantes da malária em, pelo menos, 20% em relação aos níveis de 1995, no mínimo em 75% dos países afectados, bem como em reduzir as perdas económicas e sociais que esta doença provoca nos países em desenvolvimento, em particular em África, onde se regista a grande maioria dos casos e das mortes;

j) Eliminar ou erradicar até ao ano 2000 as principais doenças graves que constituem problemas de saúde a nível mundial, de acordo com o parágrafo 6.12 da Agenda 21;

k) Reduzir a taxa de analfabetismo dos adultos – pertencendo a grupos etários a fixar por cada país – a, pelo menos, metade do nível que tinha em 1990, privilegiando a alfabetização das mulheres, assegurar o acesso universal a uma educação de qualidade, dando prioridade, em particular, ao ensino primário e técnico e à formação profissional, combater o analfabetismo e eliminar as diferenças entre os sexos em matéria de acesso à educação, ao prosseguimento de estudos e ao apoio ao ensino;

l) Assegurar de forma sustentável a toda a população o acesso a água potável em quantidades suficientes e a serviços de saneamento adequados;

m) Aumentar para todos as possibilidades de acesso a habitações económicas e adequadas, em conformidade com a Estratégia Mundial de Habitação, até ao ano 2000;

n) Acompanhar a aplicação destes compromissos ao mais alto nível possível e considerar a possibilidade de acelerar a sua aplicação mediante a difusão de estatísticas suficientes e exactas e de indicadores apropriados.

37. É necessário melhorar o acesso das pessoas que vivem em situação de pobreza e dos grupos vulneráveis aos serviços sociais, e, para esse fim:

a) Facilitar-lhes o acesso à educação e melhorar a qualidade do ensino, criando escolas nas zonas mais mal servidas e prestando serviços sociais – por exemplo, refeições e cuidados de saúde – para incentivar as famílias pobres a manterem os filhos na escola, melhorando a qualidade das escolas nas comunidades de baixos rendimentos;

b) Desenvolver e melhorar as oportunidades de educação e formação contínua, através da adopção de iniciativas públicas e privadas e do ensino não formal, proporcionando às pessoas que vivem em situação de pobreza, nomeadamente às deficientes, a possibilidade de adquirir as aptidões e os conhecimentos de que necessitam para melhorar a sua condição de vida e os seus meios de subsistência;

c) Desenvolver e melhorar a educação pré-escolar, formal e informal, nomeadamente através do recurso a novas tecnologias de aprendizagem, à rádio e à televisão, para ajudar as crianças que vivem em meios desfavorecidos a superar algumas das suas desvantagens;

d) Garantir que as pessoas que vivem em situação de pobreza e os grupos de baixos rendimentos tenham acesso gratuito ou a preços acessíveis a serviços de saúde de qualidade, em particular aos cuidados de saúde primários, em conformidade com o Programa de Acção da Conferência Internacional sobre População e Desenvolvimento;

e) Encorajar a colaboração entre os organismos governamentais, os agentes sanitários, as organizações não governamentais e as organizações de mulheres e outras instituições da sociedade civil, com o fim de elaborar uma estratégia nacional integrada destinada a melhorar os serviços de saúde reprodutiva e infantil e assegurar que as pessoas que vivem em situação de pobreza tenham pleno acesso a esses serviços, nomeadamente à educação e aos serviços de planeamento familiar, aos que visam preparar as mulheres para uma maternidade em condições de segurança e a familiarizá-las com os cuidados de saúde pré-natal e pós-natal, designadamente, sensibilizando-as para as vantagens do aleitamento materno, em conformidade com o Programa de Acção da Conferência Internacional sobre População e Desenvolvimento;

f) Incentivar os agentes sanitários a trabalhar nas áreas rurais e nas comunidades de baixos rendimentos e criar serviços de saúde nas regiões que deles estejam privadas, reconhecendo que o investimento num sistema de cuidados de saúde primários que garanta a prevenção das doenças, o seu tratamento e a readaptação de todos os membros da sociedade constitui um meio eficaz de promover o desenvolvimento sócio-económico e uma ampla participação na sociedade.

D. Melhoria da protecção social e redução da vulnerabilidade

38. Os sistemas de protecção social devem ter, tanto quando possível, uma base legal e devem ser reforçados e ampliados, sempre que necessário, a fim de evitar a pobreza das pessoas que não encontrem trabalho, das que não podem trabalhar por motivos de doença, invalidade ou maternidade ou por terem que cuidar de crianças ou de familiares doentes ou idosos, das famílias que perderam uma base de sustento por morte ou dissolução do casamento e das pessoas que perderam os seus meios de sustento, devido a desastres naturais ou distúrbios civis, guerras ou deslocações forçadas. Deve, também, ser levada em consideração a situação das vítimas da epidemia do VIH/SIDA. Para isso, é necessário:

a) Reforçar e alargar os programas destinados às pessoas necessitadas, os programas que assegurem uma protecção básica para todos e os programas de segurança social; a escolha das medidas a adoptar em cada país dependerá dos meios financeiros e administrativos de que estes disponham;

b) Elaborar, quando necessário, uma estratégia de alargamento progressivo dos programas de protecção social, para que se apliquem a toda a população, segundo um calendário e em condições adaptadas à situação do país;

c) Garantir que as medidas de protecção social adoptadas num período de reestruturação económica, que são essencialmente medidas a curto prazo, mas devem imperativamente proteger pessoas desfavorecidas e permitir-lhes encontrar empregos produtivos, sejam consideradas como estratégias complementares e sejam acompanhadas de um conjunto de medidas generalizadas de luta contra a pobreza e de promoção do emprego;

d) Conceber programas de protecção e apoio social para instaurar, da forma mais rápida e completa possível, a autonomia individual, ajudar e proteger as famílias, reintegrar na actividade económica os excluídos e impedir o isolamento social ou a estigmatização dos mais vulneráveis;

e) Procurar meios de financiamento de melhores programas de protecção social e fomentar as actividades do sector privado e das organizações de beneficência que asseguram protecção e apoio social;

f) Encorajar as organizações de auto-assistência, as associações profissionais e outras organizações da sociedade civil a ensaiar novas fórmulas no domínio social;

g) Alargar e reforçar os programas de protecção social que visam proteger os trabalhadores, incluindo os trabalhadores por conta própria e as suas famílias, do risco de cair em situação de pobreza, estendendo a cobertura social ao maior número possível de pessoas e assegurando que as prestações sejam efectuadas de forma rápida e que os beneficiários conservem os seus direitos mesmo quando mudam de emprego;

h) Garantir, mediante uma regulamentação apropriada, que os regimes de protecção social que se financiam através de contribuições, sejam bem geridos e transparentes e que os contribuintes saibam sempre quais os meios resultantes das contribuições dos trabalhadores, dos empregadores e do Estado, bem como do capital acumulado;

i) Estabelecer, no contexto dos programas de ajustamento estrutural, um sistema de segurança social adequado no domínio social;

j) Assegurar que os programas de protecção e apoio social respondam às necessidades das mulheres, tendo em conta, especialmente, as suas múltiplas tarefas e dificuldades, assegurando, em particular, a sua reintegração no mercado de trabalho após períodos de ausência, a assistência às mulheres idosas e garantindo o reconhecimento das múltiplas funções e responsabilidades das mulheres.

39. Uma atenção particular deve ser dedicada à protecção das crianças e dos jovens, para o que é necessário:

a) Encorajar a estabilidade e a solidariedade na família, em particular para que ela possa criar e educar as crianças, como é sua função;

b) Promover medidas sociais, nomeadamente a organização de jardins-de-infância de qualidade e condições de trabalho que permitam aos pais conciliar as suas responsabilidades familiares com a vida profissional;

c) Encorajar as associações familiares a participar e a envolver-se nas actividades comunitárias;

d) Adoptar as medidas legislativas, administrativas, sociais e educativas necessárias para proteger e promover os direitos da criança, prestando especial atenção às crianças do sexo feminino;

e) Melhorar a situação e proteger os direitos das crianças que vivem em circunstâncias particularmente difíceis, nomeadamente as crianças que se encontram em zonas de conflito armado, as que não têm enquadramento familiar, como as crianças de rua nas grandes cidades, as abandonadas, as deficientes, as toxicodependentes, as vítimas da guerra ou de catástrofes naturais ou causados pelo homem, os refugiados menores não acompanhados, as crianças trabalhadoras, as que são alvo de exploração económica, as vítimas de exploração ou abusos sexuais e as que são vítimas do tráfico de seres humanos; assegurar que tenham acesso à alimentação, à habitação, à educação e a cuidados de saúde, estejam protegidas contra os maus-tratos e a violência e recebam a assistência social e psicológica necessária para uma reintegração normal na sociedade e na família, em conformidade com a Convenção sobre os Direitos da Criança, e educar as crianças em vez de as fazer trabalhar;

f) Criar e reforçar programas dirigidos a jovens que vivem em situação de pobreza, a fim de melhorar as suas oportunidades económicas, educativas, sociais e culturais, favorecer o estabelecimento de relações sociais construtivas entre eles, permitindo-lhes estabelecer contactos fora das suas comunidades, de forma a interromper o ciclo vicioso da pobreza transmitida de geração em geração;

g) Adoptar medidas para responder às necessidades especiais das crianças e das famílias das comunidades indígenas, em particular das que vivem em regiões pobres, permitindo-lhes aproveitar adequadamente os programas de desenvolvimento económico e social, com pleno respeito pela sua cultura, língua e tradições;

h) Melhorar a situação social do progenitor sem companheiro e garantir que as famílias monoparentais e os lares dirigidos ou sustentados por uma mulher recebam todo o apoio social de que necessitam, em particular, para obter habitação adequada e serviços que beneficiem as crianças.

40. Deve ser dedicada uma atenção especial à protecção das pessoas idosas, nomeadamente às deficientes, para o que se exige:

a) Reforçar os sistemas de apoio familiar;

b) Melhorar a situação das pessoas idosas, em particular das que não beneficiem de um apoio familiar adequado, nomeadamente aquelas que vivam nas áreas rurais, as que trabalham, as afectadas por conflitos armados e desastres naturais ou provocados pelo homem e as que são exploradas no plano económico, deixadas sem cuidados ou objecto de maus-tratos;

c) Garantir às pessoas idosas a satisfação das suas necessidades essenciais, através do acesso aos serviços sociais e à segurança social, prestando-lhes assistência quando dela necessitem, protegendo-as contra os maus-tratos e a violência e considerando-as um recurso e não um fardo;

d) Ajudar os avós que são obrigados a ocupar-se das crianças, especialmente dos filhos de pais atingidos por doenças graves, como o VIH/SIDA e a lepra, ou de outras pessoas que não estão em condições de tomar conta daqueles que estão a seu cargo;

e) Criar um clima financeiro que fomente a poupança, tendo em vista a idade avançada;

f) Reforçar as medidas e os mecanismos para que os reformados não caiam em situação de pobreza, tendo em conta a contribuição que eles deram para o desenvolvimento dos seus países;

g) Encorajar e apoiar a participação das várias gerações na elaboração das políticas e dos programas e nos órgãos de decisão a todos os níveis.

41. É necessário proteger as pessoas e as comunidades contra a miséria, o desenraizamento e a exclusão prolongada resultantes de catástrofes, adoptando, conforme for adequado, as seguintes medidas, a nível nacional e internacional:

a) Conceber mecanismos eficazes para reduzir os prejuízos e as consequências das catástrofes naturais, como as secas, os terramotos os ciclones e as inundações;

b) Elaborar estratégias de longo prazo e planos de emergência, nomeadamente sistemas de previsão e alerta, de avaliação, de difusão de informação e de gestão e mecanismos de intervenção rápida susceptíveis de atenuar efectivamente os efeitos das catástrofes naturais e de combater a fome, e assegurar a evolução rápida das actividades de auxílio para as de reconstrução e desenvolvimento;

c) Estabelecer mecanismos complementares que permitam integrar as actividades governamentais e as das organizações intergovernamentais e não governamentais, por exemplo, através da criação de um corpo nacional de voluntários encarregado de apoiar as Nações Unidas na realização das suas operações humanitárias de urgência, bem como mecanismos que facilitem uma transição das medidas de auxílio para as de reabilitação, de reconstrução e de desenvolvimento, de acordo com o que dispõe a Assembleia Geral nas suas resoluções 46/182 e 49/139-B;

d) Constituir e reforçar as reservas alimentares de emergência como meio de evitar as insuficiências alimentares graves e estabilizar os preços, estabelecer meios de armazenamento, de transporte e de distribuição de alimentos em situações de emergência, aproveitando ao máximo os mecanismos tradicionais e os do mercado;

e) Nas regiões sujeitas às catástrofes naturais, desenvolver, em colaboração com as organizações comunitárias, métodos agrícolas de luta contra as secas e as inundações e programas de conservação dos recursos e de criação de infra-estruturas, remunerando, quando adequado, o trabalho, através de alimentos e aproveitando meios de intervenção tradicionais que podem rapidamente converter-se em programas de emprego e de reconstrução em situações de emergência;

f) Estabelecer os mecanismos de planificação e de apoio logístico necessários para actuar rápida e eficazmente em situações de calamidade, proporcionando às vítimas, em especial às mulheres e crianças, alimentos, apoio psicológico e social, medicamentos, cuidados médicos e outro tipo de apoio necessário, e assegurar que o auxílio chegue efectivamente aos que dele necessitam; canalizar e organizar a assistência em casos de calamidade para relançar a economia local e apoiar os esforços de protecção dos recursos e garantir o reordenamento das regiões afectadas;

g) Mobilizar e coordenar a assistência regional e internacional, incluindo a procedente do sistema das Nações Unidas e das organizações não governamentais, a fim de apoiar as medidas dos governos e das colectividades que enfrentam situações de calamidade;

h) Reduzir a vulnerabilidade às catástrofes naturais, através da criação de sistemas de alerta rápido.

CAPÍTULO III
Crescimento do emprego produtivo e redução do desemprego

Fundamentos da acção e objectivos

42. O trabalho e o emprego produtivos são elementos fundamentais do desenvolvimento e da identidade humana. A criação de emprego produtivo deveria acompanhar o crescimento económico sustentado e o desenvolvimento sustentável. O acesso de todos a um emprego adequado e apropriadamente remunerado é um meio eficaz de luta contra a pobreza e de promoção da integração social. A realização do objectivo do pleno emprego exige que o Estado, os parceiros sociais e todos os restantes membros da sociedade civil cooperem, a todos os níveis, para criar condições que permitam a todos participar no trabalho produtivo e dele beneficiar. Num mundo caracterizado pela crescente mundialização e pela interdependência cada vez mais estreita entre os países, os esforços nacionais devem ser apoiados pela cooperação internacional.

43. A mundialização e o rápido desenvolvimento tecnológico acentuam a mobilidade laboral, o que oferece novas oportunidades de trabalho, mas, também, torna o futuro mais incerto. Têm aumentado as formas atípicas de emprego, como o trabalho a tempo parcial e o trabalho eventual. Esta nova conjuntura, implica, não apenas a criação de um número de empregos sem precedentes, mas requer, também, a intensificação dos esforços para promover a valorização dos recursos humanos ao serviço de um desenvolvimento sustentável, nomeadamente, dando aos indivíduos, em particular às mulheres e às crianças, os conhecimentos e as competências necessários para que estes trabalhem de forma produtiva e se adaptem às novas condições.

44. Actualmente, em muitos países em desenvolvimento, o crescimento do emprego é maior nas pequenas e médias empresas e nos empresários em nome individual. Em muitos destes países, as actividades do sector informal acabam por ser a principal fonte de oportunidades de emprego para as pessoas, nomeadamente as mulheres, quem têm um acesso limitado a empregos remunerados. A eliminação dos obstáculos ao funcionamento destas empresas e o apoio à sua criação e expansão devem ser acompanhados da protecção dos direitos fundamentais, da saúde, da segurança dos trabalhadores e da melhoria progressiva das condições gerais de trabalho, bem como da intensificação dos esforços para integrar algumas destas empresas no sector formal.

45. Ainda que todos os grupos beneficiem do aumento das oportunidades de emprego, há que adoptar medidas especiais para satisfazer certas necessidades específicas de cada grupo e enfrentar as novas tendências demográficas. Os sectores público e privado devem fazer esforços particulares para que a igualdade entre os sexos, a igualdade de oportunidades e a não discriminação em função da raça ou grupo étnico, da religião, da idade, do estado de saúde ou da deficiência, sejam garantidas em todos os domínios da política de emprego, no estrito respeito pelos instrumentos internacionais aplicáveis. Convém, igualmente, conceder uma particular atenção às necessidades dos grupos que se encontram numa situação especialmente desvantajosa no acesso ao mercado de trabalho, a fim de os integrar nas actividades produtivas, nomeadamente, encorajando a criação de mecanismos de apoio eficazes.

46. Grande parte do trabalho produtivo não remunerado, como a guarda das crianças, o auxílio prestado às pessoas idosas, a produção e preparação das refeições familiares, a protecção ambiental e a assistência voluntária a pessoas e a grupos vulneráveis e desfavorecidos, assume uma grande importância social. Em todo o mundo, a maior parte deste trabalho é efectuado por mulheres que se vêem obrigadas a uma dupla e árdua função, realizando um trabalho remunerado e outro não remunerado. É necessário desenvolver esforços para que se reconheça a importância social e económica e o valor do trabalho não remunerado, criando formas de conciliar essas tarefas com uma actividade remunerada, garantindo uma maior flexibilidade laboral, encorajando as actividades de voluntariado e alargando o próprio conceito de trabalho produtivo, para reconhecer socialmente essas tarefas, nomeadamente, através do desenvolvimento de métodos que permitam considerar o seu valor em termos quantitativos, de modo a ficar registado contabilisticamente, de forma independente mas compatível com a contabilidade nacional.

47. Desta forma, no quadro geral de promoção do crescimento económico sustentado e do desenvolvimento sustentável, existe uma necessidade imperiosa de adoptar as seguintes medidas:
• Colocar a criação de emprego no centro das estratégias e políticas nacionais, com a plena participação dos empregadores e dos sindicatos, bem como dos outros membros da sociedade civil;
• Elaborar políticas que visem aumentar as oportunidades de trabalho e a produtividade no sector rural e no sector urbano;
• Oferecer educação e formação contínua aos trabalhadores e aos empresários que lhes permita uma adaptação à evolução das tecnologias e das condições económicas;

- Assegurar empregos de qualidade que respeitem plenamente os direitos fundamentais dos trabalhadores consagrados nas convenções da OIT e noutros instrumentos internacionais pertinentes;
- Conceder especial prioridade, na definição de políticas, aos problemas do desemprego estrutural e de longa duração e ao subemprego dos jovens, das mulheres, dos deficientes e de todos os outros grupos e pessoas desfavorecidas;
- Facilitar o acesso da mulher ao trabalho e fazê-la participar em igualdade com o homem nos processos de tomada de decisões a todos os níveis, analisar as especificidades de cada sexo na elaboração das políticas, a fim de conceder às mulheres igualdade de oportunidades de emprego e de remuneração e reforçar a colaboração harmoniosa e mutuamente vantajosa entre as mulheres e os homens na repartição das responsabilidades familiares e profissionais;
- Reforçar os meios de que dispõem os membros dos grupos vulneráveis e desfavorecidos, nomeadamente, através da educação e da formação;
- Assegurar que o trabalho e o emprego sejam mais levados em consideração e melhor compreendidos e garantir uma maior atenção aos horários de trabalho dos homens e das mulheres.

Acções

A. A importância central do emprego na elaboração das políticas

48. Para colocar a criação de emprego produtivo no centro das estratégias de desenvolvimento sustentável e das políticas económicas e sociais, é necessário:

a) Promover e aplicar políticas destinadas a garantir, através de medidas concretas, o pleno emprego e o trabalho produtivo, justamente remunerado e livremente escolhido;

b) Dar prioridade, nos planos nacionais e internacionais, às políticas que possam resolver os problemas do desemprego e do subemprego.

49. Para reduzir os impactos negativos para o emprego das medidas de estabilidade macroeconómica, é necessário:

a) Promover a coordenação das políticas macroeconómicas para que se possam reforçar mutuamente, favoreçam um crescimento económico generalizado e sustentado e um desenvolvimento sustentável e contribuam para um aumento considerável do emprego produtivo e para a diminuição do desemprego em todo o mundo;

b) Em caso de cortes orçamentais, dar prioridade aos programas de que favoreçam directamente um crescimento viável e a longo prazo do emprego;

c) No quadro das políticas de estabilização, eliminar os constrangimentos estruturais que se opõem ao crescimento económico e à criação de empregos;

d) Conciliar as diferentes pressões concorrentes que se exercem sobre os recursos de forma não inflacionista, desenvolvendo e aplicando um sistema harmonioso de relações entre os parceiros sociais;

e) Controlar, analisar e difundir informação sobre as consequências ao nível económico, especialmente no emprego, da liberalização do comércio e dos investimentos;

f) Trocar informações sobre as diferentes medidas adoptadas para promover o emprego e as suas consequências e controlar a evolução do emprego à escala mundial;

g) Instaurar mecanismos de segurança social adequados à redução ao mínimo das consequências negativas dos programas de ajustamento estrutural, de estabilização ou de reforma sobre a mão-de-obra, sobretudo as pessoas mais vulneráveis; criar condições propícias à reintegração no mercado de trabalho daqueles que perderam o emprego, proporcionando-lhes, nomeadamente, educação e formação profissional contínuas.

50. Para promover esquemas de crescimento económico que maximizem a criação de emprego, é necessário:

a) Fomentar, da forma mais adequada, os investimentos que impliquem forte intensidade de mão-de-obra em infra-estruturas económicas e sociais, que utilizem recursos locais e criar, manter e recuperar as infra-estruturas colectivas nas áreas rurais e nas áreas urbanas;

b) Promover inovações tecnológicas e políticas industriais capazes de estimular a criação de emprego a curto e a longo prazo, tendo em conta as suas repercussões nos grupos vulneráveis e desfavorecidos;

c) Dar aos países em desenvolvimento meios de escolher as tecnologias específicas e apropriadas;

d) Permitir aos países em desenvolvimento, através da prestação de assistência técnica e da transferência de tecnologia, a integração das suas políticas de emprego e de desenvolvimento tecnológico nos seus objectivos sociais e criar e reforçar empresas tecnológicas nacionais e locais;

e) Encorajar a realização nos países com economias em transição de programas de formação no local de trabalho para facilitar a adaptação dos trabalhadores às reformas destinadas a instaurar uma economia de mercado e para diminuir o desemprego massivo;

f) Favorecer as melhorias complementares da produção rural, agrícola e não agrícola, nomeadamente a criação de gado, a silvicultura, a pesca e as indústrias agro-alimentares, a fim de desenvolver e diversificar uma actividade económica ecologicamente racional e sustentável e o emprego produtivo no sector rural;

g) Promover estratégias comunitárias de desenvolvimento económico que reforcem a colaboração entre os governos e os membros da sociedade civil, a fim de criar emprego e responder aos problemas sociais das pessoas, das famílias e das colectividades;

h) Adoptar políticas racionais para mobilizar a poupança e estimular os investimentos nas regiões onde exista falta de capitais;

i) Maximizar o potencial de criação de emprego que encerra a Agenda 21, encorajando a protecção e a gestão dos recursos naturais, a promoção de actividades económicas de substituição nos ecossistemas frágeis e a recuperação e regeneração dos solos e dos recursos naturais fortemente degradados e vulneráveis;

j) Promover a utilização de fontes de energia renováveis, assentes no aproveitamento de recursos de elevada intensidade de mão-de-obra local, sobretudo nas áreas rurais.

51. Para favorecer a criação e o desenvolvimento de empresas do sector privado geradoras de emprego, é necessário:

a) Eliminar os obstáculos que afectam as pequenas e médias empresas e liberalizar as regulamentações que desencorajam a iniciativa privada;

b) Facilitar o acesso das pequenas e médias empresas ao crédito, aos mercados nacionais e internacionais, à formação em gestão e à informação tecnológica;

c) Facilitar acordos entre as grandes e as pequenas empresas, nomeadamente programas de subcontratação, com pleno respeito pelos direitos dos trabalhadores;

d) Melhorar as oportunidades e as condições de trabalho das mulheres empresárias e dos jovens empresários, eliminando discriminações no acesso ao crédito, aos recursos produtivos e à protecção social, proporcionando e melhorando, se possível, prestações familiares e serviços sociais, tais como cuidados de saúde e jardins-de-infância;

e) Criar, promover e apoiar os quadros jurídicos adequados ao desenvolvimento das cooperativas e incentivá-las a mobilizar capital, elaborar programas de financiamento inovadores e fomentar o espírito empresarial;

f) Ajudar o sector informal e as empresas locais a melhorar a sua produtividade e a integrar-se progressivamente na economia formal, oferecendo-lhes acesso ao crédito em condições favoráveis, informação, mercados alargados, novas tecnologias e competências técnicas e de gestão apropriadas e meios de reforçar essas competências e de melhorar as infra-estruturas físicas, nomeadamente as instalações, bem como alargando progressivamente as normas laborais e de protecção social, sem comprometer a capacidade do sector informal de criar emprego;

g) Promover a criação e o desenvolvimento de organizações independentes, como as câmaras de comércio e de indústria e outras associações ou instituições de auto-assistência das pequenas empresas dos sectores formal e informal;

h) Favorecer a expansão das possibilidades de formação profissional e de criação de emprego nas empresas.

B. Políticas de educação, formação e emprego

52. Para facilitar o acesso ao emprego produtivo num mundo em rápida mutação e para criar emprego de maior qualidade, é necessário:

a) Definir claramente as prioridades em matéria de educação e investir com eficácia no ensino e na formação;

b) Organizar e revitalizar novas formas de colaboração entre o ministério da educação e os outros departamentos governamentais, nomeadamente na área do trabalho e das comunicações, bem como estabelecer parcerias entre as organizações governamentais e as não governamentais, o sector privado, as colectividades locais, os grupos religiosos e as famílias;

c) Assegurar uma educação de base alargada, em particular no que diz respeito à alfabetização, e promover a educação geral, incluindo o pensamento analítico e crítico indispensável à melhoria da assimilação de conhecimentos. Partindo desta base, será possível adquirir conhecimentos especializados e actualizá-los, adaptá-los e aperfeiçoá-los rapidamente, a fim de facilitar a mobilidade laboral horizontal e vertical;

d) Promover a participação activa dos estudantes jovens e adultos na elaboração de campanhas de alfabetização e de programas de educação e de formação, a fim de garantir que se tenham em consideração as realidades laborais e sociais dos diversos grupos;

e) Promover a educação permanente para garantir que os programas de educação e de formação dão resposta à evolução económica, assegurando plenamente a igualdade de acesso à formação, garantindo às mulheres o acesso aos programas de formação, incentivando os sectores público e privado a oferecerem – e os trabalhadores a realizarem – programas de formação contínua e estimulando o espírito empresarial;

f) Fomentar e apoiar, através de programas de assistência técnica, nomeadamente do sistema das Nações Unidas, programas de formação profissional e de aprendizagem bem elaborados e adaptados às circunstâncias, com o objectivo de melhorar a produtividade e o emprego produtivo;

g) Promover e reforçar os programas de formação para os jovens à procura do primeiro emprego e os programas de reconversão profissional para os trabalhadores deslocados ou desempregados;

h) Criar meio complementares de difusão da investigação e desenvolvimento, fomentando o intercâmbio de informação, a nível nacional e internacional, sobre experiências inovadoras e aplicações práticas mais eficazes;

i) Conceber, na esfera da formação profissional e da educação permanente, métodos de ensino e de aprendizagem inovadores, nomeadamente tecnologias interactivas e métodos indutivos, associando de forma estreita a experiência no trabalho e a formação.

53. Para permitir aos trabalhadores a sua adaptação e a melhoria das suas oportunidades de emprego, num ambiente económico em mutação, é necessário:

a) Delinear, elaborar, aplicar, analisar e acompanhar as políticas adequadas à melhoria da situação laboral, nomeadamente, assegurando que o peso dos custos salariais indirectos não dissuada os empregadores de recrutar trabalhadores, identificando as especialidades em que a oferta é excedentária ou deficitária, prestando serviços de orientação profissional, aconselhamento e ajuda activa na procura de trabalho, encorajando a livre escolha de trabalho e a mobilidade, oferecendo serviços de consultoria e de apoio às empresas, em particular às pequenas empresas, para que utilizem e valorizem eficazmente o seu pessoal, e criando instituições e procedimentos que evitem todas as formas de discriminação e melhorem as oportunidades de emprego dos grupos vulneráveis e desfavorecidos;

b) Melhorar as oportunidades de emprego e aumentar os meios para ajudar os jovens e as pessoas deficientes a adquirir competências que lhes permitam encontrar emprego;

c) Promover o acesso das mulheres e das jovens a trabalhos tradicionalmente desempenhados por homens;

d) Conceber estratégias para responder às necessidades das pessoas que têm um emprego atípico;

e) Promover a mobilidade e a reconversão profissional dos trabalhadores e garantir-lhes um nível adequado de protecção social, a fim de facilitar a sua requalificação em caso de redução progressiva da produção ou de encerramento de uma empresa, prestando especial atenção aos grupos vulneráveis e desfavorecidos;

f) Facilitar a integração ou reintegração das mulheres no mercado de trabalho, através da organização de um sistema adequado de jardins-de-infância, cuidados a pessoas idosas e outros serviços e equipamentos de apoio;

g) Promover a cooperação entre empregadores e trabalhadores, a fim de preparar a introdução de novas tecnologias e prever, com a maior antecedência possível, o seu impacto no emprego, assegurando, simultaneamente, a protecção dos trabalhadores, procedendo aos ajustamentos necessários;

h) Reforçar os serviços oferecidos pelos sectores público e privado para ajudar os trabalhadores a adaptar-se à evolução do mercado de trabalho e proporcionar mecanismos de segurança social, orientação profissional, aconselhamento sobre emprego e procura de trabalho, formação, colocação, aprendizagem e intercâmbio de informação;

i) Reforçar os sistemas de informação sobre o mercado de trabalho, em particular a elaboração de dados e indicadores apropriados sobre emprego, subemprego, desemprego e rendimentos, bem como a difusão de informação relativa aos diferentes mercados de trabalho, incluindo, na medida do possível, as oportunidades de trabalho fora dos mercados oficiais. Todos esses dados deverão ser apresentados por sexo, a fim de se poder avaliar a situação da mulher comparativamente à do homem.

C. Melhoria da qualidade do trabalho e do emprego

54. Os governos devem melhorar a qualidade do trabalho e do emprego, adoptando as seguintes medidas:

a) Observar e cumprir plenamente as obrigações que tenham assumido em matéria de direitos humanos;

b) Proteger e promover o respeito pelos direitos fundamentais dos trabalhadores, onde se incluem a proibição do trabalho forçado e do trabalho infantil, a liberdade de associação, o direito de organização e negociação colectiva, a igualdade de remuneração entre homens e mulheres para trabalho igual e a não discriminação no emprego, aplicando integralmente as convenções da OIT, no caso dos países que façam parte das mesmas, e tendo em conta os princípios nelas consagrados, no caso dos países que nelas não participem, para alcançar um crescimento económico realmente sustentado e um desenvolvimento verdadeiramente sustentável;

c) Considerar seriamente a ratificação e a integral aplicação das convenções da OIT nestas áreas, bem como as relativas aos direitos dos menores, das mulheres, dos jovens, dos deficientes e dos povos indígenas ao emprego;

d) Inspirar-se nas normas internacionais em vigor neste domínio para elaborar e aplicar a legislação e a políticas nacionais em matéria de emprego;

e) Promover o papel da OIT, em particular no que diz respeito ao nível do emprego e da qualidade de trabalho;

f) Incentivar, sempre que possível, os empregadores e os trabalhadores a examinarem os meios e as possibilidades de aumentar a participação dos trabalhadores nos benefícios das empresas e promover a cooperação entre trabalhadores e empregadores nas decisões das empresas.

55. Para criar um ambiente de trabalho saudável e seguro, eliminar a exploração, abolir o trabalho infantil, aumentar a produtividade e melhorar a qualidade de vida, é necessário:

a) Elaborar e aplicar políticas concebidas para promover melhores condições de trabalho, incluindo as condições de saúde e de segurança;

b) Adoptar melhores políticas de saúde, que reduzam e cheguem mesmo a eliminar os riscos ligados ao ambiente e protejam a saúde e a segurança no trabalho, em conformidade com as convenções aplicáveis, e proporcionar às empresas e a todos os trabalhadores do sector informal e a todos os trabalhadores o acesso a informação sobre os meios de reduzir os riscos em matéria de saúde profissional e de aumentar a segurança do trabalho;

c) Promover, em conformidade com a legislação e a regulamentação nacional, relações sólidas entre os parceiros sociais, assentes na cooperação tripartida, e respeitar plenamente a liberdade de associação e o direito de organização e de negociação colectiva;

d) Fixar datas precisas para a eliminação de todas as formas de trabalho infantil, as quais são contrárias às normas aceites a nível internacional, e assegurar a plena aplicação das leis pertinentes em vigor e, se necessário, promulgar as leis necessárias para a aplicação da Convenção sobre os Direitos da Criança e das normas da OIT e assegurar a protecção das crianças que trabalhem, nomeadamente das crianças da rua, proporcionando-lhes serviços de saúde, de educação e outros serviços sociais adequados;

e) Conceber políticas e programas relativos ao emprego que contribuam para erradicar a pobreza das famílias, a qual representa uma das principais causas do trabalho infantil, eliminando o trabalho infantil e encorajando os pais a enviar os seus filhos à escola, nomeadamente, através da prestação de serviços sociais e de outros incentivos;

f) Criar políticas e programas de protecção dos trabalhadores, em especial das mulheres, contra o assédio sexual e a violência;

g) Incentivar as empresas públicas e privadas a desenvolver, transferir e adoptar tecnologias e conhecimentos que melhorem o ambiente laboral, reforçando a segurança no trabalho e reduzindo e mesmo eliminando os riscos para a saúde.

56. Para permitir a plena participação das mulheres no mercado de trabalho e para garantir a igualdade de oportunidades de emprego, é necessário:

a) Fazer do princípio da igualdade de oportunidades entre homens e mulheres o fundamento da política de emprego e promover a sensibilização relativamente ao objectivo de equidade entre os sexos, a fim de eliminar o preconceito contra o emprego de mulheres;

b) Eliminar a discriminação em função do sexo e adoptar, quando necessário, medidas em benefício das mulheres em matéria de contratação, salários, acesso ao crédito, promoções, melhoria da formação, atribuição de emprego, condições de trabalho, segurança no emprego e prestações sociais;

c) Melhorar o acesso das mulheres a tecnologias que facilitem o seu trabalho e as tarefas domésticas, fomentem a sua autonomia, gerem rendimentos, transformem os papéis que tradicionalmente lhes são atribuídos no processo produtivo e lhes permitam libertar-se de empregos estereotipados e mal remunerados;

d) Modificar as políticas e atitudes que reforçam a concepção tradicional da repartição dos empregos entre os sexos e institucionalizar serviços de apoio, como a protecção social para a maternidade, licença para cuidar dos filhos, tecnologias que facilitam a partilha e a redução do peso das tarefas domésticas e uma organização flexível do trabalho, para que os pais possam, se o desejarem, trabalhar a tempo parcial e partilhar as referidas tarefas, incluindo serviços acessíveis de educação pré-escolar, que permitam aos pais conciliar o trabalho com as responsabilidades familiares, com particular atenção às necessidades das famílias monoparentais;

e) Incentivar os homens a participar activamente em todas as responsabilidades familiares e domésticas, nomeadamente na educação dos filhos e nos trabalhos domésticos.

D. Melhoria das oportunidades de emprego para grupos com necessidades particulares

57. Para melhorar a concepção de políticas e programas especiais de emprego, é necessário:

a) Identificar e analisar as necessidades específicas de cada grupo e assegurar que os programas sejam equitativos e não discriminatórios e que respondam eficazmente às necessidades desses grupos;

b) Garantir a participação activa dos representantes desses grupos na planificação, elaboração, gestão, acompanhamento, avaliação e reorientação desses programas, através da prestação de informações exactas e de recursos suficientes, de modo a beneficiar os seus destinatários.

58. Para que as políticas de emprego possam contribuir de forma mais eficaz para solucionar o problema do desemprego a curto e a longo prazo, é necessário:

a) Incorporar, com a participação dos desempregados e/ou das suas associações, um vasto conjunto de medidas, incluindo a planificação de emprego, programas de reciclagem e formação, alfabetização, aperfeiçoamento de competências, serviços de orientação e assistência na procura de emprego, planos de trabalho temporário, contactos frequentes com os serviços de emprego e de preparação para a reintegração no mercado de trabalho;

b) Analisar as causas subjacentes ao desemprego de longa duração e os seus impactos sobre diferentes grupos, nomeadamente os trabalhadores mais idosos e as famílias monoparentais, e formular políticas de emprego e outras políticas de apoio centradas em situações e necessidades concretas;

c) Fomentar sistemas de protecção social que reduzam os obstáculos e os desincentivos ao emprego, motivando os desempregados a aumentarem as suas capacidades de participação activa na sociedade, manterem um nível de vida adequado e aproveitarem as oportunidades de emprego.

59. Para que os programas de integração ou reintegração no mercado de trabalho, destinados aos grupos vulneráveis e desfavorecidos, possam combater eficazmente as causas de exclusão do mercado de trabalho, é necessário:

a) Complementar os programas de alfabetização, de educação elementar ou de formação profissional com experiência prática, nomeadamente, através a programas de apoio, ensino de gestão empresarial e formação, a fim de permitir um maior conhecimento do valor da cultura empresarial e de outras contribuições do sector privado para a sociedade;

b) Aumentar o nível de competências e reforçar as possibilidades de obter emprego, assegurando uma melhoria da habitação, da saúde e da vida familiar.

60. Para que as políticas garantam a todos os jovens opções construtivas para o seu futuro, é necessário:

a) Proporcionar igual acesso à instrução primária e secundária, conferindo prioridade ao ensino da leitura e da escrita, com especial atenção às crianças do sexo feminino;

b) Fomentar a luta contra o analfabetismo e favorecer a aprendizagem da leitura e da escrita nas línguas nacionais dos países em desenvolvimento, em particular em África;

c) Incentivar os diversos sectores a colaborar na elaboração e execução de programas integrados e coordenados que estimulem o espírito de iniciativa dos jovens, que os preparem para um emprego duradouro ou independente e lhes proporcionem orientação, formação profissional e formação em gestão, uma melhor integração social, experiência profissional e valores sociais;

d) Garantir que os jovens participem efectivamente, em função da sua idade e do seu sentido de responsabilidade, nos projectos e nas decisões que dizem respeito ao seu futuro.

61. A plena participação das populações indígenas no mercado de trabalho e o seu igual acesso às oportunidades de emprego requerem a elaboração de vastos programas de emprego, de instrução e de formação que tenham em conta as necessidades particulares destas populações.

62. Para aumentar as oportunidades de trabalho das pessoas com deficiências, é necessário:

a) Garantir que a legislação e a regulamentação do trabalho não discrimine as pessoas deficientes;

b) Adoptar medidas preventivas destinadas, por exemplo, a criar serviços de apoio e programas de incentivos, e apoiar as iniciativas de auto-ajuda e as pequenas empresas;

c) Adaptar os locais de trabalho às necessidades das pessoas com deficiências, favorecendo a utilização de tecnologias inovadoras;

d) Criar formas alternativas de emprego, como empregos apoiados, para pessoas com deficiências que necessitem desses serviços;

e) Sensibilizar a sociedade para as consequências nefastas das concepções estereotipadas desfavoráveis às pessoas com deficiências sobre a sua integração no mercado de trabalho.

63. É necessário intensificar a cooperação internacional e reforçar a atenção prestada, a nível nacional, à situação dos trabalhadores migrantes e dos seus familiares. Com esse fim:

a) Convidam-se os governos a considerarem a ratificação dos instrumentos existentes relativos aos trabalhadores migrantes, em particular a Convenção Internacional sobre a Protecção dos Direitos de Todos os Trabalhadores Migrantes e dos seus Familiares;

b) Apela-se aos governos dos países de acolhimento que considerem, em conformidade com a legislação nacional, a possibilidade de oferecer aos migrantes legais que possuam autorização de residência e aos membros das suas famílias que vivam regularmente no país, o mesmo tratamento que aos seus próprios cidadãos no que se refere ao exercício dos direitos fundamentais, nomeadamente, a igualdade de oportunidades e de tratamento relativamente à prática religiosa, as condições de trabalho, a segurança social, a sindicalização, o acesso aos serviços de saúde, de educação, de cultura e a outros serviços sociais, assim como a igualdade de acesso ao sistema judicial e a igualdade de tratamento perante a lei;

c) Apela-se aos governos dos países de origem, dos países de trânsito e dos países de destino para que cooperem para reduzir as causas das migrações clandestinas, salvaguardando os direitos fundamentais dos migrantes clandestinos e impedindo que estes sejam explorados;

d) Apela-se aos governos dos países de acolhimento e dos países de origem para que imponham sanções eficazes contra todos os que organizem migrações clandestinas, explorem os migrantes clandestinos ou participem no tráfico de migrantes clandestinos;

e) Apela-se aos governos dos países de origem para que facilitem o regresso dos migrantes e a sua reintegração nas respectivas comunidades, dando-lhes condições para pôr em prática as suas competências. Os governos dos países de origem devem considerar a possibilidade de colaborar com os países de destino e obter o apoio das organizações internacionais competentes para encorajar o regresso voluntário de migrantes qualificados que possam desempenhar um papel fundamental na transferência de conhecimentos, competências e tecnologia. Os países de destino devem facilitar o regresso voluntário, adoptando políticas flexíveis, que permitam, nomeadamente, a transferência de pensões e outras vantagens profissionais.

E. Alargar a concepção e a compreensão do trabalho e do emprego

64. Para alargar a concepção e a compreensão do trabalho e do emprego, é necessário:

a) Reconhecer a importância do trabalho não remunerado para o bem-estar da sociedade e fazer respeitar a dignidade e o valor desse trabalho e das pessoas que o realizam;

b) Desenvolver um conhecimento aprofundado do trabalho e do emprego, através, nomeadamente, de esforços para medir e melhor compreender os diferentes tipos de trabalho não remunerado, a amplitude desse trabalho e a sua repartição, em particular no que se refere aos cuidados prestados em relação a familiares a cargo, e o trabalho realizado em explorações agrícolas ou em empresas familiares e encorajar neste domínio a produção, a partilha e a difusão de informações, estudos e experiências, incluindo o desenvolvimento de métodos para estimar o seu valor em termos quantitativos, tendo em vista a sua eventual contabilização de forma separada mas compatível com a contabilidade nacional básica;

c) Reconhecer a relação existente entre o emprego remunerado e o trabalho não remunerado ao elaborar estratégias para desenvolver o emprego produtivo, garantindo iguais oportunidades de acesso ao emprego a homens e mulheres e assegurando o cuidado e a protecção desejados às crianças e a outros familiares a cargo, bem como o combate à pobreza e a promoção da integração social;

d) Fomentar um diálogo aberto sobre o que é possível fazer para uma melhor compreensão das diversas formas de trabalho e emprego e sobre as instituições necessárias para o efeito;

e) Analisar um conjunto de políticas e de programas, incluindo a legislação em matéria de protecção social e os sistemas fiscais, tendo em conta as prioridades e as políticas nacionais, que permitem determinar as formas de assegurar uma maior flexibilidade na divisão do tempo entre a educação e a formação, o emprego remunerado, as responsabilidades familiares, o voluntariado e outras formas de trabalho úteis à sociedade, os tempos livres e a reforma, preocupando-se, em particular, com a situação das mulheres, especialmente daquelas que suportam as despesas familiares;

f) Fomentar o voluntariado de utilidade social e afectar recursos suficientes para apoiar as actividades correspondentes, sem perder de vista os objectivos de expansão do emprego;

g) Intensificar o intercâmbio internacional de experiências sobre os diversos aspectos da evolução da concepção e da compreensão do trabalho e do emprego e sobre as novas formas flexíveis de repartição do tempo de trabalho ao longo da vida.

65. Para desenvolver novos tipos de emprego e de trabalho úteis para a sociedade, é, designadamente, necessário:

a) Ajudar os grupos vulneráveis e desfavorecidos a melhorar as suas capacidades de integração na sociedade e, desse modo, a participar mais eficazmente no desenvolvimento económico e social;

b) Ajudar as pessoas idosas dependentes ou prestar apoio às famílias que necessitem de assistência em matéria de educação ou apoio social;

c) Reforçar o tecido social, através dessas formas de emprego e de trabalho que traduzem, na realidade, uma importante orientação da política de desenvolvimento social.

CAPÍTULO IV
Integração social

Fundamentos da acção e objectivos

66. O objectivo da integração social é a criação de "uma sociedade para todos" em que cada pessoa, com os seus próprios direitos e responsabilidades, tenha um papel activo a desempenhar. Uma sociedade assim integrada deve basear-se no respeito pelos direitos humanos e liberdades fundamentais, pela diversidade cultural e religiosa, pela justiça social, pelas necessidades específicas dos grupos vulneráveis e desfavorecidos, pela participação democrática e pelo primado do direito. O carácter pluralista da maior parte das sociedades faz com que os diferentes grupos tenham, por vezes, dificuldades em estabelecer e manter relações harmoniosas e solidárias e em aceder em igualdade de circunstâncias a todos os recursos da sociedade. Os direitos de cada pessoa, num contexto onde vigora o primado do direito, nem sempre são plenamente reconhecidos, nem

o seu exercício é plenamente garantido. O balanço dos esforços desenvolvidos desde a criação das Nações Unidas para instaurar sociedades assentes na estabilidade, segurança, tolerância, equidade e respeito pela pessoa humana é, na melhor das hipóteses, equilibrado.

67. Apesar disso, registaram-se progressos, como o demonstra a continuação do processo de descolonização; a eliminação do *apartheid*; a expansão da democracia; o maior reconhecimento da necessidade de respeitar a dignidade humana, os direitos humanos e as liberdades fundamentais, bem como a diversidade cultural; a rejeição de todas as formas de discriminação; o reconhecimento crescente dos problemas específicos das populações indígenas; uma noção mais generalizada da responsabilidade colectiva relativamente a todos os membros da sociedade; o aumento das oportunidades económicas e educativas e a mundialização das comunicações; maiores possibilidades de mobilidade social, de escolha de meios e de autonomia de acção.

68. Estes progressos não devem fazer esquecer os aspectos que evoluíram de forma negativa, como a polarização e a fragmentação sociais; a agudização das disparidades e desigualdades de rendimento e de riqueza dentro das nações e entre elas; os problemas suscitados pela urbanização anárquica e a degradação ambiental; a marginalização de certos indivíduos, famílias, grupos sociais, comunidades e mesmo países inteiros; as pressões exercidas sobre as pessoas, as famílias, as comunidades e as instituições, como resultado das rápidas mutações sociais, das transformações económicas, das migrações e das deslocações das populações, em particular nas zonas onde existem conflitos armados.

69. Além disso, a escalada da violência nas suas diversas manifestações, incluindo a violência doméstica, especialmente contra as mulheres, as crianças, os idosos e os deficientes, constitui uma ameaça crescente à segurança dos indivíduos, das famílias e das comunidades em todo o mundo. A desintegração social é actualmente um fenómeno bem real. A criminalidade organizada, a droga, o tráfico de armas, o tráfico de mulheres e crianças, os conflitos étnicos e religiosos, a guerra civil, o terrorismo e todas as formas de violência extremista, a xenofobia, os assassinatos por motivos políticos e o genocídio constituem graves ameaças para as sociedades e para a ordem social internacional. Estes são motivos que justificam a adopção urgente por parte dos governos de medidas individuais e, sempre que se justifique, colectivas, que reforcem a coesão social, reconhecendo, protegendo e valorizando, simultaneamente, a diversidade.

70. É, pois, necessário adoptar urgentemente as seguintes medidas:
- Assegurar que os organismos públicos funcionem de uma forma transparente e responsável, que sejam acessíveis a toda a população em condições igualitárias e que respondam eficazmente às suas necessidades;
- Oferecer a cada um a oportunidade de participar em todos os aspectos da vida pública;
- Reforçar a participação da sociedade civil na formulação, aplicação e avaliação das decisões que determinem o funcionamento e o bem-estar da sociedade;
- Colocar à disposição do público dados objectivos que permitam às pessoas tomar decisões com conhecimento de causa;
- Preservar a estabilidade social e promover a justiça e o progresso sociais;
- Promover a não discriminação, a tolerância, o respeito mútuo e o respeito pela diversidade;
- Assegurar a igualdade de oportunidades, a equidade e a mobilidade social;
- Assegurar a igualdade e a equidade entre os sexos e o reforço do papel da mulher;
- Eliminar as barreiras materiais e sociais, a fim de criar uma sociedade acessível a todos, com especial ênfase na adopção de medidas que satisfaçam as necessidades e os interesses daqueles que se deparam com dificuldades que os impedem de participar plenamente na vida social;
- Dedicar especial atenção ao direito de usufruir das melhores condições de saúde física e mental possíveis, não apenas como um direito fundamental, mas, também, como um factor de desenvolvimento;
- Promover o princípio de assistência mútua e o espírito de solidariedade no quadro da educação no domínio dos direitos do homem;
- Não deixando de ter em conta os imperativos legítimos de defesa nacional, reconhecer e combater os perigos que representam para a sociedade os conflitos armados, as despesas militares excessivas, o comércio de armas, sobretudo daquelas que produzem efeitos especialmente traumáticos ou aleatórios, assim como os investimentos excessivos na produção e na aquisição de armamento. Da mesma forma, deve reconhecer-se a necessidade de combater o tráfico de armas, a violência, a criminalidade, a produção, o consumo e o tráfico de estupefacientes e o tráfico de mulheres e crianças;

- Eliminar todas as formas de violência e assegurar a aplicação integral da Declaração sobre a Eliminação da Violência contra as Mulheres.

Acções

A. Eficácia dos governos e plena participação de todos na vida social

71. Os governos devem promover e proteger o conjunto dos direitos humanos e das liberdades fundamentais, incluindo o direito ao desenvolvimento, tendo em conta a interdependência e a sinergia existente entre democracia, desenvolvimento e respeito dos direitos humanos e devem fazer com que as instituições públicas respondam mais eficazmente às necessidades da população, para o que é preciso:

a) Assegurar que as decisões são tomadas com base em dados exactos e com a participação daqueles a que dizem respeito, não perdendo de vista, no quadro constitucional de cada país, as atribuições dos diferentes níveis da administração pública e as disposições administrativas que regem a organização e a prestação de serviços;

b) Controlar, no quadro constitucional de cada país, a forma como, ao nível nacional, provincial, municipal e local, as receitas são percebidas e os recursos são utilizados para promover as iniciativas locais de manutenção e reforço da coesão social;

c) Simplificar os procedimentos administrativos, difundir informação sobre as políticas e as iniciativas adoptadas no interesse da colectividade, facilitando ao máximo o acesso à informação;

d) Facilitar a comunicação e promover uma confiança total entre os cidadãos e os organismos públicos, implementando procedimentos de recurso pouco dispendiosos e acessíveis para que qualquer pessoa, especialmente àquelas que não têm acesso aos meios e órgãos de comunicação, possa obter uma reparação;

e) Estimular a realização de estudos e investigações adequados para avaliar as consequências das transformações ocorridas à escala mundial e dos progressos tecnológicos sobre a integração social; incentivar a realização de avaliações das políticas e programas estabelecidos para alcançar os diferentes objectivos da integração social; estimular o intercâmbio e a difusão de informações sobre as inovações e os sucessos registados ao nível nacional e internacional;

f) Assegurar que todos os representantes do Estado actuam de forma honesta, justa e equitativa na prestação de funções públicas à população, responsabilizando-os pelas suas actuações;

g) Tornar os serviços acessíveis a todos os cidadãos, garantindo que todas as pessoas necessitadas deles possam beneficiar;

h) Reforçar a participação política popular e promover a transparência e a responsabilidade dos agrupamentos políticos ao nível local e nacional;

i) Estimular a ratificação e a aplicação integral dos instrumentos internacionais relativos aos direitos humanos, com vista a eliminar os obstáculos ao pleno exercício desses direitos, evitando, tanto quanto possível, a formulação de reservas.

72. Para fomentar a plena participação na vida social, é necessário:

a) Reforçar as capacidades e as oportunidades de todas as pessoas, especialmente dos grupos vulneráveis ou desfavorecidos, para que possam criar e manter organizações independentes que representem os seus interesses, no quadro constitucional de cada país;

b) Permitir aos organismos da sociedade civil, especialmente àqueles que representem os grupos vulneráveis e desfavorecidos, a participação, a título consultivo, na elaboração, aplicação e avaliação de políticas de desenvolvimento social;

c) Associar mais estreitamente as organizações comunitárias à concepção e execução de projectos locais, em particular nos domínios da educação, da saúde, da gestão dos recursos e da protecção social;

d) Garantir um quadro jurídico e uma estrutura de apoio que incentivem a criação de organizações comunitárias e de associações de voluntariado que produzam uma contribuição construtiva;

e) Encorajar todos os membros da sociedade a exercerem os seus direitos, cumprirem as suas responsabilidades e participarem plenamente na vida social, reconhecendo que os governos não podem, por si só, satisfazer todas as necessidades da sociedade;

f) Estabelecer um sistema de protecção social universal e flexível que tenha em conta os recursos económicos disponíveis e fomente a readaptação e a participação activa dos seus beneficiários na vida social;

g) Facilitar o acesso das pessoas desfavorecidas e marginalizadas à educação e à informação e a sua participação na vida social e cultural;

h) Promover a igualdade e a integração social, através do desporto e das actividades culturais.

B. Assegurar a não discriminação, a tolerância, o respeito mútuo e a valorização da diversidade

73. Para eliminar a discriminação e promover a tolerância, o respeito e a valorização da diversidade, ao nível nacional e internacional, é necessário:

a) Adoptar e aplicar leis e outras normas apropriadas para combater o racismo, a discriminação racial, a intolerância religiosa nas suas diversas formas, a xenofobia e todas as formas de discriminação em todos os níveis da sociedade;

b) Fomentar a ratificação e a aplicação dos instrumentos internacionais, nomeadamente da Convenção Internacional sobre a Eliminação de Todas as Formas de Discriminação Racial e da Convenção sobre a Eliminação de Todas as Formas de Discriminação contra as Mulheres, encorajando, na medida do possível, o não recurso a reservas,

c) Adoptar medidas específicas, no quadro da aplicação das Estratégias de Acção de Nairobi, para a promoção da mulher, a fim de eliminar os tradicionais obstáculos jurídicos e sociais ao emprego, à educação, aos recursos produtivos e aos serviços públicos, sensibilizar as mulheres sobre os seus direitos e a auxiliá-las no seu exercício e assegurar a eliminação, no seio da família, da discriminação contra as crianças do sexo feminino, especialmente no que respeita à saúde, à alimentação e à educação;

d) Assegurar a igualdade e a equidade entre os sexos, através da alteração das mentalidades, das políticas e das práticas, favorecer a plena participação das mulheres e a atribuição a estas de meios de actuação na vida social, económica e política e garantir uma participação mais equitativa de homens e mulheres nos processos de tomada de decisões a todos os níveis;

e) Analisar, tendo em vista a sua modificação, a legislação, a regulamentação e as práticas administrativas discriminatórias;

f) Difundir, para todos os grupos sociais e numa linguagem acessível a todos, informações sobre os direitos dos indivíduos e os meios de recurso à sua disposição;

g) Reforçar ou criar um mecanismo de acompanhamento e resolução de diferendos e conflitos relacionados com as práticas discriminatórias e elaborar procedimentos de arbitragem e de conciliação ao nível local e nacional;

h) Utilizar os serviços públicos e o sistema educativo como exemplo para promover e assegurar o respeito pela liberdade de expressão, pela democracia, pelo pluralismo político, pela diversidade de origens, culturas e valores, pela tolerância religiosa e pelos princípios e tradições nacionais em que assenta cada país;

i) Reconhecer a necessidade de respeitar e defender as línguas actualmente faladas no mundo;

j) Reconhecer que é de máxima importância que todos os povos convivam em cooperação e harmonia e garantir que as tradições e o património cultural das nações sejam plenamente protegidos;

k) Encorajar os meios de comunicação independentes, favorecendo a compreensão e a sensibilização das pessoas para todos os aspectos relativos à integração social, no pleno respeito pela liberdade de informação e de expressão.

C. Assegurar a igualdade e a justiça social

74. Para que os governos promovam a igualdade e a justiça social, é necessário:

a) Garantir a igualdade de todos perante a lei;

b) Analisar periodicamente as políticas oficiais, nomeadamente, em matéria de saúde e de educação, e as despesas públicas, do ponto de vista da igualdade e da equidade entre as classes sociais e entre os sexos, e garantir que essas políticas e despesas contribuem efectivamente para a igualdade de oportunidades;

c) Alargar e facilitar o acesso aos serviços básicos, tendo em vista assegurar uma cobertura universal;

d) Garantir a igualdade de oportunidades em matéria de emprego no sector público e oferecer aos empregadores do sector privado conselhos, informações e incentivos para que procedam da mesma forma;

e) Promover a livre criação de cooperativas, de organizações comunitárias e de outras organizações locais, de agrupamentos de apoio mútuo, de associações recreativas e desportivas e de outras estruturas similares que tendam a reforçar a integração social, dando especial atenção às políticas destinadas a ajudar as famílias a assumir o seu papel de apoio afectivo, educativo e material, bem como de local de aprendizagem das relações sociais;

f) Garantir que os programas de ajustamento estrutural sejam preparados de modo a reduzir ao mínimo os seus efeitos negativos sobre os grupos e as colectividades vulneráveis e desfavorecidos, assegurando, simultaneamente, que estes possam beneficiar dos efeitos positivos desses programas, impedindo a sua marginalização das actividades económicas e sociais e estabelecer medidas destinadas a garantir a esses grupos e colectividades o acesso aos recursos económicos e às actividades económicas e sociais, assim como o controlo sobre os mesmos. Devem ser adoptadas medidas para reduzir as desigualdades e as disparidades económicas;

g) Generalizar o acesso aos cuidados de saúde preventiva e curativa, a fim de melhorar a qualidade de vida, em especial dos grupos vulneráveis e desfavorecidos, em particular das mulheres e das crianças;

h) Alargar a educação de base, adoptando medidas especiais para assegurar a escolarização das crianças e dos jovens que vivem em regiões pouco povoadas e remotas, das crianças de famílias nómadas, pastores, migrantes ou pertencentes a populações indígenas, das crianças da rua, das crianças e jovens que trabalham ou cuidam dos irmãos mais novos e de pais deficientes ou idosos, bem como das crianças ou jovens deficientes; criar, em associação com as populações indígenas, sistemas de educação que satisfaçam as necessidades especiais das suas culturas;

i) Assegurar que a extensão da educação de base seja acompanhada de uma melhoria qualitativa, que as crianças com capacidades diferentes beneficiem de uma atenção adequada, que exista uma cooperação entre a família e a escola e uma estreita ligação entre os programas escolares e as necessidades em matéria de emprego;

j) Avaliar regularmente os sistemas escolares em função dos seus resultados e difundir as conclusões das investigações relativas à eficácia dos diferentes métodos de avaliação;

k) Assegurar que todas as pessoas tenham acesso, independentemente da sua idade, a diversas actividades de aprendizagem formal e não formal que lhes permitam contribuir plenamente para a vida da sociedade e beneficiar dessa participação; utilizar todas as formas de ensino, incluindo meios de educação não escolares e experimentais, como cursos através da televisão ou por correspondência, ministrados pelos organismos públicos, instituições da sociedade civil e do sector privado, a fim de proporcionar oportunidades de educação àqueles que na infância não receberam a instrução necessária, aos jovens que abandonaram a escola para ingressar no mercado de trabalho e àqueles que desejam continuar a aprender e a aperfeiçoar os seus conhecimentos ao longo da vida;

l) Assegurar às crianças do sexo feminino igualdade de acesso a todos os níveis de educação, incluindo a formação não tradicional e profissional; e garantir a adopção de medidas de luta contra os diversos obstáculos de ordem cultural e prática que dificultam o seu acesso à educação, tais como a contratação de professores, a introdução de horários flexíveis, a criação de serviços para cuidar dos familiares a cargo e de instalações adequadas.

D. Satisfazer as necessidades sociais especiais

75. Para responder às necessidades especiais dos grupos sociais, os governos devem:

a) Aplicar meios precisos para incentivar as instituições e os serviços a adaptarem-se às necessidades especiais dos grupos vulneráveis e desfavorecidos;

b) Reconhecer e promover as capacidades, os talentos e a experiência dos grupos vulneráveis e desfavorecidos, evitar o seu isolamento e marginalização e permitir-lhes uma contribuição positiva para a sociedade;

c) Assegurar que as pessoas afectadas por barreiras linguísticas tenham acesso ao emprego e aos serviços sociais, através da adopção de medidas nos domínios da educação, da aprendizagem das línguas e da assistência técnica;

d) Apoiar as organizações de grupos vulneráveis e desfavorecidos, através da promulgação de leis, de incentivos e de outras medidas, conforme for mais adequado, para que possam fazer valer os seus interesses e participar, ao nível local e nacional, nos processos de tomada de decisões políticas, sociais e económicas que determinem a orientação da sociedade no seu conjunto;

e) Aumentar as oportunidades das pessoas desfavorecidas e vulneráveis de se candidatarem a empregos nos órgãos legislativos, governamentais, judiciais e a outros cargos públicos que confiram autoridade ou influência;

f) Adoptar medidas destinadas a integrar na vida económica e social as pessoas desmobilizadas e as pessoas deslocadas devido a conflitos civis e a catástrofes;

g) Promover e proteger os direitos das populações indígenas, proporcionando-lhes os meios de escolherem as opções que lhes permitam preservar a sua identidade cultural, ao mesmo tempo que participam na vida económica e social do país onde residem, respeitando plenamente os seus valores culturais, as suas línguas, as suas tradições e as suas formas de organização social;

h) Aplicar o Plano de Acção aprovado na Cimeira Mundial sobre a Infância, em 1990, ratificando, se for caso disso, a Convenção sobre os Direitos da Criança e aplicando as suas disposições;

i) Incentivar os jovens a participar nos debates e nas decisões que lhes dizem respeito e na concepção, realização e avaliação das políticas e programas correspondentes; assegurar, através de programas de ensino adequados e inovadores, que os jovens adquiram as competências necessárias à sua participação em todos os aspectos da vida social, podendo viver de forma autónoma; e adoptar medidas legislativas e regulamentares que protejam os jovens dos maus-tratos físicos e mentais e da exploração económica;

j) Adoptar medidas específicas destinadas a preparar os jovens, sobretudo aqueles que abandonaram a escola e as crianças da rua, para uma vida adulta responsável;

k) Promover as Regras das Nações Unidas para a igualdade de oportunidades das pessoas com deficiências e formular estratégias de aplicação dessas regras. Os governos, em colaboração com as organizações de deficientes e o sector privado, devem favorecer a igualdade de oportunidades para que as pessoas com deficiências possam contribuir para a sociedade e beneficiar da sua plena participação nela. As políticas relativas às pessoas deficientes devem centrar-se nas suas competências e não nas suas incapacidades, e respeitar a sua dignidade enquanto cidadãos;

l) À luz dos Princípios das Nações Unidas a favor das pessoas idosas e dos Objectivos Mundiais sobre o Envelhecimento para o ano 2001, examinar e elaborar estratégias de aplicação do Plano de Acção Internacional de Viena sobre o Envelhecimento, a fim de que os idosos possam contribuir, tanto quanto possível, para a vida social e desempenhar plenamente o seu papel no seio da colectividade;

m) Facilitar a aplicação dos princípios directores relativos à prossecução da planificação e das actividades de acompanhamento apropriadas no domínio da juventude, com o objectivo de facilitar a integração social dos jovens;

n) Adoptar as medidas necessárias para que as pessoas pertencentes a minorias participem plenamente no desenvolvimento da sociedade em que estão integradas e para ela contribuam.

E. Satisfazer as necessidades sociais específicas dos refugiados, das pessoas deslocadas e das que solicitam asilo, dos migrantes legais e dos migrantes clandestinos

76. Com o objectivo de atender às necessidades específicas dos refugiados, das pessoas deslocadas e das pessoas que solicitam asilo, é necessário:

a) Incentivar os governos a abordar as causas profundas dos movimentos de refugiados e de pessoas deslocadas, adaptando medidas adequadas, particularmente no que concerne à solução de conflitos, à promoção da paz e da reconciliação, ao respeito dos direitos humanos, incluindo os das minorias, e ao respeito pela independência, pela integridade territorial e pela soberania dos Estados. Os governos e as demais entidades devem respeitar e preservar o direito das pessoas a permanecer em segurança nas suas casas e abster-se de adoptar políticas ou práticas que forcem as pessoas a fugir;

b) Incentivar os governos a reforçar o seu apoio às actividades internacionais de protecção e assistência aos refugiados e, na medida do possível, às pessoas deslocadas, promovendo a procura de soluções duradouras para a situação crítica dessas pessoas. Os governos são encorajados a, quando assim procederem, reforçarem os mecanismos regionais e internacionais que favorecem uma partilha apropriada das responsabilidades relativas à satisfação das necessidades dos refugiados em matéria de protecção e de assistência. Devem adoptar-se todas as medidas necessárias para assegurar a protecção física dos refugiados, em particular das mulheres e das crianças, especialmente contra a exploração, os maus-tratos e todas as formas de violência;

c) Que a comunidade internacional preste um apoio adequado aos países de asilo para que estes possam responder às necessidades essenciais dos refugiados e ajudar a encontrar soluções duradouras. É necessário ajudar as populações de refugiados a tornarem-se auto-suficientes. Os refugiados, e particularmente as mulheres, devem participar na planificação e na execução das actividades de assistência que lhes dizem respeito. Na planificação e na execução das actividades de assistência aos refugiados, deve prestar-se especial atenção às necessidades específicas das mulheres e das crianças refugiadas e deslocadas. Os refugiados devem poder beneficiar do acesso a serviços adequados de alojamento, de educação e de saúde, incluindo o planeamento familiar, bem como de outros serviços sociais indispensáveis. Os refugiados devem respeitar as leis e os regulamentos do seu país de asilo.

d) Os governos e outros agentes competentes devem criar todas as condições necessárias ao repatriamento voluntário dos refugiados em condições seguras e dignas, bem como o regresso voluntário, em segurança, das pessoas deslocadas no interior dos seus países aos seus lugares de origem e a sua reintegração na sociedade sem grandes perturbações;

e) Incentivar os governos a respeitarem o direito internacional relativo aos refugiados. Convidam-se os Estados que ainda o não fizeram a considerar a possibilidade de aderir aos instrumentos internacionais relativos aos refugiados, particularmente à Convenção de 1951 e ao Protocolo de 1967, relativos ao Estatuto dos Refugiados. Para além disso, solicita-se aos governos que respeitem o princípio da "não devolução", ou seja, o princípio de não obrigar as pessoas a regressar aos locais onde a sua vida ou a sua liberdade estejam ameaçadas por motivos de raça, de religião, de nacionalidade, de pertença a um grupo social concreto ou de opinião política. Os governos devem garantir que as pessoas que solicitam asilo nos seus territórios tenham o direito de serem atendidos de forma imparcial e devem diligenciar o tratamento rápido dos pedidos de asilo, assegurando que nas directrizes e nos procedimentos que regem a outorga do estatuto de refugiado seja levada em consideração a situação particular das mulheres;

f) Os governos e outros agentes competentes devem respeitar o direito das pessoas de solicitar e de obter asilo noutros países para fugir às perseguições.

77. Para promover o tratamento equitativo e a integração dos migrantes legais, em particular dos trabalhadores migrantes em situação regular e das suas famílias, é necessário:

a) Que os governos adoptem disposições que assegurem aos migrantes legais um tratamento equitativo, nomeadamente que lhes seja assegurado o pleno respeito dos seus direitos individuais, a protecção por parte da legislação do país de acolhimento, o acesso adequado às oportunidades económicas e aos serviços sociais; a protecção contra o racismo, o etnocentrismo e a xenofobia; e a protecção contra a violência e a exploração. É conveniente que, dentro do limite dos recursos disponíveis, se possa disponibilizar aos migrantes uma formação linguística, reconhecendo a importância fundamental de que se reveste a aprendizagem das línguas para a sua integração efectiva, incluindo a integração daqueles que não procuram emprego. Uma integração rápida é igualmente determinante para que os migrantes legais possam contribuir com as suas aptidões, os seus conhecimentos e o seu potencial para o desenvolvimento dos países de destino e implica uma compreensão mútua entre os migrantes legais e a sociedade de acolhimento. Os migrantes legais devem conhecer e respeitar os valores, as leis, as tradições e os princípios da sociedade de acolhimento e esta, por sua vez, deve respeitar as religiões, as culturas e as tradições dos migrantes legais;

b) Incentivar os governos dos países de acolhimento a considerar a possibilidade de reconhecer, sempre que se justifique, aos migrantes legais que tenham autorização de residência de longa duração, direitos e deveres civis e políticos e a facilitar a sua naturalização. Deve haver especial empenho na integração dos filhos dos migrantes de longo prazo, oferecendo-lhes oportunidades de educação e de formação iguais às dos nacionais, autorizando-os a exercerem uma actividade económica e facilitando a naturalização daqueles que foram criados no país de acolhimento. Em conformidade com o artigo 10.º da Convenção sobre os Direitos da Criança e com os demais instrumentos relativos aos direitos do homem universalmente reconhecidos, todos os governos, em particular os dos países de acolhimento, devem reconhecer a importância decisiva do reagrupamento das famílias e promover a incorporação deste princípio na legislação nacional, a fim de garantir a protecção da unidade familiar dos migrantes legais. Os governos dos países de acolhimento devem velar pela protecção dos migrantes e das suas famílias, concedendo prioridade aos programas e estratégias de luta contra a intolerância religiosa, o racismo, o etnocentrismo, a xenofobia e a discriminação sexual e promovendo a necessária sensibilização do público a esse respeito;

c) Os governos e outros agentes competentes devem fomentar o intercâmbio internacional de informações sobre os estabelecimentos de ensino e de formação, a fim de favorecer o emprego produtivo dos migrantes legais, reconhecendo o valor do ensino e dos diplomas estrangeiros;

d) Os governos devem encorajar a harmonia inter-racial e a compreensão entre as culturas, através de programas escolares adequados, que incluam uma formação em matéria de sistemas de prevenção e de resolução de conflitos.

78. Para responder às preocupações e às necessidades essenciais relacionadas com os migrantes clandestinos, é necessário:

a) Incentivar os governos a cooperar para atenuar as causas das migrações clandestinas, salvaguardando os direitos fundamentais dos migrantes clandestinos, impedindo a sua exploração, oferecendo-lhes formas de recurso adequadas de acordo com a legislação nacional e punindo os criminosos que organizam o tráfico de seres humanos;

b) Promover a cooperação, da forma mais adequada, entre os países de destino, os países de trânsito e os países de origem para gerir os fluxos de imigração, impedir as migrações clandestinas e, quando possível, facilitar o regresso dos migrantes e a sua reintegração nas suas comunidades de origem;

c) Incentivar os governos para que cooperem no sentido de reduzirem os efeitos das migrações clandestinas nos países de acolhimento, tendo em conta a situação e as necessidades especiais desses países, em particular dos países em desenvolvimento;

d) Incentivar os governos a promover a adopção de medidas eficazes para proteger todos os migrantes clandestinos e os membros das suas famílias contra o racismo, o etnocentrismo e a xenofobia.

F. Atacar os problemas da violência, da criminalidade, das drogas ilícitas e do abuso de drogas

79. Para dar resposta aos problemas criados pela violência, pela criminalidade, pelo abuso de drogas e pela sua produção, pelo uso e tráfico de drogas ilícitas e pela reabilitação dos toxicodependentes, é necessário:

a) Adoptar e aplicar políticas e programas de saúde pública e serviços sociais adequados a prevenir e a eliminar todas as formas de violência na sociedade, em particular a violência doméstica, e a proteger as vítimas da violência, prestando especial atenção à violência contra as mulheres, as crianças, os idosos e os deficientes. Em particular, dever-se-ia aplicar e fazer respeitar, à escala nacional, a Declaração Sobre a Eliminação da Violência Contra as Mulheres. Além disso, dever-se-iam respeitar as disposições da Convenção sobre os Direitos da Criança;

b) Adoptar todas as medidas que se imponham para eliminar todas as formas de exploração, de abuso e de violência contra as mulheres, em particular a violência doméstica e a violação; dever-se-ia prestar especial atenção à violência resultante de práticas tradicionais ou costumeiras perigosas e de todas as formas de extremismo, o que implica, tanto a adopção de medidas preventivas, como a reabilitação das vítimas;

c) Executar programas que canalizem a energia e a criatividade das crianças e dos jovens, permitindo-lhes aperfeiçoarem-se e contribuirem para a melhoria da sua comunidade, e impedindo, dessa forma, que se dediquem à criminalidade, à violência e ao abuso e tráfico de drogas;

d) Melhorar os mecanismos para a resolução pacífica dos conflitos e para a subsequente reintegração dos indivíduos na sociedade, envidando esforços a favor da reconciliação e da restauração da confiança entre grupos antagonistas; promover uma formação para a resolução não violenta de conflitos em todos os níveis da educação; reconstruir as instituições sociais destruídas; reintegrar as pessoas deslocadas e as pessoas com deficiências; e restabelecer o primado do direito e o respeito pelos direitos humanos;

e) Estabelecer parcerias com organizações não governamentais e com organizações comunitárias para assegurar a reabilitação e a reinserção social dos delinquentes, especialmente dos jovens delinquentes. Adoptar medidas para preservar os laços dos delinquentes com as suas famílias durante a detenção e para reintegrá-los no mundo laboral e na vida social após terem sido postos em liberdade;

f) Reforçar a cooperação e a coordenação internacionais para a elaboração de estratégias políticas, de leis e de outras medidas destinadas a combater a criminalidade organizada, à escala nacional e internacional, a violência e o terrorismo;

g) Adoptar estratégias nacionais eficazes e ecologicamente racionais para prevenir ou reduzir substancialmente o cultivo e o processamento de plantas utilizadas para o tráfico ilícito de drogas, prestando especial atenção ao apoio nacional e internacional aos programas de desenvolvimento que criem alternativas económicas viáveis à produção de drogas, favorecendo a plena integração dos grupos sociais que participam nessas actividades;

h) Lutar contra o uso ilícito de drogas e substâncias psicotrópicas e o tráfico de drogas, a corrupção e as actividades criminosas conexas, através da adopção de medidas nacionais coordenadas ao nível internacional, bem como do reforço dos programas integrados e multisectoriais que visam prevenir e reduzir o consumo de drogas, a fim de criar uma sociedade livre de drogas ilícitas. Em cooperação com as instituições da sociedade civil e o sector privado, prevenir o abuso de drogas e proporcionar uma educação preventiva às crianças e aos jovens, bem como programas de reabilitação e de educação dirigidos a ex-toxicodependentes e a alcoólicos, especialmente crianças e jovens, para que possam obter um emprego produtivo e viver de forma independente e digna, com a responsabilidade necessária para levarem uma vida produtiva, livre da droga e da delinquência;

i) Trabalhar à escala nacional e internacional para identificar as redes de tráfico de estupefacientes e de branqueamento de capitais, punir os responsáveis e pôr fim aos lucros resultantes desse tipo de actividades criminosas;

j) Apoiar estratégias globais de interdição de drogas e redobrar os esforços destinados a controlar os produtos químicos, as armas de fogo, as munições e os explosivos, a fim de impedir a sua utilização por grupos de narcotraficantes e terroristas;

k) Combater o tráfico de mulheres e de crianças, através da adopção de medidas nacionais, coordenadas ao nível internacional, e, paralelamente, criando e reforçando as instituições dedicadas à reabilitação das vítimas do tráfico de mulheres e de crianças.

G. Integração social e responsabilidades familiares

80. A família é a unidade básica da sociedade e, enquanto tal, deveria ser reforçada. A família tem direito a receber uma protecção e um apoio em todos os domínios. Em diferentes sistemas culturais, políticos e sociais, existem diversas formas de família. O casamento deve ser contraído com o livre consentimento dos futuros esposos e o marido e a mulher devem ser considerados como iguais.

81. Para ajudar a família nas suas funções de apoio afectivo, educativo e material, que contribuem para a integração social, é necessário:

a) Fomentar políticas sociais e económicas destinadas a satisfazer as necessidades das famílias e dos seus membros, especialmente dos mais desfavorecidos e vulneráveis, prestando especial atenção aos cuidados a prestar às crianças;

b) Garantir aos diferentes membros da família oportunidades de compreender e assumir as suas responsabilidades sociais;

c) Promover o respeito mútuo, a tolerância e a colaboração no seio da família e da sociedade;

d) Favorecer uma colaboração, em plano de igualdade, entre homens e mulheres no seio da família.

CAPÍTULO V
Aplicação e acompanhamento

82. Para que se alcancem os objectivos do desenvolvimento social será imprescindível uma vontade política renovada e absoluta, à escala

nacional e internacional, para investir nos indivíduos e no seu bem-estar. Os governos são os principais responsáveis pelo desenvolvimento social e pela aplicação do Programa de Acção da Cimeira, ainda que a cooperação e a assistência internacionais sejam essenciais para uma plena aplicação do Programa. Em todos os níveis de aplicação são requisitos fundamentais:
- A defesa e a protecção de todos os direitos humanos e liberdades fundamentais, o apoio às instituições democráticas e a valorização da participação da mulher;
- A integração dos objectivos, programas e mecanismos de análise que foram criados em separado para responder a problemas concretos;
- Uma acção comum em que participem os Estados, as colectividades locais, as organizações não governamentais, em particular as organizações de voluntariado, os outros grupos principais definidos na Agenda 21, os meios de comunicação social, as famílias e os particulares;
- O reconhecimento da diversidade mundial e a necessidade de adoptar medidas destinadas à realização dos objectivos da Cimeira;
- Conferir meios de acção aos destinatários da ajuda para que possam participar plenamente na definição de objectivos, na concepção de programas, na execução das actividades e na avaliação dos resultados;
- Esforços para mobilizar recursos financeiros novos e adicionais, que sejam, em simultâneo, suficientes e previsíveis, que possam ser obtidos de forma a maximizar as possibilidades existentes e que utilizem o conjunto de fontes e de mecanismos de financiamento disponíveis, nomeadamente as fontes multilaterais, bilaterais e privadas, em condições favoráveis e a título de doação;
- Uma solidariedade, ou seja, o alargamento da noção de parceria, e uma obrigação moral de respeito e de interesse mútuos entre indivíduos, colectividades e nações.

Acções

A. Estratégias, avaliações e exames nacionais

83. Para a promoção de uma perspectiva integrada de aplicação do Programa de Acção a nível nacional, de acordo com as características próprias de cada país, é necessário:

a) Analisar e examinar as políticas macroeconómicas, microeconómicas e sectoriais e estudar os seus efeitos sobre a pobreza, o emprego, a integração social e o desenvolvimento social;

b) Melhorar as políticas e os programas governamentais para a promoção do desenvolvimento social, reforçando a coordenação de todos os esforços realizados à escala nacional e internacional, aumentando a eficiência e a capacidade operacional das estruturas de gestão públicas, facilitando a utilização eficaz e transparente dos recursos, tendo devidamente em conta as recomendações e as medidas complementares da Agenda 21;

c) Avaliar o alcance, a distribuição e as características da pobreza, do desemprego, dos conflitos sociais e da exclusão social e adoptar medidas destinadas a erradicar a pobreza, aumentar o emprego produtivo e reforçar a integração social;

d) Formular ou reforçar até 1996 estratégias intersectoriais alargadas, tendo em vista a aplicação dos resultados da Cimeira e das estratégias nacionais de desenvolvimento social, que incluam medidas a adoptar pelos governos e pelos Estados em cooperação com outros Estados e organizações internacionais, regionais e sub-regionais, bem como medidas a adoptar em colaboração e cooperação com os membros da sociedade civil, o sector privado e as cooperativas, fixando as responsabilidades precisas de cada sector e as prioridades e calendários acordados;

e) Integrar os objectivos de desenvolvimento social nos planos, políticas e orçamentos nacionais para o desenvolvimento, ultrapassando as tradicionais clivagens sectoriais, de maneira transparente e responsável e garantindo a participação dos grupos directamente afectados na formulação e na aplicação desses objectivos;

f) Definir metas e objectivos com prazos estabelecidos com vista a reduzir a pobreza generalizada e a erradicar a pobreza extrema, aumentar o número de empregos e reduzir o desemprego, reforçando a integração social, no contexto de cada país;

g) Promover e reforçar as capacidades institucionais de coordenação interministerial, de cooperação intersectorial, de coordenação na afectação dos recursos e de integração vertical entre o poder central e as colectividades locais;

h) Elaborar indicadores quantitativos e qualitativos de desenvolvimento social, se possível apresentados por sexo, para avaliar a pobreza, o emprego, a integração social e outros factores sociais, controlar os efeitos das políticas sociais e dos programas sociais, encontrar formas de melhorar a eficácia das políticas e dos programas e introduzir novos programas;

i) Reforçar os mecanismos de aplicação e acompanhamento, nomeadamente os acordos relativos à participação da sociedade civil na formulação e na aplicação das políticas e a colaboração com as organizações internacionais;

j) Avaliar periodicamente os progressos alcançados pelos países na aplicação dos resultados da Cimeira, porventura estabelecendo relatórios periódicos, onde se destaquem os sucessos alcançados, os problemas encontrados e os obstáculos com que se depararam. Esses relatórios poderiam ser examinados no quadro de um sistema global apropriado de apresentação de relatórios, que tivesse em conta os diferentes procedimentos utilizados nos domínios económico, social e ambiental.

84. Para ajudar os países a formular as suas estratégias de desenvolvimento social, os organismos bilaterais e multilaterais deverão:

a) Ajudar os países a reforçar ou a reconstruir as suas capacidades de elaborar, coordenar, aplicar e acompanhar as estratégias integradas de desenvolvimento social;

b) Coordenar a assistência proporcionada por diversos organismos, no quadro de outros planos de acção internacionais, a processos de planificação similares;

c) Elaborar métodos e programas melhorados de recolha de dados e difusão de estatísticas e de indicadores de desenvolvimento social, para facilitar o exame e a análise da acção empreendida e fornecer aos países que o solicitem serviços especializados, aconselhamento e apoio neste domínio.

B. Participação da sociedade civil

85. Para que a Declaração de Copenhaga sobre o Desenvolvimento Social e o Programa de Acção da Cimeira sejam aplicados de forma eficaz, é necessário o reforço das organizações comunitárias e das organizações não governamentais sem fins lucrativos que operam no domínio da educação, da saúde, da luta contra a pobreza, da integração social, dos direitos humanos, da melhoria da qualidade de vida, do auxílio e da reabilitação, a fim de que estas possam participar de forma construtiva na elaboração e na aplicação das decisões. Para isso, é necessário:

a) Fomentar e apoiar a criação e o desenvolvimento dessas organizações, nomeadamente entre os grupos desfavorecidos e vulneráveis;

b) Estabelecer quadros legislativos e regulamentares, acordos institucionais e mecanismos de consulta que habilitem essas organizações a participar na concepção, aplicação e avaliação das estratégias e dos programas de desenvolvimento social;

c) Apoiar os programas destinados a reforçar as capacidades dessas organizações em domínios críticos, como a planificação concertada, a concepção, a execução e a avaliação dos programas, a análise económica e financeira, a gestão do crédito, a investigação, a informação e as actividades de promoção;

d) Proporcionar recursos sob a forma, por exemplo, de pequenas subvenções, de apoio técnico e de outras formas de apoio administrativo às iniciativas adoptadas e administradas a nível local;

e) Reforçar as redes de comunicação e intensificar o intercâmbio de conhecimentos e de experiências entre essas organizações.

86. Para promover a contribuição da sociedade civil, nomeadamente do sector privado, para o desenvolvimento social, é necessário:

a) Elaborar métodos de planificação e tomada de decisões que facilitem a colaboração e a cooperação entre os governos e a sociedade civil no domínio do desenvolvimento social;

b) Incentivar as empresas a prosseguirem políticas de investimento e outras actividades, nomeadamente actividades não comerciais, que contribuam para o desenvolvimento social, em particular no que se refere à criação de empregos, de serviços de apoio social nos locais de trabalho, ao acesso aos recursos produtivos e à construção de infra-estruturas;

c) Autorizar e incentivar os sindicatos a participar na planificação e na aplicação de programas de desenvolvimento social, em particular no que se refere à criação de empregos em condições equitativas, à prestação de serviços de formação, de cuidados de saúde e outros serviços básicos, e à criação de um ambiente económico propício a um crescimento económico sustentado e a um desenvolvimento sustentável;

d) Autorizar e incentivar as organizações representativas dos agricultores e as cooperativas a participar na formulação e na aplicação de políticas e de programas de desenvolvimento agrícola e rural sustentável;

e) Incentivar e facilitar a criação de cooperativas, nomeadamente de pessoas que vivem em situação de pobreza ou pertencem a grupos vulneráveis;

f) Ajudar os estabelecimentos universitários e os institutos de investigação, em particular nos países em desenvolvimento, a contribuírem para os programas de desenvolvimento social e facilitar o funcionamento de mecanismos de supervisão independente, imparcial e objectiva do progresso social, especialmente mediante a recolha, a análise e a difusão de informações e de ideias sobre o desenvolvimento económico e social;

g) Incentivar os estabelecimentos de ensino, os meios de comunicação social e todas as outras fontes de informação a concederem um destaque especial aos problemas do desenvolvimento social e a facilitarem no conjunto da colectividade um debate alargado e bem informado sobre as políticas sociais.

C. Mobilização de recursos financeiros

87. A aplicação ao nível nacional da Declaração de Copenhaga e do Programa de Acção da Cimeira pode exigir uma reorientação dos recursos existentes e a consideração de recursos novos e adicionais, tanto do sector público, como do sector privado. Para aumentar o montante dos recursos públicos consagrados ao desenvolvimento social, é necessário, ao nível nacional:

a) Aplicar políticas macroeconómicas e microeconómicas conformes às prioridades e políticas nacionais, orientadas para incentivar a poupança e aumentar os investimentos internos consagrados às despesas públicas, através de impostos progressivos, justos e economicamente eficazes, tendo em conta os objectivos do desenvolvimento sustentável e reduzindo as subvenções que não beneficiam os estratos mais pobres da população;

b) Reduzir, de forma adequada, as despesas militares excessivas e os investimentos na produção e na aquisição de armamento, tendo em conta as necessidades da segurança nacional, a fim de aumentar os recursos para o desenvolvimento económico e social;

c) Dar prioridade ao desenvolvimento social na afectação das despesas públicas e garantir um financiamento previsível dos programas relativos ao desenvolvimento social;

d) Garantir que a administração encarregada de formular e aplicar os programas de desenvolvimento social, disponha dos recursos necessários a esse fim;

e) Utilizar os recursos públicos de forma mais eficaz e transparente, reduzir os desperdícios, lutar contra a corrupção e concentrar os esforços nas áreas em que as necessidades sociais são mais prementes;

f) Encontrar fontes de financiamento inovadoras, tanto públicas, como privadas, para os programas sociais e criar um ambiente propício à mobilização de recursos da sociedade civil para o desenvolvimento social, nomeadamente, sob a forma de contribuições dos beneficiários e de contribuições voluntárias individuais.

88. A aplicação da Declaração e do Programa de Acção nos países em desenvolvimento, em particular em África e nos países menos avançados, exigirá recursos financeiros adicionais e uma cooperação e uma assistência ao desenvolvimento mais eficazes. Para isso, é necessário:

a) Concretizar os compromissos assumidos na Cimeira em ajuda financeira aos programas de desenvolvimento social dos países em desenvolvimento, em particular dos países africanos e dos países menos avançados;

b) Fazer um esforço para alcançar o mais rapidamente possível o objectivo de consagrar 0,7% do PNB à ajuda pública ao desenvolvimento e aumentar os recursos afectados aos programas de desenvolvimento social, de acordo com o alcance e a dimensão das actividades necessárias para atingir os objectivos e as metas da Declaração e do Programa de Acção;

c) Acordar, por meio de um compromisso recíproco entre os países desenvolvidos e os países em desenvolvimento, que estes afectarão, em média, respectivamente, 20% da ajuda pública ao desenvolvimento e 20% do orçamento nacional a programas sociais básicos;

d) Dar a máxima prioridade, na afectação da ajuda pública ao desenvolvimento, à erradicação da pobreza nos países em desenvolvimento, em particular em África, nos países de baixos rendimentos da Ásia e do Pacífico, da América Latina e das Caraíbas e nos países menos avançados;

e) Proporcionar uma assistência às actividades do sector social, em particular às que se referem à recuperação e ao desenvolvimento de uma infra-estrutura social, sob a forma de doações ou de empréstimos em condições favoráveis;

f) Cumprir os compromissos assumidos pela comunidade internacional relativamente às necessidades e aos problemas específicos dos pequenos Estados insulares em desenvolvimento, em particular proporcionando-lhes meios eficazes, que incluam recursos suficientes, previsíveis, novos e adicionais, de apoio aos seus programas de desenvolvimento social, em conformidade com a Declaração de Barbados e na base das disposições pertinentes do Programa de Acção para o Desenvolvimento Sustentável dos Pequenos Estados Insulares em Desenvolvimento;

g) Proporcionar aos países em desenvolvimento sem litoral um apoio e uma assistência internacional para os ajudar a aplicar as decisões da Cimeira, tendo em conta a situação e os problemas específicos desses países;

h) Dar preferência, sempre que possível, à utilização de peritos nacionais competentes ou, nos casos em que seja necessário, de peritos competentes da sub-região, da região ou de outros países em desenvolvimento, na concepção, na preparação e na execução de projectos e de programas e contribuir para a criação de serviços locais quando estes não existam;

i) Explorar os meios de reforçar o apoio à cooperação Sul-Sul e de alargar essa cooperação, na base de uma associação entre países em desenvolvimento e países desenvolvidos, e aumentar a cooperação entre países em desenvolvimento;

j) Reforçar ao máximo a eficácia dos projectos e programas, reduzindo ao mínimo as despesas gerais;

k) Elaborar políticas económicas destinadas a incentivar e a mobilizar a poupança interna e atrair recursos externos para o investimento produtivo e procurar novas fontes de financiamento para os programas sociais, tanto públicas, como privadas, assegurando a sua utilização eficaz;

l) Acompanhar as consequências da liberalização do comércio nos progressos realizados pelos países em desenvolvimento na satisfação das necessidades fundamentais da população, prestando especial atenção às novas iniciativas destinadas a alargar o acesso desses países aos mercados internacionais;

m) Fomentar uma cooperação directa para promover empresas mistas, nomeadamente no sector dos programas sociais e da infra-estrutura social;

n) Encorajar os governos beneficiários a reforçar os seus mecanismos nacionais de coordenação da ajuda internacional em matéria de desenvolvimento social e a assegurar a utilização eficaz dessa ajuda, de forma a incitar os doadores a assumir o compromisso de afectar novos recursos aos planos de acção nacionais;

o) Convidar os doadores multilaterais e bilaterais a realizar consultas entre si, com vista a coordenar as suas políticas de financiamento e os seus processos de planificação, de forma a melhorar o impacto, a complementaridade e a eficácia das suas contribuições para a realização dos objectivos dos programas de desenvolvimento social dos países em desenvolvimento.

89. A aplicação da Declaração de Copenhaga e do Programa de Acção da Cimeira nos países com economias em transição exigirá o reforço da cooperação e da assistência internacionais. Para isso, é necessário:

a) Avaliar as implicações financeiras dos compromissos assumidos aquando da Cimeira no que se refere aos programas de desenvolvimento social dos países com economias em transição;

b) Melhorar a assistência técnica e financeira destinada à execução de programas de estabilização macroeconómica, de forma a garantir um crescimento económico sustentado;

c) Apoiar e estimular as reformas no domínio da valorização dos recursos humanos;

d) Convidar os doadores multilaterais e bilaterais a realizar consultas entre si, com vista a coordenar as suas políticas de financiamento e os seus processos de planificação, de forma a melhorar o impacto das suas contribuições para a realização dos objectivos dos programas de desenvolvimento social dos países com economias em transição.

90. Para que os países em desenvolvimento possam aplicar a Declaração e o Programa de Acção, é essencial uma redução importante do seu nível de endividamento. Aproveitando, entre outras coisas, o impulso da reunião dos sete países mais industrializados (G7), realizada em Nápoles, em Julho de 1994, e da reunião dos Governadores do Banco Mundial e do FMI, realizada em Outubro de 1994, é possível obter progressos mais acentuados. Para isso, é necessário:

a) Convidar a comunidade internacional, incluindo as instituições financeiras internacionais, a encontrar novas medidas que permitam aliviar consideravelmente o peso da dívida dos países em desenvolvimento, em particular dos países de baixos rendimentos fortemente endividados, de forma a ajudá-los a alcançar um crescimento económico sustentado e um desenvolvimento sustentável, sem que caiam numa nova crise da dívida;

b) Adoptar medidas para reduzir substancialmente as dívidas bilaterais dos países menos avançados, em particular os países de África, e encarar outros métodos inovadores de gerir e aliviar, o mais rapidamente possível, as dívidas mais pesadas e o peso do serviço da dívida de outros países em desenvolvimento;

c) Prestar uma atenção especial aos países em desenvolvimento em que a dívida multilateral constitua a maior parte da sua dívida total, a fim de encontrar uma solução duradoura para este problema cada vez mais grave;

d) Favorecer as possibilidades de converter as dívidas em investimentos no domínio do desenvolvimento social, para que os recursos libertados pela anulação ou pela redução da dívida sejam investidos em programas de desenvolvimento social, sem prejuízo de encontrar soluções mais duradouras, como a redução ou o perdão da dívida;

e) Mobilizar os recursos do Fundo para a Redução da Dívida da Associação Internacional de Desenvolvimento, a fim de permitir aos países em desenvolvimento o preenchimento das condições necessárias à redução da sua dívida comercial; encarar outros mecanismos para complementar a acção do Fundo;

f) Encorajar os países credores, os bancos privados e as instituições financeiras multilaterais, no quadro das suas prerrogativas, a considerar a possibilidade de manter as iniciativas e os esforços destinados a solucionar os problemas das dívidas comerciais dos países menos avançados e dos países em desenvolvimento de baixos rendimentos e de rendimentos intermédios, a considerar a possibilidade de conceder um novo apoio financeiro adequado aos países de baixos rendimentos fortemente endividados e que continuem, à custa de grandes sacrifícios, a assegurar o seu serviço da dívida e fazer face às suas obrigações internacionais; a continuar a procurar formas de aplicar medidas complementares e inovadoras para reduzir de forma substancial o peso da dívida dos países em desenvolvimento, em particular dos países com baixos rendimentos fortemente endividados, a fim de os ajudar a alcançar um crescimento económico sustentado e um desenvolvimento sustentável sem que caiam numa nova crise da dívida.

91. Para que os programas de ajustamento estrutural promovam os objectivos de desenvolvimento social, em particular a erradicação da pobreza, a criação de empregos produtivos e o reforço da integração social, os governos, agindo em cooperação com as instituições financeiras internacionais e outras organizações internacionais, deverão:

a) Fazer com que os créditos afectados aos programas sociais básicos, em particular aqueles de que beneficiam os pobres e os sectores vulneráveis da sociedade, escapem às restrições orçamentais;

b) Examinar as implicações dos programas de ajustamento estrutural no desenvolvimento social, recorrendo a avaliações do seu impacto social, considerada a especificidade de género, e a outros métodos apropriados, e implementar medidas destinadas a atenuar os efeitos negativos desses programas e a reforçar os seus efeitos positivos;

c) Favorecer a promoção de políticas que permitam às pequenas empresas, às cooperativas e a outras formas de microempresas aumentar a sua capacidade de gerar rendimentos e criar empregos.

92. As instituições financeiras internacionais devem contribuir para a mobilização de recursos necessários à aplicação da Declaração e do Programa de Acção. Com esse fim, instam-se as instituições responsáveis a adoptar as seguintes medidas:

a) O Banco Mundial, o FMI, os bancos e os fundos regionais e sub-regionais de desenvolvimento e todas as outras organizações financeiras internacionais devem integrar mais intensamente os objectivos de desenvolvimento social nas suas políticas, programas e operações, nomeadamente, dando, sempre que possível, prioridade nos seus programas de empréstimos àqueles que se destinem ao sector social;

b) As instituições de *Bretton Woods* e outros organismos do sistema das Nações Unidas devem colaborar com os países interessados na análise das políticas a seguir e na promoção de novas soluções para que os programas de ajustamento estrutural favoreçam o desenvolvimento económico e social sustentado, prestando especial atenção aos seus efeitos sobre as populações pobres e os grupos vulneráveis;

c) As Nações Unidas, em cooperação com o Banco Mundial, o FMI e outras instituições multilaterais de desenvolvimento, devem estudar o impacto dos programas de ajustamento estrutural no desenvolvimento económico e social e ajudar os países que os aplicam a estabelecer condições propícias ao crescimento económico, à criação de empregos, à erradicação da pobreza e ao desenvolvimento social.

93. Aumentar o volume de recursos obtidos pelas vias tradicionais não é suficiente. É, pois, necessário solicitar aos órgãos competentes das Nações Unidas, em particular ao Conselho Económico e Social, que considere novos meios de obter fundos e que apresente sugestões úteis nesse sentido.

D. O papel do sistema das Nações Unidas

94. É absolutamente imperativo criar um quadro de cooperação internacional, no contexto da agenda para o desenvolvimento, para assegurar a aplicação, o controlo e a avaliação integrados e alargados das recomendações da Cimeira e de outras conferências das Nações Unidas relativas ao desenvolvimento social, em particular a Cimeira Mundial sobre a Infância, a Conferência das Nações Unidas sobre Ambiente e Desenvolvimento, a Conferência Mundial sobre os Direitos do Homem, a Conferência Mundial sobre o Desenvolvimento Sustentável dos Pequenos Estados Insulares em Desenvolvimento, a Conferência das Nações Unidas sobre Estabelecimentos Humanos (Habitat II), a Conferência Internacional sobre População e Desenvolvimento e a quarta Conferência Mundial sobre a Mulher. No plano internacional, como no plano nacional, é preciso avaliar as consequências financeiras e estruturais dos compromissos, metas e objectivos da Cimeira, estabelecer prioridades e planificar orçamentos e programas de trabalho.

95. A nível intergovernamental, o papel que pode desempenhar a Assembleia Geral e o Conselho Económico e Social na análise da questão do desenvolvimento social, deverá ser tido especialmente em consideração:

a) A Assembleia Geral, como órgão intergovernamental mais importante, é a principal instância de formulação de políticas e de avaliação de questões relativas ao acompanhamento da Cimeira. A Assembleia Geral deveria incluir na sua agenda um tema intitulado: "Aplicação dos resultados da Cimeira Mundial sobre o Desenvolvimento Social". Em 1996 deveria examinar-se, como parte das actividades relacionadas com o Ano Internacional para a Erradicação da Pobreza, a eficácia das medidas adoptadas para aplicar as recomendações da Cimeira no que se refere à erradicação da pobreza;
b) A Assembleia deveria realizar uma sessão extraordinária no ano 2000, para fazer um balanço global da aplicação das recomendações da Cimeira e considerar outras medidas e iniciativas a ser adoptadas;
c) A Assembleia Geral, na sua quinquagésima sessão, deveria proclamar, no seguimento do Ano Internacional para a Erradicação da Pobreza (1996), o Primeiro Decénio das Nações Unidas para a erradicação da pobreza, com vista a examinar novas iniciativas na matéria;
d) A Assembleia Geral e o Conselho Económico e Social deveriam organizar reuniões de alto nível com o objectivo de fomentar o diálogo internacional sobre os problemas sociais mais importantes e sobre as políticas adequadas para fazer face, mediante a cooperação internacional, a esses problemas;
e) A Assembleia Geral deveria aproveitar o trabalho inicial do grupo de trabalho que, no contexto da Agenda para o Desenvolvimento, se dedica a delimitar o quadro comum para a aplicação das recomendações das conferências;
f) O Conselho Económico e Social, em conformidade com as funções que lhe foram atribuídas em relação à Assembleia Geral na Carta das Nações Unidas, e de acordo com as resoluções da Assembleia Geral 45/264, 46/235 e 48/162, deveria supervisionar a coordenação e a aplicação das recomendações da Cimeira a todo o sistema e formular recomendações a esse respeito. O Conselho Económico e Social deveria examinar as formas de reforçar, em conformidade com o mandato da Carta das Nações Unidas, as suas funções, poderes, estruturas, meios de acção e modalidades de operação, fortalecer as suas relações de trabalho com as instituições especializadas, de forma a poder fazer um balanço dos progressos alcançados na aplicação das recomendações da Cimeira, bem como melhorar a sua eficácia. O Conselho Económico e Social, na sua sessão principal de 1995, deveria ser convidado a examinar o mandato, o programa e a composição da Comissão de Desenvolvimento Social, analisando, também, a forma de

reforçar a Comissão, tendo em conta a necessidade de uma sinergia com os restantes órgãos que operam na mesma área e o acompanhamento das conferências. O Conselho Económico e Social deveria aproveitar todos os trabalhos iniciais realizados sob o quadro comum para aplicação das recomendações das conferências (cfr. Parágrafos 94 e 95 d) supra). Também se deveria convidar o Conselho a examinar o modo como é informado das actividades relativas ao desenvolvimento social, a fim de estabelecer um sistema coerente que permita indicar claramente aos governos e aos protagonistas internacionais o sentido das suas acções;

g) No quadro dos debates sobre uma agenda para o desenvolvimento e dos debates do Conselho Económico e Social, aquando da parte da sessão de 1995 consagrada à coordenação sobre o quadro comum para aplicação dos resultados das conferências das Nações Unidas nas áreas económica e social, dever-se-ia considerar a possibilidade de organizar reuniões conjuntas do Conselho, do Comité para o Desenvolvimento do Banco Mundial e do FMI. O Secretário-Geral e os Directores do Banco Mundial, do FMI e da OIT e dos fundos e programas das Nações Unidas, deveriam considerar a possibilidade de realizar reuniões conjuntas para examinar a aplicação da Declaração e do Programa de Acção antes das sessões do Comité do Desenvolvimento Económico;

h) A fim de promover a aplicação das recomendações da Cimeira a nível regional e sub-regional, as comissões regionais das Nações Unidas, agindo em cooperação com os bancos e as organizações intergovernamentais regionais, deveriam organizar, de dois em dois anos, uma reunião de alto nível político destinada a examinar os progressos realizados na aplicação das recomendações da Cimeira, a confrontar experiências e a adoptar medidas adequadas. As comissões regionais informariam o Conselho Económico e Social dos resultados dessas reuniões, utilizando os mecanismos apropriados;

i) É importante sublinhar o importante papel que cabe ao Comité de Direitos Económicos, Sociais e Culturais no acompanhamento dos aspectos da Declaração e do Programa de Acção relacionados com a aplicação pelos Estados Partes do Pacto Internacional sobre os Direitos Económicos, Sociais e Culturais.

96. Os organismos das Nações Unidas deveriam proporcionar cooperação técnica e outras formas de assistência aos países em desenvolvimento, em particular aos países africanos e aos países menos avançados, para a aplicação da Declaração e do Programa de Acção. Para isso, é necessário:

a) Alargar e intensificar a cooperação em matéria de desenvolvimento social por parte do sistema das Nações Unidas, nomeadamente os seus organismos técnicos e sectoriais e as instituições de *Bretton Woods*, assegurando que os seus esforços sejam complementares e, quando possível, partilhando os seus recursos em iniciativas conjuntas de desenvolvimento social assentes nos objectivos comuns da Cimeira;

b) Renovar, reforçar e revitalizar os diversos elementos do sistema das Nações Unidas, em particular as suas actividades operacionais, com o fim de melhorar a eficiência e a eficácia das organizações das Nações Unidas relativamente ao apoio a proporcionar aos esforços a favor do desenvolvimento social a nível nacional e para aumentar a sua contribuição para a realização dos objectivos da Cimeira. As instituições especializadas e os organismos afins do sistema das Nações Unidas são convidados a reforçar e a adaptar as suas actividades, os seus programas e as suas estratégias a médio prazo, de acordo com as oportunidades, tendo em conta as recomendações da Cimeira. Os órgãos directores competentes devem examinar as suas políticas, programas, orçamentos e actividades nesta perspectiva;

c) Analisar, através do Comité Administrativo de Coordenação, a melhor forma das entidades participantes coordenarem as suas actividades para a aplicação das recomendações da Cimeira;

d) Encorajar os fundos e programas das Nações Unidas, bem como as instituições especializadas, a prestarem regularmente contas às instâncias competentes dos seus planos e programas relacionados com a aplicação das recomendações da Cimeira;

97. Os organismos das Nações Unidas deveriam, igualmente, considerar o fornecimento de cooperação técnica apropriada e de outras formas de assistência aos países com economias em transição. Para isso, é necessário:

a) Apoiar, através dos órgãos respectivos das Nações Unidas, os esforços dos países de elaboração e execução dos programas de desenvolvimento social;

b) Incentivar o PNUD a prosseguir os seus esforços no apoio à execução de programas de desenvolvimento social, tendo em conta as necessidades concretas dos países com economias em transição;

c) Fomentar a cooperação entre os órgãos e organismos do sistema das Nações Unidas, nomeadamente os organismos técnicos e sectoriais, o Banco Mundial e o FMI, e os países com economias em transição na área do desenvolvimento social.

98. A aplicação da Declaração de Copenhaga e do Programa de Acção da Cimeira apelará à intervenção de diversos organismos das Na-

ções Unidas. Com o objectivo de assegurar a coerência dos seus esforços, a Assembleia Geral deve considerar as seguintes medidas:

a) Promover e reforçar a coordenação, a nível mundial, regional e nacional, das actividades dos organismos das Nações Unidas no domínio económico e social, com a acção realizada pelas instituições de *Bretton Woods* e pela Organização Mundial do Comércio, nomeadamente, solicitando a elaboração de relatórios para o Conselho Económico e Social e organizando reuniões em coordenação com este Conselho;

b) Solicitar à Organização Mundial do Comércio que considere formas de contribuição para aplicação do Programa de Acção, nomeadamente mediante actividades em cooperação com os organismos das Nações Unidas;

c) Solicitar à OIT, que devido ao seu mandato, estrutura tripartida e experiência, tem um papel especial a desempenhar em matéria de emprego e desenvolvimento social, que contribua para a aplicação do Programa de Acção;

d) Solicitar ao Secretário-Geral que assegure a coordenação efectiva na aplicação da Declaração e do Programa de Acção.

99. Para que os objectivos da Cimeira possam sem alcançados, os organismos das Nações Unidas devem reforçar as suas actividades operacionais de desenvolvimento, em conformidade com as resoluções pertinentes da Assembleia Geral, especialmente a resolução 47/199. Para isso, é necessário:

a) Que o PNUD oriente os esforços das Nações Unidas para a criação de meios de acção à escala local, nacional e regional, e apoie, através da sua rede de escritórios locais, a execução coordenada de programas de desenvolvimento social;

b) Melhorar a coordenação a nível nacional, através dos coordenadores residentes, para que se tenha plenamente em conta a presente Declaração e o Programa de Acção da Cimeira e os acordos internacionais conexos;

c) Instar os organismos das Nações Unidas a encorajarem e a apoiarem a cooperação Sul-Sul e a cooperação técnica entre países em desenvolvimento, a todos os níveis, uma vez que essa cooperação é um importante factor de desenvolvimento social e um meio muito útil de assegurar a aplicação do Programa de Acção;

d) Apoiar as actividades a favor do desenvolvimento das Nações Unidas, através de um aumento substancial dos recursos afectados às actividades operacionais para o desenvolvimento, que devem ser disponibilizados numa base programada, contínua e segura, na proporção das necessidades crescentes dos países em desenvolvimento, como se afirma na resolução 47/199 da Assembleia Geral;

e) Reforçar a capacidade dos organismos das Nações Unidas para recolher e analisar a informação e estabelecer indicadores de desenvolvimento social, tendo em conta o trabalho realizado por diferentes países, em particular pelos países em desenvolvimento, e consolidar a capacidade do sistema das Nações Unidas de prestar apoio e consultoria técnica e política, quando solicitados, a fim de reforçar as capacidades nacionais neste domínio.

100. O apoio e a participação dos grandes grupos definidos na Agenda 21 são indispensáveis para o êxito da aplicação do Programa de Acção. Para conseguir a sua adesão, é absolutamente necessário que estes grupos participem na planificação, elaboração, aplicação e avaliação das actividades a nível nacional e internacional. Com este objectivo, é necessário criar mecanismos para apoiar financeiramente, promover e facilitar a participação efectiva destes grupos em todos os órgãos relevantes das Nações Unidas, incluindo os mecanismos de exame que asseguram o acompanhamento da aplicação do Programa de Acção.

DECLARAÇÃO DO MILÉNIO
08.09.2000

DECLARAÇÃO DO MILÉNIO

DECLARAÇÃO DO MILÉNIO

Resolução 55/2 da Assembleia Geral das Nações Unidas

A Assembleia Geral
Aprova a seguinte Declaração:

DECLARAÇÃO DO MILÉNIO

I – Valores e Princípios

1. Nós, Chefes de Estado e de Governo, reunimo-nos na Sede da Organização das Nações Unidas, em Nova Iorque, entre os dias 6 e 8 de Setembro de 2000, no início de um novo milénio, para reafirmar a nossa fé na Organização e na sua Carta como bases indispensáveis de um mundo mais pacífico, mais próspero e mais justo.
2. Reconhecemos que, para além das responsabilidades que todos temos perante as nossas sociedades, temos a responsabilidade colectiva de respeitar e defender os princípios da dignidade humana, da igualdade e da equidade, a nível mundial. Como dirigentes, temos, pois, um dever para com todos os habitantes do planeta, em especial para com os mais desfavorecidos e, em particular, para com as crianças do mundo, a quem pertence o futuro.
3. Reafirmamos a nossa adesão aos objectivos e princípios da Carta das Nações Unidas, que demonstraram ser intemporais e universais. De facto, a sua pertinência e capacidade como fonte de inspiração aumentaram, à medida que se multiplicaram os vínculos e se foi consolidando a interdependência entre as nações e os povos.
4. Estamos decididos a estabelecer uma paz justa e duradoura em todo o mundo, em conformidade com os objectivos e princípios da Carta. Reafirma-

mos a nossa determinação de apoiar todos os esforços que visam fazer respeitar a igualdade e a soberania de todos os Estados, o respeito pela sua integridade territorial e independência política; a resolução dos conflitos por meios pacíficos e em consonância com os princípios da justiça e do direito internacional; o direito à autodeterminação dos povos que permanecem sob domínio colonial e ocupação estrangeira; a não ingerência nos assuntos internos dos Estados; o respeito pelos direitos humanos e liberdades fundamentais; o respeito pela igualdade de direitos de todos, sem distinções por motivo de raça, sexo, língua ou religião; e a cooperação internacional para resolver os problemas internacionais de carácter económico, social, cultural ou humanitário.

5. Pensamos que o principal desafio com que nos deparamos na actualidade é conseguir que a globalização venha a ser uma força positiva para todos os povos do mundo, uma vez que, se é certo que a globalização oferece grandes possibilidades, actualmente os seus benefícios e os seus custos são distribuídos de forma muito desigual. Reconhecemos que os países em desenvolvimento e os países com economias em transição enfrentam sérias dificuldades para fazer face a este problema fundamental. Assim, consideramos que, só através de esforços amplos e sustentados para criar um futuro comum, baseado na nossa condição humana comum, em toda a sua diversidade, pode a globalização ser completamente equitativa e favorecer a inclusão. Estes esforços devem incluir a adopção de políticas e medidas, a nível mundial, que correspondam às necessidades dos países em desenvolvimento e das economias em transição e que sejam formuladas e aplicadas com a sua participação efectiva.

6. Consideramos que determinados valores fundamentais são essenciais para as relações internacionais no século XXI. Entre eles figuram:
- A liberdade. Os homens e as mulheres têm o direito de viver a sua vida e de criar os seus filhos com dignidade, livres da fome e do medo da violência, da opressão e da injustiça. A melhor forma de garantir estes direitos é através de governos de democracia participativa baseados na vontade popular.
- A igualdade. Nenhum indivíduo ou nação deve ser privado da possibilidade de beneficiar do desenvolvimento. A igualdade de direitos e de oportunidades entre homens e mulheres deve ser garantida.
- A solidariedade. Os problemas mundiais devem ser enfrentados de modo a que os custos e as responsabilidades sejam distribuídos com justiça, de acordo com os princípios fundamentais da equidade e da justiça social. Os que sofrem, ou os que beneficiam menos, merecem a ajuda dos que beneficiam mais.

- A tolerância. Os seres humanos devem respeitar-se mutuamente, em toda a sua diversidade de crenças, culturas e línguas. Não se devem reprimir as diferenças dentro das sociedades, nem entre estas. As diferenças devem, sim, ser apreciadas como bens preciosos de toda a humanidade. Deve promover-se activamente uma cultura de paz e diálogo entre todas as civilizações.
- Respeito pela natureza. É necessário actuar com prudência na gestão de todas as espécies e recursos naturais, de acordo com os princípios do desenvolvimento sustentável. Só assim poderemos conservar e transmitir aos nossos descendentes as imensuráveis riquezas que a natureza nos oferece. É preciso alterar os actuais padrões insustentáveis de produção e consumo, no interesse do nosso bem-estar futuro e no das futuras gerações.
- Responsabilidade comum. A responsabilidade pela gestão do desenvolvimento económico e social no mundo e por enfrentar as ameaças à paz e segurança internacionais deve ser partilhada por todos os Estados do mundo e ser exercida multilateralmente. Sendo a organização de carácter mais universal e mais representativa de todo o mundo, as Nações Unidas devem desempenhar um papel central neste domínio.

7. Com vista a traduzir estes valores em acções, identificamos um conjunto de objectivos-chave aos quais atribuímos especial importância.

II – Paz, Segurança e Desarmamento

8. Não pouparemos esforços para libertar os nossos povos do flagelo da guerra – seja dentro dos Estados ou entre eles –, que, na última década, já custou mais de cinco milhões de vidas. Procuraremos, também, eliminar os perigos que as armas de destruição maciça representam.

9. Decidimos, portanto:
- Consolidar o respeito pelo primado da lei nos assuntos internacionais e nacionais e, em particular, assegurar que os Estados-Membros cumpram as decisões do Tribunal Internacional de Justiça, de acordo com a Carta das Nações Unidas, nos litígios em que sejam partes.
- Aumentar a eficácia das Nações Unidas na manutenção da paz e segurança, dotando a Organização dos recursos e dos instrumentos de que esta necessita para as suas tarefas de prevenção de conflitos,

resolução pacífica de diferendos, manutenção da paz, consolidação da paz e reconstrução pós-conflito. Neste contexto, tomamos devida nota do relatório do Grupo sobre as Operações de Paz das Nações Unidas([1]) e pedimos à Assembleia Geral que se debruce, quanto antes, sobre as suas recomendações.
- Intensificar a cooperação entre as Nações Unidas e as organizações regionais, de acordo com as disposições do Capítulo VIII da Carta.
- Assegurar que os Estados participantes apliquem os tratados sobre questões como o controlo de armamentos e o desarmamento, o direito internacional humanitário e os direitos humanos, e pedir a todos os Estados que considerem a possibilidade de assinar e ratificar o Estatuto de Roma do Tribunal Penal Internacional([2]).
- Adoptar medidas concertadas contra o terrorismo internacional e aderir, quanto antes, a todas as convenções internacionais pertinentes.
- Redobrar os nossos esforços para pôr em prática o nosso compromisso de lutar contra o problema mundial da droga.
- Intensificar a luta contra o crime transnacional em todas as suas dimensões, nomeadamente contra o tráfico e contrabando de seres humanos e o branqueamento de capitais.
- Reduzir, tanto quanto possível, as consequências negativas que as sanções económicas impostas pelas Nações Unidas podem ter nas populações inocentes, submeter os regimes de sanções a análises periódicas e eliminar as consequências adversas das sanções para terceiros.
- Lutar pela eliminação das armas de destruição maciça, em particular das armas nucleares, e não excluir qualquer via para atingir este objectivo, nomeadamente a possibilidade de convocar uma conferência internacional para definir os meios adequados para eliminar os perigos nucleares.
- Adoptar medidas concertadas para pôr fim ao tráfico ilícito de armas ligeiras, designadamente tornando as transferências de armas mais transparentes e apoiando medidas de desarmamento regional, tendo em conta todas as recomendações da Conferência das Nações Unidas sobre o Comércio Ilícito de Armas Pessoais e Ligeiras.

([1]) A/55/305-S/2000/809; ver Documentos Oficiais do Conselho de Segurança, 55.º ano, Suplemento de Julho, Agosto e Setembro de 2000, documento S/2000/809.
([2]) A/CONF.183/9.

- Pedir a todos os Estados que considerem a possibilidade de aderir à Convenção sobre a proibição do uso, armazenamento, produção e transferência de minas anti-pessoal e sobre a sua destruição[3], assim como às alterações ao protocolo sobre minas referente à Convenção sobre armas convencionais[4].

10. Instamos todos os Estados-Membros a observarem a Trégua Olímpica, individual e colectivamente, agora e no futuro, e a apoiarem o Comité Olímpico Internacional no seu trabalho de promoção da paz e do entendimento humano através do desporto e do Ideal Olímpico.

III – O Desenvolvimento e a Erradicação da Pobreza

11. Não pouparemos esforços para libertar os nossos semelhantes, homens, mulheres e crianças, das condições abjectas e desumanas da pobreza extrema, à qual estão submetidos actualmente mais de 1000 milhões de seres humanos. Estamos empenhados em fazer do direito ao desenvolvimento uma realidade para todos e em libertar toda a humanidade da carência.

12. Em consequência, decidimos criar condições propícias, a nível nacional e mundial, ao desenvolvimento e à erradicação da pobreza.

13. A realização destes objectivos depende, entre outras coisas, de uma boa governação em cada país. Depende, também, de uma boa governação no plano internacional e da transparência dos sistemas financeiros, monetários e comerciais. Propugnamos um sistema comercial e financeiro multilateral aberto, equitativo, baseado em normas, previsível e não discriminatório.

14. Estamos preocupados com os obstáculos que os países em desenvolvimento enfrentam para mobilizar os recursos necessários para financiar o seu desenvolvimento sustentável. Faremos, portanto, tudo o que estiver ao nosso alcance para que a Reunião Intergovernamental de alto nível sobre o financiamento do desenvolvimento, que se realizará em 2001, tenha êxito.

15. Decidimos, também, ter em conta as necessidades especiais dos países menos avançados. Neste contexto, congratulamo-nos com a convo-

---

[3] Ver CD/1478.
[4] Protocolo alterado sobre proibições ou restrições ao uso de minas, armadilhas e outros engenhos [CCW/CONF.I/16 (Parte I), anexo B].

cação da Terceira Conferência das Nações Unidas sobre os Países Menos Avançados, que irá realizar-se em Maio de 2001, e tudo faremos para que obtenha resultados positivos. Pedimos aos países industrializados:
- que adoptem, de preferência antes da Conferência, uma política de acesso livre de direitos aduaneiros e de quotas no que se refere a todas as exportações dos países menos avançados;
- que apliquem sem mais demora o programa melhorado de redução da dívida dos países mais pobres altamente endividados e que acordem em cancelar todas as dívidas públicas bilaterais aos países que demonstrarem a sua firme determinação de reduzir a pobreza; e
- que concedam uma ajuda ao desenvolvimento mais generosa, especialmente aos países que se estão genuinamente a esforçar por aplicar os seus recursos na redução da pobreza.

16. Estamos, também, decididos a abordar de uma forma global e eficaz os problemas da dívida dos países em desenvolvimento com rendimentos baixos e médios, adoptando diversas medidas de âmbito nacional e internacional, para que a sua dívida seja sustentável a longo prazo.

17. Resolvemos, também, responder às necessidades especiais dos pequenos Estados insulares em desenvolvimento, pondo rapidamente em prática o Programa de Acção de Barbados([5]) e as conclusões a que chegou a Assembleia Geral, na sua vigésima segunda sessão extraordinária. Instamos a comunidade internacional a velar por que, quando se elaborar um índice de vulnerabilidade, se tenham em conta as necessidades especiais dos pequenos Estados insulares em desenvolvimento.

18. Reconhecemos as necessidades e os problemas especiais dos países em desenvolvimento sem litoral, pelo que pedimos aos doadores bilaterais e multilaterais que aumentem a sua ajuda financeira e técnica a este grupo de países, de modo a satisfazer as suas necessidades especiais de desenvolvimento e a ajudá-los a superar os obstáculos resultantes da sua situação geográfica, melhorando os seus sistemas de transporte em trânsito.

19. Decidimos, ainda:
- Reduzir para metade, até ao ano 2015, a percentagem de habitantes do planeta com rendimentos inferiores a um dólar por dia e a das pessoas que passam fome; de igual modo, reduzir para metade

---

([5]) Programa de Acção para o Desenvolvimento Sustentável dos Pequenos Estados Insulares em Desenvolvimento [Relatório da Conferência Mundial sobre o Desenvolvimento Sustentável dos Pequenos Estados Insulares em Desenvolvimento, Bridgetown, Barbados, 25 de Abril-6 de Maio de 1994 (Publicação das Nações Unidas, Sales No. E.94.I.98 e corrigenda), cap. I, resolução l, anexo II].

a percentagem de pessoas que não tem acesso a água potável ou carecem de meios para o obter.
- Velar por que, até esse mesmo ano, as crianças de todo o mundo – rapazes e raparigas – possam concluir um ciclo completo de ensino primário e por que as crianças de ambos os sexos tenham acesso igual a todos os níveis de ensino.
- Reduzir, até essa data, a mortalidade materna em três quartos e a mortalidade de crianças com menos de 5 anos em dois terços, em relação às taxas actuais.
- Até então, ter detido e começado a inverter a tendência actual do VIH/SIDA, do flagelo do paludismo e de outras doenças graves que afligem a humanidade.
- Até ao ano 2020, ter melhorado consideravelmente a vida de pelo menos 100 milhões de habitantes das zonas degradadas, como foi proposto na iniciativa "Cidades sem bairros degradados".

20. Decidimos, também:
- Promover a igualdade entre os sexos e a autonomia da mulher, como meios eficazes de combater a pobreza, a fome e as doenças e de promover um desenvolvimento verdadeiramente sustentável.
- Formular e aplicar estratégias que proporcionem aos jovens de todo o mundo a possibilidade real de encontrar um trabalho digno e produtivo.
- Incentivar a indústria farmacêutica a aumentar a disponibilidade dos medicamentos essenciais e a pô-los ao alcance de todas as pessoas dos países em desenvolvimento que deles necessitem.
- Estabelecer formas sólidas de colaboração com o sector privado e com as organizações da sociedade civil em prol do desenvolvimento e da erradicação da pobreza.
- Velar por que todos possam aproveitar os benefícios das novas tecnologias, em particular das tecnologias da informação e das comunicações, de acordo com as recomendações formuladas na Declaração Ministerial do Conselho Económico e Social[6] de 2000.

IV – Protecção do Nosso Ambiente Comum

21. Não devemos poupar esforços para libertar toda a humanidade, acima de tudo os nossos filhos e netos, da ameaça de viver num planeta ir-

---

[6] E/2000/L.9

remediavelmente destruído pelas actividades do homem e cujos recursos já não serão suficientes para satisfazer as suas necessidades.

22. Reafirmamos o nosso apoio aos princípios do desenvolvimento sustentável, enunciados na Agenda 21([7]), que foram acordados na Conferência das Nações Unidas sobre Ambiente e Desenvolvimento.

23. Decidimos, portanto, adoptar em todas as nossas medidas ambientais uma nova ética de conservação e de salvaguarda e começar por adoptar as seguintes medidas:

- Fazer tudo o que for possível para que o Protocolo de Quioto entre em vigor de preferência antes do décimo aniversário da Conferência das Nações Unidas sobre Ambiente e Desenvolvimento, em 2002, e iniciar a redução das emissões de gases que provocam o efeito de estufa.
- Intensificar os nossos esforços colectivos em prol da administração, conservação e desenvolvimento sustentável de todos os tipos de florestas.
- Insistir na aplicação integral da Convenção sobre a Diversidade Biológica([8]) e da Convenção das Nações Unidas de Luta contra a Desertificação nos países afectados pela seca grave ou pela desertificação, em particular em África([9]).
- Pôr fim à exploração insustentável dos recursos hídricos, formulando estratégias de gestão nos planos regional, nacional e local, capazes de promover um acesso equitativo e um abastecimento adequado.
- Intensificar a cooperação para reduzir o número e os efeitos das catástrofes naturais e das catástrofes provocadas por seres humanos.
- Garantir o livre acesso à informação sobre a sequência do genoma humano.

([7]) *Relatório da Conferência das Nações Unidas sobre Ambiente e Desenvolvimento, Rio de Janeiro, 3-14 de Junho de 1992* (Publicação das Nações Unidas, Sales No. E.93.I.8 e corrigenda), vol 1: Resoluções aprovadas pela Conferência, resolução I. anexo II.

([8]) Ver Programa das Nações Unidas para o Ambiente, *Convenção sobre a Diversidade Biológica* (Centro de Actividades do Programa de Direito e Instituições Relacionadas com o Ambiente), Junho de 1992.

([9]) Documento A/49/84/Add.2, anexo, apêndice II.

V – Direitos Humanos, Democracia e Boa Governação

24. Não pouparemos esforços para promover a democracia e fortalecer o Estado de direito, assim como o respeito por todos os direitos humanos e liberdades fundamentais internacionalmente reconhecidos, nomeadamente o direito ao desenvolvimento.

25. Decidimos, portanto:
- Respeitar e fazer aplicar integralmente a Declaração Universal dos Direitos Humanos([10]).
- Esforçar-nos por conseguir a plena protecção e a promoção dos direitos civis, políticos, económicos, sociais e culturais de todas as pessoas, em todos os países.
- Aumentar, em todos os países, a capacidade de aplicar os princípios e as práticas democráticas e o respeito pelos direitos humanos, incluindo os direitos das minorias.
- Lutar contra todas as formas de violência contra a mulher e aplicar a Convenção sobre a Eliminação de Todas as Formas de Discriminação contra a Mulher([11]).
- Adoptar medidas para garantir o respeito e a protecção dos direitos humanos dos migrantes, dos trabalhadores migrantes e das suas famílias, para acabar com os actos de racismo e xenofobia, cada vez mais frequentes em muitas sociedades, e para promover uma maior harmonia e tolerância em todas as sociedades.
- Trabalhar colectivamente para conseguir que os processos políticos sejam mais abrangentes, de modo a permitirem a participação efectiva de todos os cidadãos, em todos os países.
- Assegurar a liberdade dos meios de comunicação para cumprir a sua indispensável função e o direito do público de ter acesso à informação.

VI – Protecção dos Grupos Vulneráveis

26. Não pouparemos esforços para garantir que as crianças e todas as populações civis que sofrem de maneira desproporcionada as consequências das catástrofes naturais, de actos de genocídio, dos conflitos armados

---

([10]) Resolução 217 A (III).
([11]) Resolução 34/180, anexo.

e de outras situações de emergência humanitária recebam toda a assistência e a protecção de que necessitam para poderem retomar uma vida normal quanto antes.

Decidimos, portanto:
- Aumentar e reforçar a protecção dos civis em situações de emergência complexas, em conformidade com o direito internacional humanitário.
- Intensificar a cooperação internacional, designadamente a partilha do fardo que recai sobre os países que recebem refugiados e a coordenação da assistência humanitária prestada a esses países; e ajudar todos os refugiados e pessoas deslocadas a regressar voluntariamente às suas terras em condições de segurança e de dignidade, e a reintegrarem-se sem dificuldade nas suas respectivas sociedades.
- Incentivar a ratificação e a aplicação integral da Convenção sobre os Direitos da Criança[12] e seus protocolos facultativos, sobre o envolvimento de crianças em conflitos armados e sobre a venda de crianças, a prostituição infantil e a pornografia infantil[13].

VII – Responder às Necessidades Especiais de África

27. Apoiaremos a consolidação da democracia em África e ajudaremos os africanos na sua luta por uma paz duradoura, pela erradicação da pobreza e pelo desenvolvimento sustentável, para que, dessa forma, África possa integrar-se na economia mundial.

28. Decidimos, portanto:
- Apoiar plenamente as estruturas políticas e institucionais das novas democracias de África.
- Fomentar e apoiar mecanismos regionais e sub-regionais de prevenção de conflitos e de promoção da estabilidade política, e garantir um financiamento seguro das operações de manutenção de paz nesse continente.
- Adoptar medidas especiais para enfrentar os desafios da erradicação da pobreza e do desenvolvimento sustentável em África, tais como o cancelamento da dívida, a melhoria do acesso aos mercados, o aumento da ajuda pública ao desenvolvimento e o aumento

---

[12] Resolução 44/25, anexo.
[13] Resolução 54/263, anexo I e II.

dos fluxos de investimento directo estrangeiro, assim como as transferências de tecnologia.
- Ajudar África a aumentar a sua capacidade de fazer face à propagação do flagelo do VIH/SIDA e de outras doenças infecciosas.

VIII – Reforçar as Nações Unidas

29. Não pouparemos esforços para fazer das Nações Unidas um instrumento mais eficaz no desempenho das seguintes prioridades: a luta pelo desenvolvimento de todos os povos do mundo; a luta contra a pobreza, a ignorância e a doença; a luta contra a injustiça; a luta contra a violência, o terror e o crime; a luta contra a degradação e a destruição do nosso planeta.
30. Decidimos, portanto:
- Reafirmar o papel central da Assembleia Geral como principal órgão deliberativo de adopção de políticas e de representação das Nações Unidas, dando-lhe os meios para que possa desempenhar esse papel com eficácia.
- Redobrar os nossos esforços para conseguir uma reforma ampla do Conselho de Segurança em todos os seus aspectos.
- Reforçar, ainda mais, o Conselho Económico e Social, com base nos seus recentes êxitos, de modo a que possa desempenhar o papel que lhe foi atribuído pela Carta.
- Reforçar o Tribunal Internacional de Justiça, de modo a que a justiça e o primado do direito prevaleçam nos assuntos internacionais.
- Fomentar a coordenação e as consultas periódicas entre os principais órgãos das Nações Unidas no exercício das suas funções.
- Velar por que a Organização conte, de forma regular e previsível, com os recursos de que necessita para cumprir os seus mandatos.
- Instar o Secretariado a que, de acordo com as normas e procedimentos claros acordados pela Assembleia Geral, faça o melhor uso possível desses recursos no interesse de todos os Estados-Membros, aplicando as melhores práticas de gestão e tecnologias disponíveis e prestando especial atenção às tarefas que reflectem as prioridades acordadas pelos Estados-Membros.
- Promover a adesão à Convenção sobre a Segurança do Pessoal das Nações Unidas e do Pessoal Associado[14].

---

[14] Resolução 49/59, anexo.

- Velar por que exista uma maior coerência e uma melhor cooperação em matéria normativa entre as Nações Unidas, os seus organismos, as Instituições de *Bretton Woods* e a Organização Mundial do Comércio, assim como outros órgãos multilaterais, tendo em vista conseguir uma abordagem coordenada dos problemas da paz e do desenvolvimento.
- Prosseguir a intensificação da cooperação entre as Nações Unidas e os parlamentos nacionais, através da sua organização mundial, a União Interparlamentar, em diversos âmbitos, nomeadamente: a paz e a segurança, o desenvolvimento económico e social, o direito internacional e os direitos humanos, a democracia e as questões de género.
- Oferecer ao sector privado, às organizações não governamentais e à sociedade civil em geral mais oportunidades de contribuírem para a realização dos objectivos e programas da Organização.

31. Pedimos à Assembleia Geral que examine periodicamente os progressos alcançados na aplicação das medidas propostas por esta Declaração e ao Secretário-Geral que publique relatórios periódicos, para que sejam apreciados pela Assembleia e sirvam de base para a adopção de medidas ulteriores.

32. Nesta ocasião histórica, reafirmamos solenemente que as Nações Unidas são a indispensável casa comum de toda a família humana, onde procuraremos realizar as nossas aspirações universais de paz, cooperação e desenvolvimento. Comprometemo-nos, portanto, a dar o nosso apoio ilimitado a estes objectivos comuns e declaramos a nossa determinação em concretizá-los.

CONSENSO DE MONTERREY
DA CONFERÊNCIA INTERNACIONAL SOBRE
O FINANCIAMENTO DO DESENVOLVIMENTO
22.03.2002

CONSENSO DE MONTERREY DA CONFERÊNCIA INTERNACIONAL SOBRE O FINANCIAMENTO DO DESENVOLVIMENTO

I – Como fazer face aos problemas do financiamento do desenvolvimento. Uma resposta mundial.

1. Nós, os Chefes de Estado e de Governo, reunidos em Monterrey (México), nos dias 21 e 22 de Março de 2002, resolvemos fazer face aos problemas do financiamento do desenvolvimento no mundo, em particular nos países em desenvolvimento. O nosso objectivo é erradicar a pobreza, obter um crescimento económico sustentado e promover um desenvolvimento sustentável, ao mesmo tempo que avançamos para um sistema económico mundial equitativo e aberto a todos.

2. Tomamos nota, com preocupação, de que, segundo as estimativas mais recentes, o volume de recursos mobilizados para alcançar as metas de desenvolvimento internacionalmente convencionadas, inclusive as fixadas na Declaração do Milénio([1]), será manifestamente insuficiente.

3. A mobilização e utilização mais eficaz dos recursos financeiros e a obtenção a nível nacional e internacional das condições económicas necessárias para alcançar os objectivos de desenvolvimento internacionalmente convencionados, em particular os estabelecidos na Declaração do Milénio, de erradicar a pobreza, melhorar as condições sociais e o nível de vida e proteger o ambiente, constituirá o primeiro passo para assegurar que o século XXI seja o século do desenvolvimento para todos.

4. A realização dos objectivos de desenvolvimento internacionalmente convencionados, nomeadamente os estabelecidos na Declaração do Milénio, requer uma nova aliança entre os países desenvolvidos e os países em desenvolvimento. Comprometemo-nos a adoptar políticas racionais, a promover uma boa governação a todos os níveis e a assegurar o pri-

---

([1]) Resolução 55/2.

mado do direito. Comprometemo-nos, igualmente, a mobilizar os recursos nacionais, a atrair fluxos financeiros internacionais, a fomentar o comércio internacional como motor do desenvolvimento, a intensificar a cooperação financeira e técnica internacional em prol do desenvolvimento, a promover um financiamento sustentável da dívida, a adoptar medidas para o alívio da dívida externa e a reforçar a coerência e a coesão dos sistemas monetários, financeiros e comerciais internacionais.

5. Na sequência dos ataques terroristas de 11 de Setembro de 2001, intensificou-se a desaceleração económica mundial e reduziram-se, ainda mais, as taxas de crescimento. É, agora, ainda mais premente assegurar a colaboração de todas as partes interessadas na promoção de um crescimento económico sustentado e fazer face aos problemas colocados pelo financiamento do desenvolvimento a longo prazo. A nossa determinação de actuar de forma concertada é mais firme do que nunca.

6. Cada país é o principal responsável pelo seu próprio desenvolvimento económico e social e a importância das políticas e estratégias nacionais de desenvolvimento nunca deverá ser subestimada. Não obstante, as economias nacionais estão agora interligadas no âmbito do sistema económico mundial, sendo possível apoiar os países na sua luta contra a pobreza, através das oportunidades que lhes são oferecidas pelo comércio e pelo investimento. Os esforços nacionais de desenvolvimento devem apoiar-se numa conjuntura económica internacional favorável. Incentivamos e apoiamos os programas de desenvolvimento empreendidos a nível regional, como a Nova Parceria para o Desenvolvimento de África e as iniciativas similares realizadas noutras regiões.

7. A mundialização oferece oportunidades, mas coloca problemas. Perante estes problemas e oportunidades, os países em desenvolvimento e os países com economias em transição enfrentam dificuldades especiais. O processo de mundialização deve basear-se na equidade e ser proveitoso para todos; há uma grande necessidade de formular e aplicar políticas e medidas nos planos nacional e internacional, com uma participação plena e efectiva dos países em desenvolvimento e dos países com economias em transição, para ajudá-los a superar esses problemas e a aproveitar essas oportunidades.

8. Numa economia mundial cada vez mais interdependente, é indispensável adoptar uma perspectiva global no que se refere aos problemas nacionais, internacionais e sistémicos, relacionados entre si, do financiamento do desenvolvimento – um desenvolvimento sustentável que promova a igualdade entre homens e mulheres e tenha uma dimensão humana

– em todas as partes do mundo. Esta perspectiva deve permitir criar oportunidades para todos, conduzindo a uma mobilização e a uma utilização racionais dos recursos e à criação de instituições sólidas e responsáveis a todos os níveis. Para isso, é necessário adoptar medidas conjuntas e coerentes em cada um dos domínios interrelacionados do nosso programa, com a participação activa de todos os interessados.

9. Reconhecendo que a paz e o desenvolvimento se reforçam mutuamente, uniremos forças em torno de um multilateralismo dinâmico para promover a nossa visão comum de um futuro melhor. Decididos a defender e a respeitar a Carta das Nações Unidas e apoiando-nos nos valores da Declaração do Milénio, comprometemo-nos a promover sistemas económicos nacionais e mundiais baseados nos princípios da justiça, equidade, democracia, participação, transparência, responsabilidade e abertura.

II – Principais medidas

A. Mobilizar recursos financeiros nacionais para o desenvolvimento

10. A nossa acção comum em favor do crescimento, da eliminação da pobreza e do desenvolvimento sustentável impõem-nos uma missão essencial: instaurar em cada país as condições indispensáveis para a mobilização da poupança pública e privada que servirá para financiar os investimentos produtivos e o desenvolvimento humano. É imperioso que se aumente a eficácia, coerência e compatibilidade das políticas macroeconómicas. Um enquadramento nacional favorável revela-se fundamental para a mobilização dos recursos nacionais, o aumento da produtividade, a redução da fuga de capitais, o estímulo do sector privado e a atracção e utilização produtiva dos investimentos e da ajuda internacional. A comunidade internacional deverá apoiar os esforços necessários à criação desse enquadramento.

11. Uma boa governação revela-se indispensável a um desenvolvimento sustentável. A aplicação de políticas económicas racionais, a existência de instituições democráticas sólidas que possam responder às necessidades da população e a melhoria das infra-estruturas constituem a base de um crescimento económico sustentado, da eliminação da pobreza e da criação de novos postos de trabalho. A liberdade, a paz e a segurança, a estabilidade interna, o respeito pelos direitos do homem, incluindo o direito ao desenvolvimento, e o Estado de direito, a igualdade entre os sexos, as políticas baseadas numa economia de mercado e o compromisso geral

de criar sociedades justas e democráticas são, igualmente, condições essenciais que se reforçam mutuamente.

12. Nos nossos países e no pleno respeito pelas legislações nacionais, estabeleceremos quadros legislativos e regulamentares que encorajem a iniciativa pública e privada, nomeadamente no plano local, e que assegurem a eficiência e o dinamismo do sector privado, favoreçam o aumento dos rendimentos e a sua distribuição equitativa, o aumento da produtividade, a autonomia das mulheres, a protecção dos direitos dos trabalhadores e a defesa do ambiente. Reconhecemos que o papel desempenhado pelo Estado nas economias de mercado pode variar de país para país.

13. A luta contra a corrupção em todos os seus aspectos constitui uma das nossas prioridades. A corrupção representa um grave obstáculo a uma mobilização e repartição eficazes de recursos e desvia recursos de actividades vitais à erradicação da pobreza e à promoção de um desenvolvimento económico sustentável.

14. Reconhecemos a necessidade de aplicar políticas macroeconómicas racionais, tendo em vista a obtenção e a manutenção de elevados índices de crescimento económico, o pleno emprego, a erradicação da pobreza, a estabilidade dos preços e o equilíbrio orçamental e externo, assegurando que o crescimento beneficiará todos, em particular aos mais pobres. Os governos devem conceder prioridade à prevenção de distorções inflacionistas e de flutuações económicas bruscas que têm um impacto negativo na distribuição dos rendimentos e na repartição dos recursos. Deverão aplicar políticas orçamentais e monetárias prudentes e adoptar um regime cambial adequado.

15. Para mobilizar os recursos públicos e controlar a sua utilização é essencial que os governos criem um sistema eficaz, rentável, transparente e responsável. Reconhecemos a necessidade de assegurar a sustentabilidade das finanças públicas, dispondo de um sistema tributário e de uma administração fiscal equitativos e eficientes, bem como de efectuar uma reafectação das despesas públicas que não ponha em causa o investimento produtivo privado. Reconhecemos, igualmente, o papel que os programas orçamentais a médio prazo podem vir a desempenhar neste domínio.

16. Os investimentos em infra-estruturas económicas e sociais de base, serviços sociais e protecção social, incluindo as áreas da educação, saúde, alimentação, habitação e segurança social, que tenham como destinatários preferenciais as crianças e os idosos, respondam às necessidades das mulheres e abranjam as áreas rurais e as comunidades mais desfavorecidas, são fundamentais para permitir à população, em particular àquela

que vive na pobreza, uma melhor adaptação à evolução da conjuntura económica, podendo aproveitar as oportunidades que venham a surgir. Políticas de intervenção directa no mercado de trabalho, incluindo políticas de formação profissional e de qualificação da mão-de-obra, podem contribuir para a criação de emprego e para a melhoria das condições de trabalho. É necessário aumentar a cobertura e a dimensão dos programas de protecção social. As recentes crises económicas realçaram a importância de contar com sistemas de protecção social eficazes.

17. Reconhecemos a necessidade de reforçar o sector financeiro nacional, estimulando o desenvolvimento ordenado dos mercados de capitais, através de sistemas bancários sólidos e de outros mecanismos institucionais que permitam dar resposta às necessidades de financiamento do desenvolvimento, em particular no sector segurador, no mercado accionista e obrigacionista, promovendo e canalizando a poupança e fomentando o investimento produtivo. Nesse sentido, é necessário criar um bom sistema de intermediação financeira, quadros regulamentares transparentes e mecanismos de supervisão eficazes, apoiados por um banco central sólido. Devem ser criados regimes de garantia e estabelecidos serviços de apoio empresarial para facilitar o acesso das pequenas e médias empresas ao financiamento local.

18. O microfinanciamento e o crédito para as pequenas ou médias empresas, incluindo às empresas do sector rural, e, em particular, para as mulheres, e os planos de poupança nacionais contribuem para realçar a importância social e económica do sector financeiro. Os bancos de desenvolvimento, os bancos comerciais e outras instituições financeiras, de forma independente ou em colaboração, podem constituir instrumentos eficazes para facilitar o acesso ao financiamento, incluindo o financiamento do capital social e o crédito a médio e a longo prazo. Além disso, as medidas de estímulo às inovações financeiras no sector privado e às parcerias público-privadas podem contribuir para o reforço dos mercados financeiros nacionais e para o desenvolvimento do sector financeiro de cada país. O objectivo principal dos planos de pensões consiste na protecção social. Porém, em caso de plena capitalização, eles constituirão, também, uma fonte de poupança. Tendo em conta aspectos de ordem económica e social, deverão ser adoptadas medidas que visem integrar o sector informal no seio da economia formal sempre que tal seja possível. É, também, importante reduzir os custos de transferência das remessas dos trabalhadores migrantes para os seus países de origem e analisar as formas de estimular o investimento desses capitais em actividades ligadas ao desenvolvimento, nomeadamente no sector da habitação.

19. É fundamental apoiar os esforços feitos a nível nacional nos países em desenvolvimento e nos países com economias em transição para reforçar as competências nos seguintes domínios: infra-estruturas institucionais; promoção dos recursos humanos, finanças públicas, créditos hipotecários, regulação e supervisão financeiras, educação básica, em particular, administração pública, análise por sexo do impacto social das políticas orçamentais, sistema de alerta rápido, prevenção das crises e gestão da dívida. Com este objectivo, é necessário prestar particular atenção às necessidades especiais de África, dos países menos avançados e dos pequenos Estados insulares ou sem litoral em desenvolvimento. Reafirmamos o nosso compromisso para com o Programa de Acção a Favor dos Países Menos Avançados para a Década de 2001-2010([2]), adoptado pela Terceira Conferência das Nações Unidas sobre os PMA (PMA-III), realizada em Bruxelas, entre 14 e 20 de Maio de 2001, e o Programa de Acção da Conferência Mundial sobre o Desenvolvimento Sustentável dos Pequenos Estados Insulares em Desenvolvimento([3]). É indispensável que a comunidade internacional se mobilize no apoio a estes esforços, nomeadamente, através da prestação de assistência técnica e por intermédio das actividades operacionais das Nações Unidas para o desenvolvimento. Encorajamos a cooperação Sul-Sul, incluindo a cooperação triangular, para facilitar a troca de opiniões sobre estratégias, práticas e experiências que tenham apresentado resultados positivos e sobre a extensão dos projectos.

B. *Mobilizar recursos internacionais para o desenvolvimento: o investimento directo estrangeiro e outros fluxos financeiros privados*
20. Os fluxos internacionais de capitais privados, em particular o investimento directo estrangeiro, assim como a estabilidade financeira internacional, constituem um complemento fundamental dos esforços nacionais e internacionais de desenvolvimento. O investimento directo estrangeiro contribui para o financiamento de um crescimento económico sustentado de longo prazo. Ele é particularmente importante pelas possibilidades que oferece de transferir conhecimentos e tecnologias, criar postos de trabalho, aumentar a produtividade geral, estimular a competitividade e o espírito de empresa e, em última instância, erradicar a

---

([2]) A/CONF.191/11.
([3]) Relatório da Conferência Mundial sobre o Desenvolvimento Sustentável dos Pequenos Estados Insulares em Desenvolvimento, Bridgetown (Barbados), 25 de Abril-6 de Maio de 1994, cap. I, resolução 1, anexo II.

pobreza, através da promoção do desenvolvimento e do crescimento económico. É, pois, indispensável criar as condições internas e internacionais que permitam favorecer os fluxos de investimento directo, contribuindo para a realização das prioridades de desenvolvimento nacional dos países em desenvolvimento, em particular de África, dos países menos avançados, dos pequenos Estados insulares, dos países em desenvolvimento sem litoral e dos países com economias em transição.

21. Para atrair e estimular os investimentos de capitais produtivos, os países devem prosseguir os seus esforços de criação de condições transparentes, estáveis e previsíveis para o investimento, com mecanismos adequados de execução dos contratos e de respeito dos direitos de propriedade, articuladas em torno de políticas macroeconómicas racionais e de instituições que permitam que as empresas, nacionais e internacionais, exerçam as suas actividades de forma eficiente e rentável e que o seu funcionamento tenha o máximo impacto no desenvolvimento. São necessários esforços particulares em áreas prioritárias, como os quadros legislativos e regulamentares, de forma a promover e a proteger os investimentos, nomeadamente aqueles que se referem ao desenvolvimento dos recursos humanos, a adopção de disposições destinadas a evitar a dupla tributação, a gestão das empresas, as normas contabilísticas e a promoção de condições que fomentem a concorrência. Também são importantes outros mecanismos, como as parcerias público-privadas e os acordos de investimento. Sublinhamos a necessidade de reforçar os programas de assistência técnica e de promoção da capacidade produtiva e de os dotar de recursos adequados, conforme solicitaram os interessados.

22. A fim de completar os esforços nacionais, é necessário que as instituições internacionais e regionais apropriadas e as instituições competentes dos países de origem apoiem preferencialmente o investimento estrangeiro privado consagrado às infra-estruturas e a outros domínios prioritários, nomeadamente a projectos susceptíveis de colmatar as insuficiências existentes em matéria de tecnologia informática por parte dos países em desenvolvimento e dos países com economias em transição. Com esse objectivo, é importante que esse apoio se traduza em créditos à exportação, mecanismos de co-financiamento, capitais de risco e outros instrumentos de financiamento, garantias de risco, mobilização de ajuda financeira, informações sobre oportunidades de investimento, serviços de desenvolvimento empresarial, fóruns para facilitar os contactos comerciais e empresariais e a colaboração entre empresas de países desenvolvidos e de países em desenvolvimento e fundos de financiamento de estudos de

viabilidade. A colaboração entre empresas constitui um poderoso instrumento para a transferência e a difusão de tecnologias. É, igualmente, desejável o reforço das instituições multilaterais e regionais de financiamento e de desenvolvimento. Os países de origem dos capitais deveriam, também, adoptar medidas para estimular e facilitar os fluxos de investimento que tenham por destino os países em desenvolvimento.

23. Embora sejam os governos a estabelecer o quadro em que as empresas exercem as suas actividades, estas devem participar no processo de desenvolvimento de forma fiável e coerente. Instamos as empresas a terem em conta, não apenas as consequências económicas e financeiras das suas actividades, mas, também, os aspectos sociais, ambientais, de desenvolvimento e de género. Neste espírito, convidamos os bancos e outras instituições financeiras dos países em desenvolvimento e dos países desenvolvidos a incentivarem novas soluções para o financiamento do desenvolvimento. Congratulamo-nos com todos os esforços realizados para incentivar o espírito cívico nos círculos empresariais e tomamos nota da iniciativa levada a cabo pela Organização das Nações Unidas para promover parcerias à escala mundial.

24. Apoiaremos a criação de novos mecanismos de financiamento em que participem os sectores público e privado e em que se utilizem instrumentos de dívida e acções, tanto nos países em desenvolvimento, como nos países com economias em transição, e que beneficiem, em particular, os pequenos empresários, as pequenas e médias empresas e as infra-estruturas. Estas iniciativas público-privadas poderiam incluir o desenvolvimento de mecanismos de consulta entre as organizações financeiras internacionais e regionais e os governos, por um lado, e o sector privado, por outro, tanto nos países de origem, como nos de destino dos fundos, com vista a criar condições favoráveis para a actividade empresarial.

25. Sublinhamos a necessidade de estabilizar e de manter a um nível satisfatório os fluxos de capitais privados com destino aos países em desenvolvimento e aos países com economias em transição. É importante promover, nos países de origem e de destino, medidas que visem aumentar a transparência dos fluxos financeiros e a fiabilidade das informações prestadas. Por outro lado, é importante adoptar medidas destinadas a reduzir o impacto da excessiva volatilidade dos fluxos de capital a curto prazo. Atendendo às diferenças de capacidade entre os países, é igualmente importante para cada país a gestão da estrutura da sua dívida externa, a atribuição de uma particular atenção aos riscos cambiais e de liquidez, o reforço da supervisão prudencial e do controlo sobre todas as

instituições financeiras, incluindo as que têm um elevado nível de endividamento, a liberalização dos fluxos de capitais de forma ordenada e consequente, em conformidade com os objectivos de desenvolvimento, e aplicar, de forma progressiva e voluntária, códigos e normas internacionalmente estabelecidos. Incentivamos as iniciativas público-privadas que visem facilitar o acesso a informações fiáveis e detalhadas sobre os países e os mercados financeiros e a sua publicação em tempo útil, a fim de possibilitar uma melhor avaliação dos riscos. As instituições financeiras multilaterais poderiam prestar uma assistência complementar com este objectivo.

C. *O comércio internacional como motor do desenvolvimento*

26. Um sistema comercial multilateral universal, assente em regras, aberto, não discriminatório e equitativo, concebido como um verdadeiro instrumento de liberalização do comércio, pode representar um forte estímulo para o desenvolvimento no mundo, beneficiando países em diferentes estádios de desenvolvimento. Assim, reafirmamos o nosso compromisso de fomentar a liberalização do comércio e de assegurar que o comércio desempenhe plenamente o seu papel na promoção do crescimento económico, do emprego e do desenvolvimento de todos os países. Nesse sentido, congratulamo-nos com as decisões da Organização Mundial do Comércio de eleger as necessidades e os interesses dos países em desenvolvimento como elemento central do seu programa de trabalho e comprometemo-nos a pô-las em prática.

27. A fim de beneficiar plenamente do comércio internacional, que frequentemente representa a mais importante fonte externa de financiamento do desenvolvimento, os países em desenvolvimento e os países com economias em transição devem dotar-se de instituições e de políticas adequadas ou reforçar as que já existem. A liberalização do comércio constitui um elemento fundamental da estratégia de desenvolvimento sustentável de um país. A expansão do comércio e do investimento directo estrangeiro poderá estimular o crescimento económico e contribuir fortemente para a criação de emprego.

28. Reconhecemos as particulares dificuldades com que se confrontam os países em desenvolvimento e os países com economias em transição no âmbito do comércio internacional e que representam um entrave a um melhor financiamento do seu desenvolvimento. Estas dificuldades traduzem-se, designadamente, nos seguintes aspectos: barreiras comerciais, subvenções e outras medidas de distorção das trocas comerciais, em particular em sectores especialmente importantes para as exportações dos paí-

ses em desenvolvimento, incluindo a agricultura; abuso dos direitos *antidumping*; obstáculos técnicos e medidas sanitárias e fitossanitárias; liberalização do comércio em indústrias manufactureiras com grande intensidade de mão-de-obra; liberalização do comércio de produtos agrícolas; comércio de serviços; picos tarifários, direitos aduaneiros elevados, progressividade dos direitos aduaneiros e obstáculos não tarifários; circulação de pessoas; não reconhecimento dos direitos de propriedade intelectual para a protecção dos conhecimentos tradicionais e do folclore; transferência de conhecimentos e de tecnologia; aplicação e interpretação do Acordo sobre os Aspectos dos Direitos de Propriedade Intelectual relacionados com o Comércio, de forma a apoiar a saúde pública; necessidade de incluir nos acordos comerciais disposições mais precisas, eficazes e operacionais sobre o tratamento especial e diferenciado em favor dos países em desenvolvimento.

29. Para que o comércio mundial favoreça o desenvolvimento de todos os países, instamos os Membros da Organização Mundial do Comércio a porem em prática os resultados da Quarta Conferência Ministerial da OMC, realizada em Doha (Qatar), de 9 a 14 de Novembro de 2001.

30. Comprometemo-nos, igualmente, a facilitar a adesão de todos os países em desenvolvimento, em particular dos países menos avançados e dos países com economias em transição, à Organização Mundial do Comércio.

31. Honraremos os compromissos assumidos em Doha no sentido de abordar a questão da marginalização dos países menos avançados no seio do comércio internacional e aplicaremos o programa de trabalho adoptado para examinar as questões relativas ao comércio dos pequenos países.

32. Como parte dos nossos esforços para melhorar o sistema comercial mundial, comprometemo-nos, igualmente, a promover a importância dos acordos regionais e sub-regionais e das zonas de comércio livre no quadro do sistema comercial multilateral. Exortamos as instituições financeiras internacionais, em particular os bancos regionais de desenvolvimento, a prosseguirem os seus esforços no sentido de apoiarem os projectos que visam promover a integração sub-regional e regional entre países em desenvolvimento e países com economias em transição.

33. Reconhecemos a importância da melhoria e da previsibilidade do acesso das exportações dos países em desenvolvimento a todos os mercados, em particular as exportações dos pequenos Estados insulares em desenvolvimento, dos países em desenvolvimento sem litoral, dos países em desenvolvimento de trânsito, dos países africanos e dos países com economias em transição.

34. Solicitamos aos países desenvolvidos que ainda o não tenham feito que procurem realizar o objectivo de liberalizar o acesso, com isenção de direitos e de contingentes, às exportações provenientes dos países menos avançados, como se encontra previsto no Programa de Acção a Favor dos Países Menos Avançados, adoptado em Bruxelas. Será igualmente útil considerar as propostas que os países em desenvolvimento possam apresentar que contribuam para melhorar o acesso dos produtos dos países menos avançados aos seus mercados.

35. Reconhecemos, por outro lado, a importância dos países em desenvolvimento e dos países com economias em transição considerarem a redução das barreiras comerciais existentes entre eles.

36. Convidamos as instituições multilaterais e bilaterais de financiamento e de desenvolvimento, em cooperação com os governos interessados e as suas instituições financeiras – para que possam aproveitar melhor as oportunidades comerciais e integrar-se mais eficazmente no sistema comercial multilateral – a alargar e a coordenar os seus esforços, dispondo de recursos suplementares, para eliminar progressivamente os entraves à oferta, melhorar a infra-estrutura comercial, diversificar as exportações e aumentar o seu conteúdo tecnológico, reforçar o desenvolvimento institucional e estimular a produtividade e a competitividade. Com este objectivo, convidamos igualmente os doadores bilaterais e as instituições financeiras internacionais e regionais, bem como os organismos, fundos e programas competentes das Nações Unidas, a aumentarem o apoio que concedem à formação no domínio do comércio e ao reforço das infra-estruturas e das instituições comerciais e aos seus serviços de apoio. Deverá ser concedida uma atenção especial aos países menos avançados, aos países em desenvolvimento sem litoral, aos pequenos Estados insulares em desenvolvimento, aos países em desenvolvimento africanos, aos países em desenvolvimento de trânsito, aos países com economias em transição, em particular, por intermédio do Quadro Integrado de Assistência Técnica em Matéria de Comércio para os Países Menos Avançados e as correspondentes actividades de seguimento, do Programa Integrado Conjunto de Assistência Técnica, do Fundo Fiduciário Global do Programa de Doha para o Desenvolvimento da Organização Mundial do Comércio e das actividades do Centro do Comércio Internacional.

37. É igualmente necessária uma ajuda multilateral para permitir a estabilização das receitas de exportação dos países que ainda dependem largamente das exportações de produtos de base. Congratulamo-nos, pois, com a recente análise do Mecanismo de Financiamento Compensatório do

FMI e prosseguiremos com a avaliação da sua eficácia no futuro. É, também, importante conceder aos produtores de produtos de base dos países em desenvolvimento os meios necessários para se segurarem contra possíveis riscos, nomeadamente catástrofes naturais. Para além disso, convidamos os doadores bilaterais e os organismos multilaterais de ajuda a aumentarem o seu apoio aos programas de diversificação das exportações nesses países.

38. De modo a apoiar o processo iniciado em Doha, dever-se-á conceder imediata atenção ao reforço e fortalecimento da plena e activa participação dos países em desenvolvimento e, sobretudo, dos países menos avançados, nas negociações comerciais multilaterais. É necessário, em particular, ajudar os países em desenvolvimento a participarem efectivamente no programa de trabalho da OMC e no processo de negociação, reforçando a cooperação entre os diversos intervenientes, nomeadamente, a Conferência das Nações Unidas para o Comércio e o Desenvolvimento, a Organização Mundial do Comércio e o Banco Mundial. Com este objectivo, sublinhamos a importância de um financiamento eficaz, seguro e previsível da assistência técnica e do reforço das capacidades relativas ao comércio.

D. *Reforço da cooperação financeira e técnica internacional para o desenvolvimento*

39. A ajuda pública ao desenvolvimento (APD) desempenha um papel fulcral como complemento de outras fontes de financiamento do desenvolvimento, em particular nos países que têm menor capacidade de atrair os investimentos directos privados. A APD pode auxiliar um país a mobilizar um volume adequado de recursos internos num limite temporal apropriado, enquanto se desenvolvem o capital humano, as capacidades produtivas e as exportações. A APD também pode contribuir de forma decisiva para melhorar as condições em que se desenvolvem as actividades do sector privado, facilitando, assim, a prossecução de um vigoroso crescimento económico. A APD é, igualmente, um instrumento de apoio indispensável para a educação, a saúde, o desenvolvimento das infra-estruturas públicas, a agricultura, o desenvolvimento rural e a melhoria da segurança alimentar. Para muitos países africanos, países menos avançados, pequenos Estados insulares em desenvolvimento e países em desenvolvimento sem litoral, a APD continua a representar a principal fonte de financiamento externo, sendo indispensável para alcançar as metas e realizar os objectivos de desenvolvimento enunciados na Declaração do Milénio e outros objectivos de desenvolvimento acordados a nível internacional.

40. Para serem eficazes, as parcerias entre doadores e beneficiários devem basear-se no reconhecimento do papel das autoridades nacionais na concepção e execução dos planos de desenvolvimento. Neste quadro, para garantir a eficácia da APD, são necessárias políticas racionais e uma boa governação a todos os níveis. Uma das grandes prioridades consiste em estabelecer essas parcerias, em particular para auxiliar os mais necessitados, e maximizar o efeito da APD na redução da pobreza. As metas, objectivos e compromissos estabelecidos na Declaração do Milénio e outros objectivos de desenvolvimento acordados a nível internacional podem auxiliar os países a fixar prioridades nacionais a curto e médio prazo que sirvam de base para criar parcerias de ajuda externa. Neste contexto, sublinhamos a importância dos fundos, programas e instituições especializadas das Nações Unidas e manifestamos a nossa firme intenção de os apoiar.

41. Reconhecemos a necessidade de reforçar substancialmente a APD e outros recursos, de forma a permitir aos países em desenvolvimento o cumprimento das metas e objectivos de desenvolvimento acordados a nível internacional, incluindo os consagrados na Declaração do Milénio. Para que seja reforçado o apoio à APD, colaboraremos de forma mais estreita para a melhoria das políticas e das estratégias de desenvolvimento, tanto no plano nacional, como internacional, de modo a aumentar a eficácia da ajuda concedida.

42. Neste contexto, instamos os países desenvolvidos que ainda o não tenham feito a adoptarem medidas concretas que permitam consagrar 0,7% do seu Produto Nacional Bruto (PNB) à APD em favor dos países em desenvolvimento e a afectarem entre 0,15% e 0,20% do PNB aos países menos avançados, objectivos reafirmados na Terceira Conferência das Nações Unidas sobre os Países Menos Avançados. Encorajamos os países em desenvolvimento a consolidarem os progressos realizados, utilizando eficazmente a APD, de forma a contribuir para alcançar as metas e os objectivos de desenvolvimento. Expressamos o nosso reconhecimento a todos os doadores pelos esforços realizados e mostramo-nos particularmente gratos àqueles cujas contribuições a título de APD ultrapassam ou atingem os objectivos fixados, bem como àqueles que se estão a aproximar desses objectivos, insistindo na importância de analisar os meios e os prazos necessários para alcançar esses objectivos e metas.

43. Os países beneficiários e os países doadores, assim como as instituições internacionais, devem envidar todos os esforços no sentido de tornar a APD mais eficaz. Em particular, as instituições financeiras e

de desenvolvimento multilaterais e bilaterais devem intensificar os seus esforços para:
- Harmonizar os seus procedimentos operacionais ao mais alto nível, a fim de reduzir os custos das transacções e tornar mais flexíveis os desembolsos e as entregas de APD, tendo em conta as necessidades e os objectivos nacionais de desenvolvimento sob controlo do país beneficiário;
- Apoiar e encorajar as recentes medidas e as iniciativas, como o abandono da ajuda condicionada, incluindo a implementação da recomendação do Comité de Ajuda ao Desenvolvimento da Organização de Cooperação e Desenvolvimento Económico relativa à liberalização da ajuda concedida aos países menos avançados, que a OCDE aprovou em Maio de 2001. Deverão ser efectuados esforços suplementares no tratamento da questão das restrições graves;
- Melhorar a capacidade de absorção e de gestão financeira dos países beneficiários, a fim de promover a utilização dos instrumentos mais adequados às necessidades dos países em desenvolvimento e à necessidade de assegurar a previsibilidade dos recursos, nomeadamente dos mecanismos de apoio orçamental, quando apropriados, numa base de consultas reforçadas;
- Utilizar os planos de desenvolvimento controlados e geridos pelos países em desenvolvimento e que comportem estratégias de redução da pobreza, incluindo os documentos estratégicos sobre a luta contra a pobreza, como meios de gestão da ajuda solicitada;
- Reforçar a contribuição dos países beneficiários para a elaboração dos programas de assistência técnica, melhorar o seu controlo sobre esses programas e aumentar a utilização efectiva dos recursos de assistência técnica locais;
- Promover a utilização da APD para estimular outras formas de financiamento do desenvolvimento, como o investimento estrangeiro, as trocas comerciais e os recursos nacionais;
- Reforçar a cooperação triangular, abrangendo os países com economias em transição, e a cooperação Sul-Sul como instrumentos para a prestação de assistência;
- Melhorar a concentração da APD nos grupos mais carenciados, a coordenação da ajuda e a avaliação dos resultados.

Convidamos os doadores a envidarem os esforços necessários para pôr em prática estas medidas em benefício de todos os países em desenvolvimento, incluindo no contexto imediato da estratégia global formulada na Nova Parceria para o Desenvolvimento de África e de iniciativas similares noutras regiões, bem como em benefício dos países menos avançados, dos pequenos Estados insulares em desenvolvimento e dos países em desenvolvimento sem litoral. Expressamos o nosso apreço e reconhecimento pelos debates que se têm realizado noutros *fora* sobre propostas de liberalização do financiamento ao desenvolvimento, incluindo uma utilização mais acentuada dos donativos.

44. Reconhecemos a importância de procurar novas fontes de financiamento sempre que essas não representem um peso excessivo para os países em desenvolvimento. A este respeito, acordamos em estudar, nos *fora* apropriados, os resultados da análise solicitada pelo Secretário-Geral sobre novas fontes de financiamento, tomando nota da proposta de utilizar os direitos de saque especiais para efeitos de desenvolvimento. Consideramos que qualquer avaliação da afectação dos direitos de saque especiais deverá ser efectuada em conformidade com os estatutos do FMI, suas regras e procedimentos, que exigem que se tenha em conta a necessidade global de liquidez a nível internacional.

45. Os bancos de desenvolvimento multilaterais e regionais continuam a desempenhar um papel fulcral na resposta às necessidades de desenvolvimento dos países em desenvolvimento e dos países com economias em transição. Eles devem contribuir para assegurar um adequado volume de financiamento aos países afectados pela pobreza que adoptem políticas económicas racionais, mas não disponham de um acesso suficiente ao mercado de capitais. Também devem contribuir para atenuar os efeitos da excessiva instabilidade dos mercados financeiros. O fortalecimento dos bancos regionais de desenvolvimento e das instituições financeiras sub-regionais permite a estas entidades a prestação de um apoio financeiro flexível que complementa os esforços de desenvolvimento nacionais e regionais, facilitando a identificação dos países beneficiários com os programas de ajuda e aumentando a sua eficácia global. Para além disso, na perspectiva dos países em desenvolvimento membros, eles constituem uma fonte indispensável de informação e de conhecimentos especializados sobre o crescimento económico e o desenvolvimento.

46. Asseguraremos que os recursos a longo prazo de que dispõe o sistema financeiro internacional, incluindo as instituições e fundos regionais e sub-regionais, permitirão apoiar adequadamente o desenvolvimento económico e social sustentável, a assistência técnica para o reforço das competências e os sistemas de protecção social e ambiental. Continuaremos, igualmente, a procurar melhorar a eficácia global dos financiamentos,

através da responsabilização acrescida dos países, promovendo operações que aumentem a produtividade e produzam resultados tangíveis na luta contra a pobreza e de uma coordenação mais estreita com os doadores e com o sector privado.

E. Dívida Externa

47. O financiamento sustentável da dívida é um elemento importante para mobilizar recursos destinados ao investimento público e privado. A formulação de estratégias nacionais globais para monitorizar e gerir os compromissos externos em que se tenham em conta as condições para a sustentabilidade da dívida em cada país, incluindo a existência de políticas macroeconómicas racionais e uma correcta gestão dos recursos públicos, é fundamental para reduzir a vulnerabilidade dos países. Devedores e credores devem partilhar responsabilidades ao nível da prevenção e da resolução das situações em que o nível de endividamento se revele insustentável. A assistência técnica para a gestão e controlo da dívida externa pode desempenhar um papel importante, devendo ser reforçada.

48. O alívio da dívida externa pode representar um factor crítico na libertação de recursos que poderão ser consagrados a actividades que permitam alcançar um crescimento e um desenvolvimento sustentáveis. As medidas de alívio da dívida devem, assim, quando se revelarem adequadas, ser consideradas de uma forma célere e activa, designadamente no seio dos Clubes de Paris e de Londres ou de outras instâncias apropriadas. Considerando a importância de restabelecer a viabilidade financeira dos países em desenvolvimento com um nível de endividamento insustentável, congratulamo-nos com as iniciativas adoptadas no sentido de reduzir o endividamento existente e estimulamos a adopção de medidas adicionais neste domínio, nos planos nacional e internacional, incluindo, quando for pertinente, medidas destinadas ao perdão da dívida e disposições de outra natureza.

49. A Iniciativa Reforçada de Redução da Dívida dos Países Pobres Altamente Endividados oferece a oportunidade de melhorar as perspectivas económicas e de reforçar os esforços de redução da pobreza dos países beneficiários. A rápida e efectiva aplicação da Iniciativa Reforçada em todos os seus aspectos, a qual deverá ser integralmente financiada por recursos suplementares, assume uma importância nuclear. Os países pobres altamente endividados devem adoptar as medidas concretas necessárias para poderem ser considerados elegíveis por esta Iniciativa. As futuras análises da sustentabilidade da dívida devem ter em conta o efeito do alívio da dívida ao nível dos progressos alcançados em relação aos objecti-

vos de desenvolvimento enunciados na Declaração do Milénio. Insistimos na importância de assegurar a flexibilização dos critérios de elegibilidade. É necessário redobrar os esforços para reduzir o peso da dívida desses países, colocando-a em níveis sustentáveis. É, igualmente, necessário prosseguir com o estudo dos métodos de cálculo e das hipóteses em que se baseiam as análises da sustentabilidade da dívida. Na fase final, é necessário considerar nessas análises um eventual abrandamento das perspectivas de crescimento mundial e uma eventual deterioração dos termos de troca. Os acordos de alívio da dívida devem evitar a imposição de um fardo excessivamente pesado aos outros países em desenvolvimento.

50. Sublinhamos a necessidade do FMI e do Banco Mundial, ao formularem recomendações concretas, nomeadamente no que se refere ao alívio da dívida, terem em conta qualquer modificação fundamental da sustentabilidade da dívida do país que tenha resultado de uma catástrofe natural, de uma grave deterioração dos termos de troca ou de um conflito.

51. Embora reconhecendo a necessidade de uma combinação flexível de instrumentos para responder de forma adequada às diferentes situações económicas dos países, tendo em conta as suas capacidades, destacamos a importância de estabelecer um conjunto de princípios claros para a gestão e resolução de crises financeiras que preveja uma distribuição equitativa dos prejuízos entre os sectores público e privado e entre credores, devedores e investidores. Encorajamos os países doadores a adoptar medidas que assegurem que os recursos concedidos para o alívio da dívida não impliquem uma redução dos montantes de APD que devem ser disponibilizados aos países em desenvolvimento. Encorajamos, igualmente, a procura de mecanismos inovadores que permitam combater de forma global os problemas de endividamento que afectam os países em desenvolvimento, incluindo os países de rendimento médio e os países com economias em transição.

F. Tratamento dos problemas sistémicos: reforço da coerência dos sistemas monetários, financeiros e comerciais internacionais de apoio ao desenvolvimento

52. De forma a complementar os esforços de desenvolvimento empreendidos a nível nacional, reconhecemos a necessidade urgente de melhorar a coerência, a gestão e a consistência dos sistemas monetários, financeiros e comerciais internacionais. Com este objectivo, sublinhamos a importância da prossecução dos esforços de melhoria da gestão da econo-

mia mundial e o reforço da liderança das Nações Unidas na promoção do desenvolvimento. É, igualmente, desejável reforçar os esforços desenvolvidos a nível nacional para melhorar a coordenação entre ministérios e outras instituições competentes. De igual forma, devemos encorajar a coordenação das políticas e programas das instituições internacionais e a coerência no plano operacional e a nível internacional, a fim de alcançar as metas de desenvolvimento enunciadas na Declaração do Milénio: crescimento sustentável, erradicação da pobreza e desenvolvimento sustentável.

53. Estão em curso importantes esforços internacionais para reformar a arquitectura financeira internacional. Esses esforços devem ser complementados por uma maior transparência e uma participação efectiva dos países em desenvolvimento e dos países com economias em transição. Um dos principais objectivos da reforma consiste em aumentar os recursos disponíveis para financiar o desenvolvimento e em promover a erradicação da pobreza. Reafirmamos o nosso compromisso de manter sectores financeiros nacionais sólidos que contribuam de forma decisiva para os esforços de desenvolvimento empreendidos a nível nacional, como elemento importante de uma arquitectura financeira internacional propícia ao desenvolvimento.

54. Uma sólida coordenação das políticas macroeconómicas entre os principais países industrializados revela-se indispensável para reforçar a estabilidade mundial e reduzir a instabilidade das taxas de câmbio, elementos que revestem uma importância fundamental para o crescimento económico e para o reforço e previsibilidade dos fluxos financeiros com destino aos países em desenvolvimento e aos países com economias em transição.

55. As instituições financeiras multilaterais, em particular o Fundo Monetário Internacional, devem continuar a atribuir uma elevada prioridade à detecção e à prevenção de potenciais crises e ao reforço dos fundamentos da estabilidade financeira internacional. A este respeito, sublinhamos a necessidade do FMI redobrar os seus esforços de supervisão de todas as economias, prestando uma atenção particular aos movimentos de capitais a curto prazo e às suas repercussões.

56. Sublinhamos a necessidade das instituições financeiras internacionais, na prestação de aconselhamento político ou de apoio financeiro, terem por base programas nacionais de reforma conscienciosamente definidos, que levem em conta as necessidades das populações mais pobres e incluam medidas de combate à pobreza, e tenham em devida consideração as necessidades particulares e as capacidades de execução dos países em

desenvolvimento e dos países com economias em transição, com vista a assegurar o crescimento económico e um desenvolvimento sustentável. O aconselhamento deverá ter em conta os custos sociais dos programas de ajustamento e estes deverão ser concebidos de forma a minimizar os impactos negativos nos segmentos mais vulneráveis da sociedade.

57. É essencial assegurar uma participação eficaz e equitativa dos países em desenvolvimento na formulação de normas e códigos financeiros. É, igualmente, essencial assegurar a sua aplicação, numa base voluntária e progressiva, a fim de contribuir para a redução da vulnerabilidade desses países relativamente às crises financeiras e aos riscos de contágio.

58. As avaliações do risco soberano efectuadas pelo sector privado devem basear-se, tanto quanto possível, em parâmetros rigorosos, objectivos e transparentes. A qualidade dos dados e das análises é um factor muito importante neste domínio.

59. Considerando o impacto das crises financeiras ou dos riscos de contágio nos países em desenvolvimento e nos países com economias em transição, independentemente da sua dimensão, sublinhamos a necessidade das instituições financeiras internacionais, em particular o Fundo Monetário Internacional, disporem de um conjunto adequado de mecanismos e de recursos financeiros que lhes permita intervir em tempo oportuno e de forma apropriada, de harmonia com as suas orientações. O Fundo Monetário Internacional possui uma multiplicidade de instrumentos à sua disposição e beneficia actualmente de uma sólida situação financeira. A linha de crédito para situações imprevistas constitui um importante indicador, que reflecte a solidez das políticas aplicadas pelos países e representa uma salvaguarda em relação aos riscos de contágio nos mercados financeiros. As necessidades em matéria de emissão de direitos de saque especiais deverão ser examinadas periodicamente. A este respeito, sublinhamos, igualmente, a necessidade de reforçar o papel estabilizador dos fundos de reserva regionais e sub-regionais, dos acordos *swap* e dos mecanismos similares que complementam os esforços das instituições financeiras internacionais.

60. A fim de promover uma repartição equitativa dos encargos e de evitar os riscos de ordem moral, seria desejável que todas as partes interessadas analisassem, nas instâncias apropriadas, a criação de um mecanismo internacional de renegociação da dívida que conduzisse os devedores e os credores a, de uma forma célere e eficaz, acordarem na reestruturação das dívidas sem sustentabilidade. A adopção deste mecanismo não deveria excluir a possibilidade de um financiamento de emergência num período de crise.

61. A boa governação a todos os níveis é, igualmente, essencial para um crescimento económico sustentado, para a erradicação da pobreza e para um desenvolvimento sustentável a nível mundial. Para melhor reflectir o aumento da interdependência e reforçar a legitimidade, o sistema de governação económica deverá desenrolar-se em dois planos: deverá alargar-se a base para a adopção de decisões sobre questões relativas ao desenvolvimento e deverão ser superadas as lacunas existentes ao nível organizacional. De forma a complementar e a consolidar os progressos alcançados nestas duas áreas, deverá reforçar-se o sistema das Nações Unidas e de outras instituições multilaterais. Encorajamos todas as organizações internacionais a prosseguirem os seus esforços no sentido de melhorarem constantemente as suas operações e a sua coordenação.

62. Sublinhamos a necessidade de alargar e reforçar a participação dos países em desenvolvimento e dos países com economias em transição nos processos de tomada de decisão e de criação de normas internacionais no domínio económico. Com este objectivo, acolhemos favoravelmente a adopção de novas medidas para ajudar os países em desenvolvimento e os países com economias em transição a reforçarem a sua capacidade de participar eficazmente nos *fora* multilaterais.

63. Uma das prioridades consiste em encontrar meios pragmáticos e inovadores de reforçar a participação efectiva dos países em desenvolvimento e dos países com economias em transição nos diálogos e nos processos de tomada de decisão a nível internacional. Em conformidade com os mandatos das respectivas organizações, dos *fora* e dos meios de que dispõem, instamos a adopção das seguintes medidas:

- Fundo Monetário Internacional e Banco Mundial: continuar a promover a participação de todos os países em desenvolvimento e dos países com economias em transição nos processos decisórios e, dessa forma, reforçar o diálogo internacional e os trabalhos dessas instituições para responder às necessidades e aos problemas desses países em matéria de desenvolvimento;
- Organização Mundial do Comércio: assegurar a representação de todos os membros da OMC nas consultas e garantir que a participação se baseie em critérios claros, simples e objectivos;
- Banco de Pagamentos Internacionais, Comité de Supervisão Bancária de Basileia e Fórum sobre Estabilidade Financeira: prosseguir os esforços de promoção e de consulta com os países em desenvolvimento e com os países com economias em transição a nível regional, e reexaminar, quando necessário, a sua composição, de forma a permitir a esses países uma participação adequada;

- Grupos especiais encarregados de formular recomendações políticas com implicações globais: prosseguir as suas actividades de promoção dirigidas aos países que não sejam membros e reforçar a colaboração com as instituições multilaterais que tenham mandatos intergovernamentais claramente definidos e de base alargada.

64. Para reforçar a eficácia do papel desempenhado pelo sistema económico internacional na promoção do desenvolvimento, preconizamos as seguintes medidas:
- Melhorar as relações entre a Organização das Nações Unidas e a Organização Mundial do Comércio em matéria de desenvolvimento e reforçar a sua capacidade para prestar assistência técnica a todos os países que dela necessitem;
- Apoiar a Organização Internacional do Trabalho e encorajá-la a prosseguir os trabalhos sobre a dimensão social da mundialização;
- Reforçar a coordenação entre o sistema das Nações Unidas e as outras instituições multilaterais que operem nos domínios financeiro, do comércio e do desenvolvimento, a fim de apoiar o crescimento económico, a erradicação da pobreza e o desenvolvimento sustentável a nível mundial;
- Integrar uma perspectiva de igualdade entre os sexos nas políticas de desenvolvimento em todos os níveis e em todos os sectores;
- Reforçar a cooperação fiscal internacional para um diálogo mais profícuo entre as autoridades fiscais nacionais e uma coordenação mais estreita dos trabalhos dos organismos multilaterais competentes e das organizações regionais pertinentes, concedendo especial atenção às necessidades dos países em desenvolvimento e dos países com economias em transição;
- Promover o papel das comissões regionais e dos bancos regionais de desenvolvimento no reforço do diálogo regional entre países sobre questões macroeconómicas, financeiras, comerciais e de desenvolvimento.

65. Comprometemo-nos a negociar e a concluir, o mais rapidamente possível, uma Convenção das Nações Unidas de Luta contra a Corrupção em todos os seus aspectos, incluindo a questão do repatriamento dos fundos adquiridos ilicitamente aos países de origem, bem como a reforçar a cooperação para eliminar o branqueamento de capitais. Encorajamos os Estados que ainda o não fizeram a considerarem a possibilidade de assinar e ratificar a Convenção das Nações Unidas contra a Criminalidade Transnacional Organizada.

66. Instamos todos os Estados que ainda o não fizeram a considerar a possibilidade de se tornarem partes da Convenção Internacional para a Repressão do Financiamento do Terrorismo e preconizamos um reforço da cooperação com esse objectivo.

67. Conferimos prioridade à revitalização do sistema das Nações Unidas, a qual assume uma importância fundamental na promoção da cooperação internacional em prol do desenvolvimento e de um sistema económico mundial que beneficie todos os intervenientes. Reafirmamos o nosso compromisso de conceder à Assembleia Geral os meios que lhe permitam desempenhar efectivamente o seu papel central como principal órgão deliberativo e representativo das Nações Unidas e de continuar a reforçar o Conselho Económico e Social de modo a permitir-lhe desempenhar o papel que lhe é atribuído pela Carta das Nações Unidas.

III – Manutenção do compromisso

68. Para criar uma aliança mundial para o desenvolvimento será necessário um esforço contínuo. Nesse sentido, comprometemo-nos a prosseguir a nossa acção, a nível nacional, regional e internacional, para que os acordos alcançados e os compromissos assumidos na presente Conferência possam ter a necessária sequência e a continuar a estabelecer laços entre as organizações de desenvolvimento, financeiras e comerciais e as iniciativas conexas no quadro do programa global da Conferência. É necessário um reforço da cooperação entre as instituições existentes, na base do respeito e da clara compreensão dos respectivos mandatos e estruturas administrativas.

69. Com base nos resultados positivos da Conferência e do processo que a precedeu, reforçaremos a Assembleia Geral e o Conselho Económico e Social, bem como os órgãos intergovernamentais/governativos competentes de outras instituições participantes, e recorreremos mais frequentemente aos mesmos, tendo em vista dar sequência à Conferência e assegurar a coordenação de actividades, estabelecendo correlações funcionais ascendentes entre os seguintes elementos:

a) A concertação entre os representantes do Conselho Económico e Social e os directores executivos do Banco Mundial e do Fundo Monetário Internacional pode conduzir a uma troca preliminar de opiniões sobre as questões relativas ao seguimento a dar à Conferência e à preparação da reunião anual da Primavera dessas instituições. Poder-se-á instaurar uma concertação similar com os representantes do órgão intergovernamental apropriado da Organização Mundial do Comércio;

b) Encorajamos a Organização das Nações Unidas, o Banco Mundial e o Fundo Monetário Internacional, em colaboração com a Organização Mundial do Comércio, a debruçarem-se sobre as questões relativas à coerência, à coordenação e à cooperação, no quadro do seguimento da Conferência, aquando da reunião da Primavera do Conselho Económico e Social e das instituições de *Bretton Woods*. Essa reunião deverá comportar uma série de sessões a nível intergovernamental sobre temas escolhidos de comum acordo pelas organizações participantes e um diálogo com os representantes da sociedade civil e do sector privado;

c) Durante o diálogo de alto nível sobre o reforço da cooperação internacional para o desenvolvimento através da parceria, que se realizará de dois em dois anos na Assembleia Geral, examinar-se-ão os relatórios sobre o financiamento do desenvolvimento emanados do Conselho Económico e Social e de outros órgãos, bem como outras questões conexas. O diálogo de alto nível será reestruturado de forma a converter-se num instrumento de coordenação intergovernamental para dar seguimento geral à Conferência e às questões conexas. O diálogo de alto nível compreenderá uma concertação com as partes interessadas sobre a aplicação dos resultados da Conferência, incluindo a questão da coerência e da consistência dos sistemas monetários, financeiros e comerciais internacionais em apoio ao desenvolvimento;

d) Examinar-se-ão as modalidades apropriadas para que todas as partes interessadas possam participar, em caso de necessidade, na nova fase de diálogo de alto nível.

70. Para apoiar os elementos referidos a nível nacional, regional e internacional, decidimos:
- Continuar a melhorar a coerência das nossas políticas internas, assegurando o compromisso permanente dos nossos ministérios do desenvolvimento, das finanças, do comércio e dos negócios estrangeiros, bem como dos nossos bancos centrais;
- Mobilizar o apoio activo das comissões regionais das Nações Unidas e dos bancos regionais de desenvolvimento;
- Manter o processo de financiamento para o desenvolvimento na agenda dos organismos intergovernamentais de todas as partes interessadas, em particular, de todos os fundos, programas e organismos das Nações Unidas, incluindo a CNUCED.

71. Reconhecemos o nexo existente entre o financiamento do desenvolvimento e a realização dos objectivos de desenvolvimento acordados

internacionalmente, nomeadamente dos enunciados na Declaração do Milénio, ao avaliar os progressos e ao ajudar a definir as prioridades em termos de desenvolvimento. A este respeito, congratulamo-nos com a intenção das Nações Unidas de elaborar um relatório anual e preconizamos uma estreita cooperação entre as Nações Unidas, o Banco Mundial, o Fundo Monetário Internacional e a Organização Mundial do Comércio na preparação do referido relatório. Apoiaremos as Nações Unidas na execução de uma campanha de informação mundial sobre as metas e os objectivos de desenvolvimento acordados internacionalmente, nomeadamente dos que figuram na Declaração do Milénio. A este propósito, desejamos encorajar a participação activa de todas as partes interessadas, incluindo as organizações da sociedade civil e as entidades do sector privado.

72. Para apoiar este esforços, pedimos ao Secretário-Geral das Nações Unidas que, com a colaboração dos Secretariados das principais instituições interessadas e utilizando plenamente o mecanismo do Conselho de Coordenação de Chefes Executivos do Sistema das Nações Unidas, preste todo o apoio necessário, no quadro do sistema das Nações Unidas, ao seguimento dos acordos e compromissos alcançados nesta Conferência e assegure um efectivo apoio ao nível do Secretariado. Este apoio basear-se-á nas novas modalidades de participação e nas disposições de coordenação conexas que foram utilizadas na preparação da Conferência. Solicita-se, igualmente, ao Secretário-Geral a apresentação de um relatório anual sobre o seguimento dado à Conferência.

73. Instamos a convocação de uma conferência internacional de seguimento para analisar a aplicação do Consenso de Monterrey. As disposições relativas a essa conferência serão adoptadas até 2005.

SISTEMA DE BRETTON WOODS

ACORDO RELATIVO AO FUNDO MONETÁRIO INTERNACIONAL – FMI
22.07.1944

ACORDO RELATIVO AO FUNDO MONETÁRIO INTERNACIONAL

Os governos em cujo nome o presente Acordo é assinado acordam no seguinte:

ARTIGO PRELIMINAR

i) O Fundo Monetário Internacional é instituído e funcionará em conformidade com as disposições deste Acordo, tal como foram originalmente adoptadas e posteriormente emendadas;
ii) A fim de poder realizar as suas operações e transacções, o Fundo manterá um Departamento Geral e um Departamento de Direitos de Saque Especiais. A qualidade de membro do Fundo conferirá o direito à participação no Departamento de Direitos de Saque Especiais;
iii) As operações e transacções autorizadas pelo presente Acordo serão efectuadas através do Departamento Geral, constituído nos termos das disposições do presente Acordo, pela conta "Recursos gerais", pela conta "Desembolso especial" e pela conta "Investimentos"; no entanto, as operações e transacções respeitantes a direitos de saque especiais serão efectuadas através do Departamento de Direitos de Saque Especiais.

ARTIGO I
Objectivos

Os objectivos do Fundo Monetário Internacional são:
i) Promover a cooperação monetária internacional através de uma instituição permanente que constitua um mecanismo de consulta e colaboração no que respeita a problemas monetários internacionais;

ii) Facilitar a expansão e o crescimento equilibrado do comércio internacional e contribuir assim para o fomento e manutenção de elevados níveis de emprego e de rendimento real e para o desenvolvimento dos recursos produtivos de todos os membros, como objectivos primordiais de política económica;
iii) Promover a estabilidade dos câmbios, manter arranjos cambiais regulares entre os membros e evitar depreciações cambiais concorrenciais;
iv) Contribuir para a instituição de um sistema multilateral de pagamentos para as transacções correntes entre os membros e para a eliminação das restrições cambiais que dificultam o crescimento do comércio mundial;
v) Incutir confiança aos membros, pondo temporariamente à sua disposição os recursos do Fundo, mediante garantias adequadas, dando-lhes assim possibilidade de corrigirem desequilíbrios da sua balança de pagamentos sem recorrerem a medidas prejudiciais à prosperidade nacional ou internacional;
vi) Em conformidade com o que precede, encurtar a duração e reduzir o grau de desequilíbrio das balanças de pagamentos internacionais dos membros.

Em todas as suas políticas e decisões, o Fundo orientar-se-á pelos objectivos consignados no presente artigo.

ARTIGO II
Membros

SECÇÃO 1
Membros originários

Os membros originários do Fundo serão os países representados na Conferência Monetária e Financeira das Nações Unidas cujos Governos tenham aceitado ser membros do Fundo antes de 31 de Dezembro de 1945.

SECÇÃO 2
Outros membros

Será facultada a admissão de outros países nas datas e em conformidade com as condições estipuladas pela Assembleia de Governadores.

Estas condições, incluindo as modalidades das subscrições, assentarão em princípios compatíveis com os aplicados a outros países já membros.

ARTIGO III
Quotas e subscrições

SECÇÃO 1
Quotas e pagamento de subscrições

Será fixada uma quota para cada membro expressa em direitos de saque especiais. As quotas dos membros representados na Conferência Monetária e Financeira das Nações Unidas que aceitem ser membros antes de 31 de Dezembro de 1945 serão as indicadas no anexo A. As quotas dos outros membros serão determinadas pela Assembleia de Governadores. A subscrição de cada membro será igual à sua quota e será integralmente paga ao Fundo no depositário competente.

SECÇÃO 2
Ajustamento de quotas

a) A Assembleia de Governadores procederá de cinco em cinco anos, pelo menos, a uma revisão geral das quotas dos membros e, se o julgar apropriado, proporá o seu ajustamento. Poderá também, se o entender oportuno, considerar, em qualquer outro momento, o ajustamento de determinada quota, a pedido do membro interessado.

b) O Fundo poderá, em qualquer momento, propor um aumento das quotas dos membros do Fundo que o eram em 31 de Agosto de 1975 proporcionalmente às suas quotas nessa data, numa importância cumulativa que não exceda as importâncias transferidas, ao abrigo do artigo V, secção 12-f), i) e j), da conta "Desembolso especial" para a conta "Recursos gerais".

c) Será necessária uma maioria de 85% do total dos votos para qualquer modificação de quotas.

d) A quota de um membro não será alterada sem o consentimento desse membro e sem que o pagamento tenha sido efectuado, a não ser que se considere que o pagamento foi efectuado em conformidade com a secção 3-b) do presente artigo.

SECÇÃO 3
Pagamento aquando da modificação das quotas

a) Todo o membro que consinta no aumento da sua quota, ao abrigo da secção 2-a) do presente artigo, deverá, no período estipulado pelo Fundo, pagar a este 25% do aumento em direitos de saque especiais, mas a Assembleia de Governadores poderá estipular que este pagamento seja feito, na mesma base para todos os membros, no todo ou em parte, nas moedas de outros membros indicadas pelo Fundo, com o acordo dos mesmos, ou na própria moeda do membro. Um membro não participante pagará nas moedas de outros membros indicadas pelo Fundo, com o acordo dos mesmos, uma parte de aumento correspondente à proporção a pagar em direitos de saque especiais pelos participantes. A restante parte do aumento será paga pelo membro na sua própria moeda. Os haveres do Fundo na moeda de um membro não poderão, por virtude dos pagamentos efectuados por outros membros ao abrigo desta disposição, ser aumentados para além do nível a partir do qual ficariam sujeitos ao pagamento de comissões, nos termos do artigo V, secção 8-b), ii).

b) Os membros que consintam num aumento da sua quota, nos termos da secção 2-b) do presente artigo, considerar-se-ão como tendo pago ao Fundo uma importância da subscrição igual a esse aumento.

c) Se um membro aceitar uma redução da sua quota, o Fundo pagar-lhe-á, no prazo de sessenta dias, uma importância igual à da redução. O pagamento será feito na moeda do membro e em direitos de saque especiais ou nas moedas de outros membros indicadas pelo Fundo, com o acordo dos mesmos, na importância necessária para evitar que os haveres do Fundo nessa moeda se tornem inferiores à nova quota, sob reserva de que, em circunstâncias excepcionais, o Fundo poderá reduzir os seus haveres nessa moeda a uma importância inferior à nova quota, por meio da entrega ao membro da sua própria moeda.

d) Será necessária uma maioria de 70% do total dos votos para qualquer decisão tomada ao abrigo do parágrafo a) acima, excepto quando se trate de determinação de qualquer período ou de prescrição de moedas nos termos dessa disposição.

SECÇÃO 4
Substituição de moedas por títulos

O Fundo aceitará de qualquer membro, em substituição de uma importância da moeda desse membro detida na conta "Recursos gerais" que, no parecer do Fundo, não seja necessária para as suas operações e transacções, promissórias ou obrigações análogas emitidas pelo membro ou pelo depositário por este designado nos termos do artigo XIII, secção 2, as quais não serão negociáveis, não vencerão juros e serão pagáveis à vista, pelo seu valor nominal, por lançamento a crédito da conta do Fundo no depositário designado. As disposições da presente secção aplicar-se-ão não só às moedas correspondentes às subscrições, mas também a quaisquer moedas devidas ao Fundo ou por este adquiridas que devam ser levadas à conta "Recursos gerais".

ARTIGO IV
Obrigações relativas a disposições sobre matéria cambial

SECÇÃO 1
Obrigações gerais dos membros

Reconhecendo que a finalidade essencial do sistema monetário internacional é proporcionar uma estrutura que facilite a troca de bens, serviços e capitais entre os países que seja favorável a um sólido crescimento económico e que um dos principais objectivos é o contínuo desenvolvimento das condições de base ordenadas que são necessárias à estabilidade financeira e económica, cada membro compromete-se a colaborar com o Fundo e com os outros membros a fim de assegurar a manutenção de arranjos cambiais ordenados e de promover um sistema de câmbios estável. Em particular, cada membro:
  i) Esforçar-se-á por orientar as suas políticas económicas e financeiras com vista a fomentar um crescimento económico ordenado, com razoável estabilidade de preços, tendo em devida atenção as suas próprias circunstâncias;
  ii) Procurará promover a estabilidade, fomentando condições de base ordenadas de natureza económica e financeira e um sistema monetário que não tenda a provocar perturbações erráticas;
  iii) Evitará a manipulação das taxas de câmbio ou do sistema monetário internacional de modo a obstar ao ajustamento efectivo das balanças de pagamentos ou obter vantagens competitivas indevidas em relação aos outros membros, e
  iv) Seguirá políticas cambiais compatíveis com os compromissos assumidos ao abrigo desta secção.

SECÇÃO 2
Disposições gerais sobre matéria cambial

a) Todo o membro notificará o Fundo, no prazo de trinta dias a contar da data da segunda emenda ao presente Acordo, das disposições cambiais que tenciona aplicar em cumprimento das suas obrigações, nos termos da secção I deste artigo, e notificará imediatamente o Fundo de quaisquer alterações às suas disposições cambiais.

b) De acordo com um sistema monetário internacional do tipo que vigorava em 1 de Janeiro de 1976, as disposições cambiais podem abranger: i) a manutenção, por parte de um membro, de um valor para a sua moeda em termos do direito de saque especial ou de qualquer outro denominador, excepto o ouro, escolhido pelo membro; ou ii) arranjos de cooperação através dos quais os membros mantenham o valor das suas moedas em relação ao valor da moeda ou moedas dos outros membros; ou iii) outras disposições cambiais à escolha do membro.

c) A fim de acompanhar a evolução do sistema monetário internacional, o Fundo, por uma maioria de 85% do total dos votos, poderá definir disposições cambiais gerais sem limitar o direito dos membros de manterem disposições cambiais, à sua escolha, compatíveis com os objectivos do Fundo e com as obrigações consignadas na secção 1 do presente artigo.

SECÇÃO 3
Fiscalização das disposições em matéria cambial

a) O Fundo deverá fiscalizar o sistema monetário internacional a fim de assegurar o seu bom funcionamento e deverá controlar o cumprimento por parte de cada membro das suas obrigações decorrentes da secção 1 do presente artigo.

b) No cumprimento das suas funções, nos termos do parágrafo a) acima, o Fundo deverá exercer rigorosa fiscalização em relação às políticas de taxas de câmbios dos membros e adoptar princípios específicos para orientação de todos os membros relativamente a essas políticas. Cada membro deverá fornecer ao Fundo as informações necessárias a essa fiscalização e, a pedido deste, deverá consultá-lo sobre as suas políticas de taxas de câmbio. Os princípios adoptados pelo Fundo deverão ser compatíveis com os arranjos de cooperação segundo os quais os membros mantêm o valor das suas moedas em relação ao valor da moeda ou moedas dos outros membros, bem como com outras disposições cambiais, à escolha do membro, compatíveis com os objectivos do Fundo e com a secção 1 do presente artigo. Estes princípios deverão respeitar a organização sócio-política interna dos membros e, ao aplicar estes princípios, o Fundo terá em devida consideração a situação particular de cada membro.

SECÇÃO 4
Paridades

O Fundo poderá decidir, por uma maioria de 85% do total dos votos, que as condições económicas internacionais permitem a introdução de um sistema generalizado de disposições cambiais, baseado em paridades estáveis, mas ajustáveis. O Fundo poderá tomar essa decisão com base na estabilidade subjacente da economia mundial, e, para este fim, deverá tomar em conta a evolução dos preços e as taxas de crescimento das economias dos países membros. A decisão será tomada à luz da evolução do sistema monetário internacional, tendo em conta, em particular, as fontes de liquidez e, a fim de assegurar o bom funcionamento de um sistema de paridades, as disposições ao abrigo das quais tanto os membros em situação excedentária como os membros em situação deficitária da balança de pagamentos tomem medidas imediatas efectivas e simétricas para alcançarem o ajustamento, bem como tendo em conta as disposições relativas à intervenção e ao tratamento de desequilíbrios. Ao fazer essa determinação, o Fundo deverá notificar os membros de que serão aplicadas as disposições do anexo C.

SECÇÃO 5
Moedas diversas nos territórios de um membro

a) As medidas adoptadas por um membro relativamente à sua moeda, nos termos do presente artigo, considerar-se-ão como aplicáveis às moedas diversas de todos os territórios em relação aos quais o membro aceitou este Acordo, nos termos do artigo XXXI, secção 2-g), salvo se o membro declarar que essas medidas se referem quer exclusivamente à moeda metropolitana, quer a uma ou várias moedas diversas, quer, simultaneamente, à moeda metropolitana e a uma ou mais das moedas diversas especificadas.

b) As medidas tomadas pelo Fundo ao abrigo do presente artigo considerar-se-ão como respeitantes a todas as moedas de um membro mencionadas no parágrafo a) acima, salvo declaração em contrário do Fundo.

ARTIGO V
Operações e transacções do Fundo

SECÇÃO 1
Organismos que tratam com o Fundo

Os membros só tratarão com o Fundo através do respectivo Tesouro, do banco central, do fundo de estabilização ou outros organismos financeiros análogos e o Fundo tratará apenas com esses organismos ou através deles.

SECÇÃO 2
Limitação das operações e transacções do Fundo

a) Salvo disposição em contrário do presente Acordo, as transacções por conta do Fundo limitar-se-ão a transacções destinadas a fornecer a um membro, por iniciativa deste, direitos de saque especiais ou moedas de outros membros provenientes dos recursos gerais do Fundo, os quais serão detidos na conta de recursos gerais, em troca da moeda do membro que deseje efectuar a compra.

b) Se solicitado, o Fundo poderá decidir prestar serviços financeiros e técnicos, inclusive a administração de recursos fornecidos pelos membros, compatíveis com os objectivos do Fundo. As operações relativas à prestação desses serviços financeiros não serão efectuadas por conta do Fundo. Os serviços efectuados ao abrigo deste parágrafo não imporão quaisquer obrigações aos membros sem o seu consentimento.

SECÇÃO 3
Condições que regem a utilização dos recursos gerais do Fundo

a) O Fundo adoptará políticas relativas à utilização dos seus recursos gerais, inclusive políticas relativas a arranjos *stand-by* ou arranjos similares, e poderá adoptar políticas referentes a problemas especiais de balança de pagamentos que ajudem os membros a resolver esses problemas de modo compatível com as disposições deste Acordo e que estabeleçam garantias adequadas para a utilização temporária dos recursos gerais do Fundo.

b) Todo o membro terá o direito de comprar ao Fundo as moedas de outros membros, em troca de uma importância equivalente da sua moeda, nas seguintes condições:

i) A utilização pelo membro dos recursos gerais do Fundo será feita em conformidade com as disposições do presente Acordo e com políticas adoptadas nos termos daquelas;
ii) O membro alegará a necessidade de efectuar uma compra por motivo da posição da sua balança de pagamentos ou das suas reservas ou da evolução das suas reservas;
iii) A compra proposta será uma compra dentro da tranche de reserva ou não dará lugar a que os haveres do Fundo na moeda do membro comprador excedam 200% da sua quota;
iv) O Fundo não ter declarado previamente, ao abrigo da secção 5 do presente artigo, do artigo VI, secção 1, ou do artigo XXVI, secção 2-a), que o membro que deseja efectuar a compra não está em posição de utilizar os recursos gerais do Fundo.

c) O Fundo deverá examinar qualquer pedido de compra, a fim de determinar se a compra proposta é compatível com as disposições do presente Acordo e com as políticas adoptadas ao abrigo das mesmas, mas não poderá levantar objecções aos pedidos de compras dentro da tranche de reserva.

d) O Fundo adoptará políticas e processos, relativamente à selecção das moedas a vender, que deverão atender, após consulta aos membros, à posição da balança de pagamentos e das reservas dos mesmos e à evolução dos mercados cambiais, bem como à conveniência de promover gradualmente o equilíbrio das posições no Fundo, no entendimento de que, se um membro alegar que pretende comprar a moeda de outro membro por desejar obter uma importância equivalente da sua própria moeda oferecida pelo outro membro, terá o direito de comprar a moeda do outro membro, salvo se o Fundo tiver declarado, ao abrigo do artigo VII, secção 3, que os seus haveres nessa moeda se tornaram escassos.

e):
i) Todo o membro garantirá que os saldos da sua moeda comprada ao Fundo são saldos de moeda livremente utilizável ou podem ser trocados, no momento da compra, por uma moeda livremente utilizável, à sua escolha, a uma taxa de câmbio entre as duas moedas equivalente à taxa de câmbio aplicável entre elas, na base do estipulado no artigo XIX, secção 7-a);
ii) Cada membro cuja moeda é comprada ao Fundo ou é obtida em troca de moeda comprada ao Fundo deverá colaborar com este e com outros membros, a fim de permitir que esses saldos da sua moeda sejam trocados, no momento da compra, por moedas livremente utilizáveis de outros membros;

iii) Qualquer troca, efectuada ao abrigo da alínea acima, de uma moeda que não seja livremente utilizável será feita pelo membro cuja moeda é comprada, salvo se esse membro e o membro comprador acordarem noutro processo;

iv) Qualquer membro que compre ao Fundo a moeda livremente utilizável de outro membro e que deseje trocá-la, no momento da compra, por outra moeda livremente utilizável fará a troca com outro membro a pedido deste. A troca será feita por uma moeda livremente utilizável, escolhida pelo outro membro, à taxa de câmbio referida em i) acima.

f) Em conformidade com as políticas e processos que vier a adoptar, o Fundo poderá acordar em fornecer a um participante que efectue uma compra nos termos desta secção direitos de saque especiais em vez de moedas de outros membros.

SECÇÃO 4
Dispensa de condições

O Fundo poderá, a seu alvedrio e de forma a salvaguardar os seus interesses, dispensar qualquer das condições prescritas na secção 3-b), iii) e iv), do presente artigo, especialmente no caso de membros que no passado tenham evitado utilizar os recursos gerais do Fundo em larga escala ou continuadamente. Ao conceder uma dispensa, o Fundo terá em consideração as necessidades periódicas ou excepcionais do membro que a solicitou. O Fundo tomará igualmente em consideração qualquer oferta do membro para entregar como caução activos aceitáveis cujo valor seja suficiente, no parecer do Fundo, para proteger os seus interesses e poderá exigir como condição para a dispensa a prestação dessa caução.

SECÇÃO 5
Incapacidade para utilizar os recursos gerais do Fundo

Sempre que o Fundo entenda que qualquer membro utiliza os recursos gerais do Fundo de forma contrária aos objectivos deste, apresentará ao membro um relatório expondo os seus pontos de vista e estabelecendo um prazo adequado para resposta. Depois de ter apresentado esse relatório a um membro, o Fundo poderá limitar a utilização dos seus recursos gerais por parte desse membro. Se não for recebida resposta do membro ao relatório dentro do prazo fixado ou se a resposta recebida não for satisfatória, o Fundo poderá continuar a limitar a utilização dos seus recursos gerais pelo membro ou poderá, após um pré-aviso razoável, declará-lo inelegível para utilizar os recursos gerais do Fundo.

SECÇÃO 6
Outras compras e vendas de direitos de saque especiais por parte do Fundo

a) O Fundo poderá aceitar direitos de saque especiais oferecidos por um participante em troca de uma importância equivalente de moedas de outros membros.

b) O Fundo poderá fornecer a um participante, a pedido deste, direitos de saque especiais contra uma importância equivalente de moedas de outros membros. Os haveres do Fundo na moeda de um membro não deverão ultrapassar, em consequência destas transacções, o limite a partir do qual ficariam sujeitos ao pagamento de comissões nos termos da secção 8-b), ii), do presente artigo.

c) As moedas fornecidas ou aceites pelo Fundo, nos termos desta secção, serão escolhidas em conformidade com políticas que tenham em conta os princípios das secções 3-d) ou 7-i) deste artigo. O Fundo só poderá efectuar transacções nos termos da presente secção se o membro cuja moeda for fornecida ou aceite pelo Fundo concordar com essa utilização da sua moeda.

SECÇÃO 7
Recompra, por parte de um membro, da sua moeda em poder do Fundo

a) Qualquer membro terá o direito de recomprar, em qualquer momento, os haveres do Fundo na sua moeda sujeitos ao pagamento de comissões em conformidade com a secção 8-b) do presente artigo.

b) Os membros que tenham efectuado uma compra ao abrigo da secção 3 deste artigo, e à medida que se verifique uma evolução favorável na posição da sua balança de pagamentos e das suas reservas, deverão normalmente recomprar os haveres do Fundo na sua moeda resultantes da compra e sujeitos ao pagamento de comissões em conformidade com a secção 8-b) deste artigo. Qualquer membro recomprará estes haveres se, de acordo com as políticas relativas a recompras que o Fundo vier a adoptar e após consultas aos membros, o Fundo chamar a atenção do membro para a sua obrigação de recompra em virtude da evolução favorável da posição da sua balança de pagamentos e das suas reservas.

c) Qualquer membro que tenha efectuado uma compra ao abrigo da secção 3 do presente artigo recomprará os haveres do Fundo na sua moeda resultantes da compra e sujeitos ao pagamento de comissões nos termos da secção 8-b) deste artigo, no prazo de cinco anos a contar da data em que a compra foi efectuada. O Fundo poderá estipular que a recompra seja feita pelo membro em prestações durante o período que mediar entre três e cinco anos após a data da compra. O Fundo poderá, por uma maioria de 85% do total dos votos, modificar a duração dos períodos de recompra estipulados neste parágrafo, e qualquer novo período que se adopte será aplicável a todos os membros.

d) O Fundo, por uma maioria de 85% do total dos votos, poderá adoptar períodos diferentes dos estipulados no parágrafo c) acima, os quais serão iguais para todos os membros, para a recompra de haveres de moeda adquirida pelo Fundo, em conformidade com uma política especial de utilização dos seus recursos gerais.

e) Qualquer membro poderá recomprar, em conformidade com as políticas que o Fundo vier a adoptar por uma maioria de 70% do total dos votos, os haveres do Fundo na sua moeda que não tenham sido adquiridos por virtude das compras e estejam sujeitos ao pagamento de comissões, em conformidade com a secção 8-b), ii), deste artigo.

f) Qualquer decisão que determine, ao abrigo de uma política relativa à utilização dos recursos gerais do Fundo, que o período de recompra, nos termos dos parágrafos c) ou d) acima, seja mais curto do que aquele que vigorava em conformidade com a mesma política aplicar-se-á apenas aos haveres adquiridos pelo Fundo posteriormente à data da entrada em vigor da decisão.

g) O Fundo, a pedido de um membro, poderá adiar a data de quitação de uma obrigação de recompra, mas não para além do período máximo prescrito nos parágrafos c) ou d) acima ou em políticas adoptadas pelo Fundo ao abrigo do parágrafo e) acima, salvo se o Fundo determinar, por uma maioria de 70% do total dos votos, que um período mais longo para a recompra, compatível com a utilização temporária dos recursos gerais do Fundo, se justifica porque a quitação na data do vencimento provocaria ao membro dificuldades excepcionais.

h) O Fundo poderá completar as políticas constantes da secção 3-d) do presente artigo com outras políticas que lhe permitam decidir, após consulta a um membro, vender, em conformidade com a secção 3-b) deste artigo, os seus haveres na moeda do membro que não tenham sido recomprados, nos termos da presente secção 7, sem prejuízo de quaisquer medidas que o Fundo possa vir a ser autorizado a tomar ao abrigo de outras disposições deste Acordo.

i) Todas as recompras efectuadas ao abrigo desta secção serão feitas com direitos de saque especiais ou com as moedas de outros membros estipuladas pelo Fundo. O Fundo adoptará políticas e processos, relativamente às moedas a utilizar pelos membros em recompras, que tomem em consideração os princípios enunciados na secção 3-d) do presente artigo. Os haveres do Fundo na moeda de um membro, utilizada na recompra, não deverão ultrapassar, por via da mesma, o limite a partir do qual ficariam sujeitos ao pagamento de comissões nos termos da secção 8-b), ii), deste artigo.

j):
   i) Se a moeda de um membro estipulada pelo Fundo nos termos do parágrafo i) acima não for uma moeda livremente utilizável, o membro assegurará que o membro recomprador a poderá obter, no momento da recompra, em troca de uma moeda livremente utilizável, à escolha do membro cuja moeda foi estipulada. As trocas de moeda ao abrigo desta disposição efectuar-se-ão a uma taxa de câmbio entre as duas moedas equivalente à taxa de câmbio entre elas com base no artigo XIX, secção 7-a);

   ii) Os membros cuja moeda for estipulada pelo Fundo para fins de recompra, colaborarão com o Fundo e com os outros membros de modo a possibilitar aos membros recompradores, no momento da recompra, a obtenção da moeda prescrita, em troca de moedas livremente utilizáveis de outros membros;

   iii) Qualquer troca nos termos do parágrafo j), i), acima será efectuada com o membro cuja moeda for especificada, salvo se esse membro e o membro recomprador acordarem noutro processo;

   iv) Se o membro recomprador desejar obter, no momento da recompra, a moeda livremente utilizável de outro membro, especificada pelo Fundo nos termos da alínea i) acima, deverá, se o outro membro o solicitar, obter a moeda do outro membro em troca de uma moeda livremente utilizável à taxa de câmbio referida no parágrafo j), i), acima. O Fundo poderá adoptar normas relativamente à moeda livremente utilizável a fornecer para qualquer troca.

SECÇÃO 8
Comissões

a):
  i) O Fundo cobrará uma comissão sobre a compra, por um membro, de direitos de saque especiais ou de moeda de outro membro detidos na conta "Recursos gerais" em troca da sua própria moeda, podendo no entanto cobrar uma comissão mais baixa nas compras dentro da tranche reserva do que nas outras compras. A comissão sobre as compras dentro da tranche reserva não deverá exceder 0,5%;
  ii) O Fundo poderá cobrar comissões nos arranjos *stand-by* ou análogos. O Fundo poderá determinar, no caso de um tal arranjo, que a comissão seja compensada com a comissão cobrada, nos termos da alínea i) acima, sobre as compras efectuadas no quadro desse arranjo.

b) O Fundo cobrará comissões sobre a média dos saldos diários na moeda de um membro detidos na conta "Recursos gerais", na medida em que estes:
  i) Tenham sido adquiridos ao abrigo de uma política que tenha sido objecto de exclusão, nos termos do artigo XXX-c); ou
  ii) Excedam a importância da quota do membro, após exclusão de quaisquer dos saldos referidos na alínea i) acima.

As taxas das comissões aumentarão normalmente, a intervalos regulares, durante o período de detenção desses saldos.

c) Se um membro deixar de efectuar uma recompra exigida ao abrigo da secção 7 do presente artigo, o Fundo, após consultas ao membro relativamente à redução dos haveres do Fundo na sua moeda, poderá fazer incidir as comissões que julgar convenientes sobre os seus haveres na moeda do membro que deveriam ter sido recomprados.

d) Será necessária uma maioria de 70% do total dos votos para a determinação das taxas das comissões cobradas em conformidade com os parágrafos a) e b) acima, as quais serão uniformes para todos os membros, bem como para as cobradas nos termos do parágrafo c) acima.

e) Os membros pagarão todas as comissões em direitos de saque especiais, salvo se, em circunstâncias excepcionais, o Fundo permitir que um membro pague comissões nas moedas de outros membros estipuladas pelo Fundo, após consultas a estes, ou na sua própria moeda. Os haveres do Fundo na moeda de um membro não poderão ser aumentados, em consequência de pagamentos efectuados pelos outros membros, em conformidade com esta disposição, para além do limite a partir do qual ficariam sujeitos ao pagamento de comissões, nos termos do parágrafo b), ii), acima.

SECÇÃO 9
Remuneração

a) O Fundo pagará uma remuneração sobre a importância pela qual a percentagem da quota fixada em conformidade com os parágrafos b) ou c) abaixo exceder a média dos saldos diários na moeda de um membro detidos na conta "Recursos gerais", com exclusão dos saldos adquiridos ao abrigo de uma política que tivesse sido objecto de exclusão, nos termos do artigo III-c). A taxa de remuneração a determinar pelo Fundo, por uma maioria de 70% do total dos votos, será igual para todos os membros e não será superior à taxa de juro fixada nos termos do artigo XX, secção 3, nem inferior a quatro quintos dessa mesma taxa. Ao fixar a taxa de remuneração, o Fundo levará em conta as taxas de comissões em conformidade com o artigo V secção 8-b).

b) A percentagem da quota a aplicar para efeitos do parágrafo a) acima será:
- i) Para cada membro que se tornou membro antes da segunda emenda a este Acordo, uma percentagem da quota correspondente a 75% da respectiva quota na data da segunda emenda a este Acordo e, para os membros que se tornaram membros após a data da segunda emenda ao presente Acordo, uma percentagem da quota calculada por divisão do total das importâncias correspondentes às percentagens da quota que se aplicavam aos outros membros na data em que o membro se tornou membro pelo total das quotas dos outros membros, na mesma data; mais
- ii) As importâncias que pagou ao Fundo em moeda ou em direitos de saque especiais, nos termos do artigo III, secção 3-a), a partir da data aplicável nos termos do parágrafo b), i), acima; e menos
- iii) As importâncias que recebeu do Fundo em moeda ou em direitos de saque especiais, em conformidade com o artigo III, secção 3-c), a partir da data aplicável nos termos do parágrafo b), i), acima.

c) O Fundo, por uma maioria de 70% do total dos votos, poderá, para os efeitos do parágrafo a) acima, elevar a última percentagem da quota aplicável a cada membro para:
- i) Uma percentagem, que não exceda 100%, a determinar para cada membro com base nos mesmos critérios para todos os membros; ou
- ii) 100% para todos os membros.

d) A remuneração será paga em direitos de saque especiais, mas tanto o Fundo como o membro podem decidir que o pagamento seja feito na própria moeda do membro.

SECÇÃO 10
Cálculos

a) O valor dos activos do Fundo detidos nas contas do Departamento Geral será expresso em termos do direito de saque especial.

b) Todos os cálculos relativos a moedas de membros, para efeitos de aplicação das disposições do presente Acordo, à excepção do artigo IV e do anexo C, serão efectuados às taxas calculadas pelo Fundo para essas moedas, em conformidade com a secção 11 deste artigo.

c) Os cálculos para a determinação das importâncias de moeda em relação à quota, para efeitos de aplicação das disposições do presente Acordo, não abrangerão as moedas detidas na conta "Desembolso especial" ou na conta "Investimentos".

SECÇÃO 11
Manutenção do valor

a) O valor das moedas dos membros detidas na conta "Recursos gerais" será mantido em termos do direito de saque especial, de acordo com as taxas de câmbio visadas no artigo XIX, secção 7-a).

b) Os haveres do Fundo na moeda de um membro serão objecto de um ajustamento, em conformidade com esta secção, aquando da utilização dessa moeda em qualquer operação ou transacção entre o Fundo e outro membro e em quaisquer outras ocasiões que o Fundo venha a decidir ou o membro venha a requerer. Os pagamentos a fazer ao Fundo ou a efectuar por este, relativos a um ajustamento, serão efectuados dentro de um prazo razoável, a determinar pelo Fundo após a data do ajustamento, e em qualquer outra ocasião, a pedido do membro.

SECÇÃO 12
Outras operações e transacções

a) O Fundo orientar-se-á em todas as suas políticas e decisões adoptadas ao abrigo desta secção pelos objectivos expressos no artigo VIII, secção 7, e pelo objectivo de evitar a manipulação do preço ou o estabelecimento de um preço fixo no mercado do ouro.

b) As decisões do Fundo no sentido de efectuar operações ou transacções, nos termos dos parágrafos c), d) e e) abaixo, serão tomadas por uma maioria de 85% do total dos votos.

c) O Fundo poderá vender ouro contra a moeda de qualquer membro, após ter consultado o membro contra cuja moeda o ouro for vendido, desde que os haveres do Fundo na moeda do membro detidos na conta "Recursos gerais" não excedam, em virtude da venda, o limite a partir do qual ficariam sujeitos ao pagamento de comissões nos termos da secção 8-b), ii), deste artigo, sem o acordo do membro, e sob ressalva de, a pedido do membro, o Fundo trocar, na ocasião da venda, pela moeda de outro membro a parte da moeda recebida que evite o referido excesso. A troca de uma moeda pela moeda de outro membro será feita após consulta a esse membro e não poderá ter por efeito o aumento dos haveres do Fundo na moeda desse membro para além do limite a partir do qual ficariam sujeitos ao pagamento de comissões nos termos da secção 8-b), ii), deste artigo. O Fundo adoptará políticas e processos relativos às trocas que tomem em consideração os princípios aplicados em conformidade com a secção 7-i) do presente artigo. As vendas aos membros, ao abrigo desta disposição, serão efectuadas a um preço acordado para cada transacção, com base nos preços do mercado.

d) O Fundo poderá aceitar pagamentos em ouro de um membro em vez de direitos de saque especiais ou moeda em quaisquer operações ou transacções, nos termos deste Acordo. Os pagamentos ao Fundo ao abrigo desta disposição serão efectuados a um preço acordado para cada operação ou transacção, com base nos preços do mercado.

e) O Fundo poderá vender ouro por ele detido na data da segunda emenda a este Acordo aos membros que o eram em 31 de Agosto de 1975 e que acordem em comprá-lo, na proporção das respectivas quotas nessa data. Se o Fundo tiver a intenção de vender ouro nos termos do parágrafo c) acima, para os fins do parágrafo f), ii), abaixo, poderá vender a cada membro em desenvolvimento que concorde em comprá-la a parte do ouro que, se tivesse sido vendida nos termos do parágrafo c) acima, teria produzido a mais-valia que poderia ter sido distribuída a esse membro nos termos do parágrafo f), iii), abaixo. O ouro que seria vendido, ao abrigo desta disposição, a um membro que tivesse sido declarado inelegível para utilizar os recursos gerais do Fundo, nos termos da secção 5 deste artigo, ser-lhe-á vendido logo que a inelegibilidade cesse, salvo se o Fundo decidir efectuar a venda mais cedo. A venda de ouro a um membro ao abrigo deste parágrafo e) será feita em troca da sua moeda e a um preço equivalente, no momento da venda, a um direito de saque especial por 0,888671 g de ouro fino.

f) Sempre que, nos termos do parágrafo c) acima, o Fundo venda ouro por ele detido na data da segunda emenda a este Acordo, uma parte do produto, equivalente no momento da venda a um direito de saque especial por 0,888671 g de ouro fino, será colocada na conta "Recursos gerais" e, salvo decisão em contrário do Fundo, de acordo com o parágrafo g) abaixo, qualquer excesso será detido na conta "Desembolso especial". Os activos detidos na conta "Desembolso especial" serão separados dos activos das outras contas do Departamento Geral e poderão ser utilizados em qualquer momento:

i) Para efectuar transferências para a conta "Recursos gerais", para utilização imediata em operações e transacções autorizadas por disposições de outras secções do presente Acordo;

ii) Para operações e transacções que não sejam autorizadas por outras disposições do presente Acordo, mas que sejam compatíveis com os objectivos do Fundo. Ao abrigo do presente parágrafo f), ii), poder-se-á prestar auxílio, em condições especiais, para fins de balança de pagamentos, aos membros em desenvolvimento que se encontrem em situação difícil, e, para o efeito, o Fundo levará em consideração o nível do rendimento *per capita*;

iii) Para a distribuição aos membros em desenvolvimento que eram membros em 31 de Agosto de 1975, na proporção das suas quotas naquela data, de parte dos activos, que o Fundo decidir utilizar para os fins mencionados na alínea ii) acima, correspondente à proporção entre as quotas destes membros na data da distribuição e o total das quotas de todos os membros na mesma data, entendendo-se que a distribuição, nos termos desta disposição, a qualquer membro que tenha sido considerado inelegível para utilizar os recursos gerais do Fundo, de acordo com a secção 5 deste artigo, será feita logo que cesse a inelegibilidade do membro, salvo se o Fundo decidir proceder à distribuição mais cedo.

As decisões relativas à utilização dos activos em conformidade com a alínea i) acima serão tomadas por uma maioria de 70% do total dos votos e as decisões relativas às alíneas ii) e iii) acima serão tomadas por uma maioria de 85% do total dos votos.

g) O Fundo poderá decidir, por uma maioria de 85% do total dos votos, transferir uma parte do excesso mencionado no parágrafo f) acima para a conta "Investimentos", a fim de ser utilizada nos termos do artigo XII, secção 6-f).

h) Enquanto se não proceder às utilizações mencionadas no parágrafo f) acima, o Fundo poderá investir a moeda de um membro detida na conta

"Desembolso especial" em obrigações negociáveis desse membro ou de organizações financeiras internacionais. O rendimento desses investimentos e os juros recebidos, nos termos do parágrafo f), ii), acima, serão colocados na conta "Desembolso especial". Não se procederá a qualquer investimento sem o acordo do membro cuja moeda é utilizada para fazer o investimento. O Fundo só fará investimentos em obrigações expressas em direitos de saque especiais ou na moeda utilizada para investimentos.

i) A conta "Recursos gerais" será reembolsada de tempos a tempos das despesas de administração da conta "Desembolso especial" pagas pela conta "Recursos gerais" por meio de transferências da conta "Desembolso especial", com base numa estimativa razoável dessas despesas.

j) A conta "Desembolso especial" cessará no caso de liquidação do Fundo e pode cessar anteriormente à liquidação do Fundo por uma maioria de 70% do total dos votos. Aquando da cessação da conta por motivo de liquidação do Fundo, quaisquer activos detidos nesta conta serão distribuídos de acordo com as disposições do anexo K. Se a conta cessar antes da liquidação do Fundo, os activos desta conta serão transferidos para a conta "Recursos gerais", a fim de serem imediatamente utilizados em operações e transacções. O Fundo, por uma maioria de 70% do total dos votos, adoptará regras e regulamentos para a administração da conta "Desembolso especial".

ARTIGO VI
Transferências de capitais

SECÇÃO 1
Utilização dos recursos gerais do Fundo para transferências de capitais

a) Os membros não poderão utilizar os recursos gerais do Fundo para fazer face a uma saída volumosa ou prolongada de capitais, sob reserva das disposições da secção 2 do presente artigo, e o Fundo poderá solicitar a um membro que exerça a fiscalização necessária para impedir semelhante utilização dos recursos gerais do Fundo. Se, depois de receber esse pedido, o membro não exercer a fiscalização necessária, o Fundo poderá declará-lo inelegível para utilizar os recursos gerais do Fundo.

b) Nenhum passo da presente secção será interpretado no sentido de:
    i) Impedir a utilização dos recursos gerais do Fundo em operações de capital de importância razoável necessárias à expansão das exportações ou ao movimento normal das operações comerciais, bancárias ou outras; ou

ii) Afectar os movimentos de capitais financiados com os recursos próprios de um membro, comprometendo-se, no entanto, os membros a proceder a esses movimentos de capitais de acordo com os objectivos do Fundo.

SECÇÃO 2
Disposições especiais relativas a transferências de capitais

Os membros terão a faculdade de efectuar compras dentro da tranche reserva para fazerem face a transferências de capitais.

SECÇÃO 3
Controlo das transferências de capitais

Os membros poderão exercer os controlos necessários para regular os movimentos internacionais de capitais, mas nenhum membro poderá exercer esses controlos de uma forma que restrinja os pagamentos relativos a transacções correntes ou que retarde indevidamente as transferências de fundos para liquidação de compromissos, salvo o disposto no artigo VII, secção 3-b), e no artigo XIV, secção 2.

ARTIGO VII
Reposição e moedas escassas

SECÇÃO 1
Medidas para reposição dos haveres do Fundo em moedas

O Fundo poderá, se o considerar conveniente para reposição dos seus haveres na moeda de um membro detida na conta "Recursos gerais" que lhe seja necessária para as suas transacções, adoptar uma ou ambas das seguintes medidas:

i) Propor ao membro que, nos termos e condições acordados entre o Fundo e esse membro, este último empreste a sua moeda ao Fundo, ou que, com o acordo do membro, o Fundo obtenha essa moeda por empréstimo de qualquer outra fonte ou fora dos territórios do membro; porém, nenhum membro ficará obrigado a fazer esses empréstimos ao Fundo ou a acordar em que o Fundo contraia empréstimos na sua moeda de qualquer outra fonte;

ii) Pedir ao membro, no caso de se tratar de um participante, que venda a sua moeda ao Fundo contra direitos de saque especiais detidos na conta "Recursos gerais", em conformidade com o artigo XIX, secção 4. Ao proceder à reposição com direitos de saque especiais, o Fundo deverá ter em devida conta os princípios da designação, nos termos do artigo XIX, secção 5.

SECÇÃO 2
Escassez geral da moeda

Se o Fundo verificar que há uma escassez geral de determinada moeda, poderá informar os membros desse facto, bem como publicar um relatório expondo as causas da escassez que contenha recomendações destinadas a pôr-lhe termo. Na elaboração do relatório participará um representante do membro cuja moeda está em causa.

SECÇÃO 3
Escassez dos haveres do Fundo

a) No caso de se tornar evidente para o Fundo que a procura da moeda de um membro ameaça seriamente a possibilidade de o Fundo fornecer essa moeda, este deverá declarar oficialmente essa moeda escassa, independentemente da publicação do relatório referido na secção 2 do presente artigo, e, a partir desse momento, deverá repartir as suas disponibilidades presentes e futuras na moeda escassa, tendo em devida conta as necessidades relativas dos membros, a situação económica internacional em geral e quaisquer outras considerações pertinentes. O Fundo deverá também publicar um relatório sobre as medidas que adoptar.

b) A declaração formal, nos termos do parágrafo a) acima, constituirá autorização para qualquer membro impor, temporariamente e após consulta ao Fundo, limitações à liberdade das operações cambiais na moeda escassa. Sob reserva das disposições do artigo IV e do anexo C, cada membro terá plena competência para a determinação da natureza dessas limitações, mas estas não serão mais restritivas do que o necessário para ajustar a procura da moeda escassa às respectivas disponibilidades que o membro em questão possua ou venha a possuir e deverão ser atenuadas e revogadas logo que as condições o permitam.

c) A autorização a que se refere o parágrafo b) acima expirará logo que o Fundo declare oficialmente que a moeda em questão deixou de ser escassa.

SECÇÃO 4
Aplicação das restrições

Os membros que impuserem restrições relativamente à moeda de outro membro, de acordo com as disposições da secção 3-b) do presente artigo, deverão acolher compreensivamente quaisquer alegações apresentadas por este último relativas à aplicação dessas restrições.

SECÇÃO 5
Efeitos de outros acordos internacionais sobre restrições

Os membros acordam em não invocar as obrigações derivadas de quaisquer compromissos contraídos com outros membros anteriormente ao presente Acordo, de modo a dificultar a execução das disposições do presente artigo.

ARTIGO VIII
Obrigações gerais dos membros

SECÇÃO 1
Introdução

Além das obrigações assumidas nos termos de outras disposições do presente Acordo, cada membro assume as obrigações estipuladas no presente artigo.

SECÇÃO 2
Obrigação de evitar restrições aos pagamentos correntes

a) Sob reserva das disposições do artigo VII, secção 3-b), e do artigo XIV, secção 2, nenhum membro poderá impor, sem a aprovação do Fundo, restrições a pagamentos e transferências relativos a transacções internacionais correntes.

b) Os contratos cambiais que envolvam a moeda de qualquer membro e que sejam contrários à regulamentação cambial que esse membro mantenha ou introduza, em conformidade com o presente Acordo, não serão executórios nos territórios de nenhum membro. Além disso, os membros poderão, por acordo mútuo, cooperar em medidas destinadas a tornar mais eficaz a regulamentação cambial de qualquer membro, desde que essas medidas e regulamentações sejam compatíveis com o presente Acordo.

SECÇÃO 3
Obrigação de evitar práticas monetárias discriminatórias

Nenhum membro recorrerá nem permitirá que qualquer dos seus organismos financeiros indicados no artigo V, secção 1, recorra a quaisquer medidas monetárias discriminatórias ou práticas de câmbios múltiplos, dentro ou fora das margens fixadas no artigo IV ou estipuladas no anexo C ou nos termos nele prescritos, excepto quando autorizadas nos termos do presente Acordo ou aprovadas pelo Fundo. Se existirem tais medidas e práticas na data de entrada em vigor do presente Acordo, o membro em questão consultará o Fundo sobre a eliminação progressiva das mesmas, a menos que elas sejam mantidas ou impostas nos termos do artigo XIV, secção 2, caso em que serão aplicadas as disposições da secção 3 daquele artigo.

SECÇÃO 4
Convertibilidade de saldos detidos por outros membros

a) Cada membro comprará os saldos na sua própria moeda em poder de outro membro, se este último, ao solicitar a compra, declarar:

i) Que os saldos a comprar foram adquiridos recentemente em resultado de transacções correntes; ou

ii) Que a sua conversão é necessária para efectuar pagamentos respeitantes a transacções correntes.

O membro comprador poderá optar pela efectivação do pagamento quer em direitos de saque especiais, nos termos do artigo XIX, secção 4, quer na moeda do membro que solicitou a compra.

b) A obrigação consignada no parágrafo a) acima não se aplicará quando:

i) A convertibilidade dos saldos tiver sido limitada de forma compatível com as disposições da secção 2 do presente artigo ou do artigo VI, secção 3;

ii) Os saldos tiverem sido acumulados em resultado de transacções efectuadas anteriormente à supressão, por um membro, das restrições mantidas ou impostas nos termos do artigo XIV, secção 2;

iii) Os saldos tiverem sido adquiridos de forma contrária à regulamentação cambial do membro ao qual foi solicitada a sua aquisição;

iv) A moeda do membro que solicitar a aquisição tiver sido declarada escassa, nos termos do artigo VII, secção 3-a); ou

v) O membro ao qual se pediu que realizasse a aquisição não tiver, por qualquer razão, o direito de comprar ao Fundo moedas de outros membros contra a sua própria moeda.

SECÇÃO 5
Fornecimento de informações

a) O Fundo poderá solicitar aos membros o fornecimento de quaisquer informações que considere necessárias para as suas actividades, nomeadamente os dados nacionais sobre os seguintes assuntos, que são considerados como o mínimo necessário ao eficaz desempenho da sua missão:
  i) Disponibilidades oficiais no país e no estrangeiro em: 1) ouro, e 2) divisas;
  ii) Disponibilidades no país e no estrangeiro dos organismos bancários e financeiros, excluídos os organismos oficiais, em: 1) ouro, e 2) divisas;
  iii) Produção de ouro;
  iv) Exportações e importações de ouro, por países de destino e de origem;
  v) Total das exportações e importações de mercadorias com valores expressos em moeda nacional, por países de destino e de origem;
  vi) Balança internacional de pagamentos, incluindo: 1) comércio de bens e serviços; 2) transacções em ouro; 3) operações de capital conhecidas, e 4) outras rubricas;
  vii) Situação dos investimentos, i. e., dos investimentos estrangeiros nos territórios do membro e dos investimentos no estrangeiro de residentes no país membro, na medida em que for possível fornecer essas informações;
  viii) Rendimento nacional;
  ix) Índices de preços, i. e., índices de preços de mercadorias por grosso e a retalho e dos preços de exportação e importação;
  x) Câmbios de compra e de venda das moedas estrangeiras;
  xi) Regulamentação cambial, i. e., uma exposição completa da regulamentação cambial em vigor na data em que o país ingressou no Fundo e indicação pormenorizada das modificações subsequentes, à medida que se forem verificando;
  xii) No caso de existirem acordos oficiais de *clearing*, indicação pormenorizada das importâncias por liquidar provenientes de transacções comerciais e financeiras e do período durante o qual esses atrasados permaneceram por liquidar.

b) Ao solicitar informações, o Fundo terá em conta o grau de capacidade dos membros para fornecerem os dados pedidos. Os membros não serão obrigados a fornecer informações de tal forma pormenorizadas que divulguem assuntos de carácter privado de particulares ou sociedades. Os membros comprometem-se, contudo, a fornecer as informações desejadas da forma mais pormenorizada e precisa que estiver ao seu alcance e a evitar, na medida do possível, fornecer simples estimativas.

c) O Fundo poderá procurar obter informações suplementares mediante acordo com os membros. O Fundo funcionará como centro de recolha e troca de informações sobre problemas monetários e financeiros, facilitando, deste modo, a elaboração de estudos destinados a auxiliar os membros a pôr em prática políticas favoráveis aos objectivos do Fundo.

SECÇÃO 6
Consultas entre os membros relativamente a acordos internacionais em vigor

Quando, nos termos do presente Acordo, um membro for autorizado, nas condições especiais ou temporárias nele especificadas, a manter ou estabelecer restrições às operações cambiais e existam outros compromissos entre os membros, anteriores ao presente Acordo, incompatíveis com a aplicação de tais restrições, as partes contratantes de tais compromissos deverão proceder a consultas entre si, com vista a efectuar os ajustamentos mutuamente aceitáveis que possam ser necessários. As disposições do presente artigo não levantarão obstáculos à aplicação do artigo VII, secção 5.

SECÇÃO 7
Obrigações de os membros colaborarem no que se refere a políticas relativas a activos de reserva

Cada membro compromete-se a colaborar com o Fundo e com os outros membros no sentido de assegurar que as políticas dos membros, relativamente a activos de reserva, sejam compatíveis com os objectivos de promoção de uma melhor supervisão, a nível internacional, da liquidez internacional e de tornar o direito de saque especial no principal activo de reserva do sistema monetário internacional.

ARTIGO IX
Estatuto, imunidades e privilégios

SECÇÃO 1
Objectivos do presente artigo

Nos territórios de todos os membros serão concedidos ao Fundo, para que possa desempenhar as funções que lhe são confiadas, o estatuto, imunidades e privilégios definidos no presente artigo.

SECÇÃO 2
Personalidade jurídica do Fundo

O Fundo terá plena personalidade jurídica e, em especial, capacidade para:
  i) Contratar;
 ii) Adquirir e dispor de bens móveis e imóveis;
iii) Instaurar procedimentos judiciais.

SECÇÃO 3
Imunidade de processos judiciais

O Fundo, seus bens e activos, qualquer que seja o lugar onde se encontrem e seja quem for o seu detentor, gozarão de imunidade de qualquer forma de processo judicial, excepto na medida em que o Fundo expressamente renunciar a essa imunidade, para efeitos de quaisquer processos ou nos termos de qualquer contrato.

SECÇÃO 4
Outras imunidades

Os bens e activos do Fundo, qualquer que seja o lugar onde se encontrem e seja quem for o seu detentor, serão imunes de busca, requisição, confisco, expropriação ou qualquer outra forma de apreensão por parte do poder executivo ou do poder legislativo.

SECÇÃO 5
Inviolabilidade dos arquivos

Os arquivos do Fundo serão invioláveis.

SECÇÃO 6
Isenção de restrições em relação aos activos do Fundo

Na medida necessária à realização das operações previstas no presente Acordo, todos os bens e activos do Fundo ficarão isentos de restrições, regulamentações, fiscalizações e moratórias de qualquer natureza.

SECÇÃO 7
Privilégios em matéria de comunicações

Os membros concederão às comunicações oficiais do Fundo o mesmo tratamento concedido às comunicações oficiais dos outros membros.

SECÇÃO 8
Imunidades e privilégios dos funcionários

Os governadores, directores executivos, suplentes, membros de comissões, representantes nomeados nos termos do artigo XII, secção 3-j), consultores de qualquer das pessoas acima referidas e funcionários do Fundo:
  i) Gozarão de imunidade de jurisdição em relação aos actos que praticarem no exercício das suas funções, excepto quando o Fundo renunciar a essa imunidade;
  ii) Se não forem nacionais do país membro onde exercem as suas funções, gozarão das mesmas imunidades, no que respeita a restrições relativas a imigração, formalidades de registo de estrangeiros e obrigações de serviço militar, e beneficiarão das mesmas facilidades em matéria de restrições cambiais que forem concedidas pelos membros aos representantes e funcionários de categoria correspondente dos outros membros; e
  iii) Ser-lhes-ão asseguradas nas suas deslocações as mesmas facilidades que forem concedidas pelos membros aos representantes e funcionários de categoria correspondente dos outros membros.

SECÇÃO 9
Imunidades fiscais

a) O Fundo, os seus activos, bens e rendimentos, bem como as suas operações e transacções autorizadas por este Acordo, serão isentos de todos os impostos e de todos os direitos aduaneiros. O Fundo ficará também isento de obrigações relativas à cobrança ou pagamento de qualquer imposto ou direito.

b) Os vencimentos e os emolumentos pagos pelo Fundo aos seus directores executivos, suplentes, funcionários e empregados que não sejam cidadãos, súbditos ou nacionais do país onde exercem as suas funções serão isentos de impostos.

c) As obrigações e títulos emitidos pelo Fundo, incluindo os respectivos dividendos ou juros, seja quem for o seu detentor, não serão sujeitos a tributação de qualquer natureza:

   i) Que tenha um carácter discriminatório relativamente a essas obrigações ou títulos, unicamente com base na sua origem; ou

   ii) Se a única base legal para tal tributação for o lugar ou a moeda em que essas obrigações ou títulos forem emitidos, pagáveis ou pagos, ou a localização de qualquer escritório ou agência do Fundo.

SECÇÃO 10
Aplicação do presente artigo

Cada membro deverá adoptar nos seus próprios territórios, todas as medidas necessárias para introduzir na sua própria legislação os princípios prescritos neste artigo e informará o Fundo, em pormenor, das medidas que tiver adoptado.

ARTIGO X
Relações com outras organizações internacionais

O Fundo cooperará, nos termos do presente Acordo, com todas as organizações internacionais de carácter geral e com todas as organizações públicas internacionais que exerçam funções especializadas em sectores afins. Quaisquer arranjos destinados a promover essa cooperação que impliquem alteração de qualquer disposição do presente Acordo só poderão ser efectuados após a emenda do mesmo, nos termos do artigo XXVIII.

ARTIGO XI
Relações com países não membros

SECÇÃO 1
Compromissos respeitantes às relações com países não membros

Cada membro compromete-se:
i) A não efectuar nem permitir que qualquer dos seus organismos financeiros mencionados no artigo V, secção 1, efectue quaisquer transacções com um país não membro ou com residentes nos territórios de um país não membro que sejam contrárias às disposições do presente Acordo ou aos objectivos do Fundo;
ii) A não cooperar com um país não membro ou com residentes nos territórios de um país não membro em práticas que possam ser contrárias às disposições do presente Acordo ou aos objectivos do Fundo; e
iii) A cooperar com o Fundo, com vista à aplicação nos seus territórios de medidas apropriadas para evitar transacções com países não membros que possam ser contrárias às disposições do presente Acordo ou aos objectivos do Fundo.

SECÇÃO 2
Restrições relativas às transacções com países não membros

O direito de qualquer membro impor restrições às operações cambiais com países não membros ou com residentes nos seus territórios não será afectado por nenhuma disposição do presente Acordo, salvo se o Fundo entender que tais restrições prejudicam os interesses dos membros e são contrárias aos objectivos do Fundo.

ARTIGO XII
Organização e administração

SECÇÃO 1
Estrutura do Fundo

O Fundo terá uma Assembleia de Governadores, um Directório Executivo, um director-geral e o pessoal, e um conselho, se a Assembleia de Governadores decidir, por uma maioria de 85% do total dos votos, pôr em execução as disposições do anexo D.

SECÇÃO 2
Assembleia de Governadores

a) Todos os poderes, nos termos do presente Acordo, que não sejam conferidos directamente à Assembleia de Governadores, ao Directório Executivo ou ao director-geral pertencerão à Assembleia de Governadores. A Assembleia de Governadores será composta por um governador e um suplente, nomeados por cada membro pela forma que este determinar. Os governadores e os suplentes permanecerão no exercício das suas funções até que seja feita nova nomeação. Nenhum suplente poderá votar, excepto na ausência do respectivo titular. A Assembleia de Governadores escolherá um dos governadores para seu presidente.

b) A Assembleia de Governadores poderá delegar no Directório Executivo o exercício de todos os seus poderes, à excepção daqueles que lhe forem directamente cometidos pelo presente Acordo.

c) A Assembleia de Governadores realizará as reuniões que por ela forem determinadas ou que forem convocadas pelo Directório Executivo. As reuniões da Assembleia de Governadores serão convocadas sempre que quinze membros ou os membros que detenham um quarto do total dos votos o solicitem.

d) O quórum para qualquer reunião da Assembleia de Governadores será constituído por uma maioria de governadores que disponha de, pelo menos, dois terços do total dos votos.

e) Cada governador disporá do número de votos atribuídos, nos termos da secção 5 do presente artigo, ao membro que o tiver nomeado.

f) A Assembleia de Governadores poderá instituir, por regulamento, um processo que permita ao Directório Executivo obter, sem convocação da assembleia, um voto dos governadores sobre uma questão determinada, sempre que o julgue conforme aos interesses do Fundo.

g) A Assembleia de Governadores e o Directório Executivo, na medida em que estiver autorizado a fazê-lo, poderão adoptar as regras e regulamentos que forem necessários ou apropriados à gestão das operações do Fundo.

h) Os governadores e suplentes desempenharão as suas funções sem remuneração do Fundo, mas este poderá reembolsá-los, num limite razoável, das despesas em que incorram para assistirem às reuniões.

i) A Assembleia de Governadores determinará a remuneração a pagar aos directores executivos e seus suplentes, bem como o vencimento e termos de contrato de prestação de serviços do director-geral.

j) A Assembleia de Governadores e o Directório Executivo poderão constituir as comissões consideradas necessárias. A composição das comissões não fica necessariamente limitada aos governadores e directores executivos ou respectivos suplentes.

SECÇÃO 3
Directório Executivo

a) O Directório Executivo será responsável pela gestão das operações gerais do Fundo e, para este fim, exercerá todos os poderes que a Assembleia de Governadores nele delegar.

b) O Directório Executivo será composto de directores executivos, sendo o director-geral o seu presidente. De entre os directores executivos:
  i) Cinco serão nomeados pelos cinco membros com as quotas mais elevadas; e
  ii) Quinze serão eleitos pelos outros membros.

Para efeitos de eleições ordinárias dos directores executivos, a Assembleia de Governadores, por uma maioria de 85% do total dos votos, poderá aumentar ou diminuir o número de directores executivos indicado na alínea ii) acima. O número de directores executivos mencionado na alínea ii) acima poderá ser reduzido de um ou dois, conforme o caso, se forem eleitos directores executivos nos termos do parágrafo c) abaixo, salvo se a Assembleia de Governadores decidir, por uma maioria de 85% do total dos votos, que esta redução prejudica o desempenho eficiente das funções do Directório Executivo ou dos directores executivos ou ameaça perturbar a desejável estabilidade do Directório Executivo.

c) Se, aquando da segunda eleição ordinária de directores executivos e nas eleições seguintes, o membro ou os dois membros em cuja moeda os haveres do Fundo detidos na conta "Recursos gerais" tenham sofrido, relativamente à média dos dois anos anteriores, a maior redução, em valor absoluto, abaixo das quotas respectivas, em termos do direito de saque especial, não figurarem entre os membros com direito a nomear um director executivo, nos termos do parágrafo b), i), acima, esse membro ou esses dois membros, conforme o caso, terão direito a nomear um director executivo.

d) As eleições de directores executivos efectivos realizar-se-ão de dois em dois anos, de acordo com as disposições do anexo E, completadas pelos regulamentos que o Fundo julgar apropriados. Para cada eleição ordinária de directores executivos a Assembleia de Governadores poderá publicar regulamentos introduzindo alterações na proporção dos votos necessários para a eleição dos directores executivos, em conformidade com as disposições do anexo E.

e) Cada director executivo nomeará um suplente com plenos poderes para agir em seu nome quando não estiver presente. Quando os directores executivos que os tiverem nomeado estiverem presentes, os suplentes poderão participar nas reuniões, mas não terão direito de voto.

f) Os directores executivos continuarão em exercício até serem nomeados ou eleitos os seus sucessores. Se o lugar de qualquer director executivo eleito ficar vago mais de noventa dias antes da expiração do mandato, será eleito outro director executivo para o período restante pelos membros que tiverem eleito o director executivo precedente. A eleição será realizada por maioria de votos. Enquanto o lugar permanecer vago, o suplente do director executivo anterior exercerá os poderes deste, excepto os respeitantes à nomeação de um suplente.

g) O Directório Executivo funcionará, em sessão contínua, na sede do Fundo e reunir-se-á tantas vezes quantas as requeridas pelas operações do Fundo.

h) O quórum para qualquer reunião do Directório Executivo será constituído por uma maioria de directores executivos que represente, pelo menos, metade do total dos votos.

i):

 i) Cada director executivo nomeado disporá do número de votos atribuídos, nos termos da secção 5 do presente artigo, ao membro que o nomear;

 ii) Se os votos atribuídos a um membro que nomear um director executivo, nos termos do parágrafo c) acima, forem expressos por um director executivo juntamente com os votos atribuídos a outros membros em resultado da última eleição ordinária de directores executivos, o membro pode acordar, com cada um dos outros membros, que o número de votos que lhe foi atribuído seja utilizado pelo director executivo nomeado. Qualquer membro que acorde nesse sentido não participará na eleição dos directores executivos;

 iii) Cada director executivo eleito disporá do número de votos que contaram para a sua eleição;

 iv) Quando se aplicarem as disposições da secção 5-b) do presente artigo, o número de votos de que um director executivo poderia dispor noutras condições deverá aumentar ou diminuir de modo correspondente. Todos os votos de que um director executivo dispuser serão utilizados em bloco.

v) Quando, ao abrigo da secção 2-b) do artigo XXVI, cessar a suspensão dos direitos de voto de um membro e esse membro não tenha o direito de nomear um director executivo, pode o membro em causa acordar com todos os membros que elegeram um director executivo que o número de votos atribuído a esse membro seja exercido por esse director executivo, desde que, não tendo sido realizada qualquer eleição ordinária de directores executivos durante o período de suspensão, o director executivo em cuja eleição o membro participou anteriormente à suspensão, ou o seu sucessor eleito nos termos do parágrafo i) da alínea c) do n.º 3 do anexo L ou do parágrafo f) da presente secção, tenha direito a dispor do número de votos atribuído ao membro. O membro deverá ter participado na eleição do director executivo com direito a dispor do número de votos atribuído ao membro.

j) A Assembleia de Governadores adoptará os regulamentos que possibilitem a um membro sem direito a nomear um director executivo, nos termos do parágrafo b) acima, enviar um representante a qualquer reunião do Directório Executivo em que seja examinado um pedido feito por esse membro ou um assunto que particularmente o afecte.

SECÇÃO 4
Director-geral e pessoal

a) O Directório Executivo escolherá um director-geral, que não poderá ser nenhum dos governadores nem dos directores executivos. O director-geral presidirá às reuniões do Directório Executivo, mas não terá direito de voto, excepto em caso de empate. Poderá participar nas sessões da Assembleia de Governadores, mas não terá direito de voto. O director-geral cessará as suas funções quando o Directório Executivo o decidir.

b) O director-geral será o chefe do pessoal executivo do Fundo e administrará, sob a orientação do Directório Executivo, as operações correntes do Fundo. Será responsável, sob o controlo geral do Directório Executivo, pela organização dos serviços, assim como pela nomeação e demissão dos funcionários do Fundo.

c) O director-geral e o pessoal do Fundo, no desempenho das suas funções, têm deveres apenas para com o Fundo e não para com qualquer outra autoridade. Os membros do Fundo respeitarão o carácter internacional destes deveres e abster-se-ão de qualquer tentativa de influência sobre qualquer membro do pessoal no desempenho das suas funções.

d) Ao proceder à nomeação dos funcionários, o director-geral deverá, tendo em conta a importância primordial de assegurar o mais levado nível de eficiência e de competência técnica, tomar em devida consideração a importância de recrutar funcionários numa base geográfica tão extensa quanto possível.

SECÇÃO 5
Votação

a) Cada membro disporá de 250 votos e de 1 voto adicional por cada fracção da sua quota equivalente a 100000 direitos de saque especiais.

b) Sempre que se proceder à votação, nos termos do artigo V, secções 4 e 5, cada membro disporá do número de votos a que tiver direito, nos termos do parágrafo a) acima, o qual será ajustado:

    i) Pela adição de 1 voto por cada parcela equivalente a 400000 direitos de saque especial das vendas líquidas da sua moeda, proveniente dos recursos gerais do Fundo, efectuadas até à data da votação; ou

    ii) Pela dedução de 1 voto por cada parcela equivalente a 400000 direitos de saque especiais das suas compras líquidas, nos termos do artigo V, secção 3-b) e f), efectuadas até à data da votação, entendendo-se que a importância líquida quer das compras, quer das vendas não será nunca considerada como excedendo uma importância igual à quota do membro interessado.

c) Salvo disposição expressa em contrário, todas as decisões do Fundo serão tomadas por maioria de votos.

SECÇÃO 6
Reservas, distribuição do rendimento líquido e investimentos

a) O Fundo fixará anualmente a parte do seu rendimento líquido a afectar à reserva geral e à reserva especial e a parte, se existir, que será distribuída.

b) O Fundo poderá utilizar a reserva especial para qualquer dos fins para que utilize a reserva geral, excepto para distribuição.

c) Se houver lugar a qualquer distribuição do rendimento líquido de um ano, esta será feita por todos os membros, na proporção das suas quotas.

d) O Fundo, por uma maioria de 70% do total dos votos, poderá decidir em qualquer momento proceder à distribuição de uma parte da reserva geral. Qualquer distribuição desta natureza será extensiva a todos os membros, na proporção das respectivas quotas.

e) Os pagamentos nos termos dos parágrafos c) e d) acima serão efectuados em direitos de saque especiais, entendendo-se que quer o Fundo, quer os membros poderão decidir que o pagamento aos membros seja efectuado nas moedas respectivas.

f):
 i) O Fundo poderá criar uma conta "Investimentos" para efeitos deste parágrafo f). Os activos da conta "Investimentos" manter-se-ão separadamente dos das outras contas do Departamento Geral;
 ii) O Fundo poderá tomar a decisão de transferir para a conta "Investimentos" uma parte do produto da venda de ouro, em conformidade com o artigo V, secção 12-g), e, por uma maioria de 70% do total dos votos, poderá tomar a decisão de transferir para a conta "Investimentos", para investimento imediato, as moedas detidas na conta "Recursos gerais". A importância destas transferências não deverá exceder o total da reserva geral e da reserva especial no momento da decisão;
 iii) O Fundo poderá investir a moeda de um membro detida na conta "Investimentos" em obrigações negociáveis desse membro ou de organizações financeiras internacionais. Os investimentos não serão feitos sem o acordo do membro cuja moeda é utilizada para esse fim. O Fundo só procederá a investimentos em obrigações expressas em direitos de saque especiais ou na moeda utilizada para investimentos;
 iv) O rendimento dos investimentos poderá ser investido em conformidade com as disposições do presente parágrafo f). O rendimento não investido será detido na conta "Investimentos" ou utilizado para fazer face às despesas de gestão do Fundo;
 v) O Fundo poderá utilizar a moeda de um membro detida na conta "Investimentos", a fim de obter as moedas necessárias para fazer face às despesas de gestão do Fundo;
 vi) A conta "Investimentos" será extinta no caso de liquidação do Fundo e poderá ser extinta ou a importância do investimento ser reduzida, anteriormente à liquidação, por uma maioria de 70% do total dos votos. O Fundo, por uma maioria de 70% do total dos votos, adoptará regras e regulamentos relativamente à administração da conta "Investimentos", que deverão ser compatíveis com as alíneas vii), viii) e ix) abaixo;

vii) No caso de extinção da conta "Investimentos" em virtude da liquidação do Fundo, todos os activos dessa conta serão distribuídos em conformidade com as disposições do anexo K, entendendo-se que uma parte destes activos, correspondente à proporção entre os activos transferidos para esta conta, nos termos do artigo V, secção 12--g), e o total dos activos transferidos para a mesma conta, será considerada como activos na conta "Desembolso especial" e será distribuída em conformidade com o anexo K, parágrafo 2-a), ii);

viii) No caso de extinção da conta "Investimentos" anteriormente à liquidação do Fundo, uma parte dos activos detidos nesta conta, correspondente à proporção entre os activos transferidos para esta conta, nos termos do artigo V, secção 12-g), e o total dos activos transferidos para a mesma conta, será transferida para a conta "Desembolso especial", se esta não tiver sido extinta, e o saldo dos activos detidos na conta "Investimentos" será transferido para a conta "Recursos gerais", para utilização imediata em operações e transacções;

ix) No caso de uma redução da importância dos investimentos por parte do Fundo, uma parte da redução, correspondente à proporção entre os activos transferidos para a conta "Investimentos", nos termos do artigo V, secção 12-g), e o total dos activos transferidos para esta conta, será transferida para a conta "Desembolso especial", se esta não tiver sido extinta, e o saldo da redução será transferido para a conta, para utilização imediata em operações e transacções.

SECÇÃO 7
Publicação de relatórios

a) O Fundo publicará um relatório anual contendo um balanço das suas contas devidamente verificado e, pelo menos, de três em três meses publicará um balancete sumário das suas operações e transacções e dos seus haveres em direitos de saque especiais, ouro e moedas dos membros.

b) O Fundo poderá publicar outros relatórios que julgue convenientes para a prossecução dos seus objectivos.

SECÇÃO 8
Comunicação de pareceres aos membros

O Fundo terá o direito de em qualquer ocasião comunicar oficiosamente aos membros o seu parecer sobre qualquer questão suscitada no âmbito do presente Acordo. O Fundo poderá, por uma maioria de 70% do total dos votos, decidir publicar um relatório, dirigido a um membro, respeitante à sua situação monetária ou económica e a factores que tendam a provocar directamente um sério desequilíbrio nas balanças de pagamentos internacionais dos membros. Se o membro não tiver o direito de nomear um director executivo, poderá fazer-se representar como previsto na secção 3-j) do presente artigo. O Fundo não publicará relatórios que impliquem alterações da estrutura fundamental da organização económica dos membros.

ARTIGO XIII
Sede e depositários

SECÇÃO 1
Sede

A sede do Fundo ficará situada no território do membro que tenha a quota mais elevada e poderão ser abertas agências ou sucursais nos territórios de outros membros.

SECÇÃO 2
Depositários

a) Cada membro designará o seu banco central como depositário de todos os haveres do Fundo na sua moeda ou, se não tiver banco central, designará outra instituição que o Fundo aceite.

b) O Fundo poderá deter outros activos, incluindo ouro, nos depositários designados pelos cinco membros com as quotas mais elevadas, bem como em outros depositários designados, que o Fundo poderá escolher. Inicialmente, pelo menos metade dos haveres do Fundo serão colocados no depositário designado pelo membro em cujo território estiver situada a sede do Fundo e pelo menos 40% serão colocados nos depositários designados pelos restantes quatro membros acima referidos. Contudo, em todas as transferências de ouro que o Fundo efectuar dever-se-á ter em conta o custo do transporte e as prováveis necessidades do Fundo. Em caso de emergência, o Comité Executivo poderá transferir a totalidade ou parte dos haveres do Fundo em ouro para qualquer lugar que ofereça condições de segurança adequadas.

SECÇÃO 3
Garantia dos activos do Fundo

Cada membro garantirá todos os activos do Fundo contra quaisquer perdas resultantes de insolvência ou falta de pagamento do depositário por ele designado.

ARTIGO XIV
Disposições transitórias

SECÇÃO 1
Notificação ao Fundo

Cada membro informará o Fundo se pretende prevalecer-se das disposições transitórias previstas na secção 2 do presente artigo ou se está em condições de assumir as obrigações do artigo VIII, secções 2, 3 e 4. Se um membro recorrer às disposições transitórias, deverá notificar o Fundo logo que esteja preparado para assumir as obrigações acima referidas.

SECÇÃO 2
Restrições cambiais

Os membros que tenham notificado o Fundo de que pretendem prevalecer-se do regime transitório, nos termos desta disposição, poderão, não obstante as disposições de quaisquer outros artigos do presente Acordo, manter e adaptar, consoante as circunstâncias, as restrições aos pagamentos e transferências relativos a transacções internacionais correntes em vigor na data em que se tornaram membros. Contudo, na formulação da sua política cambial, os membros deverão ter sempre presentes os objectivos do Fundo e, logo que as condições o permitam, adoptarão todas as medidas possíveis com o fim de estabelecer com outros membros os arranjos comerciais e financeiros que facilitem os pagamentos internacionais e a promoção de um sistema de câmbios estável. Os membros deverão, em particular, abolir as restrições mantidas nos termos da presente secção logo que adquiram a certeza de poderem, sem elas, equilibrar as suas balanças de pagamentos por forma que não dificulte indevidamente o seu acesso aos recursos gerais do Fundo.

SECÇÃO 3
Acção do Fundo em matéria de restrições

O Fundo apresentará relatórios anuais sobre as restrições em vigor nos termos da secção 2 do presente artigo. Qualquer membro que mantenha restrições incompatíveis com o artigo VIII, secções 2, 3 e 4, deverá consultar anualmente o Fundo quanto à sua manutenção. O Fundo poderá, se o julgar necessário em condições excepcionais, expor a qualquer membro que as condições são favoráveis para a supressão de determinada restrição ou para a revogação de todas as restrições incompatíveis com as disposições de quaisquer outros artigos do presente Acordo. Os membros disporão de um prazo razoável para responder a estas exposições. Se o Fundo verificar que o membro persiste na manutenção de restrições incompatíveis com os objectivos do Fundo, o membro ficará sujeito às disposições do artigo XXVI, secção 2-a).

ARTIGO XV
Direitos de saque especiais

SECÇÃO 1
Autoridade para atribuir direitos de saque especiais

a) A fim de satisfazer a necessidade, quando e na medida em que ela surgir, de completar os activos de reserva existentes, o Fundo é autorizado a atribuir direitos de saque especiais, nos termos do previsto no artigo XVIII, aos membros que participem no Departamento de Direitos de Saque Especiais;

b) Complementarmente, o Fundo atribuirá direitos de saque especiais aos membros que participem no Departamento de Direitos de Saque Especiais nos termos previstos no anexo M.

SECÇÃO 2
Valorização do direito de saque especial

O método de valorização do direito de saque especial será determinado pelo Fundo, por uma maioria de 70% do total dos votos, entendendo-se, contudo, que será necessária uma maioria de 85% do total dos votos para qualquer alteração ao princípio da valorização ou para uma alteração fundamental à aplicação do princípio em vigor.

ARTIGO XVI
Departamento Geral e Departamento de Direitos de Saque Especiais

SECÇÃO 1
Separação de operações e transacções

Todas as operações e transacções respeitantes a direitos de saque especiais serão efectuadas através do Departamento de Direitos de Saque Especiais. Todas as outras operações e transacções por conta do Fundo autorizadas pelo presente Acordo ou nos termos nele prescritos serão efectuadas através do Departamento Geral. As operações e transacções autorizadas pelo artigo XVII, secção 2, serão efectuadas quer através do Departamento Geral, quer através do Departamento de Direitos de Saque Especiais.

SECÇÃO 2
Separação de activos e bens

Todos os activos e bens do Fundo, com excepção dos recursos administrados nos termos do artigo V, secção 2-b), serão detidos no Departamento Geral, entendendo-se que os activos e bens adquiridos nos termos do artigo XX, secção 2, dos artigos XXIV e XXV e dos anexos H e I serão detidos no Departamento de Direitos de Saque Especiais. Os activos e bens detidos num dos Departamentos não poderão ser utilizados para dar quitação ou satisfazer compromissos, obrigações ou prejuízos do Fundo incorridos na realização das operações e transacções do outro Departamento, salvo no que diz respeito a despesas de gestão do Departamento de Direitos de Saque Especiais, as quais serão pagas pelo Fundo através do Departamento Geral, que será periodicamente reembolsado, em direitos de saque especiais, por meio de contribuições, nos termos do artigo XX, secção 4, calculadas com base numa estimativa razoável das referidas despesas.

SECÇÃO 3
Registo e informação

Quaisquer modificações nos haveres em direitos de saque especiais só produzirão efeitos depois de registadas pelo Fundo no Departamento de Direitos de Saque Especiais. Os participantes notificarão o Fundo das disposições do presente Acordo ao abrigo das quais utilizarem os direitos de saque especiais. O Fundo poderá requerer dos participantes todas as informações complementares que considere necessárias à execução das suas funções.

ARTIGO XVII
Participantes e outros detentores de direitos de saque especiais

SECÇÃO 1
Participantes

Todo o membro que deposite no Fundo um instrumento pelo qual declare que assume todas as obrigações inerentes à sua qualidade de participante do Departamento de Direitos de Saque Especiais, de acordo com a respectiva legislação, e que tomou todas as medidas necessárias a habilitá-lo a cumprir todas estas obrigações tornar-se-á participante do Departamento de Direitos de Saque Especiais a partir da data em que tal instrumento for depositado; porém, membro algum se tornará participante antes da entrada em vigor das disposições do presente Acordo respeitantes exclusivamente ao Departamento de Direitos de Saque Especiais e de terem sido depositados os instrumentos, nos termos da presente secção, por membros que detenham, pelo menos, 75% do total das quotas.

SECÇÃO 2
O Fundo como detentor

O Fundo poderá deter direitos de saque especiais na conta "Recursos gerais" e poderá aceitá-los e utilizá-los em operações e transacções efectuadas através dessa mesma conta com os participantes, em conformidade com as disposições do presente Acordo, ou com os detentores designados nos termos e condições estipulados na secção 3 deste artigo.

SECÇÃO 3
Outros detentores

O Fundo poderá:
   i) Atribuir a qualidade de detentor a países não membros, membros não participantes, instituições que desempenhem funções de banco central para mais de um membro e outras entidades oficiais;
   ii) Estipular os termos e condições em que estes detentores poderão ser autorizados a deter direitos de saque especiais e a aceitá-los

e utilizá-los em operações e transacções com participantes e com outros detentores designados; e

iii) Estipular os termos e condições em que os participantes e o Fundo, através da conta "Recursos gerais", poderão efectuar operações e transacções em direitos de saque especiais com detentores designados.

Será necessária uma maioria de 85% do total dos votos para as decisões tomadas ao abrigo da alínea i) acima. Os termos e condições estipulados pelo Fundo deverão ser compatíveis com as disposições do presente Acordo e com o funcionamento eficaz do Departamento de Direitos de Saque Especiais.

ARTIGO XVIII
Atribuição e cancelamento de direitos de saque especiais

SECÇÃO 1
Princípios e considerações que regem a atribuição e o cancelamento

a) Em todas as suas decisões relativas à atribuição e ao cancelamento de direitos de saque especiais o Fundo procurará satisfazer a necessidade global a longo prazo, quando e na medida em que ela surgir, de um complemento dos activos de reserva existentes, de modo a promover a consecução dos seus objectivos e a evitar a estagnação económica e a deflação, bem como o excesso de procura e a inflação no Mundo.

b) A primeira decisão relativa à atribuição de direitos de saque especiais tomará em linha de conta, como considerações especiais, o consenso colectivo de que existe uma necessidade global de completar as reservas e a realização de um melhor equilíbrio de balança de pagamentos, assim como a possibilidade de um melhor funcionamento do processo de ajustamento no futuro.

SECÇÃO 2
Atribuição e cancelamento

a) As decisões do Fundo respeitantes a atribuições e cancelamentos de direitos de saque especiais serão adoptadas por períodos de base consecutivos com a duração de cinco anos cada um. O primeiro período de base terá início na data da primeira decisão de atribuir direitos de saque especiais ou em data posterior que venha a ser fixada nessa decisão. Todas as atribuições e cancelamentos serão efectuados em intervalos anuais.

b) As taxas às quais se farão as atribuições serão expressas em percentagens das quotas vigentes na data de cada decisão de atribuição. As taxas às quais os direitos de saque especiais serão cancelados serão expressas em percentagens das atribuições cumulativas líquidas de direitos de saque especiais na data de cada decisão de cancelamento. As percentagens serão iguais para todos os participantes.

c) Na sua decisão relativa a qualquer período de base o Fundo poderá, não obstante as disposições dos parágrafos a) e b) anteriores, estabelecer que:
  i) A duração do período de base seja inferior ou superior a cinco anos; ou
  ii) As atribuições ou os cancelamentos sejam efectuados a intervalos que não sejam anuais; ou
  iii) As bases para atribuições e cancelamentos sejam as quotas ou as atribuições cumulativas líquidas em datas diferentes daquelas em que se tomarem as decisões relativas a atribuição ou cancelamento.

d) Um membro que se torne participante, após o início de um período de base, receberá atribuições a partir do início do próximo período de base em que se efectuem atribuições depois de ele ter adquirido a qualidade de participante, salvo se o Fundo decidir que o novo participante começará a receber atribuições a partir da primeira atribuição que se efectue depois de adquirir a qualidade de participante. Se o Fundo decidir que um membro que adquire a qualidade de participante durante um período de base receba atribuições durante o resto desse mesmo período de base e se esse participante não era membro nas datas fixadas nos termos dos parágrafos b) ou c) anteriores, o Fundo determinará as bases em que estas atribuições serão efectuadas a esse participante.

e) Um participante receberá as atribuições de direitos de saque especiais que lhe sejam feitas em conformidade com qualquer decisão de atribuição, salvo se:
  i) O governador por esse participante não tiver votado a favor da decisão; e
  ii) O participante tiver notificado o Fundo, por escrito, anteriormente à primeira atribuição de direitos de saque especiais que se efectue de acordo com aquela decisão, de que não deseja que lhe sejam atribuídos direitos de saque especiais ao abrigo da mesma decisão. A pedido de um participante, o Fundo poderá decidir pôr termo à validade da notificação relativamente às atribuições de direitos de saque especiais posteriores a esse termo de validade.

f) Se na data da entrada em vigor de qualquer cancelamento o quantitativo de direitos de saque especiais detidos por um participante for inferior à sua parte dos direitos de saque especiais a cancelar, o participante terá de eliminar o seu saldo negativo tão rapidamente quanto a sua posição de reservas brutas o permita e permanecerá em consultas com o Fundo para o efeito. Os direitos de saque especiais adquiridos pelo participante após a data da entrada em vigor do cancelamento serão utilizados para compensar o seu saldo negativo e cancelados.

SECÇÃO 3
Acontecimentos importantes e imprevistos

O Fundo terá a faculdade de alterar as taxas ou os intervalos de atribuição ou cancelamento durante o resto de um período de base ou de alterar a duração de um período de base ou de iniciar um novo período de base se em qualquer momento considerar conveniente fazê-lo em virtude de acontecimentos importantes e imprevistos.

SECÇÃO 4
Decisões relativas a atribuições e cancelamentos

a) As decisões ao abrigo da secção 2, a), b) e c), ou da secção 3 do presente artigo serão tomadas pela Assembleia de Governadores, com base em propostas do director-geral, às quais se associe o Directório Executivo.

b) Antes de apresentar qualquer proposta, o director-geral, depois de se ter assegurado de que ela está em conformidade com as disposições da secção 1, a), do presente artigo, procederá às consultas que lhe permitam certificar-se de que a dita proposta obtém amplo apoio por parte dos participantes. Além disso, antes de apresentar uma proposta relativa à primeira atribuição, o director-geral assegurar-se-á de que as disposições da secção 1, b), do presente artigo foram observadas e de que há amplo apoio por parte dos participantes quanto ao início das atribuições; após a criação do Departamento de Direitos de Saque Especiais, o director-geral apresentará uma proposta relativa à primeira atribuição, desde que se tenha certificado de que as ditas condições foram satisfeitas.

c) O director-geral apresentará propostas:

i) Seis meses, pelo menos, antes da expiração de cada período de base;

ii) Sempre que se tenha certificado de que foram observadas as disposições referidas no parágrafo b) acima, se não tiver sido tomada qualquer decisão respeitante a atribuição ou cancelamento relativamente a um período de base;
iii) Quando, em conformidade com a secção 3 do presente artigo, considerar conveniente alterar a taxa ou os intervalos de atribuição ou cancelamento; ou alterar a duração de um período de base; ou iniciar um novo período de base; ou
iv) Dentro do prazo de seis meses após solicitação da Assembleia de Governadores ou do Directório Executivo;

salvo se, nos casos das alíneas i), iii) ou iv) anteriores, o director-geral, tendo verificado que proposta alguma, que ele considere compatível com as disposições da secção 1 do presente artigo, obtém amplo acordo dos participantes, em conformidade com o parágrafo b) acima, dê conhecimento do facto à Assembleia de Governadores e ao Directório Executivo.

d) Será necessária uma maioria de 85% do total dos votos para as decisões tomadas nos termos da secção 2, a), b) e c), ou da secção 3 do presente artigo, à excepção das decisões previstas na secção 3 relativas a uma redução das taxas de atribuição.

ARTIGO XIX
Operações e transacções em direitos de saque especiais

SECÇÃO 1
Utilização de direitos de saque especiais

Os direitos de saque especiais poderão ser utilizados nas operações e transacções autorizadas pelo presente Acordo ou nos termos nele previstos.

SECÇÃO 2
Operações e transacções entre participantes

a) Qualquer participante terá o direito de utilizar os seus direitos de saque especiais para obter de um participante designado ao abrigo da secção 5 do presente artigo uma importância equivalente de moeda.

b) Qualquer participante, de acordo com outro participante, poderá utilizar os seus direitos de saque especiais para obter daquele uma importância equivalente de moeda.

c) O Fundo, por uma maioria de 70% do total dos votos, poderá determinar as operações que um participante será autorizado a fazer, por acordo com outro participante, nos termos e condições que o Fundo julgar convenientes. Estes termos e condições deverão ser compatíveis com o bom funcionamento do Departamento de Direitos de Saque Especiais e com a utilização correcta dos direitos de saque especiais, em conformidade com o presente Acordo.

d) O Fundo poderá chamar a atenção dos participantes que efectuem operações ou transacções, ao abrigo dos parágrafos b) ou c) acima, que, no parecer do Fundo, possam ser prejudiciais ao processo de designação segundo os princípios da secção 5 do presente artigo ou de qualquer modo incompatíveis com o artigo XXII. Os participantes que persistam em efectuar essas operações ou transacções ficarão sujeitos às disposições do artigo XXIII, secção 2, b).

SECÇÃO 3
Requisito de necessidade

a) Nas transacções efectuadas ao abrigo da secção 2, a), do presente artigo, e salvo disposições em contrário do parágrafo c) abaixo, prevê-se que os participantes utilizem os seus direitos de saque especiais unicamente se tiverem necessidade disso, devido à posição da sua balança de pagamentos ou à evolução das suas reservas, e não com o exclusivo propósito de alterar a composição das mesmas.

b) A utilização de direitos de saque especiais não ficará sujeita a objecções com base no requisito enunciado no parágrafo a) anterior, mas o Fundo poderá chamar a atenção dos participantes que não observem este requisito. Um participante que persista em não observar este requisito ficará sujeito ao disposto no artigo XXIII, secção 2, b).

c) O Fundo poderá dispensar o requisito enunciado no parágrafo a) acima em quaisquer transacções em que os participantes utilizem direitos de saque especiais para obterem de outro participante designado ao abrigo da secção 5 do presente artigo uma importância equivalente de moeda que promova a reconstituição, pelo outro participante, nos termos da secção 6, a), do presente artigo, evite ou reduza um saldo negativo do outro participante ou compense as consequências da inobservância, pelo outro participante, do requisito enunciado no parágrafo a) acima.

SECÇÃO 4
Obrigação de fornecer moeda

a) Qualquer participante designado pelo Fundo ao abrigo da secção 5 do presente artigo deverá fornecer, quando lhe seja solicitado, moeda livremente utilizável a um participante que utilize direitos de saque especiais ao abrigo da secção 2, a), do presente artigo. A obrigação de um participante de fornecer moeda não ultrapassará o limite a partir do qual os seus haveres em direitos de saque especiais em excesso da sua atribuição cumulativa líquida sejam iguais ao dobro da sua atribuição cumulativa líquida ou atinjam qualquer limite superior que possa vir a ser acordado entre este participante e o Fundo.

b) Um participante poderá fornecer moeda para além do limite obrigatório ou de qualquer limite superior que tenha sido acordado.

SECÇÃO 5
Designação de participantes para fornecerem moeda

a) O Fundo garantirá que os participantes poderão utilizar os seus direitos de saque especiais mediante a designação de participantes para fornecerem moeda contra quantitativos determinados e direitos de saque especiais, para efeitos do disposto nas secções 2, a), e 4 do presente artigo. As designações serão feitas de acordo com os seguintes princípios gerais, completados por outros que o Fundo possa vir a adoptar oportunamente:
  i) Um participante poderá ser designado se a posição da sua balança de pagamentos e das suas reservas brutas for suficientemente forte, o que não excluirá a possibilidade de um participante com forte posição de reservas vir a ser designado, ainda que a sua balança de pagamentos seja moderadamente deficitária. Os participantes serão designados de modo a promover gradualmente uma distribuição equilibrada dos haveres em direitos de saque especiais entre eles;
  ii) Os participantes estarão sujeitos a designação a fim de promover a reconstituição, nos termos da secção 6, a), do presente artigo, reduzir saldos negativos dos haveres em direitos de saque especiais ou compensar os efeitos da inobservância do requisito enunciado na secção 3, a), do presente artigo;
  iii) Ao designar os participantes, o Fundo dará normalmente prioridade àqueles que tenham necessidade de adquirir direitos de

saque especiais para satisfazerem os objectivos de designação em conformidade com a alínea ii) anterior.

b) A fim de obter gradualmente uma distribuição equilibrada dos haveres em direitos de saque especiais, em conformidade com o parágrafo a), alínea i), acima, o Fundo aplicará as normas relativas à designação constantes do anexo F ou aquelas que venham a ser adoptadas ao abrigo do parágrafo c) abaixo.

c) As normas relativas à designação poderão ser revistas em qualquer momento e, em caso de necessidade, serão adoptadas novas normas. As normas em vigor no momento da revisão continuarão a ser aplicadas, salvo se forem adoptadas novas normas.

SECÇÃO 6
Reconstituição

a) Os participantes que utilizem os seus direitos de saque especiais deverão reconstituir esses haveres em conformidade com as normas de reconstituição enunciadas no anexo G ou com quaisquer outras que possam vir a ser adoptadas ao abrigo do parágrafo b) seguinte.

b) As normas relativas à reconstituição poderão ser revistas em qualquer momento e, em caso de necessidade, serão adoptadas novas normas. As normas em vigor no momento da revisão continuarão a ser aplicadas, salvo se forem adoptadas novas normas ou se for tomada uma decisão no sentido de as revogar. Será necessária uma maioria de 70% do total dos votos para as decisões relativas à adopção, modificação ou revogação das normas de reconstituição.

SECÇÃO 7
Taxas de câmbio

a) Salvo disposições em contrário, nos termos do parágrafo b) seguinte, as taxas de câmbio para as transacções entre participantes efectuadas ao abrigo da secção 2, a) e b), do presente artigo serão fixadas de modo a que um participante que utilize direitos de saque especiais receba o mesmo valor, quaisquer que sejam as moedas fornecidas e os participantes que as forneçam, e o Fundo adoptará normas para a aplicação deste princípio.

b) O Fundo poderá, por uma maioria de 85% do total dos votos, adoptar políticas segundo as quais, em circunstâncias excepcionais, o Fundo poderá, por uma maioria de 70% do total dos votos, autorizar os participantes que efectuem transacções ao abrigo da secção 2, b), do presente artigo a acordarem entre si taxas de câmbio diferentes das aplicáveis nos termos do parágrafo a) acima.

c) O Fundo consultará os participantes quanto aos processos relativos à determinação de taxas de câmbio para a sua moeda.

d) Para efeitos da presente disposição, o termo "participante" abrange os participantes cessantes.

ARTIGO XX
Juros e comissões do Departamento de Direitos de Saque Especiais

SECÇÃO 1
Juros

O Fundo pagará a cada detentor, sobre a importância de direitos de saque especiais detidos por este último, um juro calculado à mesma taxa para todos os detentores. O Fundo pagará a importância devida a cada detentor, quer tenha ou não recebido comissões suficientes para pagar este juro.

SECÇÃO 2
Comissões

Cada participante pagará ao Fundo comissões calculadas à mesma taxa para todos os participantes sobre a importância das suas atribuições cumulativas líquidas de direitos de saque especiais, aumentada do eventual saldo negativo do participante e de comissões que não tenha pago.

SECÇÃO 3
Taxas de juro e comissões

O Fundo fixará a taxa de juro por uma maioria de 70% do total dos votos. A taxa de comissões será igual à taxa de juro.

SECÇÃO 4
Contribuições

Quando for decidido proceder ao reembolso a que se refere o artigo XVI, secção 2, o Fundo cobrará, para o efeito, contribuições, à mesma taxa para todos os participantes, sobre as suas atribuições cumulativas líquidas.

SECÇÃO 5
Pagamento de juros, comissões e contribuições

Os juros, comissões e contribuições serão pagos em direitos de saque especiais. Os participantes que tiverem necessidade de direitos de saque especiais para pagar quaisquer comissões ou contribuições terão a obrigação e o direito de os obter, contra moeda aceitável pelo Fundo, por meio de uma transacção com o Fundo efectuada através da conta "Recursos gerais". Se não for possível obter deste modo direitos de saque especiais em quantidade suficiente, o participante terá a obrigação e o direito de os obter de um participante designado pelo Fundo contra moeda livremente utilizável. Os direitos de saque especiais adquiridos por um participante após a data prevista para o pagamento serão utilizados para compensar as suas comissões por pagar e cancelados.

ARTIGO XXI
Administração do Departamento Geral e do Departamento de Direitos de Saque Especiais

a) O Departamento Geral e o Departamento de Direitos de Saque Especiais serão administrados de acordo com as disposições do artigo XII, sob reserva do seguinte:

i) No que respeita às reuniões ou decisões da Assembleia de Governadores sobre assuntos que se refiram exclusivamente ao Departamento de Direitos de Saque Especiais, só os pedidos, ou a presença e os votos, dos governadores nomeados por membros participantes serão tidos em conta para o efeito de convocar reuniões e determinar se existe quórum ou se uma decisão é tomada pela maioria requerida;

ii) Nas decisões do Directório Executivo sobre assuntos que se refiram exclusivamente ao Departamento de Direitos de Saque Especiais só terão direito a votar os directores executivos nomeados ou eleitos por, pelo menos, um membro que seja participante. Cada um destes directores executivos terá direito ao número de votos atribuídos ao membro participante que o nomeou, ou aos membros participantes cujos votos contaram para a sua eleição. Só a presença de directores executivos nomeados ou eleitos pelos membros participantes e os votos atribuídos aos membros participantes serão contados para o efeito de determinar se existe quórum ou se uma decisão é adoptada pela maio-

ria requerida. Para efeitos desta disposição, um acordo efectuado por um membro participante ao abrigo do artigo XII, secção 3, i) e ii), conferirá o direito a um director executivo nomeado de votar e dispor do número de votos atribuídos a esse membro;
iii) Em tudo o que se refere à administração geral do Fundo, incluindo o reembolso nos termos do artigo XVI, secção 2, e para determinar se um assunto se refere a ambos os departamentos ou exclusivamente ao Departamento de Direitos de Saque Especiais, as decisões serão tomadas como se esses assuntos se referissem exclusivamente ao Departamento Geral. As decisões relativas ao método de valorização do direito de saque especial, à aceitação e detenção de direitos de saque especiais na conta "Recursos gerais" do Departamento Geral e à sua utilização, bem como outras decisões respeitantes às operações e transacções efectuadas, tanto através da conta "Recursos gerais" do Departamento Geral, como do Departamento de Direitos de Saque Especiais, serão tomadas pelas maiorias requeridas para decisões sobre assuntos que se refiram exclusivamente a cada departamento. Todas as decisões sobre assuntos que se refiram ao Departamento de Direitos de Saque Especiais deverão indicar este facto.

b) Além dos privilégios e imunidades concedidos ao abrigo do artigo IX deste Acordo, os direitos de saque especiais serão isentos de qualquer imposto.

c) As questões de interpretação das disposições do presente Acordo, relativamente a assuntos que se refiram exclusivamente ao Departamento de Direitos de Saque Especiais, serão submetidas ao Directório Executivo, em conformidade com o artigo XXIX, a), unicamente a pedido de um participante. Nos casos em que o Directório Executivo tenha tomado uma decisão sobre uma questão de interpretação que se refira exclusivamente ao Departamento de Direitos de Saque Especiais só os participantes poderão requerer que a questão seja submetida à Assembleia de Governadores, nos termos do artigo XXIX, b). A Assembleia de Governadores decidirá se um governador nomeado por um membro que não seja participante terá direito a voto na Comissão de Interpretação relativamente a questões que se refiram exclusivamente ao Departamento de Direitos de Saque Especiais.

d) Sempre que surja qualquer desacordo entre o Fundo e um participante que cessou a sua participação no Departamento de Direitos de Saque Especiais, ou entre o Fundo e qualquer participante durante a liquidação do Departamento de Direitos de Saque Especiais, sobre qualquer assunto respeitante exclusivamente à participação no Departamento de Direitos de Saque Especiais, esse desacordo será submetido a arbitragem, em conformidade com o processo constante do artigo XXIX, c).

ARTIGO XXII
Obrigações gerais dos participantes

Além das obrigações assumidas em relação aos direitos de saque especiais nos termos de outros artigos do presente Acordo, cada participante deverá comprometer-se a colaborar com o Fundo e com os outros participantes de modo a facilitar o funcionamento eficaz do Departamento de Direitos de Saque Especiais e a adequada utilização dos direitos de saque especiais em conformidade com o presente Acordo e com o objectivo de transformar o direito de saque especial no principal activo de reserva do sistema monetário internacional.

ARTIGO XXIII
Suspensão de operações e transacções em direitos de saque especiais

SECÇÃO 1
Disposições de emergência

Em caso de emergência ou de aparecimento de circunstâncias imprevistas que ameacem as actividades do Fundo no que respeita ao Departamento de Direitos de Saque Especiais, o Directório Executivo poderá, por maioria de 85% do total dos votos, suspender, por um período não superior a um ano, a aplicação de qualquer das disposições relativas a operações e transacções em direitos de saque especiais; nesse caso, aplicar-se--ão as disposições do artigo XXVII, secção 1, b), c) e d).

SECÇÃO 2
Não cumprimento de obrigações

a) Se o Fundo verificar que um participante deixou de cumprir as suas obrigações nos termos do artigo XIX, secção 4, o direito de esse participante utilizar os seus direitos de saque especiais será suspenso, a menos que o Fundo decida em contrário.

b) Se o Fundo verificar que um participante deixou de cumprir quaisquer outras obrigações relativas aos direitos de saque especiais, poderá suspender o direito de esse participante utilizar os direitos de saque especiais que adquira depois da suspensão.

c) Serão adoptadas disposições regulamentares para assegurar que, antes de se proceder contra um participante, nos termos dos parágrafos a) ou b) acima, esse participante seja informado imediatamente da reclamação contra ele formulada e lhe seja concedida oportunidade adequada para expor o seu caso, tanto verbalmente, como por escrito. Sempre que um participante for deste modo informado da reclamação formulada contra ele nos termos do parágrafo a) acima, não poderá utilizar direitos de saque especiais até que seja resolvida a questão.

d) As suspensões nos termos dos parágrafos a) ou b) acima ou as limitações nos termos do parágrafo c) acima não irão afectar a obrigação do participante de fornecer moeda, nos termos do artigo XIX, secção 4.

e) O Fundo poderá, em qualquer momento, cessar a suspensão prevista nos parágrafos a) ou b) acima, mas uma suspensão aplicada a um participante nos termos do parágrafo b) acima, por inobservância das obrigações estabelecidas no artigo XIX, secção 6, a), não cessará antes de decorridos cento e oitenta dias após o fim do 1.º trimestre durante o qual o participante tiver cumprido as normas relativas à reconstituição.

f) O direito de um participante utilizar os seus direitos de saque especiais não será suspenso pelo facto de ele ter sido privado de utilizar os recursos gerais do Fundo nos termos do artigo V, secção 5, artigo VI, secção 1, ou artigo XXVI, secção 2, a). O artigo XXVI, secção 2, não se aplicará pelo facto de um participante ter deixado de cumprir quaisquer obrigações relativas aos direitos de saque especiais.

ARTIGO XXIV
Cessação da participação

SECÇÃO 1
Direito de cessar a participação

a) Qualquer participante poderá, em qualquer momento, cessar a sua participação no Departamento de Direitos de Saque Especiais mediante notificação, por escrito, dirigida ao Fundo, para a sua sede. A cessação da participação terá efeito a partir da data em que for recebida a notificação.

b) Um participante que se retire do Fundo será considerado como tendo simultaneamente cessado a sua participação no Departamento de Direitos de Saque Especiais.

SECÇÃO 2
Liquidação em caso de cessação da participação

a) Quando um participante cessa a sua participação no Departamento de Direitos de Saque Especiais todas as operações e transacções em direitos de saque especiais desse participante cessarão, salvo autorização em contrário, nos termos de um acordo concluído de harmonia com o parágrafo c) abaixo, com vista a facilitar a liquidação, ou em conformidade com o disposto nas secções 3, 5 e 6 do presente artigo ou no anexo H. Os juros e as comissões vencidos até à data da cessação e as contribuições atribuídas antes dessa data, mas não pagas, serão pagos em direitos de saque especiais.

b) O Fundo será obrigado a resgatar todos os direitos de saque especiais detidos pelo participante cessante e este será obrigado a pagar ao Fundo uma importância igual à sua atribuição cumulativa líquida e quaisquer outras importâncias vencidas e pagáveis em virtude da sua participação no Departamento de Direitos de Saque Especiais. Estas obrigações serão compensadas entre si e a importância de direitos de saque especiais detida pelo participante cessante e utilizada na compensação dessas obrigações para com o Fundo será cancelada.

c) A liquidação entre o participante cessante e o Fundo, com respeito a todas as obrigações do participante ou do Fundo que possam subsistir depois da compensação referida no parágrafo b) acima, será realizada com razoável brevidade por acordo entre ambos. Se não se chegar rapidamente a acordo sobre a liquidação, serão aplicadas as disposições do anexo H.

SECÇÃO 3
Juros e comissões

Após a data da cessação da participação, o Fundo pagará juros sobre o saldo de direitos de saque especiais detido pelo participante cessante e este último pagará comissões sobre qualquer importância em dívida para com o Fundo nas datas e às taxas estipuladas pelo artigo XX. Os pagamentos serão efectuados em direitos de saque especiais. O participante cessante terá o direito quer de adquirir direitos de saque especiais com moeda livremente utilizável, para pagar comissões ou contribuições, por meio de uma transacção com um participante indicado pelo Fundo ou por acordo com qualquer outro detentor, quer de despender os direitos de saque especiais recebidos a título de juros numa transacção com qualquer participante designado nos termos do artigo XIX, secção 5, ou por acordo com qualquer outro detentor.

SECÇÃO 4
Regularização das obrigações para com o Fundo

O Fundo utilizará a moeda recebida de um participante cessante para resgatar direitos de saque especiais detidos pelos participantes proporcionalmente à importância pela qual os haveres em direitos de saque especiais de cada participante excedam a sua atribuição cumulativa líquida na ocasião em que a moeda for recebida pelo Fundo. Os direitos de saque especiais assim resgatados e os direitos de saque especiais adquiridos nos termos deste Acordo por um participante cessante a fim de satisfazer qualquer prestação devida ao abrigo de um acordo de regularização ou em conformidade com o anexo H e compensados por essa prestação serão cancelados.

SECÇÃO 5
Regularização das obrigações para com um participante cessante

Sempre que o Fundo tenha de resgatar direitos de saque especiais detidos por um participante cessante, esse resgate será efectuado com moeda fornecida por participantes indicados pelo Fundo. Estes participantes serão indicados de acordo com os princípios enunciados no artigo XIX, secção 5. Cada participante indicado fornecerá ao Fundo moeda do participante cessante ou moeda livremente utilizável, à sua escolha, e receberá uma importância equivalente em direitos de saque especiais. Contudo, um participante cessante poderá utilizar os seus direitos de saque especiais para obter a sua própria moeda, moeda livremente utilizável, ou qualquer outro activo, de qualquer detentor, se o Fundo assim o permitir.

SECÇÃO 6
Transacções da conta "Recursos gerais"

Com vista a facilitar a liquidação com o participante cessante, o Fundo pode decidir que esse participante:

i) Utilize quaisquer direitos de saque especiais, por ele detidos depois de efectuada a compensação prevista na secção 2, b), do presente artigo e que devam ser resgatados, numa transacção com o Fundo através da conta "Recursos gerais", para adquirir a sua própria moeda ou moeda livremente utilizável, à escolha do Fundo; ou
ii) Adquira direitos de saque especiais numa transacção com o Fundo, efectuada através da conta "Recursos gerais", em troca de uma moeda aceitável pelo Fundo, para fazer face a quaisquer comissões ou prestações devidas nos termos de um acordo ou das disposições do anexo H.

ARTIGO XXV
Liquidação do Departamento de Direitos de Saque Especiais

a) O Departamento de Direitos de Saque Especiais não poderá ser liquidado, salvo por decisão da Assembleia de Governadores. Em caso de emergência, se o Directório Executivo decidir que a liquidação do Departamento de Direitos de Saque Especiais é necessária, poderá suspender temporariamente as atribuições ou os cancelamentos e todas as operações e transacções em direitos de saque especiais até que a Assembleia de Governadores se pronuncie. A decisão da Assembleia de Governadores de liquidar o Fundo implicará automaticamente a decisão de liquidar tanto o Departamento Geral como o Departamento de Direitos de Saque Especiais.

b) Se a Assembleia de Governadores decidir liquidar o Departamento de Direitos de Saque Especiais, cessarão todas as atribuições ou cancelamentos e todas as operações e transacções em direitos de saque especiais, assim como as actividades do Fundo relativas ao Departamento de Direitos de Saque Especiais, excepto as que se refiram ao exacto cumprimento das obrigações dos participantes e do Fundo respeitantes a direitos de saque especiais, e cessarão igualmente todas as obrigações do Fundo e dos participantes relativas a direitos de saque especiais contraídas nos termos do presente Acordo, com excepção das enunciadas no presente artigo e nos artigos XX, XXI, d), XXIV, e XXIX, c), e anexo H, ou em qualquer acordo estabelecido ao abrigo do artigo XXIV, sob reserva das disposições do n.º 4 do anexo H e do anexo I.

c) Em caso de liquidação do Departamento de Direitos de Saque Especiais, os juros e comissões vencidos até à data da liquidação e as contribuições atribuídas antes dessa data, mas por pagar, serão pagos em direitos de saque especiais. O Fundo será obrigado a resgatar todos os direitos de saque especiais detidos pelos detentores e cada participante será obrigado a pagar ao Fundo uma importância igual à sua atribuição cumulativa líquida de direitos de saque especiais e quaisquer outras importâncias de que seja devedor como participante no Departamento de Direitos de Saque Especiais.

d) A liquidação do Departamento de Direitos de Saque Especiais será efectuada segundo as disposições do anexo I.

ARTIGO XXVI
Retirada

SECÇÃO 1
Direito de retirada dos membros

Qualquer membro poderá retirar-se do Fundo em qualquer ocasião, mediante notificação por escrito, dirigida ao Fundo, para a sua sede. A retirada terá efeito a partir da data em que for recebida a notificação.

SECÇÃO 2
Retirada compulsória

a) Se um membro deixar de cumprir qualquer das obrigações impostas pelo presente Acordo, o Fundo poderá privar esse membro da capacidade para utilizar os recursos gerais do Fundo. Nenhuma disposição da presente secção deverá ser interpretada como limitação da aplicação das disposições do artigo V, secção 5, ou do artigo VI, secção 1.

b) Se, após o decurso de um período razoável contado a partir da declaração pelo Fundo da incapacidade do membro para utilizar os recursos gerais do Fundo, nos termos do parágrafo a) acima, o membro persistir no não cumprimento de qualquer das obrigações impostas pelo presente Acordo, o Fundo, por uma maioria de 70% do total dos votos, poderá suspender os direitos de voto do membro. Durante o período da suspensão serão aplicadas as disposições do anexo L. O Fundo poderá, por uma maioria de 70% do total dos votos, cessar a suspensão em qualquer momento.

c) Se, após o decurso de um período razoável contado a partir da decisão de suspensão, nos termos do parágrafo b) acima, o membro persistir no não cumprimento de qualquer das obrigações impostas pelo presente Acordo, esse membro poderá ser convidado a retirar-se do Fundo por decisão da Assembleia de Governadores adoptada por maioria dos governadores que representem 85% do total dos votos.

d) Serão adoptadas disposições regulamentares para assegurar que, antes de ser empreendida qualquer acção contra o membro, nos termos dos parágrafos a), b) ou c) acima, esse membro seja informado, dentro de um prazo razoável, da reclamação contra ele formulada e lhe seja concedida oportunidade para expor o seu caso, tanto oralmente, como por escrito.

SECÇÃO 3
Liquidação das contas com os membros que se retiram

Quando um membro se retirar do Fundo, terminarão as operações e transacções normais do Fundo na sua moeda, e a liquidação de todas as contas existentes entre o membro e o Fundo será realizada, com a brevidade razoável, por acordo entre ele e o Fundo. Se não se chegar rapidamente a acordo, as disposições do anexo J serão aplicadas à liquidação das contas.

ARTIGO XXVII
Disposições de emergência

SECÇÃO 1
Suspensão temporária

a) Em caso de emergência ou de ocorrência de circunstâncias imprevistas que ameacem as actividades do Fundo, o Directório Executivo, por uma maioria de 85% do total dos votos, poderá suspender, por um período não superior a um ano, a aplicação de quaisquer das disposições seguintes:

    i) Artigo V, secções 2, 3, 7 e 8, a), i) e e);
    ii) Artigo VI, secção 2;
    iii) Artigo XI, secção 1;
    iv) Anexo C, n.º 5.

b) A suspensão da aplicação de qualquer das disposições precedentes não poderá ser prorrogada para além de um ano, a não ser pela Assembleia de Governadores, a qual, por uma maioria de 85% do total dos votos, poderá prorrogar a suspensão por um período adicional não superior a dois anos se verificar que as circunstâncias imprevistas ou de emergência referidas no parágrafo a) acima continuam a existir.

c) O Directório Executivo poderá, por maioria do total dos votos, cessar essa suspensão em qualquer momento.

d) O Fundo poderá adoptar regras relativas à matéria de uma disposição durante o período em que a aplicação da mesma esteja suspensa.

SECÇÃO 2
Liquidação do Fundo

a) Não se poderá proceder à liquidação do Fundo, salvo por decisão da Assembleia de Governadores. Em caso de emergência, se o Directório Executivo decidir que a liquidação do Fundo é necessária, poderá suspender temporariamente todas as operações e transacções até que a Assembleia de Governadores se pronuncie.

b) Se a Assembleia de Governadores decidir liquidar o Fundo, este cessará imediatamente as suas actividades, excepto as relacionadas com a cobrança e liquidação metódicas dos seus activos e a regularização do seu passivo, e todas as obrigações impostas aos membros nos termos do presente Acordo cessarão, à excepção das enunciadas no presente artigo, no artigo XXIX, parágrafo c), no anexo J, n.° 7, e no anexo K.

c) A liquidação será efectuada segundo as disposições do anexo K.

ARTIGO XXVIII
Emendas

a) Qualquer proposta de alteração do presente Acordo, quer seja apresentada por um membro, por um governador ou pelo Directório Executivo, será comunicada ao presidente da Assembleia de Governadores, que a apresentará à mesma Assembleia de Governadores. Se a emenda proposta for aprovada pela Assembleia de Governadores, o Fundo deverá, por carta-circular ou telegrama, perguntar a todos os membros se aceitam esse projecto de emenda. Desde que três quintos dos membros, dispondo de 85% do total dos votos, aceitem a emenda proposta, o Fundo confirmará o facto por uma comunicação oficial dirigida a todos os membros.

b) Não obstante as disposições do parágrafo a) acima, será exigida a anuência de todos os membros no caso de qualquer emenda que modifique:
   i) O direito de retirada do Fundo (artigo XXVI, secção 1);
   ii) A disposição segundo a qual nenhuma quota será alterada sem o consentimento do membro respectivo [artigo III, secção 2, d)]; e
   iii) A disposição segundo a qual não será alterada a paridade da moeda de um membro, excepto sob proposta desse membro (anexo C, n.° 6).

c) As emendas entrarão em vigor para todos os membros três meses depois da data da comunicação oficial, salvo se na carta-circular ou telegrama se fixar um prazo mais curto.

ARTIGO XXIX
Interpretação

a) Qualquer questão de interpretação das disposições do presente Acordo que surja entre qualquer membro e o Fundo, ou entre quaisquer membros do Fundo, será submetida à decisão do Directório Executivo. Se a questão afectar especialmente um membro que não possua o direito de nomear um director executivo, ele terá o direito de se fazer representar de harmonia com o artigo XII secção 3, j).

b) Em qualquer caso em que o Directório Executivo tenha tomado uma decisão ao abrigo do parágrafo a) acima, qualquer membro poderá solicitar, no prazo de três meses a contar da data da decisão, que a questão seja submetida à Assembleia de Governadores, de cuja decisão não haverá recurso. Qualquer questão submetida à Assembleia de Governadores será considerada pela Comissão de Interpretação da Assembleia de Governadores. Cada membro da Comissão terá direito a um voto. A Assembleia de Governadores estabelecerá a composição, o regulamento e as maiorias de voto da Comissão. Qualquer decisão da Comissão será considerada como uma decisão da Assembleia de Governadores, salvo se esta, por uma maioria de 85% do total dos votos, decidir em contrário. Enquanto a Assembleia se não tiver pronunciado, o Fundo poderá, se o julgar necessário, agir segundo a decisão do Directório Executivo.

c) Sempre que surja um desacordo entre o Fundo e um membro que se retirou ou entre o Fundo e qualquer membro durante a liquidação do Fundo, esse desacordo será submetido à arbitragem de um tribunal constituído por três árbitros, um nomeado pelo Fundo, outro pelo membro ou pelo membro demissionário e um árbitro de desempate nomeado, salvo acordo em contrário, entre as partes, pelo presidente do Tribunal Internacional de Justiça ou qualquer outra entidade indicada por regulamento adoptado pelo Fundo. O árbitro de desempate terá plenos poderes para resolver todas as questões processuais em qualquer caso em que as partes não estejam de acordo.

ARTIGO XXX
Definições

Na interpretação das disposições do presente Acordo, o Fundo e os seus membros orientar-se-ão pelas disposições seguintes:

a) Os haveres do Fundo na moeda de um membro detidos na conta "Recursos gerais" abrangerão todos os títulos aceites pelo Fundo ao abrigo do artigo III, secção 4.

b) Entende-se por arranjo *stand-by* uma decisão do Fundo segundo a qual se assegura a um membro o direito de poder efectuar compras à conta "Recursos gerais", de acordo com os termos da decisão, durante um determinado período e até uma determinada importância.

c) Entende-se por compra dentro da tranche de reserva a compra, feita por um membro, de direitos de saque especiais ou da moeda de outro membro em troca da sua própria moeda, que não dê origem a que os haveres do Fundo na moeda do membro comprador, detidos na conta "Recursos gerais", excedam a respectiva quota, entendendo-se, todavia, que, para efeitos desta definição, o Fundo pode excluir compras e haveres ao abrigo de:
  i) Políticas relativas à utilização dos seus recursos gerais para o financiamento compensatório das quebras de receitas de exportação;
  ii) Políticas relativas à utilização dos seus recursos gerais com vista ao financiamento de contribuições para os stocks reguladores internacionais de produtos primários; e
  iii) Outras políticas relativas à utilização dos seus recursos gerais, quando o Fundo decida, por uma maioria de 85% do total dos votos, que haverá lugar a exclusão.

d) Entende-se por pagamentos relativos a operações correntes os pagamentos que não têm por objectivo transferir capitais sem qualquer limitação, nomeadamente:
  1) Todos os pagamentos devidos por virtude do comércio externo, de outras transacções correntes, incluindo serviços, e de operações normais a curto prazo, bancárias e de crédito;
  2) Os pagamentos devidos a título de juros de empréstimos e de rendimentos líquidos de outros investimentos;
  3) O pagamento de importâncias moderadas para amortização de empréstimos ou de investimentos directos;
  4) Remessas moderadas para despesas familiares de manutenção.

O Fundo poderá, após consulta aos membros interessados, decidir se determinadas operações deverão ser consideradas como transacções correntes ou como operações de capital.

e) Entende-se por atribuição cumulativa líquida de direitos de saque especiais a importância total de direitos de saque especiais atribuídos a um participante, menos a sua parte de direitos de saque especiais que tiverem sido cancelados ao abrigo do artigo XVIII, secção 2-a).

f) Entende-se por moeda livremente utilizável a moeda de um membro que o Fundo determine: i) ser, de facto, largamente utilizada para efectuar pagamentos relativos a transacções internacionais; e ii) ser largamente negociada nos principais mercados de divisas.

g) Considerar-se-á que a expressão "membros que o eram em 31 de Agosto de 1975" abrange os membros que aceitaram essa qualidade posteriormente àquela data, de acordo com uma resolução da Assembleia de Governadores adoptada antes da mesma data.

h) Entende-se por transacções do Fundo as trocas de activos monetários contra outros activos monetários efectuados pelo Fundo. Entende-se por operações do Fundo outras utilizações ou recebimentos de activos monetários por parte do Fundo.

i) Entende-se por transacções em direitos de saque especiais as trocas de direitos de saque especiais por outros activos monetários. Entende-se por operações em direitos de saque especiais outras utilizações de direitos de saque especiais.

ARTIGO XXXI
Disposições finais

SECÇÃO 1
Entrada em vigor

O presente Acordo entrará em vigor quando tiver sido assinado em nome de Governos totalizando 65% do total das quotas enumeradas no anexo A e quando os instrumentos a que se refere a secção 2-a) do presente artigo tiverem sido depositados em seu nome; porém, em caso algum, o presente Acordo entrará em vigor antes de 1 de Maio de 1945.

SECÇÃO 2
Assinatura

a) Cada Governo em cujo nome o presente Acordo for assinado depositará junto do Governo dos Estados Unidos da América um instrumento pelo qual declare que aceitou o presente Acordo em conformidade com a sua legislação e tomou todas as medidas necessárias para o habilitar a dar cumprimento a todas as obrigações impostas pelo presente Acordo.

b) Cada país tornar-se-á membro do Fundo a partir da data do depósito, em seu nome, do instrumento a que se refere o parágrafo a) acima, sob reserva de que nenhum país se tornará membro antes de o presente Acordo entrar em vigor, nos termos da secção 1 do presente artigo.

c) O Governo dos Estados Unidos da América informará os Governos de todos os países cujos nomes figurem no anexo A e os Governos de todos os países cuja admissão for aprovada em conformidade com o artigo II, secção 2, de todas as assinaturas do presente Acordo e do depósito de todos os instrumentos a que se refere o parágrafo a) acima.

d) Cada Governo entregará ao Governo dos Estados Unidos da América, no momento da assinatura, em seu nome, do presente Acordo, a centésima parte de 1% da sua subscrição total em ouro ou dólares dos Estados Unidos, a fim de contribuir para as despesas administrativas do Fundo. O Governo dos Estados Unidos da América conservará esses fundos numa conta de depósito especial e transferi-los-á para a Assembleia de Governadores do Fundo quando a reunião inicial tiver sido convocada. Se o presente Acordo não tiver entrado em vigor em 31 de Dezembro de 1945, o Governo dos Estados Unidos da América restituirá esses fundos aos Governos que lhos tiverem remetido.

e) O presente Acordo ficará aberto para assinatura em Washington, em nome dos Governos dos países cujos nomes figurem no anexo A, até 31 de Dezembro de 1945.

f) Depois de 31 de Dezembro de 1945, o presente Acordo ficará aberto para assinatura em nome dos Governos de quaisquer países cuja admissão tiver sido aprovada em conformidade com o artigo II, secção 2.

g) Todos os Governos, pelo facto de assinarem o presente Acordo, aceitam-no tanto em seu próprio nome, como no que respeita a todas as suas colónias, territórios ultramarinos, todos os territórios sob a sua protecção, soberania ou autoridade, e a todos os territórios relativamente aos quais exerçam um mandato.

h) O parágrafo d) acima entrará em vigor, em relação a cada Governo signatário, a partir da data da assinatura respectiva.

A cláusula seguinte, respeitante à assinatura e ao depositário, seguia-se ao texto do artigo XX do Acordo original.

Feito em Washington, num único exemplar, que ficará depositado nos arquivos do Governo dos Estados Unidos da América, o qual transmitirá cópias autenticadas a todos os Governos cujos nomes estão indicados no anexo A e a todos os Governos cuja admissão for aprovada em conformidade com o artigo II, secção 2.

ANEXO A
Quotas
(em milhões de dólares)

Austrália	200
Bélgica	225
Bolívia	10
Brasil	150
Canadá	300
Checoslováquia	125
Chile	50
China	550
Colômbia	50
Costa Rica	5
Cuba	50
Dinamarca	(a)
Egipto	45
Equador	5
Estados Unidos	2750
Etiópia	6
Filipinas	15
França	450
Grécia	40
Guatemala	5
Haiti	5
Honduras	2,5
Índia	400
Irão	25
Iraque	8
Islândia	1
Jugoslávia	60
Libéria	0,5
Luxemburgo	10
México	90
Nicarágua	2
Noruega	50
Nova Zelândia	50
Países Baixos	275

Panamá	0,5
Paraguai	2
Peru	25
Polónia	125
Reino Unido	1300
República da África do Sul	100
República Dominicana	5
Salvador	2,5
União das Repúblicas Socialistas Soviéticas	1200
Uruguai	15
Venezuela	15

(a) A quota da Dinamarca será determinada pelo Fundo depois de o Governo Dinamarquês se ter declarado pronto a assinar o presente Acordo, mas antes da aposição da sua assinatura.

ANEXO B
Disposições transitórias relativas a recompra, pagamento de subscrições adicionais, ouro e determinadas questões operacionais

1. As obrigações de compra decorrentes do artigo V, secção 7, b), que não foram cumpridas anteriormente à data da segunda emenda a este Acordo e que continuem por cumprir nessa mesma data serão satisfeitas o mais tardar até à data ou datas em que as obrigações teriam de ser cumpridas em conformidade com as disposições do presente Acordo antes da segunda emenda.

2. Os membros darão quitação em direitos de saque especiais de qualquer obrigação de pagar ouro ao Fundo a título de recompra ou como subscrição por pagar à data da segunda emenda ao presente Acordo, mas o Fundo poderá estipular que estes pagamentos sejam efectuados, no todo ou em parte, nas moedas de outros membros indicadas por ele. Um membro não participante dará quitação de uma obrigação que tem de ser paga em direitos de saque especiais, ao abrigo desta disposição, com as moedas de outros membros indicados pelo Fundo.

3. Para efeitos do n.º 2 acima, 0,888671 g de ouro fino serão equivalentes a 1 direito de saque especial e a importância de moeda, pagável ao abrigo do n.º 2 acima, será determinada nessa base e na base do valor da moeda em termos de direitos de saque especiais na data da quitação.

4. A moeda de um membro detida pelo Fundo que exceda 75% da quota desse membro à data da segunda emenda ao presente Acordo e que não esteja sujeita a recompra ao abrigo do n.º 1 acima será recomprada de acordo com as seguintes regras:

i) Os haveres que resultem de uma compra serão recomprados de acordo com a política relativa à utilização dos recursos gerais do Fundo ao abrigo da qual a compra foi efectuada;

ii) Os outros haveres serão recomprados o mais tardar até quatro anos após a data da segunda emenda ao presente Acordo.

5. As recompras ao abrigo do n.º 1 acima que não estão sujeitas ao n.º 2 acima, assim como as recompras ao abrigo do n.º 4 acima, e qualquer indicação de moeda nos termos do n.º 2 acima, serão efectuadas de acordo com o artigo V, secção 7, i).

6. Todas as regras e regulamentos, taxas, processos e decisões em vigor à data da segunda emenda ao presente Acordo permanecerão em vigor até serem alterados em conformidade com as disposições do presente Acordo.

7. Na medida em que antes da data da segunda emenda ao presente Acordo não tenham sido realizados arranjos com efeitos equivalentes aos dos parágrafos a) e b) abaixo, o Fundo deverá:

a) Vender, até 25 milhões de onças de ouro fino, o ouro por ele detido em 31 de Agosto de 1975 aos membros que o eram nessa data e que acordem em comprá-lo, na proporção das respectivas quotas na mesma data. A venda a um membro ao abrigo deste parágrafo a) será efectuada em troca da respectiva moeda a um preço equivalente, na ocasião da venda, a 1 direito de saque especial por 0,888671 g de ouro fino; e

b) Vender, até 25 milhões de onças de ouro fino, o ouro por ele detido em 31 de Agosto de 1975 a favor dos países membros em desenvolvimento que eram membros nessa data, entendendo-se, no entanto, que a parte de quaisquer lucros ou mais-valias do ouro que corresponda à proporção entre a quota de um destes membros em 31 de Agosto de 1975 e o total das quotas de todos os membros nessa data será transferida directamente para cada um desses membros. Os requisitos constantes do artigo V, secção 12, c), no sentido de que o Fundo consulte os membros, obtenha o acordo destes ou troque a moeda de um membro pelas moedas de outros membros em determinadas circunstâncias, aplicar-se-ão relativamente à moeda recebida pelo Fundo em resultado das vendas de ouro efectuadas ao abrigo desta disposição, à excepção das vendas a um membro em troca da sua própria moeda, e colocada na conta «Recursos gerais».

Aquando da venda de ouro nos termos do presente n.º 7, uma importância do produto em moedas recebidas equivalente na ocasião da venda a 1 direito de saque especial por 0,888671 g de ouro fino será levada à conta "Recursos gerais" e os outros activos detidos pelo Fundo ao abrigo de arranjos nos termos do parágrafo b) acima serão detidos em separado dos recursos gerais do Fundo. Os activos que permanecem sujeitos à administração do Fundo, após o termo dos arranjos efectuados ao abrigo do parágrafo b) acima, serão transferidos para a conta "Desembolso especial".

ANEXO C
Paridades

1. O Fundo notificará os membros de que poderão ser estabelecidas paridades para efeitos do presente Acordo, ao abrigo do artigo IV, secções 1, 3, 4 e 5, e do presente anexo, em termos do direito de saque especial ou em termos de qualquer outro denominador comum estipulado pelo Fundo. O denominador comum não será nem o ouro nem qualquer moeda.

2. Os membros que tenham a intenção de fixar uma paridade para as respectivas moedas proporão ao Fundo uma paridade num prazo razoável após a notificação nos termos do n.º 1 acima.

3. Qualquer membro que não tenha a intenção de fixar uma paridade para a sua moeda nos termos do n.º 1 acima realizará consultas com o Fundo e assegurar-se-á de que as suas disposições cambiais são compatíveis com os objectivos do Fundo e adequadas ao cumprimento das suas obrigações nos termos do artigo IV, secção 1.

4. O Fundo dará o seu acordo ou levantará objecções relativamente à paridade proposta num prazo razoável após recepção da proposta. As paridades propostas não serão válidas para efeitos do presente Acordo se o Fundo levantar objecções, e os membros em causa ficarão sujeitos às disposições do n.º 3 acima. O Fundo não levantará objecções por razões políticas ou sociais internas do membro que propõe a paridade.

5. Todos os membros que têm paridades para as respectivas moedas comprometer-se-ão a tomar medidas apropriadas consentâneas com o presente Acordo, a fim de assegurarem que as taxas máximas para as operações cambiais à vista que tenham lugar nos respectivos territórios entre a sua própria moeda e as moedas de outros membros que mantêm paridades não se afastarão da paridade em mais de 4,5% ou qualquer outra margem ou margens que o Fundo venha a adoptar por uma maioria de 85% do total dos votos.

6. Os membros não proporão uma alteração da paridade das suas moedas senão para corrigir um desequilíbrio fundamental ou evitar o aparecimento desse desequilíbrio. A alteração só poderá ser feita sob proposta do membro e após consulta ao Fundo.

7. Quando uma alteração for proposta, o Fundo dará o seu acordo ou levantará objecções relativamente à paridade proposta num prazo razoável após recepção da proposta. O Fundo dará o seu acordo se verificar que a alteração é necessária para corrigir um desequilíbrio fundamental ou evitar o aparecimento desse desequilíbrio. O Fundo não levantará objecções por razões sociais ou políticas internas do membro que propõe a alteração. A alteração da paridade proposta não será válida para efeitos do presente Acordo se o Fundo se lhe opuser. Se os membros alterarem as paridades das suas moedas, apesar da objecção do Fundo, ficarão sujeitos às disposições do artigo XXVI, secção 2. O Fundo desencorajará a manutenção de paridades irrealistas por parte dos membros.

8. A paridade da moeda de um membro, estabelecida ao abrigo do presente Acordo, deixará de existir para efeitos do presente Acordo se o membro informar o Fundo de que tenciona pôr fim à paridade. O Fundo poderá levantar objecções à cessação de uma paridade por meio de uma decisão tomada por uma maioria de 85% do total dos votos. Se o membro puser fim à paridade da sua moeda, a despeito das objecções do Fundo, ficará sujeito ao artigo XXVI, secção 2. A paridade fixada ao abrigo do presente Acordo deixará de existir para efeitos do mesmo, se o membro puser fim à paridade, a despeito das objecções do Fundo, ou se o Fundo verificar que o membro não mantém taxas para um volume substancial de operações cambiais de acordo com o n.º 5 acima, entendendo-se que o Fundo não poderá fazer essa verificação sem ter consultado o membro e tê-lo notificado, com sessenta dias de antecedência, da sua intenção de considerar se a verificação deverá ou não ser levada a efeito.

9. Se a paridade da moeda de um membro tiver deixado de existir, nos termos do n.º 8 acima, o membro consultará o Fundo e assegurar-se-á de que as suas disposições cambiais são compatíveis com os objectivos do Fundo e adequadas ao cumprimento das suas obrigações nos termos do artigo IV, secção 1.

10. Os membros cujas moedas deixaram de ter paridade, nos termos do n.º 8 acima, podem propor, em qualquer momento, uma nova paridade para as respectivas moedas.

11. Não obstante as disposições do n.º 6 acima, o Fundo poderá, por uma maioria de 70% do total dos votos, alterar numa proporção uniforme todas as paridades se o direito de saque especial for o denominador comum e as alterações não afectarem o valor do mesmo. A paridade da moeda de um membro não será contudo modificada, nos termos desta disposição, se, no prazo de sete dias a contar da data da decisão do Fundo, o membro o informar de que não deseja que a paridade da sua moeda seja modificada em virtude dessa decisão.

ANEXO D
Conselho

1:
a) Cada membro que nomeia um director executivo e cada grupo de membros que exprime, por intermédio de um director executivo eleito, o número de votos que lhe é atribuído, nomeará para o Conselho um conselheiro, que será um governador, um Ministro do Governo do país membro ou pessoa de categoria equiparada e poderá nomear no máximo sete associados. A Assembleia de Governadores poderá alterar, por uma maioria de 85% do total dos votos, o número de associados a nomear. Os conselheiros e associados permanecerão em exercício até que haja lugar a novas nomeações ou até à eleição ordinária seguinte de directores executivos, conforme a que se realizar em primeiro lugar;

b) Os directores executivos, ou na sua ausência os seus suplentes, e os associados terão direito a assistir às reuniões do Conselho, salvo se este decidir reunir em sessão restrita. Cada membro e cada grupo de membros que nomeie um conselheiro nomeará um suplente, que terá direito a assistir às reuniões do Conselho, na ausência do conselheiro, e terá plenos poderes para agir em lugar daquele.

2:

a) O Conselho fiscalizará a gestão e a adaptação do sistema monetário internacional e, nomeadamente, o funcionamento do processo de ajustamento e a evolução da liquidez global e, a este respeito, acompanhará a evolução da transferência de recursos reais para os países em desenvolvimento;

b) O Conselho examinará as propostas de emenda aos artigos do Acordo, apresentadas em conformidade com o artigo XXVIII, a).

3:

a) A Assembleia de Governadores poderá delegar no Conselho o exercício de todos os seus poderes, à excepção dos que lhe foram conferidos directamente pelo presente Acordo;

b) Cada conselheiro disporá do número de votos atribuído, nos termos do artigo XII, secção 5, ao membro ou grupo de membros que o tiver nomeado. O conselheiro nomeado por um grupo de membros poderá dispor separadamente dos votos atribuídos a cada membro do grupo. Se o número de votos atribuídos a um membro não puder ser utilizado por um director executivo, esse membro poderá chegar a acordo com um conselheiro no sentido de este dispor do número de votos atribuídos àquele membro;

c) O Conselho não tomará quaisquer medidas, no âmbito dos poderes que lhe forem delegados pela Assembleia de Governadores, que sejam incompatíveis com qualquer medida tomada pela Assembleia de Governadores e o Directório Executivo não tomará quaisquer medidas, no âmbito dos poderes que lhe foram delegados pela Assembleia de Governadores, que sejam incompatíveis com qualquer medida tomada pela Assembleia de Governadores ou pelo Conselho.

4. O Conselho escolherá um conselheiro para presidente, adoptará os regulamentos necessários ou adequados ao exercício das respectivas funções e determinará todos os aspectos da sua actuação. O Conselho reunirá o número de vezes por ele estipulado ou quando convocado pelo Directório Executivo.

5:

a) O Conselho terá poderes correspondentes aos do Directório Executivo, nos termos das seguintes disposições: artigo XII, secção 2, c), f), g) e j), artigo XVIII, secção 4, a) e c), iv); artigo XXIII, secção 1, e artigo XXVII, secção 1, a);

b) No que se refere às decisões do Conselho sobre assuntos respeitantes exclusivamente ao Departamento de Direitos de Saque Especiais, só terão direito a votar os conselheiros nomeados por um membro participante ou por um grupo de membros, dos quais pelo menos um é participante. Cada um destes conselheiros disporá do número de votos atribuídos ao membro participante que o nomeou ou aos membros participantes que pertençam ao grupo de membros que o nomeou e poderá dispor dos votos atribuídos a um participante com o qual tenha chegado a acordo conforme estipulado na última frase do n.º 3, b), acima;

c) O Conselho poderá instituir, por regulamento, um processo segundo o qual o Directório Executivo possa obter, sem reunião do Conselho, um voto dos conselheiros sobre uma determinada questão quando, no parecer do Directório Executivo, tiverem de ser tomadas medidas pelo Conselho que não possam ser adiadas até à reunião seguinte do mesmo e que não justifiquem a convocação de uma reunião especial;

d) As disposições do artigo IX, secção 8, aplicar-se-ão aos conselheiros, seus suplentes e associados e a qualquer outra pessoa que tenha direito a participar numa reunião do Conselho;

e) Para efeitos do parágrafo b) e do n.º 3, b), acima, qualquer acordo, nos termos do artigo XII, secção 3, i) e ii), efectuado por um membro ou por um membro participante conferirá direito a um conselheiro de votar e de dispor do número de votos atribuídos a esse membro;

f) Sempre que um director executivo tenha direito a dispor do número de votos atribuído a um membro, nos termos da secção 3, i), v) do artigo XXII, o conselheiro nomeado pelo grupo cujos membros elegeram esse director executivo tem direito a votar e a dispor do número de votos atribuído a esse membro. O membro deverá ter participado na nomeação do conselheiro com direito de voto e dispor do número de votos atribuído ao membro.

6. Considera-se que a primeira frase do artigo XII, secção 2, a), inclui uma referência ao Conselho.

ANEXO E
Eleição dos directores executivos

1. A eleição dos directores executivos electivos será feita por escrutínio dos governadores com direito a voto.

2. Ao participar no escrutínio para a eleição dos directores executivos electivos, cada um dos governadores com capacidade para votar deverá utilizar a favor de uma só pessoa todos os votos de que dispuser, nos termos do artigo XII, secção 5, a). As quinze pessoas que reunirem o maior número de votos serão eleitas directores executivos, sob condição de que não se poderá considerar eleita nenhuma pessoa que não tenha tido, pelo menos, 4% do número total de votos que seja possível obter no escrutínio (votos válidos).

3. Se não forem eleitas quinze pessoas no primeiro escrutínio, será realizado segundo escrutínio, no qual só votarão:

a) Os governadores que votaram no primeiro escrutínio numa pessoa que não tenha sido eleita; e

b) Os governadores cujos votos dados a favor de uma pessoa eleita forem considerados, nos termos do n.º 4 abaixo, como tendo elevado o número de votos reunidos por essa pessoa acima de 9% dos votos válidos.

Se no segundo escrutínio houver mais candidatos do que o número de directores executivos electivos, a pessoa que tiver reunido no escrutínio anterior o menor número de votos não poderá apresentar-se à eleição.

4. Ao determinar se os votos dados por um governador devem ser considerados como tendo elevado o total dos votos reunidos por qualquer pessoa acima de 9% do total dos votos válidos, considera-se que esses 9% deverão incluir, em primeiro lugar, os votos do governador que tiver dado maior número de votos a favor dessa pessoa, em seguida os votos do governador que tiver dado o número de votos imediatamente inferior, e assim sucessivamente, até se atingir a percentagem de 9%.

5. Qualquer governador cujos votos devam ser contados, em parte, para elevar o total de qualquer pessoa acima do 4% será considerado como tendo dado todos os seus votos a favor dessa pessoa, ainda que por tal facto o número de votos reunidos pela mesma exceda 9%.

6. Se depois do segundo escrutínio não tiverem sido eleitas quinze pessoas, serão realizados novos escrutínios, baseados nos mesmos princípios, até que sejam eleitas quinze pessoas, entendendo-se que, após a eleição de catorze pessoas, a décima quinta poderá ser eleita por maioria simples dos votos restantes e será considerada como tendo sido eleita pela totalidade desses votos.

ANEXO F
Designação

Durante o primeiro período de base, as normas relativas à designação serão as seguintes:

a) Os participantes sujeitos a designação, nos termos do artigo XIX, secção 5, a), i), serão designados por importâncias que promovam gradualmente a igualdade das relações entre os haveres em direitos de saque especiais dos participantes em excesso das suas atribuições cumulativas líquidas e os seus haveres oficiais em ouro e divisas;

b) A fórmula destinada à aplicação do parágrafo a) acima será tal que os participantes sujeitos a designação o serão:

   i) Em proporção dos seus haveres oficiais em ouro e divisas, quando as relações referidas no parágrafo a) acima forem iguais; e

   ii) De maneira a reduzir gradualmente a diferença entre as relações mencionadas no parágrafo a) acima que forem baixas e as que forem elevadas.

ANEXO G
Reconstituição

1. Durante o primeiro período de base, as regras relativas à reconstituição serão as seguintes:
a):
  i) A utilização e a reconstituição por um participante dos seus haveres em direitos de saque especiais terão de ser efectuadas de modo que, cinco anos após a primeira atribuição e no fim de cada trimestre seguinte, a média das suas disponibilidades diárias totais de direitos de saque especiais, durante o período de cinco anos mais recente, não seja inferior a 30% da média da sua atribuição cumulativa líquida diária de direitos de saque especiais durante o mesmo período;
  ii) Dois anos após a primeira atribuição e no fim de cada mês seguinte, o Fundo fará cálculos relativamente a cada participante, a fim de determinar se este vai necessitar, e em que medida, de adquirir direitos de saque especiais, entre a data na qual foi efectuado o cálculo e a expiração de qualquer período de cinco anos, de modo a satisfazer o requisito mencionado no parágrafo a), i), acima. O Fundo adoptará regulamentos relativos quer às bases sobre as quais estes cálculos serão efectuados, quer ao momento em que deverá efectuar-se a designação dos participantes, nos termos do artigo XIX, secção 5, a), ii), de modo a ajudá-los a satisfazer o requisito mencionado no parágrafo a), i), acima;
  iii) O Fundo enviará uma notificação especial a um participante, quando os cálculos a que se refere o parágrafo a), ii), acima indicarem que não é provável que esse participante possa satisfazer o requisito mencionado no parágrafo a), i), acima, salvo se ele deixar de utilizar direitos de saque especiais durante o resto do período para o qual o cálculo foi feito nos termos do parágrafo a), ii), acima;
  iv) Os participantes que necessitem de adquirir direitos de saque especiais para satisfazerem esta obrigação terão a obrigação e o direito de os obter, contra moeda aceitável pelo Fundo, numa transacção com o mesmo efectuada através da conta "Recursos gerais". Se os direitos de saque especiais suficientes para o cumprimento desta obrigação não puderem ser obtidos deste modo, esses participantes terão a obrigação e o direito de os obter, contra moeda livremente utilizável, de um participante que o Fundo indicará.
b) Os participantes deverão também ter devidamente em conta a conveniência de obterem gradualmente o equilíbrio entre os seus haveres em direitos de saque especiais e as outras reservas de que dispõem.

2. Se um participante deixar de cumprir as normas relativas à reconstituição, o Fundo determinará se as circunstâncias justificam ou não a suspensão, nos termos do artigo XXIII, secção 2, b).

ANEXO H
Cessação da participação

1. Se a compensação prevista no artigo XXIV, secção 2, b), se saldar por uma obrigação a favor do participante cessante e se no prazo de seis meses a contar da data da cessação não for concluído um acordo relativo à liquidação entre o Fundo e o mesmo participante, o Fundo resgatará esse saldo de direitos de saque especiais por meio de prestações semestrais iguais num prazo máximo de cinco anos a contar da data da cessação. O Fundo resgatará esse saldo, à sua escolha, quer:

a) Pelo pagamento ao participante cessante das importâncias fornecidas ao Fundo pelos restantes participantes, de acordo com o artigo XXIV secção 5; quer

b) Permitindo ao participante cessante a utilização dos seus direitos de saque especiais, para obter a sua própria moeda livremente utilizável de um participante indicado pelo Fundo, da conta "Recursos gerais" ou de qualquer outro detentor.

2. Se a compensação prevista no artigo XXIV, secção 2, b), se saldar por uma obrigação a favor do Fundo e se no prazo de seis meses a contar da data da cessação não for concluído um acordo relativo à liquidação, o participante cessante satisfará essa obrigação em prestações semestrais iguais no prazo de três anos a contar da data da cessação ou num período mais longo que o Fundo possa vir a fixar. O participante cessante satisfará essa obrigação, conforme o Fundo determinar, quer:

a) Pelo pagamento ao Fundo em moeda livremente utilizável; quer

b) Pela obtenção de direitos de saque especiais, nos termos do artigo XXIV, secção 6, da conta "Recursos gerais" ou por acordo com um participante indicado pelo Fundo ou de qualquer outro detentor, e compensando esses direitos de saque especiais com a prestação devida.

3. A prestação prevista nos n.os 1 e 2 acima vencer-se-á seis meses após a data da cessação e os vencimentos seguintes suceder-se-ão com seis meses de intervalo.

4. No caso de se proceder à liquidação do Departamento de Direitos de Saque Especiais, nos termos do artigo XXV, dentro do prazo de seis meses a contar da data em que um participante cessa a sua participação, a regularização das contas entre o Fundo e o respectivo Governo será efectuada de acordo com o artigo XXV e com o anexo I.

ANEXO I
Processo da liquidação do Departamento de Direitos de Saque Especiais

1. Em caso de liquidação do Departamento de Direitos de Saque Especiais, os participantes satisfarão as suas obrigações para com o Fundo em dez prestações

semestrais, ou noutro período mais longo que o Fundo considere necessário, em moeda livremente utilizável e nas moedas de participantes que detenham direitos de saque especiais a resgatar, em qualquer prestação e até ao limite da importância a resgatar, conforme o Fundo determinar. O primeiro pagamento semestral será efectuado seis meses após a decisão de liquidar o Departamento de Direitos de Saque Especiais.

2. Se, no prazo de seis meses a contar da data da decisão de liquidar o Departamento de Direitos de Saque Especiais, for decidido dissolver o Fundo, não se procederá à liquidação do Departamento de Direitos de Saque Especiais senão quando os direitos de saque especiais detidos na conta «Recursos gerais» tiverem sido distribuídos de acordo com a seguinte regra:

Uma vez efectuada a distribuição ao abrigo do n.º 2, a) e b), do anexo K, o Fundo procederá a rateio dos seus direitos de saque especiais detidos na conta "Recursos gerais" por todos os membros participantes, na proporção das importâncias devidas a cada participante, depois de realizada a distribuição prevista no n.º 2, b). Para determinar a importância devida a cada membro, a fim de ratear o remanescente das suas disponibilidades em cada moeda, nos termos do n.º 2, d), do anexo K, o Fundo deduzirá os direitos de saque especiais que tiverem sido distribuídos de acordo com esta regra.

3. O Fundo resgatará, com as importâncias recebidas ao abrigo do n.º 1 acima, os direitos de saque especiais detidos pelos detentores do modo e na ordem seguintes:

a) Os direitos de saque especiais detidos pelos Governos que cessaram a sua participação antes do período de seis meses que precedeu a data da decisão da Assembleia de Governadores relativa à liquidação do Departamento de Direitos de Saque Especiais serão resgatados de harmonia com as disposições de um acordo concluído nos termos do artigo XXIV ou do anexo H;

b) Os direitos de saque especiais detidos pelos detentores não participantes serão resgatados antes dos detidos pelos participantes, e sê-lo-ão em proporção da importância detida por cada detentor;

c) O Fundo determinará a proporção de direitos de saque especiais detidos por cada participante em relação à sua atribuição cumulativa líquida. O Fundo resgatará, em primeiro lugar, os direitos de saque especiais dos participantes cuja proporção é mais elevada, até essa proporção ser reduzida ao nível da que lhe é imediatamente inferior; o Fundo resgatará então os direitos de saque especiais detidos por estes participantes com base nas suas atribuições cumulativas líquidas até que as proporções sejam reduzidas ao nível da terceira proporção mais elevada, e este processo continuará até que se extinga a importância disponível para resgate.

4. Qualquer importância que um participante tenha o direito de receber a título de resgate, ao abrigo do n.º 3 acima, será compensada com qualquer importância que deva ser paga nos termos do n.º 1 acima.

5. Durante a liquidação, o Fundo pagará juros sobre a importância de direitos de saque especiais na posse dos detentores e cada participante pagará comissões sobre a sua atribuição cumulativa líquida de direitos de saque especiais, deduzida da importância de quaisquer pagamentos efectuados de acordo com o n.º 1 acima. As taxas de juros e comissões e as respectivas datas de pagamento serão determinadas pelo Fundo. Os pagamentos de juros e comissões serão efectuados, quando possível, em direitos de saque especiais. Um participante que não detenha direitos de saque especiais em quantidade suficiente para satisfazer o pagamento de quaisquer comissões efectuará o pagamento numa moeda indicada pelo Fundo. Na medida em que forem necessários para prover às despesas de administração, os direitos de saque especiais recebidos a título de comissões não serão utilizados para o pagamento de juros, mas serão transferidos para o Fundo e resgatados, em primeiro lugar, com as moedas utilizadas pelo Fundo para fazer face às suas despesas.

6. Enquanto um participante estiver em falta no que respeita a qualquer pagamento exigido pelo disposto nos n.os 1 ou 5 acima, não lhe serão feitos quaisquer pagamentos, de acordo com os n.os 3 ou 5 anteriores.

7. Se, depois de efectuados os últimos pagamentos aos participantes, se verificar que os participantes que não estão em falta não detêm direitos de saque especiais na mesma proporção da sua atribuição cumulativa líquida, os participantes que detiverem uma proporção menor comprarão àqueles que detêm uma proporção maior as importâncias necessárias ao nivelamento das respectivas proporções dos seus haveres em direitos de saque especiais, de acordo com disposições tomadas pelo Fundo. O participante em falta pagará ao Fundo, na sua própria moeda, uma importância igual àquela que se encontra em dívida. O Fundo rateará essa moeda e os restantes créditos existentes pelos participantes, em proporção da importância de direitos de saque especiais detidos por cada um, e esses direitos de saque especiais serão cancelados. O Fundo procederá então ao encerramento dos livros do Departamento de Direitos de Saque Especiais e cessarão todas as suas responsabilidades provenientes das atribuições de direitos de saque especiais e da administração do Departamento de Direitos de Saque Especiais.

8. Cada participante cuja moeda tenha sido distribuída a outros participantes nos termos do presente anexo garantirá a sua utilização sem restrições, em qualquer altura, na compra de bens ou no pagamento de importâncias devidas a esse participante ou a residentes nos seus territórios. Cada participante sujeito a esta obrigação compromete-se a compensar os outros participantes de qualquer prejuízo resultante da diferença entre o valor a que o Fundo distribuiu a sua moeda, de acordo com o presente anexo, e o valor realizado por aqueles participantes ao utilizarem a referida moeda.

ANEXO J
Liquidação das contas com os membros que se retiram

1. A liquidação das contas relativas à conta "Recursos gerais" será efectuada nos termos dos n.ᵒˢ 1 a 6 do presente anexo. O Fundo será obrigado a pagar a um membro que se retire uma importância igual à sua quota, acrescida de quaisquer outras importâncias que o Fundo lhe deva e deduzida de quaisquer outras importâncias devidas ao Fundo, incluindo as comissões vencidas depois da data da retirada; porém, nenhum pagamento será realizado antes de expirado um prazo de seis meses a contar da data da retirada. Os pagamentos serão feitos na moeda do membro que se retira, e, para este efeito, o Fundo poderá transferir para a conta "Recursos gerais" os haveres na moeda de um membro detidos na conta "Desembolso especial" ou na conta "Investimentos" contra uma importância equivalente de moedas de outros membros, da conta "Recursos gerais", escolhidas pelo Fundo com o acordo dos próprios.

2. Se as disponibilidades do Fundo na moeda do membro que se retira não forem suficientes para pagar a importância líquida devida pelo Fundo, o saldo será pago em moeda livremente utilizável ou de qualquer outra forma que seja acordada. Se o Fundo e o membro que se retira não chegarem a acordo, dentro de seis meses a contar da data da retirada, as disponibilidades do Fundo na moeda em questão serão entregues imediatamente ao membro que se retira. Qualquer saldo em dívida será pago em dez prestações semestrais durante os cinco anos seguintes. Cada uma destas prestações será paga, à escolha do Fundo, quer na moeda do membro que se retira, adquirida depois da retirada deste, quer em moeda livremente utilizável.

3. Se o Fundo não pagar qualquer das prestações devidas em conformidade com os números precedentes, o membro que se retira terá o direito de solicitar ao Fundo o pagamento das prestações em qualquer das moedas de que o Fundo disponha, à excepção das moedas que tiverem sido declaradas escassas, nos termos do artigo VII, secção 3.

4. Se as disponibilidades do Fundo na moeda do membro que se retira excederem a importância que lhe é devida e se não se chegar a acordo, dentro de seis meses a contar da data da retirada, sobre o processo de liquidação das contas, o membro demissionário será obrigado a resgatar a importância desse excedente da sua moeda contra moeda livremente utilizável.

O resgate será efectuado às taxas a que o Fundo venderia essas moedas na data da retirada. O membro que se retira deverá completar o resgate dentro de cinco anos, a contar da data da retirada, ou noutro período mais longo que o Fundo fixar, mas não lhe será exigido que resgate em qualquer período de seis meses mais da décima parte das disponibilidades em excesso da sua moeda em poder do Fundo na data da retirada, acrescida das aquisições ulteriores dessa moeda durante o semestre referido. Se o membro que se retira não cumprir esta obrigação, o Fundo poderá liquidar, de modo regular, em qualquer mercado, a importância da moeda que deveria ter sido resgatada.

5. Qualquer membro que deseje obter moeda de um membro que se tenha retirado deverá adquiri-la por compra ao Fundo, na medida em que o membro comprador tenha acesso aos recursos gerais do Fundo e em que essa moeda se encontre disponível, nos termos do n.º 4 acima.

6. O membro que se retira garantirá a utilização sem restrições, em qualquer altura, da moeda cedida, nos termos dos n.ºs 4 e 5 acima, para a compra de bens ou no pagamento de importâncias devidas a esse membro ou a residentes nos seus territórios. Deverá indemnizar o Fundo de qualquer perda que resulte da diferença entre o valor da sua moeda, em termos do direito de saque especial na data da retirada, e o valor realizado pelo Fundo, em termos do direito de saque especial, nas vendas feitas de conformidade com os n.ºs 4 e 5 acima.

7. Se o membro que se retira estiver em dívida para com o Fundo em resultado de transacções efectuadas através da conta "Desembolso especial", nos termos do artigo V, secção 12, f) e ii), a dívida será regularizada em conformidade com as condições em que tenha sido contraída.

8. Se o Fundo detiver a moeda do membro que se retira na conta "Desembolso especial" ou na conta "Investimentos", poderá, de modo regular, trocar em qualquer mercado, contra as moedas dos membros, a importância da moeda do membro que se retira que ficar em cada uma das contas após a utilização visada no n.º 1 acima, e o produto da troca da importância existente em cada conta permanecerá na conta correspondente. O n.º 5 acima e a primeira frase do n.º 6 anterior aplicar-se-ão à moeda do membro que se retira.

9. Se o Fundo detiver obrigações do membro que se retira na conta "Desembolso especial", nos termos do artigo V, secção 12, h), ou na conta "Investimentos", poderá detê-las até à data do vencimento ou dispor delas anteriormente. O n.º 8 acima aplicar-se-á ao produto desse desinvestimento.

10. No caso de se proceder à liquidação do Fundo, nos termos do artigo XXVIII, secção 2, dentro de seis meses a contar da data em que o membro se retira, as contas entre o Fundo e o Governo desse país membro serão liquidadas de acordo com o artigo XXVII, secção 2, e com o anexo K.

ANEXO K
Processo da liquidação

1. Em caso de liquidação, as responsabilidades do Fundo, à excepção do reembolso das subscrições, terão prioridade na distribuição dos activos do Fundo. Para fazer face a cada uma destas responsabilidades, o Fundo utilizará os seus activos pela ordem seguinte:

a) A moeda em que a responsabilidade seja pagável;
b) Ouro;
c) Todas as outras moedas proporcionalmente, tanto quanto possível, às quotas dos membros.

2. Após a quitação das responsabilidades do Fundo, de acordo com o n.º 1 acima, o remanescente dos activos do Fundo será distribuído e rateado da forma seguinte:
   a):
      i) O Fundo calculará o valor do ouro detido em 31 de Agosto de 1975 que continua em seu poder na data da decisão de liquidação. O cálculo será feito nos termos do n.º 9 abaixo, bem como na base de um direito de saque especial por 0,888671 g de ouro fino na data da liquidação. O ouro correspondente ao excesso do primeiro valor em relação ao último será distribuído pelos membros que o eram em 31 de Agosto de 1975 na proporção das respectivas quotas nessa data;
      ii) O Fundo distribuirá quaisquer activos detidos na conta «Desembolso especial» na data da decisão da liquidação aos membros que o eram em 31 de Agosto de 1975 na proporção das respectivas quotas nessa data. Cada tipo de activo será distribuído proporcionalmente pelos membros.
   b) O Fundo distribuirá o remanescente dos seus haveres em ouro pelos membros cujas moedas em poder do Fundo se situem em quantitativos inferiores às respectivas quotas na proporção das importâncias pelas quais as suas quotas excedam as disponibilidades do Fundo nas moedas respectivas, mas não em quantitativos que ultrapassem essas importâncias.
   c) O Fundo distribuirá a cada membro metade das disponibilidades do Fundo na sua moeda, mas essa distribuição não deverá exceder 50% da respectiva quota.
   d) O Fundo rateará:
      i) A parte restante dos seus haveres em ouro e em cada moeda por todos os membros, na proporção das importâncias devidas a cada membro, depois de realizadas as distribuições previstas nos parágrafos b) e c) acima, mas não em quantitativos que excedam essas importâncias, entendendo-se que a distribuição efectuada ao abrigo do n.º 2, a), acima não será considerada para efeitos de cálculo das importâncias devidas; e
      ii) O remanescente dos seus haveres em ouro e moeda por todos os membros, na proporção das respectivas quotas.

3. Cada membro deverá resgatar os haveres na sua moeda que no rateio couberam a outros membros, nos termos do n.º 2, d) acima, e acordará com o Fundo, dentro de três meses a contar da decisão de liquidação, sobre um processo regular aplicável a esse resgate.

4. Se um membro não chegar a acordo com o Fundo dentro do período de três meses referido no n.º 3 acima, o Fundo utilizará as moedas de outros membros que no rateio couberam a esse membro, nos termos do n.º 2, d), acima, para resgatar a moeda desse membro que no rateio coube aos outros membros. Cada moeda que no rateio coube a um membro com o qual não se tenha chegado a acordo será utilizada,

tanto quanto possível, para resgatar a sua moeda que no rateio coube aos membros que concluíram acordos com o Fundo nos termos do n.º 3 acima.

5. Se um membro tiver chegado a acordo com o Fundo, de harmonia com o n.º 3 acima, o Fundo utilizará as moedas de outros membros que no rateio couberam a esse membro, nos termos do n.º 2, d), acima, para resgatar a moeda desse membro que no rateio coube a outros membros que tivessem realizado acordos com o Fundo nos termos do n.º 3 acima. Cada importância assim resgatada sê-lo--á na moeda do membro ao qual tiver sido atribuída em rateio.

6. Depois de executadas as disposições dos parágrafos precedentes, o Fundo pagará a cada membro as moedas restantes que detenha por sua conta.

7. Cada membro cuja moeda tiver sido distribuída a outros membros nos termos do n.º 6 acima deverá resgatar essa moeda do membro que pediu o resgate ou de qualquer outra forma que seja acordada entre eles. Salvo acordo em contrário entre os membros interessados, o membro obrigado a fazer o resgate deverá completá-lo no prazo de cinco anos a contar da data da distribuição, mas não lhe será exigido que resgate, em qualquer período de seis meses, mais do que a décima parte da importância distribuída a cada um dos outros membros. Se o membro não cumprir esta obrigação, a importância na sua moeda que deveria ter sido resgatada poderá ser liquidada de modo regular em qualquer mercado.

8. Cada membro cuja moeda tenha sido distribuída a outros membros nos termos do n.º 6 acima garantirá a sua utilização sem restrições, em qualquer momento, para a compra de bens ou para o pagamento de importâncias devidas a esse membro ou a residentes nos seus territórios. Cada membro sujeito a esta obrigação compromete-se a compensar os outros membros de qualquer perda resultante da diferença entre o valor da sua moeda, em termos do direito de saque especial, na data da decisão de liquidação do Fundo, e o valor, em termos do direito de saque especial, realizado por esses membros no momento da respectiva utilização.

9. O Fundo calculará o valor do ouro, para efeitos do presente anexo, com base nos preços do mercado.

10. Para efeitos do presente anexo, considera-se que as quotas foram aumentadas até ao seu limite máximo, de acordo com o artigo III, secção 2-b), do presente Acordo.

ANEXO L
Suspensão dos direitos de voto

Em caso de suspensão dos direitos de voto de um membro, ao abrigo do artigo XXVI, secção 2, b), serão aplicadas as seguintes disposições:

1. O membro não poderá:

a) Participar na adopção de um projecto de emenda ao presente Acordo ou ser considerado para esse efeito no número total de membros, excepto no caso de uma emenda que exija a anuência de todos os membros ao abrigo do artigo XXVIII, parágrafo b), ou que seja exclusivamente respeitante ao Departamento de Direitos de Saque Especiais;

b) Nomear um governador ou o seu suplente, nomear ou participar na nomeação de um conselheiro ou do seu suplente, ou nomear, eleger ou participar na eleição de um director executivo.

2. O número de votos atribuído ao membro não será utilizado em nenhum órgão do Fundo. Esses votos não serão incluídos no cálculo do total dos votos, excepto para efeitos de aceitação de uma proposta de emenda respeitante exclusivamente ao Departamento de Direitos de Saque Especiais.

3. a) O governador e o seu suplente nomeados pelo membro cessarão funções.

b) O conselheiro e o seu suplente nomeados pelo membro, ou em cuja nomeação o membro participou, cessarão funções, entendendo-se, no entanto, que, no caso de o mesmo conselheiro dispor do número de votos atribuído a outros membros cujos direitos de votos não tenham sido suspensos, outro conselheiro ou o seu suplente serão nomeados pelos mesmos membros, nos termos do anexo D, e até essa nomeação se realizar o conselheiro e o seu suplente continuarão em exercício, mas apenas por um período máximo de 30 dias a contar da data da suspensão.

c) O director executivo nomeado ou eleito pelo membro, ou em cuja eleição o membro tenha participado, cessará funções, salvo se o mesmo director executivo dispuser do número de votos atribuído a outros membros cujos direitos de voto não tenham sido suspensos.

Neste caso:
    i) Se restarem mais de 90 dias até à próxima eleição ordinária dos directores executivos, será eleito por esses membros outro director executivo para o período restante do mandato, por maioria de votos lançados; até à realização dessa eleição, o director executivo continuará em exercício, mas apenas por um período máximo de 30 dias a contar da data da suspensão;
    ii) Se restarem 90 dias ou menos até à próxima eleição ordinária dos directores executivos, o director executivo continuará em exercício durante o período restante do mandato.

4. O membro terá direito a enviar um representante a qualquer reunião da Assembleia de Governadores, do Conselho ou do Directório Executivo, em que seja examinado um pedido feito por esse membro ou um assunto que particularmente o afecte; não poderá, porém, fazer-se representar em qualquer reunião das comissões constituídas por aqueles órgãos.

ANEXO M
Atribuição especial única de direitos de saque especiais

1. Sob reserva das disposições do n.º 4 abaixo, cada membro que em 19 de Setembro de 1997 participe no Departamento de Direitos de Saque Especiais, no 30.º dia após a data de entrada em vigor da Quarta Emenda a este Acordo, receberá uma atribuição de direitos de saque especiais num montante que resultará na respectiva atribuição cumulativa líquida de direitos de saque especial igual a 29,315788813% da respectiva quota em 19 de Setembro de 1997, estipulando-se que para os participantes cujas quotas não tenham sido ajustadas de acordo com a Resolução n.º 45-2 da Assembleia de Governadores os cálculos deverão ser feitos com base nas quotas propostas naquela Resolução.

2. a) Sob reserva das disposições do n.º 4 abaixo, cada país que se torne participante do Departamento de Direitos de Saque Especiais posteriormente a 19 de Setembro de 1997 e no prazo de três meses a contar da adesão ao Fundo receberá uma atribuição de direitos de saque especiais num montante calculado de acordo com o disposto nos parágrafos b) e c) abaixo, no 30.º dia após a última das seguintes datas: (i) a data em que o novo membro se tornou participante do Departamento de Direitos de Saque Especiais, ou (ii) a data da entrada em vigor da Quarta Emenda a este Acordo.

b) No cumprimento do parágrafo a) acima, cada participante receberá um montante de direitos de saque especiais, que resultará numa atribuição cumulativa líquida igual a 29,315788813% da sua quota na data em que o membro se tornou participante do Departamento de Direitos de Saque Especiais, com o seguinte ajustamento:

  i) Primeiro, multiplicando 29,315788813% pelo rácio entre o total das quotas dos participantes referidos no parágrafo c) abaixo, calculadas nos termos do n.º 1 acima, e o total das quotas dos participantes existentes na data em que o membro se tornou participante do Departamento de Direitos de Saque Especiais; e

  ii) Segundo, multiplicando o produto de (i) acima pelo rácio do total da soma das atribuições cumulativas líquidas de direitos de saque especiais recebidas ao abrigo do artigo XVIII pelos participantes referidos no parágrafo c) abaixo na data em que o membro se tornou participante do Departamento de Direitos de Saque Especiais e as atribuições recebidas por tais participantes ao abrigo do n.º 1 acima, relativamente ao total da soma das atribuições cumulativas líquidas de direitos de saque especiais recebidas ao abrigo do artigo XVIII por tais participantes, tal como definidos em 19 de Setembro de 1997, e as atribuições recebidas por tais participantes ao abrigo do n.º 1 acima.

c) Para efeitos dos ajustamentos ao abrigo do parágrafo b) acima, os participantes do Departamento de Direitos de Saque Especiais devem ser membros que sejam participantes em 19 de Setembro de 1997 e (i) continuem a ser participantes do Departamento de Direitos de Saque Especiais na data em que o membro se tornou participante do Departamento de Direitos de Saque Especiais e (ii) tenham recebido todas as atribuições feitas pelo Fundo após 19 de Setembro de 1997.

3. a) Sob reserva das disposições do n.º 4 abaixo, se a República Federal da Jugoslávia (Sérvia/Montenegro) suceder, como membro no Fundo e participante no Departamento de Direitos de Saque Especiais, à antiga República Federal Socialista da Jugoslávia de acordo com os termos e condições da Decisão do Directório Executivo n.º 10237-(92/150), adoptada em 14 de Dezembro de 1992, receberá uma atribuição de direitos de saque especiais num montante calculado de acordo com o parágrafo b) abaixo, no 30.º dia após a última das seguintes datas: (i) a data em que a República Federal da Jugoslávia (Sérvia/Montenegro) suceda como membro no Fundo e participante no Departamento de Direitos de Saque Especiais de acordo com os termos e condições da Decisão do Conselho de Administração n.º 10237-(92/150), ou (ii) a data da entrada em vigor da Quarta Emenda a este Acordo.

b) Para efeitos do parágrafo a) acima, a República Federal da Jugoslávia (Sérvia/Montenegro) receberá um montante de direitos de saque especiais que resultará na respectiva atribuição cumulativa líquida igual a 29,315788813% da quota a ela proposta nos termos do parágrafo 3 – c) da Decisão do Directório Executivo n.º 10237-(92/150), ajustada de acordo com o n.º 2 – b) (ii) e c) acima na data em que a República Federal da Jugoslávia (Sérvia/Montenegro) seja qualificada para a atribuição nos termos do parágrafo a) acima.

4. O Fundo não atribuirá direitos de saque especiais nos termos deste anexo aos participantes que notifiquem por escrito o Fundo, previamente à data de atribuição, da sua vontade de não receber a atribuição.

5. a) Se, na data em que for efectuada uma atribuição a um participante nos termos dos n.ºs 1, 2 ou 3 acima, o participante tiver obrigações em atraso com o Fundo, os direitos de saque especiais então atribuídos deverão ser depositados e retidos numa conta congelada no Departamento de Direitos de Saque Especiais e serão libertados para o participante após regularização de todas as suas obrigações em atraso para com o Fundo.

b) Os direitos de saque especiais que estejam retidos numa conta congelada não serão utilizados para quaisquer fins e não serão incluídos em quaisquer cálculos para atribuições ou haveres em direitos de saque especiais para efeitos do Acordo Relativo ao Fundo Monetário Internacional, excepto para cálculos no âmbito deste anexo. Se os direitos de saque especiais atribuídos a um participante se encontrarem depositados numa conta congelada quando o participante cessar a sua participação no Departamento de Direitos de Saque Especiais ou quando se decidir a liquidação do Departamento de Direitos de Saque Especiais, tais direitos de saque especiais serão cancelados.

c) Para efeitos deste parágrafo, as obrigações em atraso para com o Fundo referem-se às recompras e comissões em atraso na conta de recursos gerais, ao capital e juros em atraso de empréstimos da conta de desembolso especial, às comissões e contribuições em atraso no Departamento de Direitos de Saque Especiais e outras responsabilidades em atraso para com o Fundo como depositário.

d) Excepto para efeitos deste parágrafo, o princípio de separação entre o Departamento Geral e o Departamento de Direitos de Saque Especiais e o carácter incondicional dos direitos de saque especiais como activos de reserva deverão ser mantidos.

LISTAS DOS ARTIGOS E SECÇÕES

Artigo preliminar
 I. Objectivos.
 II. Admissão:
   1. Membros originários.
   2. Outros membros.
 III. Quotas e subscrições:
   1. Quotas e pagamentos de subscrições.
   2. Ajustamento de quotas.
   3. Pagamento aquando da modificação das quotas.
   4. Substituição de moeda por títulos.
 IV. Obrigações relativas a disposições sobre matéria cambial:
   1. Obrigações gerais dos membros.
   2. Disposições gerais sobre matéria cambial.
   3. Fiscalização das disposições sobre matéria cambial.
   4. Paridades.
   5. Moedas diversas nos territórios de um membro.
 V. Operações e transacções do Fundo:
   1. Organismos que tratam com o Fundo.
   2. Limitação das operações e transacções do Fundo.
   3. Condições que regem a utilização dos recursos gerais do Fundo.
   4. Dispensa de condições.
   5. Incapacidade para utilizar os recursos gerais do Fundo.
   6. Outras compras e vendas de direitos de saque especiais por parte do Fundo.
   7. Recompra, por parte de um membro, da sua moeda em poder do Fundo.
   8. Comissões.
   9. Remunerações.
   10. Cálculos.
   11. Manutenção do valor.
   12. Outras operações e transacções.

VI. Transferência de capitais:
   1. Utilização dos recursos gerais do Fundo para transferências de capitais.
   2. Disposições especiais relativas a transferências de capitais.
   3. Controlo das transferências de capitais.
VII. Reposição e moedas escassas:
   1. Medidas para reposição dos haveres do Fundo em moedas.
   2. Escassez geral de moedas.
   3. Escassez dos haveres do Fundo.
   4. Aplicação das restrições.
   5. Efeitos de outros acordos internacionais sobre restrições.
VIII. Obrigações gerais dos membros:
   1. Introdução.
   2. Obrigação de evitar restrições aos pagamentos correntes.
   3. Obrigação de evitar práticas monetárias discriminatórias.
   4. Convertibilidade de saldos detidos por outros membros.
   5. Fornecimento de informações.
   6. Consulta entre os membros relativamente a acordos internacionais em vigor.
   7. Obrigação de os membros colaborarem no que se refere a políticas relativas a activos de reserva.
IX. Estatuto, imunidades e privilégios:
   1. Objectivos do presente artigo.
   2. Personalidade jurídica do Fundo.
   3. Imunidade de processos judiciais.
   4. Outras imunidades.
   5. Inviolabilidade dos artigos.
   6. Isenção de restrições em relação aos activos do Fundo.
   7. Privilégios em matéria de comunicações.
   8. Imunidades e privilégios dos funcionários.
   9. Imunidades fiscais.
   10. Aplicação do presente artigo.
X. Relações com outras organizações internacionais.
XI. Relações com países não membros:
   1. Compromissos respeitantes às relações com países não membros.
   2. Restrições relativas às transacções com países não membros.
XII. Organização e administração:
   1. Estrutura do Fundo.
   2. Assembleia de Governadores.
   3. Directório Executivo.
   4. Director-geral e pessoal.
   5. Votação.
   6. Reservas, distribuição do rendimento líquido e investimentos.

7. Publicação de relatórios.
8. Comunicação de pareceres aos membros.
XIII. Sede e depositários:
1. Sede.
2. Depositários.
3. Garantia dos activos do Fundo.
XIV. Disposições transitórias:
1. Notificação ao Fundo.
2. Restrições cambiais.
3. Acção do Fundo em matéria de restrições.
XV. Direitos de saque especiais:
1. Autoridade para atribuir direitos de saque especiais.
2. Valorização do direito de saque especial.
XVI. Departamento Geral e Departamento de Direitos de Saque Especiais:
1. Separação de operações e transacções.
2. Separação de activos e bens.
3. Registo e informação.
XVII. Participantes e outros detentores de direitos de saque especiais:
1. Participantes.
2. O Fundo como detentor.
3. Outros detentores.
XVIII. Atribuição e cancelamento de direitos de saque especiais:
1. Princípios e considerações que regem a atribuição e o cancelamento.
2. Atribuição e cancelamento.
3. Acontecimentos importantes e imprevistos.
4. Decisões relativas a atribuições e cancelamentos.
XIX. Operações e transacções em direitos de saque especiais:
1. Utilização de direitos de saque especiais.
2. Operações e transacções entre participantes.
3. Requisito de necessidade.
4. Obrigação de fornecer moeda.
5. Designação de participantes para fornecerem moeda.
6. Reconstituição.
7. Taxas de câmbio.
XX. Juros e comissões do Departamento de Direitos de Saque Especiais:
1. Juros.
2. Comissões.
3. Taxa de juro e comissões.
4. Contribuições.
5. Pagamento de juros, comissões e contribuições.
XXI. Administração do Departamento Geral e do Departamento de Direitos de Saque Especiais.

XXII. Obrigações gerais dos participantes.
XXIII. Suspensão de operações e transacções em direitos de saque especiais:
    1. Disposições de emergência.
    2. Não cumprimento de obrigações.
XXIV. Cessação da participação:
    1. Direito de cessar a participação.
    2. Liquidação em caso de cessação da participação.
    3. Juros e comissões.
    4. Regularização das obrigações para com o Fundo.
    5. Regularização das obrigações para com um participante cessante.
    6. Transacções da conta de recursos gerais.
XXV. Liquidação do departamento de direitos de saque especiais.
XXVI. Retirada:
    1. Direito de retirada dos membros.
    2. Retirada compulsória.
    3. Liquidação de contas com os membros que se retiram.
XXVII. Disposições de emergência:
    1. Suspensão temporária.
    2. Liquidação do Fundo.
XXVIII. Emendas.
XXIX. Interpretação.
XXX. Definições.
XXXI. Disposições finais:
    1. Entrada em vigor.
    2. Assinatura.

ANEXOS

A. Quotas.
B. Disposições transitórias relativas a recompra, pagamento de subscrições adicionais, ouro e determinadas questões operacionais.
C. Paridades.
D. Conselho.
E. Eleição dos directores executivos.
F. Designação.
G. Reconstituição.
H. Cessação da participação.
I. Processo da liquidação do Departamento de Direitos de Saque Especiais.
J. Liquidação das contas com os membros que se retiram.
K. Processo da liquidação.
L. Suspensão dos direitos de voto.
M. Atribuição especial única de direitos de saque especiais.

ACORDO RELATIVO AO BANCO INTERNACIONAL PARA A RECONSTRUÇÃO E DESENVOLVIMENTO – BIRD
22.07.1944

ACORDO RELATIVO AO BANCO INTERNACIONAL PARA A RECONSTRUÇÃO E DESENVOLVIMENTO

Os governos em cujo nome o presente Acordo é assinado acordam no seguinte:

ARTIGO PRELIMINAR

É instituído o Banco Internacional para a Reconstrução e Desenvolvimento, que funcionará de acordo com as disposições seguintes:

ARTIGO I
Objectivos

Os objectivos do Banco Internacional para a Reconstrução e Desenvolvimento são:
- (i) Auxiliar a reconstrução e o desenvolvimento dos territórios dos membros, facilitando o investimento de capitais para fins produtivos, inclusivamente para restaurar as economias destruídas ou desorganizadas pela guerra, readaptar os meios de produção às necessidades do tempo de paz e encorajar o desenvolvimento dos meios de produção e dos recursos nos países menos desenvolvidos;
- (ii) Promover os investimentos privados no estrangeiro, através das garantias ou de participações em empréstimos e outros investimentos realizados por capitalistas particulares; e, na falta de capitais privados disponíveis em condições razoáveis, suprir o investimento privado, fornecendo, em condições apropriadas, meios de financiamento para fins lucrativos provenientes do seu próprio capital, de fundos que reunir e dos seus outros recursos;

(iii) Promover o desenvolvimento equilibrado a longo prazo do comércio internacional e a manutenção do equilíbrio das balanças de pagamentos, encorajando os investimentos internacionais, com vista ao desenvolvimento dos recursos produtivos dos membros, e auxiliar, desta forma, o aumento da produtividade, a elevação do nível de vida e a melhoria das condições de trabalho nos seus territórios;

(iv) Ordenar os empréstimos que outorgue ou as garantias que conceda aos empréstimos internacionais provenientes de outras origens, de forma a dar prioridade aos projectos mais úteis e urgentes, qualquer que seja a sua dimensão;

(v) Conduzir as suas operações tendo em devida conta os efeitos dos investimentos internacionais sobre a situação económica dos territórios dos membros e, durante os primeiros anos do pós-guerra, auxiliar a transição progressiva da economia de guerra para a economia de paz.

Em todas as decisões o Banco será orientado pelos objectivos acima mencionados.

ARTIGO II
Membros e capital do Banco

SECÇÃO 1
Membros

(a) Os membros originários do Banco serão os membros do Fundo Monetário Internacional que aceitarem ser membros do Banco antes da data indicada no artigo XI, secção 2, (e).

(b) Será facultada a admissão a outros membros do Fundo nas datas e de harmonia com os termos que o Banco estabelecer.

SECÇÃO 2
Capital autorizado

(a) O capital social autorizado do Banco será de 10 000 000 000 de dólares dos Estados Unidos, com o peso e toque em vigor em 1 de Julho de 1944. O capital social será dividido em 100 000 acções com o valor nominal de 100 000 dólares cada, que só poderão ser subscritas pelos membros.

(b) O capital social poderá ser aumentado quando o Banco julgar aconselhável, mediante aprovação por maioria de três quartos do total dos votos computáveis.

SECÇÃO 3
Subscrição das acções

(a) Todos os membros subscreverão acções do capital social do Banco. O número mínimo de acções a subscrever pelos membros originários será o indicado no anexo A. O número mínimo de acções a subscrever pelos outros membros será determinado pelo Banco, que reservará, para subscrição por esses membros, uma fracção suficiente do seu capital social.

(b) O Banco estabelecerá regras fixando as condições em que os membros poderão subscrever acções do capital social autorizado do Banco, para além das suas subscrições mínimas.

(c) Se o capital social autorizado do Banco for aumentando, os membros terão oportunidade razoável para subscrever, nas condições que o Banco fixar, uma proporção do aumento do capital equivalente à relação entre as subscrições anteriores e o capital social total do Banco; porém, os membros não serão obrigados a subscrever qualquer fracção do aumento do capital.

SECÇÃO 4
Preço de emissão das acções

As acções compreendidas nas subscrições mínimas dos membros originários serão emitidas ao par. As outras acções serão emitidas ao par, a menos que, em circunstâncias especiais, o Banco decida, mediante aprovação por maioria do total dos votos computáveis, fazer a emissão noutras condições.

SECÇÃO 5
Divisão do capital subscrito e sua realização

As subscrições dos membros serão divididas em duas partes, da forma seguinte:
    (i) 20% serão pagos ou ficarão sujeitos a pedido de realização, nos termos da secção 7, (i) do presente artigo, na medida em que o Banco necessite para as suas operações;

(ii) O Banco só poderá pedir a realização dos restantes 80% no caso de ser necessário para fazer face às obrigações assumidas pelo Banco, nos termos do artigo IV, secção 1, (a), (ii) e (iii).

Os pedidos de realização de subscrições não liberadas serão feitos uniformemente em relação a todas as acções.

SECÇÃO 6
Limitação da responsabilidade

A responsabilidade relativa às acções será limitada ao valor da fracção não liberada do preço de emissão das acções.

SECÇÃO 7
Forma de pagamento das acções subscritas

O pagamento das acções subscritas será efectuado em ouro ou em dólares dos Estados Unidos e na moeda dos membros, da seguinte forma:

(i) Nos termos da secção 5, (i), do presente artigo, 2% do preço de cada acção serão pagáveis em ouro ou dólares dos Estados Unidos, e, quando for pedida a sua realização, os restantes 18% serão pagos na moeda do membro;

(ii) Quando for pedida a realização nos termos da secção 5, (ii), do presente artigo, o pagamento poderá ser efectuado, à opção do membro, em ouro, em dólares dos Estados Unidos ou na moeda necessária para satisfazer as obrigações do Banco concernentes aos objectivos que determinaram o pedido de realização;

(iii) Quando um membro efectuar pagamentos em qualquer moeda, nos termos das alíneas (i) e (ii) acima, esses pagamentos serão feitos em importâncias de valor igual à importância devida pelo membro em virtude do pedido de realização. Esta responsabilidade será uma parte proporcional do capital social subscrito do Banco, autorizado e definido na secção 2 do presente artigo.

SECÇÃO 8
Tempo de pagamento das subscrições

(a) Os 2% do valor de cada acção pagáveis em ouro ou dólares dos Estados Unidos, nos termos da secção 7, (i), do presente artigo, serão pagos no prazo de 60 dias, a contar da data em que o Banco iniciar as suas operações, entendendo-se que:
    (i) Os membros originários do Banco cujos territórios metropolitanos tenham suportado, durante a guerra actual, a ocupação inimiga ou hostilidades serão autorizados a diferir o pagamento de 0,5% até cinco anos depois da referida data;
    (ii) Um membro originário que não possa realizar tal pagamento por não ter recuperado a posse das suas reservas de ouro, as quais se encontrem ainda apreendidas ou imobilizadas em consequência da guerra, poderá diferir todo o pagamento até à data que o Banco fixar.

(b) O remanescente do preço de cada acção a realizar nos termos da secção 7,(i), do presente artigo será pago como e quando o Banco fixar, entendendo-se que:
    (i) O Banco deverá, no prazo de um ano a contar do início das suas operações, solicitar a realização de, pelo menos, 8% do preço das acções, além do pagamento de 2% referido no parágrafo (a) acima;
    (ii) Não poderá ser solicitada a realização de mais de 5% do preço de cada acção em qualquer período de três meses.

SECÇÃO 9
Manutenção do valor de certas disponibilidades monetárias do Banco

(a) Sempre que (i) a paridade da moeda de um membro for reduzida ou que (ii) o valor do câmbio da moeda de um membro tenha, no parecer do Banco, sofrido uma desvalorização sensível nos territórios desse membro, este pagará ao Banco, dentro de um prazo razoável, uma importância adicional, na sua própria moeda, suficiente para manter, no nível da data da subscrição inicial, o valor das disponibilidades dos pagamentos efectuados originariamente pelo referido membro nos termos do artigo II, secção 7, (i), da moeda referida no artigo IV, secção 2, (b), ou de qualquer outra moeda entregue adicionalmente ao Banco, de acordo com as disposições do presente parágrafo, que não tenha sido readquirida pelo membro, contra ouro ou contra a moeda de qualquer membro que o Banco tenha considerado aceitável.

(b) Sempre que a paridade da moeda de um membro for aumentada, o Banco restituirá a esse membro, dentro de um prazo razoável, uma importância na moeda desse membro igual ao acréscimo de valor da quantidade dessa moeda definida no parágrafo (a) acima.

(c) O Banco poderá dispensar a aplicação das disposições dos parágrafos precedentes quando o Fundo Monetário Internacional realizar uma alteração uniforme e proporcional das paridades das moedas de todos os seus membros.

SECÇÃO 10
Restrições ao direito de dispor das acções

As acções não serão penhoradas, nem oneradas por qualquer forma e só poderão ser transferidas para o Banco.

ARTIGO III
Disposições gerais relativas a empréstimos e garantias

SECÇÃO 1
Utilização dos recursos

(a) Os recursos e os serviços do Banco serão utilizados em benefício exclusivo dos membros, tendo em consideração, de forma equitativa, tanto os projectos de desenvolvimento, como os de reconstrução.

(b) Com o fim de facilitar a restauração e a reconstrução das economias dos membros cujos territórios metropolitanos tenham sofrido devastações importantes devido à ocupação inimiga ou às hostilidades, o Banco deverá especialmente, ao fixar as condições e as cláusulas dos empréstimos concedidos a esses membros, procurar atenuar o encargo financeiro resultante da restauração e da reconstrução e apressar a realização desses objectivos.

SECÇÃO 2
Relações entre os membros e o Banco

Os membros só tratarão com o Banco através do Tesouro, do banco central, do fundo de estabilização ou outro departamento financeiro análogo, e o Banco tratará apenas com os membros por intermédio dos mesmos departamentos.

SECÇÃO 3
Limites das garantias e dos empréstimos concedidos pelo Banco

A importância total das garantias, participações em empréstimos e empréstimos directos em efectividade concedidos pelo Banco não poderá ser aumentada em ocasião alguma se, com esse aumento, a referida importância total exceder 100% do capital subscrito não comprometido acrescido das reservas e dos excedentes do Banco.

SECÇÃO 4
Condições em que o Banco pode garantir ou conceder empréstimos

O Banco poderá garantir empréstimos, participar em empréstimos ou conceder empréstimos a favor dos membros ou de qualquer subdivisão política dos membros e de qualquer empresa comercial, industrial ou agrícola estabelecida nos territórios de um membro, sob reserva das condições seguintes:

(i) Quando o empréstimo não for solicitado pelo membro em cujos territórios o projecto for realizado, esse membro, o seu banco central ou um departamento análogo considerado aceitável pelo Banco deverá garantir integralmente o reembolso do capital e o pagamento dos juros e de outras despesas relativas ao empréstimo;

(ii) O Banco deverá ter verificado que, na situação prevalecente no mercado, a entidade que solicita o empréstimo não poderia de outra forma obtê-lo em condições que, na opinião do Banco, fossem razoáveis para o beneficiário do empréstimo;

(iii) Uma comissão competente, constituída segundo o previsto no artigo V, secção 7, deverá ter apresentado um relatório escrito recomendando o projecto, depois de cuidadoso exame dos méritos da proposta;

(iv) Segundo parecer do Banco, a taxa de juro e outros encargos deverão ser razoáveis, e essa taxa, encargos e o plano de reembolso do capital deverão ser adaptados à natureza do projecto;

(v) Ao conceder ou garantir um empréstimo, o Banco deverá considerar devidamente a medida em que é possível esperar que o beneficiário ou, se este não for membro, o garante esteja em condições de fazer face às obrigações impostas pelo empréstimo; e o Banco deverá agir com prudência, com o fim de proteger tanto os interesses do membro particular em cujos territórios o projecto for realizado como os do conjunto dos membros;

(vi) Ao garantir um empréstimo concedido por outras entidades, o Banco receberá uma compensação razoável pelo risco assumido;

(vii) Os empréstimos concedidos ou garantidos pelo Banco deverão, excepto em casos especiais, ser destinados à realização de projectos específicos de reconstrução ou fomento.

SECÇÃO 5
Utilização dos empréstimos garantidos pelo Banco e dos empréstimos que o Banco concede ou em que participa

(a) O Banco não imporá condições para que o produto dos seus empréstimos seja despendido nos territórios de um membro ou de membros determinados.

(b) O Banco tomará providências para assegurar que o produto de qualquer empréstimo seja utilizado exclusivamente nos fins para que o mesmo tiver sido concedido, tendo em devida atenção as considerações de economia e eficiência e sem tomar em conta influências ou considerações políticas ou quaisquer outras de ordem não económica.

(c) No caso de empréstimos concedidos pelo Banco, este abrirá uma conta do beneficiário e a importância do empréstimo será levada a crédito dessa conta na moeda ou moedas em que o empréstimo for efectuado. O beneficiário só será autorizado pelo Banco a sacar sobre essa conta para fazer face às despesas relacionadas com o projecto à medida que elas efectivamente se verifiquem.

ARTIGO IV
Operações

SECÇÃO 1
Métodos para efectuar ou facilitar empréstimos

(a) O Banco poderá efectuar ou facilitar empréstimos que satisfaçam as condições gerais do artigo III de qualquer das formas seguintes:

(i) Concedendo ou participando em empréstimos directos com utilização dos seus próprios fundos correspondentes ao capital realizado não comprometido e aos excedentes e, nas condições das disposições da secção 6 do presente artigo, às suas reservas;

(ii) Concedendo ou participando em empréstimos directos com utilização de fundos obtidos no mercado de um membro ou através de empréstimos de outro modo contraídos pelo Banco;

(iii) Garantindo, na totalidade ou em parte, empréstimos concedidos por capitalistas particulares através das vias de investimento usuais.

(b) O Banco só poderá contrair empréstimos de fundos nos termos do parágrafo (a), (ii), acima ou garantir empréstimos nos termos do parágrafo (a), (iii), acima, com a aprovação do membro em cujos mercados os fundos forem obtidos e do membro em cuja moeda o empréstimo for liberado, e só se esses membros concordarem com que a importância do referido empréstimo possa ser convertida sem restrições na moeda de qualquer outro membro.

SECÇÃO 2
Disponibilidade e transferibilidade de moedas

(a) As moedas entregues ao Banco nos termos do artigo II, secção 7, (i), só serão emprestadas com a aprovação, em cada caso, do membro de cuja moeda se tratar; contudo, se for necessário, depois de ter sido inteiramente realizado o capital subscrito do Banco, as referidas moedas serão, sem restrição da parte dos membros cujas moedas são oferecidas, utilizadas ou convertidas nas moedas necessárias, quer para fazer face a pagamentos contratuais de juros, outros encargos ou à amortização de empréstimos contraídos pelo próprio Banco, quer para fazer face às responsabilidades do Banco respeitantes a pagamentos contratuais relativos a empréstimos garantidos pelo Banco.

(b) As moedas recebidas pelo Banco dos beneficiários dos empréstimos ou dos garantes por conta do reembolso do capital dos empréstimos directos realizados com as moedas a que refere o parágrafo (a) acima só serão convertidas nas moedas de outros membros ou emprestadas de novo com a aprovação, em cada caso, dos membros de cujas moedas se tratar; contudo, se for necessário, depois de ter sido inteiramente realizado o capital subscrito do Banco, as referidas moedas serão, sem restrição da parte dos membros cujas moedas são oferecidas, utilizadas ou convertidas nas moedas necessárias, quer para fazer face a pagamentos contratuais de juros, outros encargos ou à amortização de empréstimos contraídos pelo próprio Banco, quer para fazer face às responsabilidades do Banco respeitantes a pagamentos contratuais relativos a empréstimos garantidos pelo Banco.

(c) As moedas recebidas pelo Banco dos beneficiários dos empréstimos ou dos garantes por conta do reembolso do capital dos empréstimos directos concedidos pelo Banco nos termos da secção 1, (a), (ii), do presente artigo, serão conservadas e utilizadas, sem restrição por parte dos membros, para efectuar pagamentos de amortização, para efectuar reembolsos com antecipação ou para resgatar, no todo ou em parte, as próprias obrigações do Banco.

(d) Todas as outras moedas de que o Banco dispuser, incluindo as que forem obtidas no mercado ou por outra forma de empréstimo nos termos da secção 1, (a), (ii), do presente artigo, as obtidas pela venda de ouro, as recebidas em pagamento de juros e outros encargos relativos aos empréstimos directos realizados nos termos da secção 1, (a), (iii), serão utilizadas ou convertidas, quer noutras moedas, quer em ouro de que o Banco necessite para as suas operações, sem restrição da parte dos membros cujas moedas são oferecidas.

(e) As moedas obtidas nos mercados de membros pelos beneficiários de empréstimos garantidos pelo Banco, nos termos da secção 1, (a), (iii), do presente artigo, serão também utilizadas ou convertidas noutras moedas sem restrição da parte desses membros.

SECÇÃO 3
Fornecimento de moedas para empréstimos directos

As disposições seguintes serão aplicadas aos empréstimos directos efectuados nos termos da secção 1, (a), (i) e (ii), do presente artigo:

(a) O Banco fornecerá ao beneficiário do empréstimo as moedas de outros membros, à excepção da moeda do membro em cujos territórios o projecto for realizado, de que esse beneficiário necessitar para cobrir as despesas que tiver de efectuar nos territórios desses outros membros para realizar os objectivos do empréstimo.

(b) O Banco poderá, em circunstâncias excepcionais, quando o beneficiário não puder obter em condições razoáveis a moeda local necessária para os objectivos do empréstimo, fornecer a este, a título de parte do empréstimo, uma importância apropriada nessa moeda.

(c) Se o projecto aumentar indirectamente as necessidades de divisas estrangeiras do membro em cujos territórios o projecto for realizado, o Banco poderá, em circunstâncias excepcionais, fornecer ao beneficiário do empréstimo, a título de parte desse empréstimo, uma importância apropriada em ouro ou divisas estrangeiras, que não deverá exceder a importância das despesas locais que o beneficiário terá de realizar em relação com os objectivos do empréstimo.

(d) O Banco poderá, em circunstâncias excepcionais, a pedido de um membro em cujos territórios seja despendida uma parte do empréstimo, readquirir, contra ouro ou divisas estrangeiras, um parte da moeda desse membro que tiver sido gasta nessas condições; porém, em caso algum a parte assim readquirida excederá a importância correspondente ao acréscimo das necessidades de divisas estrangeiras resultante da utilização do empréstimo nesses territórios.

SECÇÃO 4
Disposições relativas ao pagamento dos empréstimos directos

Os contratos de empréstimo, nos termos da secção 1, (a), (i) ou (ii), do presente artigo serão realizados de acordo com as seguintes disposições relativas aos pagamentos:

(a) Os termos e condições de pagamento de juros e amortizações, do vencimento e das datas de pagamento de cada empréstimo serão fixados pelo Banco. O Banco fixará igualmente a taxa e outros termos e condições da comissão a cobrar relativamente a esse empréstimo. No caso de empréstimos realizados, nos termos da secção 1, (a), (ii), do presente artigo, durante os primeiros dez anos de funcionamento do Banco, a taxa da comissão não será inferior a 1% ao ano nem superior a 1,5% ao ano e incidirá sobre a parte não reembolsada de qualquer empréstimo desta natureza. Expirado esse período de dez anos, o Banco poderá reduzir a taxa da comissão no que respeita tanto à parte não reembolsada dos empréstimos já concedidos, como aos empréstimos futuros, se o Banco considerar as reservas acumuladas nos termos da secção 6 do presente artigo e as provenientes de outras receitas suficientes para justificar uma redução. No caso de empréstimos futuros, o Banco terá igualmente o direito de aumentar a taxa da comissão para além do limite indicado acima, se a experiência demonstrar que um aumento é aconselhável.

(b) Todos os contratos de empréstimo estipularão a moeda, ou moedas, em que serão efectuados os pagamentos ao Banco nos termos do contrato. Contudo, o devedor poderá optar entre realizar esses pagamentos em ouro ou, mediante o acordo do Banco, na moeda de um membro que não seja a estipulada no contrato.

(i) Tratando-se de empréstimos concedidos nos termos da secção 1, (a), (i), do presente artigo, os contratos de empréstimo deverão estabelecer que os pagamentos ao Banco de juros, outros encargos e amortização serão feitos na moeda em que o empréstimo tiver sido concedido, a menos que o membro cuja moeda foi emprestada aceite que esses pagamentos se façam noutra moeda ou moedas especificadas. Sob reserva das disposições do artigo II, secção 9, (c), estes pagamentos serão equivalentes ao valor dos referidos pagamentos contratuais na data da concessão dos empréstimos, expresso numa moeda especificada para esse fim pelo Banco, mediante aprovação por maioria de três quartos do total dos votos computáveis;

(ii) No caso de empréstimos concedidos nos termos da secção 1, (a), (ii), do presente artigo, a importância total devida e pagável ao Banco em qualquer moeda não deverá exceder, em nenhuma ocasião, a importância total, pagável na mesma moeda, dos empréstimos ainda não reembolsados que tiverem sido contraídos pelo Banco nos termos da secção 1, (a), (ii).

(c) Se, em virtude de uma escassez grave de divisas estrangeiras, um membro não puder assegurar, na maneira estipulada, o serviço de qualquer empréstimo contraído ou garantido por esse membro ou por qualquer dos seus departamentos, esse membro poderá solicitar do Banco uma mitigação das condições de pagamento. Se o Banco considerar que uma mitigação é favorável aos interesses do membro em questão, bem como aos das operações do Banco e do conjunto dos membros, poderá proceder da maneira prevista em qualquer dos parágrafos seguintes, ou em ambos, quer em relação à totalidade, quer a uma parte do serviço anual do empréstimo:

(i) O Banco poderá, a seu alvedrio, realizar arranjos com o membro em questão sobre a aceitação do pagamento do serviço do empréstimo na moeda desse membro, por períodos não superiores a três anos, em condições apropriadas relativas à utilização dessa moeda e à manutenção do respectivo valor externo, assim como à sua reaquisição em termos apropriados;

(ii) O Banco poderá modificar os termos de amortização ou prolongar o período do empréstimo ou adoptar ambas as medidas.

SECÇÃO 5
Garantias

(a) Ao garantir um empréstimo colocado através das vias de investimento usuais, o Banco cobrará uma comissão de garantia, à taxa que fixar, sobre a importância não reembolsada do empréstimo, que será pagável periodicamente. Durante os primeiros dez anos de funcionamento do Banco, essa taxa não será inferior a 1% ao ano nem superior a 1,5% ao ano. Expirado esse período de dez anos, o Banco poderá reduzir a taxa de comissão, no que respeita tanto à parte não reembolsada dos empréstimos já garantidos, como aos empréstimos futuros, se o Banco considerar as reservas acumuladas nos termos da secção 6 do presente artigo e as provenientes de outras receitas suficientes para justificar uma redução. No caso de empréstimos futuros, o Banco terá igualmente o direito de aumentar a taxa de comissão para além do limite indicado acima, se a experiência demonstrar que um aumento é aconselhável.

(b) As comissões serão pagas directamente ao Banco pelo beneficiário do empréstimo.

(c) As garantias concedidas pelo Banco comportarão disposições estabelecendo que o Banco poderá cessar a sua responsabilidade no que respeita aos juros se, no caso de falta de pagamento do devedor e do garante, se o houver, o Banco se oferecer para resgatar ao valor nominal, acrescido dos juros vencidos até à data designada na oferta, as obrigações ou outros títulos garantidos.

(d) O Banco terá poderes de fixar quaisquer outros termos e condições da garantia.

SECÇÃO 6
Reserva especial

A importância das comissões recebidas pelo Banco nos termos das secções 4 e 5 do presente artigo será consignada à constituição de uma reserva especial, que será conservada disponível para fazer face às responsabilidades do Banco de acordo com as disposições da secção 7 do presente artigo. Esta reserva especial será mantida na forma líquida, autorizada pelo presente Acordo, que os directores executivos determinarem.

SECÇÃO 7
Modalidades de cumprimento dos compromissos do Banco em caso de mora no pagamento

No caso de mora no pagamento de empréstimos concedidos pelo Banco em que este tiver participado ou que tiver garantido:

(a) O Banco concluirá os arranjos possíveis para ajustar as obrigações resultantes dos empréstimos, incluindo os arranjos previstos na secção 4, (c), do presente artigo ou arranjos análogos.

(b) Os pagamentos feitos pelo Banco em quitação das suas responsabilidades resultantes de empréstimos contraídos ou de garantias, nos termos da secção 1, (a), (ii), (iii), do presente artigo, serão imputados:
> (i) Em primeiro lugar, à reserva especial prevista na secção 6 do presente artigo;
> (ii) Em seguida, na medida do que for necessário e ao alvedrio do Banco, às outras reservas, excedentes e capitais à disposição do Banco.

(c) O Banco poderá, nos termos do artigo II, secções 5 e 7, pedir a realização de uma importância apropriada das subscrições não liberadas dos membros, sempre que tal for necessário, quer para fazer face a pagamentos contratuais de juros, outros encargos ou à amortização de empréstimos contraídos pelo próprio Banco, quer para fazer face às responsabilidades do Banco respeitantes a pagamentos análogos de empréstimos por ele garantidos. Além disso, se o Banco julgar a falta de pagamento de longa duração, poderá pedir a realização de uma importância adicional das subscrições não liberadas, que não deverá exceder, durante qualquer período de um ano, 1% do valor total das subscrições dos membros, para os fins seguintes:
> (i) Resgatar antes do vencimento ou satisfazer de qualquer outra forma as suas obrigações relativas à totalidade ou parte do capital não reembolsado de qualquer empréstimo garantido pelo Banco em relação ao qual o devedor não tenha efectuado o respectivo pagamento;
> (ii) Resgatar ou satisfazer de qualquer outra forma as suas obrigações relativas à totalidade ou parte dos empréstimos não reembolsados que tiver contraído.

SECÇÃO 8
Operações diversas

Além das operações previstas noutras disposições do presente Acordo, o Banco terá poderes para:
> (i) Comprar e vender títulos que tiver emitido e comprar e vender títulos que tiver garantido ou nos quais tiver investido fundos, desde que obtenha a aprovação do membro em cujos territórios os títulos deverão ser comprados ou vendidos;

(ii) Garantir títulos em que tenha investido por forma a facilitar a sua venda;
(iii) Contrair empréstimos na moeda de qualquer membro com a aprovação desse membro;
(iv) Comprar e vender outros títulos que os directores, mediante aprovação por maioria de três quartos do total dos votos computáveis, considerem adequados ao investimento de toda ou parte da reserva especial referida na secção 6 do presente artigo.

Ao exercer os poderes conferidos pela presente secção, o Banco poderá tratar com qualquer pessoa, sociedade em nome colectivo, associação, sociedade anónima ou outra entidade legalmente constituída estabelecida nos territórios de qualquer membro.

SECÇÃO 9
Aviso que deverá figurar nos títulos

Será visivelmente indicado na face de todos os títulos garantidos ou emitidos pelo Banco que esses títulos não constituem obrigações de qualquer governo, salvo menção expressa inscrita sobre o título.

SECÇÃO 10
Proibição de actividades de ordem política

O Banco e os seus agentes não deverão interferir nos assuntos políticos de qualquer membro, nem se deixarão influenciar nas suas decisões pelas características políticas do membro ou dos membros em questão. As suas decisões pautar-se-ão essencial e exclusivamente por critérios de ordem económica, os quais serão ponderados imparcialmente por forma a alcançar os objectivos enunciados no artigo I.

ARTIGO V
Organização e gestão

SECÇÃO 1
Estrutura do Banco

O Banco terá um conselho de governadores, directores executivos, um presidente, assim como os agentes e o pessoal necessários para exercer as funções que o Banco determinar.

SECÇÃO 2
Conselho de governadores

(a) Todos os poderes do Banco serão atribuídos ao conselho de governadores, composto de um governador e de um governador suplente nomeados por cada membro pela forma que o mesmo determinar. Os governadores e governadores suplentes permanecerão no exercício das suas funções durante cinco anos, a menos que o membro que fizer a nomeação decida de outro modo, e poderão ser reconduzidos. Nenhum governador suplente poderá votar, excepto na ausência do respectivo titular. O conselho escolherá um dos governadores para seu presidente.

(b) O conselho de governadores pode delegar nos directores executivos o exercício de todos os seus poderes, à excepção dos poderes para;
  (i) Admitir os novos membros e fixar as condições da sua admissão;
  (ii) Aumentar ou reduzir o capital social;
  (iii) Suspender um membro;
  (iv) Decidir recursos contra interpretações do presente Acordo feitas pelos directores executivos;
  (v) Realizar arranjos de cooperação com outros organismos internacionais (excepto se se tratar de arranjos informais com carácter temporário ou administrativo);
  (vi) Decidir a suspensão permanente das operações do Banco e distribuir os seus activos;
  (vii) Fixar a distribuição do rendimento líquido do Banco.

(c) O conselho de governadores realizará uma reunião anual, bem como todas as outras reuniões que forem decididas pelo conselho ou convocadas pelos directores executivos. Os directores convocarão o conselho sempre que cinco membros ou os membros que detenham um quarto do total dos votos computáveis o solicitem.

(d) O quórum para qualquer sessão do conselho de governadores será constituído por uma maioria de governadores que disponha de, pelo menos, dois terços do total dos votos computáveis.

(e) O conselho de governadores poderá instituir, por regulamento, um processo que permita aos directores executivos obter, sem convocação do conselho de governadores, um voto dos governadores sobre uma questão determinada sempre que o julguem conforme aos interesses do Banco.

(f) O conselho de governadores e os directores executivos, na medida em que forem autorizados, poderão adoptar as regras e regulamentos que forem necessários ou apropriados para conduzir as operações do Banco.

(g) As funções de governador e de governador suplente não serão remuneradas pelo Banco, mas o Banco pagará aos governadores e governadores suplentes as importâncias das despesas que realizarem, nos limites que forem razoáveis, para assistir às reuniões.

(h) O conselho de governadores determinará a remuneração a pagar aos directores executivos e o vencimento e termos do contrato de prestação de serviços do presidente.

SECÇÃO 3
Votação

(a) Cada membro terá 250 votos e 1 voto adicional por cada acção em seu poder.

(b) Salvo expressa disposição em contrário, todas as decisões do Banco serão adoptadas por maioria de votos.

SECÇÃO 4
Directores executivos

(a) Os directores executivos serão responsáveis pela condução das operações gerais do Banco e, para esse fim, exercerão todos os poderes que o conselho de governadores neles delegar.

(b) Haverá doze directores executivos, que serão obrigatoriamente governadores, e deles:
  (i) Cinco serão nomeados na razão de um director por cada um dos cinco membros com maior número de acções;
  (ii) Sete serão eleitos, de acordo com as disposições do anexo B, por todos os governadores, à excepção dos que tiverem sido nomeados pelos cinco membros referidos na alínea (i) acima.

Para fins do presente parágrafo, entendem-se por "membros" os governos dos países mencionados no anexo A, quer sejam membros originários, quer se tenham tornado membros de harmonia com o artigo II, secção 1, (b). Quando governos de outros países se tornarem membros, o conselho de governadores poderá, mediante aprovação por maioria de quatro quintos do total dos votos computáveis, aumentar o número total de directores por meio do aumento do número de directores a eleger.

Os directores executivos serão nomeados ou eleitos de dois em dois anos.

(c) Cada director executivo nomeará um suplente com plenos poderes para agir em seu nome quando não estiver presente. Quando os directores executivos que tiverem nomeado suplentes estiverem presentes, estes poderão participar nas reuniões, mas não terão direito de voto.

(d) Os directores continuarão em exercício até serem nomeados ou eleitos os seus sucessores. Se o lugar de qualquer director eleito ficar vago mais de 90 dias antes da expiração do mandato, será eleito outro director para o período restante do mandato pelos governadores que tiverem eleito o director precedente. A eleição será realizada por maioria de votos. Enquanto o lugar permanecer vago, o suplente do director anterior exercerá os poderes deste, excepto os respeitantes à nomeação de um suplente.

(e) A direcção executiva funcionará em sessão contínua na sede do Banco e reunir-se-á tantas vezes quantas as requeridas pelas operações do Banco.

(f) O quórum para qualquer reunião dos directores executivos será constituído por uma maioria de directores que represente, pelo menos, metade do total dos votos computáveis.

(g) Cada director nomeado disporá do número de votos atribuídos, nos termos da secção 3 do presente artigo, ao membro que o tiver nomeado. Cada director eleito disporá do número de votos que contarem para a sua eleição. Todos os votos de que um director dispuser serão utilizados em bloco.

(h) O conselho de governadores adoptará os regulamentos que possibilitem a um membro, sem direito a nomear um director nos termos do parágrafo (b) acima, enviar um representante para assistir a qualquer reunião dos directores executivos em que seja examinado um pedido feito por esse membro ou um assunto que particularmente o afecte.

(i) Os directores executivos poderão constituir as comissões que entendam aconselháveis. A participação nestas comissões não será necessariamente limitada aos governadores, aos directores ou aos seus suplentes.

SECÇÃO 5
Presidente e pessoal

(a) Os directores executivos escolherão um presidente, que não poderá ser nenhum dos governadores, dos directores executivos ou dos seus suplentes. O presidente presidirá às reuniões dos directores executivos, mas não terá direito de voto, excepto de voto de desempate. Poderá participar nas sessões do conselho de governadores, mas não terá direito de voto nessas sessões. O presidente cessará as suas funções quando os directores executivos o decidirem.

(b) O presidente será o chefe do pessoal executivo do Banco e orientará, sob a direcção dos directores executivos, as operações correntes do Banco. Será responsável, sob a fiscalização geral dos directores executivos, pela organização dos serviços, assim como pela nomeação e demissão dos agentes e do pessoal.

(c) No exercício das suas funções, o presidente, os agentes e o pessoal estão subordinados exclusivamente ao Banco e a nenhuma outra autoridade. Os membros do Banco respeitarão o carácter internacional destas funções e abster-se-ão de qualquer tentativa de os influenciar no exercício das suas funções.

(d) Ao proceder à nomeação dos agentes e do pessoal, o presidente deverá, tendo em conta a importância primordial de assegurar o mais elevado nível de eficiência e competência técnica, tomar em devida consideração a importância de recrutar pessoal numa base geográfica tão extensa quanto possível.

SECÇÃO 6
Conselho consultivo

(a) Haverá um conselho consultivo, constituído por, pelo menos, sete pessoas escolhidas pelo conselho de governadores, compreendendo representantes de bancos, do comércio, da indústria, do trabalho e da agricultura, numa base de representação nacional tão extensa quanto possível. Nos sectores onde existam organizações internacionais especializadas, os membros do conselho que representem esses sectores serão escolhidos de acordo com essa organização. O conselho dará ao Banco pareceres sobre assuntos de política geral. O conselho reunir-se-á anualmente e em todas as outras ocasiões que o Banco solicitar.

(b) Os membros do conselho exercerão as suas funções por dois anos e podem ser reconduzidos. Terão direito ao reembolso das despesas consideradas razoáveis que realizarem por conta do Banco.

SECÇÃO 7
Comissões de empréstimos

As comissões encarregadas de elaborar relatórios sobre os empréstimos, nos termos do artigo III, secção 4, serão nomeadas pelo Banco. Cada uma destas comissões compreenderá um perito escolhido pelo governador representante do membro em cujos territórios o projecto for realizado, bem como um ou mais membros do pessoal técnico do Banco.

SECÇÃO 8
Relações com outras organizações internacionais

(a) O Banco, nos termos do presente Acordo, cooperará com todas as organizações internacionais gerais e com todas as organizações públicas internacionais que exerçam funções especializadas em sectores relacionados com o seu. Quaisquer arranjos destinados a promover essa cooperação que impliquem alteração de qualquer disposição do presente Acordo só poderão ser efectuados após a emenda do mesmo, nos termos do artigo VIII.

(b) Ao decidir sobre pedidos de empréstimos ou de garantias a questões directamente relacionadas com a competência de qualquer organismo internacional pertencente a uma das categorias especificadas no parágrafo anterior e onde a participação dos membros do Banco seja preponderante, o Banco terá em consideração o parecer e as recomendações do referido organismo.

SECÇÃO 9
Sede do Banco

(a) A sede do Banco ficará situada no território do membro que possuir o maior número de acções.

(b) O Banco poderá estabelecer agências ou sucursais nos territórios de qualquer dos seus membros.

SECÇÃO 10
Dependências e conselho regionais

(a) O Banco poderá criar dependências regionais e determinar o local onde ficarão situadas e as zonas a elas adstritas.

(b) Cada dependência regional receberá pareceres de um conselho regional, que representará toda a zona, e que será escolhido da maneira que o Banco fixar.

SECÇÃO 11
Depositários

(a) Cada membro designará o seu banco central como depositário de todas as disponibilidades do Banco na sua moeda ou, se não tiver banco central, designará outra instituição susceptível de ser aceite pelo Banco.

(b) O Banco poderá manter outras disponibilidades, incluindo ouro, nos depositários designados pelos cinco membros que possuam o maior número de acções, bem como em outros depositários designados que o Banco poderá escolher. Inicialmente, pelo menos metade das disponibilidades em ouro do Banco serão colocadas no depositário designado pelo membro em cujo território estiver situada a sede do Banco, e pelo menos 40% serão colocados nos depositários designados pelos restantes quatro membros acima referidos, devendo cada um destes depositários deter, inicialmente, uma importância em ouro pelo menos igual à importância, paga em ouro, das acções do membro que o tiver designado. Contudo, em todas as transferências de ouro que o Banco efectuar dever-se-á ter em conta o custo do transporte e as prováveis necessidades do Banco. Em caso de emergência, os directores executivos poderão transferir a totalidade ou parte das disponibilidades em ouro do Banco para qualquer lugar que ofereça condições de segurança adequadas.

SECÇÃO 12
Forma das disponibilidades monetárias

O Banco aceitará de qualquer membro, em substituição de qualquer parte da moeda desse membro a entregar ao Banco, quer nos termos do artigo II, secção 7, (i), quer para amortizar os empréstimos contraídos nessa moeda, e que não seja necessária para as operações do Banco, promissórias ou obrigações análogas emitidas pelo governo do referido membro ou pelo depositário por este designado, as quais não serão negociáveis, não vencerão juros e serão pagáveis à vista e ao par, creditando a conta do Banco no depositário designado.

SECÇÃO 13
Publicação de relatórios e prestação de informações

(a) O Banco publicará um relatório anual contendo um balanço das suas contas devidamente verificado e, pelo menos de três em três meses, distribuirá aos membros um balancete sumário da sua situação financeira e um desenvolvimento de ganhos e perdas apresentando os resultados das suas operações.

(b) O Banco poderá publicar outros relatórios que entenda desejáveis para a prossecução dos seus objectivos.

(c) Serão distribuídos aos membros exemplares de todos os relatórios, balanços e publicações elaborados nos termos da presente secção.

SECÇÃO 14
Distribuição do rendimento líquido

(a) O conselho de governadores determinará anualmente a parte do rendimento líquido do Banco que, dedução feita da importância afectada às reservas, será considerada como excedente e a parte deste, se existir, que será distribuída.

(b) No caso de distribuição de qualquer parte do rendimento líquido, será paga a cada membro, como primeiro encargo relativo a qualquer distribuição anual, uma importância não cumulativa, até 2%, calculada sobre a média dos empréstimos não reembolsados durante o ano que hajam sido concedidos nos termos do artigo IV, secção 1, (a), (i), na moeda correspondente à sua subscrição. O saldo restante, depois de efectuado o pagamento prioritário de 2%, será distribuído entre todos os membros na proporção das suas acções. Os pagamentos serão feitos a cada membro na sua própria moeda ou, se não existirem disponibilidades nessa moeda, em qualquer outra moeda que o membro aceite. Quando os pagamentos forem efectuados numa moeda que não seja a do membro respectivo, os membros não poderão aplicar restrições à transferência dessa moeda, nem à sua utilização por parte do membro que a receber.

ARTIGO VI
Retirada e suspensão dos membros: suspensão das operações

SECÇÃO 1
Direito de retirada dos membros

Qualquer membro poderá retirar-se do Banco, a qualquer momento, mediante notificação escrita da sua decisão transmitida ao Banco, na sua sede. A retirada terá efeito a partir da data em que for recebida a notificação.

SECÇÃO 2
Suspensão dos membros

Se um membro deixar de cumprir qualquer das obrigações que assumiu em relação ao Banco, este poderá pronunciar a sua suspensão, por decisão adoptada por maioria dos governadores que possuam a maioria do total dos votos computáveis. O membro suspenso perderá automaticamente a sua qualidade de membro um ano após a decisão da suspensão, excepto se for adoptada, pela mesma maioria, uma decisão que restitua ao membro a sua plena capacidade.

Enquanto um membro estiver suspenso não poderá exercer nenhum dos direitos nos termos do presente Acordo, excepto o direito de retirada, mas continuará sujeito a todas as obrigações.

SECÇÃO 3
Retirada do Fundo Monetário Internacional

Qualquer membro que se retirar do Fundo Monetário Internacional deixará, automaticamente, três meses depois, de ser membro do Banco, excepto se o Banco decidir autorizá-lo a permanecer seu membro, mediante aprovação por maioria de três quartos do total dos votos computáveis.

SECÇÃO 4
Liquidação das contas com os governos que deixam de ser membros

(a) Um governo que deixar de ser membro do Banco continuará responsável pelas obrigações directas ou pelas responsabilidades eventuais para com o Banco, enquanto subsistir qualquer parte dos empréstimos contraídos ou das garantias obtidas antes de esse governo ter deixado de ser membro; contudo, esse governo deixará de assumir responsabilidade relativamente aos empréstimos e garantias cujos pedidos derem entrada no Banco posteriormente e deixará de ter participação tanto nos rendimentos, como nos encargos do Banco.

(b) Na data em que um governo deixar de ser membro, o Banco adoptará as disposições necessárias à reaquisição das acções respectivas, a título de liquidação parcial das contas com esse governo, de acordo com as disposições dos parágrafos (c) e (d) abaixo. Para este fim, o preço de reaquisição das acções será o valor que constar da escrita do Banco no dia em que o governo deixar de ser membro.

(c) O pagamento das acções readquiridas pelo Banco nos termos da presente secção deverá efectuar-se nas condições seguintes:

(i) Qualquer importância devida a um governo pelo reembolso das suas acções será retida pelo Banco enquanto esse governo, o seu banco central ou qualquer dos seus departamentos permanecer responsável para com o Banco como devedor ou garante, e o Banco terá a faculdade de afectar esse valor à execução de quaisquer dessas responsabilidades à medida que se forem vencendo. Nenhuma importância poderá ser retida pelo Banco por conta da dívida de um governo que resulte da sua subscrição de acções, nos termos do artigo II, secção 5, (ii). Em circunstância alguma será feito o reembolso das acções a um governo antes de expirado um prazo de seis meses, a contar do dia em que este tiver deixado de ser membro;

(ii) Até que o antigo membro tenha recebido o preço de aquisição total, poderão ser efectuados, de tempos a tempos, pagamentos referentes ao reembolso de acções, após a sua entrega pelo respectivo governo, na medida em que a importância devida como preço de reaquisição, nos termos do parágrafo (b) acima, exceder o conjunto das responsabilidades relativas a empréstimos e garantias referidas nos parágrafos (c), (i), acima

(iii) Os pagamentos serão efectuados, à opção do Banco, na moeda do país ao qual se destinarem ou em ouro.

(iv) Se o Banco tiver perdas relativamente às garantias, participações em empréstimos ou empréstimos não reembolsados, subsistentes na data em que o governo deixar de ser membro, e se a importância destas perdas exceder a da reserva prevista para esse fim, esse governo será obrigado a pagar, quando lhe for solicitado, uma importância igual à redução que o preço de reembolso das suas acções teria sofrido se, no momento da sua determinação, tais perdas tivessem sido consideradas. Além disso, o antigo governo membro ficará obrigado a satisfazer qualquer pedido de realização das subscrições não liberadas, nos termos do artigo II, secção 5, (ii), na medida em que tal lhe teria sido solicitado se a depreciação do capital e o pedido de realização tivessem ocorrido no momento da determinação do preço de reembolso das suas acções.

(d) Se, no prazo de seis meses após a data em que qualquer governo deixar de ser membro, o Banco suspender as suas operações de forma permanente, nos termos da secção 5, (b), do presente artigo, todos os direitos desse governo serão determinados de conformidade com as disposições da secção 5 do presente artigo.

SECÇÃO 5
Suspensão das operações e liquidação de obrigações

(a) Em caso de emergência, os directores executivos poderão suspender temporariamente as operações relativas a novos empréstimos e garantias até que o conselho de governadores estude a situação e adopte as medidas adequadas.

(b) O Banco poderá suspender, de forma permanente, as suas operações relativas a novos empréstimos e garantias, por decisão tomada por maioria do total dos votos computáveis. Depois dessa suspensão de operações, o Banco cessará imediatamente todas as suas actividades, excepto as respeitantes à realização ordenada, conservação e salvaguarda dos seus valores e à liquidação.

(c) A responsabilidade de todos os membros em relação às subscrições não liberadas do capital social do Banco e à desvalorização das suas próprias moedas só cessará quando forem satisfeitas todas as importâncias devidas aos credores, incluindo todos os créditos eventuais.

(d) Todos os credores titulares de créditos directos serão pagos com os valores do Banco e, em seguida, por meio de importâncias provenientes dos pagamentos feitos ao Banco em virtude da realização de subscrições não liberadas. Antes de efectuar qualquer pagamento aos titulares de créditos directos, os directores executivos adoptarão as medidas que julguem necessárias para garantir aos titulares de créditos eventuais uma repartição nas mesmas bases do que as dos titulares de créditos directos.

(e) Não será feita nenhuma distribuição aos membros por conta das suas subscrições do capital social do Banco enquanto:

(i) Não forem satisfeitas todas as obrigações para com os credores, nem forem adoptadas as disposições necessárias no que respeita a essas obrigações; e

(ii) A maioria dos governadores que disponham da maioria do total dos votos computáveis não decidir proceder a uma distribuição.

(f) Depois de ter sido tomada a decisão de efectuar uma distribuição nas condições fixadas no parágrafo (e) acima, os directores executivos poderão, mediante aprovação por maioria de dois terços, fazer distribuições sucessivas dos valores do Banco aos membros até à distribuição total dos valores. Esta distribuição só poderá ser realizada depois da liquidação de todos os créditos do Banco sobre cada um dos membros.

(g) Antes de proceder a qualquer distribuição dos valores, os directores executivos fixarão a parte proporcional que caberá a cada membro segundo a relação existente entre o número de acções em poder desse membro e o total das acções do Banco em circulação.

(h) Os directores executivos computarão, com referência à data da distribuição, os valores a distribuir e procederão depois a essa distribuição da forma seguinte:

    (i) Será paga a cada membro, sob a forma de quitação das suas obrigações ou das obrigações dos seus departamentos oficiais ou de entidades legalmente constituídas situadas nos seus territórios, na medida em que estas sejam susceptíveis de distribuição, uma importância equivalente em valor à parte proporcional que lhe competir no total a ser distribuído;

    (ii) Qualquer saldo devido a um membro, depois de realizado o pagamento, nos termos da alínea (i) acima, será pago a esse membro na sua própria moeda, na medida em que o Banco a possua, até à importância equivalente em valor a esse saldo;

    (iii) Qualquer saldo devido a um membro, depois de realizados os pagamentos, nos termos das alíneas (i) e (ii) acima, será pago a esse membro em ouro ou numa moeda aceitável por esse membro, na medida em que o Banco os possua, até à importância equivalente em valor a esse saldo;

    (iv) Os restantes valores em poder do Banco, depois de realizados os pagamentos aos membros, nos termos das alíneas (i), (ii) e (iii) acima, serão distribuídos *pro rata* entre os membros.

    (v) Os membros que receberem valores distribuídos pelo Banco, de acordo com o parágrafo (h) acima, terão em relação a esses valores os mesmos direitos de que o Banco gozava antes de se fazer a distribuição.

ARTIGO VII
Estatuto, imunidades e privilégios

SECÇÃO 1
Objectivos do presente artigo

Em todos os territórios dos membros serão concedidos ao Banco, para que possa desempenhar as funções que lhe são confiadas, o estatuto, imunidades e privilégios definidos no presente artigo.

SECÇÃO 2
Estatuto do Banco

O Banco terá plena personalidade jurídica e, em especial, capacidade para:

(i) Contratar;
(ii) Adquirir e dispor de bens móveis e imóveis;
(iii) Instaurar procedimentos judiciais.

SECÇÃO 3
Situação do Banco no que respeita a processos judiciais

Só poderão ser intentadas acções contra o Banco em tribunal jurisdicional competente nos territórios de um membro onde o Banco possua um departamento ou onde tenha nomeado um representante com o fim de aceitar citações ou notificações judiciais ou onde tenha emitido ou garantido títulos. Contudo, nenhuma acção poderá ser intentada pelos membros ou por pessoas agindo em nome dos referidos membros ou invocando direitos destes. Os bens e activos do Banco, qualquer que seja o lugar onde se encontrem e seja quem for o seu detentor, estarão imunes de qualquer forma de apreensão, arresto ou execução, enquanto não for pronunciada uma decisão judicial definitiva contra o Banco.

SECÇÃO 4
Imunidade de apreensão

Os bens e activos do Banco, qualquer que seja o lugar onde se encontrem e seja quem for o seu detentor, estarão imunes de busca, requisição, confisco, expropriação ou qualquer outra forma de apreensão por parte do poder executivo ou do poder legislativo.

SECÇÃO 5
Inviolabilidade dos arquivos

Os arquivos do Banco serão invioláveis.

SECÇÃO 6
Imunidade dos activos do Banco em relação a medidas restritivas

Na medida necessária para a realização das operações previstas no presente Acordo e sob reserva das disposições do mesmo, todos os bens e activos do Banco ficarão isentos de restrições, regulamentações, fiscalizações e moratórias de qualquer natureza.

SECÇÃO 7
Privilégios em matérias de comunicações

Os membros concederão às comunicações oficiais do Banco o mesmo tratamento concedido às comunicações oficiais dos outros membros.

SECÇÃO 8
Imunidades e privilégios dos agentes e empregados

Os governadores, directores executivos, suplentes, agentes e empregados do Banco:
  (i) Gozarão de imunidade de jurisdição em relação aos actos que praticarem no exercício das suas funções, excepto quando o Banco renunciar a essa imunidade;
  (ii) Se não forem nacionais do Estado onde exercem as suas funções, gozarão das mesmas imunidades, no que respeita a restrições relativas à imigração, formalidades de registo de estrangeiros e obrigações de serviço militar, e beneficiarão das mesmas facilidades em matéria de restrições cambiais que forem concedidas pelos membros aos representantes, agentes e empregados de categoria correspondente dos outros membros;
  (iii) Ser-lhe-ão asseguradas nas suas deslocações as mesmas facilidades que forem concedidas pelos membros aos representantes, agentes e empregados de categoria correspondente dos outros membros.

SECÇÃO 9
Imunidades fiscais

(a) O Banco, os seus activos, bens e rendimentos, bem como as suas operações e transacções autorizadas por este Acordo, estarão isentos de todos os impostos e de todos os direitos aduaneiros. O Banco ficará também isento de obrigações relativas à cobrança ou pagamento de qualquer imposto ou direito.

(b) Os vencimentos e emolumentos pagos pelo Banco aos seus directores executivos, suplentes, funcionários e empregados que não sejam cidadãos, súbditos ou nacionais do país onde exerçam as suas funções ficarão isentos de impostos.

(c) As obrigações e títulos emitidos pelo Banco (incluindo os respectivos dividendos ou juros), seja quem for o seu detentor, não serão sujeitos a tributação de qualquer natureza

(i) Que tenha um carácter discriminatório relativamente a essas obrigações ou títulos, unicamente por terem sido emitidos pelo Banco; ou

(ii) Se a única base legal para tal tributação for o lugar ou a moeda em que essas obrigações ou títulos forem emitidos, pagáveis ou pagos, ou a localização de qualquer departamento ou escritório do Banco.

(d) As obrigações e títulos garantidos pelo Banco (incluindo os respectivos dividendos ou juros), seja quem for o detentor, não serão sujeitos a tributação de qualquer natureza

(i) Que tenha um carácter discriminatório relativamente a essas obrigações ou títulos, unicamente por terem sido garantidos pelo Banco; ou

(ii) Se a única base legal para tal tributação for a localização de qualquer departamento ou escritório do Banco.

SECÇÃO 10
Aplicação do presente artigo

Cada membro deverá adoptar, nos seus próprios territórios, todas as medidas necessárias para introduzir na sua própria legislação os princípios prescritos neste artigo e informará o Banco, em pormenor, das medidas que tiver adoptado.

ARTIGO VIII
Emendas

(a) Qualquer proposta de alteração do presente Acordo, quer seja apresentada por um membro, por um governador ou pelos directores executivos, será comunicada ao presidente do conselho de governadores, que a apresentará ao conselho. Se a emenda proposta for aprovada pelo conselho, o Banco deverá, por carta-circular ou telegrama, perguntar a todos os membros se aceitam a emenda proposta. Desde que três quintos dos membros, dispondo de 85% do total dos votos computáveis, aceitem as emendas propostas, o Banco confirmará o facto por comunicação formal dirigida a todos os membros.

(b) Não obstante as disposições do parágrafo (a) acima, será exigida a anuência de todos os membros no caso de qualquer emenda que modifique:

(i) O direito de retirada do Banco, previsto no artigo VI, secção 1;
(ii) O direito de preempção assegurado pelo artigo II, secção 3, (c);
(iii) A limitação de responsabilidade, prevista no artigo II, secção 6.

(c) As emendas entrarão em vigor para todos os membros três meses depois da data da comunicação formal, excepto se na carta-circular ou telegrama se fixar um prazo mais curto.

ARTIGO IX
Interpretação

(a) Qualquer questão relativa à interpretação das disposições do presente Acordo que surgir entre qualquer membro e o Banco ou entre quaisquer membros do Banco será submetida à decisão dos directores executivos. Se a questão afectar especialmente um membro que não possua o direito de nomear um director executivo, ele terá o direito de fazer-se representar de harmonia com o artigo V, secção 4, (h).

(b) Em qualquer caso em que os directores executivos tiverem tomado uma decisão ao abrigo do parágrafo (a) acima, qualquer membro poderá solicitar que a questão seja submetida ao conselho de governadores, de cuja decisão não haverá recurso. Enquanto o conselho de governadores se não tiver pronunciado, o Banco poderá, se o julgar necessário, agir com base na decisão dos directores executivos.

(c) Em caso de diferendo entre o Banco e um país que deixou de ser membro, ou entre o Banco e qualquer membro, durante a suspensão permanente das operações do Banco, esse litígio será submetido à arbitragem de um tribunal constituído por três árbitros, um nomeado pelo Banco, outro pelo país em questão e um árbitro de desempate nomeado, salvo acordo em contrário entre as partes, pelo Presidente do Tribunal Internacional de Justiça ou qualquer outra autoridade indicada por regulamento adoptado pelo Banco. O árbitro de desempate terá plenos poderes para resolver todas as questões processuais em que as partes não estejam de acordo.

ARTIGO X
Aprovação presuntiva

Sempre que for necessária a prévia aprovação de qualquer membro para que o Banco possa agir, presume-se efectuada essa aprovação, excepto no caso referido no artigo VIII, se o membro não apresentar objecção dentro de um prazo razoável que o Banco poderá fixar ao notificar o membro da medida prevista.

ARTIGO XI
Disposições finais

SECÇÃO 1
Entrada em vigor

O presente Acordo entrará em vigor quando tiver sido assinado em nome de governos cujas subscrições mínimas representem, pelo menos, 65% do total das subscrições enumeradas no anexo A e quando os instrumentos a que se refere a secção 2, (a), do presente artigo tiverem sido depositados em seu nome. Porém, em caso algum o presente Acordo entrará em vigor antes de 1 de Maio de 1945.

SECÇÃO 2
Assinatura

(a) Cada governo em cujo nome o presente Acordo for assinado depositará, junto do Governo dos Estados Unidos da América, um instrumento pelo qual declare que aceitou o presente Acordo em conformidade com a sua legislação e tomou todas as medidas necessárias para o habilitar a dar cumprimento a todas as obrigações impostas pelo presente Acordo.

(b) Cada governo tornar-se-á membro do Banco a partir da data do depósito, em seu nome, do instrumento a que se refere o parágrafo (a) acima, sob reserva de que nenhum governo se tornará membro antes de o presente Acordo entrar em vigor, nos termos da secção 1 do presente artigo.

(c) O Governo dos Estados Unidos da América informará os governos de todos os países cujos nomes figurem no anexo A e todos os governos cuja adesão for aprovada em conformidade com o artigo II, secção 1, (b), de todas as assinaturas do presente Acordo e do depósito de todos os instrumentos a que se refere o parágrafo (a) acima.

(d) Cada governo deverá entregar ao Governo dos Estados Unidos da América, no momento da assinatura, em seu nome, do presente Acordo, a centésima parte de 1% do preço de cada acção, em ouro ou dólares dos Estados Unidos, a fim de contribuir para as despesas administrativas do Banco. Este pagamento será creditado por conta do pagamento a realizar de acordo com o artigo II, secção 8, (a). O Governo dos Estados Unidos da América conservará esses fundos numa conta de depósito especial e transmiti-los-á ao conselho de governadores do Banco quando a reunião inicial tiver sido convocada nos termos da secção 3 do presente artigo. Se o presente Acordo não tiver entrado em vigor em 31 de Dezembro de 1945, o Governo dos Estados Unidos da América restituirá esses fundos aos governos que lhos tiverem entregado.

(e) O presente Acordo ficará aberto para assinatura em Washington, em nome dos governos dos países cujos nomes figuram no anexo A, até 31 de Dezembro de 1945.

(f) Depois de 31 de Dezembro de 1945 o presente Acordo ficará aberto para assinatura em nome dos governos de quaisquer países cuja adesão tiver sido aprovada em conformidade com o artigo II, secção 1, (b).

(g) Todos os governos, pelo facto de assinarem o presente Acordo, aceitam-no em seu próprio nome e no que respeita a todas as suas colónias, territórios ultramarinos e todos os territórios sob a sua protecção, soberania ou autoridade e a todos os territórios relativamente aos quais exerçam um mandato.

(h) No caso dos governos cujos territórios metropolitanos tiverem sido ocupados pelo inimigo, o depósito do instrumento citado no parágrafo (a) acima poderá ser adiado até 180 dias após a data em que esses territórios tiverem sido libertados. Contudo, se o instrumento referido não for depositado, por qualquer governo nestas condições, antes da expiração deste prazo, a assinatura aposta em nome desse governo ficará sem efeito e a parte da subscrição paga, nos termos do parágrafo (d) acima, ser-lhe-á restituída.

(i) Os parágrafos (d) e (h) entrarão em vigor, em relação a cada governo signatário, a partir da data da assinatura respectiva.

SECÇÃO 3
Início das operações

(a) Logo que o presente Acordo entre em vigor, nos temos da secção 1 do presente artigo, cada membro nomeará um governador e o membro ao qual tiver sido atribuído o maior número de acções no anexo A convocará a primeira reunião do conselho de governadores.

(b) Na primeira reunião do conselho de governadores serão tomadas disposições para a escolha de directores executivos provisórios. Os governos dos cinco países aos quais tiver sido atribuído o maior número de acções no anexo A nomearão directores executivos provisórios. Se um ou mais desses governos se não tiverem tornado membros, os lugares de director executivo que teriam o direito de preencher permanecerão vagos até que eles se tornem membros ou até 1 de Janeiro de 1946, consoante o que se verificar mais cedo. Sete directores executivos provisórios serão eleitos de harmonia com o anexo B e permanecerão em exercício até à data da primeira eleição ordinária de directores executivos, que será realizada, logo que praticamente possível, depois de 1 de Janeiro de 1946.

(c) O conselho de governadores poderá delegar quaisquer poderes nos directores executivos provisórios, excepto os que não possam ser delegados nos directores executivos.

(d) O Banco notificará os membros da data em que estará em condições de iniciar as suas operações.

Feito em Washington, num único exemplar, que ficará depositado nos arquivos do Governo dos Estados Unidos da América, o qual transmitirá cópias autenticadas a todos os governos cujos nomes estão indicados no anexo A e a todos os governos cuja adesão for aprovada em conformidade com o artigo II, secção 1, (b).

ANEXO A
Subscrições
Milhões de dólares

Austrália	200
Bélgica	225
Bolívia	7
Brasil	105
Canadá	325
Checoslováquia	125
Chile	35
China	600
Colômbia	35
Costa Rica	2
Cuba	35
Dinamarca	(a)

Egipto	40
El Salvador	1
Equador	3,2
Estados Unidos	3.175
Etiópia	3
Filipinas	15
França	450
Grécia	25
Guatemala	2
Haiti	2
Honduras	1
Índia	400
Irão	24
Iraque	6
Islândia	1
Jugoslávia	40
Libéria	0,5
Luxemburgo	10
México	65
Nicarágua	0,8
Noruega	50
Nova Zelândia	50
Países Baixos	275
Panamá	0,2
Paraguai	0,8
Peru	17,5
Polónia	125
Reino Unido	1.300
República Dominicana	2
União das Repúblicas Socialistas Soviéticas	1.200
União Sul-Africana	100
Uruguai	10,5
Venezuela	10,5
Total	9.100

(a) A subscrição da Dinamarca será fixada pelo Banco depois de a Dinamarca ter aceitado ser membro do Banco, em conformidade com o presente Acordo.

Anexo B
Eleição dos directores executivos

1. A eleição dos directores executivos a escolher por esse processo será feita por escrutínio dos governadores com capacidade para votar, nos termos do artigo V, secção 4, (b).

2. Ao participar no escrutínio para a eleição dos directores executivos a escolher por esse processo, cada um dos governadores com capacidade para votar deverá utilizar a favor de uma só pessoa todos os votos de que dispuser o membro que o tiver nomeado, nos termos do artigo V, secção 3. As sete pessoas que reunirem o maior número de votos serão eleitas directores executivos, exceptuando-se que não poderá ser eleita nenhuma pessoa que tiver obtido menos de 14% do total dos votos que seja possível obter no escrutínio (votos admissíveis).

3. Se não forem eleitas sete pessoas no primeiro escrutínio, será realizado segundo escrutínio, no qual a pessoa que tiver reunido no escrutínio anterior o menor número de votos não poderá ser eleita, e no qual só votarão (a) os governadores que votaram no primeiro escrutínio numa pessoa que não tenha sido eleita (b) os governadores cujos votos dados a favor de uma pessoa eleita forem considerados, nos termos do n.º 4 abaixo, como tendo elevado o número de votos reunidos por essa pessoa acima de 15% dos votos admissíveis.

4. Ao determinar se os votos dados por um governador devem ser considerados como tendo elevado o total dos votos reunidos por qualquer pessoa acima de 15% do total dos votos admissíveis, considera-se que esses 15% deverão incluir, em primeiro lugar, os votos do governador que tiver dado o maior número de votos a favor dessa pessoa, em seguida os votos do governador que tiver dado a favor dessa pessoa o número de votos imediatamente inferior e assim sucessivamente, até se atingir a percentagem de 15%.

5. Qualquer governador cujos votos tenham de ser contados em parte com o fim de elevar o total dos votos reunidos por qualquer pessoa acima de 14% será considerado como tendo dado todos os seus votos a favor dessa pessoa, ainda que por tal facto o número de votos reunidos pela mesma exceda 15%.

6. Se, depois do segundo escrutínio, não tiverem sido eleitas sete pessoas, serão realizados novos escrutínios baseados nos mesmos princípios até que sejam eleitas sete pessoas, ficando entendido que, desde que tenham sido eleitas seis pessoas, a sétima poderá ser eleita por maioria simples dos votos restantes e será considerada como tendo sido eleita pela totalidade desses votos.

ACORDO RELATIVO À SOCIEDADE FINANCEIRA INTERNACIONAL – SFI
11.04.1955

ACORDO RELATIVO À SOCIEDADE FINANCEIRA INTERNACIONAL

Os Governos em cujo nome o presente Acordo é assinado acordam no seguinte:

ARTIGO PRELIMINAR

É instituída a Sociedade Financeira Internacional (adiante designada por "Sociedade"), que funcionará de acordo com as disposições seguintes:

ARTIGO I
Objectivos

A Sociedade tem por objectivo promover o desenvolvimento económico, estimulando a expansão de empresas produtivas do sector privado nos países membros, especialmente nas regiões menos desenvolvidas, ampliando, deste modo, as actividades o Banco Internacional para a Reconstrução e Desenvolvimento (adiante designado por "Banco"). Na prossecução deste objectivo, a Sociedade:

 i) Auxiliará, em associação com o capital privado, o financiamento da criação, melhoria e expansão de empresas produtivas do sector privado, de modo a contribuir para o desenvolvimento dos países membros; esses investimentos serão efectuados sem garantia de reembolso pelo Governo membro interessado e apenas nos casos em que se não encontre disponível capital privado suficiente em condições razoáveis;
 ii) Procurará reunir oportunidades de investimento, capital privado nacional e estrangeiro e experiência de direcção;
 iii) Procurará estimular e ajudar a criar as condições que orientam o fluxo do capital privado, nacional e estrangeiro, para investimentos produtivos nos países membros.

Em todas as suas decisões, a Sociedade será orientada pelo disposto no presente artigo.

ARTIGO II
Membros e capital

SECÇÃO 1
Membros

a) Os membros originários da Sociedade serão os membros do Banco, constantes do Anexo A, que, na data especificada no artigo IX, secção 2, c), ou anteriormente, aceitarem participar na Sociedade.

b) Será facultada a admissão a outros membros do Banco nas datas e de harmonia com os termos que a Sociedade estabelecer.

SECÇÃO 2
Capital social

a) O capital social autorizado da Sociedade será de 100 milhões de dólares dos Estados Unidos.

b) O capital social autorizado será dividido em 100 000 acções, tendo cada uma o valor nominal de 1000 dólares dos Estados Unidos. As acções não subscritas inicialmente pelos membros fundadores ficarão disponíveis para subscrição posterior, de harmonia com a secção 3, d), do presente artigo.

c) O conselho de governadores poderá aumentar o capital social que esteja autorizado num momento determinado, nas seguintes condições:
   i) Por maioria de votos, no caso de tal aumento ser necessário à emissão de acções para subscrição inicial por outros membros que não os fundadores, desde que o conjunto de todos os aumentos autorizados em conformidade com esta alínea não exceda 10 000 acções;
   ii) Em qualquer outro caso, mediante aprovação por maioria de quatro quintos do total dos votos computáveis.

d) No caso de um aumento autorizado de harmonia com o parágrafo c), ii), acima, os membros terão oportunidade razoável para subscrever, nas condições que a Sociedade determinar, uma proporção do aumento do capital equivalente à relação entre as suas subscrições anteriores e o total do capital social da Sociedade; porém, nenhum membro será obrigado a subscrever qualquer fracção do aumento do capital.

e) A emissão de acções que não sejam as subscritas, quer em subscrição inicial, quer de harmonia com o parágrafo d) acima, deverá ser decidida por maioria de três quartos do total dos votos computáveis.

f) As acções da Sociedade só poderão ser subscritas pelos membros e só serão emitidas a favor destes.

SECÇÃO 3
Subscrição das acções

a) Cada membro originário subscreverá o número de acções que figura em seu nome no Anexo A. A Sociedade determinará o número de acções a subscrever pelos outros membros.

b) As acções inicialmente subscritas pelos membros originários serão emitidas ao par.

c) A subscrição inicial dos membros originários será integralmente realizada dentro de trinta dias, a contar quer da data em que a Sociedade iniciar a sua actividade, de harmonia com o artigo IX, secção 3, b), quer da data em que o membro fundador adquirir a qualidade de membro, se esta última data for posterior, ou, ainda, ulteriormente, na data que a Sociedade determinar. O pagamento será efectuado em ouro ou dólares dos Estados Unidos, mediante notificação da Sociedade, na qual se especificará o local ou locais de pagamento.

d) A Sociedade determinará o preço e outras condições de subscrição das acções que se subscrevam por forma diferente da subscrição inicial efectuada pelos membros originários.

SECÇÃO 4
Limitação da responsabilidade

Nenhum membro será responsável por obrigações da Sociedade pelo simples facto de ser membro desta.

SECÇÃO 5
Restrições à transferência e penhor de acções

As acções não serão penhoradas, nem oneradas por qualquer forma e só poderão ser transferidas para a Sociedade.

ARTIGO III
Operações

SECÇÃO 1
Operações de financiamento

A Sociedade pode investir os seus fundos em empresas produtivas do sector privado nos territórios dos seus membros. A existência de uma participação do Governo ou de qualquer entidade pública nessas empresas não impede necessariamente que nela seja realizado um investimento pela Sociedade.

SECÇÃO 2
Formas de financiamento

A Sociedade pode investir os seus fundos na forma ou formas que considere apropriadas consoante as circunstâncias.

SECÇÃO 3
Princípios que regem as operações

As operações da Sociedade serão efectuadas de acordo com os seguintes princípios:

   i) A Sociedade não empreenderá nenhum financiamento para o qual, na sua opinião, possa ser obtido capital privado suficiente em condições razoáveis;

   ii) A Sociedade não financiará uma empresa nos territórios de qualquer membro se este objectar a tal financiamento;

   iii) A Sociedade não imporá como condição que o produto de um seu financiamento seja aplicado nos territórios de um país determinado;

   iv) A Sociedade não assumirá responsabilidade pela administração de qualquer empresa na qual tenha investidos fundos, nem exercerá o direito de voto para tal fim, nem para nenhum outro, que, na sua opinião, seja propriamente da competência da administração da empresa;

   v) A Sociedade efectuará os seus financiamentos nos termos e condições que considerar apropriados, tendo em conta as necessidades da empresa, os riscos assumidos pela Sociedade e os termos

e condições normalmente obtidos pelo capital privado em financiamentos semelhantes;
vi) A Sociedade procurará reconstituir os seus fundos cedendo os seus investimentos a capitalistas particulares sempre que o possa fazer de maneira apropriada e em condições satisfatórias;
vii) A Sociedade procurará manter uma diversificação razoável nos seus investimentos.

SECÇÃO 4
Salvaguarda dos interesses da Sociedade

No caso de falta de pagamento ou risco de falta de pagamento que afecte qualquer dos seus investimentos, de falência ou risco de falência da empresa na qual esse investimento tenha sido realizado ou em qualquer outra situação que, na opinião da Sociedade, ameace comprometer esse investimento, nada, no presente Acordo, impedirá a Sociedade de adoptar as medidas ou exercer os direitos que julgue necessários para a salvaguarda dos seus interesses.

SECÇÃO 5
Aplicação de certas restrições cambiais

Os fundos recebidos pela Sociedade ou a ela devidos em consequência de investimentos da Sociedade feitos nos territórios de qualquer membro, nos termos da secção 1 deste artigo, não estarão isentos, apenas por efeito das disposições do presente Acordo, das restrições, dos regulamentos e dos controlos cambiais de aplicação geral, em vigor nos territórios desse membro.

SECÇÃO 6
Operações diversas

Além das operações previstas noutras disposições do presente Acordo, a Sociedade terá poderes para:
i) Contrair empréstimos e nesse sentido prestar caução ou outra garantia que julgue necessária, desde que, porém, antes de efectuar uma venda pública das suas obrigações no mercado de um membro, a Sociedade tenha obtido o consentimento desse membro e do membro em cuja moeda as obrigações estiverem expressas;

se e enquanto a Sociedade se encontrar devedora de empréstimos concedidos ou garantidos pelo Banco, a importância total das responsabilidades da Sociedade, por empréstimos contraídos ou garantias prestadas, não poderá ser aumentada se, nessa altura ou como resultado disso, o montante global dos débitos de qualquer origem (incluindo a garantia de qualquer dívida) contraídos pela Sociedade e então em efectividade exceder uma importância equivalente a quatro vezes o capital subscrito não comprometido e o excedente;

ii) Investir os fundos não necessários às suas operações de financiamento nas obrigações que determinar e investir os fundos em seu poder destinados a pensões ou outros fins análogos em quaisquer títulos negociáveis no mercado, sem estar sujeita às restrições impostas por outras secções deste artigo;

iii) Garantir títulos em que tenha investido por forma a facilitar a sua venda;

iv) Comprar e vender títulos que tenha emitido ou garantido ou em que tenha investido;

v) Exceder quaisquer outros poderes inerentes à sua actividade que sejam necessários ou úteis à prossecução dos seus objectivos.

SECÇÃO 7
Determinação do valor das moedas

Sempre que se tornar necessário, de harmonia com este Acordo, determinar o valor de qualquer moeda em função do valor de outra moeda, essa determinação será feita equitativamente pela Sociedade, depois de consulta ao Fundo Monetário Internacional.

SECÇÃO 8
Aviso que deverá figurar nos títulos

Será visivelmente indicado na face de todos os títulos emitidos ou garantidos pela Sociedade que esses títulos não constituem obrigação do Banco ou, salvo menção expressa inscrita sobre o título, de qualquer Governo.

SECÇÃO 9
Proibição de actividades de ordem política

A Sociedade e os seus agentes não deverão interferir nos assuntos políticos de qualquer membro, nem se deixarão influenciar nas suas decisões pelas características políticas do membro ou dos membros em questão. As suas decisões pautar-se-ão essencial e exclusivamente por critérios de ordem económica, os quais serão ponderados imparcialmente por forma a alcançar os objectivos enunciados neste Acordo.

ARTIGO IV
Organização e gestão

SECÇÃO 1
Estrutura da Sociedade

A Sociedade terá um conselho de governadores, um conselho de directores, um presidente do conselho de directores, um presidente, assim como os agentes e o pessoal necessários para exercer as funções que a Sociedade determinar.

SECÇÃO 2
Conselho de governadores

a) Todos os poderes da Sociedade serão atribuídos ao conselho de governadores.

b) Os governadores e os governadores suplentes do Banco, nomeados por um membro do Banco que também seja membro da Sociedade, serão *ex officio* governadores ou governadores suplentes, respectivamente, da Sociedade. Nenhum governador suplente poderá votar, excepto na ausência do respectivo titular. O conselho de governadores escolherá um dos governadores para presidente. Os governadores ou governadores suplentes deixarão de exercer as respectivas funções se o membro que os nomeou deixar de ser membro da Sociedade.

c) O conselho de governadores pode delegar no conselho de directores o exercício de todos os seus poderes, à excepção dos poderes para:

   i) Admitir novos membros e fixar as condições da sua admissão;
   ii) Aumentar ou reduzir o capital social;
   iii) Suspender um membro;

iv) Decidir recursos contra interpretações do presente Acordo feitas pelo conselho de directores;

v) Realizar arranjos de cooperação com outras organizações internacionais (excepto se se tratar de arranjos informais com carácter temporário ou administrativo);

vi) Decidir a suspensão permanente das operações da Sociedade e distribuir os seus activos;

vii) Votar dividendos;

viii) Modificar o presente Acordo.

d) O conselho de governadores realizará uma reunião anual, bem como todas as outras reuniões que forem decididas pelo conselho de governadores ou convocadas pelo conselho de directores.

e) A reunião anual do conselho de governadores será realizada conjuntamente com a reunião anual do conselho de governadores do Banco.

f) O quórum para qualquer sessão do conselho de governadores será constituído por uma maioria de governadores que disponha de, pelo menos, dois terços do total dos votos computáveis.

g) A Sociedade poderá instituir, por regulamento, um processo que permita ao conselho de directores obter, sem convocação do conselho de governadores, um voto dos governadores sobre uma questão determinada.

h) O conselho de governadores e o conselho de directores, na medida em que forem autorizados, poderão adoptar as regras e regulamentos que forem necessários ou apropriados para conduzir as operações da Sociedade.

i) As funções de governador e de governador suplente não serão remuneradas pela Sociedade.

SECÇÃO 3
Votação

a) Cada membro terá 250 votos e 1 voto adicional por cada acção em seu poder.

b) Salvo expressa disposição em contrário, todas as decisões da Sociedade serão adoptadas por maioria de votos.

SECÇÃO 4
Conselho de directores

a) O conselho de directores será responsável pela condução das operações gerais da Sociedade e, para esse fim, exercerá todos os poderes que lhe sejam conferidos por este Acordo ou delegados pelo conselho de governadores.

b) O conselho de directores da Sociedade será constituído *ex officio* por todos os directores executivos do Banco que tenham sido ou: i) nomeados por um membro do banco que também seja membro da Sociedade; ou: ii) escolhidos por eleição em que os votos de pelo menos um membro do Banco que seja também membro da Sociedade tenham contado para a sua eleição. O suplente de cada director executivo do Banco será *ex officio* director suplente da Sociedade. Os directores deixarão de exercer as respectivas funções se o membro que os nomeou, ou se todos os membros cujos votos contaram para a sua eleição, deixarem de ser membros da Sociedade.

c) Cada director que é designado director executivo do Banco disporá do número de votos que o membro pelo qual ele foi nomeado tem ao seu dispor na Sociedade. Cada director que é designado director executivo do Banco disporá do número de votos que o membro ou membros da Sociedade cujos votos contaram para a sua eleição no Banco têm ao seu dispor na Sociedade. Todos os votos de que um director dispuser serão utilizados em bloco.

d) Qualquer director suplente terá plenos poderes para agir na ausência do director que o nomeou. Quando o director está presente, o respectivo suplente pode participar nas reuniões, mas não terá direito de voto.

e) O quórum para qualquer reunião do conselho de directores será constituído por uma maioria de directores que represente, pelo menos, metade do total dos votos computáveis.

f) O conselho de directores reunir-se-á tantas vezes quantas as requeridas pelas operações da Sociedade.

g) O conselho de governadores adoptará os regulamentos que possibilitem a um membro da Sociedade sem direito a nomear um director executivo do Banco, enviar um representante para assistir a qualquer reunião do conselho de directores da Sociedade em que seja examinado um pedido feito por esse membro ou um assunto que particularmente o afecte.

SECÇÃO 5
Presidente do conselho de directores executivos, presidente da Sociedade e pessoal

a) O presidente do Banco será *ex officio* presidente do conselho de directores da Sociedade, mas não terá direito de voto, excepto de voto de desempate. Poderá participar nas sessões do conselho de governadores, mas não terá direito de voto nessas sessões.

b) O presidente da Sociedade será nomeado pelo conselho de directores, sob recomendação do seu presidente.

O presidente será o chefe do pessoal executivo da Sociedade. Orientará, sob a direcção do conselho de directores e sob a supervisão geral do presidente do conselho de directores, as operações correntes da Sociedade e, sob a fiscalização geral dos mesmos, será responsável pela organização dos serviços, assim como pela nomeação e demissão dos agentes e do pessoal. O presidente poderá participar nas reuniões do conselho de directores, mas não terá direito de voto nessas reuniões. O presidente cessará as suas funções por decisão do conselho de directores com a anuência do seu presidente.

c) No exercício das suas funções, o presidente, os agentes e o pessoal da Sociedade estão subordinados exclusivamente à Sociedade e a nenhuma outra autoridade. Os membros da Sociedade respeitarão o carácter internacional destas funções e abster-se-ão de qualquer tentativa de os influenciar no exercício das suas funções.

d) Ao proceder à nomeação dos agentes e do pessoal dever-se-á, tendo em conta a importância primordial de assegurar o mais elevado nível de eficiência e competência técnica, tomar em devida consideração a importância de recrutar pessoal numa base geográfica tão extensa quanto possível.

SECÇÃO 6
Relações com o Banco

a) A Sociedade será uma entidade separada e distinta do Banco e os fundos serão mantidos independentes e separados dos do Banco. A Sociedade pode fazer acordos com o Banco relativos a instalações, pessoal e serviços, bem como acordos para reembolso de despesas administrativas pagas em primeiro lugar por qualquer das referidas entidades em nome da outra.

b) Nenhuma disposição do presente Acordo tornará a Sociedade responsável pelos actos ou obrigações do Banco, nem este responsável pelos actos ou obrigações da Sociedade.

SECÇÃO 7
Relações com outras organizações internacionais

A Sociedade, actuando através do Banco, celebrará acordos formais com as Nações Unidas e poderá celebrar acordos com outras organizações internacionais que tenham responsabilidades específicas em sectores relacionados com o seu.

SECÇÃO 8
Sede da Sociedade

A sede da Sociedade ficará situada na mesma localidade da sede do Banco. A Sociedade poderá criar dependências nos territórios de qualquer dos seus membros.

SECÇÃO 9
Depositários

Cada membro designará o seu banco central como depositário no qual a Sociedade poderá guardar as suas disponibilidades na moeda desse membro ou quaisquer outros activos ou, se não tiver banco central, designará, para o efeito, outra instituição susceptível de ser aceite pela Sociedade.

SECÇÃO 10
Canais de comunicação

Cada membro designará uma autoridade apropriada com a qual a Sociedade poderá comunicar relativamente a qualquer matéria decorrente do presente Acordo.

SECÇÃO 11
Publicação de relatórios e prestação de informações

a) A Sociedade publicará um relatório anual contendo um balanço das suas contas devidamente verificado e, com intervalos apropriados, distribuirá aos membros um balancete sumário da sua situação financeira e um desenvolvimento da conta de ganhos e perdas apresentando os resultados das suas operações.

b) A Sociedade poderá publicar outros relatórios que entenda desejáveis para a prossecução dos seus objectivos.

c) Serão distribuídos aos membros exemplares de todos os relatórios, balanços e publicações elaborados nos termos da presente secção.

SECÇÃO 12
Distribuição do rendimento líquido

a) O conselho de governadores poderá determinar, periodicamente, que parte do rendimento líquido e dos excedentes da Sociedade, dedução feita de importância apropriada para afectação às reservas, deverá ser distribuída como dividendos.

b) Os dividendos serão distribuídos *pro rata* em proporção ao capital social em poder dos membros.

c) Os dividendos serão pagos pela forma e na moeda ou moedas que a Sociedade determinar.

ARTIGO V
Retirada e suspensão dos membros; suspensão das operações

SECÇÃO 1
Direito de retirada dos membros

Qualquer membro poderá retirar-se da Sociedade, a qualquer momento, mediante notificação escrita da sua decisão transmitida à Sociedade, na sua sede. A retirada terá efeito a partir da data em que for recebida a notificação.

SECÇÃO 2
Suspensão dos membros

a) Se um membro deixar de cumprir qualquer das obrigações que assumiu em relação à Sociedade, esta poderá pronunciar a sua suspensão, por decisão adoptada por maioria dos governadores que possuam a maioria do total dos votos computáveis. O membro suspenso perderá automaticamente a sua qualidade de membro um ano após a decisão da suspensão, excepto se for adoptada, pela mesma maioria, uma decisão que restitua ao membro a sua plena capacidade.

b) Enquanto um membro estiver suspenso não poderá exercer nenhum dos direitos nos termos do presente Acordo, excepto o direito de retirada, mas continuará sujeito a todas as obrigações.

SECÇÃO 3
Suspensão ou retirada de membros do Banco

Qualquer membro que seja suspenso ou se retire do Banco será automaticamente suspenso da sua qualidade de membro da Sociedade ou deixará de ser seu membro, conforme o caso.

SECÇÃO 4
Direitos e obrigações dos Governos que deixem de ser membros

a) Um Governo que deixe de ser membro continuará responsável por todas as importâncias que deva à Sociedade. A Sociedade tomará as medidas necessárias para readquirir as acções pertencentes a esse Governo a título de liquidação parcial das contas, de harmonia com as disposições desta secção, mas o Governo não terá outros direitos ao abrigo deste Acordo, com excepção dos previstos nesta secção e no artigo VIII, c).

b) A Sociedade e o Governo poderão acordar na reaquisição das acções deste último, nas condições consideradas adequadas de harmonia com as circunstâncias, sem ter em conta as disposições do parágrafo c) abaixo. Esse acordo poderá estipular, entre outras coisas, a liquidação final de todas as obrigações do Governo para com a Sociedade.

c) Se esse acordo não tiver sido concluído dentro de seis meses após o Governo ter deixado de ser membro ou em qualquer outra data que a Sociedade e esse Governo acordarem entre si, o preço da reaquisição das acções desse Governo será o valor que constar da escrita da Sociedade no dia em que o Governo deixar de ser membro. A reaquisição das acções estará sujeita às condições seguintes:

　i) Os pagamentos por conta das acções podem ser feitos, de tempos a tempos, contra a entrega das mesmas pelo Governo, em prestações, prazos e moeda ou moedas disponíveis a determinar razoavelmente pela Sociedade, tendo em conta a posição financeira desta;

　ii) Qualquer importância devida a um Governo pelo reembolso das suas acções será retida enquanto esse Governo ou qualquer dos seus departamentos permanecer responsável perante a Sociedade e pelo pagamento de qualquer importância e esta importância poderá ser compensada, por opção da Sociedade, quando o seu pagamento for exigível, pela importância devida pela Sociedade;

iii) Se a Sociedade tiver um prejuízo líquido, em virtude de investimentos efectuados nos termos do artigo III, secção 1, e subsistentes na data em que o Governo deixar de ser membro, e se a importância desse prejuízo exceder a das reservas previstas para tal fim e existentes nessa data, esse Governo terá de pagar, quando lhe for solicitado, uma importância igual à redução que o preço de reembolso das suas acções teria sofrido se, no momento da sua determinação, aquele prejuízo tivesse sido considerado.

d) Em circunstância alguma será feito o reembolso das acções a um Governo, nos termos desta secção, antes de expirado um prazo de seis meses a contar da data em que esse Governo tiver deixado de ser membro. Se no prazo de seis meses após a data em que qualquer Governo deixar de ser membro, a Sociedade suspender as suas operações nos termos da secção 5 deste artigo, todos os direitos desse Governo serão determinados em conformidade com as disposições da referida secção 5, sendo esse Governo ainda considerado membro da Sociedade para os efeitos da mesma secção 5, mas não podendo exercer o direito de voto.

SECÇÃO 5
Suspensão das operações e liquidação das obrigações

a) A Sociedade poderá suspender as operações, a título permanente, por decisão tomada por maioria dos governadores que disponham da maioria do total dos votos computáveis. Depois desta suspensão de operações, a Sociedade cessará imediatamente todas as suas actividades, excepto as respeitantes à realização, conservação e salvaguarda, de forma ordenada, dos seus activos e à liquidação das suas obrigações. Até à liquidação definitiva dessas obrigações e à distribuição desses activos, a Sociedade continuará a existir e todos os direitos e obrigações recíprocos da Sociedade e dos seus membros decorrentes do presente Acordo continuarão intactos, com excepção de que nenhum membro será suspenso ou se retirará e de que nenhuma distribuição será feita aos membros, salvo o disposto nesta secção.

b) Não será feita nenhuma distribuição aos membros por conta das suas subscrições do capital social da Sociedade enquanto não tiverem sido satisfeitas todas as obrigações para com os credores, nem forem adoptadas as disposições necessárias para esse fim e enquanto o conselho de governadores, por voto da maioria dos governadores que disponham da maioria do total dos votos computáveis, não decidir proceder a essa distribuição.

c) Com a sujeição ao que precede, a Sociedade distribuirá os seus activos pelos membros proporcionalmente ao número de acções de cada um deles, ficando cada membro sujeito à prévia liquidação de todas as dívidas pendentes que tenha para com a Sociedade. Essa distribuição far-se-á nas datas, nas moedas e em dinheiro ou outros activos, conforme o que a Sociedade considerar como justo e equitativo. A distribuição pelos diversos membros não terá necessariamente de ser uniforme no que diz respeito ao tipo de activos distribuídos ou às moedas em que os mesmos forem expressos.

d) Os membros que receberem activos distribuídos pela Sociedade, em conformidade com esta secção, terão, em relação a esses activos, os mesmos direitos de que a Sociedade gozava antes de se fazer a distribuição.

ARTIGO VI
Estatuto, imunidades e privilégios

SECÇÃO 1
Objectivos do presente artigo

Em todos os territórios dos membros serão concedidos à Sociedade, para que possa desempenhar as funções que lhe são confiadas, o estatuto, imunidades e privilégios definidos no presente artigo.

SECÇÃO 2
Estatuto da Sociedade

A Sociedade terá plena personalidade jurídica e, em especial, capacidade para:
  i) Contratar;
  ii) Adquirir e dispor de bens móveis e imóveis;
  iii) Instaurar procedimentos judiciais.

SECÇÃO 3
Situação da Sociedade no que respeita a processos judiciais

Só poderão ser intentadas acções contra a Sociedade em tribunal jurisdicional competente nos territórios de um membro onde a Sociedade possua um departamento ou onde tenha nomeado um representante com o fim de aceitar citações ou notificações judiciais ou onde tenha emitido ou garantido títulos. Contudo, nenhuma acção poderá ser intentada pelos membros ou por pessoas agindo em nome dos referidos membros ou invocando direitos destes. Os bens e activos da Sociedade, qualquer que seja o lugar onde se encontrem e seja quem for o seu detentor, estarão imunes de qualquer forma de apreensão, arresto ou execução, enquanto não for pronunciada uma decisão judicial definitiva contra a Sociedade.

SECÇÃO 4
Imunidade de apreensão

Os bens e activos da Sociedade, qualquer que seja o lugar onde se encontrem e seja quem for o seu detentor, estarão imunes de busca, requisição, confisco, expropriação ou qualquer outra forma de apreensão por parte do poder executivo ou do poder legislativo.

SECÇÃO 5
Inviolabilidade dos arquivos

Os arquivos da Sociedade serão invioláveis.

SECÇÃO 6
Imunidade dos activos da Sociedade em relação a medidas restritivas

Na medida necessária para a realização das operações previstas no presente Acordo e sob reserva das disposições do artigo III, secção 5, e outras disposições deste Acordo, todos os bens e activos da Sociedade ficarão isentos de restrições, regulamentações, fiscalizações e moratórias de qualquer natureza.

SECÇÃO 7
Privilégios em matéria de comunicações

Os membros concederão às comunicações oficiais da Sociedade o mesmo tratamento concedido às comunicações oficiais dos outros membros.

SECÇÃO 8
Imunidades e privilégios dos agentes e empregados

Os governadores, directores, suplentes, agentes e empregados da Sociedade:

i) Gozarão de imunidade de jurisdição em relação aos actos que praticarem no exercício das suas funções;
ii) Se não forem nacionais do Estado onde exercem as suas funções, gozarão das mesmas imunidades, no que respeita a restrições relativas à imigração, formalidades de registo de estrangeiros e obrigações de serviço militar, e beneficiarão das mesmas facilidades em matéria de restrições cambiais que forem concedidas pelos membros aos representantes, agentes e empregados de categoria correspondente dos outros membros;
iii) Ser-lhes-ão asseguradas nas suas deslocações as mesmas facilidades que forem concedidas pelos membros aos representantes, agentes e empregados de categoria correspondente dos outros membros.

SECÇÃO 9
Imunidades fiscais

a) A Sociedade, os seus activos, bens e rendimentos, bem como as suas operações e transacções autorizadas por este Acordo, estarão isentos de todos os impostos e de todos os direitos aduaneiros. A Sociedade ficará também isenta de obrigações relativas à cobrança ou pagamento de qualquer imposto ou direito.

b) Os vencimentos e emolumentos pagos pela Sociedade aos seus directores, suplentes, funcionários e empregados que não sejam cidadãos, súbditos ou nacionais do país onde exerçam as suas funções ficarão isentos de impostos.

c) As obrigações e títulos emitidos pela Sociedade (incluindo os respectivos dividendos ou juros), seja quem for o seu detentor, não serão sujeitos a tributação de qualquer natureza:
i) Que tenha um carácter discriminatório relativamente a essas obrigações ou títulos, unicamente por terem sido emitidos pela Sociedade; ou
ii) Se a única base legal para tal tributação for o lugar ou a moeda em que essas obrigações ou títulos forem emitidos, pagáveis ou pagos, ou a localização de qualquer departamento ou escritório da Sociedade.

d) As obrigações e títulos garantidos pela Sociedade (incluindo os respectivos dividendos ou juros), seja quem for o seu detentor, não serão sujeitos a tributação de qualquer natureza:

i) Que tenha um carácter discriminatório relativamente a essas obrigações ou títulos, unicamente por terem sido garantidos pela Sociedade; ou
   ii) Se a única base legal para tal tributação for a localização de qualquer departamento ou escritório da Sociedade.

SECÇÃO 10
Aplicação do presente artigo

Cada membro deverá adoptar, nos seus próprios territórios, todas as medidas necessárias para introduzir na sua própria legislação os princípios prescritos neste artigo e informará a Sociedade, em pormenor, das medidas que tiver adoptado.

SECÇÃO 11
Renúncia aos privilégios e imunidades

A Sociedade pode renunciar voluntariamente a qualquer dos privilégios e imunidades conferidos ao abrigo deste artigo até ao limite e nas condições que determinar.

ARTIGO VII
Emendas

a) O presente Acordo pode ser alterado por decisão de três quintos dos Governadores, dispondo de 85% do total dos votos computáveis.

b) Não obstante as disposições do parágrafo a) acima, será exigida a anuência de todos os governadores no caso de qualquer emenda que modifique:
   i) O direito de retirada da Sociedade, previsto no artigo V, secção 1;
   ii) O direito de preempção assegurado pelo artigo II, secção 2, d);
   iii) A limitação de responsabilidade prevista no artigo II, secção 4.

c) Qualquer proposta de alteração do presente Acordo, quer seja feita por um membro, por um governador ou pelo conselho de directores, será comunicada ao presidente do conselho de governadores, que a apresentará ao conselho de governadores. Se a emenda for devidamente aprovada, a Sociedade confirmará a mesma por comunicação formal enviada a todos os membros. As emendas entrarão em vigor em relação a todos os membros três meses depois da data da comunicação formal, excepto se o conselho de governadores fixar um prazo mais curto.

ARTIGO VIII
Interpretação e arbitragem

a) Qualquer questão relativa à interpretação das disposições do presente Acordo que surgir entre qualquer membro e a Sociedade ou entre quaisquer membros da Sociedade será submetida à decisão do conselho de directores. Se a questão afectar especialmente um membro da Sociedade que não possua o direito de nomear um director executivo do Banco, aquele terá o direito de fazer-se representar de harmonia com o artigo IV, secção 4, g).

b) Em qualquer caso em que o conselho de directores tiver tomado uma decisão ao abrigo do parágrafo a) acima, qualquer membro poderá solicitar que a questão seja submetida ao conselho de governadores, de cuja decisão não haverá recurso. Enquanto o conselho de governadores se não tiver pronunciado, a Sociedade poderá, se o julgar necessário, agir com base na decisão do conselho de directores.

c) Em caso de diferendo entre a Sociedade e um país que deixou de ser membro, ou entre a Sociedade e qualquer membro, durante a suspensão permanente das operações da Sociedade, esse litígio será submetido à arbitragem de um tribunal constituído por três árbitros, um nomeado pela Sociedade, outro pelo país em questão e um árbitro de desempate nomeado, salvo acordo em contrário entre as partes, pelo presidente do Tribunal Internacional de Justiça ou qualquer outra autoridade indicada por regulamento adoptado pela Sociedade. O árbitro de desempate terá plenos poderes para resolver todas as questões processuais em que as partes não estejam de acordo.

ARTIGO IX
Disposições finais

SECÇÃO 1
Entrada em rigor

O presente Acordo entrará em vigor quando tiver sido assinado em nome de, pelo menos, 30 Governos cujas subscrições representem, pelo menos, 75% do total das subscrições enumeradas no Anexo A e quando os instrumentos a que se refere a secção 2, a), do presente artigo tiverem sido depositados em seu nome; porém, em caso algum o presente Acordo entrará em vigor antes de 1 de Outubro de 1955.

SECÇÃO 2
Assinatura

a) Cada Governo em cujo nome o presente Acordo for assinado depositará, junto do Banco, um instrumento pelo qual declare que aceitou sem reservas o presente Acordo em conformidade com a sua legislação e tomou todas as medidas necessárias para o habilitar a dar cumprimento a todas as obrigações impostas pelo presente Acordo.

b) Cada Governo tornar-se-á membro da Sociedade a partir da data do depósito, em seu nome, do instrumento a que se refere o parágrafo a) acima, sob reserva de que nenhum Governo se tornará membro antes de o presente Acordo entrar em vigor, nos termos da secção 1 deste artigo.

c) O presente Acordo ficará aberto para assinatura, na sede do Banco, em nome dos Governos dos países cujos nomes figuram no anexo A, até ao fecho das operações em 31 de Dezembro de 1956.

d) Depois de este Acordo entrar em vigor, ficará aberto para assinatura em nome dos Governos de quaisquer países cuja adesão tiver sido aprovada em conformidade com o artigo II, secção 1, b).

SECÇÃO 3
Inauguração da Sociedade

a) Logo que o presente Acordo entre em vigor, nos termos da secção 1 do presente artigo, o presidente do conselho de directores convocará uma reunião do conselho de directores.

b) A Sociedade iniciará as suas operações na data em que for realizada essa reunião.

c) Enquanto se não tiver realizado a primeira reunião do conselho de governadores, o conselho de directores poderá exercer todos os poderes do conselho de governadores, excepto os reservados, neste Acordo, ao conselho de governadores.

Feito em Washington, num único exemplar, que ficará depositado nos arquivos do Banco Internacional para a Reconstrução e Desenvolvimento, o qual confirmou, por meio da assinatura, o seu acordo em agir como depositário do presente Acordo e em notificar todos os Governos cujos nomes estão indicados no anexo A da data em que este Acordo entrará em vigor, em conformidade com as disposições do artigo IX, secção 1.

ANEXO A
Subscrição do capital social da Sociedade Financeira Internacional

País	Número de acções	Importância (em dólares do Estados Unidos)
Alemanha	3655	3655000
Austrália	2215	2215000
Áustria	554	554000
Bélgica	2492	2492000
Birmânia	166	166000
Bolívia	78	78000
Brasil	1163	1163000
Canadá	3600	3600000
Ceilão	166	166000
Chile	388	388000
China	6646	6646000
Colômbia	388	388000
Costa Rica	22	22000
Cuba	388	388000
Dinamarca	753	753000
Egipto	590	590000
El Salvador	11	11000
Equador	35	35000
Estados Unidos	35168	35168000
Etiópia	33	33000
Filipinas	166	166000
Finlândia	421	421000
França	5815	5815000
Grã-Bretanha	14400	14400000
Grécia	277	277000
Guatemala	22	22000
Haiti	22	22000
Honduras	11	11000
Índia	4431	4431000
Indonésia	1218	1218000
Irão	372	372000
Iraque	67	67000
Islândia	11	11000
Israel	50	50000
Itália	1994	1994000
Japão	2769	2769000

País	Número de acções	Importância (em dólares do Estados Unidos)
Jordânia	33	33000
Jugoslávia	443	443000
Líbano	50	50000
Luxemburgo	111	111000
México	720	720000
Nicarágua	9	9000
Noruega	554	554000
Países Baixos	3046	3046000
Panamá	2	2000
Paquistão	1108	1108000
Paraguai	16	16000
Peru	194	194000
República da África do Sul	1108	1108000
República Dominicana	22	22000
Síria	72	72000
Suécia	1108	1108000
Tailândia	139	139000
Turquia	476	476000
Uruguai	116	116000
Venezuela	116	116000
Total	100000	100000000

ESTATUTOS DA ASSOCIAÇÃO INTERNACIONAL DE DESENVOLVIMENTO – AID

26.01.1960

ESTATUTOS DA ASSOCIAÇÃO INTERNACIONAL DE DESENVOLVIMENTO

Os governos em cujo nome os presentes Estatutos são assinados, considerando:

Que a cooperação mútua com objectivos económicos construtivos, o desenvolvimento sólido da economia mundial e o crescimento equilibrado do comércio internacional promovem relações internacionais favoráveis à manutenção da paz e da prosperidade mundiais;

Que é desejável uma aceleração do desenvolvimento económico que proporcione melhores níveis de vida e de progresso económico e social nos países menos desenvolvidos, não só para benefício destes países, mas, também, para benefício da comunidade internacional como um todo;

Que a consecução destes objectivos seria facilitada pelo aumento do fluxo de capitais internacionais, públicos e privados, para contribuir para o desenvolvimento dos recursos dos países menos desenvolvidos;

acordam o seguinte:

ARTIGO PRELIMINAR

É constituída a Associação Internacional para o Desenvolvimento (a seguir denominada "Associação"), que funcionará de acordo com as disposições seguintes:

ARTIGO I
Objectivos

São objectivos da Associação promover o desenvolvimento económico, aumentar a produtividade, melhorando, desta forma, o nível de vida em regiões menos desenvolvidas do mundo cujos países sejam membros da Associação e, em particular, prestando-lhes auxílio financeiro, de modo a satisfazerem as suas necessidades básicas de desenvolvimento, em termos mais flexíveis e com reflexos menos gravosos na balança de pagamentos do que os originados por empréstimos convencionais, favorecendo, desse modo, a prossecução dos objectivos de desenvolvimento do Banco Internacional para a Reconstrução e Desenvolvimento (a seguir denominado "Banco") e complementando as suas actividades.

Em todas as suas decisões, a Associação será orientada pelo disposto no presente artigo.

ARTIGO II
Membros e capital

SECÇÃO 1
Membros

a) Os membros originários da Associação serão os membros do Banco, constantes do anexo A aos Estatutos, que aceitaram ser membros da Associação na data indicada no artigo IX, secção 2, c), ou em data anterior.

b) Será facultada a admissão a outros membros do Banco nas datas e de harmonia com os termos que a Associação estabelecer.

SECÇÃO 2
Subscrições iniciais

a) Após ter aceitado aderir à Associação, cada membro subscreverá fundos no montante que lhe for atribuído. Estas subscrições são designadas nos presentes Estatutos como subscrições iniciais.

b) A subscrição inicial atribuída a cada membro originário será no montante indicado à frente do respectivo nome no anexo A, expresso em dólares dos Estados Unidos com o peso e toque em vigor em 1 de Janeiro de 1960.

c) 10% da subscrição inicial de cada membro originário serão pagos em ouro ou em moeda livremente convertível do modo seguinte: 50% no prazo de 30 dias a contar da data em que a Associação iniciar a sua actividade de harmonia com o artigo XI, secção 4, ou na data em que o membro originário se tornar membro efectivo, conforme a que ocorra mais tarde; 12,5% no prazo de um ano a contar da data do início das actividades por parte da Associação; e um ano após esta data, 12,5% por ano, até perfazer a fracção de 10% da subscrição inicial.

d) Os restantes 90% da subscrição inicial de cada membro originário serão pagos em ouro ou em moeda livremente convertível, no caso dos membros constantes da parte I do anexo A, e na moeda do membro subscritor, caso estes constem da parte II do referido anexo. Esta fracção de 90% das subscrições iniciais dos membros originários será paga em cinco prestações anuais iguais, do seguinte modo: a primeira prestação, no prazo de 30 dias a contar da data em que a Associação iniciar as suas actividades previstas no artigo XI, secção 4, ou na data em que o membro originário se torne membro efectivo, conforme a que ocorra mais tarde; a segunda prestação, no prazo de um ano a contar da data do início das actividades da Associação; e a partir desta data, as prestações seguintes serão pagas uma vez por ano, até perfazer a fracção de 90% da subscrição inicial.

e) A Associação aceitará de qualquer membro, em vez de qualquer parcela da respectiva moeda entregue ou paga pelo membro ao abrigo da subsecção d) desta secção ou ao abrigo da secção 2 do artigo IV e de que a Associação não necessite para as suas operações, promissórias ou obrigações similares emitidas pelo Governo do membro ou pelo depositário designado por este, que não serão negociáveis, nem vencerão juros e serão pagas ao par e à vista, a favor da conta da Associação junto do depositário designado.

f) Para efeito dos objectivos destes Estatutos, a Associação considerará "moeda livremente convertível":
   i) A moeda de um membro que a Associação, na sequência de consultas com o Fundo Monetário Internacional, tenha constatado ser adequadamente convertível nas moedas de outros membros, tendo em vista os objectivos das operações da Associação; ou
   ii) A moeda de um membro que dê o seu acordo, em termos satisfatórios para a Associação, para que seja convertida nas moedas de outros membros, tendo em vista os objectivos das operações da Associação.

g) Salvo acordo em contrário da Associação, cada membro constante da parte I do anexo A manterá, relativamente à sua moeda por ele entregue como moeda livremente convertível nos termos da subsecção d) da presente secção, a convertibilidade igual à existente à data do pagamento.

h) As condições em que as subscrições iniciais dos membros, à excepção dos membros originários, podem ser efectuadas, e os montantes e condições de pagamento respectivos, serão estabelecidos pela Associação nos termos do disposto na secção 1, b), do presente artigo.

SECÇÃO 3
Limitação da responsabilidade

Nenhum membro será responsável por obrigações da Associação pelo simples facto de ser membro desta.

ARTIGO III
Aumento de recursos

SECÇÃO 1
Subscrições adicionais

a) Na altura em que o julgue apropriado face ao calendário de conclusão dos pagamentos das subscrições iniciais dos membros originários, e a intervalos de cinco anos aproximadamente a contar da referida conclusão, a Associação reverá a suficiência dos seus recursos e, se o julgar desejável, autorizará um aumento geral das subscrições. Não obstante o que precede, os aumentos gerais ou individuais das subscrições podem ser autorizados em qualquer altura, contanto que um aumento individual seja considerado somente a pedido do membro interessado. As subscrições decorrentes desta secção são referidas nestes Estatutos como subscrições adicionais.

b) Com sujeição ao disposto no parágrafo c) seguinte, sempre que são autorizadas subscrições adicionais, os montantes autorizados para subscrição e os termos e condições respectivos serão estipulados pela Associação.

c) Sempre que sejam autorizadas quaisquer subscrições adicionais, será facultada a cada membro a oportunidade de subscrever, mediante condições que a Associação razoavelmente determine, um montante que lhe permita manter o número de votos relativo, mas nenhum membro será obrigado a subscrever.

d) Todas as decisões ao abrigo desta secção serão tomadas por uma maioria de dois terços do número total de votos.

SECÇÃO 2
Recursos suplementares entregues por um membro na moeda de outro membro

a) A Associação pode celebrar acordos, em termos e condições compatíveis com as disposições dos presentes Estatutos que possam ser acordados, para receber de qualquer membro, para além dos montantes pagáveis por esse membro por conta da subscrição inicial ou de qualquer subscrição adicional, recursos suplementares na moeda de outro membro, desde que a Associação não celebre qualquer acordo sem se certificar de que o membro cuja moeda está em causa concorde com a utilização de tal moeda como recurso suplementar e com os termos e condições que regulam tal utilização. Os acordos ao abrigo dos quais quaisquer desses recursos são recebidos podem incluir cláusulas referentes ao destino dos rendimentos dos recursos e ao destino dos recursos, caso o membro que os entregou deixe de ser membro da Associação ou caso esta suspenda as suas actividades a título definitivo.

b) A Associação entregará ao membro contribuinte um certificado especial de desenvolvimento, estabelecendo a moeda e o montante dos recursos objecto da contribuição e os termos e condições do acordo referente a tais recursos. O certificado especial de desenvolvimento não conferirá quaisquer direitos de voto e apenas será transferível para a Associação.

c) O disposto nesta secção não impedirá que a Associação aceite recursos de um membro, na sua própria moeda, em termos que possam ser acordados.

ARTIGO IV
Moedas

SECÇÃO 1
Utilização das moedas

a) A moeda de qualquer membro constante da parte II do anexo A, quer seja ou não livremente convertível, recebida pela Associação nos termos do disposto no artigo II, secção 2, d), em pagamento da fracção de 90% devida na moeda desse membro, e a moeda do referido membro daí proveniente, a título de capital, juros ou outros encargos, pode ser utilizada pela Associação para as despesas administrativas incorridas por esta nos territórios desse membro e, na medida em que seja compatível com políticas monetárias correctas, no pagamento de bens e serviços produzidos nos territórios desse membro necessários para os projectos financiados pela Associação e localizados em tais territórios. Além disso, quando e na medida em que a situação económica e financeira do membro em questão o justifique, conforme determinado por acordo entre o membro e a Associação, tal moeda será livremente convertível ou de outro modo utilizável em projectos financiados pela Associação e localizados fora dos territórios do membro.

b) A utilização das moedas recebidas pela Associação em pagamento de subscrições, à excepção das subscrições iniciais dos membros originários, e das moedas daí provenientes a título de capital, juros ou outros encargos será regulada pelos termos e condições em que essas subscrições forem autorizadas.

c) A utilização das moedas recebidas pela Associação como recursos suplementares, à excepção dos recursos das subscrições e das moedas daí provenientes a título de capital, juros ou outros encargos, será regulada pelos termos dos acordos ao abrigo dos quais tais moedas são recebidas.

d) Todas as outras moedas recebidas pela Associação podem ser utilizadas e convertidas livremente pela Associação e não estarão sujeitas a quaisquer restrições por parte do membro cuja moeda é utilizada ou convertida, desde que o precedente não impeça a Associação de celebrar quaisquer acordos com o membro em cujo território se realize qualquer projecto financiado por esta que restrinjam a utilização pela Associação da moeda desse membro recebida a título de capital, juros ou outros encargos relativos a tal financiamento.

e) A Associação tomará as medidas necessárias por forma a assegurar que, durante períodos razoáveis, as fracções das subscrições pagas, ao abrigo do artigo II, secção 2, d), pelos membros constantes da parte I do anexo A sejam utilizadas pela Associação numa base aproximadamente proporcional, com a ressalva, contudo, de que as fracções das referidas subscrições que são pagas em ouro ou numa moeda diferente da moeda do membro subscritor possam ser utilizadas mais rapidamente.

SECÇÃO 2
Manutenção do valor das disponibilidades em divisas

a) Sempre que a paridade da moeda de um membro for reduzida ou que o valor do câmbio da moeda de um membro tenha, no parecer da Associação, sofrido uma desvalorização sensível nos territórios desse membro, este pagará à Associação, dentro de um prazo razoável, uma importância adicional, na sua própria moeda, suficiente para manter, ao nível da data da subscrição, o valor das disponibilidades na moeda desse membro entregue à Associação por este nos termos do artigo II, secção 2, d), e da moeda entregue nos termos do disposto no presente parágrafo, quer essa moeda seja ou não detida sob forma de promissórias aceites nos termos do artigo II, secção 2, e), com a ressalva, contudo, de que o precedente só se aplique desde que e na medida em que essa moeda não tenha sido inicialmente desembolsada ou convertida na moeda de outro membro.

b) Sempre que a paridade da moeda de um membro for aumentada ou que o valor do câmbio da moeda de um membro tenha, no parecer da Associação, sofrido uma valorização sensível nos territórios desse membro, a Associação restituirá a esse membro, dentro de um prazo razoável, uma importância na moeda desse membro igual ao acréscimo de valor da quantidade dessa moeda em relação à qual se aplicam as disposições do parágrafo a) da presente secção.

c) A Associação poderá dispensar a aplicação das disposições dos parágrafos precedentes quando o Fundo Monetário Internacional realizar uma alteração uniforme e proporcional das paridades das moedas de todos os seus membros.

d) Os montantes entregues nos termos do disposto no parágrafo a) da presente secção, com vista a manter o valor de qualquer moeda, serão convertíveis e utilizáveis do mesmo modo que essa moeda.

ARTIGO V
Operações

SECÇÃO 1
Utilização dos recursos e condições de financiamento

a) A Associação concederá financiamentos para promover o desenvolvimento nas zonas menos desenvolvidas do mundo, cujos países sejam membros da Associação.

b) Os financiamentos concedidos pela Associação destinar-se-ão a objectivos que, no seu parecer, sejam altamente prioritários para o desenvolvimento, tendo em conta as necessidades da zona ou zonas em questão e, a não ser em determinadas circunstâncias, destinar-se-ão a projectos específicos.

c) Se, no parecer da Associação, o beneficiário puder obter um financiamento de fontes privadas, em termos razoáveis, ou se este puder ser obtido através de um empréstimo do género dos efectuados pelo Banco, esse financiamento não será concedido pela Associação.

d) A Associação só concederá financiamentos após recomendação emitida por uma comissão competente na sequência de um estudo cuidadoso sobre os méritos da proposta. Cada uma dessas comissões será nomeada pela Associação e incluirá uma pessoa nomeada pelo governador ou governadores representantes do membro ou membros em cujos territórios se localize o projecto em estudo, bem como um ou mais membros do quadro técnico da Associação. O requisito relativo à inclusão na comissão de uma pessoa nomeada pelo governador ou governadores não se aplicará no caso de financiamentos concedidos a um organismo público internacional ou regional.

e) A Associação não concederá financiamento para projectos se o membro em cujos territórios se localizem os projectos se opuser a tal financiamento, sob reserva de que a Associação não terá necessidade de se certificar de que cada membro a título individual não levanta objecções, quando se trate de financiamentos concedidos a organismos públicos internacionais ou regionais.

f) A Associação não imporá condições para que o produto dos seus financiamentos seja despendido nos territórios de um membro ou de membros determinados. O precedente não impedirá a Associação de respeitar quaisquer restrições à utilização dos fundos, impostas nos termos do disposto nestes Estatutos, incluindo as restrições que recaem sobre os recursos suplementares, mediante acordo celebrado entre a Associação e o contribuinte.

g) A Associação tomará providências para assegurar que o produto de qualquer financiamento seja utilizado exclusivamente nos fins para que o mesmo tiver sido concedido, tendo em devida atenção as considerações de economia, de eficiência e de concorrência a nível de comércio internacional e sem tomar em conta influências ou considerações políticas ou quaisquer outras de ordem não económica.

h) Os fundos a conceder ao abrigo de qualquer operação de financiamento só serão postos à disposição do beneficiário para fazer face às despesas relacionadas com o projecto à medida que elas efectivamente se verifiquem.

SECÇÃO 2
Formas e condições de financiamento

a) Os financiamentos a conceder pela Associação assumirão a forma de empréstimos. A Associação pode, contudo, conceder outros tipos de financiamento:

    i) Quer com os fundos subscritos nos termos do artigo III, secção 1, e com os fundos daí provenientes a título de capital, juros ou outros encargos, se a autorização para tais subscrições estipular expressamente tal financiamento;

ii) Quer em circunstâncias especiais, com os recursos suplementares entregues à Associação e com os fundos daí provenientes a título de capital, juros ou outros encargos, se os acordos ao abrigo dos quais tais recursos são entregues expressamente autorizarem tal financiamento.

b) Com sujeição ao parágrafo precedente, a Associação pode conceder financiamentos segundo as formas e os termos que considere adequados, tendo em conta a situação e as perspectivas económicas da zona ou zonas relevantes, bem como a natureza e as necessidades do projecto.

c) A Associação pode conceder financiamentos a um membro, ao governo de um território que seja membro da Associação, a uma subdivisão política de qualquer dos precedentes, a uma entidade pública ou privada nos territórios de um membro ou membros ou a um organismo público internacional ou regional.

d) No caso de um empréstimo a uma entidade, à excepção de um país membro, a Associação pode, ao seu critério, exigir uma garantia ou garantias governamentais adequadas ou qualquer outro tipo de garantia ou garantias.

e) A Associação, em casos especiais, pode disponibilizar divisas para despesas locais.

SECÇÃO 3
Alterações das condições de financiamento

A Associação pode, quando e na medida em que o julgue conveniente, face a todas as circunstâncias relevantes, incluindo a situação e as perspectivas económicas e financeiras do membro interessado e mediante condições que possa estabelecer, chegar a acordo sobre a flexibilização ou outra alteração das condições em que qualquer dos seus financiamentos tenha sido concedido.

SECÇÃO 4
Cooperação com outros organismos internacionais e com os membros que prestam assistência ao desenvolvimento

A Associação cooperará com os organismos públicos internacionais e com os membros que prestam assistência técnica e financeira às regiões menos desenvolvidas do mundo.

SECÇÃO 5
Operações diversas

Além das operações previstas noutras disposições destes Estatutos, a Associação pode:
   i) Tomar fundos de empréstimo com a aprovação do membro em cuja moeda o empréstimo esteja expresso;
   ii) Garantir títulos em que tenha investido por forma a facilitar a sua venda;
   iii) Comprar e vender títulos que tenha emitido ou garantido ou em que tenha investido;
   iv) Em casos especiais, garantir empréstimos de outras proveniências para objectivos que não sejam incompatíveis com as disposições dos presentes Estatutos;
   v) Prestar assistência técnica e serviços de consultadoria a pedido de um membro; e
   vi) Exercer outros poderes inerentes à sua actividade que sejam necessários ou úteis à prossecução dos seus objectivos.

SECÇÃO 6
Proibição de actividades de ordem política

A Associação e os seus agentes não deverão interferir nos assuntos políticos de qualquer membro, nem se deixarão influenciar nas suas decisões pelas características políticas do membro ou membros em questão. As suas decisões pautar-se-ão essencial e exclusivamente por critérios de ordem económica, os quais serão ponderados imparcialmente por forma a alcançar os objectivos enunciados nestes Estatutos.

ARTIGO VI
Organização e gestão

SECÇÃO 1
Estrutura da Associação

A Associação terá um conselho de governadores, directores executivos, um presidente, assim como os agentes e o pessoal necessários para exercer as funções que a Associação determinar.

SECÇÃO 2
Conselho de governadores

a) Todos os poderes da Associação serão atribuídos ao conselho de governadores.

b) Os governadores e os governadores suplentes do Banco, nomeados por um membro do Banco que também seja membro da Associação, serão *ex officio* governadores e governadores suplentes, respectivamente, da Associação. Nenhum governador suplente poderá votar, excepto na ausência do respectivo titular. O presidente do conselho de governadores do Banco será *ex officio* presidente do conselho de governadores da Associação, a não ser que o presidente do conselho de governadores do Banco represente um Estado que não seja membro da Associação, caso em que o conselho de governadores seleccionará um dos governadores para seu presidente. Os governadores ou os governadores suplentes deixarão de exercer as respectivas funções se o membro que os nomeou deixar de ser membro da Associação.

c) O conselho de governadores pode delegar nos directores executivos o exercício de todos os seus poderes, à excepção dos poderes para:
  i) Admitir novos membros e fixar as condições da sua admissão;
  ii) Autorizar subscrições adicionais e fixar os termos e condições respectivos;
  iii) Suspender um membro;
  iv) Decidir recursos contra interpretações dos presentes Estatutos feitas pelos directores executivos;
  v) Realizar acordos, em conformidade com a secção 7 deste artigo, para cooperar com outros organismos internacionais (excepto se se tratar de arranjos informais com carácter temporário ou administrativo);
  vi) Decidir a suspensão permanente das operações da Associação e distribuir os seus activos;
  vii) Fixar a distribuição do rendimento líquido da Associação nos termos do disposto na secção 12 do presente artigo; e
  viii) Aprovar propostas de alteração aos Estatutos.

d) O conselho de governadores realizará uma reunião anual, bem como todas as outras reuniões que forem decididas pelo referido conselho ou convocadas pelos directores executivos.

e) A reunião anual do conselho de governadores será realizada conjuntamente com a reunião anual do conselho de governadores do Banco.

f) O quórum para qualquer sessão do conselho de governadores será constituído por uma maioria de governadores que disponha de, pelo menos, dois terços do total dos votos computáveis.

g) A Associação pode instituir, por regulamento, um processo que permita aos directores executivos obter, sem convocação do conselho de governadores, um voto dos governadores sobre uma questão determinada.

h) O conselho de governadores e os directores executivos, na medida em que forem autorizados, poderão adoptar as regras e regulamentos que forem necessários ou apropriados para conduzir as operações da Associação.

i) As funções de governador e de governador suplente não serão remuneradas pela Associação.

SECÇÃO 3
Votação

a) Cada membro originário terá, relativamente à sua subscrição inicial, 500 votos e mais um voto adicional por cada US$5000 da sua subscrição inicial. As subscrições, à excepção das subscrições iniciais dos membros originários, conferirão os direitos de voto que o conselho de governadores estipule nos termos do disposto no artigo II, secção 1, b), ou no artigo III, secção 1, b) e c), e as subscrições adicionais ao abrigo do artigo III, secção 1, não conferirão direitos de voto.

b) Salvo expressa disposição em contrário, todas as decisões da Associação serão adoptadas por maioria de votos.

SECÇÃO 4
Directores executivos

a) Os directores executivos serão responsáveis pela condução das operações gerais da Associação e, para esse fim, exercerão todos os poderes que lhe sejam conferidos por estes Estatutos ou que o conselho de governadores neles delegar.

b) A Direcção Executiva da Associação será constituída *ex officio* por cada director executivo do Banco que tenha sido: i) nomeado por um membro do Banco que também seja membro da Associação; ou ii) escolhido por eleição em que os votos de pelo menos um membro do Banco que também seja membro da Associação tenham contado para a sua eleição. O suplente de cada um dos directores executivos do Banco será *ex officio* director suplente da Associação. Os directores deixarão de exercer as respectivas funções se o membro que os nomeou, ou se todos os membros cujos votos contaram para a sua eleição, deixarem de ser membros da Associação.

c) Cada director que é designado director executivo do Banco disporá do número de votos que o membro pelo qual ele foi nomeado tem ao seu dispor na Associação. Cada director que é eleito director executivo do Banco disporá do número de votos que o membro ou membros da Associação cujos votos contaram para a sua eleição no Banco têm ao seu dispor na Associação. Todos os votos de que um director dispuser serão utilizados em bloco.

d) Qualquer director suplente terá plenos poderes para agir na ausência do director que o nomeou. Quando o director está presente, o respectivo suplente pode participar nas reuniões, mas não terá direito de voto.

e) O quórum para qualquer reunião dos directores executivos será constituído por uma maioria de directores que represente, pelo menos, metade do total dos votos computáveis.

f) Os directores executivos reunir-se-ão tantas vezes quantas as requeridas pelas operações da Associação.

g) O conselho de governadores adoptará os regulamentos que possibilitem a um membro da Associação, sem direito a nomear um director executivo do Banco, enviar um representante para assistir a qualquer reunião dos directores executivos da Associação em que seja examinado um pedido feito por esse membro ou um assunto que particularmente o afecte.

SECÇÃO 5
Presidente e pessoal

a) O presidente do Banco será *ex officio* presidente da Associação. O presidente presidirá às reuniões dos directores executivos da Associação, mas não terá direito de voto, excepto de voto de desempate. Poderá participar nas sessões do conselho de governadores, mas não terá direito de voto nessas sessões.

b) O presidente será o chefe do pessoal executivo da Associação. Sob a direcção dos directores executivos, orientará as operações correntes da Associação e sob a fiscalização geral destes será responsável pela organização, nomeação e demissão dos agentes e do pessoal. Na medida do possível, agentes e pessoal do Banco serão nomeados para exercerem cumulativamente funções de agentes e pessoal da Associação.

c) No exercício das suas funções, o presidente, os agentes e o pessoal estão subordinados exclusivamente à Associação e a nenhuma outra autoridade. Os membros da Associação respeitarão o carácter internacional destas funções e abster-se-ão de qualquer tentativa de os influenciar no exercício das suas funções.

d) Ao proceder à nomeação dos agentes e do pessoal, o presidente deverá, tendo em conta a importância primordial de assegurar o mais elevado nível de eficiência e competência técnica, tomar em devida consideração a importância de recrutar pessoal numa base geográfica tão extensa quanto possível.

SECÇÃO 6
Relações com o Banco

a) A Associação será uma entidade separada e distinta do Banco e os fundos da Associação serão mantidos independentes e separados dos do Banco. A Associação não contrairá empréstimos junto do Banco nem lhos concederá, com a ressalva de que tal não impedirá a Associação de investir os fundos de que não necessite para as suas operações de financiamento em obrigações do Banco.

b) A Associação pode fazer acordos com o Banco relativos a instalações, pessoal e serviços, bem como acordos para reembolso de despesas administrativas pagas em primeiro lugar por qualquer das referidas entidades em nome da outra.

c) Nenhuma disposição dos presentes Estatutos tornará a Associação responsável pelos actos ou obrigações do Banco nem este responsável pelos actos ou obrigações da Associação.

SECÇÃO 7
Relações com outras organizações internacionais

A Associação celebrará acordos formais com as Nações Unidas e pode celebrar acordos com outras organizações internacionais que tenham responsabilidades específicas em sectores relacionados com o seu.

SECÇÃO 8
Sede da Associação

A sede da Associação será a sede do Banco. A Associação pode abrir outros escritórios nos territórios de qualquer membro.

SECÇÃO 9
Depositários

Cada membro designará o seu banco central como o depositário no qual a Associação pode guardar as suas disponibilidades na moeda desse membro ou quaisquer outros activos ou, se não tiver banco central, designará, para o efeito, outra instituição susceptível de ser aceite pela Associação. Caso não ocorra uma indicação diferente, o depositário designado para o Banco será o depositário da Associação.

SECÇÃO 10
Canais de comunicação

Cada membro designará uma autoridade apropriada com a qual a Associação possa comunicar relativamente a qualquer matéria decorrente destes Estatutos. Caso não ocorra uma designação diferente, o canal de comunicação designado para o Banco será o canal da Associação.

SECÇÃO 11
Publicação de relatórios e prestação de informações

a) A Associação publicará um relatório anual contendo um balanço das suas contas devidamente verificado e, a intervalos adequados, distribuirá aos membros um balancete sumário da sua situação financeira e dos resultados das suas operações.

b) A Associação pode publicar outros relatórios que entenda desejáveis para a prossecução dos seus objectivos.

c) Serão distribuídos aos membros exemplares de todos os relatórios, balanços e publicações elaborados nos termos da presente secção.

SECÇÃO 12
Distribuição do rendimento líquido

O conselho de governadores determinará, periodicamente, a aplicação do rendimento líquido da Associação, dedução feita da importância afectada às reservas e às despesas imprevistas.

ARTIGO VII
Retirada e suspensão dos membros; suspensão das operações

SECÇÃO 1
Direito de retirada dos membros

Qualquer membro poderá retirar-se da Associação, a qualquer momento, mediante notificação escrita da sua decisão transmitida à Associação, na sua sede. A retirada terá efeito a partir da data em que for recebida a notificação.

SECÇÃO 2
Suspensão dos membros

a) Se um membro deixar de cumprir qualquer das obrigações que assumiu em relação à Associação, esta poderá pronunciar a sua suspensão, por decisão adoptada por maioria dos governadores que possuam a maioria do total dos votos computáveis. O membro suspenso perderá automaticamente a sua qualidade de membro um ano após a decisão de suspensão, excepto se for adoptada, pela mesma maioria, uma decisão que restitua ao membro a sua plena capacidade.

b) Enquanto um membro estiver suspenso, não poderá exercer nenhum dos direitos conferidos pelos presentes Estatutos, excepto o direito de retirada, mas continuará sujeito a todas as obrigações.

SECÇÃO 3
Suspensão ou retirada de membros do Banco

Qualquer membro que seja suspenso ou se retire do Banco será automaticamente suspenso da sua qualidade de membro da Associação ou deixará de ser seu membro, conforme o caso.

SECÇÃO 4
Direitos e obrigações dos governos que deixem de ser membros

a) Um governo que deixar de ser membro da Associação, não terá quaisquer direitos ao abrigo destes Estatutos, com excepção dos previstos nesta secção e no artigo X, c), mas continuará, salvo disposição em contrário da presente secção, responsável por todas as obrigações financeiras por ele assumidas perante a Associação, quer como membro, mutuário ou garante, quer noutra qualquer qualidade.

b) Quando um governo deixar de ser membro, a Associação e o governo procederão à liquidação das contas. A título de liquidação parcial das contas, a Associação e o governo poderão acordar nos montantes a pagar a este último por conta das suas subscrições e nos prazos e moedas do pagamento. O termo "subscrição", quando utilizado em relação a qualquer governo membro, deverá, para os fins deste artigo, incluir tanto a subscrição inicial como as subscrições adicionais desse governo membro.

c) Se esse acordo não tiver sido concluído no prazo de seis meses a contar da data em que o governo deixou de ser membro ou em qualquer outra data que a Associação e o governo acordem entre si, aplicar-se-ão as disposições seguintes:

i) O governo ficará isento de quaisquer responsabilidades adicionais para com a Associação por conta das suas subscrições, sob reserva de que o governo pagará imediatamente à Associação os montantes devidos e não pagos na data em que o governo deixou de ser membro e que, no parecer da Associação, lhe são necessários, naquela data, para fazer face aos compromissos decorrentes das suas operações de financiamento;

ii) A Associação devolverá ao governo os fundos por ele entregues por conta das respectivas subscrições ou daí provenientes, a título de reembolso do capital, e detidos pela Associação, na data em que o governo deixou de ser membro, excepto na medida em que esses fundos, no parecer da Associação, lhe sejam necessários para satisfazer, naquela data, os compromissos decorrentes das suas operações de financiamento;

iii) A Associação entregará ao governo uma fracção proporcional de todos os reembolsos de capital relativos aos empréstimos contraídos antes da data em que o governo deixou de ser membro, e recebidos pela Associação posteriormente à referida data, à excepção dos empréstimos efectuados a partir dos recursos suplementares entregues à Associação, ao abrigo de acordos que especifiquem direitos especiais de liquidação. Esta fracção estará para o montante de capital total desses empréstimos na mesma proporção que o montante total pago pelo governo por conta da sua subscrição, e não devolvido, nos termos da cláusula ii) deste parágrafo, está para o montante total pago por todos os membros por conta das suas subscrições que tenha sido utilizado ou seja necessário, no parecer da Associação, para fazer face aos compromissos decorrentes das suas operações de financiamento, na data em que o governo deixe de ser membro. A Associação efectuará tais pagamentos em prestações quando e como esses reembolsos de capital forem recebidos pela Associação, mas nunca com uma periodicidade inferior a um ano. Essas prestações serão pagas nas moedas recebidas pela Associação, sob reserva de que a Associação pode, se o entender, efectuar o pagamento na moeda do governo em questão;

iv) Qualquer importância devida a um governo por conta da sua subscrição será retida enquanto esse governo ou o governo de qualquer território que partilhe da sua adesão, ou qualquer subdivisão política ou organismo de qualquer dos precedentes, continuar a ser responsável para com a Associação como mutuário ou garante, e a Associação terá a faculdade de afectar essa importância à execução de quaisquer dessas responsabilidades à medida que se forem vencendo;

v) Em circunstância alguma receberá o governo, nos termos deste parágrafo c), uma quantia que exceda, no conjunto, o menor dos dois quantitativos seguintes: a) a quantia paga pelo governo por conta da sua subscrição; ou b) a quantia que esteja na mesma proporção, para os activos líquidos da Associação constantes da respectiva escrita, na data em que o governo deixou de ser membro, que o montante da sua subscrição está para o montante total das subscrições de todos os membros;

vi) Todos os cálculos necessários ao abrigo desta secção serão efectuados numa base que a Associação razoavelmente determine.

d) Em circunstância alguma será pago qualquer montante devido a um governo, nos termos desta secção, antes de expirado um prazo de seis meses a contar da data em que esse governo tiver deixado de ser membro. Se no prazo de seis meses a contar da data em que qualquer governo deixe de ser membro a Associação suspender as suas operações nos termos da secção 5 deste artigo, todos os direitos desse governo serão determinados em conformidade com as disposições da referida secção 5, sendo esse governo ainda considerado membro da Associação para os efeitos da mesma secção 5, mas não podendo exercer o direito de voto.

SECÇÃO 5
Suspensão das operações e liquidação das obrigações

a) A Associação poderá suspender as suas operações, a título permanente, por decisão tomada por maioria dos governadores que disponham da maioria do total dos votos computáveis. Depois desta suspensão de operações, a Associação cessará imediatamente todas as suas actividades, excepto as respeitantes à realização, conservação e salvaguarda, de forma ordenada, dos seus activos e à liquidação das suas obrigações. Até à liquidação definitiva dessas obrigações e à distribuição desses activos, a Associação continuará a existir e todos os direitos e obrigações recíprocos da Associação e dos membros decorrentes dos presentes Estatutos continuarão intactos, com excepção de que nenhum membro será suspenso ou se retirará e de que nenhuma distribuição será feita aos membros, salvo o disposto nesta secção.

b) Não será feita nenhuma distribuição aos membros por conta das subscrições enquanto não tiverem sido satisfeitas todas as obrigações para com os credores, nem forem adoptadas as disposições necessárias para esse fim e enquanto o conselho de governadores, por voto da maioria dos governadores que disponham da maioria do total dos votos computáveis, não decidir proceder a essa distribuição.

c) Com sujeição ao que precede, bem como a quaisquer acordos específicos relativos à utilização dos recursos suplementares celebrados no que diz respeito à entrega desses recursos à Associação, esta distribuirá os seus activos pelos membros proporcionalmente aos montantes por eles entregues por conta das respectivas subscrições. Qualquer distribuição nos termos da anterior disposição do parágrafo c) ficará sujeita, para qualquer dos membros, à prévia liquidação de todas as dívidas pendentes que esse membro tenha para com a Associação. Essa distribuição far-se-á nas datas, nas moedas e em dinheiro ou outros activos, conforme o que a Associação considerar como justo e equitativo. A distribuição pelos diversos membros não terá necessariamente de ser uniforme no que diz respeito ao tipo de activos distribuídos ou às moedas em que os mesmos forem expressos.

d) Os membros que receberam activos distribuídos pela Associação, em conformidade com esta secção ou com a secção 4, terão, em relação a esses activos, os mesmos direitos de que a Associação gozava antes de fazer a distribuição.

ARTIGO VIII
Estatuto, imunidades e privilégios

SECÇÃO 1
Objectivos do presente artigo

Em todos os territórios dos membros serão concedidos à Associação, para que possa desempenhar as funções que lhe são confiadas, o estatuto, imunidades e privilégios definidos no presente artigo.

SECÇÃO 2
Estatuto da Associação

A Associação terá personalidade jurídica plena e, em especial, capacidade para:
 i) Contratar;
 ii) Adquirir e dispor de bens móveis e imóveis;
 iii) Instaurar procedimentos judiciais.

SECÇÃO 3
Situação da Associação no que respeita a processos judiciais

Só poderão ser intentadas acções contra a Associação num tribunal jurisdicional competente nos territórios de um membro onde a Associação possua um departamento ou onde tenha nomeado um representante com o fim de aceitar citações ou notificações judiciais ou onde tenha emitido ou garantido títulos. Contudo, nenhuma acção poderá ser intentada pelos membros ou por pessoas agindo em nome dos referidos membros ou invocando direitos destes. Os bens e activos da Associação, qualquer que seja o lugar onde se encontrem e seja quem for o seu detentor, estarão imunes de qualquer forma de apreensão, arresto ou execução, enquanto não for pronunciada uma decisão judicial definitiva contra a Associação.

SECÇÃO 4
Imunidade de apreensão

Os bens e activos da Associação, qualquer que seja o lugar onde se encontrem e seja quem for o seu detentor, estarão imunes de busca, requisição, confisco, expropriação ou qualquer outra forma de apreensão por acto do poder executivo ou do poder legislativo.

SECÇÃO 5
Inviolabilidade dos arquivos

Os arquivos da Associação serão invioláveis.

SECÇÃO 6
Imunidade dos activos da Associação em relação a medidas restritivas

Na medida necessária para a realização das operações previstas nos presentes Estatutos e com sujeição às disposições dos mesmos, todos os bens e activos da Associação ficarão isentos de restrições, regulamentações, fiscalizações e moratórias de qualquer natureza.

SECÇÃO 7
Privilégios em matéria de comunicações

Os membros concederão às comunicações oficiais da Associação o mesmo tratamento concedido às comunicações oficiais dos outros membros.

SECÇÃO 8
Imunidades e privilégios dos agentes e empregados

Os governadores, directores executivos, suplentes, agentes e empregados da Associação:
  i) Gozarão de imunidade de jurisdição em relação aos actos que praticarem no exercício das suas funções, excepto quando a Associação renunciar a essa imunidade;
  ii) Se não forem nacionais do país onde exercem as suas funções, gozarão das mesmas imunidades, no que respeita às restrições relativas à imigração, às formalidades de registo de estrangeiros e às obrigações de serviço militar, e beneficiarão das mesmas facilidades em matéria de restrições cambiais que forem concedidas pelos membros aos representantes, agentes e empregados de categoria correspondente dos outros membros;
  iii) Ser-lhes-ão asseguradas nas suas deslocações as mesmas facilidades que forem concedidas pelos membros aos representantes, agentes e empregados de categoria correspondente dos outros membros.

SECÇÃO 9
Imunidades fiscais

a) A Associação, os seus activos, bens e rendimentos, bem como as suas operações e transacções autorizadas por estes estatutos, estarão isentos de todos os impostos e de todos os direitos aduaneiros. A Associação ficará também isenta de obrigações relativas à cobrança ou pagamento de qualquer imposto ou direito.

b) Os vencimentos e emolumentos pagos pela Associação aos seus directores executivos, suplentes, funcionários e empregados que não sejam cidadãos, súbditos ou nacionais do país onde exerçam as suas funções ficarão isentos de impostos.

c) As obrigações ou títulos emitidos pela Associação (incluindo os respectivos dividendos ou juros), seja quem for o seu detentor, não serão sujeitos a tributação de qualquer natureza:
- i) Que tenha um carácter discriminatório relativamente a essas obrigações ou títulos, unicamente por terem sido emitidos pela Associação; ou
- ii) Se a única base legal para tal tributação for o lugar ou a moeda em que essas obrigações ou títulos forem emitidos, pagáveis ou pagos ou a localização de qualquer departamento ou escritório da Associação.

d) As obrigações ou títulos garantidos pela Associação (incluindo os respectivos dividendos ou juros), seja quem for o seu detentor, não serão sujeitos a tributação de qualquer natureza:
- i) Que tenha um carácter discriminatório relativamente a essas obrigações ou títulos, unicamente por terem sido garantidos pela Associação; ou
- ii) Se a única base legal para tal tributação for a localização de qualquer departamento ou escritório da Associação.

SECÇÃO 10
Aplicação do presente artigo

Cada membro deverá adoptar, nos seus próprios territórios, todas as medidas necessárias para introduzir na sua própria legislação os princípios prescritos neste artigo e informará a Associação, em pormenor, das medidas que tiver adoptado.

ARTIGO IX
Emendas

a) Qualquer proposta de alteração dos presentes Estatutos, quer seja apresentada por um membro, por um governador ou pelos directores executivos, será comunicada ao presidente do conselho de governadores, que a apresentará ao conselho. Se a emenda proposta for aprovada pelo conselho, a Associação deverá, por carta-circular ou telegrama, perguntar a todos os membros se aceitam a emenda proposta. Desde que três quintos dos membros dispondo de quatro quintos do total dos votos computáveis aceitem as emendas propostas, a Associação confirmará o facto por comunicação formal dirigida a todos os membros.

b) Não obstante o disposto no parágrafo a) deste artigo, será exigida a anuência de todos os membros no caso de qualquer emenda que modifique:
  i) O direito de retirada da Associação, previsto no artigo VII, secção 1;
  ii) O direito de preempção assegurado pelo artigo III, secção 1, c);
  iii) A limitação da responsabilidade prevista no artigo II, secção 3.

c) As emendas entrarão em vigor para todos os membros três meses depois da data da comunicação formal, excepto se na carta-circular ou telegrama se fixar um prazo mais curto.

ARTIGO X
Interpretação e arbitragem

a) Qualquer questão relativa à interpretação das disposições dos presentes Estatutos que surgir entre qualquer membro e a Associação ou entre quaisquer membros da Associação será submetida à decisão dos directores executivos. Se a questão afectar especialmente um membro da Associação que não possua o direito de nomear um director executivo do Banco, aquele terá o direito de se fazer representar de harmonia com o artigo VI, secção 4, g).

b) Em qualquer caso em que os directores executivos tenham tomado uma decisão ao abrigo do parágrafo a) deste artigo, qualquer membro poderá solicitar que a questão seja submetida ao conselho de governadores, de cuja decisão não haverá recurso. Enquanto o conselho de governadores se não tiver pronunciado, a Associação poderá, se o julgar necessário, agir com base na decisão dos directores executivos.

c) Em caso de diferendo entre a Associação e um país que deixou de ser membro, ou entre a Associação e qualquer membro, durante a suspensão permanente das operações da Associação, esse litígio será submetido à arbitragem de um tribunal constituído por três árbitros, um nomeado pela Associação, outro pelo país em questão e um árbitro de desempate, nomeado, salvo acordo em contrário entre as partes, pelo Presidente do Tribunal Internacional de Justiça ou qualquer outra autoridade designada por regulamento adoptado pela Associação. O árbitro de desempate terá plenos poderes para resolver todas as questões processuais em que as partes não estejam de acordo.

ARTIGO XI
Disposições finais

SECÇÃO 1
Entrada em vigor

Os presentes Estatutos entrarão em vigor quando tiverem sido assinados em nome dos governos cujas subscrições representem, pelo menos, 65% do total das subscrições enumeradas no anexo A e quando os instrumentos a que se refere a secção 2, a), do presente artigo tiverem sido depositados em seu nome. Porém, em caso algum os presentes Estatutos entrarão em vigor antes de 15 de Setembro de 1960.

SECÇÃO 2
Assinatura

a) Cada governo em cujo nome os presentes Estatutos forem assinados depositará, junto do Banco, um instrumento pelo qual declare que aceitou os presentes Estatutos em conformidade com a sua legislação e tomou todas as medidas necessárias para o habilitar a dar cumprimento a todas as obrigações impostas pelos presentes Estatutos.

b) Cada Governo tornar-se-á membro da Associação a partir da data do depósito, em seu nome, do instrumento a que se refere o parágrafo a) desta secção, sob reserva de que nenhum governo se tornará membro antes da entrada em vigor dos presentes Estatutos, nos termos da secção 1 deste artigo.

c) Os presentes Estatutos ficarão abertos para assinatura, na sede do Banco, em nome dos governos dos países cujos nomes figuram no anexo A, até ao fecho das operações em 31 de Dezembro de 1960, com a ressalva de que, se os presentes Estatutos não tiverem entrado em vigor até à referida data, os directores executivos do Banco poderão prorrogar o prazo durante o qual os presentes Estatutos ficarão abertos para assinatura por um período não superior a seis meses.

d) Depois de os presentes Estatutos entrarem em vigor, ficarão abertos para assinatura em nome dos governos de quaisquer países cuja adesão tiver sido aprovada em conformidade com o artigo II, secção 1, b).

SECÇÃO 3
Aplicação territorial

Cada governo, pelo facto de assinar os presentes Estatutos, aceita-os em seu próprio nome e no que respeita a todos os territórios por cujas relações internacionais esse governo é responsável, com excepção dos territórios excluídos por esse governo, mediante notificação escrita enviada à Associação.

SECÇÃO 4
Inauguração da Associação

a) Logo que os presentes Estatutos entrem em vigor, nos termos da secção 1 do presente artigo, o presidente convocará uma reunião dos directores executivos.

b) A Associação iniciará as suas operações na data em que for realizada essa reunião.

c) Enquanto não se tiver realizado a primeira reunião do conselho de governadores, os directores executivos poderão exercer todos os poderes do conselho de governadores, excepto os reservados nestes Estatutos ao conselho de governadores.

SECÇÃO 5
Registo

O Banco está autorizado a registar os presentes Estatutos junto do Secretariado das Nações Unidas de acordo com o artigo 102 da Carta das Nações Unidas e com os regulamentos adoptados pela Assembleia Geral.

Feito em Washington, num único exemplar, que ficará depositado nos arquivos do Banco Internacional para a Reconstrução e Desenvolvimento, o qual confirmou, por meio da assinatura, o seu acordo em agir como depositário dos presentes Estatutos, em registá-lo junto do Secretariado das Nações Unidas e em notificar todos os governos cujos nomes estão indicados no anexo A da data em que estes Estatutos entrarão em vigor, em conformidade com as disposições do artigo XI, secção 1.

ANEXO A
Subscrições iniciais
(Em milhões de dólares dos Estados Unidos) (*)

Parte I	
Alemanha	52,96
Austrália	20,18
Áustria	5,04
Bélgica	22,70
Canadá	37,83
Dinamarca	8,74
Estados Unidos	320,29
Finlândia	3,83
França	52,96
Holanda	27,74
Itália	18,16
Japão	33,59
Luxemburgo	1,01
Noruega	6,72
Reino Unido	131,14
Suécia	10,09
União da África do Sul	10,09
	763,07
Parte II	
Afeganistão	1,01
Arábia Saudita	3,70
Argentina	18,83
Bolívia	1,06
Brasil	18,83
Burma	2,02
Ceilão	3,03
Chile	3,53
China	30,26

(*) Em termos de dólares dos Estados Unidos com o peso e toque em vigor em 1 de Janeiro de 1960.

Colômbia	3,53
Coreia	1,26
Costa Rica	0,20
Cuba	4,71
El Salvador	0,30
Equador	0,65
Espanha	10,09
Etiópia	0,50
Filipinas	5,04
Gana	2,36
Grécia	2,52
Guatemala	0,40
Haiti	0,76
Honduras	0,30
Índia	40,35
Indonésia	11,10
Irão	4,54
Iraque	0,76
Irlanda	3,03
Islândia	0,10
Israel	1,68
Jordânia	0,30
Jugoslávia	4,04
Líbano	0,45
Líbia	1,01
Malásia	2,52
Marrocos	3,53
México	8,74
Nicarágua	0,30
Panamá	0,02
Paquistão	10,09
Paraguai	0,30
Peru	1,77
R. Árabe Unida	6,03
República Dominicana	0,40
Sudão	1,01
Tailândia	3,03
Tunísia	1,51
Turquia	5,80
Uruguai	1,06
Venezuela	7,06
Vietname	1,51
	236,93
Total	1000

CONVENÇÃO PARA A RESOLUÇÃO DE DIFERENDOS RELATIVOS A INVESTIMENTOS ENTRE ESTADOS E NACIONAIS DE OUTROS ESTADOS
18.03.1965

CONVENÇÃO PARA A RESOLUÇÃO DE DIFERENDOS RELATIVOS A INVESTIMENTOS ENTRE ESTADOS E NACIONAIS DE OUTROS ESTADOS

PREÂMBULO

Os Estados Contratantes:
Considerando a necessidade de cooperação internacional para o desenvolvimento económico e o papel desempenhado pelos investimentos privados internacionais;
Tendo presente a possibilidade de surgirem em qualquer altura diferendos relacionados com esses investimentos entre os Estados Contratantes e os nacionais de outros Estados Contratantes;
Reconhecendo que, ainda que tais diferendos possam normalmente ser levados perante as instâncias nacionais, métodos internacionais de resolução poderão ser apropriados em certos casos;
Concedendo especial importância à criação de mecanismos que permitam a conciliação e a arbitragem internacionais às quais os Estados Contratantes e os nacionais de outros Estados Contratantes possam submeter os seus diferendos, se assim o desejarem;
Desejando criar tais mecanismos sob os auspícios do Banco Internacional para a Reconstrução e Desenvolvimento;
Reconhecendo que o consentimento mútuo das partes em submeter tais diferendos à conciliação ou à arbitragem, através desses mecanismos, as obriga, exigindo em especial que seja tomada em devida conta qualquer recomendação dos conciliadores e que toda a sentença arbitral seja executada; e
Declarando que nenhum Estado Contratante, pelo simples facto de ter ratificado, aceitado ou aprovado a presente Convenção e sem o seu consentimento, ficará vinculado a recorrer à conciliação ou arbitragem em qualquer caso concreto,
acordaram o que se segue:

CAPÍTULO I
Centro Internacional para a Resolução de Diferendos Relativos a Investimentos

SECÇÃO 1
Criação e organização

ARTIGO 1.º

1. Pela presente Convenção é instituído um Centro Internacional para a Resolução de Diferendos Relativos a Investimentos (daqui para a frente denominado Centro).
2. O objectivo do Centro será proporcionar os meios de conciliação e arbitragem dos diferendos relativos a investimentos entre Estados Contratantes e nacionais de outros Estados Contratantes em conformidade com as disposições desta Convenção.

ARTIGO 2.º

A sede do Centro será a do Banco Internacional para a Reconstrução e Desenvolvimento (daqui para a frente denominado Banco). A sede poderá ser transferida para outro local por decisão do conselho de administração aprovada por uma maioria de dois terços dos seus membros.

ARTIGO 3.º

O Centro será constituído por um conselho de administração e por um secretariado e terá uma lista de conciliadores e uma lista de árbitros.

SECÇÃO 2
Conselho de administração

ARTIGO 4.º

1. O conselho de administração será constituído por um representante de cada Estado Contratante. Um substituto poderá agir em lugar do representante no caso de o titular estar ausente de uma reunião ou impedido.
2. Salvo indicação contrária, o governador e o governador suplente do Banco, nomeados por um Estado Contratante, exercerão de pleno direito as funções respectivas de representante e de suplente.

ARTIGO 5.º

O presidente do Banco exercerá de pleno direito o lugar de presidente do conselho de administração (daqui para a frente denominado presidente), mas não terá direito a voto. Durante a sua ausência ou impedimento, bem como em caso de vacatura da presidência do Banco, aquele que durante esse período desempenhar as funções de presidente do Banco actuará como presidente do conselho de administração.

ARTIGO 6.º

1. Sem prejuízo das atribuições que lhe são cometidas pelas outras disposições da presente Convenção, ao conselho de administração caberá:

a) Adoptar o regulamento administrativo e financeiro do Centro;

b) Adoptar as regras processuais para a instauração dos processos de conciliação e de arbitragem;

c) Adoptar as regras processuais relativas aos processos de conciliação e arbitragem (daqui para a frente denominadas Regulamento de Conciliação e Regulamento de Arbitragem);

d) Estabelecer todas as providências necessárias com o Banco com vista a permitir a utilização das instalações e serviços administrativos do mesmo;

e) Determinar as condições de emprego do secretário-geral e dos secretários-gerais-adjuntos;

f) Adoptar o orçamento anual das receitas e despesas do Centro;

g) Aprovar o relatório anual da actividade do Centro.

As decisões acima referidas nas alíneas a), b), c) e f) serão adoptadas por uma maioria de dois terços dos membros do conselho de administração.

2. O conselho de administração poderá constituir tantas comissões quantas considerar necessárias.

3. O conselho de administração exercerá igualmente todas as outras atribuições consideradas necessárias à execução das disposições da presente Convenção.

ARTIGO 7.º

1. O conselho de administração terá uma sessão anual e tantas outras sessões quantas as determinadas pelo conselho ou convocadas, quer pelo presidente, quer pelo secretário-geral, a pedido de um mínimo de 5 membros do conselho.

2. Cada membro do conselho de administração disporá de um voto e, salvo excepção prevista pela presente Convenção, todos os assuntos submetidos ao conselho serão resolvidos pela maioria dos votos expressos.

3. Para todas as reuniões do conselho de administração o quórum será de metade mais um dos seus membros.

4. O conselho de administração poderá estabelecer, por uma maioria de dois terços dos seus membros, um processo autorizando o presidente a pedir ao conselho uma votação por correspondência. A votação será considerada válida apenas se a maioria dos membros do conselho expressar os seus votos dentro do prazo estabelecido pelo referido processo.

ARTIGO 8.º

Os membros do conselho de administração e o presidente exercerão as suas funções sem remuneração do Centro.

SECÇÃO 3
Secretariado

ARTIGO 9.º

O secretariado será constituído por um secretário-geral, um ou mais secretários-gerais-adjuntos e pelo pessoal respectivo.

ARTIGO 10.º

1. O secretário-geral e os secretários-gerais-adjuntos serão eleitos, sob indicação do presidente, por uma maioria de dois terços dos membros do conselho de administração, por um período que não poderá exceder 6 anos, e poderão ser reeleitos.

Depois de consultados os membros do conselho de administração, o presidente proporá um ou mais candidatos para cada posto.

2. As funções de secretário-geral e secretário-geral-adjunto serão incompatíveis com o exercício de qualquer função política. Nem o secretário-geral, nem os secretários-gerais-adjuntos poderão ocupar outro emprego, nem exercer outra actividade profissional, salvo se para tal obtiverem a autorização do conselho de administração.

3. Em caso de ausência ou impedimento do secretário-geral, bem como em caso de vacatura no cargo, o secretário-geral-adjunto exercerá as

funções de secretário-geral. No caso de existirem vários secretários-gerais-
-adjuntos, o conselho de administração determinará previamente a ordem
pela qual eles serão chamados a exercer as funções de secretário-geral.

ARTIGO 11.º

O secretário-geral será o representante legal do Centro e dirigi-lo-á e
será responsável pela sua administração, onde se incluirá o recrutamento
de pessoal, em conformidade com as disposições da presente Convenção
e os Regulamentos adoptados pelo conselho de administração. Exercerá a
função de escrivão e terá poderes para autenticar sentenças arbitrais con-
sequentes da presente Convenção, bem como para certificar cópias das
mesmas.

SECÇÃO 4
Listas

ARTIGO 12.º

A lista de conciliadores e a lista de árbitros consistirão de pessoas
qualificadas designadas de acordo com as disposições que seguem e que
aceitem figurar nessas listas.

ARTIGO 13.º

1. Cada Estado Contratante poderá designar para cada lista pessoas
que não terão de ser necessariamente seus nacionais.
2. O presidente poderá designar 10 pessoas para cada lista. As pessoas por esta forma designadas em cada lista deverão ser todas de nacionalidade diferente.

ARTIGO 14.º

1. As pessoas assim designadas para figurar nas listas deverão gozar
de elevada consideração e de reconhecida competência no domínio jurídico, comercial, industrial ou financeiro e oferecer todas as garantias de
independência no exercício das suas funções. A competência no domínio
jurídico será de particular importância no caso das pessoas incluídas na
lista de árbitros.

2. O presidente, ao designar as pessoas que integrarão as listas, deverá, entre outros aspectos, prestar a devida atenção à importância de assegurar a representação nas listas dos principais sistemas jurídicos do mundo e das principais formas de actividade económica.

ARTIGO 15.º

1. As nomeações serão feitas por períodos de 6 anos renováveis.
2. Em caso de falecimento ou demissão de um membro de uma lista, a autoridade que tenha designado esse membro poderá designar um substituto que, até ao fim do mandato em questão, exercerá as funções que àquele competiam.
3. Os membros das listas continuarão a figurar nas mesmas até à designação dos seus sucessores.

ARTIGO 16.º

1. Uma mesma pessoa poderá figurar em ambas as listas.
2. Se uma pessoa tiver sido designada para a mesma lista por vários Estados Contratantes, ou por um ou mais de entre eles e pelo presidente, entender-se-á que foi designada pela entidade que primeiro a nomeou; todavia, no caso de uma das entidades que participou na designação ser o Estado do qual ela é nacional, considerar-se-á designada por esse Estado.
3. Todas as designações serão notificadas ao secretário-geral e terão efeitos a partir da data em que a notificação for recebida.

SECÇÃO 5
Financiamento do Centro

ARTIGO 17.º

Se as despesas do Centro não puderem ser cobertas pelas receitas cobradas pela utilização dos seus serviços, ou por outros rendimentos, o excedente deverá ser suportado pelos Estados Contratantes membros do Banco, em proporção à sua participação no capital social deste Banco, e pelos Estados Contratantes não membros do Banco, em conformidade com os Regulamentos adoptados pelo conselho de administração.

SECÇÃO 6
Estatuto, imunidades e privilégios

ARTIGO 18.º

O Centro terá plena personalidade jurídica internacional. Terá, entre outras, capacidade para:
a) Contratar;
b) Adquirir e dispor de bens móveis e imóveis;
c) Instaurar procedimentos judiciais.

ARTIGO 19.º

Por forma a poder exercer plenamente as suas funções, o Centro gozará das imunidades e privilégios estabelecidos nesta secção no território de todos os Estados Contratantes.

ARTIGO 20.º

O Centro não poderá ser objecto de acções judiciais relativas ao seu património ou outras, excepto se renunciar a essa imunidade.

ARTIGO 21.º

O presidente, os membros do conselho de administração, as pessoas exercendo funções como conciliadores ou árbitros ou membros de um comité constituído em conformidade com o n.º 3 do artigo 52.º e os funcionários e empregados do secretariado:
 a) Não poderão ser demandados por actos praticados no exercício das suas funções, excepto quando o Centro lhes retirar essa imunidade;
 b) No caso de não serem nacionais do Estado em que exercem as suas funções, beneficiarão das mesmas imunidades em matéria de imigração, registo de estrangeiros e de serviço militar ou prestações análogas, bem como das mesmas facilidades em matéria de trocas e de deslocações, que as concedidas pelos Estados Contratantes para os representantes, agentes e empregados de outros Estados Contratantes de categoria correspondente.

ARTIGO 22.º

As disposições do artigo 21.º serão aplicadas às pessoas que intervenham em processos regulados pela presente Convenção, na qualidade de partes, agentes, conselheiros, advogados, testemunhas ou peritos, aplicando-se, contudo, a alínea b) do mesmo artigo apenas às suas deslocações e estada no país em que o processo tiver lugar.

ARTIGO 23.º

1. Os arquivos do Centro serão invioláveis onde quer que se encontrem.
2. No tocante às comunicações oficiais, cada Estado Contratante deverá conceder ao Centro um tratamento tão favorável como o concedido às outras instituições internacionais.

ARTIGO 24.º

1. O Centro, o seu património, bens e rendimentos, bem como as suas operações autorizadas pela presente Convenção, estarão isentos de todos os impostos e direitos aduaneiros. O Centro estará também isento de qualquer obrigação relativa à cobrança ou pagamento de quaisquer impostos ou direitos aduaneiros.
2. Não será cobrado qualquer imposto quer sobre os subsídios pagos pelo Centro ao presidente ou a membros do conselho de administração, quer sobre os vencimentos, emolumentos ou outros subsídios pagos pelo Centro aos seus agentes ou empregados do secretariado, excepto se os beneficiários forem nacionais do país em que exerçam as suas funções.
3. Não será cobrado qualquer imposto sobre os honorários ou subsídios atribuídos às pessoas que exerçam funções como conciliadores, árbitros ou membros do comité constituído em conformidade com o n.º 3 do artigo 52.º, nos processos objecto da presente Convenção, no caso de a única base jurídica para tal imposto ser a localização do Centro ou o local em que tais processos se desenrolem, ou ainda o local em que tais honorários ou subsídios são pagos.

CAPÍTULO II
Competência do Centro

ARTIGO 25.º

1. A competência do Centro abrangerá os diferendos de natureza jurídica directamente decorrentes de um investimento entre um Estado Contratante (ou qualquer pessoa colectiva de direito público ou organismo dele dependente designado pelo mesmo ao Centro) e um nacional de outro Estado Contratante, diferendo esse cuja submissão ao Centro foi consentida por escrito por ambas as partes. Uma vez dado o consentimento por ambas as partes, nenhuma delas poderá retirá-lo unilateralmente.

2. "Nacional de outro Estado Contratante" significa:

a) Qualquer pessoa singular que tenha a nacionalidade de um Estado Contratante, diferente do Estado parte no diferendo, à data em que as partes hajam consentido em submeter tal diferendo a conciliação ou arbitragem, em conformidade com o n.º 3 do artigo 28.º ou o n.º 3 do artigo 36.º, com exclusão de qualquer pessoa que, em qualquer das datas referidas, tivesse igualmente a nacionalidade do Estado Contratante parte no diferendo; e

b) Qualquer pessoa colectiva que tenha nacionalidade de um Estado Contratante, diferente do Estado parte no diferendo, à data em que as partes hajam consentido em submeter tal diferendo a conciliação ou a arbitragem, bem como qualquer pessoa colectiva que tenha a nacionalidade do Estado Contratante parte no diferendo àquela data e que, em virtude do controlo sobre ela exercido por interesses estrangeiros, as partes tenham concordado em tratar como um nacional de outro Estado Contratante, para os efeitos da presente Convenção.

3. O consentimento de uma pessoa colectiva de direito público ou de um organismo de um Estado Contratante requererá a aprovação do referido Estado, excepto se o mesmo notificar ao Centro de que tal aprovação não é necessária.

4. Todos os Estados Contratantes poderão, na altura da sua ratificação, aceitação ou aprovação da Convenção, ou em qualquer outra data posterior, notificar ao Centro a categoria ou categorias de diferendos que consideram poderem ser sujeitos à competência do Centro. O secretário-geral deverá transmitir imediatamente a notificação recebida a todos os Estados Contratantes. Tal notificação não dispensará o consentimento exigido pelo n.º 1.

ARTIGO 26.º

O consentimento dado pelas partes para a arbitragem no âmbito da presente Convenção será, excepto no caso de estipulação contrária, considerado como implicando a renúncia a qualquer outro meio de resolução. Um Estado Contratante poderá exigir a exaustão dos meios administrativos e judiciais internos como condição para dar o seu consentimento à arbitragem no âmbito da presente Convenção.

ARTIGO 27.º

1. Nenhum Estado Contratante concederá protecção diplomática, nem apresentará internacionalmente uma reclamação respeitante a um diferendo que um dos seus nacionais e outro Estado Contratante tenham consentido submeter ou hajam submetido a arbitragem no quadro da presente Convenção, excepto no caso do outro Estado Contratante não acatar a sentença proferida no referido diferendo.

2. A protecção diplomática, para efeitos do n.º 1, não incluirá diligências diplomáticas informais, visando unicamente facilitar a resolução do diferendo.

CAPÍTULO III
Conciliação

SECÇÃO 1
Pedido de conciliação

ARTIGO 28.º

1. Qualquer Estado Contratante ou qualquer nacional de um Estado Contratante que deseje abrir um processo de conciliação deverá remeter um requerimento por escrito, nesse sentido, ao secretário-geral, que enviará uma cópia à outra parte.

2. O requerimento deverá indicar o objecto do diferendo, a identidade das partes e o seu consentimento na conciliação, em conformidade com as regras processuais relativas ao início das instâncias de conciliação e arbitragem.

3. O secretário-geral procederá ao registo do requerimento, excepto se considerar, com base nos dados do mesmo, que o diferendo está manifestamente fora da competência do Centro. Notificará de imediato as partes envolvidas do registo ou da recusa de registo.

SECÇÃO 2
Constituição da Comissão de Conciliação

ARTIGO 29.º

1. A Comissão de Conciliação (daqui para a frente denominada Comissão) deverá ser constituída o mais rapidamente possível após o registo do requerimento, em conformidade com o artigo 28.º.
2:
a) A Comissão consistirá de um único conciliador ou de um número ímpar de conciliadores nomeados segundo acordo entre as partes;
b) Na falta de acordo entre as partes sobre o número de conciliadores e o método da sua nomeação, a Comissão integrará 3 conciliadores; cada parte nomeará um conciliador, devendo o terceiro, que será o presidente da Comissão, ser nomeado com o acordo de ambas as partes.

ARTIGO 30.º

Se a Comissão não tiver sido constituída num prazo de 90 dias após a notificação de que o registo do requerimento foi feito pelo secretário-geral, em conformidade com o n.º 3 do artigo 28.º, ou dentro de qualquer outro prazo acordado entre as partes, o presidente deverá, a pedido de qualquer das partes e, dentro do possível, depois de consultar ambas as partes, nomear o conciliador ou conciliadores que ainda não tiverem sido nomeados.

ARTIGO 31.º

1. Poderão ser nomeados conciliadores que não constem da lista de conciliadores, excepto no caso das nomeações feitas pelo presidente em conformidade com o artigo 30.º.
2. Os conciliadores nomeados que não constem da lista de conciliadores deverão reunir as qualidades referidas no n.º 1 do artigo 14.º.

SECÇÃO 3
Processo perante a Comissão

ARTIGO 32.º

1. A Comissão é juiz da sua própria competência.
2. Qualquer excepção de incompetência relativa ao Centro ou, por quaisquer razões, à Comissão, apresentada por uma das partes, será considerada pela Comissão, que determinará se deverá ser tratada como uma questão preliminar ou ser examinada juntamente com as questões de fundo.

ARTIGO 33.º

Qualquer processo de conciliação deverá ser conduzido em conformidade com o disposto na presente secção e, excepto se as partes chegarem a acordo diferente, em conformidade com o Regulamento de Conciliação em vigor na data em que as partes consentirem na conciliação. Se surgir uma questão de índole processual não prevista pela presente secção, pelo Regulamento de Conciliação ou por quaisquer regras acordadas entre as partes, será a mesma decidida pela Comissão.

ARTIGO 34.º

1. A Comissão terá por função esclarecer os pontos em litígio entre as partes e desenvolver esforços no sentido de as fazer chegar a acordo em termos mutuamente aceitáveis.
Nesse sentido, poderá a Comissão, em qualquer fase do processo e repetidamente, recomendar formas de resolução às partes. As partes deverão cooperar com a Comissão, de boa fé, por forma a permitir que a Comissão desempenhe as suas funções, e deverão considerar seriamente as suas recomendações.
2. Se as partes chegarem a acordo, a Comissão elaborará um relatório anotando os pontos em litígio e registando o acordo das partes. Se, em qualquer fase do processo, parecer à Comissão que não existem quaisquer possibilidades de acordo entre as partes, deverá esta encerrar o processo e elaborar um relatório anotando que o diferendo foi sujeito a conciliação e que as partes não chegaram a acordo. Se uma parte não comparecer ou não participar no processo, a Comissão encerrará o processo e elaborará um relatório anotando a falta de comparência ou não participação.

ARTIGO 35.º

Excepto se as partes envolvidas no diferendo acordarem diferentemente, nenhuma delas poderá, em qualquer outro processo, quer perante árbitros, quer num tribunal ou de qualquer outra maneira, invocar ou usar as opiniões emitidas, as declarações ou as ofertas de resolução feitas pela outra parte no processo de conciliação, nem tão-pouco o relatório ou quaisquer recomendações da Comissão.

CAPÍTULO IV
Arbitragem

SECÇÃO 1
Pedido de arbitragem

ARTIGO 36.º

1. Qualquer Estado Contratante ou qualquer nacional de um Estado Contratante que deseje abrir um processo de arbitragem deverá remeter um requerimento, por escrito, nesse sentido ao secretário-geral, que enviará uma cópia do mesmo à outra parte.

2. O requerimento deverá indicar o objecto do diferendo, a identidade das partes e o seu consentimento na arbitragem, em conformidade com as regras processuais relativas ao início da instância de conciliação e arbitragem.

3. O secretário-geral procederá ao registo do requerimento, excepto se considerar, com base nos dados do mesmo, que o diferendo está manifestamente fora da competência do Centro. Notificará de imediato as partes do registo ou da recusa de registo.

SECÇÃO 2
Constituição do tribunal

ARTIGO 37.º

1. O tribunal arbitral (daqui para a frente denominado tribunal) deverá ser constituído o mais rapidamente possível após o registo do requerimento, em conformidade com o artigo 36.º.

2:

a) O tribunal terá um único árbitro ou um número ímpar de árbitros nomeados segundo acordo entre as partes;

b) Na falta de acordo entre as partes sobre o número de árbitros e o método da sua nomeação, o tribunal integrará 3 árbitros, nomeando cada parte um árbitro, e devendo o terceiro, que será o presidente do tribunal, ser nomeado com o acordo de ambas as partes.

ARTIGO 38.º

Se o tribunal não tiver sido constituído num prazo de 90 dias após a notificação de que o registo do requerimento foi feito pelo secretário--geral, em conformidade com o n.º 3 do artigo 36.º, ou dentro de qualquer outro prazo acordado entre as partes, o presidente deverá, a pedido de qualquer das partes e, dentro do possível, depois de consultadas ambas as partes, nomear o árbitro ou árbitros que ainda não tiverem sido nomeados. Os árbitros nomeados pelo presidente, em conformidade com o presente artigo, não deverão ser nacionais do Estado Contratante parte no diferendo, nem do Estado Contratante de que é nacional a outra parte.

ARTIGO 39.º

A maioria dos árbitros deverá ser nacional de Estados que não o Estado Contratante parte no diferendo e o Estado Contratante cujo nacional é parte no diferendo; contudo, as precedentes disposições deste artigo não se aplicam no caso de o único árbitro ou cada um dos membros do tribunal ter sido nomeado por acordo entre as partes.

ARTIGO 40.º

1. Poderão ser nomeados árbitros que não constem da lista dos árbitros, excepto no caso de nomeações feitas pelo presidente em conformidade com o artigo 38.º.

2. Os árbitros nomeados que não constem da lista dos árbitros deverão reunir as qualidades previstas no n.º 1 do artigo 14.º.

SECÇÃO 3
Poderes e funções do tribunal

ARTIGO 41.º

1. Só o tribunal conhecerá da sua própria competência.
2. Qualquer excepção de incompetência relativa ao Centro ou, por quaisquer razões, ao tribunal deverá ser considerada pelo tribunal, que determinará se a mesma deverá ser tratada como questão preliminar ou examinada juntamente com as questões de fundo.

ARTIGO 42.º

1. O tribunal julgará o diferendo em conformidade com as regras de direito acordadas entre as partes. Na ausência de tal acordo, o tribunal deverá aplicar a lei do Estado Contratante parte no diferendo (incluindo as regras referentes aos conflitos de leis), bem como os princípios de direito internacional aplicáveis.
2. O tribunal não pode recusar-se a julgar sob pretexto do silêncio ou da obscuridade da lei.
3. As disposições dos n.ºs 1 e 2 não prejudicarão a faculdade de o tribunal julgar um diferendo *ex aequo et bono* se houver acordo entre as partes.

ARTIGO 43.º

Excepto se as partes acordarem diferentemente, o tribunal pode, se considerar necessário, em qualquer fase do processo:

a) Pedir às partes que apresentem documentos ou outros meios de prova; e

b) Visitar os lugares relacionados com o diferendo e aí proceder a tantos inquéritos quantos considerar necessários.

ARTIGO 44.º

Qualquer processo de arbitragem deverá ser conduzido em conformidade com as disposições da presente secção e, excepto se as partes acordarem diferentemente, em conformidade com o Regulamento de Arbitragem em vigor na data em que as partes consentirem na arbitragem. Se surgir qualquer questão de índole processual não prevista pela presente secção ou pelo Regulamento de Arbitragem ou quaisquer outras regras acordadas entre as partes, será a mesma decidida pelo tribunal.

ARTIGO 45.º

1. Não se presumirão confessados os factos apresentados por uma das partes quando a outra não compareça ou se abstenha de fazer uso dos meios ao seu dispor.
2. Se em qualquer momento do processo uma das partes não comparecer ou não fizer uso dos meios ao seu dispor, a outra parte poderá requerer ao tribunal que aprecie as conclusões por si apresentadas e profira a sentença. O tribunal deverá notificar a parte em falta do requerimento que lhe foi apresentado e conceder-lhe um prazo antes de proferir a sentença, excepto se estiver convencido de que aquela parte não tem intenção de comparecer ou fazer valer os seus meios.

ARTIGO 46.º

Excepto se as partes acordarem diferentemente, o tribunal deverá conhecer, a pedido de uma delas, todas as questões incidentais, adicionais ou reconvencionais que se liguem directamente com o objecto do diferendo, desde que estejam compreendidas no consentimento das partes, bem como no âmbito da competência do Centro.

ARTIGO 47.º

Excepto se as partes acordarem diferentemente, o tribunal pode, se considerar que as circunstâncias o exigem, recomendar quaisquer medidas cautelares adequadas a garantir os direitos das partes.

SECÇÃO 4
Sentença

ARTIGO 48.º

1. O tribunal decidirá todas as questões por maioria de votos de todos os seus membros.

2. A sentença do tribunal deverá ser proferida por escrito; será assinada pelos membros do tribunal que hajam votado a seu favor.

3. A sentença deverá responder fundamentalmente a todos os pontos das conclusões apresentadas ao tribunal pelas partes.

4. Todos os membros do tribunal poderão fazer juntar à sentença a sua opinião individual, discordem ou não da maioria, ou a menção da sua discordância.

5. O Centro não poderá publicar a sentença sem o consentimento das partes.

ARTIGO 49.º

1. O secretário-geral deverá enviar prontamente cópias autenticadas da sentença às partes. Presumir-se-á que a sentença foi proferida na data em que as cópias autenticadas foram enviadas.

2. O tribunal, a pedido de uma parte, dentro de um prazo de 45 dias após a data em que a sentença foi decretada, pode, depois de notificada a outra parte, julgar qualquer questão sobre que, por omissão, não se haja pronunciado na sentença, e rectificará qualquer erro material da sentença. A sua decisão será parte integrante da sentença e será notificada às partes da mesma forma que a sentença. Os períodos de tempo previstos no n.º 2 do artigo 51.º e n.º 2 do artigo 52.º deverão decorrer a partir da data em que a decisão correspondente for tomada.

SECÇÃO 5
Interpretação, revisão e anulação da sentença

ARTIGO 50.º

1. Se surgir qualquer diferendo entre as partes sobre o significado ou o âmbito de uma sentença, qualquer das partes poderá pedir a sua interpretação através de requerimento, por escrito, dirigido ao secretário-geral.

2. O pedido deverá, se possível, ser submetido ao tribunal que proferiu a sentença. Se tal não for possível, será constituído um novo tribunal em conformidade com a secção 2 do presente capítulo. O tribunal pode, se considerar que as circunstâncias assim o exigem, decidir suspender a execução da sentença até se pronunciar sobre o pedido de interpretação.

ARTIGO 51.º

1. Qualquer das partes poderá pedir a revisão da sentença através de requerimento por escrito dirigido ao secretário-geral com fundamento na descoberta de algum facto susceptível de exercer uma influência decisiva sobre a sentença, desde que, à data da sentença, tal facto fosse desconhecido do tribunal e do requerente sem culpa deste.

2. O requerimento deverá ser apresentado dentro de um período de 90 dias após a descoberta de tal facto e em qualquer caso dentro de 3 anos após a data em que a sentença foi proferida.

3. O requerimento deverá, se possível, ser submetido ao tribunal que proferiu a sentença. Se tal não for possível, será constituído um novo tribunal em conformidade com a secção 2 do presente capítulo.

4. O tribunal poderá, se considerar que as circunstâncias assim o exigem, decidir suspender a execução da sentença até ter decidido sobre o pedido de revisão. Se o requerente pedir a suspensão da execução da sentença no seu requerimento, a execução será suspensa provisoriamente até que o tribunal decida sobre esse pedido.

ARTIGO 52.º

1. Qualquer das partes poderá pedir por escrito ao secretário-geral a anulação da sentença com base em um ou mais dos seguintes fundamentos:
   a) Vício na constituição do tribunal;
   b) Manifesto excesso de poder do tribunal;
   c) Corrupção de um membro do tribunal;
   d) Inobservância grave de uma regra de processo fundamental; ou
   e) Vício de fundamentação.

2. O requerimento deverá ser apresentado dentro de um prazo de 120 dias após a data em que a sentença tiver sido proferida, excepto quando a anulação for pedida com base em corrupção, caso em que o requerimento deverá ser feito dentro de um prazo de 120 dias após a descoberta da corrupção e, em qualquer caso, dentro de 3 anos após a data em que a sentença foi decretada.

3. Ao receber o pedido, o presidente deverá de imediato designar entre as pessoas que figuram na lista dos árbitros um comité ad hoc de 3 pessoas. Nenhum dos membros deste comité poderá ter sido membro do tribunal que proferiu a sentença, ser da mesma nacionalidade de qualquer dos membros do referido tribunal, ser um nacional do Estado parte no di-

ferendo ou do Estado cujo nacional é parte no diferendo, nem ter sido designado para a lista dos árbitros, por um desses Estados, ou ter actuado como conciliador nesse mesmo diferendo. O comité terá autoridade para anular a sentença na sua totalidade ou em parte, em razão de um dos fundamentos estabelecidos no n.º 1.

4. As disposições dos artigos 41.º a 45.º, 48.º, 49.º, 53.º e 54.º e dos capítulos VI e VII serão aplicáveis *mutatis mutandis* ao processo no comité.

5. O comité pode, se considerar que as circunstâncias assim o exigem, decidir suspender a execução da sentença até se pronunciar sobre o pedido de anulação. Se o requerente pedir a suspensão da execução da sentença no seu requerimento, a execução será suspensa provisoriamente até que o comité decida sobre o pedido apresentado.

6. Se a sentença for anulada, o diferendo deverá, a pedido de qualquer das partes, ser submetido a novo tribunal constituído em conformidade com a secção 2 do presente capítulo.

SECÇÃO 6
Reconhecimento e execução da sentença

ARTIGO 53.º

1. A sentença será obrigatória para as partes e não poderá ser objecto de apelação ou qualquer outro recurso, excepto os previstos na presente Convenção. Cada parte deverá acatar os termos da sentença, excepto se a execução for suspensa em conformidade com as disposições da presente Convenção.

2. No âmbito dos objectivos desta secção, "sentença" incluirá qualquer decisão referente à interpretação, revisão ou anulação da sentença em conformidade com os artigos 50.º, 51.º e 52.º.

ARTIGO 54.º

1. Cada Estado Contratante reconhecerá a obrigatoriedade da sentença proferida em conformidade com a presente Convenção e assegurará a execução no seu território das obrigações pecuniárias impostas por essa sentença como se fosse uma decisão final de um tribunal desse Estado. O Estado Contratante que tenha uma constituição federal poderá dar execução à sentença por intermédio dos seus tribunais federais e providenciar

para que estes considerem tal sentença como decisão final dos tribunais de um dos Estados federados.

2. A parte que deseje obter o reconhecimento e a execução de uma sentença no território de um Estado Contratante deverá fornecer ao tribunal competente ou a qualquer outra autoridade que tal Estado tenha designado para este efeito uma cópia da sentença autenticada pelo secretário--geral. Cada Estado Contratante deverá notificar o secretário-geral da designação do tribunal ou autoridade competente para este efeito e informá-lo de eventuais modificações subsequentes a tal designação.

3. A execução da sentença será regida pelas leis referentes à execução de sentença vigentes no Estado em cujo território deverá ter lugar.

ARTIGO 55.º

Nenhuma das disposições do artigo 54.º poderá ser interpretada como constituindo excepção ao direito vigente num Estado Contratante relativo ao privilégio de execução do referido Estado ou de qualquer Estado estrangeiro.

CAPÍTULO V
Substituição e inibição dos conciliadores e dos árbitros

ARTIGO 56.º

1. Após a constituição de uma comissão ou de um tribunal e o início do processo, a sua composição permanecerá inalterável; contudo, em caso de falecimento, incapacidade ou demissão de um conciliador ou de um árbitro, a vaga resultante deverá ser preenchida em conformidade com as disposições da secção 2 do capítulo III ou secção 2 do capítulo IV.

2. Um membro de uma comissão ou de um tribunal continuará a exercer as suas funções nessa qualidade, não obstante ter deixado de figurar na lista respectiva.

3. Se um conciliador ou um árbitro nomeado por uma parte se demitir sem o consentimento da comissão ou do tribunal de que é membro, o presidente nomeará uma pessoa da lista respectiva para preencher a vaga daí resultante.

ARTIGO 57.º

Qualquer das partes pode pedir à comissão ou ao tribunal a inibição de qualquer dos seus membros com base num facto que indicie uma manifesta falta das qualidades exigidas pelo n.º 1 do artigo 14.º. A parte no processo de arbitragem pode, em acréscimo, pedir a inibição de um árbitro com fundamento no facto de ele não preencher as condições de nomeação para o tribunal arbitral, estabelecidas na secção 2 do capítulo IV.

ARTIGO 58.º

A decisão sobre qualquer pedido de inibição de um conciliador ou de um árbitro deverá ser tomada pelos outros membros da comissão ou do tribunal, conforme o caso; contudo, no caso de empate na votação ou de o pedido de inibição visar um único conciliador ou árbitro ou uma maioria da comissão ou do tribunal, a decisão será tomada pelo presidente. Se for decidido que o pedido é justamente fundamentado, o conciliador ou o árbitro a quem a decisão se refere deverá ser substituído em conformidade com as disposições da secção 2 do capítulo III ou da secção 2 do capítulo IV.

CAPÍTULO VI
Custas do processo

ARTIGO 59.º

Os encargos a suportar pelas partes pela utilização dos serviços do Centro serão determinados pelo secretário-geral em conformidade com a regulamentação adoptada pelo conselho de administração.

ARTIGO 60.º

1. Cada comissão e cada tribunal determinarão os honorários e as despesas com os seus membros dentro de limites estabelecidos pelo conselho de administração, depois de consultado o secretário-geral.

2. Nenhuma das disposições do n.º 1 do presente artigo obstará a que as partes acordem previamente com a comissão ou com o tribunal os honorários e as despesas com os seus membros.

ARTIGO 61.º

1. No caso dos processos de conciliação, os honorários e as despesas com os membros da comissão, bem como os encargos pela utilização dos serviços do Centro, serão suportados igualmente pelas partes. Cada parte deverá suportar quaisquer outras despesas a que dê origem por exigência do processo.

2. No caso dos processos de arbitragem, o tribunal deverá, excepto quando acordado diferentemente entre as partes, fixar o montante das despesas a que as partes deram lugar por exigências do processo e decidirá sobre as modalidades de repartição e pagamento das referidas despesas, dos honorários e dos encargos com os membros do tribunal, bem como dos resultantes da utilização dos serviços do Centro. Tal decisão será parte integrante da sentença.

CAPÍTULO VII
Local do processo

ARTIGO 62.º

Os processos de conciliação e arbitragem terão lugar na sede do Centro, excepto no caso das disposições que se seguem.

ARTIGO 63.º

Os processos de conciliação e arbitragem poderão ter lugar, se assim for acordado entre as partes:

a) Na sede do Tribunal Permanente de Arbitragem ou de qualquer outra instituição apropriada, quer privada, quer pública, com a qual o Centro tenha acordado as providências necessárias para o efeito; ou

b) Em qualquer outro local aprovado pela comissão ou pelo tribunal depois de consultado o secretário-geral.

CAPÍTULO VIII
Diferendos entre Estados Contratantes

ARTIGO 64.º

Qualquer diferendo que surja entre Estados Contratantes referente à interpretação ou aplicação da presente Convenção e que não seja resolvido por negociação deverá ser levado perante o Tribunal Internacional de Justiça a requerimento de qualquer das partes envolvidas no diferendo, excepto se os Estados interessados acordarem noutro método de resolução.

CAPÍTULO IX
Alterações

ARTIGO 65.º

Qualquer Estado Contratante pode propor alterações à presente Convenção. O texto de uma alteração proposta deverá ser comunicado ao secretário-geral pelo menos 90 dias antes da reunião do conselho de administração em que a mesma deva ser examinada e deverá ser imediatamente transmitido por ele a todos os membros do conselho de administração.

ARTIGO 66.º

1. Se o conselho de administração o aprovar por uma maioria de dois terços dos seus membros, a alteração proposta deverá ser levada ao conhecimento de todos os Estados Contratantes para ratificação, aceitação ou aprovação. Todas as alterações deverão entrar em vigor 30 dias depois do envio pelo depositário da presente Convenção de uma notificação aos Estados Contratantes indicando que todos os Estados Contratantes ratificaram, aceitaram ou aprovaram a alteração.

2. Nenhuma alteração afectará os direitos e obrigações de qualquer Estado Contratante ou de qualquer pessoa colectiva de direito público ou organismos dependentes desse Estado ou de um seu nacional, previstos pela presente Convenção, que decorram de uma aceitação da competência do Centro, dada antes da data de entrada em vigor da alteração.

CAPÍTULO X
Disposições finais

ARTIGO 67.º

A presente Convenção está aberta para assinatura dos Estados-Membros do Banco. Estará também aberta para assinatura de qualquer outro Estado signatário do Estatuto do Tribunal Internacional de Justiça que o conselho de administração, por decisão de dois terços dos seus membros, tenha convidado a assinar a Convenção.

ARTIGO 68.º

1. A presente Convenção será submetida a ratificação, aceitação ou aprovação dos Estados signatários em conformidade com os seus processos constitucionais.
2. A presente Convenção entrará em vigor 30 dias após a data do depósito do vigésimo instrumento de ratificação, aceitação ou aprovação. Entrará em vigor para cada Estado que subsequentemente depositar os seus instrumentos de ratificação, aceitação ou aprovação 30 dias após a data de tal depósito.

ARTIGO 69.º

Todos os Estados Contratantes adoptarão as medidas legislativas ou outras que considerem necessárias para permitir a efectivação da presente Convenção no seu território.

ARTIGO 70.º

A presente Convenção aplicar-se-á a todos os territórios por cujas relações internacionais foi responsável um Estado Contratante, excepto aqueles que são excluídos pelo referido Estado através de notificação por escrito ao depositário da presente Convenção ou na altura da ratificação, aceitação ou aprovação, ou subsequentemente.

ARTIGO 71.º

Todos os Estados Contratantes podem denunciar a presente Convenção através de notificação por escrito ao depositário da presente Convenção. A denúncia terá efeito 6 meses após a recepção de tal notificação.

ARTIGO 72.º

A notificação feita por um Estado Contratante em conformidade com os artigos 70.º ou 71.º não afectará os direitos e obrigações desse Estado ou de qualquer pessoa colectiva pública ou organismo dependente ou ainda de qualquer nacional de tal Estado, previsto pela presente Convenção, que decorram de um consentimento à jurisdição do Centro, dado por um deles antes de a referida notificação ter sido recebida pelo depositário.

ARTIGO 73.º

Os instrumentos de ratificação, aceitação ou aprovação da presente Convenção e das emendas decorrentes deverão ser depositados junto do Banco, que actuará como depositário da presente Convenção. O depositário deverá transmitir cópias autenticadas da presente Convenção aos Estados-Membros do Banco e a qualquer outro Estado convidado a assinar a Convenção.

ARTIGO 74.º

O depositário registará a presente Convenção junto do Secretariado das Nações Unidas, em conformidade com o artigo 102.º da Carta das Nações Unidas e com os regulamentos dela decorrentes adoptados pela Assembleia Geral.

ARTIGO 75.º

O depositário notificará todos os Estados signatários do seguinte:
a) Assinaturas em conformidade com o artigo 67.º;
b) Depósito de instrumentos de ratificação, aceitação e aprovação em conformidade com o artigo 73.º;
c) Data em que a presente Convenção entra em vigor em conformidade com o artigo 68.º;
d) Exclusões da aplicação territorial em conformidade com o artigo 70.º;

e) Data em que qualquer alteração a esta Convenção entre em vigor em conformidade com o artigo 66.°; e

f) Denúncias em conformidade com o artigo 71.°.

Feito em Washington, em inglês, francês e espanhol, tendo os 3 textos sido igualmente autenticados num único exemplar, que ficará depositado nos arquivos do Banco Internacional para a Reconstrução e Desenvolvimento, que indicou pela sua assinatura abaixo que aceita exercer as funções que lhe são confiadas pela presente Convenção.

CONVENÇÃO CONSTITUTIVA DA AGÊNCIA MULTILATERAL DE GARANTIA DOS INVESTIMENTOS – AMGI
11.10.1985

CONVENÇÃO CONSTITUTIVA DA AGÊNCIA MULTILATERAL DE GARANTIA DOS INVESTIMENTOS

PREÂMBULO

Os Estados contratantes:

Considerando a necessidade de reforçar a cooperação internacional para o desenvolvimento económico e de incrementar a contribuição para esse desenvolvimento do investimento estrangeiro em geral e do investimento estrangeiro privado em particular;

Reconhecendo que o fluxo do investimento estrangeiro para os países em desenvolvimento seria facilitado e mais encorajado pela diminuição das preocupações ligadas aos riscos não comerciais;

Desejando encorajar o fluxo para os países em desenvolvimento de capital e tecnologia para fins produtivos em condições compatíveis com as suas necessidades de desenvolvimento, políticas e objectivos, com base em normas equitativas e estáveis para o tratamento do investimento estrangeiro;

Convencidos de que a Agência Multilateral de Garantia dos Investimentos pode desempenhar um papel importante no encorajamento do investimento estrangeiro, complementando programas nacionais e regionais de garantia do investimento e a actividade dos seguradores privados de riscos não comerciais;

Conscientes de que tal Agência deveria, na medida do possível, satisfazer as suas obrigações sem recorrer ao seu capital exigível e que o melhoramento contínuo das condições de investimento contribuiria para tal objectivo:

Acordaram o seguinte:

CAPÍTULO I
Estabelecimento, estatuto, finalidades e definições

ARTIGO 1.º
Estabelecimento e estatuto da Agência

a) A presente Convenção estabelece a Agência Multilateral de Garantia dos Investimentos a seguir designada por Agência.

b) A Agência terá personalidade jurídica plena e, em particular, a capacidade para:
   i) Celebrar contratos;
   ii) Adquirir e dispor de bens móveis e imóveis; e
   iii) Instaurar procedimentos judiciais.

ARTIGO 2.º
Objectivos e finalidades

Serão objectivos da Agência encorajar o fluxo de investimentos para fins produtivos entre os países membros e, em particular, para os países membros em desenvolvimento, complementando, assim, as actividades do Banco Internacional para a Reconstrução e Desenvolvimento, a seguir designado por Banco, da Sociedade Financeira Internacional e de outras instituições internacionais de financiamento ao desenvolvimento.

Para realizar os seus objectivos, a Agência:

a) Prestará garantias, incluindo co-seguro e resseguro, contra riscos não comerciais relativos a investimentos num país membro provenientes de outros países membros;

b) Realizará actividades complementares apropriadas para promover o fluxo de investimentos para e entre os países membros em desenvolvimento; e

c) Exercerá incidentalmente todos os outros poderes necessários ou desejáveis para a prossecução do seu objectivo.

A Agência orientará todas as suas decisões pelas disposições deste artigo.

ARTIGO 3.º
Definições

Para os fins desta Convenção:

a) "Membros" designa um Estado relativamente ao qual esta Convenção entrou em vigor, de acordo com o artigo 61.º;

b) "País de acolhimento" ou "Governo de acolhimento" designa um membro, o seu Governo, ou qualquer entidade pública de um membro, em cujo território, conforme definido no artigo 66.º, será efectuado um investimento garantido ou ressegurado pela Agência ou que esta está a considerar para garantia ou resseguro;

c) "País membro em desenvolvimento" designa um membro constando do apêndice A como tal ou do modo como este apêndice possa periodicamente ser alterado pelo Conselho de Governadores referido no artigo 30.º, a seguir designado por Conselho de Governadores;

d) "Maioria qualificada" designa um voto favorável de, pelo menos, dois terços do total dos votos computáveis, representando, pelo menos, 55% das acções subscritas do capital da Agência;

e) "Moeda livremente utilizada" designa: i) qualquer moeda designada periodicamente como tal pelo Fundo Monetário Internacional, e ii) qualquer outra moeda livremente disponível e efectivamente utilizável que o Conselho de Administração referido no artigo 30.º, a seguir designado Conselho de Administração, designe para os fins desta Convenção, após consulta ao Fundo Monetário Internacional e aprovação pelo país emissor de tal moeda.

CAPÍTULO II
Membros e capital

ARTIGO 4.º
Membros

a) A participação na Agência estará aberta a todos os membros do Banco e à Suíça.

b) Os membros originários serão os Estados constantes do apêndice A e que se tornarem partes desta Convenção antes de 30 de Outubro de 1987.

ARTIGO 5.º
Capital

a) O capital autorizado da Agência será de 1000 milhões de direitos de saque especiais (DSE 1000000000). O capital social será dividido em 100000 acções com um valor nominal de DSE 10000 cada uma, que estarão à disposição dos membros para subscrição. Todas as obrigações de pagamento dos membros relativas ao capital serão fixadas com base no valor médio do DSE em termos de dólares dos Estados Unidos, para o período compreendido entre 1 de Janeiro de 1981 e 30 de Junho de 1985, valor que corresponde a 1,082 dólares dos Estados Unidos por cada DSE.

b) O capital será aumentado com a admissão de um novo membro, na medida em que as acções autorizadas nesse momento sejam insuficientes para o número de acções a subscrever por este membro, conforme previsto no artigo 6.º.

c) O Conselho de Governadores, por maioria qualificada, pode, em qualquer altura, aumentar o capital da Agência.

ARTIGO 6.º
Subscrição de acções

Cada membro originário da Agência subscreverá, ao valor par, o número de acções do capital indicado a seguir ao seu nome no apêndice A. Cada um dos outros membros subscreverá o número de acções do capital, nos termos e condições que o Conselho de Governadores determine, mas em caso algum, a um preço de emissão abaixo do par. Nenhum membro poderá subscrever menos de 50 acções. O Conselho de Governadores pode adoptar regras segundo as quais os membros podem subscrever acções adicionais do capital autorizado.

ARTIGO 7.º
Divisão do capital subscrito e sua realização

A subscrição inicial de cada membro será paga do seguinte modo:
  i) No prazo de 90 dias a contar da data em que a presente Convenção entre em vigor relativamente a esse membro, 10% do preço de cada acção serão pagos em espécie, conforme estipulado na secção a) do artigo 8.º, e mais 10% sob a forma de notas promissórias ou obrigações similares não negociáveis, sem juros, a resgatar de acordo com decisão do Conselho de Administração para fazer face às obrigações da Agência;
  ii) A realização do remanescente só será pedida pela Agência quando necessário para fazer face às suas obrigações.

ARTIGO 8.º
Pagamento das acções subscritas

a) O pagamento das subscrições será efectuado em moedas livremente utilizáveis, com a ressalva de que os pagamentos por parte dos países membros em desenvolvimento podem ser efectuados nas suas próprias moedas até 25% da fracção das suas subscrições pagas em espécie nos termos do artigo 7.º, i).

b) As realizações de qualquer fracção de subscrições não liberadas serão efectuadas uniformemente sobre todas as acções.

c) Se o montante recebido pela Agência por uma realização de capital for insuficiente para fazer face às obrigações que provocaram essa mesma realização, a Agência pode fazer sucessivamente novos pedidos de realização das subscrições não pagas, até que o montante global recebido seja suficiente para satisfazer tais obrigações.

d) A responsabilidade respeitante às acções será limitada ao valor da fracção não realizada do seu preço de emissão.

ARTIGO 9.º
Determinação do valor das moedas

Sempre que se torne necessário, para os fins desta Convenção, determinar o valor de uma moeda relativamente a outra, tal valor será o razoavelmente determinado pela Agência, após consulta ao Fundo Monetário Internacional.

ARTIGO 10.º
Reembolsos

a) A Agência, logo que possível, devolverá aos membros os montantes pagos aquando da realização do capital subscrito, se e na medida em que:

    i) A realização tenha sido provocada para pagar uma indemnização decorrente de uma garantia ou de um contrato de resseguro e que a Agência tenha posteriormente recuperado o seu pagamento, no todo ou em parte, numa moeda livremente utilizável; ou

    ii) A realização de capital tenha sido provocada pelo incumprimento de um pagamento por um membro e que esse membro tenha posteriormente sanado tal incumprimento, no todo ou em parte; ou

iii) O Conselho de Governadores, por maioria qualificada, determine que a situação financeira da Agência permite o reembolso total ou parcial desses montantes a partir de rendimentos da Agência.

b) Qualquer reembolso a um membro ao abrigo deste artigo será efectuado numa moeda livremente utilizável, na proporção dos pagamentos efectuados por esse membro relativamente ao montante do total pago de acordo com as realizações efectuadas anteriormente a tal reembolso.

c) O equivalente dos montantes reembolsados a um membro ao abrigo deste artigo passará a fazer parte das obrigações de capital exigível do membro, nos termos do artigo 7.º, ii).

CAPÍTULO III
Operações

ARTIGO 11.º
Riscos seguros

a) A Agência pode garantir, com respeito pelas disposições das secções b) e c) seguintes, investimentos elegíveis contra um prejuízo resultante de um ou mais dos seguintes tipos de riscos:
   i) Transferência de moeda – qualquer introdução imputável ao Governo de acolhimento de restrições à transferência da própria moeda para fora do seu território e sua convertibilidade numa moeda livremente utilizável ou numa outra moeda aceitável para o detentor da garantia, incluindo a falta de actuação do Governo de acolhimento, dentro de um prazo razoável, face ao pedido de transferência apresentado por esse detentor;
   ii) Expropriação e medidas similares – qualquer acção legislativa ou administrativa ou omissão imputável ao Governo de acolhimento que tenha o efeito de privar o detentor de uma garantia da propriedade ou controlo ou de um substancial benefício do seu investimento, com excepção das medidas não discriminatórias de aplicação geral, que os Governos tomam normalmente com o objectivo de regular a actividade económica nos seus territórios;
   iii) Incumprimento de contrato – qualquer rejeição ou incumprimento de um contrato celebrado com o detentor de uma garantia

por parte do Governo de acolhimento, quando a) o detentor de uma garantia não tem acesso a um foro judicial ou arbitral para decidir a queixa relativa à rejeição ou incumprimento, ou b) uma decisão por tal foro não for proferida dentro de um prazo razoável, como será definido nos contratos de garantia em conformidade com os regulamentos da Agência, ou c) tal decisão não puder ser executada; e

iv) Guerra e distúrbios civis – qualquer acção militar ou distúrbio civil no território do país de acolhimento, ao qual a presente Convenção seja aplicável, de acordo com o disposto no artigo 66.º.

b) Após o pedido conjunto do investidor e do país de acolhimento, o Conselho de Administração, por maioria qualificada, pode aprovar a extensão da cobertura prevista neste artigo a riscos não comerciais específicos, diferentes dos referidos na secção a) supra, mas, em caso algum, para riscos de desvalorização ou depreciação da moeda.

c) Não serão cobertos os prejuízos resultantes de:

i) Qualquer acção ou omissão do Governo de acolhimento em relação à qual o detentor da garantia tenha dado o seu consentimento ou pela qual este seja responsável; e

ii) Qualquer acção ou omissão do Governo de acolhimento ou qualquer outro facto que ocorra antes da celebração do contrato de garantia.

ARTIGO 12.º
Investimentos elegíveis

a) Os investimentos elegíveis incluirão as participações no capital, incluindo os empréstimos, a médio ou longo prazo, realizados ou garantidos pelos detentores do capital no empreendimento em questão, e as formas de investimento directo que o Conselho de Administração possa determinar.

b) O Conselho de Administração, por maioria qualificada, poderá alargar a elegibilidade a qualquer outra forma de investimento, a médio ou longo prazo, exceptuando os empréstimos diferentes dos mencionados na secção a) supra, que podem ser elegíveis somente quando estiverem relacionados com um investimento específico seguro ou a segurar pela Agência.

c) As garantias serão restringidas aos investimentos cuja implementação se inicie após o registo do pedido de garantia pela Agência. Tais investimentos podem incluir:

i) Qualquer transferência de divisas feita para modernizar, expandir ou desenvolver um investimento existente; e

ii) A utilização de rendimentos provenientes de investimentos existentes que poderiam, de outro modo, ser transferidos para fora do país de acolhimento.

d) Ao garantir um investimento, a Agência deverá certificar-se:
  i) Da solidez económica do investimento e da sua contribuição para o desenvolvimento do país de acolhimento;
  ii) Da conformidade do investimento com as leis e regulamentos do país de acolhimento;
  iii) Da compatibilidade do investimento com os objectivos e prioridades de desenvolvimento declarados pelo país de acolhimento; e
  iv) Das condições de investimento no país de acolhimento, incluindo a disponibilidade para um tratamento justo e equitativo e a protecção legal ao investimento.

ARTIGO 13.º
Investidores elegíveis

a) Toda a pessoa singular e toda a pessoa colectiva pode ser elegível para beneficiar da garantia da Agência, sempre que:
  i) Essa pessoa singular tenha a nacionalidade de um país membro diferente do país de acolhimento;
  ii) Essa pessoa colectiva esteja constituída e tenha a sede dos seus negócios num país membro ou a maioria do seu capital seja propriedade de um ou mais países membros ou de seus nacionais, contanto que esse membro não seja o país de acolhimento em qualquer dos casos acima mencionados; e
  iii) Essa pessoa colectiva, quer seja ou não privada, opere numa base comercial.

b) No caso de um investidor ter mais de uma nacionalidade, para os fins da secção a) supra, a nacionalidade de um membro deverá prevalecer sobre a nacionalidade de um não membro e a nacionalidade do país de acolhimento deverá prevalecer sobre nacionalidade de qualquer outro membro.

c) Após o pedido conjunto do investidor e do país de acolhimento, o Conselho de Administração, por maioria qualificada, pode alargar a elegibilidade a uma pessoa singular que seja nacional do país de acolhimento ou a uma pessoa colectiva que se tenha constituído no país de acolhimento ou cujo capital maioritário seja detido por seus nacionais, contanto que os bens investidos sejam transferidos do exterior do país de acolhimento.

ARTIGO 14.º
Países de acolhimento elegíveis

Apenas podem ser garantidos, ao abrigo do presente capítulo, os investimentos que venham a ser feitos no território de um país membro em desenvolvimento.

ARTIGO 15.º
Aprovação do país de acolhimento

A Agência não celebrará qualquer contrato de garantia antes de o Governo de acolhimento ter aprovado a atribuição da garantia pela Agência contra os riscos designados para cobertura.

ARTIGO 16.º
Termos e condições

Os termos e condições de cada contrato de garantia serão determinados pela Agência, de acordo com as regras e regulamentos que o Conselho de Administração vier a determinar, contanto que a Agência não venha a cobrir a perda total do investimento garantido. Os contratos de garantia serão aprovados pelo presidente, sob a direcção do Conselho de Administração.

ARTIGO 17.º
Pagamento de indemnizações

O presidente, sob a direcção do Conselho de Administração, decidirá sobre o pagamento das indemnizações ao detentor de uma garantia, de acordo com o contrato de garantia e as políticas que o Conselho de Administração venha a adoptar. Os contratos de garantia exigirão que os detentores de garantias, antes dos pagamentos a efectuar pela Agência, procurem obter as providências administrativas que se julguem adequadas em virtude das circunstâncias, com a condição de as leis do país de acolhimento lhas colocarem rapidamente ao dispor. Tais contratos podem exigir o decurso de certos prazos razoáveis entre a ocorrência dos factos que deram lugar às indemnizações e o pagamento destas.

ARTIGO 18.º
Sub-rogação

a) Ao pagar ou decidir pagar uma indemnização ao detentor de uma garantia, a Agência sub-rogar-se-á nos direitos ou reclamações relacionados com o investimento garantido que o detentor de uma garantia possa ter tido face ao país de acolhimento e outros devedores. O contrato de garantia estipulará os termos e condições de tal sub-rogação.

b) Os direitos da Agência segundo as disposições da secção a) supra serão reconhecidos por todos os membros.

c) Aos montantes expressos na moeda do país de acolhimento adquiridos pela Agência na qualidade de sub-rogado, nos termos da secção a) supra, ser-lhes-á dado por este país um tratamento tão favorável no que se refere ao seu uso e conversão como o tratamento a que esses fundos teriam direito nas mãos do detentor da garantia. Em caso algum tais montantes podem ser utilizados pela Agência para o pagamento das suas despesas administrativas e outros encargos. A Agência procurará também celebrar acordos com os países de acolhimento sobre outras utilizações dessas moedas, sempre que estas não sejam livremente utilizáveis.

ARTIGO 19.º
Relações com entidades nacionais e regionais

A Agência cooperará com as entidades nacionais dos países membros e as entidades regionais cujo capital maioritário seja detido pelos países membros que desempenhem actividades similares às da Agência e procurarão complementar as operações com vista a maximizar tanto a eficiência dos seus serviços, como a sua contribuição para o aumento do fluxo de investimento. Para este fim, a Agência pode celebrar acordos com essas entidades sobre os detalhes dessa cooperação, incluindo, em particular, as modalidades de resseguro e co-seguro.

ARTIGO 20.º
Resseguro de entidades nacionais e regionais

a) A Agência pode ressegurar um investimento específico contra um prejuízo resultante de um ou mais riscos não comerciais suportados por um membro ou uma sua agência ou por uma agência regional de garantia do investimento cujo capital maioritário seja detido pelos membros. O Conselho de Administração, por maioria qualificada, fixará periodicamente os montantes máximos das responsabilidades eventuais que possam ser assumidas pela Agência relativamente a contratos de resseguro. No que respeita a investimentos específicos que tenham sido concluídos antes dos doze meses anteriores à recepção do pedido de resseguro pela Agência, o montante máximo será inicialmente fixado em 10% da responsabilidade eventual global da Agência, ao abrigo deste capítulo. As condições de elegibilidade, especificadas nos artigos 11.° a 14.°, aplicar-se-ão às operações de resseguro, exceptuando os investimentos ressegurados que não necessitam de ser implementados posteriormente ao pedido de resseguro.

b) Os direitos e obrigações mútuos da Agência e de um membro ou organismo ressegurado constarão dos contratos de resseguro, sujeitos às regras e regulamentos que o Conselho de Administração possa estipular. O Conselho de Administração aprovará cada contrato de resseguro para cobertura de um investimento que tenha sido feito antes da recepção do pedido de resseguro pela Agência, com vista a minimizar os riscos, certificando-se de que a Agência recebe os prémios correspondentes aos riscos e assegurando-se de que a entidade ressegurada está decididamente empenhada em implementar novo investimento nos países membros em desenvolvimento.

c) A Agência certificar-se-á, na medida do possível, de que ela ou a entidade ressegurada terão direitos de sub-rogação e arbitragem equivalentes aos que a Agência teria caso fosse ela o garante primário. Os termos e condições do resseguro exigirão que sejam tomadas providências administrativas, de acordo com o artigo 17.°, antes de a Agência proceder a um pagamento. A sub-rogação entrará em vigor, no que respeita ao país de acolhimento em questão, somente depois da aprovação do resseguro pela Agência. A Agência incluirá nos contratos de resseguro disposições prevendo que o ressegurado, com a devida diligência, faça valer os direitos ou reclamações relacionados com o investimento ressegurado.

ARTIGO 21.°
Cooperação com seguradores privados e resseguradores

a) A Agência pode celebrar acordos com seguradores privados nos Estados-Membros para desenvolver as suas próprias operações e encorajar esses seguradores a efectuar a cobertura de riscos não comerciais nos

Estados-Membros em desenvolvimento, em condições semelhantes às aplicadas pela Agência. Tais acordos podem incluir a cláusula de resseguro pela Agência, de acordo com as condições e normas estipuladas no artigo 20.º.

b) A Agência pode ressegurar junto de qualquer entidade resseguradora apropriada, no todo ou parte, qualquer garantia ou garantias por ela emitidas.

c) A Agência procurará especialmente garantir investimentos para os quais não é possível obter uma cobertura comparável em condições razoáveis junto de seguradores e resseguradores privados.

ARTIGO 22.º
Limites da garantia

a) A menos que o Conselho de Governadores, por maioria qualificada, determine de outro modo, o montante global das responsabilidades eventuais que possam ser assumidas pela Agência ao abrigo deste capítulo não excederá 150% do montante do capital subscrito, não realizado, da Agência e suas reservas, mais a fracção de cobertura do resseguro que o Conselho de Administração possa determinar. O Conselho de Administração examinará periodicamente o perfil de riscos da carteira da Agência, em função da sua experiência relativamente a pedidos de indemnização, grau de diversificação de riscos, cobertura de resseguros e outros factores relevantes, com vista a determinar se deverá recomendar ao Conselho de Governadores alterações do montante global máximo das responsabilidades eventuais. O montante máximo, determinado pelo Conselho de Governadores, nunca poderá exceder cinco vezes o montante do capital subscrito não realizado da Agência, das suas reservas e da fracção da sua cobertura de resseguros que se considere apropriada.

b) Sem prejuízo do limite geral da garantia, referido na secção a) supra, o Conselho de Administração pode determinar:
    i) Os montantes globais máximos das responsabilidades eventuais que possam ser assumidas pela Agência, nos termos deste capítulo, relativos a todas as garantias atribuídas a investidores de cada membro individual. Ao determinar esses montantes máximos, o Conselho de Administração terá na devida consideração a participação do respectivo membro no capital da Agência e a necessidade de aplicar limites mais liberais aos investimentos provenientes de países membros em desenvolvimento; e

ii) Os montantes globais máximos da responsabilidade eventual que possa ser assumida pela Agência relativamente a factores de diversificação de riscos, tais como projectos individuais, países de acolhimento individualmente considerados e tipos de investimento ou risco.

ARTIGO 23.º
Promoção do investimento

a) A Agência realizará pesquisas, empreenderá actividades para promover o fluxo dos investimentos e divulgará informações sobre as oportunidades de investimento nos países membros em desenvolvimento, com vista a melhorar as condições para os fluxos de investimento estrangeiro nesses países. A Agência pode, a pedido de um membro, dar parecer técnico e assistência para melhorar as condições de investimento no território daquele membro. Ao realizar estas actividades, a Agência:
   i) Orientar-se-á por acordos relevantes de investimento entre os países membros;
   ii) Procurará remover, tanto nos países membros desenvolvidos, como nos países membros em desenvolvimento, os obstáculos aos fluxos de investimento para os países membros em desenvolvimento; e
   iii) Coordenar-se-á com outras agências interessadas na promoção do investimento estrangeiro e, em particular, com a Sociedade Financeira Internacional.

b) Além disso, a Agência:
   i) Encorajará a resolução amigável de litígios entre os investidores e os países de acolhimento;
   ii) Diligenciará a celebração de acordos com os países membros em desenvolvimento e, em particular, com potenciais países de acolhimento, que assegurarão que a Agência, relativamente ao investimento por ela garantido, dará um tratamento pelo menos tão favorável como o acordado pelo membro em questão com a agência de garantia de investimento ou o Estado mais favorecidos, no âmbito de um acordo de investimento, devendo tais acordos ser aprovados pelo Conselho de Administração, por maioria qualificada; e
   iii) Promoverá e facilitará a celebração de acordos entre os seus membros sobre a promoção e protecção dos investimentos.

c) Nas suas actividades de promoção, a Agência dará particular atenção à importância do aumento do fluxo dos investimentos entre os países membros em desenvolvimento.

ARTIGO 24.º
Garantias de investimentos patrocinados

Além das operações de garantia empreendidas pela Agência ao abrigo deste capítulo, a Agência pode garantir investimentos decorrentes dos acordos de patrocínio, previstos no anexo I a esta Convenção.

CAPÍTULO IV
Disposições financeiras

ARTIGO 25.º
Gestão financeira

A Agência desempenhará as suas actividades de acordo com práticas comerciais correctas e práticas de gestão financeira prudentes, com vista à manutenção, em todas as circunstâncias, da capacidade de satisfazer os seus compromissos financeiros.

ARTIGO 26.º
Prémios e comissões

A Agência fixará e reverá periodicamente as taxas dos prémios, comissões e outros encargos, caso existam, aplicáveis a cada tipo de risco.

ARTIGO 27.º
Afectação do rendimento líquido

a) Sem prejuízo do disposto na secção a), iii), do artigo 10.º, a Agência afectará o rendimento líquido às reservas, até que essas reservas atinjam o quíntuplo do capital subscrito da Agência.

b) Depois de as reservas da Agência terem atingido o nível estipulado na secção a) supra, o Conselho de Governadores decidirá se, e em que medida, os rendimentos líquidos da Agência serão afectados às reservas, distribuídos aos membros da Agência ou utilizados de outra forma. Qualquer distribuição do rendimento líquido pelos membros da Agência será proporcional à participação de cada membro no capital da Agência, conforme decisão do Conselho de Governadores, tomada por maioria qualificada.

ARTIGO 28.º
Orçamento

O presidente preparará o orçamento anual das receitas e despesas da Agência, para aprovação do Conselho de Administração.

ARTIGO 29.º
Contas

A Agência publicará um relatório anual, que incluirá extractos das suas contas do Fundo Fiduciário de Patrocínio, referido no anexo I a esta Convenção, verificado por auditores independentes. A Agência circulará pelos membros, em intervalos apropriados, uma informação sumária da sua situação financeira e uma conta de lucros e perdas, indicando os resultados das suas operações.

CAPÍTULO V
Organização e gestão

ARTIGO 30.º
Estrutura da Agência

A Agência será constituída por um Conselho de Governadores, um Conselho de Administração, um presidente e pessoal para desempenhar as funções que a Agência determine.

ARTIGO 31.º
O Conselho de Governadores

a) O Conselho de Governadores será investido em todas as competências da Agência, à excepção das que, nos termos desta Convenção, sejam atribuídas, expressamente, a um outro órgão da Agência. O Conse-

lho de Governadores pode delegar no Conselho de Administração o exercício de qualquer das suas competências, à excepção da competência para:
  i) Admitir novos membros e fixar as condições da sua admissão;
  ii) Suspender um membro;
  iii) Decidir sobre qualquer aumento ou diminuição do capital;
  iv) Aumentar o limite do montante global das responsabilidades eventuais, de acordo com os termos da secção a) do artigo 22.°;
  v) Designar um membro como país membro em desenvolvimento, de acordo com o disposto na secção c) do artigo 3.°;
  vi) Classificar um novo membro na categoria 1 ou na categoria 2, para fins de votação, de acordo com a secção a) do artigo 39.°, ou reclassificar um membro existente, para os mesmos fins;
  vii) Fixar a compensação dos administradores e seus suplentes;
  viii) Cessar as operações e liquidar a Agência;
  ix) Distribuir os bens pelos membros, após a liquidação; e
  x) Alterar esta Convenção, seus anexos e apêndices.

b) O Conselho de Governadores será composto por um governador e por um governador suplente, nomeados por cada membro do modo que este determine. Nenhum dos governadores suplentes pode votar, excepto na ausência do seu governador. O Conselho de Governadores escolherá um dos governadores como seu presidente.

c) O Conselho de Governadores realizará uma reunião anual e outras reuniões que este determine ou que sejam convocadas pelo Conselho de Administração. O Conselho de Administração convocará uma reunião do Conselho de Governadores, quando solicitada por cinco membros ou por membros que disponham de 25% do total dos votos computáveis.

ARTIGO 32.°
O Conselho de Administração

a) O Conselho de Administração será responsável pelas operações gerais da Agência e empreenderá, em cumprimento desta responsabilidade, qualquer acção requerida ou permitida ao abrigo desta Convenção.

b) O Conselho de Administração será composto por num número de administradores não inferior a doze. O número de administradores pode ser ajustado pelo Conselho de Governadores, tomando em consideração as alterações verificadas no número de membros. Cada administrador pode nomear um administrador suplente, com plenos poderes para o representar, caso se verifique a sua ausência ou impedimento. O presidente do

Banco será presidente do Conselho de Administração *ex officio*, mas não terá direito a voto, excepto a um voto de qualidade em caso de empate.

c) O Conselho de Governadores fixa a duração do mandato dos administradores. O primeiro Conselho de Administração será constituído aquando da reunião inaugural do Conselho de Governadores.

d) O Conselho de Administração reunir-se-á por convocatória do seu presidente, por iniciativa própria ou a pedido de três administradores.

e) Até ao momento em que o Conselho de Governadores decida que a Agência deverá ter um Conselho de Administração residente, que funcione em sessão contínua, os administradores e os seus suplentes só serão compensados pelos custos de participação nas reuniões do Conselho de Administração e pelo cumprimento de outras funções oficiais por conta da Agência. No caso de o Conselho de Administração funcionar em sessões contínuas, os administradores e os seus suplentes receberão a remuneração que for fixada pelo Conselho de Governadores.

ARTIGO 33.º
Presidente e pessoal

a) O presidente dirigirá, sob a supervisão de todo o Conselho de Administração, as actividades correntes da Agência. Será responsável pela organização, nomeação e demissão do pessoal.

b) O presidente será nomeado pelo Conselho de Administração por proposta do seu presidente. O Conselho de Governadores fixará a remuneração e os termos do contrato de prestação de serviços do presidente.

c) No cumprimento das suas funções, o presidente e o pessoal estão inteiramente ao serviço da Agência e de nenhuma outra autoridade. Cada um dos membros da Agência respeitará o carácter internacional das suas funções e abster-se-á de tentar influenciar o presidente e o pessoal no desempenho das suas funções.

d) Ao nomear o pessoal, o presidente, atendendo à superior importância de assegurar os mais altos níveis de eficiência e de competência técnica, terá na devida conta a importância de recrutar pessoal, numa tão vasta base geográfica quanto possível.

e) O presidente e o pessoal manterão sempre a confidencialidade da informação obtida no desempenho das operações da Agência.

ARTIGO 34.º
Proibição da actividade política

A Agência, o seu presidente e os seus agentes não interferirão nos assuntos políticos de qualquer membro. Sem prejuízo do direito de a Agência tomar em consideração todas as circunstâncias que envolvam o investimento, os agentes, nas suas decisões, não se deixarão influenciar pela natureza política do membro ou membros em questão. As considerações relevantes nas suas decisões serão ponderadas imparcialmente, por forma a alcançar os objectivos constantes do artigo 2.º.

ARTIGO 35.º
Relações com outras organizações internacionais

A Agência cooperará, no âmbito desta Convenção, com as Nações Unidas e com outras organizações intergovernamentais que tenham incumbências específicas em actividades afins, incluindo, em particular, o Banco e a Sociedade Financeira Internacional.

ARTIGO 36.º
Localização da sede

a) A sede da Agência localizar-se-á em Washington, D. C., a menos que o Conselho de Governadores, por maioria qualificada, decida estabelecê-la noutro local.

b) A Agência pode criar outras dependências consideradas necessárias para a sua actividade.

ARTIGO 37.º
Depositários

Cada membro designará o seu banco central como o depositário em que a Agência pode manter depósitos, na moeda desse membro, ou outros bens da Agência ou, se não existir banco central, designará, para este efeito, outra instituição aceitável para a Agência.

ARTIGO 38.º
Canais de comunicação

a) Cada membro designará uma autoridade competente, com a qual a Agência possa comunicar sobre qualquer matéria decorrente desta Convenção. A Agência pode confiar nas declarações dessa autoridade como sendo declarações do próprio membro. A Agência, a pedido de um membro, consultará aquele membro no que respeita às matérias tratadas nos artigos 19.º e 21.º e relacionadas com entidades ou seguradoras daquele membro.

b) Sempre que seja necessária a aprovação de qualquer membro antes de qualquer acto ser praticado pela Agência, considerar-se-á que essa aprovação foi dada, a menos que o membro apresente qualquer objecção dentro de um prazo razoável, que a Agência possa fixar ao notificar o membro do acto proposto.

CAPÍTULO VI
Votação, ajuste nas subscrições e representação

ARTIGO 39.º
Votação e ajuste nas subscrições

a) A fim de se conseguir um arranjo na votação que reflicta a igualdade de interesses na Agência das duas categorias de Estados, que se discriminam no apêndice A desta Convenção, bem como a importância da participação financeira de cada membro, cada membro terá 177 votos de participação, mais 1 voto de subscrição por cada acção do capital detida por esse membro.

b) Se em qualquer momento, no decurso dos três anos seguintes à entrada em vigor desta Convenção, a soma global dos votos de adesão e de subscrição dos membros que pertençam a qualquer uma das categorias de Estados constantes do apêndice A desta Convenção for inferior a 40% do número total de votos, os membros dessa categoria passarão a ter o número adicional de votos que forem necessários para que o número global de votos da categoria seja igual àquela percentagem do total dos votos computáveis. Esses votos adicionais serão distribuídos entre os membros dessa categoria na proporção em que os votos de subscrição de cada um contribua para os votos de subscrição globais da categoria. Esses votos adicionais serão sujeitos a ajuste automático, para assegurar que essa percentagem seja mantida, e serão cancelados no final do período de três anos acima mencionado.

c) No decurso do terceiro ano seguinte à entrada em vigor desta Convenção, o Conselho de Governadores examinará a afectação de acções e orientar-se-á, nas suas decisões, pelos princípios seguintes:

i) Os votos dos membros corresponderão à presente subscrição do capital da Agência e aos votos de participação, de acordo com o disposto na secção a) deste artigo;
ii) As acções atribuídas aos países que não assinaram a Convenção serão postas à disposição para redistribuição pelos membros, por forma a tornar possível a paridade de votação entre as categorias acima mencionadas; e
iii) O Conselho de Governadores tomará as providências que facilitem a capacidade de subscrição, pelos membros, das acções a eles atribuídas.

d) Durante o período de três anos previsto na secção b) deste artigo, todas as decisões do Conselho de Governadores e do Conselho de Administração serão tomadas por maioria qualificada, à excepção das decisões para as quais esta Convenção exige uma maioria superior, que serão tomadas por tal maioria superior.

e) No caso de o capital da Agência ser aumentado, em conformidade com a secção c) do artigo 5.º, cada membro que assim o solicite será autorizado a subscrever a proporção do aumento equivalente à proporção com que o seu capital subscrito contribui para o total do capital da Agência, mas nenhum membro será obrigado a subscrever qualquer parte do aumento de capital.

f) O Conselho de Governadores emitirá os regulamentos respeitantes à efectuação de subscrições adicionais, nos termos da secção e) do presente artigo. Tais regulamentos prescreverão limites razoáveis de tempo para a apresentação de pedidos dos membros, com vista a efectuarem tais subscrições.

ARTIGO 40.º
Votação no Conselho de Governadores

a) Cada governador terá direito a exprimir os votos do membro que representa. Excepto o disposto em contrário nesta Convenção, as decisões do Conselho de Governadores serão tomadas pela maioria dos votos expressos.

b) Para qualquer reunião do Conselho de Governadores, o quórum será constituído pela maioria dos governadores dispondo de pelo menos dois terços do total dos votos computáveis.

c) O Conselho de Governadores pode estabelecer, mediante regulamento, um procedimento pelo qual o Conselho de Administração pode solicitar uma decisão ao Conselho de Governadores sobre uma questão específica, sem convocatória de reunião do Conselho de Governadores, quando considere que tal medida corresponde aos melhores interesses da Agência.

ARTIGO 41.º
Eleição de administradores

a) Os administradores serão eleitos em conformidade com o apêndice B.

b) Os administradores continuarão no exercício das suas funções até os seus sucessores serem eleitos. Se o lugar de um administrador ficar vago, por mais de 90 dias antes do fim do seu mandato, será eleito pelos governadores que elegeram o antigo administrador um outro administrador para o resto do mandato. Para esta eleição será necessária a maioria dos votos expressos. Enquanto o lugar ficar vago, o suplente do anterior administrador exercerá as suas competências, excepto a nomeação de um suplente.

ARTIGO 42.º
Votação no Conselho de Administração

a) Cada administrador terá direito a exprimir o número de votos dos membros cujos votos contaram para a sua eleição. Todos os votos de que dispõe um administrador devem ser utilizados em bloco. Excepto o disposto em contrário nesta Convenção, as decisões do Conselho de Administração serão tomadas pela maioria dos votos expressos.

b) Para uma reunião do Conselho de Administração, o quórum será constituído pela maioria dos administradores que disponham de, pelo menos, metade do total dos votos computáveis.

c) O Conselho de Administração pode estabelecer, mediante regulamento, um procedimento pelo qual o seu presidente pode solicitar uma decisão ao Conselho de Administração sobre uma questão específica sem convocar uma reunião do Conselho de Administração, quando considere que tal medida corresponde aos melhores interesses da Agência.

CAPÍTULO VII
Privilégios e imunidades

ARTIGO 43.º
Objectivos do presente capítulo

Para que a Agência possa cumprir as suas funções, as imunidades e privilégios definidos no presente capítulo serão concedidos à Agência nos territórios de cada membro.

ARTIGO 44.º
Situação da Agência no que respeita a processos judiciais

Só podem ser instauradas acções contra a Agência, diferentes das abrangidas pelos artigos 57.º e 58.º, perante um tribunal com jurisdição competente para os territórios de um membro, no qual a Agência tenha uma dependência ou tenha nomeado um agente com a finalidade de receber citações ou notificações judiciais. Nenhuma dessas acções será instaurada contra a Agência: i) por membros ou por pessoas que actuem em seu nome ou cujas reclamações provenham dos membros, ou ii) a propósito de questões de pessoal. Os activos e os bens da Agência, onde quer que se situem e qualquer que seja o seu detentor, estarão imunes de todas as formas de apreensão, arresto ou execução antes de ser proferida sentença definitiva ou decisão arbitral contra a Agência.

ARTIGO 45.º
Imunidade de apreensão

a) Os activos e os bens da Agência, onde quer que se situem e qualquer que seja o seu detentor, estarão imunes de busca, requisição, confisco, expropriação ou qualquer outra forma de apreensão por acto do poder executivo ou do poder legislativo.

b) Na medida do necessário para a realização das suas operações previstas nesta Convenção, todos os activos e bens da Agência estarão isentos de restrições, regulamentações, fiscalizações e moratórias de qualquer natureza, desde que os activos e bens adquiridos pela Agência, na qualidade de sucessor ou sub-rogado de um detentor de uma garantia, de uma entidade ressegurada ou de um investidor segurado por uma entidade ressegurada, estejam isentos de restrições, regulamentações e controlos cambiais, aplicáveis e vigentes nos territórios do membro em questão, na medida em que o detentor, entidade ou investidor ao qual a Agência se subrogou tivesse direito a tal tratamento.

c) Para os fins deste capítulo, a expressão "bens" incluirá os bens do Fundo Fiduciário de Patrocínio, referidos no anexo I desta Convenção, e outros bens administrados pela Agência, na prossecução dos seus objectivos.

ARTIGO 46.º
Arquivos e comunicações

a) Os arquivos da Agência serão invioláveis, onde quer que se encontrem.

b) As comunicações oficiais da Agência gozam do mesmo tratamento que cada membro concede às comunicações oficiais do Banco.

ARTIGO 47.º
Imunidades fiscais

a) A Agência, os seus bens, activos e rendimentos, bem como as suas operações e transacções autorizadas por esta Convenção, estarão isentos de todos os impostos e direitos aduaneiros. A Agência ficará também isenta de obrigações relativas à cobrança ou pagamento de qualquer imposto ou direito.

b) Excepto no caso de nacionais do país, não serão cobrados quaisquer impostos sobre ou por causa das ajudas de custo pagas pela Agência aos governadores e aos seus suplentes, nem sobre ou por causa de vencimentos, ajudas de custo e outros emolumentos pagos pela Agência ao presidente do Conselho de Administração, aos administradores, aos seus suplentes, ao presidente ou ao pessoal da Agência.

c) Não será cobrado imposto de qualquer natureza sobre qualquer investimento garantido ou ressegurado pela Agência (incluindo quaisquer rendimentos daí provenientes) ou sobre quaisquer apólices de seguro resseguradas pela Agência (incluindo quaisquer prémios e outros rendimentos daí derivados), qualquer que seja o seu detentor: i) que discrimine contra esse investimento ou apólice de seguro somente porque é garantido ou ressegurado pela Agência; ou ii) se o único fundamento jurídico de tal imposto for a localização de qualquer dependência ou estabelecimento mantidos pela Agência.

ARTIGO 48.º
Imunidades e privilégios dos agentes e empregados

Todos os governadores, administradores, suplentes, presidente e pessoal da Agência:
i) Ficarão imunes de todos os processos judiciais relativos aos actos por eles praticados no exercício oficial das suas funções;
ii) Quando não sejam nacionais do país, beneficiarão das mesmas imunidades de restrições à imigração, formalidades de registo de estrangeiros e obrigações de serviço militar e das mesmas facilidades em matéria de restrições cambiais que forem concedidas pelos membros aos representantes, agentes e empregados de categoria correspondente dos outros membros; e
iii) Beneficiarão do mesmo tratamento, no que respeita a facilidades de deslocação, que é concedido pelos membros aos representantes, agentes e empregados de categoria correspondente dos outros membros.

ARTIGO 49.º
Aplicação do presente capítulo

Cada membro adoptará, nos seus próprios territórios, as medidas que considerar necessárias para introduzir na sua própria legislação os princípios enunciados neste capítulo e informará a Agência das medidas específicas por ele adoptadas.

ARTIGO 50.º
Renúncia

As imunidades, isenções e privilégios previstos neste capítulo são concedidos no interesse da Agência e pode-se-lhes renunciar, na medida e nas condições que a Agência determine, nos casos em que tal renúncia não prejudique os seus interesses. A Agência retirara a imunidade a qualquer dos seus agentes nos casos em que, na sua opinião, a imunidade impediria a acção da justiça e que pode ser retirada sem prejuízo dos interesses da Agência.

CAPÍTULO VIII
Retira, suspensão dos membros e suspensão de operações

ARTIGO 51.º
Direito de retirada dos membros

Qualquer membro, após três anos contados da data em que esta Convenção entrou em vigor relativamente a tal membro, pode retirar-se da Agência em qualquer momento, mediante notificação escrita à Agência para a sua sede. A Agência notificará o Banco, na qualidade de depositário desta Convenção, da recepção dessa notificação. Qualquer retirada tornar-se-á efectiva 90 dias após a data da recepção pela Agência de tal notificação. O membro pode revogar tal notificação desde que a mesma não se tenha tornado efectiva.

ARTIGO 52.º
Suspensão dos membros

a) Se um membro deixar de cumprir qualquer das obrigações decorrentes desta Convenção, o Conselho de Governadores pode suspendê-lo, por decisão tomada pela maioria dos membros que exerçam a maioria do total dos votos computáveis.

b) Durante a sua suspensão, o membro não terá direitos ao abrigo desta Convenção, à excepção do direito de retirada e de outros direitos previstos neste capítulo e no capítulo IX, mas continuará sujeito a todas as obrigações.

c) Com vista a determinar a elegibilidade de uma garantia ou resseguro a serem emitidos nos termos do capítulo III ou do anexo I desta Convenção, o membro suspenso não será tratado como um membro da Agência.

d) O membro suspenso deixa automaticamente de ser membro um ano após a data da sua suspensão, a menos que o Conselho de Governadores decida prorrogar o período de suspensão ou restituir o membro nessa qualidade.

ARTIGO 53.º
Direitos e obrigações dos Estados que deixem de ser membros

a) Quando um Estado deixar de ser membro continuará a ser responsável por todas as suas obrigações, incluindo as suas obrigações eventuais, previstas nesta Convenção e que se tenham efectivado antes da cessação da sua qualidade de membro.

b) Sem prejuízo do disposto na secção a) supra, a Agência acordará com esse Estado a regularização das respectivas pretensões e obrigações. Qualquer desses acordos será aprovado pelo Conselho de Administração.

ARTIGO 54.º
Suspensão de operações

a) O Conselho de Administração pode, sempre que se justifique, suspender a emissão de novas garantias por um período determinado.

b) Em caso de emergência, o Conselho de Administração pode suspender todas as actividades da Agência por um período que não exceda a duração dessa emergência, desde que sejam adoptadas as disposições necessárias para a protecção dos interesses da Agência e de terceiros.

c) A decisão de suspender as operações não terá efeito sobre as obrigações dos membros, previstos nesta Convenção, ou sobre as obrigações da Agência para com os detentores de uma garantia ou de uma apólice de resseguro ou relativamente a terceiros.

ARTIGO 55.º
Liquidação

a) O Conselho de Administração, por maioria qualificada, pode decidir cessar as operações e liquidar a Agência. Logo a seguir, a Agência cessará imediatamente todas as actividades à excepção das que se relacionam com a realização, conservação e preservação dos bens e com a regularização das obrigações. Até à regularização final definitiva e à distribuição dos bens, a Agência continuará a sua existência e todos os direitos e obrigações dos membros, previstos nesta Convenção, permanecerão inalteráveis.

b) Nenhuma distribuição de bens poderá ser efectuada aos membros até que todas as responsabilidades para com os detentores de garantias e outros credores tenham sido satisfeitas ou como tal previstas e até que o Conselho de Governadores tenha decidido efectuar tal distribuição.

c) Com sujeição às disposições precedentes, a Agência distribuirá os seus bens remanescentes pelos membros, proporcionalmente à participação de cada membro no capital subscrito. A Agência distribuirá, também, quaisquer bens remanescentes do Fundo Fiduciário de Patrocínio, referido no anexo I desta Convenção, entre os Estados-Membros patrocinadores, na proporção em que os investimentos patrocinados por cada um contribuam para o total dos investimentos patrocinados. Nenhum membro terá direito à sua participação nos bens da Agência ou do Fundo Fiduciário de Patrocínio, a menos que o membro tenha regularizado todos os créditos em dívida para com a Agência. Cada distribuição de bens será feita nas datas que o Conselho de Governadores determine e do modo que este considere justo e equitativo.

CAPÍTULO IX
Solução de litígios

ARTIGO 56.º
Interpretação e aplicação da Convenção

a) Qualquer dúvida de interpretação ou aplicação das disposições desta Convenção, surgida entre qualquer membro da Agência e a Agência, ou entre os membros da Agência, será submetida à decisão do Conselho de Administração. Qualquer membro que seja particularmente afectado pela dúvida e que não esteja de outro modo representado por um nacional no Conselho de Administração pode enviar um representante para estar presente em qualquer reunião do Conselho de Administração em que a tal dúvida seja examinada.

b) Nos casos em que o Conselho de Administração já tenha tomado uma decisão ao abrigo da secção a) supra, qualquer membro pode exigir que a decisão seja submetida ao Conselho de Governadores, cuja decisão será definitiva. Estando o resultado pendente da submissão ao Conselho de Governadores, a Agência, na medida em que o considere necessário, pode actuar com base na decisão do Conselho de Administração.

ARTIGO 57.º
Litígios entre a Agência e os membros

a) Sem prejuízo das disposições do artigo 56.º e da secção b) deste artigo, qualquer litígio entre a Agência e um membro ou uma sua agência, e qualquer litígio entre a Agência e um país que deixou de ser membro (ou uma sua agência), será resolvido de acordo com o procedimento previsto no anexo II a esta Convenção.

b) Os litígios relativos às pretensões da Agência, agindo na qualidade de sub-rogado de um investidor, serão resolvidos de acordo com: i) o procedimento previsto no anexo II a esta Convenção; ou ii) um acordo a celebrar entre a Agência e o membro em questão, acerca de um ou mais métodos alternativos para a resolução de tais litígios. Neste último caso, o anexo II a esta Convenção servirá de base para um tal acordo, que, em cada caso, será aprovado pelo Conselho de Administração, por maioria qualificada, antes de a Agência encetar operações no território do membro em questão.

ARTIGO 58.º
Litígios que envolvam detentores de uma garantia ou resseguro

Qualquer litígio decorrente de um contrato de garantia ou resseguro entre as respectivas partes será submetido a arbitragem para decisão final, de acordo com as regras estabelecidas ou referidas no contrato de garantia ou resseguro.

CAPÍTULO X
Alterações

ARTIGO 59.º
Alterações pelo Conselho de Governadores

a) Esta Convenção e os seus anexos podem ser alterados pelo voto de três quintos dos governadores, representando quatro quintos do total dos votos computáveis, tendo em atenção que:
  i) Qualquer alteração que modifique o direito de retirada da Agência, previsto no artigo 51.º, ou a limitação da responsabilidade prevista na secção a) do artigo 8.º, exigirá o voto favorável de todos os governadores;
  ii) Qualquer alteração que modifique o acordo de participação nas perdas, previsto nos artigos 1.º e 3.º do anexo I desta Convenção, que resulte no acréscimo das obrigações de qualquer membro daí decorrentes, exigirá o voto favorável do governador desse membro.

b) Os apêndices A e B a esta Convenção podem ser alterados pelo Conselho de Governadores, por maioria qualificada.

c) Se uma alteração afectar qualquer disposição do anexo I a esta Convenção, o total de votos incluirá os votos adicionais atribuídos ao abrigo do artigo 7.º deste anexo, aos membros patrocinadores e aos países que acolhem investimentos patrocinados.

ARTIGO 60.º
Procedimento

Qualquer proposta de alteração a esta Convenção, quer emane de um membro, ou de um governador, ou de um administrador, será comunicada ao presidente do Conselho de Administração, que a submeterá ao Conselho de Administração. Se a proposta de alteração for recomendada pelo Conselho de Administração, será submetida ao Conselho de Governadores para aprovação, de acordo com o artigo 59.º. Quando uma alteração for devidamente aprovada pelo Conselho de Governadores, a Agência fará assim constar por comunicação formal dirigida a todos os membros. As alterações entrarão em vigor, para todos os membros, 90 dias após a data da comunicação formal, a menos que o Conselho de Governadores estipule uma data diferente.

CAPÍTULO XI
Disposições finais

ARTIGO 61.º
Entrada em vigor

a) Esta Convenção estará aberta à assinatura de todos os membros do Banco e à Suíça, e será sujeita a ratificação, aceitação ou aprovação pelos Estados signatários, de acordo com os seus procedimentos constitucionais.

b) Esta Convenção entrará em vigor no dia em que tenham sido depositados pelo menos cinco instrumentos de ratificação, aceitação ou aprovação, em nome dos Estados signatários da categoria um, e em que tenham sido depositados pelo menos quinze desses instrumentos, em nome dos Estados signatários da categoria dois, desde que o total das subscrições desses Estados se eleve, pelo menos, a um terço do capital autorizado da Agência, conforme estipula o artigo 5.º.

c) Para cada Estado que deposite o seu instrumento de ratificação, aceitação ou aprovação depois de esta Convenção ter entrado em vigor, esta entrará em vigor na data de tal depósito.

d) Se esta Convenção não tiver entrado em vigor dois anos após a sua abertura à assinatura, o presidente do Banco convocará uma conferência dos países interessados, a fim de determinar o futuro a prosseguir.

ARTIGO 62.º
Reunião inaugural

Após a entrada em vigor desta Convenção, o presidente do Banco convocará a sessão inaugural do Conselho de Governadores. Esta sessão realizar-se-á na sede da Agência 60 dias após a data em que esta Convenção tenha entrado em vigor, ou tão breve quanto possível após essa data.

ARTIGO 63.º
Depositário

Os instrumentos de ratificação, aceitação ou aprovação desta Convenção e suas alterações serão depositados junto do Banco, que agirá na qualidade de depositário desta Convenção. O depositário enviará cópias certificadas desta Convenção aos Estados-Membros do Banco e à Suíça.

ARTIGO 64.º
Registo

O depositário registará esta Convenção junto do Secretariado das Nações Unidas, de acordo com o artigo 102.º da Carta das Nações Unidas e os regulamentos da mesma adoptados pela Assembleia Geral.

ARTIGO 65.º
Notificação

O depositário notificará todos os Estados signatários e, após a entrada em vigor desta Convenção, a Agência do seguinte:

a) Assinaturas desta Convenção;

b) Depósitos dos instrumentos de ratificação, aceitação e aprovação, de acordo com o artigo 63.º;

c) Data da entrada em vigor desta Convenção, de acordo com o artigo 61.º;

d) Exclusões da aplicação territorial, nos termos do disposto no artigo 66.º; e

e) Retirada de um membro da Agência, nos termos do disposto no artigo 51.º.

ARTIGO 66.º
Aplicação territorial

Esta Convenção aplicar-se-á a todos os territórios sob a jurisdição de um membro, incluindo os territórios por cujas relações internacionais um membro é responsável, à excepção dos territórios que um Estado exclua, mediante notificação escrita do depositário desta Convenção, quer ao tempo da ratificação, aceitação ou aprovação, quer posteriormente.

ARTIGO 67.º
Revisões periódicas

a) O Conselho de Governadores empreenderá, periodicamente, revisões globais das actividades da Agência, bem como dos resultados alcançados, com vista a introduzir quaisquer alterações necessárias para reforçar a capacidade da Agência na prossecução dos seus objectivos.

b) A primeira revisão terá lugar cinco anos após a entrada em vigor da presente Convenção. As datas das posteriores revisões serão estabelecidas pelo Conselho de Governadores.

Feita em Seul, num único exemplar, que ficará depositado nos arquivos do Banco Internacional para a Reconstrução e Desenvolvimento, que indicou, pela sua assinatura aposta a final, aceitar cumprir as funções que lhe foram confiadas ao abrigo desta Convenção.

ANEXO I
Garantias de investimentos patrocinados ao abrigo do artigo 24.º

ARTIGO 1.º
Patrocínio

a) Qualquer membro pode patrocinar a garantia de um investimento a ser feito por um investidor de qualquer nacionalidade ou por investidores de uma ou de várias nacionalidades.

b) De acordo com o disposto nas secções b) e c) do artigo 3.º deste anexo, cada membro patrocinador partilhará com os outros membros patrocinadores as perdas cobertas por garantias de investimentos patrocinados, quando e na medida em que tais perdas não possam ser cobertas pelo Fundo Fiduciário de Patrocínio referido no artigo 2.º deste anexo, na proporção em que o montante máximo da responsabilidade eventual decorrente de garantias de investimentos por ela patrocinadas contribui para o montante máximo do total das responsabilidades eventuais patrocinadas por todos os membros decorrentes de garantias de investimentos.

c) Nas suas decisões sobre a emissão de garantias ao abrigo deste anexo, a Agência tomará na devida conta a possibilidade de esse membro patrocinador se encontrar em posição de poder satisfazer as suas obrigações decorrentes deste anexo e dará prioridade a investimentos que são co-patrocinados pelo país de acolhimento em questão.

d) A Agência manterá consultas periódicas com os membros patrocinadores no que respeita às suas operações previstas neste anexo.

ARTIGO 2.º
Fundo Fiduciário de Patrocínio

a) Os prémios e outras receitas atribuíveis às garantias de investimentos patrocinados, incluindo rendimentos provenientes do investimento de tais prémios e receitas, serão mantidos numa conta separada que será designada Fundo Fiduciário de Patrocínio.

b) Todas as despesas administrativas e pagamentos de pedidos de indemnização atribuíveis a garantias emitidas ao abrigo deste anexo serão pagos pelo Fundo Fiduciário de Patrocínio.

c) Os bens do Fundo Fiduciário de Patrocínio serão detidos e administrados pela conta conjunta dos membros patrocinadores e manter-se-ão separados e independentes dos da Agência.

ARTIGO 3.º
Realizações de capital pelos membros patrocinadores

a) Na medida em que qualquer montante seja pagável pela Agência por conta de uma perda coberta por uma garantia patrocinada e tal montante não possa ser pago com os bens do Fundo Fiduciário de Patrocínio, a Agência pedirá a cada membro patrocinador a realização da sua fracção a favor desse Fundo em tal montante, que será determinado de acordo com a secção b) do artigo 1.º deste anexo.

b) Nenhum membro será responsável pelo pagamento de qualquer montante relativo a um pedido de realização, de acordo com as disposições deste artigo, se, consequentemente, o total dos pagamentos efectuados por aquele membro exceder o montante total das garantias que dão cobertura aos investimentos por ele patrocinados.

c) Finda qualquer garantia que cubra um investimento patrocinado por um membro, a responsabilidade daquele membro será diminuída no montante equivalente ao montante de tal garantia; essa responsabilidade diminuirá também proporcionalmente após o pagamento pela Agência de qualquer indemnização relativa a um investimento patrocinado e continuará, de outro modo, em vigor até ao fim de todas as garantias de investimentos patrocinados em dívida, na altura de tal pagamento.

d) Se qualquer membro patrocinador não for responsável por um montante de uma realização de capital de acordo com as disposições deste artigo devido às limitações contidas nas secções b) e c) supra, ou se qualquer membro patrocinador faltar ao pagamento de um montante devido relativamente a tal pedido de realização, a responsabilidade pelo pagamento de tal montante será partilhada proporcionalmente por todos os outros membros patrocinadores. A responsabilidade dos membros, de acordo com esta secção, ficará sujeita aos limites estabelecidos nas secções b) e c) precedentes.

e) Qualquer pagamento efectuado por um membro patrocinador nos termos de um pedido de realização feito de acordo com este artigo será prontamente efectuado numa moeda livremente utilizável.

ARTIGO 4.º
Determinação do valor das moedas e dos reembolsos

As disposições sobre a determinação do valor das moedas e dos reembolsos constantes da presente Convenção relativas a subscrições de capital serão aplicadas *mutatis mutandis* aos fundos pagos pelos membros por conta de investimentos patrocinados.

ARTIGO 5.º
Resseguro

a) A Agência pode, ao abrigo das condições estabelecidas no artigo 1.º deste anexo, ressegurar um membro, uma sua agência, uma agência regional, conforme o definido na secção a) do artigo 20.º desta Convenção, ou um segurador privado de um país membro. As disposições deste anexo relativas a garantias e aos artigos 20.º e 21.º desta Convenção serão aplicadas *mutatis mutandis* ao resseguro previsto nesta secção.

b) A Agência pode obter o resseguro de investimento por ela garantido nos termos deste anexo e pagará o custo de tal resseguro através do Fundo Fiduciário de Patrocínio. O Conselho de Administração pode decidir se e em que medida a obrigação relativa à participação nas perdas pelos membros patrocinadores, referida na secção b) do artigo 1.º deste anexo, pode ser reduzida por conta da cobertura de resseguro obtida.

ARTIGO 6.º
Princípios operacionais

Sem prejuízo do disposto neste anexo, as disposições relativas a operações de garantia e à gestão financeira, respectivamente ao abrigo dos capítulos III e IV desta Convenção, aplicar-se-ão *mutatis mutandis* às garantias de investimentos patrocinados excepto se: i) tais investimentos vierem a qualificar-se para patrocínio, se efectuados nos territórios de qualquer membro, seja ele qual for, e, em particular, no de qualquer membro em desenvolvimento, por um investidor ou investidores elegíveis ao abrigo da secção a) do artigo 1 deste anexo; e ii) se a Agência não for responsável no que se refere aos seus bens por qualquer garantia ou resseguro emitidos nos termos deste anexo; cada contrato de garantia ou resseguro celebrado de acordo com o disposto neste anexo conterá disposições expressas nesse sentido.

ARTIGO 7.º
Votação

Para as decisões relativas a investimentos patrocinados, cada membro patrocinador disporá de um voto adicional por cada 10000 direitos de saque especiais equivalentes ao montante garantido ou ressegurado com base no seu patrocínio e cada membro de acolhimento de um investimento patrocinado disporá de um voto adicional por cada 10000 direitos de saque especiais equivalentes ao montante garantido ou ressegurado relativamente a qualquer investimento patrocinado, por ele acolhido. Esses votos adicionais só serão utilizados para decisões relativas a investimentos patrocinados e, de contrário, não entrarão em linha de conta para determinar o poder de voto dos Estados-Membros.

ANEXO II
Solução de litígios entre um membro e a Agência ao abrigo do artigo 57.º

ARTIGO 1.º
Aplicação do anexo

Todos os litígios no âmbito do artigo 57.º desta Convenção serão resolvidos de acordo com o procedimento estabelecido neste anexo, à excepção dos casos em que a Agência tenha celebrado um acordo com um membro nos termos da secção b), ii), do artigo 57.º.

ARTIGO 2.º
Negociação

As partes de um litígio, no âmbito deste anexo, tentarão resolver tal litígio mediante negociação, antes de recorrerem à conciliação ou arbitragem. Considerar-se-á que as negociações falharam caso as partes não tenham conseguido chegar a uma solução no prazo de 120 dias contados da data do pedido para entabular negociações.

ARTIGO 3.º
Conciliação

a) Se o litígio não for resolvido através de negociação, cada uma das partes pode submeter o litígio a arbitragem, de acordo com as disposições do artigo 4.º deste anexo, excepto se as partes, por mútuo consentimento, decidirem recorrer primeiro ao processo de conciliação previsto neste artigo.

b) O acordo para recurso à conciliação especificará a matéria em litígio, as reclamações das partes a ela respeitantes e, caso dele disponham, o nome do conciliador acordado pelas partes. Na falta de acordo sobre o conciliador, as partes podem solicitar, conjuntamente, quer ao secretário-geral do Centro Internacional para a Resolução de Litígios de Investimento (a seguir designado CIRLI), quer ao presidente do Tribunal Internacional de Justiça, a nomeação de um conciliador. O processo de conciliação terminará se não for nomeado um conciliador no período de 90 dias depois do acordo de recurso à conciliação.

c) Salvo disposto em contrário neste anexo ou acordo das partes para tal, o conciliador estipulará as normas que regem o processo de conciliação e orientar-se-á, a este respeito, pelas normas de conciliação adoptadas pela Convenção sobre a Resolução de Litígios de Investimento entre os Estados e Nacionais de Outros Estados.

d) As partes cooperarão de boa fé com o conciliador e, em particular, fornecer-lhe-ão toda a informação e documentação que o possa apoiar no cumprimento das suas funções e tomarão na mais alta consideração as suas recomendações.

e) A menos que as partes acordem de outro modo, o conciliador, num período não superior a 180 dias a contar da data da sua nomeação, apresentará às partes um relatório em que se registam os resultados dos seus esforços e se expõem as questões em controvérsia entre as partes e as suas propostas para a solução.

f) No prazo de 60 dias a contar da data da recepção do relatório, cada uma das partes expressará à outra parte, por escrito, a sua opinião sobre o relatório.

g) Nenhuma das partes de um processo de conciliação terá direito a recorrer à arbitragem, excepto se:

i) O conciliador não tiver conseguido apresentar o seu relatório dentro do período estabelecido na secção e) supra; ou
   ii) As partes não tiverem conseguido aceitar todas as propostas contidas no relatório no prazo de 60 dias após a sua recepção; ou
   iii) As partes, depois de uma troca de opiniões sobre o relatório, não tiverem conseguido acordar numa solução, para todas as questões em controvérsia, no prazo de 60 dias após a recepção do relatório do conciliador; ou
   iv) Uma parte não tenha expressado a sua opinião sobre o relatório, conforme estipulado na secção f) supra.

   h) A menos que as partes acordem de outro modo, os honorários do conciliador serão estabelecidos com base nas tabelas aplicáveis à conciliação do CIRLI. Os honorários e outros custos dos processos de conciliação serão suportados equitativamente pelas partes. Cada uma das partes pagará as suas despesas próprias.

ARTIGO 4.º
Arbitragem

   a) Os procedimentos de arbitragem serão instaurados mediante notificação prestada pela parte que deseja a arbitragem (o demandante) dirigida à outra parte ou partes no litígio (o demandado). A notificação especificará a natureza do litígio, a reparação que se pretende e o nome do árbitro nomeado pelo demandante. O demandado comunicará ao demandante, no prazo de 30 dias após a data de recepção da notificação, o nome do árbitro por ele designado. As duas partes, no prazo de 30 dias contados da data da nomeação do segundo árbitro, escolherão um terceiro árbitro, que actuará na qualidade de presidente do Tribunal Arbitral (o Tribunal).

   b) Se o Tribunal não for constituído no prazo de 60 dias desde a data da notificação, o árbitro por designar ou o presidente por escolher serão nomeados, a pedido conjunto das partes, pelo secretário-geral do CIRLI. Se não houver esse pedido conjunto, ou se o secretário-geral não conseguir fazer a nomeação 30 dias após o pedido, qualquer das partes pode solicitar ao presidente do Tribunal Internacional de Justiça que faça essa nomeação.

   c) Nenhuma das partes terá o direito de mudar o árbitro por si nomeado a partir do momento em que a apreciação da causa tenha começado. Em caso de demissão, óbito ou incapacidade superveniente de qualquer árbitro, incluindo o presidente do Tribunal, será nomeado um sucessor, segundo os métodos seguidos para a nomeação do seu predecessor, e tal sucessor terá os mesmos poderes e deveres que o árbitro seu predecessor.

   d) O presidente fixará a data e o local da primeira sessão do Tribunal. Seguidamente, o Tribunal fixará o local e as datas das suas reuniões.

   e) Salvo disposições contrárias deste anexo ou acordo das partes para tal, o Tribunal determinará a sua forma de proceder e orientar-se-á, a este respeito, pelas normas de arbitragem adoptadas em conformidade com a Convenção sobre a Resolução de Litígios de Investimento entre os Estados e Nacionais de Outros Estados.

f) O Tribunal será juiz da sua própria competência, excepto se perante ele for levantada objecção de que o litígio é da competência do Conselho de Governadores ou do Conselho de Administração nos termos do artigo 56.º ou da competência de um órgão jurídico ou arbitral designado num acordo nos termos do artigo 1.º deste anexo e, se o Tribunal entender que tal objecção é fundamentada, a objecção será remetida pelo Tribunal ao Conselho de Governadores ou ao Conselho de Administração, ou ao órgão designado, consoante o caso, e os procedimentos de arbitragem serão suspensos até que uma decisão venha a ser proferida sobre a matéria, decisão essa que vinculará o Tribunal.

g) O Tribunal aplicará em qualquer litígio, no âmbito deste anexo, as disposições desta Convenção, qualquer acordo relevante das partes no litígio, os estatutos e regulamentos da Agência, as normas aplicáveis do direito internacional, o direito interno do membro em questão, bem como as disposições aplicáveis do contrato de investimento, caso existam. Sem prejuízo do disposto nesta Convenção, o Tribunal pode decidir um litígio *ex aequo et bono*, caso a Agência e o membro em questão assim decidam. O Tribunal não dará um veredicto de *non liquet* com fundamento no silêncio ou obscuridade da lei.

h) O Tribunal proporcionará um tratamento equitativo a todas as partes. Todas as decisões do Tribunal serão tomadas pela maioria dos votos e enunciarão os fundamentos em que se baseiam. A sentença do Tribunal será dada por escrito e será assinada por pelo menos dois árbitros e a respectiva cópia será enviada a cada uma das partes. A sentença será definitiva e vinculativa das partes e não é susceptível de apelação, anulação e revisão.

i) Se surgir qualquer litígio entre as partes quanto ao sentido ou alcance da sentença, cada uma das partes pode, no prazo de 60 dias após a data em que a sentença é proferida, solicitar a interpretação da sentença por pedido escrito ao presidente do Tribunal que proferiu a sentença. O presidente, se possível, submeterá o pedido ao Tribunal que proferiu a sentença e convocará esse Tribunal no prazo de 60 dias após a recepção do pedido. Se isto não for possível, será constituído um novo tribunal de acordo com o disposto nas secções a) e d) supra. O Tribunal pode suspender a execução da sentença até à sua decisão sobre a interpretação solicitada.

j) Cada membro reconhecerá como obrigatória e executável dentro dos seus territórios uma sentença proferida em conformidade com este artigo, como se fosse sentença definitiva de um tribunal desse membro. A execução da sentença será regulada pelas leis relativas à execução de sentenças em vigor no Estado em cujos territórios se pretenda tal execução e não será derrogatória das leis vigentes relativas à imunidade em matéria de execução.

k) Salvo acordo das partes em contrário, os honorários e remunerações pagáveis aos árbitros serão fixados com base nas tabelas aplicáveis às arbitragens do

CIRLI. Cada uma das partes pagará as suas próprias despesas relacionadas com os procedimentos de arbitragem. As custas do Tribunal serão suportadas pelas partes em proporção igual, a menos que o Tribunal decida de outro modo. Qualquer questão relativa à divisão das despesas do Tribunal ou às modalidades de pagamento de tais despesas será decidida pelo Tribunal.

ARTIGO 5.º
Licitação e notificações

Qualquer licitação em processo ou notificação relativas a qualquer procedimento previsto neste anexo serão feitas por escrito. Serão dirigidas pela Agência à autoridade designada pelo membro em questão, em conformidade com o artigo 38.º desta Convenção e pelo referido membro à sede da Agência.

APÊNDICE A
Membros e subscrições

País	Número de acções	Subscrição (milhões de DSE)
Categoria um		
África do Sul	943	9,43
Alemanha (República Federal da)	5071	50,71
Austrália	1713	17,13
Áustria	775	7,75
Bélgica	2030	20,30
Canadá	2965	29,65
Dinamarca	718	7,18
Estados Unidos da América	20519	205,19
Finlândia	600	6,00
França	4860	48,60
Irlanda	369	3,69
Islândia	90	0,90
Itália	2820	28,20
Japão	5095	50,95
Luxemburgo	116	1,16
Noruega	699	6,99
Nova Zelândia	513	5,13
Países Baixos	2169	21,69
Reino Unido	4860	48,60
Suécia	1049	10,49
Suíça	1500	15,00
	59473	594,73

País	Número de acções	Subscrição (milhões de DSE)
Categoria dois *		
Afeganistão	118	1,18
Antígua e Barbuda	50	0,50
Arábia Saudita	3137	31,37
Argélia	649	6,49
Argentina	1254	12,54
Bahamas	100	1,00
Bahrein	77	0,77
Bangladesh	340	3,40
Barbados	68	0,68
Belize	50	0,50
Benim	61	0,61
Birmânia	178	1,78
Bolívia	125	1,25
Botswana	50	0,50
Brasil	1479	14,79
Burkina Faso	61	0,61
Burundi	74	0,74
Butão	50	0,50
Cabo Verde	50	0,50
Camarões	107	1,07
Chade	60	0,60
Chile	485	4,85
China	3138	31,38
Chipre	104	1,04
Colômbia	437	4,37
Comores	50	0,50
Congo (República Popular do)	65	0,65
Coreia (República da)	449	4,49
Costa do Marfim	176	1,76
Costa Rica	117	1,17
Djibouti	50	0,50
Dominica	50	0,50
Egipto (República Árabe do)	459	4,59
El Salvador	122	1,22
Emirados Árabes Unidos	372	3,72
Equador	182	1,82
Espanha	1285	12,85
Etiópia	70	0,70
Fidji	71	0,71

País	Número de acções	Subscrição (milhões de DSE)
Filipinas	484	4,84
Gabão	96	0,96
Gâmbia	50	0,50
Gana	245	2,45
Granada	50	0,50
Grécia	280	2,80
Guatemala	140	1,40
Guiana	84	0,84
Guiné	91	0,91
Guiné-Bissau	50	0,50
Guiné-Equatorial	50	0,50
Haiti	75	0,75
Honduras	101	1,01
Hungria	564	5,64
Iémen (República Árabe do)	67	0,67
Iémen (República Democrática Popular do)	115	1,15
Ilhas Salomão	50	0,50
Índia	3048	30,48
Indonésia	1049	10,49
Irão (República Islâmica do)	1659	16,59
Iraque	350	3,50
Israel	474	4,74
Árabe Líbia Popular Socialista	549	5,49
Jamaica	181	1,81
Jordânia	97	0,97
Jugoslávia	635	6,35
Kampuchea Democrática	93	0,93
Kuwait	930	9,30
Lesoto	50	0,50
Líbano	142	1,42
Libéria	84	0,84
Madagáscar	100	1,00
Malásia	579	5,79
Malawi	77	0,77
Maldivas	50	0,50
Mali	81	0,81
Malta	75	0,75
Marrocos	348	3,48
Maurício	87	0,87
Mauritânia	63	0,63

País	Número de acções	Subscrição (milhões de DSE)
México	1192	11,92
Moçambique	97	0,97
Nepal	69	0,69
Nicarágua	102	1,02
Níger	62	0,62
Nigéria	844	8,44
Oman	94	0,94
Panamá	131	1,31
Papua-Nova Guiné	96	0,96
Paquistão	660	6,60
Paraguai	80	0,80
Peru	373	3,73
Portugal	382	3,82
Qatar	137	1,37
Quénia	172	1,72
República Árabe Síria	168	1,68
República Centro Africana	60	0,60
República Democrática Popular do Laos	60	0,60
República Dominicana	147	1,47
Roménia	555	5,55
Ruanda	75	0,75
Samoa Ocidental	50	0,50
Santa Lúcia	50	0,50
São Cristóvão e Nevis	50	0,50
São Tomé e Príncipe	50	0,50
São Vicente	50	0,50
Seicheles	50	0,50
Senegal	145	1,45
Serra Leoa	75	0,75
Singapura	154	1,54
Somália	78	0,78
Sri Lanka	271	2,71
Suazilândia	58	0,58
Sudão	206	2,06
Suriname	82	0,82
Tailândia	421	4,21
Tanzânia	141	1,41
Togo	77	0,77
Trindade e Tobago	203	2,03
Tunísia	156	1,56

País	Número de acções	Subscrição (milhões de DSE)
Turquia	462	4,62
Uganda	132	1,32
Uruguai	202	2,02
Vanuatu	50	0,50
Venezuela	1427	14,27
Vietname	220	2,20
Zaire	338	3,38
Zâmbia	318	3,18
Zimbabué	236	2,36
	40527	405,27
	100000	1000,00

* Para os fins desta Convenção, os países incluídos na categoria dois são países em desenvolvimento.

APÊNDICE B
Eleição de administradores

1. Os candidatos ao lugar de administrador serão designados pelos governadores desde que um governador só possa designar uma pessoa.

2. Os governadores elegerão os administradores por meio de escrutínio.

3. Para o escrutínio dos administradores, cada governador exprimirá a favor de um candidato todos os votos atribuídos ao membro que ele representa, de acordo com o disposto na secção a) do artigo 40.º.

4. Um quarto do número de administradores será eleito separadamente, um por cada governador dos membros que detenham o maior número de acções. Se o número total de administradores não for divisível por quatro, o número de administradores eleitos deste modo será a quarta parte do número, divisível por quatro, imediatamente inferior.

5. Os restantes administradores serão eleitos pelos outros governadores de acordo com o disposto nos parágrafos 6 a 11 deste apêndice.

6. Se o número de candidatos propostos for igual ao número desses administradores por eleger, todos os candidatos serão eleitos em primeiro escrutínio; no entanto, se um candidato ou candidatos tiverem recebido menos do que a percentagem mínima do número total de votos determinado pelo Conselho de Governadores para tal eleição, não serão eleitos se qualquer candidato tiver recebido mais do que a percentagem máxima do total de votos fixada pelo Conselho de Governadores.

7. Se o número de candidatos propostos exceder o número desses administradores por eleger, os candidatos que recebam um maior número de votos serão eleitos, com a excepção de qualquer candidato que tenha recebido menos do que a percentagem mínima do número total de votos fixada pelo Conselho de Governadores.

8. Se no primeiro escrutínio não forem eleitos todos esses restantes administradores, será realizado um segundo escrutínio. O candidato ou candidatos que não forem eleitos no primeiro escrutínio podem novamente candidatar-se à eleição.

9. No segundo escrutínio, o voto será limitado: i) àqueles governadores que votaram no primeiro escrutínio em candidato não eleito; e ii) àqueles governadores que votaram no primeiro escrutínio a favor de um candidato eleito que já tenha recebido a percentagem máxima do total dos votos determinada pelo Conselho de Governadores antes de serem tidos em conta os seus votos.

10. Para determinar a partir de que momento um candidato eleito recebeu mais do que a percentagem máxima dos votos, os votos do governador que exprimiu o maior número de votos a favor desse candidato serão contados primeiro, a seguir os votos do governador que exprimiu o número imediatamente inferior, e assim sucessivamente, até que tal percentagem seja atingida.

11. Se depois do segundo escrutínio todos os restantes administradores não tiverem sido eleitos, realizar-se-ão outros escrutínios segundo os mesmos princípios, até que todos os restantes administradores sejam eleitos, desde que, quando só faltar eleger um administrador, este administrador possa ser eleito por maioria simples dos restantes votos, considerando-se ter sido eleito pela totalidade desses votos.

ÁFRICA E DESENVOLVIMENTO

ACORDO DE CONSTITUIÇÃO DO BANCO AFRICANO DE DESENVOLVIMENTO – BAD
04.08.1963

ACORDO DE CONSTITUIÇÃO DO BANCO AFRICANO DE DESENVOLVIMENTO – BAD

Os Governos, em nome dos quais é assinado este acordo,
Determinados a reforçar a solidariedade africana através da cooperação económica entre os Estados africanos,
Considerando a necessidade de acelerar o desenvolvimento dos vastos recursos humanos e naturais de África, a fim de estimular o desenvolvimento económico e o progresso social dessa região,
Compreendendo a importância de coordenar planos nacionais de desenvolvimento económico e social para a promoção do crescimento harmonioso das economias africanas como um todo e a expansão do comércio externo africano e, em particular, do comércio interafricano,
Reconhecendo que a criação de uma instituição financeira, comum a todos os países africanos, servirá esses objectivos,
Convictos de que uma associação de países africanos e não africanos facilitará um fluxo adicional de capitais internacionais através da criação de uma instituição para o desenvolvimento económico e o progresso social da região e o benefício mútuo de todas as partes deste acordo,
Concordaram, deste modo, constituir o Banco Africano de Desenvolvimento (a partir de agora designado por «Banco»), que funcionará de acordo com as disposições seguintes:

CAPÍTULO I
Objectivos, funções, membros e estrutura

ARTIGO 1.º
Objectivo

O objectivo do Banco será o de contribuir para o desenvolvimento económico e o progresso social dos seus membros regionais, individual ou colectivamente.

ARTIGO 2.º
Funções

1. Para realizar o seu objectivo, o Banco terá as seguintes funções:
a) Utilizar os recursos à sua disposição para o financiamento de projectos e programas de investimento que se relacionem com o desenvolvimento económico e social dos seus membros regionais, dando especial prioridade a:
  i) Projectos ou programas que, pela sua natureza ou extensão, interessem a vários membros; e
  ii) Projectos ou programas concebidos para tornar as economias dos seus membros cada vez mais complementares e para conduzir a uma expansão regular dos respectivos comércios externos;
b) Empreender ou participar na selecção, estudo e preparação de projectos, empreendimentos e actividades que contribuam para um tal desenvolvimento;
c) Mobilizar e aumentar, dentro e fora de África, recursos para o financiamento desses projectos e programas de investimento;
d) De um modo geral, promover o investimento em África de capital público e privado em projectos ou programas delineados para contribuir para o desenvolvimento económico e o progresso social dos seus membros regionais;
e) Proporcionar todo o apoio técnico necessário em África para o estudo, preparação, financiamento e execução de projectos ou programas de desenvolvimento; e
f) Empreender outras actividades e providenciar outros serviços que lhe permitam realizar o seu objectivo.

2. No exercício das suas funções, o Banco procurará cooperar com organismos nacionais, regionais e sub-regionais de desenvolvimento em África. Com o mesmo objectivo, cooperará com outras organizações internacionais que visem uma finalidade semelhante e com outras instituições que se interessem pelo desenvolvimento em África.

3. O Banco inspirar-se-á, em todas as suas decisões, nas disposições dos artigos 1.º e 2.º do presente Acordo.

ARTIGO 3.º
Membros e competência geográfica

1. Qualquer país africano que tenha o estatuto de Estado independente poder-se-á tornar um membro regional do Banco. Adquirirá a quali-

dade de membro de acordo com o disposto nos parágrafos 1 ou 2 do artigo 64.º do presente Acordo.

2. A área geográfica à qual os membros regionais e as actividades de desenvolvimento do Banco se podem alargar (referida neste acordo como «África» ou «africana», conforme o caso) compreenderá o continente africano e as ilhas africanas.

3. Os países não regionais que sejam ou se tornem membros do Fundo Africano de Desenvolvimento ou que tenham feito, ou estejam a fazer, contribuições para o Fundo Africano de Desenvolvimento em termos e condições semelhantes aos termos e condições do Acordo de Constituição do Fundo Africano de Desenvolvimento, poderão também ser admitidos no Banco, nas datas e sob as regras gerais estabelecidas pelo Conselho de Governadores, por uma maioria de dois terços do número total de governadores, incluindo dois terços dos governadores dos membros não regionais, com uma representatividade não inferior a três quartos do número total de votos atribuídos aos membros.

ARTIGO 4.º
Estrutura

O Banco terá um Conselho de Governadores, um Conselho de Administração, um Presidente, pelo menos um vice-presidente e outros agentes e pessoal, que desempenharão as funções determinadas pelo Banco.

CAPÍTULO II
Capital

ARTIGO 5.º
Capital autorizado

1:

a) O capital social autorizado do Banco será de 250 milhões de unidades de conta, divididos em 25000 acções, com um valor nominal de 10000 unidades de conta por acção, as quais poderão ser subscritas pelos membros;

b) O valor da unidade de conta será de 0,88867088 g de ouro fino.

2. O capital social autorizado será dividido em acções integralmente realizadas e acções sujeitas a pedido de realização. Será pago o equivalente a 125 milhões de unidades de conta e o equivalente a 125 milhões de

unidades de conta ficará sujeito a realização, com a finalidade definida no parágrafo 4, a), do artigo 7.º do presente Acordo.

3. Dependendo da disposição do parágrafo 4 deste artigo, o capital social autorizado poderá ser aumentado como e quando o Conselho de Governadores o considerar aconselhável. A menos que esse capital seja aumentado unicamente para proporcionar a subscrição inicial de um membro, a decisão do Conselho será adoptada por uma maioria de dois terços do número total de governadores, não representando menos do que três quartos do número total de votos atribuídos aos membros.

4. O capital social autorizado e qualquer dos respectivos aumentos serão distribuídos, para subscrição, aos membros regionais e não regionais, em proporções tais que os respectivos grupos tenham disponíveis para subscrição o número de acções que, se completamente subscritas, dêem como resultado que os membros regionais sejam detentores de dois terços do número total de votos e os membros não regionais de um terço do número total de votos.

ARTIGO 6.º
Subscrição de acções

1. Cada membro subscreverá inicialmente a sua parte de acções do capital social do Banco. A subscrição inicial de cada membro consistirá num igual número de acções realizadas e acções sujeitas a realização. O número inicial de acções a serem subscritas por um Estado que se torna membro de acordo com o parágrafo 1 do artigo 64.º do presente Acordo, será o indicado no anexo A deste Acordo, que dele fará parte integrante. O número inicial de acções que deverão ser subscritas por outros membros será determinado pelo Conselho de Governadores.

2. No caso de aumento do capital social para qualquer fim que não seja o de providenciar uma subscrição inicial de um membro, cada membro terá o direito de subscrever, nos termos e condições uniformes que o Conselho de Governadores determinar, uma proporção do aumento de capital equivalente à proporção possuída do capital social total do Banco, anteriormente subscrito. No entanto, nenhum membro será obrigado a subscrever qualquer parte do aumento de capital.

3. Um membro poderá requerer ao Banco o aumento da sua subscrição, nos termos e condições que o Conselho de Governadores determinar.

4. As acções inicialmente subscritas pelos Estados que se tornem membros de acordo com o parágrafo 1 do artigo 64.º do presente Acordo,

serão emitidas ao par. As outras acções serão emitidas ao par, a não ser que o Conselho de Governadores, por uma maioria absoluta dos votos atribuídos aos membros, decida, em circunstâncias especiais, emiti-las noutros termos.

5. A responsabilidade relativa às acções será limitada ao valor da fracção não liberada do preço de emissão das acções.

6. As acções não podem, em caso algum, ser penhoradas ou oneradas. Elas só poderão ser transferidas para o Banco.

ARTIGO 7.º
Pagamento de subscrição

1:

a) O pagamento do montante inicialmente subscrito do capital social realizado do Banco por um Estado que se torne membro de acordo com o parágrafo 1 do artigo 64.º será feito em 6 prestações, a primeira das quais será de 5%, a segunda de 35% e as quatro restantes de 15%, cada uma, desse montante;

b) A primeira prestação será paga pelo Governo na data do depósito, ou em data anterior, em seu nome, do instrumento de ratificação ou de aceitação do presente Acordo, em conformidade com o parágrafo 1 do artigo 64.º. A segunda prestação vencer-se-á no último dia de um período de 6 meses a partir da entrada em vigor do presente Acordo ou no dia do referido depósito, qualquer que seja o último dia. A terceira prestação vencer-se-á no último dia de um período de 18 meses a partir da entrada em vigor do presente Acordo. As restantes 3 prestações vencer-se-ão, sucessivamente, cada uma, no último dia de um período de um ano que siga imediatamente o dia no qual a prestação antecedente é vencida.

2. Os montantes inicialmente subscritos pelos membros do Banco para a realização do capital social serão entregues em ouro ou em moeda convertível. O Conselho de Governadores determinará o modo de pagamento dos outros montantes subscritos pelos membros do capital social a realizar.

3. O Conselho de Governadores fixará as datas para o pagamento dos montantes subscritos pelos membros do Banco para o capital social a realizar, ao qual não serão aplicáveis as disposições do parágrafo 1 deste artigo.

4:

a) O pagamento dos montantes subscritos do capital social a realizar do Banco estará sujeito a aviso de pagamento somente como e quando requerido pelo Banco para fazer face aos compromissos assumidos em virtude das alíneas b) e d), do parágrafo 1 do artigo 14.º, sobre o empréstimo de fundos para inclusão nos recursos ordinários de capital do Banco ou a garantias que onerem esses recursos;

b) No caso de realização dos montantes subscritos, o pagamento poderá ser efectuado, mediante escolha do membro em causa, em ouro, moeda convertível ou na moeda requerida para satisfazer os compromissos que motivaram o pedido de realização;

c) Os pedidos de realização sobre subscrições não pagas dizem respeito a uma percentagem uniforme de todas as acções sujeitas a realização.

5. O Banco determinará o local de cada pagamento, em conformidade com este artigo, desde que, até à primeira reunião do Conselho de Governadores estabelecida no artigo 66.º do presente Acordo, o pagamento da primeira prestação, referida no parágrafo 1 deste artigo, seja feito ao mandatário mencionado no artigo 66.º.

ARTIGO 8.º
Fundos Especiais

1. O Banco poderá estabelecer ou ser incumbido pela administração de Fundos Especiais, os quais são concebidos para satisfazer os seus objectivos e integrar-se nas suas funções. Poderá receber, manter, utilizar, depositar ou, por outro lado, dispor de recursos referentes a esses Fundos Especiais.

2. Os recursos dos mencionados Fundos Especiais serão mantidos separadamente, à parte dos recursos normais de capital do Banco, de acordo com as disposições do artigo 11.º do presente Acordo.

3. O Banco adoptará todas as regras e regulamentações especiais que forem requeridas para a administração e utilização de qualquer Fundo Especial, tendo sempre em conta que:

a) Essas regras e regulamentações especiais ficarão sujeitas ao parágrafo 4 do artigo 7.º e aos artigos 9.º a 11.º e às disposições do presente Acordo que se aplicam expressamente aos recursos ordinários de capital ou a operações ordinárias do Banco;

b) As regras e regulamentações especiais deverão estar conformes com as disposições do presente Acordo, o qual se aplica expressamente a recursos especiais ou a operações especiais do Banco; e

c) No caso das regras e regulamentações não se aplicarem, os Fundos Especiais serão administrados pelas disposições do presente Acordo.

ARTIGO 9.º
Recursos ordinários de capital

Para efeitos deste Acordo, a expressão «recursos ordinários de capital» do Banco incluirá:

a) Capital social autorizado do Banco, subscrito de acordo com as disposições do artigo 6.º do presente Acordo;

b) Fundos provenientes de empréstimos do Banco, em virtude dos poderes conferidos pela alínea a) do artigo 23.º do presente Acordo, aos quais se aplicam as disposições do parágrafo 4 do artigo 7.º do presente Acordo, relativamente à obrigação de realização;

c) Fundos recebidos para reembolso de empréstimos efectuados com os recursos mencionados nas alíneas a) e b) deste artigo;

d) Rendimento proveniente de empréstimos concedidos a partir dos fundos acima mencionados; rendimento de garantias às quais se aplicam as disposições do parágrafo 4 do artigo 7.º do presente Acordo relativamente à obrigação de realização; e

e) Quaisquer outros fundos ou rendimentos recebidos pelo Banco que não façam parte dos seus recursos especiais.

ARTIGO 10.º
Recursos especiais

1. Para fins do presente Acordo, a expressão «recursos especiais» referir-se-á aos recursos de Fundos Especiais e incluirá:

a) Recursos provenientes de qualquer Fundo Especial;

b) Fundos de empréstimo a qualquer Fundo Especial, incluindo o Fundo Especial previsto no parágrafo 6 do artigo 24.º do presente Acordo;

c) Fundos reembolsados referentes a empréstimos ou garantias financiadas pelos recursos de qualquer Fundo Especial, os quais, de acordo com as regras e regulamentações que regem o mencionado Fundo Especial, são recebidos pelo Fundo Especial;

d) Rendimento proveniente de operações do Banco, pelo qual qualquer dos recursos ou fundos acima mencionados são utilizados ou comprometidos, se, de acordo com a regras e regulamentações referentes à administração do Fundo Especial, tal rendimento provier do mencionado Fundo Especial; e

e) Quaisquer outros recursos à disposição de qualquer Fundo Especial.

2. Para fins do presente Acordo, a expressão «recursos especiais pertencentes a um Fundo Especial» incluirá os recursos, fundos e rendimentos referidos no parágrafo anterior e que, conforme o caso, são resultado de subscrições, empréstimos ou recebimentos, ou que provêm ou são postos à disposição do Fundo Especial em conformidade com as regras e regulamentações aplicáveis ao Fundo Especial.

ARTIGO 11.º
Separação de recursos

1. Os recursos ordinários de capital do Banco serão sempre e sob todos os pontos de vista mantidos, utilizados, depositados, investidos ou, de qualquer forma, utilizáveis separadamente dos recursos especiais. Cada Fundo Especial, com os respectivos recursos e rendimentos, será mantido inteiramente separado de outros Fundos Especiais, seus recursos e rendimentos.
2. Os recursos ordinários de capital do Banco em nenhuma circunstância pagarão ou serão utilizados para pagar prejuízos ou obrigações provenientes de operações ou outras actividades de qualquer Fundo Especial. Os recursos especiais pertencentes a qualquer Fundo Especial em nenhuma circunstância pagarão ou serão utilizados para pagar prejuízos ou responsabilidades financeiras provenientes de operações ou outras actividades do Banco financiadas a partir dos seus recursos ordinários de capital ou de recursos especiais pertencentes a qualquer outro Fundo Especial.
3. Nas operações e outras actividades de qualquer Fundo Especial, a responsabilidade do Banco será limitada aos recursos especiais pertencentes ao Fundo Especial que esteja à disposição do Banco.

CAPÍTULO III
Operações

ARTIGO 12.º
Utilização de recursos

Os recursos e as facilidades do Banco serão utilizados exclusivamente para prosseguir os objectivos e realizar as funções enunciadas nos artigos 1.º e 2.º do presente Acordo.

ARTIGO 13.º
Operações ordinárias e especiais

1. As operações do Banco consistirão em operações ordinárias e especiais.
2. As operações ordinárias serão as financiadas pelos recursos ordinários do Banco.
3. As operações especiais serão as financiadas por recursos especiais.
4. Os balanços do Banco apresentarão, separadamente, as operações ordinárias e as operações especiais do Banco. O Banco adoptará quaisquer outras regras e regulamentações que forem requeridas para assegurar a separação efectiva dos dois tipos de operações.
5. As despesas que decorram directamente de operações ordinárias serão imputadas aos recursos ordinários de capital do Banco; as despesas que decorram directamente de operações especiais serão imputadas aos recursos especiais apropriados. Quaisquer outras despesas serão imputadas de acordo com o que for determinado pelo Banco.

ARTIGO 14.º
Beneficiários e métodos de operação

Nas suas operações, o Banco poderá conceder ou facilitar o financiamento para qualquer membro regional, subdivisão política ou qualquer organismo público, ou para qualquer instituição ou empresa localizada no território de qualquer membro regional, assim como para organizações ou instituições internacionais ou regionais que se relacionem com o desenvolvimento de África. Sob reserva das disposições deste capítulo, o Banco poderá efectuar as suas operações por qualquer das seguintes formas:

a) Concedendo ou participando em empréstimos directos a partir de:
 i) Fundos provenientes do seu capital realizado e não comprometido e, sob reserva do disposto no artigo 20.º do presente Acordo, das suas reservas e do seu activo; ou
 ii) Fundos correspondentes a recursos especiais; ou

b) Concedendo ou participando em empréstimos directos a partir de fundos provenientes de empréstimos ou adquiridos de qualquer outra forma pelo Banco, para integrar nos seus recursos ordinários de capital ou em recursos especiais; ou

c) Através de investimento de fundos referidos nas alíneas a) ou b) deste parágrafo no capital social de uma empresa ou instituição; ou

d) Garantindo, no todo ou em parte, empréstimos contraídos por outros.

2. As disposições do presente Acordo que se aplicam a empréstimos directos, que o Banco poderá contrair de acordo com as alíneas a) ou b) do parágrafo anterior, aplicar-se-ão também à sua participação em qualquer empréstimo directo acordado em conformidade com qualquer dessas alíneas. De igual modo, as disposições do presente Acordo, aplicáveis a garantias de empréstimos realizados pelo Banco de acordo com a alínea d) do parágrafo anterior, aplicar-se-ão no caso do Banco garantir apenas uma parte desses empréstimos.

ARTIGO 15.º
Limitações nas operações

1. O montante total a receber no que se refere às operações ordinárias do Banco não deve, em caso algum, exceder o montante total do capital subscrito e não comprometido, reservas e activos incluídos nos seus recursos de capital ordinário, excepção feita, no entanto, à reserva especial estabelecida no artigo 20.º do presente Acordo.

2. O montante total a receber no que se refere às operações especiais do Banco, relacionadas com qualquer Fundo Especial, não deve, em caso algum, exceder o montante total dos recursos especiais não comprometidos afectados àquele Fundo Especial.

3. No caso de empréstimos concedidos a partir de fundos emprestados pelo Banco, aos quais se aplicam as disposições do parágrafo 4, a), do artigo 7.º do presente Acordo relativamente à obrigação de realização, o montante total do empréstimo a receber e pagável ao Banco numa moeda específica nunca excederá a quantia total do empréstimo, no que respeita a fundos cedidos pelo Banco, os quais são pagáveis na mesma moeda.

4:

a) No caso de investimentos realizados em conformidade com o parágrafo 1, c), do artigo 14.º do presente Acordo, a partir de recursos ordinários do Banco, o montante pendente não deverá, em qualquer circunstância, exceder 10% do montante total do capital social realizado do Banco, acrescido das reservas e do activo incluído nos recursos de capital ordinário, excepção feita, no entanto, à reserva especial estabelecida no artigo 20.º do presente Acordo;

b) O montante de um investimento específico referido na alínea precedente não excederá, no momento em que é realizado, uma percentagem de capital social da instituição ou empresa, a qual foi fixada pelo Conselho de Governadores para qualquer investimento a ser realizado em conformidade com o parágrafo 1, c), do artigo 14.º do presente Acordo. Em caso algum, o Banco procurará obter, através deste tipo de investimentos, uma participação dominante na instituição ou empresa em questão.

ARTIGO 16.º
Fornecimento de moeda para empréstimos directos

Ao conceder empréstimos directos, o Banco fornecerá ao membro que os contrai provisão de moedas diferentes da do membro em cujo território o respectivo projecto vai ser realizado (esta moeda será designada «moeda local»), que serão necessárias para fazer face às despesas em divisas para esse projecto, tendo sempre, no entanto, em conta que o Banco pode, ao efectuar empréstimos directos, prover os meios financeiros necessários para cobrir as despesas locais no referido projecto:

a) No caso em que tal seja possível através de moeda local, sem necessitar de vender quaisquer dos seus recursos em ouro ou em moeda convertível; ou

b) Quando, na opinião do Banco, as despesas locais no referido projecto possam causar indevidamente perdas para a balança de pagamentos do país onde o projecto vai ser realizado e que o montante do financiamento das despesas locais assegurado pelo Banco não exceda uma fracção razoável das despesas locais totais necessárias para a realização do referido projecto.

ARTIGO 17.º
Princípios operacionais

1. As operações do Banco serão realizadas de acordo com os seguintes princípios:
   a):
      i) As operações do Banco, salvo ocorrência de circunstâncias especiais, assegurarão o financiamento de projectos específicos ou de grupos de projectos, particularmente os que façam parte de um programa de desenvolvimento nacional ou regional, requerido com urgência para o desenvolvimento económico ou social dos seus membros regionais. O Banco pode, no entanto, conceder empréstimos de carácter global ou garantias de empréstimos

a bancos de desenvolvimento de países africanos ou a outras instituições apropriadas, com vista a permitir o financiamento de projectos de um tipo específico, que sirvam os objectivos do Banco, em domínios de actividade próprios a esses bancos ou instituições;
ii) Ao seleccionar os projectos apropriados, o Banco orientar-se-á sempre pelas disposições do parágrafo 1, a), do artigo 2.º do presente Acordo e pela contribuição potencial do projecto para a realização dos objectivos do Banco, mais do que pelo tipo de projecto. No entanto, o Banco prestará especial atenção à selecção de projectos multinacionais apropriados;

b) O Banco não financiará um projecto no território de um membro, se esse membro a tal se opuser;

c) O Banco não financiará um projecto desde que, em sua opinião, o beneficiário possa de outro modo obter os fundos ou as facilidades necessárias, em condições que ele considere razoáveis;

d) Os fundos de qualquer empréstimo, investimento ou outro financiamento utilizados nas operações normais do Banco destinar-se-ão apenas à aquisição, em países membros, de bens e serviços produzidos em países membros, excepto nos casos em que o Conselho de Administração, por voto dos administradores, representando não menos de dois terços do número total de votos, determine autorizar a aquisição, num país não membro, de bens e serviços produzidos num país não membro em circunstâncias especiais, tornando tal aquisição conveniente, como no caso de um país não membro, no qual se providenciou um montante significativo de financiamento a favor do Banco; deverá ter-se em conta, no entanto, que, no que respeita a qualquer aumento de capital social, o Conselho de Governadores poderá proporcionar a aquisição de bens e serviços com os lucros desse aumento que seja restringido aos países que participem em tal projecto;

e) Ao conceder ou garantir um empréstimo, o Banco deverá certificar-se da possibilidade de quem contrai o empréstimo, assim como do garante, ou, pelo menos, de uma das partes, satisfazer as condições do empréstimo;

f) Ao conceder ou garantir um empréstimo, o Banco certificar-se-á de que a taxa de juro e outros encargos sejam razoáveis e de que essa taxa, os encargos e o prazo para o reembolso do capital emprestado estejam adaptados à natureza do projecto;

g) No caso de um empréstimo directo concedido pelo Banco, o beneficiário do empréstimo apenas será autorizado pelo Banco a utilizar os fundos para cobrir as despesas relativas ao projecto, à medida que as mesmas forem sendo efectuadas;

h) O Banco adoptará disposições para assegurar que o produto de qualquer empréstimo por ele concedido ou garantido é utilizado exclusivamente para fins para os quais o empréstimo foi concedido, tendo em conta razões de economia e de eficiência;

i) O Banco esforçar-se-á por manter uma diversificação razoável dos seus investimentos em capital social;

j) O Banco aplicará os princípios de uma sã gestão financeira nas suas operações e, em particular, nos investimentos em capital social. O Banco não assumirá a responsabilidade de administrar qualquer instituição ou empresa em que tenha investido; e

k) Ao garantir um empréstimo concedido por outros investidores, o Banco receberá uma justa compensação pelo risco assumido.

2. O Banco adoptará as regras e regulamentos que sejam requeridos para a apreciação dos projectos que lhe sejam submetidos.

ARTIGO 18.º
Condições e modalidades de empréstimos directos e garantias

1. Em caso de empréstimos directos concedidos pelo Banco, o contrato:

a) Estabelecerá, em conformidade com os princípios operacionais enunciados no parágrafo 1 do artigo 17.º do presente Acordo, e sujeito a outras disposições deste capítulo, todos as condições e modalidades relativas ao empréstimo em causa, incluindo as que se relacionem com a amortização, os juros e outros encargos, e com vencimentos e datas de pagamento; e em particular,

b) Estabelecerá que, sob reserva do parágrafo 3, c), deste artigo, os pagamentos ao Banco de amortizações, juros, comissões e outros encargos sejam efectuados na moeda em que foi concedido o empréstimo, a não ser que – no caso de um empréstimo directo realizado no quadro de operações especiais – as regras e regulamentos pertinentes estipulem outra forma de pagamento.

2. No caso de empréstimos garantidos pelo Banco, o contrato de garantia:

a) Estabelecerá, em conformidade com os princípios operacionais enunciados no parágrafo 1 do artigo 17.º do presente Acordo e dependentes de outras disposições deste capítulo, todas as condições e modalidades de garantia em causa, incluindo as que se relacionem com taxas, comissões e outros encargos do Banco; e, em particular,

b) Providenciará para que, sob reserva do parágrafo 3, c), deste artigo, todos os pagamentos efectuados ao Banco a título do contrato de garantia sejam efectuados na moeda em que foi concedido o empréstimo, a não ser que – no caso de um empréstimo directo realizado no quadro de operações especiais – as regras e regulamentos pertinentes estipulem outra forma de pagamento; e

c) Estabelecerá também que o Banco possa fazer cessar a sua responsabilidade no que se refere a juros, se, em caso de incumprimento do beneficiário do empréstimo, do garante ou de ambos, o Banco se oferecer para adquirir as obrigações ou outros títulos garantidos ao par, mais os juros vencidos numa data especificada na proposta.

3. No caso de empréstimos directos efectuados ou de empréstimos garantidos pelo Banco, este:

a) Ao determinar as condições e as modalidades da operação, terá devidamente em consideração as condições e as modalidades em que os fundos correspondentes foram obtidos pelo Banco;

b) Quando o beneficiário não for um membro, poderá, quando o considerar aconselhável, requerer que o membro em cujo território o projecto em questão vai ser realizado, ou um organismo ou instituição pública do membro que o Banco considerar aceitável, garanta o reembolso do capital da dívida e o pagamento de juros e outros encargos sobre o empréstimo;

c) Determinará expressamente a moeda na qual serão efectuados todos os pagamentos ao Banco, de acordo com o respectivo contrato. Por opção do beneficiário, porém, tais pagamentos poderão sempre ser efectuados em ouro ou em moeda convertível, ou, se assim for acordado com o Banco, em qualquer outra moeda; e

d) Poderá impor quaisquer outras condições que considere apropriadas, tendo em conta, tanto o interesse do membro directamente e empenhado no projecto, como os interesses dos membros no seu conjunto.

ARTIGO 19.º
Comissão e taxas

1. O Banco cobrará uma comissão sobre os empréstimos directos efectuados e as garantias concedidas no quadro das suas operações ordinárias. Essa comissão, a pagar periodicamente, será calculada sobre o montante concedido em cada empréstimo ou garantia e nunca será inferior

a 1% ao ano, a não ser que o Banco, após os primeiros 10 anos de operações, decida alterar esta taxa mínima por uma maioria de dois terços dos seus membros, não representando menos de três quartos do número total de votos atribuídos aos membros.

2. Ao garantir um empréstimo no quadro das suas operações ordinárias, o Banco cobrará, periodicamente, sobre o montante não reembolsado do empréstimo, uma taxa de garantia fixada pelo Conselho de Administração.

3. Quaisquer outros encargos a pagar ao Banco a título das suas operações ordinárias, assim como as comissões, taxas e outros encargos relativos às suas operações especiais, serão determinados pelo Conselho de Administração.

ARTIGO 20.º
Reserva especial

O montante das comissões recebidas pelo Banco, em virtude do artigo 19.º do presente Acordo, constituirá uma reserva especial, que o Banco manterá para satisfazer os seus compromissos, de acordo com o artigo 21.º. A reserva especial será mantida líquida, sob a forma, autorizada pelo presente Acordo, que o Conselho de Administração decidir.

ARTIGO 21.º
Métodos que permitam ao Banco cumprir as responsabilidades financeiras (operações ordinárias)

1. O Banco é autorizado, em conformidade com o parágrafo 4 do artigo 7.º do presente Acordo, a solicitar a realização de um montante apropriado do seu capital subscrito mas não realizado e sujeito a pedido de realização, sempre que tal for necessário para efectuar pagamentos contratuais de juros, quaisquer outros encargos ou amortização de empréstimos do Banco ou fazer face às respectivas obrigações, no que se refere a pagamentos similares relativos a empréstimos por ele garantidos sobre os seus recursos ordinários de capital.

2. Em caso de incumprimento, no que se refere a um empréstimo concedido ou garantido pelo Banco no quadro das suas operações ordinárias, o Banco pode, se considerar que o incumprimento pode ser de longa duração, solicitar a realização de uma quantia adicional do capital sujeito

a pedido de realização, que não exceda, num determinado ano, 1% das subscrições totais dos membros:

 a) Para se libertar, através da amortização, antes do vencimento, ou de qualquer outra forma, das obrigações relativas à totalidade ou a uma parte principal não reembolsada de um empréstimo por ele garantido e relativamente ao qual o beneficiário esteja em incumprimento; e

 b) Para se libertar, através da amortização, antes do vencimento, ou de qualquer outra forma dos seus compromissos relativos a uma totalidade ou a uma parte dos seus próprios empréstimos não reembolsados.

ARTIGO 22.º
Métodos que permitam ao Banco cumprir as responsabilidades financeiras relativas a empréstimos para Fundos Especiais

Os pagamentos para satisfazer qualquer obrigação, no que se refere a empréstimos de fundos para integrar em recursos especiais pertencentes a um Fundo Especial serão imputáveis:

 i) Em primeiro lugar, relativamente a qualquer reserva estabelecida para esse fim pelo referido Fundo Especial ou no quadro desse Fundo; e

 ii) Em seguida, relativamente a todos os activos disponíveis nos recursos especiais pertencentes a esse Fundo Especial.

CAPÍTULO IV
Empréstimos e outros poderes adicionais

ARTIGO 23.º
Poderes gerais

Para além dos poderes que lhe são consignados por outras disposições do presente Acordo, o Banco terá o poder de:

 a) Conceder empréstimos a Estados-Membros ou outros Estados e, para esse efeito, conceder todas as garantias ou outra segurança, que julgue oportuno, sob reserva de:

 i) Antes de ceder as suas obrigações no mercado de capitais de um Estado-Membro, o Banco tenha obtido a sua aprovação;

 ii) Quando as obrigações do Banco devam ser cumpridas na moeda de um membro, o Banco tenha obtido a aprovação desse membro; e

iii) Quando os fundos a emprestar devam ser integrados nos seus recursos de capital ordinário, o Banco tenha obtido, se tal for apropriado, a aprovação dos membros referidos nas alíneas i) e ii) deste parágrafo, para que os fundos obtidos possam ser trocados por outras moedas, sem qualquer restrição;

b) Comprar e vender títulos de crédito que o Banco tenha emitido ou garantido ou nos quais tenha feito investimentos, sob reserva de ter obtido a aprovação do membro em cujo território os referidos títulos sejam adquiridos ou vendidos;

c) Garantir ou tomar firme títulos nos quais tenha investido, a fim de facilitar a respectiva venda;

d) Colocar fundos de que não necessite para as suas operações nas obrigações que determine e investir em títulos negociáveis os fundos de reserva ou os fundos similares que o Banco detenha;

e) Realizar operações relacionadas com as suas actividades, nomeadamente a criação de consórcios para um financiamento que satisfaça os objectivos do Banco e que se integrem nas suas funções;

f):
  i) Dar pareceres e prestar assistência técnica que satisfaçam os seus objectivos e se integrem nas suas funções; e
  ii) Quando as despesas relativas a esses serviços não forem reembolsadas, imputá-las ao rendimento líquido do Banco, e durante os primeiros 5 anos de operações, consagrar-lhes até 1% do seu capital realizado, sob condição de que as despesas totais do Banco com esses serviços, em cada ano desse período, não exceda um quinto dessa percentagem; e

g) Exercer todos outros poderes necessários ou desejáveis para prosseguir os seus objectivos e realizar as funções, em conformidade com as disposições do presente Acordo.

ARTIGO 24.º
Poderes de empréstimo especiais

1. O Banco pode solicitar a qualquer Estado-Membro que lhe conceda empréstimos na sua moeda, a fim de pagar as despesas relativas a bens ou serviços produzidos no território desse membro, com o objectivo de executar um projecto no território de outro membro.

2. A menos que o referido Estado-Membro invoque dificuldades económicas e financeiras que, em sua opinião, possam eventualmente ser pro-

vocadas ou agravadas pela concessão desse empréstimo ao Banco, esse membro acederá ao pedido do Banco. O empréstimo será concedido por um período a acordar com o Banco, em função da duração do projecto que o empréstimo se propõe financiar.

3. A menos que o Estado-Membro aceite outras condições, o montante global de empréstimos consentido ao Banco, em conformidade com o presente artigo, não deverá, em caso algum, exceder o equivalente ao montante da sua subscrição para o capital social do Banco.

4. Os empréstimos concedidos ao Banco de acordo com o presente artigo renderão juros que o Banco pagará ao membro que concede o empréstimo a uma taxa que corresponderá à taxa média de juros paga pelo Banco sobre os empréstimos contratados para os seus Fundos Especiais durante o período de um ano antecedente à conclusão do acordo de empréstimo. Essa taxa não poderá, em caso algum, ultrapassar uma taxa máxima que o Conselho de Governadores determinará periodicamente.

5. O Banco reembolsará o empréstimo e pagará os juros na moeda do país membro que concedeu o empréstimo ou numa moeda por este aceite.

6. Todos os recursos obtidos pelo Banco em conformidade com as disposições deste artigo constituirão um Fundo Especial.

ARTIGO 25.º
Aviso que deverá figurar nos títulos

Será visivelmente indicado na face de todos os títulos garantidos ou emitidos pelo Banco que esses títulos não constituem obrigações de qualquer governo, salvo menção expressa inscrita sobre o título.

ARTIGO 26.º
Avaliação de moedas e determinação de convertibilidade

Sempre que se torne necessário, nos termos do presente Acordo:
i) Avaliar qualquer moeda em relação a outra moeda, ao ouro ou a unidades de conta definidas no parágrafo 1, b), do artigo 5.º do presente Acordo; ou
ii) Determinar se uma moeda é convertível,

essa avaliação ou determinação, consoante o caso, será efectuada pelo Banco de forma equitativa, após consulta ao Fundo Monetário Internacional.

ARTIGO 27.º
Utilização das divisas

1. Os membros não poderão manter ou impor restrições à faculdade do Banco, ou de quem beneficie dos seus fundos, deter ou utilizar, para efectuar pagamentos ou outras operações, os seguintes recursos:

a) Ouro ou moedas convertíveis que o Banco receba dos membros como pagamento das suas subscrições no capital social do Banco;

b) Moedas de membros adquiridas com o ouro ou as moedas convertíveis referidas na alínea anterior;

c) Moedas obtidas pelo Banco através de empréstimos, de acordo com a alínea a) do artigo 23.º do presente Acordo, para integrar os recursos ordinários de capital;

d) Ouro ou moedas recebidas pelo Banco, como pagamento por conta de capital, juros, dividendos ou outros encargos relativos a empréstimos ou investimentos, efectuados a partir de qualquer dos fundos mencionados nas alíneas a) a c), como pagamento de comissões ou taxas respeitantes a garantias concedidas pelo Banco; e

e) Outras moedas, que não a sua própria, concedidas pelo Banco a um membro como distribuição do rendimento líquido do Banco, em conformidade com o artigo 42.º do presente Acordo.

2. Os membros não deverão manter ou impor quaisquer restrições à faculdade do Banco, ou de quem beneficie dos seus fundos, deter ou utilizar, para efectuar pagamentos ou outras operações, moeda de um membro recebida pelo Banco que não se integre nas disposições do parágrafo anterior, a menos que:

a) Esse membro declare que deseja que a utilização dessa moeda seja estritamente limitada ao pagamento de bens e serviços produzidos no seu território; ou

b) Essa moeda faça parte dos recursos especiais do Banco e que a sua utilização seja sujeita a regras e regulamentações especiais.

3. Os membros não deverão manter ou impor quaisquer restrições à faculdade do Banco, ou de quem beneficie dos seus fundos, deter ou utilizar, para efectuar amortizações ou pagamentos antecipados, ou para liquidação total ou parcial das suas obrigações, moedas recebidas pelo Banco como reembolso de empréstimos directos concedidos sobre os seus recursos ordinários de capital:

4. O Banco não utilizará o ouro ou as moedas que detém para comprar outras moedas dos seus membros, excepto:

a) Para satisfazer as obrigações existentes; ou

b) Na sequência de uma decisão do Conselho de Administração, adoptada por uma maioria de dois terços do número total de votos atribuídos aos membros.

ARTIGO 28.º
Manutenção do valor dos activos do Banco em divisas

1. Sempre que a paridade da moeda de um membro for reduzida, nos termos da unidade de conta definida no parágrafo 1, b), do artigo 5.º do presente Acordo, ou que o valor externo da moeda de um membro tenha, no parecer do Banco, sofrido uma desvalorização sensível, este pagará ao Banco, dentro de um prazo razoável, uma importância adicional, na sua própria moeda, suficiente para manter o valor das disponibilidades que o Banco detém na sua moeda, com exclusão daqueles que ele obteve por empréstimo.

2. Sempre que a paridade da moeda de um membro for aumentada, nos termos da unidade de conta definida no parágrafo 1, b), do artigo 5.º do presente Acordo, ou que o valor externo da moeda de um membro tenha, no parecer do Banco, sofrido uma revalorização sensível, o Banco restituirá a esse membro, dentro de um prazo razoável, uma importância na sua moeda suficiente para manter o valor das disponibilidades que o Banco detém nessa moeda, com exclusão daqueles que ele obteve por empréstimo.

3. O Banco poderá dispensar a aplicação das disposições do presente artigo quando se registar uma alteração uniforme e proporcional das paridades das moedas de todos os seus membros.

CAPÍTULO V
Organização e gestão

ARTIGO 29.º
Conselho de Governadores: poderes

1. Todos os poderes do Banco serão reservados ao Conselho de Governadores. Em particular, o Conselho formulará directivas gerais relativas à política de crédito do Banco.

2. O Conselho de Governadores pode delegar todos os seus poderes no Conselho de Administração, à excepção dos poderes para:
a) Reduzir o capital social autorizado do Banco,
b) Instituir ou aceitar a administração de Fundos Especiais;

c) Autorizar a conclusão de acordos gerais de cooperação com as autoridades de países africanos que ainda não alcançaram o estado de independência, ou de acordos gerais de cooperação com governos africanos que ainda não se tenham tornado membros do Banco, assim como a conclusão de acordos similares com outros governos e outras organizações internacionais;

d) Fixar, sob recomendação do Conselho de Administração, a remuneração e as condições de serviço do presidente do Banco;

e) Fixar a remuneração dos administradores e as respectivas alterações;

f) Seleccionar auditores externos para certificação do balanço geral e da conta de resultados do exercício e seleccionar quaisquer outros especialistas que sejam necessários para analisar a administração geral do Banco e emitir um relatório a esse respeito;

g) Aprovar, após ter analisado o relatório dos auditores, o balanço geral e a conta de resultados do exercício do Banco; e

h) Exercer quaisquer outros poderes que o presente Acordo expressamente confere ao Conselho de Governadores.

3. O Conselho de Governadores conservará poderes para exercer autoridade sobre qualquer assunto que tenha delegado no Conselho de Administração, em conformidade com o parágrafo 2 do presente artigo.

ARTIGO 30.º
Conselho de Governadores: composição

1. Cada membro será representado no Conselho de Governadores e nomeará um governador e um governador suplente. Os governadores e os governadores suplentes serão pessoas da mais elevada competência e possuirão uma larga experiência em questões económicas e financeiras e deverão ser nacionais dos Estados-Membros. Os governadores e os governadores suplentes permanecerão no exercício das suas funções durante cinco anos, a menos que o membro que fizer a nomeação decida de outro modo, e poderão ser reconduzidos. Nenhum suplente poderá votar, excepto na ausência do respectivo titular. Aquando da sua assembleia anual, o Conselho escolherá um dos governadores para seu Presidente, o qual exercerá as suas funções até à eleição do Presidente na assembleia anual seguinte do Conselho.

2. As funções de governador e de governador suplente não serão remuneradas pelo Banco, mas o Banco pagará aos governadores e aos go-

vernadores suplentes as importâncias das despesas que realizarem, nos limites que forem razoáveis, para assistir às reuniões.

ARTIGO 31.º
Conselho de Governadores: Funcionamento

1. O Conselho de Governadores terá uma reunião anual e todas as que possam ser previstas pelo Conselho ou convocadas pelo Conselho de Administração. As reuniões do Conselho de Governadores serão convocadas pelo Conselho de Administração sempre que 5 membros do Banco ou os membros que detenham um quarto do número total dos votos atribuídos aos membros o solicitem. Todas as reuniões do Conselho de Governadores serão efectuadas em países de membros regionais.

2. O quórum de qualquer reunião do Conselho de Governadores será constituído por uma maioria do número total dos governadores ou dos seus suplentes, representando pelo menos dois terços do total dos votos dos membros. Esse quórum incluirá uma maioria dos governadores ou governadores suplentes de membros regionais e pelo menos 2 governadores ou os seus suplentes de membros não regionais. Se ao Conselho de Governadores não for possível alcançar o sub quórum referente à presença de governadores não regionais ou respectivos suplentes até 2 dias antes da data estipulada para a assembleia, o mencionado sub quórum poderá ser abandonado.

3. O Conselho de Governadores pode, mediante regulamentação, instituir um procedimento que permita ao Conselho de Administração, quando o julgar oportuno, obter um voto dos governadores sobre um determinado assunto sem convocar o Conselho de Governadores.

4. O Conselho de Governadores e o Conselho de Administração, na medida em que este for autorizado pelo Conselho de Governadores ou pelo presente Acordo, podem criar os organismos subsidiários que julguem necessários ou adequados para conduzir os negócios do Banco.

ARTIGO 32.º
Conselho de Administração: poderes

Sem prejuízo dos poderes do Conselho de Governadores previstos no artigo 29.º do presente Acordo, o Conselho de Administração será responsável pela condução das operações gerais do Banco e, para esse efeito, exercerá as funções que lhe são expressamente conferidas no presente

Acordo ou que lhe são delegadas pelo Conselho de Governadores e, em particular, deverá:

a) Sob recomendação do Presidente do Banco, nomear um ou mais Vice-Presidentes do Banco e determinar as respectivas condições de serviço;

b) Preparar os trabalhos do Conselho de Governadores;

c) Segundo as directivas gerais do Conselho de Governadores, tomar decisões sobre empréstimos directos individuais, garantias, investimentos em acções e empréstimos de fundos por parte do Banco;

d) Determinar as taxas de juros para empréstimos directos e as das comissões de garantia;

e) Submeter ao Conselho de Governadores, para aprovação em cada reunião anual, as contas de cada exercício financeiro e um relatório anual; e

f) Determinar a estrutura geral dos serviços do Banco.

ARTIGO 33.º
Conselho de Administração: composição

1. O Conselho de Administração será composto por 18 membros que não poderão ser governadores, nem governadores suplentes. 12 membros serão eleitos pelos governadores dos membros regionais e 6 membros serão eleitos pelos governadores dos membros não regionais. Os administradores serão eleitos pelo Conselho de Governadores de acordo com o anexo B a este Acordo. Ao eleger os membros do Conselho de Administração, o Conselho de Governadores terá em conta a elevada competência em questões económicas e financeiras requerida para o cargo. O Conselho de Governadores poderá determinar a alteração do número de membros do Conselho de Administração por maioria de três quartos do número total de votos atribuídos aos membros, incluindo o que se refere a disposições relacionadas exclusivamente com o número e a eleição dos administradores pelos países membros regionais, por uma maioria de dois terços dos governadores de membros regionais, e com respeito às disposições relacionadas exclusivamente com o número e eleição de administradores por países membros não regionais, por uma maioria de dois terços dos governadores de membros não regionais.

2. Cada administrador nomeará um suplente, que, na sua ausência, actua em seu nome. Os administradores e os seus suplentes deverão ser nacionais de Estados-Membros, mas nenhum suplente poderá ter a mesma nacionalidade do administrador que terá de substituir.

Um administrador suplente poderá participar nas reuniões do Conselho de Administração, mas só poderá votar na ausência do respectivo titular.

3. Os administradores são eleitos por um período de 3 anos e poderão ser reeleitos. Eles continuarão em funções até que os seus sucessores sejam eleitos. Se o lugar de qualquer administrador ficar vago mais de 180 dias antes da expiração do mandato, será eleito, de acordo com o anexo B a este Acordo, outro administrador para o período restante pelo Conselho de Governadores na sessão seguinte. Enquanto o lugar permanecer vago, o suplente do administrador anterior exercerá os poderes deste, excepto os respeitantes à nomeação de um suplente.

ARTIGO 34.º
Conselho de Administração: Funcionamento

1. O Conselho de Administração funcionará em sessão permanente na sede do Banco e reunir-se-á com a frequência que os negócios do Banco o exigirem.

2. O quórum para qualquer reunião do Conselho de Administração será constituído por uma maioria do número total de administradores, que disponham, pelo menos, de dois terços dos direitos de voto dos membros. Esse quórum incluirá, pelo menos, um director dos membros não regionais. Se o Conselho de Administração for incapaz de preencher o sub quórum referente à presença de, pelo menos, um director dos membros não regionais, o referido sub quórum poderá ser adiado para a sessão seguinte.

3. O Conselho de Governadores adoptará os regulamentos que possibilitem a um membro, sem direito a nomear um administrador da sua nacionalidade, enviar um representante para assistir a qualquer reunião do Conselho de Administração em que seja examinado um pedido feito por esse membro ou um assunto que particularmente o afecte.

ARTIGO 35.º
Votação

1. Cada membro terá 625 votos e 1 voto adicional por cada acção que possua no capital social do Banco, tendo em conta, no entanto, que se se proceder a um aumento do capital social autorizado, o Conselho de Governadores poderá determinar que o capital social autorizado por esse au-

mento não terá direitos de votação e que esse aumento de capital não estará sujeito aos direitos de subscrição estabelecidos no parágrafo 2 do artigo 6 deste Acordo.

2. Aquando da votação no Conselho de Governadores, cada governador disporá dos votos do membro que ele representa. Salvo disposição expressa em contrário, todas as questões a submeter ao Conselho de Governadores serão decididas por maioria dos votos dos Estados-Membros representados na reunião.

3. Aquando da votação no Conselho de Administração, cada administrador disporá do número de votos que permitiram a sua eleição, os quais deverão ser utilizados em bloco. Salvo disposição expressa em contrário, todas as questões a submeter ao Conselho de Administração serão decididas por maioria dos votos dos Estados-Membros representados na reunião.

ARTIGO 36.º
O Presidente: nomeação

O Conselho de Governadores, por recomendação do Conselho de Administração, elegerá por maioria dos votos dos membros, incluindo uma maioria dos votos dos membros regionais, o Presidente do Banco. O Presidente será uma pessoa da mais elevada competência nos domínios relativos às actividades, à gestão e à administração do Banco e será nacional de um Estado-Membro regional. Durante o seu mandato, nem o Presidente, nem qualquer dos Vice-Presidentes será governador ou administrador ou suplente de qualquer deles. O Presidente terá um mandato de 5 anos renovável. No entanto, o Presidente cessará as suas funções se o Conselho de Administração assim o decidir por maioria de dois terços do total dos votos dos membros regionais. O Conselho de Administração nomeará um Presidente interino e informará prontamente o Conselho de Governadores sobre essa decisão e sobre os motivos da mesma. O Conselho de Governadores tomará uma decisão final sobre o assunto na sua assembleia anual, se essa suspensão não ocorrer a mais de 90 dias da referida assembleia e, caso contrário, numa assembleia especial a ser convocada pelo seu Presidente. O Conselho de Governadores poderá destituir o Presidente do seu cargo por uma resolução adoptada por maioria dos votos dos membros, incluindo uma maioria dos votos dos membros regionais.

ARTIGO 37.º
Presidente: Funções

1. O Presidente presidirá ao Conselho de Administração, mas não terá direito a voto, excepto a um voto de qualidade em caso de empate. O Presidente poderá participar nas reuniões do Conselho de Governadores, mas não terá direito a voto.

2. O Presidente será o chefe do pessoal do Banco e administrará, sob a direcção do Conselho de Administração, as operações correntes do Banco. O Presidente será responsável pela organização dos agentes e do pessoal do Banco, que nomeará e demitirá de acordo com os regulamentos adoptados pelo Banco. Fixará as respectivas condições de trabalho, tendo em conta as regras de uma sã política financeira.

3. O Presidente é o representante legal do Banco.

4. O Banco adoptará regulamentos que determinarão quem representará legalmente o Banco e desempenhará as outras funções do Presidente, no caso de este se ausentar ou de o seu cargo ficar vago.

5. Ao proceder à nomeação dos funcionários, o Presidente deverá, tendo em conta a importância primordial de assegurar o mais elevado nível de eficiência e de competência técnica, tomar em devida consideração a importância de recrutar funcionários numa base geográfica tão extensa quanto possível. O Presidente deverá ter sempre em consideração o carácter regional do Banco, assim como a participação de Estados não regionais.

ARTIGO 38.º
Proibição de actividades de ordem política; carácter internacional do Banco

1. O Banco não aceitará empréstimos ou assistência que possam, de alguma forma, comprometer, limitar, subverter ou alterar de qualquer outra maneira os seus objectivos ou as suas funções.

2. O Banco, o seu Presidente, Vice-Presidentes, agentes e pessoal não deverão intervir nos assuntos políticos de qualquer membro, nem se deixarão influenciar, nas suas decisões, pelas características políticas do membro ou dos membros em questão. As suas decisões só deverão ser enformadas por considerações de ordem económica, as quais deverão ser objecto de exame imparcial para que possam atingir-se os seus objectivos e realizar-se as suas funções.

3. No exercício das suas funções, o Presidente, os Vice-Presidentes, os agentes e o pessoal estão subordinados exclusivamente ao Banco e a nenhuma outra autoridade. Os membros do Banco respeitarão o carácter internacional destas funções e abster-se-ão de qualquer tentativa de influência sobre qualquer membro do pessoal no exercício das suas funções.

ARTIGO 39.º
Sede do Banco

1. A sede do Banco ficará situada no território de um Estado-Membro regional. A escolha da localização da sede do Banco será feita pelo Conselho de Governadores na sua primeira reunião, tendo em conta as facilidades que o local possa proporcionar para o bom funcionamento do Banco.

2. Não obstante o disposto no artigo 35.º do presente Acordo, a escolha da sede do Banco será feita pelo Conselho de Governadores nas condições que presidiram à adopção do presente Acordo.

3. O Banco poderá estabelecer quaisquer outras agências ou sucursais.

ARTIGO 40.º
Canais de comunicação; depositários

1. Cada membro designará uma autoridade apropriada com a qual o Banco possa comunicar relativamente a qualquer matéria decorrente do presente Acordo.

2. Cada membro designará o seu banco central como depositário de todas as disponibilidades do Banco na sua moeda ou, se não tiver banco central, designará outra instituição susceptível de ser aceite pelo Banco.

3. O Banco pode conservar as suas disponibilidades, incluindo ouro e moedas convertíveis, nos depositários designados pelo Conselho de Administração.

ARTIGO 41.º
Publicação do Acordo, línguas de trabalho, publicação de relatórios e prestação de informações

1. O Banco esforçar-se-á por disponibilizar o texto do presente Acordo, bem como de todos os outros documentos importantes, nas prin-

cipais línguas utilizadas em África. As línguas oficiais do Banco serão, se possível, as línguas africanas, o inglês e o francês.

2. Os membros proporcionarão ao Banco todas as informações que lhes possam ser solicitadas, a fim de facilitar o desempenho das suas funções.

3. O Banco publicará um relatório anual contendo um balanço das suas contas devidamente verificado e, pelo menos de três em três meses, distribuirá aos membros um balancete sumário da sua situação financeira e um desenvolvimento de ganhos e perdas revelando os resultados das suas operações. O relatório anual e os balancetes trimestrais serão elaborados de acordo com as disposições do parágrafo 4 do artigo 13.º do presente Acordo.

4. Banco poderá publicar outros relatórios que entenda desejáveis para a prossecução dos seus objectivos e para a realização das suas funções, os quais serão transmitidos aos membros do Banco.

ARTIGO 42.º
Distribuição do rendimento líquido

1. O Conselho de Governadores determinará anualmente a parte do rendimento líquido do Banco, incluindo o rendimento líquido proveniente do Fundo Especial, que, dedução feita da importância afectada às reservas, será considerada como excedente e a parte deste, se existir, que será distribuída.

2. A distribuição prevista no parágrafo anterior será efectuada na proporção do número de acções possuídas por cada membro.

3. Os pagamentos serão efectuados da forma e na moeda que o Conselho de Governadores determinar.

CAPÍTULO VI
Retirada e suspensão de membros; suspensão temporária e cessação das operações do Banco

ARTIGO 43.º
Direito de Retirada

1. Qualquer membro poderá retirar-se do Banco, em qualquer ocasião, mediante notificação escrita da sua decisão transmitida ao Banco, na sua sede.

2. A retirada terá efeito a partir da data referida na notificação, mas, em caso algum, antes de decorridos seis meses sobre a data em que o Banco tenha recebido a notificação.

ARTIGO 44.º
Suspensão

1. Se um membro deixar de cumprir qualquer das obrigações que assumiu em relação ao Banco, o Conselho de Administração poderá pronunciar a sua suspensão, por decisão adoptada por maioria dos administradores que possuam a maioria dos votos dos membros regionais e, no caso de um membro não regional, por maioria dos votos dos membros não regionais. A decisão de suspender um membro ficará sujeita a revisão por parte do Conselho de Governadores numa reunião posterior que o Conselho de Administração convocará para esse fim, ou na assembleia anual do Conselho de Governadores seguinte, se esta se realizar mais cedo. O Conselho de Governadores poderá decidir revogar a suspensão pelas mesmas maiorias acima estabelecidas.

2. O membro suspenso perderá automaticamente a sua qualidade de membro um ano após a decisão da suspensão, excepto se for adoptada, nas mesmas condições de maioria, uma decisão que restitua ao membro a sua capacidade.

3. Enquanto um membro estiver suspenso não poderá exercer nenhum dos direitos nos termos do presente Acordo, excepto o direito de retirada, mas continuará sujeito a todas as obrigações.

ARTIGO 45.º
Liquidação das contas

1. Um Estado que deixar de ser membro do Banco continuará responsável pelas obrigações directas ou pelas responsabilidades eventuais para com o Banco, enquanto subsistir qualquer parte dos empréstimos contraídos ou das garantias obtidas antes de esse Estado ter deixado de ser membro; contudo, esse Estado deixará de assumir responsabilidade relativamente aos empréstimos e garantias cujos pedidos derem entrada no Banco posteriormente e deixará de ter participação tanto nos rendimentos como nos encargos do Banco.

2. Na data em que um Estado deixar de ser membro (adiante designada «data de cessação»), o Banco adoptará as medidas necessárias para a

reaquisição das acções respectivas, a título de liquidação parcial das contas com esse Estado, de acordo com as disposições dos parágrafos 3 e 4 do presente artigo. Para este fim, o preço de reaquisição das acções será o valor que constar da escrita do Banco na data de cessação.

3. O pagamento das acções readquiridas pelo Banco nos termos do presente artigo deverá efectuar-se nas condições seguintes:

a) Qualquer importância devida a um Estado pelo reembolso das suas acções será retida pelo Banco enquanto esse Estado, o seu banco central ou qualquer dos seus departamentos permanecer responsável para com o Banco como devedor ou garante, e o Banco terá a faculdade de afectar esse valor à execução de quaisquer dessas responsabilidades à medida que se forem vencendo. Nenhuma importância poderá ser retida pelo Banco por conta da dívida de um Estado que resulte da sua subscrição de acções, nos termos do artigo parágrafo 4 do artigo 7.º do presente Acordo. No entanto, em circunstância alguma será feito o reembolso das acções a um Estado antes de expirado um prazo de seis meses, a contar da data de cessação;

b) Até que o antigo membro tenha recebido o preço de aquisição total, poderão ser efectuados, periodicamente, pagamentos referentes ao reembolso de acções, após a sua entrega pelo respectivo Estado, na medida em que a importância devida como preço de reaquisição, nos termos do parágrafo 2 do presente artigo, exceder o conjunto das responsabilidades relativas a empréstimos e garantias referidas na alínea a) do presente parágrafo;

c) Os pagamentos serão efectuados na moeda do país ao qual se destinarem ou, se tal não for possível, em ouro ou numa moeda convertível;

d) Se o Banco tiver perdas relativamente às garantias, participações em empréstimos ou empréstimos não reembolsados, subsistentes na data em que o Estado deixar de ser membro, e se a importância destas perdas exceder a da reserva prevista para esse fim, esse Estado será obrigado a pagar, quando lhe for solicitado, uma importância igual à redução que o preço de reembolso das suas acções teria sofrido se, no momento da sua determinação, tais perdas tivessem sido consideradas. Além disso, o antigo Estado-Membro ficará obrigado a satisfazer qualquer pedido de realização das subscrições não liberadas, nos termos do artigo 7 do presente Acordo, na medida em que tal lhe teria sido solicitado se a depreciação do capital e o pedido de realização tivessem ocorrido no momento da determinação do preço de reembolso das suas acções.

4. Se, no prazo de seis meses após a data de cessação, o Banco suspender as suas operações de forma permanente, nos termos do artigo 47.º

do presente Acordo, todos os direitos desse Estado serão determinados em conformidade com as disposições dos artigos 47.° a 49.° do presente Acordo.

ARTIGO 46.°
Suspensão temporária das operações

Em caso de emergência, o Conselho de Administração poderá suspender temporariamente as operações relativas a novos empréstimos e garantias até que o Conselho de Governadores estude a situação e adopte as medidas adequadas.

ARTIGO 47.°
Cessação das operações

1. O Banco poderá suspender, de forma permanente, as suas operações relativas a novos empréstimos e garantias, por decisão tomada por maioria do número dos votos atribuídos aos membros, incluindo a maioria dos votos dos membros regionais.
2. Depois dessa suspensão de operações, o Banco cessará imediatamente todas as suas actividades, excepto as respeitantes à realização ordenada, conservação e salvaguarda dos seus valores e à sua liquidação.

ARTIGO 48.°
Responsabilidade dos membros e pagamento de dívidas

1. A responsabilidade de todos os membros em relação às subscrições não liberadas do capital social do Banco e à desvalorização das suas próprias moedas só cessará quando forem satisfeitas todas as importâncias devidas aos credores, incluindo todos os créditos eventuais.
2. Todos os credores titulares de créditos directos serão pagos com os activos do Banco e, em seguida, por meio de importâncias provenientes dos pagamentos feitos ao Banco em virtude da realização de subscrições não liberadas. Antes de efectuar qualquer pagamento aos titulares de créditos directos, o Conselho de Administração adoptará as medidas que julgue necessárias para garantir aos titulares de créditos eventuais uma repartição nas mesmas bases do que as dos titulares de créditos directos.

ARTIGO 49.º
Distribuição do activo

1. No caso de cessação de operações do Banco, nenhuma distribuição será feita pelos membros em função das suas subscrições para o capital social do Banco até que:
   i) Todas as responsabilidades para com os credores tenham sido liquidadas ou tenham sido adoptadas medidas nesse sentido; e
   ii) O Conselho de Governadores tenha tomado a decisão de proceder a uma distribuição. Esta decisão será tomada pelo Conselho por maioria do número de votos atribuídos aos membros, incluindo uma maioria dos votos dos membros regionais.

2. Após ter sido tomada a decisão de efectuar uma distribuição de acordo com o parágrafo anterior, o Conselho de Administração poderá, por maioria de dois terços de votos, fazer distribuições sucessivas do activo do Banco entre os membros, até que todo o seu activo tenha sido distribuído. Essa distribuição não poderá ser efectuada senão após a liquidação de todos os créditos do Banco em relação a cada membro.

3. Antes de qualquer distribuição do activo, o Conselho de Administração determinará a parte proporcional de cada membro, de acordo com a relação entre o número de acções detidas por cada membro e o total de acções do Banco por realizar.

4. O Conselho de Administração avaliará o activo a ser repartido na data da distribuição, após o que procederá à referida distribuição, da seguinte forma:

   a) Será pago a cada membro, nos seus próprios títulos ou nos dos seus organismos oficiais ou de pessoas colectivas situadas nos seus territórios, na medida em que se encontre disponível para distribuição, um montante equivalente em valor à quota-parte proporcional do montante total a ser distribuído ao referido Estado;

   b) Qualquer saldo devido a um membro, após ter sido efectuado o pagamento de acordo com a alínea anterior, será pago na moeda do referido Estado, na medida em que esta seja detida pelo Banco, até um montante de valor equivalente ao desse saldo;

   c) Qualquer saldo devido a um membro, após ter sido efectuado o pagamento de acordo com as alíneas a) e b) deste parágrafo, será pago em ouro ou moeda aceitável por esse membro, na medida em que o Banco detenha um ou outra, até um montante de valor equivalente ao desse saldo;

d) Qualquer activo detido pelo Banco após os pagamentos efectuados aos membros de acordo com as alíneas a) a c) deste parágrafo, será distribuído proporcionalmente entre os referidos membros.

5. Qualquer membro que receba activos distribuídos pelo Banco de acordo com o parágrafo anterior ficará sub-rogado em todos os direitos que o Banco possui sobre esses activos antes da sua distribuição.

CAPÍTULO VII
Estatuto, imunidades, isenções e privilégios

ARTIGO 50.º
Estatuto

A fim de permitir a prossecução dos objectivos e a realização das suas funções, o Banco possuirá personalidade internacional plena. Para esses fins, o Banco poderá concluir acordos com os Estados-Membros, com os Estados não membros e com outras organizações internacionais. Com o mesmo objectivo, em todos os territórios dos membros serão concedidos ao Banco, o estatuto, imunidades, isenções e privilégios definidos no presente capítulo.

ARTIGO 51.º
Estatuto nos Estados-Membros

No território de cada Estado-Membro, o Banco terá plena personalidade jurídica e, em especial, capacidade para:
  i) Contratar;
  ii) Adquirir e dispor de bens móveis e imóveis;
  iii) Instaurar procedimentos judiciais.

ARTIGO 52.º
Situação do Banco no que respeita a processos judiciais

1. O Banco goza de imunidade de jurisdição relativamente a todas as formas de acção judicial, salvo para os litígios nascidos ou resultantes do exercício pelo Banco do seu direito de aceitar empréstimos, podendo, neste caso, o Banco ser objecto de acções em tribunal competente no território de um Estado em que tenha a sua sede ou uma instituição encarregada de receber mandatos ou notificações, ou no qual tenha emitido ou ga-

rantido valores. Não obstante, uma acção só poderá ser intentada pelos membros ou pelos seus representantes ou que deles detenham créditos.

2. Os bens e activos do Banco, onde quer que se encontrem e quem quer que seja o seu detentor, estarão isentos de qualquer forma de confisco, embargo ou penhora até que seja tomada contra o Banco uma decisão judicial definitiva.

ARTIGO 53.º
Imunidade de apreensão e inviolabilidade dos arquivos

1. Os bens e activos do Banco, onde quer que se encontrem e quem quer que seja o seu detentor, estarão ao abrigo de qualquer busca, requisição, confisco, expropriação ou qualquer outra forma de embargo ou penhora por parte do poder executivo ou legislativo.

2. Os arquivos do Banco e, de modo geral, todos os documentos que lhe pertençam ou que tenha em seu poder, são invioláveis, onde quer que se encontrem.

ARTIGO 54.º
Imunidade dos activos do Banco em relação a medidas restritivas

Durante o tempo necessário para que o Banco realize os seus objectivos e funções, e sob reserva das disposições do presente Acordo, todos os bens e activos do Banco ficarão isentos de restrições impostas por controlos financeiros, de regulamentações e de moratórias de qualquer natureza.

ARTIGO 55.º
Privilégios em matéria de comunicações

Os Estados-Membros do Banco concederão às comunicações oficiais do Banco o mesmo tratamento concedido às comunicações oficiais dos outros Estados-Membros.

ARTIGO 56.º
Imunidades e privilégios dos agentes e empregados

1. Todos os governadores e administradores e os seus suplentes, agentes e empregados do Banco, incluindo os peritos que executam missões para o Banco:

i) Gozarão da imunidade de jurisdição em relação aos actos que praticarem no exercício das suas funções oficiais;
ii) Se não forem nacionais do Estado onde exercem as suas funções, gozarão das mesmas imunidades no que respeita às restrições relativas à imigração, às formalidades de registo de estrangeiros e às obrigações do serviço militar e beneficiará das mesmas facilidades em matéria de restrições cambiais que forem concedidas pelos membros aos representantes, agentes e empregados de categoria correspondente das outras instituições financeiras de que faça parte;
iii) Ser-lhes-ão asseguradas, nas suas deslocações, as mesmas facilidades que forem concedidas pelos membros aos representantes, agentes e empregados de categoria correspondente dos outros membros.

ARTIGO 57.º
Imunidades Fiscais

1. O Banco, os seus activos, bens e rendimentos, bem como as suas operações e transacções autorizadas por este Acordo, estarão isentos de todos os impostos e de todos os direitos aduaneiros. O Banco ficará também isento de obrigações relativas à cobrança ou pagamento de qualquer imposto ou direito.

2. Os vencimentos e emolumentos pagos pelo Banco aos seus directores executivos, suplentes, funcionários e empregados que não sejam cidadãos, súbditos ou nacionais do país onde exerçam as suas funções ficarão isentos de impostos.

3. As obrigações e títulos emitidos pelo Banco (incluindo os respectivos dividendos ou juros), seja quem for o seu detentor, não serão sujeitos a tributação de qualquer natureza:
   i) Que tenha um carácter discriminatório relativamente a essas obrigações ou títulos, unicamente por terem sido emitidos pelo Banco; ou
   ii) Se a única base legal para tal tributação for o lugar ou a moeda em que essas obrigações ou títulos forem emitidos, pagáveis ou pagos, ou a localização de qualquer departamento ou escritório do Banco.

4. As obrigações e títulos garantidos pelo Banco (incluindo os respectivos dividendos ou juros), seja quem for o detentor, não serão sujeitos a tributação de qualquer natureza:

i) Que tenha um carácter discriminatório relativamente a essas obrigações ou títulos, unicamente por terem sido garantidos pelo Banco; ou
ii) Se a única base legal para tal tributação for a localização de qualquer departamento ou escritório do Banco.

ARTIGO 58.°
Aplicação do presente capítulo

Cada membro informará de imediato o Banco sobre as medidas específicas por ele adoptadas para aplicar, no seu território, as disposições do presente capítulo.

ARTIGO 59.°
Aplicação das imunidades, isenções e privilégios

As imunidades, isenções e privilégios estabelecidos neste capítulo são concedidos no interesse do Banco. O Conselho de Administração poderá na medida e nas condições que determinar, renunciar às imunidades e isenções estabelecidas nos artigos 52.°, 54.°, 56.° e 57.° do presente Acordo, nos casos em que, na sua opinião, essa decisão favoreça os interesses do Banco. O Presidente terá o direito e o dever de retirar a imunidade concedida a um dos membros do pessoal, incluindo os peritos que desempenham missões para o Banco, caso julgue que a imunidade entravaria o curso da justiça e que ela poderá ser retirada sem prejuízo para os interesses do Banco.

CAPÍTULO VIII
Emendas, interpretação e arbitragem

ARTIGO 60.°
Emendas

1. Qualquer proposta de alteração do presente Acordo, quer seja apresentada por um membro, por um governador ou pelo Conselho de Administração, será comunicada ao presidente do Conselho de Governadores, que a apresentará ao Conselho. Se a emenda proposta for aprovada pelo Conselho, o Banco deverá, por carta-circular ou telegrama, perguntar a todos os membros se aceitam a emenda proposta. Desde que dois terços

dos membros, dispondo de três quartos dos votos atribuídos aos membros, incluindo dois terços dos membros regionais, dispondo de três quartos dos votos dos membros regionais, aceitem as emendas propostas, o Banco confirmará o facto por comunicação formal dirigida a todos os membros.

2. Não obstante as disposições do parágrafo 1, será exigida a anuência de todos os membros no caso de qualquer emenda que modifique:
   i) O direito garantido pelo parágrafo 2 do Artigo 6 do presente Acordo;
   ii) A limitação da responsabilidade prevista no parágrafo 5 do referido artigo;
   iii) O direito de retirada do Banco, previsto no artigo 43 do presente Acordo.

3. As emendas entrarão em vigor para todos os membros três meses depois da data da comunicação formal, excepto se na carta-circular ou telegrama se fixar um prazo mais curto.

4. Não obstante as disposições do parágrafo 1 do presente artigo, no prazo máximo de 3 anos após a entrada em vigor do presente Acordo, e à luz da experiência do Banco, a regra segundo a qual cada membro disporá de um voto será analisada pelo Conselho de Governadores ou numa reunião de Chefes de Estado dos membros, em conformidade com as condições de adopção do presente Acordo.

ARTIGO 61.º
Interpretação

1. Os textos em inglês e francês do presente Acordo farão igualmente fé.

2. Qualquer questão relativa à interpretação das disposições do presente Acordo que surgir entre qualquer membro e o Banco ou entre quaisquer membros do Banco será submetida à decisão ao Conselho de Administração. Se a questão afectar especialmente um membro que não possua o direito de nomear um administrador, ele terá o direito de fazer-se representar. Este direito será objecto de um regulamento adoptado pelo Conselho de Governadores.

3. Em qualquer caso em que o Conselho de Administração tenha tomado uma decisão ao abrigo do parágrafo 2 do presente artigo, qualquer membro poderá solicitar que a questão seja submetida ao Conselho de Governadores, que, de acordo com um procedimento a ser estabelecido em conformidade com o parágrafo 3 do artigo 31.º do presente Acordo, se de-

verá pronunciar sobre a mesma no prazo de três meses. Da decisão do Conselho de Governadores não haverá recurso.

ARTIGO 62.º
Arbitragem

Em caso de diferendo entre o Banco e um país que deixou de ser membro, ou entre o Banco e qualquer membro durante a suspensão permanente das operações do Banco, esse litígio será submetido à arbitragem de um tribunal constituído por três árbitros, um nomeado pelo Banco, outro pelo país em questão e um árbitro de desempate nomeado, salvo acordo em contrário entre as partes, por uma instância designada num regulamento adoptado pelo Conselho de Governadores. O árbitro de desempate terá plenos poderes para resolver todas as questões de processo em qualquer caso em que as partes estiverem em desacordo a tal respeito.

CAPÍTULO IX
Disposições finais

ARTIGO 63.º
Assinatura e depósito

1. O presente Acordo ficará depositado junto do Secretário-Geral das Nações Unidas (adiante designado o «Depositário») e ficará patente, para assinatura, por parte dos Governos dos Estados que figuram no anexo A do presente Acordo, até 31 de Dezembro de 1963.

2. O depositário enviará cópias autenticadas do presente Acordo a todos os signatários.

ARTIGO 64.º
Ratificação, aceitação, adesão e aquisição da qualidade de membro

1:

a) Este Acordo será submetido a ratificação ou a aceitação dos signatários. Os instrumentos de ratificação ou de aceitação serão entregues pelos Governos signatários ao depositário antes de 1 de Julho de 1965. O Depositário notificará cada depósito e a respectiva data aos outros signatários;

b) Um Estado cujo instrumento de ratificação ou de adesão seja depositado antes da data de entrada em vigor do presente Acordo, tornar-se

-á nessa data membro do Banco. Qualquer outro signatário que se conforme com as disposições do parágrafo anterior tornar-se-á membro na data em que tiver depositado o seu instrumento de ratificação ou de adesão.

2. Os Estados regionais que não se integrem no Banco em conformidade com as disposições do parágrafo 1 deste artigo poderão tornar-se membros, após a entrada em vigor do presente Acordo, aderindo ao mesmo em conformidade com as modalidades que o Conselho de Governadores determinar. O Governo de qualquer Estado nestas condições depositará, na data fixada pelo Conselho ou em data anterior, um instrumento de adesão junto do Depositário, que notificará o Banco e as partes do presente Acordo desse depósito e da respectiva data. Na sequência do depósito, o Estado tornar-se-á membro do Banco na data fixada pelo Conselho de Governadores.

3. Quando um membro proceder ao depósito do respectivo instrumento de ratificação ou de adesão, poderá declarar que reserva, para si próprio e para as suas subdivisões políticas, o direito de cobrar impostos sobre vencimentos e emolumentos pagos pelo Banco aos cidadãos nacionais desse país membro ou aí residentes.

ARTIGO 65.º
Entrada em vigor

O presente Acordo entrará em vigor quando tiverem sido depositados instrumentos de ratificação ou de adesão de 12 Governos signatários, cujas subscrições iniciais, como determinado no anexo A deste Acordo, no seu conjunto, atinjam uma percentagem não inferior a 65% do capital social autorizado do Banco([1]), tendo sempre em conta que este Acordo, conforme estipulado nas disposições deste artigo, nunca poderá entrar em vigor antes de 1 de Janeiro de 1964.

([1]) As palavras «capital social autorizado do banco» serão interpretadas como referindo-se ao capital social do Banco como o equivalente a 211,2 milhões de unidade de conta e como correspondendo ao conjunto do número inicial de acções a serem subscritas pelos Estados que procedam à sua integração, como determinado no parágrafo 1 do artigo 64.º deste Acordo. Ver o memorando do Secretário Executivo da Comissão Económica para Assuntos Africanos das Nações Unidas sobre a interpretação do artigo 65.º do Acordo da Constituição do Banco Africano de Desenvolvimento, anexo à acta final da conferência.

ARTIGO 66.º
Início das operações

1. Logo que o presente Acordo entre em vigor, cada membro nomeará um governador; o mandatário nomeado com esta finalidade e para a finalidade indicada no parágrafo 5 do artigo 7.º do presente Acordo convocará a primeira reunião do Conselho de Governadores.

2. Na primeira reunião, o Conselho de Governadores:

a) Elegerá 9 directores do Banco, em conformidade com o parágrafo 1 do artigo 33.º do presente Acordo; e

b) Adoptará disposições tendo em vista a determinação da data em que o Banco iniciará as suas operações.

3. O Banco notificará os seus membros da data de início das suas operações.

Elaborado em Cartum, neste quarto dia do mês de Agosto de 1963, numa cópia única nas línguas, inglesa e francesa. Ratificado em Abidjan pela Resolução 05-79 do Conselho de Governadores e adoptado em Abidjan aos 17 de Maio de 1979.

ANEXO A
Subscrições iniciais ao capital social autorizado do Banco

Membro		Acções realizadas	Acções sujeitas a realização	Subscrição total (por milhão de unidades de conta)
1	Alto Volta	65	65	1.30
2	Argélia	1,225	1,225	24.50
3	Burundi	60	60	1.20
4	Camarões	200	200	4.00
5	Chade	80	80	1.60
6	Congo (Brazzaville)	75	75	1.50
7	Congo (Léopodville)	650	650	13.00
8	Costa do Marfim	300	300	6.00
9	Daomé	70	70	1.40
10	Etiópia	515	515	10.30
11	Gabão	65	65	1.30
12	Gana	640	640	12.80
13	Guiné	125	125	2.50
14	Libéria	130	130	2.60
15	Líbia	95	95	1.90
16	Madagáscar	260	260	5.20
17	Mali	115	115	2.30
18	Marrocos	775	775	15.10
19	Mauritânia	55	55	1.10
20	Níger	80	80	1.60
21	Nigéria	1,205	1,205	24.10
22	Quénia	300	300	6.00
23	República Árabe do Egipto	1,500	1,500	30.00
24	República Centro-Africana	50	50	1.00
25	Ruanda	60	60	1.20
26	Senegal	275	275	5.50
27	Serra Leoa	105	105	2.10
28	Somália	110	110	2.20
29	Sudão	505	505	10.10
30	Tanganica	265	265	5.30
31	Togo	50	50	1.00
32	Tunísia	345	345	6.90
33	Uganda	230	230	4.60

ANEXO B
Eleição de membros do Conselho de Administração

1. Voto não divisível:
Aquando da eleição de membros do Conselho de Administração, cada governador concentrará todos os votos do membro que ele representa numa única pessoa.
2. Administradores regionais:
   a) As 12 pessoas que recebam o maior número de votos dos governadores que representam os membros regionais serão administradores, a não ser que nenhuma pessoa que receba menos de 8% da votação total dos membros regionais seja considerada como eleita;
   b) Se 12 pessoas não forem eleitas na primeira votação secreta, será efectuada uma segunda votação secreta, na qual a pessoa que recebeu o menor número de votos na votação anterior não poderá ser eleita e na qual os votos serão distribuídos apenas por:
   i) Governadores que votaram na votação anterior numa pessoa não eleita; e
   ii) Governadores cujos votos numa pessoa eleita são considerados, de acordo com o parágrafo 2, c), deste anexo, como tendo aumentado os votos reunidos por essa pessoa em mais de 10% do total dos votos dos membros regionais;
   c)
   i) Ao determinar se os votos reunidos por um governador serão considerados como tendo aumentado o número total de votos para uma pessoa em mais de 10% (*), os mencionados 10% (*) serão considerados para incluir, em primeiro lugar, os votos do governador que reúna o maior número de votos para essa pessoa e, depois, por ordem decrescente, os votos de cada governador que reúna o maior número, até que se atinja 10% (*);
   ii) Qualquer governador parte cujos votos devam ser contados, a fim de aumentar os votos reunidos por uma pessoa em mais de 8% (*), será considerado como reunindo todos os seus votos para essa pessoa, mesmo se o número total de votos reunidos para essa pessoa exceder 10% (*);

(*) Nota do jurisconsulto geral: a adopção de ratificações ao artigo 33.º, através da qual o número de membros do Conselho de Administração do Banco era aumentado de 9 para 18 e era redigida uma cláusula para a eleição exclusiva de 12 administradores por membros regionais e 6 por membros não regionais, necessitava que fossem determinadas, no anexo B deste Acordo, regras distintas para a eleição dos administradores regionais e não regionais. A mesma ratificação fomentou a necessidade de o Conselho de Governadores reconsiderar as percentagens mínimas e máximas estabelecidas na versão original do anexo B para a eleição de 1 administrador. O Conselho de Governadores, ao ter em consideração a mencionada ratificação, decidiu que, no parágrafo do anexo B relativo à eleição de administradores regionais, as respectivas percentagens seriam de 8 e 10, em vez de 10 e 12, conforme os regulamentos iniciais, e, simultaneamente, determinou as percentagens

d) Se, após a segunda votação secreta, não forem eleitas 12 pessoas, serão efectuadas outras votações, em conformidade com os princípios estabelecidos neste anexo, desde que, após a eleição de 11 pessoas, a 12.ª possa ser eleita – não obstante as disposições do parágrafo 2, a), deste anexo – por uma maioria simples dos restantes votos. Todos esses votos restantes serão considerados como tendo contado para a eleição do 12.º administrador.

3. Administradores não regionais:

a) As 6 pessoas que obtenham o maior número de votos dos governadores representando os membros não regionais serão administradores, excepto uma pessoa que receba menos de 14% (*) do total dos votos dos membros não regionais;

b) Se não forem eleitas 6 pessoas na primeira votação secreta, efectuar-se-á uma segunda votação, na qual a pessoa que recebeu o menor número de votos na votação anterior não será elegível e na qual os votos serão reunidos apenas por:

 i) Governadores que votaram na eleição anterior numa pessoa que não foi eleita; e

 ii) Governadores cujos votos numa pessoa eleita são considerados, de acordo com o parágrafo 3, c), deste anexo, como tendo aumentado os votos reunidos para essa pessoa em mais de 19% (*) do total dos votos dos membros não regionais;

c)

 i) Ao determinar se os votos reunidos por um governador serão considerados como tendo aumentado o número total de votos para uma pessoa em mais de 19% (*), os mencionados 19% (*) serão considerados para incluir, em primeiro lugar, os votos do governador que reúna o maior número de votos para essa pessoa e, depois, por ordem decrescente, os votos de cada governador que reúna o maior número, até que se atinja 19% (*);

 ii) Qualquer governador parte cujos votos devam ser contados, a fim de aumentar os votos reunidos por uma pessoa, em cerca de 14%, será considerado como reunindo todos os seus votos para essa pessoa, mesmo que o número total de votos reunidos para essa pessoa exceda 19% (*);

d) Se, após a segunda votação secreta, não forem eleitas 6 pessoas, serão efectuadas outras votações secretas, em conformidade com os princípios estabelecidos neste anexo, desde que, após a eleição de 5 pessoas, a sexta pessoa possa ser eleita – não obstante as disposições do parágrafo 3, a), deste anexo – por uma maioria simples dos restantes votos. Todos esses votos restantes serão considerados como tendo contado para a eleição do 6.º administrador.

---

mínimas e máximas para a eleição de administradores não regionais em 14 e 19, respectivamente. Tendo sido tomadas estas decisões antes da adopção da resolução de ratificar o Acordo do Banco, considera-se a consequente ratificação como tendo incluído a adopção de novas percentagens mínimas e máximas.

ACORDO SOBRE A CRIAÇÃO DO FUNDO AFRICANO DE DESENVOLVIMENTO – FAD
29.11.1972

ACORDO SOBRE A CRIAÇÃO DO FUNDO AFRICANO DE DESENVOLVIMENTO

Os Estados participantes neste Acordo e o Banco Africano de Desenvolvimento acordaram em criar, pelo presente Acordo, o Fundo Africano de Desenvolvimento, que será regido pelas seguintes disposições:

CAPÍTULO I
Definições

ARTIGO 1.º

1. As expressões a seguir indicadas, sempre que usadas neste Acordo, terão os seguintes significados, a menos que o contexto de outro modo o exija ou especifique:

«Fundo» significará o Fundo Africano de Desenvolvimento criado por este Acordo;

«Banco» significará o Banco Africano de Desenvolvimento;

«Membro» significará um membro do Banco;

«Participante» significará o Banco e qualquer Estado que venha a tornar-se parte deste Acordo;

«Estado participante» significará qualquer participante que não seja o Banco;

«Participante fundador» significará o Banco e cada Estado participante, que se torne participante nos termos do parágrafo 1 do artigo 57.º;

«Subscrição» significará importâncias subscritas por participantes nos termos dos artigos 5.º, 6.º e 7.º;

«Unidade de conta» significará uma unidade de conta com o valor de 0,81851265 g de ouro fino;

«Moeda convertível» significará a moeda de um participante que o Fundo, após consulta ao Fundo Monetário Internacional, estabeleça ser adequadamente convertível noutras moedas com vista às operações do Fundo;

«Presidente», «Conselho de Governadores» e «Conselho de Administração» significarão, respectivamente, o presidente, o Conselho de Governadores e o Conselho de Administração do Fundo e, nos casos dos governadores e dos administradores, incluirão governadores e administradores suplentes quando actuem, respectivamente, na qualidade de governadores e de administradores;

«Regional» significará situado no continente africano ou em ilhas africanas.

2. A referência a capítulos, artigos, parágrafos e anexos reportar-se-á a capítulos, artigos, parágrafos e anexos deste Acordo.

3. Os cabeçalhos dos capítulos e artigos são inseridos apenas para facilidade de consulta e não fazem parte deste Acordo.

CAPÍTULO II
Objectivos e participação

ARTIGO 2.º
Objectivos

O Fundo tem por objectivo ajudar o Banco a dar uma contribuição cada vez mais positiva ao desenvolvimento económico e social dos membros do Banco e a promover a cooperação (incluindo a cooperação regional e sub-regional) e o comércio internacional, particularmente entre estes membros. Ele concederá meios de financiamento em condições privilegiadas para a realização de objectivos que tenham importância primordial para este desenvolvimento e o favoreçam.

ARTIGO 3.º
Participação

1. Os participantes no Fundo serão o Banco e os Estados que se tornarem partes deste Acordo, em conformidade com os termos do mesmo.

2. Os Estados participantes fundadores serão os contidos no Anexo A, que se tornaram partes deste Acordo nos termos do parágrafo 1 do artigo 57.º.

3. Um Estado que não seja participante fundador pode tornar-se participante e parte do presente Acordo em termos que não sejam incompatíveis com o mesmo e que o Conselho de Governadores venha a estabelecer por resolução unânime tomada a partir do voto afirmativo da totalidade dos participantes. Tal participação só será aberta a países que sejam membros das Nações Unidas ou de alguma das suas instituições especializadas, ou que sejam membros do Estatuto do Tribunal Internacional de Justiça.

4. Qualquer Estado pode autorizar uma entidade ou organismo que actue em seu nome a assinar este Acordo e a representá-lo em todos os assuntos relativos ao mesmo, com excepção dos contidos no artigo 55.º.

CAPÍTULO III
Recursos

ARTIGO 4.º
Recursos

Os recursos do Fundo consistirão em:
  i) Subscrições do Banco;
  ii) Subscrições dos Estados participantes;
  iii) Outros recursos recebidos pelo Fundo; e
  iv) Somas resultantes de operações do Fundo ou que, a outro título, revertam para o Fundo.

ARTIGO 5.º
Subscrições do Banco

O Banco transferirá para o Fundo, como subscrição inicial, o montante, expresso em unidades de conta, indicado em frente do seu nome no Anexo A, utilizando para esse efeito as somas inscritas a crédito do Fundo Africano de Desenvolvimento do Banco. São aplicáveis à transferência as modalidades e condições previstas no parágrafo 2 do artigo 6.º para o pagamento de subscrições iniciais dos Estados participantes. O Banco subscreverá em seguida os montantes que o Conselho de Governadores do Banco possa determinar, nas modalidades e condições fixadas de comum acordo com o Fundo.

ARTIGO 6.º
Subscrições iniciais dos Estados participantes

1. Logo que se torne participante, cada Estado subscreverá o montante que lhe for fixado. Estas subscrições são adiante referidas por "subscrições iniciais".

2. A subscrição inicial fixada a cada Estado participante fundador será a do montante indicado em frente do seu nome no Anexo A, expresso em unidades de conta e pagável em moeda convertível. O pagamento será feito em 3 prestações anuais iguais, como segue: a primeira no prazo de 30 dias sobre o início das operações do Fundo, em conformidade com o artigo 60.º, ou na data em que o Estado fundador participante se torne parte do presente Acordo, se ela for posterior ao termo do prazo atrás citado; a segunda dentro do ano que se segue e a terceira no prazo de um ano após a data da segunda prestação ou a do seu pagamento, se este a tiver precedido. O Fundo pode pedir o pagamento antecipado da segunda ou da terceira prestações, ou de ambas, se as suas operações o exigirem, mas depende da livre vontade de cada participante efectuar este pagamento antecipado.

3. As subscrições iniciais de Estados participantes, que não sejam participantes fundadores, são igualmente expressas em unidades de conta e pagáveis em moeda convertível. O montante e as modalidades de pagamento destas subscrições serão determinados pelo Fundo, em conformidade com o parágrafo 3 do artigo 3.º.

4. Salvo outras disposições que o Fundo possa adoptar, cada Estado participante manterá a livre convertibilidade das somas por ele pagas na sua moeda, em conformidade com este artigo.

5. Não obstante as anteriores disposições do presente artigo, todo o Estado participante poderá prorrogar por um período máximo de 3 meses a efectivação de qualquer pagamento previsto neste artigo, se tal prorrogação for necessária por razões orçamentais ou outras.

ARTIGO 7.º
Subscrições adicionais dos Estados participantes

1. A todo o momento que julgue oportuno fazê-lo, à luz do calendário de pagamentos das subscrições iniciais dos participantes fundadores e das suas próprias operações e a intervalos apropriados, o Fundo examinará a suficiência dos seus recursos e, se o julgar desejável, poderá autorizar um aumento geral das subscrições dos Estados participantes segundo as modalidades e condições que ele próprio determinar. Não obstante o que

precede, o Fundo pode autorizar aumentos gerais ou individuais das subscrições a qualquer momento, desde que um aumento individual só seja considerado se for feito a pedido do Estado participante interessado.

2. Quando for autorizada qualquer subscrição individual de acordo com o parágrafo 1, a cada Estado participante será dada a oportunidade de subscrever, em condições razoavelmente fixadas pelo Fundo, e não menos favoráveis que as prescritas no parágrafo 1, um montante que lhe permitirá conservar o seu poder de votação proporcional relativamente aos outros Estados participantes.

3. Nenhum Estado participante será obrigado a subscrever montantes adicionais no caso de aumentos gerais ou individuais das subscrições.

4. Todas as autorizações para os aumentos gerais contemplados no parágrafo 1 e todas as determinações relativas aos mesmos serão adoptadas por uma maioria de 85% da totalidade dos direitos de voto dos participantes.

ARTIGO 8.°
Outros recursos

1. Sob reserva das disposições abaixo do presente artigo, o Fundo pode encetar negociações para procurar outros recursos, incluindo doações e empréstimos, junto de membros, de participantes, de Estados que não sejam participantes e de quaisquer entidades públicas ou privadas.

2. Tais negociações deverão ser feitas em modalidades e condições compatíveis com os objectivos, as operações e a política do Fundo e não devem constituir um encargo administrativo ou financeiro excessivo para o Fundo ou para o Banco.

3. Estas negociações, à excepção das que visam concessões para assistência técnica, devem ser feitas em termos que permitam ao Fundo dar satisfação às prescrições dos parágrafos 4 e 5 do artigo 15.°.

4. Estas negociações serão aprovadas pelo Conselho de Administração; no caso de negociações com um Estado que não seja membro ou participante, ou com uma instituição de um tal Estado, serão aprovadas por uma maioria de 85% do total dos votos dos participantes.

5. O Fundo não aceitará qualquer empréstimo (à excepção de adiantamentos temporários necessários ao seu funcionamento) que não seja concedido em condições privilegiadas e não solicitará empréstimos em nenhum mercado, nem participará como garante, fiador ou de outro modo na emissão de títulos em nenhum mercado, nem emitirá obrigações negociáveis ou transmissíveis em reconhecimento de dívidas contraídas por empréstimos recebidos em conformidade com as disposições do parágrafo 1.

ARTIGO 9.º
Pagamento de subscrições

O Fundo aceitará qualquer parte da subscrição que o participante deve pagar ao abrigo dos artigos 5.º, 6.º, ou 7.º ou do artigo 13.º, de que o Fundo não tenha necessidade para as suas operações, sob a forma de notas, cartas de crédito ou obrigações similares emitidas pelo participante ou pelo depositário, que este último tenha eventualmente designado, de acordo com o artigo 33.º. Estas notas ou outras formas de obrigações não serão negociáveis, não vencerão juros e serão pagáveis à vista pelo seu valor nominal para crédito da conta aberta no Fundo junto do depositário designado ou, se o não houver, segundo directivas dadas pelo Fundo. Não obstante a emissão ou aceitação de qualquer destas notas, cartas de crédito ou outras formas de obrigação, mantém-se o compromisso do participante nos termos dos artigos 5.º, 6.º e 7.º e do artigo 13.º. Quanto aos montantes obtidos pelo Fundo relativamente a subscrições de participantes que se não aproveitem das disposições do presente artigo, podem os mesmos ser depositados ou investidos pelo Fundo de modo a produzirem rendimentos que ajudem a cobrir as suas despesas de administração e outras. O Fundo procederá a levantamentos antecipados sobre todas as subscrições por meio de rateio, tanto quanto possível a intervalos razoáveis, com vista a financiar despesas e independentemente da forma como tais subscrições sejam feitas.

ARTIGO 10.º
Limitação de responsabilidade

Nenhum participante, pelo facto da sua participação, será responsável por actos ou compromissos do Fundo.

CAPÍTULO IV
Moedas

ARTIGO 11.º
Utilização das moedas

1. As moedas recebidas em pagamento das subscrições feitas ao abrigo do parágrafo 2 do artigo 6.º, ou a título das referidas subscrições ao

abrigo do artigo 13.º, podem ser utilizadas e convertidas pelo Fundo para todas as suas operações e, com a autorização do Conselho de Administração, para investimento temporário dos capitais de que o Fundo não tenha necessidade para as suas operações.

2. A utilização das moedas recebidas em pagamento das subscrições feitas ao abrigo do parágrafo 3 do artigo 6.º e dos parágrafos 1 e 2 do artigo 7.º ou por conta das referidas subscrições ao abrigo do artigo 13.º, ou a título dos recursos previstos no artigo 8.º, será regida pelas modalidades e condições segundo as quais estas moedas são recebidas ou, no caso de moedas recebidas ao abrigo do artigo 13.º, pelas modalidades e condições segundo as quais foram recebidas as moedas cujo valor é assim mantido.

3. Todas as outras moedas recebidas pelo Fundo podem ser livremente utilizadas e por ele convertidas para qualquer das suas operações e, com autorização do Conselho de Administração, para o investimento temporário dos capitais de que não tenha necessidade nas suas operações.

4. Não será imposta qualquer restrição que seja contrária às disposições do presente artigo.

ARTIGO 12.º
Avaliação das moedas

1. Sempre que for necessário, nos termos do presente Acordo, determinar o valor de qualquer moeda relativamente a uma outra ou a várias outras ou à unidade de conta, cabe ao Fundo fixar razoavelmente o seu valor após consulta ao Fundo Monetário Internacional.

2. Se se tratar de uma moeda cuja paridade não esteja estabelecida no Fundo Monetário Internacional, o valor dessa moeda relativamente à unidade de conta será determinado periodicamente pelo Fundo, em conformidade com o parágrafo 1 do presente artigo, e o valor assim determinado será considerado como se fosse o valor equivalente desta moeda para os fins do presente Acordo, incluindo, e sem qualquer limitação, as disposições dos parágrafos 1 e 2 do artigo 13.º.

ARTIGO 13.º
Manutenção do valor dos bens em moeda

1. Sempre que a paridade da moeda de um Estado participante, estabelecida pelo Fundo Monetário Internacional, for reduzida relativamente à unidade de conta, ou que a sua taxa de câmbio tenha, na opinião do Fundo,

sido desvalorizada significativamente dentro do território desse participante, o mesmo pagará ao Fundo, dentro de um prazo razoável e na sua própria moeda, o complemento necessário para manter o valor, ao tempo da sua subscrição, do montante de tal moeda pago ao Fundo pelo referido participante, em conformidade com o artigo 6.° e com as disposições do presente parágrafo, quer esta moeda seja ou não detida na forma de notas, cartas de crédito ou outras obrigações aceites nos termos do artigo 9.°, desde que o acima disposto se aplique unicamente no caso e na medida em que a referida moeda não tenha sido inicialmente desembolsada ou convertida noutra moeda.

2. Sempre que a paridade da moeda de um Estado participante seja aumentada relativamente à unidade de conta, ou se a taxa de câmbio desta moeda tiver, na opinião do Fundo, sido significativamente valorizada no território do participante, o Fundo restituirá a esse participante, dentro de um prazo razoável, um montante nesta moeda equivalente ao aumento de valor do montante nesta moeda ao qual são aplicáveis as disposições do parágrafo 1.

3. O Fundo pode renunciar ou declarar inoperacionais as disposições deste artigo quando o Fundo Monetário Internacional proceder a uma alteração uniformemente proporcional da paridade das moedas de todos os Estados participantes.

CAPÍTULO V
Operações

ARTIGO 14.°
Utilização dos recursos

1. O Fundo concederá meios de financiamento para projectos e programas que visem promover o desenvolvimento económico e social no território dos membros. O Fundo concederá estes meios de financiamento para benefício dos membros cuja situação e perspectivas económicas exijam que tal financiamento se faça em condições privilegiadas.

2. Os meios de financiamento concedidos pelo Fundo serão destinados a fins que, na opinião do mesmo, são altamente prioritários do ponto de vista do desenvolvimento, tendo em conta as carências da região ou regiões consideradas, e, excepto em circunstâncias especiais, serão afectados a projectos específicos ou grupos de projectos, especialmente aos ins-

critos no quadro dos programas nacionais, regionais ou sub-regionais, incluindo a concessão de meios de financiamento a bancos nacionais de desenvolvimento ou outras instituições apropriadas para lhes permitir conceder empréstimos para projectos específicos aprovados pelo Fundo.

ARTIGO 15.º
Condições de financiamento

1. O Fundo não concederá os meios de financiamento necessários a um projecto se o membro, em cujo território o referido projecto deverá ser executado, a isso se opuser; todavia, o Fundo não necessitará assegurar-se que não há oposição por parte de membros individuais, no caso de os meios financeiros serem concedidos a um organismo público internacional, regional ou sub-regional.

2. a) O Fundo não concederá meios de financiamento se, em sua opinião, esse financiamento puder ser assegurado a partir de outras fontes em condições que ele considere razoáveis para o beneficiário;

b) Ao conceder meios de financiamento a entidades que não sejam membros, o Fundo adoptará todas as disposições necessárias para que as vantagens decorrentes das condições privilegiadas desse financiamento beneficiem somente os membros ou outras entidades que, tendo em conta todos os factos relevantes, poderiam beneficiar do conjunto ou de uma parte dessas vantagens.

3. Antes da concessão de qualquer financiamento, o pretendente deverá ter apresentado uma proposta adequada por intermédio do presidente do Banco e o presidente terá apresentado ao Conselho de Administração do Fundo um relatório por escrito no qual esse financiamento é recomendado, na base de um exame aprofundado do objecto da proposta feito pelo pessoal.

4. a) O Fundo não imporá como condição que as somas provenientes dos seus financiamentos sejam despendidas nos territórios de qualquer Estado participante ou membro em especial; porém, tais somas serão apenas utilizadas para a aquisição, nos territórios dos Estados participantes ou membros, de bens produzidos nesses territórios e de serviços que deles provenham, desde que, no caso de fundos recebidos, nos termos do artigo 8.º, de um Estado que não é participante, nem membro, os territórios do Estado fornecedor desses fundos possam igualmente ser escolhidos como fontes de aquisições efectuadas a partir desses fundos e possam ainda ser escolhidos como fontes de aquisições a partir de outros fundos recebidos

ao abrigo desse artigo, conforme o Conselho de Administração vier a determinar;

b) A aquisição destes bens e serviços será feita na base da concorrência internacional entre fornecedores que correspondam às condições fixadas, salvo nos casos em que o Conselho de Administração considere que o apelo à concorrência internacional se não justifica.

5. O Fundo providenciará que as somas provenientes de qualquer financiamento sejam exclusivamente consagradas aos fins para os quais elas foram concedidas, tomando em devida conta considerações de ordem económica, rendimento e concorrência comercial internacional e sem atender a influências ou considerações de ordem política ou extra-económica.

6. Os fundos a conceder ao abrigo de qualquer operação de financiamento serão postos à disposição do beneficiário somente para lhe permitir fazer face a despesas ligadas ao projecto, à medida que elas forem sendo realmente contraídas.

7. O Fundo aplicará nas suas operações os princípios de uma sã gestão financeira em matéria de desenvolvimento.

8. O Fundo não fará operações de refinanciamento.

9. Ao conceder um empréstimo, o Fundo dará a devida importância às informações sobre a capacidade que o requerente e o abonador, se o houver, têm de fazer face às suas obrigações.

10. Ao examinar um pedido de financiamento, o Fundo terá em devida conta as medidas adoptadas pelo beneficiário para se auto-ajudar e, se o beneficiário for um membro, as medidas adoptadas em conjunto pelo beneficiário e pelo membro ou membros a cujos territórios o projecto ou programa se destinam.

11. O Fundo adoptará todas as medidas necessárias para que as disposições deste artigo sejam efectivamente aplicadas.

ARTIGO 16.°
Formas e modalidades de financiamento

1. Os financiamentos efectuados a partir de recursos fornecidos ao abrigo dos artigos 5.°, 6.° e 7.°, assim como a partir de reembolsos e rendimentos resultantes desses financiamentos, são concedidos pelo Fundo sob a forma de empréstimos. O Fundo poderá conceder outros meios de financiamento, incluindo donativos, retirados de recursos recebidos por ne-

gociações concluídas em conformidade com o artigo 8.º, que expressamente autoriza essas formas de financiamento.

2. a) Sob reserva das disposições do parágrafo precedente, os meios de financiamento serão concedidos pelo Fundo nas condições privilegiadas que forem julgadas convenientes;

b) Quando o requerente for um membro ou uma organização intergovernamental de que façam parte um ou mais membros, o Fundo, ao estabelecer as modalidades do financiamento, terá principalmente em conta a posição e as perspectivas económicas do membro ou membros a favor dos quais o financiamento é concedido e, adicionalmente, a natureza e as exigências do projecto ou programa em causa.

3. O Fundo pode conceder meios de financiamento para:

a) Qualquer membro ou qualquer subdivisão geográfica ou administrativa ou qualquer organismo do mesmo;

b) Qualquer instituição ou empresa situada no território de um membro;

c) Qualquer instituição ou organismo regional ou sub-regional relacionado com o desenvolvimento nos territórios dos membros.

Todos estes meios de financiamento, na opinião do Fundo, deverão ser consagrados à realização dos objectivos do presente Acordo. No caso de o requerente não ser um membro, o Fundo exigirá uma ou mais garantias adequadas, governamentais ou outras.

4. O Fundo pode fornecer divisas para pagamento de despesas locais inerentes a um projecto, se e na medida em que, na opinião do Fundo, isso for necessário e oportuno para a realização dos objectivos do empréstimo, tomando em conta a situação e as perspectivas económicas do membro ou dos membros chamados a beneficiar do financiamento concedido e, bem assim, a natureza e as exigências do projecto.

5. As somas emprestadas serão reembolsáveis na moeda ou moedas em que os empréstimos foram concedidos, ou noutra ou noutras moedas convertíveis que o Fundo determine.

6. O Fundo não concede meios de financiamento a um membro ou em benefício de um membro ou para um projecto a executar no território de um membro sem ter a certeza que esse membro adoptou, relativamente ao seu território, todas as medidas administrativas e legislativas necessárias para dar efeito às disposições do parágrafo 4 do artigo 11.º e do capítulo VIII, se esse membro for um Estado participante, devendo este financiamento subordinar-se à condição de que as referidas medidas administrativas e legislativas serão mantidas e que, no caso de qualquer disputa entre o fundo e o membro, e na ausência de qualquer outra disposição para esse efeito,

serão aplicáveis as disposições do artigo 53.º, como se o membro fosse um Estado participante nas circunstâncias às quais aquele artigo se aplica.

ARTIGO 17.º
Análise e avaliação

Será efectuada uma análise aprofundada e contínua da execução dos projectos, programas e actividades financiadas pelo Fundo, para auxiliar o Conselho de Administração e o presidente a apreciar a eficácia do Fundo na realização dos seus objectivos.

O presidente, com o acordo do Conselho de Administração, adoptará disposições para proceder a este estudo, cujos resultados serão levados, por seu intermédio, ao conhecimento daquele Conselho.

ARTIGO 18.º
Cooperação com outras organizações internacionais, outras instituições e Estados

Para realização dos seus objectivos, o Fundo esforçar-se-á por cooperar e poderá concluir acordos de cooperação com outras organizações internacionais, regionais e sub-regionais, com outras instituições e com Estados, na condição de que nenhum destes acordos poderá ser concluído com um Estado que não seja membro ou participante ou com uma instituição de um tal Estado sem que haja aprovação por uma maioria de 85% do total dos votos dos participantes.

ARTIGO 19.º
Assistência técnica

Para a realização dos seus objectivos, o Fundo pode fornecer assistência técnica, que será normalmente reembolsável, se não tiver sido financiada por subvenções especiais concedidas a título de assistência técnica ou por outros meios postos à disposição do Fundo para aquele efeito.

ARTIGO 20.º
Operações diversas

Adicionalmente aos poderes especificados noutros artigos do presente Acordo, o Fundo pode empreender quaisquer outras actividades que, no quadro das suas operações, sejam necessárias ou desejáveis para prossecução dos seus objectivos e sejam conformes com as disposições do presente Acordo.

ARTIGO 21.º
Proibição de actividades de ordem política

Nem o Fundo nem nenhum dos seus agentes ou outras pessoas agindo em seu nome interferirão nos assuntos políticos de qualquer membro, nem poderão as suas decisões ser influenciadas pela orientação política do membro ou membros em causa. Somente considerações relativas ao desenvolvimento económico e social dos membros poderão ser relevantes para essas decisões, sendo aquelas considerações imparcialmente ponderadas com vista a alcançar os objectivos enunciados no presente Acordo.

CAPÍTULO VI
Organização e gestão

ARTIGO 22.º
Organização do Fundo

O Fundo terá por órgãos um Conselho de Governadores, um Conselho de Administração e um presidente. O Fundo utilizará, para executar as suas funções, os agentes e empregados do Banco, assim como a sua organização, serviços e instalações, e se o Conselho de Administração reconhecer a necessidade de pessoal suplementar, o Fundo disporá desse pessoal, que será contratado pelo presidente em conformidade com o parágrafo 4, alínea v), do artigo 30.º.

ARTIGO 23.º
Conselho de Governadores – Poderes

1. Todos os poderes do Fundo serão reservados ao Conselho de Governadores.

2. O Conselho de Governadores pode delegar todos os seus poderes no Conselho de Administração, à excepção dos poderes para:

i) Admitir novos participantes e fixar as condições da sua admissão;
ii) Autorizar subscrições adicionais ao abrigo do artigo 7.º e fixar as inerentes modalidades e condições;
iii) Suspender um participante;
iv) Deliberar sobre recursos interpostos contra as decisões do Conselho de Administração, relativamente à interpretação ou aplicação do presente Acordo;
v) Autorizar a conclusão de acordos gerais de cooperação com outras organizações internacionais, salvo se se tratar de acordos de carácter temporário ou administrativo;
vi) Seleccionar auditores externos para verificar as contas do Fundo e certificar o balanço geral e a conta de resultados do exercício do Fundo;
vii) Aprovar, após análise do relatório dos auditores, o balanço e a conta de resultados do exercício do Fundo;
viii) Modificar o presente Acordo;
ix) Decidir a interrupção definitiva das operações do Fundo e distribuir os seus activos; e
x) Exercer todos os outros poderes que o presente Acordo expressamente confere ao Conselho de Governadores.

3. O Conselho de Governadores pode, a qualquer momento, revogar a delegação de poderes ao Conselho de Administração.

ARTIGO 24.º
Conselho de Governadores – Composição

1. Os governadores e governadores suplentes do Banco serão *ex officio* governadores e governadores suplentes do Fundo, respectivamente. O presidente do Banco notificará ao Fundo, quando necessário, os nomes dos governadores e dos governadores suplentes.

2. Cada Estado participante que não seja membro nomeará um governador e um governador suplente, que ficarão em funções com subordinação ao participante que os nomeou.

3. Nenhum suplente pode participar nas votações, excepto na ausência do governador que ele substitui.

4. Sob reserva das disposições do parágrafo 4 do artigo 60.º, os governadores e os seus suplentes exercerão as suas funções sem remuneração e sem que as suas despesas sejam custeadas pelo Fundo.

ARTIGO 25.º
Conselho de Governadores – Funcionamento

1. O Conselho de Governadores terá uma reunião anual e todas as que possam ser previstas pelo Conselho ou convocadas pelo Conselho de Administração. O presidente do Conselho de Governadores do Banco será *ex officio* o presidente do Conselho de Governadores do Fundo.
2. A reunião anual do Conselho de Governadores terá lugar por ocasião da assembleia anual do Conselho de Governadores do Banco.
3. O quórum de qualquer reunião do Conselho de Governadores será constituído por uma maioria do número total dos governadores, representando pelo menos três quartos do total dos votos dos participantes.
4. O Conselho de Governadores pode, mediante regulamentação, instituir um procedimento que permita ao Conselho de Administração, quando o julgar oportuno, obter um voto dos governadores sobre um determinado assunto sem convocar o Conselho de Governadores.
5. O Conselho de Governadores e o Conselho de Administração, na medida em que este for autorizado pelo Conselho de Governadores ou pelo presente Acordo, podem criar os organismos subsidiários que julguem necessários ou adequados para conduzir os negócios do Fundo.
6. O Conselho de Governadores e o Conselho de Administração, na medida em que este for autorizado pelo Conselho de Governadores ou pelo presente Acordo, podem adoptar a regulamentação necessária ou apropriada à condução dos negócios do Fundo, desde que essa regulamentação não seja incompatível com as disposições do presente Acordo.

ARTIGO 26.º
Conselho de Administração – Funções

Sem prejuízo dos poderes do Conselho de Governadores previstos no artigo 23.º, o Conselho de Administração será responsável pela condução das operações gerais do Fundo e, para este efeito, exercerá as funções que lhe são expressamente conferidas no presente Acordo ou que lhe são delegadas pelo Conselho de Governadores e, em particular, deverá:
  i) Preparar os trabalhos do Conselho de Governadores;
  ii) Segundo as directivas gerais do Conselho de Governadores, tomar decisões sobre empréstimos individuais e outros meios de financiamento que o Fundo possa conceder ao abrigo deste Acordo;

iii) Adoptar a regulamentação e outras medidas necessárias para assegurar que as contas e registos relacionados com as operações do Fundo sejam mantidos em forma e inspeccionados regularmente e de modo adequado;
iv) Assegurar que o Fundo seja servido do modo mais eficiente e económico;
v) Submeter ao Conselho de Governadores, para aprovação em cada reunião anual, as contas de cada exercício económico, estabelecendo, na necessária medida, uma distinção entre as contas relativas às operações gerais do Fundo e as das operações financiadas por meio de contribuições postas à disposição do Fundo ao abrigo do artigo 8.°;
vi) Submeter à aprovação do Conselho de Governadores um relatório anual, aquando de cada reunião anual; e
vii) Aprovar o orçamento, o programa geral e a política de financiamento do Fundo, de acordo com os recursos respectivamente disponíveis para esses fins.

ARTIGO 27.°
Conselho de Administração – Composição

1. Haverá um Conselho de Administração composto por 12 administradores.

2. Os Estados participantes escolherão, em conformidade com o Anexo B, 6 administradores e 6 administradores suplentes.

3. O Banco designará, em conformidade com o Anexo B, 6 administradores e os seus suplentes entre os membros do Conselho de Administração do Banco.

4. Um administrador suplente do Fundo pode assistir a todas as sessões do Conselho de Administração, mas não pode participar nas deliberações, nem votar, excepto na ausência do administrador que ele representa.

5. O Conselho de Administração convidará os outros administradores do Banco e os seus suplentes a assistir às sessões do Conselho de Administração na qualidade de observadores, e todo o administrador do Banco assim convidado ou, na sua ausência, o seu suplente poderá participar na discussão de qualquer proposta de projecto concebido para benefício do país que ele representa no Conselho de Administração do Banco.

6. a) Um administrador designado pelo Banco permanecerá em funções até que o seu sucessor tenha sido designado, em conformidade com o

Anexo B, e tenha entrado em funções. Se um administrador designado pelo Banco deixar de ser administrador do Banco, ele deixará igualmente de ser administrador do Fundo;

b) O mandato dos administradores escolhidos pelos Estados participantes é de 3 anos, mas termina logo que entre em vigor um aumento geral nas subscrições, em conformidade com o parágrafo 1 do artigo 7.º. O mandato destes administradores pode ser renovado por um ou mais períodos de 3 anos. Eles permanecerão em funções até que os seus sucessores tenham sido escolhidos e entrado em funções. Se um lugar de administrador vagar antes de terminar o mandato do seu titular, ele será provido por um novo administrador escolhido pelo Estado ou Estados participantes pelos quais o seu antecessor estava habilitado a votar. O novo administrador permanecerá em funções pelo tempo do mandato do seu antecessor que faltava decorrer;

c) Enquanto permanecer vago o lugar de um administrador, o suplente do antigo administrador exercerá os poderes deste último, excepto o de nomear um suplente que não seja um suplente temporário para o representar nas reuniões às quais ele não puder assistir.

7. Se um Estado se tornar Estado participante em conformidade com o parágrafo 3 do artigo 3.º, ou se um Estado participante aumentar a sua subscrição, ou se, por qualquer outra razão, os direitos de voto de que dispõem os diversos Estados participantes forem modificados no intervalo dos períodos previstos para a escolha dos administradores que representam os Estados participantes:

i) Não haverá mudança de administradores em resultado desse facto, sob reserva de que, se um administrador deixar de dispor de direitos de voto, o seu mandato e o do seu suplente cessarão imediatamente;

ii) Os direitos de voto de que dispõem os Estados participantes e os administradores por eles escolhidos serão ajustados, a contar da data do aumento da subscrição, à nova subscrição ou a qualquer outra modificação dos direitos de voto, segundo o caso;

iii) Se o novo Estado participante tiver direitos de voto, ele poderá designar um dos administradores representando um ou vários países participantes para representar e exercer os seus direitos de voto até ao dia em que se proceder à próxima designação geral dos administradores dos Estados participantes.

8. Os administradores e os suplentes exercerão as suas funções sem serem remunerados e as suas despesas não serão custeadas pelo Fundo.

ARTIGO 28.º
Conselho de Administração – Funcionamento

1. O Conselho de Administração reunirá tantas vezes quantas o exijam os negócios do Fundo. O presidente convocará uma reunião do Conselho cada vez que esta for solicitada por 4 administradores.

2. O quórum de qualquer reunião do Conselho de Administração será constituído por uma maioria do número total dos administradores que disponham, pelo menos, de três quartos do total dos direitos de voto dos participantes.

ARTIGO 29.º
Voto

1. O Banco e o grupo de Estados participantes detêm, cada um, 1000 votos.

2. Cada governador do Fundo que seja governador do Banco dispõe da proporção de votos do Banco que o presidente deste notificou ao Fundo e exerce os direitos de voto correspondentes.

3. Cada Estado participante dispõe de uma percentagem do conjunto dos votos dos Estados participantes calculada em função dos montantes subscritos por este participante, em conformidade com o artigo 6.º e também, na medida em que os Estados participantes tenham aceite subscrições adicionais autorizadas ao abrigo dos parágrafos 1 e 2 do artigo 7.º, em função das referidas subscrições adicionais. Ao votar no Conselho de Governadores, cada governador que represente um Estado participante dispõe dos votos do participante que ele representa.

4. Ao votarem no Conselho de Administração, os administradores designados pelo Banco disporão, no conjunto, de 1000 votos e os administradores escolhidos pelos Estados participantes disporão, no conjunto, de 1000 votos. Cada administrador designado pelo Banco disporá dos votos que lhe forem atribuídos pelo Banco, cujo número estará indicado na notificação relativa à sua designação, prevista na primeira parte do anexo B. Cada administrador escolhido por um ou mais Estados participantes disporá do número de votos detidos pelo participante ou participantes que o tenham escolhido.

5. Cada administrador representando o Banco deverá utilizar, em bloco, os seus votos. O administrador que represente mais de um Estado participante poderá utilizar separadamente os votos de que dispõem os diversos Estados que ele representa.

6. Não obstante qualquer das outras disposições do presente Acordo:
   i) Se um membro regional for ou se tornar Estado participante, ele não disporá ou não adquirirá votos por esse motivo, e se um Estado participante regional se tornar membro, ele não disporá de nenhum dos votos que tinha na qualidade de Estado participante, a partir do dia em que adquirir aquela qualidade; e
   ii) Se um Estado não regional for ou se tornar ao mesmo tempo Estado participante e membro, este Estado será tratado, somente para os fins do Acordo, em todos os aspectos como se não fosse membro.

7. Salvo disposições em contrário ao presente Acordo, perante o Conselho de Governadores ou o Conselho de Administração, todos os assuntos serão decididos por uma maioria de três quartos do total dos votos dos participantes.

ARTIGO 30.º
Presidente

1. O presidente do Banco será *ex officio* presidente do Fundo. Ele presidirá ao Conselho de Administração, mas não terá voto. Pode participar nas reuniões do Conselho de Governadores, mas não votará.

2. O presidente é o representante legal do Fundo.

3. Em caso de ausência do presidente do Banco, ou se o seu lugar ficar vago, a pessoa provisoriamente chamada a preencher as funções de presidente do Banco preencherá igualmente as de presidente do Fundo.

4. Sob reserva do artigo 26.º, o presidente conduzirá os negócios correntes do Fundo e, em particular:
   i) Proporá o orçamento administrativo e o de funcionamento;
   ii) Proporá o programa geral de funcionamento;
   iii) Organizará os estudos e avaliações de projectos e programas a serem financiados pelo Fundo, em conformidade com o artigo 15.º;
   iv) Utilizará, conforme for necessário, os agentes e os empregados do Banco, assim como a sua organização, os seus serviços e as suas instalações, para levar a bom termo os negócios do Fundo, sendo responsável, perante o Conselho de Administração, pelo funcionamento e controlo da organização, do pessoal e dos serviços facultados ao abrigo do artigo 22.º; e
   v) Contratará os serviços de pessoal, incluindo consultores e peritos de que o Fundo possa ter necessidade, podendo pôr fim a tais serviços.

ARTIGO 31.º
Relações com o Banco

1. O Fundo reembolsará o Banco pelo justo valor da utilização dos agentes e empregados, assim como da organização, serviços e instalações do Banco, em conformidade com acordos feitos entre o Fundo e o Banco.

2. O Fundo será uma entidade juridicamente independente e distinta do Banco, e os activos do Fundo serão mantidos em separado dos do Banco.

3. Nenhuma disposição do presente Acordo compromete a responsabilidade do Fundo por motivo de actos ou obrigações do Banco, nem a do Banco por motivo de actos ou obrigações do Fundo.

ARTIGO 32.º
Sede do Fundo

A sede do Fundo é a sede do Banco.

ARTIGO 33.º
Depositários

Cada Estado participante designará o seu banco central ou qualquer outra instituição que possa ser aceite pelo Fundo como depositário, junto do qual o Fundo poderá conservar as suas disponibilidades na moeda do referido participante, bem como todos os outros activos. Na ausência de indicação diferente, o depositário para cada membro será o depositário por ele designado para os fins do Acordo que cria o Banco.

ARTIGO 34.º
Canais de comunicação

Cada Estado participante designará uma autoridade competente com a qual o Fundo possa comunicar relativamente a qualquer questão relevante do presente Acordo. Na ausência de designação diferente, o canal de comunicação indicado por um membro para o Banco será também o que é válido para o Fundo.

ARTIGO 35.º
Publicação de relatórios e prestação de informações

1. O Fundo publicará um relatório anual contendo um balanço das suas contas devidamente verificado e, a intervalos adequados, distribuirá aos participantes e membros um balancete sumário da sua situação financeira e um desenvolvimento da conta de ganhos e perdas, apresentando os resultados das suas operações.

2. O Fundo pode publicar outros relatórios que entenda desejáveis para a prossecução dos seus objectivos.

3. Serão distribuídos aos participantes e aos membros exemplares de todos os relatórios, balanços e publicações elaborados nos termos do presente artigo.

ARTIGO 36.º
Distribuição do rendimento líquido

O Conselho de Governadores determinará, periodicamente, a distribuição do rendimento líquido do Fundo, tomando em devida conta os fundos a atribuir às reservas e às despesas imprevistas.

CAPÍTULO VII
Retirada e suspensão dos participantes – Suspensão das operações

ARTIGO 37.º
Direito de retirada

Qualquer participante poderá retirar-se do Fundo a qualquer momento, mediante notificação escrita da sua decisão transmitida ao Fundo, na sua sede. A retirada terá efeito a partir da data em que for recebida a notificação ou naquela que for especificada na notificação, desde que não seja posterior em mais de 6 meses à data de recepção da notificação.

ARTIGO 38.º
Suspensão

1. Se um participante deixar de cumprir qualquer das obrigações que assumiu perante o Fundo, este poderá suspendê-lo da sua qualidade de par-

ticipante, por decisão do Conselho de Governadores. O participante assim suspenso perderá automaticamente a sua qualidade de participante um ano após a decisão da suspensão, a menos que uma decisão do Conselho de Governadores o reconduza na sua qualidade de participante.

2. Durante o período da suspensão, o participante em causa não poderá exercer nenhum dos direitos conferidos pelo presente Acordo, excepção feita ao direito de retirada, mas continuará sujeito a todas as obrigações.

ARTIGO 39.º
Direitos e obrigações dos Estados que deixem de ser participantes

1. O Estado que deixe de ser participante do Fundo não terá quaisquer direitos ao abrigo deste Acordo, com excepção dos previstos no presente artigo e no artigo 53.º, mas, continuará, salvo disposição em contrário do presente artigo, responaável por todas as obrigações financeiras por ele assumidas perante o Fundo, quer na qualidade de participante, de garante, ou a outro título.

2. Quando um Estado deixar de ser participante, o Fundo e o referido Estado procederão à liquidação das contas. A título de liquidação parcial das contas, o Fundo e o Estado poderão acordar nos montantes a pagar ao Estado por conta da sua subscrição e nos prazos e moedas do pagamento. O termo "subscrição", quando utilizado em relação a qualquer participante, deverá, para os fins do presente artigo e do artigo 40.º, incluir tanto a subscrição inicial, como qualquer subscrição adicional do referido participante.

3. Enquanto se aguarda a conclusão desse acordo e se o mesmo não tiver sido concluído no prazo de seis meses a contar da data em que o Estado deixou de ser participante ou em qualquer outra data que o Fundo e o Estado acordem entre si, aplicar-se-ão as disposições seguintes:

   i) O Estado ficará isento de quaisquer responsabilidades adicionais para com o Fundo por conta das suas subscrições, sob reserva de que o Estado pagará imediatamente ao Fundo os montantes devidos e não pagos na data em que o Estado deixou de ser participante e que, no parecer do Fundo, lhe são necessários, naquela data, para fazer face aos compromissos decorrentes das suas operações de financiamento;

   ii) O Fundo devolverá ao Estado os fundos por ele entregues por conta das respectivas subscrições ou daí provenientes, a título de reembolso do capital, e detidos pelo Fundo, na data em que o Estado deixou de ser participante, excepto na medida em que esses fundos, no parecer do Fundo, lhe sejam necessários para satisfazer, naquela data, os compromissos decorrentes das suas operações de financiamento;

iii) O Fundo entregará ao Estado uma fracção proporcional de todos os reembolsos de capital relativos aos empréstimos contraídos antes da data em que o Estado deixou de ser participante, e recebidos pelo Fundo posteriormente à referida data, à excepção dos empréstimos efectuados a partir dos recursos suplementares entregues ao Fundo, ao abrigo de acordos que especifiquem direitos especiais de liquidação. Esta fracção estará para o montante de capital total desses empréstimos na mesma proporção que o montante total pago pelo Estado por conta da sua subscrição, e não devolvido, nos termos da alínea ii) acima, está para o montante total pago por todos os participantes por conta das suas subscrições que tenha sido utilizado ou seja necessário, no parecer do Fundo, para fazer face aos compromissos decorrentes das suas operações de financiamento, na data em que o Estado deixe de ser participante. O Fundo efectuará tais pagamentos em prestações quando e como esses reembolsos de capital forem recebidos pelo Fundo, mas nunca com uma periodicidade inferior a um ano. Essas prestações serão pagas nas moedas recebidas pelo Fundo, sob reserva de que o Fundo pode, se o entender, efectuar o pagamento na moeda do Estado em questão;

iv) Qualquer importância devida a um Estado por conta da sua subscrição será retida enquanto esse Estado ou Estado de qualquer território que partilhe da sua adesão, ou qualquer subdivisão política ou organismo de qualquer dos precedentes, continuar a ser responsável para com o Fundo como mutuário ou garante, e o Fundo terá a faculdade de afectar essa importância à execução de quaisquer dessas responsabilidades à medida que se forem vencendo;

v) Em circunstância alguma receberá o Estado, nos termos deste parágrafo, uma quantia que exceda, no conjunto, o menor dos dois quantitativos seguintes:
  1) a quantia paga pelo Estado por conta da sua subscrição; ou
  2) a quantia que esteja na mesma proporção, para os activos líquidos do Fundo constantes da respectiva escrita, na data em

que o Estado deixou de ser participante, que o montante da sua subscrição está para o montante total das subscrições de todos os participantes;
vi) Todos os cálculos necessários ao abrigo desta secção serão efectuados numa base que o Fundo razoavelmente determine.

4. Em circunstância alguma será pago qualquer montante devido a um Estado, nos termos deste artigo, antes de expirado um prazo de seis meses a contar da data em que esse Estado tiver deixado de ser participante. Se no prazo de seis meses a contar da data em que qualquer Estado deixe de ser participante o Fundo suspender as suas operações nos termos do artigo 40.º, todos os direitos desse Estado serão determinados em conformidade com as disposições do referido artigo 40.º, sendo esse Estado ainda considerado participante do Fundo para os efeitos do artigo 40.º, mas não podendo exercer o direito de voto.

ARTIGO 40.º
Suspensão das operações e liquidação das obrigações

1. O Fundo poderá suspender as suas operações, a título permanente, por decisão tomada pelo Conselho de Governadores. A retirada do Banco ou de todos os Estados participantes em conformidade com o artigo 37.º envolve a suspensão definitiva das operações do Fundo. Depois desta suspensão de operações, o Fundo cessará imediatamente todas as suas actividades, excepto as respeitantes à realização, conservação e salvaguarda, de forma ordenada, dos seus activos e à liquidação das suas obrigações. Até à liquidação definitiva dessas obrigações e à distribuição desses activos, o Fundo continuará a existir e todos os direitos e obrigações recíprocos do Fundo e dos participantes decorrentes do presente Acordo continuarão intactos, com excepção de que nenhum Estado será suspenso ou se exonerará e de que nenhuma distribuição será feita aos participantes, salvo o disposto neste artigo.

2. Não será feita nenhuma distribuição aos participantes por conta das subscrições enquanto não tiverem sido satisfeitas todas as obrigações para com os credores, nem forem adoptadas as disposições necessárias para esse fim e enquanto o Conselho de Governadores não decidir proceder a essa distribuição.

3. Com sujeição ao que precede, bem como a quaisquer acordos específicos relativos à utilização dos recursos suplementares celebrados no que diz respeito à entrega desses recursos ao Fundo, este distribuirá os

seus activos pelos participantes proporcionalmente aos montantes por eles entregues por conta das respectivas subscrições. Qualquer distribuição nos termos da anterior disposição acima do presente parágrafo ficará sujeita, para qualquer dos participantes, à prévia liquidação de todas as dívidas pendentes que esse participante tenha para com o Fundo. Essa distribuição far-se-á nas datas, nas moedas e em dinheiro ou outros activos, conforme o que o Fundo considerar como justo e equitativo. A distribuição pelos diversos participantes não terá necessariamente de ser uniforme no que diz respeito ao tipo de activos distribuídos ou às moedas em que os mesmos forem expressos.

4. Os participantes que receberam activos distribuídos pelo Fundo, em conformidade com o presente artigo ou com o artigo 39.º, terão, em relação a esses activos, os mesmos direitos de que o Fundo gozava antes de fazer a distribuição.

CAPÍTULO VIII
Estatuto, imunidades, isenções e privilégios

ARTIGO 41.º
Objectivo do presente capítulo

Para que o Fundo possa realizar efectivamente os seus objectivos e desempenhar as funções que lhe são confiadas, ele beneficiará no território da cada Estado participante do estatuto, das imunidades, das isenções e dos privilégios enunciados no presente capítulo. Cada Estado participante informará o Fundo das medidas exactas adoptadas para este efeito.

ARTIGO 42.º
Estatuto do Fundo

O Fundo terá personalidade jurídica plena e, em especial, capacidade para:

  i) Contratar;
  ii) Adquirir e dispor de bens móveis e imóveis;
  iii) Instituir procedimentos judiciais.

ARTIGO 43.º
Situação do Fundo no que respeita a processos judiciais

1. O Fundo goza de imunidade de jurisdição relativamente a todas as formas de acção judicial, salvo para os litígios nascidos ou resultantes do exercício pelo Fundo do seu direito de aceitar empréstimos, em conformidade com as disposições do artigo 8.º.

O Fundo, neste caso, poderá ser objecto de acções em tribunal competente no território de um Estado em que tenha a sua sede ou uma instituição encarregada de receber mandatos ou notificações, ou em que tenha concordado em ser processado.

2. Não obstante as disposições do parágrafo 1, nenhuma acção poderá ser intentada contra o Fundo pelos Estados participantes, ou pelos seus organismos ou serviços, nem por uma entidade ou pessoa agindo directa ou indirectamente por conta de um participante ou que represente os seus direitos, ou os de um organismo ou serviço do participante. Os participantes terão recurso a tratamento especial relativamente à resolução dos litígios entre o Fundo e os seus participantes, estabelecidos pelo presente Acordo, pela regulamentação do Fundo ou por contratos acordados com o Fundo.

3. O Fundo adoptará todas as disposições necessárias relativas às modalidades aplicáveis à resolução de litígios que não estejam previstos pelas disposições do parágrafo 2 do presente artigo, nem dos artigos 52.º e 53.º, e que farão objecto da imunidade do Fundo resultante do parágrafo 1 do presente artigo.

4. No caso de, em aplicação das disposições do presente Acordo, não usufruir da imunidade de jurisdição, o Fundo, os seus bens e activos, qualquer que seja o lugar onde se encontrem e seja quem for o seu detentor, estarão imunes de qualquer forma de apreensão, arresto ou execução, enquanto não for pronunciada uma decisão judicial definitiva contra o Fundo.

ARTIGO 44.º
Imunidade de apreensão

Os bens e activos do Fundo, qualquer que seja o lugar onde se encontrem e seja quem for o seu detentor, estarão imunes de busca, requisição, confisco, expropriação ou qualquer outra forma de apreensão por parte do poder executivo ou do poder legislativo.

ARTIGO 45.º
Inviolabilidade dos arquivos

Os arquivos do Fundo e, de modo geral, todos os documentos que lhe pertençam ou que tenha em seu poder, são invioláveis, onde quer que se encontrem.

ARTIGO 46.º
Imunidade dos activos do Fundo em relação a medidas restritivas

Durante o tempo necessário para que o Fundo realize os seus objectivos e funções, e sob reserva das disposições do presente Acordo, todos os bens e activos do Fundo ficarão isentos de restrições impostas por controlos financeiros, de regulamentações e moratórias de qualquer natureza.

ARTIGO 47.º
Privilégios em matéria de comunicações

Os Estados participantes concederão às comunicações oficiais do Fundo o mesmo tratamento concedido às comunicações oficiais das outras instituições financeiras internacionais de que faz parte.

ARTIGO 48.º
Imunidades e privilégios dos agentes e empregados

Os governadores e administradores e os seus suplentes, o presidente e o pessoal, incluindo os peritos que executam missões para o Fundo:
   i) Gozarão da imunidade de jurisdição em relação aos actos que praticarem no exercício das suas funções oficiais;
   ii) Se não forem nacionais do Estado onde exercem as suas funções, gozarão das mesmas imunidades no que respeita às restrições relativas à imigração, às formalidades de registo de estrangeiros e às obrigações do serviço militar e beneficiará das mesmas facilidades em matéria de restrições cambiais que forem concedidas pelo Estado participante interessado aos representantes, agentes e empregados de categoria correspondente das outras instituições financeiras de que faça parte;

iii) Ser-lhes-ão asseguradas, nas suas deslocações, as mesmas facilidades que forem concedidas pelo Estado participante interessado aos representantes, agentes e empregados de categoria correspondente das outras instituições financeiras internacionais de que faça parte.

ARTIGO 49.º
Imunidades fiscais

1. O Fundo, os seus activos, bens, rendimentos, operações e transacções estarão isentos de todos os impostos directos, bem como de todos os direitos aduaneiros sobre mercadorias que importe ou exporte para seu uso com fins oficiais, e de todos os encargos com efeito equivalente. O Fundo estará igualmente isento de qualquer obrigação relativa ao pagamento, retenção ou cobrança de qualquer imposto ou direito.

2. Não obstante as disposições do parágrafo 1, o Fundo não pedirá a isenção de taxas que representem apenas a contrapartida de prestação de serviços.

3. Os artigos importados ao abrigo de isenção, em conformidade com o parágrafo 1, não serão vendidos no território do Estado participante que concedeu a isenção, a não ser nas condições acordadas com o referido participante.

4. Não será cobrado qualquer imposto sobre os vencimentos e emolumentos pagos pelo Fundo ao presidente e pessoal, incluindo os peritos que executam funções para ele.

ARTIGO 50.º
Cláusula de renúncia

1. As imunidades, isenções e privilégios previstos no presente capítulo serão concedidos no interesse do Fundo. O Conselho de Administração poderá, na medida e nas condições que determinar, renunciar às imunidades, isenções e privilégios previstos no presente capítulo no caso em que, na sua opinião, essa decisão favoreça os interesses do Fundo.

2. Não obstante as disposições do parágrafo 1, o presidente terá o direito e o dever de retirar a imunidade concedida a um dos membros do pessoal, incluindo os peritos que desempenham missões para o Fundo, caso julgue que a imunidade entravaria o curso da justiça e que ela poderá ser retirada sem prejuízo para os interesses do Fundo.

CAPÍTULO IX
Emendas

ARTIGO 51.º

1. Qualquer proposta de alteração do presente Acordo, apresentada por um participante, por um governador ou pelo Conselho de Administração, será comunicada ao presidente do Conselho de Governadores, que a apresentará ao Conselho. Se a alteração proposta for aprovada pelo Conselho de Governadores, o Fundo deverá perguntar a todos os participantes, por carta-circular ou telegrama, se aceitam a emenda proposta. Se três quartos dos participantes, dispondo de 85% dos votos, aceitarem as emendas propostas, o Fundo confirmará o facto por comunicação formal dirigida a todos os participantes. As emendas entrarão em vigor, para todos os participantes, três meses após a data da comunicação formal prevista no presente parágrafo, a menos que o Conselho de Governadores especifique uma data ou um prazo diferente.

2. Não obstante as disposições do parágrafo 1, o Conselho de Gonadores deverá aprovar por unanimidade todas as emendas que visem:
   i) A limitação de responsabilidade prevista no artigo 10.º;
   ii) As disposições dos parágrafos 2 e 3 do artigo 7.º relativas às subscrições adicionais;
   iii) O direito de retirada do Fundo; e
   iv) As maiorias de voto exigidas no presente Acordo.

CAPÍTULO X
Interpretação e arbitragem

ARTIGO 52.º
Interpretação

1. Qualquer questão relativa à interpretação ou aplicação das disposições do presente Acordo que surgir entre um participante e o Fundo será submetida à decisão do Conselho de Administração. Se a questão afectar particularmente um Estado participante que não esteja representado no Conselho de Administração por um administrador da sua nacionalidade, esse participante terá o direito, em tal caso, de se fazer representar direc-

tamente. Esse direito de representação será regulamentado pelo Conselho de Governadores.

2. Em qualquer caso em que o Conselho de Administração tenha tomado uma decisão ao abrigo do parágrafo 1, todos os participantes poderão solicitar que a questão seja submetida ao Conselho de Governadores, de cuja decisão não haverá recurso. Enquanto o Conselho de Governadores se não tiver pronunciando, o Fundo poderá, se o julgar necessário, agir com base na decisão do Conselho de Administração.

ARTIGO 53.º
Arbitragem

Em caso de diferendo entre o Fundo e um Estado que tenha deixado de ser participante, ou entre o Fundo e qualquer participante durante a suspensão permanente das operações do Fundo, esse litígio será submetido à arbitragem de um tribunal constituído por três árbitros. Um árbitro será nomeado pelo Fundo, outro pelo participante ou pelo último participante interessado, e as duas partes nomearão o terceiro árbitro, que será o presidente do tribunal de arbitragem. Se nos 45 dias seguintes à recepção do pedido de arbitragem nenhuma das partes tiver nomeado um árbitro ou se, nos 30 dias seguintes à nomeação dos 2 árbitros, o terceiro árbitro não tiver sido escolhido, qualquer das partes poderá solicitar ao presidente do Tribunal Internacional de Justiça, ou a qualquer outra instância prevista na regulamentação adoptada pelo Conselho de Governadores, que designe um árbitro. O processo de arbitragem será fixado pelos árbitros, mas o terceiro árbitro terá plenos poderes para regularizar todas as questões relativas ao mesmo, sobre as quais estejam em desacordo. Um voto maioritário dos árbitros será suficiente para alcançar uma decisão, que será definitiva e vinculará as partes.

CAPÍTULO XI
Disposições finais

ARTIGO 54.º
Assinatura

O texto original do presente Acordo ficará patente, para assinatura pelo Banco e pelos Estados que figuram no Anexo A, até 31 de Março de 1973.

ARTIGO 55.º
Ratificação, aceitação ou aprovação

1. O presente Acordo será submetido à ratificação, aceitação ou aprovação dos signatários.

2. Os instrumentos de ratificação, de aceitação ou de aprovação serão depositados na sede do Banco, por cada signatário, antes de 31 de Dezembro de 1973, ficando entendido que se o Acordo não entrar em vigor nesta data, em conformidade com o artigo 56.º, o Conselho de Administração do Banco poderá prorrogar o prazo de depósito dos instrumentos de ratificação, aceitação ou aprovação por um período que não ultrapasse 6 meses.

ARTIGO 56.º
Entrada em vigor

O presente Acordo entrará em vigor na data em que o Banco e 8 Estados signatários, cuja soma de subscrições especificadas no Anexo A do presente Acordo represente pelo menos 55 milhões de unidades de conta, tiverem depositado os seus instrumentos de ratificação, aceitação ou aprovação.

ARTIGO 57.º
Participação

1. O signatário cujo instrumento de ratificação, aceitação ou aprovação for depositado na data ou antes da data de entrada em vigor do presente Acordo, tornar-se-á participante nessa data. O signatário cujo instrumento de ratificação, aceitação ou aprovação for depositado ulteriormente e antes da data fixada no parágrafo 2 do artigo 55.º, ou de acordo com este parágrafo, tornar-se-á participante na data do depósito.

2. Um Estado que não seja participante fundador poderá tornar-se participante nos termos do parágrafo 3 do artigo 3.º, e, não obstante as disposições dos artigos 54.º e 55.º, esta participação efectuar-se-á pela assinatura do presente Acordo e pelo depósito, junto do Banco, de um instrumento de ratificação, aceitação ou aprovação, que produzirá efeitos à data desse depósito.

ARTIGO 58.º
Reservas

Um Estado participante poderá, ao depositar o seu instrumento de ratificação, aceitação ou aprovação, declarar:
   i) Que a imunidade conferida pelo parágrafo 1 do artigo 43.º e pela alínea i) do artigo 48.º não se aplicará ao seu território em matéria de acção civil resultante de um acidente causado por um veículo a motor pertencente ao Fundo ou conduzido por conta deste, nem em matéria de infracção ao Código da Estrada cometida pelo condutor de tal veículo;
   ii) Que ele se reservará, assim como às suas subdivisões políticas, o direito de tributar os vencimentos e emolumentos pagos pelo Fundo aos cidadãos, nacionais ou residentes do referido Estado participante;
   iii) Que, segundo a sua interpretação, o Fundo não pedirá, em princípio, a isenção de contribuições indirectas percebidas pelo Fundo sobre mercadorias produzidas no seu território, nem de impostos sobre a venda de bens móveis e imóveis incorporados nos preços, mas que, se o Fundo efectuar para seu uso, com fins oficiais, compras importantes de bens sobre os quais os referidos direitos e impostos tenham sido percebidos ou sejam passíveis, disposições administrativas adequadas serão adoptadas pelo referido Estado, sempre que for possível fazê-lo, para a remessa ou reembolso do montante desses direitos e impostos;
   iv) Que as disposições do parágrafo 3 do artigo 49.º se aplicarão desde que haja remissão ou reembolso de direitos ou de impostos sobre artigos, em consequência das disposições administrativas contempladas na alínea iii).

ARTIGO 59.º
Notificação

O Banco levará ao conhecimento de todos os signatários:
   a) Todas as assinaturas do presente Acordo;
   b) Todos os depósitos de instrumentos de ratificação, aceitação ou aprovação;
   c) A data de entrada em vigor do presente Acordo; e
   d) Todas as declarações ou reservas formuladas aquando do depósito dos instrumentos de ratificação, aceitação ou aprovação.

ARTIGO 60.º
Assembleia constituinte

1. A partir da entrada em vigor do presente Acordo, cada Estado participante nomeará um governador e o presidente do Conselho de Governadores convocará a assembleia constituinte do Conselho de Governadores.
2. Na altura desta assembleia constituinte:
    i) Serão designados e escolhidos 12 administradores do Fundo, em conformidade com os parágrafos 2 e 3 do artigo 27.º;
    ii) Serão adoptadas disposições com vista a determinar a data em que o Fundo iniciará as suas operações.
3. O Fundo informará todos os participantes da data em que irá iniciar as suas operações.
4. Os encargos razoáveis e necessários em que o Banco incorrer aquando da criação do Fundo, compreendendo as ajudas de custo dos governadores e dos seus suplentes, aquando da sua participação na assembleia constituinte, ser-lhe-ão reembolsados pelo Fundo.

Em fé do que, os signatários, devidamente autorizados, assinaram o presente Acordo.

Feito em Abidjan, aos 29 de Novembro de 1972, num só exemplar, em língua inglesa e francesa, que será depositado junto do Banco, ambos os textos fazendo igualmente fé.

O Banco remeterá cópias autenticadas do presente Acordo a cada signatário.

ANEXO A

1 – Participantes fundadores

Poderão tornar-se participantes fundadores do Fundo os Estados seguintes: a República Federal da Alemanha, a Bélgica, o Brasil, o Canadá, a Dinamarca, a Espanha, os Estados Unidos da América, a Finlândia, a Itália, o Japão, a Noruega, a Holanda, o Reino Unido, a Suécia, a Suíça e a Jugoslávia.

Qualquer dos Estados mencionados no parágrafo precedente que efectuar uma subscrição para o Fundo de um mínimo de 15 milhões de dólares americanos após 31 de Dezembro de 1973, tornar-se-á, contudo, participante fundador, sob reserva de dever assinar e ratificar o presente Acordo antes de 31 de Dezembro de 1974.

2 – Subscrições iniciais

O Banco e os Estados signatários do presente Acordo subscreverão os montantes a seguir indicados:

	Subscrição em unidades de conta
Banco Africano de Desenvolvimento	5 000 000
Bélgica	3 000 000
Brasil	2 000 000
Canadá	15 000 000
Dinamarca	5 000 000
Espanha	2 000 000
Finlândia	2 000 000
Holanda	4 000 000
Itália	10 000 000
Japão	15 000 000
Jugoslávia	2 000 000
Noruega	5 000 000
Reino Unido	5 211 420
República Federal da Alemanha	7 447 630
Suécia	5 000 000
Suíça	3 000 000
Total	90 659 050

ANEXO B
Designação e escolha dos administradores

1.ª PARTE
Designação dos administradores pelo Banco

1. O presidente do Banco notificará ao Fundo, aquando de qualquer designação de administradores do Fundo pelo Banco:
   i) Os nomes dos administradores assim designados;
   ii) O número de votos de que cada um deles disporá.
2. Se vagar o posto de um administrador designado pelo Banco, o presidente notificará ao Fundo o nome do administrador designado pelo Banco para o substituir.

2.ª PARTE
Escolha dos administradores pelos governadores que representam os Estados participantes

1. Para a eleição dos administradores, cada governador que represente um Estado participante deverá entregar a um só candidato todos os votos atribuídos ao Estado participante que ele representa. Os 6 candidatos que recolherem maior número de votos serão declarados administradores, na condição de que nenhum será considerado eleito se obtiver menos de 12% do total dos votos de que dispõem os governadores que representam os Estados participantes.

2. Se 6 administradores não forem eleitos no primeiro escrutínio, proceder-se-á a uma segunda volta; o candidato que obtiver menor número de votos no primeiro escrutínio não será elegível e só votarão:

a) Os governadores que votaram à primeira volta num candidato que não foi eleito; e

b) Os governadores cujos votos dados a um candidato eleito elevaram o número dos votos recolhidos pelo mesmo a mais de 15% do total dos votos atribuídos aos Estados participantes, em conformidade com o parágrafo 3 abaixo.

3. Para determinar se os votos dados por um governador poderão ter elevado o total dos votos obtidos por qualquer candidato a mais de 15% do total dos votos atribuídos aos Estados participantes, entender-se-á que esses 15% compreenderão, em primeiro lugar, os votos do governador que conferiu maior número de votos ao referido candidato, a seguir os do governador que tenha emitido o número de votos imediatamente inferior e assim por diante, até ao apuramento dos 15%.

4. Entender-se-á que todo o governador cujos votos tenham de ser parcialmente contados para elevar o total obtido por um candidato a mais de 12%, deverá dar todos os seus votos ao referido candidato mesmo que o total dos votos obtidos pelo interessado se encontre para lá dos 15%.

5. Se, após a segunda volta, não houver ainda 6 eleitos, proceder-se-á, segundo os princípios anteriormente enunciados, a escrutínios suplementares, na condição de que após a eleição de 5 administradores, o sexto possa ser eleito por maioria simples dos votos restantes e possa ser considerado eleito pela totalidade dos referidos votos.

6. As regras precedentes poderão ser modificadas pelos governadores que representam os Estados participantes, por uma maioria de 75% do total dos votos de que dispõem esses mesmos Estados.

7. Proceder-se-á a uma nova escolha dos administradores que representam os Estados participantes, em cada uma das três primeiras assembleias anuais do Conselho de Governadores.

8. Cada administrador designará um administrador suplente que ficará plenamente habilitado a substitui-lo nas suas ausências. Os administradores e os administradores suplentes deverão ser nacionais dos Estados participantes.

ACTO CONSTITUTIVO DA UNIÃO AFRICANA – UA
11.07.2000

ACTO CONSTITUTIVO DA UNIÃO AFRICANA – UA

Nós, Chefes de Estado e de Governo dos Estados-Membros da Organização da Unidade Africana (OUA);

1. Presidente da República Popular e Democrática da Argélia
2. Presidente da República de Angola
3. Presidente da República do Benim
4. Presidente da República do Botswana
5. Presidente da República do Burkina Faso
6. Presidente da República do Burundi
7. Presidente da República dos Camarões
8. Presidente da República de Cabo Verde
9. Presidente da República Centro Africana
10. Presidente da República do Chade
11. Presidente da República Federal Islâmica das Comores
12. Presidente da República do Congo
13. Presidente da República da Costa do Marfim
14. Presidente da República Democrática do Congo
15. Presidente da República do Djibouti
16. Presidente da República Árabe do Egipto
17. Presidente do Estado da Eritreia
18. Primeiro-ministro da República Federal Democrática da Etiópia
19. Presidente da República do Gabão
20. Presidente da República da Gâmbia
21. Presidente da República do Gana
22. Presidente da República da Guiné
23. Presidente da República da Guiné-Bissau
24. Presidente da República da Guiné Equatorial
25. Presidente da República do Quénia
26. Primeiro-Ministro do Lesoto
27. Presidente da República da Libéria

28. Líder da Revolução de 1 de Setembro da Grande Jamahiriya Árabe Líbia Popular e Socialista
29. Presidente da República do Madagáscar
30. Presidente da República do Malawi
31. Presidente da República do Mali
32. Presidente da República Islâmica da Mauritânia
33. Primeiro-Ministro da República das Maurícias
34. Presidente da República de Moçambique
35. Presidente da República da Namíbia
36. Presidente da República do Níger
37. Presidente da República Federal da Nigéria
38. Presidente da República do Ruanda
39. Presidente da República Árabe Saharaoui Democrática
40. Presidente da República de São Tomé e Príncipe
41. Presidente da República do Senegal
42. Presidente da República das Seychelles
43. Presidente da República da Serra Leoa
44. Presidente da República da Somália
45. Presidente da República da África do Sul
46. Presidente da República do Sudão
47. Rei da Suazilândia
48. Presidente da República Unida da Tanzânia
49. Presidente da República do Togo
50. Presidente da República da Tunísia
51. Presidente da República do Uganda
52. Presidente da República da Zâmbia
53. Presidente da República do Zimbabué

INSPIRADOS pelos nobres ideais que guiaram os Pais Fundadores da nossa Organização continental e gerações de Pan-Africanistas na sua determinação de promover a unidade, a solidariedade e a coesão, assim como promover a cooperação entre os povos e entre os Estados de África;

CONSIDERANDO os princípios e os objectivos enunciados na Carta da Organização da Unidade Africana e no Tratado de criação da Comunidade Económica Africana;

RELEMBRANDO as heróicas lutas levadas a cabo pelos nossos povos e países para a independência política, dignidade humana e emancipação económica;

CONSIDERANDO que, desde a sua criação, a Organização da Unidade Africana desempenhou um papel determinante e valioso na libertação do continente, na afirmação de uma identidade comum e na realização da unidade do nosso continente e que forneceu um quadro único para a nossa acção colectiva em África, como nas nossas relações com o resto do mundo;

RESOLVIDOS a fazer face aos multifacetados desafios com que o nosso continente e os nossos povos se confrontam, face às mudanças sociais, económicas e políticas que se operam em África e no mundo;

CONVENCIDOS da necessidade de acelerar o processo de implementação do Tratado de criação da Comunidade Económica Africana, com vista a promover o desenvolvimento sócio-económico de África e enfrentar, de forma mais efectiva, os desafios da mundialização;

GUIADOS pela nossa visão comum de uma África unida e forte e pela necessidade de construir uma parceria entre os governos e todos os segmentos da sociedade civil, em particular as mulheres, os jovens e o sector privado, a fim de consolidar a solidariedade e a coesão entre os nossos povos;

CIENTES do facto de que o flagelo de conflitos em África constitui um importante impedimento para o desenvolvimento sócio-económico do continente e da necessidade de promover a paz, a segurança e a estabilidade, como pré-requisitos para a implementação da nossa agenda de desenvolvimento e de integração;

RESOLVIDOS a promover e proteger os direitos do homem e dos povos, a consolidar as instituições e cultura democráticas e a promover a boa governação e o Estado de direito;

DETERMINADOS, igualmente, a adoptar todas as medidas necessárias para o reforço das nossas instituições comuns e para dotá-las dos poderes e recursos necessários a um desempenho efectivo das suas missões;

RELEMBRANDO a Declaração que adoptámos durante a Quarta Sessão Extraordinária da nossa Conferência em Sirte, Grande Jamahiriya Árabe Líbia Socialista e Popular, em 9/9/99, pela qual decidimos estabelecer a União Africana, em conformidade com os objectivos fundamentais da Carta da Organização da Unidade Africana (OUA) e do Tratado de criação da Comunidade Económica Africana.

ACORDAMOS NO SEGUINTE:

ARTIGO 1.º
Definições

Neste Acto Constitutivo:

"Acto", significa o presente Acto Constitutivo;
"CEA", significa a Comunidade Económica Africana;
"Carta", significa a Carta da OUA;
"Comité", significa um Comité Técnico Especializado;
"Comissão", significa o Secretariado da União;
"Conferência", significa a Conferência dos Chefes de Estado e de Governo da União;
"Conselho", significa o Conselho Económico, Social e Cultural da União;
"Conselho Executivo", significa o Conselho de Ministros da União;
"Estado-Membro", significa um Estado-Membro da União;
"OUA", significa a Organização da Unidade Africana;
"Parlamento", significa o Parlamento Pan-Africano da União;
"Tribunal", significa o Tribunal de Justiça da União;
"União", significa a União Africana criada pelo presente Acto Constitutivo.

ARTIGO 2.º
Instituição da União Africana

É instituída pelos presentes a União Africana em conformidade com as disposições do presente Acto.

ARTIGO 3.º
Objectivos

São objectivos da União:

a) realizar uma maior unidade e solidariedade entre os países africanos e os povos de África,

b) defender a soberania, a integridade territorial e a independência dos seus Estados-Membros,

c) acelerar a integração política e sócio-económica do continente,

d) promover e defender posições africanas comuns sobre as questões de interesse para o continente e os seus povos,

e) encorajar a cooperação internacional, tendo devidamente em conta a Carta das Nações Unidas e a Declaração Universal dos Direitos do Homem,

f) promover a paz, a segurança e a estabilidade no continente,

g) promover os princípios e as instituições democráticas, a participação popular e a boa governação,

h) promover e proteger os direitos do homem e dos povos, em conformidade com a Carta Africana dos Direitos do Homem e dos Povos e os outros instrumentos pertinentes relativos aos direitos do homem,

i) criar as condições necessárias que permitam ao continente desempenhar o papel que lhe compete no seio da economia mundial e nas negociações internacionais,

j) promover o desenvolvimento sustentável nos planos económico, social e cultural, assim como a integração das economias africanas,

k) promover a cooperação e o desenvolvimento em todos os domínios da actividade humana, tendo em vista a melhoria do nível de vida dos povos africanos,

l) coordenar e harmonizar as políticas entre as comunidades económicas regionais existentes e futuras, tendo em vista a realização gradual dos objectivos da União,

m) acelerar o desenvolvimento do continente através da promoção da investigação em todos os domínios, em particular nos da ciência e tecnologia,

n) trabalhar em colaboração com os parceiros internacionais relevantes na erradicação das doenças susceptíveis de prevenção e na promoção da saúde no continente.

ARTIGO 4.º
Princípios

A União Africana funciona em conformidade com os seguintes princípios:

a) igualdade soberana e interdependência entre todos os Estados-Membros da União;

b) respeito das fronteiras existentes no momento da acessão à independência;

c) participação dos povos africanos nas actividades da União;

d) estabelecimento de uma política comum de defesa para o continente africano;

e) resolução pacífica dos conflitos entre Estados-Membros da União, através dos meios apropriados que sejam decididos pela Conferência da União;

f) proibição do uso da força ou da ameaça do uso da força entre os Estados-Membros da União;

g) não ingerência de qualquer Estado-Membro da União nos assuntos internos de outro;

h) direito da União intervir num Estado-Membro em conformidade com uma decisão da Conferência em determinadas circunstâncias graves, nomeadamente: crimes de guerra, genocídio e crimes contra a humanidade;

i) coexistência pacífica dos Estados-Membros da União e seu direito de viver em paz e em segurança;

j) direito dos Estados-Membros de solicitarem a intervenção da União, com vista à restauração da paz e da segurança;

k) promoção da autonomia colectiva no quadro da União;

l) promoção da igualdade entre os homens e as mulheres;

m) respeito pelos princípios democráticos, pelos direitos humanos, pelo Estado de direito e pela boa governação;

n) promoção da justiça social para assegurar o desenvolvimento económico equilibrado;

o) respeito pela santidade da vida humana e condenação e rejeição da impunidade, dos assassinatos políticos, dos actos de terrorismo e das actividades subversivas;

p) condenação e rejeição de mudanças inconstitucionais de governos.

ARTIGO 5.º
Órgãos da União

1. São órgãos da União:

a) A Conferência da União;

b) O Conselho Executivo;

c) O Parlamento Pan-Africano;

d) O Tribunal de Justiça;

e) A Comissão;

f) O Comité de Representantes Permanentes;

g) Os Comités Técnicos Especializados;

h) O Conselho Económico, Social e Cultural;

i) As instituições financeiras.

2. Outros órgãos que a Conferência decida estabelecer.

ARTIGO 6.º
A Conferência

1. A Conferência é composta pelos Chefes de Estado e de Governo ou pelos seus representantes devidamente credenciados.
2. A Conferência é o órgão supremo da União.
3. A Conferência reúne-se pelo menos uma vez por ano em sessão ordinária. A pedido de qualquer Estado-Membro e mediante aprovação de uma maioria de dois terços dos Estados-Membros, a Conferência reúne-se em sessão extraordinária.
4. A Presidência da Conferência é assegurada, pelo período de um ano, por um Chefe de Estado ou de Governo eleito após consultas entre os Estados-Membros.

ARTIGO 7.º
Decisões da Conferência

1. A Conferência adopta as suas decisões por consenso ou, na falta deste, por uma maioria de dois terços dos Estados-Membros da União. Contudo, as questões de procedimento, incluindo a questão de se saber se uma questão é ou não de procedimento, são decididas por maioria simples.
2. Uma maioria de dois terços dos Membros constitui o quórum de qualquer sessão da Conferência.

ARTIGO 8.º
Regulamento Interno da Conferência

A Conferência adopta o seu próprio Regulamento Interno.

ARTIGO 9.º
Poderes e Atribuições da Conferência

1. Os poderes e atribuições da Conferência são os seguintes:

a) definir as políticas comuns da União;

b) receber, analisar e adoptar decisões sobre os relatórios e recomendações dos outros órgãos da União;

c) considerar os pedidos de adesão à União;

d) criar qualquer órgão da União;

e) assegurar o controlo da implementação das políticas e decisões da União e zelar pela sua aplicação por parte de todos os Estados-Membros;

f) adoptar o orçamento da União;

g) dar directivas ao Conselho Executivo sobre a gestão de conflitos, situações de guerra e outras situações de emergência, bem como sobre a restauração da paz;

h) nomear e demitir os Juízes do Tribunal de Justiça;

i) nomear o Presidente da Comissão, o(s) vice-presidente(s) e os Comissários da Comissão e determinar as suas funções e os seus mandatos.

2. A Conferência pode delegar alguns dos seus poderes e atribuições em qualquer órgão da União.

ARTIGO 10.º
O Conselho Executivo

1. O Conselho Executivo é composto pelos Ministros dos Negócios Estrangeiros ou outros Ministros ou Autoridades que forem designados pelos Governos dos Estados-Membros.

2. O Conselho Executivo reúne-se pelo menos duas vezes por ano em sessão ordinária. Poderá igualmente reunir-se em sessão extraordinária a pedido de qualquer Estado-Membro após aprovação por dois terços de todos os Estados-Membros.

ARTIGO 11.º
Decisões do Conselho Executivo

1. O Conselho Executivo adopta as suas decisões por consenso, ou, na falta deste, por maioria de dois terços dos Estados-Membros da União. Contudo, as questões de procedimento, incluindo a questão de se saber se uma questão é ou não de procedimento, são decididas por maioria simples.

2. Uma maioria de dois terços dos Membros constitui o quórum de qualquer sessão do Conselho Executivo.

ARTIGO 12.º
Regulamento Interno do Conselho Executivo

O Conselho Executivo adopta o seu próprio Regulamento Interno.

ARTIGO 13.º
Atribuições do Conselho Executivo

1. O Conselho Executivo assegura a coordenação e decisão das políticas em áreas de interesse comum para os Estados-Membros, incluindo o seguinte:

   a) Comércio externo;
   b) Energia, indústria e recursos minerais;
   c) Alimentação, agricultura, recursos animais, pecuária e florestas;
   d) Recursos hídricos e irrigação;
   e) Protecção ambiental, acção humanitária e resposta e alívio em caso de catástrofe;
   f) Transportes e comunicações;
   g) Seguros;
   h) Educação, saúde e cultura e desenvolvimento dos recursos humanos;
   i) Ciência e tecnologia;
   j) Nacionalidade, residência dos estrangeiros e questões de imigração;
   k) Segurança social e elaboração de políticas de protecção materno-infantis, assim como de políticas favoráveis a pessoas portadoras de deficiência;
   l) Instituição de um sistema de medalhas e prémios africanos.

2. O Conselho Executivo é responsável perante a Conferência. Ele analisa as questões que lhe são submetidas e controla a implementação das políticas formuladas pela Conferência.

3. O Conselho Executivo pode delegar todos ou alguns dos seus poderes e atribuições mencionados no parágrafo 1 deste Artigo nos Comités Técnicos Especializados criados nos termos do artigo 14.º do presente Acto.

ARTIGO 14.º
Comités Técnicos Especializados
Criação e Composição

1. São criados os seguintes Comités Técnicos Especializados que são responsáveis perante o Conselho Executivo:

   a) Comité de Economia Rural e das questões agrícolas;
   b) Comité dos Assuntos Monetários e Financeiros;
   c) Comité do Comércio, Alfândegas e questões de Imigração;
   d) Comité da Indústria, da Ciência e da Tecnologia, da Energia, dos Recursos Naturais e do Ambiente;

e) Comité dos Transportes, das Comunicações e do Turismo;
f) Comité da Saúde, do Trabalho e dos Assuntos Sociais;
g) Comité da Educação, da Cultura e dos Recursos Humanos;

2. A Conferência pode, se considerar apropriado, reestruturar os Comités existentes ou criar outros.

3. Os Comités Técnicos Especializados são compostos por Ministros ou Altos Funcionários responsáveis pelos sectores que estão nas suas respectivas áreas de competência.

ARTIGO 15.º
Atribuições dos Comités Técnicos Especializados

Cada Comité, na sua respectiva área de competência:

a) prepara projectos e programas da União e submete-os ao Conselho Executivo;

b) assegura a supervisão e avaliação da implementação das decisões adoptadas pelos órgãos da União;

c) assegura a coordenação e harmonização dos projectos e programas da União;

d) submete ao Conselho Executivo, por sua própria iniciativa ou a pedido do Conselho Executivo, relatórios e recomendações sobre a execução das disposições do presente Acto; e

e) realiza quaisquer outras funções a ele atribuídas, com o objectivo de garantir a implementação das disposições do presente Acto.

ARTIGO 16.º
Reuniões

Sob reserva das directivas emanadas do Conselho Executivo, cada Comité reúne-se sempre que necessário e prepara o seu Regulamento Interno que submete à aprovação do Conselho Executivo.

ARTIGO 17.º
O Parlamento Pan-Africano

1. Com vista a assegurar a plena participação dos povos africanos no desenvolvimento e na integração económica do continente, é criado um Parlamento Pan-Africano.

2. A composição, poderes e organização do Parlamento Pan-Africano serão definidos num Protocolo específico.

ARTIGO 18.º
Tribunal de Justiça

1. É criado um Tribunal de Justiça da União.
2. O estatuto, a composição e os poderes do Tribunal de Justiça serão definidos num Protocolo específico.

ARTIGO 19.º
As Instituições Financeiras

A União Africana é dotada das seguintes instituições financeiras, cujos estatutos e regulamentos são definidos em Protocolos específicos:
 a) O Banco Central Africano;
 b) O Fundo Monetário Africano;
 c) O Banco Africano de Investimento.

ARTIGO 20.º
A Comissão

1. É criada uma Comissão que é o Secretariado da União.
2. A Comissão é composta pelo(a) Presidente, pelo(s) Vice-Presidente(s) e Comissários. Eles são assistidos pelo pessoal necessário ao normal funcionamento da Comissão.
3. A estrutura, atribuições e regulamentos da Comissão são determinados pela Conferência.

ARTIGO 21.º
Comité de Representantes Permanentes

1. É criado um Comité de Representantes Permanentes. O Comité é composto por representantes permanentes junto da União ou outros plenipotenciários dos Estados-Membros.
2. O Comité de Representantes Permanentes é responsável pela preparação do trabalho do Conselho Executivo e actua no quadro das instruções do Conselho. Ele pode estabelecer Sub-Comités ou Grupos de Trabalho que considere necessários.

ARTIGO 22.º
O Conselho Económico, Social e Cultural

1. O Conselho Económico, Social e Cultural é um órgão consultivo constituído pelas diferentes camadas socioprofissionais dos Estados- -Membros da União.

2. As atribuições, poderes, composição e organização do Conselho Económico, Social e Cultural são definidos pela Conferência.

ARTIGO 23.º
Imposição de Sanções

1. A Conferência determina as sanções apropriadas a serem impostas a qualquer Estado-Membro que não pague as suas contribuições para o Orçamento da União, como se segue: privação do direito de usar da palavra em reuniões, do direito de voto, do direito de apresentar candidatos para qualquer posição ou função na União ou de beneficiar de qualquer actividade ou privilégio daí resultante.

2. Além disso, qualquer Estado-Membro que não se conforme com as decisões e políticas da União pode ser sujeito a outras sanções, nomeadamente em matéria de ligações de transportes e comunicações com os outros Estados-Membros e outras medidas de natureza política e económica a serem determinadas pela Conferência.

ARTIGO 24.º
Sede da União

1. A União estará sediada em Addis Abeba, na República Federal Democrática da Etiópia.

2. A Conferência pode, sob recomendação do Conselho Executivo, criar outros escritórios ou representações da União.

ARTIGO 25.º
Línguas de Trabalho

São línguas de trabalho da União e de todas as suas instituições, se possível, as línguas africanas, o árabe, o francês, o inglês e o português.

ARTIGO 26.º
Interpretação

O Tribunal resolve todas as questões de interpretação resultantes da aplicação ou implementação do presente Acto. Até ao seu estabelecimento, essas questões são submetidas à Conferência da União, que decide por maioria de dois terços.

ARTIGO 27.º
Assinatura, Ratificação e Adesão

1. Este Acto está aberto à assinatura, ratificação e adesão dos Estados-Membros da OUA, em conformidade com os respectivos procedimentos constitucionais.
2. Os instrumentos de ratificação são depositados junto do Secretário-Geral da OUA.
3. Qualquer Estado-Membro da OUA que deseje aderir ao presente Acto, após a sua entrada em vigor, depositando o seu instrumento de adesão junto do Presidente da Comissão.

ARTIGO 28.º
Entrada em Vigor

O presente Tratado entrará em vigor trinta (30) dias após o depósito dos instrumentos de ratificação por dois terços dos Estados-Membros da OUA.

ARTIGO 29.º
Admissão como Membro da União

1. Qualquer Estado Africano pode, a qualquer momento após a entrada em vigor do presente Acto, notificar o Presidente da Comissão da sua intenção de aderir a este Acto e ser admitido como Membro da União.
2. O Presidente da Comissão, depois de receber a notificação, envia cópias da mesma a todos os Estados-Membros. A admissão é decidida por maioria simples dos Estados-Membros. A decisão de cada Estado-Membro é transmitida ao Presidente da Comissão, que, depois de receber o número necessário de votos, comunica a decisão de admissão ao Estado--Membro interessado.

ARTIGO 30.º
Suspensão

Aos governos que acedam ao poder através de meios inconstitucionais não é permitido participar nas actividades da União.

ARTIGO 31.º
Renúncia à qualidade de Membro

1. Qualquer Estado que deseje retirar-se da União fá-lo-á por notificação ao Presidente da Comissão, que disso informará os Estados-Membros. Um ano após a notificação, se a mesma não tiver sido retirada, o presente Acto deixará de se aplicar a esse Estado que, assim, deixa de fazer parte da União.

2. Durante o período de um ano referido no parágrafo 1 deste artigo, o Estado-Membro que queira retirar-se da União conformar-se-á com as disposições do presente Acto e será obrigado a cumprir com as suas obrigações no quadro deste Acto até a data da sua retirada.

ARTIGO 32.º
Emendas e Revisão

1. Qualquer Estado-Membro pode apresentar propostas de emenda ou de revisão do presente Acto.

2. As propostas de emenda ou de revisão são submetidas ao Presidente da Comissão, que envia cópias das mesmas aos Estados-Membros, nos trinta dias subsequentes à data de recepção.

3. A Conferência da União, mediante parecer do Conselho Executivo, analisa essas propostas no prazo de um ano a contar da notificação aos Estados-Membros, em conformidade com as disposições do parágrafo 2 do presente artigo.

4. As emendas ou revisões são adoptadas pela Conferência da União por consenso, ou, na falta deste, por maioria de dois terços, e são submetidas à ratificação de todos os Estados-Membros, em conformidade com os respectivos procedimentos constitucionais. As emendas ou revisões entram em vigor trinta dias após o depósito, junto do Presidente da Comissão Executiva, dos instrumentos de ratificação de dois terços dos Estados-Membros.

ARTIGO 33.º
Arranjos Transitórios e Disposições Finais

1. O presente Acto substitui a Carta da Organização de Unidade Africana. Contudo, a referida Carta continuará em vigor durante um período transitório de um ano ou qualquer outro período que seja determinado pela Conferência, após a entrada em vigor do presente Acto, com o objectivo de permitir à OUA/CEA a adopção das medidas necessárias à transferência das suas prerrogativas, dos seus bens e dos seus direitos e obrigações para a União Africana e de regular todas as questões que a tal digam respeito.

2. As disposições do presente Acto derrogam e substituem quaisquer disposições do Tratado de Abuha, que institui a Comunidade Económica Africana, desde que as mesmas sejam contrárias ao presente Acto.

3. Após a entrada em vigor deste Acto, serão adoptadas todas as medidas adequadas para implementar as suas disposições e para garantir o estabelecimento dos órgãos previstos no presente Acto, em conformidade com as directivas ou decisões que sejam adoptadas a este respeito pelos Estados Partes no presente Acto, durante o período transitório atrás indicado.

4. Até ao estabelecimento da Comissão, o Secretariado-Geral da OUA será o Secretariado interino da União.

5. Este Acto, redigido em quatro (4) textos originais em árabe, inglês, francês e português, todos fazendo igualmente fé, é depositado junto do Secretário-Geral da OUA e, após a sua entrada em vigor, junto do Presidente da Comissão, que enviará uma cópia certificada ao Governo de cada Estado signatário. O Secretário-Geral da OUA e o Presidente da Comissão notificarão todos os Estados signatários das datas do depósito dos instrumentos de ratificação ou adesão e registarão os mesmos junto do Secretariado das Nações Unidas, desde a sua entrada em vigor.

EM FÉ DE QUE, NÓS ADOPTÁMOS O PRESENTE ACTO.

NOVA PARCERIA PARA O DESENVOLVIMENTO DE ÁFRICA – NEPAD
23.10.2001

NOVA PARCERIA PARA O DESENVOLVIMENTO DE ÁFRICA

ABREVIATURAS

AGOA	– Acto para o Crescimento e Oportunidades de África
AID	– Associação Internacional de Desenvolvimento
APD	– Ajuda Pública ao Desenvolvimento
CAD	– Comité de Ajuda ao Desenvolvimento
CEA	– Comissão Económica das Nações Unidas para África
CEDEAO	– Comunidade Económica dos Estados da África Ocidental
CEI	– Comissão Electrotécnica Internacional
CGIAR	– Grupo Consultivo para a Investigação Agrícola Internacional
DSRP	– Documento de Estratégia para a Redução da Pobreza
E.U.A.	– Estados Unidos da América
EBA	– "Tudo Menos Armas"
FAO	– Organização das Nações Unidas para Alimentação e Agricultura
FARA	– Fórum para a Investigação Agrícola em África
FIA	– Fórum Internacional de Acreditação
FMI	– Fundo Monetário Internacional
GEF	– Fundo Mundial do Ambiente
GESI	– Iniciativa Global para a Conservação Ambiental
HIPC	– Iniciativa de Redução da Dívida dos Países Pobres Altamente Endividados
IDG	– Objectivos Internacionais de Desenvolvimento
ISO	– Organização Internacional de Normalização
NEPAD	– Nova Parceria para o Desenvolvimento de África
OCDE	– Organização de Cooperação e Desenvolvimento Económico
OMC	– Organização Mundial do Comércio
OMPI	– Organização Mundial da Propriedade Intelectual
OMS	– Organização Mundial da Saúde
ONU	– Organização das Nações Unidas
PIB	– Produto Interno Bruto
PNB	– Produto Nacional Bruto

PPP	– Parceria Público-Privada
RETOSA	– Organização Regional do Turismo da África Austral
SADC	– Comunidade de Desenvolvimento da África Austral
SGP	– Sistema Generalizado de Preferências
SIG	– Sistema de Informação Geográfica
TBT	– Acordo sobre Obstáculos Técnicos ao Comércio
TIC	– Tecnologias de Informação e Comunicação
UA	– União Africana
UNESCO	– Organização das Nações Unidas para a Educação, Ciência e Cultura
VIH/SIDA	– Vírus de Imunodeficiência Humana/Síndroma da Imunodeficiência Adquirida

ÍNDICE

I. INTRODUÇÃO
II. ÁFRICA NO MUNDO CONTEMPORÂNEO: ENTRE A POBREZA E A PROSPERIDADE
    O Empobrecimento Histórico de um Continente
    África e a Revolução Mundial
III. A NOVA VONTADE POLÍTICA DOS LÍDERES AFRICANOS
IV. APELO AOS POVOS DE ÁFRICA
V. PROGRAMA DE ACÇÃO: ESTRATÉGIA PARA A REALIZAÇÃO DO DESENVOLVIMENTO SUSTENTÁVEL NO SÉCULO XXI
    A. **Condições para o desenvolvimento sustentável**
        A1. Iniciativas para a Paz, Segurança, Democracia e Governação Política
            (i) Iniciativa para a Paz e Segurança
            (ii) Iniciativa para a Democracia e Governação Política
        A2. Iniciativa para a Governação Económica e para a Governação Empresarial
            • Abordagens Sub-regional e Regional do Desenvolvimento
    B. **Prioridades sectoriais**
        B1. Redução do fosso infraestrutural
            (i) Todos os sectores infraestruturais
            (ii) Redução do fosso Digital; Investimento em Tecnologias de Informação e Comunicação
            (iii) Energia
            (iv) Transportes
            (v) Água e Saneamento
        B2. Iniciativa para o Desenvolvimento dos Recursos Humanos (incluindo o combate à Fuga de Cérebros)

        (i) Redução da Pobreza
        (ii) Redução do fosso na Educação
        (iii) Inversão da tendência de Fuga de Cérebros
        (iv) Saúde
   B3. Agricultura
   B4. Iniciativa para o Ambiente
   B5. Cultura
   B6. Plataformas para a Ciência e Tecnologia
C. **Mobilização de recursos**
   C1. Iniciativa sobre Fluxos de Capitais
        (i) Aumentar a Mobilização de Recursos Internos
        (ii) Redução da Dívida
        (iii) Reformas na APD
        (iv) Fluxos de Capitais Privados
   C2. Iniciativa para o Acesso aos Mercados
        (i) Diversificação da Produção
        (ii) Agricultura
        (iii) Indústria Extractiva
        (iv) Manufacturas
        (v) Turismo
        (vi) Serviços
        (vii) Promoção do Sector Privado
        (viii) Promoção das Exportações Africanas
        (ix) Eliminação dos Obstáculos Não Tarifários

VI. UMA NOVA PARCERIA MUNDIAL
Estabelecer um Novo Relacionamento com os Países Industrializados e as Organizações Multilaterais

VII. IMPLEMENTAÇÃO DA NOVA PARCERIA PARA O DESENVOL-VIMENTO DE ÁFRICA
Projectos
        (i) Agricultura
        (ii) Promoção do Sector Privado
        (iii) Infra-estruturas e Integração Regional
Avaliação das Necessidades
Mecanismo de Gestão da Nova Parceria para o Desenvolvimento de África
Comité de Chefes de Estado para a Implementação

VIII. CONCLUSÃO

I. Introdução

1. A Nova Parceria para o Desenvolvimento de África representa uma promessa dos líderes Africanos, baseada numa visão comum e numa convicção firme e partilhada de que têm o dever de erradicar a pobreza e colocar os seus países, individual e colectivamente, na via de um crescimento e de um desenvolvimento sustentáveis e, ao mesmo tempo, de participarem activamente na economia e na vida política mundiais. O Programa baseia-se na determinação dos africanos de se livrarem a si próprios e ao seu continente dos males do subdesenvolvimento e da exclusão num mundo global.

2. A pobreza e o atraso do continente africano contrastam fortemente com a prosperidade do mundo desenvolvido. A contínua marginalização de África do processo de globalização e a exclusão social da vasta maioria das suas populações constituem uma séria ameaça para a estabilidade mundial.

3. Após a década de 70, com o acesso dos países africanos às instituições da Comunidade Internacional, o binómio crédito/ajuda marcou a lógica do desenvolvimento africano. O crédito deu origem ao ciclo da dívida que, entre prestações e reescalonamento, continua a entravar o crescimento dos países africanos. Esta opção atingiu os seus limites. Em relação ao outro elemento do binómio – a ajuda – regista-se a redução da ajuda privada e a limitação da ajuda pública, que se situa abaixo das metas definidas na década de 70.

4. No continente africano, 340 milhões de pessoas, ou seja metade da população, vivem com menos de 1 dólar por dia. A taxa de mortalidade entre crianças com menos de 5 anos de idade atinge aos 140 por 1000 e a esperança de vida à nascença é de apenas 54 anos. Somente 58% da população tem acesso a água potável. A taxa de analfabetismo entre pessoas com idade superior a 15 anos atinge os 41%. Existem apenas 18 linhas telefónicas principais para 1000 pessoas em África, em comparação com 146 no resto do mundo e 567 nos países de elevado rendimento.

5. A Nova Parceria para o Desenvolvimento de África procura inverter esta situação anómala, através da mudança das relações em que assenta. Os africanos são instados a não aceitar a perpetuação da dependência resultante da ajuda, nem concessões marginais.

6. Estamos convictos de que se apresenta uma oportunidade histórica para pôr termo ao flagelo do subdesenvolvimento que afecta o continente africano. Os recursos, incluindo o capital, a tecnologia e as competências

humanas, necessários para o lançamento de uma acção generalizada contra a pobreza e o subdesenvolvimento são abundantes e encontram-se ao nosso alcance. Para que se possam mobilizar estes recursos e utilizá-los de forma correcta é necessária uma liderança determinada e esclarecida que esteja verdadeiramente comprometida no esforço do desenvolvimento humano sustentado e na erradicação da pobreza, bem como uma nova parceria global baseada na responsabilidade conjunta e no interesse mútuo.

7. Em todo o continente, os africanos declaram não estarem dispostos a ser condicionados pelas circunstâncias. Nós determinaremos o nosso próprio destino e apelamos ao resto do mundo para que apoie os nossos esforços. Já existem sinais de progresso e de esperança. O número de regimes democráticos que estão comprometidos na protecção dos direitos humanos, no desenvolvimento centrado na pessoa humana e na promoção de economias de mercado está a aumentar. As populações africanas começam a manifestar a sua recusa em aceitar uma liderança económica e política frágil. Contudo, estes progressos são desiguais e inadequados e necessitam de ser acelerados.

8. A Nova Parceria para o Desenvolvimento de África assenta na consolidação e aceleração destes progressos. Ela constitui um apelo para um novo relacionamento de parceria entre África e a Comunidade Internacional, em especial os países altamente industrializados, no sentido de se reduzir o fosso de desenvolvimento que se alargou ao longo de séculos de relações desiguais.

II. África no mundo contemporâneo: entre a pobreza e a prosperidade

9. O lugar de África na comunidade mundial é definido pelo facto do continente representar uma base de recursos indispensável que têm servido toda a humanidade ao longo de muitos séculos.

10. Estes recursos podem desdobrar-se nos seguintes elementos:
- O rico complexo de depósitos de minerais, de petróleo e de gás, a flora e a fauna e o vasto habitat natural não explorado, que proporcionam uma base para a actividade mineira, agrícola, o turismo e o desenvolvimento industrial (primeiro elemento);
- O pulmão ecológico proporcionado pela floresta tropical húmida e a presença mínima de emissões e de efluentes nocivos ao ambiente – um bem público global que beneficia toda a humanidade (segundo elemento);

- Os locais paleontológicos e arqueológicos que contêm provas das origens da terra, vida e da raça humana e os habitats naturais que contêm uma grande variedade de flora e fauna, espécies animais únicas e espaços abertos não habitados que caracterizam o continente (terceiro elemento);
- A riqueza da cultura africana e a sua contribuição para a variedade de culturas da comunidade mundial (quarto elemento).

11. O mundo está mais familiarizado com o primeiro elemento. O segundo só recentemente veio a ganhar maior relevo, à medida que a humanidade começou a compreender a importância crucial das questões ambientais. O terceiro elemento começou, também, a ganhar um lugar de destaque, não como simples objecto de uma disciplina científica ou de interesse exclusivo para os museus e seus conservadores. O quarto elemento representa a criatividade dos povos africanos que continua consideravelmente subexplorada e subdesenvolvida.

12. África tem um importante papel a desempenhar relativamente ao problema fulcral da protecção do ambiente. Os recursos africanos incluem as florestas tropicais, a atmosfera praticamente livre de dióxido de carbono e a presença mínima de efluentes tóxicos nos rios e solos que confinam com os Oceanos Atlântico e Índico e com os mares Mediterrâneo e Vermelho. A Nova Parceria para o Desenvolvimento de África comporta uma estratégia para o aproveitamento destes recursos e sua utilização para o desenvolvimento do continente africano, ao mesmo tempo que serão envidados esforços tendo em vista a sua conservação para toda a humanidade.

13. É obvio que, a menos que possuam meios alternativos de subsistência, as comunidades situadas nos arredores das florestas tropicais húmidas contribuirão para a destruição das mesmas. Sendo a conservação deste importante património ambiental do interesse da humanidade, é imperioso que o continente africano possa realizar um desenvolvimento que não coloque as florestas tropicais húmidas em perigo.

14. A moderna ciência reconhece África como berço da humanidade. No quadro do processo de reconstrução da identidade e auto-confiança dos povos de África, é necessário que esta contribuição para a existência humana seja compreendida e valorizada pelos próprios africanos. O estatuto de África como berço da humanidade deve ser apreciado por todo o mundo, enquanto local de origem de todos os seus povos. Desta forma, a Nova Parceria para o Desenvolvimento de África deve preservar o património comum e utilizá-lo para estabelecer um entendimento universal

sobre a necessidade histórica de pôr termo ao subdesenvolvimento e à marginalização do continente.

15. África tem, igualmente, um papel essencial a desempenhar na manutenção do elo forte entre os seres humanos e a natureza. Os avanços tecnológicos tendem a colocar em destaque o papel dos seres humanos como factores de produção, que competem pelo seu lugar no processo de produção com os seus instrumentos contemporâneos ou futuros. Os espaços abertos e desabitados, a flora e a fauna e as diversas espécies animais que apenas se encontram no continente africano oferecem uma oportunidade para a humanidade manter este laço com a natureza.

16. África já contribuiu significativamente para a cultura mundial, através da literatura, da música, das artes visuais e de outras formas culturais, mas o seu verdadeiro potencial continua inexplorado em virtude da sua limitada integração na economia mundial. A Nova Parceria para o Desenvolvimento de África permitirá que o continente africano aumente a sua contribuição para a ciência, a cultura e a tecnologia.

17. Neste novo milénio, em que a humanidade procura uma nova forma de construir um mundo melhor, é essencial que combinemos estes atributos e as forças da vontade humana para colocar o continente no pedestal da parceria equitativa, a fim de fazer progredir a civilização humana.

O empobrecimento histórico de um continente

18. O empobrecimento do continente africano foi essencialmente acentuado pelo legado do colonialismo, da guerra fria, dos mecanismos do sistema económico internacional e das insuficiências e inadequação das políticas prosseguidas por muitos países após a independência.

19. Durante séculos, África tem estado integrada na economia mundial principalmente como fornecedora de mão-de-obra e de matérias-primas a baixo custo. Isto implicou necessariamente uma hemorragia dos recursos africanos, ao invés da sua utilização para o desenvolvimento do continente. África desperdiçou nessa época a possibilidade de utilizar os minerais e as matérias-primas para desenvolver indústrias manufactureiras e uma força de trabalho altamente qualificada para sustentar o crescimento e o desenvolvimento. Assim, África permaneceu o continente mais pobre, a despeito de ser a região mais dotada de recursos do mundo.

20. Noutros países e noutros continentes, verificou-se exactamente o contrário. Houve uma injecção de riqueza sob a forma de investimentos que criaram maior volume de riqueza, graças à exportação de produtos de

valor acrescentado. Chegou a altura dos recursos africanos serem aproveitados para criar riqueza para o bem-estar das suas populações.

21. O colonialismo abalou as estruturas, instituições e valores tradicionais até então existentes ou submeteu-os às necessidades económicas e políticas das potências imperiais. O colonialismo retardou, igualmente, o desenvolvimento de uma classe empresarial e de uma classe média dotada de aptidões e de capacidade de gestão.

22. Aquando da independência, quase todos os novos Estados se caracterizavam pela falta de pessoal qualificado e por uma fraca classe capitalista, o que conduziu a um enfraquecimento do processo de acumulação. A África pós-colonial herdou Estados fracos e economias disfuncionais, situação que foi agravada por uma liderança medíocre, pela corrupção e pela má-governação em muitos países. A conjugação destes dois factores com as divisões causadas pela guerra fria minou o desenvolvimento de governos responsáveis no continente.

23. Muitos governos africanos não habilitaram os seus povos para participarem em iniciativas de desenvolvimento, com vista a reforçarem o seu potencial criativo. Hoje, a debilidade do Estado continua a ser o principal obstáculo ao desenvolvimento sustentável de muitos países africanos. Na verdade, um dos principais desafios com que África se confronta é o de reforçar a capacidade de governar e de desenvolver políticas a longo prazo. Ao mesmo tempo, é, igualmente, urgente a realização de reformas e a implementação de vastos programas em muitos Estados africanos.

24. Os programas de ajustamento estrutural dos anos 80 providenciaram apenas uma solução parcial. Eles promoveram reformas que visavam eliminar graves distorções dos preços, mas que não concediam suficiente atenção à prestação de serviços sociais. Consequentemente, estes programas apenas permitiram a um pequeno número de países alcançar níveis mais elevados de crescimento sustentável.

25. Com efeito, a experiência de África demonstra claramente que a taxa de acumulação durante o período pós-colonial não foi suficiente para reconstruir as sociedades após o subdesenvolvimento colonial ou para manter uma melhoria do nível de vida. Isso teve consequências nefastas sobre o processo político e aumentou o clientelismo e a corrupção.

26. O efeito nítido destes processos consistiu na perpetuação do ciclo vicioso, no qual o declínio económico, a reduzida capacidade e a medíocre governação se reforçam mutuamente, confirmando o papel periférico e cada vez menos importante de África na economia mundial. Assim, ao longo dos séculos, África tornou-se o continente marginalizado.

27. A Nova Parceria para o Desenvolvimento de África procura tirar partido das realizações do passado, bem como reflectir sobre as lições que se podem retirar de uma dolorosa experiência, de forma a estabelecer uma parceria credível e exequível. Para o efeito, o desafio que se coloca à população e aos governos africanos é o de compreender que o desenvolvimento é um processo de responsabilização e de auto-suficiência. Deste modo, os africanos não devem ficar na dependência de protectores benevolentes; pelo contrário, devem ser os arquitectos de uma melhoria sustentada das suas condições de vida.

África e a revolução mundial
28. O mundo entrou num novo milénio caracterizado por uma revolução económica. Esta revolução pode proporcionar o contexto e os meios para a modernização do continente africano. Embora a globalização tenha aumentado o custo da incapacidade de África de competir, defendemos que as vantagens de uma integração eficazmente gerida apresentam as melhores perspectivas para uma futura prosperidade económica e redução da pobreza.

29. A actual revolução económica foi, em parte, possível, graças aos avanços registados no domínio das tecnologias de informação e comunicação (TIC) que reduziram os custos e aumentaram a velocidade das comunicações em todo o globo, abolindo as barreiras de tempo e espaço pré-existentes e afectando todas as áreas da vida social e económica. Esta revolução permitiu a integração dos sistemas nacionais de produção e de finanças e reflecte-se no impressionante crescimento de escala dos fluxos transfronteiriços de mercadorias, serviços e capitais.

30. A integração dos sistemas nacionais de produção possibilitou o "desdobramento da cadeia de valor" num grande número de processos produtivos dos sectores industrial e de serviços. Ao mesmo tempo, a maior mobilidade do capital significa que os mutuários, públicos ou privados, devem competir entre si pelo capital nos mercados mundiais, ao invés de o fazerem nos mercados nacionais. Estes dois processos aumentaram os custos para os países que se revelam incapazes de suportar uma concorrência efectiva. Estes custos foram, em larga medida, suportados de forma desproporcionada por África.

31. Muito embora não exista nenhuma parte do mundo que tenha escapado aos efeitos da globalização, as contribuições das várias regiões e nações foram claramente diferentes. As nações fortemente industrializadas assumiram-se como força motriz destes importantes avanços. Para além

delas, apenas alguns países do mundo em desenvolvimento desempenham um papel importante na economia mundial. Muitos países em desenvolvimento, especialmente em África, contribuem passivamente e essencialmente com base nos seus recursos ambientais e naturais.

32. É na repartição dos benefícios que o desequilíbrio global é mais flagrante. Por um lado, aumentaram as oportunidades de criar ou expandir a riqueza, de adquirir conhecimentos e aptidões e de melhorar o acesso às mercadorias e aos serviços – em resumo, de melhorar a qualidade da vida. Nalgumas partes do mundo, a procura de uma maior abertura da economia mundial criou a possibilidade de fazer com que milhões de pessoas abandonassem a pobreza.

33. Por outro lado, uma maior integração conduziu a uma marginalização mais acentuada dos países incapazes de suportarem uma concorrência efectiva. Na ausência de regras mundiais justas e equitativas, a globalização aumentou a capacidade dos mais fortes de promoverem os seus interesses em detrimento dos mais fracos, especialmente nos domínios do comércio, das finanças e da tecnologia. A globalização limitou a capacidade dos países em desenvolvimento de controlarem o seu próprio desenvolvimento, não dispondo o sistema de mecanismos de compensação dos mais fracos. As condições dos países que são marginalizados neste processo agravaram-se em termos reais, emergindo uma fissura entre a inclusão e a exclusão no seio das nações e entre elas.

34. A incapacidade de África tirar proveito do processo de globalização resulta, em parte, de obstáculos estruturais ao crescimento e ao desenvolvimento, sob a forma de escoamento de recursos e de termos de troca desfavoráveis. Ao mesmo tempo, reconhecemos que as falhas ao nível da liderança política e económica em muitos países africanos impediram a mobilização e a utilização efectivas dos escassos recursos em domínios da actividade produtiva cada vez mais indispensáveis para atrair e facilitar o investimento nacional e estrangeiro.

35. O fraco nível da actividade económica significa que os instrumentos necessários para a injecção real de fundos privados e para a tomada de riscos não se encontram disponíveis, o que se traduz num declínio suplementar. Neste ciclo que se perpetua indefinidamente, a capacidade de África de participar no processo de globalização é severamente afectada, conduzindo a uma marginalização ainda mais acentuada. A crescente polarização da riqueza e da pobreza é um dos numerosos processos que acompanharam a globalização e que ameaçam a sua sustentabilidade.

36. Os últimos anos do século XX testemunharam um forte colapso financeiro numa grande parte do mundo em desenvolvimento, que afectou, não apenas a estabilidade do sistema financeiro mundial, mas, também, a própria economia mundial no seu conjunto. Um dos efeitos imediatos da crise financeira foi o exacerbamento dos níveis existentes de pobreza estrutural profunda em que vive cerca de metade da população mundial, a qual dispõe de menos de 2 dólares por dia, enquanto um quinto da população mundial sobrevive com menos de 1 dólar por dia.

37. Existem outros factores que colocam sérios riscos a longo prazo. Estes incluem o aumento rápido do número de pessoas socialmente excluídas em diversas zonas do globo, o que contribui, por um lado, para a instabilidade política, as guerras civis e os conflitos militares e, por outro lado, para um novo padrão de migração massiva. A expansão da produção industrial e o crescimento da pobreza contribuem para a degradação ambiental dos nossos oceanos, da atmosfera e da vegetação natural. Se estes problemas não forem resolvidos, desencadearão processos que rapidamente ficarão fora do controlo dos governos, quer dos países desenvolvidos, quer dos países em desenvolvimento.

38. Os meios para inverter este cenário sombrio não estão ainda fora do nosso alcance. A melhoria do nível de vida dos marginalizados oferece um enorme potencial de crescimento para toda a economia internacional, graças à criação de novos mercados e ao aproveitamento de uma capacidade económica acrescida. Isso resultará numa maior estabilidade à escala mundial, acompanhada de bem-estar económico e social.

39. O imperativo do desenvolvimento não coloca, assim, apenas um desafio de consciência moral; ele é fundamental para a sustentabilidade do processo de globalização. Nós admitimos sem hesitações que a globalização é um produto dos avanços científicos e tecnológicos impostos, em larga medida, pelos mercados. Porém, os governos, particularmente os do mundo desenvolvido, desempenharam, em parceria com o sector privado, um importante papel na definição da sua forma e do seu conteúdo.

40. O argumento favorável a um papel das autoridades nacionais e das instituições privadas na orientação da agenda da globalização para uma via sustentável, na qual os benefícios sejam repartidos de uma forma mais equitativa, continua a revelar a sua força. A experiência demonstra que, apesar das oportunidades sem paralelo proporcionadas pela globalização a alguns países anteriormente pobres, não existe nada inerente ao processo que reduza automaticamente a pobreza e a desigualdade.

41. O que é necessário é um compromisso da parte dos governos, do sector privado e de outras instituições da sociedade civil, a favor de uma verdadeira integração de todas as nações na economia e na vida política mundiais. Isto exige o reconhecimento da interdependência mundial no que se refere à oferta e à procura, à base ambiental que sustenta o planeta, a migração transfronteiriça, uma arquitectura financeira mundial que premeie uma boa gestão socioeconómica e uma governação global que reconheça uma parceria entre todos os povos. Nós defendemos que a comunidade internacional possui a capacidade de criar condições justas e equitativas que permitam a África participar efectivamente na economia e na vida política mundiais.

III. A nova vontade política dos líderes africanos

42. A Nova Parceria para o Desenvolvimento de África reconhece que, no passado, foram feitas tentativas de elaboração de programas de desenvolvimento à escala do continente. Por diversas razões, quer internas, quer externas, incluindo uma liderança e um grau de participação dos próprios africanos questionáveis, essas tentativas não foram bem sucedidas. Hoje, porém, existem novas circunstâncias, que se adequam a uma realização prática integrada.

43. A nova fase de globalização coincidiu com uma reestruturação das relações internacionais no pós-guerra fria. Esta encontra-se associada à emergência de novos conceitos de segurança e de interesse próprio, que incluem o direito ao desenvolvimento e à erradicação da pobreza. A democracia e a legitimidade do Estado foram redefinidas, no sentido de incluírem, como elementos centrais, um governo responsável, uma cultura dos direitos humanos e a participação popular.

44. O número cada vez maior de líderes democraticamente eleitos é um facto bastante revelador. Através das suas acções, eles declararam que as expectativas dos povos de África numa vida melhor não podem continuar a fundar-se na magnanimidade de outrem.

45. Em todo o continente, a democracia continua a propagar-se, com o apoio da União Africana (UA), que se mostrou determinada em resolver os conflitos e em censurar qualquer desvio em relação às normas. Estes esforços são reforçados por vozes que se fazem ouvir no seio da sociedade civil, incluindo as associações de mulheres, de jovens e os órgãos de comunicação independentes. Para além disso, os governos africanos estão,

mais do que nunca, determinados em realizar os objectivos de cooperação e de integração económicas a nível regional e continental. Isto serve para consolidar a recuperação económica e reforçar as vantagens da interdependência mútua.

46. A alteração das condições em África foi já reconhecida pelos governos de todo o mundo. A Declaração do Milénio das Nações Unidas, adoptada em Setembro de 2000, confirma a disponibilidade da comunidade mundial para apoiar os esforços de África, tendo em vista a resolução do problema do subdesenvolvimento e da marginalização do continente. A Declaração sublinha o seu apoio à prevenção de conflitos e à criação de condições de estabilidade e democracia no continente, bem como aos importantes desafios da erradicação da pobreza e da doença. A Declaração realça, ainda, o compromisso da comunidade internacional de aumentar o fluxo de recursos para África, melhorando as relações nos domínios da ajuda, do comércio e da dívida entre África e o resto do mundo, e aumentando o fluxo de capitais para o continente. O importante, nesta fase, é traduzir estes compromissos em realidades.

47. A Nova Parceria para o Desenvolvimento de África está centrada na necessidade de assegurar a propriedade e a gestão para os africanos. Através deste programa, os líderes africanos estão a adoptar uma agenda para a renovação do continente. A agenda assenta nas prioridades nacionais e regionais e nos planos de desenvolvimento que devem ser elaborados através de processos participativos que envolvam as populações. Nós acreditamos que, embora os mandatos dos líderes africanos derivem dos seus povos, o seu papel consiste em articular estes planos e dirigir o processo de aplicação no interesse dos seus povos.

48. O Programa constitui um novo quadro de interacção com o resto do mundo, incluindo os países industrializados e as organizações multilaterais. Ele baseia-se na agenda estabelecida pelos povos africanos, através das suas próprias iniciativas e da sua vontade própria, no sentido de moldarem o seu destino.

49. Para realizar estes objectivos, os líderes africanos devem assumir em comum um certo número de responsabilidades:
- Consolidar os mecanismos para a prevenção, gestão e resolução de conflitos, ao nível sub-regional e continental, e assegurar que esses mecanismos sejam utilizados para restaurar e manter a paz;
- Promover e proteger a democracia e os direitos do homem nos seus países e regiões, através da definição de padrões claros de respon-

sabilização, de transparência e de governação participativa ao nível local e nacional;
- Restaurar e manter a estabilidade macroeconómica, especialmente através da definição de padrões e de metas apropriadas para as políticas monetária e orçamental e da introdução de quadros institucionais adequados para assegurar a sua realização;
- Instituir quadros legais e reguladores transparentes para os mercados financeiros e para assegurar a auditoria às empresas privadas e ao sector público;
- Revitalizar e alargar a prestação de serviços de educação, de formação técnica e de saúde, atribuindo uma forte prioridade à luta contra o VIH/SIDA, a malária e outras doenças transmissíveis;
- Promover o papel das mulheres no desenvolvimento social e económico, através do reforço das suas capacidades nos domínios da educação e da formação, desenvolvendo actividades lucrativas, através da facilitação do acesso ao crédito, assegurando a sua participação na vida política e económica dos países africanos;
- Reforçar a capacidade dos Estados africanos para elaborar e fazer respeitar a legislação e manter a lei e a ordem;
- Promover o desenvolvimento das infra-estruturas, da agricultura e a sua diversificação em agro-indústrias e da indústria manufactureira ao serviço dos mercados nacional e de exportação.

IV. Apelo aos povos de África

50. O projecto do Renascimento Africano, que deverá permitir ao nosso continente, pilhado durante séculos, assumir o lugar que lhe pertence no mundo, depende da construção de uma economia africana forte e competitiva, numa altura em que o mundo é marcado por uma liberalização e concorrência acrescidas.

51. A Nova Parceria para o Desenvolvimento de África só terá sucesso caso os povos africanos, unidos na sua diversidade, se apropriem dela.

52. África, empobrecida pela escravatura, corrupção e má gestão económica, procura arrancar em circunstâncias difíceis. Todavia, se os seus enormes recursos naturais e humanos forem mobilizados e utilizados de forma adequada, poderá esperar-se um crescimento equitativo e susten-

tável do continente, bem como uma aceleração da integração de África na economia mundial.

53. Esta é a razão pela qual os nossos povos, a despeito das actuais dificuldades, devem retomar a confiança no seu génio e na sua capacidade de ultrapassar os obstáculos e participar na edificação da nova África. A presente iniciativa é a expressão do compromisso dos líderes africanos em traduzir em acções concretas as profundas aspirações dos povos africanos.

54. Todavia, o sucesso dos esforços dos nossos líderes depende do compromisso dos nossos povos de assumir o seu próprio destino.

55. Esta é a razão pela qual os líderes africanos lançam um apelo a todos os povos de África, na sua diversidade, para que tomem consciência da gravidade da situação e da necessidade de se mobilizarem para pôr termo à contínua marginalização do continente e assegurar o seu desenvolvimento, reduzindo o fosso existente entre África e os países desenvolvidos.

56. Nós exortamos, por conseguinte, os povos de África para se prepararem para superar o desafio da mobilização em apoio da aplicação desta iniciativa, através da criação, a todos os níveis, de mecanismos que lhes permitam organizar-se, mobilizar-se e agir.

57. Os líderes do continente estão conscientes do facto de que o verdadeiro génio de um povo se mede pela sua capacidade de realizar uma reflexão audaciosa e inovadora e pela sua determinação em apoiar os esforços do seu desenvolvimento.

58. Nós devemos esforçar-nos por prosseguir com a aplicação deste ambicioso programa de promoção de economias estáveis e robustas e com a edificação de sociedades democráticas. A este respeito, os líderes africanos estão convencidos de que África, continente cujo processo de desenvolvimento sempre se caracterizou por falsas partidas e fracassos, será bem sucedida nesta iniciativa.

V. Programa de acção: estratégia para a realização do desenvolvimento sustentável no século XXI

59. A Nova Parceria para o Desenvolvimento de África difere, na sua abordagem e estratégia, de todos os anteriores planos e iniciativas que visavam promover o desenvolvimento do continente africano, embora os problemas a que ela procura dar resposta permaneçam, em larga medida, os mesmos.

60. A Nova Parceria para o Desenvolvimento de África é encarada como uma visão a longo prazo do programa de desenvolvimento de África dirigido pelos africanos.

61. O Programa de Acção assenta em nove domínios prioritários apresentados da mesma forma que na estratégia proposta e as prioridades podem ser revistas periodicamente pelo Comité de Chefes de Estado para a Implementação. O Programa identifica actividades a realizar a curto prazo, apesar da amplitude das actividades a empreender.

62. Embora o financiamento a longo prazo esteja previsto no quadro da iniciativa, é necessário, no entanto, no imediato, executar rapidamente os projectos destinados a erradicar a pobreza do continente e a colocar os países africanos, individual e colectivamente, na via do crescimento e desenvolvimento sustentáveis, pondo, assim, termo à marginalização a que África tem sido votada no processo de globalização.

63. Embora existam outras prioridades urgentes, as que foram incluídas no Programa de Acção terão um efeito catalizador para futuras intervenções noutros domínios prioritários.

64. Apesar das taxas de crescimento serem importantes, elas não são por si só suficientes para permitir aos países africanos alcançar o objectivo da redução da pobreza. O desafio com que África se confronta consiste, pois, no desenvolvimento da capacidade de manter o crescimento nos níveis requeridos para reduzir a pobreza e promover um desenvolvimento sustentável. Com esse objectivo, devem levar-se em consideração outros factores, como o desenvolvimento das infra-estruturas, a acumulação de capital, os recursos humanos, as instituições, a diversificação estrutural, a competitividade, a saúde e a conservação do ambiente.

65. O objectivo da Nova Parceria para o Desenvolvimento de África é conferir uma nova dinâmica ao desenvolvimento de África, reduzindo o fosso actualmente existente nos sectores prioritários, a fim de permitir que o continente recupere o atraso existente em relação às regiões desenvolvidas do mundo.

66. A nova visão a longo prazo necessita de investimentos massivos e importantes para reduzir o fosso actualmente existente. O desafio que se coloca a África é o de ser capaz de mobilizar os recursos necessários nas melhores condições possíveis. Apelamos, pois, aos nossos parceiros de desenvolvimento para que nos apoiem neste esforço.

67. Objectivos a longo prazo
- Erradicar a pobreza em África e colocar os países africanos, individual e colectivamente, na via de um crescimento e de um desenvolvimento sustentáveis e pôr, assim, termo à marginalização de África no processo de globalização;
- Promover o papel das mulheres em todas as actividades.

68. Objectivos
- Alcançar e manter uma taxa crescimento anual média do produto interno bruto (PIB) superior a 7% durante os próximos 15 anos;
- Assegurar que o continente realize os Objectivos de Desenvolvimento Internacional (IDG) acordados e que são:
  – Reduzir em metade, entre 1990 e 2015, a percentagem de pessoas que vivem em condições de pobreza extrema;
  – Assegurar a escolarização de todas as crianças em idade de frequentar as escolas primárias até 2015;
  – Realizar progressos para assegurar a igualdade entre sexos e a habilitação das mulheres, através da eliminação das disparidades entre sexos no processo de inscrição na educação primária e secundária até 2005;
  – Reduzir as taxas de mortalidade infantil e de crianças em dois terços entre 1990 e 2015;
  – Reduzir a taxa de mortalidade materna em três quartos entre 1990 e 2015;
  – Assegurar o acesso universal a serviços de saúde reprodutiva até 2015;
  – Implementar estratégias nacionais de desenvolvimento sustentável até 2005, assegurando a reversão das perdas de recursos ambientais até 2015.

69. Os resultados esperados desta estratégia são os seguintes:
- Crescimento económico, desenvolvimento e aumento do emprego;
- Redução da pobreza e da desigualdade;
- Diversificação das actividades produtivas, melhoria da competitividade no plano internacional e aumento das exportações;
- Melhor integração de África.

70. Conscientes de que, a menos que sejam adoptadas medidas inovadoras e radicais, África não realizará nem os objectivos de desenvolvimento internacional, nem a taxa de crescimento anual do PIB de 7%, os Chefes de Estado africanos propõem o programa a seguir descrito. O pro-

grama, que assenta em temas nucleares, é apoiado por um programa de acção detalhado.

A. Condições para o desenvolvimento sustentável
A1. Iniciativas para a Paz, Segurança, Democracia e Governação Política

71. A experiência ensinou os líderes africanos que a paz, a segurança, a democracia, uma boa governação, o respeito pelos direitos do homem e uma gestão económica sã são condições indispensáveis ao desenvolvimento sustentável. Eles assumem o compromisso de, individual e colectivamente, promover estes princípios nos seus países, sub-regiões e no continente.

(i) Iniciativa para a Paz e Segurança

72. A Iniciativa para a Paz e Segurança consiste em três elementos:
- Promoção de condições a longo prazo que favoreçam o desenvolvimento e a segurança;
- Consolidação das capacidades de alerta rápido das instituições africanas e melhoria da sua capacidade de prevenção, gestão e resolução de conflitos;
- Institucionalização dos compromissos para com os valores fundamentais da Nova Parceria para o Desenvolvimento de África, através da liderança.

73. As condições a longo prazo para assegurar a paz e a segurança em África exigem a adopção de medidas de política destinadas a superar as vulnerabilidades políticas e sociais que se encontram na origem dos conflitos. Estas são abordadas nas Iniciativas para a Governação Política e para a Governação Económica, nas Iniciativas sobre Fluxos de Capitais e o Acesso aos Mercados e na Iniciativa para o Desenvolvimento dos Recursos Humanos.

74. Os esforços visando consolidar a capacidade de África de gerir todos os aspectos de um conflito devem incidir sobre os meios necessários para reforçar as instituições sub-regionais e continentais existentes, especialmente em quatro áreas nucleares:
- A prevenção, a gestão e a resolução de conflitos;
- A procura da paz, a manutenção da paz e a imposição da paz;
- A reconciliação, a reabilitação e a reconstrução na sequência do conflito;

- A luta contra a proliferação ilícita de armas ligeiras e de minas terrestres.

75. Nos seis meses que se seguem à implementação da Nova Parceria para o Desenvolvimento de África os líderes analisarão as recomendações descrevendo as medidas detalhadas necessárias em cada uma das quatro áreas mencionadas, tomando em consideração os respectivos custos. Esta análise incidirá igualmente sobre as medidas que os parceiros deverão realizar e a natureza e as fontes de financiamento dessas actividades.

76. O Fórum dos Chefes de Estado que se encontra previsto servirá de plataforma para os líderes da Nova Parceria para o Desenvolvimento de África procurarem melhorar a capacidade das instituições africanas promoverem a paz e a segurança no continente, partilharem experiências e mobilizarem uma acção colectiva. O Fórum assegurará o respeito dos princípios e compromissos implícitos nesta iniciativa.

77. Cientes desta exigência, os africanos devem desenvolver todos os esforços para encontrar soluções sustentadas para os conflitos existentes, reforçar a sua segurança interna e promover a paz entre os países.

78. Na Cimeira de Lusaca, a União Africana decidiu adoptar medidas enérgicas para reactivar os órgãos responsáveis pela prevenção e resolução de conflitos.

(ii) Iniciativa para a Democracia e Governação Política
79. É geralmente reconhecido que o desenvolvimento não se pode realizar na ausência de uma verdadeira democracia, de respeito pelos direitos humanos, de paz e de boa governação. Com a Nova Parceria para o Desenvolvimento de África, África compromete-se a respeitar os padrões mundiais em matéria de democracia, cujos aspectos fundamentais são o pluralismo político, a existência de vários partidos políticos e sindicatos e a organização periódica de eleições democráticas livres, justas e transparentes, que permitam ao povo escolher livremente os seus líderes.

80. O objectivo da Iniciativa para a Democracia e Governação Política é contribuir para o reforço do quadro político e administrativo dos países participantes, de acordo com os princípios da democracia, da transparência, da responsabilidade, da integridade, do respeito pelos direitos do homem e do primado do direito. Esta Iniciativa é reforçada e apoiada pela Iniciativa para a Governação Económica, com a qual partilha importantes características. Em conjunto, estas iniciativas devem contribuir para o aproveitamento da energia do continente para o progresso na via do desenvolvimento e da erradicação da pobreza.

81. A Iniciativa inclui os seguintes elementos:
- Uma série de compromissos assumidos pelos países participantes no sentido de criar ou consolidar as boas práticas e os processos fundamentais para uma boa governação;
- Um compromisso assumido pelos países participantes no sentido de desempenharem um papel determinante no apoio às iniciativas que estimulem uma boa governação;
- A institucionalização dos compromissos pelos líderes da Nova Parceria para o Desenvolvimento de África para assegurar o respeito dos valores fundamentais da Iniciativa.

82. Os Estados envolvidos na Nova Parceria para o Desenvolvimento de África vão igualmente assumir diversos compromissos para realizar os padrões básicos da boa governação e da conduta democrática, apoiando-se mutuamente. Os Estados participantes receberão, se tal for necessário, apoio na realização das reformas institucionais. Nos seis meses seguintes à institucionalização da Nova Parceria para o Desenvolvimento de África os seus líderes deverão analisar as recomendações relativas a instrumentos de diagnóstico e de avaliação apropriados para apoiar a observância dos objectivos comuns da boa governação e identificar as fraquezas institucionais e procurar recursos e competências para combater essas debilidades.

83. A fim de reforçar a governação política e consolidar a capacidade de observar estes compromissos, os líderes da Nova Parceria para o Desenvolvimento de África encetarão um processo de iniciativas orientadas para o reforço das competências. Estas reformas institucionais incidirão sobre:
- Uma reforma da função pública e da Administração;
- O reforço do controlo parlamentar;
- A promoção da democracia directa e participativa;
- A adopção de medidas eficazes de luta contra a corrupção e o desvio de fundos;
- A reforma do sistema judicial.

84. Os países participantes na iniciativa desempenharão um papel determinante no apoio e na criação de instituições e de iniciativas destinadas a proteger estes compromissos. Eles esforçar-se-ão por criar e reforçar as estruturas nacionais, sub-regionais e continentais de apoio a uma boa governação.

85. O Fórum dos Chefes de Estado da Nova Parceria para o Desenvolvimento de África servirá de mecanismo através do qual os líderes da

Nova Parceria para o Desenvolvimento de África procederão a uma monitorização e avaliação periódicas dos progressos realizados pelos países africanos na concretização dos objectivos assumidos no domínio da boa governação e das reformas sociais. O Fórum servirá igualmente de plataforma para os países partilharem as suas experiências com o objectivo de promover a boa governação e as práticas democráticas.

A2. *Iniciativa para a Governação Económica e para a Governação Empresarial*

86. O reforço das capacidades do Estado é um aspecto fulcral da criação de condições propícias ao desenvolvimento. O Estado tem um papel muito importante a desempenhar na promoção do crescimento e do desenvolvimento económicos e na implementação dos programas de redução da pobreza. Todavia, a realidade é que muitos governos não dispõem da capacidade para desempenhar este papel. Consequentemente, muitos países não possuem os mecanismos políticos e regulamentares necessários para um crescimento assente no sector privado. Eles não possuem, também, a capacidade de implementar programas, mesmo que os recursos financeiros se encontrem disponíveis.

87. É por esta razão que deve ser conferida prioridade ao reforço programado das capacidades. Os programas a implementar em cada área devem ser precedidos por uma avaliação das capacidades instaladas, seguida da prestação de um apoio adequado.

88. *Objectivo*
Promover programas concretos e calendarizados, tendo em vista a melhoria da qualidade da gestão económica e das finanças públicas, bem como a governação empresarial em todos países participantes.

89. *Acções*
- Um grupo de trabalho dos Ministérios das Finanças e dos Bancos Centrais será encarregado de examinar as práticas de governação económica e de governação empresarial nos diferentes países e regiões. No prazo de seis meses, esse grupo deverá submeter à consideração do Comité de Chefes de Estado para a Implementação recomendações sobre os padrões e códigos de boas práticas apropriados.
- O Comité de Chefes de Estado para a Implementação submeterá as suas recomendações aos Estados africanos para que estes as apliquem.

- O Comité de Chefes de Estado para a Implementação conferirá uma elevada prioridade à gestão das finanças públicas. Os países elaborarão um programa destinado a melhorar a gestão das finanças públicas, definirão objectivos e acordarão mecanismos de avaliação.
- O Comité de Chefes de Estado para a Implementação mobilizará os recursos para consolidar as competências que permitam a todos os países respeitar os padrões mínimos e os códigos de boas práticas mutuamente acordados.

Abordagens sub-regional e regional do desenvolvimento

90. A maioria dos países africanos são pequenos, quer em termos de população, quer ao nível do rendimento *per capita*. Os seus reduzidos mercados não oferecem perspectivas de receitas interessantes a potenciais investidores e atrasam consideravelmente a diversificação da produção e das exportações. Isto limita as possibilidades de investimento em infra-estruturas básicas cuja viabilidade depende de economias de escala.

91. Estas condições económicas apontam para a necessidade dos países africanos conjugarem os seus recursos e promoverem o desenvolvimento regional e a integração económica do continente, a fim de melhorarem a sua competitividade a nível internacional. Os cinco agrupamentos económicos sub-regionais do continente (África Ocidental, África do Norte, África Central, África Oriental e África Austral) devem, por conseguinte, ser consolidados.

92. A Nova Parceria para o Desenvolvimento de África coloca o acento tónico na prestação de serviços públicos essenciais à região (transportes, energia, água, tecnologias de informação e comunicação, erradicação das doenças, conservação do ambiente e criação de capacidades de investigação regionais) e na promoção do comércio e dos investimentos intra-africanos. Procurar-se-á, antes de mais, racionalizar o quadro institucional de integração económica, através da identificação de projectos comuns compatíveis com os programas integrados de desenvolvimento nacionais e regionais e harmonizar as políticas e práticas em matéria de economia e de investimento. É preciso assegurar a coordenação das políticas sectoriais nacionais e monitorizar atentamente as decisões tomadas a nível regional.

93. A Nova Parceria para o Desenvolvimento de África concederá prioridade à consolidação das capacidades para melhorar a eficácia das estruturas regionais existentes e racionalizar as organizações regionais exis-

tentes. O Banco Africano de Desenvolvimento deve desempenhar um papel principal ao nível do financiamento de estudos, programas e projectos regionais.

94. Os sectores cobertos pelo actual programa incluem as seguintes áreas prioritárias:
- Infra-estruturas, especialmente as tecnologias de informação e comunicação (TIC) e a energia;
- Recursos Humanos, incluindo a educação, o desenvolvimento de competências e o combate à fuga de cérebros;
- Saúde;
- Agricultura;
- Acesso das exportações africanas aos mercados dos países desenvolvidos.

95. Contudo, para cada sector, o objectivo é reduzir o fosso existente entre África e os países desenvolvidos, a fim de melhorar a competitividade do continente e permitir a sua participação no processo de globalização. A situação particular dos Estados africanos insulares e sem litoral será igualmente tida em conta neste contexto.

B. Prioridades sectoriais
B1. *Redução do fosso infraestrutural*
(i) Todos os sectores infraestruturais

96. As infra-estruturas consideradas incluem as estradas, as auto-estradas, os aeroportos, os portos, os caminhos-de-ferro, as vias navegáveis e as instalações de telecomunicações. Todavia, o Plano incide apenas sobre as infra-estruturas sub-regionais ou continentais.

97. As infra-estruturas constituem parâmetros essenciais do crescimento económico, devendo ser encontradas soluções que permitam a África alcançar o nível dos países desenvolvidos, em termos de acumulação de capital material e humano.

98. Se África possuísse infra-estruturas básicas idênticas à dos países desenvolvidos, estaria numa posição mais favorável para se concentrar na produção e na melhoria da produtividade para fazer face à concorrência internacional. As insuficiências infraestruturais existentes constituem um forte constrangimento ao crescimento económico e à redução da pobreza. A melhoria das infra-estruturas, incluindo o custo e a fiabilidade dos serviços, seria do interesse de África e da Comunidade Internacional, que poderia obter bens e serviços africanos a preços mais baixos.

99. Em muitos países africanos, as potências coloniais apenas construíram infra-estruturas destinadas a facilitar a exportação das matérias-primas africanas e a importação dos produtos das suas indústrias.
100. É essencial que se reconheça que, para assegurar a melhoria das infra-estruturas africanas, é essencial dispor de financiamentos privados estrangeiros para complementar os dois principais métodos de financiamento: o crédito e a ajuda.
101. A Iniciativa no domínio das infra-estruturas compreende elementos comuns a todos os sectores infraestruturais, incluindo, igualmente, elementos específicos a cada um dos sectores.

102. Objectivos
- Melhorar o acesso, disponibilidade e fiabilidade dos serviços infraestruturais para responder às necessidades das empresas e das famílias;
- Melhorar a cooperação e o comércio regional, através do desenvolvimento das infra-estruturas transfronteiriças;
- Aumentar os investimentos consagrados às infra-estruturas, reduzindo os riscos enfrentados pelos investidores privados, especialmente na área dos mecanismos políticos e regulamentares;
- Construir bases de competências adequadas na área da tecnologia e da engenharia, com vista a instalar, explorar e manter em África redes de infra-estruturas "em bruto".

103. Acções
- Com a assistência de instituições especializadas em cada sector, adoptar quadros políticos e legislativos que estimulem a concorrência. Ao mesmo tempo, criar novos quadros regulamentares e consolidar a capacidade de formação de pessoas responsáveis pela regulamentação, a fim de promover a harmonização das políticas e da regulamentação para facilitar as relações transfronteiriças e o alargamento do mercado;
- Aumentar os investimentos em infra-estruturas, em particular para a sua renovação, e melhorar os sistemas de manutenção que asseguram a conservação das redes de infra-estruturas;
- Iniciar o desenvolvimento das instituições e redes de formação capazes de estimular a formação de técnicos e engenheiros altamente qualificados em todos os sectores infraestruturais;
- Promover a participação das comunidades e dos utentes na construção, manutenção e gestão das infra-estruturas, especialmente

nas regiões urbanas e rurais pobres, em colaboração com as iniciativas de governação da Nova Parceria para o Desenvolvimento de África;
- Colaborar com o Banco Africano de Desenvolvimento e outras instituições africanas de financiamento do desenvolvimento para mobilizar um financiamento sustentável, em particular através de processos multilaterais e instituições e governos doadores, a fim de assegurar donativos e fundos bonificados para atenuar os riscos a médio prazo;
- Promover parcerias público-privadas (PPP) que servirão de veículo para atrair investidores privados e concentrar o financiamento público nas necessidades urgentes dos pobres, através da consolidação das competências para implementar e monitorizar esses acordos;
- Além destes aspectos comuns, são as seguintes as estratégias específicas de cada sector para os diferentes tipos de infra-estruturas.

(ii) Redução do fosso Digital; Investimento em Tecnologias de Informação e Comunicação

104. As tecnologias de informação e comunicação (TIC), assentes na convergência entre os computadores, as telecomunicações e os *media* tradicionais, têm uma importância crucial para a economia do futuro, baseada no conhecimento. Os rápidos avanços realizados no domínio tecnológico e a diminuição do custo de aquisição dos instrumentos de TIC oferecem novas perspectivas aos países africanos ao nível da aceleração do seu crescimento e desenvolvimento económicos. Os objectivos de realização de um Mercado Comum e de uma União Africana podem, em larga medida, ser beneficiados com a revolução das tecnologias de informação. Além da promoção do comércio intra-regional, a utilização das TIC pode, igualmente, acelerar a integração de África na economia mundial.

105. A utilização generalizada das TIC no continente africano pode trazer-lhe vantagens comparativas sem precedentes:
- Pode imprimir uma nova dinâmica ao processo de democratização e à boa governação;
- Pode facilitar a integração da África na nova sociedade de informação, na base da sua diversidade cultural;
- Pode dar lugar a diversas aplicações em domínios como a teledetecção, a planificação agrícola e infraestrutural;

- Facilita a complementaridade entre os instrumentos existentes de promoção da formação de uma massa crítica de profissionais na utilização das TIC;
- No domínio da investigação, facilita o estabelecimento de programas africanos e de programas de intercâmbio no domínio tecnológico, capazes de responder às necessidades específicas do continente africano, com particular destaque para a luta contra o analfabetismo;
- Permite identificar e explorar oportunidades nas áreas do comércio, do investimento e das finanças;
- Permite estabelecer programas regionais de ensino à distância e de educação para a saúde, no sentido de melhorar a situação existente nos sectores da saúde e da educação;
- Na gestão de conflitos e no combate às doenças pandémicas, facilita a organização de um sistema eficaz de alerta precoce, fornecendo os instrumentos necessários à monitorização constante dos focos de tensão ou de epidemia.

106. As infra-estruturas de TIC em África são claramente insuficientes, como acontece com quadros políticos e regulamentares e com os recursos humanos existentes neste domínio. Daqui resultou um acesso inadequado a serviços de telefone, rádio e teledifusão, informática e Internet a preços comportáveis. A densidade de linhas telefónicas em África continua a ser inferior a uma linha por 100 pessoas. O custo dos serviços é igualmente elevado: o custo de ligação em África é em média de 20% do PIB *per capita*, em comparação com uma média mundial de 9% e de 1% nos países de elevado rendimento. África não pôde ainda tirar partido das vantagens resultantes da informática e da telemática para melhorar as condições de vida das populações e criar novas oportunidades de negócios. Esta dificuldade reflecte-se nas ligações transfronteiriças no interior do continente africano e com os mercados mundiais. Embora muitos países africanos tenham iniciado reformas das suas políticas na área das TIC, o certo é que a penetração dos serviços, a sua qualidade e as tarifas ainda não melhoraram.

107. *Objectivos*
- Duplicar a densidade de linhas telefónicas, alcançando as duas linhas por 100 pessoas até 2005, com um nível adequado de acesso aos lares;
- Diminuir os custos e melhorar a fiabilidade dos serviços;

- Preparar todos os países africanos para a utilização de comunicações electrónicas;
- Constituir e desenvolver um *pool* de jovens e de estudantes qualificados na área das TIC, a partir do qual África possa dispor de estagiários de engenharia, programação e de especialistas em *software*.
- Desenvolver um *software* com conteúdo local, baseado, em especial, no legado cultural de África.

108. *Acções*
- Colaborar com as instituições regionais, como a União Africana das Telecomunicações e a "África Connection", para conceber um modelo de política e de legislação para a reforma das telecomunicações e protocolos e referências que permitam avaliar a preparação para a utilização das comunicações electrónicas;
- Colaborar com as instituições regionais para consolidar as capacidades de regulação;
- Estabelecer uma rede de instituições de formação e de investigação que permitam dispor de recursos humanos altamente qualificados;
- Promover e acelerar os projectos existentes para estabelecer ligações entre escolas e centros de jovens;
- Colaborar com as instituições de financiamento do desenvolvimento em África, as iniciativas multilaterais (G-8, DotForce, Grupo de Trabalho das Nações Unidas) e os doadores bilaterais para estabelecer mecanismos de financiamento destinados a atenuar e a reduzir os riscos neste sector.

(iii) Energia
109. *Objectivos*
- A energia desempenha um papel fulcral no processo de desenvolvimento, primeiro como necessidade doméstica, depois, também, como factor de produção cujo custo afecta directamente o preço de outros bens e serviços e a competitividade das empresas. Tendo em conta a desigual distribuição dos recursos energéticos no continente africano, é recomendável a procura de fontes de energia abundantes e a baixo custo assente na racionalização da distribuição territorial dos recursos energéticos existentes, mas desigualmente distribuídos. Para além disso, África deve procurar desenvolver os seus abundantes recursos de energia solar.

- Aumentar o acesso da população africana a um fornecimento comercial de energia fiável e acessível de 10% para 35% ou mais no prazo de 20 anos;
- Melhorar a fiabilidade e reduzir o custo do fornecimento de energia para as actividades produtivas, a fim de permitir um crescimento económico anual de 6%;
- Inverter a tendência de degradação ambiental associada à utilização de combustíveis tradicionais nas zonas rurais;
- Explorar e desenvolver o potencial hidroeléctrico das bacias fluviais africanas;
- Integrar as redes de transporte de energia eléctrica e os gasodutos para facilitar os fluxos transfronteiriços de energia;
- Reformar e harmonizar os regulamentos e a legislação do continente sobre o petróleo.

110. Acções
- Estabelecer um Fórum Africano para a Regulação das Empresas de Utilidade Pública e criar associações regionais de regulação;
- Estabelecer um grupo de trabalho que terá por missão recomendar prioridades e estratégias de implementação para os projectos regionais, incluindo a geração de energia hidroeléctrica, as redes de transporte de energia eléctrica e os gasodutos;
- Criar um grupo de trabalho para acelerar o desenvolvimento do fornecimento de energia aos lares de baixo rendimento;
- Alargar o âmbito do programa de conservação da energia da biomassa da Comunidade de Desenvolvimento da África Austral (SADC) ao resto do continente.

(iv) Transportes
111. Objectivos
- Reduzir as demoras na circulação transfronteiriça de pessoas, bens e serviços;
- Reduzir o tempo de espera nos portos;
- Promover a actividade económica e o comércio transfronteiriço de mercadorias, através de melhores ligações de transporte terrestre;
- Aumentar as ligações aéreas de passageiros e de carga em todas as sub-regiões africanas.

112. Acções
- Estabelecer grupos de trabalho nos domínios alfandegário e da imigração para harmonizar os procedimentos relacionados com a passagem de fronteiras e com os vistos;
- Estabelecer e encorajar as parcerias público-privadas (PPP) e outorgar concessões para a construção, o desenvolvimento e a manutenção dos portos, estradas, redes de caminho-de-ferro e de transporte marítimo;
- Promover a harmonização dos padrões e da regulamentação do transporte modal e uma maior utilização dos serviços de transporte multimodal;
- Colaborar com as organizações regionais para estabelecer corredores de desenvolvimento dos transportes;
- Promover parcerias público-privadas (PPP) para a racionalização da indústria do transporte aéreo e o reforço das competências no domínio do controlo do tráfego aéreo.

(v) Água e Saneamento
113. Objectivos
- Assegurar o acesso sustentável ao fornecimento de água limpa e potável e um saneamento adequado, especialmente para os pobres;
- Planear e gerir os recursos hídricos, transformando-os numa base para a cooperação e o desenvolvimento nacional e regional;
- Examinar sistematicamente e preservar os ecossistemas, a biodiversidade e fauna;
- Assegurar a cooperação sobre as bacias fluviais partilhadas entre vários Estados-Membros;
- Abordar eficazmente a ameaça das alterações climáticas;
- Assegurar o aumento da agricultura irrigada e de sequeiro para melhorar a produção agrícola e a segurança alimentar.

114. Acções
- Acelerar os trabalhos dos projectos sobre recursos hídricos para fins diversos, como, por exemplo, a investigação do Secretariado da SADC sobre a utilização do Rio Congo e a Iniciativa da Bacia do Nilo;
- Estabelecer um grupo de trabalho para planear a redução dos impactos negativos das alterações climáticas em África;

- Associar-se à Iniciativa Global para a Conservação do Ambiente (GESI), a fim de promover métodos e projectos sanitários de eliminação dos resíduos;
- Apoiar o Programa Habitat das Nações Unidas para a conservação dos recursos hídricos nas cidades africanas.

B2. *Iniciativa para o Desenvolvimento dos Recursos Humanos (incluindo o combate à Fuga de Cérebros)*
(i) Redução da Pobreza
115. Objectivos
- Providenciar uma liderança determinada, atribuindo prioridade à redução da pobreza em todos os programas e actividades da Nova Parceria para o Desenvolvimento de África e nas políticas macroeconómicas e sectoriais dos governos nacionais;
- Conceder uma atenção especial à redução da pobreza entre as mulheres;
- Assegurar uma responsabilização dos pobres nas estratégias de redução da pobreza;
- Apoiar as iniciativas de redução da pobreza existentes a nível multilateral, como o Quadro de Desenvolvimento Global do Banco Mundial e o Documento de Estratégia para a Redução da Pobreza associado à Iniciativa de Redução da dívida para os Países Pobres Altamente Endividados (HIPC).

116. Acções
- Assegurar que os planos nacionais elaborados no quadro das iniciativas deste programa de acção avaliem a situação antes e depois da sua implementação e meçam o seu impacto na redução da pobreza;
- Trabalhar com o Banco Mundial, o Fundo Monetário Internacional (FMI), o Banco Africano de Desenvolvimento (BAD) e as instituições das Nações Unidas para acelerar a implementação e a adopção do Quadro de Desenvolvimento Global, da Estratégia de Redução da Pobreza e de outras iniciativas similares;
- Estabelecer um grupo de trabalho sobre a questão da igualdade dos sexos para assegurar que as estratégias de redução da pobreza da Nova Parceria para o Desenvolvimento de África abordam os problemas específicos das mulheres pobres;

- Estabelecer um grupo de trabalho para acelerar a adopção de processos descentralizados e participativos para a construção de infra-estruturas e para a prestação de serviços sociais.

(ii) Redução do fosso na Educação
117. Objectivos
- Colaborar com os doadores e as instituições multilaterais na realização dos Objectivos Internacionais de Desenvolvimento (IDG), visando alcançar uma educação primária universal até 2015;
- Trabalhar com vista a melhorar o desenvolvimento curricular, a qualidade do ensino e o acesso às TIC;
- Alargar o acesso a educação secundária e melhorar a sua relevância para o desenvolvimento da África;
- Promover redes de investigação especializada e de instituições de ensino superior.

118. *Acções*
- Examinar as actuais iniciativas conjuntamente com a Organização das Nações Unidas para a Educação, a Ciência e a Cultura (UNESCO) e os principais doadores internacionais;
- Examinar os níveis de despesas efectuadas pelos países africanos no domínio da educação e liderar um processo do desenvolvimento de normas e padrões relativos às despesas públicas de educação;
- Criar um grupo de trabalho encarregado de acelerar a introdução das TIC nas escolas primárias;
- Criar um grupo de trabalho encarregado de examinar as capacidades de investigação necessárias em cada região do continente e apresentar propostas neste domínio.

119. Os principais problemas que levanta a educação em África resultam da insuficiência das instalações e dos sistemas de formação frequentados pela maioria da população africana. Os africanos que tiveram a possibilidade de frequentar estabelecimentos de ensino estrangeiros demonstraram ser capazes de competir com sucesso.

120. O plano apoia a consolidação imediata do sistema universitário em todo o continente africano, incluindo a criação de universidades especializadas onde for necessário, com base no corpo docente africano existente. A necessidade de estabelecer e reforçar institutos de tecnologia é especialmente enfatizada.

(iii) Inversão da tendência de fuga de cérebros
121. Objectivos
- Inverter a tendência de fuga de cérebros e transformá-la numa tendência de "ganho de cérebros" em África;
- Reforçar e reter no continente as capacidades humanas necessárias ao desenvolvimento de África;
- Desenvolver estratégias para a utilização do conhecimento e das competências científicas e tecnológicas dos africanos da diáspora, tendo em vista o desenvolvimento de África.

122. Acções
- Criar em África um enquadramento político, social e económico que propicie a redução da fuga de cérebros e atraia os investimentos de que o continente tanto necessita;
- Estabelecer uma base de dados fiável sobre a fuga de cérebros para determinar a amplitude do problema e para promover a coordenação e a colaboração entre os peritos dos países de origem e os que se encontram na diáspora;
- Desenvolver redes científicas e técnicas para favorecer o repatriamento dos conhecimentos científicos para os países de origem e promover a cooperação entre os peritos dos países de origem e os que se encontram na diáspora;
- Garantir que os conhecimentos especializados dos africanos que vivem nos países desenvolvidos sejam utilizados na execução de alguns dos projectos previstos na Nova Parceria para o Desenvolvimento de África.

(iv) Saúde
123. Objectivos
- Reforçar os programas de luta contra as doenças transmissíveis para que estejam à altura da tarefa de reduzir o impacto das doenças;
- Ter um sistema de prestação de cuidados de saúde sólido que responda às necessidades e apoie eficazmente a luta contra as doenças;
- Assegurar o apoio necessário para o desenvolvimento sustentável de um sistema de prestação de cuidados de saúde eficaz;
- Habilitar as populações africanas a actuarem para melhorar a sua própria saúde e assegurar uma educação no domínio da saúde em África;

- Conseguir reduzir o impacto das doenças que afectam as populações africanas mais pobres;
- Encorajar a cooperação entre médicos e aqueles que se dedicam à medicina tradicional.

124. *Acções*
- Reforçar a participação de África no processo que visa a obtenção de medicamentos a preços acessíveis, nomeadamente aqueles em que se encontram envolvidas as companhias farmacêuticas internacionais e a sociedade civil internacional, e examinar as possibilidades de utilização de sistemas alternativos de fornecimento de medicamentos e outros produtos essenciais;
- Mobilizar os recursos necessários para intervir de forma eficaz contra as doenças e criar sistemas de saúde sólidos;
- Liderar a campanha a favor de um maior apoio financeiro internacional no combate ao VIH/SIDA e a outras doenças transmissíveis;
- Colaborar com outras organizações internacionais, como a Organização Mundial de Saúde (OMS), e doadores, a fim de assegurar que o apoio ao continente africano aumente para, pelo menos, 10 mil milhões de dólares por ano;
- Encorajar os países africanos a concederem prioridade aos cuidados de saúde nos seus orçamentos e a aumentarem progressivamente as suas despesas neste domínio para alcançarem um nível determinado de comum acordo;
- Mobilizar conjuntamente recursos para consolidar as capacidades, de forma a permitir a todos os países africanos uma melhoria das suas infra-estruturas e da gestão dos cuidados de saúde.

125. Em África registam-se numerosos casos de doenças endémicas. Bactérias e parasitas, transportados por insectos, pela circulação de pessoas e por outros meios, prosperam no continente africano, nomeadamente, em virtude da debilidade das políticas ambientais e das más condições de vida das populações. Um dos principais obstáculos com que se confrontam os esforços de desenvolvimento em África consiste na forte incidência de doenças transmissíveis, em particular do VIH/SIDA, da tuberculose e da malária. A menos que essas epidemias sejam controladas e, posteriormente, erradicadas, o desenvolvimento humano permanecerá uma tarefa impossível de concretizar.

126. No sector da saúde, África encontra-se muito aquém dos níveis registados no resto do mundo. Em 1997, as taxas de mortalidade infantil e

juvenil eram, respectivamente, de 105 e 169 por 1000, contra 6 e 7 por 1000 nos países desenvolvidos. A esperança média de vida em África é de 48,9 anos, contra 77,7 anos nos países desenvolvidos. Existem apenas 16 médicos por cada 100.000 habitantes, contra 253 nos países industrializados. A pobreza, reflectida num nível muito baixo de rendimento *per capita*, constitui um dos principais factores que impedem as populações de superar os seus problemas de saúde.

127. A nutrição afecta, igualmente, a saúde das populações. O consumo diário médio de calorias varia entre 2384 nos países de baixo rendimento, 2846 nos países rendimento médio e 3390 nos países da Organização de Cooperação e Desenvolvimento Económico (OCDE).

128. A saúde, que a Organização Mundial da Saúde (OMS) define como um estado de completo bem-estar físico e mental, contribui para o aumento da produtividade e, consequentemente, do crescimento económico. Os efeitos mais evidentes da melhoria da saúde na população activa são a diminuição dos dias de trabalho perdidos por doença, o aumento da produtividade e a possibilidade de conseguir empregos melhor remunerados. Em última análise, a melhoria da saúde e da nutrição contribui directamente para aumentar o bem-estar das populações, controlar a propagação das doenças, reduzir a taxa da mortalidade infantil, prolongar a esperança média de vida e melhorar as capacidades de estudo dos jovens em idade escolar. Pode, assim, estabelecer-se uma clara relação entre a melhoria dos níveis de saúde e a redução da pobreza.

B3. *Agricultura*

129. A maioria das populações africanas vive em zonas rurais. Todavia, os sistemas agrários são geralmente fracos e improdutivos. Conjugados com constrangimentos externos, tais como as incertezas climáticas, as deformações das políticas económicas e a volatilidade dos preços das matérias-primas mundiais, esses sistemas afectaram os fornecimentos agrícolas e os rendimentos nas zonas rurais, conduzindo à pobreza.

130. A necessidade premente de alcançar a segurança alimentar nos países africanos impõe que a inadequação dos sistemas agrícolas seja abordada para que a produção alimentar possa aumentar e que os padrões nutricionais possam ser melhorados.

131. A melhoria no desempenho agrícola constitui um pré-requisito para o desenvolvimento económico do continente. O consequente aumento do poder de compra das populações rurais conduzirá, igualmente, a

um aumento real da procura de produtos industriais africanos. A dinâmica induzida representaria uma importante fonte de crescimento económico.

132. O aumento da produtividade agrícola assenta na eliminação de um certo número de constrangimentos estruturais que afectam o sector. Um constrangimento chave é a incerteza climática, que aumenta o factor de risco com que a agricultura intensiva, baseada no afluxo significativo de investimento privado, se confronta. Consequentemente, os governos devem apoiar a disponibilização de equipamento de irrigação e a valorização de terras aráveis quando as empresas privadas não se dispuserem a fazê-lo. A melhoria de outras infra-estruturas rurais (estradas, electrificação das zonas rurais, etc.) é, igualmente, essencial.

133. O enquadramento institucional da agricultura afecta, também, consideravelmente a produtividade e o desempenho do sector. O apoio institucional sob a forma de centros e de instituições de investigação, o fornecimento de serviços de extensão e de apoio e as feiras comerciais agrícolas impulsionarão ainda mais a produção de excedentes comercializáveis. O quadro de regulamentações relativas à agricultura deve, igualmente, ser levado em consideração, nomeadamente, através dos dirigentes das comunidades locais nas zonas rurais e a participação dessas comunidades na formulação de políticas e na prestação de serviços.

134. Os doadores bilaterais e as instituições multilaterais prestam muito pouca atenção ao sector agrícola e às zonas rurais, onde vivem mais de 70% das populações africanas pobres. Por exemplo, no conjunto dos empréstimos do Banco Mundial, os créditos à agricultura totalizavam 39% em 1978, tendo diminuído para 12% em 1996 e para apenas 7% em 2000. A comunidade doadora no seu conjunto deve inverter esta tendência negativa.

B4. *Iniciativa para o ambiente*

135. Reconhecemos que um ambiente saudável e produtivo constitui um pré-requisito para a Nova Parceria para o Desenvolvimento de África. Reconhecemos, ainda, a extensão e a complexidade de todos os aspectos indispensáveis à manutenção desta base ambiental e a necessidade de efectuar uma combinação sistemática de iniciativas para desenvolver um programa coerente de protecção ambiental. É necessário efectuar escolhas e definir as questões que serão prioritariamente abordadas nas intervenções iniciais.

136. Reconhecemos, também, que o objectivo fundamental da Iniciativa Ambiental deve ser a luta contra a pobreza e a contribuição para o

desenvolvimento socioeconómico de África. A experiência demonstra que algumas das medidas adoptadas para proteger o ambiente podem contribuir largamente para a criação de emprego, para a responsabilização económica e social e para a redução da pobreza.

137. Convém, igualmente, mencionar que África irá acolher, em Setembro de 2002, a Cimeira Mundial sobre o Desenvolvimento Sustentável. A gestão ambiental constitui a base de um conjunto de temas que serão examinados pela Cimeira, pelo que propomos que o evento confira especial realce às deliberações sobre este tema no quadro da Nova Parceria para o Desenvolvimento de África.

138. A Iniciativa Ambiental identificou oito áreas de intervenção prioritárias:

- **Combate à Desertificação.** As intervenções iniciais pretendem reabilitar terras degradadas e questionar os factores que conduziram a essa degradação. Muitas dessas actividades implicarão uma forte intensidade de trabalho, no quadro de programas de obras públicas, contribuindo, assim, para a satisfação das necessidades de desenvolvimento social do continente. As intervenções iniciais servirão como boas práticas ou protótipos para futuras intervenções nesta área;
- **Conservação das Zonas Húmidas.** Multiplicação das intervenções-modelo africanas de conservação das zonas húmidas, resultando os benefícios sócio-ecológicos de investimentos do sector privado nesta área;
- **Espécies Exóticas Invasoras.** É necessário estabelecer parcerias para prevenir e controlar as espécies exóticas invasoras. Estas parcerias serão indispensáveis, tanto para assegurar a preservação dos ecossistemas, como para proteger a economia. Importantes iniciativas de forte intensidade de trabalho poderão ser consideradas;
- **Gestão Costeira.** Para proteger os recursos costeiros e assegurar a melhor exploração possível, sugerimos, uma vez mais, intervenções-modelo, que poderão ser seguidas de um programa mais vasto;
- **Aquecimento Global.** O acento tónico será colocado, inicialmente, na monitorização e regulação do impacto das alterações climáticas. Medidas de forte intensidade de trabalho são indispensáveis para um combate integrado aos incêndios;
- **Zonas Transfronteiriças de Conservação do Ambiente.** Procurar-se-ão aproveitar as iniciativas resultantes das parcerias entre os países para proteger o ambiente e favorecer o turismo e, deste modo, criar empregos;

- **Governação Ambiental.** Trata-se de responder às necessidades institucionais, legais, de planificação, de formação e de reforço das capacidades indispensáveis à realização de todas as acções mencionadas;
- **Financiamento.** É necessário assegurar um sistema de financiamento prudentemente estruturado e equitativo.

139. A Iniciativa Ambiental oferece a nítida vantagem de reagrupar numerosas iniciativas que podem iniciar-se num prazo relativamente curto, permitindo um excelente retorno para o investimento, em termos de criação de uma base sócio-ecológica sobre a Nova Parceria para o Desenvolvimento de África pode assentar.

B5. *Cultura*

140. A cultura faz parte integrante dos esforços de desenvolvimento do continente. Consequentemente, é essencial proteger e utilizar correctamente o saber autóctone, que representa uma importante dimensão da cultura do continente, e partilhar esse saber para benefício de toda a humanidade. A Nova Parceria para o Desenvolvimento de África consagrará uma atenção particular à protecção e ao desenvolvimento do saber tradicional, que inclui a alfabetização baseada na tradição, obras artísticas e científicas, invenções, descobertas científicas, desenhos, marcas, nomes e símbolos, informações não divulgadas e todas as outras inovações e criações baseadas na tradição resultantes de actividades intelectuais nos domínios industrial, científico, literário ou artístico. Esta concepção global engloba, também, o património genético e os conhecimentos médicos tradicionais que lhe estão associados.

141. Os líderes da Nova Parceria para o Desenvolvimento de África adoptarão medidas urgentes para garantir que o saber autóctone africano seja protegido através de legislações adequadas. Eles favorecerão, também, a sua protecção a nível internacional, trabalhando em estreita colaboração com a Organização Mundial da Propriedade Intelectual (OMPI).

B6. *Plataformas para a Ciência e Tecnologia*
142. *Objectivos*
- Promover uma cooperação e uma melhoria das ligações transfronteiriças, utilizando os conhecimentos disponíveis nos centros de excelência existentes em todo o continente;
- Desenvolver e adaptar a capacidade de recolha e de análise de informação para apoiar as actividades produtivas e de exportação;

- Gerar uma massa crítica de competências tecnológicas em áreas nucleares que apresentam um elevado potencial de crescimento, em particular a biotecnologia e as ciências naturais;
- Assimilar e adaptar as tecnologias existentes no sentido de diversificar a produção das indústrias manufactureiras.

143. Acções
- Estabelecer uma cooperação regional para o desenvolvimento e difusão de padrões para os produtos e para os sistemas de informação geográfica (SIG);
- Desenvolver redes entre os centros de excelência existentes, em particular através da Internet, para intercâmbios de pessoal e de programas de formação transfronteiriços, e desenvolver esquemas destinados a apoiar cientistas e investigadores africanos refugiados;
- Colaborar com a UNESCO, a FAO e outras organizações internacionais na exploração da biotecnologia, a fim de desenvolver o potencial comercial da rica diversidade biológica e da base de conhecimentos autóctones de África, melhorando a produtividade agrícola e desenvolvendo a produção farmacêutica;
- Expandir a investigação geocientífica para melhorar o aproveitamento da riqueza mineral do continente africano;
- Estabelecer e desenvolver uma base de competências no domínio das técnicas de fabricação de produtos e do controlo da qualidade para apoiar a diversificação das indústrias de transformação.

C. Mobilização de recursos
C1. *Iniciativa sobre Fluxos de Capitais*

144. Para alcançar uma taxa de crescimento anual de cerca de 7%, estabelecida nos Objectivos Internacionais de Desenvolvimento (IDG) e, em particular, para diminuir para metade a incidência da pobreza em África até 2015, o continente tem necessidade de recuperar um défice anual de 12% do PIB, ou seja, 64 mil milhões de dólares. Para isso é necessário aumentar a poupança interna e melhorar o sistema de cobrança de receitas fiscais. Todavia, a maior parte dos recursos necessários deve ser obtida fora do continente. Segundo a Nova Parceria para o Desenvolvimento de África serão, sobretudo, a redução da dívida e a ajuda pública ao desenvolvimento (APD) a fornecer os recursos externos necessários a

curto e médio prazo, enquanto os fluxos de capitais privados deverão ser essencialmente considerados a longo prazo. Um princípio fundamental na Iniciativa sobre Fluxos de Capitais consiste no facto de se entender que a melhoria da governação é indispensável ao aumento dos fluxos de capitais, de modo que a participação nas Iniciativas de Governação Económica e de Governação Política se apresenta como um pré-requisito para participação na Iniciativa sobre Fluxos de Capitais.

(i) Aumentar a Mobilização de Recursos Internos

145. Para alcançar níveis mais elevados de crescimento económico e reduzir de forma mais eficaz a pobreza, África deve mobilizar recursos suplementares, tanto internos, como externos. Os recursos internos resultam da poupança efectuada pelas empresas e pelas famílias, a qual deve ser substancialmente aumentada. É, igualmente, necessário melhorar a eficácia da máquina fiscal para aumentar as receitas públicas, ao mesmo tempo que se racionalizam as despesas públicas. Os países africanos perdem uma parte importante da poupança doméstica devido à fuga de capitais. Esta tendência só pode ser invertida se as economias africanas se tornarem mais atractivas para os capitais nacionais, que, assim, deixarão de procurar colocações alternativas. Assim sendo, há uma necessidade premente de se criarem condições favoráveis ao investimento do sector privado, quer por parte de investidores nacionais, quer de investidores estrangeiros. Além disso, existem outros recursos que podem ser mobilizados no interior do continente africano, ao mesmo tempo que se solicita aos países desenvolvidos que garantam o financiamento do Plano através das suas Obrigações do Tesouro. Procedendo desta forma, eles não comprometeriam directamente as suas disponibilidades líquidas. Por último, sugerimos a criação de Direitos de Saque Especiais para África.

(ii) Redução da Dívida

146. A Nova Parceria para o Desenvolvimento de África visa obter uma redução da dívida que ultrapasse os seus níveis actuais (baseados no conceito de "sustentabilidade" da dívida), que ainda exigem pagamentos, a título de serviço da dívida, que em muito contribuem para o agravamento do défice. O objectivo a longo prazo da Nova Parceria para o Desenvolvimento de África é o de ligar a redução da dívida aos resultados apurados das actividades de redução da pobreza. Entretanto, os limites do serviço da dívida deverão ser fixados na proporção das receitas orçamentais, com limites diferentes para os países membros da Associação Internacional de

Desenvolvimento (AID) e para os restantes países. Para assegurar o máximo de compromissos em condições preferenciais – redução da dívida mais ajuda pública ao desenvolvimento – de que África necessita, os líderes da Nova Parceria para o Desenvolvimento de África negociarão esses compromissos com os governos credores. Os países deverão recorrer aos mecanismos de redução da dívida existentes – a Iniciativa de Redução da Dívida dos Países Pobres Altamente Endividados (HIPC) e o Clube de Paris – antes de procurarem obter ajuda por intermédio da Nova Parceria para o Desenvolvimento de África. A Iniciativa da Dívida exige a adopção de estratégias acordadas de redução da pobreza, estratégias para a dívida e a participação na Iniciativa para a Governação Económica, de forma a assegurar que os países se encontram habilitados a absorver esses recursos suplementares. Além de procurar uma redução adicional da dívida, através da estratégia transitória para a dívida atrás descrita, os líderes da Nova Parceria para o Desenvolvimento de África criarão um fórum que permitirá aos países africanos uma partilha de experiências e uma mobilização visando uma melhoria das estratégias de redução da dívida.

147. *Acções*
- Os Chefes de Estado da Nova Parceria para o Desenvolvimento de África procurarão negociar um acordo com a comunidade internacional que permita obter uma redução adicional da dívida para os países que participem na Nova Parceria para o Desenvolvimento de África, com base nos princípios atrás referenciados;
- Os líderes da Nova Parceria para o Desenvolvimento de África criarão um fórum que permitirá aos países africanos uma partilha de experiências e uma mobilização visando uma melhoria das estratégias de redução da dívida. Nesse fórum serão trocadas opiniões sobre a revisão e a melhoria do processo de Redução da Dívida dos Países Pobres Altamente Endividados.

(iii) Reformas na APD

148. A Nova Parceria para o Desenvolvimento de África pretende assegurar um maior fluxo de ajuda pública ao desenvolvimento a médio prazo e reformar o sistema de prestação de ajuda pública ao desenvolvimento, para que os fluxos sejam utilizados de forma mais eficaz por parte dos países africanos beneficiários. A Nova Parceria para o Desenvolvimento de África criará um fórum sobre a ajuda pública ao desenvolvimento onde os países africanos poderão desenvolver uma posição comum

sobre a reforma da APD e entabular negociações com o Comité de Ajuda ao Desenvolvimento da OCDE e outros doadores para redigir uma carta que sirva de base à parceria para o desenvolvimento. Nos termos dessa carta, a Iniciativa para a Governação Económica constituirá um pré-requisito para reforçar a capacidade dos países africanos tirarem partido do aumento dos fluxos de APD, ao mesmo tempo que irá propor um mecanismo complementar independente de avaliação encarregado de monitorizar o desempenho dos doadores. A Nova Parceria para o Desenvolvimento de África apoiará a criação de um Grupo de Estudo sobre o Documento de Estratégia para a Redução da Pobreza que trabalhará em concertação com o Banco Mundial e o FMI neste processo.

149. Acções
- Criar um fórum da APD que permitirá aos países africanos formularem uma posição comum sobre a reforma da APD, funcionando como contraparte do CAD da OCDE;
- Negociar com as instituições doadoras, através do fórum da APD, o estabelecimento de uma carta de parceria para o desenvolvimento capaz de incorporar os princípios atrás descritos;
- Apoiar os esforços da Comissão Económica das Nações Unidas para África (CEA), no sentido de criar um Grupo de Estudo sobre o Documento de Estratégia para a Redução da Pobreza;
- Estabelecer um mecanismo independente encarregado da avaliação do desempenho dos países doadores e beneficiários.

(iv) Fluxos de Capitais Privados
150. A Nova Parceria para o Desenvolvimento de África pretende aumentar os fluxos de capitais privados para África, de forma a transformá-los num elemento essencial de uma estratégia sustentável de longo prazo destinada a superar a escassez de recursos.

151.
- A primeira prioridade consistirá em refutar a percepção que os investidores têm de África como um continente de "alto risco", especialmente no que se refere à falta de segurança em matéria de direitos de propriedade intelectual e às insuficiências existentes ao nível dos quadros regulamentares e dos mercados. Diversos elementos da Nova Parceria para o Desenvolvimento de África contribuirão para a redução desses riscos de forma progressiva, nomeadamente, as iniciativas relativas à manutenção da paz e segurança,

as iniciativas para a governação política e económica, para a melhoria das infra-estruturas e para a redução da pobreza. Entre os mecanismos transitórios destinados a minimizar os riscos deverão figurar planos de garantia de créditos e a consolidação dos quadros regulamentares e legislativos relativos aos investimentos.
- A segunda prioridade consistirá em desenvolver um programa de reforço das capacidades em parceria público/privada, por intermédio do Banco Africano de Desenvolvimento e dos bancos regionais de desenvolvimento, a fim de ajudar os governos nacionais e locais a estruturar e a regular as transacções relativas às infra-estruturas e aos serviços sociais.
- A terceira prioridade consistirá na promoção da melhoria dos mercados financeiros nacionais, a sua harmonização e integração transfronteiriças, através de um Grupo de Trabalho encarregado da integração dos mercados financeiros que começará por se debruçar sobre a legislação e a regulamentação do sistema financeiro.

152. *Acções*
- Estabelecer uma equipa de trabalho encarregada de efectuar auditorias às legislações e regulamentações relativas ao investimento, com vista a reduzir e a harmonizar os riscos no continente africano;
- Efectuar uma avaliação das necessidades e um estudo de viabilidade dos instrumentos financeiros destinados a reduzir os riscos associados à actividade negocial em África;
- Estabelecer uma iniciativa para reforçar a capacidade dos países na implementação de parcerias público-privadas;
- Criar um Grupo de Trabalho sobre a Integração dos Mercados Financeiros que permita acelerar a referida integração, através do estabelecimento de quadros legislativos e regulamentares internacionalmente competitivos e da criação de uma plataforma comercial única no continente africano;
- É, igualmente, importante, em particular no curto e médio prazo, obter recursos suplementares de APD e reduzir a dívida. Um maior volume de APD é necessário para permitir os países menos avançados alcançar os Objectivos Internacionais de Desenvolvimento (IDG), nomeadamente nas áreas do ensino primário, da saúde e da erradicação da pobreza. Uma maior redução da dívida é também crucial. A Iniciativa de Redução da Dívida dos Países Pobres Altamente Endividados (HIPC) impõe, ainda, a muitos países bene-

ficiários um nível de endividamento excessivamente pesado, tendo em conta a necessidade de consagrar mais recursos à redução da pobreza. Além disso, alguns países que não beneficiam da Iniciativa HIPC também necessitam de uma redução da sua dívida para poderem consagrar recursos à luta contra a pobreza.

C2. *Iniciativa para o Acesso aos Mercados*
(i) Diversificação da Produção
153. As economias africanas são vulneráveis porque dependem de produtos primários e de sectores baseados nos recursos e também porque a sua base exportadora é muito reduzida. É necessário proceder rapidamente a uma diversificação da produção, devendo, logicamente, começar-se a partir da base da produção africana actual, ou seja, dos recursos naturais do continente. É preciso aumentar o valor acrescentado no sector agro-industrial e no aproveitamento dos recursos minerais e desenvolver a produção de bens de equipamento, através de uma estratégia de diversificação económica baseada nas ligações intersectoriais. É preciso apoiar as empresas privadas, tanto as micro-empresas do sector informal, como as pequenas e médias empresas manufactureiras, que são as principais forças motrizes do crescimento e do desenvolvimento. Os governos devem eliminar os obstáculos à actividade negocial e encorajar as capacidades dos empresários africanos.

(ii) Agricultura
154. Objectivos
- Melhorar a produtividade da agricultura, concedendo uma especial atenção às pequenas explorações e às mulheres que se dedicam à agricultura;
- Garantir a segurança alimentar para todos e aumentar o acesso dos pobres a uma alimentação e nutrição adequadas;
- Promover medidas de combate à degradação dos recursos naturais e encorajar os métodos de produção ambientalmente sustentáveis;
- Integrar os pobres das áreas rurais na economia do mercado e proporcionar-lhes um melhor acesso aos mercados de exportação;
- Transformar África num exportador líquido de produtos agrícolas;
- Fazer com que África desempenhe um papel estratégico no desenvolvimento da ciência e da tecnologia agrícolas.

155. Acções
Ao nível de África
- Aumentar a segurança do aprovisionamento de água para a agricultura, através da criação de dispositivos de irrigação de pequena escala, da melhoria da gestão local dos recursos hídricos e de um maior intercâmbio de informação e de conhecimento técnico com a comunidade internacional;
- Melhorar a segurança do regime fundiário, tradicional e moderno, e promover as necessárias reformas fundiárias;
- Estimular a segurança alimentar a nível regional, sub-regional, nacional e familiar, assegurando e gerindo o aumento da produção, do transporte, do armazenamento e da comercialização dos produtos da agricultura, da pecuária e da pesca. Deve, também, prestar-se uma particular atenção às necessidades dos pobres e estabelecer sistemas de alerta rápido para monitorizar as secas e a produção agrícola;
- Melhorar os mecanismos de crédito e de financiamento agrícolas, bem como o acesso ao crédito por parte das pequenas explorações e das mulheres que se dedicam à agricultura;
- Reduzir a preponderância das despesas públicas nas zonas urbanas de África, transferindo recursos das actividades urbanas para as actividades rurais.

Ao nível internacional
- Desenvolver novos sistemas de parceria para projectos agrícolas específicos de grande envergadura, combatendo, desta forma, a saturação dos doadores;
- Obter a ajuda dos países desenvolvidos para permitir ao continente africano conceber e expandir as suas próprias capacidades de investigação e desenvolvimento no domínio da agricultura;
- Promover o acesso dos produtos alimentares e agrícolas africanos e, em particular, dos produtos transformados aos mercados internacionais, melhorando a qualidade desses produtos, para que possam responder aos padrões exigidos naqueles mercados;
- Apoiar a criação de redes africanas com parceiros externos nos domínios da tecnologia e do conhecimento agrícolas, dos serviços de extensão e das infra-estruturas rurais;
- Apoiar os investimentos na investigação nos domínios das culturas de elevado rendimento e dos métodos de conservação e de armazenamento sustentáveis;

- Fornecer apoio à consolidação das capacidades nacionais e regionais no domínio das negociações comerciais multilaterais, incluindo os regulamentos sanitários e as outras regulamentações sobre a comercialização de produtos agrícolas.

(iii) Indústria Extractiva
156. Objectivos
- Melhorar a qualidade da informação sobre os recursos minerais;
- Criar um quadro regulamentar favorável ao desenvolvimento das indústrias extractivas;
- Instituir práticas capazes de assegurar a eficácia da extracção dos recursos minerais e de minérios de elevada qualidade.

157. Acções
Ao nível de África
- Harmonizar as políticas e as regulamentações, a fim de garantir a observância dos níveis mínimos acordados em matéria de exploração;
- Harmonizar os compromissos tendentes à redução dos riscos associados aos investimentos em África;
- Harmonizar as fontes de informação sobre oportunidades de investimento;
- Colaborar mais intensamente para a partilha de conhecimentos sobre os recursos naturais e os meios de aumentar o seu valor acrescentado;
- Aplicar princípios de valor acrescentado (valorização) nos investimentos destinados ao sector mineiro africano;
- Criar uma Escola Mineira Africana (que ofereça ensino, formação e qualificação em todos os níveis). Este objectivo poderá alcançado através da colaboração entre as escolas existentes.

(iv) Manufacturas
158. Objectivos
- Aumentar a produção, a competitividade e a diversificação do sector doméstico privado, em particular nos subsectores agro-industrial, mineiro e manufactureiro, onde existam possibilidades de exportação e de criação de empregos;
- Criar organizações nacionais de normalização nos países africanos;
- Harmonizar as regulamentações técnicas dos países africanos.

159. Acções
Ao nível de África:
- Desenvolver novas indústrias ou melhorar as existentes nos países africanos que possuem vantagens comparativas, incluindo as agro-indústrias, a produção de energia e as indústrias dependentes dos recursos minerais;
- Tornar-se membros dos organismos internacionais de normalização pertinentes. Uma participação activa de África nestes organismos possibilitar-lhe-ia uma melhor defesa das suas posições, assegurando uma verdadeira contribuição das indústrias africanas na formulação das normas internacionais. Além disso, esta participação asseguraria, também, a transferência dos *copyrights* das normas internacionais às associações nacionais;
- Estabelecer instituições nacionais de medição para garantir a harmonização com o sistema internacional de metrologia. Estas actividades continuarão sempre a ser da responsabilidade dos governos;
- Assegurar a criação de laboratórios de testes e de organizações de certificação, os quais deverão contribuir para o respeito dos regulamentos técnicos nacionais pertinentes. Estas organizações devem ser criadas o mais rapidamente possível onde ainda não existam;
- Estabelecer uma infra-estrutura de acreditação, similar à Organização Internacional da Normalização (ISO), que seja internacionalmente aceite. Esta infra-estrutura de acreditação poderá ser nacional, nos países em que a indústria seja suficientemente sólida para a manter, ou assumir uma dimensão regional, nos restantes casos. Deve ser disponibilizado um financiamento adequado para garantir a participação em estruturas internacionais, como o Fórum Internacional de Acreditação (FIA) e a Comissão Electrotécnica Internacional (CEI);
- Assegurar o reconhecimento mútuo dos resultados dos testes e da certificação relativos aos principais parceiros comerciais de África. Em termos gerais, isso apenas será possível através do estabelecimento de padrões, regulamentações técnicas, sistemas de metrologia e de acreditação que demonstrem preencher os critérios internacionalmente fixados.

Ao nível internacional:
- Facilitar a realização de parcerias, através do desenvolvimento de mecanismos, como associações empresariais, para o intercâmbio

de informações entre empresas africanas e estrangeiras, tendo em vista o estabelecimento de *joint ventures* e de acordos de subcontratação;
- Apoiar a consolidação das instituições africanas de formação para o desenvolvimento industrial, em particular, favorecendo o estabelecimento de redes com parceiros internacionais;
- Promover a transferência de tecnologias novas e apropriadas para os países africanos;
- Desenvolver e fazer aceitar boas práticas em matéria de regulamentações técnicas que satisfaçam os requisitos do Acordo sobre Obstáculos Técnicos ao Comércio (TBT) da Organização Mundial do Comércio (OMC), ao mesmo tempo que respondem às necessidades do continente africano. As regulamentações técnicas dos países desenvolvidos são frequentemente demasiado complexas para muitos países africanos;
- Criar centros de normalização que facultem às indústrias e aos governos as informações necessárias sobre as normas nacionais, regionais e internacionais, facilitando assim o acesso aos mercados. Esses centros devem estar ligados aos centros similares existentes a nível nacional, regional e internacional, podendo, assim, servir de pontos de informação nacional do Acordo sobre Obstáculos Técnicos ao Comércio da OMC;
- Assegurar o desenvolvimento de normas nacionais e regionais apropriadas, através da instituição de comités técnicos que representem de forma adequada as partes interessadas dos países, para que esses comités sejam e geridos em conformidade com as directrizes da ISO e as exigências do Acordo sobre Obstáculos Técnicos ao Comércio da OMC.

(iv) Turismo
160. *Objectivos*
- Identificar projectos-chave aos níveis nacional e sub-regional, capazes de gerar importantes efeitos paralelos e de contribuir para a integração económica interregional;
- Desenvolver uma estratégia regional de marketing;
- Desenvolver uma capacidade de investigação no sector turístico;
- Promover parcerias similares às estabelecidas no quadro de organizações sub-regionais, como a Organização Regional do Turismo da África Austral (RETOSA), a Comunidade Económica da África

Ocidental (CEDEAO) e a Comunidade de Desenvolvimento da África Austral (SADC).

161. *Acções*
Ao nível de África:
- Estabelecer relações de cooperação que permitam tirar partido de uma partilha de conhecimentos, proporcionando uma base aos outros países que desejarem envolver-se em actividades relacionadas com o turismo;
- Proporcionar às populações africanas a possibilidade de participarem activamente em projectos turísticos sustentáveis a nível comunitário;
- Conceder prioridade à protecção e à segurança dos consumidores;
- Comercializar produtos turísticos africanos, como o turismo de aventura, o ecoturismo e o turismo cultural;
- Assegurar uma melhor coordenação das iniciativas regionais de turismo em África, a fim de expandir os produtos e assegurar a sua diversidade;
- Maximizar os benefícios resultantes da forte procura interregional de actividades turísticas, concebendo campanhas especializadas de marketing vocacionadas para a satisfação dos interesses dos consumidores.

(vi) Serviços
162. Os serviços podem constituir actividades muito importantes para os países africanos, em particular para aqueles que se encontram bem equipados no domínio das tecnologias de informação e comunicação (teleserviços).

(vii) Promoção do Sector Privado
163. *Objectivos*
- Criar um ambiente são e favorável às actividades do sector privado, com especial ênfase para o empresariado nacional;
- Promover o investimento directo estrangeiro e as trocas comerciais, com especial ênfase para as exportações;
- Desenvolver as microempresas e as pequenas e médias empresas, em particular no sector informal.

164. Acções
Ao nível de África:
- Adoptar medidas para reforçar as capacidades do sector privado nos domínios do empreendedorismo, da gestão e das técnicas, apoiando a aquisição de tecnologias, os melhoramentos da produção, a formação e o desenvolvimento das competências;
- Consolidar as câmaras de comércio, as associações comerciais e profissionais e as suas redes regionais;
- Organizar o diálogo entre o governo e o sector privado, no sentido de desenvolver uma visão comum da estratégia de desenvolvimento económico, e eliminar os obstáculos ao desenvolvimento do sector privado;
- Reforçar e encorajar o crescimento das micro-indústrias e das pequenas e médias indústrias, através do apoio técnico adequado das instituições de serviço e da sociedade civil, e melhorar o acesso ao capital, reforçando os programas de micro-financiamento, em particular os que apoiam as mulheres empresárias.

Ao nível Internacional:
- Promover programas de desenvolvimento do empreendedorismo para gestores de formação de empresas africanas;
- Providenciar uma assistência técnica que contribua para o desenvolvimento de uma regulamentação apropriada, para a promoção das microempresas e das pequenas e médias empresas e para o estabelecimento de programas de micro-financiamento para o sector privado africano.

(viii) Promoção das Exportações Africanas
165. Objectivos
- Melhorar os procedimentos aduaneiros e os programas de draubaque;
- Opor-se às barreiras existentes ao nível do comércio internacional, através da melhoria das normas;
- Aumentar o comércio intra-regional, promovendo os contactos transfronteiriços entre empresas africanas;
- Modificar a imagem negativa de África, através da resolução dos conflitos e das técnicas de marketing;
- Colmatar as lacunas existentes ao nível das competências africanas a curto prazo, através da concessão de incentivos adequados e da promoção da formação ao nível das empresas.

166. Acções
Ao nível de África:
- Promover o comércio intra-africano, para que os países africanos possam adquirir no continente produtos até então importados de países localizados fora do continente africano;
- Criar mecanismos e instituições de marketing capazes de desenvolver estratégias de comercialização para os produtos africanos;
- Publicitar as sociedades africanas de importação e exportação e os seus produtos, nomeadamente através de feiras comerciais;
- Reduzir os custos das transacções e das operações;
- Promover e melhorar os acordos comerciais regionais, assegurar uma maior liberalização do comercial inter-regional e harmonizar as regras de origem, as tarifas aduaneiras e normas dos produtos;
- Reduzir os direitos aduaneiros sobre as exportações.

Ao nível internacional:
- Negociar medidas e acordos destinados a facilitar o acesso de produtos africanos aos mercados internacionais;
- Encorajar o investimento directo estrangeiro;
- Ajudar a consolidar as capacidades do sector privado, através do reforço das capacidades nacionais e sub-regionais em matéria de negociações comerciais, da implementação das regras da OMC e da identificação e exploração de novas oportunidades comerciais resultantes do sistema comercial multilateral;
- Os Chefes de Estado africanos devem assegurar uma participação activa nas trocas comerciais internacionais, desenvolvidas sob os auspícios da OMC desde 1995. Se se der início a uma nova ronda de negociações comerciais multilaterais, esta deverá ter em conta as preocupações, as necessidades e os interesses especiais do continente africano e estes deverão ser reflectidos nas futuras regras da OMC.

167. A participação no sistema comercial internacional permitirá:
- Assegurar às exportações africanas um acesso aos mercados aberto, previsível e geograficamente diversificado;
- Proporcionar aos países em desenvolvimento um fórum em que estes possam colectivamente exigir dos países desenvolvidos ajustamentos estruturais nas indústrias em que os países em desenvolvimento dispõem actualmente de uma natural vantagem comparativa;

- Fazer da transparência e da previsibilidade pré-requisitos indispensáveis ao aumento do investimento, o que permitiria melhorar a capacidade de oferta e reforçar os benefícios resultantes do actual acesso aos mercados;
- Assegurar uma assistência e um apoio técnicos para reforçar a capacidade institucional dos Estados africanos de utilizarem a OMC e de se envolverem nas negociações comercias multilaterais.

168. Para além de um apoio de ordem geral à OMC, os Chefes de Estado africanos devem identificar áreas estratégicas de intervenção e, com o auxílio da comunidade internacional, reforçar a contribuição do comércio para a recuperação do continente. As áreas estratégicas incluem:
- a identificação de áreas essenciais de exportação nas quais se verificam graves entraves à oferta;
- a diversificação da produção e das exportações, em particular nas áreas existentes e potenciais em que o continente africano possui uma vantagem comparativa, tendo em conta a necessidade de aumentar o valor acrescentado da produção;
- avaliar as possibilidades de uma maior liberalização do sector manufactureiro, atendendo a que mercados facultam essencialmente acesso aos sectores de fraco valor acrescentado e restringem as actividades de forte valor acrescentado em que existe um maior potencial económico e de crescimento;
- renovar a acção política dos países africanos, a fim de intensificar e aprofundar as diversas iniciativas de integração levadas a cabo no continente. Para o efeito, devem ser equacionadas as seguintes possibilidades:
  – um sistema continental discricionário de preferências para o comércio intra-africano;
  – o alinhamento das políticas comerciais e industriais nacionais e regionais para aumentar as possibilidades do comércio intra-industrial indispensável à sustentabilidade dos acordos económicos regionais.

169. Os Chefes de Estado devem agir no sentido de:
- Assegurar e estabilizar um tratamento preferencial por parte dos principais parceiros dos países desenvolvidos (como o Sistema Generalizado de Preferências), o Acordo de Cotonu, a Iniciativa de "Tudo Menos Armas" (EBA) e a Lei americana para o Crescimento e Oportunidades de África (AGOA).
- Assegurar que a futura liberalização multilateral não afecte as preferências estabelecidas por esses acordos;

- Identificar as suas deficiências em termos de concepção e de aplicação e procurar superá-las.

(ix) Eliminação dos Obstáculos Não Tarifários

170. Os líderes africanos acreditam ser crucial uma melhoria do acesso aos mercados dos países industrializados para os produtos em que o continente dispõe de uma vantagem comparativa. Embora se tenham registado consideráveis progressos, resultantes da redução dos direitos aduaneiros nos últimos anos, ainda subsistem importantes excepções ao nível tarifário, ao mesmo tempo que os obstáculos não tarifários continuam a representar sérios entraves ao comércio. Os progressos neste domínio poderão estimular fortemente o crescimento económico e a diversificação da produção e das exportações africanas. Reduzir-se-ia, desta forma, a dependência em relação à APD e os projectos infraestruturais ganhariam maior viabilidade, em resultado da aceleração da actividade económica.

VI. Uma nova parceria mundial

171. África reconhece as injustiças históricas seculares e a necessidade de as corrigir. Assim, a nova parceria prescreve a realização de esforços combinados que contribuam para a melhoria do nível de vida das populações africanas, no mais curto prazo possível. África e os seus parceiros partilham responsabilidades nesta área, de onde poderão resultar benefícios mútuos.

172. A revolução tecnológica global necessita de uma base crescente de recursos, de uma esfera de mercados cada vez maior, de novas fronteiras de esforços científicos, de uma capacidade colectiva de conhecimento humano e de um sistema ecológico bem gerido. Estamos cientes que uma grande parte dos recursos minerais e de outros recursos materiais de África constituem *inputs* essenciais para os processos produtivos dos países desenvolvidos.

173. Além desta base de recursos indispensáveis, África oferece um mercado vasto e em expansão aos produtores de todo o mundo. Uma África em desenvolvimento, com maior número de trabalhadores empregados e qualificados e uma classe média em plena afirmação, constituiria um mercado em expansão para a produção mundial de bens manufacturados, bens intermédios e serviços.

174. Ao mesmo tempo, África oferece grandes oportunidades de investimento. A Nova Parceria para o Desenvolvimento de África cria possibilidades de esforços internacionais conjuntos para o desenvolvimento de infra-estruturas, em particular no domínio das TIC e dos transportes.

175. África oferece, igualmente, perspectivas de parcerias criativas entre os sectores público e privado nos domínios da valorização dos recursos minerais, da produção agro-industrial, do turismo, do desenvolvimento dos recursos humanos e na superação dos desafios colocados pela renovação urbana e pelo desenvolvimento rural.

176. Por outro lado, a biodiversidade de África, incluindo a riqueza da sua flora e fauna e as florestas tropicais, constitui um importante recurso mundial para combater a degradação ambiental causada pela destruição da camada de ozono e pelas alterações climáticas, bem como pela poluição atmosférica e da água resultantes das emissões industriais e dos resíduos tóxicos.

177. A expansão de oportunidades na área da educação e noutras áreas em África aumentará a contribuição do continente para a ciência, a tecnologia e a cultura a nível mundial, em benefício de toda a humanidade. Afinal, a ciência moderna reconhece que África é o berço da humanidade. Os fósseis, os artefactos, as obras artísticas e os vestígios de antigas aldeias podem ser encontrados um pouco por todo o continente, fornecendo uma prova material da emergência do *homo sapiens* e da evolução da humanidade.

178. No quadro do processo de reconstrução da identidade dos povos africanos e da sua auto-confiança, é necessário que isso seja compreendido e valorizado pelos próprios africanos. No mesmo espírito, o estatuto de África enquanto berço da humanidade deve ser estimado pelo mundo inteiro como origem de todos os seus povos.

179. O rico legado cultural de África reflecte-se no artesanato do passado, na sua literatura, nas suas filosofias, na sua arte e na sua música. Tudo isto deverá constituir uma forma de consolidar o orgulho dos africanos na sua própria humanidade e de confirmar a humanidade comum dos povos do mundo.

180. Um dos fundamentos da Nova Parceria para o Desenvolvimento de África consiste na expansão das fronteiras democráticas e no aprofundamento da cultura dos direitos do homem. Uma África democrática transformar-se-á num dos pilares da democracia, dos direitos humanos e da tolerância ao nível mundial. Os recursos mundiais actualmente consagrados à resolução de conflitos civis e inter-estaduais poderão, assim, servir para o financiamento de projectos mais compensatórios.

181. A não concretização de uma tal iniciativa, ou seja o colapso de mais Estados africanos, representa uma ameaça não só para os africanos, mas, também, para a paz e segurança mundiais. No que se refere aos países industrializados, o desenvolvimento de África reduzirá os níveis de exclusão social mundial e minimizará uma importante fonte potencial de instabilidade social a nível mundial.

182. África compromete-se a desenvolver e a consolidar as parcerias Sul-Sul.

Estabelecer um Novo Relacionamento com os Países Industrializados e as Organizações Multilaterais

183. Um elemento crítico para que os africanos possam assumir a responsabilidade pelo futuro do continente consiste na necessidade de negociar um novo relacionamento com os seus parceiros de desenvolvimento. A forma de prestação da ajuda ao desenvolvimento coloca sérios problemas aos países em desenvolvimento. A necessidade de negociar de forma separada com os doadores que apoiam o mesmo sector ou programa e de lhes prestar contas de forma individual é simultaneamente complexa e ineficiente. As condições impostas à ajuda ao desenvolvimento suscitam ineficiências suplementares. Pretende-se, assim, estabelecer um novo relacionamento que considere os programas nacionais como ponto de partida. O novo relacionamento deve estabelecer metas e padrões de desempenho que sejam mutuamente acordados entre doadores e beneficiários. Poder-se-iam citar diversos exemplos que demonstram claramente que o fracasso de um projecto não se deve apenas ao fraco desempenho dos beneficiários, mas, também, aos maus conselhos dados pelos doadores.

184. As diferentes parcerias existentes entre África e os países industrializados, por um lado, e as instituições multilaterais, por outro, deverão manter-se. Estas parcerias incluem, entre outras, a Nova Agenda das Nações Unidas para o Desenvolvimento de África na Década de 90; o Plano de Acção da Cimeira do Cairo Europa-África; a Parceria Estratégica do Banco Mundial para África; o Documento de Estratégia para a Redução da Pobreza do FMI (DSRP); o Plano de Acção de Tóquio liderado pelo Japão; o Acto para o Crescimento e Oportunidades de África dos Estados Unidos da América (AGOA); e o Novo Contrato Global com África liderado pela Comissão Económica das Nações Unidas para África (CEA). O objectivo consiste na racionalização dessas parcerias, garantindo que cada uma se traduzirá em vantagens reais para os intervenientes.

185. Os líderes africanos perspectivam as seguintes responsabilidades e obrigações para os países desenvolvidos e as instituições multilaterais:
- Conceder apoio material aos mecanismos e processos de prevenção, gestão e resolução de conflitos em África, bem como às iniciativas de manutenção da paz;
- Acelerar a redução da dívida dos países pobres altamente endividados, em conjunto com programas mais eficazes de luta contra a pobreza, para os quais a Parceria Estratégica para África e o Documento de Estratégia para a Redução da Pobreza do FMI (DSRP) constituem importantes bases de partida;
- Melhorar as estratégias de alívio da dívida para os países de rendimento médio;
- Inverter a tendência de diminuição dos fluxos de APD para África, alcançando a meta de uma APD correspondente a 0,7% do produto nacional bruto (PNB) de cada país desenvolvido num período a acordar. Esta ajuda adicional deverá ser utilizada para complementar os fundos libertados pela redução da dívida, de forma a acelerar a luta contra a pobreza;
- Traduzir em compromissos concretos as estratégias adoptadas internacionalmente nos domínios da educação e da saúde;
- Facilitar a instituição de uma parceria entre Estados, multinacionais farmacêuticas e organizações da sociedade civil, com vista a assegurar o rápido acesso aos medicamentos existentes por parte dos africanos afectados por doenças infecciosas;
- Assegurar aos produtos dos países em desenvolvimento acesso aos mercados dos países desenvolvidos através de iniciativas bilaterais e negociar condições mais equitativas para os países africanos no quadro dos acordos da OMC;
- Colaborar com os líderes africanos no sentido de incentivar o investimento privado dos países desenvolvidos no continente africano, nomeadamente através da criação de mecanismos seguradores e de instrumentos financeiros que contribuam para a redução dos prémios de risco dos investimentos em África;
- Elevar os padrões de protecção dos consumidores aplicáveis às exportações dos países desenvolvidos com destino aos países em desenvolvimento, colocando-os ao mesmo nível dos praticados nos mercados dos países desenvolvidos;
- Assegurar a participação do Banco Mundial e das outras instituições multilaterais de financiamento ao desenvolvimento enquanto

investidores nos projectos-chave de infra-estruturas económicas, de modo a facilitar e a apoiar a participação do sector privado;
- Proporcionar um suporte técnico destinado a acelerar a implementação do programa de acção, incluindo o reforço das capacidades africanas ao nível da planificação e da gestão do desenvolvimento, da regulamentação financeira e infraestrutural, a contabilidade e a auditoria e a concepção, a construção e a gestão das infra-estruturas;
- Apoiar as reformas ao nível da governação das instituições financeiras multilaterais, de forma a assegurar uma resposta mais adequada às necessidades e às preocupações dos países africanos;
- Estabelecer mecanismos coordenados de combate à corrupção e assumir o compromisso de devolver a África as verbas resultantes desse tipo de práticas.

VII. Implementação da Nova Parceria para o Desenvolvimento de África

186. Reconhecendo a necessidade de definir prioridades, os Presidentes que lançaram esta iniciativa propõem que, no mais curto espaço de tempo possível e em colaboração com os parceiros de desenvolvimento, sejam realizados os seguintes programas:
- Doenças transmissíveis: VIH/SIDA, paludismo e tuberculose;
- Tecnologias de informação e comunicação;
- Redução da dívida;
- Acesso aos mercados.

187. Diversas instituições internacionais de cooperação já realizaram esforços em todos esses programas, mas é necessário consolidar a participação e a liderança de África para assegurar resultados mais positivos. Consideramos que este tipo de abordagem poderá contribuir para acelerar a regeneração do continente africano. (Propostas detalhadas sobre cada programa constam dos anexos).

Projectos
188. Embora conscientes dos riscos que pode envolver uma abordagem do desenvolvimento assente em projectos, os impulsionadores da Nova Parceria para o Desenvolvimento de África propõem um conjunto de projectos indispensáveis ao desenvolvimento regional integrado, como

defendido pela Nova Parceria para o Desenvolvimento de África. Esses projectos, para além de reforçarem os programas nacionais e regionais de desenvolvimento, contribuirão, também, para uma rápida revitalização do continente.

189. Os projectos que a seguir são enumerados têm carácter meramente ilustrativo. Uma lista pormenorizada de projectos pode ser consultada no sítio da Nova Parceria para o Desenvolvimento de África (www.nepad.com).

(i) Agricultura

190. *Alargar o âmbito e as operações do plano de acção para a gestão integrada dos solos e dos recursos hídricos de África.* O projecto tem por objecto a manutenção e a revalorização dos frágeis recursos naturais agrícolas de África. Vários governos africanos encontram-se já a desenvolver iniciativas no quadro deste programa. Entre os parceiros figuram o Fundo Mundial do Ambiente (GEF), o Banco Mundial, o Banco Africano de Desenvolvimento (BAD), a FAO e outros doadores bilaterais.

191. *Consolidar e recentrar as capacidades dos sistemas africanos de investigação e divulgação agrícolas.* O projecto tem por objecto a revalorização das infra-estruturas e das instituições que apoiam a agricultura africana. As inovações tecnológicas e a sua difusão oferecem inúmeras possibilidades de acelerar o rendimento e a produtividade agrícolas, mas o continente não dispõe da capacidade de investigação suficiente para alcançar importantes progressos nesta área. Entre os principais parceiros figuram o Fórum para a Investigação Agrícola em África (FARA), o Banco Mundial, a FAO e o Grupo Consultivo para a Investigação Agrícola Internacional (CGIAR).

(ii) Promoção do Sector Privado

192. A experiência adquirida a nível internacional sugere que uma das melhores formas de promover empresas em domínios fortemente inovadores consiste em criar incubadoras de empresas. O projecto formulará as directivas e as políticas indispensáveis à criação das incubadoras em cada país, aproveitando a experiência adquirida a nível internacional e os exemplos de sucesso, mas adaptando-as às necessidades e à conjuntura africanas.

(iii) Infra-estruturas e Integração Regional

193. Foram identificados, no decurso do processo de implementação da Nova Parceria do Desenvolvimento de África, vários projectos nos do-

mínios da energia, dos transportes, das telecomunicações e dos recursos hídricos cruciais ao desenvolvimento integrado de África. É necessário assegurar o financiamento desses projectos, os quais se encontram em diversos estádios de desenvolvimento. A próxima etapa consiste em acelerar a sua execução com o apoio do Banco Africano de Desenvolvimento, do Banco Mundial e de outras instituições multilaterais.

194. Os Presidentes que lançaram esta iniciativa consideram que, a menos que o desenvolvimento infraestrutural seja abordado numa base planeada, ou seja, ligado ao desenvolvimento regional integrado, o processo da renovação do continente não poderá arrancar. Exorta-se, assim, a comunidade internacional a apoiar África na aceleração do desenvolvimento infraestrutural. Os pormenores dos projectos infraestruturais podem ser consultados no sítio da Nova Parceria para o Desenvolvimento de África (www.nepad.com).

Avaliação das Necessidades

195. Para determinar as medidas a adoptar nos sectores prioritários, é preciso efectuar um estudo de avaliação das necessidades, que parta do nível nacional para os níveis sub-regional e regional. Tratar-se-á de avaliar as necessidades existentes nos cinco sectores prioritários em termos de estruturas e de pessoal.

196. A avaliação das necessidades sectoriais sub-regionais efectuar-se--á com base na avaliação das necessidades nacionais. Propõe-se que os peritos e os ministros de cada subsector se reúnam numa das capitais da sub--região. Para cada sector, será necessário reunir dados de cada país, de modo a poderem ser utilizados para elaborar o plano sectorial sub-regional. Depois de avaliadas as necessidades sectoriais sub-regionais nos cinco sectores, estes podem ser agregados de modo a poder elaborar-se um plano regional.

197. É importante sublinhar que não se deverá proceder a um simples somatório das necessidades sectoriais sub-regionais. É preciso partir de uma perspectiva sub-regional que conduza a pelo menos dois novos elementos:

• As necessidades especificas da sub-região concebida como um espaço único que reúna todos os países dessa sub-região. Por exemplo, as estradas e os caminhos-de-ferro não deverão ser concebidos numa perspectiva nacional, mas sim numa perspectiva sub-regional;
• As necessidades deverão ser racionalizadas numa base sub-regional. Por exemplo, as universidades devem ser repartidas numa perspectiva territorial sub-regional;

- Por último, as necessidades do continente serão avaliadas nos cinco sectores considerados prioritários à luz dos planos sub-regionais globais. Os pormenores podem consultados no sítio da Nova Parceria para o Desenvolvimento de África (www.nepad.com).

Mecanismo de Gestão da Nova Parceria para o Desenvolvimento de África

198. Os Chefes de Estado promotores da Nova Parceria para o Desenvolvimento de África aconselharão a União Africana sobre o mecanismo adequado à sua implementação.

199. Esse mecanismo necessitará de um apoio técnico nos domínios da investigação e da formulação de políticas.

Comité de Chefes de Estado para a Implementação

200. Será criado um Comité de Chefes de Estado para a Implementação, o qual será constituído por cinco Chefes de Estado promotores da Nova Parceria para o Desenvolvimento de África e dez outros (dois de cada região).

201. O Comité de Chefes de Estado para a Implementação terá as seguintes funções:
- Identificar as questões estratégicas que deverão ser objecto de investigação, planificação e gestão a nível continental;
- Criar os mecanismos de avaliação retrospectiva dos progressos alcançados na concretização das metas e na observância dos padrões mutuamente acordados;
- Examinar os progressos efectuados na execução das decisões tomadas, de modo a adoptar as medidas que permitam solucionar quaisquer problemas e recuperar eventuais atrasos.

VIII. Conclusão

202. A Nova Parceria para o Desenvolvimento de África tem como objectivo a consolidação da democracia e a optimização da gestão económica no continente. Os dirigentes africanos comprometem-se, através da NEPAD, para com os povos africanos e o resto mundo, a trabalhar em conjunto na reconstrução do continente. Comprometem-se a promover a paz e a estabilidade, a democracia, uma gestão económica sã e um desenvol-

vimento centrado nas populações e responsabilizam-se mutuamente nos termos dos acordos constantes do Programa.

203. Ao propor esta parceria, África reconhece que possui a chave do seu próprio desenvolvimento. Proclamamos que a Nova Parceria para o Desenvolvimento de África oferece aos países desenvolvidos uma oportunidade histórica para estabelecerem com África uma parceria verdadeira e genuína, baseada em interesses mútuos, compromissos comuns e acordos vinculativos.

204. A adopção da estratégia de desenvolvimento que ficou definida em termos gerais e de um detalhado programa de acção irá marcar o início de uma nova fase de parceria e de cooperação entre África e o mundo desenvolvido.

205. A concretização das promessas contidas neste programa deverá fazer com que as crianças africanas tenham esperança de que o século XXI seja realmente o século do renascimento do continente africano.

DESENVOLVIMENTO SUSTENTÁVEL

DECLARAÇÃO DE ESTOCOLMO SOBRE O AMBIENTE HUMANO
16.06.1972

DECLARAÇÃO DE ESTOCOLMO
SOBRE O AMBIENTE HUMANO

A Conferência das Nações Unidas sobre o Ambiente Humano, reunida em Estocolmo, entre 5 e 16 de Junho de 1972, atenta à necessidade de encontrar um critério e princípios comuns que ofereçam aos povos do mundo inspiração e orientação para preservar e melhorar o ambiente humano,

Proclama que:

1. O homem é, ao mesmo tempo, obra e construtor do ambiente que o rodeia, o qual lhe dá sustento material e lhe oferece oportunidade para se desenvolver do ponto de vista intelectual, moral, social e espiritual. Na longa e tortuosa evolução da raça humana neste planeta, chegou-se a um estádio em que, graças à rápida aceleração da ciência e da tecnologia, o homem adquiriu o poder de, por inúmeras formas e numa escala sem precedentes, operar transformações no ambiente que o rodeia. Os dois aspectos do ambiente humano, o natural e o artificial, são essenciais para o bem-estar do homem e para o usufruto dos direitos humanos fundamentais, incluindo o direito à vida.

2. A protecção e a melhoria do ambiente humano é questão fundamental que afecta o bem-estar dos povos e o desenvolvimento económico mundial, representando um desejo urgente de todos os povos e um dever de todos os governos.

3. O homem deve efectuar uma constante avaliação da sua experiência e continuar a descobrir, inventar, criar e progredir. Hoje em dia, a capacidade do homem transformar o que o rodeia, utilizada criteriosamente, pode alargar a todos os povos os benefícios do desenvolvimento e oferecer-lhes a oportunidade de melhorarem a sua qualidade de vida. Uma utilização errada ou pouco criteriosa deste poder poderá causar danos incalculáveis ao homem e ao ambiente humano. À nossa volta vemos mul-

tiplicarem-se as provas de danos causados pelo homem em muitas regiões da Terra: níveis perigosos de poluição das águas, do ar, da terra e dos seres vivos; grandes problemas para o equilíbrio ecológico da biosfera; destruição e esgotamento de recursos não renováveis; e graves deficiências, nocivas para a saúde física, mental e social do homem, no ambiente por ele criado, especialmente naquele em que vive e trabalha.

4. Nos países em desenvolvimento, a maioria dos problemas ambientais são causados pelo subdesenvolvimento. Milhões de pessoas continuam a viver muito abaixo dos níveis mínimos necessários para uma existência humana digna, privados de alimentação e vestuário, de habitação e educação, de condições de saúde e de higiene adequadas. Assim, os países em desenvolvimento devem dirigir seus esforços para o desenvolvimento, tendo presentes as suas prioridades e a necessidade de salvaguardar e melhorar o ambiente. Com o mesmo objectivo, os países industrializados devem efectuar esforços no sentido de reduzirem as assimetrias que existem entre eles e os países em desenvolvimento. Nos países industrializados, os problemas ambientais estão geralmente relacionados com a industrialização e o desenvolvimento tecnológico.

5. O crescimento natural da população coloca, continuamente, problemas relativos à preservação do ambiente, devendo ser adoptadas políticas e medidas adequadas à resolução desses problemas. As pessoas são o que de mais valioso existe no mundo, promovendo o progresso social, criando riqueza social, desenvolvendo a ciência e a tecnologia e transformando, com seu trabalho árduo, continuamente o ambiente humano. Com o progresso social e os avanços da produção, da ciência e da tecnologia, a capacidade do homem melhorar o ambiente aumenta a cada dia que passa.

6. Chegámos a um momento da história em que devemos conceder particular atenção às consequências ambientais que decorrem da nossa actuação em todo o mundo. Por ignorância ou indiferença, podemos causar danos massivos e irreparáveis ao ambiente do planeta, do qual depende a nossa vida e o nosso bem-estar. Ao contrário, com um conhecimento mais profundo e uma actuação mais prudente, podemos conseguir para as actuais e futuras gerações melhores condições de vida, num ambiente mais propício à satisfação das necessidades e aspirações do homem. Existem perspectivas favoráveis de se alcançar uma melhor qualidade ambiental e uma vida mais próspera. É preciso, simultaneamente, entusiasmo e serenidade de espírito, trabalho árduo e organizado. No sentido de alcançar liberdade no seio da natureza, o homem deve aplicar os seus conhecimentos para criar, em colaboração com a natureza, um ambiente melhor.

A defesa e a melhoria do ambiente humano para as actuais e futuras gerações converteu-se num objectivo imperativo para a humanidade, que deve ser perseguido, em conjunto e em harmonia com os objectivos fundamentais da paz e do desenvolvimento económico e social em todo o mundo.

7. Para se alcançar este objectivo ambiental será necessário que cidadãos e comunidades, empresas e instituições, em todos os níveis, aceitem as responsabilidades que possuem e que todos participem equitativamente nesse esforço comum. Pessoas de todas as condições e organizações em diferentes áreas, integrando os seus valores e a diversidade das suas actividades, moldarão o ambiente do futuro. As administrações locais e nacionais serão, dentro da sua jurisdição, as principais responsáveis pelo desenvolvimento de uma actuação ambiental de larga escala. A cooperação internacional é, também ela, essencial para assegurar recursos que apoiem os países em desenvolvimento a cumprir as suas obrigações neste domínio. Há um cada vez maior número de problemas ambientais que, devido à sua dimensão regional ou mundial ou pela sua repercussão internacional, requerem uma ampla colaboração entre as nações e a actuação de organizações internacionais no interesse comum. A Conferência insta os governos e os povos a realizarem esforços comuns para preservar e melhorar o ambiente humano em benefício das actuais e das futuras gerações.

II
Princípios

Expressa a convicção comum de que:

PRINCÍPIO 1

O homem tem o direito fundamental à liberdade, à igualdade e a condições de vida satisfatórias, num ambiente de qualidade que permita uma vida com dignidade e bem-estar, tendo o dever solene de proteger e melhorar o ambiente para as actuais e futuras gerações. Desta forma, as políticas que promovem ou perpetuam o *apartheid*, a segregação racial, a discriminação, a opressão colonial ou de outra natureza e a dominação estrangeira são condenadas e devem ser eliminadas.

PRINCÍPIO 2

Os recursos naturais da Terra, incluindo o ar, a água, os solos, a flora e a fauna e exemplos especialmente representativos de ecossistemas naturais devem ser preservados em benefício das actuais e futuras gerações, através de um cuidadoso planeamento ou gestão.

PRINCÍPIO 3

A capacidade da Terra de produzir recursos renováveis essenciais deve ser preservada e, sempre que possível, restaurada ou melhorada.

PRINCÍPIOS 4

O homem tem a especial responsabilidade de preservar e de gerir criteriosamente o património constituído pela flora e pela fauna e o seu habitat, que se encontram, actualmente, em perigo, devido a um conjunto de factores adversos. Consequentemente, a conservação da natureza, incluindo a flora e a fauna, deve assumir um papel importante no planeamento do desenvolvimento económico.

PRINCÍPIO 5

Os recursos não renováveis da Terra devem ser explorados de forma a prevenir o seu esgotamento e a assegurar que toda a humanidade participe dos benefícios da sua utilização.

PRINCÍPIO 6

A descarga de resíduos tóxicos e as emissões de calor, em quantidades ou concentrações que excedam a capacidade ambiental de os depurar, devem ser suspensas, de forma a evitar danos graves ou irreparáveis nos ecossistemas. Deve ser apoiado o legítimo combate de todos os países contra a poluição.

PRINCÍPIO 7

Os Estados deverão adoptar todas as medidas possíveis para impedir a poluição dos mares por substâncias que possam pôr em perigo a saúde humana, que prejudiquem os recursos biológicos e a vida marinha, que destruam o meio natural ou interfiram com outras utilizações legítimas do mar.

PRINCÍPIO 8

O desenvolvimento económico e social é essencial para assegurar ao homem um ambiente de vida e de trabalho favorável e para criar na Terra as condições necessárias à melhoria da qualidade de vida.

PRINCÍPIO 9

O subdesenvolvimento e os desastres naturais encontram-se na origem de graves problemas ambientais. Estes problemas poderão vir a ser minorados com a promoção do desenvolvimento, através da transferência de uma considerável assistência financeira e tecnológica que complemente os esforços internos dos países em desenvolvimento e que possa ser concedida assim que for solicitada.

PRINCÍPIO 10

Para os países em desenvolvimento, a estabilidade dos preços e uma adequada remuneração dos produtos primários e das matérias-primas constituem elementos essenciais para a gestão do ambiente, uma vez que tanto os factores económicos, como os processos ecológicos devem ser levados em consideração.

PRINCÍPIO 11

As políticas ambientais de todos os Estados devem potenciar e não afectar o desenvolvimento actual e futuro dos países em desenvolvimento, não colocando obstáculos à obtenção de melhores condições de vida para todos. Os Estados e as organizações internacionais devem adoptar medidas adequadas para alcançar um acordo destinado a enfrentar as consequências económicas, no plano nacional e internacional, resultantes da aplicação de políticas ambientais.

PRINCÍPIO 12

Devem ser disponibilizados recursos para assegurar a preservação e a melhoria do ambiente, tendo em conta a situação e necessidades particulares dos países em desenvolvimento e os custos que possam resultar da inclusão de medidas de conservação do ambiente nos seus planos de desenvolvimento, bem como a necessidade de lhes proporcionar, quando solicitados, meios suplementares de assistência técnica e financeira internacional.

PRINCÍPIO 13

Com o fim de se conseguir uma gestão mais racional dos recursos e assim melhorar as condições ambientais, os Estados devem adoptar uma visão integrada e coordenada ao planearem o seu desenvolvimento, com o objectivo de assegurar que este seja compatível com a necessidade de proteger e melhorar o ambiente em benefício de sua população.

PRINCÍPIO 14

O planeamento racional constitui um instrumento essencial para superar potenciais conflitos entre a necessidade de desenvolvimento e a necessidade de protecção e melhoria do ambiente.

PRINCÍPIO 15

O planeamento deve ser aplicado aos habitats humanos e à urbanização, a fim de evitar efeitos nocivos sobre o ambiente e a obter os maiores benefícios sociais, económicos e ambientais para todos. Tendo em vista este objectivo, devem abandonar-se os projectos concebidos para a dominação colonialista e racista.

PRINCÍPIO 16

Nas regiões em que a taxa de crescimento demográfico ou excessivas concentrações populacionais possam prejudicar o ambiente ou o desenvolvimento, ou em que a baixa densidade populacional possa impedir a melhoria do ambiente humano e condicionar o desenvolvimento, devem aplicar-se políticas demográficas consideradas adequadas pelos governos interessados e que respeitem os direitos fundamentais do homem.

PRINCÍPIO 17

A tarefa de planear, administrar ou controlar a utilização dos recursos ambientais dos Estados, com o fim de melhorar a qualidade ambiental, deve ser confiada às instituições nacionais competentes.

PRINCÍPIO 18

A ciência e a tecnologia devem ser utilizadas para identificar, evitar e combater os riscos ambientais, para solucionar os problemas ambientais e para o bem comum da humanidade, contribuindo, desta forma, para o desenvolvimento económico e social.

PRINCÍPIO 19

A educação ambiental dos jovens e dos adultos, que tenha em atenção os mais desfavorecidos, é essencial para reforçar as bases de uma opinião pública informada e para assegurar uma conduta responsável por parte de indivíduos, empresas e colectividades na protecção e melhoria do ambiente em toda a sua dimensão humana. É, também, essencial evitar que os meios de comunicação contribuam para a deterioração do ambiente, devendo, pelo contrário, difundir informação de carácter educativo sobre a necessidade de proteger e melhorar o ambiente, de forma a permitir que o homem se desenvolva plenamente.

PRINCÍPIO 20

A investigação e o desenvolvimento científicos relativos às questões ambientais, tanto nacionais, como multinacionais, devem ser fomentados em todos os países, em especial nos países em desenvolvimento. Neste contexto, o livre fluxo de informação científica actualizada e a partilha de experiências devem ser apoiados e incentivados, de forma a facilitar a solução de problemas ambientais. As tecnologias ambientais devem ser disponibilizadas aos países em desenvolvimento, de modo a estimular a sua ampla difusão, sem que representem uma sobrecarga económica para esses países.

PRINCÍPIO 21

Os Estados, de acordo com a Carta das Nações Unidas e com os princípios do direito internacional, têm o direito soberano de explorar os seus próprios recursos, de acordo com a sua política ambiental, e a responsabilidade de assegurar que as actividades realizadas sob sua jurisdição ou controlo não prejudiquem o ambiente de outros Estados ou de áreas para além dos limites de qualquer jurisdição nacional.

PRINCÍPIO 22

Os Estados devem cooperar para continuar a desenvolver o direito internacional no que se refere à responsabilidade e à indemnização das vítimas da poluição e de outros danos ambientais provocados fora da sua jurisdição pelas actividades realizadas sob sua jurisdição ou controlo.

PRINCÍPIO 23

Sem prejuízo dos critérios acordados pela comunidade internacional ou dos padrões definidos a nível nacional, será essencial, em todos os casos, considerar os sistemas de valores prevalecentes em cada país e o grau de aplicabilidade dos padrões que, embora válidos para os países mais avançados, podem não ser adequados e implicar um custo social injustificado para os países em desenvolvimento.

PRINCÍPIO 24

As questões internacionais relativas à protecção e à melhoria do ambiente devem ser abordadas por todos os países, independentemente da sua dimensão, com espírito de cooperação e em pé de igualdade. É indispensável estabelecer uma cooperação, mediante acordos multilaterais ou bilaterais, ou através de outros meios apropriados, tendo em vista controlar, prevenir, reduzir e eliminar eficazmente os prejuízos ambientais causados pelas actividades realizadas em todos os domínios, no pleno respeito da soberania e dos interesses de todos os Estados.

PRINCÍPIO 25

Os Estados devem assegurar que as organizações internacionais realizem um trabalho coordenado, eficaz e dinâmico na preservação e na melhoria do ambiente.

PRINCÍPIO 26

O homem e o seu ambiente devem ser poupados aos efeitos das armas nucleares e dos restantes meios de destruição maciça. Os Estados devem esforçar-se para alcançar rapidamente um acordo – nos órgãos internacionais apropriados – sobre a eliminação e a destruição completa desse tipo de armas.

CONVENÇÃO QUADRO DAS NAÇÕES UNIDAS SOBRE ALTERAÇÕES CLIMÁTICAS
09.05.1992

CONVENÇÃO QUADRO DAS NAÇÕES UNIDAS SOBRE ALTERAÇÕES CLIMÁTICAS

As Partes nesta Convenção:
Reconhecendo que a alteração do clima da Terra e os seus efeitos negativos são uma preocupação comum da humanidade;
Preocupadas por as actividades humanas terem aumentado substancialmente as concentrações de gases com efeito de estufa na atmosfera e pelo facto de esse aumento estar a acrescer o efeito de estufa natural, o que irá resultar num aquecimento médio adicional da superfície da Terra e da atmosfera, podendo afectar adversamente os ecossistemas naturais e a humanidade;
Notando que a maior parte das emissões globais actuais e históricas de gases com efeito de estufa teve origem em países desenvolvidos, que as emissões *per capita* nos países em desenvolvimento são ainda relativamente baixas e que a quota-parte das emissões globais com origem nos países em desenvolvimento irá aumentar para satisfazer as suas necessidades sociais e de desenvolvimento;
Conhecedoras do papel e importância dos ecossistemas terrestres e marinhos como sumidouros e reservatórios dos gases com efeito de estufa;
Notando que existem muitas incertezas nas previsões sobre as alterações climáticas, especialmente quanto ao momento da sua ocorrência, amplitude e modelo regional;
Reconhecendo que a natureza global da alteração climática requer a mais ampla cooperação possível entre todos os países e a sua participação numa resposta internacional eficaz e apropriada, de acordo com as suas responsabilidades comuns, mas diferenciadas, e de acordo com as suas capacidades respectivas e com as suas condições sociais e económicas;
Relembrando as disposições pertinentes da Declaração da Conferência das Nações Unidas sobre o Ambiente Humano, adoptada em Estocolmo em 16 de Junho de 1972;

Relembrando, também, que, segundo a Carta das Nações Unidas e os princípios do direito internacional, os Estados têm o direito soberano de explorarem os seus próprios recursos de acordo com as suas políticas ambientais e de desenvolvimento, assim como a responsabilidade de assegurarem que as actividades sob a sua jurisdição ou controlo não causem danos ao ambiente de outros Estados ou áreas situadas fora dos limites da sua soberania nacional;

Reafirmando o princípio da soberania dos Estados na cooperação internacional relativa às alterações climáticas;

Reconhecendo que os Estados deveriam aprovar uma legislação eficaz para o ambiente, que as normas ambientais, a gestão dos objectivos e prioridades deverão reflectir o contexto ambiental e de desenvolvimento a que se aplicam e que os valores de referência adoptados por certos países podem ser inapropriados e implicar custos económicos e sociais excessivos para outros países, especialmente para os países em desenvolvimento;

Recordando as disposições da Resolução n.º 44/228, da Assembleia Geral, de 22 de Dezembro de 1989, sobre a Conferência das Nações Unidas sobre Ambiente e Desenvolvimento, assim como as Resoluções n.ºs 43/53, de 6 de Dezembro de 1988, 44/207, de 22 de Dezembro de 1989, 45/212, de 21 de Dezembro de 1990, e 46/169, de 19 de Dezembro de 1991, sobre a protecção do clima global para as gerações actuais e futuras da humanidade;

Recordando, também, as disposições da Resolução n.º 44/206, da Assembleia Geral, de 22 de Dezembro de 1989, sobre os possíveis efeitos negativos da subida do nível das águas do mar sobre as ilhas e sobre as áreas costeiras, especialmente as áreas costeiras baixas, assim como as disposições da Resolução n.º 44/172, de 19 de Dezembro de 1989, da Assembleia Geral, sobre a implementação do Plano de Acção de Combate à Desertificação;

Recordando, ainda, a Convenção de Viena para a Protecção da Camada de Ozono, de 1985, e o Protocolo de Montreal sobre as Substâncias que Diminuem a Camada de Ozono, de 1987, com os ajustamentos e emendas de 2 de Junho de 1990;

Considerando a Declaração Ministerial da Segunda Conferência Mundial do Clima, adoptada em 7 de Novembro de 1990;

Conscientes do valioso trabalho analítico que está a ser realizado por muitos Estados sobre as alterações climáticas e das importantes contribuições da Organização Mundial de Meteorologia, do Programa das Nações Unidas para o Ambiente e de outros órgãos, organizações e entidades do sistema das Nações Unidas, assim como de outros órgãos internacionais e intergovernamentais, no intercâmbio de resultados da investigação científica e na coordenação das investigações;

Reconhecendo que os passos necessários à compreensão e à resolução dos problemas das alterações climáticas serão mais eficazes, de um ponto de vista ambiental, social e económico, se se basearem em considerações científicas, técnicas e económicas relevantes e continuamente reavaliadas à luz das novas descobertas nestes domínios;

Reconhecendo que diversas acções destinadas a resolver a alteração climática podem ser economicamente justificadas em si mesmas e ajudar a resolver outros problemas ambientais;

Reconhecendo, também, a necessidade de que os países desenvolvidos tomem acções imediatas, de modo flexível e com base em prioridades definidas, como primeiro passo para o desenvolvimento de estratégias de resposta a nível global, nacional e, quando acordado, regional que tenham em conta todos os gases com efeito de estufa e a contribuição relativa de cada um deles para o aumento deste efeito;

Reconhecendo, ainda, que os países com baixa altitude, os países constituídos por pequenas ilhas, os países com áreas costeiras baixas, áridas e semi-áridas, ou com áreas sujeitas a inundações, secas ou desertificação, assim como os países em desenvolvimento com ecossistemas montanhosos frágeis, são especialmente vulneráveis aos efeitos adversos das alterações climáticas;

Reconhecendo as dificuldades especiais desses países, especialmente os países em desenvolvimento, cujas economias estão particularmente dependentes da produção, uso e exportação de combustíveis fósseis, em consequência das acções destinadas a limitar a emissão de gases com efeito de estufa;

Afirmando que as respostas a dar à alteração climática devem estar coordenadas com o desenvolvimento económico e social, de um modo integrado, com vista a evitar impactes negativos nestes últimos, tendo totalmente em conta as necessidades prioritárias e legítimas dos países em desenvolvimento de alcançarem um crescimento económico sustentado e de erradicarem a pobreza;

Reconhecendo que todos os países, especialmente os países em desenvolvimento, devem ter acesso aos recursos necessários para alcançarem um desenvolvimento social e económico sustentável, tendo em conta que esses países devem progredir no sentido de alcançarem este objectivo e que o seu consumo energético necessitará de aumentar, tendo em consideração as possibilidades de se conseguir uma maior eficiência energética e de se controlar as emissões de gases com efeito de estufa em geral, incluindo a aplicação de novas tecnologias em termos que tornem tal aplicação social e economicamente benéfica;

Decididas a proteger o sistema climático para as gerações actuais e futuras;

concordaram no seguinte:

ARTIGO 1.º
Definições

Para efeitos desta Convenção:

1) «Efeitos adversos das alterações climáticas» significa as modificações no ambiente físico ou biota, resultantes da alteração climática, que tenham efeitos negativos significativos na composição, resistência ou produtividade dos ecossistemas naturais e sob gestão, ou no funcionamento dos sistemas sócio-económicos ou ainda na saúde e bem-estar humanos;

2) «Alteração climática» significa uma modificação no clima atribuível, directa ou indirectamente, à actividade humana que altera a composição da atmosfera global e que, conjugada com as variações climáticas naturais, é observada durante períodos de tempo comparáveis;

3) «Sistema climático» significa o conjunto da atmosfera, hidrosfera, biosfera e litosfera e suas interacções;

4) «Emissões» significa a libertação de gases com efeito de estufa e ou seus percursores na atmosfera sobre uma área específica e durante certo período;

5) «Gases com efeito de estufa» significa os constituintes gasosos da atmosfera, tanto naturais como antropogénicos, que absorvem e reemitem a radiação infravermelha;

6) «Organização de integração económica regional» significa uma organização constituída por Estados soberanos de certa região que tem competência relativamente a assuntos regidos por esta Convenção ou seus protocolos e que está devidamente autorizada, de acordo com os seus processos internos, a assinar, ratificar, aceitar ou aprovar os instrumentos em causa, ou a eles aderir;

7) «Reservatório» significa um componente, ou componentes, do sistema climático em que um gás com efeito de estufa, ou um seu percursor, é armazenado;

8) «Sumidouro» significa qualquer processo, actividade ou mecanismo que remove da atmosfera um gás com efeito de estufa, ou um seu percursor, ou um aerossol;

9) «Fonte» significa qualquer processo ou actividade que liberta gases com efeito de estufa, ou um seu percursor, ou aerossóis para a atmosfera.

ARTIGO 2.º
Objectivo

O objectivo final desta Convenção e de quaisquer instrumentos legais que a Conferência das Partes possa vir a adoptar é o de conseguir, de acordo com as disposições relevantes da Convenção, a estabilização das concentrações de gases com efeito de estufa na atmosfera a um nível que evite uma interferência antropogénica perigosa com o sistema climático. Tal nível deveria ser atingido durante um espaço de tempo suficiente para permitir a adaptação natural dos ecossistemas às alterações climáticas, para garantir que a produção de alimentos não seja ameaçada e para permitir que o desenvolvimento económico prossiga de uma forma sustentável.

ARTIGO 3.º
Princípios

Nas suas acções destinadas a alcançar o objectivo da Convenção e para aplicar as suas disposições, as Partes guiar-se-ão, *inter alia*, pelos princípios seguintes:

1) As Partes Contratantes devem proteger o sistema climático para benefício das gerações presentes e futuras da humanidade, com base na equidade e de acordo com as suas responsabilidades comuns, mas diferenciadas, e com as respectivas capacidades. Assim, as Partes que sejam países desenvolvidos devem tomar a iniciativa no combate à alteração climática e aos seus efeitos adversos;

2) As necessidades específicas e as circunstâncias especiais das Partes que sejam países em desenvolvimento, especialmente os que são particularmente vulneráveis aos efeitos prejudiciais das alterações climáticas, e das Partes Contratantes, especialmente os países em desenvolvimento, que deveriam suportar um encargo desproporcionado e anormal resultante da Convenção, devem ser tidas em plena consideração;

3) As Partes devem adoptar medidas cautelares para antecipar, evitar ou minimizar as causas das alterações climáticas e atenuar os seus efeitos prejudiciais. Quando haja ameaças de danos graves ou irreversíveis, a falta de certeza científica não deve ser utilizada para justificar o adiamento da adopção de tais medidas, tendo em conta, no entanto, que as políticas e as

medidas relacionadas com as alterações climáticas devem ser eficazes relativamente ao seu custo, de tal modo que garantam a obtenção de benefícios globais ao menor custo possível. Para se conseguir isto, tais políticas e medidas devem ter em consideração os diversos contextos sócio-económicos, ser acessíveis, cobrirem todas as fontes, sumidouros e reservatórios de gases com efeito de estufa e adaptar-se e aplicar-se a todos os sectores económicos. Os esforços direccionados às alterações climáticas podem ser realizados mediante cooperação entre as Partes interessadas;

4) As Partes têm o direito e o dever de promover o desenvolvimento sustentável. As políticas e as medidas para proteger o sistema climático contra as alterações causadas pela actividade humana devem ser apropriadas às condições específicas de cada Parte e devem estar integradas nos programas nacionais de desenvolvimento, tendo em consideração que o desenvolvimento económico é essencial para a adopção de medidas destinadas a fazer face às alterações climáticas;

5) As Partes devem cooperar na promoção de um sistema económico internacional, apoiante e aberto, que conduza a um crescimento económico e a um desenvolvimento sustentáveis em todas as Partes, especialmente as Partes Contratantes dos países em desenvolvimento, permitindo, assim, que estes tenham uma maior capacidade para enfrentar os problemas suscitados pelas alterações climáticas. As medidas adoptadas para combater as alterações climáticas, incluindo as medidas unilaterais, não devem constituir um meio para efectuar uma discriminação arbitrária ou injustificada, ou uma restrição disfarçada, ao comércio internacional.

ARTIGO 4.º
Compromissos

1. Todas as Partes, tendo em consideração as suas responsabilidades comuns, mas diferenciadas, as suas prioridades específicas de desenvolvimento nacional e regional, os seus objectivos e a sua situação, devem:

a) Desenvolver, actualizar periodicamente, publicar e facultar à Conferência das Partes, nos termos do artigo 12.º, os seus inventários nacionais de emissões antropogénicas por fontes, assim como da remoção pelos sumidouros de todos os gases com efeito de estufa não controlados pelo Protocolo de Montreal, mediante a utilização de metodologias comparáveis, a acordar pela Conferência das Partes;

b) Formular, implementar, publicar e actualizar regularmente programas nacionais e, quando apropriado, regionais, contendo medidas para reduzir as alterações climáticas, considerando as emissões antropogénicas por fontes e a remoção, pelos sumidouros, de todos os gases com efeito de estufa não controlados pelo Protocolo de Montreal, e medidas para facilitar uma adaptação adequada às alterações climáticas;

c) Promover e cooperar no desenvolvimento, aplicação e divulgação, incluindo a transferência de tecnologias, práticas e processos que controlem, reduzam ou previnam as emissões antropogénicas de gases com efeito de estufa não controlados pelo Protocolo de Montreal, em todos os sectores relevantes, incluindo os da energia, dos transportes, da indústria, da agricultura, da silvicultura e da gestão de resíduos;

d) Promover uma gestão sustentável e, quando apropriado, promover e cooperar na conservação e na melhoria de sumidouros e reservatórios de todos os gases com efeito de estufa não controlados pelo Protocolo de Montreal, incluindo a biomassa, as florestas, os oceanos, assim como outros ecossistemas terrestres, costeiros e marinhos;

e) Cooperar na preparação para a adaptação aos impactes das alterações climáticas, desenvolver e elaborar planos apropriados e integrados contemplando a gestão das zonas costeiras, dos recursos hídricos e da agricultura e a protecção e reabilitação de áreas, especialmente em África, atingidas pela seca e pela desertificação, assim como por inundações;

f) Ter, tanto quanto possível, em conta as alterações climáticas, nas suas acções e políticas sociais, económicas e ambientais relevantes e empregar os métodos apropriados, por exemplo a avaliação de impactes, formulados e definidos a nível nacional, tendo em vista atenuar os efeitos adversos na economia, na saúde pública e na qualidade do ambiente dos projectos ou medidas por eles adoptados para reduzir as alterações climáticas, ou assegurar uma adaptação às mesmas;

g) Promover e cooperar na investigação científica, tecnológica, técnica, sócio-económica e outras, na observação sistemática e no desenvolvimento de bases de dados relativas ao sistema climático e destinadas a aumentar a compreensão e a reduzir ou eliminar as incertezas subsistentes quanto às causas, efeitos, amplitude e dimensão temporal das alterações climáticas e quanto às consequências económicas e sociais das várias estratégias de resposta;

h) Promover e cooperar no intercâmbio total, aberto e rápido, de informação científica, tecnológica, técnica, sócio-económica e legislativa relativa ao sistema climático e às alterações climáticas e às consequências económicas e sociais das várias estratégias de resposta;

i) Promover e cooperar na educação, formação e informação do público relativa às alterações climáticas e encorajar uma mais ampla participação neste processo, incluindo a de organizações não governamentais; e

j) Comunicar à Conferência das Partes a informação relativa à implementação, de acordo com o disposto no artigo 12.º.

2. As Partes Contratantes que sejam países desenvolvidos e as outras Partes incluídas no anexo I comprometem-se, especificamente, segundo os termos seguintes:

a) Cada uma destas Partes deverá adoptar políticas e medidas correspondentes para a redução das alterações climáticas, limitando as suas emissões antropogénicas de gases de efeito de estufa e protegendo e desenvolvendo os seus sumidouros e reservatórios de gases com efeito de estufa. Estas políticas e medidas irão demonstrar que os países desenvolvidos estão a tomar a iniciativa de modificarem as tendências a longo prazo das emissões antropogénicas, de uma maneira consistente com o objectivo desta Convenção, reconhecendo que o retorno, no final desta década, aos níveis anteriores de emissões antropogénicas de dióxido de carbono e de outros gases com efeito de estufa não controlados pelo Protocolo de Montreal irá contribuir para tal modificação e tendo em conta as diferenças entre as Partes quanto aos pontos de partida e modos de encarar o problema, as estruturas económicas e os recursos de base, a necessidade de manter um forte e sustentável crescimento económico, as tecnologias disponíveis e outras condicionantes individuais, assim como a necessidade de contributos apropriados e equitativos de cada uma das Partes, num esforço global para alcançar esse objectivo. Estas Partes podem aplicar essas políticas e medidas juntamente com outras Partes e podem ajudar outras Partes a contribuir para alcançarem o objectivo da Convenção, especialmente o desta alínea;

b) Para promover o progresso em direcção a este objectivo, cada uma destas Partes deverá comunicar, num prazo de seis meses a partir da entrada em vigor desta Convenção, e, depois, periodicamente, e nos termos do artigo 12.º, informação detalhada sobre as suas políticas e medidas referidas na alínea a), assim como sobre as suas protecções de emissões antropogénicas por fontes e remoções por sumidouros dos gases com efeito de estufa não controlados pelo Protocolo de Montreal durante o período referido na alínea a), com o objectivo de regressarem, individual ou conjuntamente, aos níveis de 1990 destas emissões antropogénicas de dióxido de carbono e de outros gases com efeito de estufa não controlados pelo Protocolo de Montreal. Esta informação será analisada pela Conferência das Partes, na sua primeira sessão, e, depois, periodicamente, de acordo com o disposto no artigo 7.º;

c) Os cálculos das emissões a partir das fontes e as remoções pelos sumidouros dos gases com efeito de estufa, nos termos da alínea b), devem ter em conta os melhores conhecimentos científicos disponíveis, incluindo a capacidade efectiva dos sumidouros e a contribuição respectiva desses gases para as alterações climáticas. A Conferência das Partes, na sua primeira sessão, deverá considerar e acordar as metodologias para efectuar esses cálculos e, subsequentemente, revê-las periodicamente;

d) Na sua primeira sessão, a Conferência das Partes deverá rever a adequação das alíneas a) e b). Tais revisões serão levadas a cabo à luz da melhor informação científica disponível e da melhor avaliação sobre as alterações climáticas e seus impactes, assim como da relevante informação técnica, social e económica. Com base nessa revisão, a Conferência das Partes deverá adoptar as acções apropriadas, as quais poderão incluir a adopção de emendas aos compromissos definidos nas alíneas a) e b). Na sua primeira sessão, a Conferência das Partes também deverá tomar decisões relativamente aos critérios de implementação conjunta, como se indica na alínea a). A segunda revisão das alíneas a) e b) deverá realizar-se, o mais tardar, até 31 de Dezembro de 1998 e, subsequentemente, em intervalos regulares, a determinar pela Conferência das Partes, até atingir o objectivo desta Convenção;

e) Cada uma destas Partes deverá:
   i) Coordenar, de forma apropriada, com outras Partes, os instrumentos económicos e administrativos relevantes desenvolvidos para alcançar o objectivo da Convenção; e
   ii) Identificar e rever, periodicamente, as suas políticas e práticas que encorajem actividades que conduzam a maiores níveis de emissões antropogénicas de gases com efeito de estufa não controlados pelo Protocolo de Montreal que venham, porventura, a ocorrer;

f) O mais tardar até 31 de Dezembro de 1998, a Conferência das Partes deverá rever a informação disponível, com o objectivo de tomar, quando apropriado, decisões relativas às emendas à lista constante dos anexos I e II com a aprovação da Parte interessada;

g) Qualquer Parte não incluída no anexo I pode, no seu instrumento de ratificação, aceitação, aprovação ou adesão, ou em qualquer momento posterior, notificar o depositário de que se tenciona obrigar nos termos das alíneas a) e b). O depositário deverá informar os outros signatários e Partes de tal notificação.

3. As Partes Contratantes que sejam países desenvolvidos e a outras Partes desenvolvidas incluídas no anexo II deverão proporcionar novos e adicionais recursos financeiros para cobrir a totalidade dos custos acor-

dados a suportar pelas Partes que sejam países em desenvolvimento no cumprimento das suas obrigações nos termos do parágrafo 1 do artigo 12.º. Também deverão fornecer os recursos financeiros, inclusive para a transferência de tecnologia, necessários às Partes que sejam países em desenvolvimento para que possam suportar a totalidade dos custos adicionais acordados para a aplicação das medidas contempladas no parágrafo 1 deste artigo e que sejam acordados entre uma Parte que seja um país em desenvolvimento e a entidade ou entidades internacionais referidas no artigo 11.º, de acordo com o disposto nesse artigo. A implementação destes compromissos deverá ter em conta a necessidade de adequação e de previsibilidade do fluxo de fundos e a importância de uma repartição apropriada de encargos entre as Partes que sejam países em desenvolvimento.

4. As Partes que sejam países desenvolvidos e outras Partes desenvolvidas incluídas no anexo II também deverão ajudar as Partes que sejam países em desenvolvimento, que são particularmente vulneráveis aos efeitos adversos das alterações climáticas, a suportarem os custos da adaptação a esses efeitos adversos.

5. As Partes que sejam países desenvolvidos e outras Partes desenvolvidas incluídas no anexo II deverão adoptar todas as medidas possíveis para promover, facilitar e financiar, quando apropriado, a transferência de, ou o acesso a, tecnologias ambientalmente sãs e *know-how* às outras Partes, particularmente as Partes que sejam países em desenvolvimento, para lhes permitir a implementação das disposições da Convenção. Neste processo, as Partes que sejam países desenvolvidos deverão suportar o desenvolvimento e o incremento de capacidades endógenas e de tecnologias das Partes que sejam países em desenvolvimento. As outras Partes e organizações que se achem em posição de o fazer deverão também contribuir, facilitando a transferência de tais tecnologias.

6. Na implementação dos seus compromissos, nos termos do parágrafo 2, será permitido, pela Conferência das Partes, um certo grau de flexibilidade às Partes incluídas no anexo I que estejam num processo de transição para a economia de mercado, de modo a melhorar a capacidade dessas Partes em relação às alterações climáticas, incluindo o tomar-se em consideração valores históricos, considerados como referência, das emissões antropogénicas de gases com efeito de estufa não controlados pelo Protocolo de Montreal.

7. O grau de implementação efectiva dos seus compromissos, nos termos da Convenção, pelas Partes que sejam países em desenvolvimento

dependerá da implementação efectiva pelas Partes que sejam países desenvolvidos dos seus compromissos, nos termos da Convenção, relacionados com os recursos financeiros e transferência de tecnologia e terá totalmente em consideração o desenvolvimento económico e social e a erradicação da pobreza como objectivos absolutamente prioritários das Partes que sejam países em desenvolvimento.

8. Na implementação dos compromissos deste artigo, as Partes darão a sua plena atenção às acções necessárias, ao abrigo da Convenção, incluindo as acções relativas a financiamentos, seguros e à transferência de tecnologia, para satisfazer as necessidades e as preocupações específicas das Partes que sejam países em desenvolvimento que decorram dos efeitos adversos das alterações climáticas e ou do impacte da implementação de medidas de resposta, em particular:

a) Pequenos países insulares;
b) Países com áreas costeiras baixas;
c) Países com zonas áridas e semi-áridas, áreas florestais e áreas sujeitas à degradação florestal;
d) Países com áreas propensas a catástrofes naturais;
e) Países com áreas sujeitas a secas e à desertificação;
f) Países com áreas onde existe uma elevada poluição atmosférica urbana;
g) Países com áreas contendo ecossistemas frágeis, incluindo ecossistemas montanhosos;
h) Países cujas economias estão altamente dependentes de receitas geradas a partir da produção, processamento e exportação e ou do consumo de combustíveis fósseis e associados a produtos de energia intensiva; e
i) Países sem litoral e de passagem.

Além disso, a Conferência das Partes pode adoptar as acções apropriadas relativamente a este parágrafo.

9. Nas suas acções relativas ao financiamento e à transferência de tecnologia, as Partes deverão ter plenamente em conta as necessidades específicas e as situações especiais dos países menos desenvolvidos.

10. Na implementação dos compromissos da Convenção e nos termos do artigo 10.º, as Partes deverão ter em consideração a situação daquelas Partes, particularmente das que sejam países em desenvolvimento, cujas economias são vulneráveis aos efeitos adversos da implementação das medidas de resposta às alterações climáticas. Isto aplica-se, nomeadamente, às Partes cujas economias são altamente dependentes de

receitas geradas a partir da produção, processamento e exportação e ou do consumo de combustíveis fósseis e associados a produtos de energia intensiva, e ou da utilização de combustíveis fósseis relativamente aos quais essas Partes têm sérias dificuldades em mudar para fontes alternativas.

ARTIGO 5.º
Investigação e observação sistemática

Na implementação dos seus compromissos, nos termos da alínea g) do parágrafo 1 do artigo 4.º, as Partes deverão:

a) Apoiar e desenvolver, de forma apropriada, programas e redes ou organizações internacionais e intergovernamentais cujos objectivos são a definição, a condução, a avaliação e o financiamento da investigação, da recolha de dados e da observação sistemática, tendo em conta a necessidade de minimizar a duplicação de esforços;

b) Apoiar os esforços internacionais e intergovernamentais para reforçar a observação sistemática e as capacidades de investigação científica e técnica nacionais, particularmente nos países em desenvolvimento, e promover o acesso e o intercâmbio de dados e de análises obtidas a partir de zonas situadas fora das jurisdições nacionais; e

c) Ter em conta as preocupações e as necessidades particulares dos países em desenvolvimento e cooperar na melhoria das suas capacidades endógenas para participar nos esforços mencionados nas alíneas a) e b).

ARTIGO 6.º
Educação, formação e sensibilização do público

Na implementação dos seus compromissos, ao abrigo da alínea i) do parágrafo 1 do artigo 4.º, as Partes deverão:

a) Promover e facilitar, aos níveis nacional e, quando apropriado, sub-regional e regional, de acordo com as leis e regulamentos nacionais e segundo as suas capacidades respectivas:
  i) O desenvolvimento e a implementação de programas de educação e de sensibilização do público sobre as alterações climáticas e seus efeitos;
  ii) O acesso do público à informação sobre as alterações climáticas e seus efeitos;

iii) A participação do público nas medidas de combate às alterações climáticas e seus efeitos e no desenvolvimento de respostas adequadas; e
iv) A formação de pessoal científico, técnico e de gestão;
b) Cooperar e promover, a nível internacional e, quando possível, utilizando organismos existentes:
i) O desenvolvimento e o intercâmbio de material educativo e de sensibilização do público sobre as alterações climáticas e seus efeitos; e
ii) O desenvolvimento e a implementação de programas de educação e de formação, incluindo o reforço das instituições nacionais e do intercâmbio ou do apoio de pessoal para formar peritos neste domínio, especialmente nos países em desenvolvimento.

ARTIGO 7.º
Conferência das Partes

1. É criada uma Conferência das Partes.
2. A Conferência das Partes, como órgão supremo da Convenção, deverá examinar regularmente a implementação da Convenção e quaisquer instrumentos legais com ela relacionados que a Conferência das Partes possa vir a adoptar e deverá tomar, nos termos do seu mandato, as decisões necessárias para promover a implementação efectiva da Convenção. Para tal, deverá:
a) Examinar periodicamente as obrigações das Partes e os acordos institucionais realizados ao abrigo desta Convenção e examinar também, à luz dos objectivos da Convenção, a experiência adquirida na sua implementação e a evolução dos conhecimentos científicos e tecnológicos;
b) Promover e facilitar o intercâmbio de informações sobre as medidas adoptadas pelas Partes relacionadas com as alterações climáticas e seus efeitos, tendo em conta os diferentes condicionamentos, responsabilidades e capacidades das Partes e dos seus respectivos compromissos ao abrigo da Convenção;
c) Facilitar, a pedido de duas ou mais Partes, a coordenação de medidas por elas adoptadas relacionadas com as alterações climáticas e seus efeitos, tendo em conta as diferentes condicionantes, responsabilidades e capacidades das Partes e dos seus respectivos compromissos ao abrigo da Convenção;

d) Promover e orientar, de acordo com o objectivo e com as disposições da Convenção, o desenvolvimento e o melhoramento periódico de metodologias comparáveis, a serem acordadas pela Conferência das Partes, *inter alia*, para preparar inventários sobre as emissões pelas fontes de gases com efeito de estufa e sobre a sua remoção pelos sumidouros e para avaliar a eficácia das medidas destinadas a limitar as emissões e a melhorar a remoção desses gases;

e) Avaliar, com base em toda a informação disponível de acordo com as disposições da Convenção, a implementação da Convenção pelas Partes, os efeitos globais das medidas adoptadas ao abrigo da Convenção, em particular os efeitos ambientais, económicos e sociais, assim como os seus impactes cumulativos, e em que medida estão a ser realizados progressos para atingir os objectivos da Convenção;

f) Considerar e adoptar relatórios regulares sobre a implementação da Convenção e assegurar a sua publicação;

g) Fazer recomendações sobre quaisquer matérias necessárias para a implementação da Convenção;

h) Procurar mobilizar recursos financeiros, de acordo com os parágrafos 3, 4 e 5 do artigo 4.º e com o artigo 11.º;

i) Criar os órgãos subsidiários que sejam considerados necessários para a implementação da Convenção;

j) Examinar os relatórios apresentados pelos órgãos subsidiários e dar-lhes directivas;

k) Acordar e adoptar, por consenso, regras processuais e financeiras para si e para os seus órgãos subsidiários;

l) Procurar e utilizar, quando apropriado, os serviços e a cooperação, assim como a informação proporcionada por organizações internacionais e intergovernamentais e organizações não governamentais competentes; e

m) Exercer outras funções que sejam necessárias para alcançar o objectivo da Convenção, assim como todas as funções que lhe foram atribuídas pela Convenção.

3. A Conferência das Partes adoptará, na sua primeira sessão, o seu próprio regulamento interno, assim como o dos órgãos subsidiários estabelecidos pela Convenção, que devem incluir os procedimentos de decisão para os assuntos que não se encontrem abrangidos pelos procedimentos de decisão estipulados na Convenção. A adopção de tais procedimentos poderá incluir maiorias específicas para decisões particulares.

4. A primeira sessão da Conferência das Partes será convocada pelo Secretariado provisório referido no artigo 21.º, o mais tardar um ano após

a entrada em vigor da Convenção. Subsequentemente, as sessões ordinárias da Conferência das Partes realizar-se-ão anualmente, excepto se for outra a decisão da Conferência das Partes.

5. As sessões extraordinárias da Conferência das Partes realizar-se-ão sempre que assim seja considerado necessário pela Conferência, ou mediante pedido escrito de qualquer uma das Partes, desde que reúna o apoio de, pelo menos, um terço das Partes, nos seis meses subsequentes a lhes ter sido comunicado pelo Secretariado.

6. As Nações Unidas, as suas agências especializadas e a Agência Internacional de Energia Atómica, assim como qualquer Estado-Membro dessas organizações ou observador junto das mesmas que não seja Parte da Convenção, poderão estar representados como observadores nas sessões da Conferência das Partes. Qualquer órgão ou agência, nacional ou internacional, governamental ou não governamental, com competência em matérias abrangidas pela Convenção, e que tenha informado o Secretariado do seu desejo de estar representado como observador numa sessão da Conferência das Partes, poderá ser admitido nessa qualidade, a menos que se verifique a oposição de, pelo menos, um terço das Partes presentes. A admissão e participação de observadores estarão sujeitas ao regulamento interno adoptado pela Conferência das Partes.

ARTIGO 8.º
Secretariado

1. É criado um Secretariado.
2. As funções do Secretariado serão:

a) Preparar as sessões da Conferência das Partes e dos seus órgãos subsidiários criados pela Convenção e proporcionar-lhes os serviços solicitados;

b) Compilar e transmitir os relatórios que lhe forem submetidos;

c) Assistir as Partes, particularmente as dos países em desenvolvimento, quando solicitado, na compilação e comunicação da informação requerida de acordo com as disposições da Convenção;

d) Preparar os relatórios sobre as suas actividades e apresentá-los à Conferência das Partes;

e) Assegurar a necessária coordenação com os secretariados de outros órgãos internacionais relevantes;

f) Empenhar-se, sob a orientação da Conferência das Partes, nas disposições administrativas e contratuais que possam ser requeridas para o efectivo cumprimento das suas funções; e

g) Realizar as outras funções de secretariado especificadas na Convenção e em qualquer dos seus protocolos e também aquelas que possam ser determinadas pela Conferência das Partes.

3. A Conferência das Partes, na sua primeira sessão, designará um secretariado permanente e adoptará as disposições necessárias para o seu funcionamento.

ARTIGO 9.º
Órgão subsidiário de consulta científica e tecnológica

1. É criado um órgão subsidiário de consulta científica e tecnológica para facultar à Conferência das Partes e, quando apropriado, aos outros órgãos subsidiários, informação e opiniões atempadas sobre assuntos científicos e tecnológicos relativos à Convenção. Este órgão estará aberto à participação de todas as Partes e deverá ser multidisciplinar. Deverá compreender representantes dos governos competentes no domínio relevante de especialização. Deverá apresentar regularmente relatórios à Conferência das Partes sobre todos os aspectos da sua actividade.

2. Sob a orientação da Conferência das Partes e apoiando-se nos competentes órgãos internacionais existentes, este órgão deverá:

a) Fornecer avaliações sobre o estado do conhecimento científico relativo às alterações climáticas e aos seus efeitos;

b) Preparar avaliações científicas sobre os efeitos das medidas adoptadas para a implementação da Convenção;

c) Identificar tecnologias inovadoras, eficazes e actualizadas e *know--how* e aconselhar sobre as formas e meios de se promover o desenvolvimento e ou a transferência de tais tecnologias;

d) Orientar sobre programas científicos e de cooperação internacional em investigação e desenvolvimento relacionados com as alterações climáticas, assim como sobre as formas endógenas e os meios de apoiar o aumento das capacidades nos países em desenvolvimento; e

e) Dar resposta às perguntas de natureza científica, tecnológica e metodológica que a Conferência das Partes ou os seus órgãos subsidiários lhe possam colocar.

3. As funções e os termos de referência deste órgão podem ainda ser objecto de uma maior especificação por parte da Conferência das Partes.

ARTIGO 10.º
Órgão subsidiário de implementação

1. É criado um órgão subsidiário de implementação para assistir a Conferência das Partes na avaliação e no exame da implementação efectiva da Convenção. Este órgão estará aberto à participação de todas as Partes e compreenderá representantes dos governos que sejam peritos em assuntos relativos às alterações climáticas. Deverá enviar à Conferência das Partes relatórios regulares sobre todos os aspectos da sua actividade.

2. Sob a orientação da Conferência das Partes, este órgão deverá:

a) Considerar a informação comunicada ao abrigo do parágrafo 1 do artigo 12.º para avaliar o efeito cumulativo global dos passos dados pelas Partes, à luz das mais recentes avaliações científicas relativas às alterações climáticas;

b) Considerar a informação comunicada ao abrigo do parágrafo 2 do artigo 12.º, de modo a apoiar a Conferência das Partes no exame requerido pela alínea d) do parágrafo 2 do artigo 4.º; e

c) Dar assistência à Conferência das Partes, quando apropriado, na preparação e na implementação das suas decisões.

ARTIGO 11.º
Mecanismo financeiro

1. É definido um mecanismo para a provisão de recursos financeiros numa base de doação ou de subvenção, incluindo a transferência de tecnologia. Deverá funcionar sob a direcção da Conferência das Partes e ser responsável perante ela, devendo esta decidir sobre as suas políticas, programas prioritários e critérios elegíveis relativos a esta Convenção. A sua gestão será confiada a uma ou mais das entidades internacionais existentes.

2. O mecanismo financeiro deverá possuir uma representação equitativa e equilibrada de todas as Partes, dentro de um sistema de gestão transparente.

3. A Conferência das Partes e a entidade ou entidades incumbidas da gestão do mecanismo financeiro deverão acordar sobre as modalidades destinadas a efectivar as disposições dos parágrafos anteriores, as quais deverão incluir o seguinte:

a) As modalidades para garantir que os projectos financiados relacionados com as alterações climáticas estejam em conformidade com as políticas, programas prioritários e critérios elegíveis determinados pela Conferência das Partes;

b) As modalidades segundo as quais uma determinada decisão de financiamento pode ser reconsiderada à luz dessas políticas, programas prioritários e critérios elegíveis;

c) Apresentação à Conferência das Partes, pela entidade ou entidades, de relatórios regulares sobre as suas operações de financiamento, o que se enquadra na disposição de responsabilidade definida no parágrafo 1; e

d) Determinação, de um modo previsível e identificável, dos montantes necessários e disponíveis para o financiamento da implementação desta Convenção e as condições segundo as quais tais montantes serão periodicamente revistos.

4. Na sua primeira sessão, a Conferência das Partes deverá adoptar as medidas necessárias para implementar as disposições anteriores, revendo e tendo em conta as medidas provisórias referidas no parágrafo 3 do artigo 21.º, e deverá, também, decidir se estas medidas deverão ser mantidas. Num prazo de quatro anos a Conferência das Partes deverá rever o mecanismo financeiro e adoptar as medidas apropriadas.

5. As Partes que sejam países desenvolvidos também poderão disponibilizar e as Partes que sejam países em desenvolvimento poderão beneficiar de recursos financeiros relativos à implementação desta Convenção através de canais bilaterais, regionais e multilaterais.

ARTIGO 12.º
Comunicação e informação relativa à implementação

1. De acordo com o parágrafo 1 do artigo 4.º, cada Parte deverá comunicar à Conferência das Partes, através do Secretariado, os seguintes elementos informativos:

a) Um inventário nacional das emissões antropogénicas por fontes e das remoções pelos sumidouros de todos os gases de efeito de estufa não controlados pelo Protocolo de Montreal, na medida das suas capacidades, utilizando metodologias comparáveis a serem promovidas e acordadas pela Conferência das Partes;

b) Uma descrição geral das medidas adoptadas ou a adoptar pela Parte para implementar a Convenção; e

c) Qualquer outra informação que a Parte considere ser relevante para a realização dos objectivos da Convenção e apta a ser incluída na sua comunicação, contemplando, se possível, a matéria relevante para o cálculo das tendências das emissões globais.

2. Cada Parte que seja um país desenvolvido e cada uma das Partes incluídas no anexo I deverão incluir, na sua comunicação, os seguintes elementos informativos:

a) Uma descrição pormenorizada das políticas e das medidas que adoptou para implementar o seu compromisso ao abrigo das alíneas a) e b) do parágrafo 2 do artigo 4.°; e

b) Uma estimativa específica dos efeitos que as políticas e as medidas referidas na alínea a) irão ter sobre as emissões antropogénicas por fontes e sobre a remoção pelos sumidouros dos gases de efeito de estufa durante o período referido na alínea a) do parágrafo 2 do artigo 4.°.

3. Além disso, cada Parte que seja um país desenvolvido e cada outra Parte desenvolvida incluída no anexo II deverão incluir pormenores sobre as medidas adoptadas de acordo com os parágrafos 3, 4 e 5 do artigo 4.°.

4. As Partes que sejam países em desenvolvimento podem, numa base voluntária, propor projectos para financiamento, incluindo tecnologias específicas, materiais, equipamento, técnicas ou práticas que sejam necessárias para implementar tais projectos, acompanhados, se possível, de uma estimativa de todos os custos incrementais, das reduções das emissões e dos aumentos da remoção de gases com efeito de estufa, assim como de uma estimativa dos benefícios resultantes.

5. Cada Parte que seja um país desenvolvido e cada uma das Partes incluídas no anexo I deverá realizar a sua comunicação inicial num prazo de seis meses a partir da entrada em vigor da Convenção relativamente a essa Parte. Cada Parte que não pertença à lista acima definida deverá fazer a sua comunicação inicial num prazo de três anos a partir da entrada em vigor da Convenção para essa Parte ou a partir da disponibilização dos recursos financeiros, de acordo com o parágrafo 3 do artigo 4.°. As Partes que sejam países menos desenvolvidos podem fazer a sua comunicação inicial quando lhes aprouver. A frequência das comunicações subsequentes por todas as Partes será determinada pela Conferência das Partes, tendo em conta o agendamento diferenciado estabelecido neste parágrafo.

6. A informação comunicada pelas Partes ao abrigo deste artigo será transmitida pelo Secretariado, o mais cedo possível, à Conferência das Partes e a qualquer dos órgãos subsidiários. Se necessário, os processos de comunicação de informação poderão ser alvo de um estudo mais aprofundado pela Conferência das Partes.

7. A partir da sua primeira sessão, a Conferência das Partes deverá adoptar as medidas necessárias para fornecer, a seu pedido, às Partes que

sejam países em desenvolvimento os apoios técnicos e financeiros para a compilação e para a comunicação de informação nos termos deste artigo, assim como para identificar as necessidades técnicas e financeiras associadas aos projectos propostos e às medidas de resposta previstos no artigo 4.º. Tal apoio pode ser facultado por outras Partes, por organizações internacionais competentes e pelo Secretariado, consoante o que for apropriado.

8. Qualquer grupo de Partes pode, sujeito às linhas orientadoras adoptadas pela Conferência das Partes e à sua notificação prévia, fazer uma comunicação conjunta para cumprimento das suas obrigações nos termos deste artigo, desde que tal comunicação inclua informação sobre o cumprimento, por cada uma das Partes, das suas obrigações individuais nos termos desta Convenção.

9. A informação recebida pelo Secretariado que seja designada como confidencial por uma Parte, de acordo com os critérios a estabelecer pela Conferência das Partes, será agregada pelo Secretariado para proteger a sua natureza confidencial antes de ser colocada à disposição de qualquer dos órgãos envolvidos na comunicação e no exame da informação.

10. Sujeito aos termos do parágrafo 9 e sem prejuízo da capacidade de qualquer Parte para fazer a sua comunicação em qualquer momento, o Secretariado deverá tornar públicas, nos termos deste artigo, as comunicações das Partes no momento em que estas forem apresentadas à Conferência das Partes.

ARTIGO 13.º
Resolução de questões relativas à implementação da Convenção

Na sua primeira sessão, a Conferência das Partes deverá considerar o estabelecimento de um processo consultivo multilateral, acessível às Partes, a seu pedido, para a resolução de questões relativas à implementação da Convenção.

ARTIGO 14.º
Resolução de conflitos

1. Caso haja um conflito entre duas ou mais Partes relativamente à interpretação ou à aplicação da Convenção, as Partes interessadas deverão procurar resolvê-lo através da negociação ou de qualquer outro meio pacífico da sua própria escolha.

2. Ao ratificar, aceitar, aprovar ou aderir à Convenção, ou em qualquer momento posterior, uma Parte que não seja uma organização de integração económica regional pode declarar, em instrumento escrito apresentado ao depositário, que, relativamente a qualquer conflito sobre a interpretação ou a aplicação da Convenção, reconhece como compulsória *ipso facto* e sem qualquer acordo especial relativamente a qualquer Parte que aceite a mesma obrigação:

a) A submissão do conflito ao Tribunal Internacional de Justiça; e ou

b) A arbitragem, de acordo com os procedimentos a serem adoptados, logo que possível, pela Conferência das Partes e que estarão presentes num anexo relativo à arbitragem.

Uma Parte que seja uma organização de integração económica regional pode fazer uma declaração para o mesmo efeito, relativamente à arbitragem, de acordo com os termos referidos na alínea b).

3. A declaração feita ao abrigo do parágrafo 2 manter-se-á em vigor até que expire segundo os seus termos ou no prazo de três meses depois da notificação escrita de revogação ter sido entregue ao depositário.

4. Uma nova declaração, uma notificação de revogação ou a expiração da declaração não terá qualquer efeito sobre os processos pendentes perante o Tribunal Internacional de Justiça ou perante o tribunal de arbitragem, a não ser que as Partes em conflito decidam diversamente.

5. Sujeito aos termos do parágrafo 2, se decorrerem 12 meses sobre a notificação por uma das Partes à outra de que existe um conflito entre elas e que as Partes envolvidas não tenham conseguido solucionar esse conflito pelos meios referidos no parágrafo 1, a questão será, a pedido de qualquer das Partes, submetida à conciliação.

6. A comissão de conciliação será criada mediante o pedido de uma das Partes no conflito. A comissão será composta por um número igual de membros nomeados por cada uma das Partes interessadas e por um presidente escolhido conjuntamente pelos membros nomeados por cada uma das Partes. A comissão fará uma recomendação, a qual será considerada como sendo de boa fé pelas Partes.

7. A Conferência das Partes deverá adoptar, logo que possível, outros processos relativos à conciliação num anexo sobre a conciliação.

8. As disposições deste artigo serão aplicáveis a qualquer instrumento legal que a Conferência das Partes possa vir a adoptar, a não ser que esse instrumento determine de outra forma.

ARTIGO 15.º
Emendas à Convenção

1. Qualquer Parte pode propor emendas à Convenção.
2. As emendas à Convenção serão adoptadas em sessão ordinária da Conferência das Partes. O texto de qualquer proposta de emenda à Convenção será comunicado às Partes pelo Secretariado pelo menos seis meses antes da sessão na qual será proposta a sua adopção. O Secretariado também deverá comunicar as propostas de emendas aos signatários da Convenção e, para informação, ao depositário.
3. As Partes farão todos os esforços para conseguir chegar, por consenso, a um acordo sobre qualquer emenda proposta. Uma vez esgotados todos os esforços para se conseguir o consenso sem que a emenda tenha sido adoptada, esta, como último recurso, será adoptada por uma maioria de três quartos dos votos das Partes presentes e votantes na sessão. A emenda adoptada será comunicada pelo Secretariado ao depositário, o qual deverá distribui-la às Partes para aceitação.
4. Os instrumentos de aceitação relativos a uma emenda serão depositados junto do depositário. Uma emenda adoptada de acordo com os termos do parágrafo supra entrará em vigor, para aquelas Partes que a aceitaram, no 90.º dia após a data de recepção pelo depositário de um instrumento de aceitação de pelo menos três quartos das Partes da Convenção.
5. A emenda entrará em vigor para qualquer outra Parte no 90.º dia após a data em que essa Parte depositou junto do depositário o seu instrumento de aceitação da referida emenda.
6. Para os efeitos deste artigo, «as Partes presentes e votantes» significa as Partes presentes e que votam afirmativa ou negativamente.

ARTIGO 16.º
Adopção e emendas aos anexos da Convenção

1. Os anexos à Convenção serão parte integrante dela; a não ser que diversamente especificado, uma referência à Convenção constitui, ao mesmo tempo, uma referência a quaisquer anexos a ela. Sem prejuízo das disposições da alínea b) do parágrafo 2 e do parágrafo 7 do artigo 14.º, tais anexos limitar-se-ão a listas, formulários e qualquer outro material de natureza descritiva que tenha um carácter científico, técnico, processual ou administrativo.

2. Os anexos à Convenção serão propostos e adoptados segundo o processo estabelecido nos parágrafos 2, 3 e 4 do artigo 15.º.

3. Um anexo que tenha sido adoptado de acordo com o parágrafo 2 entrará em vigor para todas as Partes da Convenção seis meses depois da data da comunicação pelo depositário às Partes da adopção desse anexo, com excepção daquelas Partes que tenham notificado o depositário, por escrito, dentro desse prazo, da não aceitação do anexo. O anexo entrará em vigor para as Partes que tenham retirado a sua notificação de não aceitação no 90.º dia após a data em que tal notificação de retirada de não aceitação tenha sido recebida pelo depositário.

4. A proposta, a adopção e a entrada em vigor das emendas aos anexos à Convenção estarão sujeitas ao mesmo processo utilizado para a proposta, aprovação e entrada em vigor dos anexos à Convenção, nos termos dos parágrafos 2 e 3.

5. Se a adopção de um anexo ou de uma emenda a um anexo implicar uma emenda à Convenção, esse anexo ou emenda a um anexo só entrarão em vigor no momento em que a emenda à Convenção entre em vigor.

ARTIGO 17.º
Protocolos

1. A Conferência das Partes pode, em qualquer sessão ordinária, adoptar protocolos à Convenção.

2. O texto de qualquer protocolo proposto será comunicado às Partes, pelo Secretariado, pelo menos seis meses antes de tal sessão.

3. Os requisitos para a entrada em vigor de qualquer protocolo serão estabelecidos pelo próprio instrumento.

4. Só as Partes da Convenção podem ser Partes num protocolo.

5. As decisões ao abrigo de qualquer protocolo só poderão ser tomadas pelas Partes nesse protocolo.

ARTIGO 18.º
Direito de voto

1. Cada Parte da Convenção terá direito a um voto, excepto nos casos previstos no parágrafo 2.

2. Em assuntos que sejam da sua competência, as organizações de integração económica regional deverão exercer o seu direito de voto com um

número de votos igual ao número dos seus Estados-Membros que sejam Partes da Convenção. Tal organização não poderá exercer o seu direito de voto se algum dos seus Estados-Membros exercer esse direito e vice-versa.

ARTIGO 19.°
Depositário

O Secretário-Geral das Nações Unidas será o depositário da Convenção e dos protocolos adoptados nos termos do artigo 17.°.

ARTIGO 20.°
Assinatura

Esta Convenção estará aberta para a assinatura pelos Estados-Membros das Nações Unidas, ou por qualquer das suas agências especializadas ou pelos Estados Partes do Estatuto do Tribunal Internacional de Justiça e pelas organizações de integração económica regional, no Rio de Janeiro, durante a CNUAD, e depois na sede das Nações Unidas, em Nova Iorque, de 20 de Junho de 1992 a 19 de Junho de 1993.

ARTIGO 21.°
Disposições provisórias

1. As funções do Secretariado referidas no artigo 8.° serão desempenhadas, numa base provisória, pelo Secretariado estabelecido pela Assembleia Geral das Nações Unidas na sua Resolução n.° 45/212, de 21 de Dezembro de 1990, até ao termo da primeira sessão da Conferência das Partes.

2. A chefia do Secretariado provisório referido no parágrafo 1 supra deverá cooperar estreitamente com o Painel Intergovernamental sobre as Alterações Climáticas para garantir que o Painel possa responder à necessidade de haver conselhos científicos e técnicos objectivos. Também podem ser consultados outros órgãos científicos relevantes.

3. O Fundo Mundial do Ambiente do Programa das Nações Unidas para o Desenvolvimento, do Programa das Nações Unidas para o Ambiente e do Banco Internacional para a Reconstrução e Desenvolvimento será, numa base provisória, a entidade internacional encarregada da gestão do mecanismo financeiro referido no artigo 11.°. Neste contexto o Fundo

Mundial do Ambiente deveria ser apropriadamente reestruturado e o direito de associação tornado universal para dar total cumprimento ao estabelecimento no artigo 11.º.

ARTIGO 22.º
Ratificação, aceitação, aprovação ou adesão

1. A Convenção ficará sujeita à ratificação, aceitação, aprovação ou adesão pelos Estados e pelas organizações de integração económica regional. Estará aberta a adesão a partir do dia seguinte à data em que for encerrada à assinatura. Os instrumentos de ratificação, aceitação, aprovação ou adesão serão depositados junto do depositário.

2. Qualquer organização de integração económica regional que se torne Parte da Convenção sem que qualquer dos seus Estados-Membros seja Parte ficará ligada pelas obrigações resultantes da Convenção. No caso de um ou mais Estados-Membros dessa organização serem Partes da Convenção, a organização e os seus Estados-Membros deverão decidir sobre as suas responsabilidades para o cumprimento das suas obrigações nos termos da Convenção. Em tais casos, a organização e os seus Estados-Membros não poderão exercer conjuntamente os seus direitos ao abrigo da Convenção.

3. Nos seus instrumentos de ratificação, aceitação, aprovação ou adesão, as organizações de integração económica regional deverão declarar a extensão das suas competências relativamente aos assuntos regidos pela Convenção. Estas organizações deverão também informar o depositário, que por sua vez informará as Partes, de qualquer alteração substancial na extensão das suas competências.

ARTIGO 23.º
Entrada em vigor

1. A Convenção entrará em vigor no 90.º dia após a data do depósito do 50.º instrumento de ratificação, aceitação, aprovação ou adesão.

2. Para cada Estado ou organização de integração económica regional que ratifique, aceite ou aprove a Convenção ou adira a ela depois de ter sido depositado o 50.º instrumento de ratificação, aceitação, aprovação ou adesão, a Convenção entrará em vigor no 90.º dia após a data do depósito, por tal Estado ou organização de integração económica regional, do seu instrumento de ratificação, aceitação, aprovação ou adesão.

3. Para os efeitos dos parágrafos 1 e 2, qualquer instrumento depositado por uma organização de integração económica regional não será contado como adicional aos instrumentos depositados pelos Estados-Membros da organização.

ARTIGO 24.º
Reservas

Não podem ser formuladas reservas à presente Convenção.

ARTIGO 25.º
Denúncia

1. Decorridos três anos sobre a data da entrada em vigor da presente Convenção para uma Parte, esta poderá denunciá-la em qualquer altura mediante notificação escrita ao depositário.
2. Essa denúncia produzirá efeito após o decurso do prazo de um ano sobre a data de recepção, pelo depositário, da notificação ou em data posterior especificada na referida notificação.
3. Qualquer Parte que denuncie a presente Convenção também deverá ser considerada como tendo denunciado qualquer protocolo de que seja Parte.

ARTIGO 26.º
Textos autênticos

O original desta Convenção, cujos textos em árabe, chinês, inglês, francês, russo e espanhol são igualmente autênticos, será depositado junto do Secretário-Geral das Nações Unidas.

Em virtude do que os abaixo assinados, devidamente autorizados para tal, assinaram esta Convenção.

Feita em Nova Iorque em 9 de Maio de 1992.

ANEXO I

Alemanha.
Austrália.
Áustria.
Bélgica.
Bielorrússia([1]).
Bulgária([1]).
Canadá.
Checoslováquia([1]).
Comunidade Económica Europeia.
Dinamarca.
Espanha.
Estados Unidos da América.
Estónia([1]).
Federação Russa([1]).
Finlândia.
França.
Grécia.
Hungria([1]).
Irlanda.
Islândia.
Itália.
Japão.
Letónia([1]).
Lituânia([1]).
Luxemburgo.
Nova Zelândia.
Noruega.
Países Baixos.
Polónia([1]).
Portugal.
Reino Unido da Grã-Bretanha e Irlanda do Norte.
Roménia([1]).
Suécia.
Suíça.
Turquia.
Ucrânia.

ANEXO II

Alemanha.
Austrália.
Áustria.
Bélgica.
Canadá.
Comunidade Económica Europeia.
Dinamarca.
Espanha.
Estados Unidos da América.
Finlândia.
França.
Grécia.
Irlanda.
Islândia.
Itália.
Japão.
Luxemburgo.
Nova Zelândia.
Noruega.
Países Baixos.
Portugal.
Reino Unido da Grã-Bretanha e Irlanda do Norte.
Suécia.
Suíça.
Turquia.

([1]) Países que se encontram em processo de transição para uma economia de mercado.

CONVENÇÃO SOBRE A DIVERSIDADE BIOLÓGICA
05.06.1992

CONVENÇÃO SOBRE A DIVERSIDADE BIOLÓGICA

PREÂMBULO

As Partes Contratantes:
Conscientes do valor intrínseco da diversidade biológica e dos valores ecológicos, genéticos, sociais, económicos, científicos, educativos, culturais, recreativos e estéticos da diversidade biológica e dos seus componentes;
Conscientes, também, da importância da diversidade biológica para a evolução e para a preservação dos sistemas de suporte da vida na biosfera;
Afirmando que a conservação da diversidade biológica é uma preocupação comum a toda a humanidade;
Reafirmando que os Estados têm direitos soberanos sobre os seus recursos biológicos;
Reafirmando, também, que os Estados são responsáveis pela conservação da sua diversidade biológica e pela utilização sustentável dos seus recursos biológicos;
Preocupados com a considerável redução da diversidade biológica como consequência de determinadas actividades humanas;
Conscientes da falta generalizada de informação e de conhecimento sobre a diversidade biológica e da necessidade urgente de se desenvolverem capacidades científicas, técnicas e institucionais que proporcionem um conhecimento básico que permita planificar e aplicar as medidas adequadas;
Observando que é vital prever, prevenir e combater na origem as causas da significativa redução ou perda da diversidade biológica;
Observando, também, que, quando exista uma ameaça de redução ou perda substancial da diversidade biológica, não deve alegar-se a ausência de uma certeza científica completa como razão para adiar a adopção de medidas para evitar ou minimizar essa ameaça;

Observando, também, que a exigência fundamental para a conservação da diversidade biológica é a conservação *in situ* dos ecossistemas e habitats naturais e a manutenção e recuperação de populações viáveis de espécies no seu meio natural;

Observando, igualmente, que a adopção de medidas *ex situ*, preferencialmente no país de origem, desempenha também uma função importante;

Reconhecendo a estreita e tradicional dependência de muitas comunidades locais e populações indígenas que têm sistemas de vida tradicionais baseados em recursos biológicos e a conveniência em partilhar equitativamente os benefícios provenientes da utilização de conhecimentos tradicionais, das inovações e das práticas relevantes para a conservação da diversidade biológica e para a utilização sustentável dos seus componentes;

Reconhecendo, também, o papel vital que a mulher desempenha na conservação e utilização sustentável da diversidade biológica e afirmando a necessidade da plena participação da mulher em todos os níveis de execução e na implementação de políticas para a conservação da diversidade biológica;

Destacando a importância e a necessidade de promover a cooperação internacional, regional e mundial entre os Estados, as organizações intergovernamentais e o sector não governamental para a conservação da diversidade biológica e a utilização sustentável dos seus elementos;

Reconhecendo que o fornecimento de novos e adicionais recursos financeiros e o acesso satisfatório a tecnologias pertinentes poderão conduzir a uma modificação substancial na capacidade mundial para enfrentar a perda da diversidade biológica;

Reconhecendo, ainda, que são necessárias disposições especiais para atender às necessidades dos países em desenvolvimento, incluindo o fornecimento de novos e adicionais recursos financeiros e o acesso adequado a tecnologias pertinentes;

Observando a este respeito as condições especiais dos países menos avançados e dos pequenos Estados insulares;

Reconhecendo que são necessários investimentos substanciais para conservar a diversidade biológica e esperando que esses investimentos impliquem grandes benefícios ambientais, económicos e sociais;

Reconhecendo que o desenvolvimento económico e social e a erradicação da pobreza são prioridades básicas e fundamentais para os países em desenvolvimento;

Conscientes de que a conservação e a utilização sustentável da diversidade biológica têm importância crítica para satisfazer as necessidades alimentares, de saúde e de outra natureza da população mundial em crescimento, para o que são essenciais o acesso e a partilha dos recursos genéticos e das tecnologias;

Observando, por fim, que a conservação e a utilização sustentável da diversidade biológica reforçarão as relações de amizade entre os Estados e contribuirão para a paz da humanidade;

Desejando melhorar e complementar os acordos internacionais existentes para a conservação da diversidade biológica e a utilização sustentável dos seus elementos; e

Determinados em conservar e utilizar de maneira sustentável a diversidade biológica em benefício das gerações actuais e futuras;
acordaram o seguinte:

ARTIGO 1.º
Objectivos

Os objectivos da presente Convenção, a serem alcançados de acordo com as suas disposições relevantes, são a conservação da diversidade biológica, a utilização sustentável dos seus elementos e a partilha justa e equitativa dos benefícios que advêm da utilização dos recursos genéticos, inclusivamente através do acesso adequado a esses recursos e da transferência apropriada das tecnologias pertinentes, tendo em conta todos os direitos sobre esses recursos e tecnologias, bem como através de um financiamento adequado.

ARTIGO 2.º
Termos utilizados

Para os fins desta Convenção:

– «Área protegida» significa uma área geograficamente definida que tenha sido designada ou regulamentada e gerida para alcançar objectivos específicos de conservação;

– «Biotecnologia» significa qualquer aplicação tecnológica que utilize sistemas biológicos, organismos vivos ou seus derivados para a criação ou modificação de produtos ou processos para utilização específica;

– «Condições *in situ*» significa as condições nas quais os recursos genéticos existem dentro dos ecossistemas e habitats naturais e, no caso das espécies domesticadas ou cultivadas, em meios onde tenham desenvolvido as suas propriedades específicas;

– «Conservação *ex situ*» significa a conservação de elementos da diversidade biológica fora dos seus habitats naturais;

– «Conservação *in situ*» significa a conservação dos ecossistemas e dos habitats naturais e a manutenção e recuperação de populações viáveis de espécies no seu meio natural e, no caso das espécies domesticadas ou cultivadas, em meios onde tenham desenvolvido as suas propriedades específicas;

– «Diversidade biológica» significa a variabilidade entre os organismos vivos de todas as origens, incluindo, *inter alia*, os ecossistemas terrestres, marinhos e outros ecossistemas aquáticos e os complexos ecológicos dos quais fazem parte; compreende a diversidade dentro de cada espécie, entre as espécies e dos ecossistemas;

– «Ecossistema» significa um complexo dinâmico de comunidades vegetais, animais e de microrganismos e o seu ambiente não vivo, interagindo como uma unidade funcional;

– «Espécie domesticada ou cultivada» significa uma espécie cujo processo de evolução tenha sido influenciado pelo homem para satisfazer as suas necessidades;

– «Habitat» significa o local ou tipo de sítio onde um organismo ou população existe no estado natural;

– «Material genético» significa todo o material de origem vegetal, animal, microbiano ou de outra origem que contenha unidades funcionais de hereditariedade;

– «Organização regional de integração económica» significa uma organização constituída por Estados soberanos de uma região determinada, para a qual os Estados-Membros tenham transferido competências em assuntos dirigidos por esta Convenção e que tenham sido autorizados, de acordo com os seus procedimentos internos, a assinar, ratificar, aceitar, aprovar ou aderir à referida Convenção;

– «País de origem de recursos genéticos» significa o país que possui esses recursos genéticos em condições *in situ*;

– «País fornecedor de recursos genéticos» significa o país que fornece recursos genéticos obtidos de fontes *in situ*, incluindo populações de espécies selvagens e domesticadas, ou provenientes de fontes *ex situ* que podem ter tido ou não a sua origem nesse país;

– «Recursos biológicos» inclui recursos genéticos, organismos ou partes deles, populações ou qualquer outro tipo de componente biótico dos ecossistemas de valor ou utilidade actual ou potencial para a humanidade;

– «Recursos genéticos» significa o material genético de valor real ou potencial;
– «Tecnologia» significa toda a tecnologia, incluindo a biotecnologia;
– «Utilização sustentável» significa a utilização dos elementos constitutivos da diversidade biológica de um modo e a um ritmo que não conduzam a uma diminuição a longo prazo da diversidade biológica, mantendo assim o seu potencial para satisfazer as necessidades e as aspirações das gerações actuais e futuras.

ARTIGO 3.º
Princípio

De acordo com a Carta das Nações Unidas e com os princípios do direito internacional, os Estados têm o direito soberano de explorar os seus próprios recursos na aplicação da sua política ambiental e a responsabilidade de assegurar que as actividades sob a sua jurisdição ou controlo não prejudiquem o ambiente de outros Estados ou de áreas situadas fora dos limites da sua jurisdição.

ARTIGO 4.º
Âmbito jurisdicional

Sob reserva dos direitos dos outros Estados, e excepto quando expressamente disposto de outra forma nesta Convenção, as disposições da Convenção aplicam-se, em relação a cada Parte Contratante:

a) No caso de elementos da diversidade biológica, em áreas situadas dentro dos limites da sua jurisdição nacional; e

b) No caso de processos e actividades realizadas sob sua jurisdição ou controlo, e independentemente de onde se manifestem os seus efeitos, dentro ou fora dos limites da sua jurisdição nacional.

ARTIGO 5.º
Cooperação

Cada Parte Contratante deverá, na medida do possível e de acordo com o apropriado, cooperar directamente com outras Partes Contratantes, ou, quando apropriado, através das organizações internacionais competentes, nos domínios fora da sua jurisdição e noutras áreas de interesse mútuo, para a conservação e a utilização sustentável da diversidade biológica.

ARTIGO 6.º
Medidas gerais para a conservação e a utilização sustentável

Cada Parte Contratante deverá, de acordo com as suas condições e capacidades particulares:

a) Desenvolver estratégias, planos e programas nacionais para a conservação e a utilização sustentável da diversidade biológica ou adaptar para este fim as estratégias, planos ou programas existentes, que irão reflectir, *inter alia*, as medidas estabelecidas na presente Convenção que sejam pertinentes para a Parte Contratante interessada; e

b) Integrar, na medida do possível e conforme apropriado, a conservação e a utilização sustentável da diversidade biológica nos planos, programas e políticas sectoriais ou intersectoriais.

ARTIGO 7.º
Identificação e monitorização

Cada Parte Contratante deverá, na medida do possível e conforme o apropriado, em especial para o disposto nos artigos 8.º a 10.º:

a) Identificar os elementos constitutivos da diversidade biológica importantes para a sua conservação e utilização sustentável, tendo em consideração a lista indicativa de categorias estabelecidas no anexo I;

b) Monitorizar, mediante amostragem e outras técnicas, os elementos constitutivos da diversidade biológica identificados em conformidade com a alínea a) deste artigo, prestando especial atenção aos que requerem a adopção de medidas urgentes de conservação e aos que oferecem maior potencial para a utilização sustentável;

c) Identificar os processos e categorias de actividades que tenham, ou seja provável que tenham, impactes adversos significativos na conservação e utilização sustentável da diversidade biológica e monitorizar os seus efeitos, mediante amostragem e outras técnicas; e

d) Manter e organizar, mediante qualquer mecanismo, os dados provenientes das actividades de identificação e monitorização em conformidade com as alíneas a), b) e c) deste artigo.

ARTIGO 8.º
Conservação *in situ*

Cada Parte Contratante deverá, na medida do possível e conforme o apropriado:

a) Estabelecer um sistema de áreas protegidas ou de áreas onde tenham de ser adoptadas medidas especiais para a conservação da diversidade biológica;

b) Desenvolver, quando necessário, directrizes para a selecção, o estabelecimento e a gestão de áreas protegidas ou de áreas onde tenham de ser adoptadas medidas especiais para a conservação da diversidade biológica;

c) Regulamentar ou gerir os recursos biológicos importantes para a conservação da diversidade biológica, dentro ou fora das áreas protegidas, para garantir a sua conservação e utilização sustentável;

d) Promover a protecção dos ecossistemas e habitats naturais e a manutenção de populações viáveis de espécies no seu meio natural;

e) Promover um desenvolvimento ambientalmente correcto e sustentável em zonas adjacentes a áreas protegidas, com vista a aumentar a protecção dessas áreas;

f) Reabilitar e restaurar ecossistemas degradados e promover a recuperação de espécies ameaçadas, *inter alia*, mediante o desenvolvimento e a implementação de planos ou outras estratégias de gestão;

g) Estabelecer ou manter meios para regulamentar, gerir ou controlar os riscos associados à utilização e à libertação de organismos vivos modificados como resultado da biotecnologia que possam ter impactes ambientais adversos passíveis de afectar a conservação e a utilização sustentável da diversidade biológica, tendo também em conta os riscos para a saúde humana;

h) Impedir a introdução, controlar ou eliminar as espécies exóticas que ameaçam os ecossistemas, habitats ou espécies;

i) Procurar fornecer as condições necessárias para a compatibilização das utilizações actuais com a conservação da diversidade biológica e a utilização sustentável dos seus elementos constitutivos;

j) De acordo com a sua legislação, respeitar, preservar e manter o conhecimento, as inovações e as práticas das comunidades indígenas e locais que envolvam estilos tradicionais de vida relevantes para a conservação e utilização sustentável da diversidade biológica e promover a sua aplicação mais ampla, com a aprovação e participação dos detentores desse conhecimento, inovações e práticas, e encorajar a partilha equitativa dos benefícios derivados da utilização desse conhecimento, inovações e práticas;

k) Desenvolver ou manter a legislação necessária e ou outras disposições regulamentares para a protecção das espécies e populações ameaçadas;

l) Quando, em conformidade com o artigo 7.°, se tenha determinado um efeito adverso importante para a diversidade biológica, regulamentar ou gerir os processos e categorias das actividades relevantes;

m) Cooperar na prestação de apoio financeiro e de outra natureza para a conservação *in situ*, como referido nas alíneas a) e l) deste artigo, particularmente para os países em desenvolvimento.

ARTIGO 9.°
Conservação *ex situ*

Cada Parte Contratante deverá, na medida do possível e conforme o apropriado, e principalmente a fim de complementar as medidas *in situ*:

a) Adoptar medidas para a conservação *ex situ* dos elementos constitutivos da diversidade biológica, de preferência no país de origem desses elementos;

b) Estabelecer e manter equipamento para a conservação *ex situ* e investigação em plantas, animais e microrganismos, de preferência no país de origem dos recursos genéticos;

c) Adoptar medidas destinadas à recuperação e reabilitação das espécies ameaçadas e à reintrodução destas nos seus habitats naturais em condições apropriadas;

d) Regulamentar e gerir a recolha dos recursos biológicos dos habitats naturais para efeitos de conservação *ex situ*, com vista a não ameaçar os ecossistemas, nem as populações das espécies *in situ*, salvo quando se requeiram medidas especiais temporárias de acordo com o disposto na alínea c); e

e) Cooperar na prestação de apoio financeiro e de outra natureza para a conservação *ex situ*, como referido nas alíneas a) a d) deste artigo, e no estabelecimento e manutenção de equipamentos para a conservação *ex situ* nos países em desenvolvimento.

ARTIGO 10.º
Utilização sustentável dos elementos constitutivos da diversidade biológica

Cada Parte Contratante deverá, na medida do possível e conforme o apropriado:

a) Tomar em consideração a conservação e a utilização sustentável dos recursos biológicos nos processos nacionais de tomada de decisão;

b) Adoptar medidas relativas à utilização dos recursos biológicos, com vista a minimizar impactes adversos na diversidade biológica;

c) Proteger e encorajar o uso habitual dos recursos biológicos, em conformidade com as práticas culturais tradicionais que sejam compatíveis com as exigências da conservação e da utilização sustentável;

d) Apoiar as populações locais a desenvolverem e aplicarem medidas correctivas em áreas degradadas onde a diversidade biológica tenha sido reduzida; e

e) Encorajar a cooperação entre as autoridades governamentais e o sector privado no desenvolvimento de métodos para a utilização sustentável dos recursos biológicos.

ARTIGO 11.º
Incentivos

Cada Parte Contratante deverá, na medida do possível e conforme o apropriado, adoptar medidas económica e socialmente correctas que actuem como incentivos para a conservação e a utilização sustentável dos elementos constitutivos da diversidade biológica.

ARTIGO 12.º
Investigação e formação

As Partes Contratantes, tendo em conta as necessidades específicas dos países em desenvolvimento, deverão:

a) Estabelecer e manter programas para educação científica e técnica e para formação em métodos de identificação, conservação e utilização sustentável da diversidade biológica e seus elementos constitutivos, e prestar apoio para tal fim de acordo com as necessidades específicas dos países em desenvolvimento;

b) Promover e encorajar a investigação que contribua para a conservação e a utilização sustentável da diversidade biológica, particularmente nos países em desenvolvimento, *inter alia*, em conformidade com as decisões adoptadas pela Conferência das Partes, tendo em consideração as recomendações do órgão subsidiário consultivo para as questões científicas, técnicas e tecnológicas; e

c) Promover, em conformidade com o previsto nos artigos 16.°, 18.° e 20.°, a utilização dos progressos científicos em matéria de investigação sobre diversidade biológica, tendo em vista o desenvolvimento de métodos de conservação e utilização sustentável dos recursos biológicos, e cooperar com esse objectivo.

ARTIGO 13.°
Educação e sensibilização do público

As Partes Contratantes deverão:

a) Promover e encorajar a compreensão da importância da conservação da diversidade biológica e das medidas necessárias para esse efeito, bem como a sua divulgação através dos meios de informação e a inclusão desses temas nos programas educacionais;

b) Cooperar, conforme o apropriado, com outros Estados e organizações internacionais no desenvolvimento de programas educacionais e de sensibilização do público no que respeita à conservação e à utilização sustentável da diversidade biológica.

ARTIGO 14.°
Avaliação de impacte e minimização dos impactes adversos

1. Cada parte Contratante, na medida do possível e conforme o apropriado, deverá:

a) Estabelecer procedimentos apropriados para a avaliação do impacte ambiental dos projectos submetidos que possam vir a ter efeitos adversos importantes para a diversidade biológica, com vista a evitar ou reduzir ao mínimo esses efeitos, e, quando apropriado, permitir a participação do público nesses procedimentos;

b) Estabelecer acordos apropriados para assegurar que são tidas em conta as consequências ambientais dos seus programas e políticas que podem produzir impactes adversos importantes para a diversidade biológica;

c) Promover, numa base de reciprocidade, a notificação, o intercâmbio de informação e as consultas acerca das actividades sob sua jurisdição ou controlo que possam vir a ter efeitos adversos significativos para a diversidade biológica de outros Estados ou áreas para além dos limites da jurisdição nacional, encorajando a conclusão de acordos bilaterais, regionais ou multilaterais, conforme o apropriado;

d) Em caso de perigo ou dano iminente ou grave originado sob a sua jurisdição ou controlo, sobre a diversidade biológica na área de jurisdição de outros Estados ou em áreas para além dos limites da jurisdição nacional, notificar imediatamente os Estados potencialmente afectados por este perigo ou dano, assim como iniciar acções para os prevenir ou minimizar; e

e) Promover dispositivos nacionais para dar respostas de emergência a actividades ou ocorrências com causas naturais ou de outra índole que apresentem graves e iminentes perigos para a diversidade biológica e encorajar a cooperação internacional para complementar essas medidas nacionais e, quando apropriado e acordado pelos Estados ou pelas organizações regionais de integração económica envolvidas, estabelecer planos conjuntos para estas contingências.

2. A Conferência das Partes deverá examinar, com base em estudos que se levarão a cabo, a questão da responsabilização e da reparação, incluindo a recuperação e a compensação por danos causados à diversidade biológica, salvo quando essa responsabilidade seja uma questão puramente interna.

ARTIGO 15.º
Acesso aos recursos genéticos

1. Reconhecendo os direitos soberanos dos Estados sobre os seus recursos naturais, a autoridade de determinar o acesso aos recursos genéticos cabe aos governos nacionais e está submetida à legislação nacional.

2. Cada Parte Contratante deverá empenhar-se em criar condições para facilitar às outras Partes Contratantes o acesso a recursos genéticos para utilizações ambientalmente correctas e não impor restrições contrárias aos objectivos desta Convenção.

3. Para os efeitos desta Convenção, os recursos genéticos fornecidos por uma Parte Contratante, a que se refere este artigo e os artigos 16.º e 19.º, são unicamente os fornecidos pelas Partes Contratantes que são países de origem desses recursos ou pelas Partes que tenham adquirido os recursos genéticos em conformidade com a presente Convenção.

4. Quando se conceda o acesso aos recursos genéticos, este deverá ser em condições mutuamente acordadas e estará submetido ao disposto neste artigo.

5. O acesso aos recursos genéticos deverá estar submetido ao consentimento prévio fundamentado da Parte Contratante que fornece esses recursos, a menos que essa Parte decida de outra forma.

6. Cada Parte Contratante deverá empenhar-se no desenvolvimento e no prosseguimento da investigação científica baseada nos recursos genéticos fornecidos por outras Partes Contratantes com a sua plena participação e quando possível no seu território.

7. Cada Parte Contratante deverá adoptar medidas legislativas, administrativas ou políticas, conforme o apropriado, de acordo com os artigos 16.° e 19.° e, quando necessário, através do mecanismo financeiro estabelecido nos artigos 20.° e 21.°, com o fim de partilhar de forma justa e equitativa os resultados das actividades de investigação e desenvolvimento e os benefícios derivados da utilização comercial, e de outra índole, dos recursos genéticos com a Parte Contratante que fornece esses recursos. Essa partilha deverá ser efectuada em condições mutuamente acordadas.

ARTIGO 16.°
Acesso e transferência de tecnologia

1. Cada Parte Contratante, reconhecendo que a tecnologia inclui a biotecnologia e que tanto o acesso à tecnologia como a sua transferência entre Partes Contratantes são elementos essenciais para a realização dos objectivos da presente Convenção, compromete-se, de acordo com as disposições deste artigo, a fornecer e ou a facilitar a outras Partes Contratantes o acesso e a transferência de tecnologias necessárias à conservação e à utilização sustentável da diversidade biológica ou que utilizem recursos genéticos e não causem prejuízos significativos ao ambiente.

2. O acesso e a transferência de tecnologia para os países em desenvolvimento, a que se refere o n.° 1 deste artigo, deverão ser assegurados e ou facilitados em condições justas e mais favoráveis, incluindo em condições preferenciais e especialmente favoráveis, quando estabelecidas de comum acordo. e, quando seja necessário, em conformidade com o mecanismo financeiro estabelecido nos artigos 20.° e 21.°. No caso da tecnologia sujeita a patentes e outros direitos de propriedade intelectual, o acesso a essa tecnologia e a sua transferência deverão ser assegurados em condições que reconheçam e sejam consistentes com uma protecção adequada e eficaz dos direitos de propriedade intelectual. A aplicação do disposto neste número será feita de acordo com as disposições dos n.ºs 3, 4 e 5 deste artigo.

3. Cada Parte Contratante deverá adoptar medidas legislativas, administrativas ou políticas, conforme o apropriado, a fim de que as Partes Contratantes, em particular os países em desenvolvimento que fornecem recursos genéticos, vejam assegurados o acesso e a transferência da tecnologia que utilize esses recursos, em condições mutuamente acordadas, incluindo a tecnologia protegida por patentes e outros direitos de propriedade intelectual, quando seja necessário de acordo com as disposições dos artigos 20.° e 21.°, e de acordo com o direito internacional e em harmonia com os n.os 4 e 5 deste artigo.

4. Cada Parte Contratante deverá adoptar medidas legislativas, administrativas e políticas, conforme o apropriado, com vista a que o sector privado facilite o acesso, o desenvolvimento conjunto e a transferência da tecnologia, como referido no n.° 1 deste artigo, em benefício das instituições governamentais e do sector privado dos países em desenvolvimento e a este respeito submeter-se às obrigações estabelecidas nos n.os 1, 2 e 3 deste artigo.

5. As Partes Contratantes, reconhecendo que as patentes e outros direitos de propriedade intelectual podem influenciar a aplicação desta Convenção, devem, para o efeito, cooperar, em conformidade com a legislação nacional e o direito internacional, de modo a assegurar que esses direitos apoiem e não se oponham aos objectivos desta Convenção.

ARTIGO 17.°
Intercâmbio de informação

1. As Partes Contratantes deverão facilitar o intercâmbio de informação de todas as fontes acessíveis ao público pertinentes para a conservação e a utilização sustentável da diversidade biológica, tendo em conta as necessidades específicas dos países em desenvolvimento.

2. Esse intercâmbio de informação deverá incluir a troca dos resultados da investigação técnica, científica e sócio-económica, assim como informação sobre programas de formação e de vigilância, conhecimentos especializados, conhecimentos locais e tradicionais, por si só e em combinação com as tecnologias mencionadas no n.° 1 do artigo 16.°. Também incluirá, quando viável, o repatriamento da informação.

ARTIGO 18.°
Cooperação científica e técnica

1. As Partes Contratantes deverão promover a cooperação científica e técnica internacional na área da conservação e utilização sustentável da

diversidade biológica, quando necessário, através das instituições nacionais e internacionais competentes.

2. Cada Parte Contratante deverá promover a cooperação científica e técnica com outras Partes Contratantes, em particular os países em desenvolvimento, na implementação da presente Convenção, *inter alia*, através do desenvolvimento e da implementação de políticas nacionais. Ao promover essa cooperação, deve ser dada especial atenção ao desenvolvimento e reforço da capacidade nacional, mediante o desenvolvimento dos recursos humanos e a criação de instituições.

3. A Conferência das Partes, na sua primeira sessão, deverá determinar a forma de estabelecer um *clearing-house mechanism* para promover e facilitar a cooperação técnica e científica.

4. As Partes Contratantes deverão, de acordo com a legislação e políticas nacionais, encorajar e desenvolver métodos de cooperação para o desenvolvimento e utilização de tecnologias, incluindo as tecnologias indígenas e tradicionais, em conformidade com os objectivos da presente Convenção. Para este propósito, as Partes Contratantes deverão promover também a cooperação na formação de pessoal e intercâmbio de peritos.

5. As Partes Contratantes deverão, sujeito a mútuo acordo, promover o estabelecimento de programas conjuntos de investigação e de empresas associadas para o desenvolvimento de tecnologias relevantes para os objectivos da presente Convenção.

ARTIGO 19.º
Gestão da biotecnologia e distribuição dos seus benefícios

1. Cada Parte Contratante deverá adoptar medidas legislativas, administrativas ou políticas, conforme o apropriado, para assegurar a participação efectiva nas actividades de investigação em biotecnologia das Partes Contratantes, em particular dos países em desenvolvimento, que forneçam os recursos genéticos para tais investigações e, quando seja praticável, no território dessas Partes Contratantes.

2. Cada Parte Contratante deverá adoptar todas as medidas possíveis para promover e impulsionar, em condições justas e equitativas, o acesso prioritário das Partes Contratantes, em particular dos países em desenvolvimento, aos resultados e benefícios derivados das biotecnologias baseadas em recursos genéticos fornecidos por essas Partes Contratantes. Esse acesso deverá processar-se em termos mutuamente acordados.

3. As Partes deverão ter em consideração a necessidade e as modalidades de um protocolo que estabeleça procedimentos adequados, incluindo, em particular, o consentimento prévio fundamentado, em questões de transferência segura, manipulação e utilização de quaisquer organismos vivos modificados resultantes da biotecnologia que possam ter efeitos adversos para a conservação e a utilização sustentável da diversidade biológica.

4. Cada Parte Contratante deverá, directamente ou exigindo-o a qualquer pessoa singular ou colectiva sob sua jurisdição que forneça os organismos referidos no n.º 3 deste artigo, proporcionar toda a informação disponível acerca dos regulamentos do uso e segurança requeridos por aquela Parte Contratante para a manipulação de tais organismos, bem como qualquer informação disponível acerca do potencial impacte adverso dos organismos específicos em causa para a Parte Contratante na qual esses organismos serão introduzidos.

ARTIGO 20.º
Recursos financeiros

1. Cada Parte Contratante compromete-se a proporcionar, de acordo com a sua capacidade, o apoio e os incentivos financeiros relativamente às actividades nacionais que tenham como finalidade alcançar os objectivos desta Convenção, de acordo com os seus planos, prioridades e programas nacionais.

2. As Partes que sejam países desenvolvidos deverão proporcionar novos e adicionais recursos financeiros que permitam às Partes que sejam países em desenvolvimento fazer face aos custos suplementares acordados para a implementação das medidas decorrentes do cumprimento das obrigações desta Convenção e beneficiar das suas disposições. Esses custos são acordados entre a Parte que é país em desenvolvimento e a estrutura institucional referida no artigo 21.º, de acordo com a política, a estratégia, as prioridades programáticas, os critérios de eleição e uma lista indicativa dos custos suplementares estabelecida pela Conferência das Partes. Outras Partes, incluindo os países que se encontram num processo de transição para a economia de mercado, podem assumir voluntariamente as obrigações das Partes que são países em desenvolvimento. Para os fins deste artigo, a Conferência das Partes deverá estabelecer na sua primeira sessão uma lista das Partes que são países desenvolvidos e de outras Partes que voluntariamente assumam as obrigações das Partes

que são países desenvolvidos. A Conferência das Partes deverá periodicamente rever a lista e modificá-la-á se necessário. Será também encorajada a prestação de contribuições voluntárias por parte de outros países e fontes. A implementação deste compromisso deverá ter em conta a necessidade de um fluxo de fundos adequado, previsível e oportuno e a importância da partilha de responsabilidades entre as Partes contribuintes incluídas na lista.

3. As Partes que sejam países desenvolvidos podem também fornecer recursos financeiros relativos à implementação da presente Convenção através de canais bilaterais, regionais e outros de tipo multilateral, e as Partes que sejam países em desenvolvimento poderão utilizar esses recursos.

4. O nível a que as Partes que sejam países em desenvolvimento implementarão efectivamente as obrigações desta Convenção dependerá da implementação efectiva pelas Partes que sejam países desenvolvidos das suas obrigações decorrentes desta Convenção relativamente aos recursos financeiros e à transferência de tecnologia, e terão em conta o facto de que o desenvolvimento económico e social e a erradicação da pobreza são as prioridades primeiras e fundamentais das partes que são países em desenvolvimento.

5. As Partes deverão ter em conta as necessidades específicas e a situação especial dos países menos desenvolvidos nas suas acções relacionadas com o financiamento e a transferência de tecnologia.

6. As Partes Contratantes deverão também ter em consideração as condições especiais resultantes da dependência, distribuição e localização da diversidade biológica nas Partes que são países em desenvolvimento, em especial nos pequenos Estados insulares.

7. Também se deverá ter em conta a situação especial dos países em desenvolvimento, incluindo os que são ambientalmente mais vulneráveis, como os que possuem zonas áridas e semi-áridas e áreas costeiras e montanhosas.

ARTIGO 21.º
Mecanismos financeiros

1. Deverá existir um mecanismo para o fornecimento de recursos financeiros aos países em desenvolvimento que sejam Partes, para o cumprimento desta Convenção numa base de doação ou de empréstimo favorável, e cujos elementos fundamentais se descrevem neste artigo. O mecanismo funcionará sob a autoridade e a orientação da Conferência das

Partes para o cumprimento desta Convenção. As operações do mecanismo serão executadas através da estrutura institucional como pode ser decidido na Conferência das Partes no seu primeiro encontro. Para o cumprimento desta Convenção, a Conferência das Partes determinará a política, a estratégia, as prioridades programáticas e os critérios para o acesso a esses recursos e sua utilização. Nas contribuições ter-se-á em conta a necessidade de um fluxo de fundos previsível, adequado e oportuno, tal como se indica no artigo 20.º e de acordo com a quantidade de recursos necessários que a Conferência das Partes decidirá periodicamente, bem como a importância de repartir os custos entre as Partes contribuintes incluídas na lista mencionada no n.º 2 do artigo 20.º. Também poderão efectuar contribuições voluntárias os países desenvolvidos que sejam Partes, bem como outros países e outras fontes. O mecanismo deverá funcionar dentro de um sistema de governo democrático e transparente.

2. De acordo com os objectivos desta Convenção, a Conferência das Partes estabelecerá, na sua primeira sessão, a política, estratégia e prioridades de programa, bem como as directrizes e os critérios para a qualificação para o acesso e a utilização dos recursos financeiros, incluindo a formação e a avaliação numa base regular dessa utilização. A Conferência das Partes acordará as disposições para cumprimento do n.º 1 acima mencionado, após consulta da estrutura institucional encarregue da operação do mecanismo financeiro.

3. A Conferência das Partes examinará a eficácia do mecanismo estabelecido de acordo com este artigo, incluindo os critérios e as directrizes referidos no n.º 2 acima mencionado, quando tenham ocorrido dois anos após a entrada em vigor desta Convenção e, depois disso, numa base regular. Baseada nessa revisão, tomará medidas apropriadas para melhorar a eficácia do mecanismo, se necessário.

4. As Partes Contratantes devem considerar o reforço das instituições financeiras existentes para prover aos recursos financeiros para a conservação e utilização sustentável da diversidade biológica.

ARTIGO 22.º
Relação com outras convenções internacionais

1. As disposições desta Convenção não deverão afectar os direitos e obrigações de qualquer Parte Contratante derivados de qualquer acordo internacional existente, excepto quando o exercício desses direitos e obrigações possa causar graves prejuízos ou ameaças para a diversidade biológica.

2. As Partes Contratantes deverão implementar esta Convenção no que concerne ao ambiente marinho, de acordo com os direitos e obrigações dos Estados decorrentes do direito marítimo.

ARTIGO 23.º
Conferência das Partes

1. É criada a Conferência das Partes. O director executivo do Programa das Nações Unidas para o Ambiente deverá convocar a primeira sessão da Conferência das Partes, no máximo, um ano após a entrada em vigor desta Convenção. Posteriormente, as sessões ordinárias da Conferência das Partes realizar-se-ão com intervalos regulares determinados pela Conferência na sua primeira sessão.

2. As sessões extraordinárias da Conferência das Partes realizar-se-ão quando a Conferência ache necessário ou quando qualquer das Partes o solicite por escrito, sempre que, no prazo de seis meses do pedido ter sido comunicado ao secretariado, seja aceite por pelo menos um terço das Partes.

3. A Conferência das Partes deverá acordar e adoptar de comum acordo as regras de procedimento, bem como as de qualquer organismo subsidiário que possa ser criado, assim como o regulamento financeiro que regerá o financiamento do secretariado. Em cada sessão ordinária, a Conferência das Partes adoptará um orçamento para o exercício financeiro até à próxima sessão.

4. A Conferência das Partes deverá manter sob observação a aplicação desta Convenção e, para esse fim, deverá:

    a) Estabelecer a forma e a periodicidade da transmissão da informação que deverá ser apresentada de acordo com o artigo 26.º e apreciar essa informação, bem como os relatórios apresentados por qualquer órgão subsidiário;

    b) Rever os pareceres científicos, técnicos e tecnológicos sobre a diversidade biológica apresentados de acordo com o artigo 25.º;

    c) Apreciar e adoptar, quando necessário, protocolos de acordo com o artigo 28.º;

    d) Apreciar e adoptar, quando necessário, alterações a esta Convenção e seus anexos, de acordo com os artigos 29.º e 30.º;

    e) Apreciar as alterações a todos os protocolos, bem como a qualquer anexo inerente, e, se assim for decidido, recomendar a sua adopção pelas Partes;

    f) Apreciar e adoptar, quando necessário, anexos adicionais à presente Convenção, de acordo com o artigo 30.º;

g) Estabelecer os órgãos subsidiários, sobretudo para fornecer pareceres científicos e técnicos, considerados importantes e necessários para a implementação desta Convenção;

h) Contactar, através do secretariado, os órgãos executivos das convenções que tratem de questões abrangidas por esta Convenção, visando estabelecer formas adequadas de cooperação;

i) Apreciar e adoptar quaisquer medidas adicionais, que se mostrem necessárias, para atingir os objectivos desta Convenção, através da experiência adquirida pela sua aplicação.

5. As Nações Unidas, as suas agências especializadas e a Agência Internacional de Energia Atómica, assim como qualquer Estado que não seja Parte da presente Convenção, poderão estar representados como observadores nas sessões da Conferência das Partes. Qualquer outro órgão ou agência governamental ou não governamental, com competência nas áreas relacionadas com a conservação e utilização sustentável da diversidade biológica, que tenha informado o secretariado do seu desejo de estar representado como observador numa sessão da Conferência das Partes, poderá ser admitido a participar, salvo se pelo menos um terço das Partes presentes se opuser. A admissão e participação de observadores estarão sujeitas ao regulamento adoptado pela Conferência das Partes.

ARTIGO 24.º
Secretariado

1. É criado um secretariado. As suas funções deverão ser:

a) Organizar as reuniões da Conferência das Partes previstas no artigo 23.º e prestar os serviços necessários;

b) Desempenhar as funções consignadas nos protocolos;

c) Preparar relatórios acerca da execução das suas actividades decorrentes da presente Convenção e apresentá-los à Conferência das Partes;

d) Assegurar a coordenação com outros órgãos internacionais relevantes e, em particular, participar em acordos administrativos e contratuais, conforme possa ser necessário para o bom desempenho das suas funções;

e) Desempenhar quaisquer outras funções que possam ser determinadas pela Conferência das Partes.

2. Na sua primeira sessão ordinária, a Conferência das Partes nomeará o secretariado de entre as organizações internacionais competentes que se tenham mostrado dispostas a desempenhar as funções do secretariado estabelecidas nesta Convenção.

ARTIGO 25.º
Órgão subsidiário para parecer científico, técnico e tecnológico

1. É criado um órgão subsidiário para o fornecimento de parecer científico, técnico e tecnológico, para prestar o parecer oportuno sobre a implementação da presente Convenção à Conferência das Partes e, conforme o apropriado, aos seus outros órgãos subsidiários. Este órgão deverá estar aberto à participação de todas as Partes e deverá ser multidisciplinar. Deverá incluir representantes dos governos com competência nas áreas relevantes do conhecimento em causa. Deverá apresentar regularmente relatórios à Conferência das Partes sobre todos os aspectos da sua actividade.

2. Sob a autoridade da Conferência das Partes, de acordo com as directrizes por ela estabelecidas e a seu pedido, este órgão deverá:

a) Fornecer avaliações científicas e técnicas sobre o estado da diversidade biológica;

b) Preparar avaliações científicas e técnicas sobre os efeitos das diversas medidas adoptadas de acordo com o disposto nesta Convenção;

c) Identificar as tecnologias e os conhecimentos actuais inovadores e eficientes relacionados com a conservação e a utilização sustentável da diversidade biológica e dar o seu parecer sobre as formas e meios de promover o desenvolvimento e ou a transferência dessas tecnologias;

d) Dar pareceres sobre os programas científicos e a cooperação internacional em matéria de investigação e desenvolvimento relacionados com a conservação e a utilização sustentável da diversidade biológica; e

e) Responder às questões de carácter científico, técnico, tecnológico e metodológico colocadas pela Conferência das Partes e seus órgãos subsidiários.

3. A Conferência das Partes poderá aperfeiçoar posteriormente as funções, o mandato, a organização e o funcionamento deste órgão.

ARTIGO 26.º
Relatórios

Cada Parte Contratante, com a periodicidade que determina a Conferência das Partes, deverá apresentar a esta relatórios sobre as medidas que tenha adoptado para a aplicação das disposições da presente Convenção e sobre a eficácia dessas medidas para o cumprimento dos objectivos desta Convenção.

ARTIGO 27.º
Resolução de diferendos

1. Em caso de diferendo entre as Partes Contratantes relativamente à interpretação ou aplicação desta Convenção, as Partes em causa deverão resolvê-lo mediante negociação.

2. Se as Partes em causa não chegarem a um acordo mediante negociação, poderão solicitar conjuntamente os bons ofícios ou a mediação de uma terceira Parte.

3. Ao ratificar, aceitar, aprovar ou aderir à presente Convenção, ou em qualquer momento posterior, um Estado, ou uma organização regional de integração económica, poderá declarar, por comunicação escrita ao depositário, que, no caso de um diferendo não resolvido de acordo com o disposto nos n.os 1 ou 2 deste artigo, aceita um ou os dois meios de solução do diferendo que se indicam a seguir, reconhecendo o seu carácter obrigatório:

a) Arbitragem de acordo com o procedimento estabelecido na parte 1 do anexo II;

b) Submissão do diferendo ao Tribunal Internacional de Justiça.

4. Se as Partes em diferendo não tiverem aceite o mesmo ou nenhum dos procedimentos previstos no n.º 3 deste artigo, o diferendo será objecto de conciliação, de acordo com a parte 2 do anexo II, excepto se as Partes acordarem de modo diferente.

5. As disposições deste artigo deverão aplicar-se a qualquer protocolo, excepto se o protocolo em causa dispuser de outro modo.

ARTIGO 28.º
Adopção de protocolos

1. As Partes Contratantes deverão cooperar na elaboração e adopção de protocolos à presente Convenção.

2. Os protocolos deverão ser adoptados numa sessão da Conferência das Partes.

3. O secretariado deverá comunicar às Partes Contratantes o texto de qualquer proposta de protocolo com a antecedência pelo menos de seis meses sobre a data da respectiva sessão.

ARTIGO 29.º
Emenda à Convenção ou aos protocolos

1. Qualquer das Partes Contratantes poderá propor emendas à pre-

sente Convenção. Qualquer das Partes de um protocolo poderá propor emendas a esse protocolo.

2. As emendas a esta Convenção deverão ser adoptadas numa sessão da Conferência das Partes. As emendas a qualquer protocolo deverão ser adoptadas numa sessão das Partes para o protocolo. O texto de qualquer proposta de emenda à presente Convenção em causa ou a qualquer protocolo, salvo se nesse protocolo se estabelecer de modo diferente, deverá ser comunicado às Partes pelo secretariado, no respectivo documento, pelo menos seis meses antes da sessão em que se proponha a sua adopção. O secretariado deverá comunicar também as propostas de emenda aos signatários da presente Convenção, para sua informação.

3. As Partes deverão fazer todos os esforços para chegar a um acordo por consenso, sobre qualquer proposta de emenda a esta Convenção ou a qualquer protocolo. Uma vez esgotados todos os esforços para chegar a um consenso e não tendo sido alcançado o acordo, a emenda deverá, em último recurso, ser adoptada por uma maioria de dois terços da Partes presentes e votantes na sessão e será apresentada a todas as Partes Contratantes pelo depositário para ratificação, aceitação ou aprovação.

4. A ratificação, aceitação ou aprovação das emendas deverão ser notificadas por escrito ao depositário. As emendas adoptadas de acordo com o n.º 3 deste artigo deverão entrar em vigor entre as Partes que as tenham aceite no 90.º dia depois do depósito dos instrumentos de ratificação, aceitação ou aprovação por, no mínimo, dois terços das Partes Contratantes na presente Convenção ou das Partes no respectivo protocolo, salvo se neste último se estabelecer de modo diferente. Posteriormente, as emendas deverão entrar em vigor para qualquer outra Parte no 90.º dia após essa Parte ter depositado o seu instrumento de ratificação, aceitação e aprovação das emendas.

5. Para os fins deste artigo, entende-se por «Partes presentes e votantes», as Partes que estão presentes e que emitem um voto afirmativo ou negativo.

ARTIGO 30.º
Adopção e emendas aos anexos

1. Os anexos da presente Convenção ou de qualquer protocolo deverão ser parte integrante da Convenção ou desse protocolo, conforme o caso, e, a menos que se estabeleça expressamente de outra forma, qualquer referência a esta Convenção e aos seus protocolos deverá constituir simultaneamente referência aos respectivos anexos. Esses anexos deverão tratar exclusivamente de questões processuais científicas, técnicas e administrativas.

2. Salvo disposição em contrário, em qualquer protocolo e relativamente aos seus anexos, para a proposta, adopção e entrada em vigor de anexos adicionais a esta Convenção ou de anexos a qualquer protocolo, deverá adoptar-se o seguinte procedimento:

a) Anexos a esta Convenção ou a qualquer protocolo deverão ser propostos e adoptados de acordo com o procedimento previsto no artigo 29.°;

b) Qualquer Parte que não possa aprovar um anexo adicional à presente Convenção ou um anexo a qualquer protocolo em que seja Parte deverá notificar por escrito o depositário no prazo de um ano após a data da comunicação da adopção pelo depositário. O depositário deverá notificar sem demora todas as Partes de qualquer notificação recebida. Qualquer Parte pode, em qualquer momento, retirar uma declaração anterior de oposição, e neste caso os anexos entrarão em vigor para essa Parte, de acordo com a alínea c) deste artigo;

c) Decorrido um ano sobre a data de comunicação da adopção pelo depositário, o anexo deverá entrar em vigor para todas as Partes da presente Convenção, ou de qualquer protocolo, que não tenham apresentado a notificação de acordo com os termos previstos na alínea b) deste artigo.

3. A proposta, adopção e entrada em vigor das emendas aos anexos da presente Convenção ou de qualquer protocolo deverão estar sujeitas ao mesmo procedimento previsto para a proposta, adopção e entrada em vigor de anexos da Convenção ou anexos de um protocolo.

4. Quando um anexo adicional ou uma emenda a um anexo está relacionado com uma emenda a esta Convenção ou a qualquer protocolo, o anexo adicional ou a emenda não deverão entrar em vigor até que a emenda à Convenção ou ao respectivo protocolo entre em vigor.

ARTIGO 31.°
Direito de voto

1. Salvo o disposto no n.° 2 deste artigo, cada uma das Partes Contratantes desta Convenção ou de qualquer protocolo terá um voto.

2. As organizações regionais de integração económica deverão exercer o seu direito de voto nas matérias da sua competência, com um número de votos igual ao número dos seus Estados-Membros que sejam Partes Contratantes nesta Convenção ou no protocolo inerente. Estas organizações não deverão exercer o seu direito de voto se os seus Estados-Membros exercerem o seu e vice-versa.

ARTIGO 32.º
Relação entre esta Convenção e os seus protocolos

1. Um Estado ou uma organização regional de integração económica não poderá ser Parte num protocolo a menos que seja ou se torne ao mesmo tempo Parte Contratante da presente Convenção.

2. As decisões relativas a qualquer protocolo só deverão ser tomadas pelas Partes no protocolo em causa. Qualquer Parte Contratante que não tenha ratificado, aceite ou aprovado um protocolo poderá participar como observador em qualquer sessão das Partes nesse protocolo.

ARTIGO 33.º
Assinatura

A presente Convenção estará aberta para assinatura a todos os Estados e a qualquer organização regional de integração económica, no Rio de Janeiro, desde 5 de Junho de 1992 até 14 de Junho de 1992 e, na sede das Nações Unidas em Nova Iorque, desde 15 de Junho de 1992 até 4 de Junho de 1993.

ARTIGO 34.º
Ratificação, aceitação ou aprovação

1. A presente Convenção e qualquer protocolo deverão estar sujeitos a ratificação, aceitação ou aprovação pelos Estados e pelas organizações regionais de integração económica. Os instrumentos de ratificação, aceitação ou aprovação deverão ser depositados junto do depositário.

2. Qualquer organização referida no n.º 1 deste artigo que se torne Parte Contratante da presente Convenção ou de qualquer protocolo sem que algum dos seus Estados-Membros seja Parte Contratante deverá ficar abrangida por todas as obrigações contraídas em virtude da Convenção ou do protocolo, conforme o caso. No caso dessas organizações, sendo um ou mais Estados-Membros Partes Contratantes da presente Convenção ou do específico protocolo, a organização e os seus Estados-Membros deverão decidir sobre as suas responsabilidades para o cumprimento das suas obrigações, de acordo com a Convenção ou o protocolo, conforme o caso. Nesses casos, a organização e Estados-Membros não deverão estar autorizados a exercer concomitantemente os direitos previstos na presente Convenção ou no respectivo protocolo.

3. Nos seus instrumentos de ratificação, aceitação ou aprovação, as organizações mencionadas no n.° 1 deste artigo deverão declarar o âmbito da sua competência no que concerne às matérias reguladas pela presente Convenção ou pelo respectivo protocolo. Essas organizações deverão também informar o depositário sobre qualquer alteração relevante no âmbito da sua competência.

ARTIGO 35.°
Adesão

1. A presente Convenção e qualquer protocolo deverão estar abertos para adesão pelos Estados e pelas organizações regionais de integração económica a partir da data em que expire o prazo para a assinatura da Convenção ou do protocolo em causa. Os instrumentos de adesão deverão ser depositados junto de depositário.

2. Nos seus instrumentos de adesão, as organizações referidas no n.° 1 deste artigo deverão declarar o âmbito da sua competência no que concerne às matérias regulamentadas por esta Convenção ou pelo protocolo em questão. Essas organizações deverão também informar o depositário sobre qualquer alteração relevante no âmbito da sua competência.

3. As disposições do n.° 2 do artigo 34.° deverão aplicar-se às organizações regionais de integração económica que adiram à presente Convenção ou a qualquer protocolo.

ARTIGO 36.°
Entrada em vigor

1. A presente Convenção deverá entrar em vigor no 90.° dia após a data em que tenha sido depositado o 30.° instrumento de ratificação, aceitação, aprovação ou adesão.

2. Qualquer protocolo deverá entrar em vigor no 90.° dia após a data em que tenha sido depositado o número de instrumentos de ratificação, aceitação, aprovação ou adesão estipulado nesse protocolo.

3. Para cada Parte Contratante que ratifique, aceite ou aprove a presente Convenção ou que a ela adira depois de ter sido depositado o 30.° instrumento de ratificação, aceitação, aprovação ou adesão, a Convenção deverá entrar em vigor no 90.° dia após a data em que essa Parte tenha depositado o seu instrumento de ratificação, aceitação, aprovação ou adesão.

4. Qualquer protocolo, salvo acordo em contrário previsto no mesmo, deverá entrar em vigor para a Parte Contratante que o ratifique, aceite ou aprove ou que a ele adira depois da sua entrada em vigor, conforme o disposto no n.º 2 deste artigo, no 90.º dia após a data em que essa Parte Contratante deposite o seu instrumento de ratificação, aceitação, aprovação ou adesão, ou na data em que a presente Convenção entre em vigor para essa Parte Contratante, caso esta segunda data seja posterior.

5. Para o cumprimento dos n.ºs 1 e 2 deste artigo, qualquer instrumento depositado por uma organização regional de integração económica não deverá ser considerado adicional aos depositados pelos Estados-Membros dessa organização.

ARTIGO 37.º
Reservas

Não podem ser formuladas reservas à presente Convenção.

ARTIGO 38.º
Denúncia

1. Decorridos dois anos sobre a data de entrada em vigor da presente Convenção para uma Parte Contratante, esta poderá denunciá-la em qualquer altura mediante notificação escrita ao depositário.

2. Essa denúncia produzirá efeito após o decurso do prazo de um ano sobre a data de recepção, pelo depositário, da notificação, ou em data posterior especificada na referida notificação.

3. Qualquer Parte Contratante que denuncie a presente Convenção também deverá ser considerada como tendo denunciado qualquer protocolo de que seja Parte.

ARTIGO 39.º
Acordos financeiros provisórios

Desde que tenha sido completamente reestruturado em conformidade como artigo 21.º, o Fundo para o Ambiente Mundial do Programa das Nações Unidas para o Desenvolvimento, do Programa das Nações Unidas para o Ambiente e do Banco Internacional para a Reconstrução e Desenvolvimento deverá ser a estrutura institucional referida no artigo 21.º numa base provisória para o período entre a entrada em vigor da presente

Convenção e a primeira sessão da Conferência das Partes, ou até que a Conferência das Partes decida qual a estrutura institucional a designar de acordo com o artigo 21.º.

ARTIGO 40.º
Acordos provisórios do secretariado

O secretariado a estabelecer pelo director executivo do Programa das Nações Unidas para o Ambiente deverá ser, numa base provisória, o secretariado referido no n.º 2 do artigo 24.º, desde a data da entrada em vigor da presente Convenção até à realização da primeira sessão da Conferência das Partes.

ARTIGO 41.º
Depositário

O Secretário-Geral das Nações Unidas deverá assumir as funções de depositário desta Convenção e de qualquer protocolo.

ARTIGO 42.º
Textos autênticos

O original desta Convenção, cujos textos em árabe, chinês, espanhol, francês, inglês e russo são também autênticos, deverá ser depositado junto do Secretário-Geral das Nações Unidas.

Como testemunha disso, os abaixo assinados, devidamente autorizados para o efeito, assinaram esta Convenção.
Rio de Janeiro, 5 de Junho de 1992.

ANEXO I
Identificação e monitorização

1. Ecossistemas e habitats que: contenham grande diversidade, grande número de espécies endémicas ou ameaçadas, ou espécies selvagens; sejam frequentados por espécies migratórias, tenham importância social, económica, cultural ou científica; ou sejam representativos, únicos ou associados a processos evolutivos chave ou a outros processos biológicos.

2. Espécies e comunidades que: estejam ameaçadas; sejam parentes selvagens de espécies domesticadas ou cultivadas; tenham valor medicinal, agrícola ou outro valor económico; tenham importância social, científica ou cultural; ou sejam importantes para investigação sobre a conservação e a utilização sustentável da diversidade biológica, como as espécies indicadoras.

3. Genomas e genes descritos e com importância social, científica ou económica.

ANEXO II

PARTE 1
Arbitragem

ARTIGO 1.º

A Parte requerente deverá notificar o Secretariado de que as Partes submetem o diferendo à arbitragem em conformidade com o disposto no artigo 27.º desta Convenção. A notificação deverá referir o assunto da arbitragem e incluir os artigos da Convenção ou do protocolo de cuja interpretação ou aplicação se trate. Se as Partes não acordarem sobre o assunto do diferendo antes da nomeação do Presidente do Tribunal, o Tribunal arbitral deverá resolver a questão. O Secretariado deverá comunicar as informações então recebidas a todas as Partes Contratantes da Convenção ou do protocolo em questão.

ARTIGO 2.º

1. Nos diferendos entre duas Partes, o Tribunal arbitral deverá ser composto por três membros. Cada uma das Partes do diferendo deverá nomear um árbitro, e os dois árbitros assim designados deverão nomear de comum acordo o terceiro árbitro, que deverá assumir a presidência do Tribunal. Este último não deverá ser natural de nenhuma das Partes em disputa, nem ter residência habitual no território de nenhuma dessas Partes, nem ser empregado de nenhuma delas, nem ter-se ocupado do assunto em qualquer outra circunstância.

2. Nos diferendos que envolvam mais de duas Partes, aquelas que tenham um interesse comum deverão nomear de comum acordo um árbitro.

3. Qualquer vaga deverá ser preenchida pela forma prevista para a nomeação inicial.

ARTIGO 3.º

1. Se o Presidente do Tribunal arbitral não tiver sido nomeado dentro dos dois meses seguintes à nomeação do segundo árbitro, o Secretário-Geral das Nações Unidas deverá, a pedido de uma Parte, nomear o Presidente dentro de um novo período de dois meses.

2. Se, dois meses após a recepção do pedido, uma das Partes do diferendo não tiver nomeado um árbitro, a outra Parte poderá informar o Secretário-Geral das Nações Unidas, que deverá designar o outro árbitro num novo prazo de dois meses.

ARTIGO 4.º

O Tribunal arbitral deverá proferir as suas decisões em conformidade com as disposições da presente Convenção, de qualquer protocolo em questão e do direito internacional.

ARTIGO 5.º

O Tribunal arbitral deverá adoptar as suas próprias regras de procedimentos, salvo se as Partes do diferendo acordarem de modo diferente.

ARTIGO 6.º

O Tribunal arbitral poderá, a pedido de uma das Partes, recomendar medidas essenciais de protecção provisórias.

ARTIGO 7.º

As Partes do diferendo deverão facilitar o trabalho do Tribunal arbitral e, em particular, utilizando todos os meios à sua disposição, deverão:
 a) Facultar todos os documentos relevantes, informações e facilidades;
 b) Permitir que, quando necessário, sejam convocadas testemunhas ou peritos para prestar depoimento.

ARTIGO 8.º

As Partes e os árbitros estão obrigados ao dever de sigilo sobre qualquer informação que lhes seja comunicada, durante os procedimentos do Tribunal arbitral.

ARTIGO 9.º

As despesas do Tribunal deverão ser repartidas em partes iguais pelas Partes do diferendo, salvo se o Tribunal decidir em contrário, devido a circunstâncias particulares do caso. O Tribunal deverá registar todas as despesas e deverá apresentar às Partes um relatório final das mesmas.

ARTIGO 10.º

Qualquer Parte Contratante que tenha um interesse de carácter jurídico no assunto do diferendo, que possa ser afectado pela decisão no caso, poderá intervir no processo com o consentimento do Tribunal.

ARTIGO 11.º

O Tribunal poderá conhecer dos pedidos reconvencionais directamente baseados na matéria do diferendo e decidir sobre os mesmos.

ARTIGO 12.º

As decisões do Tribunal arbitral relativas aos procedimentos e a matéria deverão ser tomadas por maioria de votos dos seus membros.

ARTIGO 13.º

Se uma das Partes do diferendo não comparecer perante o Tribunal arbitral ou não defender a sua causa, a outra Parte poderá pedir ao Tribunal que continue o procedimento e que profira a sua decisão. Se uma Parte não comparecer ou não defender a sua causa, não deverá impedir a continuação do procedimento. Antes de proferir a sua decisão final, o Tribunal arbitral deve assegurar-se de que o pedido está bem fundamentado de facto e de direito.

ARTIGO 14.º

O Tribunal deverá proferir a sua decisão final no prazo de cinco meses a partir da data em que fique completamente constituído, excepto se considerar necessário prorrogar esse prazo por um período que não deverá ser superior a outros cinco meses.

ARTIGO 15.º

A decisão final do Tribunal arbitral deverá limitar-se à matéria do diferendo e deverá expor as razões em que se baseou. Na referida decisão, deverão ainda constar os nomes dos membros participantes e a data em que foi proferida. Qualquer membro do Tribunal poderá juntar à decisão final uma opinião separada ou discordante.

ARTIGO 16.º

A decisão final deverá ser acatada pelas Partes do diferendo, excepto se aquelas tiverem acordado previamente a possibilidade de recurso.

ARTIGO 17.º

Qualquer discordância que surja entre as Partes do diferendo sobre a interpretação ou execução da decisão final poderá ser submetida para decisão por qualquer das Partes ao Tribunal arbitral que proferiu a decisão final.

PARTE 2
Conciliação

ARTIGO 1.º

Uma Comissão de conciliação deverá ser criada a pedido de uma das Partes do diferendo. A Comissão deverá ser composta por cinco membros, dois deles nomeados por cada Parte interessada e um Presidente escolhido conjuntamente por esses membros, salvo se as Partes decidirem em contrário.

ARTIGO 2.º

Nos diferendos que envolvam mais de duas Partes, as que tenham os mesmos interesses deverão nomear conjuntamente e de comum acordo os seus membros da Comissão. Quando duas ou mais Partes tenham interesses distintos ou haja desacordo entre as Partes que tenham os mesmos interesses, deverão nomear os seus membros em separado.

ARTIGO 3.º

Se num prazo de dois meses após a data do pedido para criação de uma Comissão de conciliação, as Partes não tiverem nomeado os seus membros, o Secretário-Geral das Nações Unidas, caso lhe seja solicitado pela Parte que lhe fez o pedido, deverá proceder a essas nomeações num novo prazo de dois meses.

ARTIGO 4.º

Se o Presidente da Comissão de conciliação não tiver sido designado dentro dos dois meses seguintes à nomeação do último dos membros da Comissão, o Secretário-Geral das Nações Unidas, caso lhe seja solicitado por uma Parte, deverá proceder à nomeação de um Presidente num novo prazo de dois meses.

ARTIGO 5.º

A Comissão de conciliação deverá tomar as suas decisões por maioria de votos dos seus membros. A menos que as Partes do diferendo decidam em contrário, deverá determinar o seu próprio procedimento. A Comissão deverá apresentar uma proposta de resolução do diferendo que as Partes deverão apreciar de boa-fé.

ARTIGO 6.º

Qualquer desacordo quanto à competência da Comissão de conciliação deverá ser decidido pela Comissão.

DECLARAÇÃO DO RIO SOBRE AMBIENTE E DESENVOLVIMENTO
13.06.1992

DECLARAÇÃO DO RIO SOBRE AMBIENTE E DESENVOLVIMENTO

A Conferência das Nações Unidas sobre Ambiente e Desenvolvimento, Reunida no Rio de Janeiro, de 3 a 14 de Junho de 1992,

Reafirmando a Declaração da Conferência das Nações Unidas sobre o Ambiente Humano, adoptada em Estocolmo em 16 de Junho de 1972, e procurando dar-lhe seguimento,

Tendo como objectivo estabelecer uma parceria equitativa a nível mundial, através da criação de novos níveis de cooperação entre os Estados, os sectores chave das sociedades e os povos,

Tendo em vista o estabelecimento de acordos internacionais que respeitem os interesses de todos e protejam a integridade do sistema global de ambiente e desenvolvimento,

Reconhecendo a natureza integral e interdependente da Terra, nossa casa,

Proclama:

PRINCÍPIO 1

Os seres humanos estão no centro das preocupações com o desenvolvimento sustentável. Eles têm direito a uma vida saudável e produtiva, em harmonia com a natureza.

PRINCÍPIO 2

Os Estados, de acordo com a Carta das Nações Unidas e com os princípios do direito internacional, têm o direito soberano de explorar os seus próprios recursos, de acordo com as suas políticas ambientais e de desenvolvimento, e a responsabilidade de assegurar que as actividades realizadas sob sua jurisdição ou controlo não prejudiquem o ambiente de outros Estados ou de áreas para além dos limites de qualquer jurisdição nacional.

PRINCÍPIO 3

O direito ao desenvolvimento deve ser exercido de forma a atender equitativamente às necessidades de desenvolvimento e de ambiente das actuais e das futuras gerações.

PRINCÍPIO 4

Para se alcançar o desenvolvimento sustentável, a protecção do ambiente deve fazer parte integrante do processo de desenvolvimento e não pode ser considerada independentemente deste.

PRINCÍPIO 5

Todos os Estados e todos os povos devem cooperar na tarefa fundamental de erradicar a pobreza como condição indispensável ao desenvolvimento sustentável, de forma a reduzir as disparidades de níveis de vida e a melhor satisfazer as necessidades da maioria dos povos do mundo.

PRINCÍPIO 6

Deve ser concedida prioridade à situação específica e às necessidades especiais dos países em desenvolvimento, especialmente dos países menos avançados e dos ambientalmente mais vulneráveis. As acções internacionais no domínio do ambiente e do desenvolvimento devem também levar em consideração os interesses e as necessidades de todos os países.

PRINCÍPIO 7

Os Estados devem cooperar num espírito de parceria global, com vista a preservar, proteger e recuperar a saúde e a integridade do ecossistema terrestre. Os Estados têm responsabilidades comuns, embora diferenciadas, em função do seu papel na degradação do ambiente global. Os países desenvolvidos reconhecem a sua responsabilidade na procura, a nível internacional, de um desenvolvimento sustentável, tendo em conta as pressões exercidas pelas suas sociedades sobre o ambiente global e as tecnologias e recursos financeiros de que dispõem.

PRINCÍPIO 8

Para alcançar um desenvolvimento sustentável e uma melhor qualidade de vida para todos os povos, os Estados devem reduzir e eliminar os padrões insustentáveis de produção e de consumo e promover políticas demográficas adequadas.

PRINCÍPIO 9

Os Estados devem cooperar para reforçar as capacidades endógenas em matéria de desenvolvimento sustentável, melhorando os conhecimentos científicos, através do intercâmbio de informação científica e tecnológica, e aperfeiçoando o desenvolvimento, a adaptação, a difusão e a transferência de tecnologias, incluindo tecnologias novas e inovadoras.

PRINCÍPIO 10

A melhor forma de tratar as questões ambientais consiste em assegurar a participação, ao nível apropriado, de todos os cidadãos interessados. A nível nacional, todos os indivíduos terão acesso adequado às informações relativas ao ambiente de que disponham as autoridades, incluindo informações sobre substâncias e actividades perigosas nas suas comunidades, bem como a oportunidade de participar nos processos de tomada de decisão. Os Estados devem facilitar e incentivar a consciencialização e a participação do público, através da disponibilização de informação. Deve garantir-se um acesso efectivo a mecanismos judiciais e administrativos, incluindo os de compensação e reparação de prejuízos.

PRINCÍPIO 11

Os Estados devem adoptar legislação ambiental eficaz. As normas ambientais, os objectivos e as prioridades da gestão ambiental devem adaptar-se ao contexto ambiental e de desenvolvimento em que se aplicam. As normas aplicadas nalguns países podem ser pouco adequadas para outros, em particular para os países em desenvolvimento, implicando custos económicos e sociais injustificados.

PRINCÍPIO 12

Os Estados devem cooperar na promoção de um sistema económico internacional aberto e favorável, propício ao crescimento económico e ao desenvolvimento sustentável de todos os países, de forma a possibilitar o tratamento mais adequado dos problemas de degradação ambiental. As medidas de política comercial com objectivos ambientais não deverão constituir um meio de discriminação arbitrária ou injustificável, nem uma restrição disfarçada ao comércio internacional. Devem ser evitadas acções unilaterais para a resolução dos desafios ambientais fora da jurisdição do país importador. As medidas relativas a problemas ambientais transfronteiriços ou globais devem, na medida do possível, basear-se num consenso internacional.

PRINCÍPIO 13

Os Estados devem elaborar legislação nacional relativa à responsabilidade civil e à compensação a atribuir às vítimas da poluição e de outros danos ambientais. Os Estados devem, também, cooperar, de uma forma expedita e mais determinada, no desenvolvimento do direito internacional relativo à responsabilidade civil e à compensação por efeitos adversos de prejuízos ambientais causados em áreas situadas fora da sua jurisdição, por actividades realizadas no âmbito da sua jurisdição ou sob o seu controlo.

PRINCÍPIO 14

Os Estados devem cooperar de forma efectiva com vista a desencorajar ou prevenir a redistribuição ou a transferência para outros Estados de quaisquer actividades e substâncias que causem uma grave degradação ambiental ou que sejam prejudiciais à saúde humana.

PRINCÍPIO 15

Com o objectivo de proteger o ambiente, os Estados devem observar amplamente, de acordo com as suas capacidades, o princípio da precaução. Sempre que houver ameaça de prejuízos graves ou irreversíveis, a ausência de certeza científica absoluta não será utilizada como motivo para o adiamento da adopção de medidas economicamente viáveis para prevenir a degradação ambiental.

PRINCÍPIO 16

As autoridades nacionais devem esforçar-se por promover a internacionalização dos custos ambientais e a utilização de instrumentos económicos, tendo em conta que o poluidor deve, em princípio, suportar o custo da poluição, com a devida consideração pelo interesse público e sem provocar distorções no comércio e no investimento internacional.

PRINCÍPIO 17

A avaliação do impacto ambiental, como instrumento nacional, deve ser efectuada em relação a determinadas actividades que possam vir a ter um impacto adverso significativo sobre o ambiente e estejam dependentes de uma decisão de uma autoridade nacional competente.

PRINCÍPIO 18

Os Estados devem notificar imediatamente outros Estados de quaisquer desastres naturais ou outras situações de emergência que possam vir a provocar súbitos efeitos prejudiciais sobre o ambiente destes últimos. A comunidade internacional deve envidar todos os esforços para auxiliar os Estados afectados.

PRINCÍPIO 19

Os Estados devem notificar, prévia e oportunamente, os Estados potencialmente afectados sobre as actividades que possam vir a ter um considerável impacto transfronteiriço negativo sobre o ambiente, fornecendo-lhes informações relevantes para o efeito e devem, logo que possível, estabelecer de boa fé consultas com esses Estados.

PRINCÍPIO 20

As mulheres desempenham um papel vital na gestão do ambiente e no desenvolvimento. A sua participação plena é, pois, essencial para se alcançar um desenvolvimento sustentável.

PRINCÍPIO 21

A criatividade, os ideais e a coragem dos jovens de todo mundo devem ser mobilizados para criar uma parceria global, com o objectivo de alcançar um desenvolvimento sustentável e de assegurar um futuro melhor para todos.

PRINCÍPIO 22

Os povos indígenas e as suas comunidades, bem como outras comunidades locais, desempenham um papel vital na gestão ambiental e no desenvolvimento, em virtude dos seus conhecimentos e das suas práticas tradicionais. Os Estados devem reconhecer e apoiar adequadamente a sua identidade, cultura e interesses e oferecer condições para sua participação efectiva na concretização do desenvolvimento sustentável.

PRINCÍPIO 23

Devem ser protegidos o ambiente e os recursos naturais dos povos sujeitos a opressão, dominação e ocupação.

PRINCÍPIO 24

A guerra é, por definição, prejudicial ao desenvolvimento sustentável. Os Estados devem, por conseguinte, respeitar o direito internacional aplicável à protecção do ambiente em tempo de conflitos armados e cooperar, na medida das necessidades, para o seu progressivo desenvolvimento.

PRINCÍPIO 25

A paz, o desenvolvimento e a protecção ambiental são interdependentes e indissociáveis.

PRINCÍPIO 26

Os Estados devem resolver os seus litígios ambientais de forma pacífica, utilizando os meios apropriados, em conformidade com a Carta das Nações Unidas.

PRINCÍPIO 27

Os Estados e os povos devem cooperar de boa fé e num espírito de solidariedade para a aplicação dos princípios consagrados na presente Declaração e para o desenvolvimento do direito internacional no âmbito do desenvolvimento sustentável.

PROTOCOLO DE QUIOTO À CONVENÇÃO QUADRO DAS NAÇÕES UNIDAS SOBRE ALTERAÇÕES CLIMÁTICAS
11.12.1997

PROTOCOLO DE QUIOTO À CONVENÇÃO QUADRO DAS NAÇÕES UNIDAS SOBRE ALTERAÇÕES CLIMÁTICAS

As Partes do presente Protocolo:
Sendo Partes da Convenção Quadro das Nações Unidas relativa às alterações climáticas, a seguir designada como «a Convenção»;
Na prossecução do objectivo fundamental da Convenção, conforme estabelecido no seu artigo 2.°;
Recordando as disposições da Convenção;
Guiadas pelo artigo 3.° da Convenção;
Em conformidade com o Mandato de Berlim, adoptado pela decisão 1/CP.1 da 1.ª sessão da Conferência das Partes da Convenção;
acordaram o seguinte:

ARTIGO 1.°

Para efeitos do presente Protocolo, aplicar-se-ão as definições contidas no artigo 1.° da Convenção, às quais acrescem as seguintes:
1) «Conferência das Partes» significa a Conferência das Partes da Convenção;
2) «Convenção» significa a Convenção Quadro das Nações Unidas relativa às alterações climáticas, adoptada em 9 de Maio de 1992 em Nova Iorque;
3) «Painel Intergovernamental sobre Alterações Climáticas» significa o Painel Intergovernamental sobre as Alterações Climáticas criado em 1988, conjuntamente, pela Organização Meteorológica Internacional e pelo Programa das Nações Unidas para o Ambiente;
4) «Protocolo de Montreal» significa o Protocolo de Montreal sobre as Substâncias que Empobrecem a Camada de Ozono, adoptado em 16 de Setembro de 1987 em Montreal, assim como os ajustamentos e emendas subsequentes;
5) «Partes presentes e votantes» significa as Partes presentes e que votem afirmativa ou negativamente;

6) «Parte» significa, salvo indicação em contrário, uma Parte do presente Protocolo;

7) «Parte incluída no anexo I» significa uma Parte incluída no anexo I da Convenção, assim como nas possíveis emendas, ou uma Parte que tenha feito uma notificação nos termos do n.º 2, alínea g), do artigo 4.º da Convenção.

ARTIGO 2.º

1. Cada Parte incluída no anexo I, ao procurar atingir os seus compromissos quantificados de limitação e redução das emissões nos termos do artigo 3.º, a fim de promover o desenvolvimento sustentável, compromete-se a:

a) Implementar e ou desenvolver políticas e medidas de acordo com as suas especificidades nacionais, tais como:

i) Melhorar a eficiência energética em sectores relevantes da economia nacional;
ii) Proteger e melhorar os sumidouros e reservatórios de gases com efeito de estufa não controlados pelo Protocolo de Montreal, tomando em consideração os compromissos assumidos ao abrigo de acordos internacionais de ambiente relevantes, bem como promover práticas sustentáveis de gestão da floresta, de florestação e de reflorestação;
iii) Promover formas sustentáveis de agricultura à luz de considerações sobre as alterações climáticas;
iv) Investigar, promover, desenvolver e aumentar a utilização de formas de energia novas e renováveis, de tecnologias de absorção de dióxido de carbono e de tecnologias ambientalmente comprovadas que sejam avançadas e inovadoras;
v) Reduzir ou eliminar progressivamente distorções de mercado, incentivos fiscais, isenções fiscais e subsídios em todos os sectores emissores de gases com efeito de estufa contrários aos objectivos da Convenção e aplicar instrumentos de mercado;
vi) Encorajar reformas apropriadas em sectores relevantes com o objectivo de promover políticas e medidas que limitem ou reduzam as emissões de gases com efeito de estufa não controlados pelo Protocolo de Montreal;
vii) Limitar e ou reduzir as emissões de gases com efeito de estufa não controlados pelo Protocolo de Montreal, através de medidas no sector dos transportes;
viii) Limitar e ou reduzir as emissões de metano através da sua recuperação e uso na gestão de resíduos, bem como na produção, transporte e distribuição de energia;

b) Cooperar com outras Partes de forma a reforçar a eficiência das políticas e medidas individuais e conjuntas adoptadas nos termos do presente artigo, de acordo com o disposto no n.º 2, alíneas e) e i), do artigo 4.º da Convenção. Para este fim, as Partes comprometem-se a desenvolver acções de forma a partilhar a sua experiência e a trocar informações sobre essas políticas e medidas, incluindo o desenvolvimento de meios para melhorar a sua comparabilidade, transparência e eficácia. A Conferência das Partes, actuando na qualidade de reunião das Partes para efeitos do presente Protocolo, deve considerar, na sua primeira sessão ou subsequentemente quando for viável, formas de facilitar tal cooperação, tomando em consideração toda a informação relevante.

2. As Partes incluídas no anexo I comprometem-se a procurar limitar ou reduzir as emissões de gases com efeito de estufa não controlados pelo Protocolo de Montreal resultantes do combustível usado nos transportes aéreos e marítimos internacionais, por intermédio da Organização de Aviação Civil Internacional e da Organização Marítima Internacional, respectivamente.

3. As Partes incluídas no anexo I comprometem-se a empenhar-se em implementar políticas e medidas, nos termos do presente artigo, de forma a minimizar os efeitos adversos, incluindo os efeitos adversos das alterações climáticas, os efeitos no comércio internacional e os impactes sociais, ambientais e económicos em outras Partes, especialmente as Partes que sejam países em desenvolvimento, em particular as referidas nos n.ºs 8 e 9 do artigo 4.º da Convenção, tendo em consideração o artigo 3.º da Convenção. A Conferência das Partes, actuando na qualidade de reunião das Partes para efeitos do presente Protocolo, pode desenvolver, se apropriado, acções suplementares para promover a aplicação das disposições constantes do presente número.

4. A Conferência das Partes, actuando na qualidade de reunião das Partes para efeitos do presente Protocolo, caso decida ser vantajoso coordenar alguma das políticas e medidas mencionadas na alínea a) do n.º 1, considerará formas e meios de elaborar a coordenação de tais políticas e medidas, tendo em consideração as diferentes especificidades nacionais e os potenciais efeitos.

ARTIGO 3.º

1. As Partes incluídas no anexo I comprometem-se a assegurar, individual ou conjuntamente, que as suas emissões antropogénicas agregadas,

expressas em equivalentes de dióxido de carbono, dos gases com efeito de estufa incluídos no anexo A, não excedam as quantidades atribuídas, calculadas de acordo com os compromissos quantificados de limitação e redução das suas emissões, nos termos do anexo B e de acordo com as disposições do presente artigo, com o objectivo de reduzir as suas emissões globais desses gases em pelo menos 5% relativamente aos níveis de 1990, no período de cumprimento de 2008 a 2012.

2. Cada Parte incluída no anexo I compromete-se a realizar, até 2005, progressos demonstráveis para atingir os compromissos assumidos ao abrigo do presente Protocolo.

3. As alterações líquidas nas emissões de gases com efeito de estufa por fontes e a remoção por sumidouros resultantes de alterações induzidas directamente pelo homem do uso do solo e de actividades florestais, limitadas a florestação, reflorestação e desflorestação, desde 1990, medidas como alterações verificáveis nos estoques de carbono em cada período de cumprimento, serão usadas para satisfazer os compromissos decorrentes do presente artigo relativamente a cada Parte incluída no anexo I. As emissões de gases com efeito de estufa por fontes e a remoção por sumidouros associadas às actividades acima mencionadas serão comunicadas de maneira transparente e comprovável e analisadas em conformidade com os artigos 7.º e 8.º.

4. Antes da realização da primeira sessão da Conferência das Partes, actuando na qualidade de reunião das Partes para efeitos do presente Protocolo, cada Parte incluída no anexo I compromete-se a submeter dados à consideração do órgão subsidiário de consulta científica e tecnológica, de forma a estabelecer os seus níveis de estoques de carbono em 1990 e a permitir que seja feita uma estimativa das alterações desses estoques de carbono nos anos subsequentes. A Conferência das Partes, actuando na qualidade de reunião das Partes para efeitos do presente Protocolo, decidirá, na sua primeira sessão ou subsequentemente logo que seja viável, as modalidades, regras e directrizes a aplicar para decidir que actividades adicionais induzidas pelo homem, relacionadas com alterações nas emissões por fonte e na remoção por sumidouros de gases com efeito de estufa nas categorias de solos agrícolas, de alterações do uso do solo e florestas, serão adicionadas à, ou subtraídas da, quantidade atribuída a cada Parte incluída no anexo I, bem como o modo de proceder a esse respeito, tendo em consideração as incertezas, a transparência no fornecimento da informação, a comprovação, o trabalho metodológico do Painel Intergovernamental sobre Alterações Climáticas e o parecer elaborado pelo órgão subsidiá-

rio de consulta científica e tecnológica de acordo com o artigo 5.º e as decisões da Conferência das Partes. Tal decisão será aplicada a partir do segundo período de cumprimento. As Partes podem optar por aplicar essa decisão sobre estas actividades adicionais induzidas pelo homem ao seu primeiro período de cumprimento, desde que essas actividades tenham sido realizadas a partir de 1990.

5. As Partes incluídas no anexo I em processo de transição para uma economia de mercado, e cujo ano ou período de referência seja estabelecido ao abrigo da decisão 9/CP.2 na segunda sessão da Conferência das Partes, usarão esse ano ou período de referência na implementação dos seus compromissos previstos no presente artigo. Qualquer outra Parte incluída no anexo I, que esteja num processo de transição para uma economia de mercado e que não tenha ainda submetido a sua primeira comunicação nacional nos termos do artigo 12.º da Convenção, pode também notificar a Conferência das Partes, actuando na qualidade de reunião das Partes para efeitos do presente Protocolo, de que em vez do ano de 1990 pretende usar outro ano ou período de referência na implementação dos seus compromissos, nos termos do presente artigo. A Conferência das Partes, actuando na qualidade de reunião das Partes para efeitos do presente Protocolo, decidirá sobre a aceitação da mencionada notificação.

6. Tendo em conta o n.º 6 do artigo 4.º da Convenção, no cumprimento dos seus compromissos decorrentes do presente Protocolo, para além dos constantes do presente artigo, a Conferência das Partes, actuando na qualidade de reunião das Partes para efeitos do presente Protocolo, permitirá um certo grau de flexibilidade às Partes incluídas no anexo I que se encontrem em processo de transição para uma economia de mercado.

7. No primeiro período de compromissos quantificados de limitação ou redução das emissões, de 2008 a 2012, a quantidade atribuída a cada Parte incluída no anexo I será igual à percentagem, inscrita para esta no anexo B, das suas emissões antropogénicas agregadas, expressas em equivalentes de dióxido de carbono, dos gases com efeito de estufa incluídos no anexo A em 1990 ou no ano ou período de referência determinado em conformidade com n.º 5 anterior, multiplicado por cinco. As Partes incluídas no anexo I para as quais as alterações ao uso do solo e das florestas constituíram uma fonte líquida de emissões de gases com efeito de estufa em 1990 comprometem-se a incluir, no seu período ou ano de referência de emissões de 1990, para efeitos de cálculo das quantidades que lhes serão atribuídas, as emissões antropogénicas agregadas por fontes, dedu-

zindo as remoções por sumidouros em 1990, expressas em equivalentes de dióxido de carbono, resultantes das alterações do uso do solo.

8. Qualquer Parte incluída no anexo I pode, com o objectivo de calcular as quantidades referidas no n.º 7, usar o ano de 1995 como o seu ano de referência para os hidrofluorcarbonetos, perfluorcarbonetos e hexafluoreto de enxofre.

9. Os compromissos das Partes incluídas no anexo I para os períodos subsequentes serão estabelecidos em emendas ao anexo B do presente Protocolo, as quais serão adoptadas de acordo com o disposto no n.º 7 do artigo 21.º. A Conferência das Partes, actuando na qualidade de reunião das Partes para efeitos do presente Protocolo, iniciará a consideração de tais compromissos pelo menos sete anos antes do término do primeiro período de cumprimento mencionado no n.º 1.

10. Qualquer unidade de redução de emissões, ou qualquer parte de uma quantidade atribuída que uma Parte adquira de outra Parte de acordo com o disposto no artigo 6.º ou no artigo 17.º, será adicionada à quantidade atribuída à Parte que adquire.

11. Qualquer unidade de redução de emissões, ou qualquer parte de uma quantidade atribuída que uma Parte transfira para outra Parte de acordo com o disposto no artigo 6.º ou no artigo 17.º, será deduzida da quantidade atribuída à Parte que transfere.

12. Qualquer redução certificada de emissões que uma Parte adquira de outra Parte, de acordo com o disposto no artigo 12.º, será adicionada à quantidade atribuída à Parte que adquire.

13. Se as emissões de uma Parte incluída no anexo I durante um período de cumprimento forem inferiores à quantidade que lhe foi atribuída de acordo com o presente artigo, essa diferença será, a pedido dessa Parte, adicionada à quantidade que lhe vier a ser atribuída relativamente aos períodos de cumprimento subsequentes.

14. Cada Parte incluída no anexo I compromete-se a empenhar-se na implementação dos compromissos constantes do n.º 1, de forma a minimizar os impactes sociais, ambientais e económicos adversos nas Partes constituídas por países em desenvolvimento, particularmente as identificadas nos n.ºs 8 e 9 do artigo 4.º da Convenção. De acordo com as decisões relevantes da Conferência das Partes relativas à aplicação desses números, a Conferência das Partes, actuando na qualidade de reunião das Partes para efeitos do presente Protocolo, considerará na sua primeira sessão as acções necessárias para minimizar os efeitos adversos das alterações climáticas e ou os impactes das medidas de resposta nas Partes refe-

ridas naqueles números. Entre as questões a considerar estarão o estabelecimento de fundos, seguros e transferência de tecnologia.

ARTIGO 4.º

1. Qualquer Parte incluída no anexo I que, nos termos do artigo 3.º, tenha acordado cumprir conjuntamente os seus compromissos será considerada como tendo-os cumprido se o total combinado das suas emissões antropogénicas agregadas, expressas em equivalentes de dióxido de carbono, dos gases com efeito de estufa incluídos no anexo A não exceder as quantidades atribuídas, calculadas ao abrigo do artigo 3.º e de acordo com os compromissos quantificados de redução e limitação das emissões inscritos no anexo B. O respectivo nível das emissões imputado a cada uma das Partes pelo acordo será fixado nesse acordo.

2. As Partes de qualquer acordo dessa natureza notificarão o Secretariado sobre os termos do acordo, na data de depósito dos seus instrumentos de ratificação, aceitação, aprovação ou adesão ao presente Protocolo. O Secretariado, por sua vez, informará as Partes e os signatários da Convenção dos termos do acordo.

3. Qualquer desses acordos permanecerá válido durante o período de cumprimento especificado no n.º 7 do artigo 3.º.

4. Se as Partes actuarem em conjunto com outras Partes dentro da estrutura de, e em conjunto com, uma organização regional de integração económica, qualquer alteração na composição da organização, posterior à adopção do presente Protocolo, não afectará os compromissos existentes ao abrigo do presente Protocolo. Qualquer alteração na composição da organização aplicar-se-á apenas aos compromissos constantes do artigo 3.º que venham a ser adoptados após essa alteração.

5. Na eventualidade de as Partes de qualquer acordo dessa natureza não atingirem os seus níveis totais combinados de redução de emissões, cada Parte desse acordo será responsável pelos seus próprios níveis de emissão, determinados no próprio acordo.

6. Se as Partes actuarem em conjunto com outras Partes dentro da estrutura de, e em conjunto com, uma organização regional de integração económica que por si própria seja Parte do presente Protocolo, cada Estado-Membro da mencionada organização regional de integração económica, individualmente e em conjunto com a organização regional de integração económica actuando nos termos do artigo 24.º, deverá, caso não sejam atingidos os níveis totais combinados de redução de emissões, ser

responsável pelos seus níveis de emissões como notificados de acordo com o presente artigo.

ARTIGO 5.º

1. Cada Parte incluída no anexo I compromete-se a criar, o mais tardar um ano antes do início do primeiro período de cumprimento, um sistema nacional para a estimativa das emissões antropogénicas por fontes, bem como das remoções por sumidouros, de todos os gases com efeito de estufa não controlados pelo Protocolo de Montreal. A Conferência das Partes, actuando na qualidade de reunião das Partes para efeitos do presente Protocolo, decidirá na sua primeira sessão sobre as directrizes dos mencionados sistemas nacionais, os quais incorporarão as metodologias especificadas no n.º 2.

2. As metodologias para a estimativa das emissões antropogénicas por fontes, bem como das remoções por sumidouros, de todos os gases com efeito de estufa não controlados pelo Protocolo de Montreal serão as que forem aceites pelo Painel Intergovernamental sobre Alterações Climáticas e acordadas pela Conferência das Partes, na sua terceira sessão. Nos casos em que tais metodologias não sejam utilizadas, a Conferência das Partes, actuando na qualidade de reunião das Partes para efeitos do presente Protocolo, decidirá na sua primeira sessão sobre os ajustamentos apropriados a essas metodologias. Com base no trabalho, *inter alia*, do Painel Intergovernamental sobre Alterações Climáticas e de recomendações do órgão subsidiário de consulta científica e tecnológica, a Conferência das Partes, actuando na qualidade de reunião das Partes para efeitos do presente Protocolo, examinará regularmente e, quando apropriado, procederá à análise das mencionadas metodologias e respectivos ajustamentos, tomando plenamente em consideração qualquer decisão relevante da Conferência das Partes. Qualquer revisão das metodologias ou ajustamentos será apenas utilizada para verificar a conformidade com os compromissos assumidos nos termos do artigo 3.º, no que diz respeito a qualquer período de cumprimento adoptado posteriormente àquela revisão.

3. Os potenciais de aquecimento global utilizados para calcular a equivalência em dióxido de carbono das emissões antropogénicas por fontes e das remoções por sumidouros dos gases com efeito de estufa incluídos no anexo A serão aqueles que forem aceites pelo Painel Intergovernamental sobre Alterações Climáticas e acordados pela Conferência das Partes na sua terceira sessão. Com base nos trabalhos, *inter alia*, do Painel

Intergovernamental sobre Alterações Climáticas e de recomendações do órgão subsidiário de consulta científica e tecnológica, a Conferência das Partes, actuando na qualidade de reunião das Partes para efeitos do presente Protocolo, examinará regularmente e, quando apropriado, procederá à revisão dos potenciais de aquecimento global de cada gás com efeito de estufa, tomando plenamente em consideração qualquer decisão relevante da Conferência das Partes. Qualquer revisão de um dos potenciais de aquecimento global será apenas utilizada para verificar a conformidade com os compromissos assumidos nos termos do artigo 3.º, no que diz respeito a qualquer período de cumprimento adoptado posteriormente àquela revisão.

ARTIGO 6.º

1. Com o objectivo de satisfazer os compromissos assumidos ao abrigo do artigo 3.º, qualquer Parte incluída no anexo I pode transferir para, ou adquirir de, qualquer outra dessas Partes unidades de redução de emissões resultantes de projectos destinados a reduzir as emissões antropogénicas por fontes ou a aumentar as remoções antropogénicas por sumidouros de gases com efeito de estufa em qualquer sector da economia, desde que:

a) Os mencionados projectos tenham a aprovação das Partes envolvidas;

b) Os mencionados projectos assegurem uma redução das emissões por fontes, ou um aumento das remoções por sumidouros, que sejam adicionais às que ocorreriam de qualquer outra forma;

c) A mencionada Parte não adquira nenhuma unidade de redução de emissões se não estiver em conformidade com as suas obrigações, ao abrigo dos artigos 5.º e 7.º; e

d) A aquisição de unidades de redução de emissões seja suplementar às acções nacionais destinadas a satisfazer os compromissos assumidos ao abrigo do artigo 3.º.

2. A Conferência das Partes, actuando na qualidade de reunião das Partes para efeitos do presente Protocolo, pode, na sua primeira sessão ou posteriormente logo que seja viável, desenvolver directrizes adicionais para a aplicação do disposto no presente artigo, incluindo as respeitantes à verificação e elaboração de relatórios.

3. Uma Parte incluída no anexo I pode autorizar entidades legais a participar, sob a sua responsabilidade, em acções destinadas a gerar, transferir ou adquirir unidades de redução de emissões ao abrigo do presente artigo.

4. Se uma questão relativa à implementação por uma das Partes incluídas no anexo I dos requisitos referidos no presente artigo for identificada de acordo com as disposições pertinentes do artigo 8.°, a transferência e aquisição de unidades de redução de emissões pode continuar a ser realizada após a questão ter sido identificada, desde que essas unidades não sejam usadas pela Parte para satisfazer os compromissos assumidos nos termos do artigo 3.°, até que seja resolvida qualquer questão sobre o cumprimento.

ARTIGO 7.°

1. Cada Parte incluída no anexo I compromete-se a incorporar no seu inventário anual de emissões antropogénicas por fontes e remoções por sumidouros de gases com efeito de estufa não controlados pelo Protocolo de Montreal, submetido de acordo com as decisões relevantes da Conferência das Partes, a informação suplementar necessária de forma a garantir a conformidade com o disposto no artigo 3.°, a ser determinada ao abrigo do n.° 4.

2. Cada Parte incluída no anexo I compromete-se a incorporar nas suas comunicações nacionais, submetidas de acordo com o artigo 12.° da Convenção, a informação suplementar necessária para demonstrar o cumprimento dos seus compromissos assumidos no âmbito do presente Protocolo, a ser determinada ao abrigo do n.° 4.

3. Cada Parte incluída no anexo I compromete-se a apresentar anualmente a informação requerida ao abrigo do n.° 1 anterior, começando com o primeiro inventário devido, nos termos da Convenção, para o primeiro ano do período de cumprimento após a entrada em vigor do presente Protocolo para essa Parte. Cada uma das mencionadas Partes submeterá a informação requerida ao abrigo do disposto no número anterior como parte da primeira comunicação nacional devida, nos termos de Convenção, após a entrada em vigor do presente Protocolo e após a adopção de directrizes nos termos do n.° 4. A frequência da apresentação de informações subsequentes, requerida ao abrigo do presente artigo, será determinada pela Conferência das Partes actuando na qualidade de reunião das Partes para efeitos do presente Protocolo, tomando em consideração os prazos para apresentação das comunicações nacionais fixados pela Conferência das Partes.

4. A Conferência das Partes, actuando na qualidade de reunião das Partes para efeitos do presente Protocolo, adoptará, na sua primeira sessão, e examinará periodicamente a partir de então as directrizes para a prepa-

ração da informação requerida ao abrigo do presente artigo, tomando em consideração as directrizes para a preparação das comunicações nacionais das Partes incluídas no anexo I adoptadas pela Conferência das Partes. A Conferência das Partes, actuando na qualidade de reunião das Partes para efeitos do presente Protocolo, decidirá também, antes do primeiro período de cumprimento, sobre as modalidades de contabilização das quantidades atribuídas.

ARTIGO 8.º

1. A informação apresentada nos termos do artigo 7.º por cada uma das Partes incluídas no anexo I será analisada por equipas de avaliação especializadas, em conformidade com as decisões relevantes da Conferência das Partes e de acordo com as directrizes para esse fim adoptadas pela Conferência das Partes, actuando na qualidade de reunião das Partes para efeitos do presente Protocolo e ao abrigo do n.º 4. A informação apresentada nos termos do n.º 1 do artigo 7.º por cada uma das Partes incluídas no anexo I será analisada como parte da compilação e da contabilização anual dos inventários das emissões e das quantidades atribuídas. Adicionalmente, a informação apresentada nos termos do n.º 2 do artigo 7.º por cada uma das Partes incluídas no anexo I será analisada como parte da análise das comunicações.

2. As equipas de avaliação especializadas serão coordenadas pelo Secretariado e serão compostas por especialistas seleccionados entre os nomeados pelas Partes da Convenção e, quando apropriado, por organizações intergovernamentais, de acordo com as orientações estabelecidas para esse fim pela Conferência das Partes.

3. O processo de análise fornecerá uma avaliação técnica detalhada e exaustiva de todos os aspectos relativos à implementação do presente Protocolo por uma Parte. As equipas de avaliação especializadas prepararão um relatório para a Conferência das Partes, actuando na qualidade de reunião das Partes para efeitos do presente Protocolo, avaliando a implementação dos compromissos assumidos pela Parte e identificando quaisquer potenciais problemas e factores que possam vir a influenciar o cumprimento desses compromissos. O Secretariado enviará esses relatórios a todas as Partes da Convenção. O Secretariado fará uma lista das questões relativas à implementação indicadas nesses relatórios para futura consideração pela Conferência das Partes, actuando na qualidade de reunião das Partes para efeitos do presente Protocolo.

4. A Conferência das Partes, actuando na qualidade de reunião das Partes para efeitos do presente Protocolo, adoptará, na sua primeira sessão, e examinará periodicamente a partir de então, as directrizes para avaliação da implementação do presente Protocolo por equipas de avaliação especializadas, tomando em consideração as decisões relevantes da Conferência das Partes.

5. A Conferência das Partes, actuando na qualidade de reunião das Partes para efeitos do presente Protocolo e com a assistência do órgão subsidiário de implementação e, quando apropriado, do órgão subsidiário de consulta científica e tecnológica, considerará o seguinte:

a) A informação submetida pelas Partes nos termos do artigo 7.º e os relatórios de avaliação dos especialistas sobre essa informação, elaborados de acordo com o estipulado no presente artigo; e

b) As questões relativas à implementação apresentadas pelo Secretariado, nos termos do n.º 3, bem como qualquer questão levantada pelas Partes.

6. A Conferência das Partes, actuando na qualidade de reunião das Partes para efeitos do presente Protocolo, tomará decisões sobre qualquer matéria necessária para a aplicação do presente Protocolo, de acordo com a sua análise sobre a informação referida no n.º 5.

ARTIGO 9.º

1. A Conferência das Partes, actuando na qualidade de reunião das Partes para efeitos do presente Protocolo, procederá periodicamente à revisão do presente Protocolo à luz das melhores informações e avaliações científicas disponíveis sobre as alterações climáticas e seus impactes, assim como de relevante informação técnica, social e económica. Tais revisões serão coordenadas com as revisões pertinentes ao abrigo da Convenção, em particular as previstas no n.º 2, alínea d), do artigo 4.º e no n.º 2, alínea a), do artigo 7.º da Convenção. A Conferência das Partes, actuando na qualidade de reunião das Partes para efeitos do presente Protocolo, tomará as acções necessárias com base nas revisões mencionadas.

2. A primeira revisão terá lugar na segunda sessão da Conferência das Partes, actuando na qualidade de reunião das Partes para efeitos do presente Protocolo. Revisões subsequentes serão efectuadas a intervalos regulares e de maneira oportuna.

ARTIGO 10.º

Tomando em consideração as suas responsabilidades comuns mas diferenciadas e as suas prioridades de desenvolvimento, objectivos e circunstâncias específicas, nacionais e regionais, sem introduzirem novos compromissos para as Partes não incluídas no anexo I, mas reafirmando compromissos existentes ao abrigo do n.º 1 do artigo 4.º da Convenção e continuando a promover a implementação destes compromissos de forma a atingir o desenvolvimento sustentável, tendo em conta os n.os 3, 5 e 7 do artigo 4.º da Convenção, as Partes comprometem-se a:

a) Formular, quando apropriado e na medida do possível, programas nacionais e, conforme o caso, regionais, eficazes em relação ao custo, para melhorar a qualidade dos factores de emissão local, dados sobre a actividade e ou modelos que reflictam as condições socioeconómicas de cada Parte para a preparação e actualização periódica dos inventários nacionais de emissões antropógenicas por fontes e as remoções por sumidouros de todos os gases com efeito de estufa não controlados pelo Protocolo de Montreal, mediante a utilização de metodologias comparáveis, a acordar pela Conferência das Partes, e consistentes com as directrizes para a preparação das comunicações nacionais adoptadas pela Conferência das Partes;

b) Formular, implementar, publicar e actualizar regularmente programas nacionais e, conforme o caso, regionais contendo medidas para mitigar as alterações climáticas e medidas para facilitar a adaptação adequada a essas alterações climáticas.

  i) Tais programas envolveriam os sectores de, *inter alia*, energia, transporte e indústria, bem como os da agricultura, silvicultura e gestão de resíduos. Além disso, tecnologias de adaptação e métodos para aperfeiçoar o planeamento espacial melhorariam a adaptação às alterações climáticas; e
  ii) As Partes incluídas no anexo I comprometem-se a submeter informação sobre acções ao abrigo do presente Protocolo, incluindo programas nacionais, de acordo com o estabelecido no artigo 7.º, e as outras Partes procurarão incluir nas suas comunicações nacionais, quando apropriado, informação sobre programas que contenham medidas que as Partes considerem poder contribuir para lidar com as alterações climáticas e os seus impactes adversos, incluindo a diminuição do aumento de emissões de gases com efeito de estufa e aumento dos sumidouros e respectivas remoções, capacitação e medidas de adaptação.

c) Cooperar na promoção de modalidades efectivas para o desenvolvimento, aplicação e difusão de tecnologias, *know-how*, práticas e processos pertinentes para as alterações climáticas, desenvolvendo todas as acções necessárias para promover, facilitar e financiar, conforme o caso, o acesso a tecnologias ambientalmente comprovadas ou a sua transferência, em particular para os países em desenvolvimento, incluindo a formulação de políticas e programas para a efectiva transferência de tecnologias ambientalmente comprovadas, quer sejam estatais, quer do domínio público, e a criação de um ambiente propício ao sector privado, a fim de promover e melhorar o acesso a tecnologias ambientalmente comprovadas e respectiva transferência;

d) Cooperar na investigação científica e técnica e promover a manutenção e o desenvolvimento de sistemas de observação sistemática e o desenvolvimento de arquivos de dados, de forma a reduzir as incertezas relativas ao sistema climático, os impactes adversos das alterações climáticas e as consequências económicas e sociais das várias estratégias de resposta, e promover o desenvolvimento e o reforço das capacidades e das faculdades endógenas para participar nos esforços, programas e redes internacionais e intergovernamentais de investigação e observação sistemática, tomando em consideração o artigo 5.º da Convenção;

e) Cooperar e promover a nível internacional e, conforme o caso, por meio de organismos existentes, o desenvolvimento e implementação de programas de educação e formação, incluindo o reforço da capacitação nacional, em particular a capacitação humana e institucional, e o intercâmbio ou disponibilização de pessoal para formar especialistas nesta matéria, em particular nos países em desenvolvimento, e facilitar, ao nível nacional, a sensibilização do público e o seu acesso à informação sobre alterações climáticas. Deverão ser desenvolvidas modalidades apropriadas para implementar estas actividades através dos órgãos relevantes da Convenção, tomando em consideração o artigo 6.º da Convenção;

f) Incluir nas suas comunicações nacionais informação sobre programas e actividades desenvolvidos ao abrigo do presente artigo, de acordo com as decisões relevantes da Conferência das Partes; e

g) Levar plenamente em conta, na implementação dos compromissos previstos no presente artigo, o disposto no n.º 8 do artigo 4.º da Convenção.

ARTIGO 11.º

1. Na aplicação do artigo 10.º, as Partes tomarão em consideração as disposições dos n.ºs 4, 5, 7, 8 e 9 do artigo 4.º da Convenção.

2. No contexto da aplicação do n.º 1 do artigo 4.º da Convenção, ao abrigo do disposto no n.º 3 do artigo 4.º e no artigo 11.º da mesma, e através da entidade ou entidades encarregues do mecanismo financeiro da Convenção, as Partes constituídas por países desenvolvidos e demais Partes desenvolvidas incluídas no anexo II da Convenção comprometem-se a:

 a) Providenciar recursos financeiros novos e adicionais para cobrir a totalidade dos custos acordados incorridos por Partes constituídas por países em desenvolvimento a fim de promoverem a implementação dos compromissos assumidos nos termos do n.º 1, alínea a), do artigo 4.º da Convenção, que são abrangidos pela alínea a) do artigo 10.º; e

 b) Providenciar também esses recursos financeiros, inclusive para a transferência de tecnologia, de que necessitam as Partes constituídas por países em desenvolvimento para cobrir a totalidade dos custos adicionais destinados a promoverem a implementação dos compromissos assumidos, de acordo com o n.º 1 do artigo 4.º da Convenção e abrangidos pelo artigo 10.º, e que sejam acordados entre uma Parte constituída por um país em desenvolvimento e a entidade ou entidades internacionais referidas no artigo 11.º da Convenção, ao abrigo do mesmo artigo.

 A implementação destes compromissos existentes terá em consideração a necessidade de que o fluxo de recursos financeiros seja adequado e previsível e a importância de uma partilha apropriada da responsabilidade entre as Partes constituídas por países desenvolvidos. As orientações dadas à entidade ou entidades responsáveis pela operação do mecanismo financeiro da Convenção em decisões relevantes da Conferência das Partes, incluindo aquelas acordadas antes da adopção do presente Protocolo, aplicam-se *mutatis mutandis* ao previsto no presente número.

 3. As Partes constituídas por países desenvolvidos, e demais Partes desenvolvidas incluídas no anexo II da Convenção, podem também providenciar recursos financeiros para a aplicação do disposto no artigo 10.º, através de canais bilaterais, regionais e outros de tipo multilateral, e as Partes constituídas por países em desenvolvimento poderão beneficiar desses recursos.

ARTIGO 12.º

 1. É criado o mecanismo de desenvolvimento limpo.

 2. O objectivo do mecanismo de desenvolvimento limpo será assistir as Partes não incluídas no anexo I, de modo a alcançarem o desenvolvimento sustentável e a contribuírem para o objectivo fundamental da Con-

venção, e assistir as Partes incluídas no anexo I no cumprimento dos seus compromissos quantificados de limitação e redução das emissões, de acordo com o artigo 3.º.

3. Ao abrigo do mecanismo de desenvolvimento limpo:

a) As Partes não incluídas no anexo I beneficiarão das actividades de projecto que resultem em reduções certificadas de emissões; e

b) As Partes incluídas no anexo I podem utilizar as reduções certificadas de emissões resultantes dessas actividades de projecto como contributo para cumprimento de parte dos seus compromissos quantificados de limitação e redução das emissões, ao abrigo do artigo 3.º, conforme determinado pela Conferência das Partes, actuando na qualidade de reunião das Partes para efeitos do presente Protocolo.

4. O mecanismo de desenvolvimento limpo será sujeito à autoridade e orientação da Conferência das Partes, actuando na qualidade de reunião das Partes para efeitos do presente Protocolo, e será supervisionado por um conselho executivo do mecanismo de desenvolvimento limpo.

5. As reduções de emissões resultantes de cada actividade de projecto serão certificadas por entidades operacionais a serem designadas pela Conferência das Partes, actuando na qualidade de reunião das Partes para efeitos do presente Protocolo, com base em:

a) Participação voluntária aprovada por cada Parte envolvida;

b) Benefícios reais, mensuráveis e de longo prazo relacionados com a mitigação das alterações climáticas; e

c) Reduções das emissões que sejam adicionais às que ocorreriam na ausência da actividade certificada de projecto.

6. O mecanismo de desenvolvimento limpo assistirá na obtenção de financiamento para as actividades certificadas de projecto, quando necessário.

7. A Conferência das Partes, actuando na qualidade de reunião das Partes para efeitos do presente Protocolo, elaborará, na sua primeira sessão, modalidades e procedimentos com o objectivo de assegurar transparência, eficiência e responsabilidade nas actividades de projecto através de auditoria e de verificação independentes.

8. A Conferência das Partes, actuando na qualidade de reunião das Partes para efeitos do presente Protocolo, assegurará que uma parte do rendimento das actividades certificadas do projecto seja usada para cobrir despesas administrativas, bem como para assistir as Partes constituídas por países em desenvolvimento que sejam particularmente vulneráveis aos efeitos adversos das alterações climáticas, a suportar os custos de adaptação.

9. A participação no âmbito do mecanismo de desenvolvimento limpo, incluindo nas actividades mencionadas na alínea a) do n.º 3 e na aquisição de reduções certificadas de emissão, pode envolver entidades privadas e ou públicas e será sujeita às orientações que forem definidas pelo conselho executivo do mecanismo de desenvolvimento limpo.

10. As reduções certificadas de emissões obtidas durante o período do ano 2000 até ao início do primeiro período de cumprimento podem ser utilizadas para auxiliar no cumprimento dos compromissos assumidos relativos ao primeiro período de cumprimento.

ARTIGO 13.º

1. A Conferência das Partes, órgão supremo da Convenção, actuará na qualidade de reunião das Partes para efeitos do presente Protocolo.

2. As Partes da Convenção que não sejam Partes do presente Protocolo podem participar como observadores nos trabalhos de qualquer sessão da Conferência das Partes, actuando na qualidade de reunião das Partes para o efeito do presente Protocolo. Quando a Conferência das Partes actuar na qualidade de reunião das Partes do presente Protocolo, as decisões no âmbito do presente Protocolo serão tomadas apenas pelas Partes do Protocolo.

3. Quando a Conferência das Partes actuar na qualidade de reunião das Partes para efeitos do presente Protocolo, qualquer membro da Mesa da Conferência das Partes que represente uma Parte da Convenção mas, que nessa altura, não seja uma Parte do presente Protocolo será substituído por um membro adicional escolhido entre as Partes do presente Protocolo e por elas eleito.

4. A Conferência das Partes, actuando na qualidade de reunião das Partes para efeitos do presente Protocolo, deverá analisar regularmente a aplicação do presente Protocolo e tomará, no âmbito do seu mandato, as decisões necessárias para promover a sua efectiva aplicação. A Conferência das Partes, actuando na qualidade de reunião das Partes para efeitos do presente Protocolo, exercerá as funções que lhe forem atribuídas pelo presente Protocolo e compromete-se a:

   a) Avaliar, com base em toda a informação que lhe for disponibilizada de acordo com as disposições do presente Protocolo, a aplicação do presente Protocolo pelas Partes, os efeitos globais das medidas tomadas ao abrigo do Protocolo, em particular os efeitos ambientais, económicos e sociais, assim como os seus impactes cumulativos, e em que medida estão a ser realizados progressos para atingir os objectivos da Convenção;

b) Examinar periodicamente as obrigações das Partes ao abrigo do presente Protocolo, dando a devida atenção a quaisquer análises que sejam necessárias ao abrigo do n.º 2, alínea d), do artigo 4.º e do n.º 2 do artigo 7.º da Convenção, à luz do objectivo da Convenção, da experiência obtida na sua aplicação e da evolução do conhecimento científico e tecnológico, e a este respeito considerar e adoptar relatórios periódicos sobre a aplicação do presente Protocolo;

c) Promover e facilitar o intercâmbio de informação sobre as medidas adoptadas pelas Partes para lidar com as alterações climáticas e os seus efeitos, tomando em consideração as diferentes circunstâncias, responsabilidades e capacidades das Partes e os seus respectivos compromissos ao abrigo do presente Protocolo;

d) Facilitar, por solicitação de duas ou mais Partes, a coordenação de medidas por elas adoptadas para lidar com as alterações climáticas e os seus efeitos, tomando em consideração as diferentes circunstâncias, responsabilidades e capacidades das Partes e os seus respectivos compromissos ao abrigo do presente Protocolo;

e) Promover e orientar, de acordo com os objectivos da Convenção e com as disposições do presente Protocolo e tomando plenamente em consideração as decisões relevantes da Conferência das Partes, o desenvolvimento e aperfeiçoamento periódico de metodologias comparáveis para a efectiva aplicação do presente Protocolo, a serem acordadas pela Conferência das Partes, actuando na qualidade de reunião das Partes para efeitos do presente Protocolo;

f) Fazer recomendações sobre quaisquer matérias necessárias para a aplicação do presente Protocolo;

g) Procurar mobilizar recursos financeiros adicionais, de acordo com o n.º 2 do artigo 11.º;

h) Estabelecer os órgãos subsidiários considerados necessários para a implementação do presente Protocolo;

i) Procurar e utilizar, quando apropriado, os serviços e a cooperação de organizações internacionais, intergovernamentais e não governamentais competentes, bem como a informação por elas fornecida; e

j) Exercer outras funções que possam vir a ser requeridas para a aplicação do presente Protocolo e considerar quaisquer outras que resultem de uma decisão da Conferência das Partes.

5. O regulamento interno da Conferência das Partes, bem como os procedimentos financeiros aplicados segundo a Convenção, aplicar-se-ão, *mutatis mutandis,* ao presente Protocolo, excepto se for outra a decisão

consensual da Conferência das Partes, actuando na qualidade de reunião das Partes para efeitos do presente Protocolo.

6. A primeira sessão da Conferência das Partes, actuando na qualidade de reunião das Partes para efeitos do presente Protocolo, será convocada pelo Secretariado em conjunção com a primeira sessão da Conferência das Partes que tiver lugar após a entrada em vigor do presente Protocolo. As sessões ordinárias subsequentes da Conferência das Partes, actuando na qualidade de reunião das Partes para efeitos do presente Protocolo, serão realizadas todos os anos e em conjunção com as sessões ordinárias da Conferência das Partes, a menos que seja outra a decisão da Conferência das Partes, actuando na qualidade de reunião das Partes para efeitos do presente Protocolo.

7. As sessões extraordinárias da Conferência das Partes, actuando na qualidade de reunião das Partes para efeitos do presente Protocolo, realizar-se-ão sempre que assim for considerado necessário pela Conferência das Partes, actuando na qualidade de reunião das Partes para efeitos do presente Protocolo, ou mediante solicitação escrita de qualquer Parte desde que, dentro de seis meses após tal solicitação ter sido comunicada às Partes pelo Secretariado, esta venha a receber o apoio de, pelo menos, um terço das Partes.

8. As Nações Unidas, as suas agências especializadas e a Agência Internacional de Energia Atómica, assim como qualquer Estado-Membro dessas organizações ou observador junto às mesmas que não seja parte da Convenção, poderão estar representados como observadores nas sessões da Conferência das Partes, actuando na qualidade de reunião das Partes para efeitos do presente Protocolo. Qualquer órgão ou agência, nacional ou internacional, governamental ou não governamental, com competência em matérias tratadas pelo presente Protocolo e que tenha informado o Secretariado do seu desejo de estar representado como observador numa sessão da Conferência das Partes, actuando na qualidade de reunião das Partes para efeitos do presente Protocolo, poderá ser admitido nessa qualidade, a menos que se verifique a oposição de, pelo menos, um terço das Partes presentes. A admissão e a participação de observadores serão sujeitas ao regulamento interno referido no n.º 5.

ARTIGO 14.º

1. O Secretariado estabelecido pelo artigo 8.º da Convenção servirá como Secretariado do presente Protocolo.

2. O n.º 2 do artigo 8.º da Convenção, sobre as funções do Secretariado, e o n.º 3 do artigo 8.º da Convenção, sobre as disposições tomadas para o seu funcionamento, aplicar-se-ão, *mutatis mutandis*, ao presente Protocolo. O Secretariado exercerá, adicionalmente, as funções que lhe sejam atribuídas no âmbito do presente Protocolo.

ARTIGO 15.º

1. O órgão subsidiário de consulta científica e tecnológica e o órgão subsidiário de implementação, previstos nos artigos 9.º e 10.º da Convenção, servirão, respectivamente, como órgão subsidiário de consulta científica e tecnológica e órgão subsidiário de implementação do presente Protocolo. As disposições da Convenção relativas ao funcionamento destes dois órgãos aplicar-se-ão, *mutatis mutandis*, ao presente Protocolo. As sessões do órgão subsidiário de consulta científica e tecnológica e do órgão subsidiário de implementação do presente Protocolo realizar-se-ão em conjunto, respectivamente, com as reuniões do órgão subsidiário de consulta científica e tecnológica e do órgão subsidiário de implementação da Convenção.

2. As Partes da Convenção que não sejam Partes do presente Protocolo podem participar como observadores nos trabalhos de qualquer sessão dos órgãos subsidiários. Quando os órgãos subsidiários actuarem na qualidade de órgãos subsidiários do presente Protocolo, as decisões relativas ao Protocolo serão tomadas apenas pelas Partes do presente Protocolo.

3. Quando os órgãos subsidiários estabelecidos pelos artigos 9.º e 10.º da Convenção exercerem as suas funções em relação a matérias do presente Protocolo, qualquer membro da Mesa desses órgãos subsidiários representando uma Parte da Convenção mas que, nessa altura, não seja uma parte do presente Protocolo será substituído por um membro adicional escolhido entre as Partes do presente Protocolo e por elas eleito.

ARTIGO 16.º

A Conferência das Partes, actuando na qualidade de reunião das Partes para efeitos do presente Protocolo, considerará, o mais cedo possível, a aplicação ao presente Protocolo e modificará, conforme adequado, o processo consultivo multilateral previsto no artigo 13.º da Convenção, à luz de qualquer decisão relevante que possa vir a ser tomada pela Conferência das Partes. Qualquer processo consultivo multilateral que possa vir a ser aplicado ao presente Protocolo funcionará sem prejuízo dos procedimentos e mecanismos previstos no artigo 18.º.

ARTIGO 17.º

A Conferência das Partes definirá os princípios, modalidades, regras e directrizes relevantes, em particular para a verificação, elaboração de relatórios e responsabilização no que diz respeito a comércio de emissões. As Partes incluídas no anexo B podem participar no comércio de emissões com o objectivo de cumprir os seus compromissos constantes do artigo 3.º do presente Protocolo. Tal comércio será suplementar às acções nacionais destinadas a satisfazer os compromissos quantificados de limitação e redução de emissões previstos naquele artigo.

ARTIGO 18.º

A Conferência das Partes, actuando na qualidade de reunião das Partes para efeitos do presente Protocolo, aprovará, na sua primeira sessão, os procedimentos e mecanismos adequados e eficazes para determinar e lidar com os casos de não cumprimento das disposições do presente Protocolo, inclusive por meio do desenvolvimento de uma lista indicativa de consequências, tomando em consideração a causa, tipo, grau e frequência do não cumprimento. Quaisquer procedimentos e mecanismos no âmbito deste artigo que impliquem consequências vinculativas serão adoptados através de uma emenda ao presente Protocolo.

ARTIGO 19.º

As disposições do artigo 14.º da Convenção sobre resolução de conflitos aplicar-se-ão *mutatis mutandis* ao presente Protocolo.

ARTIGO 20.º

1. Qualquer Parte pode propor emendas ao presente Protocolo.
2. As emendas ao presente Protocolo serão adoptadas em sessão ordinária da Conferência das Partes, actuando na qualidade de reunião das Partes para efeitos do presente Protocolo. O Secretariado comunicará às Partes o texto de qualquer proposta de emenda do presente Protocolo, pelo menos seis meses antes da reunião na qual será proposta a sua adopção.

O Secretariado comunicará também o texto de qualquer proposta de emenda às Partes e signatários da Convenção e, para informação, ao depositário.

3. As Partes esforçar-se-ão por chegar a acordo por consenso sobre qualquer emenda proposta ao Protocolo. Uma vez esgotados todos os esforços para se obter consenso sem que se tenha chegado a acordo, as emendas serão adoptadas, como último recurso, por uma maioria de três quartos dos votos das Partes presentes e votantes na sessão. A emenda adoptada será comunicada pelo Secretariado ao depositário, o qual a enviará a todas as Partes para aceitação.

4. Os instrumentos de aceitação relativos a uma emenda serão depositados junto do depositário. Uma emenda adoptada de acordo com o n.º 3 entrará em vigor, para as Partes que a aceitaram, no 90.º dia após a data de recepção, pelo depositário, de um instrumento de aceitação de pelo menos três quartos das Partes do Protocolo.

5. A emenda entrará em vigor para qualquer outra Parte no 90.º dia após a data em que essa Parte depositou, junto do depositário, o seu instrumento de aceitação da referida emenda.

ARTIGO 21.º

1. Os anexos ao presente Protocolo constituem parte integrante do mesmo e, salvo declaração expressa em contrário, uma referência ao presente Protocolo constitui simultaneamente uma referência aos seus anexos. Quaisquer anexos que sejam adoptados após a entrada em vigor do presente Protocolo consistirão apenas em listas, formulários e qualquer outro material de natureza descritiva que tenha um carácter científico, técnico, processual ou administrativo.

2. Qualquer Parte pode apresentar propostas de anexo ao presente Protocolo e propor emendas aos anexos do Protocolo.

3. Os anexos ao presente Protocolo e as emendas aos seus anexos serão adoptados em sessões ordinárias da Conferência das Partes, actuando na qualidade de reunião das Partes para efeitos do presente Protocolo. O texto de qualquer proposta de anexo ou de emenda a um anexo será comunicado às Partes pelo Secretariado, pelo menos seis meses antes da reunião na qual será proposta a sua adopção. O Secretariado comunicará também o texto de qualquer proposta de anexo ou de emenda a um anexo às Partes e signatários da Convenção e, para informação, ao depositário.

4. As Partes esforçar-se-ão por chegar a acordo por consenso sobre qualquer proposta de anexo ou emenda a um anexo. Uma vez esgotados

todos os esforços para se obter consenso sem que se tenha chegado a um acordo, o anexo ou emenda a um anexo serão adoptados, como último recurso, por uma maioria de três quartos dos votos das Partes presentes e votantes na reunião. O anexo ou emenda a um anexo adoptado será comunicado pelo Secretariado ao depositário, o qual o enviará a todas as Partes para aceitação.

5. Um anexo ou emenda a um anexo, à excepção do anexo A ou B, que tenha sido adoptado de acordo com os n.os 3 e 4, entrará em vigor para todas as Partes do presente Protocolo seis meses após a data de comunicação pelo depositário às Partes da adopção do anexo ou da emenda ao anexo, com excepção das Partes que tenham notificado o depositário por escrito, e dentro desse prazo, da sua não aceitação do anexo ou da emenda ao anexo. O anexo ou emenda a um anexo entrará em vigor, para as Partes que tenham retirado a sua notificação de não aceitação, no 90.º dia após a data em que a retirada de tal notificação tenha sido recebida pelo depositário.

6. Se a adopção de um anexo ou de uma emenda a um anexo implicar uma emenda ao presente Protocolo, esse anexo ou emenda a um anexo só entrará em vigor no momento em que a emenda ao presente Protocolo entrar em vigor.

7. As emendas aos anexos A e B do presente Protocolo serão adoptadas e entrarão em vigor de acordo com o processo constante do artigo 20.º, sob condição de que qualquer emenda ao anexo B só será adoptada com o consentimento escrito da Parte envolvida.

ARTIGO 22.º

1. Cada Parte terá direito a um voto, à excepção do disposto no n.º 2.

2. As organizações regionais de integração económica exercerão o seu direito de voto, em matérias da sua competência, com um número de votos igual ao número dos seus Estados-Membros que sejam Partes do presente Protocolo. Estas organizações não poderão exercer o seu direito de voto se algum dos seus Estados-Membros exercer esse direito, e vice-versa.

ARTIGO 23.º

O Secretário-Geral das Nações Unidas será o depositário do presente Protocolo.

ARTIGO 24.º

1. O presente Protocolo será aberto para assinatura e sujeito a ratificação, aceitação ou aprovação pelos Estados e organizações regionais de integração económica que sejam Partes da Convenção. O Protocolo estará aberto para assinatura, na sede das Nações Unidas, em Nova Iorque, de 16 de Março de 1998 a 15 de Março de 1999. O presente Protocolo será aberto para adesão no dia seguinte à data em que for encerrado à assinatura. Os instrumentos de ratificação, aceitação, aprovação ou adesão serão depositados junto do depositário.

2. Qualquer organização regional de integração económica que se torne Parte do presente Protocolo, sem que qualquer dos seus Estados--Membros seja Parte, ficará sujeita a todas as obrigações decorrentes do presente Protocolo. No caso de um ou mais Estados-Membros dessa organização serem Partes do presente Protocolo, a organização e os seus Estados-Membros decidirão sobre as suas respectivas responsabilidades no que diz respeito ao cumprimento das suas obrigações nos termos do Protocolo. Em tais casos, a organização e os seus Estados-Membros não poderão exercer simultaneamente os direitos que decorrem do presente Protocolo.

3. Nos seus instrumentos de ratificação, aceitação, aprovação ou adesão, as organizações regionais de integração económica declararão o âmbito das suas competências relativamente às matérias regidas pelo presente Protocolo. Estas organizações informarão também o depositário, o qual, por sua vez, informará as Partes, sobre qualquer alteração substancial no âmbito das suas competências.

ARTIGO 25.º

1. O presente Protocolo entrará em vigor no nonagésimo dia após a data em que pelo menos 55 Partes da Convenção, englobando as Partes incluídas no anexo I que contabilizaram no total um mínimo de 55% das emissões totais de dióxido de carbono em 1990 das Partes incluídas no anexo I, tenham depositado os seus instrumentos de ratificação, aceitação, aprovação ou adesão.

2. Para efeitos do presente artigo, «as emissões totais de dióxido de carbono em 1990 das Partes incluídas no anexo I» significa a quantidade comunicada pelas Partes incluídas no anexo I, na data de adopção do Protocolo ou em data anterior, na sua primeira comunicação nacional submetida em conformidade com o artigo 12.º da Convenção.

3. Para cada Estado ou organização regional de integração económica que ratifique, aceite ou aprove o presente Protocolo, ou adira a ele depois de verificadas as condições para a sua entrada em vigor previstas no n.º 1, o presente Protocolo entrará em vigor no 90.º dia após a data de depósito do seu instrumento de ratificação, aceitação, aprovação ou adesão.

4. Para os efeitos do presente artigo, qualquer instrumento depositado por uma organização regional de integração económica não será considerado como adicional aos instrumentos depositados pelos Estados-Membros dessa organização.

ARTIGO 26.º

Não poderão ser formuladas reservas ao presente Protocolo.

ARTIGO 27.º

1. Decorridos três anos após a data de entrada em vigor do presente Protocolo para uma Parte, esta poderá, em qualquer altura, denunciar o presente Protocolo mediante notificação escrita ao depositário.

2. Esta denúncia será efectiva decorrido que seja um ano contado desde a data da recepção, pelo depositário, da notificação de denúncia, ou em data posterior especificada na referida notificação.

3. Qualquer Parte que denuncie a Convenção será considerada como tendo também denunciado o presente Protocolo.

ARTIGO 28.º

O original do presente Protocolo, cujos textos em árabe, chinês, inglês, francês, russo e espanhol são igualmente autênticos, será depositado junto do Secretário-Geral das Nações Unidas.

Feito em Quioto no 11.º dia do mês de Dezembro de 1997.

Em virtude do que, os abaixo assinados, devidamente autorizados para o efeito, assinaram o presente Protocolo, nas datas indicadas.

ANEXO A
Gases com efeito de estufa

Dióxido de carbono (CO_2).
Metano (CH_4).
Óxido nitroso (N_2O).
Hidrofluorcarbonetos (HFCs).
Perfluorcarbonetos (PFCs).
Hexafluoreto de enxofre (SF_6).
Sectores/categorias de fontes
Energia:
Combustão de combustível:
Indústrias de energia.
Indústrias transformadoras e de construção.
Transportes.
Outros sectores.
Outros.
Emissões fugitivas de combustíveis:
Combustíveis sólidos.
Petróleo e gás natural.
Outros.
Processos industriais:
Produtos minerais.
Indústria química.
Produção de metais.
Outras produções.
Produção de halocarbonetos e de hexafluoreto de enxofre.
Consumo de halocarbonetos e de hexafluoreto de enxofre.
Outros.
Uso de solventes e de outros produtos.
Agricultura:
Fermentação entérica.
Gestão de estrume.
Cultivo de arroz.
Solos agrícolas.
Queimada intencional de savanas.
Queimada de resíduos agrícolas.
Outros.
Resíduos:
Deposição de resíduos sólidos no solo.
Manuseamento de águas residuais.
Incineração de resíduos.
Outros.

ANEXO B

Parte	Compromisso quantificado de limitação ou redução de emissões (percentagem do ano ou período de referência)
Austrália	108
Áustria	92
Bélgica	92
Bulgária (*)	92
Canadá	94
Croácia (*)	95
República Checa (*)	92
Dinamarca	92
Estónia (*)	92
Comunidade Europeia	92
Finlândia	92
França	92
Alemanha	92
Grécia	92
Hungria (*)	94
Islândia	110
Irlanda	92
Itália	92
Japão	94
Letónia (*)	92
Liechtenstein	92
Lituânia (*)	92
Luxemburgo	92
Mónaco	92
Países Baixos	92
Nova Zelândia	100
Noruega	101
Polónia (*)	94
Portugal	92
Roménia (*)	92
Federação Russa (*)	100
Eslováquia (*)	92
Eslovénia (*)	92
Espanha	92
Suécia	92
Suíça	92
Ucrânia (*)	100
Reino Unido da Grã-Bretanha e da Irlanda do Norte	92
Estados Unidos da América	93

(*) Países que estão em processo de transição para uma economia de mercado.

DECLARAÇÃO DE JOANESBURGO
SOBRE O DESENVOLVIMENTO SUSTENTÁVEL
04.09.2002

DECLARAÇÃO DE JOANESBURGO SOBRE O DESENVOLVIMENTO SUSTENTÁVEL

Das nossas origens ao futuro

1. Nós, os representantes dos povos do mundo, reunidos na Cimeira Mundial sobre o Desenvolvimento Sustentável em Joanesburgo (África do Sul), de 2 a 4 de Setembro de 2002, reafirmamos o nosso compromisso para com o desenvolvimento sustentável.

2. Comprometemo-nos a construir uma sociedade mundial humana, equitativa e generosa, consciente da necessidade de respeitar a dignidade de todos os seres humanos.

3. No início desta Cimeira, as crianças do mundo disseram-nos, com palavras simples e claras, que o futuro lhes pertence e desafiaram-nos a actuar de forma a poderem herdar um mundo livre da indignidade e dos ultrajes resultantes da pobreza, da degradação ambiental e do desenvolvimento insustentável.

4. Como parte da nossa resposta a estas crianças, que representam o nosso futuro colectivo, todos nós, vindos dos quatro cantos do mundo, inspirados por diferentes experiências de vida, nos unimos, profundamente convictos da urgente necessidade de criar um mundo novo e melhor, onde a esperança possa brilhar.

5. Consequentemente, assumimos a responsabilidade colectiva de promover e consolidar, a nível local, nacional, regional e global, o desenvolvimento económico, o desenvolvimento social e a protecção ambiental, pilares interdependentes e sinergéticos do desenvolvimento sustentável.

6. Deste Continente, berço da humanidade, proclamamos, através do Plano de Aplicação da Cimeira Mundial sobre o Desenvolvimento Sustentável e da presente Declaração, a nossa responsabilidade para com os nossos semelhantes, para com as gerações futuras e para com todos os seres vivos.

7. Conscientes de que a humanidade se encontra numa encruzilhada, unimo-nos determinados a realizar esforços comuns para encontrar uma resposta positiva face à necessidade de estabelecer um plano prático e concreto que nos permitirá erradicar a pobreza e promover o desenvolvimento humano.

De Estocolmo a Joanesburgo, passando pelo Rio de Janeiro

8. Há trinta anos atrás, em Estocolmo, acordámos na necessidade urgente de responder ao problema da degradação ambiental. Há dez anos atrás, na Conferência das Nações Unidas sobre Ambiente e Desenvolvimento, realizada no Rio de Janeiro, concordámos que a protecção do ambiente, o desenvolvimento social e o desenvolvimento económico são essenciais para realizar o desenvolvimento sustentável, tendo em conta os princípios do Rio. Para alcançar esse objectivo, adoptámos um programa de alcance mundial designado "Agenda 21" e a Declaração do Rio sobre Ambiente e Desenvolvimento, aos quais reafirmamos a nossa adesão. A Conferência do Rio constituiu um marco importante que permitiu estabelecer um novo programa de acção para o desenvolvimento sustentável.

9. Entre a Conferência do Rio e a Cimeira de Joanesburgo, as nações do mundo reuniram-se em diversas importantes conferências sob a égide das Nações Unidas, incluindo a Conferência de Monterrey sobre o Financiamento do Desenvolvimento e a Conferência Ministerial de Doha. Estas conferências definiram para o mundo uma visão global do futuro da humanidade.

10. Congratulamo-nos com o facto de a Cimeira de Joanesburgo ter possibilitado a congregação de uma grande diversidade de povos que expressaram as suas opiniões na tentativa de construir o melhor caminho comum para um mundo em que se respeite e se ponha em prática o conceito de desenvolvimento sustentável. A Cimeira de Joanesburgo confirmou, também, os significativos progressos realizados para alcançar um consenso mundial e uma aliança entre todos os povos do planeta.

Os desafios que temos de enfrentar

11. Reconhecemos que a erradicação da pobreza, a alteração dos padrões de consumo e de produção e a protecção e gestão dos recursos natu-

rais para o desenvolvimento económico e social são objectivos primordiais e requisitos fundamentais de um desenvolvimento sustentável.

12. A profunda clivagem que divide a sociedade humana entre ricos e pobres e o fosso cada vez maior que separa o mundo desenvolvido do mundo em desenvolvimento ameaçam seriamente a prosperidade, a segurança e a estabilidade mundiais.

13. O ambiente mundial continua a deteriorar-se. A perda de biodiversidade prossegue, continuam a esgotar-se as reservas piscícolas, a desertificação avança, consumindo cada vez mais terras férteis, tornam-se evidentes os efeitos prejudiciais das alterações climáticas, as catástrofes naturais são cada vez mais frequentes e mais devastadoras e os países em desenvolvimento cada vez mais vulneráveis e a poluição do ar, da água e dos mares continua a privar milhões de pessoas de uma vida condigna.

14. A globalização adicionou uma nova dimensão a estes problemas. A rápida integração dos mercados, a mobilidade dos capitais e o considerável aumento dos fluxos de investimentos em todo o mundo criaram novos problemas, embora, também, tivessem desencadeado novas oportunidades para a concretização de um desenvolvimento sustentável. Mas as vantagens e os inconvenientes da globalização não se repartiram uniformemente, tendo os países em desenvolvimento enfrentado especiais dificuldades para encarar os novos desafios.

15. Corremos o risco de que as disparidades existentes a nível mundial se perpetuem e, se não actuarmos de forma a alterar radicalmente as suas vidas, os pobres do mundo podem perder a confiança nos seus representantes e nos sistemas democráticos que nos comprometemos a defender, começando a pensar que os seus representantes mais não fazem do que promessas vãs.

O nosso compromisso para com o desenvolvimento sustentável

16. Estamos determinados a garantir que a riqueza da nossa diversidade, fonte da nossa força colectiva, será utilizada na realização de parcerias construtivas para a mudança e para a concretização do nosso objectivo comum: o desenvolvimento sustentável.

17. Conscientes da importância de reforçar a solidariedade humana, instamos a promoção do diálogo e da cooperação entre as civilizações e os povos do mundo, independentemente da raça, de deficiências, da religião, da língua, da cultura ou da tradição.

18. Congratulamo-nos com o facto da Cimeira de Joanesburgo ter centrado a sua atenção na indivisibilidade da dignidade humana e estamos determinados, através da adopção de decisões sobre os objectivos, os calendários e as parcerias, a aumentar rapidamente o acesso a bens e a serviços básicos, como a água potável, o saneamento, a habitação, a energia, os cuidados de saúde, a segurança alimentar e a protecção da biodiversidade. Ao mesmo tempo, trabalharemos em conjunto para nos ajudarmos mutuamente a aceder a recursos financeiros, a tirar partido da abertura dos mercados, a assegurar o reforço das capacidades, a utilizar as modernas tecnologias para alcançar o desenvolvimento e a garantir a transferência de tecnologia, o desenvolvimento dos recursos humanos, a educação e a formação, a fim de pôr definitivamente termo ao subdesenvolvimento.

19. Reafirmamos o nosso compromisso de conceder particular atenção e prioridade à luta contra os problemas mundiais que representam sérias ameaças ao desenvolvimento sustentável dos nossos povos. Entre estes merecem destaque: a fome crónica, a malnutrição, a ocupação estrangeira, os conflitos armados, os problemas do tráfico ilícito de drogas, o crime organizado, a corrupção, as catástrofes naturais, o tráfico ilícito de armas, o tráfico de pessoas, o terrorismo, a intolerância e o incitamento ao ódio racial, étnico, religioso e de outra natureza, a xenofobia e as doenças endémicas, transmissíveis e crónicas, em particular o VIH/SIDA, a malária e a tuberculose.

20. Comprometemo-nos a assegurar que o reforço do poder de actuação e a emancipação das mulheres, bem como a igualdade entre sexos, sejam integrados em todas as actividades da Agenda 21, nos Objectivos de Desenvolvimento do Milénio e no Plano de Aplicação da presente Cimeira.

21. Reconhecemos que a sociedade mundial possui os meios e os recursos necessários para fazer face aos desafios que se colocam a toda a humanidade de erradicação da pobreza e de desenvolvimento sustentável. Juntos redobraremos os esforços para garantir que os recursos disponíveis são utilizados em benefício da humanidade.

22. A este respeito, para contribuir para alcançar as nossas metas e realizar os nossos objectivos de desenvolvimento, instamos os países desenvolvidos que ainda o não tenham feito a adoptarem medidas concretas para alcançar os níveis internacionalmente acordados de ajuda pública ao desenvolvimento.

23. Saudamos e apoiamos a criação de agrupamentos e alianças regionais mais fortes, como a Nova Parceria para o Desenvolvimento de África (NEPAD), a fim de promover a cooperação regional, melhorar a cooperação internacional e favorecer o desenvolvimento sustentável.

24. Continuaremos particularmente atentos às necessidades de desenvolvimento dos pequenos Estados insulares em desenvolvimento e dos países menos avançados.

25. Reafirmamos o papel fundamental das populações autóctones no desenvolvimento sustentável.

26. Reconhecemos que o desenvolvimento sustentável requer uma perspectiva de longo prazo e uma ampla participação na formulação de políticas, na tomada de decisões e na execução de actividades a todos os níveis. Como parceiros sociais, continuaremos a trabalhar para estabelecer associações estáveis com todos os grupos principais, respeitando o papel importante e independente de cada um destes.

27. Acordamos que, no exercício das suas actividades legítimas, o sector privado, incluindo grandes e pequenas empresas, tem o dever de contribuir para a concretização de comunidades e sociedades equitativas e sustentáveis.

28. Acordamos, igualmente, em prestar assistência para aumentar as oportunidades de emprego remunerado, tendo em conta a Declaração da Organização Internacional do Trabalho relativa aos Princípios e Direitos Fundamentais no Trabalho.

29. Acordamos na necessidade das empresas do sector privado assumirem plena responsabilidade pelos seus actos num quadro regulamentar transparente e estável.

30. Comprometemo-nos a reforçar e a melhorar a governação a todos os níveis para alcançar a aplicação efectiva da Agenda 21, dos Objectivos de Desenvolvimento do Milénio e do Plano de Aplicação da presente Cimeira.

O multilateralismo é o futuro

31. Para alcançar os objectivos de desenvolvimento sustentável, necessitamos de instituições internacionais e multilaterais mais eficazes, mais democráticas e mais responsáveis.

32. Reafirmamos o nosso compromisso para com os princípios e objectivos da Carta das Nações Unidas e do direito internacional, bem como para com o reforço do multilateralismo. Apoiamos a liderança das Nações Unidas que, enquanto organização mais universal e representativa no mundo, é a mais indicada para promover o desenvolvimento sustentável.

33. Comprometemo-nos, igualmente, a monitorizar regularmente os progressos na realização das metas e objectivos do desenvolvimento sustentável.

Da intenção à acção!

34. Acordamos que este deve ser um processo aberto, envolvendo todos os grupos principais e os governos que participaram na histórica Cimeira de Joanesburgo.

35. Comprometemo-nos a agir em conjunto, unidos pela determinação comum de salvar o nosso planeta, promover o desenvolvimento humano e alcançar a prosperidade e a paz universais.

36. Comprometemo-nos a cumprir o Plano de Aplicação da Cimeira Mundial sobre o Desenvolvimento Sustentável e a acelerar a realização dos objectivos socioeconómicos e ambientais aí formulados nos prazos fixados.

37. Do continente africano, berço da humanidade, prometemos solenemente aos povos do mundo e às gerações que herdarão a Terra actuar no sentido de garantir que o desenvolvimento sustentável, nossa aspiração comum, se torne uma realidade.

UNIÃO EUROPEIA E PORTUGAL

UNIÃO EUROPEIA E PORTUGAL

TRATADO QUE INSTITUI A COMUNIDADE EUROPEIA – DISPOSIÇÕES RELATIVAS À COOPERAÇÃO PARA O DESENVOLVIMENTO

TRATADO QUE INSTITUI A COMUNIDADE EUROPEIA – DISPOSIÇÕES RELATIVAS À COOPERAÇÃO PARA O DESENVOLVIMENTO

PREÂMBULO

SUA MAJESTADE O REI DOS BELGAS, O PRESIDENTE DA REPÚBLICA FEDERAL DA ALEMANHA, O PRESIDENTE DA REPÚBLICA FRANCESA, O PRESIDENTE DA REPÚBLICA ITALIANA, SUA ALTEZA REAL A GRÃ-DUQUESA DO LUXEMBURGO, SUA MAJESTADE A RAINHA DOS PAÍSES BAIXOS**,
(...)
PRETENDENDO confirmar a solidariedade que liga a Europa e os países ultramarinos, e desejando assegurar o desenvolvimento da prosperidade destes, em conformidade com os princípios da Carta das Nações Unidas,
(...)
DECIDIRAM criar uma COMUNIDADE EUROPEIA (...)

PARTE I
Os princípios

ARTIGO 1.º

Pelo presente Tratado, as ALTAS PARTES CONTRATANTES instituem entre si uma COMUNIDADE EUROPEIA.

** A República Checa, o Reino da Dinamarca, a República da Estónia, a República Helénica, o Reino de Espanha, a Irlanda, a República de Chipre, a República da Letónia, a República da Lituânia, a República da Hungria, a República de Malta, a República da Áustria, a República da Polónia, a República Portuguesa, a República da Eslovénia, a República Eslovaca, a República da Finlândia e o Reino Unido da Grã-Bretanha e Irlanda do Norte tornaram-se posteriormente membros da Comunidade Europeia.

ARTIGO 2.º

A Comunidade tem como missão, através da criação de um mercado comum e de uma união económica e monetária e da aplicação das políticas ou acções comuns a que se referem os artigos 3.º e 4.º, promover, em toda a Comunidade, o desenvolvimento harmonioso, equilibrado e sustentável das actividades económicas, um elevado nível de emprego e de protecção social, a igualdade entre homens e mulheres, um crescimento sustentável e não inflacionista, um alto grau de competitividade e de convergência dos comportamentos das economias, um elevado nível de protecção e de melhoria da qualidade do ambiente, o aumento do nível e da qualidade de vida, a coesão económica e social e a solidariedade entre os Estados-Membros.

ARTIGO 3.º

1. Para alcançar os fins enunciados no artigo 2.º, a acção da Comunidade implica, nos termos do disposto e segundo o calendário previsto no presente Tratado:

(…)

r) Uma política no domínio da cooperação para o desenvolvimento;

s) A associação dos países e territórios ultramarinos tendo por objectivo incrementar as trocas comerciais e prosseguir em comum o esforço de desenvolvimento económico e social;

(…)

2. Na realização de todas as acções previstas no presente artigo, a Comunidade terá por objectivo eliminar as desigualdades e promover a igualdade entre homens e mulheres.

PARTE III
As Políticas da Comunidade

TÍTULO XX
Cooperação para o desenvolvimento

ARTIGO 177.º

1. A política da Comunidade em matéria de cooperação para o desenvolvimento, que é complementar das políticas dos Estados-Membros, deve fomentar:

– o desenvolvimento económico e social sustentável dos países em vias de desenvolvimento, em especial dos mais desfavorecidos;
– a inserção harmoniosa e progressiva dos países em vias de desenvolvimento na economia mundial;
– a luta contra a pobreza nos países em vias de desenvolvimento.

2. A política da Comunidade neste domínio deve contribuir para o objectivo geral de desenvolvimento e de consolidação da democracia e do Estado de direito, bem como para o respeito dos direitos do homem e das liberdades fundamentais.

3. A Comunidade e os Estados-Membros respeitarão os compromissos e terão em conta os objectivos aprovados no âmbito das Nações Unidas e das demais organizações internacionais competentes.

ARTIGO 178.º

A Comunidade terá em conta os objectivos a que se refere o artigo 177.º nas políticas que puser em prática e que sejam susceptíveis de afectar os países em vias de desenvolvimento.

ARTIGO 179.º

1. Sem prejuízo das demais disposições do presente Tratado, o Conselho, deliberando nos termos do artigo 251.º, adoptará as medidas necessárias para a prossecução dos objectivos a que se refere o artigo 177.º. Essas medidas podem revestir a forma de programas plurianuais.

2. O Banco Europeu de Investimento contribuirá, nas condições previstas nos respectivos estatutos, para a aplicação das medidas a que se refere o n.º 1.

3. O disposto no presente artigo não afecta a cooperação com os países de África, das Caraíbas e do Pacífico, no âmbito da Convenção ACP-CE.

ARTIGO 180.º

1. A Comunidade e os Estados-Membros coordenarão as respectivas políticas em matéria de cooperação para o desenvolvimento e concertar-se-ão sobre os seus programas de ajuda, inclusivamente nas organizações internacionais e no decorrer de conferências internacionais. Podem empreender acções conjuntas. Os Estados-Membros contribuirão, se necessário, para a execução dos programas de ajuda comunitários.

2. A Comissão pode tomar todas as iniciativas necessárias para promover a coordenação a que se refere o número anterior.

ARTIGO 181.º

No âmbito das respectivas competências, a Comunidade e os Estados-Membros cooperarão com os países terceiros e as organizações internacionais competentes. As formas de cooperação da Comunidade podem ser objecto de acordos entre esta e as partes terceiras interessadas, os quais serão negociados e celebrados nos termos do artigo 300.º.

O disposto no parágrafo anterior não prejudica a capacidade dos Estados-Membros para negociar nas instâncias internacionais e celebrar acordos internacionais.

TÍTULO XXI
Cooperação económica, financeira e técnica com os países terceiros

ARTIGO 181.º-A

1. Sem prejuízo das restantes disposições do presente Tratado, nomeadamente das do título XX, a Comunidade realizará, no âmbito das suas competências, acções de cooperação económica, financeira e técnica com países terceiros. Essas acções serão complementares das efectuadas pelos Estados-Membros e coerentes com a política de desenvolvimento da Comunidade.

A política da Comunidade neste domínio contribuirá para o objectivo geral de desenvolvimento e consolidação da democracia e do Estado de direito, bem como para o objectivo de respeito dos direitos humanos e das liberdades fundamentais.

2. O Conselho, deliberando por maioria qualificada, sob proposta da Comissão e após consulta ao Parlamento Europeu, adoptará as medidas necessárias à execução do n.º 1. O Conselho deliberará por unanimidade no que diz respeito aos acordos de associação a que se refere o artigo 310.º e aos acordos a celebrar com os Estados candidatos à adesão à União.

3. No âmbito das respectivas competências, a Comunidade e os Estados-Membros cooperarão com os países terceiros e as organizações internacionais pertinentes. As modalidades de cooperação da Comunidade poderão ser objecto de acordos entre esta e as partes terceiras envolvidas, que serão negociados e celebrados em conformidade com o artigo 300.º.

O disposto no primeiro parágrafo não prejudica a competência dos Estados-Membros para negociar nas instâncias internacionais e celebrar acordos internacionais.

PARTE IV
A associação dos países e territórios ultramarinos

ARTIGO 182.º

Os Estados-Membros acordam em associar à Comunidade os países e territórios não europeus que mantêm relações especiais com a Dinamarca, a França, os Países Baixos e o Reino Unido. Estes países e territórios, a seguir denominados «países e territórios», vêm enumerados na lista constante do anexo II do presente Tratado.

A finalidade da associação é promover o desenvolvimento económico e social dos países e territórios e estabelecer relações económicas estreitas entre eles e a Comunidade no seu conjunto.

Em conformidade com os princípios enunciados no preâmbulo do presente Tratado, a associação deve servir, fundamentalmente, para favorecer os interesses dos habitantes desses países e territórios e para fomentar a sua prosperidade de modo a conduzi-los ao desenvolvimento económico, social e cultural a que aspiram.

ARTIGO 183.º

A associação prosseguirá os seguintes objectivos:
1) Os Estados-Membros aplicarão às suas trocas comerciais com os países e territórios o mesmo regime que aplicam entre si por força do presente Tratado;
2) Cada país ou território aplicará às suas trocas comerciais com os Estados-Membros e os outros países e territórios o regime que aplica ao Estado europeu com que mantenha relações especiais;
3) Os Estados-Membros contribuirão para os investimentos exigidos pelo desenvolvimento progressivo destes países ou territórios;
4) No que respeita aos investimentos financiados pela Comunidade, a participação nas adjudicações e fornecimentos estará aberta, em igualdade de condições, a todas as pessoas singulares e colectivas, nacionais dos Estados-Membros e dos países e territórios;

5) Nas relações entre os Estados-Membros e os países e territórios, o direito de estabelecimento dos nacionais e sociedades será regulado em conformidade com as disposições e pela aplicação dos procedimentos previstos no capítulo relativo ao direito de estabelecimento e numa base não discriminatória sem prejuízo das disposições especiais adoptadas por força do artigo 187.º.

ARTIGO 184.º

1. As importações originárias dos países e territórios beneficiarão, ao entrarem nos Estados-Membros, da proibição dos direitos aduaneiros que, nos termos do presente Tratado, se deve proibir entre os Estados-Membros.
2. Em cada país e território, os direitos aduaneiros que incidam sobre as importações provenientes dos Estados-Membros e dos outros países e territórios serão proibidos nos termos do artigo 25.º.
3. Os países e territórios podem, todavia, cobrar os direitos aduaneiros correspondentes às necessidades do seu desenvolvimento e às exigências da sua industrialização, ou os de natureza fiscal que tenham por fim produzir receita para os seus orçamentos.

Estes direitos não podem exceder aqueles que incidam sobre as importações dos produtos provenientes do Estado-Membro com o qual cada país ou território mantém relações especiais.

4. O disposto no n.º 2 não é aplicável aos países e territórios que, por força das obrigações internacionais especiais a que se encontram vinculados, já apliquem uma pauta aduaneira não discriminatória.
5. A introdução ou modificação de direitos aduaneiros que incidem sobre as mercadorias importadas pelos países e territórios não deve originar, de direito ou de facto, qualquer discriminação directa ou indirecta entre as importações provenientes dos diversos Estados-Membros.

ARTIGO 185.º

Se o nível dos direitos aplicáveis às mercadorias provenientes de um país terceiro, ao entrarem num país ou território, for, em consequência da aplicação do n.º 1 do artigo 184.º, de ordem a provocar desvios de tráfego em prejuízo de qualquer Estado-Membro, este pode pedir à Comissão que proponha aos outros Estados-Membros as medidas necessárias para sanarem tal situação.

ARTIGO 186.°

Sem prejuízo das disposições respeitantes à saúde pública, segurança pública e ordem pública, a liberdade de circulação dos trabalhadores dos países e territórios nos Estados-Membros e a dos trabalhadores dos Estados-Membros nos países e territórios será regulada mediante convenções a concluir posteriormente, para as quais se exige a unanimidade dos Estados-Membros.

ARTIGO 187.°

O Conselho, deliberando por unanimidade, aprovará, a partir dos resultados conseguidos no âmbito da associação entre os países e territórios e a Comunidade e com base nos princípios enunciados no presente Tratado, as disposições relativas às modalidades e ao processo de associação entre os países e territórios e a Comunidade.

ARTIGO 188.°

As disposições dos artigos 182.° a 187.° são aplicáveis à Gronelândia, sem prejuízo das disposições específicas para a Gronelândia constantes do Protocolo relativo ao regime especial aplicável à Gronelândia, anexo ao presente Tratado.

ANEXOS

ANEXO II
**PAÍSES E TERRITÓRIOS ULTRAMARINOS
aos quais se aplicam as disposições da parte IV do Tratado**

- A Gronelândia,
- A Nova Caledónia e dependências,
- a Polinésia Francesa,
- as terras austrais e antárcticas francesas,
- as ilhas Wallis e Futuna,
- Mayotte,
- São Pedro e Miquelon,
- Aruba,

- Antilhas Neerlandesas:
  • Bonaire,
  • Curaçao,
  • Saba,
  • Santo Eustáquio,
  • São Martinho,
- Anguilha,
- as ilhas Caimans,
- as ilhas Malvinas-Falkland,
- Geórgia do Sul e ilhas Sandwich do Sul,
- Montserrat,
- Pitcairn,
- Santa Helena e dependências,
- O Território Antárctico britânico,
- O Território britânico do Oceano Índico,
- as ilhas Turcas e Caiques,
- as ilhas Virgens britânicas,
- As Bermudas.

ACORDO DE PARCERIA ENTRE OS ESTADOS DE ÁFRICA, DAS CARAÍBAS E DO PACÍFICO E A COMUNIDADE EUROPEIA E OS SEUS ESTADOS-MEMBROS – ACORDO DE COTONU

23.06.2000

ACORDO DE PARCERIA ENTRE OS ESTADOS DE ÁFRICA, DAS CARAÍBAS E DO PACÍFICO E A COMUNIDADE EUROPEIA E OS SEUS ESTADOS--MEMBROS – ACORDO DE COTONU

PREÂMBULO

Tendo em conta o Tratado que institui a Comunidade Europeia, por um lado, e o Acordo de Georgetown que institui o Grupo dos Estados de África, das Caraíbas e do Pacífico (ACP), por outro;

Afirmando o seu empenho numa cooperação que permita alcançar os objectivos de erradicação da pobreza, desenvolvimento sustentável e integração progressiva dos países ACP na economia mundial;

Reiterando a sua determinação em, através da sua cooperação, contribuir significativamente para o desenvolvimento económico, social e cultural dos Estados ACP e para a melhoria do bem-estar das suas populações, ajudando-os a superar os desafios da globalização e intensificando a parceria ACP-UE, a fim de reforçar a dimensão social do processo de globalização;

Reafirmando a sua vontade de revitalizar as suas relações especiais e de adoptar uma abordagem global e integrada com vista a construir uma parceria reforçada, assente no diálogo político, na cooperação para o desenvolvimento e nas relações económicas e comerciais;

Reconhecendo que um contexto político que garanta a paz, a segurança e a estabilidade, o respeito pelos direitos humanos, os princípios democráticos, o Estado de direito e a boa governação constitui parte integrante do desenvolvimento a longo prazo e que a responsabilidade pela criação de tal contexto incumbe em primeiro lugar aos países interessados;

Reconhecendo que a adopção de políticas económicas sãs e sustentáveis constitui uma condição prévia para o desenvolvimento;

Norteando-se pelos princípios da Carta das Nações Unidas e relembrando a Declaração Universal dos Direitos do Homem, as conclusões da Conferência de Viena sobre os Direitos do Homem de 1993, o Pacto Internacional sobre os Direitos Civis e Políticos, o Pacto Internacional sobre os Direitos Económicos, Sociais e Culturais, a Convenção sobre os Direitos da Criança, a Convenção sobre a Eliminação de Todas as Formas de Discriminação contra as Mulheres, a Convenção Internacional sobre a Eliminação de Todas as Formas de Discriminação Racial, as Convenções de Genebra de 1949 e os outros instrumentos de direito humanitário internacional, a Convenção de 1954 Relativa ao Estatuto dos Apátridas, a Convenção de Genebra de 1951 Relativa ao Estatuto dos Refugiados e o Protocolo de Nova Iorque de 1967 Relativo ao Estatuto dos Refugiados;

Considerando que a Convenção Europeia para a Salvaguarda dos Direitos do Homem e das Liberdades Fundamentais do Conselho da Europa, a Carta Africana dos Direitos do Homem e dos Povos e a Convenção Americana dos Direitos do Homem constituem contributos regionais positivos para o respeito pelos direitos do homem na União Europeia e nos Estados ACP;

Recordando as Declarações de Libreville e de Santo Domingo, aprovadas pelos chefes de Estado e de Governo dos países ACP em 1997 e em 1999;

Considerando que os princípios e objectivos de desenvolvimento acordados pelas várias conferências das Nações Unidas, bem como o objectivo de, até 2015, reduzir para metade o número de pessoas que vivem numa situação de pobreza extrema, definido pelo Comité de Ajuda ao Desenvolvimento da OCDE, proporcionam uma perspectiva clara e devem nortear a cooperação ACP-CE no âmbito do presente Acordo;

Concedendo especial atenção aos compromissos assumidos nas Conferências das Nações Unidas do Rio, de Viena, do Cairo, de Copenhaga, de Pequim, de Istambul e de Roma e reconhecendo a necessidade de redobrar os esforços com vista a alcançar os objectivos e executar os programas de acção elaborados nestas instâncias;

Ciosos de respeitarem os direitos fundamentais dos trabalhadores, tendo em conta os princípios enunciados nas convenções pertinentes da Organização Internacional do Trabalho;

Recordando os compromissos assumidos no âmbito da Organização Mundial do Comércio:

Decidiram concluir o presente Acordo:

PARTE 1
Disposições gerais

TÍTULO I
Objectivos, princípios e intervenientes

CAPÍTULO 1
Objectivos e princípios

ARTIGO 1.º
Objectivos da parceria

A Comunidade e os seus Estados-Membros, por um lado, e os Estados ACP, por outro, a seguir denominados «Partes», celebram o presente Acordo para promover e acelerar o desenvolvimento económico, cultural e social dos Estados ACP, a fim de contribuírem para a paz e a segurança e promoverem um contexto político estável e democrático.

A parceria centra-se no objectivo de redução da pobreza e, a prazo, da sua erradicação em consonância com os objectivos de desenvolvimento sustentável e de integração progressiva dos países ACP na economia mundial.

Esses objectivos, assim como os compromissos internacionais das Partes, devem nortear todas as estratégias de desenvolvimento e serão concretizados através de uma abordagem integrada que tenha simultaneamente em conta os aspectos políticos, económicos, sociais, culturais e ambientais do desenvolvimento. A parceria deve proporcionar um enquadramento coerente de apoio às estratégias de desenvolvimento adoptadas por cada Estado ACP.

O crescimento económico sustentável, o desenvolvimento do sector privado, o aumento do emprego e a melhoria do acesso aos recursos produtivos fazem também parte integrante desta abordagem. O respeito pelos direitos da pessoa humana e a satisfação das suas necessidades essenciais, a promoção do desenvolvimento social e a criação de condições para uma distribuição equitativa dos benefícios do crescimento são igualmente apoiados. Do mesmo modo, são incentivados os processos de integração regional e sub-regional que facilitem a integração dos países ACP na economia mundial em termos comerciais e de investimento privado. O desenvolvimento das capacidades dos diversos intervenientes no desenvolvimento e a melhoria do enquadramento institucional necessário à coesão social, ao funcionamento de uma sociedade democrática e de uma economia de mercado, bem como à emergência de uma sociedade civil activa e organizada, fazem igualmente parte integrante desta abordagem. É concedida especial atenção à situação das mulheres, devendo as questões de igualdade dos sexos ser sistematicamente tidas em conta em todos os domínios – políticos, económicos ou sociais. Os princípios de gestão racional dos recursos naturais e do ambiente são aplicados e integrados a todos os níveis da parceria.

ARTIGO 2.º
Princípios fundamentais

A cooperação ACP-CE, assente num regime juridicamente vinculativo e na existência de instituições conjuntas, processa-se com base nos seguintes princípios fundamentais:

– Igualdade dos parceiros e apropriação das estratégias de desenvolvimento: a fim de realizar os objectivos da parceria, os Estados ACP determinam com toda a soberania as estratégias de desenvolvimento das respectivas economias e sociedades, respeitando devidamente os elementos essenciais referidos no artigo 9.º; a parceria deve incentivar a apropriação das estratégias de desenvolvimento pelos países e populações interessadas;

– Participação: para além do poder central, enquanto principal parceiro, a parceria está aberta a outros tipos de intervenientes, de modo a incentivar a participação de todos os estratos da sociedade, incluindo o sector privado e as organizações da sociedade civil, na vida política, económica e social;

– Papel primordial do diálogo e respeito pelos compromissos mútuos: os compromissos assumidos pelas Partes no âmbito do seu diálogo estão no centro da parceria e das relações de cooperação;

– Diferenciação e regionalização: as modalidades e prioridades da cooperação são adaptadas em função do nível de desenvolvimento dos diversos parceiros, das suas necessidades, do seu desempenho e da sua estratégia de desenvolvimento a longo prazo. Atribui-se especial importância à dimensão regional. Os países menos desenvolvidos beneficiam de um tratamento especial. A vulnerabilidade dos países sem litoral e insulares é tida em conta.

ARTIGO 3.º
Realização dos objectivos do presente Acordo

No âmbito do presente Acordo, as Partes devem tomar, cada uma no que lhe diz respeito, todas as medidas gerais ou especiais necessárias para assegurar a execução das obrigações decorrentes do presente Acordo e facilitar a consecução dos seus objectivos. As Partes devem-se abster de tomar quaisquer medidas susceptíveis de comprometer esses objectivos.

CAPÍTULO 2
Intervenientes na parceria

ARTIGO 4.º
Abordagem geral

Os Estados ACP determinam com toda a soberania os princípios, estratégias e modelos de desenvolvimento das suas economias e das suas sociedades e devem definir com a Comunidade os programas de cooperação previstos no âmbito do presente Acordo. As Partes reconhecem, todavia, o papel complementar e o potencial contributo dos intervenientes não estatais para o processo de desenvolvimento. Nesta perspectiva e nos termos do presente Acordo, os intervenientes não estatais devem, consoante o caso:

— Ser informados e participar nas consultas sobre as políticas e estratégias de cooperação e sobre as prioridades da cooperação, nomeadamente nos domínios que lhes digam directamente respeito, bem como sobre o diálogo político;

— Beneficiar de recursos financeiros destinados a apoiar os processos de desenvolvimento local, segundo as condições previstas no presente Acordo;

— Participar na execução dos projectos e programas de cooperação nos domínios que lhes digam respeito ou nos quais apresentem vantagens comparativas;

— Beneficiar de apoio com vista ao reforço das suas capacidades em domínios cruciais, a fim de aumentarem as suas competências, nomeadamente em termos de organização, representação e criação de mecanismos de consulta, incluindo canais de comunicação e de diálogo, bem como de promoverem alianças estratégicas.

ARTIGO 5.º
Informação

A cooperação apoia acções que permitam um melhor conhecimento e uma maior sensibilização relativamente às principais características da parceira ACP-UE. A cooperação deve igualmente:

— Incentivar a criação de parcerias e o estabelecimento de vínculos entre os intervenientes dos Estados ACP e da União Europeia;
— Intensificar a criação de redes e o intercâmbio de experiências e de conhecimentos entre os diversos intervenientes.

ARTIGO 6.º
Definições

1. Consideram-se intervenientes na cooperação:
a) As autoridades públicas (aos níveis local, nacional e regional);
b) Os intervenientes não estatais, nomeadamente:
— O sector privado;
— Os parceiros económicos e sociais, incluindo as organizações sindicais;
— A sociedade civil sob todas as suas formas, consoante as características nacionais.

2. O reconhecimento pelas Partes dos intervenientes não governamentais depende da sua capacidade de resposta em relação às necessidades das populações, das suas competências específicas e do carácter democrático e transparente da sua forma de organização e de gestão.

ARTIGO 7.º
Desenvolvimento das capacidades

O contributo da sociedade civil para o processo de desenvolvimento pode ser valorizado através do reforço das organizações comunitárias e das organizações não governamentais sem fins lucrativos em todos os domínios da cooperação, o que implica:
— O incentivo e o apoio à criação e ao desenvolvimento dessas organizações;
— A criação de mecanismos que assegurem a participação dessas organizações na definição, execução e avaliação das estratégias e programas de desenvolvimento.

TÍTULO II
Dimensão política

ARTIGO 8.º
Diálogo político

1. As Partes devem manter um diálogo político regular, abrangente, equilibrado e aprofundado, que conduza a compromissos de ambos os lados.

2. O objectivo desse diálogo consiste em permitir o intercâmbio de informações, promover a compreensão recíproca, facilitar a definição de prioridades e agendas comuns, nomeadamente reconhecendo os laços existentes entre os diferentes aspectos das relações entre as Partes e as diversas áreas de cooperação previstas no presente Acordo. O diálogo deve facilitar as consultas entre as Partes no âmbito das instâncias internacionais, tendo igualmente por objectivo evitar situações em que uma das Partes possa considerar necessário o recurso à cláusula de incumprimento.

3. O diálogo incide sobre todos os objectivos e finalidades previstos no Acordo, bem como sobre todas as questões de interesse comum, geral, regional ou sub-regional. Através do diálogo as Partes contribuem para a paz, a segurança e a estabilidade e promovem um contexto político estável e democrático. O diálogo engloba as estratégias de cooperação, assim como as políticas gerais e sectoriais, nomeadamente o ambiente, as questões da igualdade dos sexos, as migrações e as questões relativas ao património cultural.

4. O diálogo centra-se, designadamente, em questões políticas específicas de interesse comum ou de importância geral para a realização dos objectivos enunciados no Acordo, nomeadamente o comércio de armas, as despesas militares excessivas, a droga e o crime organizado, ou a discriminação étnica, religiosa ou racial. O diálogo inclui igualmente uma avaliação periódica da evolução em matéria de respeito pelos direitos humanos, de princípios democráticos, do Estado de direito e da boa governação.

5. As políticas gerais destinadas a promover a paz e a prevenir, gerir e resolver os conflitos violentos ocupam um lugar de destaque no âmbito do diálogo, bem como a necessidade de ter plenamente em consideração o objectivo da paz e estabilidade democrática na definição dos domínios prioritários da cooperação.

6. O diálogo deve ser conduzido de um modo flexível, assumir um carácter formal ou informal, consoante as necessidades, verificar-se no interior do quadro institucional ou à sua margem, sob a forma e ao nível mais adequados, incluindo a nível regional, sub-regional ou nacional.

7. As organizações regionais e sub-regionais, assim como os representantes das organizações da sociedade civil, devem ser associados a este diálogo.

ARTIGO 9.º
Elementos essenciais e elemento fundamental

1. A cooperação tem por objectivo o desenvolvimento sustentável centrado na pessoa humana, que é o principal protagonista e beneficiário do desenvolvimento, postulando o respeito e a promoção de todos os direitos humanos.

O respeito pelos direitos humanos e as liberdades fundamentais, incluindo o respeito pelos direitos sociais fundamentais, a democracia assente no Estado de direito e um sistema de governo transparente e responsável fazem parte integrante do desenvolvimento sustentável.

2. As Partes reafirmam as suas obrigações e compromissos internacionais em matéria de direitos humanos e reiteram o seu profundo empenho na defesa da dignidade e dos direitos humanos, que constituem aspirações legítimas dos indivíduos e dos povos. Os direitos humanos são universais, indivisíveis e interdependentes. As Partes comprometem-se a promover e a proteger todas as liberdades fundamentais e os direitos humanos, quer se trate de direitos civis e políticos, quer de direitos sociais, económicos e culturais. Neste contexto, as Partes reafirmam a igualdade entre homens e mulheres.

As Partes reafirmam que a democratização, o desenvolvimento e a protecção das liberdades fundamentais e dos direitos humanos são interdependentes e se reforçam mutuamente. Os princípios democráticos são princípios universalmente reconhecidos que presidem à organização do Estado e se destinam a assegurar a legitimidade da sua autoridade, a legalidade das suas acções, que se reflecte no seu sistema constitucional, legislativo e regulamentar, bem como a existência de mecanismos de participação. Cada país desenvolve a sua cultura democrática, com base em princípios universalmente reconhecidos.

A estrutura do Estado e as prerrogativas dos diversos poderes assentam no Estado de direito, que deve prever, nomeadamente, mecanismos de recurso jurídico eficazes e acessíveis, a independência do poder judicial, que assegure a igualdade perante a lei, e um poder executivo que respeite plenamente a lei.

O respeito pelos direitos humanos, os princípios democráticos e o Estado de direito, que presidem à parceria ACP-UE, devem nortear as políticas internas e externas das Partes e constituem os elementos essenciais do presente Acordo.

3. Num contexto político e institucional que respeite os direitos humanos, os princípios democráticos e o Estado de direito, a boa governação consiste na gestão transparente e responsável dos recursos humanos, naturais, económicos e financeiros, tendo em vista um desenvolvimento sustentável e equitativo. A boa governação implica processos de decisão claros a nível das autoridades públicas, instituições transparentes e responsabilizáveis, o primado do direito na gestão e na distribuição dos recursos e o reforço das capacidades no que respeita à elaboração e aplicação de medidas especificamente destinadas a prevenir e a combater a corrupção.

A boa governação, princípio no qual assenta a parceria ACP-UE, presidirá às políticas internas e externas das Partes e constitui um elemento fundamental do presente Acordo. As Partes acordam em que só os casos graves de corrupção, incluindo a corrupção activa e passiva, na acepção do artigo 97.º, constituem uma violação desse elemento.

4. A parceria apoia activamente a promoção dos direitos humanos, os processos de democratização, a consolidação do Estado de direito e a boa governação.

Estes domínios constituem um elemento importante do diálogo político. No âmbito desse diálogo, as Partes devem atribuir especial importância às mudanças em curso e à continuidade dos progressos registados. Essa avaliação periódica deve ter em conta as realidades económicas, sociais, culturais e históricas de cada país.

O apoio às estratégias de desenvolvimento beneficia especialmente estes domínios. A Comunidade apoia as reformas políticas, institucionais e legislativas, assim como o reforço das capacidades dos intervenientes públicos, privados e da sociedade civil, no âmbito de estratégias decididas de comum acordo entre o Estado interessado e a Comunidade.

ARTIGO 10.º
Outros elementos do contexto político

1. As Partes consideram que os seguintes elementos contribuem para a manutenção e a consolidação de um contexto político estável e democrático:

– O desenvolvimento sustentável e equitativo, que contemple, nomeadamente, o acesso aos recursos produtivos, aos serviços essenciais e à justiça;

– A maior participação de uma sociedade civil activa e organizada, assim como do sector privado.

2. As Partes reconhecem que os princípios da economia de mercado, assentes em regras de concorrência transparentes e em políticas sólidas nos domínios económico e social, contribuem para a realização dos objectivos da parceria.

ARTIGO 11.º
Políticas de consolidação da paz, prevenção e resolução de conflitos

1. As Partes devem prosseguir uma política activa, global e integrada de consolidação da paz e de prevenção e resolução de conflitos no âmbito da parceria. Essa política baseia-se no princípio da apropriação e centra-se, nomeadamente, no desenvolvimento das capacidades regionais, sub-regionais e nacionais, assim como na prevenção de conflitos violentos na sua fase inicial, agindo directamente sobre as suas causas profundas e associando da forma mais adequada todos os instrumentos disponíveis.

2. As actividades no domínio da consolidação da paz, da prevenção e da resolução de conflitos têm em vista, nomeadamente, assegurar uma repartição equitativa das oportunidades políticas, económicas, sociais e culturais por todos os estratos da sociedade, reforçar a legitimidade democrática e a eficácia da governação, criar mecanismos eficazes de conciliação pacífica dos interesses dos diferentes grupos, superar as fracturas entre os diferentes segmentos da sociedade e incentivar a criação de uma sociedade civil activa e organizada.

3. As actividades neste domínio incluem ainda, designadamente, o apoio aos esforços de mediação, negociação e reconciliação, a uma gestão regional eficaz dos recursos naturais comuns limitados, à desmobilização e à reintegração social de antigos combatentes, à resolução da problemática das crianças-soldado, bem como o apoio a outras iniciativas destinadas a estabelecer limites responsáveis às despesas militares e ao comércio de armas, incluindo através do apoio à promoção e à aplicação das normas e códigos de conduta acordados. Neste contexto, atribui-se especial importância à luta contra as minas antipessoal e contra a proliferação excessiva e descontrolada, o tráfico ilícito e a acumulação de armas ligeiras e de pequeno calibre.

4. Em situações de conflito violento, as Partes devem tomar todas as medidas adequadas para prevenir uma intensificação da violência, limitar o seu alastramento territorial e promover uma resolução pacífica dos dife-

rendos existentes. Será prestada especial atenção a fim de assegurar que os recursos financeiros da cooperação sejam utilizados segundo os princípios e os objectivos da parceria, bem como para impedir um desvio desses fundos para fins bélicos.

5. Em situações de pós-conflito, as Partes devem tomar todas as medidas adequadas para facilitar o regresso a uma situação de não-violência e de estabilidade duradoura. As Partes asseguram a ligação necessária entre as intervenções de emergência, a reabilitação e a cooperação para o desenvolvimento.

ARTIGO 12.º
Coerência das políticas comunitárias e impacte na execução do presente Acordo de parceria

Sem prejuízo do disposto no artigo 96.º, sempre que, no exercício das suas competências, a Comunidade pretenda adoptar uma medida susceptível de afectar os interesses dos Estados ACP no que respeita aos objectivos do presente Acordo, deve aquela informar atempadamente esses Estados das suas intenções. Para o efeito, a Comissão comunicará simultaneamente ao Secretariado dos Estados ACP a sua proposta de medidas desse tipo. Se necessário, pode igualmente ser apresentado um pedido de informação por iniciativa dos Estados ACP.

A pedido dos Estados ACP, iniciar-se-ão rapidamente consultas para que as suas preocupações quanto ao impacte dessas medidas possam ser tidas em conta antes da decisão final.

Após a realização das consultas, os Estados ACP podem, além disso, comunicar por escrito e o mais rapidamente possível as suas preocupações à Comunidade e propor alterações que vão ao encontro das suas preocupações.

Se a Comunidade não puder satisfazer os pedidos apresentados pelos Estados ACP, informá-los-á o mais rapidamente possível, indicando os motivos da sua decisão.

Os Estados ACP devem receber igualmente, sempre que possível com antecedência, informações adequadas sobre a entrada em vigor dessas decisões.

ARTIGO 13.º
Migração

1. A questão da migração é objecto de um diálogo aprofundado no âmbito da parceria ACP-UE.

As Partes reafirmam as suas obrigações e os seus compromissos no âmbito do direito internacional para assegurar o respeito pelos direitos humanos e eliminar todas as formas de discriminação baseadas, nomeadamente, na origem, no sexo, na raça, na língua ou na religião.

2. As Partes acordam em que a parceria implica, no que respeita à migração, um tratamento equitativo dos nacionais de países terceiros que residam legalmente nos seus territórios, uma política de integração destinada a conferir-lhes direitos e obrigações comparáveis aos dos seus cidadãos, prevenindo a discriminação na vida económica, social e cultural e adoptando medidas de luta contra o racismo e a xenofobia.

3. Os Estados-Membros devem conceder aos trabalhadores dos Estados ACP legalmente empregados no seu território um tratamento isento de qualquer discriminação com base na nacionalidade, em matéria de condições de trabalho, remuneração e despedimento. Da mesma forma, os Estados ACP concederão aos trabalhadores nacionais de Estados-Membros um tratamento não discriminatório equivalente.

4. As Partes consideram que as estratégias destinadas a reduzir a pobreza, a melhorar as condições de vida e de trabalho, a criar emprego e a desenvolver a formação contribuem a longo prazo para a normalização dos fluxos migratórios.

No âmbito das estratégias de desenvolvimento e da programação nacional e regional, as Partes devem ter em conta os condicionalismos estruturais associados aos fenómenos migratórios, a fim de apoiar o desenvolvimento económico e social das regiões de origem dos migrantes e de reduzir a pobreza.

A Comunidade apoia, através dos programas de cooperação nacionais e regionais, a formação dos nacionais dos países ACP nos respectivos países de origem, noutros países ACP ou em Estados-Membros da União Europeia. No que respeita às acções de formação nos Estados-Membros as Partes devem procurar assegurar que estas sejam orientadas para a inserção profissional dos cidadãos ACP nos seus países de origem.

As Partes devem desenvolver programas de cooperação destinados a facilitar o acesso ao ensino por parte dos estudantes dos Estados ACP, nomeadamente através do recurso às novas tecnologias da comunicação.

5. a) No âmbito do diálogo político, o Conselho de Ministros analisará questões relativas à imigração ilegal, tendo em vista a eventual definição dos meios necessários para uma política de prevenção.

b) Neste contexto, as Partes acordam, nomeadamente, em assegurar o respeito pelos direitos e pela dignidade das pessoas em todos os processos de repatriamento de imigrantes ilegais para os respectivos países de origem. A este propósito as autoridades competentes devem colocar à disposição dessas pessoas as infra-estruturas administrativas necessárias para o seu repatriamento.

c) As Partes acordam ainda em que:
   i): Os Estados-Membros da União Europeia devem aceitar o regresso e a readmissão de qualquer dos seus cidadãos ilegalmente presente no território de um Estado ACP, a pedido deste último e sem outras formalidades;

   Os Estados ACP devem aceitar o regresso e a readmissão de qualquer dos seus cidadãos ilegalmente presente no território de um Estado-Membro da União Europeia, a pedido deste último e sem outras formalidades;

   Os Estados-Membros e os Estados ACP devem proporcionar aos seus cidadãos os documentos de identidade necessários para o efeito.

   No que respeita aos Estados-Membros da União Europeia, as obrigações previstas no presente número são unicamente aplicáveis às pessoas que devam ser consideradas seus nacionais, para efeitos comunitários, nos termos da Declaração n.º 2 do Tratado Que Institui a Comunidade Europeia. No que respeita aos Estados ACP, as obrigações previstas no presente número são unicamente aplicáveis às pessoas que devam ser consideradas seus nacionais, segundo a sua ordem jurídica;

   ii) A pedido de qualquer das Partes, serão iniciadas negociações com os Estados ACP tendo em vista a conclusão, de boa fé e respeitando as normas aplicáveis do direito internacional, de acordos bilaterais que regulem as obrigações específicas em matéria de readmissão e de repatriamento dos seus nacionais. Se uma das Partes o considerar necessário, esses acordos poderão abranger igualmente disposições em matéria de readmissão de nacionais de países terceiros e de apátridas. Os acordos devem especificar as categorias de pessoas abrangidas pelas suas disposições, assim como as regras para a sua readmissão e o seu repatriamento.

   Os Estados ACP devem beneficiar de uma assistência adequada para aplicar os referidos acordos;

   iii) Para efeitos da presente alínea c), entende-se por «Partes» a Comunidade, qualquer dos seus Estados-Membros e qualquer Estado ACP.

PARTE 2
Disposições institucionais

ARTIGO 14.º
Instituições comuns

As instituições do presente Acordo são o Conselho de Ministros, o Comité de Embaixadores e a Assembleia Parlamentar Paritária.

ARTIGO 15.º
Conselho de Ministros

1. O Conselho de Ministros é composto por membros do Conselho da União Europeia e por membros da Comissão das Comunidades Europeias, por um lado, e por um membro do governo de cada Estado ACP, por outro.

A presidência do Conselho de Ministros é exercida alternadamente por um membro do Conselho da União Europeia e por um membro do governo de um Estado ACP.

O Conselho reúne-se, em princípio, uma vez por ano e sempre que tal seja necessário, por iniciativa do presidente, numa forma e com uma composição geográfica regional adaptada aos temas a tratar.

2. O Conselho de Ministros tem as seguintes funções:

a) Conduzir o diálogo político;

b) Definir as directrizes políticas e adoptar as decisões necessárias para a aplicação das disposições do presente Acordo, nomeadamente no que se refere às estratégias de desenvolvimento para os sectores especificamente previstos no presente Acordo ou para qualquer outro sector pertinente, bem como no que se refere aos procedimentos;

c) Analisar e resolver quaisquer questões susceptíveis de impedir a aplicação eficaz e efectiva do presente Acordo ou de obstar à concretização dos seus objectivos;

d) Garantir o funcionamento dos mecanismos de consulta.

3. O Conselho de Ministros adopta as suas decisões por comum acordo das Partes. As deliberações do Conselho de Ministros são válidas apenas se estiverem presentes metade dos membros do Conselho da União Europeia, um membro da Comissão e dois terços dos membros que representam os governos dos Estados ACP. Os membros do Conselho de Ministros impedidos de comparecer podem fazer-se representar. O representante deve exercer todos os direitos do membro titular.

O Conselho de Ministros pode adoptar decisões vinculativas para as Partes, bem como resoluções quadro, recomendações e pareceres. O Conselho de Ministros deve analisar e tomar em consideração as resoluções e as recomendações adoptadas pela Assembleia Parlamentar Paritária.

O Conselho de Ministros deve conduzir um diálogo permanente com os representantes dos parceiros económicos e sociais e os outros intervenientes da sociedade civil dos Estados ACP e da União Europeia. Para o efeito, serão realizadas consultas à margem das suas reuniões.

4. O Conselho de Ministros pode delegar competências no Comité de Embaixadores.

5. O Conselho de Ministros deve adoptar o seu regulamento interno no prazo de seis meses a contar da data da entrada em vigor do presente Acordo.

ARTIGO 16.º
Comité de Embaixadores

1. O Comité de Embaixadores é composto pelos representantes permanentes dos Estados-Membros junto da União Europeia e por um representante da Comissão, por um lado, e pelos chefes das missões dos diversos Estados ACP junto da União Europeia, por outro.

A presidência do Comité de Embaixadores é exercida alternadamente por um representante permanente de um Estado-Membro, designado pela Comunidade, e por um chefe de missão de um Estado ACP, designado pelos Estados ACP.

2. O Comité de Embaixadores assiste o Conselho de Ministros no desempenho das suas funções e executa quaisquer funções que lhe sejam por ele confiadas, devendo, neste contexto, acompanhar a aplicação do presente Acordo, bem como os progressos obtidos na realização dos objectivos nele definidos.

O Comité de Embaixadores reúne-se periodicamente, a fim de preparar as reuniões do Conselho, e sempre que tal se revele necessário.

3. O Comité de Embaixadores deve adoptar o seu regulamento interno no prazo de seis meses a contar da data da entrada em vigor do presente Acordo.

ARTIGO 17.º
Assembleia Parlamentar Paritária

1. A Assembleia Parlamentar Paritária é composta por um número

igual de representantes da União Europeia e dos Estados ACP. Os membros da Assembleia Parlamentar Paritária são, por um lado, membros do Parlamento Europeu e, por outro, parlamentares ou, na sua falta, representantes designados pelos parlamentos dos Estados ACP. No caso dos Estados ACP que não tenham parlamento, a participação do representante do Estado ACP em causa será sujeita à aprovação prévia da Assembleia Parlamentar Paritária.

2. Compete à Assembleia Parlamentar Paritária, como órgão consultivo:
– Promover os processos democráticos, através do diálogo e de consultas;
– Contribuir para uma maior compreensão entre os povos da União Europeia e os dos Estados ACP e sensibilizar a opinião pública para as questões de desenvolvimento;
– Debater questões relativas ao desenvolvimento e à parceria ACP-UE;
– Adoptar resoluções e formular recomendações dirigidas ao Conselho de Ministros, tendo em vista a realização dos objectivos do presente Acordo.

3. A Assembleia Parlamentar Paritária reúne-se duas vezes por ano em sessão plenária alternadamente na União Europeia e num Estado ACP. A fim de reforçar o processo de integração regional e de fomentar a cooperação entre os parlamentos nacionais, podem ser organizadas reuniões entre membros dos parlamentos da UE e dos Estados ACP, a nível regional ou sub-regional.

A Assembleia Parlamentar Paritária deve organizar periodicamente contactos com os parceiros económicos e sociais dos Estados ACP e da UE, bem como com os outros intervenientes da sociedade civil, a fim de conhecer os seus pontos de vista sobre a realização dos objectivos do presente Acordo.

4. A Assembleia Parlamentar Paritária deve adoptar o seu regulamento interno no prazo de seis meses a contar de data da entrada em vigor do presente Acordo.

PARTE 3
Estratégias de cooperação

ARTIGO 18.º

As estratégias de cooperação baseiam-se nas estratégias de desenvolvimento e na cooperação económica e comercial, que são interdependentes e complementares. As Partes procuram assegurar que os esforços desenvolvidos nas duas áreas supramencionadas se reforcem mutuamente.

TÍTULO I
Estratégias de desenvolvimento

CAPÍTULO 1
Quadro geral

ARTIGO 19.º
Princípios e objectivos

1. O objectivo central da cooperação ACP-CE é a redução da pobreza e, a prazo, a sua erradicação, o desenvolvimento sustentável e a integração progressiva dos países ACP na economia mundial. Neste contexto, o enquadramento e as directrizes da cooperação devem ser adaptados às circunstâncias específicas de cada país ACP, promover a apropriação local das reformas económicas e sociais e a integração dos intervenientes do sector privado e da sociedade civil no processo de desenvolvimento.

2. A cooperação deve nortear-se pelas conclusões das conferências das Nações Unidas e pelos objectivos e programas de acção acordados a nível internacional, bem como pelo seguimento que lhes foi dado, enquanto princípios de base do desenvolvimento. A cooperação deve igualmente tomar como referência os objectivos internacionais da cooperação para o desenvolvimento e prestar especial atenção à definição de indicadores de progresso qualitativos e quantitativos.

3. Os governos e os intervenientes não estatais dos diversos países ACP devem iniciar consultas sobre as respectivas estratégias de desenvolvimento e o apoio comunitário a essas estratégias.

ARTIGO 20.º
Metodologia

1. Os objectivos da cooperação para o desenvolvimento ACP-CE são prosseguidos através de estratégias integradas, que combinem elementos económicos, sociais, culturais, ambientais e institucionais que devem ser objecto de uma apropriação a nível local. A cooperação deve proporcionar, por conseguinte, um enquadramento coerente e eficaz de apoio às es-

tratégias de desenvolvimento próprias dos países ACP, assegurando a complementaridade e a interacção entre estes diferentes elementos. Neste contexto, e no âmbito das políticas de desenvolvimento e das reformas levadas a efeito pelos Estados ACP, as estratégias de cooperação ACP-CE têm por objectivo:

a) Assegurar um crescimento económico, rápido e sustentado, que permita criar postos de trabalho, desenvolver o sector privado, aumentar o emprego, melhorar o acesso aos recursos produtivos e às actividades económicas e promover a cooperação e a integração regionais;

b) Promover o desenvolvimento humano e social, contribuir para assegurar uma repartição ampla e equitativa dos benefícios do crescimento económico e assegurar a igualdade entre os géneros;

c) Promover os valores culturais das comunidades e as suas interacções específicas com os elementos económicos, políticos e sociais;

d) Promover o desenvolvimento e as reformas institucionais, reforçar instituições necessárias à consolidação da democracia, à boa governação e ao funcionamento de economias de mercado eficazes e competitivas, bem como reforçar as capacidades tendo em vista o desenvolvimento e a concretização da parceria;

e) Promover uma gestão sustentável e a regeneração do ambiente, assim como as boas práticas neste domínio, e assegurar a conservação dos recursos naturais.

2. As questões temáticas e horizontais, como as questões de igualdade dos sexos, as questões ambientais, o reforço institucional e o desenvolvimento das capacidades, serão sistematicamente tidas em conta e integradas em todos os domínios da cooperação. Estes domínios podem igualmente beneficiar do apoio da Comunidade.

3. Os textos que contemplam de forma pormenorizada os objectivos e estratégias de cooperação para o desenvolvimento, nomeadamente no que respeita às políticas e estratégias sectoriais, devem ser incorporados num compêndio contendo as orientações operacionais para domínios ou sectores específicos da cooperação. Esses textos podem ser revistos, adaptados e ou alterados pelo Conselho de Ministros com base numa recomendação do Comité ACP-CE de Cooperação para o Financiamento do Desenvolvimento.

CAPÍTULO 2
Áreas de apoio

SECÇÃO 1
Desenvolvimento económico

ARTIGO 21.º
Investimento e desenvolvimento do sector privado

1. A cooperação deve apoiar, a nível nacional e ou regional, as reformas e as políticas económicas e institucionais necessárias à criação de condições favoráveis aos investimentos privados e ao desenvolvimento de um sector privado dinâmico, viável e competitivo. A cooperação deve igualmente contemplar:

   a) A promoção do diálogo e da cooperação entre o sector público e o sector privado;

   b) O desenvolvimento das capacidades de gestão e de uma cultura empresarial;

   c) A privatização e a reforma das empresas;

   d) O desenvolvimento e a modernização dos mecanismos de mediação e de arbitragem.

2. A cooperação deve contribuir também para melhorar a qualidade, a disponibilidade e a acessibilidade dos serviços financeiros e não financeiros prestados às empresas privadas, tanto do sector formal, como do sector informal, através:

   a) Da mobilização e da canalização da poupança privada, tanto nacional, como estrangeira, para o financiamento de empresas privadas, mediante o apoio a políticas de desenvolvimento e modernização do sector financeiro, incluindo os mercados de capitais, as instituições financeiras e as operações de microfinanciamento sustentáveis;

   b) Do desenvolvimento e do reforço das instituições comerciais, de organizações intermediárias, de associações, câmaras de comércio e entidades locais de prestação de serviços do sector privado, que apoiem e prestem serviços não financeiros às empresas, nomeadamente assistência profissional, técnica, comercial, bem como em matéria de gestão e de formação;

   c) Do apoio às instituições, programas, actividades e iniciativas que contribuam para o desenvolvimento e a transferência de tecnologias, de *know-how* e de boas práticas em todos os domínios relacionados com a gestão das empresas.

3. A cooperação deve promover o desenvolvimento das empresas através de financiamentos de mecanismos de garantia e de assistência técnica, a fim de incentivar e apoiar a criação, o estabelecimento, a expansão, a diversificação, a reabilitação, a reestruturação, a modernização ou a privatização de empresas dinâmicas, viáveis e competitivas em todos os sectores económicos, bem como de intermediários financeiros, nomeadamente instituições de financiamento do desenvolvimento e de capitais de risco e sociedades de locação financeira, através:

a) Da criação e ou do reforço dos instrumentos financeiros sob a forma de capitais de investimento;

b) Da melhoria do acesso a factores essenciais, como serviços de informação, assessoria, consultoria ou assistência técnica às empresas;

c) Do aumento das actividades de exportação, nomeadamente através do reforço das capacidades em todos os domínios relacionados com o comércio;

d) Do incentivo ao estabelecimento de vínculos, redes e relações de cooperação entre as empresas, nomeadamente em matéria de transferência de tecnologias e *know-how* a nível nacional, regional e ACP-UE, bem como à criação de parcerias com investidores privados estrangeiros, segundo os objectivos e as orientações da cooperação para o desenvolvimento ACP-CE.

4. A cooperação deve apoiar o desenvolvimento de microempresas, proporcionando-lhes um melhor acesso aos serviços financeiros e não financeiros, um enquadramento regulamentar e políticas adequadas ao seu desenvolvimento, bem como serviços de formação e de informação sobre as melhores práticas em matéria de microfinanciamentos.

5. O apoio aos investimentos e ao desenvolvimento do sector privado deve contemplar acções e iniciativas aos níveis macro, meso e microeconómicos.

ARTIGO 22.º
Reformas e políticas macroeconómicas e estruturais

1. A cooperação deve apoiar os esforços envidados pelos países ACP, tendo em vista:

a) O crescimento e a estabilização a nível macroeconómico, através de uma disciplina em matéria de política financeira e monetária, que permita a redução da inflação, o equilíbrio das finanças públicas e das contas externas, reforçando a disciplina orçamental, aumentando a transparência e a eficácia orçamentais e melhorando a qualidade, a equidade e a composição da política financeira;

b) A adopção de políticas estruturais destinadas a reforçar o papel dos diferentes intervenientes, nomeadamente do sector privado, e a melhorar o contexto empresarial a fim de desenvolver as empresas, os investimentos e o emprego, bem como:

- i) Liberalizar os regimes comercial e cambial e assegurar a convertibilidade a nível das transacções correntes, em função das circunstâncias específicas de cada país;
- ii) Reforçar as reformas do mercado de trabalho e dos produtos;
- iii) Incentivar a reforma dos sistemas financeiros, a fim de assegurar a viabilidade dos sistemas bancários e não bancários, dos mercados de capitais e dos serviços financeiros (incluindo os microfinanciamentos);
- iv) Melhorar a qualidade dos serviços públicos e privados;
- v) Incentivar a cooperação regional e a integração progressiva das políticas macroeconómicas e monetárias.

2. A concepção das políticas macroeconómicas e dos programas de ajustamento estrutural deve reflectir o contexto sócio-político e a capacidade institucional dos países em causa e contribuir para a redução da pobreza e para melhorar o acesso aos serviços sociais, com base nos seguintes princípios:

a) Incumbe em primeiro lugar aos Estados ACP a responsabilidade pela análise dos problemas a resolver e pela concepção e execução das reformas;

b) Os programas de apoio devem ser adaptados à situação específica de cada Estado ACP e ter em conta as condições sociais, culturais e ambientais desses Estados;

c) O direito de os Estados ACP determinarem a orientação e o calendário de execução das suas estratégias e prioridades de desenvolvimento deve ser reconhecido e respeitado;

d) O ritmo das reformas deve ser realista e compatível com as capacidades e os recursos dos diferentes Estados ACP;

e) Os mecanismos de comunicação e de informação das populações sobre as reformas e políticas económicas e sociais devem ser reforçados.

ARTIGO 23.º
Desenvolvimento económico

A cooperação deve apoiar a realização de reformas políticas e institucionais sustentáveis, bem como os investimentos necessários para assegurar a igualdade de acesso às actividades económicas e aos recursos produtivos, nomeadamente:

a) O desenvolvimento de sistemas de formação que contribuam para aumentar a produtividade, tanto no sector formal, como no sector informal;

b) A disponibilização de capitais, crédito e terrenos, tendo especialmente em conta os direitos de propriedade e de exploração;

c) A definição de estratégias rurais que permitam criar um enquadramento adequado para o planeamento descentralizado, a repartição e a gestão dos recursos segundo uma abordagem participativa;

d) Estratégias de produção agrícola, políticas nacionais e regionais de segurança alimentar, desenvolvimento sustentável dos recursos hídricos e das pescas, bem como dos recursos marinhos das zonas económicas exclusivas dos Estados ACP. Os acordos de pesca eventualmente negociados entre a Comunidade e os países ACP devem ter devidamente em conta as estratégias de desenvolvimento neste domínio e ser com elas compatíveis;

e) Serviços e infra-estruturas económicos e tecnológicos, incluindo transportes, sistemas de telecomunicações e serviços de comunicação, bem como o desenvolvimento da sociedade da informação;

f) Aumento da competitividade dos sectores industrial, mineiro e energético, incentivando simultaneamente a participação e o desenvolvimento do sector privado;

g) Desenvolvimento das trocas comerciais, incluindo a promoção do comércio equitativo;

h) Desenvolvimento das empresas e dos sectores financeiro e bancário, bem como dos outros sectores dos serviços;

i) Desenvolvimento do turismo;

j) Desenvolvimento das infra-estruturas e dos serviços nos domínios da ciência, da tecnologia e da investigação, incluindo o reforço, a transferência e a aplicação de novas tecnologias;

k) Reforço das capacidades dos sectores produtivos, tanto a nível do sector privado, como do sector público.

ARTIGO 24.º
Turismo

A cooperação tem por objectivo o desenvolvimento sustentável da indústria do turismo nos Estados e nas sub-regiões ACP, reconhecendo a sua importância crescente para o reforço do sector dos serviços nos países

ACP e para a expansão do comércio global destes países, bem como a sua capacidade para estimular outros sectores de actividade económica e o papel que pode desempenhar na erradicação da pobreza.

Os programas e projectos de cooperação devem apoiar os esforços dos países ACP destinados a definir e melhorar os seus recursos e o seu enquadramento jurídico e institucional, com o objectivo de definir e executar políticas e programas sustentáveis no domínio do turismo e aumentar a competitividade do sector, em especial das PME, bem como contribuir para a promoção dos investimentos, o desenvolvimento de novos produtos, nomeadamente o desenvolvimento das culturas indígenas dos países ACP, e o reforço da articulação entre o sector do turismo e os outros sectores da actividade económica.

SECÇÃO 2
Desenvolvimento social e humano

ARTIGO 25.°
Desenvolvimento do sector social

1. A cooperação deve apoiar os esforços dos Estados ACP na definição de políticas e reformas gerais e sectoriais que contribuam para melhorar a cobertura, a qualidade e o acesso às infra-estruturas e serviços sociais de base e ter em conta as necessidades locais e as carências específicas dos grupos mais vulneráveis e desfavorecidos, reduzindo assim as desigualdades no que se refere ao acesso a esses serviços. Prestar-se-á especial atenção à necessidade de assegurar um nível adequado de despesas públicas nos sectores sociais. Neste contexto, a cooperação tem por objectivo:

a) A melhoria da educação e da formação, bem como o desenvolvimento das capacidades e das competências técnicas;

b) A melhoria dos sistemas de saúde e de nutrição, a erradicação da fome e da subnutrição, assegurando um abastecimento alimentar adequado, bem como a segurança alimentar;

c) A integração das questões demográficas nas estratégias de desenvolvimento, a fim de desenvolver a saúde reprodutiva, os cuidados básicos de saúde, o planeamento familiar e a prevenção da mutilação genital das mulheres;

d) A promoção da luta contra o VIH/SIDA;

e) A melhoria da segurança da água para uso doméstico, do abastecimento de água potável e do saneamento;

f) Uma maior disponibilidade de alojamento adequado e acessível para toda a população, mediante o financiamento de programas de construção de habitação social e de desenvolvimento urbano;

g) A promoção de métodos participativos de diálogo social, bem como do respeito pelos direitos sociais fundamentais.

2. A cooperação deve apoiar igualmente o desenvolvimento das capacidades nos sectores sociais, nomeadamente: programas de formação em matéria de elaboração de políticas sociais e de técnicas modernas de gestão dos projectos e programas sociais; políticas de incentivo à inovação tecnológica e à investigação; desenvolvimento das competências locais e promoção de parcerias; organização de mesas-redondas a nível nacional e ou regional.

3. A cooperação deve incentivar e apoiar a elaboração e a execução de políticas e de sistemas de protecção e de segurança social, a fim de reforçar a coesão social e de promover a auto-suficiência e a solidariedade social. O apoio deve centrar-se, nomeadamente, no desenvolvimento de iniciativas baseadas na solidariedade económica, em especial através da criação de fundos de desenvolvimento social adaptados às necessidades e aos intervenientes locais.

ARTIGO 26.º
Juventude

A cooperação deve apoiar a elaboração de uma política coerente e global tendo em vista a valorização do potencial da juventude, de modo a assegurar uma melhor integração dos jovens na sociedade e o pleno desenvolvimento das suas capacidades. Neste contexto, a cooperação deve apoiar políticas, iniciativas e acções que visem:

a) A protecção dos direitos das crianças e dos jovens, em especial do sexo feminino;

b) O aproveitamento das aptidões, da energia, do espírito de inovação e do potencial dos jovens, a fim de melhorar as suas oportunidades nos domínios social, cultural e económico e aumentar as suas oportunidades de emprego no sector produtivo;

c) O apoio às instituições comunitárias de base, a fim de proporcionar às crianças a possibilidade de desenvolverem o seu potencial físico, psicológico e sócio-económico;

d) A reinserção social das crianças em situações de pós-conflito, através de programas de reabilitação.

ARTIGO 27.º
Desenvolvimento cultural

A cooperação na área da cultura tem como objectivo:

a) A integração da dimensão cultural nos diferentes níveis da cooperação para o desenvolvimento;

b) O reconhecimento, a preservação e a promoção dos valores e identidades culturais, de forma a possibilitar o diálogo intercultural;

c) O reconhecimento, a conservação e a valorização do património cultural, mediante o apoio ao desenvolvimento das capacidades neste sector;

d) O desenvolvimento das indústrias culturais e a melhoria do acesso ao mercado no que respeita aos bens e serviços culturais.

SECÇÃO 3
Cooperação e integração regionais

ARTIGO 28.º
Abordagem geral

A cooperação deve contribuir eficazmente para a realização dos objectivos e prioridades definidos pelos Estados ACP no âmbito da cooperação e da integração regionais e sub-regionais, incluindo a nível da cooperação inter-regional e entre Estados ACP. A cooperação regional pode abranger igualmente os países e territórios ultramarinos (PTU) e as regiões ultraperiféricas. Neste contexto, a cooperação tem como objectivos:

a) Promover a integração progressiva dos Estados ACP na economia mundial;

b) Acelerar a cooperação e o desenvolvimento económicos, tanto a nível das regiões dos Estados ACP, como entre estas e as regiões de outros Estados ACP;

c) Promover a livre circulação das pessoas, bens, serviços, capitais, mão-de-obra e tecnologias entre os países ACP;

d) Acelerar a diversificação das economias dos Estados ACP, bem como a coordenação e a harmonização das políticas de cooperação regionais e sub-regionais;

e) Promover e desenvolver o comércio inter-ACP e intra-ACP, assim como as trocas comerciais com países terceiros.

ARTIGO 29.º
Integração económica regional

Na área da integração económica regional, a cooperação deve:
a) Desenvolver e reforçar as capacidades:
 i) Das instituições e organizações de integração regional criadas pelos Estados ACP a fim de promover a cooperação e a integração regionais;
 ii) Dos governos e dos parlamentos nacionais em matéria de integração regional;
b) Incentivar os Estados ACP menos desenvolvidos a participarem na criação de mercados regionais e a tirarem proveito dos mesmos;
c) Executar políticas de reforma sectorial a nível regional;
d) Liberalizar as trocas comerciais e os pagamentos;
e) Promover os investimentos transfronteiriços, tanto estrangeiros como nacionais, e outras iniciativas de integração económica regional ou sub-regional;
f) Ter em conta o efeito dos custos transitórios líquidos da integração regional em termos de receitas orçamentais e de balança de pagamentos.

ARTIGO 30.º
Cooperação regional

1. A cooperação regional deve abranger um amplo leque de áreas temáticas e funcionais que abordem especificamente problemas comuns e permitam tirar partido das economias de escala, designadamente nos seguintes sectores:
a) Infra-estruturas, nomeadamente as infra-estruturas de transporte e de comunicação e os problemas de segurança com elas relacionados, e serviços, incluindo a criação de oportunidades regionais no domínio das tecnologias da informação e da comunicação (TIC);
b) Ambiente, gestão dos recursos hídricos e energia;
c) Saúde, educação e formação;
d) Investigação e desenvolvimento tecnológico;
e) Iniciativas regionais em matéria de prevenção de catástrofes e atenuação dos seus efeitos;

f) Outros domínios, como a limitação do armamento e a luta contra a droga, o crime organizado, o branqueamento de capitais e a corrupção, tanto activa como passiva.

2. A cooperação deve igualmente apoiar projectos e iniciativas de cooperação inter-ACP e intra-ACP.

3. A cooperação deve contribuir para a promoção e o desenvolvimento de um diálogo político regional em matéria de prevenção e resolução de conflitos, de direitos humanos e democratização, de intercâmbio, criação de redes e promoção da mobilidade entre os diversos intervenientes no desenvolvimento, nomeadamente da sociedade civil.

SECÇÃO 4
Questões temáticas e horizontais

ARTIGO 31.º
Questões da igualdade dos sexos

A cooperação deve contribuir para o reforço das políticas e programas destinados a melhorar, assegurar e alargar a participação em igualdade de condições dos homens e das mulheres em todos os domínios da vida política, económica, social e cultural. A cooperação deve contribuir para melhorar o acesso das mulheres a todos os recursos necessários para exercerem plenamente os seus direitos fundamentais, devendo, mais especificamente, criar um enquadramento adequado para:

a) Integrar as questões da igualdade dos sexos e uma abordagem que tenha em conta estas preocupações a todos os níveis da cooperação para o desenvolvimento, incluindo as políticas macroeconómicas, as estratégias e as acções de desenvolvimento;

b) Incentivar a adopção de medidas de discriminação positiva em favor das mulheres, nomeadamente:
   i) Participação na vida política nacional e local;
   ii) Apoio às associações de mulheres;
   iii) Acesso aos serviços sociais de base, designadamente a educação e a formação, a saúde e o planeamento familiar;
   iv) Acesso aos recursos produtivos, nomeadamente a terra e o crédito, assim como ao mercado de trabalho;
   v) Tomada em consideração dos problemas específicos das mulheres no âmbito das operações de ajuda de emergência e de reabilitação.

ARTIGO 32.º
Ambiente e recursos naturais

1. A cooperação no domínio da protecção do ambiente e da exploração e gestão sustentáveis dos recursos naturais tem como objectivos:

a) Integrar o princípio da gestão sustentável do ambiente em todos os aspectos da cooperação para o desenvolvimento e apoiar os programas e os projectos desenvolvidos pelos diversos intervenientes nesta área;

b) Criar e ou reforçar as capacidades científicas e técnicas, humanas e institucionais em matéria de gestão ambiental de todas as partes interessadas nos aspectos ambientais;

c) Apoiar medidas e projectos específicos que contemplem questões essenciais em matéria de gestão sustentável, bem como questões relacionadas com compromissos regionais e internacionais, actuais ou futuros, no que respeita aos recursos naturais e minerais, nomeadamente:

  i) As florestas tropicais, os recursos hídricos, costeiros, marinhos e haliêuticos, a vida selvagem, os solos e a biodiversidade;

  ii) A protecção de ecossistemas frágeis (recifes de corais, por exemplo);

  iii) As fontes de energia renováveis, designadamente a energia solar, e o rendimento energético;

  iv) O desenvolvimento urbano e rural sustentável;

  v) A desertificação, a seca e a desflorestação;

  vi) A adopção de soluções inovadoras para os problemas ambientais urbanos;

  vii) A promoção de um modelo de turismo sustentável;

d) Contemplar as questões relativas aos transportes e à eliminação dos resíduos perigosos.

2. A cooperação neste domínio deve igualmente tomar em consideração:

a) A vulnerabilidade dos pequenos Estados ACP insulares, em especial as ameaças decorrentes das alterações climáticas;

b) O agravamento dos problemas da seca e da desertificação, nomeadamente no que respeita aos países menos desenvolvidos e sem litoral;

c) O desenvolvimento institucional e o reforço das capacidades.

ARTIGO 33.º
Desenvolvimento institucional e reforço das capacidades

1. A cooperação deve ter sistematicamente em conta os aspectos institucionais e, nesse contexto, apoiar os esforços envidados pelos Estados

ACP a fim de desenvolverem e reforçarem as estruturas, as instituições e os procedimentos que contribuam para:

a) Promover e consolidar a democracia, a dignidade humana, a justiça social e o pluralismo, respeitando plenamente a diversidade existente no interior de cada sociedade e entre as diversas sociedades;

b) Promover e consolidar o respeito universal e integral, bem como a protecção, de todos os direitos humanos e liberdades fundamentais;

c) Desenvolver e reforçar o Estado de direito e melhorar o acesso à justiça, assegurando simultaneamente o profissionalismo e a independência dos sistemas judiciais;

d) Assegurar a gestão e a administração transparentes e responsáveis de todas as instituições públicas.

2. As Partes cooperarão em matéria de luta contra a corrupção, activa e passiva, a todos os níveis da sociedade.

3. A cooperação deve apoiar os esforços envidados pelos Estados ACP no sentido de tornarem as suas instituições públicas um factor dinâmico de crescimento e de desenvolvimento e de melhorarem consideravelmente a eficiência dos serviços públicos e o seu impacte na vida quotidiana dos cidadãos. Neste contexto, a cooperação deve contribuir para a reforma, a racionalização e a modernização do sector público. Mais concretamente, a cooperação privilegiará:

a) A reforma e a modernização da função pública;

b) A realização de reformas jurídicas e judiciárias e a modernização dos sistemas de justiça;

c) A melhoria e o reforço da gestão das finanças públicas;

d) A aceleração das reformas nos sectores bancário e financeiro;

e) A melhoria da gestão dos bens do Estado e a reforma dos procedimentos em matéria de contratos públicos;

f) A descentralização política, administrativa, económica e financeira.

4. A cooperação deve igualmente contribuir para restabelecer e ou aumentar as capacidades de base do sector público e para apoiar as instituições necessárias ao funcionamento de uma economia de mercado, nomeadamente a fim de:

a) Desenvolver as capacidades jurídicas e regulamentares necessárias ao bom funcionamento de uma economia de mercado, incluindo as políticas de concorrência e de defesa do consumidor;

b) Melhorar a capacidade de análise, de planeamento, de elaboração e de execução das diversas políticas, nomeadamente nos domínios económico, social, do ambiente, da investigação, da ciência e da tecnologia, bem como em matéria de inovação;

c) Modernizar, reforçar e reformar as instituições financeiras e monetárias, aperfeiçoando os seus procedimentos;

d) Criar, a nível local e municipal, as capacidades necessárias para a execução de uma política de descentralização e para o reforço da participação das populações no processo de desenvolvimento;

e) Desenvolver as capacidades noutros domínios críticos como:
  i) As negociações internacionais; e
  ii) A gestão e a coordenação da ajuda externa.

5. A cooperação deve contribuir para a emergência de intervenientes não governamentais e para o desenvolvimento das suas capacidades em todas as áreas e sectores da cooperação, bem como para o reforço das estruturas de informação, de diálogo e de consulta entre estes intervenientes e as autoridades nacionais, incluindo a nível regional.

TÍTULO II
Cooperação económica e comercial

CAPÍTULO 1
Objectivos e princípios

ARTIGO 34.º
Objectivos

1. A cooperação económica e comercial tem por objectivo a integração progressiva e harmoniosa dos Estados ACP na economia mundial, respeitando as suas opções políticas e as suas prioridades de desenvolvimento, incentivando o seu desenvolvimento sustentável e contribuindo para a erradicação da pobreza nesses países.

2. O objectivo final da cooperação económica e comercial é permitir a plena participação dos Estados ACP no comércio internacional. Neste contexto, é concedida especial atenção à necessidade de os Estados ACP participarem activamente nas negociações comerciais multilaterais. Tendo em conta o seu actual nível de desenvolvimento, a cooperação económica e comercial deve permitir aos países ACP superarem os desafios suscitados pela globalização, adaptando-se progressivamente às novas condições do comércio internacional e facilitando assim a sua transição para uma economia global liberalizada.

3. Para o efeito, a cooperação económica e comercial procura reforçar as capacidades de produção, de abastecimento e de comercialização dos países ACP, bem como a sua capacidade para atrair investimentos, bem como criar uma nova dinâmica das trocas comerciais entre as Partes, reforçar as políticas comerciais e de investimento dos países ACP e melhorar a sua capacidade para fazer face a todas as questões relacionadas com o comércio.

4. A cooperação económica e comercial será executada em plena consonância com as disposições da Organização Mundial do Comércio (OMC), incluindo no que se refere à concessão de um tratamento especial e diferenciado, tendo em conta os interesses mútuos das Partes e os respectivos níveis de desenvolvimento.

ARTIGO 35.º
Princípios

1. A cooperação económica e comercial tem por base uma parceria estratégica, genuína e reforçada e assenta igualmente numa abordagem global que, partindo dos aspectos mais positivos e das realizações das anteriores convenções ACP-CE, utilize todos os meios disponíveis para alcançar os objectivos supramencionados, fazendo face aos condicionalismos a nível da oferta e da procura. Neste contexto, assumem especial importância as medidas destinadas a desenvolver as trocas comerciais, como forma de reforçar a competitividade dos Estados ACP. Por conseguinte, no âmbito das estratégias de desenvolvimento dos Estados ACP, que beneficiam do apoio da Comunidade, deve ser atribuída a devida relevância ao desenvolvimento das trocas comerciais.

2. A cooperação económica e comercial assenta nas iniciativas de integração regional dos Estados ACP, reconhecendo que a integração regional constitui um instrumento fundamental para a integração dos países ACP na economia mundial.

3. A cooperação económica e comercial tem em conta as diferentes necessidades e os diversos níveis de desenvolvimento dos vários países e regiões ACP. Neste contexto, as Partes reafirmam a importância que atribuem à concessão de um tratamento especial e diferenciado a todos os países ACP, à manutenção do tratamento específico concedido aos Estados ACP menos desenvolvidos, bem como à necessidade de ter devidamente em consideração a vulnerabilidade dos pequenos países, dos países sem litoral e dos países insulares.

CAPÍTULO 2
Novo regime comercial

ARTIGO 36.º
Regras

1. Tendo em conta os objectivos e os princípios acima enunciados, as Partes acordam em concluir novos convénios comerciais compatíveis com as regras da OMC, eliminando progressivamente os obstáculos às trocas comerciais e reforçando a cooperação em todos os domínios relacionados com o comércio.

2. As Partes acordam em que os novos regimes comerciais devem ser introduzidos progressivamente, reconhecendo, por conseguinte, a necessidade de um período preparatório.

3. A fim de facilitar a transição para os novos regimes comerciais, durante o período preparatório todos os países ACP devem continuar a beneficiar das preferências comerciais não recíprocas aplicáveis a título da Quarta Convenção ACP-CE, nas condições definidas no anexo V do presente Acordo.

4. Neste contexto, as Partes reafirmam a importância dos protocolos relativos aos produtos de base, que figuram no anexo V do presente Acordo. As Partes concordam quanto à necessidade de reexaminar esses protocolos no contexto dos novos regimes comerciais, nomeadamente no que respeita à sua compatibilidade com as regras da OMC, a fim de salvaguardar os benefícios deles decorrentes, tendo em conta o estatuto jurídico específico do protocolo relativo ao açúcar.

ARTIGO 37.º
Processo

1. Durante o período preparatório, que termina, o mais tardar, em 31 de Dezembro de 2007, deve proceder-se à negociação de acordos de parceria económica. As negociações formais relativas aos novos regimes comerciais iniciam-se em Setembro de 2002, devendo os novos regimes entrar em vigor em 1 de Janeiro de 2008, excepto se as Partes acordarem numa data anterior.

2. Devem ser adoptadas todas as medidas necessárias para assegurar a conclusão com êxito das negociações durante o período preparatório. Para o efeito, o período que antecede o início das negociações formais dos

novos regimes comerciais deve ser aproveitado activamente para efectuar os trabalhos preparatórios dessas negociações.

3. O período preparatório deve ser igualmente utilizado para desenvolver as capacidades dos sectores público e privado dos países ACP, nomeadamente adoptando medidas destinadas a melhorar a competitividade, a reforçar as organizações regionais e a apoiar as iniciativas de integração comercial regional, se necessário através do apoio ao ajustamento orçamental, à reforma das finanças públicas, à modernização e ao desenvolvimento das infra-estruturas e à promoção dos investimentos.

4. As Partes devem analisar periodicamente a evolução dos preparativos e das negociações, procedendo, em 2006, a um exame formal e exaustivo dos acordos previstos para todos os países, a fim de assegurar que não será necessário qualquer período suplementar para a conclusão desses preparativos ou negociações.

5. Devem iniciar-se negociações de acordos de parceria económica com os países ACP que se considerem preparados para o fazer, ao nível que considerarem adequado e segundo os procedimentos aceites pelo grupo ACP, tendo em conta o processo de integração regional entre os Estados ACP.

6. Em 2004, a Comunidade deve examinar a situação dos países que não se encontram entre os países menos desenvolvidos (PMD) que decidam, após consultas com a Comunidade, que não estão em condições de negociar acordos de parceria económica, analisando todas as alternativas possíveis a fim de proporcionar a estes países um novo quadro comercial equivalente à situação existente e conforme às regras da OMC.

7. A negociação dos acordos de parceria económica tem em vista, nomeadamente, definir o calendário para a eliminação progressiva dos obstáculos às trocas comerciais entre as Partes, segundo as normas da OMC nesta matéria. No que respeita à Comunidade, a liberalização das trocas comerciais baseia-se no acervo e tem por objectivo a melhoria do actual acesso dos países ACP ao mercado comunitário, nomeadamente através de um reexame das regras de origem. As negociações têm em conta o nível de desenvolvimento e o impacte sócio-económico das medidas comerciais nos países ACP, bem como a capacidade destes países para se adaptarem e ajustarem as suas economias ao processo de liberalização. As negociações serão, por conseguinte, tão flexíveis quanto possível no que respeita à fixação de um período de transição suficiente, à lista definitiva dos produtos abrangidos, tendo em conta os sectores sensíveis e o grau de assimetria no calendário de desmantelamento pautal, assegurando, todavia, a conformidade com as normas da OMC em vigor nessa data.

8. As Partes devem colaborar estreitamente e concertar os seus esforços no âmbito da OMC, a fim de defender o regime acordado, nomeadamente no que se refere ao grau de flexibilidade possível.

9. Em 2000, a Comunidade deve iniciar um processo que, antes do final das negociações comerciais multilaterais e o mais tardar até 2005, permita o acesso com isenção de direitos a praticamente todos os produtos originários dos países menos desenvolvidos, com base no nível das disposições comerciais em vigor da Quarta Convenção ACP-CE. Esse processo deve contribuir para simplificar e rever as regras de origem, incluindo as disposições em matéria de cumulação, aplicáveis às suas exportações.

ARTIGO 38.º
Comité Ministerial Misto para as Questões Comerciais

1. É instituído um Comité Ministerial Misto ACP-CE para as Questões Comerciais.

2. O Comité Ministerial Misto para as Questões Comerciais acompanha com especial atenção as negociações comerciais multilaterais em curso e analisa o impacte das iniciativas mais vastas de liberalização sobre o comércio ACP-CE e o desenvolvimento das economias dos países ACP. O Comité formula as recomendações necessárias a fim de preservar as vantagens decorrentes dos regimes comerciais ACP-CE.

3. O Comité Ministerial Misto para as Questões Comerciais reúne-se pelo menos uma vez por ano. O seu regulamento interno é adoptado pelo Conselho de Ministros. O Comité é composto por representantes dos Estados ACP e por representantes da Comunidade designados pelo Conselho de Ministros.

CAPÍTULO 3
Cooperação nas instâncias internacionais

ARTIGO 39.º
Disposições gerais

1. As Partes salientam a importância da sua participação activa na OMC e em outras organizações internacionais competentes, através da sua adesão a essas organizações e do acompanhamento de perto das respectivas agendas e actividades.

2. As Partes acordam em cooperar estreitamente na identificação e promoção dos seus interesses comuns no âmbito da cooperação económica e comercial internacional, em especial no contexto da OMC, designadamente através da participação na definição da agenda e na condução das futuras negociações comerciais multilaterais. Neste contexto, atribui-se especial importância à melhoria do acesso dos produtos e serviços originários dos países ACP ao mercado comunitário e aos outros mercados internacionais.

3. As Partes acordam igualmente na importância da flexibilidade das regras da OMC, de modo a ter em consideração o nível de desenvolvimento dos Estados ACP, bem como as dificuldades com que estes países se deparam no cumprimento das suas obrigações. As Partes acordam ainda na necessidade de prestação de assistência técnica, a fim de permitir aos países ACP satisfazer os seus compromissos.

4. A Comunidade acorda em apoiar, nos termos do presente Acordo, os esforços envidados pelos Estados ACP para se tornarem membros activos destas organizações, desenvolvendo as capacidades necessárias para negociar, participar efectivamente, acompanhar e assegurar a aplicação desses acordos.

ARTIGO 40.º
Produtos de base

1. As Partes reconhecem a necessidade de assegurar um melhor funcionamento dos mercados internacionais dos produtos de base e de aumentar a sua transparência.

2. As Partes confirmam a sua vontade de intensificar o processo de consulta entre os Estados ACP e a Comunidade nas instâncias e organizações internacionais que se ocupam dos produtos de base.

3. As Partes devem, para o efeito e a pedido de uma delas, proceder a uma troca de opiniões:

— Sobre o funcionamento dos acordos internacionais em vigor ou dos grupos de trabalho intergovernamentais especializados, a fim de melhorar e aumentar a sua eficácia em função das tendências de mercado;

— Quando se preveja a conclusão ou a renovação de um acordo internacional ou a criação de um grupo de trabalho intergovernamental especializado.

Essa troca de opiniões terá por objectivo tomar em consideração os interesses respectivos de cada Parte, podendo, se necessário, ter lugar no âmbito do Comité Ministerial Misto para as Questões Comerciais.

CAPÍTULO 4
Comércio de serviços

ARTIGO 41.º
Disposições gerais

1. As Partes salientam a importância crescente dos serviços no comércio internacional e o seu contributo decisivo para o desenvolvimento económico e social.

2. As Partes reafirmam as suas obrigações respectivas por força do Acordo Geral sobre o Comércio de Serviços (GATS) e salientam a necessidade da concessão de um tratamento especial e diferenciado aos prestadores de serviços dos Estados ACP.

3. No âmbito das negociações sobre a liberalização progressiva do comércio de serviços, prevista no artigo XIX do GATS, a UE compromete-se a considerar favoravelmente as prioridades dos Estados ACP com o objectivo de melhorar a lista de compromissos da Comunidade, de forma a ir ao encontro dos interesses específicos destes países.

4. As Partes acordam igualmente no objectivo de alargar a sua parceria, no âmbito dos acordos de parceria económica e após terem adquirido alguma experiência na aplicação do tratamento da nação mais favorecida ao abrigo do GATS, de modo a abranger igualmente a liberalização dos serviços, segundo as disposições do GATS, nomeadamente as que se referem à participação dos países em desenvolvimento nos acordos de liberalização.

5. A Comunidade apoia os esforços envidados pelos Estados ACP para reforçarem as suas capacidades em matéria de prestação de serviços. Atribui-se especial importância aos serviços relacionados com a mão-de-obra, as empresas, a distribuição, as finanças, o turismo e a cultura, bem como aos serviços de engenharia e de construção civil, a fim de desenvolver a sua competitividade e aumentar assim o valor e o volume das suas trocas comerciais de mercadorias e de serviços.

ARTIGO 42.º
Transportes marítimos

1. As Partes reconhecem a importância da prestação de serviços de transporte marítimo rentáveis e eficazes, efectuados em condições de segurança e num ambiente marinho despoluído, dado que consideram os transportes marítimos o modo de transporte que mais facilita o comércio internacional, constituindo, por conseguinte, um dos principais motores do crescimento económico e do desenvolvimento comercial.

2. As Partes comprometem-se a promover a liberalização dos transportes marítimos, assegurando, para o efeito, a aplicação efectiva do princípio do acesso sem restrições ao mercado internacional dos transportes marítimos, numa base não discriminatória e comercial.

3. Cada Parte deve conceder às embarcações exploradas por nacionais ou empresas da outra Parte e às embarcações registadas no território de qualquer das Partes um tratamento não menos favorável do que o concedido às suas próprias embarcações, no que respeita ao acesso aos portos, à utilização das infra-estruturas e dos serviços auxiliares portuários, bem como às taxas e encargos a eles inerentes, às infra-estruturas aduaneiras e à utilização dos cais de acostagem e das infra-estruturas de carga e descarga.

4. A Comunidade apoia os esforços envidados pelos Estados ACP para desenvolverem e promoverem serviços de transporte marítimo rentáveis e eficazes, de modo a aumentar a participação dos operadores ACP nos serviços de transporte marítimo internacional.

ARTIGO 43.º
Tecnologias da informação e da comunicação e sociedade da informação

1. As Partes reconhecem o papel determinante das tecnologias da informação e da comunicação, bem como a importância de uma participação activa na sociedade da informação, como condições essenciais para o êxito da integração dos países ACP na economia mundial.

2. As Partes reafirmam, por conseguinte, os seus compromissos respectivos ao abrigo dos acordos multilaterais em vigor, nomeadamente o protocolo relativo às telecomunicações de base, anexo ao GATS, instando os países ACP que ainda o não fizeram a aderir a esses acordos.

3. As Partes acordam, além disso, em participar plena e activamente em eventuais negociações internacionais que venham a ser organizadas neste domínio.

4. As Partes devem, por conseguinte, adoptar medidas destinadas a facilitar o acesso dos habitantes dos países ACP às tecnologias da informação e da comunicação, nomeadamente:

– O desenvolvimento e incentivo à utilização de recursos energéticos renováveis a preços acessíveis;

– O desenvolvimento e a construção de redes mais vastas de comunicações móveis a baixo custo.

5. As Partes acordam igualmente em intensificar a cooperação nos sectores das tecnologias da informação e da comunicação e da sociedade da informação. Essa cooperação tem por objectivo, nomeadamente, assegurar a complementaridade e a harmonização dos sistemas de comunicação, aos níveis nacional, regional e internacional, bem como a sua adaptação às novas tecnologias.

CAPÍTULO 5
Áreas relacionadas com o comércio

ARTIGO 44.º
Disposições gerais

1. As Partes reconhecem a importância crescente das novas áreas relacionadas com o comércio para a integração progressiva dos Estados ACP na economia mundial e acordam, por conseguinte, em intensificar a sua cooperação nessas áreas, procedendo a uma concertação das suas posições nas instâncias internacionais competentes.

2. Nos termos do presente Acordo e segundo estratégias de desenvolvimento acordadas entre as Partes, a Comunidade apoia os esforços envidados pelos Estados ACP a fim de reforçarem as suas capacidades de gestão em todas as áreas relacionadas com o comércio, incluindo, se necessário, a melhoria do enquadramento institucional.

ARTIGO 45.º
Política de concorrência

1. As Partes acordam em que a introdução e a aplicação de políticas e de normas de concorrência correctas e eficazes são fundamentais para favorecer e assegurar um clima propício aos investimentos, um processo de industrialização sustentável e a transparência do acesso aos mercados.

2. A fim de eliminar as distorções da concorrência, e tendo devidamente em conta os diferentes níveis de desenvolvimento e as necessidades económicas dos diversos países ACP, as Partes comprometem-se a aplicar normas e políticas nacionais ou regionais que incluam o controlo e, nalgumas condições, a proibição de acordos entre empresas, de decisões de associações de empresas e de práticas concertadas entre estas, que tenham por objectivo ou por consequência impedir, restringir ou falsear a concorrência. As Partes acordam em proibir igualmente a exploração abusiva, por uma ou várias empresas, de posições dominantes no mercado comum da Comunidade ou no território dos Estados ACP.

3. As Partes acordam igualmente em reforçar a cooperação nesta área, com o objectivo de definir e apoiar, juntamente com os organismos nacionais competentes, políticas de concorrência eficazes que assegurem progressivamente a aplicação efectiva das normas da concorrência, tanto pelas empresas privadas, como pelas empresas públicas. A cooperação neste domínio inclui, nomeadamente, o apoio à definição de um enquadramento jurídico adequado e a sua aplicação administrativa, tendo especialmente em conta a situação específica dos países menos desenvolvidos.

ARTIGO 46.º
Protecção dos direitos de propriedade intelectual

1. Sem prejuízo das respectivas posições nas negociações multilaterais, as Partes reconhecem a necessidade de se assegurar um nível adequado e eficaz de protecção dos direitos de propriedade intelectual, industrial e comercial, bem como dos outros direitos abrangidos pelo Acordo sobre os Aspectos dos Direitos de Propriedade Intelectual Relacionados com o Comércio (TRIPS), incluindo a protecção das indicações geográficas, segundo as normas internacionais em vigor, de modo a reduzir as distorções e os entraves às trocas comerciais bilaterais.

2. As Partes salientam, a este propósito, a importância da adesão ao Acordo sobre os Aspectos dos Direitos de Propriedade Intelectual Relacionados com o Comércio (TRIPS), ao Acordo Que Cria a Organização Mundial do Comércio e à Convenção sobre a Diversidade Biológica.

3. As Partes acordam igualmente na necessidade de aderir a todas as convenções internacionais em matéria de propriedade intelectual, industrial e comercial referidas na parte I do Acordo TRIPS, tendo em conta os respectivos níveis de desenvolvimento.

4. A Comunidade, os seus Estados-Membros e os Estados ACP devem examinar a possibilidade de concluir acordos de protecção das marcas e das indicações geográficas em relação a produtos que se revistam de especial interesse para qualquer das Partes.

5. Para efeitos do presente Acordo, a expressão «propriedade intelectual» inclui, em especial, os direitos de autor, designadamente os direitos de autor sobre programas informáticos e os direitos conexos, incluindo os projectos artísticos, bem como a propriedade industrial, nomeadamente os modelos de utilidade, as patentes, incluindo as patentes relativas às invenções biotecnológicas e às obtenções vegetais, bem como outros sistemas *sui generis* eficazes, os desenhos industriais, as indicações geográficas, designadamente as denominações de origem, as marcas de fabrico das mercadorias e serviços, as topografias de circuitos integrados, bem como a protecção jurídica das bases de dados e a defesa contra a concorrência desleal, nos termos do disposto no artigo 10.º-A da Convenção de Paris para a Protecção da Propriedade Industrial, assim como a protecção de informações confidenciais sobre *know-how*.

6. As partes acordam ainda em intensificar a sua cooperação nesta área. A pedido de qualquer das Partes e segundo condições e regras acordadas entre elas, a cooperação pode ser alargada aos seguintes domínios: elaboração de legislação e de regulamentação destinadas a assegurar a protecção e o respeito pelos direitos de propriedade intelectual, prevenção do abuso desses direitos por parte dos seus titulares e da violação dos mesmos por outros concorrentes, bem como a criação e o reforço das entidades nacionais e regionais e outros organismos competentes nesta matéria, nomeadamente o apoio às organizações regionais responsáveis pela aplicação e protecção dos direitos de propriedade intelectual, assim como à formação do seu pessoal.

ARTIGO 47.º
Normalização e certificação

1. As Partes acordam em cooperar mais estreitamente nos domínios da normalização, da certificação e do controlo da qualidade, a fim de eliminar os entraves técnicos ao comércio desnecessários e reduzir as diferenças existentes entre as Partes nesta matéria, e assim incentivar as trocas comerciais.

Neste contexto, as Partes reafirmam os compromissos que assumiram no âmbito do Acordo sobre os Obstáculos Técnicos ao Comércio (Acordo OTC), anexo ao Acordo Que Cria a OMC.

2. A cooperação nos domínios da normalização e da certificação tem por objectivo a promoção de sistemas compatíveis entre as Partes e inclui, nomeadamente:

– Adopção de medidas, nos termos do Acordo OTC, destinadas a incentivar uma maior utilização das regulamentações técnicas, das normas e dos procedimentos de avaliação da conformidade reconhecidos internacionalmente, incluindo a adopção de medidas específicas sectoriais, tendo em conta o nível de desenvolvimento económico dos diversos países ACP;

– A cooperação em matéria de gestão e de controlo da qualidade em sectores de importância para os Estados ACP;

– O apoio a iniciativas de desenvolvimento das capacidades dos Estados ACP nos domínios da avaliação da conformidade, da metrologia e da normalização;

– O estabelecimento de relações entre os organismos de normalização de avaliação da conformidade e de certificação dos Estados ACP e da União Europeia.

3. As Partes comprometem-se a analisar, no momento oportuno, a possibilidade de entabularem negociações tendo em vista a conclusão de acordos de reconhecimento mútuo em sectores de interesse económico comum.

ARTIGO 48.º
Medidas sanitárias e fitossanitárias

1. As Partes reconhecem o direito de cada uma adoptar ou aplicar as medidas sanitárias e fitossanitárias necessárias à protecção da saúde e da vida humana, animal ou vegetal, desde que essas medidas não constituam um meio de discriminação arbitrária ou uma restrição dissimulada às trocas comerciais em geral. Para o efeito, as Partes reafirmam os compromissos assumidos no âmbito do Acordo sobre a Aplicação de Medidas Sanitárias e Fitossanitárias, anexo ao Acordo da OMC, tendo em conta os respectivos níveis de desenvolvimento.

2. As Partes comprometem-se a reforçar a coordenação, a consulta e a informação em matéria de notificação e de aplicação das medidas sanitárias e fitossanitárias previstas, nos termos do Acordo sobre a Aplicação de Medidas Sanitárias e Fitossanitárias, sempre que a aplicação dessas medidas possa afectar os interesses de uma das Partes e acordam igualmente em proceder a consultas e a uma coordenação prévias no âmbito do

Codex Alimentarius, do Gabinete Internacional de Epizootias e da Convenção Fitossanitária Internacional, a fim de promover os seus interesses comuns.

3. As Partes acordam em intensificar a sua cooperação a fim de desenvolver as capacidades dos sectores público e privado dos países ACP neste domínio.

ARTIGO 49.º
Comércio e ambiente

1. As Partes reafirmam o seu empenho em promover o desenvolvimento do comércio internacional de uma forma que assegure uma gestão racional e sustentável do ambiente, segundo as convenções e compromissos internacionais neste sector e tendo devidamente em conta os respectivos níveis de desenvolvimento. As Partes acordam em que as exigências e necessidades específicas dos Estados ACP devem ser tomadas em consideração na elaboração e aplicação das medidas ambientais.

2. Tendo em conta os princípios do Rio e a fim de assegurar a complementaridade entre as políticas comerciais e ambientais, as Partes acordam em reforçar a sua cooperação neste domínio. A cooperação tem por objectivo, nomeadamente, a definição de políticas nacionais, regionais e internacionais coerentes, o reforço dos controlos de qualidade dos bens e dos serviços na perspectiva da protecção do ambiente, assim como a melhoria dos métodos de produção que respeitem o ambiente nos sectores apropriados.

ARTIGO 50.º
Comércio e normas do trabalho

1. As Partes reafirmam o seu compromisso de respeitar as normas fundamentais do trabalho internacionalmente reconhecidas e definidas nas convenções pertinentes da Organização Internacional do Trabalho, designadamente em matéria de liberdade de associação e de negociação colectiva, abolição do trabalho forçado e das formas mais duras de trabalho infantil e não discriminação em matéria de emprego.

2. As Partes acordam em desenvolver a sua cooperação nesta matéria, nomeadamente nos seguintes domínios:

– Intercâmbio de informações sobre a legislação e a regulamentação laboral;

– Adopção de legislação laboral nacional e reforço da legislação em vigor;
– Execução de programas de educação e de sensibilização;
– Controlo da aplicação das disposições legislativas e regulamentares nacionais em matéria laboral.

3. As Partes acordam em que as normas laborais não serão utilizadas para fins de proteccionismo comercial.

ARTIGO 51.º
Política dos consumidores e protecção da saúde dos consumidores

1. As Partes acordam em intensificar a sua cooperação nos domínios da política dos consumidores e da protecção da saúde dos consumidores, respeitando as legislações nacionais e evitando a criação de obstáculos às trocas comerciais.

2. A cooperação neste domínio tem por objectivo, nomeadamente, o reforço das capacidades institucionais e técnicas nesta matéria, a criação de sistemas de alerta rápido e de informação mútua sobre os produtos perigosos, o intercâmbio de informações e de experiências sobre a criação e o funcionamento de sistemas de controlo dos produtos colocados no mercado e sobre a segurança dos produtos, a melhoria da qualidade da informação prestada aos consumidores em matéria de preços e de características dos produtos e serviços oferecidos, o incentivo à criação de associações de consumidores independentes e o estabelecimento de contactos entre representantes dos interesses dos consumidores, a melhoria da compatibilidade das políticas e sistemas de defesa dos consumidores, a notificação da aplicação de legislação e a promoção da participação nos inquéritos sobre práticas comerciais perigosas ou desleais, bem como a aplicação de proibições de exportação de bens e de serviços cuja comercialização tenha sido proibida no respectivo país de produção.

ARTIGO 52.º
Cláusula de excepção fiscal

1. Sem prejuízo do disposto no n.º 1 do artigo 32.º do anexo IV, o tratamento da nação mais favorecida concedido nos termos do presente Acordo ou de quaisquer convénios adoptados por força do presente Acordo não é aplicável às vantagens fiscais que as Partes concedam ou possam conceder de futuro com base em acordos destinados a evitar a

dupla tributação, em outros convénios de natureza fiscal ou com base na legislação fiscal nacional.

2. Nenhuma disposição do presente Acordo, nem de quaisquer convénios adoptados ao seu abrigo, pode ser interpretada no sentido de obstar à adopção ou à aplicação de qualquer medida destinada a impedir a evasão ou a fraude fiscais, segundo as disposições fiscais de acordos destinados a evitar a dupla tributação, de outros convénios de natureza fiscal ou da legislação fiscal nacional.

3. Nenhuma disposição do presente Acordo, nem de quaisquer convénios adoptados ao seu abrigo, pode ser interpretada no sentido de impedir que as Partes, na aplicação das disposições pertinentes da sua legislação fiscal, estabeleçam uma distinção entre contribuintes que não se encontrem numa situação idêntica, nomeadamente no que diz respeito ao seu local de residência ou ao local em que os seus capitais são investidos.

CAPÍTULO 6
Cooperação noutros sectores

ARTIGO 53.º
Acordos de pesca

1. As Partes manifestam a sua disponibilidade para negociarem acordos de pesca destinados a assegurar que as actividades de pesca nos Estados ACP sejam efectuadas em condições sustentáveis e mutuamente satisfatórias.

2. Na conclusão ou na aplicação desses acordos, os Estados ACP não devem efectuar qualquer discriminação relativamente à Comunidade ou aos seus Estados-Membros, sem prejuízo de acordos específicos concluídos entre Estados em desenvolvimento pertencentes à mesma zona geográfica, incluindo acordos de pesca recíprocos. Por seu lado, a Comunidade não efectuará qualquer discriminação em relação aos Estados ACP.

ARTIGO 54.º
Segurança alimentar

1. No tocante aos produtos agrícolas disponíveis, a Comunidade compromete-se a assegurar a possibilidade de fixar com maior antecedência as restituições à exportação relativamente a todos os Estados ACP no

que respeita a uma gama de produtos definida em função das necessidades alimentares expressas por esses Estados.

2. Essas restituições são fixadas com um ano de antecedência e aplicadas anualmente durante o período de vigência do presente Acordo, sendo o nível da restituição determinado segundo os métodos normalmente seguidos pela Comissão.

3. Podem ser celebrados acordos específicos com os Estados ACP que o requeiram no âmbito da sua política de segurança alimentar.

4. Os acordos específicos referidos no n.º 2 não podem prejudicar a produção e os fluxos comerciais nas regiões ACP.

PARTE 4
Cooperação para o financiamento do desenvolvimento

TÍTULO I
Disposições gerais

CAPÍTULO 1
Objectivos, princípios, linhas directrizes e elegibilidade

ARTIGO 55.º
Objectivos

A cooperação para o financiamento do desenvolvimento tem como objectivo, mediante a concessão de recursos financeiros adequados e da assistência técnica necessária, o apoio e o incentivo aos esforços dos países ACP para atingir os objectivos definidos no presente Acordo com base no interesse mútuo e num espírito de interdependência.

ARTIGO 56.º
Princípios

1. A cooperação para o financiamento do desenvolvimento deve ser executada com base e de acordo com os objectivos, estratégias e prioridades de desenvolvimento definidos pelos Estados ACP, tanto a nível nacional como regional. Devem ser tidas em conta as características geográficas, sociais e culturais destes Estados, bem como as suas potencialidades específicas. Mais ainda, a cooperação deve:

a) Promover a apropriação local a todos os níveis do processo de desenvolvimento;

b) Reflectir uma parceria baseada em direitos e obrigações mútuos;

c) Sublinhar a importância da previsibilidade e da segurança a nível dos fluxos de recursos, concedidos em condições extremamente liberais e numa base regular;

d) Ser flexível e adaptada à situação de cada Estado ACP bem como à natureza específica do projecto ou do programa em questão;

e) Garantir a eficácia, a coordenação e a coerência das acções.

2. A cooperação deve assegurar um tratamento especial aos países ACP menos desenvolvidos e ter devidamente em conta a vulnerabilidade dos países ACP sem litoral e insulares. A cooperação deve ter igualmente em consideração as necessidades específicas dos países em situação de pós-conflito.

ARTIGO 57.º
Linhas directrizes

1. As intervenções financiadas no âmbito do presente Acordo são executadas, em estreita cooperação, pelos Estados ACP e pela Comunidade, no respeito pelo princípio da igualdade dos parceiros.

2. Incumbe aos Estados ACP:

a) Definir os objectivos e as prioridades nos quais os programas indicativos se baseiam;

b) Seleccionar os projectos e os programas;

c) Preparar e apresentar a documentação relativa aos projectos e programas;

d) Preparar, negociar e celebrar contratos;

e) Executar e gerir os projectos e programas;

f) Assegurar a manutenção dos projectos e programas.

3. Sem prejuízo das disposições supramencionadas, os intervenientes não governamentais elegíveis podem igualmente ser responsáveis pela apresentação e execução de programas e projectos nos sectores da sua competência.

4. Incumbe conjuntamente aos Estados ACP e à Comunidade:

a) Definir, no âmbito das instituições conjuntas, as orientações gerais da cooperação para o financiamento do desenvolvimento;

b) Adoptar os programas indicativos;

c) Instruir os projectos e programas;

d) Garantir a igualdade de condições de participação nos concursos e contratos;

e) Acompanhar e avaliar os efeitos e os resultados dos projectos e programas;

f) Garantir uma execução adequada, rápida e eficaz dos projectos e dos programas.

5. Incumbe à Comunidade tomar decisões financeiras sobre os projectos e programas.

6. Salvo disposição em contrário do presente Acordo, qualquer decisão que requeira a aprovação de uma das Partes será aprovada ou considerada aprovada nos 60 dias a contar da notificação feita pela outra Parte.

ARTIGO 58.º
Elegibilidade para o financiamento

1. Podem beneficiar de apoio financeiro a título do presente Acordo as seguintes entidades ou organismos:

a) Os Estados ACP;

b) Os organismos regionais ou interestatais de que façam parte um ou mais Estados ACP e que para tal sejam habilitados por esses Estados;

c) Os organismos mistos instituídos pelos Estados ACP e pela Comunidade com vista à realização de determinados objectivos específicos.

2. Podem igualmente beneficiar de apoio financeiro, mediante o acordo do Estado ou dos Estados ACP em questão:

a) Os organismos públicos ou semipúblicos nacionais e ou regionais, os ministérios ou autoridades locais dos Estados ACP e, nomeadamente, as respectivas instituições financeiras e bancos de desenvolvimento;

b) As sociedades, empresas e outras organizações privadas e agentes económicos privados dos Estados ACP;

c) As empresas de um Estado-Membro da Comunidade, a fim de lhes permitir, para além da sua própria contribuição, realizar projectos produtivos no território de um Estado ACP;

d) Os intermediários financeiros dos Estados ACP ou da Comunidade que realizem, promovam e financiem investimentos privados nos Estados ACP;

e) Os agentes da cooperação descentralizada e outros intervenientes não estatais dos Estados ACP e da Comunidade.

CAPÍTULO 2
Âmbito e natureza do financiamento

ARTIGO 59.º

No âmbito das prioridades fixadas pelo Estado ou Estados ACP em causa, tanto a nível nacional como regional, podem ser apoiados projectos, programas e outras formas de acção que contribuam para o cumprimento dos objectivos definidos no presente Acordo.

ARTIGO 60.º
Âmbito do financiamento

Em função das necessidades e dos tipos de acção considerados mais apropriados, o financiamento pode abranger:

a) Medidas que contribuam para atenuar o peso da dívida e os problemas da balança de pagamentos dos países ACP;

b) Reformas e políticas macroeconómicas e estruturais;

c) Atenuação dos efeitos negativos da instabilidade das receitas de exportação;

d) Políticas e reformas sectoriais;

e) Desenvolvimento institucional e reforço das capacidades;

f) Programas de cooperação técnica;

g) Ajuda humanitária e de emergência, incluindo assistência aos refugiados e desalojados, medidas de reabilitação a curto prazo e prevenção de catástrofes.

ARTIGO 61.º
Natureza do financiamento

1. Os financiamentos contemplam, designadamente:

a) Projectos e programas;

b) Linhas de crédito, mecanismos de garantia e participações no capital;

c) Apoio orçamental, quer directamente, aos Estados ACP cuja moeda seja convertível e livremente transferível, quer indirectamente, através dos fundos de contrapartida gerados pelos diversos instrumentos comunitários;

d) Recursos humanos e materiais necessários à administração e à supervisão eficazes dos projectos e programas;

e) Programas sectoriais e gerais de apoio à importação que poderão revestir a seguinte forma:
  i) Programas sectoriais de importação através de aquisições directas, incluindo o financiamento de factores de produção e fornecimentos destinados a melhorar os serviços sociais;
  ii) Programas sectoriais de importação sob a forma de contribuições em divisas desembolsadas em parcelas para o financiamento de importações sectoriais;
  iii) Programas gerais de importação sob a forma de contribuições em divisas desembolsadas em parcelas para o financiamento de importações gerais abrangendo um vasto leque de produtos.

2. A assistência orçamental directa destinada a apoiar as reformas macroeconómicas ou sectoriais é concedida sempre que:

a) A gestão das despesas públicas seja suficientemente transparente, responsável e eficaz;

b) Existam políticas macroeconómicas ou sectoriais bem definidas, elaboradas pelo próprio país e aprovadas pelas suas principais entidades financiadoras;

c) Os contratos públicos sejam abertos e transparentes.

3. Deve ser progressivamente concedida uma assistência orçamental directa semelhante às políticas sectoriais em substituição dos projectos individuais.

4. Os instrumentos acima indicados, isto é, programas de importação ou assistência orçamental, podem ser igualmente utilizados para apoiar os Estados ACP elegíveis na execução de reformas destinadas à liberalização económica intra-regional que impliquem custos de transição líquidos.

5. No âmbito do Acordo, o Fundo Europeu de Desenvolvimento (adiante designado «o Fundo»), incluindo os fundos de contrapartida, o saldo remanescente dos FED anteriores, os recursos próprios do Banco Europeu de Investimento (adiante designado «o Banco») e, sempre que adequado, os recursos provenientes do orçamento da Comunidade Europeia devem ser utilizados para financiar projectos, programas e outras formas de acção que contribuam para a concretização dos objectivos do presente Acordo.

6. A assistência financeira concedida a título do presente Acordo pode ser afectada à cobertura da totalidade das despesas locais e externas dos projectos e programas, incluindo o financiamento das despesas de funcionamento.

TÍTULO II
Cooperação financeira

CAPÍTULO 1
Recursos financeiros

ARTIGO 62.º
Montante global

1. Para efeitos do presente Acordo, o montante global da assistência financeira da Comunidade e das regras e condições de financiamento são indicados nos anexos do presente Acordo.

2. Em caso de não ratificação ou de denúncia do presente Acordo por parte de um Estado ACP, as Partes ajustarão os montantes dos recursos financeiros previstos no protocolo financeiro do anexo I. Proceder-se-á igualmente a um ajustamento dos recursos financeiros nos seguintes casos:

a) Adesão ao presente Acordo de novos Estados ACP que não tenham participado na respectiva negociação;

b) Alargamento da Comunidade a novos Estados-Membros.

ARTIGO 63.º
Métodos de financiamento

Os métodos de financiamento de cada projecto ou programa devem ser determinados conjuntamente pelo Estado ou Estados ACP em questão e pela Comunidade, em função:

a) Do nível de desenvolvimento, da situação geográfica e das circunstâncias económicas e financeiras desses Estados;

b) Da natureza do projecto ou programa, das perspectivas de rentabilidade económica e financeira e do impacte social e cultural;

c) Em caso de empréstimos, dos factores que garantam o serviço desses empréstimos.

ARTIGO 64.º
Operações de reempréstimo

1. Pode ser concedida assistência financeira aos Estados ACP interessados ou através dos Estados ACP ou, sob reserva das disposições do presente Acordo, por intermédio de instituições financeiras elegíveis ou directamente a qualquer outro beneficiário elegível.

Sempre que a assistência financeira for concedida ao beneficiário final através de um intermediário ou directamente ao beneficiário final do sector privado:

a) As condições de concessão dessa assistência pelo intermediário ao beneficiário final ou directamente ao beneficiário final do sector privado são definidas no acordo de financiamento ou no contrato de empréstimo;

b) Qualquer vantagem financeira obtida pelo intermediário em consequência desta transacção ou resultante de operações de empréstimo directo ao beneficiário final do sector privado deve ser utilizada para fins de desenvolvimento das condições previstas no acordo de financiamento ou no contrato de empréstimo, após dedução dos encargos administrativos, dos riscos financeiros e de câmbio e do custo da assistência técnica prestada ao beneficiário final.

2. Se o financiamento for concedido através de uma instituição de crédito estabelecida e ou que exerça a sua actividade nos Estados ACP, caberá a essa instituição a responsabilidade pela selecção e instrução dos projectos individuais e pela administração dos fundos colocados à sua disposição com base nas condições previstas no presente Acordo e de comum acordo entre as Partes.

ARTIGO 65.º
Co-financiamento

1. A pedido dos Estados ACP, os recursos financeiros previstos no presente Acordo podem ser afectados a operações de co-financiamento, em especial com organismos e instituições de desenvolvimento, Estados- -Membros da Comunidade, Estados ACP, países terceiros ou instituições financeiras internacionais ou privadas, empresas ou organismos de crédito à exportação.

2. Deve-se prestar especial atenção à possibilidade de co-financiamento nos casos em que a participação da Comunidade possa incentivar a participação de outras fontes de financiamento e quando esse financiamento possa traduzir-se numa dotação financeira vantajosa para o Estado ACP em questão.

3. Os co-financiamentos podem assumir a forma de financiamentos conjuntos ou paralelos. Em cada um dos casos, será dada preferência à solução mais apropriada em termos da relação custo-eficácia. Por outro lado, devem ser tomadas medidas para a coordenação e harmonização das intervenções da Comunidade e de outras entidades de co-financiamento, no

intuito de reduzir ao mínimo e tornar mais flexíveis os trâmites a seguir pelos Estados ACP.

4. O processo de consulta e de coordenação com outras entidades financiadoras e co-financiadoras deve ser reforçado e desenvolvido, mediante a celebração, sempre que possível, de acordos quadro de co-financiamento, enquanto as orientações e procedimentos em matéria de co-financiamento devem ser revistos para garantir a eficácia nas melhores condições possíveis.

CAPÍTULO 2
Dívida e apoio ao ajustamento estrutural

ARTIGO 66.º
Apoio à diminuição do peso da dívida

1. No intuito de atenuar o peso da dívida dos Estados ACP e os seus problemas de balança de pagamentos, as Partes acordam em utilizar os recursos previstos no presente Acordo para contribuir para iniciativas de redução do peso da dívida aprovadas a nível internacional em favor dos países ACP. Além disso, e numa base caso a caso, a utilização de recursos de programas indicativos anteriores que ainda não tenham sido autorizados deve ser acelerada através dos instrumentos de desembolso rápido previstos no presente Acordo. A Comunidade compromete-se ainda a analisar a forma de mobilizar, a longo prazo, outros recursos que não os recursos do FED para apoiar iniciativas de redução do peso da dívida aprovadas a nível internacional.

2. A pedido de um Estado ACP, a Comunidade pode conceder:

a) Assistência para estudar e encontrar soluções concretas para o endividamento, incluindo a dívida interna, para as dificuldades do serviço da dívida e os problemas da balança de pagamentos;

b) Formação em matéria da gestão da dívida e de negociação financeira internacional, bem como apoio a grupos de trabalho, cursos e seminários de formação nestes domínios;

c) Assistência para o desenvolvimento de técnicas e de instrumentos flexíveis de gestão da dívida.

3. A fim de contribuir para o serviço da dívida resultante dos empréstimos a partir dos recursos próprios do Banco, dos empréstimos especiais e do capital de risco, os Estados ACP podem, em termos a definir

caso a caso com a Comissão, afectar a esse serviço as divisas disponíveis referidas no presente Acordo, em função das datas de vencimento da dívida e até ao montante necessário para pagamentos em moeda nacional.

4. Dada a gravidade do problema da dívida internacional e as suas repercussões sobre o crescimento económico, as Partes declaram-se dispostas a continuar a sua troca de opiniões, no contexto das discussões a nível internacional, sobre o problema geral da dívida, sem prejuízo das discussões específicas nas instâncias apropriadas.

ARTIGO 67.º
Apoio ao ajustamento estrutural

1. No âmbito do Acordo devem-se apoiar as reformas macroeconómicas e sectoriais executadas pelos Estados ACP. Neste contexto, as Partes garantem que o ajustamento seja economicamente viável e social e politicamente suportável. Deve ser proporcionado apoio no âmbito de uma avaliação conjunta, por parte da Comunidade e do Estado ACP interessado, das reformas em curso ou a realizar a nível macroeconómico ou sectorial, no intuito de permitir uma avaliação global dos esforços de reforma. O desembolso rápido será uma das principais características dos programas de apoio.

2. Os Estados ACP e a Comunidade reconhecem a necessidade de incentivar programas de reforma a nível regional e asseguram que, na preparação e execução dos programas nacionais, as actividades regionais que têm influência no desenvolvimento nacional sejam devidamente tidas em conta. Para o efeito, o apoio ao ajustamento estrutural terá igualmente como objectivo:

a) Integrar, desde o início da análise, medidas de incentivo à integração regional e que tenham em conta as consequências do ajustamento transfronteiras;

b) Apoiar a harmonização e a coordenação das políticas macroeconómicas e sectoriais, incluindo financeira e aduaneira, a fim de atingir o duplo objectivo de integração regional e de reforma estrutural a nível nacional;

c) Ter em conta os efeitos dos custos transitórios líquidos da integração regional em termos de receitas orçamentais e de balança de pagamentos, através de programas gerais de importação ou de apoio orçamental.

3. Os Estados ACP que realizem ou pretendam realizar reformas a nível macroeconómico ou sectorial serão elegíveis para apoio ao ajusta-

mento estrutural, devendo ser tidos em conta o contexto regional, a eficácia das reformas e o seu possível impacte sobre a dimensão económica, social e política do desenvolvimento, bem como as dificuldades económicas e sociais.

4. Considera-se que os Estados ACP que desenvolvam programas de reforma reconhecidos e apoiados pelo menos pelas principais entidades financiadoras multilaterais, ou acordados com essas entidades mas não necessariamente financiados por elas, satisfazem automaticamente as condições necessárias para obtenção de apoio ao ajustamento.

5. O apoio ao ajustamento estrutural será mobilizado com flexibilidade, sob a forma de programas sectoriais e gerais de importação ou de apoio orçamental.

6. A preparação e instrução dos programas de ajustamento estrutural e a decisão de financiamento devem obedecer às disposições do presente Acordo relativas aos processos de execução, tendo devidamente em conta as características de desembolso rápido associadas aos programas de ajustamento estrutural. Pode ser autorizado o financiamento retroactivo de uma parte limitada de importações de origem ACP-CE, numa base caso a caso.

7. Na execução dos programas de apoio será assegurado um acesso tão vasto e transparente quanto possível dos operadores económicos dos Estados ACP aos recursos do programa e a conformidade dos processos de adjudicação de contratos com as práticas administrativas e comerciais do Estado em questão, garantindo simultaneamente a melhor relação qualidade/preço aos bens importados e a coerência necessária com os progressos alcançados a nível internacional em matéria de harmonização dos procedimentos de apoio ao ajustamento estrutural.

CAPÍTULO 3
Apoio em caso de flutuações a curto prazo das receitas de exportação

ARTIGO 68.º

1. As Partes reconhecem que a instabilidade das receitas de exportação, especialmente nos sectores agrícola e mineiro, pode afectar negativamente o desenvolvimento dos Estados ACP e comprometer a concretização dos seus objectivos de desenvolvimento. Por conseguinte, no âmbito

da dotação financeira global de apoio ao desenvolvimento a longo prazo é instaurado um sistema de apoio adicional, a fim de atenuar os efeitos nefastos da instabilidade das receitas de exportação, incluindo nos sectores agrícola e mineiro.

2. O apoio concedido em caso de flutuações a curto prazo das receitas de exportação tem por objectivo preservar as reformas e políticas macroeconómicas e sectoriais que possam ficar comprometidas por uma diminuição das receitas e remediar os efeitos nefastos da instabilidade das receitas de exportação provenientes, nomeadamente, dos produtos agrícolas e mineiros.

3. Na atribuição dos recursos para o ano de aplicação, a dependência extrema das economias dos Estados ACP será tida em conta em relação às exportações, nomeadamente às exportações dos sectores agrícola e mineiro. Neste contexto, os países menos desenvolvidos, os países sem litoral e os países insulares beneficiarão de um tratamento mais favorável.

4. Os recursos adicionais são disponibilizados segundo as regras específicas do sistema de apoio previstas no anexo II relativo às regras e condições de financiamento.

5. A Comunidade apoia igualmente regimes de seguro comercial concebidos para os Estados ACP que pretendam prevenir-se contra as flutuações das receitas de exportação.

CAPÍTULO 4
Apoio às políticas sectoriais

ARTIGO 69.º

1. A cooperação apoia, através dos diversos instrumentos e regras previstos no presente Acordo:

   a) As políticas e reformas sectoriais, sociais e económicas;

   b) Medidas destinadas a melhorar a actividade do sector produtivo e a competitividade das exportações;

   c) Medidas destinadas a desenvolver os serviços sociais sectoriais;

   d) Questões temáticas ou horizontais.

2. Este apoio é proporcionado, consoante o caso, através dos seguintes instrumentos:

   a) Programas sectoriais;

   b) Apoio orçamental;

c) Investimentos;
d) Actividades de reabilitação;
e) Acções de formação;
f) Assistência técnica;
g) Apoio institucional.

CAPÍTULO 5
Microprojectos e cooperação descentralizada

ARTIGO 70.º

No intuito de responder às necessidades das comunidades locais em matéria de desenvolvimento e de encorajar todos os agentes da cooperação descentralizada que possam contribuir para o desenvolvimento autónomo dos Estados ACP a proporem e concretizarem iniciativas, a cooperação apoia essas acções de desenvolvimento, no quadro estabelecido pelas normas e pela legislação nacional dos Estados ACP em questão, bem como pelas disposições do programa indicativo. Nesse contexto, a cooperação apoiará:

a) Microprojectos a executar a nível local que tenham um impacte económico e social sobre a vida das populações, respondam a uma necessidade prioritária manifestada e constatada e sejam executados por iniciativa e com a participação activa da comunidade local beneficiária;

b) A cooperação descentralizada, especialmente quando estas acções combinem os esforços e os recursos de agentes descentralizados dos Estados ACP e dos seus homólogos da Comunidade. Esta forma de cooperação permite mobilizar as competências, os métodos de acção inovadores e os recursos dos agentes da cooperação descentralizada em prol do desenvolvimento do Estado ACP.

ARTIGO 71.º

1. Os microprojectos e as acções de cooperação descentralizada podem ser financiados pelos recursos financeiros do presente Acordo. Os projectos ou programas decorrentes desta forma de cooperação, que podem estar ou não associados a programas executados nos sectores de concentração definidos nos programas indicativos, podem constituir um meio de alcançar os objectivos específicos fixados no programa indicativo

ou o resultado de iniciativas das comunidades locais ou de agentes da cooperação descentralizada.

2. O Fundo contribui para o financiamento de microprojectos e da cooperação descentralizada, não podendo a sua contribuição ultrapassar, em princípio, três quartos do custo total de cada projecto, nem ser superior aos limites fixados no programa indicativo. O saldo restante é financiado da seguinte forma:

a) Pela comunidade local interessada, no caso dos microprojectos (sob forma de contribuições em espécie, prestações de serviços ou em numerário, em função das suas possibilidades);

b) Pelos agentes da cooperação descentralizada, desde que os recursos financeiros, técnicos, materiais ou outros colocados à disposição por esses agentes não sejam, regra geral, inferiores a 25% do custo previsto do projecto ou programa;

c) A título excepcional, pelo Estado ACP em questão, quer sob a forma de uma contribuição financeira, quer através da utilização de equipamentos públicos ou da prestação de serviços.

3. Os procedimentos aplicáveis aos projectos e programas financiados no quadro de microprojectos ou da cooperação descentralizada serão os previstos no presente Acordo, em especial nos programas plurianuais.

CAPÍTULO 6
Ajuda humanitária e ajuda de emergência

ARTIGO 72.º

1. A ajuda humanitária e a ajuda de emergência são concedidas à população dos Estados ACP confrontados com dificuldades económicas e sociais graves, de carácter excepcional, resultantes de catástrofes naturais ou de crises de origem humana, como guerras ou outros conflitos, ou de circunstâncias extraordinárias de efeitos comparáveis. A ajuda humanitária e a ajuda de emergência continuam a ser concedidas durante o tempo necessário para responder às necessidades imediatas resultantes dessas situações.

2. A ajuda humanitária e a ajuda de emergência são concedidas exclusivamente em função das necessidades e dos interesses das vítimas das catástrofes e segundo os princípios do direito internacional humanitário, designadamente proibição de qualquer discriminação entre as vítimas com

base na raça, origem étnica, religião, sexo, idade, nacionalidade ou filiação política e garantia da liberdade de acesso às vítimas e sua protecção, bem como da segurança do pessoal e do equipamento humanitário.

3. A ajuda humanitária e a ajuda de emergência têm por objectivo:

a) Salvar vidas humanas em situações de crise e de pós-crise causadas por catástrofes naturais, conflitos ou guerras;

b) Contribuir para o financiamento e o transporte da ajuda humanitária, bem como para o acesso directo a esta ajuda por parte dos seus destinatários, utilizando para o efeito todos os meios logísticos disponíveis;

c) Executar acções de reabilitação e de reconstrução a curto prazo, a fim de permitir que os grupos de população afectados voltem a beneficiar de um nível mínimo de integração sócio-económica e de criar tão rapidamente quanto possível condições para o relançamento do processo de desenvolvimento com base nos objectivos a longo prazo fixados pelo país ACP em questão;

d) Responder às necessidades ocasionadas pela deslocação de pessoas (refugiados, desalojados e repatriados) no seguimento de catástrofes de origem natural ou humana, a fim de satisfazer, enquanto for necessário, todas as necessidades dos refugiados e desalojados (independentemente do local onde se encontrem) e facilitar o seu repatriamento e a sua reinstalação no país de origem;

e) Ajudar os Estados ACP a criarem mecanismos de prevenção e de preparação para as catástrofes naturais, incluindo sistemas de previsão e de alerta rápido, no intuito de atenuar as consequências dessas catástrofes.

4. Podem ser concedidas ajudas similares às anteriormente indicadas aos Estados ACP que acolhem refugiados ou repatriados, a fim de satisfazer as necessidades mais urgentes não previstas pela ajuda de emergência.

5. Dado o objectivo de desenvolvimento das ajudas concedidas nos termos do presente artigo, essas ajudas podem ser utilizadas, a título excepcional, juntamente com as dotações do programa indicativo do Estado em questão.

6. As acções de ajuda humanitária e de ajuda de emergência são iniciadas quer a pedido do país ACP afectado pela situação de crise, quer por iniciativa da Comissão, de organizações internacionais ou organizações não governamentais locais ou internacionais.

Estas ajudas são geridas e executadas segundo procedimentos que permitam intervenções rápidas, flexíveis e eficazes. A Comunidade deve adoptar as disposições necessárias para incentivar a rapidez das acções necessária para corresponder às necessidades imediatas inerentes à situação de emergência.

ARTIGO 73.º

1. As acções posteriores à fase de emergência, orientadas para a recuperação material e social necessária no seguimento de catástrofes naturais ou de circunstâncias extraordinárias com efeitos comparáveis, podem ser financiadas pela Comunidade a título do Acordo. As acções deste tipo, que se baseiam em mecanismos eficazes e flexíveis, devem facilitar a transição da fase de emergência para a de desenvolvimento, promovendo a reintegração sócio-económica dos grupos de população afectados, fazendo desaparecer, na medida do possível, as causas da crise e reforçando as instituições, incentivando simultaneamente a assunção pelos agentes locais e nacionais do seu papel na formulação de uma política de desenvolvimento sustentável para o país ACP em questão.

2. As acções de emergência a curto prazo só excepcionalmente são financiadas pelos recursos do FED nos casos em que esta ajuda não possa ser financiada pelo orçamento da Comunidade.

CAPÍTULO 7
Apoio aos investimentos e ao desenvolvimento do sector privado

ARTIGO 74.º

A cooperação apoia, através de assistência financeira e técnica, as políticas e estratégias de promoção dos investimentos e de desenvolvimento do sector privado definidas no presente Acordo.

ARTIGO 75.º
Promoção do investimento

Reconhecendo a importância dos investimentos privados na promoção da cooperação para o desenvolvimento, bem como a necessidade de tomar medidas para fomentar esses investimentos, os Estados ACP, a Comunidade e os seus Estados-Membros, no âmbito das suas competências respectivas, devem:

a) Tomar medidas destinadas a incentivar os investidores privados que respeitem os objectivos e as prioridades da cooperação para o desenvolvimento ACP-CE, bem como a legislação e regulamentação aplicáveis nos Estados respectivos, a participarem nos esforços de desenvolvimento;

b) Tomar as medidas e as disposições adequadas para criar e manter um clima de investimento previsível e seguro e negociar acordos destinados a melhorar esse clima;

c) Encorajar o sector privado da Comunidade a investir e a fornecer uma assistência específica aos seus homólogos dos países ACP, no âmbito da cooperação e de parcerias entre empresas de interesse mútuo;

d) Favorecer a criação de parcerias e de empresas comuns, mediante o incentivo ao co-financiamento;

e) Patrocinar foros sectoriais de investimento, com vista a promover as parcerias e o investimento estrangeiro;

f) Apoiar os esforços envidados pelos Estados ACP no sentido de atrair financiamentos, especialmente financiamentos privados, para investimentos em infra-estruturas que gerem receitas, indispensáveis ao sector privado;

g) Apoiar o reforço das capacidades das agências e das instituições nacionais de promoção dos investimentos, às quais cabe promover e facilitar o investimento estrangeiro;

h) Divulgar informações sobre as oportunidades de investimento e as condições para o exercício de actividades por parte das empresas nos Estados ACP;

i) Incentivar o diálogo, a cooperação e as parcerias entre as empresas privadas, a nível nacional, regional e ACP-UE, nomeadamente, através de um fórum ACP-UE para empresas do sector privado. O apoio às acções desse fórum tem os seguintes objectivos:

    i) Facilitar o diálogo no seio do sector privado ACP-UE e entre o sector privado ACP-UE e os organismos estabelecidos ao abrigo do Acordo;

    ii) Analisar e facultar periodicamente aos organismos competentes informações sobre o vasto leque de questões que se prendem com as relações entre os sectores privados ACP e UE no âmbito do Acordo ou, de uma forma mais geral, as relações económicas entre a Comunidade e os países ACP;

    iii) Analisar e fornecer aos organismos competentes informações sobre os problemas específicos de natureza sectorial, designadamente relativos a sectores da produção ou a tipos de produtos, a nível regional ou sub-regional.

ARTIGO 76.º
Apoio e financiamento dos investimentos

1. A cooperação proporciona recursos financeiros a longo prazo, incluindo capitais de risco, necessários para promover o crescimento do sector privado e mobilizar capitais nacionais e estrangeiros com o mesmo intuito. Para esse efeito, a cooperação deve disponibilizar:

a) Subvenções para assistência financeira e técnica, com vista a apoiar as reformas das políticas, o desenvolvimento dos recursos humanos, o desenvolvimento das capacidades institucionais ou outras formas de apoio institucional associadas a um investimento específico; medidas destinadas a aumentar a competitividade das empresas e a reforçar as capacidades dos intermediários financeiros e não financeiros privados; actividades destinadas a facilitar e a promover os investimentos, bem como a aumentar a competitividade;

b) Serviços de assessoria e consultoria com o objectivo de criar um clima favorável ao investimento e uma base de informações para orientar e encorajar os fluxos de capitais;

c) Capitais de risco para participações no capital ou operações assimiláveis, garantias de apoio a investimentos privados, nacionais e estrangeiros, bem como empréstimos e linhas de crédito, em conformidade com as condições e modalidades definidas no anexo II do presente Acordo;

d) Empréstimos a partir dos recursos próprios do Banco.

2. Os empréstimos a partir dos recursos próprios do Banco são concedidos segundo os respectivos estatutos, bem como segundo as regras e condições definidas no anexo II do presente Acordo.

ARTIGO 77.º
Garantias de investimento

1. As garantias de investimento constituem um instrumento cada vez mais importante para o financiamento do desenvolvimento, dado que reduzem os riscos inerentes aos projectos e encorajam os fluxos de capitais privados. Por conseguinte, a cooperação deve garantir uma disponibilidade e uma utilização crescentes do seguro de risco, enquanto mecanismo de diminuição do risco, no intuito de aumentar a confiança dos investidores nos Estados ACP.

2. A cooperação deve oferecer garantias e contribuir com fundos de garantia para cobrir os riscos associados a investimentos elegíveis. A cooperação apoia, em especial:

a) Regimes de resseguro destinados a cobrir o investimento directo estrangeiro realizado por investidores elegíveis contra a insegurança jurídica e os principais riscos de expropriação, de restrições à transferência de divisas, de guerra e de alteração da ordem pública, bem como de violação de contrato. Os investidores podem segurar os projectos contra qualquer combinação destes quatro tipos de risco;

b) Programas de garantia destinados a cobrir o risco sob a forma de garantias parciais para o financiamento da dívida. Podem ser concedidas garantias só para uma parte do risco ou para uma parte do crédito;

c) Fundos de garantia nacionais e regionais, envolvendo, em especial, instituições financeiras ou investidores nacionais, no intuito de encorajar o desenvolvimento do sector financeiro.

3. A cooperação proporciona igualmente apoio para o desenvolvimento das capacidades, apoio institucional e uma participação no financiamento de base das iniciativas nacionais e ou regionais, a fim de reduzir os riscos comerciais incorridos pelos investidores (designadamente, fundos de garantia, entidades reguladoras, mecanismos de arbitragem e sistemas judiciais para aumentar a protecção dos investimentos, melhorando os sistemas de crédito à exportação, etc.).

4. A cooperação proporciona este apoio a título de valor acrescentado e complementar relativamente às iniciativas privadas e ou públicas e, na medida do possível, em parceria com outras organizações privadas e públicas. No âmbito do Comité ACP-CE de Cooperação para o Financiamento do Desenvolvimento, os países ACP e a CE devem realizar um estudo conjunto sobre a proposta de criação de uma Agência de Garantia ACP-CE responsável pela elaboração e gestão de programas de garantia dos investimentos.

ARTIGO 78.º
Protecção dos investimentos

1. Os Estados ACP, a Comunidade e os Estados-Membros, no quadro das suas competências respectivas, defendem a necessidade de promover e de proteger os investimentos de cada uma das Partes nos territórios respectivos e, neste contexto, afirmam a importância de celebrar, no seu interesse mútuo, acordos de promoção e de protecção dos investimentos que possam igualmente constituir a base de sistemas de seguro e de garantia.

2. A fim de incentivar os investimentos europeus em projectos de desenvolvimento lançados por iniciativa dos Estados ACP e que se revistam

de especial importância para estes Estados, a Comunidade e os Estados-Membros, por um lado, e os Estados ACP, por outro, podem igualmente concluir acordos relativos a projectos específicos de interesse mútuo, quando a Comunidade e empresas europeias contribuam para o seu financiamento.

3. As Partes acordam ainda, no quadro dos acordos de parceria económica e no respeito pelas competências respectivas da Comunidade e dos seus Estados-Membros, em introduzir princípios gerais de protecção e de promoção dos investimentos, que traduzam os melhores resultados alcançados nas instâncias internacionais competentes ou a nível bilateral.

TÍTULO III
Cooperação técnica

ARTIGO 79.°

1. A cooperação técnica deve ajudar os Estados ACP a valorizarem os seus recursos humanos nacionais e regionais, a desenvolverem de forma duradoura as instituições indispensáveis ao êxito do seu desenvolvimento, nomeadamente através do reforço das empresas e organizações de consultoria dos Estados ACP e de acordos de intercâmbio de consultores entre empresas ACP e da Comunidade.

2. A cooperação técnica deve igualmente apresentar uma relação custo-eficácia favorável, responder às necessidades para as quais foi concebida, facilitar a transferência de conhecimentos e aumentar as capacidades nacionais e regionais. A cooperação técnica contribui para a realização dos objectivos dos projectos e programas, bem como para os esforços tendentes a reforçar a capacidade de gestão dos ordenadores nacionais e regionais.

A assistência técnica deve:

a) Centrar-se nas necessidades, e, por conseguinte, ser apenas disponibilizada a pedido do Estado ou Estados ACP interessados, e ser adaptada às necessidades dos beneficiários;

b) Completar e apoiar os esforços envidados pelos Estados ACP para identificarem as suas próprias necessidades;

c) Ser objecto de controlo e de acompanhamento com vista a garantir a sua eficácia;

d) Incentivar a participação de peritos, de empresas de consultoria, de instituições de ensino e de investigação dos países ACP em contratos financiados pelo Fundo, bem como identificar a forma de recrutar pessoal nacional e regional qualificado para projectos financiados pelo Fundo;

e) Incentivar o destacamento de quadros nacionais dos países ACP, na qualidade de consultores, junto de instituições do seu próprio país, de um país ou de uma organização regional;

f) Contribuir para uma melhor identificação dos limites e do potencial dos recursos humanos nacionais e regionais e elaborar uma lista de peritos, consultores e empresas de consultoria dos países ACP, a que se possa recorrer para projectos e programas financiados pelo Fundo;

g) Apoiar a assistência técnica intra-ACP, no intuito de possibilitar o intercâmbio de quadros e de peritos em matéria de assistência técnica e de gestão entre Estados ACP;

h) Desenvolver programas de acção com vista ao reforço institucional e ao desenvolvimento dos recursos humanos a longo prazo, como parte integrante da planificação dos projectos e programas, tendo em conta os meios financeiros necessários;

i) Apoiar medidas destinadas a aumentar a capacidade dos Estados ACP para adquirirem os seus próprios conhecimentos técnicos;

j) Conceder uma atenção especial ao desenvolvimento das capacidades dos Estados ACP em matéria de planificação, de execução e de avaliação de projectos, bem como de gestão de orçamentos.

3. A assistência técnica pode ser prestada em todos os sectores abrangidos pela cooperação e no âmbito dos limites estabelecidos pelo presente Acordo. O âmbito e a natureza das actividades abrangidas são variados, devendo as actividades ser adoptadas de forma a satisfazer as necessidades dos Estados ACP.

4. A cooperação técnica pode revestir um carácter específico ou geral. O Comité ACP-CE de Cooperação para o Financiamento do Desenvolvimento definirá as orientações para a execução da cooperação técnica.

ARTIGO 80.º

A fim de inverter o movimento de êxodo dos quadros dos Estados ACP, a Comunidade assistirá os Estados ACP que o solicitem a favorecer o retorno dos nacionais ACP qualificados residentes nos países desenvolvidos, mediante medidas apropriadas de incentivo à repatriação.

TÍTULO IV
Processos e sistemas de gestão

ARTIGO 81.º
Procedimentos

Os processos de gestão serão transparentes, facilmente aplicáveis e permitirão a descentralização das tarefas e das responsabilidades para os agentes no terreno. Os intervenientes não governamentais serão associados à execução da cooperação para o desenvolvimento ACP-CE nos sectores que lhes digam respeito. As disposições de natureza processual relativas à programação, preparação, execução e gestão da cooperação financeira e técnica são definidas de forma pormenorizada no anexo IV relativo aos processos de execução e de gestão. O Conselho de Ministros pode examinar, rever e alterar este dispositivo com base numa recomendação do Comité ACP-CE de Cooperação para o Financiamento do Desenvolvimento.

ARTIGO 82.º
Agentes de execução

Devem ser designados agentes de execução para garantir a realização da cooperação financeira e técnica a título do presente Acordo. As disposições que regulam as suas responsabilidades são definidas pormenorizadamente no anexo IV relativo aos processos de execução e de gestão.

ARTIGO 83.º
Comité ACP-CE de Cooperação para o Financiamento do Desenvolvimento

1. O Conselho de Ministros analisa, pelo menos uma vez por ano, os progressos registados no sentido da concretização dos objectivos da cooperação para o financiamento do desenvolvimento, bem como os problemas gerais e específicos decorrentes da execução da referida cooperação. Para o efeito, será criado, no âmbito do Conselho de Ministros, um Comité ACP-CE de Cooperação para o Financiamento do Desenvolvimento, adiante designado «o Comité ACP-CE».

2. O Comité ACP-CE tem, nomeadamente, por funções:

   a) Assegurar em geral a realização dos objectivos e dos princípios da cooperação para o financiamento do desenvolvimento e definir orientações gerais para a sua execução efectiva, de acordo com o calendário previsto;

b) Analisar os problemas decorrentes da execução das actividades de cooperação para o desenvolvimento e propor medidas apropriadas;

c) Reexaminar os anexos do Acordo, no intuito de garantir que continuam a revelar-se pertinentes e recomendar eventuais alterações para aprovação pelo Conselho de Ministros;

d) Analisar as acções empreendidas no quadro do Acordo para alcançar os objectivos em matéria de promoção do desenvolvimento e dos investimentos do sector privado, bem como as acções desenvolvidas ao abrigo da facilidade de investimento.

3. O Comité ACP-CE reúne-se trimestralmente e é composto, de forma paritária, por representantes dos Estados ACP e da Comunidade ou pelos seus mandatários. O Comité reúne-se a nível ministerial sempre que uma das Partes o solicitar e, pelos menos, uma vez por ano.

4. O Conselho de Ministros aprova o regulamento interno do Comité ACP-CE, nomeadamente as condições de representação e o número de membros do Comité, as regras a respeitar nas suas deliberações e as condições de exercício da presidência.

5. O Comité ACP-CE pode convocar reuniões de peritos para estudar as causas de eventuais dificuldades ou bloqueios que entravem a execução eficaz da cooperação para o desenvolvimento. Esses peritos devem apresentar ao Comité recomendações sobre os meios para eliminar essas dificuldades ou bloqueios.

PARTE 5
Disposições gerais relativas aos Estados ACP menos desenvolvidos, sem litoral ou insulares

CAPÍTULO 1
Disposições gerais

ARTIGO 84.º

1. A fim de permitir aos Estados ACP menos desenvolvidos, sem litoral e insulares desfrutar plenamente das possibilidades oferecidas pelo presente Acordo para acelerarem o seu ritmo de desenvolvimento respectivo, a cooperação deve reservar um tratamento especial aos países ACP menos desenvolvidos e ter devidamente em conta a vulnerabilidade dos

países ACP sem litoral e insulares. A cooperação deve igualmente tomar em consideração as necessidades dos países em situação de pós-conflito.

2. Independentemente das medidas e disposições específicas previstas para cada grupo nos diferentes capítulos do presente Acordo, deve ser prestada especial atenção, no caso dos países menos desenvolvidos, sem litoral e insulares, bem como dos países em situação de pós-conflito:

a) Ao reforço da cooperação regional;
b) Às infra-estruturas de transportes e comunicações;
c) À exploração eficaz dos recursos marinhos e à comercialização dos respectivos produtos, bem como, para os países sem litoral, à pesca continental;
d) No que se refere ao ajustamento estrutural, ao nível de desenvolvimento desses países e, na fase de execução, à dimensão social do ajustamento;
e) À execução de estratégias alimentares e de programas integrados de desenvolvimento.

CAPÍTULO 2
Estados ACP menos desenvolvidos

ARTIGO 85.º

1. Os Estados ACP menos desenvolvidos beneficiam de um tratamento especial, a fim de lhes permitir ultrapassar as graves dificuldades económicas e sociais que entravam o seu desenvolvimento e acelerar o respectivo ritmo de desenvolvimento.

2. A lista dos Estados ACP menos desenvolvidos consta do anexo VI. A lista pode ser modificada por decisão do Conselho de Ministros:

a) Se um Estado terceiro que se encontre numa situação comparável aderir ao Acordo;
b) Se a situação económica de um Estado ACP se modificar de modo significativo e duradouro, quer de maneira a inclui-lo na categoria dos países menos desenvolvidos, quer a deixar de justificar a sua inclusão nessa categoria.

ARTIGO 86.º

As disposições relativas aos Estados ACP menos desenvolvidos constam dos artigos 2.º, 29.º, 32.º, 35.º, 37.º, 56.º, 68.º, 84.º e 85.º.

CAPÍTULO 3
Estados ACP sem litoral

ARTIGO 87.º

1. Estão previstas disposições e medidas específicas para apoiar os Estados ACP sem litoral nos seus esforços destinados a superar as dificuldades geográficas e outros obstáculos que entravem o seu desenvolvimento, de modo a permitir-lhes acelerar o respectivo ritmo de desenvolvimento.

2. A lista dos Estados ACP sem litoral consta do anexo VI. A lista pode ser modificada por decisão do Conselho de Ministros se um Estado terceiro que se encontre numa situação comparável aderir ao presente Acordo.

ARTIGO 88.º

As disposições relativas aos Estados ACP sem litoral constam dos artigos 2.º, 32.º, 35.º, 56.º, 68.º, 84.º e 87.º.

CAPÍTULO 4
Estados ACP insulares

ARTIGO 89.º

1. Estão previstas disposições e medidas específicas para apoiar os Estados ACP insulares nos seus esforços destinados a superar as dificuldades naturais e geográficas e outros obstáculos que entravem o seu desenvolvimento, de modo a permitir-lhes acelerar o respectivo ritmo de desenvolvimento.

2. A lista dos Estados ACP insulares consta do anexo VI. A lista pode ser modificada por decisão do Conselho de Ministros, se um Estado terceiro que se encontre numa situação comparável aderir ao presente Acordo.

ARTIGO 90.º

As disposições relativas aos Estados ACP insulares constam dos artigos 2.º, 32.º, 35.º, 56.º, 68.º, 84.º e 89.º.

PARTE 6
Disposições finais

ARTIGO 91.º
Conflito entre o presente Acordo e outros tratados

Os tratados, convenções, acordos ou convénios concluídos entre um ou mais Estados-Membros da Comunidade e um ou mais Estados ACP, independentemente da sua forma ou natureza, não obstam à aplicação do presente Acordo.

ARTIGO 92.º
Âmbito de aplicação territorial

Sem prejuízo das disposições específicas relativas às relações entre os Estados ACP e os departamentos ultramarinos franceses previstas no presente Acordo, o Acordo aplica-se aos territórios em que é aplicável o Tratado Que Institui a Comunidade Europeia, nos seus próprios termos, por um lado, e ao território dos Estados ACP, por outro.

ARTIGO 93.º
Ratificação e entrada em vigor

1. O presente Acordo é ratificado ou aprovado pelas Partes signatárias, segundo as respectivas normas e formalidades constitucionais.

2. Os instrumentos de ratificação ou de aprovação do presente Acordo são depositados, no que diz respeito aos Estados ACP, no Secretariado-Geral do Conselho da União Europeia, e no que diz respeito à Comunidade e aos Estados-Membros, no Secretariado-Geral dos Estados ACP. Os secretariados devem informar imediatamente desse facto os Estados signatários e a Comunidade.

3. O presente Acordo entra em vigor no 1.º dia do 2.º mês seguinte à data de depósito dos instrumentos de ratificação dos Estados-Membros e de, pelo menos, dois terços dos Estados ACP, bem como do instrumento de aprovação do presente Acordo pela Comunidade.

4. Qualquer Estado ACP signatário que não tenha cumprido as formalidades previstas nos n.ºs 1 e 2 à data de entrada em vigor do presente Acordo prevista no n.º 3 só pode fazê-lo nos 12 meses seguintes a essa data, sem prejuízo do disposto no n.º 6.

O presente Acordo será aplicável a esses Estados no 1.º dia do 2.º mês seguinte ao cumprimento dessas formalidades. Esses Estados reconhecerão a validade de qualquer medida de aplicação do Acordo adoptada após a data da sua entrada em vigor.

5. O regulamento interno das instituições conjuntas criadas pelo presente Acordo deve determinar as condições em que os representantes dos Estados signatários indicados no n.° 4 podem assistir aos trabalhos dessas instituições, na qualidade de observadores.

6. O Conselho de Ministros pode decidir conceder um apoio especial aos Estados ACP signatários das anteriores Convenções ACP-CE que, na falta de instituições estatais normalmente estabelecidas, não tenham podido assinar ou ratificar o presente Acordo. Esse apoio pode contemplar o reforço institucional e actividades de desenvolvimento económico e social, tendo especialmente em conta as necessidades das camadas mais vulneráveis da população. Neste contexto, esses países podem beneficiar das verbas para a cooperação financeira e técnica previstas na parte 4 do presente Acordo.

Em derrogação do n.° 4, os países em causa que sejam signatários do presente Acordo, podem completar os procedimentos de ratificação no prazo de 12 meses a partir do restabelecimento das instituições estatais.

Os países em causa que não tenham assinado, nem ratificado o Acordo podem aderir ao mesmo segundo o procedimento de adesão previsto no artigo 94.°.

ARTIGO 94.°
Adesões

1. Qualquer pedido de adesão ao presente Acordo apresentado por um Estado independente cujas características estruturais e situação económica e social sejam comparáveis às dos Estados ACP deve ser comunicado ao Conselho de Ministros.

Em caso de aprovação pelo Conselho de Ministros, o país em causa deve aderir ao presente Acordo, mediante depósito de um acto de adesão junto do Secretariado-Geral do Conselho da União Europeia, que enviará uma cópia autenticada ao Secretariado dos Estados ACP e informará desse facto os Estados-Membros. O Conselho de Ministros pode definir medidas de adaptação eventualmente necessárias.

O Estado em causa deve gozar dos mesmos direitos e ficar sujeito às mesmas obrigações que os Estados ACP. A sua adesão não pode prejudicar as vantagens resultantes, para os Estados ACP signatários do presente

Acordo, das disposições relativas ao financiamento da cooperação. O Conselho pode definir condições e regras específicas de adesão de um determinado Estado num protocolo especial que fará parte integrante do Acordo.

2. O Conselho de Ministros deve ser informado de qualquer pedido de adesão de um Estado terceiro a um agrupamento económico composto por Estados ACP.

3. O Conselho de Ministros deve ser informado de qualquer pedido de adesão de um Estado terceiro à União Europeia. Durante as negociações entre a União e o Estado candidato, a Comunidade deve facultar aos Estados ACP todas as informações pertinentes, devendo estes Estados comunicar à Comunidade as suas preocupações, de forma a que a Comunidade as possa ter devidamente em conta. O Secretariado dos Estados ACP deve ser notificado pela Comunidade de qualquer adesão à União Europeia.

Qualquer novo Estado-Membro da União Europeia será Parte no presente Acordo a partir da data da sua adesão, mediante uma cláusula inscrita para o efeito no acto de adesão. Se o acto de adesão à União não previr essa adesão automática do Estado-Membro ao presente Acordo, o Estado-Membro em causa aderirá ao presente Acordo mediante depósito de um acto de adesão junto do Secretariado do Conselho da União Europeia, que enviará uma cópia autenticada ao Secretariado dos Estados ACP e informará os Estados-Membros desse facto.

As Partes devem examinar os efeitos da adesão dos novos Estados--Membros sobre o presente Acordo. O Conselho de Ministros pode decidir medidas de adaptação ou de transição eventualmente necessárias.

ARTIGO 95.º
Vigência do Acordo e cláusula de revisão

1. O presente Acordo é concluído por um prazo de 20 anos a contar de 1 de Março de 2000.

2. Os protocolos financeiros são estabelecidos por períodos de cinco anos.

3. O mais tardar 12 meses antes do termo de cada período de 5 anos, a Comunidade e os Estados-Membros, por um lado, e os Estados ACP, por outro, notificarão a outra Parte das disposições que pretendam reexaminar, com vista a uma eventual alteração do Acordo, excepto no que se refere às disposições relativas à cooperação económica e comercial, para as quais está previsto um procedimento específico de reexame. Sem prejuízo deste

prazo, sempre que uma Parte solicite o reexame de quaisquer disposições do Acordo, a outra Parte disporá de um prazo de dois meses para solicitar que esse reexame seja extensivo a outras disposições relacionadas com as que foram objecto do pedido inicial.

Dez meses antes do termo do período de cinco anos em curso, as Partes devem dar início a negociações para analisar as eventuais alterações a introduzir nas disposições que foram objecto da referida notificação.

As disposições do artigo 93.º aplicam-se igualmente às alterações introduzidas no Acordo.

O Conselho de Ministros deve adoptar as medidas transitórias eventualmente necessárias no que se refere às disposições modificadas, até à sua entrada em vigor.

4. Dezoito meses antes do termo do período total de vigência do Acordo, as Partes devem dar início a negociações para analisar as disposições que regularão posteriormente as suas relações.

O Conselho de Ministros deve adoptar as medidas transitórias eventualmente necessárias até à data de entrada em vigor do novo Acordo.

ARTIGO 96.º
Elementos essenciais: processo de consulta e medidas apropriadas no que se refere aos direitos humanos, aos princípios democráticos e ao Estado de direito

1. Na acepção do presente artigo, entende-se por «Parte» a Comunidade e os Estados-Membros da União Europeia, por um lado, e cada um dos Estados ACP, por outro.

2. a) Se, apesar do diálogo político regular entre as Partes, uma delas considerar que a outra não cumpriu uma obrigação decorrente do respeito pelos direitos humanos, dos princípios democráticos e do Estado de direito mencionados no n.º 2 do artigo 9.º, apresentará à outra Parte e ao Conselho de Ministros, excepto em caso de especial urgência, os elementos de informação pertinentes necessários a uma análise aprofundada da situação, a fim de encontrar uma solução aceitável para ambas as partes. Para o efeito, convidará a outra Parte a proceder a consultas centradas nas medidas tomadas ou a tomar pela Parte em questão para resolver a situação.

As consultas serão realizadas ao nível e sob a forma considerados mais apropriados com vista a encontrar uma solução.

As consultas terão início o mais tardar 15 dias após o convite e prosseguirão durante um período determinado de comum acordo, em função da natureza e da gravidade da violação. As consultas nunca devem ultrapassar um período de 60 dias.

Se a consulta não conduzir a uma solução aceitável por ambas as Partes, se for recusada, ou em casos de especial urgência, podem ser tomadas medidas apropriadas. Estas medidas serão revogadas logo que tenham desaparecido as razões que conduziram à sua adopção.

b) A expressão «casos de especial urgência» refere-se a casos excepcionais de violações especialmente graves e flagrantes de um dos elementos essenciais referidos no n.° 2 do artigo 9.° que exijam uma reacção imediata.

A Parte que recorra ao processo de especial urgência deve informar separadamente a outra Parte e o Conselho de Ministros, salvo se não dispuser de tempo suficiente para o fazer.

c) Por «medidas adequadas», na acepção do presente artigo, entende-se medidas tomadas segundo o direito internacional e proporcionais à violação. Na selecção dessas medidas, deve ser dada prioridade às que menos perturbem a aplicação do presente Acordo. Fica entendido que a suspensão constituirá uma medida de último recurso.

Se forem tomadas medidas em caso de especial urgência, a outra Parte e o Conselho de Ministros devem ser imediatamente delas notificados. A pedido da Parte interessada podem então ser convocadas consultas, no intuito de examinar de forma aprofundada a situação e, se possível, encontrar soluções. Estas consultas efectuar-se-ão nos termos previstos no segundo e terceiro parágrafos da alínea a).

ARTIGO 97.°
Processo de consulta e medidas adequadas no que se refere à corrupção

1. As Partes consideram que, quando a Comunidade constituir um parceiro significativo em termos de apoio financeiro às políticas e programas económicos e sectoriais, os casos graves de corrupção devem ser objecto de consultas entre as Partes.

2. Nesses casos, qualquer das Partes pode convidar a outra a entabular consultas. Estas consultas iniciar-se-ão o mais tardar 21 dias após o convite e não ultrapassarão um período de 60 dias.

3. Se a consulta não conduzir a uma solução aceitável por ambas as Partes ou se for recusada, as Partes tomarão as medidas adequadas. Em qualquer caso, cabe em primeiro lugar à Parte em que se tenham verificado casos graves de corrupção tomar imediatamente as medidas necessárias para sanar imediatamente a situação. As medidas tomadas por cada uma

das Partes devem ser proporcionais à gravidade da situação. Na selecção dessas medidas, deve ser dada prioridade às que menos perturbem a aplicação do presente Acordo. Fica entendido que a suspensão constituirá uma medida de ultimo recurso.

4. Na acepção do presente artigo, entende-se por «Parte» a Comunidade e os Estados-Membros da União Europeia, por um lado, e cada um dos Estados ACP, por outro.

ARTIGO 98.º
Resolução de litígios

1. Os litígios de interpretação ou aplicação do presente Acordo, entre um ou mais Estados-Membros ou a Comunidade, por um lado, e entre um ou mais Estados ACP, por outro, serão submetidos à apreciação do Conselho de Ministros.

Entre as sessões do Conselho de Ministros esses litígios serão submetidos à apreciação do Comité de Embaixadores.

2. a) Se o Conselho de Ministros não conseguir solucionar o litígio, qualquer das Partes pode solicitar que o mesmo seja resolvido por arbitragem. Para o efeito, cada parte designa um árbitro no prazo de 30 dias a partir do pedido de arbitragem. Caso contrário, qualquer das Partes pode solicitar ao Secretário-Geral do Tribunal Permanente de Arbitragem que designe o segundo árbitro.

b) Os dois árbitros designam, por seu lado, um terceiro árbitro, no prazo de 30 dias. Caso contrário, qualquer das Partes pode solicitar ao Secretário-Geral do Tribunal Permanente de Arbitragem que designe o terceiro árbitro.

c) Salvo decisão em contrário dos árbitros, o procedimento a aplicar será o previsto no regulamento facultativo de arbitragem do Tribunal Permanente de Arbitragem para as Organizações Internacionais e os Estados. As decisões dos árbitros são tomadas por maioria no prazo de três meses.

d) Cada Parte no litígio deve tomar as medidas necessárias para assegurar a aplicação da decisão dos árbitros.

e) Para efeitos deste processo, a Comunidade e os Estados-Membros são considerados como uma única parte no litígio.

ARTIGO 99.º
Cláusula de denúncia

O presente Acordo pode ser denunciado pela Comunidade e pelos seus Estados-Membros em relação a cada Estado ACP e por cada Estado ACP em relação à Comunidade e aos seus Estados-Membros, mediante um pré-aviso de seis meses.

ARTIGO 100.º
Estatuto dos textos

Os protocolos e os anexos do presente Acordo fazem dele parte integrante. Os anexos II, III, IV e VI podem ser revistos, reexaminados e ou alterados pelo Conselho de Ministros com base numa recomendação do Comité ACP-CE de Cooperação para o Financiamento do Desenvolvimento.

O presente Acordo, redigido em duplo exemplar nas línguas alemã, dinamarquesa, espanhola, finlandesa, francesa, grega, inglesa, italiana, neerlandesa, portuguesa e sueca, todos os textos fazendo igualmente fé, será depositado nos arquivos do Secretariado-Geral do Conselho da União Europeia e no Secretariado dos Estados ACP, que transmitirão uma cópia autenticada ao Governo de cada um dos Estados signatários.

ANEXO I
Protocolo financeiro

1. Para efeitos do presente Acordo, e por um período de cinco anos a contar de 1 de Março de 2000, o montante global da assistência financeira da Comunidade aos Estados ACP será de 15200 milhões de euros.

2. A assistência financeira da Comunidade incluirá um montante de 13500 milhões de euros do 9.º Fundo Europeu de Desenvolvimento (FED).

3. Os recursos do 9.º FED serão repartidos pelos instrumentos da cooperação do seguinte modo:

a) 10 milhões de euros, sob a forma de subvenções, serão reservados para uma dotação global de apoio ao desenvolvimento a longo prazo. Esta dotação global será afectada ao financiamento dos programas indicativos nacionais, nos termos dos artigos 1.º a 5.º do anexo IV, «Processos de execução e de gestão», do presente Acordo. Desta dotação consagrada ao apoio ao desenvolvimento a longo prazo:

    i) 90 milhões de euros serão reservados para o financiamento do orçamento do Centro de Desenvolvimento Empresarial (CDE);

    ii) 70 milhões de euros serão reservados para o financiamento do orçamento do Centro de Desenvolvimento Agrícola (CTA);

    iii) Um montante que não poderá ultrapassar 4 milhões de euros será reservado para os objectivos referidos no artigo 17.º do presente Acordo (Assembleia Parlamentar Paritária);

b) 1300 milhões de euros, sob a forma de subvenções, serão reservados para o financiamento do apoio à cooperação e integração regional dos Estados ACP, em conformidade com os artigos 6.º a 14.º do anexo IV, «Processos de execução e de gestão», do presente Acordo;

c) 2200 milhões de euros serão afectados ao financiamento da facilidade de investimento, de acordo com as regras e condições previstas no anexo II, «Regras e condições de financiamento», do presente Acordo, sem prejuízo do financiamento das bonificações de juros previstas nos artigos 2.º a 4.º do anexo II do presente Acordo, a partir dos recursos mencionados na alínea a) do presente ponto.

4. O Banco Europeu de Investimento afectará um montante máximo de 1700 milhões de euros, sob a forma de empréstimos a partir dos seus recursos próprios. Esses recursos serão concedidos para os fins definidos no anexo II, «Regras e condições de financiamento», do presente Acordo, segundo as condições previstas nos estatutos do Banco e com as disposições pertinentes das regras e condições relativas ao financiamento dos investimentos previstas no anexo supramencionado. O Banco pode, a partir dos recursos por ele geridos, contribuir para o financiamento de programas e projectos regionais.

5. Os eventuais saldos de FED anteriores existentes na data de entrada em vigor do presente protocolo financeiro, bem como quaisquer montantes que tenham sido objecto de anulações de autorizações após essa data, relativos a projectos em curso ao abrigo desses Fundos, serão transferidos para o 9.º FED e afectados em conformidade com as condições estabelecidas no presente Acordo. Os recursos eventualmente transferidos deste modo para o 9.º FED que tenham sido previamente afectados ao programa indicativo de um Estado ou de uma região ACP permanecerão afectados a esse Estado ou região. O montante global do presente protocolo financeiro, acrescido dos saldos transferidos de anteriores FED, abrangerá o período compreendido entre 2000-2007.

6. O Banco assegurará a gestão dos empréstimos concedidos a partir dos seus recursos financeiros, bem como das operações financiadas ao abrigo da facilidade de investimento. Todos os outros recursos do presente Acordo serão geridos pela Comissão.

7. Antes do termo da vigência do presente protocolo financeiro, as Partes avaliarão o nível de execução das autorizações e dos desembolsos. Esta apreciação constituirá a base para uma reavaliação do montante global dos recursos, bem como para uma avaliação da necessidade de novos recursos para apoio à cooperação financeira prevista no presente Acordo.

8. Em caso de esgotamento das verbas previstas no âmbito de qualquer dos instrumentos do Acordo antes do termo da vigência do presente protocolo financeiro, o Conselho de Ministros ACP-CE adoptará as medidas adequadas.

ANEXO II
Regras e condições de financiamento

CAPÍTULO 1
Financiamento dos investimentos

ARTIGO 1.º

As regras e condições de financiamento relativas às operações da facilidade de investimento (Facilidade), aos empréstimos concedidos pelo Banco Europeu de Investimento (Banco) a partir dos seus recursos próprios e às operações especiais são definidas no presente capítulo. Esses recursos podem ser canalizados para empresas elegíveis, quer directamente, quer indirectamente, através de fundos de investimento e ou intermediários financeiros elegíveis.

ARTIGO 2.º
Recursos da facilidade de investimento

1. Os recursos da facilidade podem ser utilizados, nomeadamente:
a) Para proporcionar capitais de risco sob a forma de:
  i) Participações no capital de empresas ACP, incluindo instituições financeiras;
  ii) Contribuições assimiláveis a entradas de capital, em benefício de empresas ACP, incluindo instituições financeiras;
  iii) Garantias e outros mecanismos de reforço da fiabilidade do crédito que poderão ser utilizados para cobrir os riscos políticos e outros riscos associados aos investimentos, para investidores e ou mutuantes, tanto locais, como estrangeiros;
b) Para conceder empréstimos normais.

2. As participações no capital consistem normalmente na aquisição de participações minoritárias que não confiram o controlo da empresa e são remuneradas com base nos resultados do projecto em causa.

3. As entradas de capital assimiláveis podem consistir em adiantamentos dos accionistas, obrigações convertíveis, em empréstimos condicionais, subordinados e participativos, bem como em quaisquer outras formas de assistência semelhantes. Essa assistência pode, designadamente, consistir em:

a) Empréstimos condicionais, cujo serviço e ou duração são função da realização de determinadas condições relativas aos resultados do projecto financiado; no caso específico de empréstimos condicionais para estudos de pré-investimento ou outra assistência técnica relacionada com o projecto, poder-se-á renunciar ao serviço do empréstimo, caso o investimento não seja realizado;

b) Empréstimos participativos, cujo serviço e ou duração são função dos resultados financeiros do projecto;

c) Empréstimos subordinados, cujo reembolso só terá lugar após a extinção de outras dívidas.

4. A remuneração de cada operação deve ser especificada aquando da concessão do empréstimo. Todavia:

a) No caso de empréstimos condicionais ou participativos, a remuneração deve incluir normalmente uma taxa de juro fixa, que não poderá exceder 3%, e um elemento variável que dependerá dos resultados do projecto;

b) No caso de empréstimos subordinados, a taxa de juro deve estar ligada à taxa do mercado.

5. A comissão de garantias deve ser fixada de forma a reflectir os riscos segurados e as características específicas da operação em causa.

6. A taxa de juro dos empréstimos normais deve incluir uma taxa de referência praticada pelo Banco em relação a empréstimos comparáveis nas mesmas condições de reembolso e de período de carência acrescida de um diferencial determinado pelo Banco.

7. Podem ser concedidos empréstimos normais em condições preferenciais nos seguintes casos:

a) Para projectos de infra-estrutura nos países menos desenvolvidos ou em países em situação de pós-conflito, que se revelem indispensáveis para o desenvolvimento do sector privado. Nestes casos, a taxa de juro aplicável ao empréstimo será reduzida em 3%;

b) Para projectos que impliquem operações de reestruturação no âmbito de um processo de privatização ou para projectos que apresentem vantagens significativas e claramente demonstráveis do ponto de vista social ou ambiental. Nesses casos, os empréstimos podem beneficiar de bonificações de juros cujo montante e forma serão decididos em função das características específicas do projecto. Todavia, a bonificação da taxa de juro não pode exceder 3%.

A taxa de juro final nunca pode ser inferior a 50% da taxa de referência.

8. As verbas a disponibilizar para essas bonificações são fornecidas pela facilidade de investimento e não devem exceder 5% do montante global consagrado ao financiamento dos investimentos pela facilidade de investimento e pelo Banco a partir dos seus recursos próprios.

9. As bonificações de juro podem ser capitalizadas ou utilizadas sob a forma de subvenções para apoiar assistência técnica relativa a projectos, especialmente em favor de instituições financeiras dos países ACP.

ARTIGO 3.º
Operações ligadas à facilidade de investimento

1. A facilidade deve intervir em todos os sectores económicos e apoiar in-

vestimentos de entidades privadas, bem como de entidades do sector público geridas de acordo com as regras do mercado, incluindo infra-estruturas económicas e tecnológicas susceptíveis de gerar receitas que se revistam de especial importância para o sector privado. A facilidade deve:

a) Ser gerida como um fundo renovável de modo a assegurar a sua viabilidade financeira. As suas intervenções devem obedecer às regras e condições de mercado e procurar evitar a criação de distorções nos mercados locais e a evicção das fontes privadas de financiamento;

b) Procurar ter um efeito catalisador, incentivando a mobilização de recursos locais a longo prazo e atraindo os investidores e mutuantes privados estrangeiros para projectos nos Estados ACP.

2. No termo da vigência no presente protocolo financeiro, e salvo decisão específica do Conselho de Ministros, os reembolsos líquidos cumulados em favor da facilidade de investimento devem transitar para o protocolo seguinte.

ARTIGO 4.º
Empréstimos do BEI a partir dos seus recursos próprios

1. O Banco deve:

a) Contribuir, através dos recursos que gere, para o desenvolvimento económico e industrial dos Estados ACP a nível nacional e regional; para o efeito, financiará prioritariamente os projectos e programas produtivos ou outros investimentos destinados a promover a iniciativa privada em todos os sectores económicos;

b) Estabelecer estreitas relações de cooperação com bancos nacionais e regionais de desenvolvimento e com instituições bancárias e financeiras dos Estados ACP e da UE;

c) Em consulta com o Estado ACP interessado, no âmbito dos procedimentos fixados nos seus estatutos, adaptará, se necessário, as regras e processos de execução da cooperação para o financiamento do desenvolvimento, previstos no presente Acordo, a fim de ter em conta a natureza dos projectos e programas e agir em conformidade com os objectivos do presente Acordo.

2. Os empréstimos concedidos pelo Banco a partir dos seus recursos próprios obedecem às seguintes regras e condições:

a) A taxa de juro de referência deve corresponder à taxa praticada pelo Banco em relação a um empréstimo em condições idênticas, em termos de moeda e de período de amortização, vigentes no dia da assinatura do contrato ou na data do desembolso;

b) Todavia:
   i) Os projectos do sector público beneficiarão, em princípio, de uma bonificação de juro de 3%;

ii) Os projectos do sector privado abrangidos pelas categorias especificadas no n.º 7, alínea b), do artigo 2.º do presente anexo podem beneficiar de uma bonificação de juro em condições idênticas às especificadas nessa alínea.

A taxa de juro final nunca pode ser inferior a 50% da taxa de referência;

c) O montante das bonificações de juro, calculado em termos do seu valor aquando do desembolso do empréstimo, é imputado à dotação para bonificações de juro da facilidade de investimento, tal como definida nos n.ºs 8 e 9 do artigo 2.º, e directamente pago ao Banco;

d) O período de amortização dos empréstimos concedidos pelo Banco a partir dos seus recursos próprios será determinado com base nas características económicas e financeiras do projecto, não podendo, contudo, exceder 25 anos. Esses empréstimos incluirão normalmente um período de carência fixado em função do período de execução do projecto.

3. Em relação aos investimentos financiados pelo Banco a partir dos seus recursos próprios em empresas do sector público, podem ser solicitadas ao Estado ACP interessado garantias ou compromissos específicos relativamente a esses projectos.

ARTIGO 5.º
Condições relativas ao risco cambial

A fim de minimizar os efeitos das flutuações das taxas de câmbio, o problema do risco cambial será tratado do seguinte modo:

a) No caso de participações no capital destinadas a reforçar os fundos próprios de uma empresa, o risco cambial será, regra geral, suportado pela facilidade;

b) No caso de financiamento de pequenas e médias empresas através de capitais de risco, o risco cambial será, regra geral, repartido entre a Comunidade, por um lado, e as restantes partes interessadas, por outro. O risco cambial será geralmente repartido em partes iguais;

c) Sempre que exequível e apropriado, especialmente em países caracterizados por uma estabilidade macroeconómica e financeira, a facilidade procurará conceder empréstimos em moedas locais ACP, assumindo assim, de facto, o risco cambial.

ARTIGO 6.º
Condições relativas à transferência de divisas

No que se refere às operações ao abrigo do Acordo para as quais tenham dado o seu consentimento por escrito no âmbito do presente Acordo, os Estados ACP interessados:

a) Isentarão de quaisquer taxas ou impostos, nacionais ou locais, os juros, comissões e amortizações dos empréstimos devidos a título da legislação em vigor no Estado ou nos Estados ACP em causa;

b) Colocarão à disposição dos beneficiários as divisas necessárias ao pagamento dos juros, comissões e amortizações dos empréstimos devidos a título dos contratos de financiamento celebrados para a execução de projectos e programas no seu território;

c) Colocarão à disposição do Banco as divisas necessárias para a transferência de todas as somas por ele recebidas em moeda nacional à taxa de câmbio em vigor entre o euro ou outras moedas de transferência e a moeda nacional à data dessa transferência. Estas somas incluem todas as formas de remuneração, tais como juros, dividendos, comissões e taxas, bem como a amortização dos empréstimos e as receitas resultantes da venda de acções devidas a título dos contratos de financiamento celebrados para a execução de projectos e programas no seu território.

CAPÍTULO 2
Operações especiais

ARTIGO 7.º

1. A cooperação apoiará, a partir da dotação para subvenções:

a) A construção de habitação social, tendo em vista a promoção do desenvolvimento a longo prazo do sector da habitação, incluindo mecanismos para a concessão de uma segunda hipoteca;

b) O microfinanciamento, tendo em vista a promoção de PME e de microempresas;

c) O desenvolvimento das capacidades, a fim de reforçar e facilitar a participação efectiva do sector privado no desenvolvimento económico e social.

2. Após a assinatura do presente Acordo e mediante proposta do Comité ACP-CE de Cooperação para o Financiamento do Desenvolvimento, o Conselho de Ministros ACP-CE decidirá das regras e do montante de recursos a afectar à consecução destes objectivos, a partir da dotação para o desenvolvimento a longo prazo.

CAPÍTULO 3
Financiamento em caso de flutuações a curto prazo das receitas de exportação

ARTIGO 8.º

1. As Partes reconhecem que a perda de receitas de exportação resultante de flutuações a curto prazo pode comprometer o financiamento do desenvolvimento

e a execução de políticas macroeconómicas e sectoriais. Por conseguinte, o grau de dependência da economia de um Estado ACP em relação às exportações de bens, especialmente de produtos agrícolas e mineiros, constituirá um critério para determinar a afectação de recursos para o desenvolvimento a longo prazo.

2. A fim de atenuar os efeitos nefastos da instabilidade das receitas de exportação e dar continuidade ao programa de desenvolvimento comprometido pela diminuição das receitas, pode ser mobilizado um apoio financeiro adicional a partir dos recursos programáveis afectados ao desenvolvimento a longo prazo desse país, com base nos artigos 9.º e 10.º.

ARTIGO 9.º
Critérios de elegibilidade

1. Os Estados ACP podem beneficiar dos recursos adicionais em caso de:
a) Diminuição de 10% (2% no caso dos países menos desenvolvidos) das receitas de exportação de bens em relação à média aritmética das receitas dos três primeiros anos do período de quatro anos que precede o ano de aplicação; ou redução de 10% (2% no caso dos países menos desenvolvidos) das receitas de exportação de todos os produtos agrícolas ou mineiros em relação à média aritmética das receitas dos três primeiros anos do período de quatro anos que precede o ano de aplicação, relativamente aos países cujas receitas de exportação de produtos agrícolas ou mineiros representem mais de 40% da totalidade das receitas de exportação de bens;
b) Agravamento de 10% do défice público constante do orçamento para o ano em questão ou previsto para o ano seguinte.

2. O direito a beneficiar do apoio adicional será limitado a quatro anos sucessivos.

3. Os recursos adicionais figurarão nas contas públicas do país em causa. Serão utilizados em conformidade com as regras e métodos de programação, incluindo as disposições específicas do anexo IV «Processos de execução e de gestão», com base em acordos previamente celebrados entre a Comunidade e o Estado ACP interessado no ano seguinte ao ano de aplicação. Mediante acordo de ambas as Partes, os recursos podem ser afectados ao financiamento de programas incluídos no orçamento do Estado. No entanto, uma parte dos recursos adicionais pode igualmente ser reservada para sectores específicos.

ARTIGO 10.º
Adiantamentos

O sistema de afectação dos recursos adicionais preverá adiantamentos destinados a compensar eventuais atrasos na obtenção de estatísticas comerciais consolidadas e a assegurar que os recursos em questão possam ser incluídos no orçamento do ano seguinte ao ano de aplicação. Os adiantamentos serão mobilizados com base nas estatísticas provisórias de exportação elaboradas pelo Governo e transmitidas à Comissão na pendência de estatísticas oficiais consolidadas e definitivas. O adiantamento máximo será de 80% do montante dos recursos adicionais previsto para o ano de aplicação. Os montantes assim mobilizados serão ajustados de comum acordo entre a Comissão e o Governo, em função das estatísticas de exportação consolidadas e definitivas e do montante definitivo do défice público.

ARTIGO 11.º

As disposições do presente capítulo serão objecto de um reexame, o mais tardar dois anos após a sua entrada em vigor e, seguidamente, a pedido de qualquer das Partes.

CAPÍTULO 4
Outras disposições

ARTIGO 12.º
Pagamentos correntes e movimentos de capitais

1. Sem prejuízo do disposto no n.º 3, as Partes comprometem-se a não impor quaisquer restrições aos pagamentos da balança de transacções correntes, efectuados numa moeda livremente convertível, entre residentes da Comunidade e dos Estados ACP.

2. No que respeita às transacções da balança de capitais, as Partes comprometem-se a não impor quaisquer restrições à livre circulação de capitais respeitantes a investimentos directos efectuados em sociedades constituídas em conformidade com a legislação do país de acolhimento e aos investimentos efectuados em conformidade com o presente Acordo, bem como à liquidação ou repatriamento de tais investimentos e de quaisquer lucros deles resultantes.

3. Sempre que um ou mais Estados ACP ou um ou mais Estados-Membros da Comunidade enfrentar graves dificuldades a nível da balança de pagamentos ou corra o risco de enfrentar tais dificuldades, o Estado ACP, o Estado-Membro ou a Comunidade pode, em conformidade com as condições previstas no GATT, no GATS e nos artigos VIII e XIV dos Estatutos do Fundo Monetário Internacional, adoptar restrições às transacções correntes, por um período limitado, que não poderão exceder o necessário para sanar a situação da balança de pagamentos. A Parte que tomar essas medidas informará imediatamente as outras Partes, comunicando-lhes, o mais rapidamente possível, um calendário de eliminação das medidas em questão.

ARTIGO 13.º
Regime aplicável às empresas

No que respeita ao regime aplicável em matéria de estabelecimento e de prestação de serviços, os Estados ACP, por um lado, e os Estados-Membros, por outro, concederão um tratamento não discriminatório, respectivamente, aos nacionais e às sociedades ou empresas dos Estados ACP e aos nacionais e às sociedades ou empresas dos Estados-Membros. Todavia, se para uma determinada actividade um Estado ACP ou um Estado-Membro não tiver a possibilidade de assegurar tal tratamento, os Estados ACP ou os Estados-Membros, consoante o caso, não serão obrigados a conceder o referido tratamento, para essa actividade, aos nacionais e às sociedades ou empresas do Estado em questão.

ARTIGO 14.º
Definição de «sociedades e empresas»

1. Para efeitos da aplicação do presente Acordo, por «sociedades ou empresas de um Estado-Membro ou de um Estado ACP» entende-se as sociedades ou empresas de direito civil ou comercial, incluindo sociedades de capitais públicos ou de outro tipo, cooperativas e outras pessoas colectivas e associações regidas pelo direito público ou privado, com excepção das sociedades sem fins lucrativos, constituídas em conformidade com a legislação de um Estado-Membro ou de um Estado ACP, e que tenham a sua sede social, a sua administração central ou o seu estabelecimento principal num Estado-Membro ou num Estado ACP.

2. No entanto, se a sociedade ou empresa tiver num Estado-Membro ou num Estado ACP apenas a sua sede social, a sua actividade deve apresentar uma ligação efectiva e contínua com a economia desse Estado-Membro ou desse Estado ACP.

CAPÍTULO 5
Acordos em matéria de protecção dos investimentos

ARTIGO 15.º

1. Ao aplicarem as disposições do artigo 78.º do presente Acordo, as Partes terão em conta os seguintes princípios:

a) Os Estados Contratantes podem solicitar, sempre que adequado, a negociação com outro Estado Contratante de um acordo para a promoção e protecção dos investimentos;

b) Aquando da abertura de negociações tendo em vista a conclusão de acordos bilaterais ou multilaterais em matéria de promoção e protecção dos investimentos ou da aplicação e da interpretação dos mesmos, os Estados Partes nesses acordos não exercerão qualquer discriminação entre os Estados Partes no presente Acordo ou entre si em relação a países terceiros;

c) Os Estados Contratantes terão o direito de solicitar alterações ou adaptações do tratamento não discriminatório acima referido, sempre que obrigações internacionais ou uma alteração das circunstâncias o exijam;

d) A aplicação dos princípios acima referidos não pode ter por objecto ou por efeito atentar contra a soberania de um Estado Parte no Acordo;

e) A relação entre a data de entrada em vigor de qualquer acordo negociado, as disposições relativas à resolução de litígios e a data dos investimentos em causa será fixada nos referidos acordos, tendo em conta as disposições precedentes. As Partes Contratantes confirmam que a retroactividade não é aplicável como princípio geral, salvo decisão em contrário dos Estados Contratantes.

2. A fim de facilitar a negociação de acordos bilaterais sobre a promoção e a protecção dos investimentos, as Partes Contratantes acordam em estudar as principais cláusulas de um acordo tipo sobre protecção dos investimentos. Este estudo, que se baseará nas disposições dos acordos bilaterais existentes entre os Estados Partes, contemplará especialmente as seguintes questões:

a) Garantias jurídicas para assegurar um tratamento justo e equitativo e a protecção dos investidores estrangeiros;

b) Cláusula do investidor mais favorecido;

c) Protecção em caso de expropriação ou de nacionalização;

d) Transferência dos capitais e dos lucros;

e) Arbitragem internacional em caso de litígio entre o investidor e o Estado de acolhimento.

3. As Partes Contratantes acordam em estudar a capacidade dos sistemas de garantia a fim de responder de forma positiva às necessidades específicas das pequenas e médias empresas no que se refere a segurar os seus investimentos nos Estados ACP. Os estudos acima referidos terão início o mais rapidamente possível após a assinatura do Acordo. Uma vez terminados, os seus resultados serão transmitidos ao Comité ACP-CE de Cooperação para o Financiamento do Desenvolvimento para apreciação e adopção das medidas adequadas.

ANEXO III
Apoio institucional – CDE e CTA

ARTIGO 1.º

A cooperação apoiará os mecanismos institucionais destinados a proporcionar assistência às sociedades e empresas e a promover a agricultura e o desenvolvimento rural. Neste contexto, a cooperação contribuirá para:

a) Reforçar e intensificar o papel do Centro de Desenvolvimento Empresarial (CDE), a fim de proporcionar ao sector privado dos países ACP o apoio necessário à promoção das respectivas actividades de desenvolvimento;

b) Reforçar e consolidar o papel do Centro Técnico de Cooperação Agrícola e Rural (CTA) em matéria de desenvolvimento das capacidades institucionais dos países ACP, especialmente no tocante à gestão da informação, com vista a melhorar o acesso a tecnologias que permitam aumentar a produtividade agrícola, a comercialização, a segurança alimentar e o desenvolvimento rural.

ARTIGO 2.º
CDE

1. O CDE apoiará a execução de estratégias de desenvolvimento do sector privado nos países ACP, proporcionando serviços não financeiros às sociedades e empresas desses países e apoiando iniciativas conjuntas de operadores económicos da Comunidade e dos Estados ACP.

2. O CDE procurará ajudar as empresas privadas dos países ACP a aumentarem a sua competitividade em todos os sectores da economia e, nomeadamente:

a) Facilitar e incentivar a cooperação empresarial e parcerias entre empresas dos países ACP e da UE;

b) Contribuir para o desenvolvimento de serviços de apoio às empresas, apoiando o desenvolvimento das capacidades das organizações do sector privado ou os prestadores de serviços de assistência técnica, profissional, comercial e em matéria de gestão e de formação;

c) Proporcionar assistência a actividades de promoção de investimentos, tais como *fora* de promoção dos investimentos, organização de conferências sobre investimento, programas de formação, seminários sobre estratégia e missões de acompanhamento da promoção dos investimentos;

d) Apoiar iniciativas que contribuam para o desenvolvimento e a transferência de tecnologias e *know-how*, bem como das melhores práticas em todos os aspectos da gestão empresarial.

3. Competirá igualmente ao CDE:

a) Informar o sector privado dos Estados ACP sobre as disposições do Acordo;

b) Divulgar junto do sector privado local dos Estados ACP informações sobre as normas e a qualidade dos produtos exigidas nos mercados internacionais;

c) Facultar às sociedades e organizações do sector privado europeu informações sobre as oportunidades comerciais e as condições para o exercício das suas actividades nos países ACP.

4. O CDE concederá o seu apoio às empresas mediante o recurso a intermediários prestadores de serviços, nacionais e ou regionais, que disponham das necessárias qualificações e competências.

5. As actividades do CDE basear-se-ão no conceito de coordenação, complementaridade e valor acrescentado no que se refere a quaisquer iniciativas de desenvolvimento do sector privado tomadas por entidades públicas ou privadas. O CDE será selectivo no exercício das suas funções.

6. O Comité de Embaixadores é a autoridade responsável pela supervisão do Centro. Após a assinatura do presente Acordo, o Comité de Embaixadores deve:

a) Determinar os estatutos e o regulamento interno do Centro, nomeadamente os seus organismos de supervisão;

b) Definir o estatuto, o regulamento financeiro e o regime aplicável ao pessoal;

c) Supervisionar o funcionamento dos órgãos do Centro;

d) Definir as regras de funcionamento e o processo de adopção do orçamento do Centro.

7. Os membros dos órgãos do Centro são nomeados pelo Comité de Embaixadores, segundo os procedimentos e critérios determinados por este último.

8. O orçamento do Centro é financiado segundo as regras previstas no presente Acordo em matéria de cooperação para o financiamento do desenvolvimento.

ARTIGO 3.º
CTA

1. O CTA terá por missão reforçar as capacidades de desenvolvimento institucional e em matéria de políticas, bem como as capacidades de gestão no domínio da informação e da comunicação das organizações agrícolas e de desenvolvimento rural dos países ACP. Assim, o CTA apoiará essas organizações na elaboração e execução de políticas e programas destinados a combater a pobreza, promover a segurança alimentar, preservar os recursos naturais e, deste modo, contribuirá para o reforço da auto-suficiência no que respeita ao desenvolvimento agrícola e rural dos países ACP.

2. Competirá ao CTA:

a) Desenvolver e prestar serviços de informação e assegurar um melhor acesso à investigação, à formação e às inovações nos domínios do desenvolvimento e da extensão agrícola e rural, a fim de promover a agricultura e o desenvolvimento rural;

b) Desenvolver e reforçar as capacidades dos Estados ACP de forma a:
  i) Melhorar a formulação e a gestão das políticas e estratégias de desenvolvimento agrícola e rural, tanto a nível nacional, como regional, designadamente através do reforço das capacidades em matéria de recolha de dados, investigação sobre políticas, análise e formulação;
  ii) Melhorar a gestão da informação e da comunicação, nomeadamente no âmbito da respectiva estratégia agrícola nacional;

iii) Promover uma gestão efectiva da informação e da comunicação intra-institucionais, a fim de assegurar a monitorização dos resultados, bem como consórcios com parceiros regionais e internacionais;
iv) Promover uma gestão da informação e da comunicação descentralizada a nível local e nacional;
v) Reforçar as iniciativas através da cooperação regional;
vi) Desenvolver métodos de avaliação do impacte das políticas sobre o desenvolvimento agrícola e rural.

3. O Centro apoiará iniciativas e redes regionais e progressivamente associará as organizações ACP competentes aos programas de desenvolvimento das capacidades. Para o efeito, o Centro apoiará as redes de informação descentralizadas a nível regional. Essas redes, que deverão ser eficazes, serão gradualmente estabelecidas.

4. O Comité de Embaixadores é a autoridade responsável pela supervisão do Centro. Após a assinatura do presente Acordo, o Comité de Embaixadores:

a) Definirá os estatutos e o regulamento interno do Centro, nomeadamente os seus organismos de supervisão;

b) Definirá os estatutos, o regulamento financeiro e o regime aplicável ao pessoal;

c) Supervisionará o funcionamento dos órgãos do Centro;

d) Definirá as regras de funcionamento e o processo de adopção do orçamento do Centro.

5. Os membros dos órgãos do Centro serão nomeados pelo Comité de Embaixadores segundo os procedimentos e critérios determinados por este último.

6. O orçamento do Centro será financiado nos termos do disposto no presente Acordo em matéria de cooperação para o financiamento do desenvolvimento.

ANEXO IV
Processos de execução e de gestão

CAPÍTULO 1
Programação (nacional)

ARTIGO 1.º

As operações financiadas por subvenções no âmbito do presente Acordo serão programadas no início do período abrangido pelo protocolo financeiro. Para o efeito, por programação, entende-se:

a) A preparação e o desenvolvimento de uma estratégia de apoio ao país (EAP) baseada nos objectivos e estratégias de desenvolvimento a médio prazo do próprio país;

b) Uma indicação clara da Comunidade da dotação financeira indicativa programável de que o país poderá beneficiar durante o período de cinco anos, bem como qualquer outra informação pertinente;

c) A preparação e adopção de um programa indicativo para aplicação da EAP;

d) Um processo de reexame que abranja a EAP, o programa indicativo e o volume de recursos atribuídos a este último.

ARTIGO 2.º
Estratégia de Apoio ao País

A EAP será elaborada pelo Estado ACP e pela UE, após consultas com uma vasta gama de intervenientes no processo de desenvolvimento, e deverá inspirar-se na experiência e nas melhores práticas. Cada EAP deverá estar adaptada às necessidades e corresponder às circunstâncias específicas de cada Estado ACP. A EAP será um instrumento destinado a definir as prioridades das actividades e a criar uma apropriação local dos programas de cooperação. Qualquer divergência entre a análise efectuada pelo próprio país e a análise da Comunidade será assinalada. A EAP deverá normalmente incluir os seguintes elementos:

a) Uma análise do contexto político, económico e social do país, bem como das limitações, capacidades e perspectivas, incluindo uma avaliação das necessidades de base, tais como o rendimento *per capita*, indicadores demográficos e sociais e dados sobre a vulnerabilidade das populações;

b) Uma descrição pormenorizada da estratégia de desenvolvimento do país a médio prazo, com prioridades claramente definidas e uma indicação das necessidades de financiamento esperadas;

c) Uma descrição dos planos e das acções pertinentes de outros dadores presentes no país, em especial dos Estados-Membros da UE na sua qualidade de dadores bilaterais;

d) Estratégias de resposta, com indicação detalhada da contribuição específica que a UE pode disponibilizar. Essas estratégias devem, na medida do possível, assegurar a complementaridade com operações financiadas pelo próprio Estado ACP e por outros dadores presentes no país;

e) Uma definição da natureza e do âmbito dos mecanismos de apoio mais adequados a aplicar na execução das estratégias acima descritas.

ARTIGO 3.º
Atribuição de recursos

1. A atribuição de recursos deverá basear-se nas necessidades e nos resultados, tal como definido no presente Acordo. Neste contexto:

a) As necessidades serão avaliadas com base em critérios relacionados com o rendimento *per capita*, os dados demográficos, os indicadores sociais e o nível de endividamento, as perdas de receitas de exportação e a dependência das receitas da exportação, em especial nos sectores agrícola e mineiro. Deverá ser concedido um tratamento especial aos países ACP menos desenvolvidos e a vulnerabilidade dos Estados sem litoral e insulares deverá ser devidamente tida em conta. Além disso, deverão ser tomadas em consideração as dificuldades específicas dos países em situação de pós-conflito;

b) Os resultados serão avaliados de forma objectiva e transparente, com base nos seguintes parâmetros: progressos na aplicação de reformas institucionais, resultados do país em termos de utilização de recursos, execução efectiva de operações em curso, redução ou luta contra a pobreza, medidas de desenvolvimento sustentável e resultados a nível da política macroeconómica e sectorial.

2. Os recursos atribuídos compreenderão dois elementos:

a) Uma dotação para cobrir o apoio macroeconómico, as políticas sectoriais, os programas e projectos de apoio aos sectores fulcrais e não fulcrais da assistência comunitária;

b) Uma dotação para cobrir as necessidades imprevistas, tais como a ajuda de emergência sempre que a mesma não possa ser financiada através do orçamento da União, contribuições para iniciativas acordadas a nível internacional destinadas a diminuir a dívida e apoio tendo em vista a diminuição dos efeitos negativos resultantes da instabilidade das receitas de exportação.

3. Este montante indicativo deverá facilitar a programação a longo prazo da ajuda comunitária ao país em questão. Juntamente com os saldos das dotações não autorizadas atribuídas ao país ao abrigo de anteriores FED, e, sempre que possível, com recursos do orçamento comunitário, estas dotações constituirão a base para a elaboração do programa indicativo do país em questão.

4. Serão tomadas medidas relativamente aos países que, devido a circunstâncias excepcionais, não possam ter acesso aos recursos programáveis normais.

ARTIGO 4.º
Preparação e adopção do programa indicativo

1. Após receber as informações acima referidas, cada Estado ACP elaborará um projecto de programa indicativo que apresentará à Comunidade e que terá por base e será coerente com os objectivos e prioridades indicados na EAP. O projecto de programa indicativo deverá incluir:

a) O sector, sectores ou domínios fulcrais de concentração da assistência;

b) As medidas e operações mais adequadas para alcançar os objectivos no sector, sectores ou domínios fulcrais;

c) Os recursos reservados a projectos e programas fora do sector ou dos sectores fulcrais e ou as linhas gerais dessas actividades, bem como uma indicação dos recursos a atribuir a cada um desses elementos;

d) A identificação dos intervenientes não estatais elegíveis e os recursos afectados aos intervenientes não estatais;

e) Propostas de projectos e programas regionais;

f) Uma reserva para fazer face a eventuais reclamações e para cobrir os aumentos de custos e as despesas imprevistas.

2. O projecto de programa indicativo deverá, sempre que necessário, incluir os recursos destinados a reforçar a capacidade humana, material e institucional dos Estados ACP, a preparar e executar programas indicativos nacionais e regionais e a melhorar a gestão do ciclo de projectos de investimento público dos Estados ACP.

3. O projecto de programa indicativo será objecto de uma troca de pontos de vista entre o Estado ACP em questão e a Comunidade. O programa indicativo será adoptado de comum acordo entre a Comunidade e o Estado ACP em questão. Uma vez adoptado, será vinculativo tanto para a Comunidade, como para esse Estado. O programa indicativo será anexado à EAP e deverá, além disso, incluir:

a) Operações específicas e claramente identificadas, em especial as que possam ser autorizadas antes do reexame seguinte;

b) Um calendário para a aplicação e reexame do programa indicativo, incluindo as autorizações e os desembolsos dos recursos;

c) Os parâmetros e os critérios para a realização dos reexames.

4. A Comunidade e o Estado ACP em questão tomarão todas as medidas necessárias para garantir que o processo de programação seja concluído no mais curto prazo e, salvo em circunstâncias excepcionais, no prazo de 12 meses a contar da assinatura do protocolo financeiro.

Neste contexto, a preparação da EAP e do programa indicativo devem fazer parte de um processo contínuo conducente à adopção de um único documento.

ARTIGO 5.º
Processo de revisão

1. A cooperação financeira entre o Estado ACP e a Comunidade deverá ser suficientemente flexível de modo a garantir que as operações sejam constantemente conformes aos objectivos do presente Acordo e a ter em conta quaisquer alterações a nível da situação económica, das prioridades e dos objectivos do Estado ACP em questão. Neste contexto, o ordenador nacional e o chefe de delegação deverão:

a) Proceder anualmente a um reexame operacional do programa indicativo;

b) Proceder a um reexame intercalar e a um reexame final da EAP e do programa indicativo, tendo em conta as necessidades e os resultados efectivos.

2. Em circunstâncias excepcionais mencionadas nas disposições relativas à ajuda humanitária e à ajuda de emergência, o reexame poderá ser realizado a pedido de qualquer das Partes.

3. O ordenador nacional e o chefe de delegação deverão:

a) Tomar todas as medidas necessárias para garantir a adesão às disposições do programa indicativo, incluindo a garantia de que o calendário relativo às autorizações e aos pagamentos acordado na fase de programação será respeitado;

b) Determinar eventuais causas de atraso na execução e propor medidas adequadas para sanar a situação.

4. O reexame operacional anual do programa indicativo consistirá numa avaliação conjunta da execução do programa e terá em conta os resultados das actividades pertinentes de acompanhamento e de avaliação. Este reexame será conduzido a nível local e finalizado entre o ordenador nacional e o chefe de delegação num prazo de 60 dias. Deverá abranger, em especial, uma avaliação dos seguintes elementos:

a) Os resultados alcançados no sector ou nos sectores fulcrais em relação aos objectivos identificados, os indicadores de impacte e os compromissos políticos sectoriais;

b) Os projectos e programas fora do sector fulcral ou dos sectores fulcrais e ou no âmbito de programas plurianuais;

c) A utilização dos recursos afectados aos intervenientes não estatais;

d) A eficácia a nível da execução de operações em curso e o respeito dos prazos relativos às autorizações e aos pagamentos;

e) Uma extensão da perspectiva de programação para os anos seguintes.

5. O ordenador nacional e o chefe de delegação apresentarão o relatório sobre a conclusão do reexame anual ao Comité ACP-CE de Cooperação para o Financiamento do Desenvolvimento, no prazo de 30 dias a contar da conclusão do reexame operacional. O Comité examinará o relatório de acordo com as suas responsabilidades e competências nos termos do Acordo.

6. Tendo em conta os reexames operacionais anuais, o ordenador nacional e o chefe de delegação poderão, por ocasião dos reexames intercalar e final, e dentro dos prazos acima indicados, rever e adaptar a EAP:

a) Caso os reexames operacionais indiquem a existência de problemas específicos; e ou

b) Tendo em conta a alteração de circunstâncias ocorrida no Estado ACP.

Tais reexames serão realizados dentro de um prazo de 30 dias a contar da conclusão dos reexames intercalar e final. A conclusão da revisão do protocolo financeiro incluirá igualmente a adaptação para o novo protocolo financeiro em termos de atribuição de recursos e de preparação para o programa seguinte.

7. Após a conclusão dos reexames intercalar e final, a Comunidade poderá rever a atribuição de recursos à luz das necessidades reais e dos resultados alcançados no Estado ACP em questão.

CAPÍTULO 2
Programação e preparação (regional)

ARTIGO 6.º
Participação

1. A cooperação regional abrangerá operações que beneficiem e em que participem:

a) Dois, mais ou todos os Estados ACP; e ou

b) Um órgão regional do qual sejam membros, pelo menos, dois Estados ACP.

2. A cooperação regional poderá igualmente abranger países e territórios ultramarinos e regiões ultraperiféricas. O financiamento para permitir a participação destes territórios será adicional aos fundos atribuídos aos Estados ACP nos termos do presente Acordo.

ARTIGO 7.º
Programas regionais

Os Estados ACP em questão pronunciar-se-ão sobre a definição das regiões geográficas. Na medida do possível, os programas de integração regional deverão corresponder a programas de organizações regionais existentes com um mandato de integração económica. Em princípio, e no caso de haver uma sobreposição entre as várias organizações regionais competentes, o programa de integração regional deverá associar as várias organizações. Neste contexto, a Comunidade proporcionará um apoio específico a partir dos programas regionais aos grupos de Estados ACP empenhados na negociação de acordos de parceria económica com a UE.

ARTIGO 8.º
Programação regional

1. A programação deverá efectuar-se ao nível de cada região, devendo resultar de um intercâmbio de pontos de vista entre a Comissão e a ou as organizações regionais devidamente mandatadas ou, na falta desse mandato, os ordenadores nacionais dos países dessa região. Sempre que adequado, a programação poderá incluir uma consulta com os intervenientes não estatais elegíveis.

2. Para o efeito, por programação entende-se:

a) A preparação e o desenvolvimento de uma estratégia de apoio regional (EAR) baseada nos objectivos e estratégias de desenvolvimento da própria região a médio prazo;

b) Uma indicação clara por parte da Comunidade da atribuição indicativa de recursos de que a região pode beneficiar durante o período de cinco anos, bem como qualquer outra informação pertinente;

c) A preparação e adopção de um programa indicativo regional (PIR) para a aplicação da EAR;

d) Um processo de revisão que abranja a EAR, o PIR e o volume de recursos atribuídos a cada região.

3. A EAR será elaborada pela Comissão e pela organização ou organizações regionais devidamente mandatadas em colaboração com os Estados ACP da região em questão. A EAR será um instrumento destinado a definir a prioridade das actividades e a permitir uma responsabilização da população local relativamente aos programas apoiados. A EAR incluirá normalmente os seguintes elementos:

a) Uma análise do contexto político, económico e social da região;

b) Uma avaliação do processo e das perspectivas de integração económica regional e da integração na economia mundial;

c) Uma síntese das estratégias e prioridades regionais revistas e das necessidades financeiras;

d) Uma síntese das actividades pertinentes de outros parceiros externos em matéria de cooperação regional;

e) Uma síntese da contribuição específica da UE para a concretização dos objectivos de cooperação e integração regionais, na medida do possível, complementar das operações financiadas pelos próprios Estados ACP e por outros parceiros externos, em especial Estados-Membros da UE.

ARTIGO 9.º
Atribuição de recursos

No início do período abrangido pelo protocolo financeiro, cada região receberá da Comunidade uma indicação do volume de recursos de que poderá beneficiar durante um período de cinco anos. A atribuição indicativa de recursos basear-se-á numa estimativa das necessidades, bem como nos progressos realizados e nas perspectivas a nível do processo de cooperação e integração regionais. No intuito de atingir uma escala adequada e de aumentar a eficácia, poderão ser combinados fundos regionais e nacionais para o financiamento de operações regionais com uma componente nacional distinta.

ARTIGO 10.º
Programa indicativo regional

1. Com base na atribuição de recursos acima indicada, a organização ou as organizações regionais devidamente mandatadas ou, na falta desse mandato, os ordenadores nacionais dos países da região, elaborarão um projecto de programa indicativo regional. O projecto de programa deverá especificar, em especial, os seguintes elementos:

a) Os sectores e temas fulcrais da assistência comunitária;

b) As medidas e operações mais adequadas para alcançar os objectivos definidos para esses sectores e temas;

c) Os projectos e programas que permitam alcançar esses objectivos, desde que tenham sido claramente identificados, bem como uma indicação dos recursos a disponibilizar para cada um destes elementos e um calendário para a respectiva execução.

2. Os programas indicativos regionais serão adoptados de comum acordo entre a Comunidade e os Estados ACP em questão.

ARTIGO 11.º
Processo de revisão

A cooperação financeira entre cada região ACP e a Comunidade será suficientemente flexível de forma a garantir que as operações sejam sempre conformes aos objectivos do presente Acordo e a ter em conta eventuais alterações a nível da situação económica, das prioridades e dos objectivos da região em questão. Será efectuado um reexame intercalar e um reexame final dos programas indicativos regionais, no intuito de adaptar o programa indicativo a eventuais alterações das circunstâncias e a garantir a sua correcta execução. Após a conclusão dos reexames intercalar e final, a Comunidade poderá rever a atribuição de recursos, tendo em conta as necessidades e os resultados.

ARTIGO 12.º
Cooperação entre os Estados ACP

No início do período abrangido pelo protocolo financeiro, a Comunidade indicará ao Conselho de Ministros ACP a parte dos fundos destinados a operações regionais que deverão ser afectados a operações que beneficiam muitos ou todos os Estados ACP. Tais operações poderão transcender o conceito de localização geográfica.

ARTIGO 13.º
Pedidos de financiamento

1. Os pedidos de financiamento dos programas regionais deverão ser apresentados por:

a) Um órgão ou uma organização regional devidamente mandatados;

b) Um órgão ou uma organização sub-regional devidamente mandatados ou por um Estado ACP da região em questão na fase de programação, desde que as operações tenham sido identificadas no PIR.

2. Os pedidos de financiamento de programas em que participem dois ou mais Estados ACP devem ser apresentados por:

a) Pelo menos, três órgãos ou organizações regionais mandatados pertencentes a diferentes regiões geográficas ou pelos ordenadores nacionais dessas regiões; ou

b) Pelo Conselho de Ministros ACP ou, por delegação específica, pelo Comité de Embaixadores ACP; ou

c) Por organizações internacionais cujas operações contribuam para os objectivos da cooperação e de integração regionais, mediante aprovação prévia do Comité de Embaixadores ACP.

ARTIGO 14.º
Processos de execução

1. Os programas regionais serão executados pelo órgão requerente ou por qualquer outra instituição ou órgão devidamente autorizados.

2. Os programas em que participem dois ou mais Estados ACP serão executados pela entidade requerente ou pelo seu agente devidamente autorizado. Na ausência de um órgão devidamente autorizado, e sem prejuízo dos projectos e programas ad hoc geridos pelo Secretariado ACP, a Comissão será responsável pela execução das operações em que participem dois ou mais Estados ACP.

3. Tendo em conta os objectivos e as características próprias da cooperação regional, as operações realizadas neste domínio serão, se for caso disso, regidas pelos procedimentos estabelecidos para a cooperação para o financiamento do desenvolvimento.

CAPÍTULO 3
Execução do projecto

ARTIGO 15.º
Identificação, preparação e instrução dos projectos

1. Os projectos e programas apresentados pelo Estado ACP serão objecto de uma instrução conjunta. O Comité ACP-CE de Cooperação para o Financiamento do Desenvolvimento definirá as orientações gerais e os critérios para a instrução dos projectos e dos programas.

2. Os processos dos projectos e programas preparados e apresentados para financiamento devem conter todas as informações necessárias à instrução dos projectos ou programas ou, no caso de os mesmos não terem sido completamente definidos, fornecer uma descrição sumária que será necessária para a sua instrução. Esses processos deverão ser transmitidos oficialmente à Comunidade pelos Estados ACP ou pelos outros beneficiários elegíveis em conformidade com o presente Acordo.

3. A instrução dos projectos e dos programas deverá ter devidamente em conta os condicionalismos nacionais a nível dos recursos humanos e garantir uma estratégia favorável à promoção desses recursos. Deverá tomar igualmente em consideração as características e os condicionalismos específicos de cada Estado ACP.

ARTIGO 16.º
Proposta e decisão de financiamento

1. As conclusões da instrução serão resumidas numa proposta de financiamento elaborada pela Comunidade em estreita colaboração com o Estado ACP em questão. Esta proposta de financiamento será apresentada para aprovação ao órgão de decisão da Comissão.

2. A proposta de financiamento incluirá um calendário previsional da execução técnica e financeira do projecto ou programa, incluindo programas plurianuais e atribuições globais para operações de pequena escala financeira e indicará a duração das diversas fases de execução. A proposta de financiamento:

   a) Terá em conta os comentários do ou dos Estados ACP em causa;

   b) Será transmitida simultaneamente ao Estado ou Estados ACP em questão e à Comunidade.

3. A Comissão finalizará a proposta de financiamento e enviá-la-á, com ou sem alterações, ao órgão de decisão da Comunidade. O Estado ou os Estados ACP em questão poderão apresentar comentários sobre quaisquer alterações de fundo que a Comissão pretenda introduzir no documento. Esses comentários deverão reflectir-se na proposta de financiamento alterada.

4. O órgão de decisão da Comunidade comunicará a sua decisão no prazo de 120 dias a contar da data de comunicação da proposta de financiamento acima referida.

5. Sempre que a proposta de financiamento não seja adoptada pela Comunidade, o Estado ou os Estados ACP em causa serão imediatamente informados dos motivos dessa decisão. Nesse caso, os representantes do Estado ou Estados ACP em questão podem, num prazo de 60 dias, solicitar:

   a) Que a questão seja submetida à apreciação do Comité ACP-CE de Cooperação para o Financiamento do Desenvolvimento instituído no âmbito do Acordo; ou

   b) Que lhes seja concedida uma audiência pelo órgão de decisão da Comunidade.

6. Na sequência dessa audiência, o órgão competente da Comunidade tomará uma decisão definitiva de adopção ou de rejeição da proposta de financiamento. Antes de a decisão ser tomada, o Estado ou Estados ACP em causa podem comunicar quaisquer dados que lhes pareçam necessários para completar as informações de que aquele órgão dispõe.

7. Os programas plurianuais devem financiar designadamente a formação, as operações descentralizadas, os microprojectos, a promoção comercial e o desenvolvimento do comércio, conjuntos de operações de escala limitada num determinado sector, o apoio à gestão de projectos e programas e a cooperação técnica.

8. Nos casos acima referidos, o Estado ACP em questão pode apresentar ao chefe de delegação um programa plurianual que precise as grandes linhas, os tipos de acções previstos e a autorização financeira proposta:

a) A decisão de financiamento para cada programa plurianual será tomada pelo ordenador principal. A carta do ordenador principal em que essa decisão é notificada constitui o acordo de financiamento;

b) No âmbito dos programas plurianuais assim adoptados, o ordenador nacional ou, se tal for o caso, o agente da cooperação descentralizada em quem para o efeito foram delegadas funções ou, nos casos adequados, outros beneficiários elegíveis executarão todas as acções em conformidade com as disposições pertinentes do presente Acordo e com as condições do acordo de financiamento acima referido. Quando a execução for realizada por agentes da cooperação descentralizada ou por outros beneficiários elegíveis, a responsabilidade financeira incumbe ao ordenador nacional e ao chefe de delegação, que devem controlar regularmente as operações, de forma a poderem cumprir as suas obrigações.

9. No final de cada ano, o ordenador nacional, em consulta com o chefe de delegação, transmitirá à Comissão um relatório sobre a execução dos programas plurianuais.

ARTIGO 17.º
Acordo de financiamento

1. Salvo disposição em contrário no presente Acordo, os projectos ou programas financiados através de subvenção do Fundo implicam a celebração de um acordo de financiamento entre a Comissão e o Estado ou Estados ACP em questão. Caso o beneficiário directo não seja um Estado ACP, a Comissão formalizará a decisão de financiamento através de uma troca de cartas com o beneficiário em questão.

2. O acordo de financiamento será elaborado entre a Comissão e o Estado ou Estados ACP em questão no prazo de 60 dias a contar da decisão do órgão de decisão da Comunidade. O acordo deverá:

a) Especificar, nomeadamente, o compromisso financeiro do Fundo, as regras e condições de financiamento, bem como as disposições gerais e específicas relativas ao projecto ou programa em causa. Incluirá igualmente o calendário previsional de execução técnica do projecto ou do programa constante da proposta de financiamento;

b) Prever as dotações apropriadas para cobrir os aumentos de custos e as despesas imprevistas.

3. Após a assinatura do acordo de financiamento, os pagamentos serão efectuados nos termos do plano de financiamento aprovado no presente Acordo. Qualquer saldo existente no encerramento das contas dos projectos e programas reverterá em favor do Estado ACP em questão e será inscrito como tal nas contas do Fundo. Poderá ser utilizado do modo previsto no presente Acordo para o financiamento de projectos e programas.

ARTIGO 18.º
Ultrapassagem dos custos

1. Quando se verifique a existência de um risco de ultrapassagem dos custos para além dos limites fixados no acordo de financiamento, o ordenador nacional, através do chefe de delegação, notificará o ordenador principal desse facto, especificando as medidas que tenciona tomar para cobrir essa ultrapassagem dos custos em relação à dotação, quer reduzindo a dimensão do projecto ou programa, quer utilizando recursos nacionais ou outros recursos não comunitários.

2. Se, com o acordo da Comunidade, for decidido não reduzir a dimensão do projecto ou programa ou se não for possível cobri-lo com outros recursos, a ultrapassagem dos custos poderá ser financiada pelos recursos do programa indicativo, até ao limite de 20% do compromisso financeiro assumido relativamente ao projecto ou programa em causa.

ARTIGO 19.º
Financiamento retroactivo

1. A fim de assegurar um arranque rápido dos projectos e evitar atrasos ou interrupções entre projectos sequenciais, os Estados ACP poderão, de acordo com a Comissão, uma vez concluída a instrução do projecto e antes de a decisão de financiamento ser tomada:

a) Abrir concursos com uma cláusula suspensiva para todos os tipos de contratos;

b) Pré-financiar actividades relacionadas com o arranque dos programas e com trabalho preliminar e sazonal, encomendas de equipamento com prazos de entrega bastante demorados, bem como certas operações em curso. Estas despesas deverão respeitar os procedimentos previstos no Acordo.

2. Estas disposições não prejudicam a competência do órgão de decisão da Comunidade.

3. As despesas efectuadas pelo Estado ACP ao abrigo destas disposições serão financiadas retroactivamente no âmbito do projecto ou programa, após a assinatura do acordo de financiamento.

CAPÍTULO 4
Concorrência e preferências

ARTIGO 20.º
Elegibilidade

Salvo se for concedida uma derrogação nos termos da regulamentação geral dos contratos ou do disposto no artigo 22.º infra:

a) A participação em concursos e contratos financiados pelo Fundo estará aberta em igualdade de condições:
  i) Às pessoas singulares, sociedades ou empresas, organismos públicos ou de participação pública dos Estados ACP e dos Estados-Membros;
  ii) Às sociedades cooperativas e a outras pessoas colectivas de direito público ou privado dos Estados-Membros e ou dos Estados ACP;
  iii) Às empresas comuns ou agrupamentos de empresas ou sociedades dos Estados ACP e ou dos Estados-Membros;

b) Os fornecimentos devem ser originários da Comunidade e ou dos Estados ACP. Neste contexto, a definição do conceito de «produtos originários» será avaliada tomando como referência os acordos internacionais pertinentes. Os fornecimentos originários da Comunidade incluirão os fornecimentos originários dos países e territórios ultramarinos.

ARTIGO 21.º
Igualdade de participação

Os Estados ACP e a Comissão tomarão as medidas necessárias para assegurar, em igualdade de condições, uma participação tão alargada quanto possível nos concursos para os contratos de obras, de fornecimentos e de serviços, incluindo, se for caso disso, medidas destinadas a:

a) Assegurar a publicação dos avisos de concurso no Jornal Oficial das União Europeia, na Internet, nos jornais oficiais de todos os Estados ACP e em qualquer outro meio de informação adequado;

b) Eliminar qualquer prática discriminatória ou especificação técnica que possa obstar a uma ampla participação em igualdade de condições;

c) Fomentar a cooperação entre sociedades e empresas dos Estados-Membros e dos Estados ACP;

d) Garantir que todos os critérios de adjudicação sejam especificados no processo do concurso;

e) Garantir que a proposta seleccionada corresponde aos requisitos definidos no processo do concurso e satisfaz os critérios de adjudicação nele especificados.

ARTIGO 22.º
Derrogação

1. A fim de assegurar a melhor relação custo/eficácia do sistema, as pessoas singulares ou colectivas dos países em desenvolvimento não ACP poderão ser autorizadas a participar em contratos financiados pela Comunidade mediante pedido dos Estados ACP em questão. Os Estados ACP interessados deverão, relativamente a cada caso, fornecer ao chefe de delegação as informações necessárias para que a Comunidade tome uma decisão sobre tal derrogação, prestando especial atenção aos seguintes elementos:

a) Situação geográfica do Estado ACP em questão;

b) Competitividade dos empreiteiros, fornecedores e consultores dos Estados-Membros e dos Estados ACP;

c) Necessidade de evitar aumentos excessivos do custo de execução do contrato;

d) Dificuldades de transporte ou atrasos devidos a prazos de entrega ou a outros problemas análogos;

e) Tecnologia mais apropriada e melhor adaptada às condições locais.

2. A participação de países terceiros em contratos financiados pela Comunidade poderá igualmente ser autorizada:

a) Sempre que a Comunidade participe no financiamento de acções de cooperação regional ou inter-regional em que intervenham esses países;

b) Em caso de co-financiamento de projectos e programas;

c) Em caso de ajuda de emergência.

3. Em casos excepcionais e com o acordo da Comissão, poderão participar nos contratos de prestação de serviços gabinetes de estudos com peritos nacionais de países terceiros.

ARTIGO 23.º
Concorrência

1. A fim de simplificar e racionalizar as normas e a regulamentação gerais em matéria de concorrência e de preferências relativamente às operações financiadas pelo FED, os contratos serão adjudicados através de concursos públicos e limitados, bem como de contratos quadro, de contratos por ajuste directo e de contratos por administração directa, do seguinte modo:

a) Concurso público internacional através ou na sequência da publicação de um anúncio em conformidade com as disposições do presente Acordo;

b) Concurso público nacional em que o anúncio do contrato é publicado exclusivamente no Estado ACP beneficiário;

c) Concurso limitado internacional em que a entidade adjudicante convida um número limitado de candidatos a participarem no concurso após a publicação de um anúncio de informação prévia;

d) Contratos por ajuste directo segundo um processo simplificado que dispensa a publicação do anúncio e em que a entidade adjudicante convida um número limitado de prestadores de serviços a apresentarem as suas propostas;

e) Acordo por administração directa em que os contratos são executados através de organismos públicos ou com participação pública e de departamentos dos Estados beneficiários em questão.

2. Os contratos financiados através do Fundo serão celebrados de acordo com as seguintes disposições:

a) Os contratos de obras de valor:
  i) Superior a 5000000 de euros serão adjudicados através de concurso público internacional;
  ii) Compreendido entre 300000 euros e 5000000 de euros serão adjudicados através de concurso público nacional;
  iii) Inferior a 300000 euros serão adjudicados por contrato por ajuste directo segundo um processo simplificado que dispensa a publicação de um anúncio;

b) Os contratos de fornecimentos de valor:
  i) Superior a 150000 euros serão adjudicados através de concurso público internacional;
  ii) Compreendido entre 30000 euros e 150000 euros serão adjudicados através de concurso público nacional;
  iii) Inferior a 30000 euros serão adjudicados por contrato por ajuste directo segundo um processo simplificado que dispensa a publicação de um anúncio;

c) Os contratos de prestação de serviços de valor:
  i) Superior a 200000 euros serão adjudicados através de concurso limitado internacional após a publicação de um anúncio;
  ii) Inferior a 200000 euros serão adjudicados por contrato por ajuste directo segundo um processo simplificado ou no âmbito de um contrato quadro.

3. Os contratos de obras, de fornecimentos e de prestação de serviços de valor igual ou inferior a 5000 euros poderão ser adjudicados directamente sem concurso.

4. No caso dos concursos limitados, o Estado ou Estados ACP em questão, de acordo com o chefe de delegação, elaborarão uma lista restrita de eventuais concorrentes, se for caso disso, na sequência de um aviso de pré-qualificação de propostas com base na publicação de um anúncio.

5. No caso de contratos por ajuste directo, o Estado ACP participará livremente nas discussões que possa considerar adequadas com os eventuais concorrentes por ele incluídos na lista restrita nos termos dos artigos 20.º a 22.º e adjudicar o contrato aos concorrentes por ele seleccionados.

6. Os Estados ACP podem solicitar à Comissão que negocie, elabore, conclua e execute contratos de prestação de serviços directamente em seu nome ou através de um organismo competente.

ARTIGO 24.º
Administração directa

1. No caso de operações por administração directa, os projectos e programas serão executados através de organismos públicos ou com participação pública ou de departamentos do Estado ou Estados em questão ou pela pessoa responsável pela execução da operação.

2. A Comunidade contribuirá para fazer face às despesas do departamento em questão fornecendo o equipamento e ou os materiais em falta e ou recursos que lhes permitam admitir o pessoal suplementar necessário, designadamente peritos dos Estados ACP em questão ou de outros Estados ACP. A participação da Comunidade só cobrirá os custos resultantes da adopção de medidas complementares e as despesas temporárias relacionadas com a execução, exclusivamente limitadas às necessidades do projecto em questão.

ARTIGO 25.º
Contratos de ajuda de emergência

O modo de execução dos contratos de ajuda de emergência deverá ser adaptado à urgência da situação. Para o efeito, relativamente a todas as operações relacionadas com a ajuda de emergência, o Estado ACP, com o acordo do chefe de delegação, poderá autorizar:

a) A celebração de contratos por ajuste directo;
b) A execução de contratos por administração directa;
c) A execução através de organismos especializados;
d) A execução directa pela Comissão.

ARTIGO 26.º
Preferências

Serão tomadas medidas destinadas a favorecer uma participação tão ampla quanto possível das pessoas singulares e colectivas dos Estados ACP na execução dos contratos financiados pelo Fundo, de forma a permitir uma optimização dos recursos humanos e materiais desses Estados. Para o efeito:

a) No caso dos contratos de obras de valor inferior a 5000000 de euros, será concedida uma preferência de preço de 10% aos concorrentes dos Estados ACP, em relação a propostas de qualidade económica, técnica e administrativa equivalente, desde que, pelo menos, um quarto do capital e dos quadros seja originário de um ou mais Estados ACP;

b) No caso dos contratos de fornecimentos, independentemente do seu valor, os concorrentes dos Estados ACP que proponham fornecimentos em que, pelo menos, 50% do valor contratual seja de origem ACP beneficiarão de uma preferência de preço de 15% em relação a propostas de qualidade económica, técnica e administrativa equivalente;

c) Relativamente aos contratos de serviços, dada a competência necessária, será dada preferência:
   i) Aos peritos, instituições, gabinetes de estudos ou empresas de consultoria dos Estados ACP, em relação a propostas de qualidade económica e técnica equivalente;
   ii) Às propostas apresentadas por uma empresa ACP em consórcio com parceiros europeus;
   iii) Às propostas apresentadas por concorrentes europeus que trabalhem com subcontratantes ou peritos de Estados ACP;

d) Sempre que se preveja um recurso a subcontratação, o concorrente seleccionado dará preferência às pessoas singulares, sociedades e empresas dos Estados ACP capazes de executarem o contrato em condições equivalentes;

e) O Estado ACP poderá, no anúncio de concurso, propor aos eventuais concorrentes a assistência de sociedades ou empresas de outros Estados ACP ou de peritos consultores nacionais seleccionados de comum acordo. Esta cooperação poderá assumir a forma de uma empresa comum, de um subcontrato ou ainda de formação do pessoal em exercício.

ARTIGO 27.º
Adjudicação de contratos

1. Sem prejuízo do disposto no artigo 24.º, o Estado ACP adjudicará o contrato:

a) Ao concorrente cuja proposta seja considerada conforme às condições previstas no processo de concurso;

b) No que respeita aos contratos de obras ou de fornecimentos, ao concorrente que tenha apresentado a proposta mais vantajosa, avaliada, designadamente, em função dos seguintes critérios:
   i) Valor da proposta e custos de funcionamento e de manutenção;
   ii) Qualificações e garantias oferecidas pelos concorrentes, qualidades técnicas da proposta, incluindo a oferta de um serviço pós-venda no Estado ACP;
   iii) Natureza, condições e prazo de execução dos contratos, bem como a adaptação às condições locais;

c) No que respeita aos contratos de prestação de serviços, ao concorrente que tenha apresentado a proposta mais vantajosa, avaliada, designadamente, em função do valor da proposta e da sua qualidade técnica, da organização e da metodologia propostas para a prestação dos serviços, bem como da competência, da independência e da disponibilidade do pessoal proposto.

2. No caso de se considerar que duas propostas são equivalentes de acordo com os critérios acima enunciados, será dada preferência:

a) Ao concorrente de um Estado ACP;

b) Se nenhuma das propostas for de um concorrente de um Estado ACP, ao concorrente que:

   i) Permita a melhor utilização possível dos recursos humanos e materiais dos Estados ACP;

   ii) Ofereça as melhores possibilidades de subcontratação a sociedades, empresas ou pessoas singulares dos Estados ACP;

   iii) Seja um consórcio de pessoas singulares, sociedades ou empresas de Estados ACP e da Comunidade.

ARTIGO 28.º
Regulamentação geral dos contratos

1. A adjudicação de contratos financiados pelo Fundo reger-se-á pelo presente anexo e pelos procedimentos que forem adoptados por decisão do Conselho de Ministros na sua primeira reunião após a assinatura do presente Acordo, mediante recomendação do Comité ACP-CE de Cooperação para o Financiamento do Desenvolvimento. Tais procedimentos respeitarão as disposições do presente anexo, bem como as regras comunitárias em matéria de contratos no que respeita à cooperação com países terceiros.

2. Enquanto se aguarda a adopção destes procedimentos, são aplicáveis as regras em vigor do FED previstas na actual regulamentação geral e nas condições gerais aplicáveis aos contratos.

ARTIGO 29.º
Condições gerais aplicáveis aos contratos

A execução dos contratos de obras, de fornecimentos e de prestação de serviços financiados pelo Fundo reger-se-á:

a) Pelas condições gerais aplicáveis aos contratos financiados pelo Fundo que serão aprovadas por decisão do Conselho de Ministros na sua primeira reunião após a assinatura do presente Acordo, mediante recomendação do Comité ACP-CE de Cooperação para o Financiamento do Desenvolvimento; ou

b) No caso de projectos e programas co-financiados, ou em caso de concessão de uma derrogação a terceiros, de processo acelerado ou ainda noutros casos

adequados, por quaisquer outras condições gerais aceites pelo Estado ACP em questão e pela Comunidade, designadamente:
  i) Pelas condições gerais em matéria de contratos previstas na legislação nacional do Estado ACP em questão ou pelas práticas correntes nesse Estado no que respeita a contratos internacionais;
  ii) Por quaisquer outras condições gerais internacionais em matéria de contratos.

ARTIGO 30.º
Resolução de litígios

Os litígios surgidos entre as autoridades de um Estado ACP e um empreiteiro, fornecedor ou prestador de serviços durante a execução de um contrato financiado pelo Fundo serão resolvidos:
a) No caso de um contrato nacional, em conformidade com a legislação nacional do Estado ACP em questão;
b) No caso de um contrato transnacional:
  i) Se as partes contratantes o aceitarem, em conformidade com a legislação nacional do Estado ACP em questão ou com as suas práticas estabelecidas no plano internacional; ou
  ii) Por arbitragem, em conformidade com as regras processuais que forem adoptadas por decisão do Conselho de Ministros na sua primeira reunião após a assinatura do presente Acordo, mediante recomendação do Comité ACP-CE de Cooperação para o Financiamento do Desenvolvimento referido no presente Acordo.

ARTIGO 31.º
Regime fiscal e aduaneiro

1. Os Estados ACP aplicarão aos contratos financiados pela Comunidade um regime fiscal e aduaneiro não menos favorável do que o por eles aplicado aos Estados mais favorecidos ou às organizações internacionais de desenvolvimento com as quais mantenham relações. Para a determinação do regime aplicável à nação mais favorecida (NMF), não serão tomados em consideração os regimes aplicados pelo Estado ACP em questão em relação a Estados ACP ou a outros países em desenvolvimento.

2. Sem prejuízo do disposto no n.º 1, aos contratos financiados pela Comunidade é aplicável o seguinte regime:

a) Os contratos não ficarão sujeitos ao imposto do selo e de registo, nem às imposições fiscais de efeito equivalente existentes ou a criar no Estado ACP beneficiário. Contudo, deverão ser registados em conformidade com a legislação em vigor no Estado ACP, podendo esse registo implicar o pagamento de emolumentos;

b) Os lucros e ou os rendimentos resultantes da execução dos contratos serão tributados segundo o regime fiscal interno do Estado ACP em questão, desde que as pessoas singulares ou colectivas que os tenham realizado possuam, nesse Estado, uma sede permanente ou que a duração da execução do contrato seja superior a seis meses;

c) As empresas que tenham de importar equipamento profissional com vista à execução de contratos de obras beneficiarão, a seu pedido, do regime de importação temporária, tal como definido na legislação do Estado ACP beneficiário, no que se refere a esse equipamento;

d) O equipamento profissional necessário à execução das tarefas definidas nos contratos de prestação de serviços será importado temporariamente no Estado ou nos Estados ACP beneficiários, em conformidade com a sua legislação nacional, com isenção de impostos, de direitos de importação, de direitos aduaneiros e de outros encargos de efeito equivalente, desde que esses direitos e encargos não constituam uma remuneração por serviços prestados;

e) As importações no âmbito da execução de contratos de fornecimentos serão efectuadas no Estado ACP beneficiário com isenção de direitos aduaneiros, de direitos de importação, de impostos ou imposições fiscais de efeito equivalente. Os contratos relativos a fornecimentos originários do Estado ACP em questão serão celebrados com base no preço à saída da fábrica, acrescido das imposições fiscais eventualmente aplicáveis a esses fornecimentos no Estado ACP;

f) As aquisições de carburantes, lubrificantes e ligantes hidrocarbonados, bem como, de uma maneira geral, de todos os produtos utilizados na execução dos contratos de obras, considerar-se-ão como tendo sido efectuadas no mercado local e estarão sujeitas ao regime fiscal aplicável por força da legislação nacional em vigor no Estado ACP beneficiário;

g) A importação de bens e objectos pessoais, de uso pessoal e doméstico, pelas pessoas singulares, com excepção das que forem contratadas localmente, encarregadas da execução das tarefas definidas num contrato de prestação de serviços, bem como pelos respectivos familiares, efectuar-se-á com isenção de direitos aduaneiros, de direitos de importação, de impostos e outras imposições fiscais de efeito equivalente, em conformidade com a legislação nacional em vigor no Estado ACP beneficiário.

3. Qualquer questão não contemplada nas disposições supra-relativas ao regime fiscal e aduaneiro ficará sujeita à legislação nacional do Estado ACP em questão.

CAPÍTULO 5
Acompanhamento e avaliação

ARTIGO 32.º
Objectivos

O acompanhamento e a avaliação têm por objectivo avaliar de um modo regular as operações de desenvolvimento (preparação, execução e posteriores operações) a fim de melhorar a eficácia das operações de desenvolvimento em curso ou futuras.

ARTIGO 33.º
Regras

1. Sem prejuízo das avaliações efectuadas pelos Estados ACP ou pela Comissão, o trabalho acima referido será realizado conjuntamente pelo Estado ou Estados ACP e pela Comunidade. O Comité ACP-CE de Cooperação para o Financiamento do Desenvolvimento garantirá o carácter comum das operações conjuntas de acompanhamento e de avaliação. A fim de assistir o Comité ACP-CE de Cooperação para o Financiamento do Desenvolvimento, a Comissão e o Secretariado-Geral ACP prepararão e executarão o acompanhamento e as avaliações conjuntos e informarão o Comité. Na sua primeira reunião após a assinatura do Acordo, o Comité fixará as regras operacionais destinadas a garantir o carácter conjunto das operações e aprovará o programa de trabalho, numa base anual.

2. As actividades de acompanhamento e de avaliação destinam-se, designadamente, a:

a) Fornecer avaliações regulares e independentes das operações e das actividades do Fundo mediante uma comparação dos resultados com os objectivos;

b) Permitir, deste modo, que os Estados ACP, a Comissão e as instituições conjuntas integrem os resultados da experiência adquirida na concepção e na execução das futuras políticas e operações.

CAPÍTULO 6
Agentes responsáveis pela gestão e execução

ARTIGO 34.º
Ordenador principal

1. A Comissão nomeará o ordenador principal do Fundo, que será responsável pela gestão dos recursos do Fundo. O ordenador principal é responsável pela autorização, liquidação, ordens de pagamento e contabilidade das despesas efectuadas no âmbito do Fundo.

2. A este título, o ordenador principal:

a) Autoriza, liquida e dá ordem de pagamento das despesas e mantém a contabilidade das autorizações e ordens de pagamento;

b) Assegura a execução das decisões de financiamento;

c) Em estreita colaboração com o ordenador nacional, toma as decisões de autorização de despesas e as medidas financeiras que se revelem necessárias para garantir a boa execução, do ponto de vista económico e técnico, das operações aprovadas;

d) Prepara o processo de concurso antes da abertura dos concursos respeitantes a:
   i) Concursos públicos internacionais;
   ii) Concursos internacionais limitados com pré-selecção;

e) Aprova as propostas de adjudicação dos contratos, sem prejuízo dos poderes exercidos pelo chefe de delegação em conformidade com o artigo 36.°;

f) Assegura a publicação dos anúncios de concursos internacionais dentro de um prazo razoável.

3. No final de cada exercício, o ordenador principal entregará um balanço pormenorizado do Fundo indicando o saldo das contribuições pagas ao Fundo pelos Estados-Membros, bem como os montantes globais desembolsados por rubrica de financiamento.

ARTIGO 35.°
Ordenador nacional

1. O Governo de cada Estado ACP designará um ordenador nacional que o representará em todas as operações financiadas a partir dos recursos do Fundo geridos pela Comissão e pelo Banco. O ordenador nacional pode delegar parte destas funções, devendo nesse caso informar o ordenador principal das delegações por ele efectuadas. O ordenador nacional:

a) É responsável, em estreita colaboração com o chefe de delegação, pela preparação, apresentação e instrução dos projectos e programas;

b) Em estreita colaboração com o chefe de delegação, procede à abertura de concursos públicos locais, recebe as propostas, tanto locais, como internacionais (de concursos públicos e limitados), preside à análise das propostas, aprova o seu resultado, assina os contratos e os correspondentes contratos adicionais e aprova as despesas;

c) Antes da abertura dos concursos, apresenta o processo de concurso ao chefe de delegação, que o aprova no prazo de 30 dias;

d) Encerra a avaliação das propostas dentro do respectivo prazo de validade, tendo em conta o prazo exigido para a aprovação dos contratos;

e) Comunica os resultados da análise das propostas, acompanhado de uma proposta de adjudicação do contrato, ao chefe de delegação, que deverá dar a sua aprovação no prazo fixado no artigo 36.°;

f) Procede à liquidação e assina as ordens de pagamento das despesas, dentro dos limites dos recursos que lhe são atribuídos;

g) No decurso das operações de execução, toma as medidas de adaptação necessárias para assegurar a correcta execução, do ponto de vista económico e técnico, dos projectos e programas aprovados.

2. Durante a execução das operações, e sem prejuízo do dever de informar o chefe de delegação, o ordenador nacional decidirá sobre:

a) As adaptações e modificações técnicas de pormenor, desde que não afectem as soluções técnicas escolhidas e não excedam a reserva para adaptações;

b) As modificações dos orçamentos durante a execução;

c) As transferências de verbas de artigo para artigo dentro dos orçamentos;

d) As mudanças de implantação dos programas ou projectos com unidades múltiplas, por razões técnicas, económicas ou sociais;

e) A aplicação ou remissão das multas por atraso;

f) Os actos que permitam o levantamento das cauções;

g) As compras no mercado local, independentemente da origem das mercadorias;

h) A utilização de materiais e máquinas de construção não originários dos Estados-Membros ou dos Estados ACP, sempre que não exista produção de materiais e máquinas comparáveis nos Estados-Membros ou nos Estados ACP;

i) As subempreitadas;

j) As recepções definitivas, desde que o chefe de delegação assista às recepções provisórias, vise as actas correspondentes e, se necessário, assista às recepções definitivas, nomeadamente quando a extensão das reservas formuladas aquando da recepção provisória exija transformações importantes;

k) O recrutamento de consultores e outros peritos de assistência técnica.

ARTIGO 36.º
Chefe de delegação

1. A Comissão será representada, junto de cada Estado ACP ou de cada grupo regional que o solicite expressamente, por uma delegação sob a autoridade de um chefe de delegação, com a aprovação do Estado ou Estados ACP em questão. No caso de ser designado um chefe de delegação para um grupo de Estados ACP, serão tomadas medidas adequadas para assegurar que o chefe de delegação seja representado por um substituto residente em cada um dos Estados em que o chefe de delegação não reside. O chefe de delegação representa a Comissão em todos os domínios da sua competência e em todas as suas actividades.

2. Para o efeito, e em estreita colaboração com o ordenador nacional, o chefe de delegação:

a) A pedido do Estado ACP em questão, participa e presta assistência na preparação de projectos e programas e na negociação de contratos de assistência técnica;

b) Participa na instrução dos projectos e programas, na preparação dos processos de concurso e na procura de meios susceptíveis de simplificar a instrução dos projectos e programas, bem como os processos de execução;

c) Prepara propostas de financiamento;

d) Aprova, antes de o ordenador nacional proceder à abertura dos concursos, os processos de concursos públicos locais e os processos dos contratos de ajuda de emergência, no prazo de 30 dias a contar da sua apresentação pelo ordenador nacional;

e) Assiste à análise das propostas de que recebe uma cópia, bem como dos resultados da respectiva análise;

f) Aprova, no prazo de 30 dias, a proposta de adjudicação do contrato enviada pelo ordenador nacional relativamente aos contratos por ajuste directo, aos contratos de ajuda de emergência, aos contratos de prestação de serviços e aos contratos de obras de valor inferior a 5 milhões de euros e aos contratos de fornecimentos de valor inferior a 1 milhão de euros;

g) Relativamente a todos os outros contratos não abrangidos pelo disposto na alínea f), aprova, no prazo de 30 dias, a proposta de adjudicação do contrato que lhe tenha sido enviada pelo ordenador nacional, sempre que se encontrem reunidas as seguintes condições:

   i) A proposta seleccionada é a mais barata das propostas que satisfazem as condições especificadas no processo de concurso;

   ii) A proposta seleccionada satisfaz todos os critérios especificados no processo de concurso;

   iii) A proposta seleccionada não excede o montante afectado ao contrato;

h) Quando não estiverem reunidas as condições previstas na alínea g), envia a proposta de adjudicação ao ordenador principal, que delibera no prazo de 60 dias a contar da data de recepção pelo chefe de delegação. Sempre que o montante da proposta seleccionada exceda as dotações afectadas ao contrato, o ordenador principal, após aprovação do contrato, procede à autorização das verbas necessárias;

i) Aprova os contratos e os orçamentos no caso de execução por administração directa, os correspondentes contratos adicionais, e ainda as autorizações de pagamento dadas pelo ordenador nacional;

j) Certifica-se de que os projectos e programas financiados a partir dos recursos do Fundo geridos pela Comissão são executados correctamente do ponto de vista financeiro e técnico;

k) Coopera com as autoridades nacionais do Estado ACP onde representa a Comissão, avaliando periodicamente as suas acções;

l) Comunica ao Estado ACP em questão qualquer informação ou documento útil relativo ao processo de execução da cooperação para o financiamento do desenvolvimento, nomeadamente no que se refere aos critérios de instrução e avaliação das propostas;

m) Informa regularmente as autoridades nacionais das actividades comunitárias susceptíveis de interessar directamente à cooperação entre a Comunidade e os Estados ACP.

3. O chefe de delegação recebe as instruções e os poderes delegados necessários para facilitar e acelerar todas as operações previstas no âmbito do Acordo. Qualquer outra delegação de poderes administrativos e ou financeiros no chefe de delegação, que não os descritos no presente artigo, serão notificados aos ordenadores nacionais e ao Conselho de Ministros.

ARTIGO 37.º
Pagamentos e pagadores delegados

1. Tendo em vista a realização dos pagamentos nas moedas nacionais dos Estados ACP, serão abertas, em nome da Comissão, em cada Estado ACP, contas na moeda de um dos Estados-Membros ou em euros, junto de uma instituição financeira nacional, pública ou com participação pública, escolhida de comum acordo pelo Estado ACP e pela Comissão. Esta instituição exercerá as funções de pagador delegado nacional.

2. Os serviços prestados pelo pagador delegado nacional não serão remunerados e os fundos depositados não vencerão juros. As contas locais serão alimentadas pela Comunidade na moeda de um dos Estados-Membros ou em euros, com base numa estimativa das futuras necessidades de tesouraria e com antecedência suficiente para evitar a necessidade de pré-financiamento pelos Estados ACP e atrasos de pagamento.

3. Tendo em vista a realização dos pagamentos em euros, serão abertas, em nome da Comissão, contas em euros junto de instituições financeiras dos Estados-Membros. Estas instituições exercerão as funções de pagadores delegados na Europa.

4. Os pagamentos através destas contas europeias poderão ser efectuados por ordem da Comissão ou do chefe de delegação, agindo em seu nome, relativamente às despesas autorizadas pelo ordenador nacional ou pelo ordenador principal com autorização prévia do ordenador nacional.

5. Dentro dos limites dos fundos disponíveis nas contas, os pagadores delegados efectuarão os pagamentos autorizados pelo ordenador nacional ou, se for caso disso, pelo ordenador principal, após terem verificado a exactidão e a regularidade dos documentos comprovativos apresentados, bem como a validade da quitação liberatória.

6. Os processos de liquidação, autorização do pagamento e pagamento das despesas devem ser efectuados no prazo máximo de 90 dias a contar da data de vencimento do pagamento. O ordenador nacional dará a ordem de pagamento e notificá-la-á ao chefe de delegação, o mais tardar, 45 dias antes da data de vencimento.

7. As reclamações relativas a atrasos de pagamento serão suportadas pelo Estado ou Estados ACP em questão e pela Comissão através dos seus recursos próprios, proporcionalmente ao atraso por que cada um é responsável em conformidade com os procedimentos supra.

8. Os pagadores delegados, o ordenador nacional, o chefe de delegação e os serviços responsáveis da Comissão serão financeiramente responsáveis até à aprovação final pela Comissão das operações que tenham sido encarregados de executar.

ANEXO V
Regime comercial aplicável durante o período preparatório referido no n.° 1 do artigo 37.°

CAPÍTULO 1
Regime comercial geral

ARTIGO 1.°

Os produtos originários dos Estados ACP serão importados para a Comunidade com isenção de direitos aduaneiros e de encargos de efeito equivalente.

a) No que respeita aos produtos originários dos Estados ACP:

– Enumerados na lista do anexo I do Tratado, quando submetidos a uma organização comum de mercado na acepção do artigo 34.° do Tratado; ou

– Sujeitos, na importação para a Comunidade, a uma regulamentação específica introduzida em consequência da aplicação da política agrícola comum;

a Comunidade adoptará as medidas necessárias para assegurar um tratamento mais favorável do que o concedido a países terceiros que beneficiam da cláusula da nação mais favorecida relativamente aos mesmos produtos.

b) Se, durante a aplicação do presente anexo, os Estados ACP solicitarem que novas produções agrícolas não sujeitas a um regime especial à data da entrada em vigor do presente anexo passem a beneficiar de um tal regime, a Comunidade examinará estes pedidos, em consulta com os Estados ACP.

c) Sem prejuízo das disposições anteriores, e no âmbito das relações privilegiadas e da especificidade da cooperação ACP-CE, a Comunidade examinará, caso a caso, os pedidos dos Estados ACP para beneficiar do acesso preferencial dos seus produtos agrícolas ao mercado comunitário e comunicará a sua decisão sobre estes pedidos, devidamente justificados, se possível no prazo de quatro meses e o mais tardar seis meses após a sua apresentação.

No âmbito do disposto na alínea a), a Comunidade tomará as suas decisões, designadamente por referência às concessões que tenham sido feitas a países terceiros em desenvolvimento. A Comunidade terá em conta as possibilidades que o mercado oferece fora de estação.

d) O regime previsto na alínea a) entrará em vigor simultaneamente com o presente Acordo e aplicar-se-á durante o período preparatório referido no n.º 1 do artigo 37.º do Acordo.

Todavia, se, durante esse período, a Comunidade:

– Submeter um ou mais produtos a uma organização comum de mercado ou a uma regulamentação específica introduzida em consequência da aplicação da política agrícola comum, reserva-se o direito de adaptar o regime de importação dos mesmos produtos originários dos Estados ACP, após consultas realizadas no âmbito do Conselho de Ministros. Neste caso, aplica-se o disposto na alínea a);

– Modificar uma organização comum de mercado para um dado produto ou uma regulamentação específica introduzida em consequência da aplicação da política agrícola comum, reserva-se o direito de modificar o regime estabelecido para os produtos originários dos Estados ACP, após consultas realizadas no âmbito do Conselho de Ministros. Neste caso, a Comunidade compromete-se a manter a favor dos produtos originários dos Estados ACP uma vantagem comparável àquela de que beneficiavam anteriormente em relação aos produtos originários de países terceiros beneficiários da cláusula da nação mais favorecida.

e) Quando a Comunidade projectar concluir um acordo preferencial com Estados terceiros, informará do facto os Estados ACP. Proceder-se-á a consultas, a pedido dos Estados ACP, tendo em vista a salvaguarda dos seus interesses.

ARTIGO 2.º

1. A Comunidade não aplicará às importações de produtos originários dos Estados ACP restrições quantitativas, nem medidas de efeito equivalente.

2. O disposto no n.º 1 não obsta às proibições ou restrições à importação, exportação ou trânsito de mercadorias, justificadas por razões de moral pública, de ordem pública e de segurança pública, de protecção da saúde e da vida das pessoas e dos animais ou de preservação das plantas, de protecção do património nacional de valor artístico, histórico ou arqueológico, de conservação de recursos naturais esgotáveis, desde que essas medidas sejam aplicadas juntamente com restrições à produção ou ao consumo nacionais, ou de protecção da propriedade industrial e comercial.

3. Essas proibições ou restrições não devem constituir, em caso algum, um meio de discriminação arbitrária ou injustificável, nem qualquer restrição dissimulada ao comércio em geral.

Nos casos em que a aplicação das medidas referidas no n.º 2 afecte os interesses de um ou mais Estados ACP, proceder-se-á a consultas, a pedido desses Estados, em conformidade com o artigo 12.º do presente Acordo, com vista a encontrar uma solução satisfatória.

ARTIGO 3.º

1. Sempre que medidas novas ou medidas previstas no âmbito dos programas de aproximação das disposições legislativas e regulamentares adoptadas pela Comunidade, a fim de facilitar a circulação de mercadorias, ameacem afectar os interesses de um ou mais Estados ACP, a Comunidade, antes da respectiva adopção, informará do facto os Estados ACP por intermédio do Conselho de Ministros.

2. A fim de que a Comunidade possa tomar em consideração os interesses dos Estados ACP em causa, proceder-se-á a consultas, a pedido desses Estados, em conformidade com o artigo 12.º do presente Acordo, com vista a encontrar uma solução satisfatória.

ARTIGO 4.º

1. Sempre que as regulamentações comunitárias existentes adoptadas a fim de facilitar a circulação de mercadorias afectem os interesses de um ou mais Estados ACP, ou quando esses interesses forem afectados pela interpretação, aplicação ou execução das regras nelas previstas, proceder-se-á a consultas, a pedido dos Estados ACP em causa, com vista a encontrar uma solução satisfatória.

2. A fim de se encontrar uma solução satisfatória, os Estados ACP podem igualmente evocar no Conselho de Ministros outras dificuldades relativas à circulação de mercadorias, decorrentes de medidas tomadas ou previstas pelos Estados-Membros.

3. As instituições competentes da Comunidade informarão o Conselho de Ministros de tais medidas, em toda a medida do possível, a fim de assegurar a realização de consultas eficazes.

ARTIGO 5.º

Os Estados ACP não serão obrigados a assumir, no que respeita às importações de produtos originários da Comunidade, obrigações correspondentes aos compromissos assumidos pela Comunidade por força do presente anexo no respeitante às importações de produtos originários dos Estados ACP.

a) No âmbito das trocas comerciais com a Comunidade, os Estados ACP não exercerão qualquer discriminação entre os Estados-Membros e concederão à Comunidade um tratamento não menos favorável do que o tratamento da nação mais favorecida;

b) O tratamento de nação mais favorecida referido na alínea a) não se aplica às relações comerciais ou económicas entre os Estados ACP ou entre um ou mais Estados ACP e outros países em desenvolvimento.

ARTIGO 6.°

Cada parte contratante comunicará a sua pauta aduaneira ao Conselho de Ministros no prazo de três meses a contar da data da entrada em vigor do presente anexo. Comunicará igualmente as modificações posteriores da mesma e a data da sua entrada em vigor.

ARTIGO 7.°

1. Para efeitos de aplicação do presente anexo, a noção de «produtos originários», bem como os métodos de cooperação administrativa a ela relativos, são definidos no protocolo n.° 1, em anexo.
2. O Conselho de Ministros pode adoptar alterações ao protocolo n.° 1.
3. Enquanto a noção de «produtos originários» não for definida em relação a um determinado produto em aplicação dos n.ºs 1 ou 2, cada Parte Contratante continuará a aplicar a sua própria regulamentação.

ARTIGO 8.°

1. Quando um determinado produto for importado na Comunidade em quantidades e em condições tais que causem ou ameacem causar prejuízo grave aos produtores comunitários de produtos similares ou directamente concorrentes, ou perturbações graves em qualquer sector da actividade económica, ou ainda dificuldades que possam causar uma grave deterioração da situação económica de uma região, a Comunidade pode adoptar as medidas adequadas, nas condições e de acordo com os procedimentos previstos no artigo 9.°.
2. A Comunidade compromete-se a não adoptar outras medidas para fins proteccionistas ou para criar obstáculos ao desenvolvimento estrutural. A Comunidade abster-se-á de recorrer a medidas de salvaguarda de efeito equivalente.
3. As medidas de salvaguarda devem limitar-se às que causem o mínimo de perturbações do comércio entre as Partes Contratantes na realização dos objectivos do presente acordo, não devendo exceder o estritamente necessário para resolver as dificuldades que tenham surgido.
4. Quando da aplicação das medidas de salvaguarda, ter-se-á em conta o nível das exportações dos Estados ACP em causa para a Comunidade e o seu potencial de desenvolvimento. Será prestada especial atenção aos interesses dos Estados ACP menos desenvolvidos, sem litoral ou insulares.

ARTIGO 9.°

1. Realizar-se-ão consultas prévias no que diz respeito à aplicação da cláusula de salvaguarda, quer se trate da sua aplicação inicial, quer da sua prorroga-

ção. A Comunidade fornecerá aos Estados ACP todas as informações necessárias para a realização dessas consultas, bem como dados que permitam determinar em que medida as importações de um dado produto originário de um Estado ACP provocaram os efeitos referidos no n.º 1 do artigo 8.º.

2. Após a realização dessas consultas, as medidas de salvaguarda adoptadas ou os convénios celebrados entre os Estados ACP em causa e a Comunidade entrarão em vigor.

3. As consultas prévias previstas nos n.ºs 1 e 2 não obstam, porém, a que a Comunidade possa tomar decisões imediatas, nos termos do n.º 1 do artigo 8.º, quando circunstâncias particulares o exijam.

4. A fim de facilitar o exame dos factores que podem provocar perturbações no mercado, será criado um mecanismo destinado a assegurar o controlo estatístico de certas exportações dos Estados ACP para a Comunidade.

5. As partes contratantes comprometem-se a realizar periodicamente consultas tendo em vista encontrar soluções satisfatórias para os problemas que possam surgir na sequência da aplicação da cláusula de salvaguarda.

6. As consultas prévias, bem como as consultas periódicas, e o mecanismo de controlo previsto nos n.ºs 1 a 5 serão realizados em conformidade com o protocolo n.º 2, que figura em anexo.

ARTIGO 10.º

O Conselho de Ministros apreciará, a pedido de qualquer Parte Contratante interessada, os efeitos económicos e sociais resultantes da aplicação da cláusula de salvaguarda.

ARTIGO 11.º

Em caso de adopção, alteração ou revogação de medidas de salvaguarda, os interesses dos Estados ACP menos desenvolvidos, sem litoral e insulares serão objecto de especial atenção.

ARTIGO 12.º

A fim de assegurar a aplicação efectiva do disposto no presente anexo, as Partes Contratantes acordam em proceder a consultas e a um intercâmbio de informações recíproco.

Para além dos casos relativamente aos quais os n.ºs 2 a 9 prevêem especificamente a realização de consultas, estas deverão ainda ter lugar, a pedido da Comunidade ou dos Estados ACP, em conformidade com as condições previstas nas normas processuais do artigo 12.º do presente Acordo, designadamente nos seguintes casos:

1) Quando as partes contratantes pretendam tomar medidas comerciais que afectem os interesses de uma ou mais partes contratantes, no âmbito do presente anexo, informarão do facto o Conselho de Ministros. Realizar-se-ão consultas, a pedido das Partes Contratantes interessadas, a fim de tomar em consideração os respectivos interesses;

2) Se, durante a aplicação do presente anexo, os Estados ACP considerarem que outros produtos agrícolas referidos no n.° 2, alínea a), do artigo 1.°, não sujeitos a um regime especial, devem passar a beneficiar de tal regime, poderão realizar-se consultas no âmbito do Conselho de Ministros;

3) Quando uma parte contratante considerar que existem entraves à circulação de mercadorias devido à existência de uma regulamentação de outra parte contratante ou à sua interpretação, execução ou regras de aplicação;

4) Quando a Comunidade adoptar medidas de salvaguarda nos termos do artigo 8.° do presente anexo, poderão realizar-se consultas sobre essas medidas no âmbito do Conselho de Ministros, a pedido das Partes Contratantes interessadas, designadamente com vista a assegurar o cumprimento do disposto no n.° 3 do artigo 8.°. Estas consultas deverão concluir-se no prazo de três meses.

CAPÍTULO 2
Compromisso especial relativo ao açúcar e à carne de bovino

ARTIGO 13.°

1. Nos termos do artigo 25.° da Convenção ACP-CEE de Lomé, assinada em 28 de Fevereiro de 1975, e do protocolo n.° 3 a ela anexo, a Comunidade comprometeu-se, por um período indeterminado e sem prejuízo das outras disposições do presente anexo, a comprar e importar a preços garantidos quantidades determinadas de açúcar de cana, em bruto ou branco, originário dos Estados ACP produtores e exportadores de açúcar de cana, que estes Estados se comprometeram a fornecer-lhe.

2. As condições de aplicação do artigo 25.° acima referido encontram-se fixadas no protocolo n.° 3 referido no n.° 1. O texto desse protocolo figura em anexo ao presente anexo como protocolo n.° 3.

3. O disposto no artigo 8.° do presente anexo não é aplicável no âmbito do referido protocolo.

4. Para efeitos do artigo 8.° do referido protocolo, pode recorrer-se às instituições criadas pelo presente Acordo durante o período da sua vigência.

5. O disposto no n.° 2 do artigo 8.° do referido protocolo continuará a aplicar-se no caso de o presente Acordo deixar de vigorar.

6. As declarações constantes dos anexos XIII, XXI e XXII da Acta Final da Convenção ACP-CEE de Lomé, assinada em 28 de Fevereiro de 1975, são reafir-

madas, continuando as suas disposições a aplicar-se. Essas declarações estão anexas na sua versão original ao protocolo n.° 3.

7. O presente artigo e o protocolo n.° 3 não se aplicam às relações entre os Estados ACP e os departamentos ultramarinos franceses.

ARTIGO 14.°

Aplica-se o compromisso especial relativo à carne de bovino, definido no protocolo n.° 4, que figura em anexo.

CAPÍTULO 3
Disposições finais

ARTIGO 15.°

Os protocolos que acompanham o presente anexo fazem dele parte integrante.

PROTOCOLOS QUE ACOMPANHAM O ANEXO V

- Protocolo n.° 1 relativo à definição da noção de «produtos originários» e aos métodos de cooperação administrativa (não reproduzido)
- Protocolo n.° 2 relativo à aplicação do artigo 9.° (não reproduzido)
- Protocolo n.° 3, que retoma o texto do Protocolo n.° 3, relativo ao açúcar ACP, constante da Convenção ACP-CEE de Lomé, assinada em 28 de Fevereiro de 1975, e as declarações correspondentes anexas a essa Convenção (não reproduzido)
- Protocolo n.° 4 relativo à carne de bovino (não reproduzido)
- Protocolo n.° 5, segundo protocolo sobre as bananas (não reproduzido)

ANEXO VI
Lista dos Estados menos desenvolvidos sem litoral e insulares

As listas seguidamente apresentadas compreendem os Estados ACP menos desenvolvidos, sem litoral e insulares:

ARTIGO 1.º
Estados ACP menos desenvolvidos

Nos termos do presente Acordo, os países abaixo indicados são considerados Estados ACP menos desenvolvidos:

Angola;
Benim;
Burkina Faso;
Burundi;
República de Cabo Verde;
República Centro-Africana;
Chade;
Ilhas Comores;
República Democrática do Congo;
Djibuti;
Etiópia;
Eritreia;
Gâmbia;
Guiné;
Guiné (Bissau);
Guiné (Equatorial);
Haiti;
Kiribati;
Lesoto;
Libéria;

Malawi;
Mali;
Mauritânia;
Madagáscar;
Moçambique;
Níger;
Ruanda;
Samoa;
São Tomé e Príncipe;
Serra Leoa;
Ilhas Salomão;
Somália;
Sudão;
Tanzânia;
Tuvalu;
Togo;
Uganda;
Vanuatu;
Zâmbia.

ARTIGO 2.º
Estados ACP sem litoral

Foram adoptadas medidas e disposições específicas destinadas a apoiar os Estados ACP sem litoral nos seus esforços para ultrapassarem as dificuldades geográficas e os outros obstáculos que dificultam o seu desenvolvimento para que possam acelerar as respectivas taxas de crescimento.

ARTIGO 3.º

Os Estados ACP sem litoral são os seguintes:

Botsuana;
Burkina Faso;
Burundi;
República Centro-Africana;
Chade;
Etiópia;
Lesoto;
Malawi;

Mali;
Níger;
Ruanda;
Suazilândia;
Uganda;
Zâmbia;
Zimbabué.

ARTIGO 4.°
Estados ACP insulares

Foram adoptadas medidas e disposições específicas destinadas a apoiar os Estados ACP insulares nos seus esforços para ultrapassarem as dificuldades geográficas e os outros obstáculos que dificultam o seu desenvolvimento para que possam acelerar as respectivas taxas de crescimento.

ARTIGO 5.°

Lista dos Estados ACP insulares:

Antígua e Barbuda;
Bahamas;
Barbados;
Cabo Verde;
Comores;
Dominica;
República Dominicana;
Fiji;
Granada;
Haiti;
Jamaica;
Kiribati;
Madagáscar;

Maurícia;
Papuásia-Nova Guiné;
São Cristóvão e Nevis;
Santa Lúcia;
São Vicente e Granadinas;
Samoa;
São Tomé e Príncipe;
Seicheles;
Ilhas Salomão;
Tonga;
Trindade e Tobago;
Tuvalu;
Vanuatu.

PROTOCOLOS

Protocolo n.° 1, relativo às despesas de funcionamento das instituições conjuntas

1. Os Estados-Membros e a Comunidade, por um lado, e os Estados ACP, por outro, tomarão a seu cargo as despesas decorrentes da sua participação nas reuniões do Conselho de Ministros e dos órgãos dele dependentes, tanto no que respeita às despesas de pessoal, deslocação e estada, como às despesas de correio e de telecomunicações.

As despesas relativas à interpretação simultânea, à tradução e à reprodução de documentos, bem como as despesas referentes à organização material de reuniões (instalações, equipamento e contínuos) das instituições comuns previstas no presente Acordo, serão suportadas pela Comunidade ou por um dos Estados ACP, consoante as reuniões se realizem no território de um Estado-Membro ou de um Estado ACP.

2. Os árbitros nomeados em conformidade com o artigo 98.° do Acordo têm direito ao reembolso das suas despesas de deslocação e de estada. Estas últimas despesas serão fixadas pelo Conselho de Ministros.

A Comunidade tomará a seu cargo metade das despesas de deslocação e de estada dos árbitros, suportando os Estados ACP a outra metade. As despesas referentes a um eventual secretariado criado pelos árbitros, à instrução dos diferendos e à organização material das audiências (instalações, pessoal e interpretação) serão suportadas pela Comunidade. As despesas relativas a medidas extraordinárias de instrução serão pagas juntamente com outras despesas, devendo as Partes proceder a depósitos de adiantamentos, nas condições fixadas numa decisão dos árbitros.

3. Os Estados ACP criarão um Fundo, que será gerido pelo seu Secretariado-Geral e que terá por objectivo contribuir para o financiamento das despesas incorridas pelos participantes ACP em reuniões da Assembleia Parlamentar Paritária e do Conselho de Ministros.

Os Estados ACP contribuirão para este Fundo. A fim de incentivar à participação activa de todos os Estados ACP no diálogo conduzido no âmbito das instituições ACP-CE, a Comunidade fará uma contribuição para este Fundo, tal como previsto no Protocolo Financeiro (4 milhões de euros em conformidade com o Primeiro Protocolo Financeiro).

Para serem elegíveis a título do Fundo, as despesas devem satisfazer as condições seguidamente enunciadas, bem como as condições estabelecidas no n.° 1:

– Devem ser despesas suportadas por parlamentares ou, na sua ausência, por outros representantes ACP que viagem do país que representam a fim de participarem em sessões da Assembleia Parlamentar Paritária, em reuniões de grupos de trabalho ou em missões sob a sua égide, ou que resultem da participação destes mesmos representantes e de representantes da sociedade civil ACP e de operadores económicos e sociais em reuniões de consulta realizadas em conformidade com os artigos 15.° e 17.° do presente Acordo;

– As decisões quanto à natureza, organização, frequência e local de realização das reuniões, missões e grupos de trabalho devem ser tomadas nos termos do regulamento interno do Conselho de Ministros e da Assembleia Parlamentar Paritária.

4. As reuniões de consultas e as reuniões dos operadores económicos e sociais ACP-UE serão organizadas pelo Comité Económico e Social da União Europeia. Neste caso específico, a contribuição da Comunidade para cobrir a participação dos operadores económicos e sociais ACP, será paga directamente ao Comité Económico e Social.

O Secretariado ACP, o Conselho de Ministros e a Assembleia Parlamentar Paritária podem, com o acordo da Comissão, delegar a organização das reuniões de consulta da sociedade civil ACP em organizações representativas aprovadas pelas Partes.

Protocolo n.° 2, relativo aos privilégios e imunidades

As Partes:
Desejosas de facilitar, pela conclusão de um protocolo sobre os privilégios e imunidades, um correcto funcionamento do Acordo, bem como a preparação dos trabalhos a realizar no seu âmbito e a execução das medidas tendo em vista a sua aplicação;

Considerando que é, por conseguinte, necessário especificar os privilégios e imunidades de que poderão gozar os participantes nos trabalhos relacionados com a aplicação do Acordo e o regime aplicável às comunicações oficiais relativas a esses trabalhos, sem prejuízo das disposições do Protocolo sobre os Privilégios e Imunidades das Comunidades Europeias, assinado em Bruxelas, em 8 de Abril de 1965;

Considerando que é igualmente necessário definir o regime a aplicar aos bens, fundos e haveres do Conselho de Ministros ACP e do respectivo pessoal;

Considerando que o Acordo de Georgetown, de 6 de Junho de 1975, criou o Grupo de Estados ACP e instituiu um Conselho de Ministros ACP e um Comité de Embaixadores; que o funcionamento dos órgãos do grupo de Estados ACP deve ser assegurado pelo Secretariado dos Estados ACP;
acordaram nas disposições seguintes, anexas ao Acordo:

CAPÍTULO 1
Participantes nos trabalhos relacionados com o Acordo

ARTIGO 1.°

Os representantes dos Governos dos Estados-Membros e dos Estados ACP e os representantes das instituições das Comunidades Europeias, bem como os seus conselheiros e peritos e os membros do pessoal do Secretariado dos Estados ACP que participam, no território dos Estados-Membros ou dos Estados ACP, quer nos trabalhos das instituições do Acordo ou dos órgãos de coordenação, quer nos trabalhos relacionados com a aplicação do Acordo, gozam dos privilégios, imunidades e facilidades habituais, durante o exercício das suas funções e durante as viagens com destino ou origem no local em que devem exercer tais funções.

O disposto no primeiro parágrafo é igualmente aplicável aos membros da Assembleia Parlamentar Paritária prevista no Acordo, aos árbitros que possam ser nomeados por força do Acordo, aos membros dos organismos consultivos dos meios económicos e sociais que possam ser criados e aos funcionários e agentes destas instituições, bem como aos membros dos órgãos do Banco Europeu de Investimento e ao respectivo pessoal e ao pessoal do Centro de Desenvolvimento Empresarial e do Centro Técnico de Cooperação Agrícola e Rural.

CAPÍTULO 2
Bens, fundos e haveres do Conselho de Ministros ACP

ARTIGO 2.º

As instalações e os edifícios ocupados, para fins oficiais, pelo Conselho de Ministros ACP são invioláveis, não podendo ser objecto de busca, requisição, confisco ou expropriação.

Excepto em caso de necessidade para efeitos da investigação de um acidente causado por um veículo automóvel pertencente ao referido Conselho ou em circulação por sua conta, ou em caso de infracção ao Código da Estrada ou de acidente causado por esse veículo, os bens e haveres do Conselho de Ministros ACP não podem ser objecto de qualquer medida coerciva, administrativa ou judicial, sem autorização do Conselho de Ministros instituído pelo Acordo.

ARTIGO 3.º

Os arquivos do Conselho de Ministros ACP são invioláveis.

ARTIGO 4.º

O Conselho de Ministros ACP, os seus haveres, rendimentos e outros bens estão isentos de quaisquer impostos directos.

O Estado de acolhimento tomará, sempre que possível, as medidas adequadas tendo em vista a remissão ou o reembolso do montante dos impostos indirectos ou dos encargos sobre a venda incluídos no preço dos bens móveis ou imóveis, no caso de o Conselho de Ministros ACP realizar, estritamente para o exercício das suas actividades oficiais, compras importantes em cujo preço estejam incluídos impostos ou encargos dessa natureza.

Não são concedidas exonerações de impostos, encargos, direitos e taxas que constituam mera remuneração de serviços prestados.

ARTIGO 5.º

O Conselho de Ministros ACP está isento de quaisquer direitos aduaneiros e não está sujeito a quaisquer proibições ou restrições à importação de artigos destinados a seu uso oficial. Os artigos assim importados não podem ser cedidos, a título oneroso ou gratuito, no território do país em que tenham sido importados, salvo nas condições autorizadas pelo Governo desse país.

CAPÍTULO 3
Comunicações oficiais

ARTIGO 6.º

A Comunidade Europeia, as instituições previstas no Acordo e os órgãos de coordenação beneficiam, no território dos Estados Partes no Acordo, do tratamento concedido às organizações internacionais no que respeita às suas comunicações oficias e à transmissão de todos os seus documentos.

A correspondência oficial e as outras comunicações oficiais da Comunidade Europeia, das instituições conjuntas previstas no Acordo e dos órgãos de coordenação não podem ser objecto de censura.

CAPÍTULO 4
Pessoal do Secretariado dos Estados ACP

ARTIGO 7.º

1. O Secretário ou Secretários e o Secretário-Adjunto ou Secretários-Adjuntos do Conselho de Ministros ACP e os outros quadros superiores permanentes do Conselho de Ministros ACP nomeados pelos Estados ACP beneficiam, no Estado em que o Conselho de Ministros ACP está estabelecido, sob a responsabilidade do Presidente em exercício do Comité de Embaixadores ACP, das vantagens concedidas aos membros do pessoal diplomático das missões diplomáticas. Os cônjuges e filhos menores que vivam no mesmo domicílio beneficiam, nas mesmas condições, das vantagens concedidas aos cônjuges e aos filhos menores dos membros do pessoal diplomático.

2. Os membros permanentes do pessoal ACP não referidos no n.º 1 beneficiam, por parte do país de acolhimento, da isenção de quaisquer impostos sobre os vencimentos, emolumentos e subsídios pagos pelos Estados ACP a partir do dia em que esses rendimentos sejam sujeitos a um imposto a favor dos Estados ACP.

O disposto no parágrafo anterior não é aplicável às pensões pagas pelo Secretariado ACP aos seus antigos funcionários ou às pessoas a seu cargo, nem aos vencimentos, emolumentos e subsídios pagos aos seus agentes locais.

ARTIGO 8.º

O Estado em que o Conselho de Ministros ACP esteja estabelecido reconhecerá imunidade de jurisdição aos agentes permanentes do Secretariado dos Estados ACP, que não os referidos no n.º 1 do artigo 7.º, unicamente no que respeita aos actos por eles praticados no exercício das suas funções oficiais. Contudo, essa imunidade não é aplicável em caso de infracção ao Código da Estrada cometida por um membro permanente do pessoal do Secretariado dos Estados ACP ou de danos causados por um veículo automóvel que lhe pertença ou por ele conduzido.

ARTIGO 9.º

Os nomes, cargos e endereços do Presidente em exercício do Comité de Embaixadores ACP, do Secretário ou Secretários e do Secretário-Adjunto ou Secretários-Adjuntos do Conselho de Ministros ACP, bem como dos membros permanentes do pessoal do Secretariado dos Estados ACP, serão comunicados periodicamente, por iniciativa do Presidente do Conselho de Ministros ACP, ao Governo do Estado em que o Conselho de Ministros ACP esteja estabelecido.

CAPÍTULO 5
Delegações da Comissão nos Estados ACP

ARTIGO 10.º

1. O delegado da Comissão e o pessoal nomeado para as delegações, com excepção do pessoal recrutado localmente, estão isentos do pagamento de quaisquer impostos directos no Estado ACP em que se encontrem colocados.

2. Ao pessoal referido no n.º 1 é igualmente aplicável o disposto no n.º 2, alínea g), do artigo 31.º do capítulo 4 do anexo IV.

CAPÍTULO 6
Disposições gerais

ARTIGO 11.º

Os privilégios, imunidades e facilidades previstos no presente Protocolo são concedidos aos beneficiários exclusivamente no interesse da correcta execução das suas funções oficiais.

As instituições e os órgãos referidos no presente Protocolo devem renunciar à imunidade sempre que considerem que o seu levantamento não é contrário aos seus próprios interesses.

ARTIGO 12.º

O artigo 98.º do Acordo é aplicável aos litígios relativos ao presente Protocolo.

O Conselho de Ministros ACP e o Banco Europeu de Investimento podem ser parte em processos no âmbito de procedimentos arbitrais.

Protocolo n.º 3 relativo ao estatuto da África do Sul

ARTIGO 1.º
Estatuto especial

1. A participação da África do Sul no presente Acordo está subordinada às condições definidas no presente Protocolo.

2. As disposições do Acordo de Comércio, Desenvolvimento e Cooperação entre a Comunidade Europeia e os seus Estados-Membros e a África do Sul, assinado em Pretória em 11 de Outubro de 1999, a seguir designado «ACDC», prevalecem sobre as disposições do presente Acordo.

ARTIGO 2.º
Disposições gerais, diálogo político e instituições conjuntas

1. As disposições gerais, institucionais e finais do presente Acordo são aplicáveis à África do Sul.

2. A África do Sul será plenamente associada ao diálogo político geral e participará nas instituições e órgãos conjuntos criados em conformidade com o presente Acordo. No entanto, no que respeita às decisões a adoptar relacionadas com as disposições que não são aplicáveis à África do Sul em conformidade com o presente Protocolo, a África do Sul não participará no processo de decisão.

ARTIGO 3.º
Estratégias de cooperação

As disposições em matéria de estratégias de cooperação previstas no presente Acordo são aplicáveis à cooperação entre a CE e a África do Sul.

ARTIGO 4.º
Recursos financeiros

1. As disposições do presente Acordo em matéria de cooperação para o financiamento do desenvolvimento não são aplicáveis à África do Sul.

2. No entanto, em derrogação deste princípio, a África do Sul terá o direito de participar nos domínios de cooperação para o financiamento do desenvolvimento ACP-CE enumerados no artigo 8.º, entendendo-se que a participação da África do Sul será plenamente financiada a partir dos recursos previstos em conformidade com o título VII do ACDC. Sempre que os recursos no âmbito do ACDC se destinem à participação em acções no âmbito da cooperação financeira ACP-CE, a África do Sul terá o direito de participar plenamente nos processos de tomada de decisão que regem a execução dessa ajuda.

3. As pessoas singulares e colectivas da África do Sul são elegíveis no que respeita à adjudicação de contratos financiados a partir dos recursos financeiros previstos em conformidade com o presente Acordo. A este respeito, as pessoas singulares e colectivas da África do Sul não gozam, no entanto, das preferências concedidas às pessoas singulares e colectivas dos Estados ACP.

ARTIGO 5.º
Cooperação comercial

1. As disposições do presente Acordo em matéria de cooperação económica e comercial não são aplicáveis à África do Sul.

2. No entanto, a África do Sul será associada, na qualidade de observador, ao diálogo entre as Partes, nos termos dos artigos 34.º a 40.º do presente Acordo.

ARTIGO 6.º
Aplicabilidade dos protocolos e declarações

Os protocolos e as declarações anexados ao presente Acordo relacionados com partes do Acordo que não são aplicáveis à África do Sul não são aplicáveis a este país. São aplicáveis todas as outras declarações e protocolos.

ARTIGO 7.º
Cláusula de revisão

O presente Protocolo pode ser revisto por decisão do Conselho de Ministros.

ARTIGO 8.º
Aplicabilidade

Sem prejuízo do disposto nos artigos anteriores, o quadro seguinte apresenta os artigos do Acordo e dos respectivos anexos que são aplicáveis à África do Sul, bem como os que não são aplicáveis.

Aplicável	Observações	Não aplicável
Preâmbulo.		
Parte 1, título I, capítulo 1: "Objectivos, princípios e intervenientes" (artigos 1.º a 7.º).		
Parte 1, título II, "Dimensão política" (artigos 8.º a 13.º).	Nos termos do artigo 1.º do presente Protocolo, a África do Sul não terá direitos de voto em qualquer das instituições ou órgãos comuns nos domínios do Acordo que não são aplicáveis à África do Sul.	
Parte 2, "Disposições institucionais" (artigos 14.º a 17.º).		
Parte 3, título I, "Estratégias de desenvolvimento".		
	Nos termos do artigo 5.º supra, a África do Sul será associada, na qualidade de observador, ao diálogo entre as Partes nos termos dos artigos 34.º a 40.º	Parte 3, título II, "Cooperação económica e comercial".
Artigo 75.º, alínea i) (promoção do investimento, apoio ao sector privado ACP-UE, diálogo político a nível regional) e artigo 78.º (protecção dos investimentos).	Nos termos do artigo 4.º supra, a África do Sul tem o direito de participar em certos domínios da cooperação para o financiamento do desenvolvimento, ficando entendido que tal participação será plenamente financiada a partir dos recursos previstos em conformidade com o título VII do ACDC. Nos termos do artigo 2.º supra, a África do Sul pode participar no Comité ACP-CE de Cooperação para o Financiamento do Desenvolvimento, previsto no artigo 83.º sem gozar dos direitos de voto relativamente às disposições que não são aplicáveis à África do Sul.	Parte 4, "Cooperação para o financiamento do desenvolvimento".
Parte 5, "Disposições gerais relativas aos Estados ACP menos desenvolvidos, sem litoral ou insulares" (artigos 84.º a 90.º).		
Parte 6, "Disposições finais (artigos 91.º a 100.º).		

		Anexo I (Protocolo Financeiro).
Anexo II, "Condições de financiamento", capítulo 5 [ligado ao artigo 78.º (protecção dos investimentos)].	Nos termos do artigo 4.º supra, a África do Sul tem o direito de participar em certos domínios da cooperação para o financiamento do desenvolvimento, ficando entendido que tal participação será plenamente financiada a partir dos recursos previstos em conformidade com o título VII do ACDC.	Anexo II, "Condições de financiamento", capítulos 1, 2, 3 e 4.
Anexo III "Apoio institucional (CDE e CTA)".	Nos termos do artigo 4.º supra, a África do Sul tem o direito de participar em certos domínios da cooperação para o financiamento do desenvolvimento, ficando entendido que tal participação será plenamente financiada a partir dos recursos previstos nos termos do título VII do ACDC.	
Anexo IV, "Procedimentos de aplicação e gestão": artigos 6.º a 14.º (cooperação regional) e artigos 20.º a 32.º (concorrência e preferência).	Nos termos do artigo 4.º supra, sempre que os recursos do ACDC se destinem à participação em acções no âmbito da cooperação financeira ACP-UE, a África do Sul terá o direito de participar plenamente nos processos de tomada de decisão que regem a execução dessa ajuda. As pessoas singulares e colectivas da África do Sul são além disso elegíveis para participarem em concursos respeitantes a contratos financiados a partir dos recursos financeiros no âmbito do Acordo. Neste contexto, os concorrentes sul-africanos não gozarão das preferências previstas relativamente aos concorrentes dos Estados ACP.	Anexo IV, artigos 1.º a 5.º (Programação nacional), 15.º a 19.º (disposições relativas ao ciclo do projecto), 27.º (preferência a adjudicatários ACP) e 34.º a 38.º (agentes responsáveis pela execução).
		Anexo V, "Regime comercial aplicável durante o período preparatório".
Anexo VI, "Lista dos Estados ACP menos desenvolvidos sem litoral e insulares".		

ACTA FINAL

Os plenipotenciários de:
Sua Majestade o Rei dos Belgas;
Sua Majestade a Rainha da Dinamarca;
O Presidente da República Federal da Alemanha;
O Presidente da República Helénica;
Sua Majestade o Rei de Espanha;
O Presidente da República Francesa;
O Presidente da Irlanda;
O Presidente da República Italiana;
Sua Alteza Real o Grão-Duque do Luxemburgo;
Sua Majestade a Rainha dos Países Baixos;
O Presidente da República Federal da Áustria;
O Presidente da República Portuguesa;
O Presidente da República da Finlândia;
O Governo do Reino da Suécia;
Sua Majestade a Rainha da Grã-Bretanha e da Irlanda do Norte;
Partes contratantes no Tratado que institui a Comunidade Europeia, adiante designada Comunidade, e cujos Estados são adiante designados Estados-Membros, o Conselho da União Europeia e a Comissão das Comunidades Europeias, por um lado, e os plenipotenciários de:
O Presidente da República da África do Sul;
O Presidente da República de Angola;
Sua Majestade a Rainha de Antígua e Barbuda;
O Chefe de Estado da Commonwealth das Bahamas;
O Chefe de Estado de Barbados;
Sua Majestade a Rainha de Belize;
O Presidente da República do Benim;
O Presidente da República do Botsuana;
O Presidente do Burkina Faso;
O Presidente da República do Burundi;
O Presidente da República de Cabo Verde;
O Presidente da República dos Camarões;
O Presidente da República Centro-Africana;
O Presidente da República do Chade;
O Presidente da República Federal Islâmica das Comores;
O Presidente da República Democrática do Congo;
O Presidente da República Popular do Congo;
O Governo das Ilhas Cook;
O Presidente da República da Costa do Marfim;
O Governo da Commonwealth da Dominica;

O Presidente da República Dominicana;
O Presidente do Estado da Eritreia;
O Presidente da República Federal Democrática da Etiópia;
O Presidente da República Soberana Democrática de Fiji;
O Presidente da República Gabonesa;
O Presidente e Chefe de Estado da República da Gâmbia;
O Presidente da República do Gana;
Sua Majestade a Rainha de Granada;
O Presidente da República da Guiana;
O Presidente da República da Guiné;
O Presidente da República da Guiné-Bissau;
O Presidente da República da Guiné Equatorial;
O Presidente da República do Haiti;
Sua Majestade a Rainha das Ilhas Salomão;
O Chefe de Estado da Jamaica;
O Presidente da República de Jibuti;
Sua Majestade o Rei do Reino do Lesoto;
O Presidente da República da Libéria;
O Presidente da República de Madagáscar;
O Presidente da República do Malawi;
O Presidente da República do Mali;
O Governo da República das Ilhas Marshall;
O Presidente da República da Maurícia;
O Presidente da República Islâmica da Mauritânia;
O Governo dos Estados Federados da Micronésia;
O Presidente da República de Moçambique;
O Presidente da República da Namíbia;
O Governo da República de Nauru;
O Presidente da República do Níger;
O Chefe de Estado da República Federal da Nigéria;
O Governo de Niue;
O Governo da República de Palau;
Sua Majestade a Rainha do Estado Independente da Papuásia-Nova Guiné;
O Presidente da República do Quénia;
O Presidente da República de Kiribati;
O Presidente da República do Ruanda;
O Chefe de Estado do Estado Independente de Samoa;
Sua Majestade a Rainha de Santa Lúcia;
Sua Majestade a Rainha de São Cristóvão e Nevis;
O Presidente da República Democrática de São Tomé e Príncipe;
Sua Majestade a Rainha de São Vicente e Granadinas;
O Presidente da República das Seicheles;

O Presidente da República do Senegal;
O Presidente da República da Serra Leoa;
O Presidente da República Democrática da Somália;
Sua Majestade o Rei do Reino da Suazilândia;
O Presidente da República do Sudão;
O Presidente da República do Suriname;
O Presidente da República Unida da Tanzânia;
O Presidente da República Togolesa;
Sua Majestade o Rei Taufa'Ahau Tupou IV de Tonga;
O Presidente da República de Trindade e Tobago;
Sua Majestade a Rainha de Tuvalu;
O Presidente da República do Uganda;
O Governo de Vanuatu;
O Presidente da República da Zâmbia;
O Presidente da República do Zimbabué;
cujos Estados são adiante designados por Estados ACP, por outro lado, reunidos em Cotonu, em 23 de Junho de 2000, para a assinatura do Acordo de Parceria ACP-CE, adoptaram os seguintes textos:

O Acordo de Parceria ACP-CE e os seguintes anexos e protocolos:
Anexo I – Protocolo financeiro;
Anexo II – Modalidades e condições de financiamento;
Anexo III – Apoio institucional – CDE e CTA;
Anexo IV – Processos de execução e de gestão;
Anexo V – Regime comercial aplicável durante o período preparatório referido no n.º 1 do artigo 37.º
Anexo VI – Lista dos Estados menos desenvolvidos, sem litoral e insulares;
Protocolo n.º 1, relativo às despesas de funcionamento das instituições conjuntas;
Protocolo n.º 2, relativo aos privilégios e imunidades;
Protocolo n.º 3, relativo ao estatuto da África do Sul.

Os plenipotenciários dos Estados-Membros e da Comunidade e os plenipotenciários dos Estados ACP adoptaram os textos das declarações a seguir enumeradas e anexadas à presente acta final:
Declaração I – Declaração comum relativa aos intervenientes na parceria (artigo 6.º);
Declaração II – Declaração da Comissão e do Conselho da União Europeia sobre a cláusula relativa ao regresso e à readmissão dos imigrantes ilegais (n.º 5 do artigo 13.º);

Declaração III – Declaração comum relativa à participação na Assembleia Parlamentar Paritária (n.º 1 do artigo 17.º);

Declaração IV – Declaração da Comunidade relativa ao financiamento do Secretariado ACP;

Declaração V – Declaração da Comunidade relativa ao financiamento das instituições comuns;

Declaração VI – Declaração da Comunidade relativa ao Protocolo sobre privilégios e imunidades;

Declaração VII – Declaração dos Estados-Membros relativa ao Protocolo sobre privilégios e imunidades;

Declaração VIII – Declaração comum relativa ao Protocolo sobre privilégios e imunidades;

Declaração IX – Declaração comum relativa ao n.º 2 do artigo 49.º (comércio e ambiente);

Declaração X – Declaração dos Estados ACP em matéria de comércio e ambiente;

Declaração XI – Declaração comum relativa ao património cultural dos Estados ACP;

Declaração XII – Declaração dos Estados ACP sobre o regresso ou a restituição de bens culturais;

Declaração XIII – Declaração comum sobre os direitos de autor;

Declaração XIV – Declaração comum relativa à cooperação regional e às regiões ultraperiféricas (artigo 28.º);

Declaração XV – Declaração comum relativa à adesão ao Acordo;

Declaração XVI – Declaração comum relativa à adesão dos países e territórios ultramarinos referidos na parte IV do Tratado CE;

Declaração XVII – Declaração comum relativa ao artigo 66.º (apoio à diminuição do peso da dívida) do Acordo;

Declaração XVIII – Declaração da União Europeia relativa ao Protocolo Financeiro;

Declaração XIX – Declaração do Conselho e da Comissão relativa ao processo de programação;

Declaração XX – Declaração comum relativa ao impacto das flutuações das receitas de exportação nos pequenos Estados ACP insulares ou sem litoral mais vulneráveis;

Declaração XXI – Declaração da Comunidade relativa ao artigo 3.º do anexo IV;

Declaração XXII – Declaração comum relativa aos produtos agrícolas enumerados no n.º 2, alínea a), do artigo 1.º do anexo V;

Declaração XXIII – Declaração comum relativa ao acesso ao mercado no âmbito da Parceria CE-ACP;

Declaração XXIV – Declaração comum relativa ao arroz;

Declaração XXV – Declaração comum relativa ao rum;

Declaração XXVI – Declaração comum relativa à carne de bovino;

Declaração XXVII – Declaração comum relativa ao regime de acesso aos mercados dos departamentos ultramarinos franceses aplicável aos produtos originários dos Estados ACP referidos no n.º 2 do artigo 1.º do anexo V;

Declaração XXVIII – Declaração comum relativa à cooperação entre os Estados ACP e os países e territórios ultramarinos e departamentos ultramarinos franceses vizinhos;

Declaração XXIX – Declaração comum relativa aos produtos sujeitos à política agrícola comum;

Declaração XXX – Declaração dos Estados ACP relativa ao artigo 1.º do anexo V;

Declaração XXXI – Declaração da Comunidade relativa ao n.º 2, alínea a), do artigo 5.º do anexo V;

Declaração XXXII – Declaração comum relativa à não discriminação;

Declaração XXXIII – Declaração da Comunidade relativa ao n.º 3 do artigo 8.º do anexo V;

Declaração XXXIV – Declaração comum relativa ao artigo 12.º do anexo V;

Declaração XXXV – Declaração comum relativa ao artigo 7.º no que respeita ao Protocolo n.º 1 do anexo V;

Declaração XXXVI – Declaração comum relativa ao Protocolo n.º 1 do anexo V;

Declaração XXXVII – Declaração comum relativa ao Protocolo n.º 1 do anexo V (origem dos produtos haliêuticos);

Declaração XXXVIII – Declaração da Comunidade relativa ao Protocolo n.º 1 do anexo V (extensão das águas territoriais);

Declaração XXXIX – Declaração dos Estados ACP relativa ao Protocolo n.º 1 do anexo V (origem dos produtos da pesca);

Declaração XL – Declaração comum relativa à aplicação da regra da tolerância do valor no sector do atum;

Declaração XLI – Declaração comum relativa ao n.º 11 do artigo 6.º do Protocolo n.º 1 do anexo V;

Declaração XLII – Declaração comum sobre as regras de origem: acumulação com a África do Sul;

Declaração XLIII – Declaração comum relativa ao anexo II do Protocolo n.º 1 do anexo V.

ACORDO INTERNO ENTRE OS REPRESENTANTES DOS GOVERNOS DOS ESTADOS-MEMBROS, REUNIDOS NO CONSELHO, RELATIVO AO FINANCIAMENTO E À GESTÃO DA AJUDA CONCEDIDA PELA COMUNIDADE NO ÂMBITO DO PROTOCOLO FINANCEIRO DO ACORDO DE PARCERIA ENTRE OS ESTADOS DE ÁFRICA, DAS CARAÍBAS E DO PACÍFICO, POR UM LADO, E A COMUNIDADE EUROPEIA E OS SEUS ESTADOS-MEMBROS, POR OUTRO, ASSINADO EM COTONU, NO BENIM, EM 23 DE JUNHO DE 2000, BEM COMO À CONCESSÃO DE ASSISTÊNCIA FINANCEIRA AOS PAÍSES E TERRITÓRIOS ULTRAMARINOS AOS QUAIS SE APLICA A PARTE IV DO TRATADO CE

18.09.2000

ACORDO INTERNO ENTRE OS REPRESENTANTES DOS GOVERNOS DOS ESTADOS-MEMBROS, REUNIDOS NO CONSELHO, RELATIVO AO FINANCIAMENTO E À GESTÃO DA AJUDA CONCEDIDA PELA COMUNIDADE NO ÂMBITO DO PROTOCOLO FINANCEIRO DO ACORDO DE PARCERIA ENTRE OS ESTADOS DE ÁFRICA, DAS CARAÍBAS E DO PACÍFICO, POR UM LADO, E A COMUNIDADE EUROPEIA E OS SEUS ESTADOS-MEMBROS, POR OUTRO, ASSINADO EM COTONU, NO BENIM, EM 23 DE JUNHO DE 2000, BEM COMO À CONCESSÃO DE ASSISTÊNCIA FINANCEIRA AOS PAÍSES E TERRITÓRIOS ULTRAMARINOS AOS QUAIS SE APLICA A PARTE IV DO TRATADO CE

Os Representantes dos Governos dos Estados-Membros da Comunidade Europeia, reunidos no Conselho:

Tendo em conta o Tratado que institui a Comunidade Europeia;

Considerando o seguinte:

1) O Acordo de Parceria entre os Estados de África, das Caraíbas e do Pacífico, por um lado, e a Comunidade Europeia e os Seus Estados-Membros, por outro, assinado em Cotonu, no Benim, em 23 de Junho de 2000 (a seguir designado «Acordo ACP-CE»), fixou em 15200 milhões de euros o montante global da ajuda da Comunidade aos Estados ACP para o quinquenato de 2000-2005. Este montante é constituído, por um lado, por um máximo de 13500 milhões de euros provenientes do 9.° Fundo Europeu de Desenvolvimento (9.° FED) das contribuições dos Estados-Membros e, por outro, até 1700 milhões de euros provenientes do Banco Europeu de Investimento (adiante designado «o Banco»);

2) Além disso, quaisquer saldos de anteriores fundos europeus de desenvolvimento existentes no dia da entrada em vigor do Protocolo Financeiro do Acordo ACP-CE serão transferidos para o 9.° FED e utilizados

em conformidade com as condições previstas no Acordo ACP-CE. O montante total previsto abrangerá o período de 2000-2007. Este período engloba o período de aproximadamente dois anos necessário para a ratificação do 9.º FED e os dois anos que se seguem à expiração do 9.º FED;

3) A Decisão n.º 91/482/CEE, do Conselho, de 25 de Julho, relativa à Associação dos Países e Territórios Ultramarinos à Comunidade Económica Europeia [JO n.º L 263, de 19 de Setembro de 1991, p. 1. Decisão com a redacção que lhe foi dada pela Decisão n.º 97/803/CE (JO n.º L 329, de 29 de Novembro de 1997, p. 50) e prorrogada pela Decisão n.º 2000/169/CE (JO n.º L 55, de 29 de Fevereiro de 2000, p. 67)], foi prorrogada até 28 de Fevereiro de 2001. Antes dessa data, será adoptada uma nova decisão com base no artigo 187.º do Tratado. Esta decisão fixará em 175 milhões de euros o montante da assistência financeira do 9.º FED a conceder aos países e territórios ultramarinos a que se aplica a parte IV do Tratado (a seguir designados «PTU»). Está ainda previsto que o Banco realize operações até ao montante de 20 milhões de euros a partir dos seus próprios recursos. Além disso, quaisquer saldos de anteriores fundos europeus de desenvolvimento afectados aos PTU serão transferidos no dia da entrada em vigor do presente Acordo, para o 9.º FED e utilizados, segundo as condições previstas, pela citada decisão do Conselho;

4) Os representantes dos Governos dos Estados-Membros, reunidos no Conselho, concordaram em reservar 125 milhões de euros para financiar as despesas efectuadas pela Comissão com a execução do 9.º FED;

5) É conveniente, com vista à aplicação do Acordo ACP-CE e da futura decisão relativa à associação dos PTU (a seguir designada por «a decisão»), instituir um 9.º FED e definir as regras de dotação desse Fundo, bem como as contribuições dos Estados-Membros para este;

6) É necessário estabelecer regras de gestão da cooperação financeira, determinar o processo de programação, análise e aprovação das ajudas e definir as modalidades de controlo da sua utilização;

7) As conclusões sobre a dotação financeira para o 9.º FED, elaboradas no âmbito da coordenação ministerial por parte da Comunidade Europeia da 3.ª Conferência de Negociação Ministerial ACP-CE de 6 a 7 de Dezembro de 1999, assinalam a intenção da Comissão de descentralizar o seu processo administrativo de tomada de decisões e realçam a necessidade da execução de reformas destinadas a redefinir os papéis da Comissão e do Conselho no processo de tomada de decisões do Fundo Europeu de Desenvolvimento;

8) A declaração do Conselho e da Comissão quanto ao processo de programação incluída na acta da Conferência de Negociação Ministerial

ACP-CE de 2 e 3 de Fevereiro de 2000 refere que os requisitos em matéria de procedimentos e de apresentação de relatórios no âmbito do processo de programação devem ser rigorosos e que os papéis dos Estados-Membros e da Comissão no processo de tomada de decisões serão revistos e adaptados;

9) Nas suas conclusões de 21 de Maio de 1999 relativas à avaliação dos programas e instrumentos de desenvolvimento da Comunidade Europeia, o Conselho propõe diversas formas de a Comissão e os Estados-Membros melhorarem a eficiência da ajuda ao desenvolvimento da Comunidade Europeia, incluindo a desconcentração de delegações, o aumento da coordenação e da complementaridade entre doadores, a redução do número de instrumentos, o reforço da utilização de critérios baseados nos resultados e a reorientação do trabalho dos comités de gestão do desenvolvimento;

10) O Conselho de 21 de Maio de 1999 aprovou uma resolução sobre a complementaridade entre a cooperação para o desenvolvimento comunitária e dos Estados-Membros. O Conselho de 18 de Maio de 2000 aprovou conclusões sobre a coordenação operacional. Estes documentos reiteram a necessidade de reforçar a coordenação e a complementaridade, bem como a necessidade de o país parceiro ter um papel de direcção neste processo;

11) É conveniente instituir junto da Comissão um comité de representantes dos Governos dos Estados-Membros e junto do Banco Europeu de Investimento (BEI) um comité de natureza semelhante; é necessário assegurar a harmonização dos trabalhos da Comissão e do Banco para aplicar o Acordo ACP-CE e as disposições correspondentes da decisão;

Após consulta do BEI:

acordaram no seguinte:

CAPÍTULO I
Recursos financeiros

ARTIGO 1.º
Recursos do 9.º FED

1. Os Estados-Membros instituem um novo Fundo Europeu de Desenvolvimento (2000), adiante designado «9.º FED».

2. O 9.º FED consiste em:

a) Um montante máximo de 13800 milhões de euros financiados pelos Estados-Membros, com a seguinte repartição:

Estado-Membro	Contribuição em milhões de euros
Bélgica	540,96
Dinamarca	295,12
Alemanha	3223,68
Grécia	172,50
Espanha	805,92
França	3353,40
Irlanda	85,56
Itália	1730,52
Luxemburgo	40,02
Países Baixos	720,36
Áustria	365,70
Portugal	133,86
Finlândia	204,24
Suécia	376,74
Reino Unido	1751,22
Total	13800,00

Esse montante global é repartido do seguinte modo:
    i) 13500 milhões de euros destinam-se aos Estados ACP;
    ii) 175 milhões de euros destinam-se aos países e territórios ultramarinos (PTU);
    iii) 125 milhões de euros destinam-se à Comissão para suportar os custos relativos à execução do FED;

    b) Os eventuais saldos remanescentes de anteriores FED existentes na data da entrada em vigor do Protocolo Financeiro do Acordo ACP-CE, bem como quaisquer montantes que tenham sido objecto de anulações de autorizações após essa data, relativos a projectos em curso ao abrigo desses FED, serão transferidos para o 9.° FED. Os eventuais recursos assim transferidos para o 9.° FED, que tenham sido previamente afectados ao programa indicativo de um Estado ou região ACP, ou de um PTU, continuarão afectados a esse Estado, região ou PTU;

    c) O montante global previsto para a assistência aos ACP será complementado com os saldos remanescentes dos FED anteriores. O montante total dos recursos abrangerá o período de 2000-2007.

    3. As receitas resultantes dos juros sobre os fundos referidos no n.° 2 do presente artigo depositados junto dos pagadores delegados na Europa, referidos no n.° 1 do artigo 37.° do anexo IV do Acordo ACP-CE, serão creditadas numa ou em várias contas bancárias abertas em nome da Comissão e serão utilizadas em conformidade com o disposto no artigo 10.°.

4. No caso de novas adesões à Comunidade, a repartição das contribuições referidas na alínea a) do n.º 2 será adaptada por decisão do Conselho, deliberando por unanimidade, sob proposta da Comissão.

5. Poder-se-á proceder igualmente à adaptação dos recursos financeiros, por decisão do Conselho, deliberando por unanimidade, em conformidade com o n.º 2 do artigo 62.º do Acordo de Parceria ACP-CE.

ARTIGO 2.º
Recursos reservados aos Estados ACP

1. Do montante global referido no n.º 2, alínea a), do artigo 1.º, o montante máximo de 13500 milhões de euros será destinado aos Estados ACP, repartido do seguinte modo:

a) Um máximo de 10000 milhões de euros sob a forma de subvenções, dos quais, no máximo:
  i) 9836 milhões de euros destinados ao apoio ao desenvolvimento a longo prazo, a programar em conformidade com o disposto nos artigos 1.º a 5.º do anexo IV do Acordo ACP-CE. Estes recursos podem ser utilizados para financiar acções de urgência a curto prazo, em conformidade com o disposto nos artigos 72.º e 73.º do Acordo ACP-CE;
  ii) 90 milhões de euros destinados ao financiamento do orçamento do Centro de Desenvolvimento Empresarial (CDE), em conformidade com o disposto no anexo III do Acordo ACP-CE;
  iii) 70 milhões de euros destinados ao financiamento do orçamento do Centro Técnico de Cooperação Agrícola e Rural (CTA), em conformidade com o disposto no anexo III do Acordo ACP-CE;
  iv) 4 milhões de euros destinados a cobrir as despesas da Assembleia Paritária ACP-CE, criada pelo artigo 17.º do Acordo ACP-CE;

b) Um máximo de 1300 milhões de euros destinados a financiar o apoio à cooperação e integração regionais dos Estados ACP, em conformidade com o disposto nos artigos 6.º a 14.º do anexo IV do Acordo ACP-CE;

c) Um máximo de 2200 milhões de euros serão atribuídos ao financiamento da facilidade de investimento em conformidade com as modalidades e condições definidas no anexo II, «Modalidades e condições de financiamento», do Acordo ACP-CE, sem prejuízo do financiamento das bonificações de juros previstas nos artigos 2.º e 4.º do anexo II do Acordo financiadas a partir dos recursos referidos na alínea a) do artigo 3.º do seu anexo I.

2. Do montante de 13500 milhões de euros referido no n.º 1 só poderá ser disponibilizado um montante de 1000 milhões de euros na sequência de uma avaliação dos resultados realizada pelo Conselho em 2004, com base numa proposta da Comissão. Esses recursos, se disponibilizados, serão distribuídos apropriadamente pelos envelopes referidos nas alíneas a), b) e c) do n.º 1 supra.

3. Antes da expiração do 9.º FED, os Estados-Membros, em conformidade com o n.º 7 do Protocolo Financeiro do Acordo ACP-CE, avaliarão, juntamente com os Estados ACP, o grau de realização de autorizações e pagamentos. A necessidade de novos recursos para apoiar a cooperação financeira será estabelecida à luz dessa avaliação e terá totalmente em conta os recursos não autorizados, nem pagos ao abrigo do 9.º FED.

4. Antes da expiração do 9.º FED, os Estados-Membros fixarão uma data além da qual os fundos do 9.º FED não serão autorizados.

ARTIGO 3.º
Recursos reservados aos PTU

1. O montante global do apoio financeiro a conceder aos PTU pela Comunidade sob a forma de subvenções a partir do montante global referido no n.º 2, alínea a), do artigo 1.º, será de 175 milhões de euros, dos quais 155 milhões de euros sob a forma de subvenções e 20 milhões de euros a título da facilidade de investimento. As regras relativas à execução desse apoio financeiro serão definidas na decisão do Conselho relativa à associação dos PTU à Comunidade, adoptada ao abrigo do artigo 187.º do Tratado.

2. Se um PTU que se tenha tornado independente aderir ao Acordo ACP-CE, os montantes indicados no n.º 1 serão reduzidos e os indicados na subalínea i) da alínea a) do artigo 2.º serão aumentados correlativamente, por decisão do Conselho, deliberando por unanimidade, sob proposta da Comissão.

ARTIGO 4.º
**Recursos reservados para suportar os custos relativos
à aplicação do Acordo**

Serão reservados 125 milhões de euros para financiar as despesas relativas à execução do Acordo ACP-CE, a cargo da Comissão; esse montante deverá ser utilizado de acordo com os princípios definidos no artigo

10.º do presente Acordo, juntamente com os recursos referidos no n.º 3 do artigo 1.º do presente Acordo.

ARTIGO 5.º
Empréstimos a partir dos recursos próprios do BEI

1. O montante previsto no n.º 2 do artigo 1.º será majorado até 1720 milhões de euros sob a forma de empréstimos concedidos pelo Banco a partir dos seus recursos próprios. Estes recursos serão concedidos tendo em vista os objectivos definidos no anexo II do Acordo ACP-CE e na decisão do Conselho adoptada com base do artigo 187.º do Tratado em relação aos PTU, a seguir designada por «decisão», em conformidade com as condições previstas nos seus estatutos e as disposições pertinentes das modalidades e condições para o financiamento de investimentos, tal como previstas no anexo e na citada decisão.

2. Esses empréstimos serão atribuídos da seguinte forma:

a) Um máximo de 1700 milhões de euros a operações de financiamento a realizar nos Estados ACP;

b) Um máximo de 20 milhões de euros a operações de financiamento a realizar nos PTU.

ARTIGO 6.º
Garantia do BEI

1. Os Estados-Membros comprometem-se a constituir-se garantes perante o Banco, com renúncia ao benefício de excussão, e proporcionalmente às importâncias por eles subscritas no capital do Banco, de todos os compromissos financeiros que para os mutuários do Banco resultem dos contratos de empréstimo por este celebrados sobre capitais próprios, tanto ao abrigo do artigo 1.º do anexo II do Acordo ACP-CE, como das disposições correspondentes da decisão.

2. A garantia referida no n.º 1 não deve exceder 75% da totalidade dos créditos concedidos pelo Banco ao abrigo dos contratos de empréstimos; a garantia cobre todos os riscos.

3. Os compromissos assumidos pelos Estados-Membros por força do n.º 1, serão objecto de contratos de constituição de garantia, a celebrar entre o Banco e cada Estado-Membro.

ARTIGO 7.º
Operações geridas pelo Banco ao abrigo de FED anteriores

1. Os pagamentos efectuados ao Banco por conta dos empréstimos especiais concedidos aos Estados ACP, aos PTU e aos departamentos ultramarinos franceses, bem como o produto e as receitas das operações de capitais de risco efectuadas ao abrigo de FED anteriores, reverterão para os Estados-Membros proporcionalmente às respectivas contribuições para o 9.º FED de onde provenham tais somas, a menos que o Conselho decida, por unanimidade e sob proposta da Comissão, constitui-los em reserva ou afectá-los a outras operações.

2. As comissões devidas ao Banco pela gestão dos empréstimos e operações referidas no n.º 1 serão previamente descontadas daquelas somas.

ARTIGO 8.º
Operações geridas pelo Banco nos termos do 9.º FED

1. O produto e as receitas recebidos pelo Banco das operações efectuadas no âmbito da facilidade de investimento serão utilizados para outras operações ao abrigo da facilidade, de acordo com o disposto do artigo 3.º do anexo II do Acordo, após dedução do passivo e das despesas de carácter excepcional relacionadas com a facilidade de investimento.

2. O Banco será integralmente remunerado pela gestão das operações da facilidade de investimento. O Conselho decidirá, pela maioria qualificada fixada do artigo 21.º do presente Acordo e sob proposta da Comissão elaborada de acordo com o Banco, sobre os recursos e mecanismos relativos à remuneração deste último. Os termos desta decisão serão integrados no acordo em que o Banco se compromete a assumir a execução dessas operações.

ARTIGO 9.º
Custos relativos à aplicação dos recursos do 9.º FED

1. Os recursos referidos no artigo 4.º do presente Acordo deverão, juntamente com os recursos referidos no n.º 3 do artigo 1.º, ser utilizados para cobrir os custos administrativos e financeiros relativos à aplicação dos recursos do 9.º FED. A Comissão utilizará estes recursos com os seguintes objectivos:

a) Cobrir as despesas administrativas e financeiras resultantes da gestão da tesouraria do 9.º FED;

b) Reforçar as capacidades administrativas da Comissão e das suas delegações, de forma a garantir uma preparação e uma aplicação adequadas das operações financiadas pelo 9.º FED;

c) Financiar estudos, avaliações, auditorias ou serviços de consultoria, incluindo no domínio da análise, do diagnóstico e da formulação de estratégias de ajustamento estrutural e de outras políticas;

d) Assegurar o acompanhamento e a avaliação.

Esta assistência não será afectada às funções essenciais do serviço público europeu, ou seja, do pessoal permanente da Comissão.

2. Anualmente, a Comissão apresentará propostas financeiras globais ao comité previsto no artigo 21.º, a seguir designado por «comité do FED», relativas à utilização destes recursos, que incluirão um relatório das actividades do ano anterior. O comité do FED emitirá o seu parecer sobre essas propostas de financiamento em conformidade com o procedimento previsto no artigo 27.º.

3. No entanto, o Conselho poderá, sob proposta da Comissão e pela maioria qualificada prevista no artigo 21.º, decidir utilizar as receitas referidas no presente artigo para outros efeitos que não os previstos no n.º 1.

ARTIGO 10.º
Contribuições para o 9.º FED

1. A Comissão adoptará e comunicará anualmente ao Conselho, antes de 15 de Outubro, o mapa dos pagamentos previstos para o exercício seguinte, bem como o calendário dos pedidos de contribuições, tendo em conta as previsões do Banco no que se refere às operações cuja gestão assegura e às operações da facilidade de investimento. O montante pedido será justificado pela Comissão com base na sua capacidade de fornecer efectivamente o nível proposto de recursos. O Conselho pronunciar-se-á sobre essa justificação pela maioria qualificada prevista no artigo 21.º do presente Acordo, bem como sobre cada pedido de contribuição previsto.

2. No que se refere aos fundos transferidos de FED anteriores para o 9.º FED, em conformidade com o n.º 2, alínea b), do artigo 1.º, as contribuições de cada Estado-Membro serão calculadas proporcionalmente à contribuição de cada Estado-Membro para o FED em causa.

3. Juntamente com as suas previsões anuais de contribuições, a Comissão enviará ao Conselho as suas previsões de autorizações e pagamen-

tos relativamente a cada um dos quatro anos seguintes ao ano correspondente ao pedido de contribuições. O calendário será aprovado e revisto anualmente pelo Conselho.

4. Se as contribuições não forem suficientes para fazer face às necessidades efectivas do 9.° FED durante o exercício em causa, a Comissão apresentará propostas de transferência suplementares ao Conselho, que se pronunciará o mais rapidamente possível, pela maioria qualificada prevista no artigo 21.° do presente Acordo.

5. As regras precisas para o pagamento das contribuições pelos Estados-Membros serão definidas no regulamento financeiro referido no artigo 31.°.

CAPÍTULO II
Responsabilidades da Comissão e do FED

ARTIGO 11.°
Execução financeira dos projectos e programas

1. A Comissão assegurará a execução financeira das operações realizadas com recursos do 9.° FED sob a forma de subvenções, à excepção das bonificações de juros. A Comissão efectuará os pagamentos em conformidade com o regulamento financeiro referido no artigo 31.°.

2. O Banco assegurará, em nome da Comunidade, a gestão da facilidade de investimento e orientará as operações efectuadas no seu âmbito, em conformidade com as regras fixadas no regulamento financeiro referido no artigo 31.°. Nesse contexto, o Banco age em nome e por conta e risco da Comunidade. Os Estados-Membros serão titulares de todos os direitos decorrentes dessas operações, nomeadamente direitos de crédito ou de propriedade.

3. O Banco assegurará a execução financeira das operações realizadas através de empréstimos concedidos a partir dos seus recursos próprios, eventualmente combinados com bonificações de juros provenientes dos recursos do 9.° FED.

4. Tanto a Comissão como o Banco poderão, no caso de programas ou projectos co-financiados pelos Estados-Membros ou pelas respectivas instâncias executivas e compatíveis com as prioridades definidas nas estratégias de cooperação por país referidas no capítulo III, confiar aos Estados-Membros ou às suas instâncias executivas a responsabilidade pela

gestão dos fundos da União Europeia. A visibilidade da contribuição da União Europeia será, no entanto, plenamente assegurada. A Comissão preverá uma compensação financeira pelos encargos administrativos assumidos.

ARTIGO 12.º
Requisitos em matéria de fiscalização e de informação relativas aos progressos verificados na execução da assistência do 9.º FED

1. A Comissão e o Banco fiscalizarão, na medida das respectivas responsabilidades, a utilização da assistência do 9.º FED pelos Estados ACP, pelos PTU ou por quaisquer outros beneficiários, bem como a execução dos projectos financiados pelo 9.º FED, tendo especialmente em conta os objectivos referidos nos artigos 55.º e 56.º do Acordo ACP-CE e nas disposições correspondentes da presente decisão.

2. O Banco informará regularmente a Comissão sobre a execução dos projectos financiados a partir dos recursos do 9.º FED por ele geridos, de acordo com os procedimentos definidos nas orientações gerais da facilidade de investimento. A Comissão e o Banco assegurarão uma estreita coordenação e cooperação no apoio ao desenvolvimento do sector privado nos Estados ACP.

3. Nos termos dos artigos 17.º, 18.º e 19.º do presente Acordo, a Comissão e o Banco prestarão aos Estados-Membros, reunidos no Comité do FED, informações sobre a execução nacional e regional dos recursos do 9.º FED. Essas informações abrangerão igualmente as operações financiadas ao abrigo da facilidade de investimento.

4. Como se refere nos n.ºs 2 e 3 do artigo 2.º do presente Acordo, a Comissão apresentará ao Conselho uma proposta sobre a análise completa dos resultados a levar a cabo pelo Conselho em 2004. Esta revisão permitirá nomeadamente avaliar o grau de realização das autorizações e dos pagamentos.

ARTIGO 13.º
Avaliações

1. A Comissão e o Banco, no que lhes diga respectivamente respeito, assegurarão que a qualidade e o impacte da assistência financeira concedida a partir do 9.º FED sejam rigorosamente avaliados por avaliadores independentes no que se refere aos principais sectores, temas e instrumentos.

2. Sem prejuízo das avaliações dos principais sectores, temas e instrumentos referidos no n.º 1, poderão ser avaliados projectos individuais, caso a caso, por avaliadores independentes. As avaliações de projectos poderão ser efectuadas por iniciativa da Comissão e referidas na proposta de financiamento. Os Estados-Membros poderão igualmente pedir a avaliação de um projecto quando a proposta de financiamento estiver a ser discutida no Comité do FED.

3. Todas as avaliações serão efectuadas em conformidade com as melhores práticas de avaliação, incluindo os critérios de avaliação e os «Princípios para a avaliação da assistência ao desenvolvimento», elaboradas pelo Comité de Auxílio ao Desenvolvimento da OCDE.

4. O Comité do FED será notificado da conclusão da avaliação, nos termos da alínea c) do artigo 28.º, podendo subsequentemente discuti-la. Os resultados das avaliações serão tidos em conta nos processos de reexame intercalar e final das estratégias de cooperação por países previstos no artigo 18.º.

CAPÍTULO III
Programação

ARTIGO 14.º
Programação da assistência

1. O processo de programação da assistência aos Estados ACP efectuar-se-á em conformidade com os artigos 1.º a 5.º do anexo IV do Acordo ACP-CE.

2. O processo de programação do apoio à cooperação regional e à integração dos Estados ACP efectuar-se-á em conformidade com os artigos 6.º a 14.º do anexo IV do Acordo ACP-CE.

3. Para este fim, entende-se por programação:

a) A elaboração e o desenvolvimento de uma estratégia de cooperação por país/estratégia de cooperação regional com base nos próprios objectivos e estratégicas a médio prazo do país ou da região;

b) Uma clara indicação por parte da Comunidade da afectação dos recursos financeiros programáveis indicativos referidos no artigo 3.º do anexo IV de que pode beneficiar o país/região durante o período de cinco anos;

c) A elaboração e a aprovação de um programa indicativo de implementação da estratégia de cooperação por país/estratégia de cooperação regional;

d) Um processo de reexame que abranja a estratégia de cooperação por país/estratégia de cooperação regional, o programa indicativo e o volume de recursos que lhe estão atribuídos.

ARTIGO 15.º
Estratégia de cooperação por país e programas indicativos

1. No início do processo de programação, a Comissão, juntamente com o Estado ACP em causa, e após consultas com o Banco, preparará a estratégia de cooperação por país e o correspondente programa indicativo, concebidos a nível do terreno.

2. A preparação da estratégia de cooperação por país realizar-se-á em coordenação com as representações dos Estados-Membros presentes no Estado ACP em causa. Essa coordenação:

a) Na medida do possível, far-se-á através dos mecanismos existentes relativos à coordenação dos dadores no Estado ACP em questão;

b) Será aberta à participação dos Estados-Membros que não estão permanentemente representados no Estado ACP em questão e de outros dadores activos nesse Estado ACP. Os Estados-Membros que não estejam em posição de participar no exercício de coordenação terão acesso às informações sobre os resultados;

c) Implicará o Banco no que se refere às questões relacionadas com as suas operações e com as da facilidade de investimento.

3. A coordenação no terreno terá especialmente em conta a avaliação comum em matéria de necessidades e resultados e a análise sectorial, bem como as prioridades. O exercício de coordenação assegurará que a estratégia de cooperação por país e o programa indicativo são coerentes com as iniciativas conduzidas pelo país, como os documentos da estratégia de redução da pobreza e o quadro de desenvolvimento global, quando tal diálogo exista.

4. O apoio comunitário sob a forma de subvenções será concentrado num número limitado de sectores fulcrais e assegurará a complementaridade com as operações financiadas pelo próprio Estado ACP, pelos Estados-Membros e por outros dadores.

5. Cada estratégia de cooperação por país, incluindo o respectivo projecto de programa indicativo, será constituída por um único documento. Este documento será objecto de uma troca de pontos de vista entre os Estados-Membros e a Comissão no âmbito do Comité do FED. Em conformidade com o n.º 3 do artigo 4.º e com o n.º 4 do artigo 5.º do anexo IV

do Acordo ACP-CE, o programa indicativo inclui operações específicas e claramente identificadas para a realização dos objectivos e dos fins, em especial as que possam ser autorizadas antes do reexame seguinte. O programa indicativo inclui igualmente indicadores de impacte e compromissos em matéria de política sectorial, assim como um calendário para a execução e revisão do programa indicativo, incluindo as autorizações e os desembolsos dos recursos.

O Banco participará nessa troca de pontos de vista. O Comité do FED emitirá o seu parecer sobre o conteúdo do documento, em conformidade com o procedimento previsto no artigo 27.º do presente Acordo.

6. O programa indicativo operacional será posteriormente aprovado por acordo mútuo entre a Comissão e o Estado ACP em causa, passando, após a sua aprovação, a ser vinculativo tanto para a Comunidade, como para esse Estado. A versão final da estratégia de cooperação por país e o respectivo programa indicativo serão posteriormente transmitidos ao Comité do FED, para informação.

Se a estratégia de cooperação por país e o programa indicativo sobre os quais o Comité do FED tenha emitido parecer forem substancialmente alterados antes da sua assinatura com o Estado ACP em causa, serão apresentados ao Comité do FED, para novo parecer, uma estratégia de cooperação por país e um programa indicativo revistos.

7. A Comissão, o Banco e os Estados-Membros adoptarão todas as medidas necessárias, em especial no que se refere ao processo de troca de pontos de vista referido no n.º 5, para garantir a elaboração da estratégia de cooperação por país e do respectivo programa indicativo o mais rapidamente possível. Salvo em circunstâncias excepcionais, o processo deverá estar concluído no prazo de um ano a contar da assinatura do Acordo de Parceria.

ARTIGO 16.º
Afectação de recursos

No início dos processos de programação referidos nos artigos 1.º e 8.º do anexo IV do Acordo de Parceria ACP-CE, a Comissão deverá, com base nos critérios previstos nos artigo 3.º e 9.º do anexo IV do Acordo ACP-CE, estabelecer a dotação indicativa no âmbito dos recursos previstos no n.º 1, subalínea i) da alínea a), e na alínea b), do artigo 2.º em relação a cada país e região ACP a que se destina o processo de programação. Os dois elementos da afectação a cada país referido no n.º 2 do artigo 3.º do anexo IV do Acordo de Parceria ACP-CE serão determinados neste contexto. A Comissão informará o Comité do FED sobre essa dotação, bem como sobre qualquer disposição feita em conformidade com o n.º 4 do artigo 3.º do anexo IV.

O Comité do FED emitirá parecer, em conformidade com o processo definido no artigo 27.º, sobre o método utilizado na aplicação dos critérios gerais para a afectação de recursos, tal como apresentado pela Comissão.

ARTIGO 17.º
Reexame anual dos programas indicativos nacionais

1. Em conformidade com o n.º 4 do artigo 5.º do anexo IV do Acordo ACP-CE, o reexame operacional anual de cada programa indicativo será efectuado pela Comissão, juntamente com cada Estado ACP e em estreita coordenação com os Estados-Membros. O Banco será consultado no que se refere às questões relativas às operações por ele realizadas, bem como às realizadas no âmbito da facilidade de investimento.

2. O processo de reexame anual de cada programa será concluído num prazo de 60 dias. A Comissão, o Banco e os Estados-Membros adoptarão todas as medidas necessárias, em especial no que se refere ao processo de troca de pontos de vista referido no n.º 3, para garantir o respeito do prazo relativo ao reexame anual.

3. No prazo de 60 dias, o Comité do FED discutirá o reexame anual com base num documento a apresentar pela Comissão.

4. O reexame anual será concluído pela Comissão e pelo Estado ACP em causa. Os resultados finais sobre o reexame anual serão transmitidos ao Comité do FED para informação.

ARTIGO 18.º
Reexames intercalar e final da estratégia de cooperação por país

1. Em conformidade com o processo referido no n.º 6 do artigo 5.º e no artigo 11.º do anexo IV do Acordo ACP-CE, o processo de reexame deverá, na fase intercalar e no final do período de aplicação do protocolo financeiro, ser alargado de forma a incluir um reexame e uma adaptação da estratégia de cooperação por país e do PIN para o período de cinco anos seguinte. Estes reexames constituirão uma parte integrante do processo de programação e incluirão, como parte essencial, uma avaliação do impacte

da cooperação comunitária para o desenvolvimento relativamente aos objectivos e indicadores fixados na estratégia de cooperação por país.

Os reexames intercalar e final relativos a cada Estado ACP serão efectuados pela Comissão e pelo Estado ACP em causa, em estreita coordenação com os Estados-Membros representados nesse Estado ACP. O Banco será consultado em questões relacionadas com as operações por ele realizadas, bem como as realizadas no âmbito da facilidade de investimento.

2. Os reexames intercalar e final poderão levar a Comissão a propor uma revisão da afectação de recursos para o período de cinco anos seguinte, à luz das necessidades e do comportamento actuais do Estado ACP em questão.

3. Os reexames intercalar e final do período de aplicação do Protocolo Financeiro, incluindo a revisão eventual do recursos atribuídos, deverão estar concluídos num prazo de 90 dias. A Comissão, o Banco e os Estados-Membros adoptarão todas as medidas necessárias, em especial no que se refere ao parecer do Comité do FED, referido no n.º 4, para garantir a observância dos prazos.

4. Dentro do prazo previsto para os reexames intercalar e final, o Comité do FED emitirá o seu parecer, em conformidade com o artigo 27.º, com base num documento a apresentar pela Comissão sobre:

a) A conclusão dos reexames intercalar ou final;
b) A estratégia de cooperação por país e o seu programa indicativo;
c) Uma proposta da Comissão sobre a afectação de recursos.

ARTIGO 19.º
Programas regionais

1. A preparação da estratégia de cooperação regional e do respectivo programa indicativo operacional será assegurada pela Comissão e pela organização regional ou organizações regionais devidamente mandatadas ou, na falta de um mandato desse tipo, dos ordenadores nacionais dos Estados ACP da região em causa. Sempre que seja nomeado um ordenador regional, a elaboração da estratégia de cooperação por país e do seu programa indicativo far-se-á em coordenação com os Estados-Membros.

2. Essa coordenação terá a participação do BEI em questões relativas às suas operações e às da facilidade de investimento.

3. A estratégia de cooperação regional e o respectivo projecto de programa indicativo serão publicados num único documento. Este documento será objecto de uma troca de pontos de vista entre os Estados-Membros e

a Comissão no quadro do Comité do FED. O Comité do FED emitirá o seu parecer quanto ao projecto de estratégia de cooperação regional e ao respectivo programa indicativo, em conformidade com o procedimento previsto no artigo 27.º, tendo em conta o disposto no n.º 1 do artigo 23.º do presente Acordo.

4. O programa indicativo operacional será posteriormente adoptado por acordo mútuo entre a Comissão e a organização regional ou organizações regionais devidamente mandatadas ou, na falta de uma organização regional devidamente mandatada, pelos ordenadores nacionais dos Estados ACP da região em causa. Após a sua adopção, o programa indicativo será vinculativo tanto para a Comunidade, como para esses Estados.

5. Em conformidade com o artigo 11.º do anexo IV do Acordo ACP-CE, a estratégia de cooperação regional e o programa indicativo serão objecto de um reexame intercalar e de um reexame final. Durante o processo de reexame, o Comité do FED emitirá o seu parecer, em conformidade com o disposto no artigo 27.º, com base num documento de síntese a apresentar pela Comissão. Após as deliberações do Comité do FED, o processo de reexame será concluído entre a Comissão e a organização regional ou organizações regionais devidamente mandatadas ou, na falta de um mandato desse tipo, pelos ordenadores nacionais dos Estados ACP da região em causa. Os resultados finais do reexame serão publicados sob a forma de resumo e transmitidos ao Comité do FED para informação.

6. Os reexames intercalar e final podem incluir uma revisão da afectação de recursos à luz das necessidades e dos resultados reais na região ACP em causa.

ARTIGO 20.º
Reexames em circunstâncias excepcionais

Caso se verifiquem as circunstâncias excepcionais referidas nos artigos 72.º e 73.º do Acordo ACP-CE, o reexame da estratégia de cooperação por país pode ser efectuado a pedido quer do Estado ACP em causa, quer da Comissão. Nesses casos aplicar-se-á o processo de reexame previsto no artigo 18.º do presente Acordo, tendo eventualmente em consideração as disposições do n.º 4 do artigo 3.º do anexo IV do Acordo ACP-CE.

CAPÍTULO IV
Processos de tomada de decisão

ARTIGO 21.º
Comité do Fundo Europeu de Desenvolvimento

1. É instituído junto da Comissão, para os recursos do Fundo Europeu de Desenvolvimento por ela geridos, um comité composto por representantes dos Governos dos Estados-Membros, adiante designado «Comité do FED». O Comité do FED é presidido por um representante da Comissão, sendo o seu secretariado assegurado pela Comissão. Um representante do Banco participa nos trabalhos do Comité.

2. O Conselho, deliberando por unanimidade, adoptará o regulamento interno do Comité do FED.

3. No Comité do FED os votos dos Estados-Membros terão a seguinte ponderação:

Estado-Membro	Votos
Bélgica	9
Dinamarca	5
Alemanha	50
Grécia	4
Espanha	13
França	52
Irlanda	2
Itália	27
Luxemburgo	1
Países Baixos	12
Áustria	6
Portugal	3
Finlândia	4
Suécia	6
Reino Unido	27

4. O Comité do FED pronuncia-se por maioria qualificada de 145 votos, expressando o voto favorável de pelo menos oito Estados-Membros.

5. A ponderação prevista no n.º 3 e a maioria qualificada referida no n.º 4 podem ser alteradas por decisão do Conselho, deliberando por unanimidade, no caso referido no n.º 4 do artigo 1.º.

ARTIGO 22.º
Responsabilidades do Comité do FED

1. O Comité do FED centrará os seus trabalhos nas questões concretas da cooperação para o desenvolvimento a nível nacional e regional. Tendo em vista a sua coerência, coordenação e complementaridade, o Comité do FED acompanhará a execução das estratégias de desenvolvimento adoptadas pela Comunidade e os seus Estados-Membros.

2. As tarefas do Comité do FED incluem três aspectos:

a) Programação da ajuda comunitária e dos reexames de programação, em especial a nível da estratégia nacional e regional, incluindo a identificação de projectos e programas;

b) Participação no processo de tomada de decisões relacionadas com o financiamento do FED;

c) Acompanhamento da execução da ajuda comunitária, inclusive dos seus aspectos sectoriais, das questões intersectoriais e do funcionamento da coordenação no terreno.

ARTIGO 23.º
Programação, identificação, complementaridade e coerência

1. No que se refere à programação, o Comité deverá:

a) Dar o seu parecer sobre as análises mencionadas nos n.ºs 5 e 6, segundo parágrafo, do artigo 15.º, no segundo parágrafo do artigo 16.º, no n.º 4 do artigo 18.º e nos n.ºs 3 e 5 do artigo 19.º, nos termos do procedimento fixado no artigo 27.º; e

b) Discutir as conclusões dos reexames anuais mencionados no n.º 3 do artigo 17.º.

2. O Comité analisará também a coerência e a complementaridade entre a ajuda comunitária e a ajuda dos Estados-Membros. A fim de assegurar a transparência e a coerência das operações de cooperação e de melhorar a complementaridade entre as acções comunitárias e a ajuda bilateral, a Comissão comunicará aos Estados-Membros e aos seus representantes no local as fichas de identificação dos projectos no prazo de um mês a contar da decisão de proceder à sua avaliação. Estas fichas de identificação serão actualizadas regularmente e enviadas ao Comité do FED, aos Estados-Membros e aos seus representantes no local.

3. Tendo em vista a complementaridade, cada Estado-Membro informará sistematicamente a Comissão sobre as actividades de cooperação que

se encontrem em curso, ou que tencione realizar, em cada país. A informação sobre auxílio bilateral será fornecida no momento do estabelecimento da primeira estratégia de cooperação por país e será actualizada pelo menos por ocasião do reexame anual.

ARTIGO 24.º
Propostas de financiamento sobre as quais o Comité do FED emite parecer

1. De acordo com o procedimento previsto no artigo 27.º, o Comité do FED emitirá parecer sobre:

a) As propostas de financiamento relativas a projectos ou programas de valor superior a 8 milhões de euros ou que representem mais de 25% do programa indicativo nacional;

b) As propostas de financiamento elaboradas em conformidade com o artigo 9.º.

2. As propostas de financiamento de valor:

a) Superior a 15 milhões de euros ou que representem mais de 25% do programa indicativo nacional serão aprovadas por procedimento oral;

b) Situado entre 8 milhões de euros e 15 milhões de euros serão aprovadas por procedimento escrito.

3. A Comissão tem poderes para aprovar, sem necessidade do parecer do Comité do FED, as operações com valor igual ou inferior a 8 milhões de euros e que representem menos de 25% do programa indicativo. Cada Estado-Membro pode pedir que as operações aprovadas directamente pela Comissão sejam analisadas numa futura reunião do Comité do FED. No que se refere às operações de valor:

a) Compreendido entre 2 milhões de euros e 8 milhões de euros, a Comissão apresentará ao Comité do FED informações *ex ante* em conformidade com os critérios previstos no n.º 5, pelo menos, duas semanas antes de ser tomada a decisão;

b) Entre 500 mil euros e 2 milhões de euros, a Comissão apresentará ao Comité do FED informações *ex ante* sucintas, pelo menos, duas semanas antes de ser tomada a decisão;

c) Inferior a 500 mil euros, a Comissão informará o Comité do FED após ter tomado a decisão.

4. A Comissão tem ainda poderes para aprovar, sem necessitar do parecer do Comité do FED, as autorizações adicionais necessárias para cobrir a ultrapassagem, prevista ou efectiva, dos custos no âmbito de um pro-

jecto ou programa referido nas alíneas a) e b) do n.º 1, caso essa ultrapassagem ou o montante adicional necessário não excedam 20% da autorização inicial prevista na decisão de financiamento e não impliquem qualquer alteração substancial do projecto.

5. As propostas de financiamento referidas no n.º 1 e na alínea a) do n.º 3 devem indicar nomeadamente:

a) A importância dos projectos ou programas para o desenvolvimento do país ou países em causa e para a realização dos objectivos definidos na estratégia de cooperação por país ou na estratégia de cooperação regional;

b) O impacte esperado desses projectos e programas e a sua exequibilidade, assim como as medidas necessárias para garantir a sua visibilidade logo que termine o financiamento comunitário.

As propostas de financiamento devem igualmente indicar os procedimentos e o calendário de implementação, assim como os indicadores chave para avaliar a realização dos objectivos e dos resultados esperados. Devem igualmente indicar de que forma as lições extraídas das experiências e programas anteriores contribuíram para desenvolver o presente programa e como foram tidas em linha de conta, assim como o modo de coordenação entre dadores no país ou países em causa.

ARTIGO 25.º
Financiamento das ajudas de emergência pelo FED

1. A ajuda humanitária e a ajuda de emergência são concedidas de acordo com os artigos 72.º e 73.º do Acordo ACP-CE e o artigo correspondente da decisão do Conselho relativa aos PTU. Quando não for possível um financiamento a partir do orçamento, essas ajudas podem ser financiadas através dos recursos do 9.º FED mencionados no n.º 1, subalínea i) da alínea a), do artigo 2.º.

2. A ocorrência de graves dificuldades humanitárias, económicas e sociais súbitas e imprevisíveis, de natureza excepcional, resultantes de catástrofes naturais, de crises de origem humana, tais como guerras ou outros conflitos, ou circunstâncias extraordinárias com consequências equivalentes, pode ser considerada caso de especial urgência. Nesses casos, a Comissão está autorizada a tomar decisões directamente, até ao montante de 10 milhões de euros. A prestação de tal assistência está limitada a um período máximo de seis meses.

3. Para as operações especialmente urgentes, a Comissão deve:
— Tomar a sua decisão;

– Informar os Estados-Membros por escrito no prazo de quarenta e oito horas;
– Comunicar a sua decisão na reunião seguinte do Comité do FED. Nessa ocasião, a Comissão justificará em particular as razões pelas quais recorreu ao procedimento de especial urgência.

ARTIGO 26.º
Autorizações globais

1. No âmbito dos procedimentos relativos às propostas de financiamento previstos nos n.ºs 1 a 3 do artigo 24.º, e de forma a acelerar esses procedimentos, a Comissão pode aprovar, após uma avaliação qualitativa e quantitativa, autorizações globais que cubram os montantes globais relativos às actividades mencionadas no n.º 7 do artigo 16.º do anexo IV.

2. As autorizações globais podem também ser utilizadas para as bonificações de juros, sujeitas às disposições do artigo 30.º.

3. Tais propostas de financiamento deverão especificar os objectivos e, sempre que tal for adequado, o impacte pretendido da contribuição da Comunidade, a sustentabilidade das actividades, a experiência prévia e as avaliações anteriores, bem como a coordenação com outros dadores.

ARTIGO 27.º
Procedimento de tomada de decisão

1. Quando o Comité do FED for chamado a emitir parecer a Comissão apresentar-lhe-á um projecto de medidas a tomar.

2. O Comité do FED emitirá o seu parecer em conformidade com o disposto no artigo 21.º e de acordo com o seu regulamento interno referido no n.º 2 do artigo 21.º.

3. Quando o Comité do FED tiver adoptado o seu parecer, a Comissão tomará medidas que serão imediatamente aplicáveis. Caso a Comissão decida divergir do parecer do Comité do FED, ou na falta de parecer favorável deste último, a Comissão deve retirar a sua proposta ou apresentar a questão ao Conselho o mais rapidamente possível, decidindo este último nas mesmas condições de votação que o Comité do FED, num prazo que, regra geral, não pode exceder dois meses.

4. Caso a medida comunicada pela Comissão ao Conselho consista numa proposta de financiamento tal como referida no n.º 1 do artigo 24.º ou numa autorização global tal como referida no artigo 26.º, o Estado ou

Estados ACP em questão serão notificados em conformidade com o artigo 16.° do anexo IV do Acordo de Parceria ACP-CE. Neste caso, a Comunidade não tomará uma decisão final antes do termo do prazo de 60 dias previsto no n.° 5 do artigo 16.° do anexo IV do Acordo de Parceria ACP-CE.

ARTIGO 28.°
Acompanhamento da execução

No que respeita ao acompanhamento da execução da cooperação, o Comité do FED debaterá os seguintes aspectos:

a) Questões de desenvolvimento geral que possam estar relacionadas com a implementação do Fundo Europeu de Desenvolvimento;

b) Estratégias sectoriais elaboradas pela Comissão, em conjunto com peritos dos Estados-Membros, caso isso seja necessário para efeitos da coerência da política de desenvolvimento da Comunidade;

c) Resultados das avaliações das estratégias, programas e projectos sectoriais ou por país ou de quaisquer outras avaliações que o Comité do FED considere de interesse;

d) Avaliação intercalar de projectos e programas, a pedido do Comité do FED aquando da aprovação das propostas de financiamento, ou caso esta avaliação implique alterações substanciais do projecto ou programa em causa.

CAPÍTULO V
Comité da Facilidade de Investimento

ARTIGO 29.°
Comité da Facilidade de Investimento

1. Será criado junto do Banco um comité (a seguir designado «Comité da Facilidade de Investimento») composto por representantes dos Governos dos Estados-Membros e um representante da Comissão. Cada Governo nomeará um representante e um suplente. A Comissão procederá da mesma forma para nomear o seu representante. Tendo em vista assegurar a continuidade, o presidente do Comité da Facilidade de Investimento será eleito pelos membros e entre os membros do referido Comité por um período de dois anos. O Banco assegurará o secretariado e os serviços de apoio do Co-

mité. Apenas têm direito de voto os membros do Comité da Facilidade de Investimento designados pelos Estados-Membros ou os seus suplentes.

2. O Conselho, deliberando por unanimidade, adoptará o regulamento interno do Comité da Facilidade de Investimento com base numa proposta elaborada pelo Banco após consulta à Comissão.

3. O Comité da Facilidade de Investimento deliberará por maioria qualificada. A ponderação dos votos será a estabelecida no artigo 21.º.

4. O Comité da Facilidade de Investimento reunir-se-á quatro vezes por ano. Poderão ser convocadas reuniões adicionais a pedido do Banco ou dos membros do Comité, tal como previsto no regulamento interno. Além disso, o Comité da Facilidade de Investimento pode emitir parecer por procedimento escrito sobre as questões referidas no n.º 2 do artigo 30.º.

ARTIGO 30.º
Responsabilidades do Comité da Facilidade de Investimento, do Banco e da Comissão

1. O Comité da Facilidade de Investimento deverá aprovar:

1) As orientações operacionais da facilidade de investimento e propostas para a sua revisão;

2) As estratégias de investimento e os planos empresariais da facilidade, incluindo indicadores de desempenho, com base nos objectivos do Acordo ACP-CE e nos princípios gerais da política de desenvolvimento da Comunidade;

3) Os relatórios anuais da facilidade de investimento;

4) Quaisquer documentos de política geral, incluindo relatórios de avaliação, relativos à facilidade de investimento.

2. Além disso, o Comité da Facilidade de Investimento emitirá parecer sobre:

1) As propostas de concessão de uma bonificação de juros nos termos do n.º 7 do artigo 2.º e do n.º 2 do artigo 4.º do anexo II do Acordo. Neste caso, o Comité emitirá igualmente parecer sobre a utilização dessa bonificação de juros;

2) As propostas de investimento da facilidade de investimento em qualquer projecto em relação ao qual a Comissão tenha emitido parecer desfavorável;

3) Outras propostas relativas à facilidade de investimento com base nos princípios gerais tal como definidos nas orientações operacionais;

3. Incumbirá ao Banco submeter atempadamente ao Comité da Facilidade de Investimento quaisquer questões que requeiram a sua aprovação ou parecer, tal como previsto nos n.ᵒˢ 1 e 2 do presente artigo. Qualquer proposta submetida ao Comité para parecer deverá ser elaborada de acordo com os critérios e princípios pertinentes definidos nas orientações operacionais.

4. O Banco e a Comissão cooperarão estreitamente e, sempre que for caso disso, coordenarão as respectivas operações. Em especial:
   1) O Banco elaborará conjuntamente com a Comissão um projecto de orientações operacionais da facilidade de investimento;
   2) O Banco solicitará antecipadamente o parecer da Comissão:
      a) Sobre as estratégias de investimento, planos empresariais ou documentos de política geral;
      b) Sobre a conformidade dos projectos do sector público ou do sector financeiro com as estratégias de cooperação por país ou estratégias de cooperação regional pertinentes ou, conforme o caso, com os objectivos gerais da facilidade de investimento;
   3) O Banco solicitará igualmente o acordo da Comissão sobre quaisquer propostas de concessão de uma bonificação de juros apresentadas ao Comité da Facilidade de Investimento, quanto à respectiva conformidade com o n.º 7 do artigo 2.º e com o n.º 2 do artigo 4.º do anexo II do Acordo de Parceria ACP-CE e com os critérios definidos nas orientações operacionais da facilidade de investimento.

Considera-se que a Comissão deu parecer favorável ou manifestou o seu acordo sobre uma proposta se não enviar um parecer negativo sobre essa proposta nas duas semanas seguintes à apresentação da mesma. Nos casos em que é exigido o parecer da Comissão para uma proposta ao abrigo da alínea b) do n.º 2), o Banco apresentará o seu pedido sob a forma de um curto memorando no qual se definem os objectivos e a razão de ser da operação proposta, bem como a sua pertinência para a estratégia por país.

5. O Banco só aplicará o procedimento previsto no n.º 2) se o Comité da Facilidade de Investimento tiver emitido parecer favorável.

Na sequência de um parecer favorável do Comité da Facilidade de Investimento, o Banco decidirá sobre a proposta de acordo com as suas regras processuais. Pode designadamente decidir, tendo em conta circunstâncias novas, não dar seguimento à proposta. O Banco informará periodicamente o Comité da Facilidade de Investimento e a Comissão dos casos em que decida não dar seguimento às propostas.

No que diz respeito aos empréstimos a partir dos recursos próprios do Banco e a investimentos da facilidade sobre os quais não seja necessário parecer do Comité da Facilidade de Investimento, o Banco decidirá de acordo com as suas regras processuais e, no caso da Facilidade, de acordo com as orientações e estratégias de investimento aprovadas pelo Comité da Facilidade de Investimento.

Não obstante um parecer desfavorável do Comité da Facilidade de Investimento sobre uma proposta de concessão de juros bonificados, o Banco pode dar seguimento ao empréstimo em questão sem bonificação de juros. O Banco informará periodicamente o Comité da Facilidade de Investimento sobre os casos em que optar por este tipo de procedimento.

O Banco pode, nas condições estabelecidas nas orientações operacionais e na condição de o objectivo essencial do empréstimo ou do investimento da facilidade de investimento em questão não sofrer alterações, decidir alterar os termos de um empréstimo ou investimento da facilidade de investimento sobre o qual o respectivo Comité tenha emitido parecer favorável ao abrigo do n.º 2 ou qualquer empréstimo sobre o qual o Comité tenha emitido parecer favorável no que diz respeito às bonificações de juros. O Banco pode, designadamente, decidir aumentar o montante do empréstimo ou investimento da facilidade de investimento até 20%.

Tal aumento pode, no caso de projectos com bonificações de juros abrangidos pelo n.º 7, alínea a), do artigo 2.º do anexo II do Acordo, resultar num aumento proporcional do valor da bonificação de juros. O Banco informará periodicamente o Comité da Facilidade de Investimento e a Comissão dos casos em que optar por este tipo de procedimento. No que diz respeito a projectos abrangidos pelo n.º 7, alínea b), do artigo 2.º do anexo II do Acordo, se for solicitado um aumento do valor da bonificação, o Comité será chamado a emitir parecer antes de o Banco dar seguimento ao pedido.

6. O Banco assegurará a gestão dos investimentos da facilidade de investimento de todos os fundos detidos em nome da facilidade de investimento de acordo com os objectivos do Acordo. Poderá, nomeadamente, participar nos órgãos de gestão e de fiscalização das pessoas colectivas em que a facilidade de investimento tenha investido, e poderá negociar compromissos, renunciar aos direitos detidos em nome da facilidade de investimento ou alterá-los.

CAPÍTULO VI
Disposições finais

ARTIGO 31.º
Regulamento financeiro

As normas de execução do presente Acordo serão objecto de um regulamento financeiro a adoptar pelo Conselho, deliberando pela maioria qualificada prevista no artigo 21.º, antes da entrada em vigor do Acordo ACP-CE, com base numa proposta da Comissão e após parecer do Banco, relativamente às disposições que lhe dizem respeito, e do Tribunal de Contas instituído pelo artigo 247.º do Tratado que institui a Comunidade Europeia (a seguir designado «Tribunal de Contas»).

ARTIGO 32.º
Disposições financeiras

1. No encerramento de cada exercício, a Comissão aprovará as contas de gestão do exercício findo e o balanço do 9.º FED.
2. Sem prejuízo do disposto no n.º 4, o Tribunal de Contas exercerá igualmente os seus poderes em relação às operações do 9.º FED. As condições em que o Tribunal de Contas exercerá os seus poderes serão definidas no regulamento financeiro a que se refere o artigo 31.º.
3. A quitação relativa à gestão financeira do Fundo, excluindo as operações geridas pelo Banco, será dada à Comissão pelo Parlamento Europeu sob recomendação do Conselho, que deliberará pela maioria qualificada prevista no artigo 21.º.
4. As informações referidas no artigo 12.º serão postas pela Comissão à disposição do Tribunal de Contas a fim de permitir a este último o exercício do controlo documental da ajuda concedida com base nos recursos do 9.º FED.
5. As operações financiadas pelos recursos do 9.º FED sob gestão do Banco serão objecto dos procedimentos de controlo e quitação previstos nos estatutos do Banco para o conjunto das suas operações. O Banco enviará anualmente ao Conselho e à Comissão um relatório sobre a execução das operações financiadas pelos recursos do 9.º FED sob sua gestão.

ARTIGO 33.º
FED anteriores

1. Quaisquer saldos remanescentes de FED anteriores serão transferidos, tal como referido no n.º 2, alínea b), do artigo 1.º do presente Acordo, para o 9.º FED, devendo, sem prejuízo do disposto no n.º 2, ser administrados de acordo, respectivamente, com as condições previstas no presente Acordo ou na decisão.

2. Se o montante dos recursos assim transferidos de FED anteriores para programas indicativos nacionais ou regionais previstos respectivamente no n.º 3, alínea c), do artigo 14.º e no artigo 19.º, específicos no âmbito do 9.º FED exceder 10 milhões de euros por país ou região, esses recursos ficarão sujeitos às regras do FED de origem no que se refere à sua elegibilidade para participação em concursos e contratos. Se os recursos transferidos forem iguais ou inferiores a 10 milhões de euros, aplicar-se-ão as regras em matéria de elegibilidade aplicáveis aos concursos nos termos do 9.º FED.

ARTIGO 34.º
Cláusula de revisão

Os artigos incluídos nos capítulos II a V do presente Acordo, com excepção do artigo 21.º, podem ser alterados pelo Conselho, deliberando por unanimidade, sob proposta da Comissão. O Banco será associado à proposta da Comissão em questões relativas às suas actividades e às da facilidade de investimento. Essas alterações podem ter por objectivo:

a) Garantir a coerência com o Acordo ACP-CE e, em especial, com os anexos desse Acordo relativos às regras dos processos de execução e de gestão;

b) Reforçar a eficiência da execução dos recursos do Fundo Europeu de Investimentos. Neste contexto, os limiares previstos no artigo 24.º a partir dos quais as propostas de financiamento são apresentadas ao Comité do FED assim como o processo de tomada de decisão estabelecido no artigo 27.º podem ser reexaminados durante o ano de 2003.

ARTIGO 35.º
Ratificação, entrada em vigor e vigência

1. Cada Estado-Membro aprovará o presente Acordo em conformidade com os seus próprios requisitos constitucionais. O Governo de cada

Estado-Membro notificará o Secretariado-Geral do Conselho da União Europeia do cumprimento das formalidades necessárias para a entrada em vigor do presente Acordo.

2. O presente Acordo entrará em vigor no 1.º dia do 2.º mês seguinte à notificação da sua aprovação pelo último Estado-Membro.

3. O presente Acordo é concluído pelo mesmo período que o Protocolo Financeiro que se encontra em anexo ao Acordo ACP-CE. No entanto, apesar do disposto no n.º 4 do artigo 2.º, o presente Acordo manter-se-á em vigor enquanto isso se revelar necessário para que possam ser integralmente executadas todas as operações financiadas nos termos do Protocolo Financeiro e do Acordo de Parceria ACP-CE.

ARTIGO 36.º
Línguas que fazem fé

O presente Acordo, redigido num exemplar único nas línguas alemã, dinamarquesa, espanhola, finlandesa, francesa, grega, inglesa, italiana, neerlandesa, portuguesa e sueca, todos os textos fazendo igualmente fé, será depositado nos arquivos do Secretariado-Geral do Conselho da União Europeia, que enviará uma cópia autenticada ao Governo de cada um dos Estados signatários.

ANEXO
Declarações relativas ao capítulo III anexadas ao acordo interno

1) *Declaração da Comissão e dos Estados-Membros*
«A Comissão e os Estados-Membros reafirmam a importância dada ao quadro normalizado para os documentos de estratégia por país que está a ser elaborado no seguimento da resolução do Conselho 'Desenvolvimento' de Maio de 1999 sobre a complementaridade. O processo de programação da assistência do FED deverá respeitar as futuras conclusões do Conselho sobre os documentos de estratégia por país.»

2) *Declarações da Comissão*
«1. A Comissão assegurará que a estratégia de apoio ao país (estratégia de cooperação por país) para os Estados ACP respeitará o quadro normalizado para os documentos de estratégia por país. Nomeadamente, a estratégia de cooperação por país:

a) Incluirá uma análise do contexto, das limitações, das capacidades e das perspectivas a nível social, político e económico, bem como uma descrição pormenorizada da estratégia de desenvolvimento a médio prazo do país. Além disso, conterá uma descrição dos planos e acções importantes dos restantes dadores presentes no país, nomeadamente os dos Estados-Membros na sua qualidade de dadores bilaterais;

b) Determinará estratégias de resposta apropriadas a apoiar pela Comunidade. As estratégias de resposta decorrerão da própria estratégia de desenvolvimento do país e da análise da situação do país. A estratégia de resposta será elaborada em torno de um número limitado de sectores de intervenção aprovados e deverá estar de acordo e complementar as intervenções de outros dadores presentes no país em questão. Integrará questões horizontais e transectoriais como a redução da pobreza, a igualdade dos sexos, questões ambientais, questões de criação de capacidade e sustentabilidade. A estratégia de cooperação por país aproveitará as experiências passadas e terá em conta todas as avaliações importantes.

2. A estratégia de resposta traduzir-se-á num programa de trabalho indicativo, realista, actualizado anualmente, que será parte integrante do documento 'Estratégia de cooperação por país'. O programa de trabalho determinará que instrumentos se utilizarão em projectos/programas em cada sector nuclear. Para garantir uma abordagem orientada para os resultados, centrar-se-á em objectivos e indicadores operacionais. Conterá igualmente um calendário de execução e de reexame do programa indicativo e determinará os indicadores para medir os resultados.

3. O processo de reexame operacional anual será executado em conformidade com o n.º 4 do artigo 5.º do anexo IV do Acordo ACP-CE e consistirá nomeadamente numa avaliação dos progressos verificados nas actividades descritas no programa indicativo, em comparação com indicadores de objectivos específicos.

4. Nos reexames intercalares e finais que serão realizados nos termos do n.º 6 do artigo 5.º do anexo IV do Acordo ACP-CE, o reexame incluirá uma avaliação da estratégia de cooperação por país. Os reexames intercalares e finais abrangerão nomeadamente:

a) Uma análise da situação económica, política e social e da coerência e da importância da estratégia de resposta da CE relativamente à situação do país;

b) Os resultados da cooperação da CE passada ou em curso pertinentes com o país em questão, tendo em conta os resultados das avaliações pertinentes; e incluirá uma avaliação das questões horizontais e transectoriais;

c) Uma avaliação e uma actualização da estratégia de cooperação por país que têm em conta o grau global de complementaridade de operações abrangidas pelo plano de trabalho da estratégia de cooperação por país relativamente às intervenções dos Estados-Membros e outros dadores.

Tanto o reexame anual como os intercalares e finais incluirão uma actualização e revisão concreta e específica do programa indicativo, incluindo um alargamento da perspectiva de programação para os cinco anos seguintes.

5. A Comissão está a elaborar orientações pormenorizadas sobre a programação e os reexames que reflectirão e especificarão estes princípios. Estas orientações serão utilizadas sistematicamente pelos serviços da Comissão no processo de programação. As orientações serão apresentadas aos Estados-Membros para informação.

6. Os papéis respectivos do chefe de delegação e da sede da Comissão no processo de programação serão os indicados no Acordo ACP-CE.»

DECLARAÇÃO CONSTITUTIVA DA COMUNIDADE DOS PAÍSES DE LÍNGUA PORTUGUESA – CPLP

17.07.1996

DECLARAÇÃO CONSTITUTIVA DA COMUNIDADE DOS PAÍSES DE LÍNGUA PORTUGUESA

Os Chefes de Estado e de Governo de Angola, Brasil, Cabo Verde, Guiné-Bissau, Moçambique, Portugal e São Tomé e Príncipe, reunidos em Lisboa, no dia 17 de Julho de 1996:

Imbuídos dos valores perenes da paz, da democracia e do Estado de direito, dos direitos humanos, do desenvolvimento e da justiça social;

Tendo em mente o respeito pela integridade territorial e a não ingerência nos assuntos internos de cada Estado, bem como o direito de cada um estabelecer as formas do seu próprio desenvolvimento político, económico e social e adoptar soberanamente as respectivas políticas e mecanismos nesses domínios;

Conscientes da oportunidade histórica que a presente conferência de Chefes de Estado e de Governo oferece para responder às aspirações e aos apelos provenientes dos povos dos sete países e tendo presente os resultados auspiciosos das reuniões de Ministros dos Negócios Estrangeiros e das Relações Exteriores dos países de língua portuguesa, realizadas em Brasília, em 9 de Fevereiro de 1994, em Lisboa, em 19 de Julho de 1995, e em Maputo, em 18 de Abril de 1996, bem como dos seus encontros à margem das 48.ª, 49.ª e 50.ª Sessões da Assembleia Geral das Nações Unidas;

consideram imperativo:

Consolidar a realidade cultural nacional e plurinacional que confere identidade própria aos países de língua portuguesa, reflectindo o relacionamento especial existente entre eles e a experiência acumulada em anos de profícua concertação e cooperação;

Encarecer a progressiva afirmação internacional do conjunto dos países de língua portuguesa, que constituem um espaço geograficamente descontínuo, mas identificado pelo idioma comum;

Reiterar, nesta ocasião de tão alto significado para o futuro colectivo dos seus países, o compromisso de reforçar os laços de solidariedade e de cooperação que os unem, conjugando iniciativas para a promoção do desenvolvimento económico e social dos seus povos e para a afirmação e divulgação cada vez maiores da língua portuguesa;

e reafirmam que a língua portuguesa:

Constitui, entre os respectivos povos, um vínculo histórico e um património comum, resultantes de uma convivência multissecular que deve ser valorizada;

É um meio privilegiado de difusão da criação cultural entre os povos que falam português e de projecção internacional dos seus valores culturais, numa perspectiva aberta e universalista;

É igualmente, no plano mundial, fundamento de uma actuação conjunta cada vez mais significativa e influente;

Tende a ser, pela sua expansão, um instrumento de comunicação e de trabalho nas organizações internacionais e permite a cada um dos países, no contexto regional próprio, ser o intérprete de interesses e aspirações que a todos são comuns.

Assim, animados de firme confiança no futuro, e com o propósito de prosseguir os objectivos seguintes:

Contribuir para o reforço dos laços humanos, a solidariedade e a fraternidade entre todos os povos que têm a língua portuguesa como um dos fundamentos da sua identidade específica, e, nesse sentido, promover medidas que facilitem a circulação dos cidadãos dos países membros no espaço da Comunidade dos Países de Língua Portuguesa;

Incentivar a difusão e enriquecimento da língua portuguesa, potenciando as instituições já criadas ou a criar com esse propósito, nomeadamente o Instituto Internacional da Língua Portuguesa (IILP);

Incrementar o intercâmbio cultural e a difusão da criação intelectual e artística no espaço da língua portuguesa, utilizando todos os meios de comunicação e os mecanismos internacionais de cooperação;

Envidar esforços no sentido do estabelecimento em alguns países membros de formas concretas de cooperação entre a língua portuguesa e outras línguas nacionais nos domínios da investigação e da sua valorização;

Alargar a cooperação entre os seus países na área da concertação político-diplomática, particularmente no âmbito das organizações internacionais, de forma a dar expressão crescente aos interesses e necessidades comuns no seio da comunidade internacional;

Estimular o desenvolvimento de acções de cooperação interparlamentar;

Desenvolver a cooperação económica e empresarial entre si e valorizar as potencialidades existentes, através da definição e concretização de projectos de interesse comum, explorando nesse sentido as várias formas de cooperação, bilateral, trilateral e multilateral;

Dinamizar e aprofundar a cooperação no domínio universitário, no da formação profissional e nos diversos sectores da investigação científica e tecnológica, com vista a uma crescente valorização dos seus recursos humanos e naturais, bem como promover e reforçar as políticas de formação de quadros;

Mobilizar interna e externamente esforços e recursos em apoio solidário aos programas de reconstrução e reabilitação e acções de ajuda humanitária e de emergência para os seus países;

Promover a coordenação das actividades das diversas instituições públicas e entidades privadas, associações de natureza económica e organizações não governamentais empenhadas no desenvolvimento da cooperação entre os seus países;

Promover, sem prejuízo dos compromissos internacionais assumidos pelos países membros, medidas visando a resolução dos problemas enfrentados pelas comunidades imigradas nos países membros, bem como a coordenação e o reforço da cooperação no domínio das políticas de imigração;

Incentivar a cooperação bilateral e multilateral para a protecção e preservação do ambiente nos países membros, com vista à promoção do desenvolvimento sustentável;

Promover acções de cooperação entre si e de coordenação no âmbito multilateral para assegurar o respeito pelos direitos humanos nos respectivos países e em todo o mundo;

Promover medidas, particularmente no domínio pedagógico e judicial, visando a total erradicação do racismo, da discriminação racial e da xenofobia;

Promover e incentivar medidas que visem a melhoria efectiva das condições de vida da criança e o seu desenvolvimento harmonioso, à luz dos princípios consignados na Convenção das Nações Unidas sobre os Direitos da Criança;

Promover a implementação de projectos de cooperação específicos com vista a reforçar a condição social da mulher, em reconhecimento do seu papel imprescindível para o bem-estar e desenvolvimento das sociedades;

Incentivar e promover o intercâmbio de jovens, com o objectivo de formação e troca de experiências através da implementação de programas específicos, particularmente no âmbito do ensino, da cultura e do desporto;

decidem, num acto de fidelidade à vocação e à vontade dos seus povos e no respeito pela igualdade soberana dos Estados, constituir, a partir de hoje, a Comunidade dos Países de Língua Portuguesa.

Feita em Lisboa, a 17 de Julho de 1996.

ESTATUTOS DA COMUNIDADE DOS PAÍSES DE LÍNGUA PORTUGUESA

ARTIGO 1.º
Denominação

A Comunidade dos Países de Língua Portuguesa, doravante designada por CPLP, é o foro multilateral privilegiado para o aprofundamento da amizade mútua, da concertação político-diplomática e da cooperação entre os seus membros.

ARTIGO 2.º
Estatuto jurídico

A CPLP goza de personalidade jurídica e é dotada de autonomia administrativa e financeira.

ARTIGO 3.º
Objectivos

São objectivos gerais da CPLP:
a) A concertação político-diplomática entre os seus membros em matéria de relações internacionais, nomeadamente para o reforço da sua presença nos *fora* internacionais;
b) A cooperação, particularmente nos domínios económico, social, cultural, jurídico e técnico-científico;
c) A materialização de projectos de promoção e difusão da língua portuguesa.

ARTIGO 4.º
Sede

A sede da CPLP é, na sua fase inicial, em Lisboa, capital da República Portuguesa.

ARTIGO 5.º
Princípios orientadores

A CPLP é regida pelos seguintes princípios:
a) Igualdade soberana dos Estados-Membros;
b) Não ingerência nos assuntos internos de cada Estado;
c) Respeito pela sua identidade nacional;
d) Reciprocidade de tratamento;
e) Primado da paz, da democracia, do Estado de direito, dos direitos humanos e da justiça social;
f) Respeito pela sua integridade territorial;
g) Promoção do desenvolvimento;
h) Promoção da cooperação mutuamente vantajosa.

ARTIGO 6.º
Membros

1. Para além dos membros fundadores, qualquer Estado, desde que use o português como língua oficial, poderá tornar-se membro da CPLP, mediante a adesão sem reservas aos presentes Estatutos.
2. A admissão na CPLP de um novo Estado é feita através de uma decisão unânime da Conferência de Chefes de Estado e de Governo.
3. A Conferência de Chefes de Estado e de Governo definirá as formalidades para a admissão de novos membros e para a adesão aos presentes Estatutos por novos membros.

ARTIGO 7.º
Órgãos

1. São órgãos da CPLP:
a) A Conferência de Chefes de Estado e de Governo;
b) O Conselho de Ministros;
c) O Comité de Concertação Permanente;
d) O Secretariado Executivo.
2. Na materialização dos seus objectivos, a CPLP apoia-se também nos mecanismos de concertação político-diplomática e de cooperação já existentes ou a criar entre os Estados-Membros da CPLP.

ARTIGO 8.º
Conferência de Chefes de Estado e de Governo

1. A Conferência é constituída pelos Chefes de Estado e de Governo de todos os Estados-Membros e é o órgão máximo da CPLP.

2. São competências da Conferência:

a) Definir e orientar a política geral e as estratégias da CPLP;

b) Adoptar instrumentos jurídicos necessários para a implementação dos presentes Estatutos, podendo, no entanto, delegar estes poderes no Conselho de Ministros;

c) Criar instituições necessárias ao bom funcionamento da CPLP;

d) Eleger de entre os seus membros um presidente, de forma rotativa e por um mandato de dois anos;

e) Eleger o secretário executivo e o secretário executivo-adjunto da CPLP.

3. A Conferência reúne-se, ordinariamente, de dois em dois anos e, extraordinariamente, quando solicitada por dois terços dos Estados-Membros.

4. As decisões da Conferência são tomadas por consenso e são vinculativas para todos os Estados-Membros.

ARTIGO 9.º
Conselho de Ministros

1. O Conselho de Ministros é constituído pelos Ministros dos Negócios Estrangeiros e das Relações Exteriores de todos os Estados-Membros.

2. São competências do Conselho de Ministros:

a) Coordenar as actividades da CPLP;

b) Supervisionar o funcionamento e desenvolvimento da CPLP;

c) Definir, adoptar e implementar as políticas e os programas de acção da CPLP;

d) Aprovar o orçamento da CPLP;

e) Formular recomendações à Conferência em assuntos de política geral, bem como do funcionamento e desenvolvimento eficiente e harmonioso da CPLP;

f) Recomendar à Conferência os candidatos para os cargos de secretário executivo e secretário executivo-adjunto;

g) Convocar conferências e outras reuniões com vista à promoção dos objectivos e programas da CPLP;

h) Realizar outras tarefas que lhe forem incumbidas pela Conferência.

3. O Conselho de Ministros elege de entre os seus membros um presidente, de forma rotativa e por um mandato de um ano.

4. O Conselho de Ministros reúne-se, ordinariamente, uma vez por ano e, extraordinariamente, quando solicitado por dois terços dos Estados-Membros.

5. O Conselho de Ministros responde perante a Conferência, a quem deverá apresentar os respectivos relatórios.

6. As decisões do Conselho de Ministros são tomadas por consenso.

ARTIGO 10.º
Comité de Concertação Permanente

1. O Comité de Concertação Permanente é constituído por um representante de cada um dos Estados-Membros da CPLP.

2. Compete ao Comité de Concertação Permanente acompanhar o cumprimento pelo Secretariado Executivo das decisões e recomendações emanadas da Conferência e do Conselho de Ministros.

3. O Comité de Concertação Permanente reúne-se ordinariamente uma vez por mês e extraordinariamente sempre que necessário.

4. O Comité de Concertação Permanente é coordenado pelo representante do país que detém a presidência do Conselho de Ministros.

5. As decisões do Comité de Concertação Permanente são tomadas por consenso.

6. O Comité de Concertação Permanente poderá tomar decisões sobre os assuntos mencionados nas alíneas a), b), c) e d) do artigo 9.º, *ad referendum* do Conselho de Ministros.

ARTIGO 11.º
Secretariado Executivo

1. O Secretariado Executivo é o principal órgão executivo da CPLP e tem as seguintes competências:

a) Implementar as decisões da Conferência, do Conselho de Ministros e do Comité de Concertação Permanente;

b) Planificar e assegurar a execução dos programas da CPLP;

c) Participar na organização das reuniões dos vários órgãos da CPLP;

d) Responder pelas finanças e pela administração geral da CPLP.

2. O Secretariado Executivo é dirigido pelo secretário executivo.

ARTIGO 12.º
Secretário executivo

1. O secretário executivo é uma alta personalidade de um dos países membros da CPLP, eleito rotativamente e por um mandato de dois anos, podendo ser renovado uma vez.

2. São principais competências do secretário executivo:

a) Empreender, sob orientação da Conferência ou do Conselho de Ministros ou por sua própria iniciativa, medidas destinadas a promover os objectivos da CPLP e a reforçar o seu funcionamento;

b) Nomear o pessoal a integrar o Secretariado Executivo, após consulta ao Comité de Concertação Permanente;

c) Realizar consultas e articular-se com os Governos dos Estados--Membros e outras instituições da CPLP;

d) Ser guardião do património da CPLP;

e) Representar a CPLP nos *fora* pertinentes;

f) Exercer quaisquer outras funções que lhe forem incumbidas pela Conferência, pelo Conselho de Ministros ou pelo Comité de Concertação Permanente.

ARTIGO 13.º
Secretário executivo-adjunto

1. O secretário executivo-adjunto é eleito rotativamente e por um mandato de dois anos, podendo ser renovado uma vez.

2. O secretário executivo-adjunto será de nacionalidade diferente da do secretário executivo.

3. Compete ao secretário executivo-adjunto coadjuvar o secretário executivo no exercício das suas funções e substitui-lo em casos de ausência ou impedimento.

ARTIGO 14.º
Quórum

O quórum para a realização de todas as reuniões da CPLP e das suas instituições é de, pelo menos, cinco Estados-Membros.

ARTIGO 15.º
Decisões

As decisões dos órgãos da CPLP e das suas instituições são tomadas por consenso de todos os Estados-Membros.

ARTIGO 16.º
Regimento interno

Os órgãos e instituições da CPLP definirão o seu próprio regimento interno.

ARTIGO 17.º
Proveniência dos fundos

1. Os fundos da CPLP são provenientes das contribuições dos Estados-Membros, mediante quotas a serem fixadas pelo Conselho de Ministros.

2. É criado um fundo especial, dedicado exclusivamente ao apoio financeiro das acções concretas levadas a cabo no quadro da CPLP e constituído por contribuições voluntárias, públicas ou privadas.

ARTIGO 18.º
Orçamento

1. O orçamento de funcionamento da CPLP estende-se de 1 de Julho de cada ano a 30 de Junho do ano seguinte.

2. A proposta orçamental é preparada pelo Secretariado Executivo e, depois de aprovada pelo Comité de Concertação Permanente, submetida à apreciação e decisão de cada Estado-Membro até ao final de Março de cada ano.

ARTIGO 19.º
Património

O património da CPLP é constituído por todos os bens, móveis ou imóveis, adquiridos, atribuídos ou doados por quaisquer pessoas e instituições públicas ou privadas.

ARTIGO 20.º
Emenda

1. O Estado ou Estados-Membros interessados em eventuais alterações aos presentes Estatutos enviarão, por escrito, ao Secretariado Executivo uma notificação contendo as propostas de emenda.

2. O secretário executivo comunicará, sem demora, ao Comité de Concertação Permanente as propostas de emenda referidas no n.º 1 do pre-

sente artigo, que as submeterá à aprovação do Conselho de Ministros.

ARTIGO 21.º
Entrada em vigor

1. Os presentes Estatutos entrarão em vigor, provisoriamente, na data da sua assinatura e, definitivamente, após a conclusão das formalidades constitucionais por todos os Estados-Membros.

2. Os presentes Estatutos serão adoptados por todos os Estados-Membros em conformidade com as suas formalidades constitucionais.

ARTIGO 22.º
Depositário

Os textos originais da declaração constitutiva da CPLP e dos presentes Estatutos serão depositados na sede da CPLP, junto do seu Secretariado Executivo, que enviará cópias autenticadas dos mesmos a todos os Estados-Membros.

ESTATUTOS DO INSTITUTO PORTUGUÊS DE APOIO AO DESENVOLVIMENTO – IPAD

13.01.2003

CRIA O INSTITUTO PORTUGUÊS DE APOIO AO DESENVOLVIMENTO (IPAD), POR FUSÃO, ENTRE SI, DO INSTITUTO DA COOPERAÇÃO PORTUGUESA (ICP) E DA AGÊNCIA PORTUGUESA DE APOIO AO DESENVOLVIMENTO (APAD)

A cooperação para o desenvolvimento constitui vertente prioritária da política externa portuguesa, fortemente marcada por valores de solidariedade, que servem objectivos de estreitamento e aprofundamento dos laços que unem o mundo lusófono.

Através da adopção de uma política de «empenhamento criativo», vertida no Programa do XV Governo Constitucional, a ajuda pública ao desenvolvimento deve tornar-se um instrumento que, efectivamente, fomente o desenvolvimento dos países receptores, tendo por objectivo a melhoria das condições de vida das suas populações e a concretização do direito ao desenvolvimento da pessoa humana.

Até ao presente, verifica-se que a política de cooperação, em alguma medida subsidiária de uma noção de assistência, é pautada por figurinos descentralizados, razão pela qual a sua formulação, execução e financiamento estão dispersos por vários organismos. Neste cenário, são inevitáveis os prejuízos ao nível da sua coerência e eficácia e é posta em causa a unidade da representação externa do Estado. A experiência demonstra, à exaustão, que o modelo existente está desajustado, é fonte de ineficiências e, como tal, está esgotado em si mesmo.

Visa-se, agora, reverter essa situação para uma prática mais coerente, assente numa estrutura organizativa dotada dos competentes mecanismos de coordenação, informação, controlo e avaliação, no âmbito das novas orientações estratégicas da ajuda pública ao desenvolvimento.

Inserem-se tais opções, também, no actual quadro da política de contenção da despesa pública e nos objectivos de melhorar a qualidade, economia e eficiência dos serviços prestados pela Administração Pública, através do redimensionamento das estruturas existentes.

O preceituado no n.º 1 do artigo 2.º da Lei n.º 16-A/2002, de 31 de Maio, estabelece a extinção, reestruturação ou fusão dos serviços e organismos da administração central que prossigam objectivos complementares, paralelos ou sobrepostos a outros serviços existentes. É, precisamente, a situação verificada no Instituto da Cooperação Portuguesa (ICP) e na Agência Portuguesa de Apoio ao Desenvolvimento (APAD), organismos cujos objectos se fixam na mesma área de actuação.

De acordo com o Decreto-Lei n.º 192/2001, de 26 de Junho, que aprovou os Estatutos do ICP, este é caracterizado como o órgão central de coordenação da política de cooperação para o desenvolvimento.

Por seu turno, a APAD tem por objecto, nos termos do artigo 3.º do Decreto-Lei n.º 327/99, de 18 de Agosto, que aprovou os respectivos Estatutos, «a realização de projectos que contribuam para o desenvolvimento dos países receptores de ajuda pública».

Sendo certo que, na sua génese, o ICP está mais vocacionado para a formulação de políticas e à APAD compete, principalmente, o respectivo financiamento, a prática tem, no entanto, demonstrado que os respectivos estatutos orgânicos dão origem a uma verdadeira «duplicação» no exercício de atribuições, além de que a sua articulação gerou contradições e criou obstáculos de difícil ultrapassagem.

Por outro lado, não existem presentemente mecanismos que assegurem a efectiva concertação de acções ou o aproveitamento de sinergias por parte do conjunto tão vasto e diversificado das instituições e agentes que prosseguem em Portugal a ajuda pública ao desenvolvimento.

Sendo assim, o novo figurino é pautado pela coordenação da ajuda pública ao desenvolvimento num único organismo, que assegura também a supervisão e a direcção da política de cooperação e de ajuda pública ao desenvolvimento.

E são também objectivos de eficácia que levam a afastar do organismo centralizador da ajuda pública ao desenvolvimento as iniciativas empresariais levadas a cabo por entidades privadas nos países receptores. Aliás, o presente diploma esclarece a fronteira entre a ajuda pública ao desenvolvimento e o apoio ao investimento empresarial nos países beneficiários, que pertencem a domínios de intervenção diferentes e, como tal, devem ser objecto de tratamento distinto, desde logo, ao nível das tutelas.

Embora pertencentes a diferentes áreas de intervenção, ajuda pública ao desenvolvimento e investimentos realizados por agentes económicos privados, não são compartimentos estanques, antes devendo relacionar-se entre si, tendo em vista o objectivo último, comum a ambos: o desenvolvimento dos países beneficiários e a melhoria das condições de vida das populações. Por isso, a capacidade de articulação entre si, nomeadamente no que toca à informação acerca da sua execução, é atribuída ao novo organismo.

A concertação com outras entidades, públicas e privadas, garante, na transversalidade das áreas de incidência da cooperação, a conveniente abrangência e ponderação de prioridades e a valorização de recursos. Tal concertação, que está prevista no elenco de atribuições do IPAD, significará um acréscimo de vantagens operacionais daquelas entidades.

Criam-se agora condições para que a ajuda pública ao desenvolvimento, através dos seus «instrumentos-base», os Planos Indicativos de Cooperação (PIC) e os Programas Anuais de Cooperação (PAC), passe a ser desenvolvida de forma mais consentânea com as prementes e concretas necessidades dos países receptores.

Na mesma linha de eficácia e racionalidade, a natureza de instituto público, dotado de autonomia administrativa e de condições de flexibilidade na gestão, permite a concretização no terreno dos seus objectivos, obviando à morosidade dos mecanismos de decisão administrativa e superando o risco subjacente ao grau de imprevisibilidade, no ritmo de execução dos seus programas e projectos.

Cumpre também referir, em matéria de pessoal, a opção pelo estatuto da função pública. A transição dos funcionários é efectuada com total salvaguarda dos seus direitos.

A criação do novo organismo, que é o instrumento central da política de cooperação para o desenvolvimento, tem por finalidades principais, num quadro de unidade da representação externa do Estado, melhorar a intervenção portuguesa e assegurar-lhe um maior relevo na política de cooperação e o cumprimento dos compromissos internacionais assumidos pelo Estado Português.

Foi ouvida a Associação Nacional dos Municípios Portugueses.

Assim:

Nos termos da alínea a) do n.º 1 do artigo 198.º da Constituição, o Governo decreta o seguinte:

ARTIGO 1.º
Objecto

1. É criado o Instituto Português de Apoio ao Desenvolvimento, abreviadamente designado por IPAD, que resulta da fusão do Instituto da Cooperação Portuguesa (ICP) com a Agência Portuguesa de Apoio ao Desen-

volvimento (APAD), regulados, respectivamente, pelos Decretos-Leis n.ºs 192/2001, de 26 de Junho, e 327/99, de 18 de Agosto.

2. São aprovados os Estatutos do IPAD, que constam do anexo ao presente diploma, do qual fazem parte integrante.

ARTIGO 2.º
Início de actividade

O IPAD inicia a sua actividade na data em que estiverem constituídos os seus órgãos.

ARTIGO 3.º
Sucessão

1. O IPAD sucede ao ICP e à APAD nas respectivas atribuições e competências nos termos estabelecidos no presente diploma.

2. O IPAD sucede ao ICP e à APAD na titularidade dos bens que se lhe encontram afectos, assim como nos respectivos direitos e obrigações, salvo os direitos e obrigações que tiverem sido adquiridos no âmbito do apoio ao investimento de agentes económicos privados, que transitarão para o Estado, através do Ministério da Economia, nos termos a definir por despacho conjunto dos Ministros dos Negócios Estrangeiros e da Economia.

3. São transferidos para o IPAD os saldos das dotações de receitas e despesas inscritas nos orçamentos do ICP e da APAD, sem prejuízo do disposto no número seguinte, cabendo ao IPAD a prestação das contas relativas a todo o corrente ano económico.

4. Serão transferidos para o Ministério da Economia os saldos das dotações orçamentais inscritos no orçamento da APAD que digam respeito aos direitos e obrigações transitados nos termos do n.º 1.

ARTIGO 4.º
Património

1. O património do IPAD é constituído pela universalidade das obrigações, bens e direitos mobiliários e imobiliários que integram o património autónomo do ICP e da APAD, bem como por aquele que se lhe encontra afecto, incluindo os saldos orçamentais respectivos, relativos às matérias referidas no n.º 1 do artigo anterior.

2. Os bens imóveis e os veículos automóveis excedentários ou subutilizados, integrados no património do ICP e da APAD, revertem para a Direcção-Geral do Património, para posterior reafectação.

3. Os bens imóveis e veículos automóveis que se encontrem afectos ao ICP e à APAD são objecto de avaliação pela Direcção-Geral do Património, para efeitos de cadastro e inventário.

4. Para todos os efeitos legais, incluindo os de registo, o presente diploma constitui título bastante para comprovar as transmissões.

ARTIGO 5.º
Cessação de funções

1. As comissões de serviço dos membros dos órgãos do ICP e os mandatos dos membros dos órgãos da APAD cessam automaticamente com a entrada em vigor do presente diploma, mantendo-se, todavia, em gestão corrente até à data do início de actividade do IPAD.

2. As comissões de serviço do pessoal dirigente dos serviços do ICP cessam igualmente com a entrada em vigor do presente diploma, mantendo-se em gestão corrente até à data de posse dos dirigentes dos serviços do IPAD.

ARTIGO 6.º
Trabalhadores no regime da função pública

Os funcionários do quadro de pessoal do ICP transitam para o quadro de pessoal do IPAD, previsto no artigo 21.º dos Estatutos do IPAD, nos termos da lei aplicável.

ARTIGO 7.º
Trabalhadores no regime de contrato de trabalho a termo certo

O IPAD sucede ao ICP e à APAD enquanto entidade patronal do pessoal que desempenha presentemente funções em regime de contrato de trabalho a termo certo.

ARTIGO 8.º
Pessoal destacado e requisitado

1. O destacamento, a requisição, a comissão de serviço ou outras situações de exercício de funções de natureza transitória dos funcionários do

ICP em qualquer entidade da Administração Pública ficam sujeitos, sob pena de cessação, a confirmação da entidade interessada, no prazo de 60 dias contínuos a contar da data em que o IPAD lhe comunicar o seu início de actividade.

2. O exercício de funções no IPAD por pessoal pertencente a quadros da Administração Pública e outros que tenha sido requisitado, destacado ou nomeado em comissão de serviço no ICP ou na APAD fica sujeito, sob pena de cessação, a confirmação do IPAD no prazo de 60 dias contínuos a contar do seu início de actividade.

ARTIGO 9.º
Norma revogatória

São revogados os Decretos-Leis n.ºs 192/2001, de 26 de Junho, e 327/99, de 18 de Agosto, com as alterações introduzidas pelo Decreto-Lei n.º 20/2000, de 1 de Março.

ARTIGO 10.º
Entrada em vigor

O presente diploma entra em vigor no dia seguinte à data da sua publicação.

Visto e aprovado em Conselho de Ministros de 12 de Novembro de 2002. – *José Manuel Durão Barroso – Maria Manuela Dias Ferreira Leite – António Manuel de Mendonça Martins da Cruz – Carlos Manuel Tavares da Silva.*

Promulgado em 23 de Dezembro de 2002.

Publique-se.

O Presidente da República, JORGE SAMPAIO.

Referendado em 6 de Janeiro de 2003.

O Primeiro-Ministro, *José Manuel Durão Barroso.*

ANEXO
Estatutos do Instituto Português de Apoio ao Desenvolvimento

CAPÍTULO I
Denominação, natureza e fins

ARTIGO 1.º
Denominação e natureza

1. O Instituto Português de Apoio ao Desenvolvimento, abreviadamente designado por IPAD, é um instituto público dotado de personalidade jurídica, de autonomia administrativa e de património próprio.

2. O IPAD exerce a sua acção sob a superintendência e tutela do Ministro dos Negócios Estrangeiros, nos termos do capítulo III.

ARTIGO 2.º
Fins

1. O IPAD tem a seu cargo a supervisão, a direcção e a coordenação da política de cooperação e da ajuda pública ao desenvolvimento, com vista ao fortalecimento das relações externas de Portugal e à promoção do desenvolvimento económico, social e cultural dos países receptores de ajuda pública, em especial os países de língua oficial portuguesa, bem como da melhoria das condições de vida das suas populações.

2. O IPAD planeia, programa e acompanha a execução e avalia os resultados dos programas e projectos de cooperação e de ajuda pública ao desenvolvimento realizados pelos demais organismos do Estado e por outras entidades públicas, sem prejuízo do disposto no número seguinte.

3. Os programas de cooperação e de ajuda pública ao desenvolvimento, financiados e realizados pelos organismos do Estado e demais entidades públicas, devem enquadrar-se na política de cooperação e ajuda pública ao desenvolvimento e carecem de parecer prévio vinculativo do IPAD, no âmbito da sua função de supervisão.

4. O IPAD visa também a centralização da informação sobre os projectos de cooperação promovidos por entidades privadas, com ou sem patrocínio público.

CAPÍTULO II
Atribuições e representação

ARTIGO 3.º
Atribuições

1. São atribuições do IPAD:

a) Propor ao órgão de tutela as orientações relevantes para a definição da política de cooperação e de ajuda pública ao desenvolvimento;

b) Preparar os programas trienais e anuais da cooperação e de ajuda pública ao desenvolvimento, bem como o seu planeamento orçamental;

c) Enquadrar os programas e projectos nas orientações da política de cooperação e de ajuda pública ao desenvolvimento;

d) Assegurar a articulação com as autoridades dos países beneficiários da cooperação e de ajuda pública ao desenvolvimento;

e) Emitir parecer prévio vinculativo sobre os projectos de cooperação e de ajuda pública ao desenvolvimento propostos por outras entidades;

f) Assegurar o financiamento dos projectos directamente elaborados pelo IPAD, designadamente com origem em fundos comunitários para o desenvolvimento e em organizações internacionais;

g) Promover a execução dos programas e projectos relativos à cooperação e à ajuda pública ao desenvolvimento;

h) Elaborar um relatório semestral sobre a execução dos projectos, propondo os necessários ajustamentos funcionais e a consequente reafectação de meios orçamentais;

i) Proceder à avaliação dos resultados da execução dos programas e projectos de cooperação e de ajuda pública ao desenvolvimento;

j) Assegurar a articulação com instituições de âmbito nacional, regional e local, nomeadamente de natureza não governamental, e promover e apoiar a sua participação em projectos;

l) Assegurar a articulação com a Associação Nacional de Municípios Portugueses, tendo em vista promover e apoiar a cooperação intermunicipal;

m) Assegurar, no âmbito das suas atribuições, a participação portuguesa nas actividades da Comunidade dos Países de Língua Portuguesa (CPLP) relacionadas com a cooperação;

n) Prestar apoio técnico à Comissão Interministerial para a Cooperação (CIC);

o) Promover e realizar estudos na área da cooperação.

2. No âmbito das suas atribuições, o IPAD assegura a representação e a participação do Estado Português nas actividades das organizações internacionais relacionadas com a cooperação e a ajuda pública ao desenvolvimento, sem prejuízo das competências do Ministério das Finanças no referente às instituições financeiras internacionais, bem como das representações sectoriais especializadas.

ARTIGO 4.º
Pessoal especializado no exterior

1. Para a prossecução das atribuições do IPAD, o Ministro dos Negócios Estrangeiros pode designar pessoal especializado para exercer funções na área da cooperação junto das representações diplomáticas portuguesas, nos termos do Decreto-Lei n.º 133/85, de 2 de Maio.

2. Ao pessoal especializado incumbe, no país ou organização onde esteja colocado, nomeadamente:

a) Coordenar e acompanhar a execução dos programas e projectos de cooperação e de ajuda pública ao desenvolvimento;

b) Receber, tratar e analisar toda a informação relativa à cooperação;

c) Articular as actividades da cooperação portuguesa com as autoridades locais, bem como as organizações de cooperação;

d) Colaborar com todas as entidades portuguesas que executem projectos de cooperação e de ajuda pública ao desenvolvimento, designadamente organizações não governamentais, empresas, organizações ou serviços públicos portugueses e outros agentes institucionais.

3. As incumbências do pessoal especializado no exterior são desenvolvidas sem prejuízo das competências do chefe de missão diplomática respectiva.

4. O pessoal especializado é designado por despacho do Ministro dos Negócios Estrangeiros.

CAPÍTULO III
Superintendência e tutela

ARTIGO 5.º
Superintendência

O Ministro dos Negócios Estrangeiros superintende a actividade do IPAD, emitindo directivas sobre os objectivos a atingir na gestão e sobre as prioridades a adoptar na prossecução das suas atribuições.

ARTIGO 6.º
Tutela

Sem prejuízo de outros poderes de tutela previstos na lei, dependem de aprovação do Ministro dos Negócios Estrangeiros:

a) Os programas plurianuais e anuais de cooperação;

b) O plano de actividades, o orçamento, o relatório de actividades e as contas;

c) A aquisição, alienação ou oneração de bens imóveis, nos termos da lei.

CAPÍTULO IV
Órgãos

ARTIGO 7.º
Órgãos do IPAD

1. São órgãos do IPAD:
a) O presidente;
b) O conselho directivo;
c) A comissão de fiscalização.
2. Os órgãos colegiais do IPAD consideram-se constituídos, para todos os efeitos, desde que se encontre nomeada a maioria dos seus membros.

ARTIGO 8.º
Presidente

1. O presidente do IPAD é nomeado por despacho conjunto do Primeiro-Ministro e do Ministro dos Negócios Estrangeiros.
2. Compete ao presidente dirigir a actividade do IPAD, praticando os actos necessários à prossecução das atribuições do IPAD que não sejam da competência dos outros órgãos.
3. Compete especificamente ao presidente do IPAD:
a) Superintender na preparação dos programas integrados de cooperação anual e dos programas indicativos trienais;
b) Promover e acompanhar a execução dos programas e projectos de cooperação e de ajuda pública ao desenvolvimento;
c) Autorizar a concessão de subsídios, bolsas e outras formas de apoio financeiro a conceder pelo IPAD, segundo os respectivos plano de actividades e orçamento;
d) Adjudicar estudos, obras, trabalhos, serviços, fornecimentos de material e equipamento e quaisquer outros bens ou serviços necessários ao funcionamento do IPAD;
e) Administrar as dotações orçamentais, promover a cobrança de receitas e autorizar a realização de despesas, dentro dos limites legais;
f) Gerir o património do IPAD;
g) Praticar os actos necessários à gestão do pessoal do IPAD, incluindo a instauração e direcção de processos disciplinares;
h) Submeter a decisão do órgão de tutela os assuntos que dela careçam;
i) Representar o Instituto em juízo e fora dele;
j) Constituir mandatários e designar representantes do IPAD junto de outras entidades;
l) Convocar o conselho directivo e presidir às suas reuniões;

m) Assegurar a preparação e a realização das reuniões da Comissão Interministerial para a Cooperação (CIC).

4. O presidente do IPAD pode delegar num ou mais dos membros do conselho directivo as competências que lhe estão atribuídas pelo número anterior, com excepção das previstas nas alíneas h), j) e l).

5. O presidente pode suspender a eficácia das deliberações do conselho directivo sempre que as repute contrárias à lei, aos Estatutos ou ao interesse público, e submetê-las a apreciação do órgão de tutela, o qual poderá confirmar, revogar ou substituir as deliberações suspensas.

6. Nas suas faltas e impedimentos, o presidente é substituído pelo vogal do conselho directivo para o efeito designado pelo órgão de tutela.

ARTIGO 9.º
Composição e funcionamento do conselho directivo

1. O conselho directivo é composto pelo presidente do IPAD e quatro vogais, que são nomeados por despacho do Ministro dos Negócios Estrangeiros.

2. O conselho directivo reúne, ordinariamente, uma vez por semana e, extraordinariamente, sempre que o presidente o convoque, por sua iniciativa ou a pedido de qualquer dos vogais ou da comissão de fiscalização.

3. Podem participar nas reuniões do conselho directivo, sem direito a voto, os funcionários do IPAD cuja presença se mostre aconselhável face aos assuntos a tratar, quando convocados pelo presidente.

ARTIGO 10.º
Competência do conselho directivo

1. O conselho directivo é o órgão que define o enquadramento geral da actividade do IPAD, dentro das orientações estabelecidas pelo órgão da tutela.

2. Compete, em especial, ao conselho directivo:

a) Elaborar o plano de actividades, o orçamento, o relatório de actividades e as contas anuais;

b) Assegurar o enquadramento dos programas e projectos nas orientações definidas para a política de cooperação e para a ajuda pública ao desenvolvimento;

c) Autorizar o financiamento dos programas e projectos, incluindo as concessões de adiantamentos por conta de pagamentos previstas no artigo 20.º-A;

d) Acompanhar a execução dos programas e projectos, bem como proceder à respectiva avaliação;

e) Proceder à avaliação dos resultados dos programas e projectos de cooperação;

f) Propor a distribuição do contingente anual de bolseiros a atribuir aos países beneficiários;

g) Preparar as orientações e normas para concessão de bolsas de estudo e de formação profissional;

h) Aplicar sanções disciplinares, com excepção das reservadas por lei ao órgão de tutela;

i) Aceitar heranças, legados e outras liberalidades ou subvenções que dependam de aceitação;

j) Assegurar o contacto com entidades nacionais e estrangeiras, tendo em vista, nomeadamente, o apoio financeiro a projectos que se enquadrem no âmbito das atribuições do IPAD;

l) Elaborar e submeter à aprovação da tutela propostas de regulamentos internos e de alteração dos quadros de pessoal.

ARTIGO 11.º
Composição e funcionamento da comissão de fiscalização

1. A comissão de fiscalização é composta por um presidente e dois vogais, nomeados por despacho conjunto dos Ministros das Finanças e dos Negócios Estrangeiros, sendo um dos vogais, obrigatoriamente, revisor oficial de contas.

2. Do acto de nomeação constará a designação do presidente.

3. A comissão de fiscalização reúne, ordinariamente, uma vez por trimestre e, extraordinariamente, sempre que for convocada pelo seu presidente, por sua iniciativa ou a solicitação de qualquer dos seus vogais ou do conselho directivo.

ARTIGO 12.º
Competência da comissão de fiscalização

1. A comissão de fiscalização é o órgão responsável pelo controlo da legalidade e adequação da gestão financeira e patrimonial aos fins do IPAD e pela emissão de pareceres.

2. Compete, em especial, à comissão de fiscalização:

a) Acompanhar a gestão do IPAD, velando pelo cumprimento das normas aplicáveis;

b) Fiscalizar a contabilidade do IPAD, verificando a regularidade dos respectivos registos e documentos de suporte e procedendo a todos os exames que se mostrem necessários;

c) Dar parecer sobre os documentos previsionais de gestão, bem como sobre os documentos de prestação de contas;

d) Examinar periodicamente a situação económica, financeira e patrimonial do IPAD;

e) Verificar a execução das deliberações do conselho directivo;

f) Emitir parecer sobre a aquisição, oneração e alienação de bens imóveis do IPAD;

g) Pronunciar-se sobre os assuntos da sua competência que lhe sejam submetidos pelo conselho directivo ou pelo seu presidente;

h) Informar o conselho directivo das irregularidades eventualmente detectadas e participar às entidades competentes, quando tal se justificar.

3. Para o adequado desempenho das suas competências, a comissão de fiscalização pode:

a) Solicitar aos outros órgãos e aos serviços do IPAD todas as informações, esclarecimentos ou elementos que considere necessários;

b) Solicitar ao presidente do conselho directivo reuniões conjuntas dos dois órgãos destinadas a apreciar questões compreendidas no âmbito das suas competências.

ARTIGO 13.º
Estatuto dos titulares dos órgãos

1. O presidente e os membros do conselho directivo do IPAD serão equiparados, para efeitos remuneratórios, a gestores públicos, de nível a definir por despacho conjunto dos Ministros das Finanças e dos Negócios Estrangeiros.

2. O mandato do presidente, dos membros do conselho directivo e da comissão de fiscalização tem a duração de três anos.

3. O despacho de nomeação dos membros da comissão de fiscalização fixará, igualmente, a respectiva retribuição.

4. Os mandatos referidos no número anterior são renováveis por igual período, sendo permitida uma única renovação no caso dos membros da comissão de fiscalização.

5. O mandato dos membros dos órgãos do IPAD pode cessar a todo o tempo, mediante despacho conjunto do Primeiro-Ministro e do Ministro dos Negócios Estrangeiros, no caso do presidente e do conselho directivo, e por despacho conjunto dos Ministros das Finanças e dos Negócios Estrangeiros, no caso da comissão de fiscalização.

6. Em qualquer caso de cessação de mandato, os membros dos órgãos do IPAD mantêm-se em exercício de funções até à sua efectiva substituição, salvo despacho ministerial em sentido contrário.

CAPÍTULO V
Serviços

ARTIGO 14.º
Serviços do IPAD

1. O IPAD compreende os seguintes serviços:

a) Direcção de Serviços de Planeamento Financeiro e Programação;
b) Direcção de Serviços de Assuntos Bilaterais I;
c) Direcção de Serviços de Assuntos Bilaterais II;
d) Direcção de Serviços de Assuntos Comunitários e Multilaterais;
e) Direcção de Serviços de Apoio à Sociedade Civil e Ajudas de Emergência;
f) Direcção de Serviços de Administração;
g) Gabinete de Avaliação;
h) Gabinete de Apoio ao Conselho Directivo.

2. Os gabinetes previstos nas anteriores alíneas g) e h) funcionam na dependência directa do presidente do IPAD.

ARTIGO 15.º
Organização, funções e competências

1. A organização, as funções e as competências dos serviços do IPAD são definidas por despacho do Ministro dos Negócios Estrangeiros.
2. Os serviços do IPAD integram 18 divisões.

CAPÍTULO VI
Gestão patrimonial e financeira

ARTIGO 16.º
Património

O património do IPAD é constituído pela universalidade dos bens, direitos e obrigações que constituem o seu património inicial e pelo que adquira ou contraia no exercício das suas atribuições.

ARTIGO 17.º
Instrumentos de gestão

1. A gestão financeira e patrimonial do IPAD rege-se pelos seguintes instrumentos de gestão:
a) Planos de actividade e orçamentos, anuais e plurianuais;
b) Orçamento de tesouraria;
c) Demonstração de resultados;
d) Balanço previsional.

2. Os planos financeiros devem prever, em relação ao prazo adoptado, a evolução das receitas, os investimentos previstos e as fontes de financiamento a ser utilizadas.

ARTIGO 18.º
Receitas

1. Constituem receitas do IPAD:
   a) As dotações que lhe forem atribuídas no Orçamento do Estado;
   b) As verbas que lhe forem atribuídas, por instituições especializadas, tendo como objectivo o apoio a projectos de cooperação para o desenvolvimento;
   c) O produto de venda de bens próprios ou da constituição de direitos sobre eles;
   d) Os subsídios, subvenções, comparticipações, quotizações, doações, heranças, legados e quaisquer liberalidades feitas a seu favor por entidades públicas ou privadas, aceites nos termos legais;
   e) Quaisquer outras receitas que lhe sejam atribuídas por lei, contrato ou a outro título.

2. As dotações a que se refere a alínea a) do número anterior são entregues ao IPAD por antecipação, de harmonia com o plano de actividades e o orçamento aprovados, em duodécimos trimestrais.

3. Os saldos das dotações orçamentais afectos a despesas de cooperação transitam para o ano económico seguinte por meio da abertura de créditos especiais, a autorizar por despacho conjunto dos Ministros das Finanças e dos Negócios Estrangeiros.

ARTIGO 19.º
Despesas

1. São despesas do IPAD:
   a) Os encargos decorrentes da prossecução das suas atribuições próprias;
   b) Os encargos de funcionamento;
   c) Os encargos de aquisição, manutenção e conservação do seu património.

2. Para fazer face a despesas exclusivamente de cooperação, será constituído um fundo de maneio permanente, de montante nunca inferior a 15% daquelas despesas, por despacho conjunto dos Ministros das Finanças e dos Negócios Estrangeiros.

ARTIGO 20.º
Gestão

1. O início da execução do plano de actividades e do orçamento anual depende da respectiva aprovação pelo Ministro dos Negócios Estrangeiros.

2. O relatório e contas anuais, acompanhados do parecer da comissão de fiscalização e da certificação das contas, devem ser submetidos:
   a) À aprovação tutelar, até 31 de Março do ano seguinte àquele a que respeitam;
   b) Ao Tribunal de Contas, dentro dos respectivos prazos legais.

ARTIGO 20.°-A
Adiantamentos por conta de pagamentos

1. O IPAD pode conceder adiantamentos por conta de pagamentos a organizações não governamentais de cooperação para o desenvolvimento (ONGD), com dispensa de garantias ou de apresentação imediata de comprovativos de despesa, nos termos previstos no presente artigo.
2. Os adiantamentos só podem ser concedidos após a celebração de contrato com as ONGD e não podem exceder o valor da primeira prestação de financiamentos já aprovados, nem 25% do valor anual dos respectivos contratos.
3. Os adiantamentos só podem ser empregues na aquisição de material imprescindível para o início da execução dos projectos de cooperação, bem como para o pagamento de deslocações, estadas e ajudas de custo de cooperantes.
4. A ONGD beneficiária dos adiantamentos compromete-se a apresentar ao IPAD, num prazo não superior a 60 dias, os comprovativos das despesas com eles financiadas.
5. Das propostas de projectos de cooperação apresentadas ao IPAD pelas ONGD constará obrigatoriamente o valor de adiantamentos estimado como necessário e a relação de bens e serviços a financiar com os mesmos.

CAPÍTULO VII
Pessoal

ARTIGO 21.°
Estatuto do pessoal

O pessoal do IPAD rege-se pelo regime geral da função pública e, subsidiariamente, pelo disposto em regulamento interno, proposto pelo conselho directivo e aprovado por despacho conjunto dos Ministros das Finanças e dos Negócios Estrangeiros.

ARTIGO 22.°
Quadro de pessoal

O quadro de pessoal do IPAD é aprovado por despacho conjunto dos Ministros das Finanças e dos Negócios Estrangeiros.

CRONOLOGIA

CRONOLOGIA

	ANO DE 1941
12.08.41	Assinatura da Carta do Atlântico, que no seu terceiro ponto concede a cada povo o direito a escolher livremente o modelo do seu governo
	ANO DE 1942
01.01.42	Assinatura da Declaração das Nações Unidas (Washington)
	ANO DE 1943
18.05.43 a 03.06.43	Conferência das Nações Unidas para a Alimentação e Agricultura de Hot Springs (Virgínia) que propôs a criação de um programa alimentar mundial e da Organização das Nações Unidas para a Alimentação e Agricultura (FAO)
	ANO DE 1944
01.07.44 a 22.07.44	Conferência Monetária e Financeira das Nações Unidas, em Bretton Woods (New Hampshire), com a presença de representantes de 44 governos, onde são elaborados os estatutos do Fundo Monetário Internacional (FMI) e do Banco Internacional para a Reconstrução e Desenvolvimento (BIRD)
22.07.44	Assinatura dos Acordos Institutivos do Fundo Monetário Internacional (FMI) e do Banco Internacional para a Reconstrução e Desenvolvimento (BIRD)
21.08.44 a 07.10.44	Conferência de Dumbarton Oaks (Washington) onde são lançadas as bases da Organização das Nações Unidas
07.10.44	Aprovação das Propostas para o Estabelecimento de uma Organização Internacional Geral
	ANO DE 1945
22.03.45	Criada a Liga Árabe
25.04.45 a 26.06.45	Conferência das Nações Unidas (São Francisco)
07.05.45	Rendição incondicional da Alemanha (Reims). Fim da Guerra na Europa
26.06.45	Assinatura da Carta das Nações Unidas (ONU) em Washington
02.09.45	Rendição incondicional do Japão
16.10.45	Criação da Organização das Nações Unidas para a Alimentação e Agricultura (FAO)
24.10.45	Entrada em vigor da Carta das Nações Unidas
16.11.45	Criação da Organização das Nações Unidas para a Educação, Ciência e Cultura (UNESCO)
27.12.45	Entrada em vigor do Acordo relativo ao FMI e do Acordo relativo ao BIRD

ANO DE 1946	
10.01.46 a 14.02.46	Primeira Sessão da Assembleia Geral das Nações Unidas
16.01.46	Eleição do Primeiro Presidente da Assembleia Geral das Nações Unidas (o belga Paul-Henri Spaak)
17.01.46	Primeira Reunião do Conselho de Segurança das Nações Unidas
23.01.46	Primeira Reunião do Conselho Económico e Social
01.02.46	Eleição do Primeiro Secretário-Geral das Nações Unidas (o norueguês Trygve Lie)
06.02.46	Constituição do Tribunal Internacional de Justiça
14.02.46	Escolha da Sede da Organização das Nações Unidas (Nova Iorque) – Resolução 25 (I) da Assembleia Geral das Nações Unidas
18.02.46	Criação da Comissão das Nações Unidas dos Direitos Humanos
08.03.46 a 18.03.46	Reunião inaugural do Conselho de Governadores do FMI e do BIRD
21.06.46	Criação da Comissão Social das Nações Unidas
21.06.46	Criação da Comissão das Nações Unidas para a Mulher
25.06.46	Início das operações do Banco Internacional para a Reconstrução e Desenvolvimento (BIRD)
22.07.46	Criação da Organização Mundial de Saúde (OMS)
03.10.46	Criação da Comissão das Nações Unidas sobre População e Desenvolvimento
27.10.46	O Preâmbulo da Constituição Francesa repudia "qualquer sistema colonial fundado na arbitrariedade"
04.11.46	Entrada em vigor do Acordo Constitutivo da Organização das Nações Unidas para a Educação, Ciência e Cultura (UNESCO)
11.12.46	Criação do Fundo Internacional de Emergência das Nações Unidas para a Infância (UNICEF), que em 1953 se transforma no Fundo das Nações Unidas para a Infância (UNICEF)
15.12.46	Criação da Organização Internacional para os Refugiados (IRO)
ANO DE 1947	
01.03.47	Início das operações do Fundo Monetário Internacional (FMI)
26.03.47	Primeira Sessão do Conselho de Tutela
28.03.47	Criação da Comissão Económica para a Ásia e Médio Oriente (CEAMO), a qual se passa a designar Comissão Económica para a Ásia e Pacífico (CEAP) em Agosto de 1974

05.06.47	O Secretário de Estado norte-americano George Marshall anuncia o seu Plano de Auxílio à Europa (Harvard)
15.08.47	Proclamada a independência da Índia e do Paquistão
30.10.47	Assinatura do Acordo Geral sobre Pautas Aduaneiras e Comércio (GATT)
21.11.47 a 24.03.48	Conferência Internacional sobre Comércio e Emprego (Havana)
ANO DE 1948	
01.01.48	Entrada em vigor do Acordo Geral sobre Pautas Aduaneiras e Comércio (GATT)
25.02.48	Criação da Comissão Económica para a América Latina (CEPAL), a qual se passa a designar Comissão Económica para a América Latina e Caraíbas (CEPALC) em Julho de 1984
24.03.48	Aprovação da Carta de Havana que previa a criação da Organização Internacional do Comércio (OIC)
25.03.48	O Banco Mundial aprova o primeiro empréstimo do Banco a um país em desenvolvimento (13,5 milhões de dólares para o Chile)
07.04.48	Entrada em vigor do Acordo Constitutivo da Organização Mundial de Saúde (OMS)
16.04.48	Criação da Organização Europeia de Cooperação Económica (OECE)
02.05.48	Criação da Organização dos Estados Americanos (OEA) – Carta de Bogotá
04.12.48	Criação do Programa Ordinário de Assistência – Resolução 200 (III) da Assembleia Geral das Nações Unidas
09.12.48	Convenção sobre a Prevenção e a Punição do Crime de Genocídio – Resolução 260 (III) da Assembleia Geral das Nações Unidas
10.12.48	Declaração Universal dos Direitos do Homem – Resolução 217-A (III) da Assembleia Geral das Nações Unidas
ANO DE 1949	
16.11.49	Criação do Programa Alargado de Assistência Técnica – Resolução 304 (IV) da Assembleia Geral das Nações Unidas
03.12.49	Criação do Alto Comissariado das Nações Unidas para os Refugiados (UNHCR)
ANO DE 1950	
13.09.50	O Banco Mundial aprova o primeiro empréstimo do Banco a um país africano (7 milhões de dólares à Etiópia)

	ANO DE 1951
01.01.51	Entrada em vigor do Acordo Constitutivo do Alto Comissariado das Nações Unidas para os Refugiados (UNHCR)
18.04.51	Assinatura do Tratado de Paris que cria a Comunidade Europeia do Carvão e do Aço (CECA)
01.06.51	Criação do Plano de Colombo
05.12.51	Criação da Organização Internacional para as Migrações
13.12.51	Entrada em vigor do Acordo Constitutivo da Organização dos Estados Americanos (OEA)
24.12.51	A Líbia é o primeiro Estado africano a tornar-se independente após a Segunda Guerra Mundial
	ANO DE 1952
20.12.52	Convenção sobre os Direitos Políticos das Mulheres – Resolução 640 (VII) da Assembleia Geral das Nações Unidas
	ANO DE 1953
07.04.53	Eleição do Segundo Secretário-Geral das Nações Unidas (o sueco Dag Hammarskjold)
	ANO DE 1954
14.08.54	O Demógrafo Alfred Sauvy, num artigo publicado no L'Observateur, emprega pela primeira vez a expressão "Terceiro Mundo" para identificar os países subdesenvolvidos que não pertencem ao Primeiro Mundo (países capitalistas), nem ao Segundo Mundo (países socialistas)
31.08.54 a 10.09.54	Primeira Conferência Mundial sobre População (Roma)
	ANO DE 1955
11.03.55	Criação do Instituto de Desenvolvimento Económico (IDE)
11.04.55	Criação da Sociedade Financeira Internacional (SFI)
18.04.55 a 24.04.55	Conferência de Bandung – afro-asiatismo, oposição ao colonialismo e neutralidade em relação aos blocos capitalista e socialista
	ANO DE 1956
17.07.56 a 21.07.56	Reunião de Brioni (Jugoslávia) entre Tito, Nasser e Nehru, onde são definidos os princípios do Movimento dos Não-Alinhados
20.07.56	Entrada em vigor do Acordo Institutivo da Sociedade Financeira Internacional (SFI)
	ANO DE 1957
06.03.57	O Gana torna-se o primeiro Estado independente da África Negra

25.03.57	Assinatura dos Tratados de Roma que criaram a Comunidade Económica Europeia (CEE) e a Comunidade Europeia da Energia Atómica (EURATOM)
ANO DE 1958	
01.01.58	Entrada em vigor dos Tratados de Roma que criaram a CEE e a EURATOM
01.01.58	O Tratado CEE regulamenta numa Convenção de Aplicação as relações entre a CEE e os países e territórios ultramarinos dependentes
15.04.58 a 22.04.58	Conferência dos Estados Africanos (Accra). Condenação do imperialismo e afirmação do pan-africanismo.
29.04.58	Criação da Comissão Económica para África (CEA)
14.10.58	Criação de um Fundo Especial – Resolução 1240 (XIII) da Assembleia Geral das Nações Unidas
05.12.58 a 13.12.58	Conferência dos Povos Africanos (Accra)
12.12.58	Criação da Comissão para a Soberania Permanente sobre os Recursos Naturais – Resolução 1314 (XIII) da Assembleia Geral das Nações Unidas
13.12.58	Aprovação da Resolução sobre Imperialismo e Colonialismo (Accra)
ANO DE 1959	
08.04.59	Criação do Banco Interamericano de Desenvolvimento (BID)
20.11.59	Declaração dos Direitos da Criança – Resolução 1386 (XIV) da Assembleia Geral das Nações Unidas
30.12.59	Entrada em vigor do Acordo Constitutivo do Banco Interamericano de Desenvolvimento (BID)
ANO DE 1960	
26.01.60	Criação da Associação Internacional de Desenvolvimento (AID)
18.02.60	Assinatura do Tratado de Montevideu que criou a Associação Latino-Americana de Comércio Livre (ALACL)
10.09.60 a 14.09.60	Conferência de Bagdade onde é criada a Organização dos Países Exportadores de Petróleo (OPEP)
24.09.60	Entrada em vigor do Acordo Institutivo da Associação Internacional de Desenvolvimento (AID)
01.10.60	Início das operações do Banco Interamericano de Desenvolvimento (BID)
13.12.60	Criação do Banco Centro-Americano de Integração Económica (BCIE)
13.12.60	Criação do Mercado Comum da América Central (CACM)

14.12.60	Declaração sobre a Concessão de Independência aos Países e Povos Coloniais – Resolução 1514 (XV) da Assembleia Geral das Nações Unidas
14.12.60	Criação da Organização de Cooperação e Desenvolvimento Económico (OCDE)
14.12.60	Criação do Comité de Ajuda ao Desenvolvimento (CAD)
ANO DE 1961	
11.05.61	A AID concede o seu primeiro crédito para o desenvolvimento (9 milhões de dólares às Honduras)
03.06.61	Entrada em vigor do Acordo Constitutivo do Mercado Comum da América Central (CACM)
01.09.61 a 06.09.61	Primeira Conferência do Movimento dos Não-Alinhados (Belgrado)
30.09.61	Entrada em vigor do Acordo Constitutivo da Organização de Cooperação e Desenvolvimento Económico (OCDE)
03.11.61	Eleição do Terceiro Secretário-Geral das Nações Unidas (o birmanês U Thant)
24.11.61	Resolução da Organização das Nações Unidas para a Alimentação e Agricultura para a Criação do Programa Alimentar Mundial (PAM), sob reserva da aprovação da Assembleia Geral das Nações Unidas
19.12.61	O Comércio Internacional, Principal Instrumento do Desenvolvimento Económico – Resolução 1707 (XVI) da Assembleia Geral das Nações Unidas
19.12.61	Primeiro Decénio das Nações Unidas para o Desenvolvimento – Resolução 1710 (XVI) da Assembleia Geral das Nações Unidas
19.12.61	Criação do Programa Alimentar Mundial (PAM) – Resolução 1714 (XVI) da Assembleia Geral das Nações Unidas
ANO DE 1962	
18.07.62	Declaração do Cairo – Conferência sobre os Problemas do Desenvolvimento Económico
14.12.62	Declaração relativa à Soberania Permanente sobre os Recursos Naturais – Resolução 1803 (XVII) da Assembleia Geral das Nações Unidas
ANO DE 1963	
01.01.63	Início das operações do Programa Alimentar Mundial (PAM)
27.03.63	Criação pelo FMI da Mecanismo de Financiamento Compensatório que visa auxiliar os países em desenvolvimento afectados pela queda das receitas de exportação

25.05.63	Assinatura da Carta da Organização de Unidade Africana (OUA) em Addis Abeba
20.06.63	Assinatura da I Convenção de Yaoundé entre os 6 Estados-Membros das Comunidades Europeias e 18 Estados Africanos e Malgaches (EAMA)
04.08.63	Acordo de Constituição do Banco Africano de Desenvolvimento (BAD)
20.11.63	Declaração sobre a Eliminação de Todas as Formas de Discriminação Racial – Resolução 1904 (XVIII) da Assembleia Geral das Nações Unidas
12.12.63	Proclamação de 1968 como Ano Internacional dos Direitos do Homem – Resolução 1961 (XVIII) da Assembleia Geral das Nações Unidas
ANO DE 1964	
23.03.64 a 16.06.64	Primeira Conferência das Nações Unidas sobre o Comércio e o Desenvolvimento (CNUCED) em Genebra.
01.06.64	Entrada em vigor da I Convenção de Yaoundé
30.08.64 a 10.09.64	Segunda Conferência Mundial sobre População (Belgrado)
10.09.64	Entrada em vigor do Acordo Constitutivo do Banco Africano de Desenvolvimento (BAD)
05.10.64 a 10.10.64	Segunda Conferência do Movimento dos Não-Alinhados (Cairo)
30.12.64	Criação da Conferência das Nações Unidas para o Comércio e o Desenvolvimento (CNUCED) como Órgão Permanente das Nações Unidas – Resolução 1995 (XIX) da Assembleia Geral das Nações Unidas
ANO DE 1965	
08.02.65	Adopção da Parte IV do GATT "Comércio e Desenvolvimento"
18.03.65	Convenção para a Resolução de Diferendos Relativos a Investimentos entre Estados e Nacionais de Outros Estados
05.04.65 a 30.04.65	Primeira reunião do Conselho da CNUCED (Nova Iorque)
12.06.65 a 19.06.65	Conferência sobre as Condições da Ordem Mundial (Bellagio)
22.11.65	Criação do Programa das Nações Unidas para o Desenvolvimento (PNUD) por Fusão do Fundo Especial e do Programa Alargado de Assistência Técnica – Resolução 2029 (XX) da Assembleia Geral das Nações Unidas

07.12.65	Declaração sobre a Promoção entre os Jovens dos Ideais de Paz, Respeito Mútuo e Compreensão entre os Povos – Resolução 2037 (XX) da Assembleia Geral das Nações Unidas
08.12.65	Criação da Associação Sul Asiática de Cooperação Regional (SAARC)
20.12.65	Princípio da Criação da Organização das Nações Unidas para o Desenvolvimento Industrial (ONUDI) – Resolução 2089 (XX) da Assembleia Geral das Nações Unidas
21.12.65	Convenção Internacional para a Eliminação de Todas as Formas de Discriminação Racial – Resolução 2106 (XX) da Assembleia Geral das Nações Unidas
21.12.65	Declaração sobre a Inadmissibilidade de Intervenção nos Assuntos Internos dos Estados e Protecção da sua Independência e Soberania – Resolução 2131 (XX) da Assembleia Geral das Nações Unidas
ANO DE 1966	
27.06.66	Entrada em vigor da Parte IV do GATT "Comércio e Desenvolvimento"
01.07.66	Início das operações do Banco Africano de Desenvolvimento (BAD)
29.07.66	A Comissão Social das Nações Unidas é transformada em Comissão das Nações Unidas para o Desenvolvimento Social
14.10.66	Criação do Centro Internacional para a Resolução de Diferendos relativos a Investimentos
17.11.66	Criação da Organização das Nações Unidas para o Desenvolvimento Industrial (ONUDI) – Resolução 2152 (XXI) da Assembleia Geral das Nações Unidas
24.11.66	Criação do Banco Asiático de Desenvolvimento (BAsD)
16.12.66	Pacto Internacional sobre os Direitos Civis e Políticos – Resolução 2200 (XXI) da Assembleia Geral das Nações Unidas
16.12.66	Pacto Internacional sobre os Direitos Económicos, Sociais e Culturais – Resolução 2200 (XXI) da Assembleia Geral das Nações Unidas
19.12.66	Início das operações do Banco Asiático de Desenvolvimento (BAsD)
ANO DE 1967	
01.01.67	Entrada em vigor do Acordo Constitutivo da Organização das Nações Unidas para o Desenvolvimento Industrial (ONUDI)
06.06.67	Criação do Banco de Desenvolvimento da África Oriental (BDAO)
14.07.67	Criação da Organização Mundial para a Propriedade Intelectual (OMPI)
09.08.67	Criação da Associação das Nações do Sudeste Asiático (ASEAN)

24.11.67	Carta de Argel – Adoptada na Primeira Reunião Ministerial do Grupo dos 77
01.12.67	Entrada em vigor do Acordo Constitutivo do Banco de Desenvolvimento da África Oriental (BDAO)
ANO DE 1968	
09.01.68	Criação da Organização dos Países Árabes Exportadores de Petróleo (OPAEP)
01.02.68	Criação do Clube de Roma
22.04.68 a 13.05.68	Primeira Conferência Internacional sobre os Direitos Humanos (Teerão)
01.05.68	Criação da Zona de Comércio Livre das Caraíbas (CARIFTA)
13.05.68	Proclamação de Teerão sobre os Direitos Humanos
16.05.68	Criação do Fundo Árabe para o Desenvolvimento Económico e Social (FADES)
ANO DE 1969	
04.01.69	Entrada em vigor da Convenção Internacional para a Eliminação de Todas as Formas de Discriminação Racial
26.05.69	Assinatura do Acordo Constitutivo do Grupo Andino
28.07.69	Entrada em vigor da Primeira Emenda aos Estatutos do Fundo Monetário Internacional (FMI)
29.07.69	Assinatura da II Convenção de Yaoundé entre os 6 Estados-Membros das Comunidades Europeias e 18 Estados Africanos e Malgaches (EAMA)
10.09.69	Assinatura da Convenção da Organização dos Estados Africanos sobre Refugiados
24.09.69	Assinatura da Convenção de Arusha entre a Comunidade e os três Estados da Comunidade da África Oriental (Quénia, Uganda e Tanzânia)
16.10.69	Entrada em vigor do Acordo Constitutivo do Grupo Andino
18.10.69	Criação do Banco de Desenvolvimento das Caraíbas (BDC)
22.11.69	Assinatura da Convenção Americana dos Direitos do Homem
11.12.69	Declaração sobre o Progresso e o Desenvolvimento Social – Resolução 2542 (XXIV) da Assembleia Geral das Nações Unidas
11.12.69	Criação da União Aduaneira da África Austral (SACU)

	ANO DE 1970
26.01.70	Entrada em vigor do Acordo Constitutivo do Banco de Desenvolvimento das Caraíbas (BDC)
26.04.70	Entrada em vigor do Acordo Constitutivo da Organização Mundial para a Propriedade Intelectual (OMPI)
08.09.70 a 10.09.70	Terceira Conferência do Movimento dos Não-Alinhados (Lusaka)
13.10.70	Criação do Sistema Generalizado de Preferências, na sequência da Segunda CNUCED (Nova Delhi)
24.10.70	Declaração sobre os Princípios de Direito Internacional referentes às Relações de Amizade e de Cooperação entre os Estados em Conformidade com a Carta das Nações Unidas – Resolução 2625 (XXV) da Assembleia Geral das Nações Unidas
24.10.70	Estratégia Internacional do Desenvolvimento para o Segundo Decénio das Nações Unidas para o Desenvolvimento – Resolução 2626 (XXV) da Assembleia Geral das Nações Unidas
11.12.70	Capacidade do Sistema das Nações Unidas para o Desenvolvimento – Resolução 2688 (XXV) da Assembleia Geral das Nações Unidas
	ANO DE 1971
01.01.71	Início do Segundo Decénio das Nações Unidas para o Desenvolvimento
01.01.71	Entrada em vigor da II Convenção de Yaoundé
01.01.71	Entrada em vigor da Convenção de Arusha
05.08.71	Criação do Fórum do Pacífico Sul (FPS)
	ANO DE 1972
01.01.72	Eleição do Quarto Secretário-Geral das Nações Unidas (o austríaco Kurt Waldheim)
01.01.72	Criação do Grupo dos Vinte e Quatro (G24)
01.03.72	O Clube de Roma lança o relatório "Limites do Crescimento"
13.04.72 a 21.05.72	Terceira Conferência das Nações Unidas sobre o Comércio e o Desenvolvimento (CNUCED) em Santiago do Chile
03.06.72	Criação da Comunidade Económica da África Ocidental (CEAO)
05.06.72 a 16.06.72	Primeira Conferência das Nações Unidas sobre o Ambiente Humano (Estocolmo)
16.06.72	Declaração de Estocolmo sobre o Ambiente Humano
29.11.72	Acordo sobre a Criação do Fundo Africano de Desenvolvimento (FAD)

15.12.72	Criação do Programa das Nações Unidas para o Ambiente (PNUA)
18.12.72	Criação do Fundo das Nações Unidas para a População (FNUAP)
18.12.72	Proclamação de 1975 como Ano Internacional da Mulher – Resolução 3010 (XXVII) da Assembleia Geral das Nações Unidas
ANO DE 1973	
01.07.73	Início das operações do Fundo Africano de Desenvolvimento (FAD)
04.07.73	Criação da Comunidade e Mercado Comum das Caraíbas (CARICOM)
01.08.73	Entrada em vigor do Acordo Constitutivo da Comunidade e Mercado Comum das Caraíbas (CARICOM)
09.08.73	Criação da Comissão Económica e Social para a Ásia Ocidental (CESAO)
05.09.73 a 09.09.73	Quarta Conferência do Movimento dos Não-Alinhados (Argel)
14.11.73	Criação do Banco Oeste-Africano de Desenvolvimento (BOAD)
30.11.73	Convenção Internacional sobre a Supressão e a Repressão do Crime de *Apartheid* – Resolução 3068 (XXVIII) da Assembleia Geral das Nações Unidas
06.12.73	Criação da Universidade das Nações Unidas
ANO DE 1974	
01.01.74	Início das operações da Comissão para a Ásia Ocidental
18.02.74	Criação do Banco Árabe de Desenvolvimento Económico em África (BADEA)
01.05.74	Declaração relativa à Instauração de uma Nova Ordem Económica Internacional (NOEI) – Resolução 3201 (S-VI) da Assembleia Geral das Nações Unidas
01.05.74	Programa de Acção relativo à Instauração de uma Nova Ordem Económica Internacional (NOEI) – Resolução 3202 (S-VI) da Assembleia Geral das Nações Unidas
12.08.74	Criação do Banco Islâmico de Desenvolvimento
19.08.74 a 30.08.74	Terceira Conferência Mundial sobre População (Bucareste)
10.09.74	Independência da Guiné-Bissau
16.09.74	Entrada em vigor do Acordo Constitutivo do Banco Árabe de Desenvolvimento Económico em África (BADEA)
16.09.74	Entrada em vigor do Acordo Constitutivo do Banco Árabe de Desenvolvimento Económico em África (BADEA)

05.11.74 a 16.11.74	Primeira Conferência Mundial da Alimentação (Roma)
16.11.74	Criação do Conselho Mundial da Alimentação
12.12.74	Carta dos Direitos e Deveres Económicos dos Estados – Resolução 3281 (XXIX) da Assembleia Geral das Nações Unidas
ANO DE 1975	
28.02.75	Assinatura da I Convenção de Lomé entre os 9 Estados-Membros das Comunidades Europeias e os 46 Estados da África, Caraíbas e Pacífico (ACP)
12.03.75 a 26.03.75	Segunda Conferência da Organização das Nações Unidas para o Desenvolvimento Industrial (ONUDI) em Lima
26.03.75	Declaração e Plano de Acção de Lima relativo ao Desenvolvimento e à Cooperação Industriais
28.05.75	Criação da Comunidade Económica dos Estados da África Ocidental (ECOWAS)
19.06.75 a 02.07.75	Conferência Mundial do Ano Internacional da Mulher (México)
25.06.75	Independência de Moçambique
02.07.75	Plano de Acção Mundial para a Realização dos Objectivos do Ano Internacional da Mulher
02.07.75	Declaração do México sobre a Igualdade das Mulheres e a sua Contribuição para o Desenvolvimento e para a Paz
05.07.75	Independência de Cabo Verde
12.07.75	Independência de São Tomé e Príncipe
18.09.75	Desenvolvimento e Cooperação Económica Internacional – Resolução 3362 (S-VII) da Assembleia Geral das Nações Unidas
17.10.75	Criação do Sistema Económico Latino-americano (SELA)
11.11.75	Independência de Angola
28.11.75	Criação do Comité de Políticas e Programas de Ajuda Alimentar – Resolução 3404 (XXX) da Assembleia Geral das Nações Unidas
03.12.75	Criação do Banco de Desenvolvimento dos Estados da África Central (BDEAC)
09.12.75	Declaração sobre a Protecção de Todas as Pessoas contra a Tortura e outros Tratamentos ou Punições Cruéis, Desumanos ou Degradantes – Resolução 3452 (XXX) da Assembleia Geral das Nações Unidas
15.12.75	Criação de um Fundo Especial das Nações Unidas para os Países sem Litoral – Resolução 3504 (XXX) da Assembleia Geral das Nações Unidas

15.12.75	Proclamação do período 1976 a 1985 Decénio das Nações Unidas para a Mulher: igualdade, desenvolvimento e paz – Resolução 3520 (XXX) da Assembleia Geral das Nações Unidas
ANO DE 1976	
31.01.76	Entrada em vigor do Pacto Internacional sobre os Direitos Económicos, Sociais e Culturais
23.03.76	Entrada em vigor do Pacto Internacional sobre os Direitos Civis e Políticos
01.04.76	Entrada em vigor da I Convenção de Lomé
27.04.76	Criação do Fundo Monetário Árabe (FMA)
05.05.76 a 31.05.76	Quarta Conferência das Nações Unidas sobre o Comércio e o Desenvolvimento (CNUCED) em Nairobi
03.06.76 a 11.06.76	Primeira Conferência das Nações Unidas sobre Povoamentos Humanos (Habitat I) em Vancouver
16.08.76 a 19.08.76	Quinta Conferência do Movimento dos Não-Alinhados (Colombo)
26.09.76	Criação da Comunidade Económica dos Países dos Grandes Lagos (CEPGL)
16.12.76	Criação do Fundo de Contribuições Voluntárias para o Decénio das Nações Unidas para a Mulher – Resolução 31/133 da Assembleia Geral das Nações Unidas
ANO DE 1977	
02.02.77	Entrada em vigor do Acordo de Criação do Fundo Monetário Árabe (FMA)
07.03.77 a 18.03.77	Conferência das Nações Unidas sobre a Água (Argentina)
30.11.77	Entrada em vigor do Acordo Constitutivo do Fundo Internacional para o Desenvolvimento Agrícola (FIDA)
15.12.77	Acordo entre as Nações Unidas e o Fundo Internacional para o Desenvolvimento Agrícola (FIDA) – Resolução 32/107 da Assembleia Geral das Nações Unidas
ANO DE 1978	
01.04.78	Entrada em vigor da Segunda Emenda aos Estatutos do FMI
01.08.78	O Banco Mundial publica o seu Primeiro Relatório sobre o Desenvolvimento Mundial
14.08.78 a 25.08.78	Primeira Conferência Mundial contra o Racismo, a Discriminação Racial, a Xenofobia e Intolerância Coxena (Genebra)

01.10.78	Criação do Centro das Nações Unidas para os Povoamentos Humanos (Habitat)
ANO DE 1979	
12.02.79 a 23.03.79	Primeira Conferência Mundial sobre o Clima (Genebra)
08.04.79	Acto Constitutivo da Organização das Nações Unidas para o Desenvolvimento Industrial (ONUDI)
07.05.79 a 01.06.79	Quinta Conferência das Nações Unidas sobre o Comércio e o Desenvolvimento (CNUCED) em Manila
20.08.79 a 31.08.79	Conferência das Nações Unidas sobre Ciência e Tecnologia para o Desenvolvimento (Viena)
03.09.79 a 08.09.79	Sexta Conferência do Movimento dos Não-Alinhados (Havana)
31.10.79	Assinatura da II Convenção de Lomé entre os 9 Estados-membros das Comunidades Europeias e os 58 Estados da África, Caraíbas e Pacífico (ACP)
28.11.79	Criação no quadro do GATT das Cláusulas de Habilitação e Evolutiva
18.12.79	Convenção sobre a Eliminação de Todas as Formas de Discriminação contra as Mulheres – Resolução 34/180 da Assembleia Geral das Nações Unidas
ANO DE 1980	
01.04.80	Criação da Conferência de Coordenação do Desenvolvimento da África Austral (SADCC)
14.07.80 a 30.07.80	Segunda Conferência Mundial sobre a Mulher (Copenhaga)
13.08.80	A Associação Latino-Americana de Integração (ALADI) sucede à Associação Latino Americana de Comércio Livre (ALACL)
05.12.80	Estratégia Internacional do Desenvolvimento para o Terceiro Decénio das Nações Unidas para o Desenvolvimento – Resolução 35/56 da Assembleia Geral das Nações Unidas
ANO DE 1981	
01.01.81	Início do Terceiro Decénio das Nações Unidas para o Desenvolvimento
01.01.81	Entrada em vigor da II Convenção de Lomé
18.03.81	Entrada em vigor do Acordo Constitutivo da Associação Latino-Americana de Integração (ALADI)

25.05.81	Criação do Conselho de Cooperação do Golfo (CCG)
27.06.81	Assinatura da Carta Africana dos Direitos do Homem e dos Povos
01.09.81 a 14.09.81	Primeira Conferência das Nações Unidas sobre os Países Menos Avançados (PMA) em Paris
03.09.81	Entrada em vigor da Convenção sobre a Eliminação de Todas as Formas de Discriminação contra as Mulheres
14.09.81	Novo Programa Substancial de Acção para a Década de 1980 em Favor dos Países Menos Avançados
ANO DE 1982	
01.01.82	Eleição do Quinto Secretário-Geral das Nações Unidas (o peruano Javier Perez de Cuellar)
26.06.82 a 06.08.82	Primeira Assembleia Mundial sobre o Envelhecimento (Viena)
13.08.82	O México anuncia os seus graves problemas com o serviço da dívida. Início da Crise da Dívida na América Latina
28.10.82	Carta Mundial da Natureza – Resolução 37/07 da Assembleia Geral das Nações Unidas
03.12.82	Declaração sobre a Participação das Mulheres na Promoção da Paz Internacional e da Cooperação – Resolução 37/63 da Assembleia Geral das Nações Unidas
10.12.82	Assinatura da Convenção das Nações Unidas sobre o Direito do Mar (Montego Bay)
19.12.82	Entrada em vigor do Acordo Económico do Conselho de Cooperação do Golfo (CCG)
ANO DE 1983	
07.03.83 a 11.03.83	Sétima Conferência do Movimento dos Não-Alinhados (Nova Delhi)
06.06.83 a 20.07.83	Sexta Conferência das Nações Unidas sobre o Comércio e o Desenvolvimento (CNUCED) em Belgrado
01.08.83 a 12.08.03	Segunda Conferência Mundial contra o Racismo, a Discriminação Racial, a Xenofobia e Intolerância Coxena (Genebra)
18.10.83	Criação da Comunidade Económica dos Estados da África Central (CEEAC)
ANO DE 1984	
22.06.84	Criação do Grupo de Cartagena ou Grupo dos Onze (G11)
06.08.84 a 14.08.84	Quarta Conferência Internacional sobre População (Cidade do México)

03.12.84	Declaração sobre a Situação Económica Crítica de África – Resolução 39/29 da Assembleia Geral das Nações Unidas
08.12.84	Assinatura da III Convenção de Lomé entre os 10 Estados-Membros das Comunidades Europeias e os 65 Estados da África, Caraíbas e Pacífico (ACP)
12.11.84	Declaração sobre o Direito dos Povos à Paz – Resolução 39/11 da Assembleia Geral das Nações Unidas
03.12.84	Declaração sobre a Situação Económica Crítica em África – Resolução 39/29 da Assembleia Geral das Nações Unidas
10.12.84	Convenção contra a Tortura e outros Tratamentos ou Punições Cruéis, Desumanos ou Degradantes – Resolução 39/46 da Assembleia Geral das Nações Unidas
ANO DE 1985	
22.03.85	Convenção de Viena para a Protecção da Camada de Ozono
15.07.85 a 26.07.85	Terceira Conferência Mundial sobre a Mulher (Nairobi)
26.07.85	Aprovadas as Estratégias de Aplicação Orientadas para o Desenvolvimento da Mulher
11.10.85	Criação da Agência Multilateral de Garantia dos Investimentos (AMGI)
22.09.85	Criação do Grupo dos Sete (G7)
02.12.85	Plano Baker que propõe o alívio da dívida dos países mais pobres
13.12.85	O Fundo de Contribuições Voluntárias para o Decénio das Nações Unidas para a Mulher converte-se no Fundo de Desenvolvimento das Nações Unidas para a Mulher (UNIFEM) – Resolução 40/104 da Assembleia Geral das Nações Unidas
17.12.85	Acordo entre as Nações Unidas e a Organização das Nações Unidas para o Desenvolvimento Industrial (ONUDI) – Resolução 40/180 da Assembleia Geral das Nações Unidas
ANO DE 1986	
01.01.86	A Organização das Nações Unidas para o Desenvolvimento Industrial (ONUDI) torna-se uma agência especializada das Nações Unidas
27.03.86	O FMI cria a Facilidade de Ajustamento Estrutural (FAE) que concede recursos aos membros de baixos rendimentos com problemas nas suas balanças de pagamentos
01.05.86	Entrada em vigor da III Convenção de Lomé
01.09.86 a 07.09.86	Oitava Conferência do Movimento dos Não-Alinhados (Harare)

21.10.86	Entrada em vigor da Carta Africana dos Direitos do Homem e dos Povos
04.12.86	Declaração sobre o Direito ao Desenvolvimento – Resolução 41/128 da Assembleia Geral das Nações Unidas
ANO DE 1987	
09.07.87 a 03.08.87	Sétima Conferência das Nações Unidas sobre o Comércio e o Desenvolvimento (CNUCED) em Genebra
16.09.87	Protocolo de Montreal Relativo às Substâncias que Destroem a Camada de Ozono
11.12.87	Perspectiva Ambiental para o Ano 2000 e Seguintes – Resolução 42/186 da Assembleia Geral das Nações Unidas
27.12.87	O FMI cria a Facilidade de Ajustamento Estrutural Reforçada (FAER) que concede recursos aos membros de baixos rendimentos que empreendam vigorosos programas macroeconómicos e estruturais para melhorar as suas balanças de pagamentos e promover o crescimento
ANO DE 1988	
12.04.88	Entrada em vigor da Convenção Constitutiva da Agência Multilateral de Garantia dos Investimentos (AMGI)
22.09.88	Entrada em vigor da Convenção de Viena para a Protecção da Camada de Ozono
ANO DE 1989	
15.01.89	Entrada em vigor do Protocolo de Montreal Relativo às Substâncias que Destroem a Camada de Ozono
16.02.89	Criação do Conselho de Cooperação Árabe (CCA)
17.02.89	Criação da União do Magrebe Árabe (UMA)
05.03.89 a 07.03.89	Conferência Mundial sobre a Protecção da Camada do Ozono (Londres)
10.03.89	Plano Brady – redução da dívida global do conjunto dos países endividados
22.03.89	Convenção de Basileia sobre o Controlo, o Transporte Transfronteiriço e a Eliminação de Resíduos Perigosos
01.09.89 a 07.09.89	Nona Conferência do Movimento dos Não-Alinhados (Belgrado)
29.10.89	Prémio Nobel da Paz atribuído às Forças das Nações Unidas para a Manutenção da Paz
07.11.89	Criação da Cooperação Económica Ásia-Pacífico (APEC)

20.11.89	Convenção sobre os Direitos da Criança – Resolução 44/25 da Assembleia Geral das Nações Unidas
15.12.89	Assinatura da IV Convenção de Lomé entre os 12 Estados-Membros das Comunidades Europeias e 69 Estados da África, Caraíbas e Pacífico (ACP)
ANO DE 1990	
05.03.90 a 09.03.90	Conferência Mundial sobre Educação para Todos (Jomtien)
09.03.90	Declaração da Conferência Mundial sobre Educação para Todos
09.03.90	Quadro de Acção para Satisfazer as Necessidades Básicas de Aprendizagem
01.05.90	Declaração sobre a Cooperação Económica Internacional, em particular a Revitalização do Crescimento Económico e do Desenvolvimento dos Países em Desenvolvimento – Resolução S-18/3 da Assembleia Geral das Nações Unidas
01.07.90	É publicado o Primeiro Relatório do Desenvolvimento Humano do Programa das Nações Unidas para o Desenvolvimento (PNUD), no qual é criado o Índice de Desenvolvimento Humano (IDH)
16.07.90	É lançado o Relatório do Desenvolvimento Mundial do Banco Mundial de 1990, que traça uma estratégia de redução da pobreza baseada em experiências de países em desenvolvimento de todo o mundo
03.09.90 a 14.09.90	Segunda Conferência das Nações Unidas sobre os Países Menos Avançados (PMA) em Paris
14.09.90	Declaração de Paris e Programa de Acção em Favor dos Países Menos Avançados para a Década de 1990
29.09.90 a 30.09.90	Conferência Mundial da Criança (Nova Iorque)
30.09.90	Declaração e Plano de Acção sobre a Sobrevivência, a Protecção e o Desenvolvimento da Criança na Década de 1990
29.10.90 a 07.11.90	Segunda Conferência Mundial sobre o Clima (Genebra)
28.11.90	Criação do Fundo Mundial do Ambiente (GEF), administrado em conjunto pelo Banco Mundial, pelo PNUD e pelo PNUA
18.12.90	Convenção Internacional sobre a Protecção dos Direitos Humanos de Todos os Trabalhadores Migrantes e dos Membros das suas Famílias – Resolução 45/158 da Assembleia Geral das Nações Unidas

21.12.90	Estratégia Internacional do Desenvolvimento para o Quarto Decénio das Nações Unidas para o Desenvolvimento – Resolução 45/199 da Assembleia Geral das Nações Unidas
ANO DE 1991	
01.01.91	Início do Quarto Decénio das Nações Unidas para o Desenvolvimento
26.03.91	Criação do Mercado Comum do Sul (Mercosul)
15.04.91	Criação da Comunidade Económica Africana (CEA)
03.06.91	Criação do Banco Europeu para a Reconstrução e Desenvolvimento (BERD)
01.09.91	Entrada em vigor da IV Convenção de Lomé
26.11.91	A Comunidade Europeia adere à Organização das Nações Unidas para a Alimentação e a Agricultura (FAO)
18.12.91	Agenda das Nações Unidas para o Desenvolvimento de África nos Anos 1990 – Resolução 46/151 da Assembleia Geral das Nações Unidas
ANO DE 1992	
01.01.92	Eleição do Sexto Secretário-Geral das Nações Unidas (o egípcio Boutros Boutros-Ghali)
03.02.92	Assinatura do Tratado da União Europeia (Maastricht)
07.02.92	Décima Conferência do Movimento dos Não-Alinhados (Lacarna)
08.02.92 a 25.02.92	Oitava Conferência das Nações Unidas sobre o Comércio e o Desenvolvimento (CNUCED) em Cartagena das Índias
30.04.92	Criação da Comissão para o Desenvolvimento da Ciência e da Tecnologia
09.05.92	Convenção Quadro das Nações Unidas sobre Alterações Climáticas
03.06.92 a 14.06.92	Conferência das Nações Unidas sobre Ambiente e Desenvolvimento (CNUAD) no Rio de Janeiro
05.06.92	Convenção sobre a Diversidade Biológica
14.06.92	Declaração do Rio sobre Ambiente e Desenvolvimento
14.06.92	Aprovação da Agenda 21
17.08.92	A Comunidade de Desenvolvimento da África Austral (SADC) substitui a Conferência de Coordenação do Desenvolvimento da África Austral (SADCC)
11.11.92	Entrada em vigor da Terceira Emenda aos Estatutos do FMI
01.12.92 a 03.12.92	Primeira Conferência Internacional sobre Nutrição (Roma)

03.12.92	Declaração e Plano de Acção Mundial para a Nutrição
18.12.92	Declaração sobre os Direitos de Pessoas Pertencentes a Minorias Nacionais ou Étnicas, Religiosas e Linguísticas – Resolução 47/135 da Assembleia Geral das Nações Unidas
ANO DE 1993	
12.03.93	Criação da Comissão do Desenvolvimento Sustentável
05.03.93	Plano de Acção Mundial para a Educação sobre Direitos Humanos e Democracia
14.06.93 a 25.06.93	Conferência Mundial sobre os Direitos Humanos (Viena)
25.06.93	Declaração e Programa de Acção da Conferência Mundial sobre os Direitos Humanos
01.11.93	Entrada em vigor do Tratado da União Europeia
20.12.93	Criação de um Alto-Comissário para os Direitos Humanos
20.12.93	Declaração sobre a Eliminação da Violência contra as Mulheres – Resolução 48/104 da Assembleia Geral das Nações Unidas
29.12.93	Entrada em vigor da Convenção sobre a Diversidade Biológica
ANO DE 1994	
21.03.94	Entrada em vigor da Convenção Quadro das Nações Unidas sobre Alterações Climáticas
15.04.94	Assinatura do Acto Final das Negociações do Uruguay Round (GATT) em Marraquexe
25.04.94 a 06.05.94	Conferência Mundial sobre o Desenvolvimento Sustentável dos Pequenos Estados Insulares em Desenvolvimento (Bridgetown)
06.05.94	Declaração e Programa de Acção de Barbados sobre o Desenvolvimento Sustentável dos Pequenos Estados Insulares em Desenvolvimento
23.05.94 a 27.05.94	Conferência Mundial sobre a Redução dos Desastres Naturais (Yokohama)
05.09.94 a 13.09.94	Quinta Conferência Internacional sobre População e Desenvolvimento (Cairo)
14.10.94	Convenção das Nações Unidas para o Combate à Desertificação nos Países Gravemente Afectados pela Seca, particularmente em África
01.11.94	O Conselho de Tutela suspendeu a sua actividade, após a independência do Palau, o último território sob tutela, em 01.10.94
16.11.94	Entrada em vigor da Convenção das Nações Unidas sobre o Direito do Mar

08.12.94	Criação do Mercado Comum da África Oriental e Austral (COMESA)
ANO DE 1995	
01.01.95	Entrada em vigor do Acordo que Cria a Organização Mundial do Comércio (OMC)
06.03.95 a 12.03.95	Cimeira Mundial sobre o Desenvolvimento Social (Copenhaga)
12.03.95	Declaração e Programa de Acção da Cimeira Mundial sobre o Desenvolvimento Social
27.03.95 a 07.04.95	Primeira Conferência das Partes na Convenção-Quadro das Nações Unidas sobre as Alterações Climáticas (Berlim)
15.06.95 a 17.06.95	A Conferência do G7 (Halifax) decide criar um Fundo de Urgência no seio do FMI para prevenir crises financeiras
04.09.95	Assinatura do Acordo relativo à Revisão Intercalar da IV Convenção de Lomé (Ilhas Maurício) entre os 15 Estados-Membros das Comunidades Europeias e 70 Estados da África, Caraíbas e Pacífico (ACP)
04.09.95 a 15.09.95	Quarta Conferência Mundial sobre a Mulher (Pequim)
15.09.95	Aprovação da Declaração de Pequim (Acção para a Igualdade, Desenvolvimento e Paz) e da sua Plataforma de Acção
14.10.95 a 20.10.95	Décima Primeira Conferência do Movimento dos Não-Alinhados (Cartagena)
27.11.95 a 28.11.95	Primeira Conferência Euromediterrânica (Barcelona)
ANO DE 1996	
01.03.96 a 02.03.96	Primeira Cimeira União Europeia-Ásia (ASEM) em Banguecoque
10.03.96	A Comunidade Andina sucede ao Pacto Andino
27.04.96 a 11.05.96	Nona Conferência das Nações Unidas sobre o Comércio e o Desenvolvimento (CNUCED) em Midrand
03.06.96 a 14.06.96	Segunda Conferência das Nações Unidas sobre Povoamentos Humanos (Habitat II) em Istambul
08.06.96 a 19.06.96	Segunda Conferência das Partes na Convenção-Quadro das Nações Unidas sobre as Alterações Climáticas (Genebra)
14.06.96	Aprovação do Programa do Habitat e da Declaração de Istambul
16.06.96 a 19.06.96	Reunião a meio da década do Fórum Consultivo Internacional sobre Educação para Todos (Amman)

27.06.96 a 29.06.96	Na reunião do G7 em Lion é aprovada a decisão de aliviar a dívida dos países mais pobres altamente endividados. Criação do Programa de Alívio da Dívida dos Países Pobres Altamente Endividados (HIPC)
17.07.96	Criação da Comunidade dos Países de Língua Portuguesa (CPLP)
13.11.96 a 17.11.96	Segunda Conferência Mundial da Alimentação (Roma)
17.11.96	Declaração de Roma sobre a Segurança Alimentar Mundial e Plano de Acção da Conferência Mundial da Alimentação
20.11.96	A Comissão Europeia adopta o Livro Verde sobre as relações entre a União Europeia e os Estados da África, Caraíbas e Pacífico (ACP)
09.12.96 a 13.12.96	Primeira Conferência Ministerial da OMC em Singapura
ANO DE 1997	
01.01.97	Eleição do Sétimo Secretário-Geral das Nações Unidas (o ganês Kofi Annan)
15.04.97 a 16.04.97	Segunda Conferência Euromediterrânica (La Valetta)
20.06.97	A Rússia adere ao Clube de Paris
23.06.97 a 27.06.97	Sessão Extraordinária da Assembleia Geral das Nações Unidas para Examinar e Avaliar a Aplicação da Agenda 21 (Rio+5)
27.10.97 a 30.10.97	Conferência Mundial sobre o Trabalho das Crianças (Oslo)
30.10.97	Adopção do Plano de Acção para a Protecção das Crianças
01.12.97 a 11.12.97	Terceira Conferência das Partes na Convenção-Quadro das Nações Unidas sobre as Alterações Climáticas (Quioto)
11.12.97	Adopção do Protocolo de Quioto sobre as Alterações Climáticas
04.12.97 a 16.12.97	A Conferência da ASEAN (Kuala Lumpur) lança o projecto ASEAN 2020: parceria para o desenvolvimento dinâmico
ANO DE 1998	
19.03.98 a 21.03.98	Conferência Internacional sobre a Água e o Desenvolvimento Sustentável (Paris)
21.03.98	Programa de Acção da Conferência Internacional sobre a Água e o Desenvolvimento Sustentável 2000-2010
29.04.98	Assinatura do Protocolo de Quioto sobre as Alterações Climáticas (Nova Iorque)

18.05.98 a 20.05.98	Segunda Conferência Ministerial da OMC em Genebra
29.05.98	A China assina o Protocolo de Quioto sobre as Alterações Climáticas
01.06.98	Entrada em vigor do Acordo relativo à Revisão Intercalar da IV Convenção de Lomé
17.07.98	Adopção do Estatuto do Tribunal Penal Internacional (Roma)
02.09.98 a 03.09.98	Décima Segunda Conferência do Movimento dos Não-Alinhados (Durban)
02.11.98 a 13.11.98	Quarta Conferência das Partes na Convenção-Quadro das Nações Unidas sobre as Alterações Climáticas (Buenos Aires)
10.12.98	Sessão Extraordinária da Assembleia Geral das Nações Unidas para a Revisão após 5 anos da Aplicação da Declaração de Viena e do seu Programa de Acção (Viena+5)
ANO DE 1999	
16.03.99	Criação do Instituto do Banco Mundial que sucede ao Instituto de Desenvolvimento Económico
15.04.99 a 16.04.99	Terceira Conferência Euromediterrânica (Estugarda)
27.06.96 a 29.06.96	Na reunião do G7 em Colónia é aprovada a decisão reforçar as medidas para aliviar a dívida dos países mais pobres altamente endividados (Iniciativa de Colónia). Criação do Programa Reforçado de Alívio da Dívida dos Países Pobres Altamente Endividados
28.06.99 a 29.06.99	Primeira Cimeira de Chefes de Estados e de Governo dos países da América Latina, das Caraíbas e da União Europeia (Rio de Janeiro)
29.06.99	Adopção da Declaração do Rio
30.06.99 a 02.07.99	Sessão Extraordinária da Assembleia Geral das Nações Unidas sobre População e Desenvolvimento (Cairo+5)
09.09.99	Decisão de criar a União Africana, em conformidade com os objectivos fundamentais da OUA e do Tratado de criação da Comunidade Económica Africana (Sirte, Líbia)
27.09.99 a 28.09.99	Sessão Extraordinária da Assembleia Geral das Nações Unidas para Examinar e Avaliar a Aplicação do Programa de Acção para o Desenvolvimento Sustentável dos Pequenos Estados Insulares em Desenvolvimento
25.10.99 a 05.11.99	Quinta Conferência das Partes na Convenção-Quadro das Nações Unidas sobre as Alterações Climáticas (Bona)
22.11.99	A Facilidade de Ajustamento Estrutural Reforçada (FAER) do FMI transforma-se em Facilidade de Crescimento e Redução da Pobreza (FCRP)

30.11.99 a 03.12.99	Terceira Conferência Ministerial da OMC em Seattle
ANO DE 2000	
12.02.00 a 19.02.00	Décima Conferência das Nações Unidas sobre o Comércio e o Desenvolvimento (CNUCED) em Banguecoque
03.04.00 a 04.04.00	Primeira Cimeira África-Europa (Cairo)
26.04.00 a 28.04.00	Fórum Mundial sobre Educação (Dakar)
26.04.00	Adopção do Quadro de Acção de Dakar
05.06.00 a 09.06.00	Sessão Extraordinária da Assembleia Geral das Nações Unidas "Mulher 2000: Igualdade entre os Sexos, Desenvolvimento e Paz no Século XXI" (Pequim+5)
26.06.00 a 30.06.00	Sessão Extraordinária da Assembleia Geral das Nações Unidas para a Revisão e Avaliação Geral da Execução do Resultado da Cimeira Mundial sobre o Desenvolvimento Social (Copenhaga+5)
23.06.00	Assinatura do Acordo de Parceria entre os 15 Estados-Membros da União Europeia e os 77 Estados da África, Caraíbas e Pacífico (ACP) – Acordo de Cotonu – que vem substituir as Convenções de Lomé
11.07.00	Acto Constitutivo da União Africana (UA)
06.09.00 a 08.09.00	Conferência do Milénio das Nações Unidas (Nova Iorque)
08.09.00	Declaração do Milénio
13.11.00 a 24.11.00	Sexta Conferência das Partes na Convenção-Quadro das Nações Unidas sobre as Alterações Climáticas (Haia)
15.11.00 a 16.11.00	Quarta Conferência Euromediterrânica (Marselha)
22.12.00	O FMI e o Banco Mundial anunciam conjuntamente que os 22 países mais pobres do mundo (18 situados no continente africano) reuniram os requisitos do Programa de Alívio da Dívida dos Países Pobres Altamente Endividados (HIPC)
ANO DE 2001	
26.02.01	A União Europeia aprova a Iniciativa "Tudo Menos Armas", segundo a qual serão eliminadas as restrições quantitativas e os direitos aduaneiros de todos os produtos, excepto das armas, em relação aos 48 países menos avançados (PMA)
01.03.01 a 02.03.01	A criação da União Africana (UA) é proclamada por unanimidade numa reunião extraordinária da OUA na Líbia

28.03.01	A Administração Bush anuncia que não pretende ratificar o Protocolo de Quito
14.05.01 a 20.05.01	Terceira Conferência das Nações Unidas sobre os Países Menos Avançados (PMA) em Bruxelas
20.05.01	Declaração de Bruxelas e Programa de Acção a Favor dos Países Menos Avançados para a Década 2001-2010
06.06.01 a 08.06.01	Sessão Extraordinária da Assembleia Geral das Nações Unidas para Análise e Avaliação Gerais da Execução do Programa Habitat (Istambul+5)
08.06.01	Aprovação da Declaração sobre as Cidades e outros Povoamentos Humanos no novo Milénio
25.06.01 a 27.06.01	Sessão Extraordinária da Assembleia Geral das Nações Unidas sobre o VIH/SIDA
09.07.01 a 11.07.01	Adopção da Nova Iniciativa Africana que está na origem da Nova Parceria para o Desenvolvimento de África (NEPAD) em Lusaka
31.08.01 a 07.09.01	Terceira Conferência Mundial contra o Racismo, a Discriminação Racial, a Xenofobia e a Intolerância Conexa (Durban)
07.09.01	Declaração e Plano de Acção de Durbun contra o Racismo, a Discriminação Racial, a Xenofobia e a Intolerância Conexa
17.09.01	China admitida como membro da Organização Mundial do Comércio após 15 anos de negociações
12.10.01	Prémio Nobel da Paz atribuído à ONU e ao seu Secretário-Geral Kofi Annan
23.10.01	Nova Parceria para o Desenvolvimento de África (NEPAD) em Abuja
29.10.01 a 09.11.01	Sétima Conferência das Partes na Convenção-Quadro das Nações Unidas sobre as Alterações Climáticas (Marraquexe)
09.11.01 a 14.11.01	Quarta Conferência Ministerial da OMC em Doha
14.11.01	Aprovação do Programa de Doha para o Desenvolvimento
ANO DE 2002	
18.03.02 a 22.03.02	Conferência Internacional sobre o Financiamento do Desenvolvimento (Monterrey)
22.03.02	Consenso de Monterrey da Conferência Internacional sobre o Financiamento do Desenvolvimento
08.04.02 a 12.04.02	Segunda Assembleia Mundial sobre o Envelhecimento (Madrid)

12.04.02	Adopção da Declaração da Segunda Assembleia Mundial sobre o Envelhecimento e do Plano Internacional de Acção sobre o Envelhecimento
19.04.02	Adopção do Programa de Luta contra a Desflorestação
22.04.02 a 23.04.02	Quinta Conferência Euromediterrânica (Valência)
08.05.02 a 10.05.02	Sessão Extraordinária da Assembleia Geral das Nações Unidas sobre as Crianças (Nova Iorque)
10.05.02	Aprovação do documento "Um mundo para as crianças"
17.05.02 a 18.05.02	Segunda Cimeira de Chefes de Estados e de Governo dos países da América Latina, das Caraíbas e da União Europeia (Madrid)
31.05.02	A União Europeia ratifica o Protocolo de Quioto
10.06.02 a 13.06.02	Terceira Conferência Mundial da Alimentação (FAO+5) em Roma
13.06.02	Declaração da Conferência Mundial da Alimentação: cinco anos depois
09.07.02	Criação da União Africana (UA) em conformidade com as disposições do seu Acto Constitutivo (Durban)
26.08.02 a 04.09.02	Conferência Mundial sobre o Desenvolvimento Sustentável (Rio+10) em Joanesburgo
04.09.02	Declaração e Programa de Acção da Conferência Mundial sobre o Desenvolvimento Sustentável (Rio + 10)
23.10.02 a 01.11.02	Oitava Conferência das Partes na Convenção-Quadro das Nações Unidas sobre as Alterações Climáticas (Nova Delhi)
20.12.02	Decénio 2000-2010: Decénio para fazer recuar a malária nos países em desenvolvimento, particularmente em África – Resolução 57/294 da Assembleia Geral das Nações Unidas
ANO DE 2003	
13.01.03	Aprovados os Estatutos do Instituto Português de Apoio ao Desenvolvimento (IPAD)
22.02.03 a 25.02.03	Décima Terceira Conferência do Movimento dos Não-Alinhados (Kuala Lumpur)
01.04.03	Entrada em vigor do Acordo de Cotonu – Acordo de Parceria entre os 15 Estados-Membros da União Europeia e os 77 Estados da África, Caraíbas e Pacífico (ACP)
25.08.03 a 29.08.03	Conferência Ministerial Internacional dos Países em Desenvolvimento sem Litoral e de Trânsito e dos Países Doadores e das Instituições Financeiras e de Desenvolvimento Internacionais sobre a Cooperação em Matéria de Transporte de Trânsito (Almaty)

10.09.03 a 14.09.03	Quinta Conferência Ministerial da OMC em Cancun
01.12.03 a 02.12.03	Conferência Mundial sobre a Sociedade de Informação (Genebra)
01.12.03 a 12.12.03	Nona Conferência das Partes na Convenção-Quadro das Nações Unidas sobre as Alterações Climáticas (Milão)
02.12.03 a 03.12.03	Sexta Conferência Euromediterrânica (Nápoles)
ANO DE 2004	
29.05.04	Terceira Cimeira de Chefes de Estados e de Governo dos países da América Latina, das Caraíbas e da União Europeia (Guadalajara)
13.06.04 a 18.06.04	Décima Primeira Conferência das Nações Unidas sobre o Comércio e o Desenvolvimento (CNUCED) em São Paulo
01.08.04 a 01.09.04	Reunião Internacional, incluindo Representantes de Alto Nível, para realizar uma análise completa da implementação do Programa de Acção para o Desenvolvimento Sustentável dos Pequenos Estados Insulares em Desenvolvimento (Ilhas Maurício)
22.10.04	A Rússia ratifica o Protocolo de Quioto
06.12.04 a 17.12.04	Décima Conferência das Partes na Convenção-Quadro das Nações Unidas sobre as Alterações Climáticas (Buenos Aires)
ANO DE 2005	
16.02.05	Entrada em vigor do Protocolo de Quioto